中国林业产业与林产品年鉴

YEARBOOK OF CHINA FOREST INDUSTRY

2020

国家林业和草原局　编

NATIONAL FORESTRY AND GRASSLAND ADMINISTRATION

中国林業出版社

图书在版编目(CIP)数据

中国林业产业与林产品年鉴. 2020 / 国家林业和草原局编. —北京：中国林业出版社，2021. 12
ISBN 978-7-5219-1416-0

Ⅰ. ①中… Ⅱ. ①国… Ⅲ. ①林业经济-中国-年鉴-2020 ②林产品-中国-年鉴-2020 Ⅳ. ①F326. 2-54 ②F426. 88-54

中国版本图书馆 CIP 数据核字(2021)第 235205 号

出版 中国林业出版社(100009 北京市西城区刘海胡同 7 号)
电话 (010)83143666
网址 http://www.forestry.gov.cn/lycb.html **E-mail**：cfybook@163.com
发行 中国林业出版社
印刷 北京中科印刷有限公司
版次 2021 年 12 月第 1 版
印次 2021 年 12 月第 1 次
开本 889mm×1194mm 1/16
印张 37
字数 1600 千字
定价 400.00 元

ISBN 978-7-5219-1416-0

9 787521 914160 >

《中国林业产业与林产品年鉴》(2020)
特约编委

《中国林业产业与林产品年鉴》(2020)
编辑部

《中国林业产业与林产品年鉴》(2020)

分 支 主 编

《中国林业产业与林产品年鉴》(2020)

特约编辑

编辑说明

一、《中国林业产业与林产品年鉴》是一部全面、系统、准确反映我国林业产业体系建设成就、机制、经验及其发展动态的大型资料性工具书。每年一卷，限收录上一年度信息与资料。

二、《中国林业产业与林产品年鉴》的基本任务是，为林业行业广大生产经营单位、企业、各级行政机关，广大国内外投资者、经济科学研究工作者，提供全国林业产业各支柱产业发展成就与水平、主要县（旗、市、区）林产品产销信息、国家有关政策法规、各省（区、市）与国有森工企业林业产业发展动态及其先进地县（市、局）经验与重点企业经营状况、林产品国际进出口贸易等资料。

三、第十二卷（2020卷）根据国家林业局林策发〔2007〕117号通知要求，以2019年资料为主。

四、本卷编纂内容分五大部分：（一）特辑，收录国家林业和草原局（原国家林业局）主要文件等；（二）行业篇，包括木材、人造板、造纸、种苗、茶、家具等林业重要产业；（三）各省（区、市）林业产业，龙头企业及其品牌产品；（四）林产品主产县（旗、市、区、局）；（五）林产品进出口贸易资料。

五、本卷林业产业与林产品资料来源。《中国林业和草原统计年鉴》《中国农业统计资料》及国家统计资料等。各县级资料由各省组织下属各县（旗、市、区、局）林业部门根据相关统计调查资料收集整理，并经省、地、县三级审核，通过中国林业产业与林产品信息网络平台填写上报。

六、本卷所录资料，均不含中国台湾地区及香港、澳门特别行政区。

七、年鉴文字部分，实行条目编辑。条头设【 】。条目标题力求简明、规范。长条目设黑体和楷体两级层次标题。全卷编排按内容分类。

八、年鉴编撰及资料收集，分别由各省（区、市）林业厅（局）、四大国有林区森工集团、兵团林业和草原局、国家林业和草原局有关司（局）及有关协会承担。

九、年鉴计量单位、文字撰稿、资料选用均执行国家现行规定。

十、全书表号按照其所在类目分别编排。

《中国林业产业与林产品年鉴》编辑部

《中国林业产业与林产品年鉴》编纂流程简图

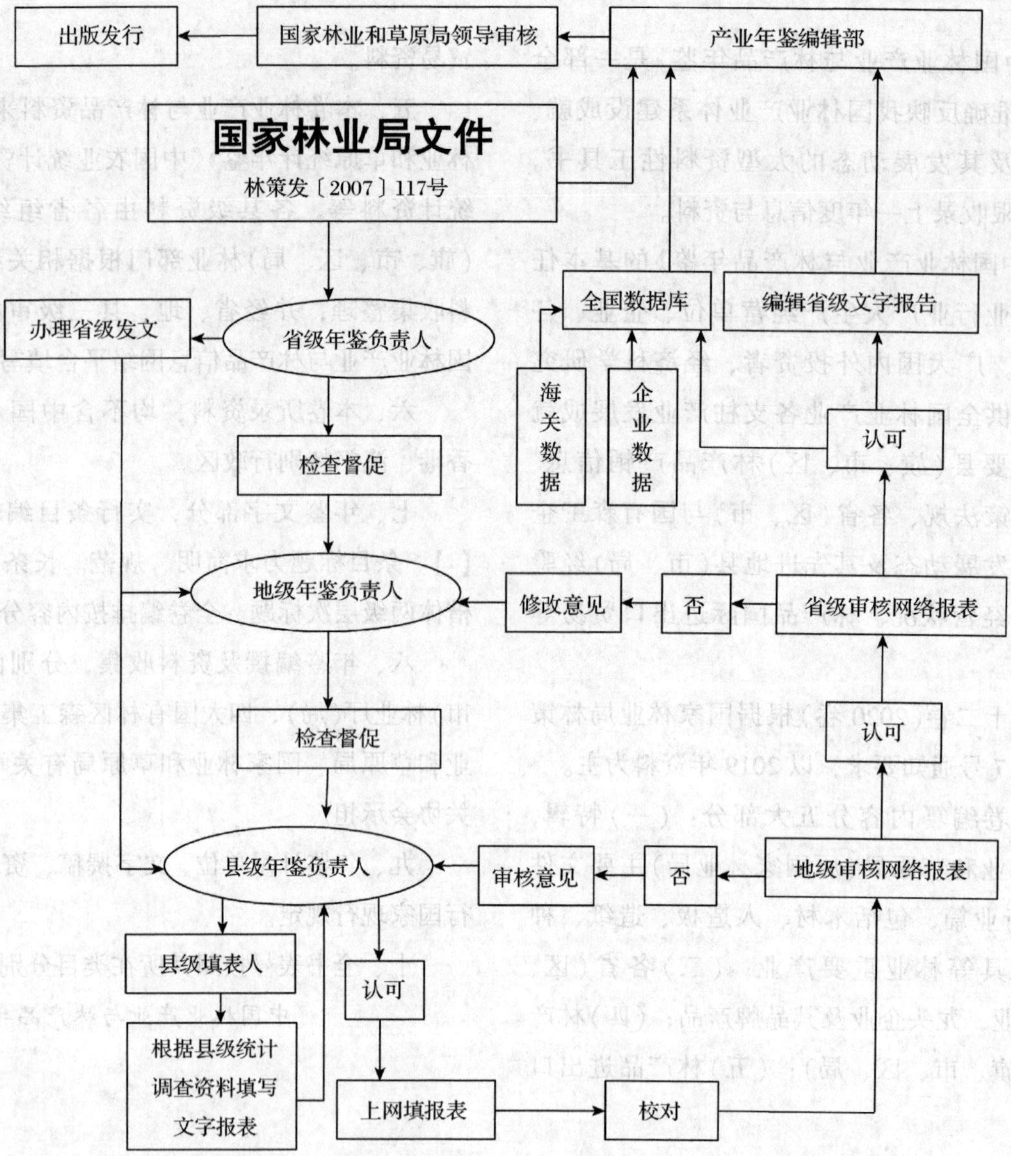

目　录

特　辑

行业篇

各省(自治区、直辖市)林业产业

林产品主产地及产量

林产品进出口

特　辑

SPECIAL

中华人民共和国森林法

（1984 年 9 月 20 日第六届全国人民代表大会常务委员会第七次会议通过 根据 1998 年 4 月 29 日第九届全国人民代表大会常务委员会第二次会议《关于修改〈中华人民共和国森林法〉的决定》第一次修正 根据 2009 年 8 月 27 日第十一届全国人民代表大会常务委员会第十次会议《关于修改部分法律的决定》第二次修正 2019 年 12 月 28 日第十三届全国人民代表大会常务委员会第十五次会议修订）

目录

第一章　总则

第一条　为了践行绿水青山就是金山银山理念，保护、培育和合理利用森林资源，加快国土绿化，保障森林生态安全，建设生态文明，实现人与自然和谐共生，制定本法。

第二条　在中华人民共和国领域内从事森林、林木的保护、培育、利用和森林、林木、林地的经营管理活动，适用本法。

第三条　保护、培育、利用森林资源应当尊重自然、顺应自然，坚持生态优先、保护优先、保育结合、可持续发展的原则。

第四条　国家实行森林资源保护发展目标责任制和考核评价制度。上级人民政府对下级人民政府完成森林资源保护发展目标和森林防火、重大林业有害生物防治工作的情况进行考核，并公开考核结果。

地方人民政府可以根据本行政区域森林资源保护发展的需要，建立林长制。

第五条　国家采取财政、税收、金融等方面的措施，支持森林资源保护发展。各级人民政府应当保障森林生态保护修复的投入，促进林业发展。

第六条　国家以培育稳定、健康、优质、高效的森林生态系统为目标，对公益林和商品林实行分类经营管理，突出主导功能，发挥多种功能，实现森林资源永续利用。

第七条　国家建立森林生态效益补偿制度，加大公益林保护支持力度，完善重点生态功能区转移支付政策，指导受益地区和森林生态保护地区人民政府通过协商等方式进行生态效益补偿。

第八条　国务院和省、自治区、直辖市人民政府可以依照国家对民族自治地方自治权的规定，对民族自治地方的森林保护和林业发展实行更加优惠的政策。

第九条　国务院林业主管部门主管全国林业工作。县级以上地方人民政府林业主管部门，主管本行政区域的林业工作。

乡镇人民政府可以确定相关机构或者设置专职、兼职人员承担林业相关工作。

第十条　植树造林、保护森林，是公民应尽的义务。各级人民政府应当组织开展全民义务植树活动。

每年三月十二日为植树节。

第十一条　国家采取措施，鼓励和支持林业科学研究，推广先进适用的林业技术，提高林业科学技术水平。

第十二条　各级人民政府应当加强森林资源

保护的宣传教育和知识普及工作，鼓励和支持基层群众性自治组织、新闻媒体、林业企业事业单位、志愿者等开展森林资源保护宣传活动。

教育行政部门、学校应当对学生进行森林资源保护教育。

第十三条 对在造林绿化、森林保护、森林经营管理以及林业科学研究等方面成绩显著的组织或者个人，按照国家有关规定给予表彰、奖励。

第二章 森林权属

第十四条 森林资源属于国家所有，由法律规定属于集体所有的除外。

国家所有的森林资源的所有权由国务院代表国家行使。国务院可以授权国务院自然资源主管部门统一履行国有森林资源所有者职责。

第十五条 林地和林地上的森林、林木的所有权、使用权，由不动产登记机构统一登记造册，核发证书。国务院确定的国家重点林区(以下简称重点林区)的森林、林木和林地，由国务院自然资源主管部门负责登记。

森林、林木、林地的所有者和使用者的合法权益受法律保护，任何组织和个人不得侵犯。

森林、林木、林地的所有者和使用者应当依法保护和合理利用森林、林木、林地，不得非法改变林地用途和毁坏森林、林木、林地。

第十六条 国家所有的林地和林地上的森林、林木可以依法确定给林业经营者使用。林业经营者依法取得的国有林地和林地上的森林、林木的使用权，经批准可以转让、出租、作价出资等。具体办法由国务院制定。

林业经营者应当履行保护、培育森林资源的义务，保证国有森林资源稳定增长，提高森林生态功能。

第十七条 集体所有和国家所有依法由农民集体使用的林地(以下简称集体林地)实行承包经营的，承包方享有林地承包经营权和承包林地上的林木所有权，合同另有约定的从其约定。承包方可以依法采取出租(转包)、入股、转让等方式流转林地经营权、林木所有权和使用权。

第十八条 未实行承包经营的集体林地以及林地上的林木，由农村集体经济组织统一经营。经本集体经济组织成员的村民会议三分之二以上成员或者三分之二以上村民代表同意并公示，可以通过招标、拍卖、公开协商等方式依法流转林地经营权、林木所有权和使用权。

第十九条 集体林地经营权流转应当签订书面合同。林地经营权流转合同一般包括流转双方的权利义务、流转期限、流转价款及支付方式、流转期限届满林地上的林木和固定生产设施的处置、违约责任等内容。

受让方违反法律规定或者合同约定造成森林、林木、林地严重毁坏的，发包方或者承包方有权收回林地经营权。

第二十条 国有企业事业单位、机关、团体、部队营造的林木，由营造单位管护并按照国家规定支配林木收益。

农村居民在房前屋后、自留地、自留山种植的林木，归个人所有。城镇居民在自有房屋的庭院内种植的林木，归个人所有。

集体或者个人承包国家所有和集体所有的宜林荒山荒地荒滩营造的林木，归承包的集体或者个人所有；合同另有约定的从其约定。

其他组织或者个人营造的林木，依法由营造者所有并享有林木收益；合同另有约定的从其约定。

第二十一条 为了生态保护、基础设施建设等公共利益的需要，确需征收、征用林地、林木的，应当依照《中华人民共和国土地管理法》等法律、行政法规的规定办理审批手续，并给予公平、合理的补偿。

第二十二条 单位之间发生的林木、林地所有权和使用权争议，由县级以上人民政府依法处理。

个人之间、个人与单位之间发生的林木所有权和林地使用权争议，由乡镇人民政府或者县级以上人民政府依法处理。

当事人对有关人民政府的处理决定不服的，可以自接到处理决定通知之日起三十日内，向人民法院起诉。

在林木、林地权属争议解决前，除因森林防火、林业有害生物防治、国家重大基础设施建设等需要外，当事人任何一方不得砍伐有争议的林木或者改变林地现状。

第三章　发展规划

第二十三条　县级以上人民政府应当将森林资源保护和林业发展纳入国民经济和社会发展规划。

第二十四条　县级以上人民政府应当落实国土空间开发保护要求，合理规划森林资源保护利用结构和布局，制定森林资源保护发展目标，提高森林覆盖率、森林蓄积量，提升森林生态系统质量和稳定性。

第二十五条　县级以上人民政府林业主管部门应当根据森林资源保护发展目标，编制林业发展规划。下级林业发展规划依据上级林业发展规划编制。

第二十六条　县级以上人民政府林业主管部门可以结合本地实际，编制林地保护利用、造林绿化、森林经营、天然林保护等相关专项规划。

第二十七条　国家建立森林资源调查监测制度，对全国森林资源现状及变化情况进行调查、监测和评价，并定期公布。

第四章　森林保护

第二十八条　国家加强森林资源保护，发挥森林蓄水保土、调节气候、改善环境、维护生物多样性和提供林产品等多种功能。

第二十九条　中央和地方财政分别安排资金，用于公益林的营造、抚育、保护、管理和非国有公益林权利人的经济补偿等，实行专款专用。具体办法由国务院财政部门会同林业主管部门制定。

第三十条　国家支持重点林区的转型发展和森林资源保护修复，改善生产生活条件，促进所在地区经济社会发展。重点林区按照规定享受国家重点生态功能区转移支付等政策。

第三十一条　国家在不同自然地带的典型森林生态地区、珍贵动物和植物生长繁殖的林区、天然热带雨林区和具有特殊保护价值的其他天然林区，建立以国家公园为主体的自然保护地体系，加强保护管理。

国家支持生态脆弱地区森林资源的保护修复。

县级以上人民政府应当采取措施对具有特殊价值的野生植物资源予以保护。

第三十二条　国家实行天然林全面保护制度，严格限制天然林采伐，加强天然林管护能力建设，保护和修复天然林资源，逐步提高天然林生态功能。具体办法由国务院规定。

第三十三条　地方各级人民政府应当组织有关部门建立护林组织，负责护林工作；根据实际需要建设护林设施，加强森林资源保护；督促相关组织订立护林公约、组织群众护林、划定护林责任区、配备专职或者兼职护林员。

县级或者乡镇人民政府可以聘用护林员，其主要职责是巡护森林，发现火情、林业有害生物以及破坏森林资源的行为，应当及时处理并向当地林业等有关部门报告。

第三十四条　地方各级人民政府负责本行政区域的森林防火工作，发挥群防作用；县级以上人民政府组织领导应急管理、林业、公安等部门按照职责分工密切配合做好森林火灾的科学预防、扑救和处置工作：

（一）组织开展森林防火宣传活动，普及森林防火知识；

（二）划定森林防火区，规定森林防火期；

（三）设置防火设施，配备防灭火装备和物资；

（四）建立森林火灾监测预警体系，及时消除隐患；

（五）制定森林火灾应急预案，发生森林火灾，立即组织扑救；

（六）保障预防和扑救森林火灾所需费用。

国家综合性消防救援队伍承担国家规定的森林火灾扑救任务和预防相关工作。

第三十五条　县级以上人民政府林业主管部门负责本行政区域的林业有害生物的监测、检疫和防治。

省级以上人民政府林业主管部门负责确定林业植物及其产品的检疫性有害生物，划定疫区和保护区。

重大林业有害生物灾害防治实行地方人民政府负责制。发生暴发性、危险性等重大林业有害生物灾害时，当地人民政府应当及时组织除治。

林业经营者在政府支持引导下，对其经营管理范围内的林业有害生物进行防治。

第三十六条 国家保护林地，严格控制林地转为非林地，实行占用林地总量控制，确保林地保有量不减少。各类建设项目占用林地不得超过本行政区域的占用林地总量控制指标。

第三十七条 矿藏勘查、开采以及其他各类工程建设，应当不占或者少占林地；确需占用林地的，应当经县级以上人民政府林业主管部门审核同意，依法办理建设用地审批手续。

占用林地的单位应当缴纳森林植被恢复费。森林植被恢复费征收使用管理办法由国务院财政部门会同林业主管部门制定。

县级以上人民政府林业主管部门应当按照规定安排植树造林，恢复森林植被，植树造林面积不得少于因占用林地而减少的森林植被面积。上级林业主管部门应当定期督促下级林业主管部门组织植树造林、恢复森林植被，并进行检查。

第三十八条 需要临时使用林地的，应当经县级以上人民政府林业主管部门批准；临时使用林地的期限一般不超过二年，并不得在临时使用的林地上修建永久性建筑物。

临时使用林地期满后一年内，用地单位或者个人应当恢复植被和林业生产条件。

第三十九条 禁止毁林开垦、采石、采砂、采土以及其他毁坏林木和林地的行为。

禁止向林地排放重金属或者其他有毒有害物质含量超标的污水、污泥，以及可能造成林地污染的清淤底泥、尾矿、矿渣等。

禁止在幼林地砍柴、毁苗、放牧。

禁止擅自移动或者损坏森林保护标志。

第四十条 国家保护古树名木和珍贵树木。禁止破坏古树名木和珍贵树木及其生存的自然环境。

第四十一条 各级人民政府应当加强林业基础设施建设，应用先进适用的科技手段，提高森林防火、林业有害生物防治等森林管护能力。

各有关单位应当加强森林管护。国有林业企业事业单位应当加大投入，加强森林防火、林业有害生物防治，预防和制止破坏森林资源的行为。

第五章 造林绿化

第四十二条 国家统筹城乡造林绿化，开展大规模国土绿化行动，绿化美化城乡，推动森林城市建设，促进乡村振兴，建设美丽家园。

第四十三条 各级人民政府应当组织各行各业和城乡居民造林绿化。

宜林荒山荒地荒滩，属于国家所有的，由县级以上人民政府林业主管部门和其他有关主管部门组织开展造林绿化；属于集体所有的，由集体经济组织组织开展造林绿化。

城市规划区内、铁路公路两侧、江河两侧、湖泊水库周围，由各有关主管部门按照有关规定因地制宜组织开展造林绿化；工矿区、工业园区、机关、学校用地，部队营区以及农场、牧场、渔场经营地区，由各该单位负责造林绿化。组织开展城市造林绿化的具体办法由国务院制定。

国家所有和集体所有的宜林荒山荒地荒滩可以由单位或者个人承包造林绿化。

第四十四条 国家鼓励公民通过植树造林、抚育管护、认建认养等方式参与造林绿化。

第四十五条 各级人民政府组织造林绿化，应当科学规划、因地制宜，优化林种、树种结构，鼓励使用乡土树种和林木良种、营造混交林，提高造林绿化质量。

国家投资或者以国家投资为主的造林绿化项目，应当按照国家规定使用林木良种。

第四十六条 各级人民政府应当采取以自然恢复为主、自然恢复和人工修复相结合的措施，科学保护修复森林生态系统。新造幼林地和其他应当封山育林的地方，由当地人民政府组织封山育林。

各级人民政府应当对国务院确定的坡耕地、严重沙化耕地、严重石漠化耕地、严重污染耕地等需要生态修复的耕地，有计划地组织实施退耕还林还草。

各级人民政府应当对自然因素等导致的荒废和受损山体、退化林地以及宜林荒山荒地荒滩，因地制宜实施森林生态修复工程，恢复植被。

第六章 经营管理

第四十七条 国家根据生态保护的需要，将森林生态区位重要或者生态状况脆弱，以发挥生态效益为主要目的的林地和林地上的森林划定为公益林。未划定为公益林的林地和林地上的森林属于商品林。

第四十八条 公益林由国务院和省、自治区、直辖市人民政府划定并公布。

下列区域的林地和林地上的森林，应当划定为公益林：

（一）重要江河源头汇水区域；

（二）重要江河干流及支流两岸、饮用水水源地保护区；

（三）重要湿地和重要水库周围；

（四）森林和陆生野生动物类型的自然保护区；

（五）荒漠化和水土流失严重地区的防风固沙林基干林带；

（六）沿海防护林基干林带；

（七）未开发利用的原始林地区；

（八）需要划定的其他区域。

公益林划定涉及非国有林地的，应当与权利人签订书面协议，并给予合理补偿。

公益林进行调整的，应当经原划定机关同意，并予以公布。

国家级公益林划定和管理的办法由国务院制定；地方级公益林划定和管理的办法由省、自治区、直辖市人民政府制定。

第四十九条 国家对公益林实施严格保护。

县级以上人民政府林业主管部门应当有计划地组织公益林经营者对公益林中生态功能低下的疏林、残次林等低质低效林，采取林分改造、森林抚育等措施，提高公益林的质量和生态保护功能。

在符合公益林生态区位保护要求和不影响公益林生态功能的前提下，经科学论证，可以合理利用公益林林地资源和森林景观资源，适度开展林下经济、森林旅游等。利用公益林开展上述活动应当严格遵守国家有关规定。

第五十条 国家鼓励发展下列商品林：

（一）以生产木材为主要目的的森林；

（二）以生产果品、油料、饮料、调料、工业原料和药材等林产品为主要目的的森林；

（三）以生产燃料和其他生物质能源为主要目的的森林；

（四）其他以发挥经济效益为主要目的的森林。

在保障生态安全的前提下，国家鼓励建设速生丰产、珍贵树种和大径级用材林，增加林木储备，保障木材供给安全。

第五十一条 商品林由林业经营者依法自主经营。在不破坏生态的前提下，可以采取集约化经营措施，合理利用森林、林木、林地，提高商品林经济效益。

第五十二条 在林地上修筑下列直接为林业生产经营服务的工程设施，符合国家有关部门规定的标准的，由县级以上人民政府林业主管部门批准，不需要办理建设用地审批手续；超出标准需要占用林地的，应当依法办理建设用地审批手续：

（一）培育、生产种子、苗木的设施；

（二）贮存种子、苗木、木材的设施；

（三）集材道、运材道、防火巡护道、森林步道；

（四）林业科研、科普教育设施；

（五）野生动植物保护、护林、林业有害生物防治、森林防火、木材检疫的设施；

（六）供水、供电、供热、供气、通讯基础设施；

（七）其他直接为林业生产服务的工程设施。

第五十三条 国有林业企业事业单位应当编制森林经营方案，明确森林培育和管护的经营措施，报县级以上人民政府林业主管部门批准后实施。重点林区的森林经营方案由国务院林业主管部门批准后实施。

国家支持、引导其他林业经营者编制森林经营方案。

编制森林经营方案的具体办法由国务院林业主管部门制定。

第五十四条 国家严格控制森林年采伐量。省、自治区、直辖市人民政府林业主管部门根据消耗量低于生长量和森林分类经营管理的原则，编制本行政区域的年采伐限额，经征求国务院林业主管部门意见，报本级人民政府批准后公布实施，并报国务院备案。重点林区的年采伐限额，由国务院林业主管部门编制，报国务院批准后公布实施。

第五十五条 采伐森林、林木应当遵守下列规定：

(一)公益林只能进行抚育、更新和低质低效林改造性质的采伐。但是，因科研或者实验、防治林业有害生物、建设护林防火设施、营造生物防火隔离带、遭受自然灾害等需要采伐的除外。

(二)商品林应当根据不同情况，采取不同采伐方式，严格控制皆伐面积，伐育同步规划实施。

(三)自然保护区的林木，禁止采伐。但是，因防治林业有害生物、森林防火、维护主要保护对象生存环境、遭受自然灾害等特殊情况必须采伐的和实验区的竹林除外。

省级以上人民政府林业主管部门应当根据前款规定，按照森林分类经营管理、保护优先、注重效率和效益等原则，制定相应的林木采伐技术规程。

第五十六条 采伐林地上的林木应当申请采伐许可证，并按照采伐许可证的规定进行采伐；采伐自然保护区以外的竹林，不需要申请采伐许可证，但应当符合林木采伐技术规程。

农村居民采伐自留地和房前屋后个人所有的零星林木，不需要申请采伐许可证。

非林地上的农田防护林、防风固沙林、护路林、护岸护堤林和城镇林木等的更新采伐，由有关主管部门按照有关规定管理。

采挖移植林木按照采伐林木管理。具体办法由国务院林业主管部门制定。

禁止伪造、变造、买卖、租借采伐许可证。

第五十七条 采伐许可证由县级以上人民政府林业主管部门核发。

县级以上人民政府林业主管部门应当采取措施，方便申请人办理采伐许可证。

农村居民采伐自留山和个人承包集体林地上的林木，由县级人民政府林业主管部门或者其委托的乡镇人民政府核发采伐许可证。

第五十八条 申请采伐许可证，应当提交有关采伐的地点、林种、树种、面积、蓄积、方式、更新措施和林木权属等内容的材料。超过省级以上人民政府林业主管部门规定面积或者蓄积量的，还应当提交伐区调查设计材料。

第五十九条 符合林木采伐技术规程的，审核发放采伐许可证的部门应当及时核发采伐许可证。但是，审核发放采伐许可证的部门不得超过年采伐限额发放采伐许可证。

第六十条 有下列情形之一的，不得核发采伐许可证：

(一)采伐封山育林期、封山育林区内的林木；

(二)上年度采伐后未按照规定完成更新造林任务；

(三)上年度发生重大滥伐案件、森林火灾或者林业有害生物灾害，未采取预防和改进措施；

(四)法律法规和国务院林业主管部门规定的禁止采伐的其他情形。

第六十一条 采伐林木的组织和个人应当按照有关规定完成更新造林。更新造林的面积不得少于采伐的面积，更新造林应当达到相关技术规程规定的标准。

第六十二条 国家通过贴息、林权收储担保补助等措施，鼓励和引导金融机构开展涉林抵押贷款、林农信用贷款等符合林业特点的信贷业务，扶持林权收储机构进行市场化收储担保。

第六十三条 国家支持发展森林保险。县级以上人民政府依法对森林保险提供保险费补贴。

第六十四条 林业经营者可以自愿申请森林认证，促进森林经营水平提高和可持续经营。

第六十五条 木材经营加工企业应当建立原料和产品出入库台账。任何单位和个人不得收购、加工、运输明知是盗伐、滥伐等非法来源的林木。

第七章 监督检查

第六十六条 县级以上人民政府林业主管部门依照本法规定，对森林资源的保护、修复、利用、更新等进行监督检查，依法查处破坏森林资源等违法行为。

第六十七条 县级以上人民政府林业主管部门履行森林资源保护监督检查职责，有权采取下列措施：

(一)进入生产经营场所进行现场检查；

(二)查阅、复制有关文件、资料，对可能被转移、销毁、隐匿或者篡改的文件、资料予以封存；

(三)查封、扣押有证据证明来源非法的林木以及从事破坏森林资源活动的工具、设备或者财物；

（四）查封与破坏森林资源活动有关的场所。

省级以上人民政府林业主管部门对森林资源保护发展工作不力、问题突出、群众反映强烈的地区，可以约谈所在地区县级以上地方人民政府及其有关部门主要负责人，要求其采取措施及时整改。约谈整改情况应当向社会公开。

第六十八条 破坏森林资源造成生态环境损害的，县级以上人民政府自然资源主管部门、林业主管部门可以依法向人民法院提起诉讼，对侵权人提出损害赔偿要求。

第六十九条 审计机关按照国家有关规定对国有森林资源资产进行审计监督。

第八章 法律责任

第七十条 县级以上人民政府林业主管部门或者其他有关国家机关未依照本法规定履行职责的，对直接负责的主管人员和其他直接责任人员依法给予处分。

依照本法规定应当作出行政处罚决定而未作出的，上级主管部门有权责令下级主管部门作出行政处罚决定或者直接给予行政处罚。

第七十一条 违反本法规定，侵害森林、林木、林地的所有者或者使用者的合法权益的，依法承担侵权责任。

第七十二条 违反本法规定，国有林业企业事业单位未履行保护培育森林资源义务、未编制森林经营方案或者未按照批准的森林经营方案开展森林经营活动的，由县级以上人民政府林业主管部门责令限期改正，对直接负责的主管人员和其他直接责任人员依法给予处分。

第七十三条 违反本法规定，未经县级以上人民政府林业主管部门审核同意，擅自改变林地用途的，由县级以上人民政府林业主管部门责令限期恢复植被和林业生产条件，可以处恢复植被和林业生产条件所需费用三倍以下的罚款。

虽经县级以上人民政府林业主管部门审核同意，但未办理建设用地审批手续擅自占用林地的，依照《中华人民共和国土地管理法》的有关规定处罚。

在临时使用的林地上修建永久性建筑物，或者临时使用林地期满后一年内未恢复植被或者林业生产条件的，依照本条第一款规定处罚。

第七十四条 违反本法规定，进行开垦、采石、采砂、采土或者其他活动，造成林木毁坏的，由县级以上人民政府林业主管部门责令停止违法行为，限期在原地或者异地补种毁坏株数一倍以上三倍以下的树木，可以处毁坏林木价值五倍以下的罚款；造成林地毁坏的，由县级以上人民政府林业主管部门责令停止违法行为，限期恢复植被和林业生产条件，可以处恢复植被和林业生产条件所需费用三倍以下的罚款。

违反本法规定，在幼林地砍柴、毁苗、放牧造成林木毁坏的，由县级以上人民政府林业主管部门责令停止违法行为，限期在原地或者异地补种毁坏株数一倍以上三倍以下的树木。

向林地排放重金属或者其他有毒有害物质含量超标的污水、污泥，以及可能造成林地污染的清淤底泥、尾矿、矿渣等的，依照《中华人民共和国土壤污染防治法》的有关规定处罚。

第七十五条 违反本法规定，擅自移动或者毁坏森林保护标志的，由县级以上人民政府林业主管部门恢复森林保护标志，所需费用由违法者承担。

第七十六条 盗伐林木的，由县级以上人民政府林业主管部门责令限期在原地或者异地补种盗伐株数一倍以上五倍以下的树木，并处盗伐林木价值五倍以上十倍以下的罚款。

滥伐林木的，由县级以上人民政府林业主管部门责令限期在原地或者异地补种滥伐株数一倍以上三倍以下的树木，可以处滥伐林木价值三倍以上五倍以下的罚款。

第七十七条 违反本法规定，伪造、变造、买卖、租借采伐许可证的，由县级以上人民政府林业主管部门没收证件和违法所得，并处违法所得一倍以上三倍以下的罚款；没有违法所得的，可以处二万元以下的罚款。

第七十八条 违反本法规定，收购、加工、运输明知是盗伐、滥伐等非法来源的林木的，由县级以上人民政府林业主管部门责令停止违法行为，没收违法收购、加工、运输的林木或者变卖所得，可以处违法收购、加工、运输林木价款三倍以下的罚款。

第七十九条 违反本法规定，未完成更新造林任务的，由县级以上人民政府林业主管部门责令限期完成；逾期未完成的，可以处未完成造林任务所需费用二倍以下的罚款；对直接负责的主管人员和其他直接责任人员，依法给予处分。

第八十条 违反本法规定，拒绝、阻碍县级以上人民政府林业主管部门依法实施监督检查的，可以处五万元以下的罚款，情节严重的，可以责令停产停业整顿。

第八十一条 违反本法规定，有下列情形之一的，由县级以上人民政府林业主管部门依法组织代为履行，代为履行所需费用由违法者承担：

(一)拒不恢复植被和林业生产条件，或者恢复植被和林业生产条件不符合国家有关规定；

(二)拒不补种树木，或者补种不符合国家有关规定。

恢复植被和林业生产条件、树木补种的标准，由省级以上人民政府林业主管部门制定。

第八十二条 公安机关按照国家有关规定，可以依法行使本法第七十四条第一款、第七十六条、第七十七条、第七十八条规定的行政处罚权。

违反本法规定，构成违反治安管理行为的，依法给予治安管理处罚；构成犯罪的，依法追究刑事责任。

第九章 附则

第八十三条 本法下列用语的含义是：

(一)森林，包括乔木林、竹林和国家特别规定的灌木林。按照用途可以分为防护林、特种用途林、用材林、经济林和能源林。

(二)林木，包括树木和竹子。

(三)林地，是指县级以上人民政府规划确定的用于发展林业的土地。包括郁闭度0.2以上的乔木林地以及竹林地、灌木林地、疏林地、采伐迹地、火烧迹地、未成林造林地、苗圃地等。

第八十四条 本法自2020年7月1日起施行。

国家林业和草原局关于印发《国家林业和草原长期科研基地管理办法》的通知

林科发〔2019〕13 号

各省、自治区、直辖市林业和草原主管部门，内蒙古、大兴安岭森工(林业)集团公司，新疆生产建设兵团林业和草原主管部门，国家林业和草原局各司局、各派出机构、各直属单位：

为规范国家林业和草原长期科研基地管理，提升长期科研基地建设水平，充分发挥长期科研基地的基础和战略作用，我局研究制定了《国家林业和草原长期科研基地管理办法》(见附件)。现印发给你们，请遵照执行。

特此通知。

附件：国家林业和草原长期科研基地管理办法

国家林业和草原局
2019 年 2 月 13 日

附件：

国家林业和草原长期科研基地管理办法

第一章　总　则

第一条　为规范管理国家林业和草原长期科研基地(以下简称“长期科研基地”)，提升长期科研基地建设水平，充分发挥长期科研基地基础和战略作用，依据《“十三五”国家科技创新基地与条件保障能力建设专项规划》《国家林业和草原长期科研基地规划(2018—2035 年)》，制定本办法。

第二条　长期科研基地是林业和草原科技创新的重要平台，主要开展林草和濒危野生动植物遗传与种质资源收集、保存与利用，林草和濒危野生动植物育种，森林培育与经营，森林、草原、湿地、荒漠生态系统保护与修复，自然保护地和物种保护，森林草原灾害防控，野生动物疫源疫病监测防控等科学研究、技术开发利用、成果示范推广、科学普及教育，以及为产业发展提供服务和支撑。

第三条　长期科研基地分为专题类和综合类两类。专题类是指以单一领域和方向为研究内容的类别，综合类是指涵盖两个以上领域和方向的类别。

第四条　长期科研基地建设管理坚持面向需求、服务科研、长期运行、开放共享的原则，规范管理和完善基础设施建设，为科研提供长期、稳定、持续的基础平台。

第五条　国家林业和草原局负责长期科研基地建设管理，成立长期科研基地建设领导小组，负责组织领导长期科研基地建设管理工作，研究解决相关重大问题。具体工作由科技司负责。

第六条　各省、自治区、直辖市林业和草原主管部门，内蒙古、大兴安岭森工(林业)集团公司，新疆生产建设兵团林业和草原主管部门，国家林业和草原局有关直属单位及系统外涉林草的科研院所、高校作为归口管理单位，负责组织本地区本单位长期科研基地的申报推荐工作，并给予相应条件保障。

第七条　国家林业和草原局统筹各类资源给予长期科研基地相应支持，相关支持措施不包括财政奖励和补贴。承担国家各类科技项目的单位均应优先在长期科研基地实施项目。

第二章 申报条件和程序

第八条 申报长期科研基地应在《国家林业和草原长期科研基地规划(2018—2035年)》区域和符合划分的类型内。

第九条 申报的长期科研基地需满足以下基本条件:

(一)所申报的长期科研基地土地权属清晰,能够确保长期稳定使用。

(二)申报的长期科研基地需开展相关领域科学研究工作连续5年以上,并具有可发展利用的土地空间。

(三)申报单位应具备支撑开展相关领域科学研究的仪器设备和场地设施。

(四)申报单位应拥有学科配置合理、梯队层次分明、专业能力强、专兼结合的人才队伍,以及比较先进或实用性强的科技成果。

(五)申报单位应具有保存科学研究试验材料和科研基地完整性的能力。

(六)能够满足开展长期科研基地工作的其他条件。

第十条 长期科研基地的申报程序如下:

(一)申报单位应编制10年以上长期科研基地建设规划,明确长期科研基地四至、面积及建设内容和目标,并向归口管理单位提出长期科研基地建设申请。

(二)归口管理单位对申报单位的申报材料进行审核,并根据申报单位的实际情况,筛选出符合条件、优秀的科研基地上报国家林业和草原局。

(三)国家林业和草原局科技司组织专家进行现场考察和评审,提出长期科研基地认定建议名单,按程序报局长期科研基地建设领导小组审议后正式以局文批复。

第十一条 鼓励各省级林业和草原主管部门建立省级长期科研基地;鼓励符合条件的企业和社会力量加强科技创新,建立长期科研基地。

第十二条 长期科研基地挂牌名称统一为“国家林业和草原长期科研基地”,规范名称可根据实际情况,确定为“地名+领域(学科)+国家长期科研基地”。

第三章 运行管理

第十三条 长期科研基地建立管理委员会,负责长期科研基地重大事项决策和日常运行管理。

(一)管理委员会实行主任负责制,由申报单位和长期科研基地所在单位有关人员组成,成员不少于7人。其中,专业技术人员应占一半以上。

归口管理单位负责管理委员会的审批、人员变更调整等,并制定相应具体管理办法。

(二)管理委员会负责制定规章制度,规范人才队伍建设、实验材料和仪器设备使用、科研数据收集和资料档案管理等。

(三)管理委员会负责长期规范保存长期科研基地开展科学研究的试验材料、数据资料等,保证试验数据长期、连续、有效,同时负责其保密及知识产权保护等相关工作。

(四)长期科研基地实行共建共享,向相关科研院校和人员开放,提供必要的科学研究条件。

第十四条 长期科研基地所属土地被征占用或土地权属发生变更的,长期科研基地归口管理单位须在土地权属变更后一个月内正式报告国家林业和草原局;如长期科研基地主体功能丧失,将予以退出长期科研基地序列。

第十五条 长期科研基地可以根据科学研究需要适当自主调整森林资源,但需依法办理有关行政许可或其他法定手续。

第十六条 长期科研基地实行年度考核与定期评估相结合的考评制度,根据不同类型设立相应的考评指标体系。

(一)年度考核由长期科研基地管理委员会自行组织进行,考核重点为年度科研进展、开放共享、运行管理状况,以及土地权属变更情况等,由归口管理单位审核后,于每年年底前报送国家林业和草原局科技司。

(二)定期评估由国家林业和草原局科技司组织实施,评估周期为五年,评估内容包括研究成果、示范成效、人才队伍、基础设施、开放共享与运行管理水平等,重点评估长期科研基地对行业贡献和社会价值。

第十七条 国家林业和草原局科技司对长期科研基地年度考核和定期评估结果予以审核和公

布。对于评价考核结果较差的责成其限期整改，整改仍不合格的不再纳入长期科研基地序列。

第十八条 各归口管理单位要对本地区本单位长期科研基地的管理进行监督，在资金、人才、基础设施条件等方面给予支持。

第四章 附 则

第十九条 本办法由国家林业和草原局负责解释。

第二十条 本办法自2019年3月1日起施行，有效期至2023年12月31日。原《国家林业长期科研试验示范基地管理办法(试行)》(林科发〔2014〕18号)同时废止。

国家林业和草原局关于促进林草产业高质量发展的指导意见

林改发〔2019〕14号

各省、自治区、直辖市林业和草原主管部门，内蒙古、大兴安岭森工（林业）集团公司，新疆生产建设兵团林业和草原主管部门，国家林业和草原局各司局、各派出机构、各直属单位：

森林和草原是重要的可再生资源。合理利用林草资源，是遵循自然规律、实现森林和草原生态系统良性循环与自然资产保值增值的内在要求，是推动产业兴旺、促进农牧民增收致富的有效途径，是深化供给侧结构性改革、满足社会对优质林草产品需求的重要举措，是激发社会力量参与林业和草原生态建设内生动力的必然要求。为合理利用林草资源，高质量发展林草产业，实现生态美百姓富有机统一，现提出如下意见。

一、指导思想

全面贯彻落实党的十九大和十九届二中、三中全会精神，以习近平新时代中国特色社会主义思想为指导，践行"绿水青山就是金山银山"理念，深化供给侧结构性改革，大力培育和合理利用林草资源，充分发挥森林和草原生态系统多种功能，促进资源可持续经营和产业高质量发展，有效增加优质林草产品供给，为实现精准脱贫、推动乡村振兴、建设生态文明和美丽中国做出更大贡献。

二、基本原则

（一）坚持生态优先，绿色发展。正确处理林草资源保护、培育与利用的关系，建立生态产业化、产业生态化的林草生态产业体系，筑牢发展新根基。

（二）坚持因地制宜，突出特色。根据林草资源禀赋，培育主导产业、特色产业和新兴产业，培植林草产品和服务品牌，形成资源支撑、产业带动、品牌拉动的发展新格局。

（三）坚持创新驱动，集约高效。加快产品创新、组织创新和科技创新，推动规模扩张向质量提升、要素驱动向创新驱动、分散布局向集聚发展转变，培育发展新动能。

（四）坚持市场主导，政府引导。充分发挥市场配置资源的决定性作用，积极培育市场主体，营造良好市场环境。加强政府引导和监督管理，完善服务体系，健全发展新机制。

三、发展目标

到2025年，林草资源合理利用体制机制基本形成，林草资源支撑能力显著增强，优质林草产品产量显著增加，林产品贸易进一步扩大，力争全国林业总产值在现有基础上提高50%以上，主要经济林产品产量达2.5亿吨，林产品进出口贸易额达2400亿美元；产业结构不断优化，新产业新业态大量涌现，森林和草原服务业加速发展，森林的非木质利用全面加强和优化，林业旅游、康养与休闲产业接待规模达50亿人次，一、二、三产业比例调整到25∶48∶27；资源开发利用监督管理进一步加强，资源利用效率和生产技术水平进一步提升，产业质量效益显著改善；有效增进国家生态安全、木材安全、粮油安全和能源安全，有力助推乡村振兴、脱贫攻坚和经济社会发展，服务国家战略能力全面增强。

到2035年，林草资源配置水平明显提高，林草产业规模进一步扩大，优质林草产品供给更加充足，产业结构更加优化，产品质量和服务水平全面提升，资源利用监管更加有效，服务国家战略能力持续增强，我国迈入林草产业强国行列。

四、重点工作

（一）增强木材供给能力。突出可持续经营和定向集约培育，加大人工用材林培育力度。以国家储备林为重点，加快大径级、珍贵树种用材林培育步伐。推进用材林中幼林抚育和低质低效林改造。支持林业重点龙头企业或有经营能力的其他社会投资主体参与原料林基地建设。加强竹藤资源培育，发展优质高产竹藤原料基地，增加用材供给。

(二)推动经济林和花卉产业提质增效。坚持规模适度、突出品质、注重特色，建设木本油料、特色果品、木本粮食、木本调料、木本饲料、森林药材等经济林基地和花卉基地，创建一批示范基地，培育特色优势产业集群。加强优良品种选育推广，健全标准体系，推行标准化生产，调整品种结构，培育主导产品。发展精深加工，搞好产销衔接，增强带动能力。

(三)巩固提升林下经济产业发展水平。完善林下经济规划布局和资源保护利用政策。支持小农户和规模经营主体发展林下经济。提升林下经济质量管理和品牌建设能力，完善技术和产品标准，出台林下药用植物种植等技术规程，规范林下经济发展。培育一批规模适度、特色鲜明、效益显著、环境友好、带动力强的林下经济示范基地。

(四)规范有序发展特种养殖。发挥林区生态环境和物种资源优势，以非重点保护动物为主攻方向，培育一批特种养殖基地和养殖大户，提升繁育能力，扩大种群规模，增加市场供给。鼓励社会资本参与种源繁育、扩繁和规模化养殖，发展野生动物驯养观赏和皮毛肉蛋药加工。完善野生动物繁育利用制度，加强行业管理和服务，推动保护、繁育与利用规范有序协调发展。

(五)促进产品加工业升级。优化原料基地和林草产品加工业布局，促进上下游衔接配套。支持农户和农民合作社改善林草产品储藏、保鲜、烘干、分级、包装条件，提升初加工水平。加大生物、工程、环保、信息等技术集成应用力度，加强节能环保和清洁生产，促进加工网络化、智能化、精细化。支持营养功能成分提取技术研究和开发，培育发展森林食品。开发林业生物质能源、生物质材料和生物质产品，挖掘林产工业潜力。鼓励龙头企业牵头组建集种养加服于一体、产学研用相结合的各类林草产业联盟。

(六)大力发展森林生态旅游。制定森林生态旅游与自然资源保护良性互动的政策机制。推动标准化建设，建立统一的信息统计与发布机制。积极培育森林生态旅游新业态新产品。开展服务质量等级评定。加强试点示范基地建设，打造国家森林步道、特色森林生态旅游线路、新兴森林生态旅游地品牌。加强森林生态旅游宣传推介。引导各地围绕森林生态旅游开展森林城镇、森林人家、森林村庄建设。

(七)积极发展森林康养。编制实施森林康养产业发展规划，以满足多层次市场需求为导向，科学利用森林生态环境、景观资源、食品药材和文化资源，大力兴办保健养生、康复疗养、健康养老等森林康养服务。建设森林浴场、森林氧吧、森林康复中心、森林疗养场馆、康养步道、导引系统等服务设施。加强林药材种植培育、森林食品和药材保健疗养功能研发。推动实施森林康养基地质量评定标准，创建国家森林康养基地。

(八)培育壮大草产业。继续实施退牧还草工程，启动草原生态修复工程，保护天然草原资源。加大人工种草投入力度，扩大草原改良建设规模，提高草原牧草供应能力。启动草业良种工程，加大优良草种繁育体系建设力度，逐步形成草品种集中生产区。加大牧草种植业投入，出台草产品加工业发展激励政策。重视发展草坪业，提高草坪应用水平。积极发展草原旅游，开展大美草原精品推介活动，打造草原旅游精品路线。

五、保障措施

(一)壮大经营主体。以林业专业大户、家庭林场、农民专业合作社、龙头企业和专业化服务组织为重点，加快新型林业经营体系建设。培育和壮大林业龙头企业，推动组建国家林业重点龙头企业联盟，加快推动产业园区建设，促进产业集群发展。引导发展以林草产品生产加工企业为龙头、专业合作组织为纽带、林农和种草农户为基础的“企业+合作组织+农户”的林草产业经营模式，打造现代林草业生产经营主体。积极营造林草行业企业家健康成长环境。

(二)完善投入机制。推动林草产权制度和经营管理制度创新。实施好《建立市场化、多元化生态保护补偿机制行动计划》，创新森林和草原生态效益市场化补偿机制。优化林业贷款贴息、科技推广项目等投入机制，重点支持珍贵树种、木本油料、木本饲料、特种经济树种栽培、优质苗木、森林(草原)生态旅游、森林康养等领域。运用政府和社会资本合作(PPP)等模式，引导社会资本进入林草产业。落实国家已确定的用地政策，激励各类经营主体投资林草产业基础设施和服务设施建设。

（三）拓展金融服务。积极争取扩大林权抵押贷款规模，争取金融机构开发林业全周期信贷产品，推广林权按揭贷款，推动林草业经营收益权质押贷款和生态补偿收益权质押贷款。积极协调金融机构拓宽支持林业产业的金融产品，鼓励各地建立林权收储担保服务制度，支持林业规模经营主体创办（领办）林权收储机构，支持其以自有林权抵押折资作为保证资金。鼓励金融机构开展林产品抵押、质押融资。争取保险机构扩大保险覆盖范围。完善林草资源资产评估制度和标准。

（四）加强市场建设。推广"互联网+"模式，建设林草产品电子商务体系，搭建电子商务平台，加强大数据应用，促进线上线下融合发展。大力推行订单生产，鼓励龙头企业与农民、专业合作组织建立长期稳定购销关系。积极推广木竹结构建筑和绿色建材，服务新型城镇化建设需要。深入实施森林生态标志产品建设工程，完善统一规范的产品标准、认定和标识制度。加强区域特色品牌、区域公用品牌、国内知名品牌和国际优良品牌建设。强化企业社会责任管理，健全评价体系和命名制度。实施林草碳汇市场化建设工程，完善碳汇计量监测体系，加快发展碳汇交易。

（五）强化科技支撑。加强用材林、经济林、林下经济、竹藤、花卉、特种养殖、牧草良种培育等关键技术研究，推广先进适用技术。集成创新木质非木质资源高效利用技术和草原资源高效利用技术。推动林区网络和信息基础设施基本全覆盖，加快促进智慧林业发展。推进国家级林草业先进装备生产基地建设，提升先进装备研发和制造能力。开展林业和草原科技特派员科技创业行动，鼓励企业与科研院所合作，培养科技领军人才、青年科技人才和高水平创新团队。

（六）深化"放管服"改革。精简和优化林草业行政许可事项，提升行政审批效率。推进行政许可随机抽查全覆盖，加强事中事后监管。深化林木采伐审批改革，逐步实现依据森林经营方案确定采伐限额，改进林木采伐管理服务。建设林业基础数据库、资源监管体系、林权管理系统和林区综合公共服务平台。强化乡镇林业工作站公共服务职能，全面推行"一站式、全程代理"服务。发挥好行业组织在促进林草产业发展方面的作用。

（七）维护质量安全。健全林草产品标准体系和质量管理体系，完善林草产品质量评价制度和追溯制度。加快推进标准化生产，大力推进产地标识管理、产地条形码制度。培育创建一批林草产品质量提升示范区。建立林草产业市场准入目录、市场负面清单及信用激励和约束机制。建立主要林草产品质量安全抽检机制，及时发布检测结果，引导企业落实产品质量及安全生产责任。

（八）扩大国际合作。实施林草产品引进来和走出去战略。鼓励和引导企业建立海外森林资源培育基地和林业投资合作示范园区。深化木材加工、林业机械制造等优势产能国际合作，推进林业调查规划、勘察设计等服务和技术输出。依托国内口岸，建立进口木材储备加工交易基地。健全林业贸易摩擦应对和境外投资预警协调机制。

国家林业和草原局

2019年2月14日

国家林业和草原局　民政部　国家卫生健康委员会　国家中医药管理局关于促进森林康养产业发展的意见

林改发〔2019〕20号

各省、自治区、直辖市林业和草原主管部门、民政厅(局)、卫生健康委、中医药局,内蒙古、大兴安岭森工(林业)集团公司,新疆生产建设兵团林业和草原主管部门、民政局、卫生计生委,国家林业和草原局各司局、各派出机构、各直属单位:

森林康养是以森林生态环境为基础,以促进大众健康为目的,利用森林生态资源、景观资源、食药资源和文化资源并与医学、养生学有机融合,开展保健养生、康复疗养、健康养老的服务活动。发展森林康养产业,是科学、合理利用林草资源,践行绿水青山就是金山银山理念的有效途径,是实施健康中国战略、乡村振兴战略的重要措施,是林业供给侧结构性改革的必然要求,是满足人民美好生活需要的战略选择,意义十分重大。为促进森林康养产业健康有序发展,现提出如下意见。

一、总体要求

(一)指导思想。全面贯彻党的十九大和十九届二中、三中全会精神,以习近平新时代中国特色社会主义思想为指导,牢固树立新发展理念,以建设生态文明和美丽中国为统领,以服务健康中国和促进乡村振兴为目标,以优化森林康养环境、完善康养基础设施、丰富康养产品、建设康养基地、繁荣康养文化、提高康养服务水平为重点,向社会提供多层次、多种类、高质量的森林康养服务,不断满足人民群众日益增长的美好生活需要。

(二)基本原则。

坚持生态优化,协调发展。严格执行林地保护利用规划,强化林地用途和森林主导功能管制,在严格保护的前提下,统筹考虑森林生态承载能力和发展潜力,科学确定康养利用方式和强度,实现生态得保护、康养得发展。

坚持因地制宜,突出特色。根据资源禀赋、地理区位、人文历史、区域经济水平等条件及大众康养实际需要,确定森林康养发展目标、重点任务和规划布局,突出地域文化和地方特色,实现布局合理、供需相宜。

坚持科学开发,集约利用。充分利用和发挥现有设施功能,适当填平补齐,不搞大拆大建,不搞重复建设,不搞脱离实际需要的超标准建设,避免急功近利、盲目发展,实现规模适度、物尽其用。

坚持创新引领,制度保障。运用多学科多领域的新成果,加快推进技术创新、产品创新、管理创新,建立健全相关制度规范,强化服务保障,实现规范有序、保障有力。

坚持市场主导,多方联动。立足市场需求,以产权为基础,以利益为纽带,推进全面开放,吸引各类投资主体和社会力量参与,实现部门联动、统筹推进。

(三)发展目标。培育一批功能显著、设施齐备、特色突出、服务优良的森林康养基地,构建产品丰富、标准完善、管理有序、融合发展的森林康养服务体系。到2022年,建成基础设施基本完善、产业布局较为合理的区域性森林康养服务体系,建设国家森林康养基地300处,建立森林康养骨干人才队伍。到2035年,建成覆盖全国的森林康养服务体系,建设国家森林康养基地1200处,建立一支高素质的森林康养专业人才队伍。到2050年,森林康养服务体系更加健全,森林康养理念深入人心,人民群众享有更加充分的森林康养服务。

二、主要任务

(四)优化森林康养环境。遵循森林生态系统健康理念,科学开展森林抚育、林相改造和景观提升,丰富植被的种类、色彩、层次和季相。结合功能布局，有针对性地营造、补植具有康养功能的树种、花卉等植物。着力打造生态优良、林相优美、景致宜人、功效明显的森林康养环境。

（五）完善森林康养基础设施。依托已有林间步道、护林防火道和生产性道路建设康养步道和导引系统等基础设施，充分利用现有房舍和建设用地，建设森林康复中心、森林疗养场所、森林浴、森林氧吧等服务设施，做好公共设施无障碍建设和改造。争取相关部门支持，将森林康养公共基础、健康养老等设施建设纳入当地基础设施建设规划。

（六）丰富森林康养产品。以满足多层次市场需求为导向，着力开展保健养生、康复疗养、健康养老、休闲游憩等森林康养服务。积极发展森林浴、森林食疗、药疗等服务项目。充分发挥中医药特色优势，大力开发中医药与森林康养服务相结合的产品。推动药用野生动植物资源的保护、繁育及利用。加强森林康养食材、中药材种植培育，森林食品、饮品、保健品等研发、加工和销售。依托森林生态标志产品建设工程，培育一批特色鲜明的优质森林康养品牌。

（七）建设森林康养基地。依据林业、健康、卫生、养老等法律法规和政策规定，建立健全森林康养基地建设标准，推进森林康养基地建设。基地建设要选址科学安全、功能分区合理、建设内容完整、特色优势突出。按照“环境优良、服务优质、管理完善、特色鲜明、效益明显”的要求，创建一批国家级和省级森林康养基地，发挥示范引领作用。建立森林康养基地质量评价和动态管理制度。

（八）繁荣森林康养文化。积极推进森林康养文化体系建设，深入挖掘中医药健康养生文化、森林文化、花卉文化、膳食文化、民俗文化以及乡土文化。鼓励创作森林康养文学、书法、摄影、音乐、影视等文化产品。强化自然教育，提高公众对森林康养功能的全面认识。推广森林康养文化，倡导健康生活理念。

（九）提高森林康养服务水平。完善服务标准和技术规范，加强标准实施和监督管理。引进先进经营理念，探索运用连锁式、托管式、共享式、职业经理制等现代经营管理模式，提升运营能力和管理水平。加强从业人员职业技能培训，提高服务品质。开展森林康养环境监测，实时发布生态及服务数据。加强安全防护和引导，强化应急处置，确保安全运营。

三、保障措施

（十）加强组织指导。林业和草原主管部门要强化森林康养服务质量和综合管理，民政、卫生健康、中医药等部门在职责范围内做好相关指导工作。按照“特色突出、符合实际、布局合理、可持续发展”的要求，衔接林业、健康、养老等发展规划，科学制定森林康养产业规划，明确发展重点和区域布局。规范森林康养市场行为，推进诚信体系建设。充分利用各类媒体平台大力宣传森林康养，推广品牌、基地和创新模式。鼓励各地举办以森林康养为主题的公益活动，提升森林康养的社会影响力。

（十一）加大政策扶持力度。各级林业草原主管部门要积极协调有关政府部门，各级民政、卫生健康、中医药等部门要加大对森林康养产业的支持力度，重点支持森林康养生态环境质量提升、森林康养数据监测、森林康养文化传播以及水、电、路、网络、通信、公厕、林间步道、全民健身等基础设施建设。对森林康养基地开展的林相改造、补植补造、森林抚育等按政策给予支持。创新机制模式，通过政府与社会资本合作（PPP）等方式支持引导经营主体投资发展森林康养产业。各地可探索建立政府引导基金，以融资担保、贷款贴息、项目奖补等方式，大力培育森林康养龙头企业，鼓励贫困地区发展森林康养产业，促进就业增收、脱贫致富，支持返乡下乡人员、林业专业合作社、家庭林场和小农户参与森林康养服务工作。

（十二）加强用地保障。依法依规满足森林康养产业用地需求。利用好现有法律和政策规定，对集中连片开展生态修复达到一定规模的经营主体，允许在符合土地管理法律法规和土地利用总体规划、依法办理建设用地审批手续、坚持节约集约用地的前提下，利用一定比例治理面积从事康养产业开发。在不破坏森林植被的前提下，可依据《国家级公益林管理办法》利用二级国家级公益林地开展森林康养活动。认真落实《老年人权益保障法》规定，合理利用农村未承包的集体所有的部分土地、山林、水面、滩涂发展养老产业。

（十三）拓宽投融资渠道。鼓励各类林业、健康、养老、中医药等产业基金进入森林康养产业。将森林康养产业项目纳入林业产业投资基金支持范围。积极争取和协调开发性政策性金融及有关商业金融机构长周期低成本资金支持。对符合政策规定的森林康养产业贷款项目纳入林业贷款贴息范围。促进投资主体多元化，鼓励社会资本以合资、合作、租赁、承包等形式依法合规进入森林康养产业，引导其与林场、合作社、农户等经营主体建立利益联结机制，实现资源优化配置和集约化、规模化经营。支持社会力量结合森林康养资源建设特色养老机构。

（十四）健全共建共享机制。加强部门沟通协调，建立健全协作机制。鼓励地方推进森林康养与医疗卫生、养老服务、中医药产业融合发展，实现互促共赢。鼓励地方探索依法将符合条件的以康复医疗为主的森林康养服务纳入医保范畴和职工疗养休养体系。积极协调相关部门，在森林康养发展要素保障、审批手续等方面给予支持。支持有相关资质的医师及专业人员在森林康养基地规范开展疾病预防、营养、中医调理养生、养老护理等非诊疗行为的健康服务。

（十五）强化科技支撑。鼓励森林康养基地与科研机构开展合作，加强科学研究、新技术新产品研发与应用推广。推进“互联网+森林康养”发展模式，打造森林康养大数据平台，与国家生态大数据平台实现对接和数据共享。推广运用人工智能、物联网和大数据等技术和装备，实现智慧森林康养。

（十六）加强人才培养。将森林康养专业人才培训纳入相关培训计划，支持高校和职业学校建设森林康养相关学科和专业，培养实用型、技能型专业人才。探索开展森林康养从业人员能力水平评价工作，培养一支懂康养业务、爱康养事业、会经营管理的经营型人才队伍和技术优良、服务意识强、职业操守好的康养技术人员。

国家林业和草原局
民政部
国家卫生健康委
国家中医药局
2019年3月6日

国家林业和草原局公告

2019 年第 9 号

根据《中华人民共和国标准化法》《深化标准化工作改革方案》和《林业标准化管理办法》的相关要求，经研究，我局决定废止《速生丰产用材林检验方法》等 30 项林业行业标准（汇总表见附件）。

特此公告。

附件：废止林业行业标准汇总表

国家林业和草原局

2019 年 3 月 15 日

附件

废止林业行业标准汇总表

序号	标准编号	标准名称
1	LY/T 1078—1992	速生丰产用材林检验方法
2	LY/T 1384—2007	杉木速生丰产用材林
3	LY/T 1385—1999	长白落叶松、兴安落叶松速生丰产林
4	LY/T 1435—1999	红松速生丰产林
5	LY/T 1495—1999	杨树人工速生丰产用材林
6	LY/T 1496—2009	马尾松速生丰产林
7	LY/T 1527—1999	水杉速生丰产用材林
8	LY/T 1559—1999	红皮云杉人工林速生丰产技术
9	LY/T 1560—1999	低产用材林改造技术规程
10	LY/T 1572—2000	东北、内蒙古天然次生林经营技术
11	LY/T 1607—2003	造林作业设计规程
12	LY/T 1629—2005	红松果林丰产技术规程
13	LY/T 1630—2005	樟子松速生丰产商品林
14	LY/T 1647—2005	速生丰产用材林建设导则
15	LY/T 1648—2005	速生丰产用材林建设规划设计通则
16	LY/T 1676—2006	燕山低山丘陵围山转造林技术规程
17	LY/T 1682—2006	绿洲防护林体系建设技术规程
18	LY/T 1706—2007	速生丰产用材林培育技术规程
19	LY/T 1714—2007	中国森林认证　森林经营
20	LY/T 1715—2007	中国森林认证　产销监管链
21	LY/T 1716—2007	杨树栽培技术规程
22	LY/T 1731—2008	桉树纸浆原料林造林技术规程
23	LY/T 1746—2008	荒漠绿洲区天然林保护技术规程
24	LY/T 1775—2008	桉树速生丰产林生产技术规程
25	LY/T 1844—2009	人工造林质量评价指标
26	LY/T 1896—2010	南方型杨树纤维用材林造林技术规程
27	LY/T 1898—2010	天然次生低产低效林改培技术规程
28	LY/T 2029—2012	北方引水灌溉区冬贮苗等水造林技术规程
29	LY/T 2207—2013	四倍体泡桐丰产栽培技术规程
30	LY/T 2310—2014	麻栎育苗和造林技术规程

国家林业和草原局关于开展2019年林产品质量监测工作的通知

林科发〔2019〕29号

各省、自治区、直辖市林业和草原主管部门，内蒙古、大兴安岭森工(林业)集团公司，新疆生产建设兵团林业和草原主管部门：

为加强林产品质量监管工作，提高林产品质量，保障消费安全，按照《产品质量法》《中共中央国务院关于开展质量提升的指导意见》和国务院食品安全委员会相关要求，根据《国家林业和草原局2019年工作要点》(林办发〔2019〕1号)和《国家林业和草原局关于加强食用林产品质量安全监管工作的通知》(林科发〔2018〕129号)，我局决定开展2019年林产品质量监测工作，并制定了具体监测方案(详见附件)。本次监测工作重点对食用林产品及其产地土壤、木质林产品、林化产品、花卉产品等4大类开展行业质量监测，现将有关事项通知如下：

一、要高度重视。开展林产品质量监测工作，是加强林产品生产环节监管，提高林产品质量安全水平，促进产业健康发展的重要手段，也是林业和草原主管部门履行部门职责、保障消费安全的紧迫任务。通过开展林产品质量监测工作，针对监测抽查发现的行业性和区域性质量问题，要组织行业协会、质检机构和专家开展质量分析和研究，督促和指导生产者解决相关问题，提高产品质量，培育林业品牌，保障消费安全，促进行业健康发展。

二、要加强管理。各级林业和草原主管部门要加强对承担监测任务质检机构的监督和管理，确保监测工作质量。要在抽样、检测等方面给予大力支持。要督促各受检单位提高产品质量，切实履行生产单位的产品质量安全主体责任，积极配合抽样和监测工作。

三、要确保工作质量。承担监测任务的质检机构要严格按照监测方案要求，依据相关规定和标准，规范抽样检测工作人员行为，认真做好抽样检测工作，确保监测工作的科学性、公正性、真实性、准确性。要主动与被监测地区林业和草原主管部门沟通、协调，确保监测工作顺利进行。抽样检测所需费用从我局专项经费中列支，不得向被检单位收取任何费用。各承担监测任务的质检机构要对监测工作进行全面分析总结，及时将有关监测数据、分析报告、监测工作总结等报送我局。

各省级林业和草原主管部门要根据本地区实际情况，组织开展本地区2019年林产品质量监测工作，并将监测计划和监测结果报送我局。在监测工作中如有问题和建议，请及时与我局联系。

联系人：国家林草局科技司　程强

电　话：010-84238799

特此通知。

附件：2019年林产品质量监测方案(略)

国家林业和草原局

2019年3月20日

国家林业和草原局关于印发修订后的《国家级森林公园总体规划审批管理办法》的通知

林场规〔2019〕1号

各省、自治区、直辖市林业和草原主管部门，内蒙古、大兴安岭森工（林业）集团公司，新疆生产建设兵团林业和草原主管部门，国家林业和草原局各司局、各派出机构、各直属单位：

为进一步规范国家级森林公园总体规划审批工作，我局组织对《国家级森林公园总体规划审批管理办法》进行了修订，经国家林业和草原局局务会议审议通过，现将修订后的管理办法（见附件）印发给你们，请遵照执行。

特此通知。

附件：国家级森林公园总体规划审批管理办法

国家林业和草原局

2019年7月16日

附件

国家级森林公园总体规划审批管理办法

第一章 总 则

第一条 为了加强国家级森林公园总体规划（以下简称“总体规划”）的编制审批工作，推进规划管理的规范化、制度化，充分发挥总体规划指导国家级森林公园科学发展的重要作用，依据《国家级森林公园管理办法》等相关规定，制定本办法。

第二条 总体规划的编制（包括新编、修编，下同）、报送、审批，适用本办法。

第三条 国家林业和草原局国有林场和种苗管理司（以下简称“林场种苗司”）具体负责总体规划的批复办理工作。

第四条 总体规划是国家级森林公园建设经营和规范管理的重要依据。未按规定审批或者已超期的总体规划，不能作为工程立项、资金安排和办理使用林地的依据。

第二章 规划编制

第五条 国家级森林公园经营管理机构按照《国家级森林公园管理办法》《国家级森林公园总体规划规范》（LY/T2005）及相关规定，组织编制总体规划。

第六条 总体规划应当符合国土空间开发保护的有关要求，并与当地国土空间规划等相关规划相衔接。

第七条 总体规划应当广泛征求相关部门、公众及利益相关者意见，并进行公示。

第八条 总体规划应当由县级以上人民政府或者其林业和草原主管部门逐级行文报至省级林业和草原主管部门，省级林业和草原主管部门组织召开专家评审会并进行审核。专家评审会应当由多学科的专家参与，评审专家不少于5人，专家评审会应当形成书面专家评审意见。

审核通过的，进入报送环节；需要修改后通过的，完成修改后再进入报送环节；审核不予通过的，退回县级以上人民政府或者其林业和草原主管部门。

第三章 规划报送

第九条 总体规划审核通过后，应当由省级林业和草原主管部门报国家林业和草原局审批。

第十条 报送材料应当包括：

(一)省级林业和草原主管部门的上报文件(含审核情况说明)；

(二)总体规划文本及相关图件；

(三)专家评审意见及采纳情况说明；

(四)征求相关部门、公众、利益相关者意见及公示的情况说明。

报送材料(纸质材料 1 份及其电子文档)不得含有涉密内容。

第十一条 林场种苗司应当在收到报送材料 7 个工作日内，对材料齐全的进行登记。材料不全的，由林场种苗司告知省级林业和草原主管部门补全补正。

第四章 规划审批

第十二条 林场种苗司自登记之日起组织开展总体规划审查工作，必要时可组织专家论证或者实地考察。

通过审查的，国家林业和草原局原则上 10 个工作日内作出批复；未通过审查的，林场种苗司及时出具审查意见，退回省级林业和草原主管部门。

第十三条 总体规划批复后，应当在国家林业和草原局官方网站公开批复文件。

第十四条 对已批复的总体规划及相关文件，应当及时立卷归档。

第五章 规划实施监督

第十五条 总体规划批复后，国家级森林公园管理机构要严格按照批复的总体规划开展建设活动，严格控制开发强度，加强对森林、草原、湿地和野生动植物资源的保护。批准后的总体规划需要修订的，应当由省级林业和草原主管部门将修订后的总体规划报原审批机关批准。

第十六条 总体规划中的工程建设项目，要严格按照有关程序履行报批手续。

第十七条 林场种苗司(或委托第三方机构)对总体规划实施情况进行监督。

对于不按照总体规划进行开发和建设的国家级森林公园，责令进行限期整改。整改后仍不符合总体规划要求的，主管部门将依法处理。

第六章 附 则

第十八条 本办法由国家林业和草原局负责解释。

第十九条 本办法自 2019 年 8 月 1 日起施行。原国家林业局于 2015 年 5 月 4 日发布的《国家级森林公园总体规划审批管理办法》(林规发〔2015〕57 号)同时废止。

国家林业和草原局关于推进种苗事业高质量发展的意见

林场发〔2019〕82号

各省、自治区、直辖市林业和草原主管部门，内蒙古、大兴安岭森工（林业）集团公司，新疆生产建设兵团林业和草原主管部门，国家林业和草原局各司局、各派出机构、各直属单位：

种苗是林业草原事业发展的重要基础，是提高林地草地经济、生态和社会效益的根本。在党中央、国务院高度重视下，我国种苗事业取得了长足发展，为实施大规模国土绿化行动提供了有力保障。同时，种苗发展不平衡不充分、总量供给严重过剩和结构性供给不足、自主创新能力不强、种苗工作基础薄弱等问题十分突出，成为林业草原现代化建设的一大短板。为推进种苗事业高质量发展，更好地满足林业草原事业发展的需求，现提出如下意见。

一、把握种苗高质量发展的方向，明确工作总体要求

（一）指导思想。以习近平新时代中国特色社会主义思想为指导，认真践行新发展理念，深入贯彻《种子法》《草原法》和《国务院办公厅关于加强林木种苗工作的意见》《国务院办公厅关于深化种业体制改革提高创新能力的意见》精神，以提高发展质量和效益为中心，以推进供给侧结构性改革为主线，以种苗使用优质化、种子生产基地化、苗木供应市场化、种苗管理法治化为总目标，充分发挥市场在资源配置中的决定性作用和更好发挥政府作用，突出抓好强基础、搭平台、重服务、严监管工作，推进种苗生产和管理现代化，开创种苗事业高质量发展新局面，为实施大规模国土绿化行动和推进林业草原现代化建设提供坚强有效的保障。

（二）基本原则。

——坚持因地制宜、精准施策。根据不同区域、不同造林绿化和生态修复保护形式对种苗的需求，科学确定生产布局、发展重点及其政策措施，统筹抓好种苗数量保障、结构优化和质量提升工作。

——坚持市场主导、强化服务。种苗是特殊商品，抓工作必须按市场规律办事，必须强化政府服务。苗木发展要坚决走市场化的路子，加强市场体系建设、市场主体培育和市场规则制定。种子生产要抓在政府手上，抓实良种的选育繁殖、推广使用和贮备调剂等工作。

——坚持改革创新、提质增效。加强制度创新，不断增强内生动力与发展活力，促进种苗更平衡更充分发展。加强科技创新，不断提高科技含量和水平，推进种苗高质量高效益发展。

——坚持依法治理、严格监管。完善种苗法律法规和标准建设，做到有法可依、有章可循。加强种苗质量抽查和市场监管，严厉打击制售假冒伪劣种苗行为，维护市场秩序。

（三）发展目标。到2025年，主要造林树种良种使用率达到75%，商品林全部实现良种化，草种自给率显著提升。扶持建设一批种质资源保存库、良种繁育基地、保障性苗圃、线上线下苗木交易市场，以及种苗龙头企业和种苗知名品牌。全国种质资源保护利用制度基本建立，种子生产供应体系进一步健全，苗木线上线下交易体系进一步完善，种苗市场监管水平进一步提升，种苗供求信息发布制度基本形成，制约种苗发展的突出问题得到解决，我国种苗事业迈入高质量发展的新阶段。

二、加强种质资源保护和利用，夯实种苗发展基础

（四）全面摸清种质资源家底。建立种质资源普查与收集的财政分级保障制度，中央主要支持重点区域野生种质资源调查，地方负责辖区内其他种质资源调查。推进第一次全国林草种质资源普查工作，力争用5年左右的时间基本摸清我国种

质资源家底。结合种质资源普查工作，加强对珍稀、濒危、重要乡土乔灌木树种、古树名木、竹类、藤本植物、野生花卉及草类种质资源的收集。

(五)着力推进种质资源库建设。逐步建立起国家、省两级和原地库、异地库、设施库3种方式的种质资源保存体系，把国家库打造成为种质资源保存的核心场所和良种研发的骨干平台。大力推进国家林草种质资源设施保存主库、分库建设，科学贮藏我国丰富的林草种质资源。鼓励各类社会主体参与种质资源保护及种质资源保存库建设，并纳入到种质资源保存体系。公布全国和省级重点保护的天然种质资源目录，切实加强天然种质资源保护。

(六)积极开展种质资源鉴定与评价。以木本油料、特色林果、园林观赏等树种和重要生态修复草种、主要饲草为重点，组织制定种质资源鉴定评价技术标准，开展重要性状鉴定、评价和重要基因发掘等工作，为良种选育提供更多种质材料。公布可供利用的种质资源目录，建立惠益分享制度，依法推动种质资源开放共享。建立国家种质资源大数据平台，整合全国种质资源普查、收集、保护、鉴定、评价等基础数据，实现信息互通共享，提高种质资源利用效率。

三、加强良种选育和推广，推进良种化进程

(七)进一步加强良种选育。高水平推进商品林树种的良种选育，在注重速生丰产的同时，要更加注重材质、抗性等品质的改良与提高。大力选育一批耐瘠薄、耐盐碱、抗病虫害、抗干旱的乔灌木良种，满足干旱、半干旱地区和特殊立地条件造林绿化的需要。尽快选育一批抗逆、广适、高产的优良草品种，为草原修复和草牧业发展提供支持。支持各类社会主体参与园林观赏树种和木本油料等特色经济树种良种选育工作，鼓励规模企业向育繁推一体化方向发展。深入落实《主要林木育种科技创新规划(2016—2025年)》，持续推进良种选育攻关工程。

(八)切实完善品种审定工作。优化林木品种认定方法和程序，加快认定一批造林绿化和生态保护修复急需的乡土乔灌木良种。完善林木良种引种备案制度，确保良种跨区域推广更加科学、更加便捷、更有保障。积极开展品种分子鉴定，切实解决“同物异名”的问题。完善草品种审定制度，公布主要草种目录，建设一批国家草品种区域试验站，加快草原生态修复急需的优良乡土草品种的认定。建立良种审定信息化平台，实现在线申请、查询等多种功能，提升品种管理信息化水平。

(九)加大良种推广力度。建立良种推广使用制度，特别是国家投资等公益性造林种草项目和国有林业单位造林要大力推广使用良种，造林种草作业设计要明确良种使用和种苗质量要求，并将其作为检查验收和考核评价的重要内容，实行一票否决。积极营造良种示范林，大力宣传良种使用成效，提高社会对良种的认知程度，形成推广使用良种的良好社会氛围。

四、加强生产基地建设和管理，确保种苗供应

(十)加强种子生产基地建设。加快推进现有良种基地树种的结构调整，调减马尾松、杉木、樟子松、落叶松等明显过剩树种的面积，增加乡土、珍贵、濒危和抗病虫、抗逆性树种的良种生产能力。在优良种源区划定一批当前急需树种的采种林分，并通过去劣疏伐等措施，逐步改造成为母树林。在现有禁牧草场和打草场，确定一批国家和省级乡土草种采种基地。支持科研单位、大专院校和社会资本开展乡土草种生产基地建设，不断提高我国优质乡土草种供给能力。

(十一)强化种子生产基地管理。推进良种基地科研、生产和管理深度融合，建立健全科研、生产、管理紧密结合的良种繁育机制，形成各负其责、合作共赢的格局。加强子代测定，推进高世代种子园的建设，促进良种基地升级换代。积极推广种子园树体矮化、人工授粉、测土施肥等技术措施，提高良种生产能力。加强良种基地人员培训，不断提高基地的管理能力和技术水平。建立健全国家重点林木良种基地和国家草种生产基地考核和动态管理制度，确保基地建设质量和成效。

(十二)积极推进保障性苗圃建设。省级林业和草原主管部门要根据本辖区实施大规模国土绿化行动的用苗需求，采取政府招标等竞争性方式，合理确定一批保障性苗圃。明确保障的要求和方式，使保障性苗圃切实承担起新品种培育、新技术应用和市场紧缺的乡土、珍贵等特殊树种苗木生产，以及国家投资等公益性造林种草项目的种苗供应任务。加大政策支持和投资扶持力度，兑现按约定生产的苗木的良种补助资金，支持保障性苗圃基础设施建设。加强指导和监督，实行动态管理，确保保障性苗圃制度运行规范有效。

五、加强监管和法治建设，维护种苗市场秩序

（十三）完善种苗法规和标准。推进《种子法》配套规章和地方性法规的制修订。完善种苗规范和标准体系建设，推进种质资源管理、良种推广使用、生产经营许可、种苗质量管理、草种种苗监管等办法和标准的修订。加大种苗普法和宣传培训力度，提高种苗从业者依法生产、经营、管理的意识和能力。

（十四）强化种苗质量监管。改进种苗质量抽查方法，将抽查对象从系统内向系统外拓展、从苗圃地向造林地转变。完善种苗质量抽查内容，增加造林作业设计、招投标中对种苗来源及质量要求的抽查。加大种苗生产经营许可、检验检疫、标签、档案等制度的落实力度，探索建立质量认证制度，实现种苗质量的可追溯。

（十五）打击种苗违法行为。各级林业和草原主管部门要加强与同级公安、市场监管等部门的协作，组织开展种苗综合执法和专项打假活动，严厉打击制售假冒伪劣种苗、未审先推和无证生产经营，以及种苗采购使用中的违纪违法等行为，及时公开案件信息，将违法主体纳入黑名单，维护市场秩序。

六、加强引导和服务，促进种苗产业发展

（十六）加强政府宏观引导。建立苗木供需预测预报制度，及时发布市场供需信息，引导生产经营者合理安排生产。培育创立一批种苗产业示范基地、龙头企业和产业集群，打造一批种苗知名品牌，做大做强种苗产业。支持龙头企业加强与农民的合作，采取“企业+合作组织+农户”的产业发展模式，带动农民脱贫致富。支持种苗企业实施“引进来、走出去”战略，提升种苗企业、产品的国际竞争力和影响力，带动种苗产业大发展。

（十七）完善社会化服务体系。着力打造各级各类、线上线下种苗交易平台，为种苗现货交易和新品种展示提供场所。支持安徽合肥国家级交易市场举办种苗交易会，并将其打造成为国家苗木交易信息中心，适时向社会发布种苗交易信息。搭建网上服务平台，为企业和农民提供政策解读、技术咨询等服务，对企业和农民的困难，主动及时给予帮助。支持种苗社团组织的工作，发挥其桥梁纽带、技术咨询、信息服务、行业自律和权益维护等方面的作用。

（十八）营造良好的营商环境。精简种苗行政许可事项和条件，优化审批程序，提高种苗行政审批效率。对种苗生产经营许可证发放进行改革，逐步推行告知承诺制，为社会资本和各类经营主体进入种苗产业创造良好条件。构建统一开放、竞争有序的市场体系，建立健全公平、透明的市场规则，为各类市场主体自主经营、自我发展创造更加有利的条件。

七、完善政策措施，为种苗发展提供有力支撑

（十九）完善良种补助政策。积极争取扩大国家良种补助资金额度。省级林业和草原主管部门要积极争取省级财政的支持，建立健全省级良种补助制度。积极推动建立草种良种补助制度，扶持和推动草种业发展。严格落实《林业改革发展资金管理办法》的要求，确保良种补助资金使用安全高效。

（二十）加大资金投入力度。积极争取增加种质资源普查与收集专项资金，支持种质资源普查、收集、保护和评价。积极争取增加林木种质资源保护工程中央预算内投资，重点支持种质资源库建设，兼顾扶持良种基地、采种基地和保障性苗圃的建设。建立草种质资源保护中央预算内投入机制，支持种质资源库、种子生产基地、区域试验站建设以及质量监管等。各地林业和草原主管部门要加强与发展改革、财政等部门的沟通协调，建立长期稳定增长的种苗资金投入机制。

（二十一）加强造林种草与种苗衔接。各级林业和草原主管部门要根据本地造林绿化和生态保护修复、林草产业发展、国家储备林建设等需要，建立健全种苗生产和造林绿化之间的有效衔接机制。种苗部门要根据三年造林滚动计划和造林种草对树种、草种的需求趋势，提前安排好适销对路的种苗生产，真正落实“造林绿化种苗先行”的要求。造林绿化部门在编制年度造林种草计划和作业设计时，要根据当地种苗生产供应情况，科学合理确定林草品种及其质量要求，避免种苗使用上的随意性。造林种草施工单位要按照作业设计要求严格采购和使用种苗，真正落实“适地适树(草)适种源、就近购苗用苗”的要求。

各级林业和草原主管部门要切实加强对种苗工作的组织领导，科学编制种苗发展规划，抓紧出台种苗扶持政策，加强机构能力建设和经费保障，及时研究解决种苗发展中遇到的新问题，全力推进新时代种苗事业高质量发展，为实施大规模国土绿化行动和推进林业草原现代化建设作出新的更大贡献。

国家林业和草原局

2019年8月20日

国家林业和草原局公告

2019 年第 17 号

国家林业和草原局批准发布《长柄扁桃》等 98 项林业行业标准（见附件），自 2020 年 4 月 1 日起实施。

特此公告。

附件：《长柄扁桃》等 98 项林业行业标准目录

国家林业和草原局

2019 年 10 月 23 日

附件

《长柄扁桃》等 98 项林业行业标准目录

序号	标准编号	标准名称	代替标准号
1	LY/T 3085.1—2019	长柄扁桃 第 1 部分 采穗圃营建技术规程	
	LY/T 3085.2—2019	长柄扁桃 第 2 部分 良种苗木繁育技术规程	
	LY/T 3085.3—2019	长柄扁桃 第 3 部分 丰产栽培技术规程	
2	LY/T 3086.1—2019	极小种群野生植物保护技术 第 1 部分 就地保护及生境修复技术规程	
	LY/T 3086.2—2019	极小种群野生植物保护技术 第 2 部分 迁地保护技术规程	
3	LY/T 3087—2019	红楠育苗技术规程	
4	LY/T 3088—2019	无患子播种育苗技术规程	
5	LY/T 3089—2019	冬青播种育苗技术规程	
6	LY/T 2311—2019	青钱柳育苗技术规程	LY/T 2311—2014
7	LY/T 3090—2019	阔叶箬竹无性繁殖育苗技术规程	
8	LY/T 3091—2019	火力楠育苗技术规程	
9	LY/T 3092—2019	木麻黄栽培技术规程	
10	LY/T 2131—2019	山核桃培育技术规程	LY/T 2131—2013
11	LY/T 3093—2019	林下种植白及技术规程	
12	LY/T 3094—2019	林下种植淫羊藿技术规程	
13	LY/T 1651—2019	松口磨采收及保鲜技术规程	LY/T 1651—2005
14	LY/T 3095—2019	大棚冬枣养护管理技术规程	
15	LY/T 3096—2019	速冻山野菜	
16	LY/T 3097—2019	长江中下游滩地人工林生态系统监测指标与方法	
17	LY/T 3098—2019	长江中下游防护林工程效益监测与评价	
18	LY/T 3099—2019	主要商品热带兰花种苗栽培技术与质量等级	
19	LY/T 3100—2019	桉树枝瘿姬小蜂防控技术规程	
20	LY/T 3101—2019	林业有害生物代码	
21	LY/T 3102—2019	林业有害生物监测预报数据交换规范	
22	LY/T 3103—2019	云杉矮槲寄生害修枝防治技术规程	
23	LY/T 3104—2019	沟眶象和臭椿沟眶象防治技术规程	
24	LY/T 3105—2019	杨直角叶蜂防治技术规程	

(续表)

序号	标准编号	标准名称	代替标准号
25	LY/T 3106—2019	林木种子包装	
26	LY/T 3107—2019	柳树品种微卫星标记鉴别技术规程	
27	LY/T 3108—2019	棕榈藤植物标本制作规程	
28	LY/T 3109—2019	油用牡丹种子园建设技术规程	
29	LY/T 3110—2019	经济林产地环境抽样检测抽样技术规范	
30	LY/T 3111—2019	动物园陆生野生动物疫病防控技术通则	
31	LY/T 3112—2019	狐人工授精技术规程	
32	LY/T 3113—2019	东北虎野外种群及栖息地监测技术规程	
33	LY/T 3114—2019	松嫩平原迁徙白鹤种群保护技术规程	
34	LY/T 3115—2019	森林采伐工程　施工实施指南	
35	LY/T 3116—2019	中国森林认证　碳中和产品	
36	LY/T 3117—2019	中国森林认证　森林消防队建设	
37	LY/T 2279—2019	中国森林认证　野生动物饲养管理	LY/T 2279—2014
38	LY/T 3118—2019	中国森林认证　标识	
39	LY/T 3119—2019	植物新品种特异性、一致性和稳定性测试指南　刚竹属	
40	LY/T 3120—2019	植物新品种特异性、一致性、稳定性测试指南　女贞属	
41	LY/T 3121—2019	植物新品种特异性、一致性和稳定性测试指南　樟属	
42	LY/T 3122—2019	植物新品种特异性、一致性、稳定性测试指南　爬山虎属	
43	LY/T 3123—2019	植物新品种特异性、一致性、稳定性测试指南　金合欢属(叶状柄类)	
44	LY/T 3124—2019	植物新品种特异性、一致性、稳定性测试指南　簕竹属	
45	LY/T 3125—2019	林业企业能源审计规范	
46	LY/T 3126—2019	林业空间数据库建设框架	
47	LY/T 3127—2019	林业应用系统质量控制与测试	
48	LY/T 3128—2019	森林植物分类、调查与制图规范	
49	LY/T 3129—2019	森林土壤铜、锌、铁、锰全量的测定电感耦合等离子体发射光谱法	
50	LY/T 1509—2019	阔叶树原条	LY/T 1509—2008
51	LY/T 1794—2019	人造板用木片	LY/T 1794—2008
52	LY/T 3130—2019	木栈道铺装技术规程	
53	LY/T 3131—2019	木质拼花地板	
54	LY/T 3132—2019	木质移门	
55	LY/T 3133—2019	户外用水性木器涂料	
56	LY/T 3134—2019	室内木质隔声门	
57	LY/T 1925—2019	防腐木材产品标识	LY/T 1925—2010
58	LY/T 1822—2019	废弃木材循环利用规范	LY/T 1822—2009
59	LY/T 3135—2019	木材剩余物	
60	LY/T 3136—2019	旋切单板干燥质量检测方法	
61	LY/T 3137—2019	沉香产品通用技术要求	
62	LY/T 3138—2019	木质品耐光色牢度等级评定方法	
63	LY/T 3139—2019	建筑墙面用实木挂板	

（续表）

序号	标准编号	标准名称	代替标准号
64	LY/T 3140—2019	木结构　销类紧固件屈服弯矩试验方法	
65	LY/T 3141—2019	古建筑木构件安全性鉴定技术规范	
66	LY/T 3142—2019	井干式木结构技术标准	
67	LY/T 3143—2019	结构和室外用木质材料产品标识	
68	LY/T 3144—2019	结构用木材金属紧固件连接试验试材密度要求	
69	LY/T 3145—2019	木结构——楼板、墙板和屋顶用承重板的性能规范和要求	
70	LY/T 3146—2019	结构材纵接性能的测试方法	
71	LY/T 3147—2019	室外木材用涂料(清漆和色漆)分类及耐候性能要求	
72	LY/T 3148—2019	木雕及其制品通用技术要求	
73	LY/T 3149—2019	软木制品　术语	
74	LY/T 1320—2019	软木纸	LY/T 1320—2010 LY/T 1321—2013
75	LY/T 3150—2019	鞋底用软木	
76	LY/T 3151—2019	皂荚皂苷	
77	LY/T 3152—2019	无患子皂苷	
78	LY/T 1324—2019	栲胶原料	LY/T 1324—2012 LY/T 1325—2012 LY/T 1326—2012 LY/T 2610—2016
79	LY/T 3153—2019	3, 4, 5-三甲氧基苯甲酸甲酯	
80	LY/T 3154—2019	气相光催化净化用活性炭	
81	LY/T 3155—2019	活性炭苯吸附率的测定	
82	LY/T 3156—2019	车内空气净化用活性炭	
83	LY/T 3157—2019	松脂化学组成分析方法　毛细管气相色谱法	
84	LY/T 3158—2019	木浆生产综合耗能	
85	LY/T 3159—2019	细木工板生产节能技术规范	
86	LY/T 3160—2019	单板干燥机节能监测方法	
87	LY/T 3161—2019	工业糠醛生产综合能耗	
88	LY/T 3162—2019	胶合板生产节能技术规范	
89	LY/T 3163—2019	浸渍纸层压木质地板生产线节能技术规范	
90	LY/T 3164—2019	竹木复合层积地板生产综合耗能	
91	LY/T 3165—2019	林业机械　便携式割灌机和割草机　发动机性能和燃油消耗	
92	LY/T 1667—2019	林业机械　驾驶员保护结构实验室试验和性能要求	LY/T 1667—2006
93	LY/T 3166—2019	林业机械　以内燃机为动力的山地单轨运输机	
94	LY/T 1933—2019	林业机械　自行式苗木移植机	LY/T 1933—2010
95	LY/T 3167—2019	园林机械　动力驱动的集料系统　安全	
96	LY/T 3168—2019	园林机械　以锂离子电池为动力源的配刚性切割装置的修边机	
97	LY/T 3169—2019	园林机械　以锂离子电池为动力源的手持式修枝链锯	
98	LY/T 3170—2019	园林机械　以锂离子电池为动力源的杆式绿篱修剪机	

国家林业和草原局关于公布第四批国家林业重点龙头企业名单的通知

林改发〔2019〕111号

各省、自治区、直辖市林业和草原主管部门，内蒙古、大兴安岭森工(林业)集团公司，新疆生产建设兵团林业和草原主管部门：

为贯彻落实《林业产业发展“十三五”规划》(林规发〔2017〕43号)，根据《国家林业重点龙头企业推选和管理工作实施方案(试行)》(办规字〔2013〕164号)，在各地推荐的基础上，经专家评审、社会公示、集体研究等程序，我局认定北京乾景园林股份有限公司等141家企业为第四批国家林业重点龙头企业(名单见附件)，现予以公布。

各级林业和草原主管部门要加强对国家林业重点龙头企业的指导、支持和服务，争取和落实相关扶持政策，助推企业做强做优；充分发挥其引领示范作用，促进林业产业提质增效、高质量发展，带动区域经济增长和林农增收致富。

特此通知。

附件：第四批国家林业重点龙头企业名单

国家林业和草原局
2019年11月25日

附件

第四批国家林业重点龙头企业名单

序号	企业名称
	北京
1	北京乾景园林股份有限公司
2	北京安海之弋园林古建工程有限公司
3	北京中森国际工程咨询有限责任公司
	河北
4	河北鑫鑫木业有限公司
5	唐县汇银木业有限公司
6	秦皇岛天亚农林科技集团有限公司
7	河北怡达食品集团有限公司
8	张家口市永昌源果仁食品有限责任公司
	山西
9	吕梁野山坡食品有限责任公司
10	山西天之润枣业有限公司
11	阳高县天顺种植养殖综合专业合作社
	内蒙古
12	内蒙古沙漠之花生态产业科技有限公司

(续表)

序号	企业名称
13	内蒙古森艺园林绿化有限公司
14	亿利资源集团有限公司
	辽宁
15	抚顺森隆达木业有限公司
16	盘锦博亚惠农科技有限公司
	吉林
17	通化禾韵现代农业股份有限公司
18	通化康元生物科技有限公司
	黑龙江
19	伊春林业发展集团股份有限公司
20	七台河市双叶家具实业有限公司
	江苏
21	南京红森苗木有限公司
22	江苏恒诺园林建设有限公司
23	江苏德鲁尼木业有限公司

（续表）

序号	企业名称
24	江苏城中园林股份有限公司
25	江苏周圈园林建设工程有限公司
	浙江
26	浙江久晟油茶科技股份有限公司
27	浙江裕华木业有限公司
28	杭州庄宜家具有限公司
29	华绿建设有限公司
30	东阳市明堂红木家具有限公司
31	浙江耕盛堂生态农业有限公司
32	浙江金迪控股集团有限公司
	安徽
33	界首市佳祺农业开发有限公司
34	安徽振翔林业科技有限公司
35	池州市金品西山枣业发展有限公司
36	黄山巧明贡榧有限公司
37	安徽香杨新能源科技发展股份有限公司
38	大团结农业股份有限公司
39	宣城福美达新材料有限公司
40	滁州市昌春木炭专业合作社
	福建
41	福建省三福古典家具有限公司
42	福建省顺昌县升升木业有限公司
43	福州新兴家居用品有限公司
44	福建省八一村永庆竹木业开发有限公司
45	福建漳平市德诺林业有限公司
46	福建龙泰竹家居股份有限公司
47	德化县祥山大果油茶有限公司
	江西
48	赣州爱格森人造板有限公司
49	德兴市荣兴苗木有限责任公司
50	江西绿洲源木业股份有限公司
51	抚州源野农牧业发展有限公司
52	江西凯光新天地生态农林开发有限公司
53	江西绿源油脂实业有限公司
54	江西竹海农业发展有限公司
55	江西齐力实业发展有限公司
56	九江市云山油茶科技发展有限公司

（续表）

序号	企业名称
57	江西南丰振宇实业集团有限公司
58	瑞昌市华中国际木业有限公司
59	江西绿满源食品有限公司
60	江西桐源林业科技有限公司
61	江西省吉水县兴华天然香料有限公司
	山东
62	山东润松农业科技有限公司
63	寿光市三洋木制品有限公司
64	山东华山农林科技有限公司
65	山东兴润园林生态股份有限公司
66	山东飞龙食品有限公司
67	山东博华高效生态农业科技有限公司
68	寿光市鲁丽木业股份有限公司
69	尚好科技有限公司
70	山东华玫生物科技有限公司
71	烟台市博士达农化有限公司
72	青岛老三东生物科技股份有限公司
73	山东永春堂集团有限公司
74	山东省雅尚名品家居有限公司
75	山东菏泽茂盛木业有限公司
	河南
76	河南仁和康源农业发展有限公司
77	河南名品彩叶苗木股份有限公司
78	信阳市十里岗林产品开发有限公司
79	信阳市文新茶叶有限责任公司
	湖北
80	湖北恒贸茶油有限公司
81	湖北耀荣木瓜生物科技发展有限公司
82	孝感顺利特种养殖有限公司
83	湖北新天地农林集团有限公司
84	五峰赤诚生物科技股份有限公司
	湖南
85	浏阳市康明木业有限公司
86	湖南恒信新型建材有限公司
87	湖南恒伟药业股份有限公司
88	湖南云田园林市政建设集团有限公司
89	湖南紫薇花农林科技有限公司

(续表)

序号	企业名称
90	湖南风河竹木科技股份有限公司
91	武冈市青钱柳茶业有限公司
92	湖南万象生物科技有限公司
93	湖南果秀食品有限公司
	广东
94	广东耀东华装饰材料科技有限公司
95	广东林中宝生物科技股份有限公司
96	化州化橘红药材发展有限公司
97	广东华清园生物科技有限公司
98	江门健威家具装饰有限公司
99	广东态合堂实业有限公司
100	五华县琴江园农业发展有限公司
	广西
101	广西国旭林业发展集团股份有限公司
102	广西华沃特生态肥业股份有限公司
103	广西林业集团桂钦林浆纸有限公司
104	广西八桂林木花卉种苗股份有限公司
105	广西壮族自治区国有派阳山林场
	海南
106	海南金棕榈园艺景观有限公司
	重庆
107	重庆市黔江区蚕业有限责任公司
108	重庆邦天农业发展有限公司
109	重庆五福盈林业发展有限公司
110	重庆沁旭熊猫雷笋股份有限公司
	四川
111	内江市瑞景种植有限公司
112	四川环龙新材料有限公司
113	四川华象林产工业有限公司
114	宜宾纸业股份有限公司
115	四川唯鸿生物科技股份公司
116	四川茂华食品有限公司
117	凉山州中泽新技术开发有限责任公司
118	仁寿元宝农业科技有限公司
	贵州
119	贵州百灵企业集团制药股份有限公司
120	贵州苗夫都市园艺有限公司

(续表)

序号	企业名称
121	贵州红赤水集团有限公司
122	贵州恒力源实业有限公司
	云南
123	丽江中源绿色食品有限公司
124	云南峻山傲斛珍浠植物有限公司
125	瑞丽市涵森实业有限责任公司
	陕西
126	陕西天行健生物工程股份有限公司
127	陕西圣桑集团有限公司
128	韩城市金太阳花椒油脂药料有限责任公司
	甘肃
129	静宁常津果品有限责任公司
130	甘肃建投新能源科技股份有限公司
	青海
131	青海美之林绿化有限公司
132	西宁富农草业生物开发有限公司
133	共和县玉苗产业有限责任公司
	宁夏
134	早康枸杞股份有限公司
135	宁夏南山阳光果业有限公司
136	玺赞庄园枸杞有限公司
137	宁夏银湖农林牧开发有限公司
138	宁夏全通枸杞供应链管理股份有限公司
	新疆
139	新疆果业集团有限公司
	大兴安岭林业集团
140	大兴安岭富林山野珍品科技开发有限责任公司
	中林集团
141	中国林业物资有限公司

国家林业和草原局公告

2019 年第 20 号

为全面掌握我国林业有害生物状况，满足科学防治和生态保护的需要，我局部署开展了全国林业有害生物普查（以下简称“普查”）工作，目前普查工作已全面完成。现将普查情况公告如下：

一、基本情况

根据统计，本次普查共发现可对林木、种苗等林业植物及其产品造成危害的林业有害生物种类 6179 种，其中，昆虫类 5030 种，真菌类 726 种，细菌类 21 种，病毒类 18 种，线虫类 6 种，植原体类 11 种，鼠（兔）类 52 种，螨类 76 种，植物类 239 种。

二、外来林业有害生物发生情况

经普查，在我国发生的外来林业有害生物有 45 种，与 2006 年普查结果相比，本次普查新发现 13 种外来林业有害生物（具体种类名单见附件 1）。

三、发生面积超过 100 万亩的林业有害生物种类

根据普查结果，发生面积超过 100 万亩的林业有害生物种类有 58 种（具体种类名单见附件 2）。

四、危害等级划分

本次普查涉及的外来林业有害生物种类（45 种）和发生面积超过 100 万亩的林业有害生物种类（58 种）共 99 种（两类林业有害生物中有 4 种重复）。通过构建林业有害生物危害性评价体系，对 99 种林业有害生物进行危害性评价，并划分为 4 个危害等级。

一级危害性林业有害生物（1 种）。松材线虫。

二级危害性林业有害生物（31 种）。美国白蛾、光肩星天牛、苹果蠹蛾、桑天牛、纵坑切梢小蠹、红脂大小蠹、赤松梢斑螟、椰心叶甲、薇甘菊、桉树枝瘿姬小蜂、松褐天牛、中华鼢鼠、锈色棕榈象、枣实蝇、茶藨生柱锈菌（五针松疱锈病）、双钩异翅长蠹、高原鼢鼠、扶桑绵粉蚧、棕背䶄、松突圆蚧、小圆胸小蠹、高原鼠兔、青杨楔天牛、松树蜂、春尺蠖、红背䶄、悬铃木方翅网蝽、聚生小穴壳（枝干溃疡病）、杨褐盘二孢（杨黑斑病）、杨盘二孢（杨黑斑病）、栗山天牛。

三级危害性林业有害生物（37 种）。多斑白条天牛、兴安落叶松鞘蛾、盘长孢状刺盘孢（林木炭疽病）、围小丛壳（林木炭疽病）、污黑腐皮壳（杨树烂皮病）、落叶松葡萄座腔菌（落叶松枯梢病）、黄脊竹蝗、子午沙鼠、红火蚁、草兔、甘肃鼢鼠、紫茎泽兰、萧氏松茎象、云南松梢小蠹、云南松毛虫、马尾松毛虫、猪毛菜内丝白粉菌（梭梭白粉病）、舞毒蛾、落叶松毛虫、日本松干蚧、椰子织蛾、苹果绵蚜、湿地松粉蚧、大沙鼠、杨小舟蛾、蜀柏毒蛾、葛、模毒蛾、杨扇舟蛾、榆紫叶甲、黄褐天幕毛虫、落叶松球蚜、日本落叶松球腔菌（落叶松落叶病）、刚竹毒蛾、松针座盘孢（松针褐斑病）、蔗扁蛾、杨树花叶病毒。

四级危害性林业有害生物（30 种）。七角星蜡蚧、刺槐突瓣细蛾、热带拂粉蚧、木瓜秀粉蚧、双钩巢粉虱、日本鞘瘿蚊、飞机草、枯斑拟盘多毛孢（松柏赤枯病）、散斑壳（松落针病）、枣叶瘿蚊、柳毒蛾、红柳粗角萤叶甲、达乌尔黄鼠、大林姬鼠、朱砂叶螨、长尾仓鼠、曲纹紫灰蝶、凤眼莲、西花蓟马、美洲斑潜蝇、刺槐叶瘿蚊、水椰八角铁甲、刺桐姬小蜂、褐纹甘蔗象、加拿大一枝黄花、大米草、茶藨子透翅蛾、温室粉虱、长爪沙鼠、云杉散斑壳（云杉落针病）。

特此公告。

附件：1. 我国主要外来林业有害生物名单
2. 发生面积超过 100 万亩的林业有害生物名单

国家林业和草原局
2019 年 12 月 12 日

附件 1

我国主要外来林业有害生物名单
(共 45 种)

一、2006 年以来发现的外来林业有害生物(13 种)

枣实蝇 *Carpomyia vesuviana*

七角星蜡蚧 *Ceroplastes stellifer*

刺槐突瓣细蛾 *Chrysaster ostensackenella*

悬铃木方翅网蝽 *Corythucha ciliata*

小圆胸小蠹 *Euwallacea fornicatus*

热带拂粉蚧 *Ferrisia malvastra*

桉树枝瘿姬小蜂 *Leptocybe invasa*

椰子织蛾 *Opisina arenosella*

木瓜秀粉蚧 *Paracoccus marginatus*

双钩巢粉虱 *Paraleyrodes pseudonaranjae*

扶桑绵粉蚧 *Phenacoccus solenopsis*

松树蜂 *Sirex noctilio*

日本鞘瘿蚊 *Thecodiplosis japonensis*

二、2006 年以前发现的外来林业有害生物(32 种)

落叶松葡萄座腔菌(落叶松枯梢病)*Botryosphaeria laricina*

椰心叶甲 *Brontispa longissima*

松材线虫 *Bursaphelenchus xylophilus*

曲纹紫灰蝶 *Chilades pandava*

茶藨生柱锈菌(五针松疱锈病)*Cronartium ribicola*

苹果蠹蛾 *Cydia pomonella*

红脂大小蠹 *Dendroctonus valens*

水葫芦 *Eichhornia crassipes*

苹果绵蚜 *Eriosoma lanigerum*

紫茎泽兰 *Eupatorium adenophorum*

飞机草 *Eupatorium odoratum*

西花蓟马 *Frankliniella occidentalis*

松突圆蚧 *Hemiberlesia pitysophila*

双钩异翅长蠹 *Heterobostrychus aequalis*

美国白蛾 *Hyphantria cunea*

松针座盘孢菌(松针褐斑病)*Lecanosticta acicola*

美洲斑潜蝇 *Liriomyza sativae*

日本松干蚧 *Matsucoccus matsumurae*

薇甘菊 *Mikania micrantha*

刺槐叶瘿蚊 *Obolodiplosis robiniae*

水椰八角铁甲 *Octodonta nipae*

蔗扁蛾 *Opogona sacchari*

湿地松粉蚧 *Oracella acuta*

杨树花叶病毒 *Poplar mosaic Virus*

刺桐姬小蜂 *Quadrastichus erythrinae*

褐纹甘蔗象 *Rhabdoscelus lineaticollis*

锈色棕榈象 *Rhynchophorus ferrugineus*

红火蚁 *Solenopsis invicta*

加拿大一枝黄花 *Solidago canadensis*

大米草 *Spartina anglica*

茶藨子透翅蛾 *Synanthedon tipuliformis*

温室粉虱 *Trialeurodes vaporariorum*

附件 2

发生面积超过 100 万亩的林业有害生物名单
(共 58 种)

紫茎泽兰 *Eupatorium adenophorum*

美国白蛾 *Hyphantria cunea*

马尾松毛虫 *Dendrolimus punctata punctata*

春尺蠖 *Apocheima cinerarius*

棕背䶄 *Clethrionomys rufocanus*

松褐天牛 *Monochamus alternatus*

松突圆蚧 *Hemiberlesia pitysophila*

大沙鼠 *Rhombomys opimus*

舞毒蛾 *Lymantria dispar*

中华鼢鼠 *Myospalax fontanierii*

草兔 *Lepus capensis*

杨小舟蛾 *Micromelalopha sieversi*

蜀柏毒蛾 *Parocneria orienta*

红背鼾 *Clethrionomys rutilus*

栗山天牛 *Massicus raddei*

葛 *Pueraria lobata*

模毒蛾 *Lymantria monacha*

高原鼢鼠 *Myospalax baileyi*

杨褐盘二孢(杨黑斑病)*Marssonina brunnea*

甘肃鼢鼠 *Myospalax cansus*

子午沙鼠 *Meriones meridianus*

落叶松毛虫 *Dendrolimus superans*

污黑腐皮壳(杨树烂皮病)*Valsa sordida*

赤松梢斑螟 *Dioryctria sylvestrella*

杨扇舟蛾 *Clostera anachoreta*

聚生小穴壳(枝干溃疡病)*Dothiorella gregaria*

青杨楔天牛 *Saperda populnea*

枯斑拟盘多毛孢(松柏赤枯病)*Pestalotiopsis funerea*

云南松毛虫 *Dendrolimus grisea*

黄脊竹蝗 *Ceracris kiangsu*

光肩星天牛 *Anoplophora glabripennis*

长爪沙鼠 *Meriones uniculatus*

杨盘二孢(杨黑斑病)*Marssonina populi*

榆紫叶甲 *Ambrostoma quadriimpressum*

黄褐天幕毛虫 *Malacosoma neustria testacea*

猪毛菜内丝白粉菌(梭梭白粉病)*Leveillula saxaouli*

散斑壳(松落针病)*Lophodermium* spp.

桑天牛 *Apriona germari*

高原鼠兔 *Ochotona curzoniae*

围小丛壳(林木炭疽病)*Glomerella cingulata*

落叶松球蚜 *Adelges laricis*

兴安落叶松鞘蛾 *Coleophora obducta*

纵坑切梢小蠹 *Tomicus piniperda*

枣叶瘿蚊 *Dasineura datifolia*

柳毒蛾 *Leucoma salicis*

红柳粗角萤叶甲 *Diorhabda carinulata*

盘长孢状刺盘孢(林木炭疽病)*Colletotrichum gloeosporioides*

达乌尔黄鼠 *Spermophilus dauricus*

云南松梢小蠹 *Tomicus yunnanensis*

日本落叶松球腔菌(落叶松落叶病)*Mycosphaerella larici-leptolepis*

大林姬鼠 *Apodemus speciosus*

萧氏松茎象 *Hylobitelus xiaoi*

朱砂叶螨 *Tetranychus cinnabarinus*

刚竹毒蛾 *Pantana phyllostachysae*

云杉散斑壳(云杉落针病)*Lophodermium piceae*

松材线虫 *Bursaphelenchus xylophilus*

长尾仓鼠 *Cricetulus longicandatus*

多斑白条天牛 *Batocera horsfieldi*

行业篇

IMPORTANT FOREST INDUSTRIES

中国木材与人造板产业

我国是世界最大的木材与木制品加工、贸易和消费国，年商品木材贸易量达2亿立方米，木材消费量近6亿立方米。2019年，我国木业加工产值超过2.2万亿元，进出口贸易总额达561.72亿美元。木材与木制品行业为我国经济社会发展，尤其是满足人民美好生活需要做出了重要贡献。

【木材进出口贸易】

2019年，我国木材加工行业经济运行保持平稳，木材及木制品生产保持小幅增长，全年木材进口1.14亿立方米，同比增长1.72%。

受中美贸易摩擦影响，2019年，我国木材及其制品国际贸易遇到较大困难。受出口量减少和国内房地产降温影响，木质家具产量下降，对木材和人造板的使用量减少，加上我国加征从美国进口阔叶木材关税等因素，木材及人造板进口亦受到影响。同时，国际林产品市场萎缩，贸易竞争加剧，我国人造板和木质家具等木材加工产品出口受阻。2019年，我国木材与木制品国际贸易总金额为561.72亿美元，比2018年下降12.11%，其中，进口金额229.83亿美元，同比下降12.06%；出口金额331.89亿美元，同比下降12.14%。

原木进口 由于我国已经停止天然林采伐，加上城市化进程不断加快，大量人口脱贫及新增就业人口等因素，国内对木材消费需求量增加。2019年进口原木5980.69万立方米，同比增长0.1%，虽然总量与2018年基本持平，但增幅收窄了7个百分点。

从2019年6月1日起，我国对从美国进口阔叶木材加征关税后，下半年减少从美国进口木材255万立方米，全年从美国进口原木369.36万立方米，同比2018年减少了41%。美国由原来列我国原木进口数量第三位退到前五位之后。2019年，我国原木进口数量前五位的国家是新西兰、德国、俄罗斯、澳大利亚和捷克。

锯材进口 2019年，我国锯材进口3808.36万立方米，同比增长3.58%。列锯材进口量前5位的国家是俄罗斯、加拿大、泰国、美国和芬兰。2019年下半年从美国进口阔叶木材加征25%的关税、15%的锯材增值税后，从美国进口锯材也大幅减少，全年进口176.58万立方米，同比减少进口113.03万立方米，下降39.03%。由于美国木材是我国优质木材的重要来源，对我国木质家具和实木家具生产影响较大。

进口价格 2019年，阔叶材原木和锯材进口量减少，价格也大幅下降；针叶材原木和锯材进口量增长，价格平稳。

【人造板行业现状】

人造板主要包括胶合板、纤维板和刨花板三大板种，主要应用于家具制造、装饰贴面板生产、木结构建筑板材、建筑模板以及车厢、船舶、包装箱、集装箱用板材等领域，因其具有原材料利用率高、物理性质稳定、生产原料来源广泛、使用效果好等优点，在家居、装饰、建筑、交通等领域得到广泛使用。

从产量来看，2013—2019年，我国人造板产量总体呈上升趋势，尽管2019年受中美贸易摩擦影响，但由于国内市场需求量较大，当年我国人造板产量仍然保持上升势头，产量超过3亿立方米。

从价格上看，中国木材价格指数网显示，近两年人造板国内市场价格基本稳定，但受疫情影响，2020年一季度大幅下降。

从产品结构看，我国人造板制造行业主要以胶合板为主，2019年胶合板产量占比达到60%；其次为纤维板，占比为21%；刨花板(包括定向刨

注：1亩≈0.067公顷。

花板）在三大人造板板种中占比为9%。

从国际贸易看，我国人造板在全球市场占有重要地位。据海关数据显示，2013—2019年，我国人造板产品进出口总额总体呈波动下降趋势。2019年，我国人造板进出口总额为66.47亿美元，同比下降9.12%，其中进口金额6.02亿美元，同比增长11.63%，出口金额60.45亿美元，同比下降10.78%。2019年，我国人造板出口金额大幅下降，其中纤维板下降15.81%，胶合板下降9.75%，全年进出口总额出现历史新低。

胶合板 胶合板是我国人造板的主导产品，超过总量的一半。2019年底，全国共有胶合板类生产企业7000余家，分布在31个省份；总生产能力约1.92亿立方米/年，同比增长16.4%；企业平均生产能力约2.7万立方米/年，呈现企业数量和总生产能力双增长，但企业平均生产能力下降态势。

2019年，全国新建胶合板类产品生产企业2600余家，同期减少同类生产企业900余家，加上部分现有生产企业通过升级改造扩大生产规模，全年合计净增生产企业1700余家，净增生产能力约2700万立方米。2020年初，全国在建胶合板类产品生产企业1800余家，合计生产能力约3000万立方米/年，除北京、上海、天津、黑龙江、吉林、宁夏和西藏外，其余24个省份均有在建胶合板生产企业。

2019年，我国进口胶合板20.24万立方米，比2018年增长24.15%。胶合板进口前五位的国家为越南、俄罗斯、泰国、马来西亚和坦桑尼亚。由于2019年美国对我国实木复合地板的反倾销税率高达13.74%，同比提高了9.03个百分点，导致我国胶合板和实木复合地板出口美国大量减少，美国也从我国胶合板出口第一位退到第五位。同年胶合板出口1005.5万立方米，同比下降11.33%。排名前五位的出口目的国为菲律宾、越南、日本、阿联酋和美国。

从2019年二季度起，胶合板国内市场价格基本平稳，每立方米平均售价2000元左右。

纤维板 近五年，全国关闭、拆除或停产纤维板生产线累计663条，淘汰落后生产能力2528万立方米/年，行业呈现生产线数量下降、企业数量及总生产能力和平均单线生产能力增长的态势。

截至2019年年底，全国464家纤维板生产企业，共有生产线554条，分布在26个省份。当年新增产能265万立方米/年，合计生产能力为5246万立方米/年，同比增长5.3%，创历史新高。全国现有135条连续平压纤维板生产线，分布在21个省份，平均单线产能9.5万立方米，合计生产能力2376万立方米/年，占全国纤维板总生产能力的45.3%。2020年初，全国除西南地区外，华东、华南、华中、西北、华北和东北地区共在建纤维板生产线28条，合计生产能力为519万立方米/年，其中连续平压生产线24条、生产能力488万立方米/年，占在建纤维板生产能力约94%，该批生产线将陆续在2020—2021年投入运行，2020年度全国纤维板总生产能力将达到5600万立方米/年。

2019年，我国纤维板进口25.79万立方米，比2018年下降5.15%，排名前五位的国家是德国、新西兰、澳大利亚、瑞士和印度尼西亚。在我国的强化地板被美国认定为“有毒地板”后，近几年我国的纤维板和强化地板的国际贸易受到严重影响。2019年纤维板出口量大幅减少到233.69万立方米，同比下降8.34%。纤维板出口目的国前五位是尼日利亚、美国、越南、加拿大和阿联酋。

纤维板国内市场价格2019年一季度大幅下降后，从二季度开始回升，持续稳步上涨到年底，2020年一季度价格平稳，每立方米平均售价为1650元左右。

刨花板 为适应市场需求，近几年，我国先后关闭、拆除或停产刨花板生产线累计1031条，淘汰落后生产能力2192万立方米/年，同时，出现了刨花板行业企业数量、生产线数量和平均单线生产能力全面增长态势，总生产能力连续四年快速增长。截至2019年底，分布在全国24个省份的403家刨花板生产企业共有生产线438条。其中17个省份2019年新增生产能力476万立方米/年，合计生产能力达到3825万立方米/年，同比增长14.2%，平均单线生产能力达到8.7万立方米/年。400多条生产线中有64条连续平压生产线，合计生产能力为1503万立方米/年，占全国刨花板总生产能力的39.3%。2020年初，全国在建刨花板生产线26条，合计生产能力为657万立方米/年，其中连续平压生产线18条，合计生产能力为559万立方米/年，占在建刨花板生产能力的85.1%。在建刨花板生产线中，定向刨花板(含可饰面定向刨花板)生产线8条，合计生产能力为266万立方米/年，至此，我国定向刨花板生产能力已超过600万立方米/年，在现有基础上增长了71%。在建刨花板生产线将陆续在2020年至2021年投入运行。由于2019年我国木制家具产量下降，刨花板需求量减少，全年只进口了刨花板96.21万立方米，同比下降2.72%，进口前五位的国家是罗马尼亚、泰国、马来西亚、巴西和加拿大。同年刨花板出口量31.64万立方米，比2018年下降4.36%，前五名出口目的国家和地区为蒙古、中国台湾、阿联酋、韩国和沙特阿拉伯。

近两年来，国内刨花板市场价格平稳上升，2020年一季度每立方米平均售价1400元左右。

【产业集群分布】 我国人造板企业分布较广，除青海、宁夏、北京、天津、上海5个省份外，其余26个省份均有人造板生产企业，其中有7个省份年产量超1000万立方米，华东地区产量远超其他区域。由于我国东部地区气候、交通、地利条件优越，靠近林木(内蒙古、东北三省)和粮食主要产区，可用作人造板生产的木材、林业生产废弃物和农作物秸秆资源较为丰富，加之东部沿海地区本身需求较大和进出口便利，我国人造板生产企业主要集中在经济发达的华东和华南地区。

近两年，由于京津冀区域空气扩散通道的“26+2”城市继续大力推进环境治理，区域内的山东、河北、河南等省全面推进人造板生产尾气治理等环保设施改造，加快淘汰落后产能，人造板产量连续下降；同时浙江、广东等经济发达地区人造板行业持续向环境承载力更高的地区转移，产量也下降明显。广西以其丰富的速生桉树资源以及较高的环境承载能力，成为我国人造板发展的投资热点地区，近年来人造板企业和生产规模增长迅猛。

从各省市区产量分布来看，山东省人造板产量在全国遥遥领先。据《中国林业和草原统计年鉴2018》，2018年我国人造板产值前十位的省份分别为山东、江苏、广西、安徽等，2019年排位基本保持不变。前十位的生产量占中国人造板总产量的90.2%，同比增加1.8个百分点，生产企业进一步集中趋势明显。

我国已有获国家林业和草原局区域命名的木材加工产业园区13个，分别位于山东临沂、曹县，江苏丰县、邳州，河南清丰、兰考，四川成都，湖北武汉，安徽叶集，江西南康，广西崇左、窑县、贵港，其中临沂、曹县和南康的产业园区，木材加工年产值均超过1000亿元人民币。

【木材和人造板行业发展趋势】 2019年，我国GDP达到99.09万亿元人民币，城市化进程加快，脱贫人口和新增就业人口大量增加，国内对木材和木质家具等木制品需求量显著增长，为木材及人造板生产提供了极大的发展空间。但受中美贸易摩擦和全球新冠疫情的影响，我国木材和人造板及其下游产业同时遭遇到前所未有的困难。

由于我国经济稳中向好、长期向好的基本趋势不会改变，中国是世界木材与木制品大国的地位也不会动摇：一是中国消费市场庞大，中产阶级群体不断扩张，我国存量住宅有4亿多套，存在大量装修翻新的需求；二是中国拥有完备的木材加工产业链以及先进的木材加工技术，木业企业向智能化工厂转型，从沿海东部、中部到西部地区，很多独具特色的木业工业园区形成产业集群，发展势头强劲；三是中国木业人勇于创新的精神和勤劳奋进的态度，积极推动行业实现高质量发展。

中国人造板生产、消费和国际贸易量连续十多年稳居世界首位，每年在山东临沂召开的世界人造板大会在全球人造板发展中具有较大影响力。

开发人造板下游市场，拓展人造板应用领域

人造板OS用途不断扩展，将为人造板产业带来新的发展机遇。未来几年，会推动人造板在木结构、车船、室外、医院、养老产业等领域的应用；重视结构用胶合板(单板层积材、集装箱底板用胶合板等)和OSB等高强度人造板市场，开发重组装饰材、重组木、重组竹、层状压缩木材和微波膨化木材的应用；通过金属薄膜饰面、布艺饰面、皮革饰面和特殊造型等来推动人造板在背景板中的应用市场；开发预油漆装饰单板，加大装饰单板饰面刨花板、纤维板市场份额，推进人造板在工艺品、文化用品领域和包装行业中的应用；加大PMDI胶、双组分水性聚氨酯胶、大豆胶等无醛胶黏剂制作人造板的生产规模，拓展大豆胶制作的纤维板、胶合板和刨花板在食品包装中的应用。

调整产品规格，满足市场新需求 企业将根据终端消费需求、产业业态变化以及提高出材率等因素调整产品厚度规格和幅面尺寸，规模定制幅面尺寸提高出材率，降低资源消耗，并根据木门、橱柜、衣柜、墙板、地板等终端产品的不同要求，优化设计生产方案。人造板产品定位向中高端发展，做到按照下游产品使用场所或功能性需要，定制化柔性生产。

技术创新，提高人造板的功能性 加大技术创新力度，开发隔音或吸声人造板、抗静电和电磁屏蔽人造板、释香型人造板、阻燃人造板、防霉人造板、防潮型人造板、抗菌人造板、电热型人造板等功能型人造板，研发与其他原材料组合的复合人造板，以适应消费者日益丰富的家装需求和发展智能家居的市场需求。

重视标准化工作，建立健全企业自身标准体系 进一步完善我国人造板标准化体系，提高我国人造板标准水平。行业将适时开展家具、家装材料等大宗产品的“部件”标准超前研究，提高产品总装效率，减少集成过程的资源消耗。全行业高度重视产品标准工作，关注标准动态，重视企业标准制定、修订工作，对已有国标或行标的产品，鼓励企业制定严于国标或行标的企业产品标准，推动产品质量的进一步提升；对开发的新产品且尚未制定国标或行标，要及时制定企业产品标准，并积极推动制定团体、国家或行业标准，做到企业产品标准与国际标准或发达国家标准接轨。

关注产品质量总体水平和产品微观质量 提升人造板产品质量是行业转型升级、结构优化的关键。在人造板行业向高质量发展的背景下，要全方位关注产品质量，除了要严格控制消费者普遍关注的产品环保质量(甲醛、TVOC释放量)及气味问题，还需要重点关注人造板表面质量对饰面加工的影响，重视产品自身微观质量，提高基材质量，减少生产过程中的刨花板板边刨花脱落、剖面密度不均、封边质量欠佳等问题。

注：文中所有数据来源于国家林业和草原局、海关总署、中国木材价格指数网和前瞻产业研究院公开发表的文献、文件资料。

（中国林产工业协会　钱小瑜）

中国造纸产业

【纸及纸板生产和消费情况】

纸及纸板生产量和消费量 据中国造纸协会调查资料，2019 年全国纸及纸板生产企业约 2700 家，全国纸及纸板生产量达 10765 万吨，较 2018 年增长 3.16%。消费量为 10704 万吨，较 2018 年增长 2.54%，人均年消费量为 75 千克(14 亿人)。2010—2019 年，纸及纸板生产量年均增长率为 1.68%，消费量年均增长率为 1.73%(表 1)。

表 1 2019 年纸及纸板生产和消费情况

单位：万吨

品 种	生产量			消费量		
	2018 年(万吨)	2019 年(万吨)	同比增长率(%)	2018 年(万吨)	2019 年(万吨)	同比增长率(%)
总量	10435	10765	3.16	10439	10704	2.54
1. 新闻纸	190	150	-21.05	237	195	-17.72
2. 未涂布印刷书写纸	1750	1780	1.71	1751	1749	-0.11
3. 涂布印刷纸	705	680	-3.55	604	542	-10.26
其中：铜版纸	655	630	-3.82	581	535	-7.92
4. 生活用纸	970	1005	3.61	901	930	3.22
5. 包装用纸	690	695	0.72	701	699	-0.29
6. 白纸板	1335	1410	5.62	1219	1277	4.76
其中：涂布白纸板	1275	1350	5.88	1158	1216	5.01
7. 箱纸板	2145	2190	2.10	2345	2403	2.47
8. 瓦楞原纸	2105	2220	5.46	2213	2374	7.28
9. 特种纸及纸板	320	380	18.75	261	309	18.39
10. 其他纸及纸板	225	255	13.33	207	226	9.18

纸及纸板主要产品生产和消费情况 ①新闻纸。2019 年新闻纸生产量为 150 万吨，较上年增长-21.05%；消费量为 195 万吨，较上年增长-17.72%。2010—2019 年生产量年均增长率-11.04%，消费量年均增长率-8.24%。

②未涂布印刷书写纸。2019 年未涂布印刷书写纸生产量为 1780 万吨，较上年增长 1.71%；消费量 1749 万吨，较上年增长-0.11%。2010—2019 年，生产量年均增长率为 1.05%，消费量年均增长率 1.06%。

③涂布印刷纸。2019 年涂布印刷纸生产量 680 万吨，较上年增长-3.55%；消费量 542 万吨，较上年增长-10.26%。2010—2019 年生产量年均增长率 0.68%，消费量年均增长率-0.14%。其中，铜版纸 2019 年生产量为 630 万吨，较上年增长-3.82%；消费量 535 万吨，较上年增长-7.92%。2010—2019 年生产量年均增长率 1.42%，消费量年均增长率 1.21%。

④生活用纸。2019 年生活用纸生产量 1005 万吨，较上年增长 3.61%；消费量 930 万吨，较上年增长 3.22%。2010—2019 年，生产量年均增长率 5.51%，消费量年均增长率 5.65%。

⑤包装用纸。2019 年包装用纸生产量 695 万吨，较上年增长 0.72%；消费量 699 万吨，较上年增长-0.29%。2010—2019 年，生产量年均增长率 1.65%，消费量年均增长率 1.49%。

⑥白纸板。2019 年白纸板生产量 1410 万吨，较上年增长 5.62%；消费量 1277 万吨，较上年增长 4.76%。2010—2019 年，生产量年均增长率 1.35%，消费量年均增长率 0.20%。其中，涂布白

纸板 2019 年生产量 1350 万吨，较上年增长 5.88%；消费量 1216 万吨，较上年增长 5.01%。2010—2019 年，生产量年均增长率 1.32%，消费量年均增长率 0.11%。

⑦箱纸板。2019 年箱纸板生产量 2190 万吨，较上年增长 2.10%；消费量 2403 万吨，较上年增长 2.47%。2010—2019 年，生产量年均增长率 1.71%，消费量年均增长率 2.37%。

⑧瓦楞原纸。2019 年瓦楞原纸生产量 2220 万吨，较上年增长 5.46%；消费量 2374 万吨，较上年增长 7.28%。2010—2019 年，生产量年均增长率 1.92%，消费量年均增长率 2.57%。

⑨特种纸及纸板。2019 年特种纸及纸板生产量 380 万吨，较上年增长 18.75%；消费量 309 万吨，较上年增长 18.39%。2010—2019 年，生产量年均增长率 8.66%，消费量年均增长率 7.29%。

【纸及纸板生产企业经济指标完成情况】 据国家统计局统计的 2524 家造纸生产企业，2019 年 1—12 月主营业务收入 7650 亿元；工业增加值增速 4.80%；产成品存货 303 亿元，同比增长 −18.88%；利润总额 359 亿元，同比增长 −21.06%；资产总计 10489 亿元，同比增长 1.78%；资产负债率 59.59%；负债总额 6250 亿元，同比增长 2.16%；在统计的 2524 家造纸生产企业中，亏损企业有 560 家，占 22.19%。

【纸浆生产和消耗情况】

2019 年纸浆生产情况 据中国造纸协会调查资料，2019 年全国纸浆生产总量 7207 万吨，较上年增长 0.08%。其中，木浆 1268 万吨，较上年增长 10.55%；废纸浆 5351 万吨，较上年增长−1.71%；非木浆 588 万吨，较上年增长−3.61%（表 2）。

表 2 2010—2019 年纸浆生产情况

单位：万吨

品 种	年份									
	2010 年	2011 年	2012 年	2013 年	2014 年	2015 年	2016 年	2017 年	2018 年	2019 年
纸浆合计	7318	7723	7867	7651	7906	7984	7925	7949	7201	7207
其中：1. 木 浆	716	823	810	882	962	966	1005	1050	1147	1268
2. 废纸浆	5305	5660	5983	5940	6189	6338	6329	6302	5444	5351
3. 非木浆	1297	1240	1074	829	755	680	591	597	610	588
苇 浆	156	158	143	126	113	100	68	69	49	51
蔗渣浆	117	121	90	97	111	96	90	86	90	70
竹 浆	194	192	175	137	154	143	157	165	191	209
稻麦草浆	719	660	592	401	336	303	244	246	250	222
其他浆	111	109	74	68	41	38	32	31	30	36

2019 年纸浆消耗情况 2019 年全国纸浆消耗总量 9609 万吨，较上年增长 2.36%。木浆 3581 万吨，占纸浆消耗总量的 37%，其中进口木浆占 24%、国产木浆占 13%；废纸浆 5443 万吨，占纸浆消耗总量的 57%，其中用进口废纸制浆占 10%，用国内废纸制浆占 46%；非木浆 585 万吨，占纸浆消耗总量的 6%（表 3）。

表 3 2019 年纸浆消耗情况

品 种	2018 年（万吨）	占比例（%）	2019 年（万吨）	占比例（%）	同比增长率（%）
总量	9387	100	9609	100	2.36
木 浆	3303	35	3581	37	8.42

（续表）

品 种	2018 年（万吨）	占比例（%）	2019 年（万吨）	占比例（%）	同比增长率（%）
1. 进口木浆	2166①	23	2317②	24	6.97
2. 国产木浆	1137	12	1264	13	11.17
废纸浆	5474	58	5443	57	−0.57
1. 进口废纸浆	30	–	92	1	206.67
2. 国产废纸浆	5444	58	5351	56	−1.71
其中：进口废纸制浆	1457	16	930	10	−36.17
国内废纸制浆	3987	42	4421	46	10.89
非木浆	610	7	585	6	−4.10

注：①2018 年进口纸浆 2479 万吨，扣除非造纸用浆和非木浆，实际木浆消耗量 2166 万吨。

②2019 年进口纸浆 2720 万吨，扣除非造纸用浆和非木浆，实际木浆消耗量 2317 万吨。

2019年废纸利用情况 2019年全国废纸回收总量5244万吨，较上年增长5.64%，废纸回收率49.0%，废纸利用率58.3%，2010—2019年废纸回收总量年均增长率3.01%(表4)。

表4 2010—2019年国内废纸利用情况

年份	国内废纸回收量（万吨）	废纸净进口量（万吨）	废纸浆消费量（万吨）	废纸回收率（%）	废纸利用率（%）
2010	4017	2435	5305	43.8	69.6
2011	4347	2728	5660	44.6	71.2
2012	4473	3007	5983	44.5	73.0
2013	4377	2924	5940	44.7	72.2
2014	4841	2752	6189	48.1	72.5
2015	4832	2928	6338	46.7	72.5
2016	4963	2850	6329	47.6	72.0
2017	5285	2572	6303	48.5	70.6
2018	4964	1703	5474	47.6	63.9
2019	5244	1036	5443	49.0	58.3

【纸制品生产和消费情况】 根据国家统计局数据，2019年全国规模以上纸制品生产企业有4119家，生产量7219万吨，较上年增长29.42%；消费量6886万吨，较上年增长30.59%；进口量12万吨，出口量345万吨。2010—2019年，纸制品生产量年均增长率4.53%，消费量年均增长率4.49%。

注：数据来源于国家统计局(规模以上企业统计)。

【纸及纸板、纸浆、废纸及纸制品进出口情况】

纸及纸板、纸浆、废纸及纸制品进口情况 2019年纸及纸板进口625万吨，较上年增长0.48%；纸浆进口2720万吨，较上年增长9.72%；废纸进口1036万吨，较上年增长-39.17%；纸制品进口12万吨，较上年增长-33.33%。

2019年进口纸及纸板、纸浆、废纸、纸制品合计4393万吨，较上年增长-8.90%，用汇243.28亿美元，较上年增长-19.48%。进口纸及纸板平均价格为750.51美元/吨，较上年平均价格增长-15.58%；进口纸浆平均价格为629.46美元/吨，较上年平均价格增长-20.85%；进口废纸平均价格为187.51美元/吨，较上年平均价格增长-25.60%(表5)。

纸及纸板、纸浆、废纸及纸制品出口情况 2019年纸及纸板出口686万吨，较上年增长11.00%；纸浆出口11.60万吨，较上年增长16.12%；废纸出口0.08万吨，较上年增长33.33%；纸制品出口345万吨，较上年增长6.81%。

2019年出口纸及纸板、纸浆、废纸、纸制品合计1042.68万吨，较上年增长9.63%，创汇220.03亿美元，较上年增长14.19%。出口纸及纸板平均价格为1497.09美元/吨，较上年平均价格增长6.28%；出口纸浆平均价格为1151.20美元/吨，较上年平均价格增长-12.21%(表6)。

表5 2018—2019年中国纸浆、废纸、纸及纸板、纸制品进口情况

品　种	2018年进口量（万吨）	2019年进口量（万吨）	同比增长率（%）
一、纸浆	2479	2720	9.72
二、废纸	1703	1036	-39.17
三、纸及纸板	622	625	0.48
1. 新闻纸	48	46	-4.17
2. 未涂布印刷书写纸	85	63	-25.88
3. 涂布印刷纸	49	32	-34.69
其中：铜版纸	32	22	-31.25
4. 包装用纸	21	20	-4.76
5. 箱纸板	207	220	6.28
6. 白纸板	54	52	-3.70
其中：涂布白纸板	53	51	-3.77
7. 生活用纸	5	3	-40.00
8. 瓦楞原纸	111	156	40.54
9. 特种纸及纸板	30	24	-20.00
10. 其他纸及纸板	12	9	-25.00
四、纸制品	18	12	-33.33
总 计	4822	4393	-8.90

注：数据来源于海关总署。

表6 2018—2019年中国纸浆、废纸、纸及纸板、纸制品出口情况

品　种	2018年出口量（万吨）	2019年出口量（万吨）	同比增长率（%）
一、纸浆	9.99	11.60	16.12
二、废纸	0.06	0.08	33.33
三、纸及纸板	618	686	11.00

（续表）

品　种	2018 年出口量（万吨）	2019 年出口量（万吨）	同比增长率（%）
1. 新闻纸	1	1	0.00
2. 未涂布印刷书写纸	84	94	11.90
3. 涂布印刷纸	150	170	13.33
其中：铜版纸	106	117	10.38
4. 包装用纸	10	16	60.00
5. 箱纸板	7	7	0.00
6. 白纸板	170	185	8.82
其中：涂布白纸板	170	185	8.82
7. 生活用纸	74	78	5.41
8. 瓦楞原纸	3	2	-33.33
9. 特种纸及纸板	89	95	6.74
10. 其他纸及纸板	30	38	26.67
四、纸制品	323	345	6.81
总 计	951.05	1042.68	9.63

注：数据来源于海关总署。

纸及纸板各品种进出口量比重　2019 年纸及纸板各品种进口量比重：箱纸板占 35.2%；白纸板占 8.3%；瓦楞原纸占 25.0%；特种纸及纸板占 3.8%；包装用纸占 3.2%；涂布印刷纸占 5.1%；未涂布印刷书写纸占 10.1%；生活用纸占 0.5%；新闻纸占 7.4%；其他占 1.4%。

2019 年纸及纸板各品种出口量比重：白纸板占 27.0%；箱纸板占 1.0%；包装用纸占 2.3%；涂布印刷纸占 24.8%；未涂布印刷书写纸占 13.7%；生活用纸占 11.4%；新闻纸占 0.1%；瓦楞原纸占 0.3%；特种纸及纸板占 13.8%；其他占 5.5%。

纸及纸板主要产品 2019 年进出口情况　①新闻纸。2019 年进口量大于出口量，净进口量 45 万吨。②未涂布印刷书写纸。2019 年进口量小于出口量，净出口量 31 万吨。③涂布印刷纸。2019 年进口量小于出口量，净出口量 138 万吨。其中，铜版纸 2019 年进口量小于出口量，净出口量 95 万吨。④生活用纸。2019 年进口量小于出口量，净出口量 75 万吨。⑤包装用纸。2019 年进口量大于出口量，净进口量 4 万吨。⑥白纸板。2019 年进口量小于出口量，净出口量 133 万吨。其中，涂布白纸板 2019 年进口量小于出口量，净出口量 134 万吨。⑦箱纸板。2019 年进口量大于出口量，净进口量 213 万吨。⑧瓦楞原纸。2019 年进口量大于出口量，净进口量 154 万吨。⑨特种纸及纸板。2019 年进口量小于出口量，净出口量 71 万吨。

纸制品进出口情况　2019 年纸制品进口量 12 万吨，较上年减少 6 万吨，同比增长－33.33%。2019 年纸制品出口量 345 万吨，较上年增加 22 万吨，同比增长 6.81%。

【纸及纸板生产布局与集中度】　根据中国造纸协会调查资料，2019 年我国东部地区 11 个省(区、市)，纸及纸板产量占全国纸及纸板产量比例为 74.3%；中部地区 8 个省份比例占 16.3%；西部地区 12 个省份比例占 9.4%(表 7)。

表 7　2019 年纸及纸板生产量区域布局变化

地区	2018 年		2019 年	
	产量（万吨）	比例（%）	产量（万吨）	比例（%）
纸及纸板产量	10435	100	10765	100
其中：东部地区	7742	74.2	7997	74.3
中部地区	1697	16.3	1756	16.3
西部地区	996	9.5	1012	9.4

注：据中国造纸协会调查资料。

2019 年广东、山东、浙江、江苏、福建、河南、湖北、安徽、重庆、四川、广西、河北、江西、湖南、天津、海南和辽宁 17 个省(区、市)纸及纸板产量超过 100 万吨，产量合计 10412 万吨，占全国纸及纸板总产量的 96.72%(表 8)。

表 8　2018—2019 年纸及纸板产量 100 万吨以上的省(区、市)

省(区、市)	产量(万吨)		同比增长率（%）
	2018 年	2019 年	
广东省	1815	1864	2.70
山东省	1810	1830	1.10
浙江省	1510	1429	-5.36
江苏省	1141	1312	14.99
福建省	750	784	4.53
河南省	490	498	1.63
湖北省	325	355	9.23
安徽省	305	325	6.56
重庆市	288	301	4.51
四川省	245	260	6.12
广西壮族自治区	240	245	2.08
河北省	205	240	17.07
江西省	200	235	17.50
湖南省	235	217	-7.66

（续表）

省(区、市)	产量(万吨)		同比增长率(%)
	2018 年	2019 年	
天津市	220	210	-4.55
海南省	166	175	5.42
辽宁省	102	132	29.41
合 计	10047	10412	3.63

注：据中国造纸协会调查资料。

附表：2019 年重点造纸企业产量前 30 名企业

序号	单位名称	产量(万吨)		同比增长率(%)
		2018 年	2019 年	
1	玖龙纸业(控股)有限公司	1394.00	1502.00	7.75
2	理文造纸有限公司	563.17	593.00	5.30
3	山东晨鸣纸业集团股份有限公司	456.72	515.00	12.76
4	山东太阳控股集团有限公司	459.73	499.40	8.63
5	山鹰国际控股股份公司	463.21	473.59	2.24
6	华泰集团有限公司	313.64	307.70	-1.89
7	中国纸业投资有限公司	290.00	277.50	-4.31
8	宁波中华纸业有限公司(含宁波亚洲浆纸业有限公司)	252.11	261.86	3.87
9	江苏荣成环保科技股份有限公司	220.97	252.00	14.04
10	山东博汇集团有限公司	175.22	235.26	34.27
11	福建联盛纸业	182.00	203.00	11.54
12	金东纸业(江苏)股份有限公司	191.00	199.07	4.23
13	亚太森博中国控股有限公司	152.90	156.40	2.29
14	东莞金洲纸业有限公司	85.21	154.09	80.84
15	东莞建晖纸业有限公司	150.71	147.22	-2.32
16	金红叶纸业集团有限公司	146.00	144.00	-1.37
17	浙江景兴纸业股份有限公司	138.72	143.71	3.60
18	武汉金凤凰纸业有限公司	104.19	136.39	30.91
19	广西金桂浆纸业有限公司	109.10	135.00	23.74
20	山东世纪阳光纸业集团有限公司	124.50	126.00	1.20
21	维达国际控股有限公司	122.00	125.00	2.46
22	恒安国际集团有限公司	102.83	121.00	17.67
23	海南金海浆纸业有限公司	103.78	114.00	9.85

（续表）

序号	单位名称	产量(万吨)		同比增长率(%)
		2018 年	2019 年	
24	芬欧汇川(中国)有限公司	87.00	89.50	2.87
25	新乡新亚纸业集团股份有限公司	82.35	82.86	0.62
26	河南省龙源纸业股份有限公司	58.39	78.97	35.25
27	永丰余造纸（扬州）有限公司	65.40	77.80	18.96
28	大河纸业有限公司	62.95	63.01	0.10
29	东莞金田纸业有限公司	54.50	61.67	13.16
30	金华盛纸业（苏州工业园区)有限公司	59.03	60.69	2.81

（中国造纸协会）

中国种苗产业

【概　述】 2019年全国林草种苗生产总量和质量满足造林绿化需求，主要造林树种良种使用率从2016年的61%提高到2019年的65%，林木种苗质量抽检样品合格率也有较大提高。从种苗使用情况来看，良种的需求增强，特别是对乡土、珍贵树种的良种需求持续加大，对乡土树种、珍贵树种、抗逆性强的树种及特色经济林树种的苗木需求日益增加，但对常规用材林和园林绿化树种苗木需求有所下降。

【种苗生产情况】

种子采收 全国共采收林草种子4857万千克，其中，林木种子2278万千克，草种2579万千克，良种(含草品种)1900万千克，穗条20亿株。树种主要有银杏、核桃、山杏、油茶、花椒、油松、柠条、山桃、小叶锦鸡儿、侧柏、红松、板栗、澳洲坚果、山毛桃、杏、桃、刺槐等；草种主要有披碱草、苜蓿、黑麦草、坝莜1号、燕麦、冰草等。

苗木生产 2019年全国苗木生产总量为632亿株，其中良种苗146亿株。同比2018年，苗木生产总量减少14亿株，良种苗减少23亿株。除留床苗外，当年可出圃为造林绿化提供苗木377亿株，其中良种苗93亿株。主要树种有桂花、油松、白蜡、国槐、香樟、樟子松、栾树、女贞、悬铃木、杨树、海棠、白皮松、榉树、樱花、云杉、紫薇、红叶石楠、樟树、银杏、柳树、红枫、雪松、法国梧桐、侧柏等。

【林草种子库存情况】 截至2019年种子采收前，种子库存793万千克，其中林木种子286万千克，草种507万千克，良种476万千克。主要树种有核桃、花椒、银杏、板栗、柠条、山杏、澳洲坚果、侧柏、刺槐、杏、沙拐枣、山毛桃、油松、桃、牡丹、油茶等；草种主要有披碱草、紫花苜蓿、早熟禾、中华羊茅、羊草、苜蓿、冰草、红豆草等。

【种苗使用情况】 造林绿化实际用林木种子1942万千克，其中用良种458万千克，良种穗条35.4亿条(根)。同比2018年实际用林木种子使用减少了210万千克；绿化用草种2920万千克。苗木除留圃苗木外，实际用苗木量为151亿株，其中良种苗木56亿株。实际用苗总量与2018年相比减少14亿株，其中使用良种苗减少3亿株。数量居前的主要树种依次为红花檵木、红叶石楠、油松、杉木、油茶、杨树、侧柏、云杉、红松、樟子松、国槐、茶、湿地松、花椒、女贞、刺槐、桑树、梭梭、栾树、桉树、葡萄、白蜡、核桃、枫香、海棠等。实际用苗仍以国土绿化和防护林、经济林树种相对集中，城乡绿化美化树种呈现多样化、个性化趋势明显。

【种苗生产基地生产情况】

苗圃情况 全国实有苗圃总数36万个，实际育苗面积141.5万公顷，新育苗面积16万公顷，占育苗总面积的11.3%。同比2018年，全国苗圃总数减少0.3万个，育苗面积保持稳定；新育苗面积减少1.6万公顷。

良种基地 全国有良种基地1117个，其中国家重点良种基地294个。良种基地总面积22.8万公顷。

采种基地 全国有采种基地33.8万公顷，可采面积25万公顷，实际采种量196万千克。

草种田 统计到的实际草种采种量1646万千克，主要采自内蒙古、甘肃、宁夏、青海、云南、海南等地。

中国茶产业

【概　述】 2019年茶叶生产总体稳定，面积产量稳中略增，质量提升，效益稳定。

茶园面积稳中略增　据农情调度，2019年18个茶叶主产省(区、市)茶园面积4600万亩，同比增加121万亩，增长2.7%。其中，采摘茶园面积3637万亩，同比增加171万亩，增长4.9%(表1)。新增茶园主要集中在贫困地区，安徽省六安市、陕南山区分别增加10万亩以上，湖北省恩施土家族苗族自治州、湖南省湘西土家族苗族自治州分别增加8万亩以上。

产量增长结构稳定　除云南茶区春茶，长江中下游部分茶区夏秋茶受干旱影响外，大部分茶区气候适宜，产量稳定，2019年茶叶总产量达274万吨，同比增加13万吨，增长5%。其中名优茶132万吨，同比增加6.6万吨，增长5.2%，占总产量比重为48%，与上年持平(表2)。绿茶、黑茶、红茶产量分别比上年增加12.7万吨、2.7万吨、2.0万吨，占比分别为67.9%、10.7%、9.2%；乌龙茶产量下降0.3万吨，占比为10%；白茶、黄茶继续快速增长，产量分别增加1.5万吨、0.3万吨，增幅达40%和110%。

质量效益稳中有升　2019年茶叶品质整体优于往年，销售平稳，平均售价同比上升7.4%，干毛茶总产值2350亿元，同比增长12.8%(表2)。茶农增效增收。浙江省安吉县茶青价格最高达700元/千克，连续11天维持在200元/千克。安徽省春季名优茶鲜叶品质明显提升，产值达105.7亿元，同比增长34.1%。脱贫成效显著。贵州省涉茶人员人均收入10699元，其中贫困户人均收入5722元，带动脱贫17.5万人。陕西省汉中市茶农人均收入达到11000元，户均收入4万余元，带动11495户26746人脱贫。

绿色生产模式加速推广　各茶区集成示范绿色高质高效生产技术模式，加快有机茶园认证，完善茶叶质量追溯体系，有效提升茶叶质量水平。生态建园增绿色。福建、重庆、贵州、陕西等省份大力推广“茶—草(肥)”“茶—菌”“茶—畜—沼”等生态种养模式。山东省编制出台涉及茶园生草、生物质覆盖等生态栽培模式10余项，引导绿色建园、绿色生产。减肥减药提品质。各地示范推广“有机肥+配方肥”、绿色综合防控等技术模式，促进茶叶品质提升。福建省建设化学农药零使用示范基地300个，覆盖茶园面积150万亩。质量追溯强监管。据调度，全国有机茶园认证面积和绿色食品茶园认证面积比上年增加10%左右。安徽省茶叶“三品”认证面积达246.75万亩，占全省开采茶园面积的96.5%，对超过400家茶企实现了质量安全信息实时监测。

产业化经营水平明显提升　①品牌建设引领。各茶区积极利用中国茶博会、北京世园会等平台推介茶叶品牌，提升品牌影响力。湖南省打造以“潇湘绿茶”“安化黑茶”“湖南红茶”“岳阳黄茶”“桑植白茶”为重点的“五彩湘茶”品牌体系，通过中国国际茶博会、香港国际美食节、湖南茶叶博览会等全力推介。②龙头企业带动。支持鼓励龙头企业联创联赢，增强产业化发展能力。贵州省通过企业资产并购和兼并重组，组建遵义茶业集团、都匀毛尖集团、六盘水市茶叶集团、凤冈茶产业发展联盟。③模式创新拉动。茶企积极探索应用互联网营销、茶品定制服务等新型营销模式。江苏省苏州市吴中区茶叶电商销售额占总销售额的60%以上。

茶叶生产面临的困难和问题　一是产业基础薄弱。大部分山区茶园缺少灌溉设施，防灾能力弱。茶园道路不配套，有机肥上不了山，机械进不了园。二是成本持续上升。劳动力成本不断攀升，全国采工平均工价为每天125.4元，同比增长3.4%。茶叶生产物资成本平均涨幅达4%以上。三是销售压力增大。全国900多万亩未开采茶园将在2~3年内陆续投产，产品竞争日趋激烈。抹茶产能增加迅速，但其他精深加工产品少、发展慢、占比低。

下一步工作重点 将继续以推进农业供给侧结构性改革为主线，贯彻新发展理念，加快茶产业转型升级，促进茶产业高质量发展。一是抓细抓稳春茶生产。指导各地在做好农村疫情防控工作基础上组织春茶生产有序开展，加强技术指导服务，强化"倒春寒"等灾害性天气监测防范，鼓励春茶线上销售。二是落实落地技术措施。改善茶园基础设施条件，加强无性系良种繁育基地建设。集成推广绿色防控、有机肥替代化肥等绿色标准化技术模式，促进茶叶品质提升。研发应用名优茶机采机制技术，促进农机农艺融合。三是做大做强产品品牌。以"国际茶日"为契机，依托中国茶产业联盟等行业组织，举办有影响力的全民饮茶、品牌推介、集中购茶活动，开拓国内外市场，提升区域公共品牌和优质企业品牌影响力。四是培优培精实用人才。加大茶叶生产技术培训力度，加快茶叶行业管理和农技人员知识更新，培养懂产业、懂经营、懂技术的种植大户、农民合作社负责人和职业农民，促进新模式新技术普及应用。

表1　2019年茶叶主产区面积分布表

单位：万亩

省份	茶园总面积	采摘面积	新建茶园面积	无性系面积	有机认证茶园面积	绿色食品认证茶园面积
江苏	50.3	47.5	0.2	18.0	7.4	6.7
浙江	306.3	274.9	3.9	228.1	9.6	10.0
安徽	280.3	221.8	10.6	110.4	20.3	68.6
福建	327.8	309.4	7.9	305.8	10.9	13.3
江西	164.9	130.1	9.6	116.2	30.1	26.8
山东	34.7	30.5	2.5	12.0	4.3	4.8
河南	173.7	157.3	1.6	100.5	22.6	60.6
湖北	495.1	370.1	12.8	308.1	28.1	85.0
湖南	266.3	199.8	18.8	174.2	18.5	—
广东	106.6	73.5	8.0	89.9	14.5	—

（续表）

省份	茶园总面积（万亩）	采摘面积（万亩）	新建园面积（万亩）	无性系面积（万亩）	有机认证茶园面积（万亩）	绿色食品认证茶园面积（万亩）
广西	113.0	91.3	4.4	75.2	9.8	—
海南	3.1	2.0	0.3	0.4	0.1	—
重庆	70.3	50.2	6.7	55.5	3.3	5.5
四川	575.0	446.2	11.9	430.0	6.2	55.5
贵州	698.7	467.1	0.0	576.0	12.7	8.1
云南	699.9	604.7	0.0	431.0	52.0	50.0
陕西	215.4	151.5	15.9	103.0	34.3	14.4
甘肃	18.4	10.0	0.2	4.4	0.3	3.9
合计	4599.50	3637.39	115.26	3138.56	285.03	413.14

表2　2019年干毛茶、名优茶主产区产量产值明细表

省份	干毛茶总产量（吨）	干毛茶总产值（万元）	名优茶总产量（吨）	名优茶总产值（万元）
江苏	14953.1	276605.0	5078.6	187724.5
浙江	175480.0	2247434.0	95680.0	1973000.0
安徽	119784.4	1455029.0	46130.0	1056914.0
福建	405055.4	2972654.8	200800.0	2086818.3
江西	66068.9	663871.4	17982.9	549795.3
山东	25613.9	731028.8	15320.3	489342.3
河南	69782.5	1293603.0	53592.3	1041760.0
湖北	338608.0	1574882.9	129700.0	1317000.0
湖南	227189.0	1214115.0	27272.0	503418.0
广东	111153.1	369959.1	72108.9	300000.0
广西	74621.2	683335.0	14622.2	209646.6
海南	990.0	10100.0	370.0	4600.0
重庆	44764.7	349738.6	13956.0	197834.0
四川	291339.0	2806854.0	189000.0	2316400.0
贵州	211726.0	3390000.0	134000.0	2685000.0
云南	468494.0	1801719.5	280748.0	2136447.0
陕西	92578.6	1629636.3	29617.8	788190.6
甘肃	1311.6	26500.0	975.0	17790.0
合计	2739513.4	23497066.3	1326954.0	17861680.6

表3　2019年分品种茶叶主产区产量表

省份	绿茶产量（吨）	绿茶产值（万元）	红茶产量（吨）	红茶产值（万元）	乌龙茶产量（吨）	乌龙茶产值（万元）	黑茶产量（吨）	黑茶产值（万元）	白茶产量（吨）	白茶产值（万元）	黄茶产量（吨）	黄茶产值（万元）
江苏	11046.9	234435.9	3906.2	39910.9	0.0	0.0	0.0	0.0	—	—	—	—
浙江	170996.0	2071323.0	1695.3	144196.0	91.1	5758.0	2636.5	10822.0	25.1	4852.0	36.0	12952.0

(续表)

省份	绿茶产量(吨)	绿茶产值(万元)	红茶产量(吨)	红茶产值(万元)	乌龙茶产量(吨)	乌龙茶产值(万元)	黑茶产量(吨)	黑茶产值(万元)	白茶产量(吨)	白茶产值(万元)	黄茶产量(吨)	黄茶产值(万元)
安徽	107398.0	1303928.0	7031.1	106101.0	37.0	2325.0	296.0	5940.0	1430.3	3900.0	3592.0	33225.0
福建	111974.7	539701.7	42010.5	333609.8	214546.9	1565248.3	35.0	167.5	36488.4	343927.6	—	—
江西	52434.4	510825.3	10978.7	143439.5	522.0	7802.0	49.0	—	1404.0	0.0	680.8	8426.4
山东	22820.3	546740.3	2775.3	176509.2	0.0	172.0	—	—	8.8	690.0	9.5	929.0
河南	61733.2	980707.0	6229.3	232096.0	—	—	1820.0	61610.0	—	—	—	—
湖北	240048.0	1317100.0	36003.0	206580.0	2000.0	17500.0	57657.0	203220.0	2600.0	30260.0	300.0	5340.0
湖南	101790.0	708672.0	28340.0	401514.0	2420.0	24700.0	92313.0	264392.0	1180.0	24125.0	1146.0	45078.0
广东	48193.7	—	19369.7	—	42183.4	—	1062.8	3648.0	333.5	5450.0	10.0	58.0
广西	52075.3	284690.5	14528.1	250466.3	3201.6	1337.3	4806.9	259308.9	8.0	3100.4	1.2	4.5
海南	590.0	6000.0	400.0	—	—	—	—	—	—	—	—	—
重庆	40219.0	315875.0	4384.7	32158.0	0.0	—	161.0	1505.5	0.0	—	—	—
四川	255300.0	2408700.0	7950.0	246900.0	4798.0	26000.0	22790.0	103000.0	406.0	4000.0	95.0	1400.0
贵州	182500.0	3634000.0	17400.0	712000.0	576.0	6000.0	6095.0	112000.0	5155.0	56000.0	0.0	—
云南	327243.0	749633.0	44777.0	215184.0	4862.0	27888.0	89619.0	791483.0	1993.0	17532.0	—	—
陕西	73466.6	1460520.9	5293.7	142341.0	4.0	28.0	13721.6	217099.0	92.2	3755.4	0.5	148.0
甘肃	1181.6	23312.0	0.0	1888.0	—	—	—	—	130.0	1300.0	—	—
合计	1861010.75	17096164.58	253072.53	3384893.73	275242.07	1684758.59	293062.80	2034195.90	51254.25	498892.39	5870.97	107560.90

(农业农村部种植业管理司　杜建斌)

【国产茶叶内销市场】

内销总量稳中有升，茶类格局基本不变　据统计，2019 年，中国茶叶国内销售量达 202.56 万吨，增幅为 6.02%。其中，绿茶内销量 121.42 万吨，占总销量的 60.0%；黑茶 31.86 万吨，占比 15.6%；红茶 22.60 万吨，占比 11.2%；乌龙茶 21.63 万吨，占比 10.7%；白茶 4.22 万吨，占比 2.1%；黄茶 0.83 万吨，占比 0.4%。

内销均价有所下调，内销总额增速变缓　据调查推算，2019 年，中国茶叶内销均价为 135.25 元/千克，同比减少 2.90%。各茶类中，绿茶均价 131.50 元/千克，红茶 178.98 元/千克，乌龙茶 131.39 元/千克，黑茶 93.73 元/千克，白茶 149.11 元/千克，黄茶 120.45 元/千克。

2019 年，中国茶叶国内销售总额为 2739.50 亿元，增幅 2.95%。其中，绿茶内销额 1596.74 亿元，占内销总额的 58.3%；红茶 570.26 亿元，占比 20.8%；乌龙茶 296.87 亿元，占比 10.8%；黑茶 202.72 亿元，占比 7.4%；白茶 62.92 亿元，占比 2.3%；黄茶 9.98 亿元，占比 0.4%。

运行情况　从销售数据看，内销市场依然是拉动中国茶业经济增长的主动力源，但内销量持续缓增，均价出现回调，反映出供大于求的压力不断增大。从茶类结构看，总体格局保持稳定，但产销量占比持续变化显示流转速度趋缓；名优茶仍是创造茶产业价值的主力军，保守估计内销额贡献率不低于 70%，使商品茶处境尴尬。从销售通路看，线上销售份额继续扩大，连锁渠道逐步化身新零售，批发市场功能弱化，转型在即，商超卖场辅助功能有待提升；传统茶馆发展定位不清、路径不明，有待破茧重生；新中式茶饮延续产业创新担当，但已出现明显分化迹象。从消费市场看，饮茶人口数量与消费需求量的增速远低于供给侧增速，消费宣传不足、引导不力、内容肤浅、包装过度，使消费提振、产业营销成为大势所趋。

【茶叶进出口贸易】　据中国海关统计，2019 年，中国进口茶叶 4.34 万吨，同比增加 22.25%；金额 1.87 亿美元，同比增长 5.06%；均价 4.31 美元/

千克，同比下降13.97%。2019年，中国茶叶出口数量36.65万吨，同比上升0.52%；金额20.20亿美元，同比上升13.61%；出口均价5.51美元/千克，同比上升13.14%。

分茶类看进口情况 红茶进口量3.64万吨，占总量的83.9%；绿茶0.41万吨，占比9.3%；乌龙茶0.26万吨，占比6.1%；花茶0.03万吨，占比0.6%；普洱茶45吨，占比0.1%。

红茶进口额1.26亿美元，占总额的67.3%；绿茶0.18亿美元，占比9.4%；乌龙茶0.39亿美元，占比20.7%；花茶0.03亿美元，占比1.9%；普洱茶0.01亿美元，占比0.7%。

红茶进口均价为3.46美元/千克，同比减少13.18%；绿茶均价4.35美元/千克，同比减少21.92%；乌龙茶均价14.67美元/千克，同比减少12.67%；花茶均价13.65美元/千克，同比增长2.52%；普洱茶均价27.43美元/千克，同比激增748.16%。

分省份看进口情况 2019年，中国进口茶叶逾千吨的省(自治区、直辖市)共计8个，依次是浙江、福建、江苏、广东、上海、北京、广西、安徽。

2019年，中国进口茶叶金额最大的8个省份分别是上海、福建、广东、浙江、江苏、广西、北京、安徽。

分国别看出口情况 传统市场面临调整，战略转移初见成效。①传统市场：2019年，中国茶叶在传统市场面临着严峻挑战。制约出口在局部市场出现下降的两大因素是技术壁垒和关税壁垒。在技术壁垒方面。一是中国茶叶对摩洛哥这一最大传统市场的出口量仅为7.43万吨，同比下降4.2%；主要原因是该国从2019年10月1日起正式实施进口茶叶农残限量新标准。二是欧盟不断增加农残检测项目，提高农残限量标准，使中国茶叶对欧盟出口量仅为2.8万吨，出口金额1.2亿美元，同比分别下降1.5%和12.1%。在关税壁垒方面。2018年，美国是中国茶叶出口(量、额)的第四大贸易国。受贸易摩擦影响，从2019年9月1日起，美国对中国茶叶征收15%的关税，致使2019年中国对美国出口茶叶1.47万吨，出口额0.70亿美元，同比分别下滑5.2%和21.35%。②新兴市场：面对传统市场出现的变化，2019年中国茶叶对东盟及“一带一路”沿线国家和地区的贸易成为新亮点。据海关统计，2019年对东盟出口茶叶2.3万吨，同比增长25.6%，出口金额4亿美元，同比增长55.7%；对“一带一路”沿线国家和地区出口茶叶9.4万吨，同比增长4%，出口金额5.6亿美元，同比增长30.7%。

分茶类看出口情况 绿茶仍是中流砥柱，出口品种有待丰富。①出口量：绿茶保持优势，红茶稳中趋升，其他茶类下降。绿茶出口量30.39万吨，占总量的82.9%；红茶3.52万吨，占比9.6%；乌龙茶1.81万吨，占比4.9%；花茶0.65万吨，占比1.8%；普洱茶0.28万吨，占比0.8%。②出口额：绿茶地位稳固，各茶类占比变化不大。绿茶出口额13.18亿美元，占总额的65.3%；红茶3.49亿美元，占比17.3%；乌龙茶2.36亿美元，占比11.6%；花茶0.65亿美元，占比3.2%；普洱茶0.52亿美元，占总额的2.6%。③出口均价：各茶类均价不同程度上涨。绿茶出口均价4.34美元/千克，同比上涨7.43%；红茶均价9.91美元/千克，同比上涨16.59%；乌龙茶均价13.04美元/千克，同比大幅上涨36.97%；花茶均价10美元/千克，同比上涨4.49%；普洱茶均价18.57美元/千克，同比激增96.72%。

分省份看出口情况 格局大体不变，中西部正在崛起。①出口量：浙江继续保持领先，四川首度突破万吨。2019年，中国茶叶出口量突破万吨的省份共有7个，依次是浙江15.88万吨，占总量的43.32%；安徽6.00万吨，占比16.37%；湖南3.90万吨，占比10.65%；福建2.40万吨，占比6.55%；湖北1.74万吨，占比4.75%；江西1.45万吨，占比3.97%；四川1.08万吨，占比2.94%。②出口额：福建持续大幅攀升，广东有望进入前十。2019年，中国茶叶出口额达到1亿美元以上的省份分别是：浙江4.84亿美元，占总额的23.95%；福建4.55亿美元，占比22.54%；安徽2.48亿美元，占比12.28%；湖北2.14亿美元，同比增长47.59%，占比10.62%；湖南1.03亿美元，占比5.12%。

(中国茶叶流通协会)

中国家具产业

【概　述】 家具是用木材、金属、塑料、竹、藤等材料制作的，具有坐卧、凭倚、储藏、间隔等功能，可用于住宅、旅馆、办公室、学校、餐馆、医院、剧场、公园、船舰、飞机、机动车等场所的器具。家具的制造，按材质的不同，行业产品可分为五大类：木质家具，竹、藤家具，金属家具，塑料家具和其他家具。

家具行业市场现状分析 中国家具协会数据显示，2013—2017 年，我国家具行业产量呈增长态势。2018 年国家对家具行业统计口径进行了调整，2018 年规模以上企业家具产量为 90939.42 万件，2019 年家具产量回升到 89698.45 万件(表 1)。

表 1　2018—2019 年全国家具行业规模以上企业主要家具产品产量表

行业名称	2019 年产量（万件）	2018 年产量（万件）	增速(%)
家具	89698.45	90939.42	-1.36
其中：木质家具	31564.35	31120.65	1.43
金属家具	40270.46	42341.55	-4.89
软体家具	6933.24	7205.06	-3.77

近年来我国家具行业正在不断洗牌整合，规模以上企业数量呈高速增长态势，据中国家具协会数据显示，2019 年我国规模以上家具企业达到 6410 家。

表 2　2018—2019 年家具行业规模以上企业分地区家具产量表

行业名称	2019 年产量（万件）	2018 年产量（万件）	增速（%）
全国	89698.45	90939.42	-1.36
北京市	463.07	475.21	-2.55
天津市	1037.65	1002.79	3.48
河北省	2727.46	2921.8	-6.65
山西省	60.31	24.22	149.01
辽宁省	2232.49	2239.62	-0.32
吉林省	63.79	70.3	-9.26
黑龙江省	205.82	209.97	-1.98
上海市	1984.86	2041.61	-2.78
江苏省	3801.56	3509.98	8.31
浙江省	23964.36	26282.22	-8.82
安徽省	1223.48	952.54	28.44
福建省	15177.76	14640.04	3.67
江西省	4263.99	4508.27	-5.42
山东省	3543.92	3805.29	-6.87
河南省	3495.09	2439.33	43.28
湖北省	1347.19	634.77	112.23
湖南省	711.1	625.11	13.75
广东省	18451.93	19842.11	-7.01
广西壮族自治区	337.34	562.17	-39.99
海南省	—	0.05	—
重庆市	876.71	770.61	13.77
四川省	3135.11	2839.82	10.40
贵州省	237.7	198.47	19.77
云南省	44.28	48.42	-8.55
陕西省	263.02	237.95	10.54
甘肃省	1.06	2.88	-63.19
宁夏回族自治区	4.61	3.4	35.62
新疆维吾尔自治区	42.81	50.45	-15.14

一方面家具行业受到内外部环境的影响，整个家具行业销售增速放缓；另一方面 2018 年国家对家具行业统计口径进行了调整，2018 年家具行业规模以上企业主营业务收入 7013.69 亿元，同比增长 4.33%。2019 年家具行业规模以上企业实现销售收入 7117.16 亿元，同比增长 1.48%(表 3)。

我国家具行业呈现出明显的产业聚集特征，华东和华南地区是我国主要家具产地，这两个地区家具产量占到全国家具产量的 80%以上。2019 年

表 3　2018—2019 年全国家具行业规模以上企业营业收入表

行业名称	2019 年主营业务收入（亿元）	2018 年主营业务收入（亿元）	增速（%）
家具制造业	7117.16	7013.69	1.48
其中：木质家具制造业	4350.40	4211.09	3.31
竹、藤家具制造业	93.10	100.39	-7.26
金属家具制造业	1375.90	1372.18	0.27
塑料家具制造业	87.04	97.99	-11.17
其他家具制造业	1210.72	1232.05	-1.73

华东地区家具产量占比达到 60.19%；华南地区家具产量占比 20.96%。

【进出口贸易】 据海关统计，家具及其零件 2019 年 12 月出口额 410.5 亿元人民币，环比增长 20%，增速较 11 月提升 6.7 个百分点；2019 年全年累计出口额 3729.9 亿元，比 2018 年增长 5.3%。

2019 年，家具，灯具、照明装置及零件，陶瓷制品和纺织制品 4 类家居行业相关产品累计出口额 1.6 万亿元，比 2018 年增长 8.1%。

总体来看，2019 年，我国货物贸易进出口总值 31.54 万亿元人民币，比 2018 年增长 3.4%。其中，出口 17.23 万亿元，增长 5%；进口 14.31 万亿元，增长 1.6%；贸易顺差 2.92 万亿元，扩大 25.4%。

2019 年 12 月，我国进出口总值 3.01 万亿元，同比增速达到两位数，为 12.7%。其中，出口 1.67 万亿元，增长 9%；进口 1.34 万亿元，增长 17.7%。12 月外贸出口、进口规模都创下月度历史峰值。

2019 年我国出口商品以机电产品和劳动密集型产品为主，机电产品所占比重接近六成。同期，服装、纺织品、家具、鞋类、塑料制品、玩具、箱包七大类劳动密集型产品出口 3.31 万亿元，增长 6.1%。

欧盟、东盟和美国为中国前三大贸易伙伴。对欧盟进出口 4.86 万亿元，增长 8%；对东盟进出口 4.43 万亿元，增长 14.1%；对美国进出口 3.73 万亿元，下降 10.7%。

此外，对“一带一路”沿线国家进出口 9.27 万亿元，增长 10.8%，高出整体增速 7.4 个百分点。

民营企业首次超过外商投资企业，成为我国第一大外贸主体，其中出口占比更是超过了 50%。2019 年，民营企业进出口 13.48 万亿元，增长 11.4%，占我国外贸总值的 42.7%，比 2018 年提升 3.1 个百分点。其中，出口 8.9 万亿元，增长 13%；进口 4.58 万亿元，增长 8.4%。

按照 WTO 最新的前 10 个月的数据，我国出口在全球十大贸易国中表现是最好的。

与此同时，我国的贸易伙伴遍布全球，多点开花。2019 年我国对欧盟、东盟等主要贸易伙伴增长的同时，对“一带一路”沿线国家以及非洲、拉丁美洲等新兴经济市场进出口分别增长了 10.8%、6.8%和 8%。

表 4　2018—2019 年全国家具行业规模以上企业出口交货值表

行业名称	2019 年出口交货值（亿元）	2018 年出口交货值（亿元）	增速（%）
家具制造业	1690.94	1733.08	-2.43
其中：木质家具制造业	730.86	748.32	-2.33
竹、藤家具制造业	23.12	21.26	8.73
金属家具制造业	496.43	502.17	-1.14
塑料家具制造业	39.77	41.24	-3.56
其他家具制造业	400.77	420.10	-4.60

表 5　2018—2019 年全国家具行业出口情况统计表

商品名称	2019 年出口量（万件）	2018 年累计出口量（万件）	出口量同比增长（%）	2019 年出口值（万美元）	2018 年出口值（万美元）	出口值同比增长（%）
家具	—	—	—	5609318.50	5555811.54	0.96
木家具	24146.90	26956.06	-10.42	1163317.47	1348842.16	-13.75
金属家具	34813.61	37409.82	-6.94	911301.96	850737.35	7.12
塑料家具	6233.24	5860.51	6.36	108398.38	98696.55	9.83

（续表）

商品名称	2019 年出口量（万件）	2018 年累计出口量（万件）	出口量同比增长（%）	2019 年出口值（万美元）	2018 年出口值（万美元）	出口值同比增长（%）
竹、藤、柳条及类似材料制家具	761.57	736.45	3.41	11038.51	10994.36	0.40
其他材料制家具及家具零件	—	—	—	622596.28	524297.54	18.75

表 6　2018—2019 年全国家具行业进口情况统计表

商品名称	2019 年进口量（万件）	2018 年进口量（万件）	进口量同比增长（%）	2019 年进口值（万美元）	2018 年进口值（万美元）	进口值同比增长（%）
家具	—	—	—	276020.80	329002.90	-16.10
木家具	745.49	886.23	-15.88	76583.61	92332.13	-17.06
金属家具	152.59	216.99	-29.68	11996.71	12489.19	-3.94
塑料家具	142.27	160.39	-11.30	2614.45	2749.82	-4.92
竹、藤、柳条及类似材料制家具	2.31	4.07	-43.36	84.19	107.40	-21.62
其他材料制家具及家具零件	—	—	—	33622.42	34560.07	-2.71

【中国家具产业集群】　根据《中国轻工业特色区域和产业集群共建管理办法》，中国家具协会在中国轻工业联合会的指导下，在行业内积极稳妥地开展产业集群建设，产业集群数量不断增加，发展质量稳步提升，产业类型涵盖广泛，集群分布科学合理。

至 2019 年底，中国家具产业集群共计 51 个，其中新兴产业园区 13 个(表 7)。2018 年，中国家具协会命名“中国沙集电商家具产业园”，与大连市普兰店区政府共建“中国橱柜名城”(表 8)。此外，中国轻工业联合会与中国家具协会对中国家具商贸之都(乐从)和中国家具制造重镇、中国家具材料之都(龙江)进行复评，根据当地的产业发展情况和发展政策，分别更名为中国家居商贸与创新之都(乐从)和中国家具设计与制造重镇、中国家具材料之都(龙江)。

受地理区位、产业资源、历史文化、市场需求和政策支持等因素的影响，中国家具产业集群主要分布在东部沿海地区，并逐渐向中西部拓展。其中辽宁、河北、山东作为老牌的工业基地，分别有 3、3、4 个家具产业集群；江苏、浙江是繁荣的经济重地，分别有 6、8 个产业集群；广东是发达的开放口岸，建设 9 个产业集群；福建有 1 个产业集群；河南、安徽、湖北、江西等是中部崛起的重要力量，分别有 5、3、3 个产业集群；四川是川派家具的重要基地，具有 3 个产业集群；云南有丰富的木材资源，有 2 个产业集群。

表 7　中国家具产业集群类型及数量

产区类型	产区个数（个）	产区名称
传统家具产区	12	大涌、大江、三乡、剑川、阳信、海虞、碧溪、瑞丽、仙游、东阳、涞水、石薯
木制家具产区	6	宁津、庄河、玉环、崇州、南康、普兰店
金属家具产区	3	胜芳、樟树、庞村
办公校具产区	2	杭州、东升
商贸基地	5	乐从、武侯、香河、蠡口、厚街
出口基地	4	安吉、大岭山、海宁、胶西
新兴产业园区	13	潜江、彰武、红安、海安、原阳、龙游、监利、清丰、信阳、叶集、宁海、兰考、睢宁
其他产区	6	新都(本土制造及产业园兼备)、周村(软体家具)、沙集(电商基地)、南城(校用家具)、龙江(家具制造及家具材料兼备)、瓜沥(浴柜家具)

注：中国家具协会参与命名或共建。

表8　中国家具协会产业集群一览表

序号	时间	名称	所在地
1	2003年3月	中国红木家具生产专业镇	广东省中山市大涌镇
2	2003年8月	中国椅业之乡	浙江省湖州市安吉县
3	2004年3月	中国家居商贸与创新之都	广东省佛山市顺德区乐从镇
4	2004年8月	中国实木家具之乡	山东省德州市宁津县
5	2004年9月	中国家具出口第一镇	广东省东莞市大岭山镇
6	2005年7月	中国西部家具商贸之都	四川省成都市武侯区
7	2005年8月	中国家具设计与制造重镇	广东省顺德龙江镇
8	2005年8月	中国家具材料之都	广东省顺德龙江镇
9	2005年9月	中国特色定制家具产业基地	河北省廊坊市胜芳镇
10	2006年12月	中国实木家具产业基地	辽宁省大连市庄河市
11	2007年3月	中国北方家具商贸之都	河北省廊坊市香河县
12	2007年5月	中国欧式古典家具生产基地	浙江省台州市玉环县
13	2008年1月	中国传统家具专业镇	广东省台山市大江镇
14	2008年5月	中国古典家具名镇	广东省中山市三乡镇
15	2009年6月	中国东部家具商贸之都	江苏省苏州相成区蠡口镇
16	2009年12月	中国民族木雕家具产业基地	云南省大理白族自治州剑川县
17	2010年4月	中国板式家具产业基地	四川省成都市崇州市
18	2011年4月	中国出口沙发产业基地	浙江省嘉兴市海宁市
19	2011年6月	中国中部家具产业基地	江西省赣州市南康区
20	2011年7月	中国古典家具文化产业基地	山东省滨州市阳信县
21	2011年7月	中国北方家具出口产业基地	山东省胶州市杜村镇
22	2011年7月	中国华中家具产业园	湖北省潜江市
23	2011年7月	中国家具彰武新兴产业园区	辽宁省阜新市彰武县
24	2012年4月	中国金属家具产业基地	江西省樟树市
25	2012年4月	中国办公家具产业基地	浙江省杭州市
26	2012年10月	中国浴柜之乡	浙江省杭州市瓜沥镇
27	2012年11月	中国苏作红木家具名镇——海虞	江苏省常熟市海虞镇
28	2012年11月	中国苏作红木家具名镇——碧溪	江苏省常熟市碧溪镇
29	2012年12月	中国家具红安新兴产业园	湖北省黄冈市红安县
30	2012年12月	中国西南家具产业基地	四川省成都市新都区

（续表）

序号	时间	名称	所在地
31	2013年4月	中国（瑞丽）红木家具产业基地	云南省德宏傣族景颇族自治州瑞丽市
32	2013年4月	中国仙作红木家具产业基地	福建省莆田市仙游县
33	2013年8月	中国红木（雕刻）家具之都	浙江省金华市东阳市
34	2013年8月	中国东部家具产业基地	江苏省南通市海安县
35	2014年3月	中国中原家具产业园	河南省新乡市原阳县
36	2014年9月	中国京作古典家具产业基地	河北省保定市涞水县
37	2014年11月	中国钢制家具基地	河南省洛阳市庞村镇
38	2014年12月	中国红木家居文化园	浙江省衢州市龙游县
39	2015年4月	中国家具电商产销第一镇	江苏省徐州市睢宁县沙集镇
40	2015年5月	中国长江经济带（湖北）家居产业园	湖北省荆州市监利县
41	2015年5月	中国校具生产基地	江西省抚州市南城县
42	2015年5月	中国中部（清丰）家具产业园	河南省濮阳市清丰县
43	2015年10月	中国软体家具产业基地	山东省淄博市周村区
44	2015年11月	中国（信阳）新兴家居产业基地	河南省信阳市羊山新区
45	2015年11月	中国中部（叶集）家居产业园	安徽省六安市叶集实验区
46	2015年11月	中国家具展览贸易之都	广东省东莞市厚街镇
47	2016年7月	中国华东实木家具总部基地	浙江省宁波市宁海县
48	2016年7月	中国实木家具工匠之乡	浙江省宁波市宁海县
49	2017年4月	中国广作红木特色小镇	广东省广州市石碁镇
50	2017年7月	中国兰考品牌家居产业基地	河南省开封市兰考县
51	2017年8月	中国办公家具重镇	广东省中山市东升镇
52	2018年1月	中国沙集电商家具产业园	江苏省徐州市睢宁县沙集镇
53	2018年6月	中国橱柜名城	辽宁省大连市普兰店区

（中国家具协会）

各省(自治区、直辖市)林业产业

PROVINCIAL FOREST INDUSTRY

北京市林业产业

【概　述】 2019年，在市委、市政府的正确领导下，以筹办2019北京世界园艺博览会为契机，牢固树立“四个服务”意识，主动服务首都战略定位，全面推进全市林业产业高质量发展。

【林业产业总体发展情况】 2019年，大力推动果树产业与美丽乡村融合发展，修订完善果树产业发展基金扩展投资范围，通过设立子基金向社会募资13.32亿元，新发展果树9763亩；抓住北京世园会机遇大力发展花卉园艺产业，全市花卉种植面积达到7万余亩，实现产值12.5亿元；全市苗圃面积24.8万亩，产值超过60亿元；全市蜜蜂饲养量达27.76万群，养蜂总产值1.9亿元；建立了食用林产品质量安全追溯平台，食用林产品抽检合格率达到100%；惠民政策助力农民就业增收，蜂产业带动精准脱贫作用日益凸显，平原生态林养护、森林健康经营、规模化苗圃建设等共吸纳本地农民4.2万人就业增收。

【2019世园会“两园一区”建设】 2019年世界园艺博览会在北京召开，北京市园林绿化局以高度的政治责任感，坚持首善标准，圆满完成了“两园一区”工程建设。以此为平台，有序开展各项宣传推介活动，优化游客观展体验，展示首都生态文明建设新成就。展会的筹建和内容得到各级领导充分肯定和中外游客的高度赞誉，并囊括多项大奖。

4月28日至10月9日，2019年中国北京世界园艺博览会在北京市延庆区成功举办。本届世园会以“绿色生活，美丽家园”为主题，筹办历时7年，开园运行162天(会时165天)。习近平总书记参加开幕式并发表“共谋绿色生活、共建美丽家园”重要讲话，李克强总理出席闭幕式。市园林绿化局顺利完成北京市参展的“两园一区”即北京园、百果园和中国馆北京展区的馆(场)舍及配套、附属设施建设、场地布置和日常运营等工作。

2019年北京世界园艺博览会北京室外展园建设 北京室外展园占地5350平方米，以“展现人民对美好生活的向往”为“造园”目标和主旋律，以体现人与人、人与自然和谐相处的“四合院”作为北京室外展园的核心景观。展园以胡同、园林、四合院为载体，筑山、理水、植树、栽花，将北京人园艺生活浓缩成“我家院儿”，打造和合如意、青瓦盛芳、棠花童真、玉堂长春、甘雨荷风、百花深处、碧峰花影、什锦花坊等“北京园”八景图卷，使游客从“小院落”看到“大北京”。北京园展示800余种30多万盆(株)木本及草本花卉，其中包含北京自主研发花卉品种73个、野生花卉70个。在162天的展期内，北京园共接待游客近110万人。

2019年北京世界园艺博览会百果园建设 百果园以“乐果、乐活、乐世园”的设计理念，集果林景观、果艺发展、传统园艺、乐活体验之大成，融景观、科普、体验、示范为一体的创新示范园。百果园占地面积100亩，是本届世园会上单体面积最大的展园，汇集了12个树种、180个品种、6000余株果树，包括北方主要落叶果树，是名副其实的“百”果园。首次将全球重要农业文化遗产项目——河北宣化城市传统葡萄园的漏斗架栽培葡萄引进果树种植园区并展示。将盆栽苹果、盆栽樱桃、盆栽葡萄引进园区，通过“创意果市”汇集了京津冀地区特色果品和特色文化产品。运用数字化手段展示了世界、中国、北京果树发展史，又通过数字化和沙盘形式模拟了现代果树产业发展规划、物流配送、果品从田间到消费者手中等环节。

2019年中国北京世界园艺博览会中国馆北京室内展区展览展示 中国馆北京室内展区占地面积150平方米，采用开放式布展形式演绎“红墙百花，绿水青山”主题，打造“北京记忆”“北京发展”“北京未来”和“北京绽放”四个板块。在三次展区评比、四次展品评比中，布置月季、菊花等应季花卉和榆叶梅、玉兰等采用控花技术的各类园林植物200余种36000余株(枝)，通过植物造景与北京园艺发展多媒体影像虚实结合，讲述北京花卉园艺历史文化故事，再现首都浓烈的园艺文化和花卉园艺发展最新成果。

组织完成重大国事活动服务保障、接待和日常运营任务 2019年4月28日晚7时许，国家主席习近平和夫人彭丽媛，与出席2019年中国北京世界园艺博览会的外方领导人夫妇共同参观了中国馆北京展区，观赏首都特色花卉和精美园艺。花团锦簇中的老北京四合院如意门，颐和园的活文物盆栽古桂和耐严寒低温的新品月季见证了园艺的传承和创新。10月9日的闭幕式前夕，国务院总理李克强在中共中央政治局委员副总理胡春华和中共中央政治局委员北京市委书记蔡奇等领导的陪同下参观北京室外展园，并在北京园四合院正房听取了北京市陈吉宁市长的汇报，李克强总理认为北京园展现了北京的园艺科技与历史文化，为国内外参观者展示首都生态文明和美丽北京建设成就，讲好中国故事做出了贡献。展会期间多位国内外领导人莅临指导。央视新闻频道《新闻直播间》栏目、央视财经频道、央视国际频道、《北京新闻》、北京卫视《牛爷逛世园》栏目、大公网等媒体对“两园一区”进行了全方位报道。

组织2019中国北京世界园艺博览会“北京日”活动 5月1—3日，北京市在北京室外展园内举办了丰富多彩的“北京日”系列花事活动。其中有中国插花表演、花艺戏曲走秀、音乐花艺秀、花艺时装走秀等20余场活动；制作花艺作品50余件。据统计，北京室外、室内三天内接待中外嘉宾25万余人。中央电视台新闻联播、CCTV财经频道、央视四套、BTV新闻频道、生活频道、人民网、新华网等多家媒体对北京展园展区进行宣传报道。

2019年中国北京世界园艺博览会北京展团成果 北京市在本届世园会上斩获诸多奖项，其中北京园和北京展区分别荣获国际园艺生产者协会(AIPH)和北京世园会组委会最高奖(大奖)共4个奖项，百果园荣获北京世园会组委会最佳创意奖，市园林绿化局荣获世园会组委会最佳组织奖。展品获奖数量居全国首位。根据《北京世界园艺博览会事务协调局关于做好2019北京世园会省区市室内参展展品评审的函》精神，市园林绿化局组织各区园林绿化局、驻京花卉科研院所、花卉协会及企业，做好北京展区室内展品征集、展评、遴选等工作。最终，在世园会组委会四次展品评比中，北京展评包括自主知识产权的113个种类，500余项作品，累计获得世园会组委会特等奖52项、金奖88项、银奖103项、铜奖118项。在北京市组织的优质果品大赛中，北京市共计获得金奖5项、银奖5项、铜奖13项、优秀奖15项。获奖等级、获奖数量均居全国首位。

组织参加2019年中国北京世界园艺博览会国际竞赛 国际竞赛是本届世园会的专项活动。北京市园林绿化局作为全市果树、花卉行业主管部门，组织参与本届世园会国际竞赛。首先参与本届世园会国际展园、中华展园、国际展区、中国各省区市展区及其展品、企业展园、高校展园，以及牡丹、月季、兰花等7项专项竞赛，共计35项国际竞赛评审过程、总结等的全程监督工作。同时专门组织本届世园会优质果品大赛，共有21个省(区、市)参赛，共推荐参赛样品349个，其中347个样品符合大赛评比要求。经过专家评比，共评出金奖39个，银奖70个，铜奖102个，优秀奖136个，其中，北京市共推荐38个参赛样品，共获得金奖5个，银奖5个，铜奖13个，优秀奖15个。

参与承办2019世界花卉大会 9月10—13日，国家林业和草原局、中国花卉协会、中国贸促会、北京市人民政府和国际园艺生产者协会(AIPH)于2019北京世园会期间在北京市延庆区共同主办2019世界花卉大会。在2019北京世园会期间，市园林绿化局参与承办2019世界花卉大会。大会发表2019世界花卉大会北京宣言，这在世园会历史上尚属首次。

【果树产业】 2019年，持续引导广大果农规范果园管理，全面推广有机化栽培实用技术，推广高效密植节水种植模式，改善果园生态环境。全市春季发展果树650.87公顷、100万株。组织实施果园有机肥替代化肥试点项目，推广应用果园有机肥面积3333.33公顷，推广果园生草面积50133.33公顷。开展低效果园更新改造455.27公顷。积极推广果园高效节水灌溉技术。全市鲜果果园节水灌溉面积5800公顷。已有果园投资项目每年直接带动农民就业1.5万人，间接带动就业3万人，促进农民增收5600万元。2019年，联合产业机构设立子基金3支，总认缴额5.39亿元。

果树产业政策研究和基础数据调研 年内，持续推进果树产业大数据调研和数据梳理、平台开发，初步完成果树产业大数据平台搭建工作。修改完成《北京市退耕还林基本情况及后续政策机制的建议(讨论稿)》。结合“大棚房”整治专班工作与自然资源委持续沟通，推进规模化果园附属设施用地政策突破。同时，深入主要果树产区开展调研工作。

果树基金扩展投资范围 年内，市园林绿化局根据2018年11月市政府同意的果树基金扩展投资范围方案，对果树基金《合伙协议》和《三方协议》重新签署，果树基金投资方式调整为股权投资，投资范围从种植环节扩展至果品产业链上下游配套以及果品品质提升项目等。

制订解决果树基金社会募资方案 按照市领导就京财资产〔2018〕2833号、京绿办文〔2018〕79号文件相关批示，2019年3月14日，召开社会资本合作座谈会，听取社会机构京津冀果品产业市场投资需求，会同市财政局、市农投公司、六合基金研究提出以设立子基金方式解决社会募资问题的方案和具体措施，并与拟合作社会资本方进行具体合作洽商。

与中国人民大学财政金融学院合作开展果树产业基金监管研究 年内，市园林绿化局与中国人民大学财政金融学院合作开展《果树产业基金监管和绩效评价研究》项目，起草完成北京市园林绿化局《北京市果树产业发展基金管理暂行办法(建议稿)》《北京市果树产业发展基金绩效评价管理暂行办法(建议稿)》及《北京市果树产业发展基金相关法规政策文件汇编》。

完成6个达到年限果树相关标准复审 年内，完成6个达到年限果树相关标准复审工作，复审建议：《北京果品等级鲜食枣》(DB11/T 1047—2013)、《核桃无公害生产综合技术》(DB11/T 434—2007)、《果园生草技术规程》(DB11/T 991—2013)继续有效。《鲜食杏无公害生产综合技术》(DB11/T 435—2007)、《李无公害生产综合技术》(DB11/T 436—2007)修订。《有机农产品 樱桃生产技术规程》(DB11/T 954—2013)等标准、规程废止。

北京2022年冬奥会和冬残奥会备选果品供应基地遴选 2019年，按照《北京2022年冬奥会和冬残奥会餐饮原材料备选供应基地遴选工作方案》规定，市园林绿化局制定《北京2022年冬奥会和冬残奥会水果干果供应基地遴选规范》并经冬奥组委审议通过。按照《北京2022年冬奥会和冬残奥会2019年餐饮业务领域工作任务分解表》确定第一批、第二批果品供应基地遴选原则和范围，完成第一批24家备选果品供应基地初选名单，包括樱桃、葡萄、苹果、梨、枣、板栗6个产品类别，制作《2022年冬奥会和冬残奥会水果干果备选供应基地图册》，于2019年4月底提交冬奥组委运动会服务部。推进冬奥果品供应基地产品质量安全标准体系建设有关规范性文件编制工作。

第九届国际樱桃大会筹备 年内，按照市政府批复，成立第九届国际樱桃大会组委会、执委会工作机构。大会组委会办公室设在市园林绿化局。市园林绿化局会同顺义区政府研究起草《第九届国际樱桃大会暨首届北京市樱桃文化节总体方案》，待市领导批复后召开组委会成员单位第一次会议。

2019年果园有机肥替代化肥项目 年内，为贯彻落实《市委生态文明建设委员会2019年工作要点》，合理引导高品质有机肥使用，2019年市财政局安排专项资金，用于采购有机肥进行土壤改良。结合全市鲜果果园现状，起草《果园有机肥替代化肥试点项目实施方案(试行)》，制订项目实施工作流程，明确项目实施节点和有关内容，把控商品有机肥质量，完成2019年试点项目有机肥采购和配送工作。

启动化肥使用总量核算体系编制工作 2019年，按照《市委生态文明建设委员会2019年工作要点》要求，研究建立果树化肥使用总量核算体系。会同各区行业主管部门，对全市果园施肥情况进行摸底调查，每区选择20个果园，调查内容涉及施肥种类、施肥数量、施肥方式、果品质量等，形成本底数据。依托通州区、顺义区、平谷区302个果园土壤样品专业检测结果，会同中国农业科学院专家，对检测结果进行专业化数据分析，初步掌握果园土壤有机质等理化指标实际情况。启动与中国农业科学院农业资源与农业区划研究所合作，从技术、管理和运用等方面开展北京市果园化肥减量体系研究。

与市邮政总公司合作促进果品销售 2019年，与北京市邮政总公司商谈合作，由北京市邮政公司有关人员进行实地调研，以宣传北京特色果品为契机，利用邮政系统平台及冷库优势，为果农、种植大户、公司及合作社提供销售渠道。完成顺义区苹果订单2500千克。

果树数据管理平台建设 2019年，以果树产业大数据调查结果为基础，完成果树数据管理平台建设。该平台建立数据采集、归纳分类、数据质量保证、批量数据处理与大数据库管理系统(前端可视化展示、工作台、存储后台子系统)，形成调查数据188万条，实现果树资源、规模化果园、果园管理、经营主体等可视化展示，实现数据实时录入、汇总、更新及报表生成，实现后台数据系统化管理与检测。为北京果树产业动态化、数字化、精准化、智慧化管理奠定坚实基础，为合理制定果树产业发展政策、规划、计划、资金等管理提供科学依据。特别是该平台针对13个区开设端口，各区可实现本区数字化管理功能。平台建设联同果树大数据调查项目于9月4日通过专家验收。

【花卉产业】 2019年，北京市花卉产业工作以筹办2019年中国北京世界园艺博览会为契机，全力推进各项工作顺利进行。截止到2019年底，全市花卉种植面积4266.67公顷，产值13.1亿元，有花卉企业220家，花卉市场17个。

筹备参加2019年南阳世界月季大会 由世界月季联合会、中国花卉协会主办，中国花卉协会月季分会、河南省花卉协会和南阳市人民政府承办的2019年世界月季洲际大会，于2019年4月28日至5月2日在河南省南阳市举办。市园林绿化局负责北京室外展园建设和专类展区布展任务。北京室外展园占地1500平方米，设计以“燕都花韵千里传，一水同迎宛城香”为主题，通过多种方式结合北京传统皇家园林元素，分区域、类型、颜色、品种展示北京月季的姿、香、色、韵，突出北京市花月季文化特色、技术应用和发展。据统计，园内共栽植树状月季、藤本月季等11个大类100余个品种(其中北京自主研发新品种30个)，共计5000株。专类展区占地600平方米，设计理念以九龙壁为雏形，结构上将北京传统建筑元素和现代简约风格融合创新，集中展现北京自主研发品种月季、精品月季和盆景月季风采。经大会组委会组织专家综合评审，北京市室外展园荣获展园综合奖、设计专项奖、施工专项奖和优秀组织单位奖等四项金奖。北京组织11家企事业单位选送的参展展品获得38个奖项，其中特等奖3个，金奖18个，银奖14个，铜奖3个。

组织参加2019年香港花展 市园林绿化局组织参加2019年3月15—24日在香港维多利亚公园举办的香港花卉展。北京展区以北京独特元素展示“大红花说愿”主题，向香港同胞充分展示首都风采。设计通过不同时期北京地标性建筑的引入，如大兴机场沙盘、天坛造型与未来几年重大活动标志，展示新中国成立70年来首都人民将蓝图变为现实的历程与成果，展示北京不断前进的美好未来。植物配置上以反季节栽培的市花月季和菊花及牡丹为主，点缀春季竖线条花卉，高低错落，色彩缤纷，呈现出生机勃勃的景象。北京市荣获本届展览最高奖项——金奖。

北京首届地景艺术节 1月17日，2019北京首届地景艺术节在北京世界花卉大观园拉开帷幕，艺术节以“时代盛景，大地新生”为主题，征集一流设计师200余名，历时一个多月，制作完成作品69件。地景艺术又名大地作品或大地艺术，由环境艺术发展而来，设计师把对地景艺术的理解与自然景观相结合，利用各种自然材料如树木枯枝、落叶、果实等，在草坪、斜坡等绿地上融入精心设计的艺术作品，创新形成景观，展示大地勃勃生机和艺术之美。本届地景艺术节是在中国内地首次举办，也是首都花卉业界的创举，展现首都园林绿化工作者在生态文明和美丽北京建设过程中创新艺术领域，践行环保理念，挖掘植物材料循环利用价值等风采。

北京迎春年宵花展 1月20日至2月底，2019北京迎春年宵花展在北京花乡花卉创意园隆重举办。花展期间20余家花卉企业、市场共同参与，千万盆年宵花卉扮靓市场，供市民选购。同日还举行以“绽放幸福 追求梦想”为主题第九届组合盆栽和插花花艺大赛颁奖仪式。由京津冀三地花艺师和园艺爱好者精心制作的200余份作品，为市民献上一份视觉盛宴。年宵花期间，北京市还组织兰花、梅花、水仙花展等专项展览活动，丰富节庆期间首都居民文化生活。

北京市第九届郁金香文化节 2019年4月5日至5月6日，以“丝路花语·春满京城”为主题的北京市第九届郁金香文化节在北京顺义国际鲜花港举办。园区郁金香展示品种130余个，共计400余万株，布展面积9万余平方米。游人还能欣赏到风信子、洋水仙、观赏葱、贝母以及7种“一带一路”沿途国家或城市的国花、市花。花展期间，北京国际鲜花港还举办首届“鲜花港杯”北京花园设计展暨国际造园邀请赛、中国球根花卉论坛、北京市首届“全国大学生作品年度大展”等主题文化活动。

首届北京牡丹文化节 5月6日，以“盛世牡丹靓京都 国色天香庆世园”为主题的首届北京牡丹文化节在延庆区盛大开幕，展期至5月30日。市民可在世界葡萄博览园、旧县镇妫州牡丹园、大榆树镇国色牡丹园、北京中山公园、景山公园和北京植物园等6个展区感受国色牡丹雍容华贵和牡丹文化的博大精深。文化节期间还组织牡丹插花、盆栽、摄影、书画展览、旅游产品展销会、美食街等活动。

第十一届北京月季文化节 5月17日，第十一届北京月季文化节开幕，同时在北京植物园、天坛公园、陶然亭公园等11个展区举办。京城大地1000多亩月季景观、2000余月季品种、近100万株月季同期争奇斗艳。此外，各大展区，推陈出新，筹办各种寓教于乐的休闲、科普、经济推介活动等，引导市民赏月季之美，普及市花文化。

第五届北京百合文化节 6月29日，以“百花竞放迎华诞 群芳争艳庆世园”为主题的第五届北京百合文化节开幕。文化节首次扩大至3个展区，同期在延庆世葡园、顺义国际鲜花港和北京植物园展区举办，并持续到7月31日。

第十一届北京菊花文化节 9月13日，以“庆祖国华诞 赏盛世秋菊”为主题的第十一届北京菊花文化节开幕。文化节在北京国际鲜花港、北海公园、天坛公园、北京植物园、世界葡萄博览园和世界花卉大观园举办，展期持续到11月下旬。期间共有800多个品种、60余万株(盆)菊花亮相。此外，各展区还举办丰富多彩的科普、健身、文艺表演等活动，共庆祖国70周年华诞。菊花节重要活动之一——“第十届菊花擂台赛”延续往年传统，于11月份在世界花卉大观园举办。

新媒体花卉文化宣传 年内，在市园林绿化局官网、官方微博等媒体刊登《北京花讯》23期，共编辑138期，其中热点板块“本期花主”“园艺生活”等在“书香园林”微信公众号上定期发布。通过新媒体培养人们赏花、爱花、懂花、用花意识，带动花卉消费。

花卉育种研发与示范推广 年内，以举办北京世界园艺博览会为契机，开展北京地区特别是适宜世园会举办期间展示的自主花卉新品种，如牡丹、月季、菊花、鼠尾草属植物及其他乡土花卉200余个，展评、推广应用60余万株。2019北京世园会成为北京自主产权花卉新优品种展示的世界舞台。

北京花卉消费调研 年内，遴选团队组织开展北京花卉消费调研。制订调研方案，重点对全市居民类、社会集团(室内)、绿化工程、花田花海等四大类花卉消费群体进行了情况调查。本次调研是对北京花卉消费的持续监测和情况更新，并首次对全市不同类型绿地、屋顶绿化、花田花海中花卉需求情况进行了梳理分析，形成花卉消费调研初步报告。目前全市花卉消费总额为203亿元。

全市花卉地方标准复审工作 年内，全市共复审《花卉产品等级 盆栽凤梨》等5项标准。经研究建议3项标准继续有效。另外，认定《花卉产品等级切花百合》和《主要花坛花卉种苗产品等级》两项标准建议有效但依需制定修订计划。

梳理北京市花卉育种研发团队科研成果 年内，对“十三五”以来市园林绿化局花卉育种研发团队科研成果进行集中梳理。据统计，自2010年市园林绿化局成立花卉育种研发团队以来，研发团队共培育出具有自主知识产权花卉新品种200余个，其中“十三五”期间培育出102个，推广应用100个，推广面积333.33公顷。

北京市花卉生产经营主体摸底调查 年内，市园林绿化局开展全市生产、经营花卉主体摸底调查。花卉生产企业220家，包含市花企业84家、功能性花卉企业20家；实体花卉市场17个；当年全市可营业花田花海30余块，面积1333.33公顷、年接待180万游人，北京花卉旅游带动花卉消费。

北京市设施花卉用能和水肥一体化应用情况摸底调查 截止到2019年底，全市重点花卉主产区140余家花卉企业2200余亩生产设施采用清洁能源取暖，为全市清洁空气行动计划做出了贡献。智能温室和日光温室两类主要花卉设施生产及水肥一体化使用面积5500余亩，普及率达到88.1%。

【种苗产业】 2019年，种苗站以强基础、搭平台、重服务、严监管为方向，以种子生产基地化、苗木供应市场化、种苗使用优良化、种苗管理法治化为重点任务，全面推进种苗生产和管理的现代化，积极主动服务首都“四个中心”战略定位，全力保障新一轮百万亩造林、世园会等重大工程，为丰富完善首都生态文明建设增添份额。

种苗生产供应 年内，完成“北京市2019年种苗生产供应情况及2020年种苗供需预测分析报告”“北京市苗圃情况调查”“2019年度园林绿化综合统计年报”等统计报告。年内，全市苗圃数量达到1243个，苗圃面积达到1.65万公顷，实际育苗面积达到1.48万公顷，苗木总产量7974万株，全市针叶树、阔叶树、花灌木的比例为25：33：42。种子采收量：种子67千克，良种穗条6万条。实际用种量：种子967千克，良种穗条6万条。实际用苗量1194万株。

规模化苗圃精细化管理 年内，印发《北京市园林绿化局关于做好2019年北京市平原地区规模化苗圃建设管理工作的通知》，将规模化苗圃使用当地劳动力、土壤污染防治、安全生产等情况列入检查验收重要指标。全市共验收合格133个规模化苗圃，总计0.77万公顷。年内，全市规模化苗圃吸纳3140人绿岗就业，其中本地劳动力2167人，占比69%，涉及低收入家庭19人。

植物种质资源创新化管理 年内，完成国家重点林木良种基地及种质资源库的2019年作业设计评审、日常监督、年度专家考核，包括两处国家重点林木良种基地及北京市海棠国家林木种质资源库，总面积173.1公顷(其中母树林15.3公顷、采穗圃6公顷、良种繁殖圃19公顷、种质资源收集区85.3公顷、试验林17.5公顷、良种示范区30公顷)。采集黄檗、椴树、蒙古栎、青檀等20余种乡土树种近6万粒种子。

林木品种审定规范化管理 年内，市园林绿化局修订并公布实施《北京市主要林木目录》，确定荚蒾属、刺柏属(含圆柏属)等8种北京市主要林木。组织2019年度国家级和省级品种审定申报工作。开展菊花和海棠共12个品种的审定工作。开展观赏植物良种生产、推广及应用情况调研，完成了观赏植物良种基础信息数据整理。2006—2019年共生产良种396个，其中通过审定389个，认定7个。

加强造林工程苗木质量检查 年内，市种苗站牵头组建由生态保护修复处、市种苗站、市林保站共同参加的市级苗木质量监管小组，开展春季、秋季造林苗木质量抽查工作。市级苗木质量监管小组检查新一轮百万亩造林地施工单位37家57个地块172批次，出动人员350多人次，指导各区苗木质量监管小组和标段监理检查造林苗木1.5万个批次，清退各类不合格苗木11万多株，确保新一轮百万亩平原造林工程苗木质量符合《北京市园林绿化局关于加强新一轮百万亩造林绿化工程苗木质量管理的通知》(40号文)及《北京市新一轮百万亩造林绿化工程建设技术导则》要求。检查时向全市在册企业免费发放林木种子生产经营日志2000本、标签10万张、苗木质量检查手册2000本，苗木“两证一签”拥有率达到100%，标签规范率达到60%。对标签不规范的企业提出整改要求，对严重违反标签使用规定的依法开展行政处罚。

加大“双随机”“双打”抽查力度 年内，市种苗站组织印发《北京市园林绿化局关于开展2019年林木种苗质量检查活动的通知》(京绿办发〔2019〕68号)，将全市1263个林木种子生产经营单位全部纳入“双随机”检查范围，联合各区种苗管理机构开展“双随机”检查12次，共抽查595个企业，出动执法人员1785人次，每月抽查结果通过首都园林绿化政务网公示，同时录入北京市行政执法服务平台。配合国家林业和草原局长沙林木种苗质量检验检测中心，抽查北京5家林木种子进出口公司，24批种子样品质量全部合格。对世园会园区内参展单位进行4次集中检查，未发现植物新品种权侵权及假冒行为，圆满完成世园会知识产权保护任务。全年累计完成各种检查740多批次。

加强林木种苗行政审批 年内，市级核发林木种子生产经营许可证26个，变更林木种子生产经营许可证9个，延续林木种子生产经营许可证2个。指导区种苗管理机构新办林木种子生产经营许可证202个，变更林木种子生产经营许可证23个，延续林木种子生产经营许可证60个。全市在册林木种子生产经营许可证1386个，发证面积1.65万公顷，实现北京市苗圃全覆盖。2019年7月24日，根据北京市园林绿化局党组会落实行政审批首席代表制度的决定，市级发证机关由市林业种子苗木管理总站变更为市园林绿化局。按照“双公示”原则，将市级办证企业的行政许可决定书通过首都园林绿化政务网进行公示，接受社会的监督。

优化营商环境，推进政务服务事项改革 年内，市种苗站对所承担的公共服务事项受理标准制定审核要点、梳理提交材料、取消所有证明材料，实现精简材料60%以上。整理市级公共服务、行政处罚、行政强制及行政检查事项，录入国家“互联网+监管”平台。配合京津冀线下“一网通办”工作，将“林木种子生产经营许可证核发”纳入首批“一网通办”事项。为市政务服务局“电子证照”制证工作提供林木种子生产经营许可证、林木良种证数据。

修订《北京市林业种子标签管理办法》 年内，市种苗站召集专家，着手修订《北京市林业种子标签管理办法》，编写标签使用说明，调整标签内容及格式。经两轮专家讨论，《北京市林业种子标签管理办法》和标签使用说明已经基本完成。

【蜂产业】 2019年，全市蜜蜂饲养量为27.76万群，比2018年年底增长4.8%；蜂蜜产量504万千克，蜂王浆产量6.89万千克，蜂花粉产量12.01万千克，蜂蜡产量28.01万千克；售蜂收入430万元，蜂授粉收入1483万元，养蜂总产值1.9亿元，蜂产品加工产值超过12亿元，出口创汇超过1800万美元。

落实市领导指示批示 2019年6月10日，北京市委书记蔡奇对北京蜂产业工作充分肯定，他在一份材料中作出“蜂盛蜜匀”的批示。6月18日，北京市副市长卢彦批示“继续给予蜂产业必要支持，突出科技帮扶作用”。9月27日，市长陈吉宁对《关于扶持蜂产业发展的建议——培育乡村发展新动能系列建议之十三》做出重点批阅。11月15日，市长陈吉宁在《市农业农村局关于本市蜂产业发展有关情况的汇报》上批示“要研究体制创新，推动科技、企业、市场的深度融合”。根据市领导批示精神，市蚕蜂站多次召开座谈会进行研讨对接，压实责任有序展开。

京台美丽乡村论坛 2019年10月15日，市蚕蜂站参加由北京市台办主办、北京市园林绿化局指导、密云区人民政府承办的以“蜜蜂·产业·生态”为主题的2019京台美丽乡村论坛，聚焦蜂产业发展。市委常委、统战部部长齐静出席开幕式，来自北京、台湾两地的蜜蜂行业主管、专家、学者、企业家和蜂农代表200余人参加大会。

“双随机”检查 年内，市蚕蜂站继续开展“双随机”检查和行政执法检查工作。对双随机检查对象库和执法人员库进行完善，确定抽查频次、时间及检查内容，确定抽查比例按照每次5%的比例进行。2019年度出动执法人员48人次，对12家养蜂专业合作社进行抽查，抽查结果在市园林绿化局办公网上予以公示，并在年度内完成160次蜂业生产质量安全行政检查，助力全市蜂业生产质量安全。

推动产业扶持政策 年内，市蚕蜂站指导各区大力扶持蜂产业发展，密云、房山、门头沟、怀柔、昌平、大兴、平谷、延庆等区纷纷出台扶持政策，以政策推动、项目带动、合作联动为抓手，从精准扶贫、基地建设、蜜蜂授粉、组织发展、蜜蜂养殖等各方面持续发力。

蜂业科研成果 2019年，建设蜜蜂健康高效养殖技术基地1个。开展北京地区蜜蜂病虫害流行病学调查和蜂药、农药使用情况调查，试验新型中药及生物制剂，推广500群。继续在12个蜜蜂病虫害监测点，为蜜蜂白垩病和蜂螨风险评估技术平台、农药对蜜蜂健康影响风险评估平台提供监测数据。在3个示范点进行基于智能终端的蜂产品质量安全控制系统示范应用。在2个示范点开展溯源品种识别和评价技术试验与示范。

科委项目通过验收 年内，市蚕蜂站完成市科委“蜂产品质量安全保障及蜂业产业链拓展关键技术研究与应用”重大科技项目，并顺利通过专家组验收。

完成蜂产品溯源管理技术手段全面升级 年内，市蚕蜂站联合中国农业科学院农业信息研究所，完成蜂产品溯源管理系统手机应用(APP)开发，实现对蜂产品生产环境、基本情况、蜂药及投入品管理、生产记录、收购、入库检测、加工记录、成品出入、销售等环节进行监管和溯源。

AI智能化生态蜂箱研制取得新成果 由市蚕蜂站主持开发研制的AI智能化生态蜂箱进入试验示范阶段。该蜂箱可以对蜂产品生产、流通和销售全过程进行有效监控。年内完成设计并制作样品200套，在全国40多个蜂场开展试用。

养蜂技术培训 2019年，市蚕蜂站举办蜂业乡土专家培养、科技下乡、新型蜂农培养和养蜂专业技术培训班25期，培训蜂农3600余人次。

蜜蜂授粉现场会推动授粉技术应用 2019年4月17日，为推动授粉技术应用，在大兴区魏善庄镇召开北京市蜜蜂为西瓜授粉现场会。至2019年末，北京市投入授粉示范蜜蜂1.2万群，熊蜂3万箱以上，授粉总面积超过4万公顷，总增产值4亿多元。

“5·20世界蜜蜂日”活动 5月20日，中国养蜂学会在密云区举办华北地区“5·20世界蜜蜂日”主题活动暨北京密云第二届蜂产业发展高峰论坛；中国蜂产品协会在昌平区举办“5·20世界蜜蜂日”庆祝活动。

蜂业气象指数保险试点运行 年内，在密云、昌平、怀柔3个区开展蜂业气象指数保险试点运行工作，试点工作中参保蜂农667户，承保蜂群6.5548万群，投保金额262.19万元，其中蜂农出资52.4万元，保险赔偿总金额131.10万元。

精准帮扶低收入农户 年内，市蚕蜂站继续实施养蜂精准扶贫工程，免费为低收入户选育并发放优良高产种蜂王4000余只，王台2000个，使低收入户蜜蜂良种覆盖率达到100%。市蚕蜂站重点对接密云、平谷、昌平、延庆的4个低收入村，开展养蜂精准扶低工作，发展17户低收入农户从事养蜂生产。为近三年重点帮扶对象免费购置蜂群5000群，购置蜂机具6000余件，并承诺对低收入户销售的蜂产品，各区合作社以高于市场价15%的价格确保收购。

京津冀联合授粉服务区建设工程 年内，市蚕蜂站继续实施“京津冀现代化蜂授粉服务区建设工程”，大力推广新型现代配套蜂具，培育优质高效授粉蜂种，并与京津冀地区果树、蔬菜和农作物生产基地联合开展授粉服务，建立12个蜜蜂、熊蜂授粉技术示范基地，共同进行优良授粉蜂种标准化授粉技术示范，授粉示范蜜蜂5000群，熊蜂3万群以上，作物平均增产超过10%。

【林业改革发展】 林业改革发展工作坚持以习近平新时代中国特色社会主义思想为指导，扎实推进《关于完善集体林权制度促进首都林业发展的实施意见》的落实，全面贯彻新发展理念、高质量发展要求和市委、市政府的工作部署，在探索完善集体林权制度改革相关政策、创新集体林业发展体制机制、大力推动新型集体林场试点、发展林下经济等方面再上新台阶。

【新型集体林场试点建设】 15个新型集体林场试点完成注册登记并正式营运。新型集体林场试点组建方式有三种：一是区统筹跨乡镇组建集体林场2个。如延庆区组建的北京妫川绿建林场和北京妫川康绿林场。二是乡镇统筹跨村组建林场9个。如房山区大石窝集体林场、门头沟区军庄集体林场等。三是以村为单位组建林场4个。如北京蔡家洼博大林场、怀柔区上台子集体林场等。2019年7月，北京市园林绿化局印发了《关于进一步推进新型集体林场试点工作的通知》(京绿办发〔2019〕142号)，计划在新建的试点中增加试点类型，扩大试点范围，推动新型集体林场试点建设向纵深发展。

全国集体林业综合改革试验示范区(房山区)

建设 主要在三个方面开展试点示范工作：一是培育新型经营主体。房山区大石窝镇、大安山乡水峪村先后注册登记为新型集体林场，并逐步健全了人员配备，完善了财务、运营、人事等相关管理制度。二是创新管理制度。统筹使用山区生态林补偿金的40%用于森林健康经营，2019年完成大安山乡森林健康经营任务，包括重点区建设2360亩，一般区建设2240亩。三是推动一、二、三产业融合发展模式。大安山乡水峪村结合5000亩生态林自然资源，提升自然景观，完善基础设施，已修建完成登山步道15000余米，融合旅游业、餐饮服务业等多个产业，初步建成“峪壶峰”旅游景区，每日可接待登山游客500余人。

林下经济建设 截止到2019年底，全市林下经济累存面积20.57万亩(其中新建4.86万亩)，总产值达4.05亿元，有156家企业、81家合作社参与林下经济建设，带动1.01万户农户、1.23万人就业，实现户均增收1.6万元。延庆、密云、怀柔、门头沟等11个区形成了林药、林花、林菌、林游等十大林下经济发展模式。

房山区大石窝镇林下经济试点建设 按照副市长卢彦2019年7月23日在全市集体林场视频调度会和8月6日在房山区集体林场与林下经济专题调研时提出的关于在新型集体林场试点发展林下经济的指示精神，房山区大石窝镇开展了林下经济试点工作。由市园林绿化局牵头，市农业农村局、市农林科学院、房山区园林绿化局、大石窝镇政府等部门建立了协同工作机制，在充分调研、广泛论证的基础上，编制完成《大石窝镇林下经济试点示范实施方案》。计划在2020年，大石窝镇在巩固提升现有2000亩林下经济的基础上，新发展林菌、林药、林花、林下养鸡、森林景观综合利用等林下经济1000亩，按照卢彦副市长“试点、总结、推广，为全市林下经济趟出一条路”的要求，把大石窝镇打造成全市林下经济建设示范区。

林下经济科普宣传工作 2019年4月13—21日，市园林绿化局与怀柔区园林绿化局、北林科技园合作，在位于怀柔区桥梓镇的国家林下经济示范基地——北京京林绿色科技有限公司举办了“林下经济科普宣传暨现场展示展卖”活动。消费者通过微信公众号、网店、微店等形式了解产品从生产到销售的全过程，实现产品全程可追溯。通过展示展卖，宣传了林下经济发展的新业态，实现了现场展示与网络销售的有机结合。

林下经济示范基地建设 2019年2月，全市又有4家从事林下经济建设的经营主体被国家林业和草原局命名为“国家林下经济示范基地”。截至2019年底，全市共有8家国家级林下经济示范基地。市园林绿化局对全市8家“国家林下经济示范基地”开展监督、指导等服务，要求各示范基地要充分发挥自身优势，重点在提升森林质量、开展林下休闲旅游、自然体验等方面为城乡群众提供更加丰富的生态服务产品，要把“国家林下经济示范基地”这块牌子做成品牌，真正为全市乃至全国林下经济绿色高质量发展做好示范，并提出国家级示范基地要发挥排头兵和先锋队作用，要输出成功模式和经验，做到“四有”和“三出”，即示范基地要有得看、有得说、有得写、有得学，而且要出成效、出信息、出经验。

集体林权制度改革基础工作研究 围绕局(办)中心工作和处里重点工作，加大调研力度，加强基础性工作研究：一是加强集体林改和集体林业配套基础设施调研，为集体林业发展提供技术支撑和基础数据。二是加强新型集体林场试点和林下经济政策研究。在充分调研、与相关部门多次沟通的基础上，完成了《关于加快发展新型集体林场的指导意见(初稿)》和《关于促进我市林下经济发展的实施意见(初稿)》的撰写，并将开始征求相关部门意见，进一步修改完善。

首期林业职业经理人培训班 为贯彻落实北京市人民政府《关于完善集体林权制度促进首都林业发展的实施意见》，为全市集体林业高质量发展提供更多、更好的林业专业人才，2019年11月19—21日，市园林绿化局与北京林业大学合作共同举办“北京市第一期林业职业经理人培训班”，近百人参加了开班仪式，有63名学员参加了为期3天的系统培训。北京林业大学副校长骆有庆、市园林绿化局副巡视员王小平出席开班仪式。

深入探索林下经济发展路径 按照市发改委《关于组织开展新一轮市直单位到回天地区报到服务的通知》要求和服务清单，围绕东小口地区利用第一道绿化隔离地区和第二道绿化隔离地区绿地发展林下经济工作的需求，市园林绿化局先后5次组织相关部门负责人、林业经济专家、文旅策划投资专家和部分企业家代表深入东小口地区开展调查研究，提出该地区发展林下经济发展基本思路，形成专题调研报告，报送市发改委。

(北京市园林绿化局)

天津市林业产业

【概　述】　天津市森林主要集中在北部山区，林业发展主要围绕着水源涵养、防风固沙、生态保护进行建设。2019 年，天津市积极践行“绿水青山就是金山银山”的发展理念，紧紧围绕国家林业发展总体战略，在大力推进美丽天津、生态城市建设的同时，积极推进林业产业发展，取得了良好成效。

截止到 2019 年底，林业产业生产总值实现 33.62 亿元，其中第一产业产值 33.53 亿元，第三产业产值 0.09 亿元。

林木种苗产业　天津市紧紧抓住绿色天津、美丽天津生态城市高标准、高质量建设和苗木需求旺盛的双向机遇，确立“林以种为本，种以质为先”的理念，始终坚持以林木良种为支撑，以体制创新为动力，以科技创新为先导，以执法监督为保障，加强常绿、彩叶等高规格苗木的引种、驯化、培育、推广，苗木市场快速发展。全市持有林木种子生产经营许可证的经营单位 819 个，育苗面积 1.31 万公顷，已基本满足天津林业生态建设发展需求。

林果产业　天津市经济林发展在原有小枣基地、西北部水果基地和北部蓟州干鲜果品基地的三大经济林基础上，形成了东部滨海地区鲜食与酒用葡萄产区；大港、静海、津南冬枣和金丝小枣产区；津西北水果及设施栽培产区；蓟州北部山区特色优质果品产区的布局。栽培模式由单一露地栽培转为多元化栽培，经营策略也由单纯追求数量向量和质全面提升转变。2019 年底，全市经济林达 3.96 万公顷，结果面积 3.05 万公顷，果树树种 24 种，品种 450 个，年产干鲜果品 41.63 万吨，产值 18.52 亿元。

林旅产业　天津市东临渤海，北依燕山，镜内河流湖泊众多，兼具山、水、林、田、湖、草、滩涂、湿地等各种林业资源，共有森林公园 3 处(其中国家森林公园 1 处)和自然保护区 5 处(其中国家级保护区 1 处)。近年来，天津市深入贯彻落实“创新、协调、绿色、开放、共享”五位一体的发展理念，依托蓟州区九龙山国家森林公园、武清区港北森林公园、滨海新区官港森林公园和天津八仙山国家级自然保护区、宝坻区青龙湾保护区、武清区大黄堡保护区、静海区团泊保护区、滨海新区北大港保护区等山水林田湖草湿资源，积极发展森林生态旅游及康养产业，努力打造一批森林旅游精品景区、特色线路、特色采摘园、生态示范村。

林下经济　针对蓟州区、宝坻区、武清区、静海区、宁河区等林业资源相对丰富的地区，充分利用退耕还林、京津风沙源治理、于桥水库种植业结构调整林业项目建设，积极推进林禽、林菌、林粮、林药等林下种养殖业发展，同时利用林下空间发展油用牡丹产业。2019 年有林业专业农民合作社 94 家，6 家国家级示范合作社，17 家市示范合作社，产值十几亿元。形成以“公司(合作社)+农户”的模式，带动农户共同发展，为林农增收开辟了新途径，成为天津市农村经济新的增长点，实现了地增绿、景添美、民增收。

河北省林业产业

【综　述】　2019年，全省林草系统认真履行新职责新使命，笃行实干、攻坚克难，各项工作取得新成效。

省绿化委员会印发《关于促进经济林产业高质量发展的意见》。编制了核桃、板栗等7个品种13个经济林产业技术支撑体系，加快现代林果、花卉产业基地建设，新增经济林面积40万亩，提质增效91万亩，新增花卉种植面积3.2万亩，种苗、森林旅游、林板(纸)产业发展态势良好。加强经济林产品质量安全风险监测，完成抽检1025批次。

2019年全省林业草原产业总产值1461亿元，与上年相比增长0.5%，其中，第一产业产值663亿元，与上年相比下降4.2%，第一产业产值下降的主要原因是张家口市2019年植树造林与上年相比下降近70%，同时，2019年苹果、梨价格下降，对林业产业总产值也造成了一定的影响；第二产业产值683亿元，与上年相比增长4.1%，第三产业产值115亿元，与上年同期相比增长8.6%。

全省林草产业受整体经济形势影响增速有所放缓，但以森林旅游为主的林业第三产业仍然连续保持增长势头，林业旅游与休闲服务业实现产值115亿元，与上年同期相比增长8.6%。近年来旅游产业的蓬勃发展，倒逼了林业产业结构进一步优化。

2019年全省各类经济林产品产量1030.9万吨，与上年同期相比增长8%，其中，水果产量924.4万吨，与上年相比增长9%；干果产量79.9万吨，与上年相比下降4%。全省人造板产量1628.5万立方米，与上年相比增长3%。木材产量106.6万立方米，与上年相比增长22%。其中，原木产量92.3万立方米，与上年相比增长30%；薪材产量14.3万立方米，与上年相比下降14%。

2019年，全省林草系统强化龙头企业的建设与引领。河北鑫鑫木业有限公司、唐县汇银木业有限公司、秦皇岛天亚农林科技集团有限公司、河北怡达食品集团有限公司和张家口市永昌源果仁食品有限责任公司被国家林业和草原局认定为国家林业重点龙头企业，为促进全省林业产业的发展，提供可供借鉴的路子。

【围场满族蒙古族自治县林业产业】　为深入贯彻落实党的十九大、十九届四中全会精神和习近平总书记系列重要讲话精神，牢固树立和践行“绿水青山就是金山银山”发展理念，抢抓新一轮机构改革新机遇，紧紧围绕林业和草原建设目标任务，助力脱贫，增加贫困人口经济收入，2019年县委县政府制定出台了《自治县2019年产业扶贫工作指导意见》和《自治县2019年经济林扶贫产业奖补实施意见》，落实资金1300万元支持林业产业建设，有力地推进了围场林业产业发展。

年度任务全面完成　一是造林绿化扎实推进。为确保任务完成，按照全县造林绿化“一带”(冀蒙边界防风固沙林带)、“两域”(小滦河、阴河)、“三线”(沿河、沿路、环村)规划布局，依托京津风沙源治理、再造三个塞罕坝林场、山水林田湖综合治理、财政补贴造林等重点工程项目，积极推进造林绿化。全年共完成造林绿化20.75万亩，其中人工造林15.25万亩、封山育林5.5万亩，有力地助推了京津冀水源涵养功能区建设。二是乡村绿化取得实效。按照《自治县农村人居环境整治三年行动实施方案》要求，结合村庄区位特点、自然条件，充分利用村边荒山、荒地、荒滩，进行环村林、街道、庭院、隙地、游园等绿化建设，完成村庄绿化92个，面积2760亩。围绕承围、棋塞、承赤三条国省干道，完成7个乡镇，20个行政村的生态廊道绿化2618.5亩。精心组织开展全县义务植树活动，全年共栽植各类乔灌木90万株。三是草原治理全面加强。积极推动草原职能业务落实，完成了10万亩退化草原修复治理项目外业调查和实施方案编制工作，已通过市级批准，正在组织招投标。四是经济林基地不断壮大。建设经济林基地4.84万亩，其中新栽鲜果8000亩、沙棘5000亩、文冠果1242亩、崖桑1000亩，苹果高接换头19亩，园林苗木、药材、花卉28158亩。重点打造了半截塔冯家店村海棠基地、黄土坎乡二下村锦绣海棠基地、海字村崖桑栽培基地、四合永掌字寒富苹果栽培基地、四棵树村平榛栽植及提质增效基地、御道口金莲花基地、朝阳湾镇苇子沟村田园综合体苹果基地等示范基地10个，带动贫困户605户。完成易地扶贫搬迁、两区同建林业产业园项目2个，现代林果花卉产业项目1个。具体做法如下：

加强政策宣传 《自治县2019年经济林扶贫产业奖补实施意见》出台后，围场自治县林业和草原局在官网上进行公告，要求各乡镇在镇村公示栏进行公示，并对驻村工作队进行培训，详细解读自治县经济林产业发展政策，并利用电台、广播等媒体对群众进行宣传，使政策公开透明。

认真做好规划 林业产业基地建设规划时，根据建设单位提出的申请，林草局组织技术人员会同乡镇林业技术人员逐地块进行实地规划设计，建立台账，同时，要求建设单位按照质量标准施工。

组织项目评审对企业建设的林业产业基地项目和两区同建林业产业园项目，组织有关专家逐个进行评审，重点审议项目资金使用情况。

积极组织施工 根据项目实施方案，积极组织建设单位认真施工，并协助联系苗木及进行技术指导，确保项目建设质量。

严格组织验收 林业产业建设项目完成后，林草局会同有关乡镇组织技术人员组成验收组，对建设的林业产业项目进行竣工验收，施工面积采用GPS实测，成活率采用标准地4米样带随机抽样的方法测算，同时填写验收单并收集影像档案资料存档。

创新发展机制 在林业产业发展中推行“企业+农户+基地”等产业化经营机制，职责明晰，分工明确：村级，集中流转土地；企业，提供资金技术。用农村的工，促进脱贫；花企业的资，增大企业体量。这种捆绑式结对帮扶模式，既调动了企业发展林业产业的积极性，又带动当地产业发展及农民增收。

建设示范工程 全年谋划了10个示范工程，其中千亩示范工程5个：承德木兰林业集团在蓝旗卡伦乡下新房村新建设千亩果苗一体培育示范工程，承德远洋胜景绿化工程有限公司在半截塔镇冯家店村建设千亩海棠苗木培育示范工程，雄威农业公司在黄土坎乡二下村建设千亩锦绣海棠栽培示范工程，在大墙村建设千亩锦绣海棠栽培示范工程，承德宇航人公司在南山咀乡南山咀村建设千亩大果沙棘栽培示范工程。百亩示范工程5个：承德富龙公司在朝阳湾镇苇子沟村建设田园综合体苹果栽培示范工程500亩，谢明星蔬菜专业合作社在山湾子乡红葫芦村建设苹果栽培示范工程500亩，承德锺峰源崖桑农业公司建设桑树基地600亩，老窝铺农作物种植农民专业合作社建设文冠果基地700亩，掌字村寒富苹果标准化栽培示范工程100亩。

产业助推扶贫 依据政策鼓励贫困户自主实施林业产业，建设林业产业基地3300亩；企业及合作组织通过流转土地、雇用贫困户务工等形式助力脱贫，按照整村推进集中流转土地500亩以上的要求，建设林业产业基地7950亩。涉及贫困村17个，带动贫困户559户，贫困人口1072人。落实建档立卡贫困人口生态护林员选聘项目资金1770万元，选聘生态护林员2102人，每人每年管护补助8000元。形成了以“三变、三联、三带”为主要内容的生态扶贫模式，“一林生四财”“一地生四金”等典型经验先后在多级主流媒体得到广泛宣传和推广。

引进推广新品种、新技术 为使经济林产业科学技术得到更好的发展，经过经济林产业项目专家评审，平榛提质增效项目顺利实施，引进“岳艳”“岳阳红”“锦绣海棠”等新品种5个，深入各乡镇、村组，集中组织开展林果技术培训20期，培训林果农6900人次。

发展成效 一是积极参加农村林果实用技术人才技能大赛。在市委组织部、市人社局、市林业局等部门举办的2019年农村林果实用技术人才技能大赛上，围场县择优推荐3名农民技术人才参加，通过现场操作、理论讲解、专家质疑问答等程序，获得个人二等奖1名、三等奖2名的好成绩。二是制定了《平榛生产技术规程》承德市地方标准。该技术规程2019年制定编写上报，并通过审核发布。

存在问题 一是围场常受气候条件制约，林业产业发展的步幅不大。二是果园缺少水利配套设施。三是技术推广力量断层。乡镇、村及企业缺少真正懂技术会管理的林果技术人才。仅靠林业和草原局现有的技术人员不能满足实际需要。

对策措施 一是持续推进国土绿化。依托京津风沙源治理、再造三个塞罕坝林场、山水林田湖草综合治理、张承坝上地区造林等重点生态建设工程，大力实施“一带、两域、三线”重点区域生态修复与治理，持续推进全域绿化美化。同时，围绕农村人居环境整治三年行动计划，积极推进村庄绿化、廊道绿化和义务植树活动，改善乡村生态环境，助力乡村振兴战略。二是大力发展经济林产业。立足全县经济林产业“四区两环七大基地”规划布局，按照“引导栽植一批、改造提升一批、管理增效一批”的发展思路，加快培育经济林产业。积极申请县本级资金，对集中连片规模较大的经济林基地，实施水、电、路配套，促进经济林产业现代化、规模化发展，为全县经济林产业全面、健康、有序发展奠定良好基础。三是切实加强林草资源管理。严格林地使用、林木采伐审批，创新管理方式，落实属地责任，确保林地使用、林木采伐合法合规管理。加强湿地、草原资源管理，积极推进湿地公园、湿地保护小区建设，实施好退化草原治理、京津风沙源治理草原项目，提高治理成效。认真做好生态护林员、天然林护林员和公益林护林员的选聘、续聘工作及全县森林保险的核查理赔工作，确保森林资源得到有效保护。认真落实野生动物保护工作，加强野生动物保护专题宣传与监管，强化野生动物救助工作力度，提高野生动物救助质量。四是严格保护林草资源安全。狠抓森林草原防火工作，持续开展多形式、多渠道的森林防火宣传，严格落实野外用火审批制度，加强对农事用火和清明祭祖用火等重要环节的管理，适时开展森林火灾隐患排查，做到不留死角、不留盲区。严格森林、草原植物检疫和病虫害检测防疫工作，做好林业和草原有害生物检疫、监测和防控知识培训，科学监测，适时防控，最大限度减少群众损失。针对破坏森林草原资源的违法违规行为，持续保持严打的高压态势，坚持严打方针不动摇，适时开展专项严打整治行动，严厉查处非法占用林地、破坏国家重点保护植物、盗伐滥伐、森林火灾、违规放牧等违法、违规案件。五是持续推进生态产业扶贫。制订生态产业扶贫工作方案，落实好建档立卡生态护林员选聘项目，加大生态建设和保护项目及资金向贫困村、贫困户倾斜力度。依托木兰林业集团等龙头企业，继续推行“一林生四财”“一地生四金”扶贫模式，切实增加贫困人口收入。做好驻村帮扶和结队帮扶工作，按县里要求落实驻村工作队伍，加大结队帮扶力度，关心关注贫困户生产生活，提升帮扶成效。

（围场满族蒙古族自治县林业和草原局　潘景玉）

【黄骅市盐碱地冬枣产业】 黄骅市位于河北省东南部，东临渤海，南近山东，西界沧州，北依京津。总面积1545平方千米，总人口49万人，其中农业人口42万人，耕地面积75万亩，另有盐碱地荒地74万亩。立足于当地实际，选准了当地独有的冬枣资源，实现了全市林业跨越式发展，达到提高改善生态环境和农田小气候，有效保护农田的目标，并取得了较好的生态、社会和经济效益。

通过几年的努力，全市冬枣种植面积达15万亩，遍及9个农业乡镇，270个村，7万农户，建成万亩大方1个，千亩大方35个，500亩方80个，观光采摘园百余个。投资2000万元建成了孔店大型冬枣专业交易市场。确立“市场牵龙头、龙头连基地、基地连农户”的发展思路，大力推进冬枣产业化经营，重点发展精深加工型、出口创汇型、市场带动型、储藏增值型龙头企业，走“公司+农户”“工厂+基地”的路子。先后投资8000余万元，建成了天天、国润、孔店等8家冬枣加工龙头企业，全市具备20条生产流水线，大、中、小型保鲜库达到500多个，年冬枣储藏、加工1.2万吨。政策激励，对新发展超过100亩以上的冬枣种植片每亩给予“533”的造林补贴，即第一年500元，第二年300元，第三年300元。2019年冬枣产业产值达9亿元，使黄骅冬枣这个耐旱抗盐碱，品质优秀的古老树种重放光彩，成为享誉全国的“中国冬枣之乡”。

（黄骅市自然资源和规划局　滕传亮）

山西省林业产业

【概　述】　山西省坚持以习近平新时代中国特色社会主义思想为指导，围绕省委、省政府“在一个战场打赢两场攻坚战”的决策部署，以“绿水青山就是金山银山”为工作理念，聚焦实现“绿化、彩化、财化”有机统一，大力发展特色林业产业，培育新型林业经营主体，扶持壮大生态产业发展，初步形成了特色经济林、种苗花卉、林下经济、森林旅游等多元化的林业产业链群，走出了生态生计统一、增绿增收共赢的融合发展新路子，为建设美丽中国、绿色山西贡献了智慧和力量。

【经济林】

一是经济林基地建设步伐明显加快。坚持合理布局、适度规模的原则，依托新一轮退耕还林等国土绿化工程，在发展核桃、红枣等传统干果经济林的同时，在适宜地区积极发展沙棘、连翘、油用牡丹、山桃、山杏等特色经济林；坚持“小灌木大产业”的发展理念，加大对现有灌木经济林改造，将林分质量较好、集中连片的沙棘、连翘、皂荚进行改造。2019 年新增干果特色经济林 103.7 万亩，其中新建 88.7 万亩，改造 15 万亩。截至 2019 年，全省干果特色经济林总面积达 1950 万亩，其中，核桃 840 万亩，红枣 310 万亩。总产量达 24.32 亿千克，较往年增产近 4 亿千克，增幅近 20%。总产值为 175 亿元，较 2018 年 150 亿元增加 25 亿元，增幅近 14%。

二是贫困县经济林产业发展持续推进。按照《山西省深度贫困县农林脱贫主导产业发展的若干意见》要求，2018—2020 年，在偏关、宁武、静乐 3 县改造新建沙棘林 30 万亩，临县、兴县、石楼、永和 4 县实施干果经济林提质增效 100 万～150 万亩。截至 2019 年底，临县、兴县、石楼、永和 4 县完成干果经济林提质增效 42.31 万亩，偏关、宁武、静乐 3 县改造新建沙棘林 24.16 万亩，其中新建 14.16 万亩，改造 10 万亩。根据《关于支持右玉县绿色发展暨生态文化旅游开发区建设的若干措施》要求，对右玉县天然沙棘林进行全面改造，截至 2019 年底，已完成天然沙棘林改造 4 万亩。根据省林草局《关于落实〈关于“一县一策”集中攻坚深度贫困县的意见〉责任分解的通知》，积极支持偏关县新建改造沙棘林，新建沙棘工业原料林基地。

三是林业技术推广实训基地和经济林示范园建设有序开展。2019 年，全省共申报林业技术推广实训基地 34 个，经济林示范园 130 个。

四是干果经济林提质增效项目效果显著。指导各地实施经济林提质增效项目，重点开展专家服务团队、技术服务队组建和技术培训工作。2019 年，市、县(区)自主实施经济林提质增效面积达 138.62 万亩，其中高接换优 3.61 万亩。全省已组建技术服务队 878 支，技术服务队人数达到 1.5 万余人，为扎实全面实施好项目做好充分准备。通过提质增效项目实施，持续推动经济林“五化”发展。垣曲县自 2010 年以来，已发展核桃经济林 30 余万亩，进入初果期的核桃面积 15 万亩，盛果期 8 万亩，亩均产干果 75 千克，亩均收入达 2000 元左右。

五是全国首部经济林发展地方性法规——《山西省经济林产业发展条例》立法顺利出台。根据省人大常委会 2019 年立法计划，《山西省经济林产业发展条例》(以下简称《条例》)被列为 2019 年度正式立法项目；先后在省内忻州、吕梁、晋中、临汾、运城，省外新疆开展 4 次立法调研，《条例》将于 2020 年 5 月 15 日山西省第十三届人民代表大会常务委员会第十八次会议通过，自 2020 年 7 月 1 日起施行。该条例针对性强、可操作性强，助力山西省打赢生态治理和脱贫攻坚两场战役。

【种苗产业】　随着国家、省林业重点工程的实施和城乡绿化建设步伐的加快，种苗需求大幅增加，种苗产业成了产业调整、农民致富的新抓手、新路子。

种苗生产基地蓬勃发展 全省有各类苗木生产基地2万余处，其中国有苗圃126处，育苗面积5.75万亩；省直林局苗圃282处，育苗面积3.89万亩；乡村集体苗圃1170处，民营个体苗圃20266处。注册资金达2000万元以上的民营种苗企业有17家，形成了以国有性质苗圃为龙头，社会民营苗圃为主力，乡村集体苗圃为补充的社会化、多元化苗木生产大格局。

种苗生产效益不断提升 山西省总育苗面积从2003年的50万亩发展到2019年的110万亩，苗木总产量52.97亿株，其中容器育苗18.61亿株，良种苗木7.45亿株，出圃各类规格苗木26亿株，苗木产值达80多亿元，从业人员达110多万人，惠及21.3万山区贫困人口，贫困户人均劳务增收2452元，种苗产业链逐步形成，有效提升脱贫的精准度和实效性。

基本模式和创新做法 一是政府牵头，行业搭台，企业唱戏。山西种苗按照“协会组织、公司承办、行业搭台、企业唱戏”运作模式，从2012年开始，已连续成功举办了六届“山西省苗木及花卉博览会”，举办专业论坛16次，吸引省内外1300余家各类资材企业参展，约30万人次参观。组织会员到省内外考察学习近20次，从业人员达3.6万人，累计达成交易额1.5亿元。二是组织考察活动，促进与省外交流。2018—2019年，省种苗协会先后组织会员单位参加“雄安苗木对接会”“新疆苗木花卉博览会”“合肥苗木花卉交易大会”“京津冀蒙林木种苗交易会”等博览会，向全国苗木同行集中展示了山西省油松、刺槐、核桃优良种子，以及白皮松大苗和油用牡丹系列产品等林木种苗产业发展的成果，并交流学习了国内外种苗花卉新品种、新技术和新成果，开阔了眼界，提高了认识，并达成了多份合作意向协议。为山西苗木走出去，进一步推动山西省种苗产业发展，起到了积极作用。2019年5月，组织部分会员单位和国家良种基地赴山东省、福建省，开展了“对标种苗工作一流标杆”专题学习考察。其间，考察了福建省林木种质资源普查、良种基地建设和保障性苗圃建设与山东省林木种质资源中心种质资源保存设施等方面，厘清了种苗协会发展理念，加强了会员单位之间的交流合作，提高了种苗协会的社会化发展水平，提升了行业的组织化程度，传播行业发展新理念、新技术，带动全省种苗产业整体高质量发展。三是拓宽信息渠道，加强政策宣传。积极拓宽宣传、学习、交流渠道，为种苗协会会员搭建苗木信息资源共享平台，开通了山西林业种苗微信公众号，建立了山西林木种苗协会微信群，及时发布山西省林业重大决策部署、重要政策文件和重点工作信息，受到山西、北京、河北、河南、内蒙古、山东、浙江、新疆等省份同行的关注，微信公众号关注用户达400余名。累计推送林业工作动态，提供林业政务服务，宣传生态文明理念，传播林业种苗知识372条。

成效 随着种苗产业发展苗木经纪人的出现盘活了种苗市场。山西省晋中太谷县、运城市绛县等不少地区形成了具有当地特色的种苗产业，林木种苗收入已成为新农村经济增长的新亮点。2019年，太谷县苗木保有量13万亩，育苗户1.3万户，育苗品种160余个，苗木专业合作组织16个。2019年太谷县出圃各类苗木1亿多株，收入4.2亿元。其中太谷绿美苗木专业合作社，带动500农户种植苗木花卉3700余亩，户均增收4.5万余元。种苗产业帮助农民增加收入，为全省林业建设和新农村建设做出了新贡献。

经验与启示 一是调整种苗生产结构，制定区域发展规划。种苗生产企业要以林业生态重点工程的实施及城乡绿化美化进程需求为导向，积极调整苗木品种结构，提高苗木规格和质量。要按市场需要生产苗木；加大通道、城区、乡村和企业绿化用大苗的培育力度；由简单的大田育苗向培育容器大苗、移植大苗转变。种苗行业要大力推行定向育苗，既可以提高造林成活率，又促进了当地苗木产业发展，增加了农民收入。

二是创新种苗发展机制，多元发展林木种苗产业。国有苗圃是全省林木种苗生产的主体，担负着良种培育、新技术引进和重点工程苗木供应的重要任务。加快国有种苗企业经营机制转换，建立健全保障性苗圃制度，将纳入保障性苗圃的企业要重点扶持，加强基础设施建设，提升育苗水平。鼓励兼并重组，联合经营，实行股份制和股份合作制，调动各方面的积极性。同时鼓励育苗企业和育苗户，通过股份制、合作社等形式组织起来，结成利益共同体，走“公司+农户”的路子，逐步形成以企业为龙头，以市场为窗口，以生产基地为依托的产业化格局。

三是依靠科技发展良种，提高林木种苗质量。加强良种引进、繁育工作，有计划地引进一批优新树种、品种，加快繁育，形成规模，占领市场。要对乡土树种和珍贵树种种质资源保存加大扶持力度。要对困难立地造林品种和高产优质、抗性强的经济林树种的良种选育、推广加大扶持，建立高生产力种子园和采穗圃，积极推进林木种质量标准和质量检测体系。

四是依法治种，为林木种苗产业创造良好的发展环境。种苗发展要依靠市场，更重要的是用法律来规范市场，加大依法治种力度。加强全省林木种苗执法质检机构队伍建设，建立健全省、市、县三级林木种苗管理机构，明确执法主体，落实执法质检经费，加大执法质检设施设备的投入，改善执法质检条件。

五是转变行政职能，为林木种苗产业发展提供良好服务。山西省种苗市场还不够完善，种苗生产经营者的整体素质还不是很高，需要政府部门加强引导种苗市场，帮扶苗农。全省各级林业主管部门和种苗管理机构，要尽快转变职能，实现从直接的行政干预向间接的公共服务转变。同时要加强社会化服务，建立政府引导与林木种苗行业协会等社会团体相结合的社会化服务网络。

【花卉产业】 山西花卉产业发展起步较晚，发展速度较慢，远落后于周边省市。截至 2018 年底，山西省花卉产业生产面积为 7489.57 公顷，比上一年增加了 4.5%；全省花卉产值达到了 15.68 亿元，比上一年增加了 19.6%；销售额 25.64 亿元，比上一年增加了 15.18%。全省共有花卉生产经营企业 308 个，其中，营业额在 500 万元以上的大中型企业 28 个，从业人员 6.22 万人，花卉市场 265 个，花农 1607 户。花卉产业约占全省农业产值的 0.7%，远低于全国平均水平的 2.33%。经过近 20 年的发展，全省范围内初步形成三大花卉优势产区：一是以太原、大同为主的蝴蝶兰、红掌等高档盆花主产地；二是以晋中、长治为主的观赏苗木主产地；三是以临汾、运城为主的鲜切花(包括食用、药用等功能性花卉)主产地，全省花卉及其优势产品区划生产布局初现。

在北京世界园艺博览会再创辉煌 2019 北京世界园艺博览会(以下简称北京世园会)于 4 月 29 日至 10 月 7 日在北京市延庆区举办。山西园凭借雄伟的建筑群体、绚丽的植物景观和深厚的文化底蕴折服了参观的游客，受到了评奖专家的高度评价和赞扬。最终，山西省获得各类奖项 487 个，室外展园设计布置获“金奖”，成为全国 10 个获得“金奖”的展园之一；室内展区获得综合类设计布置“金奖”，成为全国 9 个获得“金奖”的展区之一，综合排名进入全国五强；优质果品大赛获得 28 个奖项，金奖总数同北京、山东并列全国第一，奖牌总数排名全国第三。北京世园会组委会特别授予山西省“最佳组织奖”。

开展花海评选活动 花海是“绿水青山的亮点，是金山银山的基础，是生态旅游的名片，是生态文化的品牌”。2019 年初，山西省印发了《关于开展第二批山西省特色花海评选认定工作的通知》，在全省范围内组织开展特色花海的评选认定工作。全省共有 23 个符合条件的单位申报，这 23 个单位申报的材料已通过专家评审，并按照专家提出的评意见，形成建议名单，经公示，无异议后予以授牌。

努力提升全行业生产技术水平 充分利用中外园艺精品 8000 多种，室内外展览展示的各类展品 200 多万株(件)，推出的新品种、新产品超过 2 万件，着力花卉新品种、新技术、新工艺的研究与开发，力求实现科研成果的本地转化，培育出山西特有的具有知识产权的花卉品种。

广泛宣传，提高花卉业发展理念 2019 年，山西省以北京世园会为契机，继续加大宣传力度，充分利用广播电视、报纸、杂志、宣传册等形式，结合全省实际，深入广泛宣传山西花卉，引领山西花卉走向全国。

【森林旅游业】

森林康养产业 按照“夏养山西，康养山西”战略部署，积极推动构建“绿色、人文、智慧”的森林康养产业，以九大国有林区为重点，逐步形成"一圈两山十二集群"的森林康养空间布局。2019年，全省共设立森林公园144处，其中国家级26处，省级57处，县级(城郊型)61处，总面积59.9万公顷，占全省国土面积的3.83%。依托森林公园、湿地公园、自然保护区形成了环五台山、太行山水、吕梁风情、汾河源头、塞北明珠、黄河文化六大森林旅游品牌基地和六大森林旅游线路，国家森林康养基地试点建设单位达到5批40家，沁源县成为全国森林康养基地建设试点县。78处城郊型森林公园，日接待游人40万人次；吸纳社会就业人员1.5万人，提供公益性岗位4500多个，直接受益人数达到2400万人，森林旅游社会综合收入超过100亿元。中国林业产业联合会评定山西省森林康养试点县2个、试点镇1个、试点基地32个、"森林康养人家"5个；中国林场协会评选出的首批54家"中国森林康养林场"山西省有4家林场入选。完成了《森林康养基地建设指南》的编制，正在申请省市场监督管理部门发布实施《山西森林康养基地建设标准(资源条件·基础设施)》，全面规范森林康养基地建设的技术要求。按照省政府"边规划，边建设"的原则，积极推动森林康养工作落地，2019年有12个国家级森林康养基地试点建设工作和沁源县国家级森林康养试点县正按照中产联〔2018〕60号文件要求稳步推进。关帝山国有林管理局与交城山森林康养有限公司通过洽谈合作，制订了《西葫芦林场森林康养置换造林项目实施方案》，2019年完成造林作业1000亩。

增加森林公园数量 以建立国家公园为主体的自然保护地体系和建设全域旅游示范区、"夏养山西"战略为目标，着力增加森林公园数量。新增3处国家级森林公园，增加自然保护地面积9441.42公顷。分别是国家林业局审批的襄垣仙堂山、大宁二郎山、右玉西口古道国家森林公园。森林公园总数达到143处，其中国家级25处，省级57处，县级61处，保护面积59.55万公顷

森林旅游 2019年度森林旅游景区接待游客达3723.7万人，增长15%；实现门票收入约3.8亿元，实现森林旅游综合收入超过12亿元。

森林公园自然生态资源的科学利用和产业发展 完成了13处森林公园的总体规划的审核上报或批复。审批程序中，按照新的操作规程，努力使规划更科学、更具有操作性、更人性化。推进《太行山国家森林步道(左权段)总体规划编制》。联合省林业科学研究院完成"森林公园保护利用设施配置规范"编制申报工作。深入左权县对太行山国家森林步道左权段进行系统调研，编制调研报告。

森林旅游项目建设 完善必要的基础和公共服务设施，为人民群众提供更多的生态产品，对七里峪景区项目压实责任，对表对标，确保2019年底前完成项目建设。编报《森林旅游产业发展现状、思路和对策》和《关于促进森林公园森林旅游产业高质量发展的建议意见》。

森林生态文化和旅游融合 推进森林生态文化和旅游事业的深度融合，编报《关于支持右玉县绿色发展暨生态文化旅游开发区建设情况报告》，2019年1月经国家林业和草原局批准正式设立，森林公园经营面积3951.45公顷。

【林下经济】 全省林下经济经营面积533万亩，实现产值16亿元，带动农户12.96万人。其中，林下种植面积125万亩；林下养殖面积55万亩；相关产品采集面积187万亩；森林景观利用面积166万亩，森林旅游超过1800万人次。创建国家级林下经济示范基地8个，省级林下经济示范基地100个。

资金扶持 从2014年起，省级资金累计投入3665万元扶持林下经济示范基地100个，发展林下经济18.325万亩，其中林下中药材种植面积达到了90%以上。通过政策引导、资金支持和技术帮扶，初步建成一批林下经济中药材种植示范县和示范基地。广灵县、隰县、陵川县、左权县、山西景致苗木有限公司、灵丘道自然有机农业专业合作社、榆社农发新能源科技有限公司、沁源县等8个单位先后被评为国家林下经济示范基地。林下经济示范基地起到"探路子、出经验、做示范"的重要作用。

利益联结 坚持以深化集体林权制度改革为动力，规范林业资产性收益改革试点工作。通过多种途径提高林地综合利用效率和经营效益，形

成了以利益联结为纽带的“企业+专业合作社+农户”运作模式，有效增加了农民群众的资产性收益，使林下经济成为农民增收、林地增绿增效的一个新亮点。

加强管理 按照国家林业局《关于加强林下经济示范基地管理工作的通知》，强化对辖区内国家林下经济示范基地建设和管理进行指导和监督，在生态保护、清洁生产、发展能力、科技支撑、内部控制、质量管理、品牌建设、利益联结等方面加强建设，防范发生重大负面影响事件，按时组织各示范基地专项上报年度工作报告和汇总表。

【九九慢城杜仲产业(闻喜)有限公司】 闻喜县委、县政府深入贯彻落实习近平总书记生态文明思想，认真践行“两山”理念，在促进杜仲产业科学化、规模化、集约化发展方面，实施创新驱动，充分发挥市场的主导作用和企业的主体作用，成功引进湖南九九慢城杜仲产业集团有限公司，杜仲资源培育渐成规模，推进了国土绿化工作，全县自然生态环境得到有效改善。

产业发展概况 杜仲是我国十分重要的国家战略资源，它“全身是宝”，既是我国特有的名贵药材和木本油料树种，又是优质天然橡胶资源，被誉为“植物黄金”“神奇之树”。

闻喜县地处运城盆地与临汾盆地交界处，地形复杂多样。全县土地总面积175万亩，其中河谷盆地35.8万亩，占总面积的20.4%；丘陵沟壑50.7万亩，占总面积的29%；高台旱塬22.7万亩，占总面积的13%；土石山65.8万亩，占总面积的37.6%。现阶段，生态建设的重点和难点是稷王山麓、峨嵋岭、鸣条岗、中条山前沿等丘陵沟壑区。本区土地瘠薄，水资源贫乏，水土流失严重。但光热资源充足，开发潜力大。为了迅速改变丘陵沟壑区植被稀疏的自然面貌，县委、县政府经多方考察和论证，确立了在该区发展杜仲战略性新兴产业的指导方针，研究出台政策措施，引导社会各方力量向杜仲产业集聚，营造良好发展环境。

湖南九九慢城杜仲产业集团有限公司是一家致力于新型良种杜仲的育种培育、专业化种植和产业链精深加工的大型民营龙头企业，在杜仲产业界经济、技术实力雄厚，发展态势良好。公司拥有国家林业和草原局杜仲工程技术研究中心10个“国审杜仲良种”在国内15个省级区域的苗木推广独家授权。在杜仲全产业链精深加工和综合利用关键技术研发方面，通过合作取得20余项国家专利，产品涵盖杜仲药品及保健品、杜仲橡胶、杜仲茶、杜仲酒、杜仲食用油、杜仲食品、杜仲健康饲料及杜仲无抗畜禽肉等。在全国各地建立杜仲良种苗木繁育基地8个，总面积达2万多亩，嫁接繁育推广“华仲5~12号”杜仲良种2亿余株；建立规模化杜仲良种果园、雄花园、高效叶用栽培基地12个，签订种植杜仲林协议110万亩，完成种植面积20万亩。

2017年初，闻喜县和湖南九九慢城杜仲产业集团有限公司经过相互考察，达成了发展杜仲产业战略合作意向。同年4月16日，共同签署了《投资开发新型良种杜仲产业化项目框架协议》。

基本模式和创新做法 闻喜县新型良种杜仲产业化项目计划总投资48亿元，以湖南九九慢城杜仲产业集团有限公司为投资主体，全资子公司九九慢城杜仲产业(闻喜)有限公司承担具体建设任务，采取土地流转供地方式，分阶段建设新型良种杜仲种植基地30万亩，其中杜仲果园26万亩、杜仲雄花园2万亩、密叶杜仲林2万亩；建设新型良种杜仲苗木繁育基地0.5万亩；根据新型良种杜仲种植基地实施进度，适时启动杜仲精深加工产业园项目，建设用地1000亩。

2018年3—10月，九九慢城杜仲产业(闻喜)有限公司完成(一期)建设项目总体规划及部分土地流转、测绘等前期筹备工作；11月，(一期)建设项目备案并正式开工建设。(一期)建设项目总投资13亿元，总规模10.5万亩。主要建设内容：培育新型良种杜仲苗木0.5万亩；高标准整理土地、种植高质高效良种杜仲10万亩。项目计划建设期为五年，其中前三年集中人力、物力、财力以郭家庄镇丘陵沟壑区为重点建设5万亩种植示范园区。

成效与作用 闻喜县新型良种杜仲产业化项目是国内规划规模最大的新型良种杜仲产业示范引导工程建设项目。在建设进程中，可提供1.5万个就业机会，实现精准扶贫1.2万人，大力推动项目区精准脱贫。显著提高森林覆盖率，每年吸收二氧化碳60万吨，释放氧气52万吨，增加蓄水300万立方米，减少水土流失35万立方米。盛产期每年可生产杜仲叶10万吨，杜仲雄花3000吨，杜仲翅果6万吨，杜仲皮4500吨，薪材1.5万吨。

2019年底，九九慢城杜仲产业(闻喜)有限公司共完成投资11196万元。种植基地郭家庄示范园区完成土地流转3万余亩，多为立地条件较差的弃耕撂荒地和荒坡地，涉及郭家庄镇11个村庄和邻近的神柏乡2个村庄，阳隅乡1个村庄；完成机械全垦水平梯田土地整理近3万亩；企业投资修建软体集雨窖2300立方米，安装田间输水主管道5万米，支管道26万米；完成良种苗木栽植1.7万余亩。示范园区建设已初具规模，被省林业和草原局命名为“省级干果经济林示范园区”，基本具备发展杜仲康养第三产业条件。

苗木繁育基地建设已完成土地流转和圃地建设2385亩，其中郭店、向阳庄平川园区1695亩，刘家场、上丁丘陵园区690亩。播种和入圃定植良种成品苗木900万株。品种主要有国审杜仲良种‘华仲5~10号’和豫审杜仲良种“华仲11~12号”“大果1号”“密叶”杜仲等。基地各园区通过水、电、道路等基础设施建设，生产条件得到有效改善。

在县政府的强力推动下，各职能部门主动作为，先后投入2000余万元，将种植基地到荷宝高速互通连接线的土路改造成一条宽5米、长8千米的水泥路，为基地铺筑约40千米长的田间路；在郭家庄地表水源制高点，新建3座3000立方米大型蓄水池，实施柏林水库引水工程，作为基地补充水源。

经验与启示 新型良种杜仲产业化项目建设不仅盘活了闻喜县的荒山荒坡、弃耕撂荒土地资源，提高了土地利用率，加快了国土绿化进程，而且在促进就业、带动项目区群众脱贫致富方面也发挥着巨大作用。基地建设田间生产劳务用工优先雇佣土地流转给公司、有劳动能力的当地农民，日工资根据工作内容50~70元，让他们依托项目建设实现在家门口就业，享受土地流转金和劳务收入双层收益实惠。2019年，与公司签订劳务用工协议的当地群众就有506人，其中建档立卡贫困户劳动力82人。这些劳力都是60岁左右的弱势群体，项目建设真正给他们实现了老有所依、老有所养。

【右玉县经济林产业】 右玉县地处毛乌素沙漠边缘，属晋西北高寒冷凉干旱区，全县国土总面积1969平方千米，辖4镇6乡1个风景名胜区，总人口11.5万。县境平均海拔1400米，年均气温3.6℃，极端最低温-40.4℃，年均无霜期104天，降水量不足400毫米。

全县2019年有沙棘林26万亩(包括权属归梁家油坊中心林场的8万亩国有林)，每年的沙棘果采摘量在5000吨左右，销售额3000万元。右玉县坚持“林业产业发展从林中走出来，林业改革发展让林农富起来”的发展思路，先后成立了山西汇源食品饮料有限责任公司、山西汇源献果园生物科技有限公司、山西绿都沙棘食品饮料有限公司、山西塞上绿洲有限公司、右玉县蓝天沙棘开发有限责任公司、右玉县野山露沙棘饮品有限公司、右玉县润泽饮料食品有限责任公司、右玉县野果王饮料开发有限责任公司、右玉县益鑫源食品有限公司、右玉山里红沙棘饲料有限公司、山西臣丰食业有限公司和右玉县太阳雨饮品厂等12家沙棘加工企业，年产沙棘果汁饮料、原浆、罐头、果酱、酵素、沙棘油等各类产品3万多吨，年产值2亿多元，形成了产供销为一体的经济林产业链，取得了林业增效、企业增产、农民增收的良好效果。

基本模式和创新做法 为贯彻落实右玉县林业局党组“小灌木，大产业”的思路。按照“政府政策引导、农民群众有偿劳务参与、企业牵头经营、集体和农民资源入股、市场化运作、农民集体企业共赢”的思路，构建生态建设与脱贫攻坚的长效联结机制。

2017年，省林草局下达省级沙棘林改造项目任务4万亩，改造对象主要是林分质量较好、集中连片的天然林和退耕还林地人工种植的沙棘林。在保证沙棘林生态功能稳定持续发挥的前提下，采取开道留带、伐除雄株、雌株截干、除萌除蘖等措施，提高林分质量和产果量，并通过了省市抽查核查验收。同时依托退耕还林和国土绿化等工程项目在适宜区域新发展人工沙棘林，最大限度地提高沙棘经济林栽植比重。2017—2019年，新建沙棘5.86万亩，优化区域布局，形成一批布局科学合理、特色鲜明的沙棘工业原料林基地。

联结机制上，通过企业为主体雇佣农民实施沙棘果采收，增加农民的收入，带动增收。企业雇佣农民管理和采收沙棘，增加农民日常收入，实现资源变资产、资产变股金、农民变股东、稳定有收益。在企业带动下，全县12家规模以上沙棘生产企业以6元/公斤的保底价格收购沙棘果，5000吨沙棘果可为农民增加收入3000万元。

成效与作用 沙棘林提质增效的实施，提升了优质生态产品生产能力，在修复保护好绿水青山的同时，推动林业发展由规模速度型向质量效益型转变，走出一条以“小灌木、大产业”为思路的乡村生态发展之路，让群众在就业增收和沙棘果采摘中拥有更多的获得感。

右玉沙棘产业的发展，对发挥本土沙棘资源优势，调整产业结构，延伸产业链条，增加农户收入等方面意义重大。同时，沙棘还致力于帮助当地农民通过发展沙棘产业实现稳定增收。沙棘不仅带动了当地产业发展的开发利用，并且适当解决了当地农民的就业问题，增加了农民的收入增加。12家规模以上沙棘产品生产企业带动当地农民参与采摘沙棘果，从事沙棘粗加工等工作。招聘当地农民直接进厂工作，进一步解决了农民就业和增收问题。

【左权龙泉森林康养基地】 左权龙泉森林康养基地位于太行山主脉西侧、左权县境内。基地所在左权县位于晋冀豫三省要隘，区位独特，史称“晋疆锁阴、山西屏障”，这里是红色沃土，抗战时期，中共中央北方局、八路军总部、129师长期驻扎，是“太行精神”的孕育地。

左权龙泉森林康养基地隶属于左权龙泉国家森林公园，其主管部门为左权县林业局，开发主体为左权县万景旅游开发有限公司。公园总面积241平方千米，核心规划区面积80平方千米，其中森林面积60平方千米。区内森林覆盖率达90%以上，绿化率达95%以上，空气质量好，被誉为华北最佳洗肺处，经测定，空气中负氧离子平均浓度高达12000个/立方厘米。区内生长有植物97科305属626种，拥有动物种数50余种，有国家一级、二级重点保护动物褐马鸡、金钱豹、角雉、艾叶豹等，是山西省次生林保护最好的林区之一。区内自然生长的中药材丰富，已查明拥有野生的黄芩、连翘、柴胡、党参、猪苓、三七、益母草、节节草、透骨草、地丁草、酸枣、当归、曼陀罗、鬼针草、荨麻、车前草、蒲公英、苍耳子、地黄、黄花、一串红、牵牛花等中药材318种。该基地2018年10月18日被中国林业产业联合会评审确定为第四批全国森林康养基地试点建设单位。2019年7月，在森林公园举办了2019年国际民歌赛，公园作为主要活动地、主要接待地受到一致好评。

2019年，基地核心规划区面积达到80平方千米，目前已完成工程项目投资5亿元，形成100多个景观景点，形成两日两条主要旅游线路，日接待量可达到3.3万人次，拥有全市唯一一辆观光小火车、16辆观光车、2条高空索道；酒店拥有212间客房、研学营地拥有350多个床位，可满足1936辆汽车同时停放，一次性安排3500余人就餐。公园内部设置柏油路面，为全封闭双向车道，内部交通总公里长路为5千米。

基本模式 在发展模式上，采用了“政府搭台，企业唱戏”。左权龙泉国家森林公园注册于2012年6月，注册资本金5000万元，下设4个公司，注册资本金11300万元，公司有员工270人。公司致力于森林公园建设，致力于发展康养产业，于2006年8月29日取得了森林公园50年开发经营权，2016年9月19日，又延长租赁经营期到2076年5月31日。

创新做法 第一，始终坚持保护性开发。利用太行山独有的天然资源和左权县龙泉公园独特的气候特征，进行保护性开发，保持了真山真水、原汁原味，重点打造森林康养、休闲避暑新高地；拓展“森林康养+”，开辟了森林研学教育、军事化拓展、体能训练、森林休闲慢生活体验、养老、森林康养、森林疗养、休闲避暑度假等业态。

第二，逐步延伸产业链条。集吃、住、行、游、购、娱为一体，已经形成了自备种、养结合的食品安全供应链，主要游客产品有：观光旅游、消夏避暑、休闲度假、森林康养、商务会议、研学旅行教育、山地运动、民族民俗文化、餐饮、住宿、娱乐等。

主要产业和产品有：

森林观光型产品。森林绿道15千米、观光平台2个、体能锻炼项目1个(好汉坡)。

自然教育型体验产品。森林研学旅行实践教育营地，达到一次性容纳350名师生规模，营地占地面积140亩，拥有教工服务区、接待中心、宿舍区、餐饮区、500平方米室内活动场地、5000平方米悬浮地板操场、科技大讲堂、保安室、医务室、公共卫生间、便利店等功能区，有专业教师26人，全部取得了执业资质和研学教育资格证。

养老产品。建设有养老院一个，建筑面积5000平方米，床位300个，配套建设有餐饮中心、管理中心、医护中心、康复中心等配套设施、设备。

森林康养、森林疗养及休闲度假型体验产品。休闲商业集镇、特色文化酒店。其中，打造农村风情集镇区龙母小镇，建筑面积3661平方米，室内室外可容纳近5000人，提供了餐饮、购物、文化娱乐一条龙服务，餐饮可一次性安排1500人就餐；打造森林疗养中心——德逸舍·山居，民居式森林酒店，设7个庭院，配套建设有会议室、KTV等会议、娱乐配套设施，拥有客房33间套，同时容纳68人；打造森林康养中心——德逸舍·山行，楼层式森林酒店，总建筑面积1.53万平方米，拥有高级客房110间，可同时容纳220人，配套建设有高标准多功能会议室4个、健身房、餐饮、酒吧、室外游泳池等，餐饮区可一次性安排500人就餐；打造县城跨区域接待中心——龙华大酒店，位于左权县城滨河大街，交通便捷，拥有客房69间套，餐位1000位，配套建设有会议中心、洗浴中心，是左权县唯一挂牌的三星级酒店，是公园和基地在左权县城的接待服务中心。

运动、探险型体验产品。健康登山步道、森林探险、索降，拥有健康登山步道13千米；通过景区的登山步道，穿越原始林海、山间小道，可到达海拔2097.4米的左权最高峰南北天池；景区与蓝天救援队合作，推出了索降项目，可用于应急救援、实用性作业，惊险刺激体验项目。

第三，注重社会合作。一是与山西省新华书店集团、北京乐子教育科技公司合作建立了研学教育营地，利用其渠道优势、专业师资资源，专业化开展研学教育，从2018年9月份开营到2019年底，成功接待研学师生20000余人次，特别是2019年4月分两批次集中接待了太原第三中学校一行3100名师生进行红色教育、森林研学科普教育，师生反响强烈，对左权县教育和旅游促动很大，为左权县起到了带动和示范效应。二是与山西卫视、山西老乡俱乐部等媒体开展合作，景区成为山西电视台经济频道、影视频道等拍摄基地，成为山西老乡俱乐部文化训练基地，景区“太行人家”被挂牌为“山西小院”，成功拍摄了山西卫视金牌栏目《全民冲刺》和《影迷来了》。三是与山西舞蹈协会、山西音乐协会、左权县舞蹈协会等专业文艺团体合作，承办了“红色左权·红歌绽放”全省红歌大赛，2019年9月还举办了全省广场舞大赛。四是与山西蓝天救援队等专业救援团队合作，研学营地成为他们的专业训练基地，同时他们也成为公园专业救援队，是公园专业性强、技术性高的一支最重要应急救援力量。五是与左权县人民医院和龙泉乡卫生院进行医疗合作，聘请其执业医生和护士组成专业医护救援团队，常年轮值驻景区、营地，确保游客和研学师生的安全。

成效与作用 ①经济效益逐步显现。公园领跑左权县生态文化旅游开发，成为山西省省级全域旅游示范区(左权县全域旅游示范区)主要骨干和重要支撑景区，万景公司是左权县生态旅游骨干龙头企业，年完成游客接待30万人次，为左权旅游产业的发展起到巨大的带动作用。

②社会效益显著。公园建设、运营的辐射、影响和带动作用非常明显，公园的建设促成了周边7个自然村实现了移民搬迁，从山沟沟里走出来，过上了幸福生活；为山大、坡深、闭塞的龙沟一带解决了270人就业；带动了龙则村新农村建设，发展乡村旅游；与周边3A级景区松树坪3D动漫村实现联合，形成互补，增加了村级乡村旅游收入；投资700余万元，建设了敬老养老院，解决了龙泉乡和左权县100余名老人的生活问题。

③生态效益非常明显。公园占地面积240平方千米，森林覆盖率达90%以上，区内森林覆盖率高、植被茂盛、水土涵养好，建园27年来从未发生过森林火灾、极端气候引发的洪涝灾害和地质灾害，良好的生态环境确保了一方安居乐业，是山西省次生森保护最好林区，生态效益非常明显。

内蒙古自治区林业产业

【概　述】 2019年，内蒙古自治区认真贯彻落实国家和自治区有关林草产业的政策，全力实施《内蒙古自治区林业产业发展“十三五”规划》，以“优势特色经济林、用材林及其他原料林、林木种苗花卉、人工驯养繁育陆生野生动物、林产工业、森林食品药品加工、林业生态旅游、林下经济和林沙产业”九大产业为发展重点，突出特色优势，强化创新驱动，发展新型业态，推动绿色增长、绿色惠民。林草产业呈现“稳中有进，特色突出”的发展态势，基本形成了以特色经济林、林木种苗培育、木本油料、灌木原料、林下经济、生态旅游等特色产业为主导，以“企业+基地+合作组织+农牧户”为利益联结机制，生态与产业互促共赢，大地增绿，企业增效，农牧民增收的产业发展格局。

2019年，全区林草产业总产值达到556亿元，农牧民人均林业收入达到1030元。全区木材产量82.3万立方米，锯材产量335.8万立方米，人造板产量29万立方米，木材加工业形成的锯材、木片、木制品等系列产品产值达105.6亿元。全区各类经济林产品总量2331万吨，其中，水果71.5万吨，干果3.6万吨，鲜草及草种产量2250.9万吨。森林食品(食用菌、山野菜)0.9万吨，森林药材1.9万吨；经济林产品的种植采集产值达51.3亿元。森林旅游接待游客2904.8万人次，实现产值104.4亿元。林业产业在推动绿色增长、促进贫困地区农牧民脱贫致富、绿色惠民等方面作用明显。

特色产业发展迅速　全区干果鲜果培育、沙生植物资源利用、果品饮料加工、林下经济种养、林业生态旅游等一批特色林业产业，已步入了规模和效益双提升阶段。阿拉善盟大力发展以肉苁蓉、锁阳为主的沙产业。截至2019年底，围绕沙生动植物资源的开发利用，全盟人工种植梭梭林面积达651.3万亩，接种肉苁蓉79.2万亩，封育保护天然白刺林309万亩，接种锁阳24.5万亩。全盟从事林沙产业的规模企业44家，已成功开发与研制出林沙产业产品110余种，在推动林沙产业方面发挥了显著的示范带动作用。通辽市根据区域自然条件，积极发展特色林果产业。全市经济林鲜果种植面积达40万亩，年产量达17万吨，其中，塞外红苹果栽培面积达到17万亩，结果面积3万余亩，果品产量达到4.5万吨，产值达3.6亿元。在“2019年中国北京世界园艺博览会优质果品大赛”中，通辽“塞外红”苹果获得铜奖。

新兴产业势头强劲　林业生态旅游产业开始成为自治区林业服务业新的经济增长极。全区各地通过森林公园、沙漠公园、康养基地等建设，有力地促进了林业新兴产业和林业服务业的发展，进一步优化了产业结构。截至2019年底，全区已建成森林公园49处，经营面积88.57万公顷，其中国家森林公园27处，面积67.42万公顷。已批建国家湿地公园53处，面积33.75万公顷。共有森林生态和湿地类型自然保护区105处，面积532万公顷。丰富的林业生态资源为发展提供了广阔的空间，全区各地不断转变发展模式，通过扩展庭院经济、采摘园、旅游观光、农家乐、民俗村、健康养生等形式，激活林业的生活、生态功能，赋予林业科技、教育、文化、旅游等内涵，转型提升林业的生产功能和经济价值。2015年，全区以林业旅游与休闲服务为主的第三产业产值为101亿元，在一、二、三产业产值比重中占比为24%，2019年，产值达153.4亿元，占比达到32%，产值增加了52.4亿元，所占比重较2015年增加8个百分点。

龙头企业规模逐步扩大　龙头企业作为领头羊，为引导社会资本投入、扩大产业规模、提高林业产业质量和效益、完善与农牧民构建紧密型利益联结机制、实现产业提质增效和农牧民就业增收，发挥了很好的示范、引领作用。截至2019年，全区共有国家林业重点龙头企业14家，自治区级林业产业化重点龙头企业64家。64家龙头企业总资产规模达291.1亿元，总销售收入达103.3亿元。其中总资产超1亿元的龙头企业有35家，10亿元以上的龙头企业有2家。

品牌知名度逐步提升 全区已形成一批在区内外市场上具有一定知名度和市场占有率的林业产品品牌。“汉森”“东达蒙古王”“宇航人”“锦绣家园”“健元鹿业”5项商标被评为“中国驰名商标”。根林木业公司的“木结构房屋”、沙漠之花公司的“经典杏仁”“经典沙棘”、高原杏仁露公司的“杏仁露”产品获得“内蒙古名牌产品”。“内蒙古肉苁蓉”获得国家市场监督管理总局地理标志产品认证，乌海葡萄、乌拉特前旗枸杞等获得国家市场监督管理总局地理标志商标认证。“阿拉善荒漠肉苁蓉非木质林产品”获得中国森林认证。2019年，“乌海葡萄”被认定为第三批国家特色农产品优势区。

科技支撑能力显著增强 全区各地通过加强基层林业科技人员、农牧民培训和科技推广服务体系建设，为企业与高等院校、科研院所搭建技术交流平台，促进了科技成果落地开花。林业企业也通过自主创新、实践，设立科研实验室，注册、申请国家专利等方式，提升企业科技化水平，提高产品科技含量和产品附加值。阿拉善盟申请发明专利37项，制定技术、产品标准48项，为大规模开发林沙产业提供了有力的技术保障。阿拉善林业部门长年下派科技特派员和科技人员，深入农牧区开展梭梭肉苁蓉、白刺锁阳、林果种植等方面的科技培训服务及种植技术推广，促进科技成果转化，每年举办林业专业科技培训班40余期，培训农牧民达4000余人次。

发展方式不断创新 自治区林业产业经营主体、特别是林产品精深加工企业，积极顺应发展形势，通过在淘宝、天猫、京东等电子商务销售平台开设旗舰店，利用移动终端等方式进行产品销售，拓宽销售渠道。巴彦淖尔市采取连锁经营、产销对接、电子商务以及认养、托管等新型营销方式，鼓励支持龙头企业、专业合作社、经济合作组织的电商网络信息化建设，逐步形成快速、高效、共享的农村电商营销服务平台。巴彦淖尔市由政府出资在现有电商产业园建设一处特色林产品网站，免费为企业和社会提供林产品供求信息，并免费为企业注册网店，帮助其拓宽营销渠道，激发市场活力。

产业发展助推精准扶贫 自治区把发展林业产业与促进林农增收、助推精准扶贫紧密结合，结合美丽乡村建设，大力发展特色经济林、林下经济、庭院果树经济等林业产业，有效增加了贫困人口收入。通辽市开鲁县依托果品经济林发展优势，整合集中连片生态治理区域内村屯成立合作社，实现跨村合作，推进果树经济林基地化建设、标准化管理、规模化经营，带动全县贫困户560户，户均增收3000元以上。巴彦淖尔市五原县向147个立地条件较好的自然村无偿发放梨、李、杏等苗木，带领贫困群众利用房前屋后、院内院外发展庭院林果经济，建成庭院林果经济示范户4785户，其中贫困户194户，户均增收1000元。

【包头市林业产业】 近年来，包头市坚持把加快林业产业发展作为带动农牧民增收的重要切入点，全力推动生态林业和民生林业的协调发展，吸纳带动地区经济及农牧民就业增收，助力脱贫攻坚。2019年，全市林业产业总产值11.12亿元，较上年增加0.97亿元，同比增长0.1%，其中第一产业总产值7.78亿元，第二产业总产值0.01亿元，第三产业总产值3.33亿元；农牧民人均林业纯收入807.09元。

高起点谋划全市林业产业发展 与国家林业局林产工业规划院合作，开展了全市林业产业调查摸底，编制了《包头市林业产业发展总体规划(2014—2020年)》，提出构建“三区、两带、三集群、两基地”的林业产业发展格局，着力加快全市特色经济林种植、苗木花卉培育、灌木饲料林加工、森林旅游康养、林药种植等林业优势主导产业发展(“三区”即北部丘陵高平原地带绿色能源产业区、中部山岳地带林药产业区、东南山区平原地带时鲜林果产业区；“两带”即苗木花卉产业带、木材深加工产业带；“三集群”即大青山森林生态旅游集群、宗教民俗森林文化旅游集群、沿黄湿地文化旅游集群；“两基地”即特种动物驯养和野生珍稀植物繁育基地)。

积极支持林业龙头企业发展壮大 加强对龙头企业的培育，支持重点骨干龙头企业做大做强，重点扶持了一批产业规模较大、特色优势明显、带动能力较强的龙头企业。在林业龙头企业的示范带动下，全市林业产业发展初步形成了“龙头企业+专业合作社+农牧户”的经营机制，产业化组织形式进一步完善。

注重发挥林业合作社的典型示范作用 用典型引导农牧民大力发展林业专业合作社，健全组织形式，规范运行机制，丰富合作内容，完善服务功能，林业专业合作社一头连接市场和企业，一头连接农牧户的纽带作用得到充分发挥。2019年，全市有农牧民林业专业合作社54家，其中自治区级林业专业合作社7家。通过鼓励发展林业专业合作社，促进集体林地规模经营，有力地促进了农牧民的稳定增收。

出台扶持政策加快经济林产业发展 为充分调动社会各界发展经济林的积极性，市政府出台《包头市经济林(庭院经济)建设实施方案》(包府办发〔2016〕104号)，明确提出对新建果品经济林，经林业主管部门验收合格后，市、区(旗、县)两级财政将按照1∶1比例，给予每亩1000元的苗木费补贴。同时提出，优先将经济林项目列入加快现代农牧业发展的重点项目，从资金和政策等方面给予重点扶持；对做出突出贡献的林业龙头企业、合作社和经济林种植大户予以奖励，对经济林建设成绩显著的地区给予奖补。支持龙头企业、集体组织、产业协会以及造林大户等通过土地流转、承包、租赁等方式发展经济林；经济林经营主体在拥有使用权的林地内修建看护设施和简易果品贮藏设施的，优先办理征占用林地审批手续。在自治区林草局和市委、市政府的重视支持下，包头市加大资金投入力度，积极争取落实经济林专项补贴资金，全部下达到旗县区用于经济林建设。各旗县区采取农牧民投工投劳，林业部门提供种苗和技术服务的方式，每年为农户免费发放果树苗，鼓励农牧民在房前屋后、院里院外种植经济林，有效减轻了农户发展经济林的资金压力。全市还把经济林建设与农业、水利、扶贫工程相结合，积极纳入涉农涉林类项目，实现经济林建设与各类工程项目紧密结合、互动发展，形成了多方投入、稳步发展的良好态势。通过政策鼓励引导，经济林产业实现快速发展，截至2019年，全市经济林总面积达8859.63公顷，主要树种包括中小型苹果、杏、葡萄、枸杞等。

大力推进生态旅游产业发展 依托北部草原和丘陵草甸、中部大青山森林、南部黄河湿地等自然资源，包头市积极发掘和壮大生态旅游项目，加强基础设施建设，扶持森林公园建设，树立森林康养品牌，努力将生态旅游产业培育成为林业第三产业中的龙头。包头市的五当召国家森林公园、梅力更自然保护区和大青山沿线生态休闲产业发展迅速，已经成为远近闻名的生态旅游产业亮丽名片。梅力更自然保护区2017年被评为第二批全国森林康养基地试点建设单位。固阳县的春坤山、马鞍山景区不断加快森林旅游市场的培育和开拓，在现有服务设施建设的基础上，不断寻找新视点、开发新项目，知名度日渐提升。正在建设的包头黄河国家湿地公园、敕勒川国家森林公园、昆都仑国家生态公园、昆都仑国家湿地公园的生态旅游效益日渐显现，有效促进了周边农牧民增收。全市还积极扶持林果采摘等生态休闲产业，举办具有地方特色的森林节庆活动，树立生态品牌，培育生态市场，生态旅游休闲产业日益兴旺，成为促进农牧民增收的新亮点。

实施林业产业化项目助力脱贫攻坚 制订印发了《包头市林业和草原生态扶贫2019年实施方案》和《关于进一步做好林草产业扶贫工作的通知》，召开全市林业和草原工作会议，明确产业扶贫工作责任，组织各旗县区切实加快产业扶贫步伐。积极向国家、自治区申报林业产业化项目、灌木平茬项目及经济林建设奖补资金，优先安排在扶贫任务重、贫困人口较多的地区，发挥其辐射带动效应，引导农牧民因地制宜发展林草产业。

打造基地示范引领林业产业发展 以加快经济林示范基地建设为突破口，组织引导各地区按照“适地适树、规模种植”“人无我有、人有我优”的思路，集中连片、规模经营，着力打造一批特色经济林品牌，引导各地区形成“一县(旗)一业”“一镇(乡)一品”发展格局，通过基地示范带动全市林业产业发展。同时，大力培植经济林种植专业合作社、专业大户，采取“基地+农户+合作社”

的运作方式，发挥合作社的带动及服务作用，将更多的农户组织起来，提高抵御市场风险的能力，最大限度地提高经济效益。

因地制宜发展林下种养产业 一是在达茂旗集中发展林药种植。结合达茂旗实际，在乌克镇、石宝镇大力扶持发展黄芪、王不留行、红花等中药材种植业，种植面积达1000余亩。以种植黄芪为例，每亩投资1700多元，亩产可达2000斤，按现有行情，每亩收入可达8000元。二是大力发展特色林下养殖产业。2019年已在达茂旗、固阳县、青山区形成点状辐射发展态势。其中，达茂旗结合精准扶贫项目，在石宝镇发展林下养殖场一处，占地10亩，养殖野兔1600只，带动42户贫困户每年每户增收300元；固阳县林下养殖主要是以林禽模式为主，在林下圈养珍禽类，发展溜达鸡、柴鸡等特色养殖业，涌现出了以林下经济为主的示范企业和合作社；青山区以智茂元生态公司为龙头，结合大青山南坡生态修复工程的实施，建成了集林下种植、养殖、森林旅游为一体的多元化林下产业基地。

探索推进山北地区林产品采集加工业 包头市林产品采集加工业集中在固阳县和达茂旗，这两个地区属于典型的干旱半干旱地区，柠条灌木林是该地区主要的林地资源，能否发挥好柠条林林地的经济价值，对发展林下产业经济、促进绿色增收有着巨大的影响。为此，结合资源优势，积极扶持该地区发展以柠条饲料生产为主的林产品采集加工业，形成了“企业+合作社+农牧民”为主的产业发展模式，起到了很好的示范带动作用。

【宁城县百氏兴林果专业合作社】 百氏兴林果专业合作社，位于赤峰市宁城县小城子镇柳树营子村。该村有8个村民组、540户、2173人，蒙古族人口占48%，是一个少数民族山区村。全村总面积27525亩，林地面积14130亩。近年来，百氏兴林果专业合作社带动全村70%的农户栽植果树，全村林果面积达到2700亩，辐射带动当地群众175户，实现563人稳定脱贫。合作社先后被评为“赤峰市合作社示范社”“赤峰市林业产业化龙头企业”“赤峰市科普先进学会”“国家农民合作社示范社”。2007年，村党支部书记白银江会同宁凤林等携手15户果农成立了百氏兴林果专业合作社。

2008年8月，合作社从吉林省果树研究所引进“新苹红”等苹果品种3个，“矮红”等梨品种3个，成立了“新品种引进区试课题组”，在小城子、汐子、甸子等不同地区、不同类型地块进行区试，“新苹红”苹果、“寒红梨”对本地区气候适应性很强，性状表现良好，与已有的蒙富苹果、南果梨等一并确定为主栽品种。该推广技术于2014年12月通过内蒙古科技厅成果鉴定，为丰富本地区果树栽培品种做出了重要贡献。合作社实行“统一技术管理，分户经营”的统分结合生产管理模式。合作社负责组织统一整地，统一购苗，统一栽植，统一整形修剪，统一购进农药、化肥等生产资料，统一病虫害防治，统一时间采收，统一果实标准、包装销售等，施肥、浇水、中耕除草、果实采摘、越冬防寒、看护等则分户负责。合作社通过建立培训中心、建设果树示范园等多种方式，为社员提供技术服务。多次组织社员到辽宁省熊岳果树研究所、沈阳农业大学等地实地考察、参观学习，同时聘请专家为社员授课，在培训中心及田间地头举办不同形式的果树技术培训班，手把手教社员果树栽培和管护新技术。合作社成立第二年，由于技术指导到位，合作社社员所产的苹果亩产达1500多千克，比以往增加一倍。价格也由原来的每千克3元提高到每千克6元以上，示范引领周边农民发展果树栽植。合作社严格按照《农民专业合作社法》和合作社章程开展工作，成立了理事会和监事会，设财务、技术、销售等部门，狠抓管理，并建立了“风险共担、利益共享”的分配机制。每年合作社都定期召开成员代表大会以及成员大会，重大事项一律民主决策，做到透明度高、责任明确，令全体成员十分信服。财务做到日清月结，定期向社员公布，利润二次返还及时到户。由于财务等制度健全、议事公开透明，合作社越办越兴旺。

经过十多年的努力，合作社成员发展到262户，从业人员3300人，辐射宁城县、翁牛特旗和辽宁省建平县等地14个乡镇52个村，果品生产基地扩展到2.7万亩，年产果品2200万千克，购销果品400万千克，社员人均增收3500元。合作社固定资产达到480万元；注册了“柳园”商标，果品通过了国家"无公害农产品"认证，产品供不应求。合作社已建成示范园9个，社员王树春的17亩富硒苹果亩产2000千克，年收入24万元，徐福堂的4亩寒富苹果亩产2650千克，年收入8.5万元。通过典型带动，社员们普遍加大了对果树种植培护的投入力度，实现了一年栽树，二年整形，三年见花，四五年初果，六七年进入盛果期的丰产目标。

【内蒙古蒙草生态环境(集团)股份有限公司】 该公司是以"草"为业的科技型生态企业。20余年来，以"小草扎根"的力量，立足"草、草原、草科技"构建产业生态圈，荣获国家林业重点龙头企业、国家高新技术企业、国家知识产权优势企业、自治区农牧业重点龙头企业、国家"万企帮万村"精准扶贫行动先进民营企业百强、改革开放40年百名民营企业家、福布斯中国荒漠化治理绿色企业、获得中国质量奖提名奖、主体深绿(AAA)认证，公司主营业务有种业科技、生态修复等。

蒙草生态公司以采集驯化野生乡土植物为起点，建成国内具有特色的草原乡土植物种质资源库，收集包含内蒙古草原、京津冀地区、宁夏、西藏等地乡土植物种质资源近2000种、3000余份，有160余种植物已成熟应用到各类工程项目。公司坚持完善"育繁推一体化"模式，确定了"生态修复用种、美化绿化用种、景观与饲草兼用的品种"的3个育种方向，在全国多个地区共建立3000公顷育种基地，打造"植物科研+技术输出+种业基地+草种生产加工+草种销售"为一体的产业链。同时基于"干旱半干旱地区"的土壤研究、种质资源研究与积累及大数据平台支持，可提供不同区域生态修复用种、乡土植物种苗、运动及景观草坪、牧草草种及科技服务输出。创新型生态产品——生态包、植生毯等，既可标准化输出，也可定制化生产。公司以产业基地建设、生态修复建设、大数据及科研转化应用等产业带动方式与农牧民建立利益联结机制。通过"公司+合作社(合作商)+贫困户"模式，开展"育种合作"扶贫、"劳务合作"扶贫、"资产收益性"扶贫、"社会公益性"扶贫等，进行精准扶贫的"靶向治疗"。各产业板块每年用工人数近400万人次，仅内蒙古地区劳务用工近4万人，盘活利用荒地15万亩。2018年，通过带动就业、订单育种、养护外包、资产收益等模式，生态产业直接带动建档立卡贫困户1160人。近五年来，蒙草集团还通过各类公益帮扶形式捐助金额5868万余元。

实践的累积，让蒙草成为率先构建"生态产业大数据平台"的企业，借助数据力量实现精准生态修复。该系统将实现蒙草"生态理念+技术智慧+资源储备+生态产品"成熟的生态修复模式走向市场。数据平台集成了某一地区近几十年以来的"水土气、人草畜、微生物"等生态关键因素指标数据，运用科学的数据储备和分析集成，最终可以实现锁定任何一经纬度或某一种植物，就能查询地区的生态环境变化等科研数据及科学合理的生态修复治理方案。未来可为每一个盟市、旗县甚至乡村搭建专属的大数据库，成为全区指导农牧民的"三生"，做到生态数据的"大导航"和"大利用"，真正做到让数据多跑步，用数据力量实现精准生态治理，让科技成果惠及每一方生态，尽早实现人民对美好生态环境的需求。

蒙草将"生态理念+技术智慧+资源储备+管理标准+生态产品"的生态修复模式复制成疆草、藏草、滇草、秦草等事业群，在新加坡、蒙古、俄罗斯、阿联酋等国家和地区建立起生态修复科研及草种业合作关系，积极推进生态修复业务，以驯化乡土植物修复生态的理念和智慧，服务于"一带一路"沿线国家。

辽宁省林业产业

【概　述】 2019年，辽宁省林业系统以习近平新时代中国特色社会主义思想为指导，全面贯彻落实党的十九大、十九届二中、三中、四中全会和习近平总书记视察东北重要讲话等指示精神，2019年全省林业产业实现总产值1015亿元。其中，以林业特色种养业为主的第一产业实现产值586亿元，以林产品加工业第二产业实现产值271亿元，以林业旅游与休闲服务业等第三产业实现产值158亿元。

特色经济林和林下经济开发建设。据统计，2019年全省有以榛子、红松果材林、板栗、核桃、大枣、水果为主经济林栽培面积1400多万亩，实现产值280多亿元。以林下参、刺五加为主森林中药材180多万亩，实现产值5亿元。全省以食用菌、山野菜为主的独具特色的森林食品采集、培育产业呈现专业化、规模化发展趋势。全省野生动物驯养业呈现出较快的发展局面，养殖种类和地域范围逐渐扩大。

【林业与金融合作】 为了加快推进林业和草原产业发展，辽宁省与金融部门合作，与中国邮政储蓄银行出台了《辽宁省林业厅　中国邮政储蓄银行辽宁省分行 关于推进金融服务支持林业生态建设和产业发展的通知》(辽林字〔2018〕25号)文件，文件主要解决林业企业与新型经济合作组织，发展资金融资难、融资贵的问题，并与辽宁省农业担保公司，邮政储蓄银行辽宁省分行，达成战略合作协议，重点解决林农发展资金周期短、利率高、额度小、限制条件多的问题。由于政策得力，2019年全年发放贷款33亿元，初步解决了林农发展资金紧张的问题。

【林业与森林康养】 辽宁省森林景观资源丰富，发展森林康养具有得天独厚的优势。省林草局十分重视森林康养产业发展，通过政策扶持、示范基地建设，拓宽投融资渠道等措施，促进了全省森林康养产业的发展。2016年本溪市桓仁县枫林谷森林公园入选第一批全国森林康养基地试点单位，2017年抚顺市大伙房实验林场入选全国森林康养基地试点单位。2019年通过积极协调争取，辽宁省有辽宁青松岭生态旅游开发有限公司、桓仁辽东绿色农业发展有限公司、丰远集团有限公司、新宾满族自治县猴石国家森林公园、新宾满族自治县生态养生有限公司、朝阳市龙城区燕山湖兴旺果树专业合作社6家单位入选全国森林康养基地试点单位。2019年解决1.7万人就业，创造经济效益11亿元。辽宁积极做好以下四项工作：一是培育创建森林康养品牌。以全省森林康养试点单位建设为载体，进一步推动全省森林康养基地建设，强化森林康养基础设施建设，提升管理水平，补齐短板，打造森林康养精品项目，创建森林康养产业区域品牌，推动森林康养产业发展。二是强化政策支持。对符合国家相关政策的森林康养建设项目占用林地的，省林草局将依法依规及时审批使用林地，积极办理占用林地审批手续，并积极做好指导和服务工作。三是加大金融支持力度。为加快促进当地森林康养产业发展。省林草局与邮储银行辽宁省分行、省农业担保公司等金融机构进一步加强合作，对森林康养基地建设项目给予金融贷款支持。对符合林业项目贷款贴息条件的，积极争取中央财政贴息支持。四是加强宣传引导。充分利用报刊、电视、网络等媒介，进一步加大森林康养产业宣传，提高社会对森林康养产业的认识，提升全社会对森林康养产业的关注度，扩大森林康养产业的社会影响力，为森林康养产业发展创造良好的社会环境，促进辽宁省森林康养产业快速发展。

【龙头企业发展】 葫芦岛农函大玄宇食用菌野驯繁育有限公司(简称玄宇公司)，成立于2005年，注册资金 1500 万元，有员工 67 人，资产总额 20312 万元，被评为国家林业重点龙头企业、国家林业标准化示范企业、国家绿色食品示范企业、国家食用菌标准园、中国“最美绿色食品企业”、辽宁省农业产业化龙头企业、辽宁省扶贫龙头企业、辽宁省服务业领军企业等。企业共投资 3.1 亿元，在贫困山区建成了集食用菌科研培训、野生驯化、菌种繁育、菌包工厂化、扶贫生产、加工贮藏、冷链配送、电商销售、乡村旅游于一体的产业链基地，通过“政府+公司(合作社)+基地+农户(建档立卡户)”的产业模式，入社 102 户，分工生产 771 人，帮扶建档立卡户 669 户，1028 名贫困人口，实现年产食用菌 6300 吨的现代农业生产基地。2019 年资产总额 20312 万元，固定资产 5779 万元，净资产 15920 万元，投入 5279 万元，销售收入 8174 万元，净利润 1595 万元，资产负债率 22%。

通过创新模式的实施，攻克 44 项生产难题、制定标准 31 项、选育新品种 22 个、申请专利 22 个、研发加工产品 35 种；通过绿色食品和有机食品认证；《食用菌产业项目运营管理规范》GB/Z 35401—2018，于 2018 年 5 月通过国家标准，被列入国家首批发布 15 项精准扶贫国家标准，广泛应用于全国食用菌精准扶贫工程。

【抚顺市家庭林场典型】 新宾满族自治县春彦家庭林场，位于新宾满族自治县旺清门镇，创建于 1994 年，总经营面积 3 万亩，其中，人工林占 1.8 万亩，天然林 1 万亩，林下人参 300 亩，林下中草药 400 亩，大田地种植人参示范基地 400 亩，山地苗圃 400 亩，木材深加工厂一处，林场职工 60 余人，资产总价值达 3000 多万元。产业发展情况：春彦林场依托新宾在林业支柱产业的区位优势，打造自己的产业特色，大力发展林业资源开发支柱产业。①森林旅游：依托素有“辽宁屋脊”之称的岗山国家森林公园，岗山属长白山支系的龙岗山余脉，被誉为“天然氧吧”，生态、休闲旅游年接待游客 1 万多人次。②木材生产及深加工产业：原材料方面主要来自场内每年抚育采伐和外部采购，输送到下属木材加工厂进行面向建筑领域的木材产品深加工，年用量 1 万多立方米。③林下种植：主要经营细辛、人参、五味子种植，种植面积达到 1200 亩，结合近年来人们对养生的重视程度，场内大力开展人参、细辛、五味子等中草药种植业。结合周边中草药交易市场，做到产销环节完美接洽。做到林业资源增长、林业增效、职工增收，实现生态、经济、社会三大效益共同发展。

盛光驿马林场于 2007 年由抚顺县林业局批准建立，属私营林场，林地权属为东洲区章党镇驿马村、营盘村。林木全部由公开招标购买集体林木获得。盛光驿马林场拥有两个专业队伍，一是森林扑火队，队员 10 人，盛光驿马林场森林扑火大队成立于 2010 年 3 月，配备了各种森林扑火用具、队员装备等。多次参加了抚顺周边地区的森林救火工作。二是森林病虫害防治专业队，队员通过严格的森林病虫害防治专业知识培训和考试，购置森林病虫害防治机械，提高森林病虫害防治的实战能力。林业用地及森林资源概况：盛光驿马林场，林业用地面积 18705 亩，总蓄积量 124583 立方米。其中，针叶林 9835 亩，蓄积量 65502 立方米；阔叶林 8450 亩，蓄积量 56277 立方米；针阔混交林 420 亩，蓄积量 2798 立方米。阔叶林区林种丰富，共有木本植物 32 科 153 种，草本植物 60 科 240 种。①常见树种主要有辽东栎、蒙古栎、山杨、桦树、水曲柳、花曲柳、核桃楸、黄菠萝、紫椴、色树、红松、赤松、云杉、冷杉、长白落叶松、日本落叶松、油松等。②灌木树种有胡枝子、接骨木、榛子、忍冬、鼠李、悬钩子、山梅花、杜娟、刺龙芽、刺五加、锦带花。③木质藤本植物有猕猴桃、五味子、南蛇藤等。④草本植物有龙胆草、细辛、猴腿蹄盖蕨、粗茎鳞毛蕨、铁线蕨、苔草等。由于森林植被的覆盖，对涵养水源、水土保持、防洪防汛等起到了十分重要的作用。盛光林场结合阔叶林区生态地理自然条件，投资 1800 万元，大力发展中草药种植，带领林农致富。其中刺五加 2500 亩、轮叶党参 1015 亩、山参 627 亩、刺龙牙 110 亩。林场还特聘了两位沈阳农业大学教授作为长期顾问，建设林下万亩生态园。完成了中药材商标注册，并且申报了无公害产品认证。集中优势资源，建立山核桃及林下山野菜科研示范基地。盛光驿马林场拥有集中连片的林地 1.6 万余亩，适合山核桃及珍贵山野菜的种植。其中山核桃基地 3000 亩，山野菜基地 1000 亩。该示范基地符合辽宁省林业产业发展规划和广大林农的实际需要，新技术应用率达 80% 以上，林业科技贡献率达 70% 以上，实现科技成果转化与资源持续利用。

【集体林权制度改革】 截止到 2019 年，全省已完成确权面积 7906 万亩，占全省集体林业应改面积 7910 万亩的 99.95%。全省已组建新型林业经营主体 3447 个，其中林业专业合作社 2651 个，家庭林场 786 个。

（辽宁省林业和草原局）

吉林省林业产业

【林业产业转型升级】

九大林草特色产业工程 按照省委全面深化改革领导小组的部署，省林业局于2018年下发了《吉林省九大林草特色产业提供工程实施方案》(吉林科产〔2018〕662号)。2019年，围绕推进九大特色产业提升工程，全面加快林草产业转型发展，省林草局成立了由金喜双局长任组长的产业工作领导小组，设立了产业工作领导小组办公室，进一步加大对林业产业转型发展的推动力度。联合省林业产业协会举办了全省林业产业转型发展现场培训会，组织各级林草主管部门和各国有林业局、森林经营局到永吉县榛子产业园、敦化市寒葱岭林场、延吉市参行天下林下参基地进行现场学习交流，并聘请国家林草局发改司经济林和林下经济处领导专题详解林下经济发展相关政策。

林业产业转型发展 按照金喜双局长提出的关于“深入研究我省九大特色产业具体扶持政策”的工作要求，年初省林草局组成产业转型发展调研组，由孙光芝副局长带队，深入到各县(市)区和各国有林业局，开展了为期近3个月的产业调研，全面剖析吉林省林业产业转型发展面临的问题、困难和制约因素，形成了《全省林业产业转型发展调研报告》，向局主要领导做了专题汇报。在充分征集基层单位意见和建议的基础上，起草了《关于加快林业产业转型助力乡村振兴和地方经济发展若干政策的意见(征求意见稿)》。

产业扶贫攻坚 2019年，按照省委、省政府产业扶贫工作部署，省林草局围绕加快群众脱贫致富，以产业带动为重点，落实贫困地区、贫困群众精准扶贫政策，制订下发了《林草产业扶贫攻坚行动方案(2019—2020年)》和《2019年全省林草产业技能培训方案》，印发了《吉林省林业和草原局关于选派产业技术指导员的通知》，要求各地林草(业)主管部门、森工集团和各国有林业局派出产业技术指导员。截至2019年10月底，全省林草产业扶贫工作通过林下经济、经济林、林产品加工、森林旅游康养服务、草业经济和林草其他产业带动贫困人口、人民群众和林业职工共计4600余人，人均增收超过1500元/年。以林业科研单位、林业院校、林业技术推广站和林业工作站为主体，通过集中授课、实地技术推广和技术指导等方式开展各类技能培训115次，参训人员包括贫困人员、人民群众和林业职工近万人次，其中贫困人员1900多人次。各地、各级林草(业)主管部门派出88名产业技术指导员深入186个包保贫困村、苗圃、林场等地区，累计开展了120多次的产业扶贫技术指导，打通产业发展中瓶颈，帮助贫困群众1800余人次，带动农民群众1300余人次。

林业产业引导和扶持 为进一步加大对林业产业转型发展的扶持和引导力度，按照相关资金管理办法，积极与财政部门沟通，争取财政厅相关部门的支持。对得到项目支持的企业，明确要求其承担社会责任，全面扶贫带贫，每个企业至少直接帮扶贫困人员10人以上，2019年新增带动贫困人员327人，产业发展辐射群众4000余人。组织签订了2019年林业产业补助资金项目合同，按照林业产业补助资金项目管理办法要求，根据项目承担单位申请，抽查产业项目3项。

森林生态旅游康养产业 一是起草了《吉林省林业和草原局关于促进林草生态旅游康养产业发展的指导意见(征求意见稿)》。二是积极做好“2019中国森林旅游节”参展工作。2019年国家林草局在江苏南通市举办了以“绿水青山就是金山银山——江海之约·森林之旅”为主题的“中国森林旅游节”，森林旅游节是推介宣传森林旅游产业的重要平台，吉林省重点推荐了吉林龙湾群国家森林公园、吉林省东北虎园等36个森林旅游地，展示了吉林森林旅游产业取得的成绩和巨大发展潜力，提高了吉林省森林旅游产品知名度和社会影响力。三是扎实做好国家森林康养基地申报推荐工作。按照国家林草局等四部门《关于开展国家森林康养基地建设工作的通知》(办改字〔2019〕121号)要求，推荐了“吉林森工森林康养发展集团有限责任公司”等四家单位申报国家级森林康养基地。

【林业科技创新】

林业科技成果认定和新品种权现场审查 组织有关专家对申报的科研项目进行现场查验。组织申报了省科技进步奖，已有7项科技成果获得省科技进步奖，获得奖金20万元。积极协调国家林草局，对通化禾韵蓝莓有限公司申报的新品种及时进行了现场审查。

林草实用技术成果推广示范 组织省内林业科研单位、大专院校和科技创新型企业，对近年来取得的产业技术成果进行梳理，选择技术成熟、实用性强、对产业增产和农民增收效果明显的75项产业技术成果进入国家林草技术成果库。按照《国家林业和草原局科技司关于组织实施好2019年林业科技推广示范项目的通知》(科推字〔2019〕12号)要求，组织开展了中央财政林业科技推广示范项目申报工作。根据技术成果的产业带动能力、技术先进水平和林农职工的需求，经过专家评审，综合林业科技成果推广和扶贫工作需要，共确定林业科技推广示范项目37个，使用中央财政林业科技推广示范资金2000万元。

组织申报国家林草局2020年中央部门预算林业和草原科技项目 按照2020年科技创新发展与发展科技成果推广项目、林业标准项目、林产品安全质量监督项目、林草生态定位站等项目申报指南，申报了2020年中央部门预算林业和草原科技项目28项，其中科技创新与发展项目5项、科技成果推广项目5项、林业标准项目8项、林产品安全质量监督项目1项、林草生态定位站9项。

吉林省主要经济作物提质增效创新调查 按照国家和林业草原局2019年度主要经济作物优质高产与产业提质增效创新重点专项有关情况调查的工作要求，组织开展了全省调查工作，并向国家林草局提出吉林省主要经济作物优质高产与产业提质增效创新重点专项课题16项。

林业标准化建设 开展了国家林业标准化示范企业和示范项目申报工作，2019年全省林业共申报3项标准化示范企业；加快推动林业地方标准制修订工作，12项技术先进、具有国内领先水平的技术标准，通过了省市场厅审定并颁布实施，征集报送了32项产业发展前景良好、经济效益突出、急需技术规范的林业地方标准。

【2019年林草科技产业工作大事记】

1月25日 报请省政府同意，全省林业和草原工作会议在省林草局召开。会上，局长金喜双对全省林业2018年工作进行简要回顾，并就当前和今后一个时期林业草原工作总体思路和主要任务做出规划和安排。

2月 依据国家林业和草原局三定方案和省林草局三定方案，确定科技产业处三定职责。

2月15日 为确保实现到2020年贫困地区全面脱贫目标，制订了《吉林省林业和草原局2019年产业精准扶贫工作要点》。充分发挥林业和草原特色资源产业在脱贫攻坚中的帮扶、引领和示范带动作用，提升贫困群众创业就业能力，营造良好的林草特色产业经济发展环境，全面抓好2019年产业精准扶贫工作。

为深入贯彻党的十九大精神，落实党中央、国务院和省委、省政府关于打好打赢脱贫攻坚战的各项决策部署，切实推动产业扶贫工作在脱贫攻坚中发挥更加有效、持续的作用，省林草局制订下发了《吉林省产业扶贫攻坚行动工作方案(2019—2020年)》。

为全面落实《吉林省九大林草特色产业提升工程实施方案》，学习借鉴外省(区)林草产业发展经验，加快全省林草产业供给侧结构性改革，推进林草经济转型发展，2019年4—7月，省林草局副局长孙光芝带队在全省开展林草产业发展调研。

6月 起草《吉林省林业和草原局关于促进林草业生态旅游发展的指导意见(征求意见稿)》。

8月 起草了《吉林省林业和草原局关于促进林草业生态旅游发展的指导意见(征求意见稿)》。

9月27—29日 为进一步学习贯彻习近平新时代生态文明建设思想，全面落实省政府经济运行视频会议精神和《吉林省九大林草特色产业提升工程实施方案》，宣传推广林业产业转型发展典型经验，引导各级林草部门和广大企业进一步解放思想，创新机制，推动林业产业走上科学发展、高质量发展的道路，省林草局与省林业产业协会联合举办全省林业产业转型发展现场培训会议。

11月1日 全省林草产业精准扶贫统计培训会召开。会议将习近平总书记对脱贫攻坚提出的一系列新思想、新标准、新要求，进行再部署、再要求、再落实。

12月10—18日 林业科技产业处、省林业科学研究院、省林业实验区国有林保护中心等相关同志，到福建省和广西壮族自治区学习考察林业改革发展情况，查找差距，摸准短板，增加纾困克难的靶向和韧劲，拟订林业产业发展的路线图时间表，为今后开展工作奠定思想基础。

（吉林省林业和草原局）

黑龙江省林业产业

【概　述】 2019 年全省林业总产值实现 1950 亿元。增长幅度与全省 GDP 增幅基本同步，在农口各行业中排名第一。近三年共推进省重点项目 74 项，总投资 146 亿元，投资完成率 102%，林业产业名列全省十大产业第一位。

2019 年林业产业工作进程：

规划先行 编制了《食用菌产业规划》《林果产业发展规划》《山野菜产业发展规划》《北药产业发展规划》《林下经济产业发展规划》《省林业和草原局直属林业北药发展规划》6 个规划。同时为落实省委、省政府“三篇大文章”“两头两尾”“一带一路”、产业扶贫等重点工作任务，编制了全省林业中药材保护和发展实施方案、食用菌产业实施方案、林业道地药材产业实施方案、林果产业实施方案、木材产业实施方案等 8 个子产业实施方案，作为全省大规划的一部分报送省农办。

深入调研 赴广东、山东、广西、福建、浙江、江西等林业产业发达省份进行专题调研，为黑龙江省林业产业升级探索新思路。先后起草了《草腐型食用菌产业发展调研报告》《关于加快推动对俄林业合作调研报告》《全省北药产业发展情况调研报告》，为省委、省政府产业决策提供参考。

创新管理 开展森林碳汇项目准备，构建了全省碳汇林“一张图”，编写了四项地方标准，规范了全省碳汇林营造和项目开发标准，已经形成了比较完备的、走在全国前列的林业碳汇计量监测体系。

项目落地 省公共资源交易平台，以公开对外竞招合作经营者的方式，顺利引入红豆杉集团、德林公司。由庆安国有林场管理局有偿提供现有红松林地块，红豆杉集团和德林公司出资栽植红豆杉等经济林，并对现有红松进行嫁接改造，双方组建有限公司，共同经营，收益分成。2019 年已完成栽植红豆杉 42 万株，嫁接红松 24 万株，总面积 15000 亩。

专题培训 为更好地指导各地发展林业产业，举办了林业产业培训班，聘请东北林大、省林科院、哈工大等相关专家讲课，从林业信息、生产技术、市场营销、金融助力等方面对全省各林业局、林场进行辅导，把习近平总书记“绿水青山就是金山银山”“冰天雪地也是金山银山”重要指示精神贯彻落实到林产第一线。

研究政策 整合现有政策资源，拟出台扶持林业产业发展的政策意见，政策涵盖土地资源、经济林种植、科技支撑等多方面。

专项考核 省委目标考核总体部署，省林草局承担了伊春、大兴安岭两市地林业产业总产值和增长率的目标考核任务。2019 年上半年省林草局与省委组织部、省委目标考核办配合，设计考评办法，细化考核指标、制定考评预案，对伊春、大兴安岭两个地市考评打分。

招商引资 参加了山东菏泽、浙江义乌、广州、新疆林果等国家级林业展会，参加了哈洽会、中俄博览会等省内展会，为龙江林业企业、林业产品走向全国进行宣传。

狠抓龙头 推荐和评定国家级林业重点龙头企业 2 个，评定推荐民政部、国家林草局等四部委组织的国家级森林康养示范基地 4 家，截至 2019 年，全省国家级林业重点龙头企业已达 12 个，省级林业重点龙头企业已达 113 个。

（张春瑞）

上海市林业产业

【概　述】 截止到2019年底，上海市有果树面积20.29万亩，其中投产面积19.19万亩，占总面积的94.6%，桃、葡萄、柑橘、梨为四大主栽树种，主栽树种面积占果树总面积的93.1%，全年果品总产量27.73万吨，总产值21.22亿元(表1)。

面积消长情况 2019年果树生产面积，较2018年减少了1.3万亩，减幅达到6%，四大主栽树种面积均有所减少，其中柑橘减少0.11万亩，桃减少0.39万亩，葡萄减少0.53万亩，其他树种减少0.2万亩。

2019年果树生产面积减少的主要原因：一是果园土地租赁到期后不再续租，由集体统一流转；二是树龄老化衰亡淘汰，业主改种其他经济作物。

产量产值情况 产量方面(表1)，2019年上海市果树产品总产量27.73万吨，较2018年减少5.15万吨。桃、梨、柑橘、葡萄都有所减产。其中桃总产量6.52万吨，比2018年减产0.88万吨。柑橘由于面积减少，且遇“小年”，总产量减少3.29万吨，减幅为24.12%；葡萄产量继续减少，从6.62万吨减至6.26万吨，减幅为5.4%，减产主要原因是面积减少。

表1　2017—2019年上海市果树生产情况对比表

项目	年份	合计	柑橘	桃	葡萄	梨	其他
面积(万亩)	2017年	23.47	6.03	6.96	6.00	2.71	1.77
	2018年	21.59	5.41	6.69	5.08	2.81	1.60
	2019年	20.29	5.30	6.30	4.55	2.74	1.40
产量(万吨)	2017年	30.75	12.30	6.50	7.80	3.30	0.86
	2018年	32.88	13.64	7.40	6.62	4.32	0.90
	2019年	27.73	10.35	6.52	6.26	3.75	0.85
产值(亿元)	2017年	22.95	2.63	7.09	8.41	2.84	1.98
	2018年	23.33	3.07	7.33	7.31	3.52	2.10
	2019年	21.22	2.66	6.4	7.15	3.10	1.91

产值方面，2019年总产值21.22亿元，较2018年的23.33亿元减少了2.11亿元，柑橘、桃、梨、葡萄，产值都有所下降，其中柑橘产值2.66亿元，桃产值6.4亿元，葡萄产值7.15亿元，梨产值3.1亿元，葡萄产值最高，远高于其他树种，占总产值的33.7%。从价格来看，四大树种的单位售价除了桃降低外，其他三种均有所提升，其中桃的单价从平均每千克9.9元降至9.81元，梨从每千克8.1元上升到8.25元，葡萄从每千克10.1元上升到11.14元，柑橘从每千克2.25元上升到2.57元。

天气影响 2019年全年天气对沪郊果树生产带来影响。2月，上海市出现罕见的阴雨寡照。浦东、奉贤等地梨盛花期时遭遇大风，个别梨园授粉情况不良，梨的坐果率较往年略低。2019年的梅雨期较长为33天，全市平均雨量为512.8毫米，多雨少日照造成水蜜桃的可溶性固形物偏低，果实品质不佳；超强台风“利奇马”对果树生产有较大的影响，引发洪涝、落果、倒树及设施受损等现象，给果园生产造成了一定损失，其中对黄桃、“圆黄”梨、“黄花”梨等晚熟品种影响相对比较大，落果达20%~30%，奉贤区个别果园损失过半。另外，台风对设施大棚影响较大，嘉定、浦东等葡萄设施栽培的大棚被台风吹坏现象较为普遍；秋季少雨，从10月14日到11月30日，降雨量较少，该时期正值沪郊主栽果树的丰果期，较少的水分不利于养分吸收。

【主要工作】

果树技术研究 根据上海已有果树品种结构性状，重点开展了品种引育相关研究。开展桃树实用新技术研究6项，主要包括“Y”形树形的搭建及配套修剪技术、不同桃袋的应用(黄、白两种)、桃树设施栽培等；引进红宝石、中梨5号、玉香蜜等三个观果梨树品种，并种植在品种示范园内，中梨5号表现较好;引进晴姬、媛小春、明日见、沃柑、甘平和马家柚6个杂柑新品种。根据“爱媛28号”在上海地区表现的生物学特性和物候期,制定相应的肥水管理、整形修剪、花果管理、病虫害防治技术方案。主推柑橘绿色防控、限根栽培、省力化栽培、枝组疏果、生草栽培、地膜覆盖等技术。在葡萄、小水果、蓝莓等树种上继续探索有机生产、省力化生产等,针对不同树种的病虫防控、绿色防控以及土肥水管理等开展研究试验。

“安全优质信得过果园”创建 启动新一轮创建评选,共收到全市7个区22家果园的申报材料,树种包括桃、梨、葡萄、火龙果、柚等,全年完成三轮现场检查,对园容园貌、树体管理、制度建设、仓库管理等进行打分;结合田间档案、果实质检、农残抽检的情况,进行综合评审,最终“上海嘉菊果蔬专业合作社”等11家果园入选2019年度“安全优质信得过果园”。

对2019年“安全优质信得过果园”证书到期和需要复审的13家果园,集中开展复审检查工作,最终有7家果园通过复审。

对2019年新加入创建“安全优质信得过果园”的33名安全监督员进行培训和上岗考试,33人全部通过,并获得安全监督员证书。

对“安全优质信得过果园”印制二维码,保证果品溯源在“安全优质信得过果园”全覆盖,并对信得过果园溯源系统进行系统维护。

林果品牌建设 组织开展“2019年乡土有约——夏季优质果品推介会”活动,同上海广播电台联合,线上线下同时开展宣传推广工作,来自郊区的20家“安全优质信得过果园”参加本次活动,水果涵盖水蜜桃、葡萄、水晶梨、黄桃、蓝莓等,两天销售果品收入共计15万元。

组织全市“安全优质信得过果园”参加上海市“十佳安全优质信得过果园”评选活动,进一步提升了“安全优质信得过果园”的知名度和品牌效应。

邀请“花果飘香”公众号主创清扬开展精品果园走访工作,并在“花果飘香”公众号进行宣传报道。编制《上海林果四十年撷英》宣传手册,对上海林果40年发展历程进行了回顾,同时收录具有代表性的典型果园发展案例,进一步宣传上海地产果园和果品,促进品牌化发展。

联合农业部门共同举办2019年夏季果品进公园活动,活动历时两个多月,累计有19家公园和41家果园参加夏季果品进公园活动,果品销售收入1977万元,销售量达125万千克。

组织果园开展2019年柑橘进公园直销活动,组织崇明、浦东柑橘合作社进驻13家公园进行销售,累计销售柑橘63.5万千克,销售收入254万元。

组织“安全优质信得过果园”参加2019年北京世园会优质果品大赛,来自金山的上海枫锦果蔬种植专业合作社选送的“锦圆黄桃”和上海圣泉葡萄种植专业合作社选送的“阳光玫瑰”葡萄获得本次果品大赛的铜奖。进一步宣传了上海果园和上海果品,提升了上海地产经济果品的知名度。

乡土专家队伍建设 经过各区推荐,对新申报的11名乡土专家候选人进行走访,走访中重点考察乡土专家的技能技术和服务质量。

按照国家林业和草原局相关要求,整理并报送34位林果乡土专家的推介材料至国家局,最终,上海市林果乡土专家何明芳和王卫国两位同志成为国家首批林草专家。

为了提高乡土专家技术服务的时效性,继续举办乡土专家田间课堂活动,截止到2019年底在全市各郊区举办了12场,累计参加果农约300人次,卢玉金、高超、宋洪德、张家安、陈金昌、厉建飞、傅建军等乡土专家,在金山、浦东、崇明、闵行等多家果园内开展了葡萄、蟠桃、梨、水蜜桃等树种的冬季修剪和春夏季树体管理技术操作现场会。

培训与交流 围绕果树生产组织开展各类技术培训、现场观摩、座谈交流活动。培训内容既有日本、欧洲等发达国家在果树建园、树形培育和省力化栽培方面的先进技术,也有国内产业现状,区域化、良种化、机械化等未来发展推介,并对品种选育、病虫害防治、安全用药等实用技术进行交流。

组织“2019上海林业行业技能比武——葡萄疏粒比赛”,来自浦东、崇明等8个郊区的28名葡萄管理技术能手参加比赛,并邀请林果乡土专家卢玉金对葡萄果穗管理技术和经验进行了重点讲解和传授。

在嘉定举办林果乡土专家行业知识培训班，市林果乡土专家、各区果树技术负责人、市级果树研究所技术人员等70余人参加。

组织桃、梨组乡土专家在青浦进行技术交流与培训活动，活动分技术座谈交流、果园实地交流和行业信息培训三部分，林果乡土专家、区果树负责人等40余人参加。

市林业总站与果树研究所联合编印《果树农事信息》29期，寄发6800余份，编印《乡土专家谈农事》5期，寄发500余份。

（上海市林业总站）

【嘉定区林果业】

果树生产基本情况 截止到2019年底，嘉定全区有经济果林面积11716亩，其中已投产面积11440亩，年内新增果林面积99亩，全年果品总产量为15044吨，果品总产值为19632万元。较2018年同期调查数据，总面积减少了1212亩，总产值增加了1409万元。

在现有经济果林中，仍以葡萄为主栽品种，其次是桃和梨。2019年嘉定区葡萄种植面积为9480亩，占全区果树总面积的80.9%；桃树为1241亩，占全区果树总面积的10.6%；梨树为446亩，占全区果树总面积的3.8%。与2018年相比，新增了果桑和柿两个品种，减少了银杏品种(表2)。

表2 2018—2019年嘉定区果树生产情况对照表

	年份	合计	桃	梨	柑橘	葡萄	小水果
总面积(亩)	2019	11716	1241	446	146	9480	403
	2018	12928	1305	700	150	9972	801
已投产面积(亩)	2019	11440	1179	441	141	9281	398
	2018	11504	1189	445	80	9531	259
新增面积(亩)	2019	99	26	5	4	64	
	2018	339	—	255	65	4	15
总产量(吨)	2019	15044	1380	551	345	12522	246
	2018	15024	1382	466	128	12880	169
总产值(万元)	2019	19632	1680	567	284	16638	463
	2018	18223	1867	554	26	15448	329
亩产量(千克)	2019	1315	1170	1250	2447	1349	617
	2018	1306	1162	1047	1600	1351	652
亩产值(元)	2019	17161	14247	12863	20142	17927	11634
	2018	15840	15696	12446	3200	16208	12690

信得过果园推广与监管 年内，嘉定区"上海徐华果蔬专业合作社"和"上海惠娟葡萄专业合作社"两家果园通过了"上海市创建安全优质信得过果园评审小组"2018年的评审工作，获得了"安全优质信得过果园"称号。

"上海嘉菊果蔬专业合作社"和"上海菊园风和农业发展有限公司"两家果园参加了"安全优质信得过果园"的申报评选工作。至此，全区共有"安全优质信得过果园"12家，创建中果园两家。全区12家信得过果园面积合计为1455亩，两家创建果园的面积为105亩，14家果园面积合计1560亩，占全区经济果林总面积的13.3%。

组织区内4家有效期到期且提交复审申请的"安全优质信得过果园"开展了现场审核验收工作。参加本次复审验收工作的4家果园分别是：上海嘉定区马陆镇阿康葡萄园、上海维高蔬果专业合作社、上海展信葡萄专业合作社和上海葡冠生态农业有限公司。

果树生产技术服务 2019年，区林业站技术人员积极配合市站做好果树方面的相关技术培训工作，推广果树的标准化栽培和生产技术。

6月上旬，组织区内4位信得过果园的种植能手赴金山参加了葡萄生产技术田间课堂和葡萄整穗疏粒比武竞赛。经过工作人员和专家评委的严格打分、审核，徐华果蔬专业合作社的葡萄种植能手在葡萄整穗疏粒比武中获得了二等奖。

6月中旬，组织全区12家信得过果园和2家信得过创建中果园共14人赴青浦参加2019年本市果园安全生产培训，2名创建中果园的安全监督员参加并通过了上岗考试，拿到了证书。

提升嘉定果品知名度 7月底，组织上海马陆葡萄公园有限公司和上海农家苑葡萄有限公司两家果园参加了在五角场举办的“2019乡土有约——上海市夏季优质果品推介会”，带去了自家果园种植的精品葡萄巨峰、阳光玫瑰、熊宝和夏黑等品种让大家品尝。进一步拓宽优秀果园市场，促进资源稳定发展。

发挥乡土专家的辐射引领作用 年内，嘉定区管华明、孙杰、徐海峰3位林果乡土专家，通过电话沟通、现场示范、微信视频等方式共进行义务技术指导88次，在果园规划、建园、修剪、疏果套袋、病虫害防治等方面为周边果园提供了技术引领。

(嘉定区林业站)

【闵行区林果业】 据统计，闵行区2019年有果树面积2009.2亩，其中投产面积1715.9亩；果品总产量1319.2吨，总产值1908.2万元。总面积与2018年相比减少了102亩，总产量减少了17.7吨，产值减少了47.9万元。

分布情况：浦江镇1748.2亩，马桥镇180亩，颛桥镇43亩，浦锦街道38亩。

面积情况：桃树栽培面积为658亩，占总面积的32.8%；梨树栽培面积为404.1亩，占总面积的20.1%；葡萄栽培面积为537亩，占总面积的26.7%；火龙果栽培面积为130亩，占总面积的6.5%；柑橘栽培面积为100.2亩，占总面积的5%；猕猴桃栽培面积为55亩，占总面积的2.7%；其他小水果栽培面积为124.9亩，占总面积的6.2%。

产量：在1319.2吨年产果品总量中，桃产量为469.5吨，占35.6%；葡萄产量为349.1吨，占26.5%；梨产量为326.6吨，占24.8%；火龙果产量146吨，占11.1%；猕猴桃产量为25吨，占1.9%。

产值：在1908.2万元果品年产值中，葡萄产值为873.8万元，占45.8%；桃产值为460.3万元，占24.1%；梨产值为268.1万元，占14.1%；火龙果产值为246万元，占12.9%，猕猴桃产值为50万元，占2.6%，其他小水果产值10万元，占0.5%。从各类果品的平均单价来看，葡萄单价为25元/千克，梨为8.2元/千克，桃9.8元/千克，火龙果为16.9元/千克。

加强果品安全监管 将食品安全问题放在第一位，做好每年果品农药残留检测工作。针对不同果品上市期分批次进行抽检，2019年闵行区林业站共采集50只果品样本进行农药残留检测，重点检测生产大户。

搭建市民与果品生产企业互通平台 2019年闵行区林业站与闵行报联手推出了一期冬桃专题的报道，通过媒体的宣传让市民认识冬桃，知晓冬桃，也为果农增加经济收益扩展了视野。

提升果农果树栽培技术 积极组织区果农参加了市林业总站工会组织的葡萄整穗疏粒比武竞赛，闵行区侨嘉葡萄园的选手获得了三等奖。

做好果树产业情况调查工作 采取一对一走访调查，开展果树产业情况调查工作，基本掌握了树种情况、品种结构、从业人员、投入与产出等基本情况。

(闵行区林业站)

【松江区林果业】 截至2019年底，松江区有果树总面积为5097.2亩，其中已投产面积4586.9亩，新增面积68.5亩；果树总产量为4427.7吨，总产值为5874.7万元。桃、梨、葡萄三大主栽树种的面积分别为1222.5亩、1744.7亩、1184.1亩，分别占总面积的23.98%、34.23%、23.23%，蓝莓等其他水果面积945.9亩，占18.56%。

果树面积继续萎缩 2019年果树总面积为5097.2亩，比上年的6057.8亩减少960.6亩，减幅达15.86%(表3)。

表 3　2019 年松江区主要果树生产情况表

果树名称	面积（亩）	比上年（%）	总产量（吨）	比上年（%）	总产值（万元）	比上年（%）
桃	1222.5	-24.38	885.6	-18.21	1176	-11.45
梨	1744.7	5.81	1827	-4.01	1663.5	19.15
葡萄	1184.1	-30.14	1303.6	-33.28	1585.9	-35.38
其他	945.9	-13.81	411.5	40.54	1449.3	14.66
合计	5097.2	-15.86	4427.7	-15.38	5874.7	-8.81

产量产值相对平稳　2019 年年由于果树总面积减少，总产量、总产值也相应减少。亩产量、亩产值与去年相比持平。

主导品种与主推技术　①主导品种与新增品种。通过近 10 年的生产实践，松江地区果园对各果树的主导品种也在不断改进。如桃树，在水蜜桃中春晓由于各方面性能表现良好开始占据主导地位，其他塔桥、川中岛、湖景蜜露等种植面积也较大。而黄桃以锦绣黄桃为主；葡萄，以巨峰、巨玫瑰、夏黑、醉金香为主，面积有所增加。蓝莓总种植面积有 472.5 亩，蓝莓的品种也较多，品种为奥尼尔、密斯提和莱格西。②新模式与新技术。通过水果标准园创建和示范，水肥一体化技术运用面积增多，桃园、梨园使用性迷向素、反光膜、生草栽培的面积逐年增加。老果园更新或新建果园采用主干形简化整形修剪技术，宽行密植栽培模式，有效提高果园机械化，大大提高工作效率，减少人工成本。

生态栽培技术应用　①肥料使用情况。通过近几年对商品有机肥补贴项目的推广和连续的实施，使果园的土质渐渐变好，同时为了提升果品品质，果农对化肥的使用量在逐年降低。生物有机肥如蚯蚓肥的推广量逐渐增加。②农药使用情况。筛选出 21 个农药品种，所有品种均符合绿色食品农药使用准则(NYT 393)，为果农提供本区 3 个主栽品种指导用药配方。③生草栽培推广情况。全区在桃、梨等果园内推广生草栽培，其中桃树生草栽培 420 亩，以黄花苜蓿为主，梨树生草栽培 300 亩，种植红花苜蓿。另外，还有部分葡萄、樱桃、枇杷等果园也推广种植黄花苜蓿。④机械与装备应用。具有一定规模的果树生产企业对小型轻便果园机械：如翻耕机、喷雾机、开沟机、履带式搬运机、树枝粉碎机、电动修剪机、分级机等使用逐年增加。

上海市“安全优质信得过果园”创建　2019 年年有一家单位符合创建要求，申报创建上海市“安全优质信得过果园”。

果品评优推介　在“上海农商银行杯”2019 上海地产优质黄桃、葡萄评优推介活动中，松江区的上海众益桃业合作社选送的“神母”牌锦绣黄桃获银奖。上海万品果蔬专业合作社选送的巨玫瑰葡萄获得铜奖。

2019 年 7 月 27—28 日，上海仓桥水晶梨发展有限公司被市林业部门评为“十佳信得过果园”。通过参加这一系列活动，提升了松江果品的品牌和市场知名度，取得了良好效果。

农事信息与技术培训　2019 年依据果树生产实际，全年共编写《果树农事信息》10 期和植保信息 10 期，发送至果树生产管理部门。

加强果品质量追溯　按照市农委种植业办及市农技中心的部署，松江区的上海仓桥水晶梨专业合作社等 7 家水果生产单位建立经济作物追溯体系，总追溯面积 2992.2 亩。2019 年创建标准园的 3 家单位也全部纳入追溯体系，提高了消费者与生产者之间的互信。

标准园创建　松江区上海汇蓝农业股份有限公司等 3 家单位，积极申报创建 2018—2019 年度上海市经济作物标准园。上海汇蓝农业股份有限公司等 3 家单位的市级水果标准园通过了市农委种植业办的考核。

（松江区林业站）

【金山区林果业】　2019 年，金山区果树种植总面积为 26523 亩，已投产 24150 亩，总面积比 2018 年少了 500 亩左右。果树主栽品种有桃、梨、柑橘、葡萄等，种植面积最大的乡镇是枫泾、吕巷、廊下 3 个乡镇。蟠桃以传统玉露为主；黄桃主要以锦绣黄桃为主；梨品种以翠玉、翠冠、圆黄为主；柑橘以红美人、宫川为主；葡萄以巨峰、醉金香、夏黑、阳光玫瑰等为主。果品总产量 28594.8 吨，总产值27859.2万元。在果树种类中，以桃、葡萄为主，两个主栽树种的面积分别为10832.8亩和8298.2亩，占总面积的40.83%和31.29%，另外还有少量梨、柑橘、猕猴桃等水果。

指导果园创建 截止到2018年底，金山区共有13家果园获得“安全优质信得过果园”授牌，2019年有3家果园自愿参加创建。6月进行了一轮安全监督员的培训，对新申请加入的果园安全监督员进行了上岗培训考试，并颁发了合格证书。在水果盛产期，市评审工作小组对3家创建果园进行了品质测定及委托第三方对创建果园进行农药残留检测。11月下旬市评审小组对金山区1家复审果园和3家创建果园进行检查，指导、完善建设内容，并提出评审意见。

2019年全区共有5位市级乡土专家，分别是卢玉金、黄金辉、孙希洲、高超、王卫国，2019年又申请了两位市级乡土专家，分别是王子有和王学峰。11月下旬，王卫国被聘为国家首批林草乡土专家。

增加使用有机肥，发展生草栽培 全区肥料使用主要以有机肥为主，多元素复合肥结合的方式。据统计，2019年金山区使用有机肥12168吨，来源主要以商品有机肥为主，提升了土壤理化性质，提升果品质量。

据统计，全区有生草栽培1890亩，金山地区适宜品种有紫花苜蓿、黑麦草、毛叶苕子、草头、紫云英等。

实施老果园翻新及果园设施栽培计划 2019年10月，金山区经济果林科与镇农技站相关人员组成了考核小组，对金山区老果园改造建设项目进行了核查，项目涉及枫泾、吕巷、廊下3个乡镇，树种主要以桃、梨为主。项目改造建设总面积389.67亩，施工内容为土地平整、开沟作畦、果树苗木栽植、棚架、道路、沟渠等基础设施建设。2019年老果园改造任务基本完成。

上海国荣果业专业合作社以及上海枫锦果蔬种植专业合作社作为果园机械化示范基地，包括履带式运输车、风送式喷雾机、旋耕机、多功能割草机、枝条粉碎机等机械示范应用，带动周边农户积极进行适合机械化操作的果园改造。

做好果树病虫害监测及培训工作 共编写了28期病虫信息，积极指导全区各部门进行病虫害的防治工作。金山区通过各种形式对果树生产技术进行培训，达100余人次，并下发“2019年上海市果树秋季生产管理技术要点”资料。通过标准园建设，基层农技推广项目建设、农产品质量安全追溯体系等建设，推广生草栽培技术、水肥一体化、生物防治技术、省工化栽培等技术，提高了果园的生产能力。协助各级部门开展果品抽检4次，均无不合格样品。

组织参加优质果品评比，提升金山果品知名度 积极组织桃、葡萄、梨相关符合条件的合作社积极参加市农业农村委系统组织的果品评比。其中上海施泉葡萄专业合作社、上海圣泉葡萄专业合作社获得上海市葡萄评比银奖、上海瑾雄果蔬种植专业合作社获得上海市葡萄评比铜奖及新优品种奖。上海施泉葡萄专业合作社的阳光玫瑰获得了2019年西安“高新杯”中国葡萄产业科技年会鲜食葡萄评比大赛金奖。

上海枫锦果蔬种植专业合作社参加了“2019中国北京世界园艺博览会”优质果品大赛，荣获铜奖。

(金山区林业站)

【青浦区林果业】

总面积呈缓慢下降趋势 2019年果树总面积净减672.58亩，降幅5.6%，其中四大主栽品种中桃净减237.68亩、葡萄净减548.75亩、柑橘净减23.13亩，梨净增87亩，其他品种中除枇杷面积净减156.62亩外，都稳中有升。

投产面积 四大主栽品种中桃净减299.98亩、葡萄净减499.25亩、柑橘净减26.13亩，梨净增31亩，其他品种除枇杷净减178.62亩，其他基本变化不大。

总产量 四大主栽品种中桃净减717.62吨、葡萄净减122.3吨、柑橘净减98.9吨、梨净增231.65吨，亩产量于2018年基本持平(表4)。

产值 单价与2018年基本平衡，相差不大。

表 4　2018—2019 年青浦区果树生产情况对照表

	时间	桃	梨	葡萄	柑橘	枇杷	蓝莓	火龙果	其他	合计
总面积（亩）	2019	2228.2	1704	3897.1	884.6	852.3	785	72.4	914.2	11337.8
	2018	2465.88	1617	4445.85	907.73	1008.92	777.4	20.7	766.9	12010.38
	净增	−237.68	87	−548.75	−23.13	−156.62	7.6	51.7	147.3	−672.58
投产面积（亩）	2019	2078.9	1522.5	3885.6	523.8	783.3	785	26.4	472.2	10077.7
	2018	2378.88	1491.5	4384.85	549.93	961.92	757.7	15.7	450.7	10991.18
	净增	−299.98	31	−499.25	−26.13	−178.62	27.3	10.7	21.5	−913.48
总产量（吨）	2019	2648.4	1713.1	5353.5	453.4	177.7	238.5	29.8	265.8	10880.2
	2018	3366.02	1481.45	5475.8	552.3	108.05	122.7	10.4	288.8	11405.57
	净增	−717.62	231.65	−122.3	−98.9	69.65	115.8	19.4	−23	−525.37
总产值（万元）	2019	2435	1211	4984	725.8	520.7	707	43	450.7	11077.2
	2018	2662.98	1186.63	4238.3	495.65	419.69	1090.2	22	424.1	10539.55
	净增	−227.98	24.37	745.7	230.15	101.01	−383.2	21	26.6	537.65

主导品种与新增品种　青浦区果树种植主要以桃、梨、葡萄、柑橘四大树种为主，各种特色水果(以枇杷、蓝莓为主)相辅的品种格局。

①桃。青浦区桃树分为黄桃、水蜜桃、油桃、蟠桃四大类，其中黄桃、水蜜桃、油桃、蟠桃分别占 70.02%、18.13%、10.64%、1.21%，形成以黄桃为主，水蜜桃、油桃、蟠桃为辅的种植局面。其中黄桃以锦绣黄桃为主，锦圆、锦香为辅，分别占桃树总面积的 43.3%、8.08%、18.63%；水蜜桃以玉露蜜桃、大团蜜露为主，湖景蜜露、新凤蜜露等为辅，分别占桃树总面积的 5.16%、3.09%、1.97%、0.88%；油桃以沪油004号为主，占桃树总面积的 1.91%；蟠桃以玉露蟠桃为主，占桃树总面积的 1.12%。

②梨。梨树以翠冠为主，黄花、菊水等其他品种为辅，其中翠冠、黄花、菊水分别占梨树总面积的 77.52%、5.8%、5.87%。

③葡萄。葡萄品种主要以巨峰、醉金香、巨玫瑰、夏黑、阳光玫瑰、藤稔、金手指为主，分别占葡萄总面积的 45.45%、7.2%、9.7%、17.8%、3.6%、9.1%、3.2%。

④柑橘类。柑橘类品种主要以柚子、柑橘为主，其中柚子以马家柚为主，占柑橘类总面积的 63.93%，柑橘以红美人为主，兴津、无核为辅，分别占柑橘类总面积的 29.67%、2.22%、2.71%。

⑤特色水果。青浦区特色水果品种繁多，主要以蓝莓、枇杷、枣、樱桃、火龙果、猕猴桃为主，其他热带水果为辅，其中蓝莓、枇杷、枣、樱桃、火龙果、猕猴桃分别占果树总面积的 6.9%、7.5%、2.9%、0.8%、0.6%、2.0%。

新模式与新技术　①果园生草技术。2019 年主推果园种植草头。在新增市级标准园上海野龙果业推广了生草技术，种植面积 260 多亩。

②绿色防控技术。主要推广梨小食心虫迷向素 290 亩。

生态栽培技术应用　①肥料使用情况。据统计，2019 年共推广有机肥料 4048.67 吨，实施面积 7829.3 亩。②农药使用情况。据统计，2019 年共推广无公害农药 55 种，共计 10290.2 千克，实施面积 7829.3 亩。

“信得过果园”创建　2019 年，全区共有 3 家果园参加“信得过果园”创建。区林业站对 3 家果园的生态栽培、果园农技应用等方面开展工作，取得了较好的成绩。

农事信息与技术培训　2019 年，区林业站共发布《病虫简讯》10 期，取得了良好的效果。

（青浦区林业站）

江苏省林业产业

【概 述】 2019年，江苏省坚持绿水青山就是金山银山理念，全面贯彻落实乡村振兴战略，落实供给侧结构性改革要求，推动林业产业由做大向做强转变，高质量、高附加值产品不断涌现，林业一、二、三产融合发展势头强劲，林业产业链逐步形成。全年林业产值达4893亿元。

林下经济和木本油料产业 积极引导两个国家林下经济示范县开展林茶、林果、林油、林药等模式的林下经济；积极引导扶持10个木本油料重点县开展油用牡丹、薄壳山核桃基地建设和提档升级。全省林下经济面积已达423万亩，木本油料基地面积已达15万亩。

竹木加工业 培育壮大林业龙头企业。为充分发挥林业龙头企业引导、示范和带动作用，我们按照国家林草局的统一部署，申报第四批国家林业重点龙头企业，并全部获批。扶持引导木材加工业提档升级。通过林业贴息等财政专项资金，扶持引导省级以上林业龙头企业开展自主创新。全年有15家企业通过科技创新，引进新的生产线，改进产品加工技术，开展产品研发，生产资源集约型，绿色环保型产品，打造名牌产品。延长木材加工业产业链。一些林业龙头企业通过资产重组、设立专项产业基金等形式，扩大生产规模，延长生产链，开展智能家具，全屋定制家具等生产，提高产品附加值和科技含量，顺应市场需求。

林业第三产业 向国家林草局、民政部、国家卫生健康委、国家中医药管理局申报国家森林康养基地2家，向中国林业产业联合会申报3家“全国森林康养基地试点建设单位”，并获批。获批的森林康养基地已在有序推进建设，已投入试运营。一批林下经济和木本油料示范基地也积极创造条件开展生态休闲、森林养生活动，努力打造一、二、三产融合发展示范基地。

林业产业发展的政策措施 省林业局联合省民政厅、省卫健委、省中医药局研究出台了《关于促进森林康养产业发展的实施意见》，成为第一个促进森林康养产业发展的指导性意见；研究出台《江苏省林业局关于贯彻落实乡村振兴战略规划的实施意见》，指导全省林业系统贯彻落实国家乡村振兴战略规划；为全面落实全省林木种苗和林下经济会议精神，对全省林下经济发展情况进行全面摸底调查，举办全省林下经济发展规划编制工作专题培训班，全面部署林下经济发展规划编制工作；2019年11月在镇江举办全省林业改革与乡村振兴战略培训班，对林下经济发展工作再作安排；组织17家企业参加第十二届义乌国际森林产品博览会，取得丰硕成果，参展产品获得展会金奖12项，江苏展团获得最佳组织奖和最佳展台奖；森林认证在全省推广应用，泗阳县原料林森林认证被列入国家林草局2019年全国唯一试点县。

跨年度工作计划 江苏省在全面完成2019年林业产业任务的基础上，将以林下经济、木本油料基地建设为基础，木竹加工业提档升级为重点，以森林康养、林业生态休闲观光为突破，促进一、二、三产业协调、融合发展，确保林业产业持续向好，稳步发展。

一是推进林下经济示范基地和木本油料产业基地建设不放松。贯彻落实省委、省政府关于乡村振兴战略的实施意见和《省政府办公厅关于加快木本油料产业发展的实施意见》精神，重点推进2个国家林下经济示范县、10个木本油料示范县建设，在巩固、完善和提高现有基地的基础上，重点发展林茶、林油、林药等林下经济示范基地建设和银杏、薄壳山核桃、油用牡丹示范基地建设，引导林业企业以基地为依托开展林产品精深加工，发展生态旅游观光，一、二、三产业综合发展基地。力争全省林下经济发展面积600万亩。

二是抓紧木竹加工业的提档升级。通过林业科技、政策扶持、森林认证等措施，引导促进木竹加工业持续健康发展。扶持引导国家林业龙头企业自主创新，开展资源集约、绿色环保木竹加工，促进人造板、地板、家具制造业的更新换代和提档升级。加强林产品标准建设、食用林产品质量安全监管，着力打造绿色名牌产品。

三是推进森林康养产业发展。坚持绿水青山就是金山银山的发展理念，以申报国家森林康养基地为契机，认真落实国家林草局、民政部、国家健康卫生委等四部门有关促进森林康养产业健康发展的意见，积极发展森林康养、森林旅游、林业生态休闲观光业。

（江苏省林业局）

安徽省林业产业

【概　述】　2019年全省林业总产值实现4345亿元。全省崛起了皖北人造板家具、沿江江淮苗木花卉、皖南皖西特色经济林和生态旅游、林下经济等产业集群，新型经营主体持续壮大，产业创新点不断涌现，林业产业进入稳增长、提效益、高质量的发展新阶段。

经济林产业　安徽省实有经济林75.2万公顷。其中，木本油料26万公顷，占34.6%；水果17.98万公顷，占23.9%；林产饮料16.29万公顷，占21.6%；笋用林、笋材两用林8.47万公顷，占11.2%。全省经济林年产量达462.2万吨，年产值达1154亿元，经济林加工企业500余家，其中木本油料加工企业100余家，约占40%，主要为油茶和山核桃加工企业，产值达321.3亿元。油茶籽年加工能力在1万吨以上的大型加工企业有6家。安徽詹氏食品科技股份有限公司、安徽山里仁食品股份有限公司等山核桃加工龙头企业稳定发展。

林下经济　2019年，安徽省有林下经济面积89万公顷，林下经济产值达到266.3亿元，年均增长19.78%，从事林下经济农业人口620万人，发展林下经济促进农民人均年增收1500元。其中以柳竹编织、竹笋采集加工、山野菜采集加工等模式生产的加工企业23家，产值达15亿元。形成了霍山石斛、金寨西洋参、宁国前胡等一系列林下中药材种植特色品牌，涌现出以旌德、广德、青阳为代表的林下经济示范县和示范典型。

苗木花卉产业　全省苗木种植面积17万公顷，其中花卉苗木面积4万公顷。苗木年产值达180亿元，花卉年产值达95亿元，每年年可采收种子60万千克，新育苗6万~7万亩，年出圃造林合格苗木7亿多株，是全国林木种苗生产大省。持有苗木经营许可证的苗木种植企业2186家，其中花卉企业381家。

森林旅游　全省已建成森林公园81处，其中国家级森林公园34处。已建成省级以上湿地公园51处，其中国家级29处。已建成省级以上自然保护区38处，其中国家级8处。全年共接待游客3211万人次，实现森林旅游直接收入10.74亿元，分别较上年增长17.9%和16.2%。森林公园的发展使70多个乡、300多个村、近6万农民受益，直接吸纳2万多名农村人口就业。

【主要措施】

做大示范基地，打造林业经济样板　立足林情特点，充分挖掘特色，积极推进木本油料、特色经济林、苗木花卉、林下经济、森林旅游康养等示范基地建设，推动林业一、二、三产业融合发展。安庆市已建成生态高效林业基地320多万亩，发展林下经济175万亩，形成了宿松油茶、怀宁蓝莓、潜山中药材等一批特色种植业基地。2019年，全省共有中国林业产业特色示范区10个，省级现代林业示范区65个，砀山酥梨、宁国山核桃、贵池西山焦枣、怀远石榴等已成功创建省特色农(林)产品优势区。六安市叶集区、滁州市南谯区正在积极申报国家木材加工产业示范园区和麻栎产业示范园区。

做强龙头企业，打造产业排头兵　深入推进“四送一服”双千工程，加快创优“四最”营商环境，积极支持更多林业企业创建国家级林业重点龙头企业，指导林业企业加速产业升级和走出去，拓展林产品在全国市场的空间和份额，提高竞争力和知名度。2019年，全省国家林业产业化重点龙头企业有26家，国家林业标准化示范企业20家，省级林业产业化龙头企业814家，较好发挥了示范、辐射和济困扶贫作用。蚌埠市2018年通过林业龙头企业、林业合作社等新型林业经营主体共带动1323户贫困户发展林业特色高效产业，带动形式主要有小额信贷分红、资金入股分红、务工就业、土地扭转等，贫困户户均收益5000余元。

做优特色品牌，提升市场影响力　全面实施林产品品牌战略，紧紧围绕提升质量、打造品牌、发挥优势，加大林业供给侧结构性改革，推进全国森林标志产品、森林生态产品、森林旅游重要目的地和精品旅游线路等林业品牌建设工程，并借助森林旅游和电商平台，不断提高林业企业和产品品牌的市场影响力。进一步办好一年一度的中国(合肥)苗木花卉交易大会，用好苗交会和其他会展平台，加大林业招商引资和林业品牌建设力度。2019 年，全省已有 18 家企业获得中国驰名商标，147 家企业产品获得省名牌产品称号。池州市被授予国家森林生态标志产品生产基地创建试点市。

做好结合文章，提升林业综合效益　突出“增绿”与“用绿”有机结合，在“增绿”方面，大力发展前景好、经济效益明显的优良经济林树种。2019 年新造油茶、薄壳山核桃等木本油料林 23 万亩左右。同时，加快发展香榧、香椿、杜仲、枣、梅等其他特色经济林树种。淮南市着力培育三大特色经果林基地，即环八公山桃、石榴、梨、板栗特色经济林基地，大通区、潘集区优质葡萄基地，瓦埠湖周边优质梨生产基地。在“用绿”方面，加强示范引导，充分发挥林下经济不砍树能致富的作用，把发展林下经济作为脱贫致富的长效手段加以推广，结合脱贫攻坚，积极引导贫困村、贫困农户与新型林业经营主体建立利益联结机制，大力发展特色高效产业。

安徽省林业特色产业发展势头强劲，前景良好，但也存在着一产良种选育与繁育相对滞后、经营水平不高、经营成本逐年攀升、基础设施条件滞后；二产精深加工能力弱、品牌竞争力不强、科技含量不高、产业链条短，一、二、三产业融合不够等问题。

【下一步工作打算】

推进产业融合发展，创建省级现代林业示范区　以林业龙头企业、经营大户、林业合作组织为依托，创建一批集苗木培育、种植、采摘、休闲旅游、产品研发、市场营销为一体的省级现代林业示范区，以此引领林业现代化进程，集中展示生态林业、民生林业建设的前沿成果，为广大林业生产经营者提供示范，带动林业经营管理水平的整体提升。

培育壮大经营主体，充分发挥示范带动作用　以培育具有核心竞争力和行业带动力为目标，继续开展省级林业产业化龙头企业、省级农民林业专业示范社、家庭林场申报认定工作，着力打造一批林业产业经济发展的“排头兵”和产业发展的“生力军”。积极推广“林业龙头企业+基地+农户”的发展模式，充分发挥新型林业经营主体示范带动作用，带动农民就业增收，推动区域特色产业集群化发展。

加快产业转型升级，加大林产品品牌培育力度　一是支持池州国家森林生态标志产品电商平台建设，进一步推进“互联网+林业产业”的发展模式；二是积极引导企业参与国家森林生态标志产品创建工作，加快名、优、特、新林产品品牌培育；三是鼓励企业“走出去”，积极参加国家级林业六大展会，进一步扩大全省林业企业的知名度和影响力，拓展林产品在全国市场的空间和份额；四是依托国家级经济林产品质量检验检测中心的技术优势，开展经济林产品检验检测工作，确保林产品质量过得硬、靠得住。

健全完善服务体系，提供产业发展有力保障　一是推进政策性森林保险全覆盖，确保森林保险政策及时落地，充分发挥保险保单质押融资服务，增强林业产业抵御风险能力；二是健全完善科技推广服务体系，抓好森林生态定位研究站、林业工程技术中心、重点实验室、林产品质量检验检测中心等林业科技平台建设；三是开展林业特色产业相关的技术推广、培训与指导。定期组织专家对全国范围内主导性发展的树种集中培训指导，同时利用互联网技术，加强视频媒体教学，以最便捷的方式，让最基层林农能够更快、更好、更全面地接触最新经济林经营理念。

【经济林发展】　据统计，2019 年，安徽省共有经济林 86.91 万公顷，其中以油茶、核桃、油用牡丹为主的木本油料林 20.4 万公顷，占经济林总面积的 23.47%；以梨、桃、葡萄、石榴为主的水果林 16.64 万公顷，占经济林总面积的 19.14%；以板栗、薄壳山核桃为主的干果林 13.19 公顷，占经济林总面积的 15.17%。各类经济林产品总量达到

425.94万吨，其中，水果35.91万吨，干果14.69万吨(包括板栗9.5万吨)，木本油料12万吨(包括油茶籽7万吨)，核桃(主要是山核桃)4.39万吨(干籽)，油用牡丹0.59万吨(干籽)。

2019年，全省有经济林加工企业430多家，其中木本油料加工企业150余家，约占35%，主要为油茶和山核桃加工企业。油茶加工企业80余家，其中国家级林业重点龙头企业4家，省级林业产业化龙头企业32家；山核桃加工企业53家，安徽詹氏食品科技股份有限公司、安徽山里仁食品股份有限公司等较具规模的加工企业年加工量在4000吨以上，产值近3亿元；香榧、油用牡丹等加工企业也在稳步发展、推进。

2019年，全省经济林产品种植、采集、加工总产值达到859.19亿元，占全省林业总产值的20%。经济林产业从业人员达到276万人。

加强组织领导 结合推深做实林长制改革，实行绿化造林行政领导负责制，省、市、县、乡、村五级林长各负其责，坚持因地制宜，适地适树，合理布局，按照特色产业扶贫以及林业增绿增效行动等工作部署，采取新造与低产低效林改造并举，把发展高效经济林工作落实到位。宣城市坚持把经济林产业发展放在实现林业经济可持续发展的战略高度，采取政府发动、政策驱动、产业引导、龙头带动的办法，依托退耕还林、世行贷款项目林、增绿增效等林业重点建设项目，大力发展经济林产业。宿州市各级政府把发展经济林产业作为调整林业产业结构和助推脱贫攻坚的一项重要任务来抓，各级领导深入基层，开展调查研究，理清工作思路，科学制定发展规划，为经济林的规范化建设，科学化管理提供了科学依据。

加大政策扶持 随着脱贫攻坚工作进入决胜阶段，各地充分重视经济林在产业扶贫中的重要作用，省财政还设立现代农业发展木本油料专项资金，每年拿出3000万元专项资金用于支持油茶、薄壳山核桃等木本油料发展。近两年，每年经济林示范项目财政投入资金保持在3000万~3500万元，各级各类扶持政策纷纷出台。亳州市蒙城县出台《蒙城县促进现代农业发展若干政策暂行规定的通知》，加大政策性奖补力度，对当年新增经济林连片300亩以上，每亩奖补700元。蚌埠市怀远县制定了怀远石榴十年发展规划，相继出台了《关于促进怀远石榴产销优惠政策的通知》《关于促进石榴产业发展的意见》等文件，并从2015年起县政府每年从财政资金中预算列支1000万元，作为石榴发展专项资金。阜阳市出台的农业产业发展扶持政策对达到规模种植的特色经济林给予奖补，花卉产业发展扶持政策涵盖了梨花、桃花、油牡丹等经济林品种，各县也出台了具有地方特色的相关政策，对全市经济林发展起到了巨大的推动作用。滁州市先后出台《薄壳山核桃产业发展管理暂行办法》《薄壳山核桃产业造林检查验收办法》《薄壳山核桃种苗管理办法》等一系列政策性文件，指导种植户规范经营。六安市印发了《全面推进"江淮果岭"建设的意见》，金寨县政府出台政策，对油茶造林每亩补助5000元，山核桃每亩补助4000元，分5年连续支持。舒城县设立油茶专项资金，支持油茶基地建设，每年实施7000亩，每亩补助200元，连续补助3年。宣城市各县(市、区)林业主管部门出台了相应的政策制度，全面发展经济林产业，如《宣州区促进现代农业发展政策》《宁国山核桃产业振兴五年行动方案》《绩溪县现代农业生产发展油茶项目管理办法》等。

完善创新机制 全省继续深化集体林权制度改革，巩固和扩大改革成果，进一步完善财政奖补、项目建设、金融服务等扶持政策，同时，为推广做实林长制改革，创新林长制改革"增绿、护绿、管绿、用绿、活绿"的"五绿"兴林发展新机制，与省农业信贷担保有限公司开展合作，引入"劝耕贷"政银担合作模式，创新推出"五绿兴林(劝耕)贷"林业金融产品，打通林业经营主体融资"最后一千米"。宣城市各县(市、区)成立了林权收储中心，先后与邮储银行、皖南农商行、农业银行、建设银行和村镇银行等金融机构签订了合作协议，约定林权抵押贷款利率比基准利率上浮不超过30%，贷款期限从原来的1年延长到3~5年。林权贷款由单一的林权抵押贷款，逐步发展到林权担保、第三方担保等多种类型。抵押的林权由经济林、竹林、苗木等为主，贷款的用途从单一的基地建设向现有林培育、低产林改造、林产品收购、加工、营销等方面延伸。

注重示范带动 积极推广"公司+合作组织+基

地+农户"等经营方式，着力培育新型林业经营主体，重点扶持省市林业龙头企业、专业合作组织、家庭林场、专业大户做大做强，科学指导各经营主体按照市场需求，培育集产果、育苗、采摘、观光、休闲、农庄等一体的林业产业化典型，形成一批有一定经济林产业发展规模的产业，提高经济林的综合效益。宿州市已形成了以宿州科技、汇源集团、海升果业、熙可食品、兴达罐业、倍佳福等为龙头的果蔬加工业集群，有力地带动全县经济林产业和农村经济快速发展。宣城市积极引导规模型、带动型、科技型加工企业实行产业化经营，完善"公司+基地+农户"合作模式，形成利益共享、风险共担的生产经营机制，引导经济林产业向标准化、规范化方向发展。2019年已建设宣木瓜、油茶、山核桃等示范基地，有力地带动了全市经济林产业发展。芜湖市建立县级良种定点采穗圃和保障性苗圃基地，实行县级财政专项补助。建成经过验收合格后，每亩每年补助2000元。薄壳山核桃经济林示范基地、蓝莓基地、白茶基地、葡萄以及红心猕猴桃产业基地等绿色有机经济林产品正逐渐进入盛产期，形成了良好的辐射和带动效应。

强化科技支撑 结合林长制工作，不断深化"一林一技"和"112"科技服务活动，突出因地制宜、适地适树的原则，加强特色经济林的良种选育及高效栽培技术研究，深入基层开展技术培训和现场跟踪指导，不断提高经济林产业发展的科技含量。安庆市政府与中科院亚林所等合作，建立林业科技服务平台。市财政每年安排资金400万元，用于中心基本运行和研发设备购置，7县(市)围绕林业特色产业，建立科技服务平台。阜阳市依托全市林业科技人员力量，对种植大户、种植能手和林业站技术人员进行业务培训，并组织下乡入户指导，提高林农技术水平，积极参加和举办各种博览会、展销会、文化节等，扩大全市经济林产业的竞争力、影响力。六安市先后与安徽农业大学、皖西学院、亚林所、华东调查规划设计院等合作，建立科技协同创新机制、技术协作体系，为经济林产业提供科技支撑。

突出品牌建设 以示范园为依托，抓好品种筛选和良种繁育体系建设，严格实行果苗"三证"制度，确保品种的纯正性、适应性，提升产品质量。同时，加强特色林产品质量监测管理，积极引导企业参与国家森林生态产品创建工作，加强经济林产品品牌建设和"三品一标"品牌认证，不断提升产品附加值。马鞍山市加大"三新"(新品种、新技术、新模式)的引进和推广，全面推行产品"三品一标"的认定工作；同时加大经济林生产操作规程的制定和标准化生产的示范。六安市通过发展木本油料等特色经济林产业，涌现出"野岭""江淮果岭""启航""上悦谷""俏俏果"等省内外知名茶油、山核桃品牌，其中"野岭"牌精制茶油荣获第五届全国食品博览会金奖，"江淮果岭"牌茶油获第十一届中国森博会金奖。

宣城市宣海棠生物科技有限公司 该公司成立于2015年9月，占地面积3.5万平方米，建筑面积2万平方米。建有2000亩标准化宣木瓜种植基地和200亩宣木瓜种苗基地，且配套成立了宣木瓜研究所。利用"公司+合作社+农户"的经营模式，集"农、工、贸易、科研"为一体，以现有产品为基础，进一步向保健食品、医药、护肤化妆品、花卉等深层次领域开发系列新产品，2016年，该公司宣木瓜种植基地成功入选"十大皖药"产业示范基地。

安徽黄山云乐灵芝公司 该公司有灵芝仿野生种植示范基地4005亩，是安徽省"十大皖药"产业示范基地，国家林业重点龙头企业，国家第一批"绿水青山就是金山银山"实践创新基地绿色企业。公司以产业化联合体为纽带，以分工合作为前提，以利益联结为宗旨，采用以林地入股、现金入股等多种合作方式，共同开展林下灵芝、石斛种植，实行统一供种、统一种植、统一管理、统一回收、保底分红等措施确保村集体收益，通过这种方式使4个村的60多个贫困户受益。流转林地4005亩，每亩每年租金100元，每年租赁费达40余万元，帮助贫困户增收，2019年公司获得"四带一自"优秀主体荣誉。

安徽润华生态林业有限公司 该公司通过租赁、承包、农民入股等经营方式，流转近万亩林地，从事林业生产经营，先后建立了1000余亩毛竹笋用林基地，200亩毛竹覆盖笋用林示范基地及1000亩山核桃种植基地。其中"200亩毛竹覆盖笋用林示范基地"项目和"1000亩山核桃种植基地"项目纳入2018年度广德县实施乡村振兴战略计划任务。

池州市金品西山枣业发展有限公司 该公司建有生态集约型标准化西山焦枣生产基地2700余亩,10000多平方米年产量达500吨的现代化、标准化加工生产线。企业通过"企业+合作社+农户"模式,带动枣农发展枣园5000亩,经济收入也由过去的户均收入0.3万~0.5万元增至2019年的8万~12万元,实现了公司与农户共赢的良好局面,促进了当地的经济发展。企业申请成立的"棠溪镇西山村就业扶贫驿站"和"就业扶贫车间",带动13户贫困户一起发展,通过带动就业和收购焦枣等方式对其进行精准扶贫。

无为县聚丰祥林业开发有限责任公司 该公司采用"企业+基地+科研院所"经营模式,2019年9月,该公司无为县成立了薄壳山核桃科技联盟,会员人数达60余人,探索出一条发展薄壳山核桃产业发展的新思路,该企业集传统花卉苗木、林下经济、嫁接育苗和干果加工于一体的现代林业企业,成为无为市典型的林业龙头示范企业,带动全县薄壳山核桃产业快速发展。

【安徽省林下经济发展实施纲要(2019—2025年)】

林下经济,主要是指以林地资源和森林生态环境为依托,发展起来的林下种植业、养殖业、采集业和森林旅游业,既包括林下产业,也包括林中产业,还包括林上产业。

林下经济是在集体林权制度改革后,集体林地承包到户,农民充分利用林地,实现不砍树也能致富,科学经营林地,而在农业生产领域涌现的新生事物。它是充分利用林下土地资源和林荫优势从事林下种植、养殖等立体复合生产经营,从而使农、林、牧各业实现资源共享、优势互补、循环相生、协调发展的生态农业模式。

发展林下经济是巩固集体林权制度改革成果、促进绿色增长的迫切需要,是提高林地产出、增加农民收入的有效途径。安徽是我国南方重点集体林区之一,发展林下经济具有丰富的资源基础、优越的气候条件、良好的生态环境、明显的区位和市场优势。2013年2月,安徽省人民政府办公厅出台《关于加快林下经济发展的实施意见》(皖政办〔2013〕4号),同年9月,经省政府同意,原安徽省林业厅印发《安徽省林下经济发展规划(2012—2016年)》,全面实施林下经济发展"5211工程"(到2016年,全省形成5大特色林下经济示范片,发展林下经济面积达到2000万亩,林下经济产值在2011年的基础上翻1番,直接参与林下经济发展的林农人均收入翻1番)。规划实施以来,安徽省林下经济发展面积已达到1336万亩,林下经济产值由2012年的108亿元增加到2018年的266.3亿元,年均增长19.78%,从事林下经济农业人口620万人,发展林下经济促进农民人均增收500~1000元。成效较为显著,但仍存在规模较小、政策扶持力度不够、示范带动作用不明显、科技含量不高和基础设施条件滞后等问题,一定程度上制约了林下经济快速发展。

为深入贯彻习近平总书记生态文明思想,按照习近平总书记2016年5月在黑龙江省考察调研关于林下经济发展的重要指示精神,加快推进安徽创建全国林长制改革示范区建设,优化林业产业结构,培育林业发展新动能,有力促进林业脱贫攻坚和乡村振兴,实现生态美、百姓富的目标,下面就加快林下经济发展提出以下实施纲要。

一、指导思想

深入贯彻落实习近平新时代中国特色社会主义思想,以满足人民日益增长的美好生活需要为总任务,以乡村振兴战略为总要求,牢固树立创新、协调、绿色、开放、共享发展理念,以市场为导向,以林长制改革为主线,以保护生态环境为前提,以提高林地综合效益为核心,以促进农民增收为目的,以示范基地建设为抓手,充分利用林地资源和林荫空间,突出特色,创新机制,强化保障,推动林下经济向规模化、集约化、产业化发展,使其成为推动城乡融合发展、加快农民脱贫致富新的增长点,为决胜全面建成小康社会、建设绿色江淮美好家园打下坚实基础。

二、基本原则

——坚持保护优先。不以牺牲生态环境为代价,以保护为首要,坚持生态保护与林下经济融合发展,实施立体种养、复合经营。

——坚持市场主导。以市场需求为主导,以

提升林下产品质量为核心，大力发展品牌产品。

——坚持区域特色。因地制宜，优化产业布局，突出优势和特色品种，打造区域品牌，适度规模经营，提升产品竞争力。

——坚持创新驱动。加强机制创新和科技创新，示范引领、典型带动，坚持与产业结构调整、精准扶贫开发紧密结合，提升产业发展层次。

三、发展目标

创建500个林下特色中药材、苗木花卉、森林食品和森林康养四大林下经济示范基地，重点打造50个以林下经济为主体的省级现代林业示范区。到2025年，全省林下经济发展面积由2018年的1336万亩增加到2500万亩，年均增长9.36%；林下经济产值由2018年的302亿元增加到1000亿元，亩均实现产值4000元，年均增长18.65%；农户发展林下经济年均增收由2018年的500~1000元增加到1000~2000元，年均增长9%。

四、重点任务

(一)林下特色中药材示范基地建设。以安徽道地中药材为中心，重点发展霍山石斛、灵芝、亳白芍、黄精、茯苓、宣木瓜、菊花、丹皮、断血流、桔梗等“十大皖药”。在重点培育现有39个“十大皖药”产业示范基地的基础上，到2025年，新增“十大皖药”产业示范基地50个，基地面积由2018年的7.8万亩增加到20万亩，年均增长14.4%；适度驯养梅花鹿、马鹿、黑熊、猕猴、尖吻腹、蜈蚣、中华蟾蜍等药用野生动物；创建100个林下特色中药材示范基地，重点打造10个林下特色中药材省级现代林业示范区，全省林下特色中药材种养业年产值由2018年的76.8亿元达到200亿元，年均增长14.7%。

(二)林下特色苗木花卉示范基地建设。在全省“五带一区”苗木花卉产业发展的基础上，突出地方优质特色树种，重点打造合肥肥西、滁州南谯、芜湖市和宣城市四大特色苗木花卉生产基地。到2025年，创建100个林下特色苗木花卉示范基地，重点打造10个林下特色苗木花卉省级现代林业示范区，新增林下特色苗木花卉种植面积50万亩，使全省特色苗木花卉种植面积达到100万亩，特色苗木花卉产业产值由2018年的83.6亿元达到200亿元，亩均实现产值2万元，年均增长13.3%。

(三)林下特色森林食品示范基地建设。培育特色林菌(竹荪、食用菌、木耳等)、林粮(小香薯、魔芋等小杂粮)、林油(油菜、大豆、花生、芝麻、油用牡丹等)、林菜(竹笋、山野菜等)、林茶、林果(蓝莓、树莓、乌饭等)、林禽(皖西大白鹅、皖北芦花鸡等)、林畜(黑毛猪、山羊和黄牛等)、林蜂等模式。到2025年，创建100个林下特色森林食品示范基地，重点打造10个林下特色森林食品省级现代林业示范区，使全省林下特色森林食品产值由2018年的66.2亿元达到200亿元，年均增长17.1%。

(四)林下特色森林康养示范基地建设。大力建设森林康养示范林，积极培育红豆杉等珍贵树种和对健康有益的森林林分。完善森林康养基础设施，建设森林康复中心、森林疗养场所、森林浴、森林氧吧等服务设施，着力开展保健养生、康复疗养、健康养老、休闲游憩等森林康养服务。加强森林康养食材、中药材种植培育，森林食品、饮品、保健品等研发、加工和销售。依托森林生态标志产品建设工程，培育一批特色鲜明的优质森林康养品牌。按照“环境优良、服务优质、管理完善、特色鲜明、效益明显”的要求，创建一批国家级和省级森林康养示范基地，发挥示范引领作用。到2025年，培育森林康养林1000万亩；创建国家森林康养示范基地50处、省级森林康养城市10个、省级森林康养小镇50个、省级森林康养人家100个；认定省级森林康养基地150处、森林氧吧500个，全省森林康养产业产值达到200亿元。

五、保障措施

(一)加强组织领导。省级林业主管部门制定发展规划，明确产业发展目标任务，开展林下经济省级示范县和省级示范基地创建活动。林下经济发展重点市、县(区)林业主管部门加强同发展改革、财政、农业、药监、文化和旅游、自然资源等部门的协作，制定具体扶持政策，落实扶持资金，压实工作责任，切实把各项政策措施落到实处，形成全省上下联动的强大工作合力。

(二)推进改革创新。修订《安徽省林权管理条例》，加快推进集体林地“三权分置”和“三变”改革，研究制定林地经营权流转(林木所有权)发证制度，连同林地经营权流转证管理系统一并推广各地使用，赋予林地实际经营人在权属证明、林权抵押、采伐审批等方面的法律权益，有效解决林地流转难问题。建立健全省、市、县、乡、村五级林权流转管理服务体系。加快培育龙头企业、家庭林场、专业合作社等新型林业经营主体，鼓励国有林场发展林下经济，建立健全与林农利益联结机制，促进林下经济适度规模发展。

(三)强化政策支持。在现有财政项目资金的基础上，进一步加大中央和省级财政支持力度。各地要大力筹措扶持资金，积极利用国家林业产业投资基金，引导社会资本广泛参与林下经济发展。积极推广应用“皖林邮贷通”和“五绿兴林·劝耕贷”，支持地方法人金融机构加大对林下经济发展的支持力度。支持在不破坏森林生态环境的前提下利用生态公益林、天然林等发展林下经济。支持开展必要的基础设施建设，对发展林下经济需要少量占用林地的，如修筑简易道路、养殖设施，按规定允许不超过3‰的林地用作林业设施用地。

(四)突出科技支撑。鼓励和引导林业经营主体开展绿色生产和国家森林生态标志产品认定，创建国家森林生态标志产品生产基地。支持龙头企业创建国家林业标准化示范企业。鼓励建设林下经济产品交易市场、物流配送、烘干仓储和集散中心，探索组建油茶、松香、竹笋等林业要素交易平台。积极支持省内林下经济企业入驻国家森林生态标志产品电商交易平台等国家级电商平台。支持有实力的林业龙头企业以自主品牌为支撑，创建特色鲜明、产业链和服务链完整、线上线下相互融合的门户商务网，打造一批林业优势产业电商骨干企业。引导中小林业企业和家庭林场、专业大户、农民合作社等新型林业经营主体与知名电商平台开展深度对接，逐步成为电子商务产业链的营销主体，实现从传统经营模式向电子商务模式转型升级。

福建省林业产业

【概　述】 2019年，福建省林业系统按照“343”林业发展总体思路，着力培育森林后备资源，大力扶持木材加工、竹业、花卉苗木、森林旅游、林下经济等五个千亿元级产业发展，加快转型升级，推动林业高质量发展。据统计，2019年实现林业产业总产值6451亿元，同比增长8.9%，保持全国第三位。2019年林业经济总体运行呈现以下特点：

产业结构不断优化　一是产业结构趋于合理。林业产业不断从第一产业向二三产业转移，第三产业比重提升显著，第二产业比重持续稳定，2019年一、二、三产比重为16∶66∶18，第二产业仍是全省林业产业的支柱，以森林旅游为主的第三产业占比大幅上升。二是产业竞争力继续增强。全省规模以上企业达2699家，其中，省级以上林业龙头企业225家(其中，国家林业龙头企业25家、第八轮农业产业化省级重点龙头企业138家)、境内外上市企业33家；全省林业行业共获得中国名牌产品2个、中国驰名商标37个、省名牌产品258个、省著名商标170个。

林竹产业优势明显　一是多项指标位居全国前列。全省有竹林面积1709万亩(其中丰产竹林面积753万亩)，居全国前列；2019年，全省林竹全产业链产值4551亿元，增长12%，其中竹业经济产值758亿元，同比增长9.1%；竹业经济产值、竹制品出口额均位居全国第一。木(竹)材、笋、木质活性炭、木制家具等主要林产品产量均居全国前列。二是木竹材生产平稳增长。2019年，经省统计局核算的农、林、牧、渔业中的林业产值为417亿元，同比增长4.1%，比全省农、林、牧、渔业总产值3.6%的增速高0.5个百分点。2019年，全省生产商品材577.8万立方米，同比增长0.7%，竹材产量9.29亿根，同比增长1.8%(其中毛竹产量6.13亿根，同比增长3%)，人造板产量1130.17万立方米，同比增长13.5%。三是木材加工提质增效。全省人造板产量1130万立方米，同比增长13.5%，木材加工产业产值2788亿元，同比增长11.7%，保持较快增长势头，仍是全省林业产业的支柱。木质工艺品类高附加值产品增加，同比增长约20%，木材加工附加值增高。四是发展质量不断提高。林竹加工业实现从粗加工向二次加工和精深加工转变，上下游关联度和原料的综合利用率显著提高。形成以林浆纸、人造板、家具、木竹制品加工为主体的、门类齐全的产业体系。

花卉苗木产业快速发展　按照“提升优化一产、做大做强二产、大力发展三产”的总体思路，持续推进花卉苗木供给侧结构性调整，花卉种植逐渐向规模化、标准化、精细化方向发展，设施花卉种植面积达17.3万亩，较2012年增长74.5%，花卉生产调控能力得到增强。2019年，全省花卉苗木全产业链总产值889亿元，同比增长20.5%。

森林旅游呈现新亮点　以森林公园、森林步道、湿地公园和风景名胜区为主要载体，聚力森林旅游产业发展，拓展丰富森林康养、森林休闲、森林体验等森林旅游发展业态，森林旅游成为全省林业产业的发展亮点。2019年，全省森林旅游总人数2.57亿人次，占全省旅游总人数的47.9%，森林旅游产值1106亿元，同比增长16.8%，同时带动其他收入1084亿元。

林下经济发展有新举措　省林业局联合省财政厅、农业农村厅、文旅厅、市场监管局出台加快林下经济发展八条措施，进一步推进林下种植、林下养殖、林下采集加工、森林景观利用等发展，通过加大资金扶持、科技对接、人员培训、重点帮扶、模式调整等助推林下经济发展，促进林农增收和精准脱贫。全省林下经济利用面积3038万亩，参与农户达113.7万户，2019年实现产值690亿元，同比增长9.7%。

2019年，福建林业产业发展还存在困难和问题。一是产业结构还不够优。第三产业比重偏低，第二产业中高附加值、精深加工产品偏少，生物资源系列开发水平不高，非木质利用等新兴产业有待突破。二是产业投入仍不足。商业银行对林业产业贷款限制较大，缺乏有效的融资途径。三是产业基础仍薄弱。劳动力老化和成本上升对林业产业影响较大，户外林业机械落后，基础设施设备薄弱，对林业一、三产业影响尤甚。

靶向重点，精准施策 ①发展目标。以习近平新时代中国特色社会主义思想为指引，全面贯彻落实习近平总书记重要指示精神，主动融入新福建建设、实施乡村振兴战略、高质量发展实现赶超等三个大局，全力推进产业升级，着力打造林业产业高素质，努力实现"生态美、百姓富"有机统一，为建设国家生态文明试验区做出新的更大贡献。到2025年全省林业产业总产值突破9000亿元，为实现赶超目标和全面建成小康社会增添份额，做出应有贡献。

②明晰思路。深入践行绿色发展理念，推行绿色发展方式，鼓励发展资源节约、循环生态型产业，限制发展高能耗、重污染的产业，抓亮点、抓特色，实现环境保护生态化，资源利用集约化，生产过程低碳化，产出回报最大化，实现人与自然和谐共生。着力推进林业产业供给侧结构性改革，加快推进林产加工转型升级，通过项目带动、龙头带动、品牌带动，以及强化科技创新等措施，促进产业转型升级，促进一、二、三产融合发展，更好地把资源优势转变为经济优势，努力实现林业产业高质量发展。

③精准发力。一是发展特色产业。主动融入乡村振兴战略和省委、省政府做大做强十大乡村特色产业的战略部署，以实施木材加工、竹业、花卉苗木、森林旅游、林下经济5个"千亿"产业为重点，做强以资源培育为主的第一产业，做优以林产品精深加工为主的第二产业，做大以森林生态旅游为主的第三产业。同时，大力支持"公司+合作社+农户+基地"模式，加快林下经济发展，实现"不砍树，也致富"。

二是促进融合发展。加快建立现代林业产业体系，延伸产业链、价值链、供应链，补齐加工短板，搞活产品流通，大力发展新业态，促进一、二、三产业交叉融合。继续安排省级财政补助资金，做好竹产业一、二、三产融合发展重点县项目建设，为林业产业一、二、三产融合发展探路子、做示范。

三是实施龙头带动。鼓励和引导企业练好内功，提高商标意识、品牌意识和知识产权意识，加大科技投入，推进技术改造，提高产品的质量和附加值，通过科技创新增强产品核心竞争力。鼓励企业建设产业集聚、生产标准、服务配套的现代化工厂，争取大多数龙头企业都建立线上线下销售平台。发挥省级财政林业产业补助资金作用，引进笋竹、林下经济等龙头企业，精准扶持项目，推动有基础、有条件的项目加快实施建设，稳步壮大企业规模，争取培育发展成为行业龙头企业。

四是推动闽台合作。闽台林业合作条件得天独厚，要充分利用"海峡两岸交流基地"等平台，继续办好海峡两岸花博会、林博会等各类活动，不断扩大两岸林业在林产品生产加工、产品营销、科技教育、林业机械、休闲观光等方面的交流与合作，让更多台胞台企来闽发展林业。继续借鉴台湾现代农业、精细农业发展新经验、新理念，扩大农林专业合作社、产销班等合作经济组织覆盖面，助推林农增收致富。

五是推进林业外经贸。积极落实好外经贸惠企措施，打造优良的营商环境；充分发挥商会、行业协会作用，用规模效率来降低成本、开拓市场。在积极开拓和稳固国内市场的同时，要"走出去"，特别是重点拓展"一带一路"沿线和加拿大、澳大利亚、欧盟等国家和地区，挖掘拓展新的需求市场。

六是发展林业电子商务。推进实施"互联网+"林业行动，依托海峡股权交易中心，加快推进"闽山碧""林品汇"林业电子商务、林业产权交易等平台建设，增强网络平台的综合服务功能。同时，依托现代物流体系，加快发展林业物流，畅通林产品流通渠道，实现林产品快速配送。

【油茶产业】 福建是我国油茶中心产区之一，栽培历史悠久，2019年有全国油茶产业发展重点县

12个，省级重点县33个，获"中国油茶之乡"称号的县7个。近年来，福建省委、省政府高度重视油茶产业发展，加大资金、人力、物力的投入，大力推进丰产油茶林基地建设，培育"全国油茶重点企业"3家，建成"全国油茶科技示范基地"1个，其中宁化淮土茶油、尤溪茶籽油、福安油茶油等获得国家地理商标，全省油茶发展健康有序。2019年全省油茶种植面积228万亩，产值33.6亿元。存在问题：一是综合利用水平不高。以生产食用茶油为主，高附加值的油茶产品如化妆品基础油、药用茶油等所占比重很小，茶壳、茶粕等副产品综合利用更少，精深度加工和综合利用率较低。二是林农种植意愿不强。油茶产业周期长、前期投入大，劳动力成本也高，较水果、花卉等经济树种相比经济效益不高，林农油茶种植(低改)积极性不高。

鉴于此，继续采取以下对策：一是加强管理，推动油茶产业健康发展。积极创新发展机制，大力培育龙头企业，形成"品种良种化、生产专业化、加工规模化、质量标准化、服务社会化"的油茶产业健康发展格局，建立政府、银行、大专院校、科研院所等多方组合的油茶产业资金和技术扶持机制。二是加大扶持力度，构建油茶发展长效机制。进一步整合涉农项目资金。进一步拓宽油茶产业投融资渠道，构建金融支持和信用体系，建立小额贷款扶持机制，开展包括林权抵押贷款在内的多种信贷模式融资渠道。三是依靠科技，增强油茶产业综合效益。加强油茶良种选育、低产林改造、丰产栽培、茶油加工、高级保健产品研究开发为主的技术研究。建立油茶品种、培育、产品质量控制体系，逐步形成科学、规范、高效的科技成果转化运行机制，支持企业提升油茶产业深加工水平，开发多样化的油茶附产品(化妆品、洗涤剂、生物农药、生物肥料、高蛋白饲料等)深加工。

【竹产业】 福建竹林面积和立竹度均居全国首位，竹材、竹笋等主要林产品产量均居全国第一方阵。福建竹产业按照"提升一产、主攻二产、培育三产、三产联动"的发展思路，以优质竹资源培育为基础，全面推进笋竹精深加工与综合利用，促进竹文化建设和竹生态旅游发展，强化科技创新与产业经营体系建设，竹产业已成为福建最具特色和优势的山区富民产业。2019年，福建竹业经济产值758亿元，同比增长9.1%，其中，一产208亿元，占27.4%，二产510亿元，占67.3%，三产40亿元，占5.3%；竹材产量9.29亿根，同比增长1.8%(其中毛竹产量6.13亿根，同比增长3%)。竹业经济产值、竹制品出口额均位居全国第一。但福建竹产业还存在竹林失管，笋竹精深加工科技含量还不够高，竹产业集约化程度有待提高等问题，这些都是福建发展竹产业的短板。对此：一是在全面总结《关于加快推进竹产业发展七条措施的通知》实施基础上，进一步扶持丰产竹林建设，提升精深加工水平，做大龙头企业，加强科技创新驱动和森林认证等，解决竹产业发展中的瓶颈问题。二是开拓竹产品市场，引导大众消费。引导竹企业以质取胜，按照低端人群主打性价比，中端人群主打品质和体验，高端人群主打产品背后的收藏、价值、社交属性，挖掘需求，鼓励创业者开辟海外市场，提高竹产品知名度。三是着力培育龙头企业和产品品牌。下大功夫培育龙头企业，做大品牌。支持龙头企业挂牌、上市等资本运作，借助资本市场解决融资难题。通过龙头企业的辐射带动，培育一批小而强、小而精、小而特的中小企业和半成品加工企业，促进大企业集团与中小企业相互合作。四是加快科技创新，增强企业实力。扩大与国际竹藤组织、省内外科研院所等的联系交流，深化产、学、研合作，优化竹产品结构，加快技术进步，保护知识产权，增强企业竞争实力和发展后劲。五是支持竹产业人才培养和骨干建设。充分利用专业研究机构和高等院校的教育资源，做好竹产业相关技术人才、专业人才的培养工作。

【森林康养产业】 福建省是全国唯一的森林面积占国土面积超过三分之二的省份，森林覆盖率连续多年保持全国第一，生态文明指数全国第一，植被生态质量全国第一，又是习近平生态文明思想的孕育地和重要实践地，具有发展森林康养得天独厚的优势。2019年，全省有县级以上森林公园177处，全省森林旅游总人数2.57亿人次，占全省旅游总人数的47.9%；森林旅游直接收入达1106亿元，带动其他旅游收入1084亿元。特别是经过几十年的建设和改革发展，全省有国有林场129个(其中省属国有林场84个、县属国有林场45个)，经营区面积1394万亩，蓄积量1.02亿立方米。全省4.3%的林地培育出占全省9.8%的森林蓄积量。森林康养在福建还处于起步阶段，但发展势头不错。这主要得益于：一是强化组织领导。各地积极争取当地党委政府支持，将森林康养列入各地新产业、新业态给予重点扶持、积极培育。林业部门通过建立森林康养工作的联席会议制度等方式，形成统筹推进森林康养产业发展的合力。民政、卫健、工会、医保等部门给予大力支持，一起参与养生城市、康养小镇、康养基地等的考评、授牌和管理，并在资金补助、项目安排、用林用地等方面对授牌的森林康养基地予以倾斜支持。二是强化示范带动。组织编制全省森林康养产业发展规划，发挥森林资源、生态环境和气候条件优势，鼓励依托国有林场、森林公园、风景名胜区等发展森林康养产业。根据国家林草局等四部门公布的名录，福建省的武平县、将乐县、顺昌县、晋安区4个县和梅花山、邵武市二都、三元格氏栲、闽侯岁昌及浦城匡山生态景区入选第一批国家森林康养基地公示名单。三是强化政策扶持。各地林业主管部门主动会同民政、卫健、工会、医保等相关部门，对接落实省相关支持政策。充分利用政策红利，特别是强化用林用地等服务保障，对不涉及林木采伐的森林步道等基础设施建设，按不改变林地用途对待；合理利用农村未承包的集体所有的土地、山林发展养老产业。各地根据涉农资金统筹整合的政策，在确保约束性任务完成的前提下，统筹整合林业项目资金。按照资金管理办法的规定，加大对森林步道、康养林带、康养林网、康养林区等建设项目支持力度，有针对性地营造、补植景观类和芳香(花卉)类植物，不断提升森林景观质量，着力打造生态优良、林相优美、景观宜人、功效明显的森林康养环境。四是强化机制创新。大力发展“森林康养+”，构建推进森林康养与医疗卫生、养老服务、中医药产业融合发展的有效机制，开发森林自然疗养、亚健康理疗、康复康养、养生养老等中医药与森林康养服务相结合的产品。强化与医疗单位的合作，将符合条件的森林康养机构纳入医保定点单位；鼓励医疗机构与森林康养基地合作，支持有相关资质的医师及专业人员在森林康养基地规范开展疾病预防、营养、中医调理养生、养老护理等非诊疗行为的健康服务。选择一批生态环境优美、基础设施较好、服务能力较强、安全保障措施完善的重点森林康养基地，列入省级职工疗养、休养基地名录。支持医院、医疗保健、医养结合机构等相关行业经营主体参与森林康养项目建设和经营，在森林康养基地建立健康体检中心、理疗护理中心等产业联盟，共同做大做强森林康养产业。五是强化宣传推介。充分利用电视、报刊、网络、广播和微信、自媒体等现代媒体，介绍森林康养的理念、政策和发展趋势，普及森林康养知识，积极营造发展森林康养产业的社会氛围，持续增强公众对森林康养的认知度、参与度和认同感。结合“全福游，有全福”，会同文旅等相关部门策划开展森林康养系列活动和旅游新产品、新路线，打造福建生态养生、温泉养生和茶养生等养生品牌，让森林康养这一理念融入人们的生活、旅游和养生活动中，引导森林康养产业真正成为大众参与、喜闻乐见、绿色健康的朝阳产业。

(伍清亮)

江西省林业产业

【概　述】 2019年，江西省把发展林下经济作为促进林业产业结构调整、增加林农收入、发展地区经济的重要抓手，积极推进林下经济等六大产业发展，全面实施绿色崛起战略，林业产业绿色发展取得显著成效。

2019年，全省实现林业总产值5112亿元，同比增长13.5%。其中第一产业1215亿元，增长1.6%；第二产业2280亿元，增长7.5%；第三产业1617亿元，增长36.3%。生产商品材277万立方米、大径竹2.2亿根、小杂竹40.8万吨、木竹加工产品3831万立方米、林产化工产品51万吨、各类经济林产品622万吨。

2019年新增国家林业重点龙头企业13家，数量居全国第一。国家级林业重点龙头企业39家，列全国第一方阵；省级林业龙头企业364家。

全年共安排林下经济等六大产业补助资金2亿多元(其中油茶5548万元，森林药材和香精香料4000万元，竹类5800万元，苗木花卉2500万元，森林景观利用2160万元)。对林下经济产业发展实施“兜底”扶持，已落实油茶兜底资金5515万元。

【林业改革】 全省公共资源交易平台成交林权项目221项，成交标的445宗，成交面积23.44万亩，成交金额3.45亿元。省林业局与蚂蚁金服合作开发了全省林业金融服务平台——“赣林贷”服务平台，该平台是全国第一个面向农民开展金融服务的省级平台。依托此平台，与建设银行合作上线了“林农快贷”无抵押贷款产品，向178户林农发放贷款近1400万元；与网商银行合作利用“网商贷”设立林业行业用户，为3200多户林农发放贷款近亿元，有力地助推江西省“绿水青山”向“金山银山”的转变。

【林下经济发展】

油茶产业　一是继续大力支持油茶林建设。2019年，全省完成高产油茶种植面积36.9万亩，油茶低产林改造10.05万亩，油茶总产值达309亿元，面积和产值均居全国第二位。二是加快油茶品牌建设。全省共有油茶加工企业292家，其中全国油茶重点企业9家、国家林业重点龙头企业9家、省级林业龙头企业74家；共注册油茶商标160个，其中5个商标获中国驰名商标称号，4个品牌入选中国茶油十大品牌。赣南茶油再登“中国地理标志产品区域品牌榜”，位列第46名。“袁州茶油”被批准为中国地理标志证明商标。5个山茶油产品荣获国际风味暨品质评鉴(The International Taste Institute)2星风味绝佳奖章。自主设计的江西山茶油商标取得版权登记证书。

竹产业　江西是全国竹子资源的中心产区之一，省委、省政府高度重视竹产业的发展，省财政每年安排专项资金，用于毛竹低产林改造、雷竹笋用林基地建设及竹林道路建设。据统计，2019年全省共完成毛竹低产林改造及笋用竹基地建设面积32万亩，雷竹笋用林基地面积2万亩。全省有大小竹加工企业2600多家，主要产品有竹地板、竹胶合板、重组竹集成材、竹家具、竹厨房用具、竹家居装饰材料、竹雕、竹编工艺品、竹造纸、竹药品食品等共计20多种，涵盖了建筑、装饰、家具、生产生活、食品药品等多个领域，竹业总产值达294亿元。奉新、宜丰、资溪等地乘势而上，形成了特色鲜明的竹产业链和集群。

森林药材产业　据全国第四次中药资源普查江西普查统计，全省中药材资源达3000余种，其中野生植物药资源2840余种。2019年新增种植面积20.41万亩，产量21万吨，产业总产值达86亿元。全省从事森林药材种植的经营主体已达16700个，其中企业319个、专业合作社421个、种植大户730个，带动用工总人数达55.56万人。2019年3月，江西省林业局重新修订并印发了《江西省森林药材种植验收技术导引》，制定森林药材地方标准16项，进一步引导森林药材（香精香料）等经济林种植规范化、标准化发展。

香精香料产业 2019年，江西省共有香料植物近300种，大部分为林产香料。近年来，全省香精香料产业得到了较为稳定的发展，形成了独具特色的优势产业链。2019年江西省完成香精香料种植面积2.9万亩，形成了以金溪、吉水为代表的香精香料产业集群。素有“华夏香都”美誉的金溪县，共拥有83家香料香精企业，是全国最大香料生产基地之一。该县大力打造的香谷小镇，是全国唯一的香精香料产业小镇，集原材料种植、检测、文创、研发、展示、贸易以及旅游等多种功能于一体，在推进香精香料产业全产业链融合发展上发挥着巨大作用。

苗木花卉产业 2019年，全省新增苗木花卉7.05万亩，总产值达310亿元。全省有大中型苗木花卉企业365家，其中国家林业重点龙头企业5家，省级93家。初步形成了以奉新县、安义县、芦溪县、袁州区、兴国县等为代表的苗木花卉产业集群。

森林康养、旅游产业 为了向社会提供多层次、多种类、高质量的森林康养服务，满足人民群众日益增长的美好生活需要，省林业局出台《关于促进江西森林康养产业发展的意见》，指导全省森林康养产业健康快速发展。2019年全省森林旅游与休闲接待1.8亿人次，产值1161亿元。同时，省积极开展森林康养基地建设，3处国家森林公园纳入“森林体验国家重点建设基地”，3处国家森林公园景区纳入“森林养生国家重点建设基地”，33处命名“省级森林体验基地”“省级森林养生基地”，推荐上报7家森林康养基地为国家级森林康养基地，其中6家已通过评审。8月7—31日，江西省举办的“2019首届江西森林旅游节”取得圆满成功。本届森林旅游节以“绿水青山就是金山银山——好森活在江西”为主题，围绕森林旅游节主题，举办“森林康养”资溪论坛、森林山地自行车赛、江西森林山货节等16项活动，展示江西省生态林业建设成就和森林旅游成果，推广绿色健康生活方式，为森林旅游业发展探索新思路、新模式、新业态。

【产业展会】 江西省积极筹办、积极组织企业参加林业重点展会，提高江西林业的知名度，提升江西林产品的影响力。

成功举办中国（赣州）第六届家具产业博览会，观展150万人次，交易额超过150亿元，网络观看和点击量超过1000万人次，均为历届之最。

全国油茶产业发展工作会议在赣州召开，江西、赣州作典型发言，代表们参观考察了南康区万亩高产油茶林示范基地、赣州市林科所油茶低改试验示范基地和江西齐云山油茶科技有限公司。

全国户外重组竹产业可持续发展井冈山峰会在井冈山市召开。

参加第十六届中国林产品交易会获优秀设计奖和优秀组织奖。

参加第十二届中国义乌国际森林产品博览会2个根雕获金奖，一个木雕获银奖，2人获“金雕手”荣誉称号。

参加“2019年中国·合肥苗木交易大会”获优秀组织奖和最佳设计奖。

参加2019中国森林旅游节，江西省林业局获评“最佳组织单位”“最佳省级展示单位”，婺源县林业局获评“优秀参展市县”。

组织企业参加首届中国（宜宾）竹产业发展峰会暨国际竹产品交易会，获金奖2项、优质奖2项、参展奖8项。

【首届鄱阳湖国际观鸟周活动】 2019年12月6—10日，由江西省政府和中国野生动物保护协会主办，省林业局、省文化和旅游厅和南昌、九江、上饶3市政府共同承办的“2019鄱阳湖国际观鸟周”活动取得圆满成功。国际观鸟周活动以“湿地滋润赣鄱、候鸟联通世界”为主题，主会场设在南昌市。九江市、上饶市设置观鸟点。活动设置省鸟评选、优秀湿地暨候鸟保护志愿者（组织）评选、新闻发布会、开幕式招待会、开幕式、鄱阳湖湿地候鸟保护国际论坛、美丽中国“江西样板”院士论坛、第二届国际白鹤论坛、鄱阳湖国际观鸟赛、鄱阳湖候鸟国际摄影展、嘉宾观鸟暨救护候鸟放飞活动、公众自然教育系列活动等13个版块。邀请多国政府官员及地方代表团、知名人士，中国科学院、中国工程院14名院士和北京林业大学等院校专家学者，上海等15省(市、区)相关代表，万科集团、万通控股等知名企业家和省内嘉宾代表共计1000多人，领略“百里鄱湖波光、万羽候鸟翱翔”的独特美景，分享“同在蓝天下、人鸟共家园”的欢乐和谐。中央和省内主要媒体及境外驻赣媒体54家，127名记者多维度对国际观鸟周进行系列报道，发布主题稿件1500余篇；100余家新闻媒体发表相关报道，新闻全平台浏览量1亿余次。

山东省林业产业

【概　述】 山东省认真贯彻落实中央推进经济高质量发展决策部署，深入实施产业化经营战略，坚持以新发展理念为引领，以提高质量和效益为中心，着力构建特色优势产业体系、多元适度规模经营体系，在国家林业和草原局的大力支持下，大力推进林业产业转型升级、提质增效。2019 年全省林业总产值实现 6588 亿元，保持稳步发展态势。

坚持高点定位，规划引领　省政府出台了《关于加快全省林业产业发展的意见》《关于加快特色经济林产业发展的意见》《关于加强林木种苗工作的实施意见》等政策性文件，制定了木本油料、果品、林木种苗、花卉产业等特色产业提质增效转型升级实施方案，省自然资源厅(省林业局)联合发改、财政等 11 个部门制定出台了《山东省林业产业发展规划(2017—2020)》，印发了《关于加快林产品品牌建设推进林业高质量发展的意见》，为产业发展提供政策支持和规划引领。截至 2019 年底，经济林种植面积达到 1920 万亩，产量 1949 万吨；林木育苗面积 286 万亩，培育良种苗木 31 亿株；花卉种植面积 251 万亩，设施花卉栽培面积达到 1.04 亿平方米，种苗供应能力进一步提高；人造板产业优势突出，产量达 7773 万立方米，产值 1700 亿元，居全国第一方阵。

突出区域特色，规模发展　一是坚持特色化发展。始终按照人无我有，人有我优，人优我特的布局要求，在传统优势产区，重点建设规模化生产基地；在城郊地区，大力发展生态观光型基地；在新兴产区，突出设施栽培和特色种植。二是坚持规模化经营。通过返租倒包、合作经营、土地流转等多种形式，推进连片开发、规模发展。全省千亩以上的生产基地有 4500 多处，面积 700 多万亩。三是坚持标准化生产。持续深入开展标准化生产创建行动，制定生产技术标准 150 多个，建立标准化生产示范园 990 处，示范推广新技术 360 多项，推广育培新品种多个，生产经营水平大幅提升。

培育多元主体，实施一体化经营　一是扶持发展多元化经营主体。通过以奖代补、项目扶持、贷款贴息、技术培训等多种方式，大力培育发展林业专业合作社、林业龙头企业等林业产业经营主体。全省共有新型林业经营主体 30413 个，经营林地面积 1050.75 万亩，初步实现了规模化生产经营。二是完善利益联结机制。大力推广“龙头企业+专业合作社+基地+农户”“专业合作社+基地+农户”等新型经营模式，延伸产业链条，各类经营主体形成利益共享、风险共担。三是发展壮大产业集群。围绕全产业链经营，实施产业集群培育工程，通过集群式、园区化式发展，形成各具特色、优势互补、结构合理、协同发展的产业集群体系。全省建设集板材生产、机械制造、林产化工、商贸物流为一体的木业产业集群 28 个，建立板材生产、加工贸易、家具制造等木材加工园区 32 处。建成寿光国家级木材加工贸易示范园区、中国曹县家居产业示范园区、日照岚山国家级木材加工贸易示范园区、临沂费县国家林产工业科技示范园区等四家国家级林业产业园区。四是培育发展产业龙头。组织开展省级林业龙头企业和林业专业合作社省级示范社创建工作，截止到 2019 年底，全省共认定省级林业龙头企业 1071 家，农民林业专业合作社省级示范社 695 家；有 34 家林业合作社、46 家林业企业被分别认定为国家级示范社、国家级龙头企业，发挥了龙头示范带动作用。

提升质量，培育品牌　坚持以品牌创建为引领，制定印发了《关于加快林产品品牌建设　推进林业高质量发展的意见》，通过商标注册、产品认证、品牌认定等途径，引导经营主体规范管理、打造名品名牌，推动林业高质量发展。一是着力打造产品品牌。2019 年，组织认定“省级经济林标准化示范园”130个、“山东省十佳观光果园”10个、“齐鲁放心果品”品牌57个、20家种苗龙头企业、10家花卉产业示范企业、15家观光苗圃和2处种苗花卉产业转型升级示范区。2019年，拥有全国驰名商标32个，通过ISO9001认证的板材企业161家，通过ISO14000认证的62家，通过欧盟CE认证的19家。继菏泽“中国牡丹之都”、临沂“中国板材之都”、曹县“中国木艺之都”后，2019年平阴县被国家林草局认定为“中国玫瑰之都”。

完善政策，搞好服务　一是健全政策保障体系。省政府和有关部门制定出台了退耕还林还果、林权抵押贷款、财政贴息、支持“一县一品”创建、培育区域集群品牌等具体政策措施，发挥政策的引导和激励作用。二是完善技术服务体系。运用现代信息技术，为林业企业和林农提供线上线下服务，每年培训林农5.1万多人次，开发建设了山东林业手机应用程序(APP)和网络科普平台，宣传推介林业新产业、新业态、新技术、新模式。三是加强招才引智。启动实施了“1211”人才培育行动，积极引进高层次人才。积极联系中国林业科学研究院、北京林业大学等科研院校对接山东省林业企业，建立了10处院士工作站。

展会拉动，促产业发展　2019年4月28日至10月9日，以“绿色生态，美丽家园”为主题的北京世园会延庆区成功举办。全省16市632家单位1145个(件)展品参加展览，高质量建设室外展园和室内展区，参展工作取得优异成绩和丰硕成果，共荣获各类奖项740项，其中室外展园“齐鲁园”和室内展区双双荣获北京世园会组委会特等奖，精彩呈现了山东园艺花卉产业发展水平和生态文明建设成果。成功组织举办了第十六届中国林产品交易会、中国(昌邑)北方绿化苗博会、黄河三角洲苗博会等苗木花卉展会、首届世界牡丹产业大会、世界人造板大会、中国玫瑰产品博览会等林业展会活动，组织参加了2019中国合肥苗木花卉交易大会、中国森林旅游节并取得好成绩。第十六届中国林产品交易会参展企业达1867家，参会人员22.1万人次，签订销售合同及协议1536个，合同交易额25.5亿元，现场交易额2.1亿元，均为历届最多。

【产业发展】

2019年，全省林业产业受整体经济形势影响规模有所下降，总产值为6588亿元，同比减少2.25%。

从产业结构看　三次产业比例为35 : 57 : 8，与上年结构基本相同。分产业看，水果、坚果、含油果和香料作物种植和人造板制造仍然是山东省的林业支柱产业，产值分别达1308亿元和1700亿元，占总产值的19.85%和25.8%，同比增长5.23%和1.08%。

从地区分布看　林业产业产值超500亿元的地市共有5个，分别是烟台、潍坊、济宁、临沂和菏泽，产值合计4636亿元，占全省林业总产值的70.4%。其中，临沂、菏泽两市林业产业总产值均超千亿元，分别为1421亿元和1118亿元，同比分别增长1.82%和1.61%。

主要经济林产品产量略有上升　2019年末，实有经济林种植面积128万公顷，产量1949万吨，产出效率明显提升。其中，水果种植面积87万公顷，同比减少3.09%，产量1842万吨，同比增加8.06%。干果种植面积18万公顷，同比增长3.97%，产量72万吨，同比增长0.34%。木本油料种植面积16万公顷，同比减少9%，其中核桃种植面积减少7.44%，主要受部分地市核桃市场供过于求影响，核桃产品价格降低，部分果农回原复耕。

木竹产品加工保持稳定　人造板产业优势突出，产量达7773万立方米，同比增长3.79%。从产品类别看，胶合板产量5188万立方米，同比增长2.96%，占人造板产量的66.75%。纤维板、刨花板产量分别为1184万立方米和669万立方米，同比增长18.77%和8.6%，占人造板产量的18.77%和8.6%。从地区分布看，全省人造板产能主要集中在潍坊、济宁、临沂、聊城和菏泽，5市人造板产量达7429万立方米，占全省人造板总产量的95.57%。其中临沂市发挥“中国板材之都”，物流产业发达优势，着力从传统人造板大市向绿色人造板和家具制造强市转变，2019年度人造板产量达3667万立方米，产值852亿元，同比分别增长10.55%和4.8%。

木竹地板产量略有下降，产量4251万立方米，同比减少0.78%。其中，强化木地板2912万立方米，同比增长4.15%，占木竹地板产量的68.5%。实木地板产量389万立方米，实木复合地板946万立方米，其他木地板4万立方米，较上年均有所下降。

林业旅游产业发展略有降温 2019年全年实现林业旅游和休闲康养收入367亿元，与上年基本持平。接待游客1.23亿人次，直接带动其他产业产值438亿元。其中，林业康养与休闲产业保持增长势头，全年接待游客897万人次，实现收入31亿元，直接带动其他产业产值63亿元，成为林业旅游新的增长点。

[山东省自然资源厅(省林业局)]

河南省林业产业

【林业资源概况】 2019年底，河南省林地面积566.42万公顷，森林面积424.53万公顷，占林地面积的74.95%，森林覆盖率为25.42%。活立木蓄积量26564.48万立方米，其中森林蓄积量20719.12万立方米。

国家级和省级自然保护区30个，面积74.3万公顷；其中国家级自然保护区13个，面积44.8万公顷。省级以上森林公园有121个，面积29.08万亩；其中国家级森林公园33个，面积12.62万公顷。省级以上湿地公园71个，面积10.4万公顷；其中国家级湿地公园35个，面积8.13万公顷。

河南省湿地总面积62.79万公顷，沙化土地面积59.68万公顷；荒漠化土地面积1.01万公顷，石漠化土地面积7.47万公顷。

【林产发展概况】 2019年以来，河南省林业产业牢固树立创新发展理念，认真贯彻落实省委、省政府决策部署和国家林业局第三、四届产业大会精神，以推进林业供给侧结构性改革为主线，以市场需求为导向，以龙头带动为抓手，以实施《河南省“十三五”林业发展规划》和《森林河南生态建设规划(2018—2020年)》为标的，努力实现林业产业转型升级、贫困地区农民增收致富，着力推进一、二、三产业融合发展，产业结构进一步优化，产能稳步增长，林业企业、林业产业集群具有一定规模，林业产业在林农增收致富中作用明显。林业年产值达到2143.93亿元，其中一产年产值996.60亿元，二产年产值792.47亿元，三产年产值354.86亿元。一、二、三产年产值结构比例由2018年的48：37：15优化调整为46：37：17。

以森林资源培育为主的一产产业结构调整成效明显 2019年，河南省积极组织实施山区造林、平原沙漠造林、廊道绿化、农田防护林、城郊及村镇绿化省级重点林业生态工程建设以及外资造林、贷款国家储备林建设、优质林果基地建设和天然林保护、退耕还林、长江防护林和农发项目等国家重点林业生态工程等项目，造林绿化持续推进，产业结构调整不断优化。以杜仲、油茶、核桃、花椒、苹果、梨、桃、杏、石榴等为主的经济林产品种植形成一定规模，成效明显。

2019年，一产年产值为996.60亿元，其中林木育种和育苗产值达71.66亿元，占一产年产值的7.19%。营造林达87.02亿元，占一产年产值的8.73%。木材和竹材采运达21.83亿元，占一产年产值的2.19%。经济林产品种植与采集产值达到533.79亿元，占一产年产值的53.56%。花卉及其他观赏植物种植类产值达到229.11亿元，占一产年产值的22.99%。陆生野生动物繁育与利用达到28.57亿元，占一产年产值的2.87%。其他24.62亿元，占一产年产值的2.47%。

以木材加工、木、藤制品为主的二产产能稳步提升 河南用材林与工业原料林、经济林基地的快速发展持续助力林产品加工业。各地依据当地森林资源优势和地理区位优势，逐步发展起一批以骨干企业为龙头的人造板、家具、经济林产品等林产品加工企业，林产品加工业规模不断壮大，产能稳步增长，在助推当地经济发展、农民增收致富和脱贫攻坚中发挥的作用明显提升。

2019年二产年产值达792.47亿元，其中，木材加工和木、竹、藤、棕、苇制品制造产值355.63亿元，占二产年产值的44.88%。木、竹、藤家具制造产值126.89亿元，占二产年产值的16.01%；木、竹、苇浆造纸和纸制品产值92.96亿元，占二产年产值的11.73%；林产化学产品制造产值2.30亿元，占二产年产值的0.29%；木质工艺品和木质文教体育用品制造产值18.42亿元，占二产年产值的2.32%；非木质林产品加工制造业产值154.92亿元，占二产年产值的19.55%；其他产值37.93亿元，占二产年产值的4.79%；非林产业产值3.42亿元，占二产年产值的0.43%。

以森林旅游、康养、休闲服务为主的三产稳步增长 依托森林、湿地、大型苗木基地、国有林场等林业资源特有优势，推进森林公园、生态公园、郊野公园、湿地公园建设，培育新型森林旅游、休闲、康养一体的多元化森林旅游康养休闲服务产业。2019 年三产年产值达到 354.86 亿元，其中林业生产服务年产值达到19.19亿元，占5.41%；林业旅游与休闲服务 256.38 亿元，占72.25%；林业生态服务年产值达到 56.86 亿元，占16.02%；林业专业技术服务年产值达到6.11亿元，占1.72%；林业公共管理及其他组织服务年产值达到13.06亿元，占3.68%；林业系统非林产业年产值达到3.26亿元，占0.92%。

【林业龙头企业】

培育林业龙头企业、产业化集群示范引领带动增产助贫。2019 年省级以上林业龙头企业发展稳中向好，产业集群培育稳步推进，新一批省级林业龙头企业、产业集群正在按计划培育。河南省有419家省级林业产业化重点龙头企业(其中16家为国家林业重点龙头企业)，特别是人造板、家具、经济林等林产品加工企业在贫困地区发挥着示范带动和辐射作用。例如，兰考县依托桐木资源发展板材加工、高档家具、民族乐器等产业，年产值超过20亿元，吸纳农村富余劳动力10万多人，农民人均年增收1200多元。据不完全统计，2019年河南林业企业带动帮扶建档立卡贫困户5.5万户，12.61万人，人均年增加收入达3653元。

【国家储备林】

以国家储备林建设项目为突破口，多点结合增产助贫。2019 年河南贷款国储林项目已完成营造林面积 81 万余亩，落地贷款35.19亿元，入库量和落地项目数均居全国前列。河南省在推进国储林项目建设中与乡村振兴、精准扶贫紧密结合起来，通过土地、林权流转、营造林建设、运营期维护以及特色经济林、林下经济等方式，引导当地大力发展林木培育、加工、制造和森林旅游康养等产业，为当地贫困人口增收，促进当地贫困人口就业，建立当地农民增收致富的长效机制，提升乡村经济发展水平和乡村绿化美化水平；与当地特色林业产业发展结合起来，通过林业龙头企业和各类新型经济体的参与，组合成不同的经营模式，发展壮大一批优质用材林、木本油料、特色经济林、森林旅游与康养的林业产业化集群，促使林业一、二、三产融合发展，形成林业产业可持续、高质量发展局面，不断壮大县域林业经济。已落地贷款国储林项目实现带动建档立卡贫困户17478户，建档立卡贫困人数43162人。

【特色经济林】

依托林业供给侧结构性改革，发展优质林果产业增产助贫。2019 年 8 月，河南省政府办公厅出台了《关于深入推进农业供给侧结构性改革大力发展优势特色农业的意见》(豫政办〔2019〕44 号)，为河南的优质林果产业发展进一步指明了方向，明确“以豫西、豫西南、豫南山区为重点，建设一批优质苹果、猕猴桃、核桃、油茶、杜仲、油用牡丹等经济价值高、具有一定基础的优势林果产业”。2019 年发展优质林果44 万亩，截止到 2019 年底，河南优质林果达到1400万亩。例如，卢氏县新建集中连片万亩以上核桃基地3个，千亩以上10个，核桃栽培面积达到 100 万亩；西峡县以山茱萸为代表的中药材，以猕猴桃为特色的生态经济林，以香菇为主的食用菌，已成为该县三大“顶梁柱”产业，林业总产值突破百亿元，县财政收入的40%、农民人均收入的68%源于林业。灵宝从单纯卖苹果到加工果酒、果酱、果汁等十大系列29 个品种，总产值达 207 亿元，是过去单一买卖苹果产值的5倍。信阳市光山、新县、商城等地大力发展油茶产业，探索“公司+基地+农户”模式，全市油茶总面积达90万亩，年产茶油8000余吨，带动3.3万人脱贫致富，油茶产业已成为当地精准脱贫的支柱产业和脱贫致富的“摇钱树”。优质林果产业发展带动帮扶建档立卡贫困户3万户，8.22万人，人均年增加收入达2787元。

【森林旅游康养】

推进森林公园、康养基地建设，发展旅游康养产业增产助贫。2019 年河南省级以上森林公园119 个，其中国家级 32 个，省级 87 个，国家级生态公园试点 3 个；新增全国森林康养基地试点单位

18个，省级森林康养基地22个，全国首个开放的国家森林步道——太行山国家森林步道济源段正式迎客。栾川县依托森林覆盖率超过80%的优势，坚持“生态立县”“全域旅游”，全县15个乡镇中有13个建立了旅游景区，年旅游总收入近百亿元，带动从业人员16万余人，真正端起“金饭碗”，吃起“生态饭”。河南新型森林旅游、休闲、康养多元一体的森林旅游康养休闲服务，已成为地方调整农业结构，增加农民收入，创造社会就业机会的新业态新动能。

【林下经济】 统筹生态保护与发展林下经济并重，相互融合开发增产助贫。随着集体林改革的不断深化，各地充分利用集体林权制度主体改革的成果，因地制宜地积极发展林下经济，在确保生态安全的前提下，统筹生态保护与开发并重，兼顾生态效益、经济效益和社会效益，依托林地资源优势探索出了林菌、林禽、林畜等复合经营与林下种植林花、林菜、林草、林茶等多种经营并存的林下经济发展模式。2019年林下经济发展面积达2954万亩，综合产值达605亿元。确定了30个以中药材、养殖为特色的省级林下经济基地项目，新增国家级、省级林下经济基地37个。

【林业外资项目】 河南欧洲投资银行贷款森林资源发展和生态服务项目，已获国务院批准。该项目建设总投资22.84亿元。其中利用欧洲投资银行贷款1.5亿欧元，国内配套资金11.44亿元人民币，贷款期25年(其中宽限期5年)，项目建设期为5年。计划开展人工造林19422公顷，森林质量精准提升61200公顷，实施多功能近自然森林经营示范，以及开展营造林配套设施建设。项目旨在高标准、高质量实施国土绿化提速行动建设森林河南，提质增效和生态恢复与保护，加大对环境治理和生态保护与建设的支持，促进绿色可持续发展。

【林业产业大事记】

2月27日 河南省林业局印发了《河南省林业局关于规范有序推进国家储备林贷款项目的通知》(豫林产〔2019〕22号)，依规对标积极推进林业防范金融风险工作，确保国家储备林建设方向、内容与国家储备林规划及相关规定保持一致，保证国家储备林建设质量和水平，规范有序推进河南省国家储备林项目建设。

3月10—19日 根据国家林业和草原局和欧洲投资银行工作计划，欧洲投资银行委托英得弗咨询公司对河南省项目实施情况进行监测评估。评估组对河南省项目实施进展给予充分肯定，认为项目运作良好，林苗成活率高，育林管理完善，充分发挥了项目应有的生态效益、经济效益和社会效益。

河南省林业局与中国农业发展银行河南省分行联合印发了《河南省林业局 中国农业发展银行河南省分行贷款支持河南省国家储备林项目管理办法》(豫林产〔2019〕41号)和《关于加强和改进农发行贷款支持国家储备林项目资金管理服务的意见》(豫农发银发〔2019〕98号)，进一步发挥农业政策性金融对河南省国家储备林项目的支持作用，规范项目和资金管理，提高资金使用效益。

4月9—11日 全球环境基金中国森林可持续管理提高森林应对气候变化能力项目财务管理培训班在河南信阳市举办。来自项目沿线省、区的45名项目相关管理和财务人员参加了此次培训。培训班还组织学员到国有南湾林场参观了天然次生松栎混交林，鹅掌楸、黄山松人工林，并就林场开展的项目森林可持续经营活动财务管理和报支问题进行了现场研讨，初步形成共识。国家林业和草原局世行项目管理中心副主任尹发权、河南省林业局副局长师永全出席并讲话。

4月26日 河南省林业局印发了《河南省国家储备林建设规划(2017—2035年)》,《规划》指出建设任务1924.06万亩，其中新造林906.5万亩，现有林改培385.94万亩，中幼龄抚育631.62万亩，涉及河南省18个省辖市的137个县(市、区)。规划期限为19年，即2017—2035年(含7年造林及未成林抚育期，12年经营管理期)，分为两个阶段：近期2017—2020年，远期2021—2035年。

4月27日 首届冻干果品创新发展座谈会暨冻干果品产业国家创新联盟成立会在河南新郑市召开，省林业局党组成员、省森林公安局局长朱延林出席并致欢迎词。

5月7日 河南省林业局与中国农业发展银行河南省分行联合在许昌市召开了国家储备林项目推进会。河南有关省辖市和直管县(市)以及相关县(市、区)的林业主管部门副局长以及部分金融企业主管等180余人参加了会议。中国农业发展银行河南省分行副行长王福利、河南省林业局副局长师永全参加了会议并讲话。会议要求各地在实施国家储备林项目建设过程中要坚持与生态建设、精准扶贫脱贫、美丽乡村建设相结合，加强组织领导，遵守工作程序，解决好项目用地问题，积极与金融部门协商，争取早日让项目资金落地，为河南生态文明和美丽河南建设贡献一份力量。

5月19—21日 联合国粮农组织内部审计组一行3人来河南考察全球环境基金中国森林可持续管理提高森林应对气候变化能力项目建设情况。审计组听取了河南省项目办和省级咨询专家做的项目实施情况汇报，就项目建设内容和目标、项目活动执行情况、存在问题和建议等进行了深入交流。

河南省政府参事陈传进等一行在省林业局有关人员的陪同下，分别于5月、8月赴濮阳、商丘、三门峡、南阳、许昌、巩义、兰考以及河北、北京、广西、湖南等地，对国家储备林项目进行专题调研。通过调研，学习了省外的一些经验做法，总结了河南省国储林项目的主要做法，针对河南省国储林项目存在的问题给出了相应的建议。

6月13日 河南省林业局师永全副局长在郑州会见了大自然保护协会首席科学专家张小全一行4人，双方就项目实施情况、今后重点合作领域，以及下一步项目培训和考察工作，进行了深入交流和研判。

9月17—19日 河南省国家储备林项目建设管理培训班在郑州举办。各省辖市、省直管县林业主管部门主管副局长、业务科长或专业技术人员，已批复建设方案中涉及的县(市、区)业务科长或专业技术人员，国家开发银行河南省分行、中国农业发展银行河南省分行相关人员以及省林业局相关处室单位有关同志共220余人参加培训。省林业局副局长师永全出席开班式并讲话。会议强调，进一步完善制度建设，突出解决好项目造林用地，努力把国储林建设与生态建设、精准扶贫脱贫、美丽乡村建设等相结合。

9月30日 河南省9家企业获得“中国林业产业突出贡献奖”(河南省联兴油茶产业开发有限公司、信阳市林业科学研究所、济源市鸿润苗木科技有限公司、洛阳祥和牡丹科技有限公司、河南四季春园林一书工程有限公司、桐柏山野茶开发有限公司、好想你健康食品股份有限公司、鄢陵县花艺绿化工程有限公司、河南金杜仲农业科技有限公司)；5名个人获得第四届“中国林业产业突出贡献奖”(淇县联发种植农民农业合作社党支部书记、理事长岳纲亮，河南宏达木业有限公司总经理尚光修，西峡县林业局党委委员、副局长王建中，洛阳农丰科技有限公司总经理张文颇，河南世纪立成园林绿化有限公司法定代表人李翔)；2个企业的项目获得“中国林业产业创新奖”：鄢陵中林园林工程有公司(丰花艳花型巨紫荆新品种选育及栽培技术研究项目)、河南省吉德智慧农林有限公司(新品种杨树速生丰产及多伦采伐技术项目)；3名个人获得第四届“中国林业产业创新奖”：西峡县森林家食品有限责任公司宋红昌(森林家生态文化创意产业园项目)、国家林业和草原局泡桐研究开发中心王璐(杜仲高产胶系列良种项目)、河南大学李钦(杜仲活性成分绿色制备技术、功效评价及综合应用项目)。

9—10月 组织河南三批次12个优质果品参加“2019北京世园会优质果品大赛”，并取得1个金奖(阳光玫瑰葡萄)、4个铜奖(“玉露香梨”“中桃5号”桃、“葫芦枣”、“红不软”桃)、两个优秀奖(“秋彤”桃、“无核枣”)。

10月9日 中国林业产业联合会公布了第五批全国森林康养基地试点建设单位名单，河南省共计26个基地入选。其中，灵宝市苏村乡入选全国森林康养试点建设乡，河南大别山西河旅游发展有限公司等单位入选全国森林康养基地试点建设单位，桐柏县寿星阁服务有限公司等单位入选中国森林康养人家。

11月10—12日 国家林业和草原局速丰办马国青主任一行3人到河南省调研国家储备林项目建设情况，省林业局副局长师永全与产业中心相关人员陪同。调研组先后对许昌的禹州市、南阳的南召县、宛城区、邓州市的国家储备林项目建设情况进行了实地调研，在南阳市组织召开了座谈会，并听取了南阳市国家储备林项目建设开展情况汇报及相关县(市、区)的发言。马国青充分肯定了南阳市在国家储备林项目建设中取得的成效，希望大家凝心聚力，真正把南阳市国家储备林打造成全国的“南阳模式”。

11 月 17—20 日　国家林业和草原局速丰办在河南省南阳市组织召开了全国国家储备林建设座谈会。会议交流了国家储备林项目建设成功做法、典型经验，分析当前推进项目落实和管理过程中的瓶颈，纾困克难，并就开展国家储备林数据统计、“林地一张图”信息化建设，制订详尽的工作预案。

11 月 28 日　国家林业和草原局公布河南省4家企业荣获第四批国家林业重点龙头企业称号(河南仁和康源农业发展有限公司、河南名品彩叶苗木股份有限公司、信阳十里岗林产品开发有限公司、信阳文新茶叶有限公司)。

12 月 19 日　河南省林业产业工作座谈会议在郑州召开，各省辖市、直管县产业工作负责人、部分林业龙头企业负责人、部分金融行业代表等共 100 余人参加会议。会议传达了全国林业产业大会精神；全面总结了河南 2019 年林业产业、国家储备林等工作，分析形势，就增加工作靶向性，加快促进河南林业产业等有关工作高质量发展进行部署；参会人员就河南林业产业发展进行了讨论；邀请国开行河南省分行、农发行河南省分行就金融支持林业产业发展有关政策进行了解读。

12 月 23 日　河南省林业局公布了 2019 年省级森林康养基地名单，河南省国有商城黄柏山林场森林康养基地等 22 个基地为河南省首批省级森林康养基地。

12 月 24 日　河南好想你健康食品股份有限公司、河南生命果有机食品股份有限公司荣获首届中国林业产业创新奖(冻干果品类)。

湖北省林业产业

【概　述】 2019年，湖北省有林地876.09万公顷，占全省国土面积的47.13%；森林773.33万公顷，森林覆盖率为41.56%；湿地144.47万公顷，占全省国土面积的7.8%；草场18.47万公顷，占全省国土面积的0.99%。林地、湿地、草地共占全省国土面积的55.92%。全省分布高等植物6292种，约占全国总数的18%；脊椎动物851种，约占全国总数的19%。省级以上自然保护地311个，共8个类型，其中，国家公园1个，世界地质公园2个，世界自然遗产区1个，国家级自然保护区22个、省级自然保护区24个，国家级风景名胜区8个、省级风景名胜区28个，国家地质公园9个、省级地质公园16个，国家森林公园37个、省级森林公园59个，国家湿地公园66个、省级湿地公园38个。2019年，全省完成人工造林13.85万公顷、封山育林19.25万公顷、退化林修复13.62万公顷、人工更新0.59万公顷、森林抚育29.94万公顷。完成义务植树9478万株。2019年全省林业产业年总产值4081.47亿元，同比增长7.6%，其中第一产业产值1359.75亿元，第二产业产值1308.66亿元，第三产业产值1413.06亿元。

森林公园和森林旅游　全省有森林公园96个，面积42.5万公顷。其中，国家森林公园37个，面积31.6万公顷；省级森林公园59个，面积11.3万公顷。全年林业旅游与康养休闲产业共接待游客1.95亿人次，旅游收入926.12亿元。林业旅游与康养休闲产业直接带动的其他产业产值1562.10亿元。

森林城市建设　2019年，荆州市、恩施市获批国家森林城市，新命名老河口市、宣恩县、江陵县、洪湖市、房县、建始县6个“湖北省森林城市”，授予武汉市新洲区辛冲长轩岭街道等18个乡镇(街道)“湖北省森林城镇”称号，新获评“国家森林乡村”369个，新命名“湖北省绿色乡村”100个。

草地资源管理　2019年，全省草地资源主要分布在恩施、十堰、宜昌等地，省内4个有草原及场甸的县(市区)已完成部分转隶工作，专门从事草地管理人员8人，其中执法人员7人。按照国家林草局统一部署，组织开展草原普法宣传月活动和“绿卫2019”森林草原执法专项行动。

林地占用和林木采伐　全年办理使用林地6867公顷，采伐木材306.5万立方米，均控制在年度限额内。通过湖北省政务服务网受理建设项目使用林地许可申请3591件，其中省级2257件，准予许可并发放建设项目使用林地审核同意书1886件，共7544份。征收森林植被恢复费9.36亿元。其中，通过“绿色通道”办理精准扶贫、易地扶贫搬迁项目71件，全部免征森林植被恢复费。

森林防火　按照“三定”方案职责要求，着力强化宣传巡护、火源管控、火案侦破和基础设施建设。在春节、清明节及“十一”期间，组织开展暗访巡查，积极参与火情处置。全省森林火灾受害率控制在0.9‰以内，全省国有林场和森林类自然保护地未发生重大及以上森林火灾。

林业有害生物防治　开展松材线虫病除治攻坚三年行动，实施林业有害生物无公害化防治38.59万公顷，其中松褐天牛防治作业面积14.92万公顷，清理松材线虫病死树280.4万株，全省松材线虫病发生面积和病死松树数量分别减少7%、30%；美国白蛾发生面积660.6公顷，下降18%。全省林业有害生物成灾率为3.28‰，低于国家控制指标。

【林产工业】 2019年，全年实现木材产量304.39万立方米，其中原木253.06万立方米、薪材51.33万立方米。竹材大径竹产量3724.50万根，其中，毛竹2412.79万根，其他大径竹材1311.71万根，小杂竹9.98万吨，竹产业年总产值73.37亿元。主要木竹加工产品包括锯材、人造板、木竹地板等三大类。锯材年产量 215.14 万立方米；人造板年产量 840.91 万立方米，其中胶合板 378.19 万立方米、纤维板 322.95 万立方米、刨花板 77.76 万立方米、细木工板等其他人造板 62.01 万立方米。木竹地板产量 3329.46 万平方米，其中，实木地板 86.87 万平方米、实木复合木地板 583.02 万平方米、浸渍纸层压木质地板 2563.73 万平方米、竹地板 46.69 万平方米、其他木地板 49.15 万平方米。主要林产化工产品有松香类产品 1.60 万吨，其中松香深加工产品 764 吨。新营造油茶、山桐子、花卉苗木等特色经济林基地 2.04 万公顷。新获评国家林业重点龙头企业 5 家，累计达 25 家，全省林业龙头企业、专业合作社、家庭林场和林业产业经营大户等发展到 1.5 万个。

【主要经济林产品】 全省主要经济林产品 2019 年年末实有种植面积 228.20 万公顷，总产量 937.29 万吨。主要产品有水果、干果、林产饮料、林产调料、森林食品、木本药材、木本油料、林产工业原料等八大类经济林产品。生产情况分别为：水果年末实有水果种植 48.03 万公顷，产量 762.62 万吨；干果种植 31.95 万公顷，产量 44.53 万吨；林产饮料种植 32.45 万公顷，林产饮料产品 31.49 万吨；林产调料种植 6249 公顷，产量 2846 吨；森林食品种植 36.59 万公顷，产量 33.18 万吨；森林药材种植 18.52 万公顷，产量 25.63 万吨等。

【木本油料产业】 2019 年末，全省实有木本油料种植面积 47.24 万公顷，产量 33.51 万吨，木本油料等加工制造总产值 227.69 亿元，其中，油茶籽种植 28.65 万公顷，包括新造 1.04 万公顷、低产林改造 1.31 万公顷，油茶定点苗圃 44 个，总面积 443 公顷，油茶苗木产量 4329.32 万株。全省油茶籽产量 20.94 万吨，茶油产量 3.88 万吨。全省油茶产业规模以上企业 54 个，年产值 97.63 亿元。油茶产业 2019 年实际投资 3.11 亿元，其中，中央投资 2273 万元、地方投资 3186 万元、国内贷款和自筹等资金 2.56 亿元。年末实有核桃种植 17.52 万公顷，核桃定点苗圃 22 个，总面积 184 公顷，新培育核桃苗 625.58 万株，全省核桃干总产量为 12.24 万吨，核桃油产量为 1339 吨，规模以上核桃油加工企业 6 个。全省油橄榄年末实有种植 2616 公顷，产量 191 吨。年末实有油用牡丹籽种植 5137 公顷，产量 2539 吨。年末实有其他木本油料种植 2998 公顷，产量 58.3 吨。

【林木种苗花卉产业】 2019 年，全省重点林木种苗良种基地 1498.44 公顷，其中，种子园 320.87 公顷、母树林 207.4 公顷、采穗圃 176.6 公顷、良种繁殖圃 52.2 公顷、种质资源收集区 270.74 公顷、各种试验林 369.43 公顷、良种示范区 101.2 公顷。全年林木育种与育苗总产值 79.31 亿元，其中林木育种 6.44 亿元、林木育苗 72.87 亿元。在省级抽查的 16 个县市区 34 个单位 36 个苗批中，合格苗批 34 个，整体合格率达 94.4%。在“湖北省优良乡土珍稀树种选育体系建设”项目中，重点选择楠木、枫香、山桐子和鹅掌楸进行选优和无性技术开发，争取林木良种培育补助项目资金 1800 万元。完成了 2018 年度林木良种培育补助项目绩效评价和全省林木种质资源调查工作。

【林业投融资】 2019 年实际完成林业投资 197.79 亿元，其中，中央财政资金 24.37 亿元，地方财政资金 27.93 亿元，国内贷款 23.41 亿元，利用外资 376 万元，自筹资金 90.78 亿元，其他社会资金 31.26 亿元。用于生态修复治理完成 68.22 亿元，用于林产品加工制造实际完成 101.64 亿元，用于林业管理服务保障实际完成 27.93 亿元。全年落实中央财政贴息资金 2500 万元。组织开展 2018 年度林业贷款中央财政贴息资金的检查。组织开展了中央财政湿地补助资金项目稽查。

【林业扶贫和对口帮扶】 2019 年共落实退耕还林还草、天然林和生态公益林保护、生态护林员等林业扶贫和惠民资金 20.7 亿元。争取新增生态护林员 3.3 万人。2019 年共选聘 66750 名生态护林员，下达资金 2.67 亿元。对鹤峰县、孝昌县、麻城市、崇阳县、南漳县、房县、郧阳区 7 个县(市、区)的 67 条生态护林员补贴问题线索进行了省级抽查复核。认真履行定点帮扶鹤峰县牵头单位职责，协调省直定点帮扶单位投入鹤峰县帮扶资金1.04亿元，安排白鹿村驻村帮扶专项资金105万元，帮助村集体和贫困户发展猕猴桃、茶叶、养蜂、中药材等特色产业，强化"一户一策"精准帮扶，巩固脱贫成果。完成了"616"工程对口支援帮扶、"1+1"对口帮扶、援疆援藏等任务。

【重大工程】

精准灭荒工程 按照全省"四个三重大生态工程"部署，2019年共完成精准灭荒造林5.35万公顷，占年计划的114.5%，验收合格率达94.1%，比2018年度提高2.8个百分点；2018—2019年，完成灭荒造林9.71万公顷，占3年目标总任务的70%。

长江两岸造林绿化行动 按照全省长江大保护"十大标志性战役"部署和"连续完整、结构稳定、功能完备"标准要求，2019年共完成长江两岸造林3.51万公顷，占年计划的141%，占3年目标总任务的70.5%。其中，完成护堤护岸林1.05万公顷，岸线复绿0.376万公顷，沿江城镇村庄道路绿化0.981万公顷，森林质量提升1.107万公顷。

退耕还林还草工程 全年完成退耕还林还草9787公顷，完成投资额1.35亿元，其中，中央投资1.14亿元，地方财政资金0.21亿元。国家林业和草原局组织对湖北省10个县市2015年来新一轮退耕还林还草计划任务进行了检查验收，平均验收合格率达98%。

长江防护林工程 2019年完成长江防护林人工造林7733公顷、封山育林7999公顷、退化林修复3334公顷。完成投资11440万元，其中，中央投资9500万元，地方投资1940万元。

林业血防工程 2019年营造血防人工林1246公顷，完成封山育林333公顷、退化林修复201公顷。完成投资2083万元，其中，中央投资1133万元，地方投资950万元。

石漠化综合治理工程 2019年完成石漠化综合治理人工造林3729公顷、封山育林30737公顷。项目覆盖宜昌市、十堰市、咸宁市、恩施州等地20个县(市、区)，完成投资8399万元，其中：中央投资7904万元，地方投资495万元。

国家储备林建设工程 2019年，谷城、宜城、通山县、罗田、麻城、钟祥、大悟、房县8个县共完成国家储备林建设工程退化林修复1201公顷。完成投资1000万元，其中，中央投资1000万元。

天然林和生态公益林保护工程 2019年完成天然林资源保护工程人工造林1600公顷、封山育林5131公顷、森林抚育25931公顷。完成投资15794万元，其中，中央投资15448万元，地方投资346万元。贯彻实施中办、国办《天然林保护修复制度方案》和《湖北省天然林保护条例》，全面停止天然林商业性采伐，从严控制公益林调整占用。新增天然林保护68.296万公顷，增加停伐保护补助资金1.6亿元，全省552.13万公顷天然林和公益林得到有效保护。

【自然保护地管理】 完成全省8类311个省级以上自然保护地清查摸底，推进国家和省级自然保护地勘界立标，启动全省自然保护地整合优化调整与"一张图"编制。实施绿盾2019专项行动，指导督促267个涉及保护地的问题整改落实销号，有序推进中央环保督察涉林问题整改。选聘省内外自然保护地管理各领域各专业100多名专家，成立了首届湖北省自然保护地专家委员会和评审委员会，召开全省自然保护地工作会议。完成国家公园、自然保护区、风景名胜区、地质公园等自然保护地的省级机构转隶和职能移交，石首麋鹿、天鹅洲白暨豚、新螺段白暨豚3个国家级自然保护区划转由省林业局直接管理。市、县级自然保护地管理职能移交和机构转隶工作基本完成。

【国家公园建设】 神农架国家公园体制试点区范围总面积1170平方千米，占神农架总面积的35.9%，涉及5个乡镇25个行政村，总人口8047户20325人。省政府组织建立神农架国家公园厅际联席会议制度。召集人单位由省发改委调整为省林业局，负责指导神农架国家公园推进各项试点建设。与中国林业科学研究院合作成立了神农架国家公园研究院，成立鄂西渝东毗邻保护地联盟。金丝猴保护基金会引入桃花源基金会并将部分区域成功托管。探索实施生态修复及生物廊道建设。2019年，神农架国家公园在国家林草局组织的第三方评估中，评价指标完成优良率达到94.7%。

【湿地保护管理】 2019年，全省有国际重要湿地4个，国家湿地公园66个，数量分别居全国第二、第三位，新增国家重要湿地12个，全省湿地保护率达到47.29%。出台了《湖北省湿地名录管理办法》，发布省级重要湿地48处。制定《湖北省乡村小微湿地保护管理指南》，启动乡村小微湿地建设；实施退耕还湿0.53万公顷；共实施湿地保护项目51个，总投资1.33亿元。13个试点到期的国家湿地公园全部通过国家验收。指导武汉市成功申办第十四届湿地公约缔约方大会，成立洪湖省级湖长领导机构和办公室，召开洪湖生态治理省级湖长会议，编制了《洪湖生态保护与修复方案》。

【野生动物疫源疫病防控】落实重点区域和重点野生动物的禽流感、野猪非洲猪瘟等疫源疫病监测工作，严防野生动物疫源疫病。共采样3069份，排查发现团风县人工养殖野猪异常死亡，按要求报告并采样送检，全省未发生重大野生动物疫情。加强野生动物救护和疫病监测科技研究，承担禽流感“哨兵动物”研究项目，建成长江以南省份首个野生动物PII实验室和野生动物诊疗室，开展了长江沿线5个重点湖区候鸟携带禽流感本底调查和候鸟迁徙动态及迁徙与禽流感传播关联性研究工作。联合省市场监管局等5部门出台《建立健全全省长江经济带珍稀濒危动植物保护长效机制的行动方案》，建立野生动植物监测调查、协同监管、联合检查和执法协作机制；推进金丝猴、麋鹿、江豚等珍稀濒危野生动物救护繁育。

【林业监管执法】 组织开展“绿卫2019”森林执法专项行动，重点排查非法开垦林地、非法占用使用林地和滥砍盗伐林木等涉林违法犯罪行为，共清查违法破坏森林资源案件2504起，涉及违法侵占林地768.57公顷，林木蓄积量13393.59立方米。开展95个县（市、区）上年度2311宗征占用林地项目巡查，发现并查处问题线索207起。组织开展“神农利剑”、打击破坏野生动物资源违法犯罪等专项行动，共受理各类涉林案件4633起，查处4485起，综合查处率达96.8%。其中刑事案件立案886起，侦破772起；受理行政案件3747起，查处3713起。处理各类违法犯罪人员4568人次，为国家挽回直接经济损失3336万元。省森林公安局直接组织侦办重特大案件13起；破获公安部督办案件2起、国家林业和草原局督办案件5起，破案率达100%。

【林业改革发展】 国有林场改革全面完成，226个国有林场完善了分级监管体制，建立起以政府购买服务为主的资源管护制度和考核管理机制，保障和改善国有林场民生，提升了基础设施建设水平，以“优秀”成绩通过了国家考核验收。集体林权制度和配套改革持续深化，31个县森林保险提标降费有序实施，2个国家集体林业综合改革试验示范区年度建设任务全面完成，5个“深化集体林改示范县”新发展林下种养面积600公顷。林业“放管服”改革不断完善，56个林业服务事项全部实现与省政务服务网对接，办理行政审批事项7913件次，按时办结率达100%。

【林业科技推广】2019年，组织申报各类科研项目39项，搭建了国家科技联盟“五倍子产业国家创新联盟”及武汉九峰长期科研基地两个国家级创新平台。实施林业中央预算内投资基本建设项目3项，中央引导地方科技发展专项项目6项，湖北省自然科学基金项目5项，湖北省财政厅预备入选项目与投资项目各1项，湖北省地方标准项目7项。共鉴定、验收科研项目27项，成果登记4项；“珍贵用材楸树良种选育及丰产栽培关键技术”入选2019年全国重点推广林草科技成果100项，“白僵菌工业化生产新工艺和新剂型的研发及应用”成果获第十届梁希科学技术进步三等奖。组织省林业专家服务团分赴武汉、咸宁、十堰、恩施、襄阳、荆州、黄冈、宜昌、孝感、鄂州等10余个市（州）开展现场示范、技术指导等科技服务24场，发放《主要造林树种丰产栽培实用技术》《松材线虫病防治技术》等技术手册1500余份。

【林业产业大事记】

2月25日 湖北省委书记蒋超良在随州市随县调研国家级林业重点龙头企业湖北裕国菇业有限公司、省级林业龙头企业湖北中兴食品有限公司时，肯定公司全产业链开发茶叶、香菇等特色资源，拓展国内国际市场，走出了符合自身特色的发展之路。

2月26日 湖北省委常委、宜昌市委书记周霁参加春季义务植树活动时强调，要持之以恒保护修复长江生态环境，共护一江清水永续东流。

3月19日 湖北省委书记、省人大常委会主任蒋超良，省委副书记、省长王晓东，省政协主席徐立全，省委副书记、武汉市委书记马国强等省领导来到武汉市青山区戴家湖公园，同干部群众一道参加义务植树活动。省委常委会、省人大常委会、省政府、省政协领导同志等参加活动。

3月31日 由国家林业和草原局批准成立的五倍子产业国家创新联盟和资源昆虫产业国家创新联盟在湖北省宜昌市五峰土家族自治县正式揭牌。

4月25—27日 湖北省人大常委会党组副书记、副主任王建鸣率领省人大财经委部分组成人员赴神农架林区开展《神农架国家公园保护条例》实施一周年情况调研时强调，要认真贯彻中央重大决策部署和省委工作要求，齐心协力推动全省国家公园体制试点工作走在全国前列。

7月9—11日 湖北省人大常委会党组书记、常务副主任王玲赴神农架林区开展“不忘初心、牢记使命”主题教育调研时强调，要深入学习贯彻习近平新时代中国特色社会主义思想和习近平生态文明思想，进一步树牢法治思维，找差距、抓落实，推动神农架生态保护和绿色发展。

8月21日 湖北省委常委、省委统战部部长、洪湖省级湖长尔肯江·吐拉洪在武汉召开座谈会，听取洪湖生态治理和《洪湖生态保护与修复方案》情况汇报，强调要强化初心使命，集中精力打好洪湖保护与修复的攻坚战。

11月18—20日 湖北省人民政府副省长赵海山在神农架林区调研时强调，要践行习近平生态文明思想，加强生态保护，推动绿色发展。

11月20日 由湖北省林业局和荆州市人民政府联合主办的第六届湖北生态文化论坛在荆州市举行。论坛以“森林城市与长江大保护”为主题，邀请中国工程院院士钮新强，国家林业和草原局总工程师苏春雨，中国林科院林业科学研究首席专家王成，湖北省政府参事、武汉大学博导周培疆，安徽省马鞍山市副市长方文作主题演讲。省政协党组副书记、常务副主席李兵，省林业局局长刘新池，荆州市市长崔永辉出席论坛并分别致辞。各市(州)县林业主管部门负责人共200余人参加论坛。

12月25日 湖北省人民政府在武汉市黄陂区召开全省国土绿化现场会，部署推进国土绿化、森林防火、松材线虫病防治工作。湖北省副省长赵海山出席会议并讲话，省政府副秘书长刘仲初主持会议。各市(州)、直管市、神农架林区以及有精准灭荒和长江两岸造林任务的县(市、区)政府分管同志，林业主管部门负责人，精准灭荒工程和长江两岸造林绿化行动指挥部成员单位负责人参加现场会。

12月26日 湖北省委常委、襄阳市委书记李乐成在省林业局调研时指出，要积极谋划推动汉江两岸造林绿化、鄂北防护林建设等重点工程，推进全省国土绿化取得更大成效。

(彭锦云)

湖南省林业产业

【概　述】 2019年，全省林业产业总产值达5030亿元，同比增长7.9%。其中，第一产业产值1645亿元，同比增长7.9%，第二产业产值1674亿元，同比增长5.7%，第三产业产值1711亿元，同比增长10.1%，一、二、三产业结构比为33∶33∶34。主导产业中，油茶林总面积达2128.3万亩，油茶籽年产量110万吨，茶油23.6万吨，产值505亿元；竹木产业产值1116亿元，同比增长8.3%，其中竹产业323亿元，同比增长13.3%；全年森林旅游1.85亿人次，产值1200亿元，同比增长9.1%。花卉苗木、森林食品、森林药材等其他产业均有所增长。从主要林产品产量来看，商品材产量331万立方米，大径竹产量2.8亿根，人造板产量568万立方米，木竹地板产量1163万平方米。全省林业产业各项经济指标基本达到预期，呈现稳中有进、稳中向好态势。

品牌建设 常宁西岭镇(油茶产业)、浏阳柏加镇(花卉产业)列入全省十大农业特色小镇，全省有11家单位、12人获第四届“中国林业产业突出贡献奖、创新奖”；“湖南茶油”荣获第九届中国粮油榜“中国粮油影响力公共品牌”称号；“衡阳油茶”列入第三批中国特色农产品优势区；新化县被授予“中国黄精之乡”称号。“湖南茶油”公用品牌建设向纵深推进，进一步提升了标准，完善了制度，品牌影响力加大，已有25家企业53款茶油产品获“湖南茶油”公用品牌授权。品牌宣传多措并举，除继续在重要地段及主流媒体投放广告外，通过冠名高铁，举办茶油美食文化节，开通“湖南茶油”天猫旗舰店及“电商+新媒体”直播，影响力提升，线上流量及购买量增大。全年共组织企业到北京、深圳、义乌、济南、长沙等地参加各类展会近10次，局领导多次亲自推介，获得各方好评。启动“潇湘竹品”区域公用品牌建设，竹产品抱团展示初显成果。

龙头企业 积极构建以龙头企业为中心的产、学、研平台，产业转型升级有序推进；推动了金融支持林业龙头企业活动；组织龙头企业、专家召开行业发展座谈会近10次，赴外省考察林业产业工作5次，9家企业获批第四批国家林业重点龙头企业(表1)，2019年，全省有上市林业企业新三板5家，主板1家，上市后备企业22家。

基地建设 全省建新造油茶示范基地和高标准低改示范基地18个共7.2万亩，带动全省全年投入油茶发展资金(含社会资金)47亿元，完成油茶造林99.2万亩，低产林改造82.8万亩；突出抓重点地区、重点企业竹林道建设，建设示范路300千米，带动老旧竹林道改扩建。新增国家林下经济示范基地24家，省级林下经济示范基地60家(表2)，建省现代林业特色产业园20个(表3)。

科技支撑 通过挤资金、建平台、强培训、创机制、严督查，林业产业科技支撑工作卓有成效，有望突破一些瓶颈。全年共安排800万元创新研发与技术示范资金；组织企业参加8期国家级产业技术培训班，举办全省油茶、南竹实用技术培训班3期，有500多人参加。组建油茶、南竹特色优势千亿产业科技支撑专家团队，制订了支撑方案。联合省农机事务中心等单位启动了油茶、南竹机械化技术路线，油茶采果机、自动化剥壳机、竹材山地作业系列机都进入生产领域且发生作用。

金融创新 深化金融支撑创新，联合省农担、省农行举办“惠农担-油茶贷”金融产品发布会，2019年末，全省“油茶贷”在保余额7.62亿元，在保户数575户。

森工林场 积极争取森工林场改革扶持政策，督促森工林场编制2020—2030年森林经营方案。

林区道路 优化产业发展基础设施，全省林区道路养护总里程3789千米，支持新建竹林道300千米，山区、林区生产生活条件得以有效改善。

行业服务 林业安全工作扎实、规范、有序，维持了全行业的平安稳定；完成了10件建议提案的办理，办结率、满意率100%，其中3件列入湖南省"办理认真、成效突出"典型实例；林产品质量检测工作围绕产业重点精准发力，发挥了重要导向作用。协会工作积极有效。省油茶产业协会完成换届选举，四次会长会议气氛活跃，成效显著。

【林下经济】 2019年湖南省林下经济产值约550亿元，发展面积达3396万亩，带动就业人数272万人。全省涌现出一批各具特色的林下经济典型和发展模式，"一县一特、一村一品"不断发展，靖州的茯苓和杨梅、新化的黄精、会同的魔芋、浏阳的蜂蜜、宜章的松脂、新宁的铁皮石斛、慈利的杜仲、湘西的油桐等渐成规模，帮助贫困林农致富增收。

一是规划引领。根据湖南现有区域经济、自然条件、资源禀赋等特点，湖南省林业局2019年印发了《湖南省林下经济千亿产业发展规划(2018—2025年)》，确定林下经济发展的重点为林药、林菌、林禽、林畜、特色林果、资源昆虫、森林土壤、林下产品加工等。

二是政策扶持。2019年利用省级专项资金扶持林下经济项目61个，其中科研项目12个，加工项目13个，种养殖项目36个。2019年利用专项资金扶持专业合作社31个、涉林企业16个、家庭林场2个。

三是典型带动。我们把示范建设作为推动林下经济快速发展的重要抓手，大力扶持推广"龙头企业+专业合作社+基地+农户"运作模式，让示范基地成为新品种、新技术、新模式的展示窗口，为全省林下经济发展探路子、出经验、做表率。2019年湖南省已有国家级林下经济示范基地56家，省级林下经济示范基地351家。

四是科技支撑。湖南把加强林下经济科学研究放在尤为重要的位置。2019年新增林下经济科研示范基地3家。林下经济科研示范基地已达8家。依托省林科院、省植物园等单位成功推广林下菌根性食用菌、天麻等繁殖栽培技术1万余亩。

【花卉产业】 一是会同省发改委、省农业农村厅就农业特色小镇(浏阳市柏加镇、雨花区跳马镇、株洲市石峰区云田镇)花卉产业发展开展调研压实责任靶向施策。二是依托花卉产业培育专项，对盘龙大观园等龙头企业在新品种选育、标准化栽培、品牌打造等环节给予资金扶持。三是依托北京世园会、中国绿化博览会等平台，为花卉企业搭建对外交流平台。

【野生动物繁育】 长沙生态动物园华南虎繁育首次实现零的突破，成功繁殖3只华南虎幼仔(2雌1雄)。作为生态系统顶级物种，3只华南虎幼仔的成功繁育，对下一步开展华南虎野化训练和重点区生态系统构建、恢复具有重要意义。

【森林公园建设与生态旅游】 2019年，湖南省以森林公园为主体的各类森林旅游地实现由量的扩张转向质的提升，全省森林公园投入各类建设资金近40亿元，其中招商引资投入21亿元，基础设施和服务配套设施不断完善。莽山、幕阜山、九龙江、天泉山等一批国家森林公园大型招商引资项目落地实施。2019年全省森林旅游接待游客9675万人次，创旅游综合收入1097亿元。森林旅游在脱贫攻坚中发挥积极作用，提供就业岗位近8万个，使200多万名林农受益。溆浦县森林旅游助推精准扶贫经验在2019中国森林旅游节上向全国推介。

精心参展2019年中国森林旅游节，运用新颖的设计、多样的元素、丰富的展品充分展示了湖南省绚丽多姿的森林旅游胜景。武陵山、罗霄山国家森林步道以及溆浦县森林旅游得到强力推荐。武陵森林旅游探秘线路被列入全国推介的10条特色森林旅游线路之一，五尖山、毛里湖被列入全国新兴森林旅游地品牌，天际岭被列入全国自然教育精品基地。湖南省获得"最佳组织单位"和"最佳省级展示单位"两项荣誉称号。永州市林业局被评为"优秀参展市州"称号。

在张家界国际森保节期间，举办了森林旅游与康养高峰论坛、湖南省自然保护地建设与管理培训班暨现场教学研讨会、张家界创新创意盆景艺术邀请展等系列活动。活动期间气氛热烈，与会的领导专家及各界人士反响良好。

新建湖南蓝山舜水河国家湿地公园，截止到2019年年底，全省共建立了3处国际重要湿地、18处省重要湿地、45处湿地类型自然保护区、78处湿地公园(其中国家级70处、省级8处)，全省湿地保护面积达1159.05万亩，湿地保护率达75.77%。全省基本建立了规模适度、布局合理、类型多样、功能齐全的湿地保护网络体系。

经调查，截止到2019年底，全省共设立各级各类自然保护地共522个，总面积达35359平方千米，其中立地内容交叉重叠的共296个，交叉重叠面积为9720平方千米，实际保护面积为25639平方千米，占全省国土总面积的12.1%。

【产业科技推广】 抓重点工作。落实省领导“建设一批平台”的指示，“国家油茶工程技术研究中心”“国家林业局杜鹃工程技术研究中心”“国家林业局南方天敌繁育工程技术(研究)中心”“国家林业局南方油料能源植物工程技术(研究)中心”4个国家林草局授牌工程中心均获推广资金支持，并加快与企业、合作社的有效对接。落实科技推广扶贫，开展深度贫困县“林业科技特派员一对一帮扶行动”，在2018年11个深度贫困县339个贫困村“林业科技进村入户”全覆盖基础上，2019年确定11个企业、专业合作社、村集体经济组织、林农大户等经营主体开展一对一技术帮扶；支持城步县和平村发展天麻、七叶一枝花、锥栗“华栗1号”“华栗2号”等经济果木林。落实科技创新能力提升，组织学习《国家林业草原工程技术研究中心管理办法》，督促引导工程中心面向林业高质量发展重大战略需求，提高自主创新能力、增强产业核心竞争力、促进产业转型升级，推进技术系统集成示范，加快重大科技成果工程化和产业化；协助打造“中国油茶科创谷”科技创新综合体。

抓成果转移转化。强化成果储备，录入国家林业科技推广成果库系统成果、专利390项，成果数量稳居全国各省份之首；争取中央财政林业科技推广资金2100万元，实施木本油料加工剩余物转化、森林防火空地一体化监测、黑老虎栽培、“湘栗4号”板栗良种推广项目11项，转化成果32项；全年共推广林业新品种、新技术216项，成果转化率达60%，示范效果显著。省林业科学院在石门县开展《板栗良种“湘栗4号”推广与示范》项目，利用良种高接换冠后，石门县16年未开花的板栗树结出了累累硕果，在当地引起强烈反响。

抓科技服务。着力推动“百千万”工程，推进科技进村入户工程和科技特派员创业行动。林业科技进村入户行动覆盖1286个村21788户，建立示范点415个，示范面积10.7万亩，咨询人数4.8万人次；选派林业科技特派员652人，累计服务1.6万次，营建示范点482个，面积25.4万亩，结合区域实际需求，开展无花果、油茶、板栗、天麻、三七、七叶一枝花等技术指导，打通林技服务林农“最后一公里”。

抓实用技术培训。结合中央财政林业科技推广项目，举办实用技术培训班3期，培训紧扣油茶、林下经济、精准扶贫等热点专题，以山头地块为课堂，现场答疑解惑。认真指导市县各级举办岗位培训、项目培训、重点林事现场培训、特派员培训等多种形式培训班1610期，发放林业实用技术资料32万份，培训人员10万人次。

表1 2019年新增国家级重点林业产业龙头企业名录

浏阳市康明木业有限公司
湖南恒信新型建材有限公司
湖南恒伟药业股份有限公司
湖南云田园林市政建设集团有限公司
湖南紫薇花农林科技有限公司
湖南风河竹木科技股份有限公司
武冈市青钱柳茶业有限公司
湖南万象生物科技有限公司
湖南果秀食品有限公司

表2 湖南省2019年新增省级林下经济示范基地

名称	市(州)	县(市、区)
湖南三赢现代农业综合开发有限公司	长沙	宁乡市
长沙市岳麓区圣峰果业有限公司	长沙	岳麓区
湖南金太阳现代休闲农庄有限公司	长沙	宁乡市
浏阳市绿然养蜂专业合作社	长沙	浏阳市
株洲县杨梅特种养殖农民专业合作社	株洲	渌口区
湖南醴陵市恒盛生态农业有限公司	株洲	醴陵市
醴陵泰和种养农民专业合作社	株洲	醴陵市

(续表)

名称	市(州)	县(市、区)
茶陵县对家冲种养合作社	株洲	茶陵县
茶陵县虎源生态园林有限公司	株洲	茶陵县
湘乡市婷圣家庭农场	湘潭	湘乡市
韶山市四清种养殖专业合作社	湘潭	韶山市
常德奇田农业科技有限公司	常德	鼎城区
湖南湘峰蜂业有限公司	常德	石门县
石门县薛家岩蛙养殖有限公司	常德	石门县
桃源县龙山特种鸡生态养殖专业合作社	常德	桃源县
湘楚世界(湖南)国际生态园发展有限公司	常德	澧县
澧县海福中药材种植专业合作社	常德	澧县
湖南天沃科技有限公司	永州	经开区
蓝山县鸿发生态养殖基地	永州	蓝山县
江华瑶族自治县盘龙山生态养殖专业合作社	永州	江华县
芷江春知蓝笋业开发有限公司	怀化	芷江县
湖南进庄农业科技发展有限责任公司	怀化	沅陵县
会同县宝天家庭农场	怀化	会同县
通道信康中药材专业合作社	怀化	通道县
新晃贡溪夜郎贡鸡养殖专业合作社	怀化	新晃县
冷水江市盛源恒丰农业综合开发有限公司	娄底	冷水江
湖南上鸿生态农业发展有限责任公司	娄底	冷水江
新化县天龙山农林科技开发有限公司	娄底	新化县
新化县湘桥油茶种植专业合作社	娄底	新化县
冷水江市鑫瀚农业发展有限公司	娄底	冷水江
娄底市农腾农业发展有限公司	娄底	娄星区
安化县和谐中蜂养殖专业合作社	益阳	安化县
桃江县飞鸿生态家庭农场	益阳	桃江县
益阳市桃花江生态农副产品开发有限公司	益阳	桃江县
沅江市飞跃农业科技开发有限公司	益阳	沅江市
湘西州和益生物科技有限公司	湘西州	经开区
花垣县梓鑫玫瑰种植专业合作社	湘西州	花垣县
湘西神土地农业科技有限责任公司	湘西州	古丈县
湖南湘泉药业股份有限公司	湘西州	吉首市
临湘市利鑫种植专业合作社	岳阳	临湘市
平江县森威林业种养殖农民专业合作社	岳阳	平江县
湘阴县赛美生态家庭农场	岳阳	湘阴县
桑植金桥农产品有限责任公司	张家界	桑植县
湖南绿橡生态农业发展有限公司	郴州	宜章县

(续表)

名称	市(州)	县(市、区)
宜章县范家园生态旅游有限责任公司	郴州	宜章县
郴州市北湖区名武雷笋农民专业合作社	郴州	北湖区
临武县宝源生态农业开发有限公司	郴州	临武县
衡阳市南岳健安雷笋专业合作社	衡阳	南岳区
衡阳县六印普盛农业开发有限公司	衡阳	衡阳县
耒阳市森辉园林种植专业合作社	衡阳	耒阳市
常宁市佳鑫农林牧农民专业合作社	衡阳	常宁市
衡阳力丰现代农业发展有限公司	衡阳	珠晖区
湖南天地恒一现代中药产业有限公司	衡阳	衡阳县
洞口县亿丰农林牧科技有限公司	邵阳	洞口县
洞口县桐山国有林场	邵阳	洞口县
隆回县大唐农业发展有限公司	邵阳	隆回县
邵东县昔祥泰农业专业合作社	邵阳	邵东市
绥宁县神龙金康药用植物科技开发有限公司	邵阳	绥宁县
城步青林果木种植、家禽养殖专业合作社	邵阳	城步县
十万古田青钱柳种植专业合作社	邵阳	城步县

表3 湖南省2019年新增现代林业特色产业园

名称	项目实施单位
湖南多彩茶花观光产业园	湖南多彩生态农业有限公司
湖南尚竹家居现代林业特色产业园	湖南省尚竹家居用品有限公司
湘乡农夫宝生态旅游休闲现代林业特色产业园	湘乡农夫宝生态农业有限公司
天天见竹木产业园	衡阳县天天见梳篦实业有限公司
湖南恒信竹木现代林业特色产业园	湖南恒信新型建材有限公司
新宁县崀山家具现代林业特色产业园	湖南崀山家具有限公司
城步苗族自治县白毛坪镇和平村林下经济扶贫特色产业园	城步林丰缘种养殖专业合作社
岳阳经济技术开发区山烽油茶现代林业特色产业园	湖南省山烽农业科技开发有限公司
平江县森林旅游与康养现代林业特色产业园	湖南省平江县连云国有林场
常德市鼎城金标油茶现代林业特色产业园	常德市鼎城金标粮油工业有限公司
石门县白云山森林康养现代林业特色产业园	湖南省石门县白云山国有林场
张家界茅岩莓茶现代林业特色产业园	张家界茅岩莓有限责任公司

（续表）

名称	项目实施单位
益阳市赫山区绿海园林木槿化妆品加工特色产业园	湖南绿海园林有限公司
蓝山景峰林业木本中药材现代林业特色产业园	蓝山县景峰林业发展有限责任公司
双牌阳明竹咏户外竹建材产业园	湖南阳明竹咏科技有限公司
临武县宝源南国红豆庄园特色产业园	临武县宝源生态农业开发有限公司
湖南省新化伟星楠竹现代林业特色产业园	湖南省新化县伟星竹木制品有限公司
会同县绿地高新楠竹笋特色产业园	湖南绿地高新农林开发有限公司
龙山县鸿光现代林业特色产业园	湖南鸿光林产品开发有限公司
湖南省天敌繁育与应用特色产业园	湖南省林业科学院

【林业产业大事记】

省林业局正式印发了《湖南省油茶千亿产业发展规划(2018—2025)》《湖南省林下经济千亿产业发展规划(2018—2025年)》《湖南省森林旅游与康养千亿产业发展规划(2018—2025年)》《湖南省竹木千亿产业发展规划(2018—2025年)》四大千亿产业规划。

“衡阳油茶”列入第三批中国特色农产品优势区。

新化县被授予“中国黄精之乡”称号。

开通“湖南茶油”天猫旗舰店及“电商+新媒体”直播，影响力有很大提升，线上流量及购买量增大。

浏阳市康明木业有限公司等9家林业企业被认定为国家级重点林业产业龙头企业。

（谢　娴）

广东省林业产业

【概　述】2019年，广东省林业系统以习近平新时代中国特色社会主义思想为指导，全面贯彻落实党的十九大、十九届二中、三中、四中全会和习近平总书记视察广东重要讲话等指示精神，大力实施乡村振兴战略，紧紧围绕广东省委、省政府决策部署和国家林草局工作安排，牢固树立"绿水青山就是金山银山"的发展理念，不断强化生态修复和森林资源保护管理，着力发展绿色惠民产业，加快林业改革，有效增加优质生态林产品供给，努力构建人与自然和谐共生的绿色生态强省。截至2019年底，全省森林覆盖率达58.61%，森林蓄积量达5.79亿立方米。2019年林业产业总产值达8415.95亿元。

2019年，广东省林业产业工作致力于提升林业惠民富民效益，积极推进林业供给侧结构性改革，落实林地林木流转办法，充分发挥林业在精准扶贫中的作用，大力发展特色优势产业，不断优化林业产业结构，促进三产融合发展，打造林业产业新业态。

林业产业总产值　2019年，广东省林业产业总产值达8415.95亿元，占全国林业产业总产值7.56万亿元的11.13%，比上年度增长3.04%，继续保持全国领先。林业产业总产值增速平稳，较上年度增速增长了1.23个百分点。与2019年全省GDP增长率相比，低3.16个百分点。

产业结构状况　全省林业产业结构不断调整，第一产业产值1103.16亿元，占林业产业总产值的13.11%；第二产业产值5446.38亿元，占林业产业总产值的64.71%；第三产业产值1866.41亿元，占林业产业总产值的22.18%。林业三次产业结构比为13.1∶64.7∶22.2，与上年度相比，第一产业比重上升0.95个百分点，第二产业比重下降0.56个百分点，第三产业比重下降0.38个百分点，显示全省林业产业结构虽有优化提升，但调整力度仍需加强。广东省林业产业产值按珠三角地区、粤北山区、粤东西两翼3个区域分布来看，其中，珠三角地区林业产业产值为6557.46亿元，占全省林业产业产值的77.92%，较上年上升0.57个百分点；粤北山区林业产业产值为859.78亿元，占全省林业产业产值的10.22%，较上年上升0.08个百分点；粤东西两翼林业产业产值为998.71亿元，占全省林业产业产值的11.86%，较上年下降0.65个百分点。珠三角地区林业产业产值占全省产值份额比例进一步提高，粤北山区占比略有上升，粤东西两翼占比继续下降。珠三角地区产业聚集效应显著。

2019年广东林业产业发展状况具有如下特点：

第一产业快速增长　从2012年起，广东省全面开展新一轮绿化广东大行动，2018年实施"绿美南粤"三年行动计划，全面构建以提升森林质量为目标的森林培育体系，重点建设用材林、原料林、经济林、苗木花卉、珍贵树种和大径材培育等五大类基地，推动森林资源培育高质量发展，着力提升优质生态林产品供给能力。同时，广东省坚持以生态增优、林业增效、林农增收为目标，扶持特色经济林、林下经济等绿色惠民产业，林地产出率不断提高。2019年，广东省委、省政府印发《广东省实施乡村振兴战略规划》，提出建设生态宜居美丽乡村，推动农村生态保护与修复工程建设，补齐农村生态建设落后短板。2019年，第一产业产值1103.16亿元，较2018年增长11.04%，增长幅度大大优于整体增速。

第二产业稳步发展　第二产业是林业产业的支柱产业，其中人造板、家具、木竹地板、林化浆纸、松香深加工等是广东的传统优势产业，是广东省林业产业发展的主导产业。为了应对中美贸易摩擦、经济下行压力和环保政策收紧等诸多因素的影响，广东省积极拓展"一带一路"沿线国家的外贸市场，大力开拓内需市场，同时积极推进供给侧结构性改革，着力优化产能结构，进一步淘汰落后产能，扩大有效供给，提升供给体系质量和效率，推动产业向中高端发展，培育了多家龙头企业，提升产业集聚度。以家具、木竹地板和造纸为代表的第二产业坚持产品优质优价，持续高质量发展，企业和产品的竞争力不断提升。2019 年，第二产业产值 5446.38 亿元，较 2018 年增长 2.16%，增长幅度低于整体增速 0.88 个百分点。

第三产业增速缓慢 广东省森林生态旅游业产值占全省林业第三产业比重超过 90%，由于近年面临旅游产品同质化严重、旅游发展建设用地审批困难、社会资本投入热情下降、基础设施建设滞后等问题制约，发展速度受其影响，导致第三产业增幅收窄。2019 年，林业第三产业产值 1866.41 亿元，较 2018 年增长 1.27%，较林业产业整体增速低 1.77 个百分点，其中森林生态旅游业 1695.53 亿元(占第三产业产值的 90.84%)，较 2018 年增长 1.33%；林业服务业(含林业系统非林产业)产值 170.88 亿元，较 2018 年增长 0.71%。

林业产业新兴业态不断涌现 2019 年，广东省通过开展森林生态综合示范园等建设工作，充分发挥政府的引领作用，大力助推社会资本对林业产业的投入，以森林生态旅游、森林康养、“互联网+”等为主的林业产业新业态不断发展壮大，已成为林业产业经济发展新的增长点和社会投资的新热点。在森林旅游、森林康养等方面，涌现了“森林+体育”“森林+拓展”“森林+教育”等产业新形式，推动森林旅游、森林康养蓬勃发展。2019 年，广东省自然资源厅、广东省文化旅游厅、广东省林业局联合印发《关于加快发展森林旅游的通知》，各级林业部门积极响应，扎实开展南粤古驿道工程建设，积极推进森林小镇、森林乡村、森林康养基地、示范家庭林场等认定。截至 2019 年年底，广东省已有国家森林康养基地试点建设单位 21 个，省级森林康养基地(试点)单位 20 个。在电子商务方面，林业产业与“互联网+”“物联网+”“5G+”相互融合，出现了一批线下体验、线上交易的统一销售平台。全省已建立 110 多个大型林产品专业市场，构筑起发达的线下销售和流通交易平台。涌现出广东鱼珠木材电子商务有限公司、“林氏木业”等一批“互联网+”标志性品牌。广东鱼珠木材电子商务有限公司创建木材王国网和中国木材价格指数网电商平台。林区传统特色林产品通过网店畅销全国，带动农民就业和农村经济发展，助推贫困山区脱贫。

【林业产业各行业产值】 广东省林业产业总产值统计范围涉及森林资源培育业、林木种苗与花卉业、野生动植物资源培育业、木竹材生产业、人造板制造业、木竹地板业、木竹藤制品业、木竹家具业、木竹浆纸业、森林食品药材和油料生产加工业、林产化工业、森林生态旅游业、林业服务业、林产品市场流通业等 14 个行业，共调查收集了全省林业企业的基础信息，重点调查了 1000 多家企业，其中包括 28 家国家林业重点龙头企业、242 家省级林业龙头企业、14 个国家林下经济示范基地以及 110 个省级林下经济示范基地。经调查统计，2019 年广东省林业产业总产值为 8415.95 亿元。其中，第一产业产值 1103.16 亿元，包括森林资源培育业产值 802.33 亿元，占总产值的 9.53%；林木种苗与花卉业产值 248.41 亿元，占总产值的 2.95%；野生动植物资源培育业产值 52.42 亿元，占总产值 0.62%。第二产业产值 5446.38 亿元，包括木竹材生产业产值 101.86 亿元，占总产值的 1.21%；人造板制造业产值 313.84 亿元，占总产值的 3.73%；木竹地板业产值 391.66 亿元，占总产值的 4.65%；木竹藤制品业产值 291.43 亿元，占总产值的 3.46%；木竹家具业产值 2663.44 亿元，占总产值的 31.65%；木竹浆纸业产值 1213.27 亿元，占总产值的 14.42%；森林食品药材和油料生产加工业产值 353.17 亿元，占总产值的 4.20%；林产化工业产值 117.71 亿元，占总产值的 1.40%。第三产业产值 1866.41 亿元，包括森林生态旅游业产值 1695.53 亿元，占总产值的 20.15%；林业服务业(含林业系统非林产业)产值 170.88 亿元，占总产值的 2.03%；林产品市场流通业统计值为交易额，不计入总产值。2019 年，第一产业的森林资源培育业、野生动物资源培育业增长较快，其余行业增速较上年度均有所放缓，特别是第二产业的木竹浆纸业、人造板制造业及第三产业的林业生态服务业、森林生态旅游业发展速度明显下降。

各地级市及省属单位林业产业产值 经调查统计，2019年全省各地级市及省属单位林业产业产值如下：东莞市1295.85亿元，占15.40%；佛山市1286.35亿元，占15.28%；广州市1037.85亿元，占12.33%；深圳市1008.65亿元，占11.98%；中山市591.86亿元，占7.03%；肇庆市497.52亿元，占5.91%；江门市402.63亿元，占4.78%；湛江市295.78亿元，占3.51%；清远市265.34亿元，占3.15%；惠州市247.74亿元，占2.94%；韶关市229.56亿元，占2.73%；茂名市213.54亿元，占2.54%；阳江市202.76亿元，占2.41%；珠海市184.54亿元，占2.19%；梅州市146.13亿元，占1.74%；河源市136.25亿元，占1.62%；揭阳市94.84亿元，占1.13%；云浮市75.34亿元，占0.90%；汕尾市68.54亿元，占0.81%；汕头市67.24亿元，占0.80%；潮州市42.90亿元，占0.51%；中林集团雷州林业局12.74亿元，占0.15%；省直属林场7.16亿元，占0.09%；省直单位4.47亿元，占0.05%；国家级自然保护区0.37亿元。调查表明，林业产业产值超过500亿元的地级市共有5个，分别是东莞市、佛山市、广州市、深圳市、中山市。上述5个地级市的木竹藤家具业、木竹浆纸业、木竹地板业企业规模化、品牌化发展已经比较成熟，产业集聚发展较好，产值多年位居全省前列。

全省大部分地级市拥有自己的优势产业，如广州市的森林生态旅游业、木竹藤家具业、人造板制造业、木竹地板业、野生动植物资源培育业等；东莞市的木竹藤家具业、木竹浆纸业、森林生态旅游业等；佛山市的木竹藤家具业、木竹地板业、人造板制造业、森林生态旅游业、林木种苗与花卉业等；深圳市的木竹藤家具业、森林生态旅游业、木竹地板业等；中山市的木竹藤家具业、木竹地板业、林木种苗与花卉业等；肇庆市的森林生态旅游业、人造板制造业、林产化工业、木竹藤制品业等；江门市的木竹藤家具业、木竹浆纸业、人造板制造业、森林生态旅游业、木竹藤制品业等；湛江市的木竹浆纸业、森林资源培育业、木竹材生产业、人造板制造业等；清远市的森林资源培育业、森林生态旅游业、油茶产业等；惠州市的森林生态旅游业、森林资源培育业、人造板制造业等；韶关市的森林生态旅游业、人造板制造业、森林资源培育业；茂名市的森林资源培育业、野生动植物资源培育业等；梅州市的森林生态旅游业、油茶产业、森林资源培育业等。

【2019年广东省木材消耗量】 广东省是木材消耗大省，2019年，全省木材加工企业(未含家具业和木地板业)木材消耗量为2977.3万立方米，而同期全省木材采伐量约为896万立方米，无法满足全省的木材消耗需求，木材供应大部分依赖省外、国外。2019年，胶合板产量283.6万立方米，消耗木材567.2万立方米；纤维板产量482.8万立方米，消耗木材676.0立方米；刨花板产量351.7万立方米，消耗木材422.1立方米；其他人造板产量54万立方米，消耗木材131.2立方米；锯材产量197.9万立方米，消耗木材296.9立方米；木片产量296.5万立方米，消耗木材326.1立方米；单板产量34.5万立方米，消耗木材62.1立方米；木竹浆产量141.65万吨，消耗木材495.7立方米。

【林下经济】 根据《广东省人民政府办公厅转发省农业厅省林业厅关于进一步推进林下经济发展意见的通知》(粤府办〔2016〕124号)的要求，广东省林业局切实加快推进林下经济发展工作，采取有力措施，认真抓好林下经济示范基地培育认定，以点带面，全面推进林下经济发展工作。2019年，新增国家级林下经济示范基地10个、省级林下经济示范基地20个，截止到2019年底，全省共有国家级林下经济示范基地14个、省级林下经济示范基地110个、林下经济示范县28个，林下经济示范基地遍布16个地级市。截至2019年底，与林下经济相关的示范项目还包括森林生态综合示范园10个、国家森林康养基地试点21个、省级森林康养基地试点20个、中国森林康养人家4个、广东省林业专业合作社示范社30家、广东省示范家庭林场10家。

【广东省森林生态综合示范园建设】 为深入贯彻落实习近平生态文明思想，落实乡村振兴战略，对接和服务粤港澳大湾区发展，推动广东林业高质量发展，广东省林业局依托国有林场、自然保护地及林业科研院等单位，于2019—2021年，打造一批在森林生态系统健康维护、森林生态环境综合利用、林业科技创新与示范等方面具有示范引领作用的森林生态综合示范园。根据原《广东省森林生态综合示范园建设技术指引(试行)》(粤林函〔2019〕154号)要求，广东省林业局确定2019年10个省级森林生态综合示范园建设单位，并颁布《广东省森林生态综合示范园建设工作方案(2019—2021年)》。由于本年度是该项目建设第一年，各项工作处于探索阶段，建设工作均在稳步推进中。

【森林资源培育业】 森林资源培育业包括商品用材林、特色经济林、珍贵树林、油茶林和竹林。2019年，广东省森林资源培育业产值802.33亿元，较上年增长10.52%。截至2019年底，广东省林业用地共有15891.15万亩(其中有林地13715.4万亩)，森林资源培育业经营面积5724.9万亩，占全省林业用地的36.03%。2019年，全省森林资源培育业各类经营面积商品用材林3586.8万亩、特色经济林1084.05万亩、油茶林270万亩、珍贵树林135.15万亩、竹林648.9万亩。

商品用材林 广东商品用材林包括短轮伐期工业原料用材林、速生丰产用材林和一般用材林，主要树种有桉树、松树、杉木等。2019年，全省商品用材林经营面积3586.8万亩。其中短轮伐期工业原料用材林经营面积672.9万亩，速生丰产用材林经营面积1197.3万亩，一般用材林经营面积1716.6万亩。桉树是广东商品用材林培育主要树种，在全省大规模种植，是纸浆和人造板的主要原料。为正确引导规范桉树种植，2019年6月24日，广东省自然资源厅《关于广东省十三届人大二次会议第1713号代表建议答复的函》(粤自然资函〔2019〕1891号)，明确回答了桉树不会产生对人体不利的物质，为推动桉树经营科学化发展，2019年全省桉树种植面积达2595万亩，其中肇庆、湛江、清远、江门和惠州5个地区是全省主要种植区，其桉树林面积之和占据全省一半以上。

特色经济林 特色经济林主要以水果、调料香料、木本粮油、森林食品、森林药材等为主的林木组成。2019年，全省特色经济林经营面积1084.05万亩，比上年增长0.8%。2017年3月1日，《广东省岭南中药材保护条例》的施行，促进全省森林药材产业的发展，出现多个森林药材种植为主的现代南药产业园，如茂名电白区沉香产业园、梅州平远县南药产业园、阳江阳春市春砂仁产业园、揭阳康美药业(惠来)南药产业园等。

油茶林 2019年全省油茶种植面积270万亩，较上年增加1.58%。河源市、梅州市是广东省油茶林主要种植区，两市种植面积之和占全省的53%。其中河源市种植面积72.3万亩，占全省面积的26.75%，梅州市种植面积70.95万亩，占全省面积的26.25%。

珍贵树林 全省珍贵树林主要树种有土沉香、檀香、降香黄檀和樟树等，2019年全省珍贵树林经营面积为135.15万亩，与上年相比增长4.04%。珍贵树种种植地主要分布在肇庆、茂名、河源、阳江和潮州等地区。珍贵树种经济价值昂贵、生长速度慢、周期长、技术水平要求较高，短期之内难以获得投资回报，但在解决我国高档木材供给、避免长期依靠国外进口珍贵木材资源方面具有重要意义。

竹 林 全省竹林资源丰富，品种繁多，共有20属150多种竹子。2019年全省竹林经营面积达648.9万亩，其中毛竹270.75万亩，与上年相比，全省竹林种植面积有所减少。全省竹林资源主要分布在北部山区，其中韶关194.55万亩、肇庆178.05万亩、清远118.05万亩、河源44.7万亩和梅州29.25万亩，5个市的面积之和就超出全省竹林面积八成以上。

【林木种苗与花卉业】 林木种苗与花卉业包括造林种苗、经济林种苗、绿化种苗及木本花卉。2019年，在广东省各级政府积极推进国家、省重点生态建设工程，持续深入开展高质量造林绿化行业，全省森林覆盖率、森林蓄积量持续稳步增长，全省完成造林更新334.95万亩，森林抚育739.05万亩，完成森林碳汇重点生态工程93万亩，建设生态景观林带162.3千米，绿化美化乡村1684个，推动粤东西北地区各城市创建国家森林城市工作，调动造林主体积极性，促进林木种苗与花卉行业发展。

2019年全省林木种苗与花卉业产值248.41亿元，较2018年增长8.50%。林木种苗与花卉业育苗面积159861亩，比上年增加0.30%，增幅较小。其中，一般造林苗圃15904.5亩，经济林苗圃6465亩，绿化苗圃90126亩，综合类苗圃47317.5亩(木本花卉包含在绿化苗圃与综合类苗圃中)。2019年，全省林木种苗与花卉业市场逐步回暖，产值较上年有较大幅度增长，但仍有部分林木种苗与花卉企业经营较困难。

【野生动植物资源培育业】 野生动植物资源培育业主要包括野生动物人工繁育及其制品加工利用、野生植物培育及其制品加工利用等方面。2019年，全省野生动植物资源培育利用的规模企业有118家，行业总产值为52.42亿元，较上年增长35.86%。野生动植物资源经营利用在产业化发展中已初具规模，逐渐形成一批有特色的龙头企业。

野生动物人工繁育及其制品加工利用 野生动物人工繁育发展方向为科研、药用、展示等非食用方向。广东是野生动物养殖大省，广东野生动物人工繁育产业主要集中在珠三角和粤北地区，多数都是零散的个体户。全省人工繁育的野生动物种类较多。有鳄鱼、竹鼠、蛇类、龟类、蛙类、食蟹猴、蜜蜂、野生禽类等20多种野生动物。鳄鱼养殖主要分布在高州市、佛山市，竹鼠养殖主要分布在英德市、德庆县、阳山县，蛇类养殖区分布较广，全省各地均有养殖，尤以广州附近、粤北等地为多，龟类养殖主要在茂名市，蛙类养殖主要在江门市，食蟹猴养殖主要分布在广州市白云区和从化区，蜜蜂养殖则是遍布全省农村边远山区，野生禽类养殖主要分布在清远市清新区和韶关市浈江区等地。

野生植物培育及其制品加工利用 全省野生植物培育企业主要培植的野生植物种类有梅片树、牛耳枫、铁皮石斛、五指毛桃、三叉苦、无患子、岗梅、益智、砂仁等。梅片树主要种植地在梅州市、牛耳枫主要种植地在云浮市、铁皮石斛种植地主要分布在韶关市、揭阳市，五指毛桃种植地主要分布在河源市、梅州市，三叉苦、岗梅种植地主要分布在阳江市、肇庆市，无患子种植地主要分布在韶关市等。野生植物培育及其制品加工利用，已成为山区精准脱贫致富奔小康的有效途径，广东野生植物的种植和开发利用在规模、种类上都达到一定水平，市场发展对野生植物培育及其制品加工利用提出更高的要求。

【木竹材生产业】 木竹材生产业包括原木、锯材、木片、竹材、单板、薄木生产等。2019年全省木竹材生产业总产值101.86亿元，较2018年(96.06亿元)增长6.04%。2019年，全省原木产量859.8万立方米，锯材产量197.9万立方米，木片产量296.5万立方米，竹材产量23500万根，单板产量34.5万立方米。其中原木和锯材生产主要分布在韶关市、清远市、江门市、河源市、梅州市、茂名市等松木、杉木资源丰富及木材加工业比较发达的地区，木片、单板生产主要分布在湛江市、茂名市、江门市、惠州市、清远市、韶关市等桉树种植面积大的地区，竹材生产主要分布在肇庆市、韶关市、清远市等地，薄木生产以东莞市居多，以及相邻近的广州市、惠州市等珠三角地区。

由于森林资源培育业的更新改造，胶合板、中密度纤维板、木竹藤制品以及木竹浆产量等下游产品对木片、竹材、单板的需求有一定的增长，木竹材生产企业产能得到释放，除锯材产量下降之外，其他产品产量较2018年有不同程度的增加，其中原木比上年增加9.91%；锯材比上年减少12.63%；木片比上年增加2.14%，竹材比上年增加5.55%，单板比上年增加2.07%。同时，由于销售价格均略有上涨，总产值增幅也有所加大。

【人造板制造业】 人造板制造业包括胶合板、纤维板(主要统计中密度纤维板)、刨花板、其他人造板(主要统计细木工板)。2019年，广东省人造板制造业继续加快转型升级，淘汰落后产能，落实环保整治，技术水平和产量位居国内前列，逐渐走上可持续发展的道路。绿色环保、新型功能性的人造板产品越来越受到消费者的青睐，无醛人造板、超薄超厚人造板、覆膜建筑模板等功能性人造板产品不断涌现，品种不断丰富，逐步成为人造板行业发展新的增长点。2019年广东省人造板制造业总产值313.84亿元，较上年增长0.5%。截至2019年底，全省人造板总产量1172.1

万立方米，较上年减少1.19%。其中胶合板产量283.6万立方米，比上年增加1.54%；纤维板产量482.8万立方米，比上年增加0.92%；刨花板产量351.7万立方米，比上年减少5.91%，以细木工板为主的其他人造板产量54万立方米，比上年减少1.28%。

2019年，全省共有4个地级市人造板总产量超过100万立方米，比上年减少一个，分别是佛山市156.9万立方米，韶关市136.3万立方米，江门市121万立方米，广州市103.8万立方米，以上4市的人造板总产量为518.0万立方米，占全省人造板总产量的44.19%。2019年，广东省人造板企业共计393家，平均生产规模2.98万立方米，规模偏小。其中胶合板企业239家，平均生产规模1.19万立方米；纤维板企业56家，平均生产规模8.62万立方米；刨花板企业65家，平均生产规模5.41万立方米。

2019年，广东省人造板行业全年产值略有上升，总产量略为减少，由于中美贸易摩擦升级、国际市场竞争激烈、国内商品房增幅收窄等因素的持续影响，企业利润下降，导致广东省人造板企业经营日益困难。特别是前三季度，各板种产量比上年同期均有不同幅度下降，其中刨花板降幅超过10%。一些大型人造板企业转产或停产。

【木竹地板业】 木竹地板业产品包括实木地板、实木复合地板、强化木地板、竹材地板。广东省木地板制造企业标准化生产程度高，生产效率高，企业规模效应及品牌效应显著，大自然家居(中国)有限公司、巴洛克木业(中山)有限公司、宜华生活科技股份有限公司、广东富林木业科技有限公司、东莞市洪梅赛维纳地板厂、深圳市圣象木业有限公司、广东柏高智能家居有限公司、泉发木制品(深圳)有限公司等都是广东省上规模的品牌木地板生产企业。2019年，面对中美贸易战，各种贸易保护主义不断抬头，美国通过长臂管辖提高关税，出台各种苛刻标准，限制我国木制品的出口，东南亚一些国家低价抢占国际市场等因素的严重影响，木竹地板产品出口大幅萎缩，外贸型木竹地板企业经营困难进一步加重。然而木竹地板企业积极开拓国内市场，不断创新，坚持优质优价，木竹地板的国内市场份额占比基本平稳。广东省木地板企业主要分布在佛山市、深圳市、中山市、广州市等珠三角地区。2019年，全省木竹地板产量为15189.50万平方米，比2018年减少3.01%。其中，实木地板产量2638.50万平方米，实木复合地板产量5682.50万平方米，强化木地板产量6822.13万平方米，竹材地板产量46.50万平方米。

【木竹藤制品业】 木竹藤制品业主要产品类型包括木门窗、木线及木制装饰材料、木制包装箱、地台板、木塑材料等。广东省木竹藤制品企业大多数生产规模较小，其中木竹藤生活用品、工艺品的生产企业数量最多，共1265家，占行业企业数量的62.94%。木竹藤制品代表性企业主要有：广宁县万众竹木业工艺制品有限公司、罗定市恒兆蒸笼有限公司、蕉岭县鹏宇装饰材料有限公司和阳江市阳东区大森竹木工艺品加工厂等。近年来，随着消费者环保意识的提高，以及追求绿色生活方式，以出口为主的木竹工艺制品企业产值稳步增长。

2019年全省木竹藤制品业产值为291.43亿元，较2018年增长5.31%；企业数量2010家，较2018年增长0.25%。2019年全省有木门窗企业300家，木线及木制装饰材料企业250家，木制包装箱、地台板企业85家，木竹藤生活用品、工艺品等企业1265家，卫生筷子企业20家，木塑产品企业50家，生物质固体成型燃料企业40家。2019年广东省木竹藤制品业产值291.43亿元，各市木竹藤制品业产值：肇庆市40.83亿元、佛山市36.23亿元、广州市26.73亿元、深圳市14.39亿元、东莞市12.67亿元、茂名市7.32亿元、揭阳市4.91亿元、珠海市4.19亿元、江门市3.59亿元、其他地区140.57亿元。2019年，木竹藤制品业产值超过10亿元的有5个市，分别是肇庆市、佛山市、广州市、深圳市和东莞市。

【木竹藤家具业】 广东省家具行业已形成较为集中的产业集群，主要分布在广州、东莞、佛山、深圳、中山、江门、汕头、肇庆等市，各市家具产业各具特色。其中，广州市以定制家具和办公家具为主；深圳以家具设计和高端家具制造为主；中山市和江门市以办公家具为主；汕头市以宜华公司为龙头，外销为主；肇庆市以现代筑美公司为龙头，主要为碧桂园集团、恒大集团等地产商做家具配套为主；东莞市以家具展示和外销为主；佛山市以家具展示和内销为主。广东省家具产业发展业态以形成一批具有鲜明特色的产业基地和小镇为主，百花齐放各领风骚，例如，中山市大涌镇成为以红木家具生产、销售、旅游为一体的“中国红木家具专业镇”，东莞市大岭山镇成为“中国家具出口基地”，顺德乐从镇成为“中国家具商务之都”“中国家具采购中心”，顺德龙江镇成为“中国家具制造重镇”“中国家具材料之都”，东莞市厚街镇成为“中国家具展览之都”“广东国际家具采购中心”，顺德勒流镇成为家具五金小镇，顺德伦教镇成为木工机械制造小镇。

据广东省家具协会统计，2019 年全省家具行业销售总值达 4420 亿元，同比增长 1.61%，占全国家具业总产值的 30%。规模以上企业主营业务收入 2185.6 亿元，同比增长 2.05%，占全国家具业规模以上企业主营业务收入 7117.16 亿元的 30.71%。全省全年出口 195.01 亿美元，比 2018 年同期增长 0.65%，占全国家具出口金额的 34.77%，较上年度略有下降。2019 年全省家具行业规模企业总产量 15321.31 万件，比上年同期 14938.87 万件增长 2.56%，净增加 382.44 万件。全省木竹藤家具产值为 2663.44 亿元，比上年 2617.78 亿元增长 1.74%。广东家具行业无论内销和出口均占领中国家具行业的龙头地位，长期领先国内同行。2019 年广东省大型木竹家具企业 1448 家，其中年产值 1 亿元以下的企业 1391 家、年产值 1 亿~10 亿元的企业 46 家、年产值 10 亿元以上的企业 11 家。广东家具行业经过多年的高速发展，表现出以下几个特点：

广东家具业起步早，形成完整的产业链，家具设计水平、生产设备和技术、创新能力、产能和销量等方面都在全国家具业保持优势地位。2019 年规模企业总产值占全国规模企业份额的 30%，出口额占全国出口额的 34.77%，均位居全国家具行业前列。

广东家具企业起点高，重视产品质量和品牌建设，拥有一批在国内市场具有很高知名度的品牌，比如，“欧派”“宜华”“索菲亚”“长江家具”“红苹果”“联邦”“皇朝”“健威”等，在国内中高端市场中占有率排名第一。广东家具企业，凭借产品质量优良，实施优质优价战略，产品单价明显高于国内同行业，规模以上企业家具平均单价为 1430 元/件，比全国平均单价 790 元/件高出 79%。

以“欧派”等为代表的全国知名个性化定制类型企业平稳发展，经营业绩稳步增长，其中，“欧派”“索菲亚”“好莱客”“尚品宅配”“皮阿诺”等五家上市公司 2019 年营业收入为 318.71 亿元，较 2018 年 287.08 亿元，增长 11.0%。个性化定制家具能够最大化利用房屋空间，外形简洁活泼，符合时尚潮流，尤其受到“90 后”“00 后”年轻一代人的追捧，具有广阔的市场需求和发展前景。

广东省重视家具业人才培养，一批高校和职业技术学院设有家具设计与制造专业，为企业培养大量技术人才。广东省轻工业信息委员会主办的“省长杯”工业设计大赛家具专项赛，吸引全国家具行业内大批设计人员参与，大力推动设计人才的成长，为行业创新发展培养了大量人才。

【木竹浆纸业】 广东省木竹浆企业分布在湛江、肇庆、韶关等市，造纸及纸品业主要分布在东莞、江门、湛江、珠海、肇庆、韶关等市，产能集中度高。2019 年广东省木竹浆纸业总产量 3422.86 万吨，较 2018 年的 3267.73 万吨，增加 4.75%。其中，木竹浆产量 141.65 万吨(其中化学浆 90.71 万吨，机械浆 50.94 万吨)，较上年增加 0.49%；机制纸和纸板产量 2223.09 万吨，较上年增加 6.14%；纸制品产量 1058.12 万吨，较上年增加 2.51%。

广东省造纸行业现有生产企业 1062 家，其中化学制浆企业 3 家，机制纸和纸板企业 249 家，纸制品企业 810 家。机制纸和纸板以包装纸、生活用纸、文化用纸为主，并生产少量特种纸。2019 年，全省木竹浆生产需要消耗约 320 万绝干吨木片，为广东速生丰产林的发展拓宽了巨大的市场前景，促进了速生丰产林从育苗、种植、抚育、砍伐、运输、削片等整条资源培育业产业链的发展，为山区农民脱贫致富、繁荣经济发挥重要作用。

广东省木竹浆纸业发展特点主要表现在以下几个方面：

广东省木竹浆纸业产量一直保持在全国前列，在全国木竹浆纸业中占有重要地位。2019 年全省机制纸和纸板产量 2223.09 万吨，占全国产量的 17.8%，居全国第一；纸制品产量 1058.12 万吨，占全国产量的 14.8%，居全国第一；木竹浆产量 141.65 万吨，占全国产量的 10.8%，居全国第四。

产能集中度高，已形成东莞造纸产业基地、江门银州湖纸业基地、湛江林浆纸结合产业基地等 3 个产业集群，产业园区内统一建设热电站和污水处理站，统一供热、供电，污水集中统一处理，有利于清洁生产和降低企业生产成本，提高产品市场竞争力。

各产业集群的产品特色性强。东莞造纸产业基地以进口废纸为主要原料，生产瓦楞纸、箱纸板、灰纸板(含涂布白纸板)等包装纸为主；江门银州湖纸业基地以进口漂白木浆板为主要原料，以生产生活用纸原纸和纸制品为主；湛江林浆纸结合产业基地以自产漂白木浆为主要原料，生产文化用纸、复印纸和液体包装纸、热敏传真纸、无碳复写纸、感应纸等特种纸为主。

造纸关键工艺技术突破将改变行业格局。以华南理工大学为第一完成单位，制浆造纸工程国家重点实验室陈克复院士为第一完成人的项目——“制浆造纸清洁生产与水污染全过程控制关键技术及产业化”，获得 2019 年度国家科技进步奖一等奖。

【森林食品药材和油料生产加工业】 森林食品药材和油料生产加工业主要包括茶油、果品类(干、鲜果)、工业原料类、药材调料类、森林食品饮料类。广东省森林食品药材具有代表性的品种有：梅州市的板栗、柚子，南雄市的红菇，始兴县的木耳，仁化县的铁皮石斛、灵芝，高要区、德庆县、信宜市的肉桂，德庆县的首乌、巴戟，阳春市的春砂仁，清远市清新区的金银花，鹤山市的凉粉草，广宁县的竹笋，德庆县、五华县的巴戟，河源市的五指毛桃，恩平市的簕菜茶，紫金县的竹壳茶，龙门县的西溪笋，化州市的橘红，广州市从化区的蜂蜜，新兴县的凉果，江门市新会区的陈皮等。广东省大力支持发展林下经济等绿色惠民产业，持续开展乡村振兴林业行动，吸引越来越多的群众和企业参与到森林食品资源加工行业中来，使行业保持良好的发展势头。2019 年，广东森林食品药材和油料生产加工业总产值 353.17 亿元，较上年增加 8.62%，行业总产值有小幅增长，增速略有增加。

广东油料生产加工主要是茶油加工，主要产品有食用油、药用茶油以及日用化工产品等。2019 年全省油茶林面积 270 万亩，比上年增加 1.58%；茶油产量 3.32 万吨，比上年增加 11.41%。全省规模茶油加工企业 26 家，设计产能 5.63 万吨，主要分布在粤东的梅州市、河源市和粤北的韶关市、清远市，其中产能最大的是梅州市，为 2.77 万吨，占总设计产能的 49.17%。由于全省优质高产新品种油茶的种植起步较晚，大部分新造油茶林未到丰产期，原材料不足，多数茶油加工企业未能达到产能，2019 年全省规模茶油加工企业茶油总产量仅占设计产能的 17.77%。2019 年，肇庆市有油茶加工企业 1 家，茶油产量 2000 吨；清远市有油茶加工企业 2 家，茶油产量 5520 吨；梅州市有油茶加工企业 12 家，茶油产量 11890 吨；韶关市有油茶加工企业 3 家，茶油产量 4300 吨；河源市有油茶加工企业 5 家，茶油产量 8690 吨。

【林产化工业】 林产化工业包括松香、树脂、松节油、活性炭及其他林化产品。松香及其深加工行业是广东省的传统优势产业。其产品是广东省重要的林产化工产品之一，也是重要的出口产品，更是广东特色的资源产品。广东省的松香及其深加工企业不断稳步发展，实力不断增强，以广东华林化工有限公司、广东科茂林产化工有限公司等为代表的综合性林化产品生产企业，逐步成为国内重要的松香产品生产企业。2019 年，广东省林产化工业总产值 117.71 亿元，较上年增长 2.80%。全省松香及深加工行业共有 36 家企业，主要分布在肇庆市、云浮市、茂名市和韶关市等地。2019 年，广东以松香为代表的林产化工业发展与上年基本持平，松香产量略有上升，但大部分企业仍未达产能，部分企业关停。广东省全年松香产量为 6.31 万吨，比上年增加 0.09 万吨，增长1.45%。2019年，受松香国际市场需求减少及国外低价松香的影响，广东松香出口缓慢下降；松香进口有所增长，松香进口量已经接近松香出口量；松香产量经过连续几年下降，去库存效果明显，库存压力基本缓解，进入较为平稳的发展时期。

【森林生态旅游业】 森林生态旅游主要载体为各级森林公园、湿地公园、风景名胜区、地质公园、林业系统自然保护区、野生动物园、植物园等。广东森林旅游已逐渐成为城镇居民常态化的生活方式和消费行为，森林旅游正从观光旅游为主向森林体验、森林康养、休闲度假、自然教育、山地运动、生态露营等多业态并重方向转变。2019年，广东省森林生态旅游业保持平稳发展，旅游总收入为1695.53亿元(含景区内餐饮、住宿、零售、交通、游乐、门票等)，较上年增长1.33%。2019年森林生态旅游业总产值超过100亿元的地级市有6个，分别是广州市(287.15亿元)、深圳市(140.62亿元)、梅州市(134.92亿元)，佛山市(128.98亿元)、韶关市(126.94亿元)、东莞市(108.01亿元)。

2019年，在广东省大力开展全域旅游、乡村振兴的新形势下，各地森林旅游业得到进一步发展。森林公园、湿地公园与自然保护区等构成了广东省多类型、多层级、多功能的森林生态旅游主阵地。截至2019年底，全省已设立森林公园1521处，其中县级以上森林公园712处。全省新增湿地公园13个，共建成湿地公园254个，总面积129万亩，其中国家级湿地公园27个，省级湿地公园6个，市、县、镇级湿地公园221处。截至2019年底，广东省共建成各级各类自然保护区380个，其中国家级15个、省级63个、市县级302个；隶属林业系统自然保护区290个。2019年，广东自然保护区的陆地管护总面积2005.65万亩，约占全省陆地国土面积的7.42%。

2019年，珠三角9市、汕头、梅州等11市已成功创建国家森林城市，珠三角地区实现国家森林城市全覆盖，“珠三角国家森林城市群”雏形初现，已从“量的实现”转向“质的提升”。2019年，广东省林业局认定55个建制镇为“广东省森林小镇”，涉及全省19个地级以上市。截至2019年底，全省森林小镇数量达125个。广东省积极开展森林康养探索与研究，鼓励各地积极创建和申报全国森林康养基地(试点)，发展集旅游、医疗、康养、教育、文化、扶贫于一体的林业综合服务，积极打造森林体验和森林养生产品，推动森林康养发展。2019年，清远市连山县、梅州市梅县区被认定为“全国森林康养基地试点建设县(区)”，惠州市惠阳区沙田镇被认定为“全国森林康养基地试点建设乡(镇)”，同时新增14个国家森林康养基地试点、4个中国森林康养人家、10个省级森林康养基地试点。截至2019年底，广东省已有国家森林康养基地试点21个、省级森林康养基地试点20个、中国森林康养人家4个。2019年，中国林业产业联合会认定肇庆市鼎湖山神谷森林小镇、阳江市阳春花滩森林公园、广州市从化阿婆六生态农业发展有限公司、韶关市乐昌梅花镇梅花百臻森林公园为“中国森林养生基地”；认定韶关市仁化县长江镇、乐昌市九峰镇为“中国慢生活休闲体验区”。2019年12月，广东省林业局发布《广东省自然资源厅、广东省文化和旅游厅、广东省林业局关于加快发展森林旅游的通知》，进一步提高森林资源保护和利用水平，挖掘森林旅游发展潜力。

【林业服务业】 林业服务业是指在林业领域运用现代信息技术、科技手段和现代管理理念，为林业发展提供技术、信息、金融、会计、咨询、法律、物流、电子商务等服务的行业。林业服务业含林业规划设计、林业工程监理、林业评估认证、林业产权交易、林业技术培训和其他服务。2019年，广东省林业服务业产值170.88亿元，较上年增长0.71%，其中，涉林服务业产值101.38亿元，林业系统非林产业产值70.40亿元。林业技术服务业总体发展势头平稳增长。截至2019年底，全省林业服务业各种类型单位共计1593个，其中林业规划设计型单位253家，林业工程监理型单位134家，林业评估认证型单位35家，林业产权交易型单位9家，林业技术培训和其他服务型单位1160家。林业技术服务单位主要集中在各地级市，以规划设计为例，林业调查规划设计资质甲级的单位有3家，全部集中在广州市，乙级和丙级资质的单位基本分布在市级以上地区。

【林产品市场流通业】 林产品市场流通业是广东林业从扩内需、促发展、保民生的战略高度积极发展的行业，建立多个大型人造板交易市场和一批国际性家具材料专业市场。广东省林产品市场流通业主要集中在珠三角地区，主要有东莞鱼珠木材市场、红树湾家具博览中心、东莞厚街东方兴业城、吉龙木材市场(东莞)、南海九江大转湾鱼珠国际木材夹板市场、顺德乐从国际家私城、顺德龙江亚太国际木业城、佛山中建博美大沥五金装饰城、佛山南海大转弯夹板装饰材料城、顺德水藤国际木业装饰材料市场、中山大涌中国红木文化博览城、新会大泽古典家具城、佛山国际家居博览城、罗浮宫国际家具博览中心、吉盛伟邦国际家具村、博皇国际家具博览中心、金海马家居等大型人造板交易市场和一批国际性家具材料专业市场。以珠三角大中城市产业基地为据点，周边布点扩张。截至2019年底，广东省林产品市场流通业总面积达2500多万平方米。全省已建成专业大型木材人造板市场24家，大型家具市场365家，专业建材规模(木质建材)市场103家。2019年全年林产品销售额达6080亿元，较2018年增长4.02%，全省林产品市场流通业领先全国。林产品市场流通业以珠江三角洲区域最为发达，大型市场的分布主要集中在珠江三角洲的广州市、佛山市、东莞市、深圳市、江门市、中山市等地区。流通市场总面积达2488.9万平方米，前6位的是佛山市1481.5万平方米、广州市351.4万平方米、东莞市143.1万平方米、深圳市135.5万平方米、江门市79.5万平方米、中山市70.5万平方米。广东省林产品市场流通业呈多样化业态，从建材、家具流通业的发展趋势来看，摊位制市场、建材超市、商场化市场、专卖店、大型购物中心等主要建材流通模式将长期共存。

2019年，电子商务成为重要的流通平台之一。按照国家相关部门公布的网商、电商全年销售额约占总销售额比例(19.6%)推算，广东林业电子商务产值约为1191.7亿元。电子商务继续承担林产品市场流通业经济发展的强大源动力。2019年，广东省涉林产业的电子商务发展迅速，势头良好。现阶段流通市场电商以“产品制造+电商+仓储物流+实体体验网点”的形式发展，形成网络化、智能化、服务化、高度分工协同化的市场流通形态，促进林业产业流通市场技术、产品和业务融合，催生发展销售额高增长的林业产业流通市场。

【林业龙头企业培育】 2019年12月，按照广东省林业局新修订的《广东省林业龙头企业申报认定与监测办法》(2018版)，对全省新申报龙头企业进行认定，并对2016年申报龙头企业进行复核，新增省级龙头企业46家，取消5家。国家林业重点龙头企业新增7家。截至2019年底，全省共有国家林业重点龙头企业28家，省级林业龙头企业242家。其中，省级林业龙头企业梅州市75家，韶关市39家，河源市25家，广州市12家，茂名市11家，惠州市11家，云浮市11家，肇庆市9家，中山市8家，潮州市8家，清远市7家，深圳市5家，湛江市4家，佛山市4家，汕尾市4家，揭阳市3家，阳江市2家，江门市2家，东莞市1家，汕头市1家。

2019年广东省新认定林业龙头企业如下：

乐昌市富树山农业科技开发有限公司 成立于2013年1月，注册资本200万元，以种植油茶林销售油茶果茶籽油及林下种养为主，采用“公司+合作社+基地+农户”的发展模式，共发展了生态油茶示范林5520亩，林下养殖鸡鸭年出栏55000只，种植特色果蔬1000亩，谷物种植200多亩。带动农户277户，每户年均增收11306元。2016—2018年，企业经营收入分别为504万元、700万元、1231万元。2018年负债率3.4%，净资产收益率3.3%。

乐昌市运龙农业发展有限公司 其前身为乐昌市坪石镇恒泰种植专业合作社，成立于2016年6月，2018年11月更名为乐昌市运龙农业发展有限公司，注册资本2000万元，是一家以种植吴茱萸、枳壳等南药为主的企业，以“公司+基地+农户”的经营模式，种植南药、水果等。2019年种有吴茱萸2500亩，枳壳100多亩。带动农户350户，户年均增收6857元。2016—2018年，企业经营收入分别为136万元、380万元、652万元。2018年负债率38%，净资产收益率7%。

广东馔钱农业发展有限公司 成立于2015年6月，注册资本1000万元，是一家以种植油茶为主的企业，2019年已种有良种油茶4350亩，以“公司+基地+农户”的经营模式，带动农户种植油茶1000多亩。带动农户980户，户年均增收6000多元。公司注册有“馔钱”“馔记”等商标品牌。2016—2018年，企业经营收入分别为86万元、102万元、312万元。2018年负债率29%，净资产收益率9.8%。

翁源县源泉林场 成立于2015年1月，注册资本200万元，是一家以种植杉树、桉树为主的企业，2019年已种有桉树2835.5亩，杉树7677.5亩，共计10513亩，2020年开始进入轮伐期。公司计划每年种植0.3万~0.5万亩速生丰产林，力争把规模发展到3万亩，并建立林下养牛、羊的养殖基地及林下种植灵芝、铁皮石斛的种植基地。2016—2018年，企业经营收入分别为336万元、360万元、427万元。2018年负债率51.38%，净资产收益率5.45%。

南雄市山与山间生态农业综合开发有限公司 成立于2015年8月，注册资本1000万元，是一家专注于茶叶苗木栽培、原生态茶叶种植、茶叶生产加工及营销的全产业链综合开发的企业，2019年建立茶叶基地2505.89亩，茶叶加工厂占地面积6000平方米。先后被列为南亩镇“一村一品、一镇一业”重点发展项目、南岭茶叶产业带“标准化生态示范茶园”等。公司注册有“南亩茶谷”“山与山间”等商标品牌。制定企业标准《绿色食品茶叶标准化生产种植技术规程》。2016—2018年，企业经营收入分别为172.65万元、867.23万元、1362.56万元。2018年负债率2.10%。

韶关龙德生态农业有限公司 成立于2016年8月，注册资本3000万元，以种植猕猴桃、黄金脆蜜桃及原生态养殖畜、禽、鱼品种为主，林下养殖面积2350亩，公司注册有“阿农谷”商标品牌，有机产品认证证书。2016—2018年企业经营收入分别为213.54万元、335.43万元、1298.33万元。2018年负债率10.31%，净资产收益率7.5%。

始兴县亚历亨茶叶有限公司 成立于2016年1月，注册资本300万元，是以茶叶种植、研发、加工、销售、旅游、休闲为一体的综合性企业，2019年有茶叶种植面积1250亩，茶叶生产厂房建筑面积1620平方米。公司注册有“亚历亨”商标品牌，有机转换认证证书一项。2018年获得“广东省守合同重信用企业”称号。2016—2018年，企业经营收入分别为308.33万元、1025.37万元、1230万元。2018年负债率5.10%，净资产收益率8.3%。

乳源瑶族自治县天瑶农业发展有限公司 成立于2005年12月，注册资本500万元，是以经营茶业产业为主业，多重经营为辅的企业，2019年已种植茶园1000多亩，茶叶生产厂房建筑面积2000多平方米。采用“公司+基地+旅游开发+农户+互联网”的经营理念，带动农户1100户，年均增收2054元。公司注册有“天瑶红”商标品牌。2016—2018年，企业经营收入分别为855万元、1205万元、1609万元。2018年负债率1.88%。

梅州市利源实业有限公司 成立于2009年4月，注册资本100万元，是一家以集高山油茶种植、加工和销售，林木、果树、药材种植和水产养殖于一体的综合性企业。2019年有油茶基地3000多亩，果树300亩，采取“公司+基地+农户”的经营模式，带动农民2150户，种植油茶3000多亩，户年均增收2013元。公司注册有“云利源”等商标品牌。2016—2018年，企业经营收入分别为4412.36万元、4603.15万元、4923.14万元。2018年负债率25.89%，净资产收益率5.48%。

五华县强兴七目嶂绿色食品有限公司 成立于2012年1月，注册资本500万元，是一家果合柿和茶叶种植、加工和销售的种养型企业。2019年有果合柿树和茶园3600亩，年产茶叶1120万吨，果合柿3159万吨。带动农民1965户，种植果合柿5000多亩，年均增收5900元。公司获得广东省名牌产品证书一项，注册有“强兴”等商标品牌。2016—2018年，企业经营收入分别为3633万元、5480万元、5853万元。2018年负债率4.7%，净资产收益率8%。

梅州市勇兴农林有限公司 成立于2014年8月，注册资本130万元，是一家从事名贵树木育种、苗木培育、城市园林绿化设计及施工、农业种植技术推广服务为一体的综合型企业。2019年有育苗场235亩，林木种植332亩，种植罗汉松、香樟等品种苗木600万株。通过林木种植"订单"模式，带动农民220户，年均增收1100元。2018年度获得广东省守合同重信用企业。2016—2018年，企业经营收入分别为117.5万元、1792.5万元、2003.92万元。2018年负债率53.94%，净资产收益率16.77%。

梅州市桂冠生物科技有限公司 成立于2010年7月，注册资本55万元，是一家从事生物技术研究、推广以及灵芝和南药的培育和销售的企业，2019年有梅片树等南药种植基地1200亩，带动农民110户，年均增收1152元。2016—2018年，企业经营收入分别为1173.43万元、1372.12万元、1624.85万元。2018年负债率33.05%，净资产收益率22.89%。

梅州市勇泰林业发展有限公司 成立于2011年6月，注册资本100万元，是一家从事苗木培育、育种、城市园林绿化设计施工、造林服务、种植技术推广的企业，2019年有苗圃场321.2亩，承包林地954.8亩，办公用地545平方米。带动农民工就业180户，年均增收1200元。连续3年获得广东省守合同重信用企业。取得质量管理体系、环境管理体系、职业健康安全管理体系认证。2016—2018年，企业经营收入分别为736.33万元、1799.69万元、2109.1万元。2018年负债率50.2%，净资产收益率26.23%。

梅州市年丰实业有限公司 成立于2011年12月，注册资本2000万元，是一家从事名贵树木种植、茶叶种植、林下养殖、加工销售为一体的综合型企业，2019年有茶叶基地750余亩，名贵树种种植园1200余亩，育苗大棚100多亩，产品加工车间500多平方米。带动农民230户，户年均增收1180元。2018年度为广东省守合同重信用企业。公司获得绿色食品证书一项，注册有"年丰埕石"等商标品牌。2016—2018年，企业经营收入分别为3105.29万元、4001.84万元、4037.36万元。2018年负债率41.78%，净资产收益率10.38%。

梅州市金穗生态农业发展有限公司 成立于2005年11月，注册资本1000万元，是一家集种子生产经营、农副产品种植、加工销售及生态休闲农业、林下经济种植、林业旅游开发为一体的企业。已建立林下金线莲种植基地300亩，灵芝种植100多亩，黄花倒水莲200多亩。种植乡土生态林2000亩，完善2亩智能PT大棚、10亩薄膜大棚育种设施等。带动农民115户，户年均增收2580元。连续12年被评为广东省守合同重信用企业。2016—2018年，企业经营收入分别为8660.3万元、9009.5万元、8918.8万元。2018年负债率56.9%，净资产收益率4.6%。

广东客嘉源南药种植有限公司 成立于2015年11月，注册资本1000万元，是一家从事林下药材种植、销售、生物技术研究及农业技术开发服务的企业。已建成省内最大的白及规范化种植基地，也是全国连片面积最大、品种最齐全的白及种质资源基地。2019年有白及标准化种植基地500余亩。带动农民1610户种植300亩，年均增收18260元。公司拥有获授权的"芨好""源缓"等商标品牌。2016—2018年企业经营收入分别为3014万元、5672万元、6198万元。2018年负债率22.27%，净资产收益率5.59%。

海丰县西坑五指嶂茶业有限公司 成立于2014年6月，注册资本3500万元，是一家从事茶叶种植、加工、销售的企业。主要生产五指嶂绿茶。2019年有茶叶种植基地1000多亩。带动农民335户，种植520亩，户年均增收8420元。公司注册有"杨屋山"等商标品牌。产品拥有无公害农产品产地认定证书。2016—2018年，企业经营收入分别为1532.59万元、2231.38万元、2400.05万元。2018年负债率49.10%，净资产收益率7.16%。

海丰县富贵林林业有限公司 成立于2007年6月，注册资本1000万元，是一家以种植速生丰产林为主，兼营林木加工、沉香和蜜柚种植的企业。公司拥有速生丰产林基地9个，共53600多亩，沉香种植基地400多亩，蜜柚种植基地300多亩，茶园165亩，日加工能力100多吨的木材加工厂。带动农民1585户，年均增收2600元。公司注册有"黑尾巴巴"等商标品牌。产品拥有无公害农产品产地认定证书及无公害农产品证书。2016—2018年，企业经营收入分别为5986万元、5508万元、5563万元。2018年负债率3.3%。

汕尾市鼎丰生态农业有限公司 成立于2017

年3月，注册资本500万元，是一家从事油甘林种植、油柑产品加工、销售的企业。公司种植的良种甜油柑品种被省农业厅评为广东省名特优新农产品。2019年有种植基地1500多亩。通过"公司+基地+合作社+农户"的模式，带动农民233户，户年均增收2350元。公司拥有受让使用的"奎池山"等商标品牌。2017—2018年，企业经营收入分别为1389万元、1619万元。2018年负债率21%，净资产收益率22%。

汕尾市春绿洲园林绿化工程有限公司 成立于2012年5月，注册资本1000万元，是一家集林业种苗、花卉，林下动物培育养殖和销售于一体的林业种养企业。2019年有种养基地1500亩。通过"公司+基地+合作社+农户"的模式，带动农民231户，合作种养面积2960亩，户年均增收3.8万元。2017年被评为广东省守合同重信用企业。2016—2018年，企业经营收入分别为1004.74万元、1134.32万元、1253.14万元。2018年负债率1.08%，净资产收益率5.47%。

云浮市鲜大妈原生态养殖有限责任公司 成立于2017年5月，注册资本3000万元，其前身为云安区白石镇牧旺原生态养殖场，主要从事林下养殖家禽等。公司自有养殖面积1100亩，带动农户1200户，养殖面积达850亩，年均增收1733.3元。公司基地进行了绿色产品和无公害产品场地的检验。公司打造了网上电商平台，进行网络直销。2016—2018年，企业经营收入分别为350万元、2745万元、2826万元。2018年负债率6%。

广东福易厚肉桂产业投资有限公司 成立于2010年8月，注册资本568万元，是一家主要培育肉桂、铁皮石斛及金线莲等南药种苗研发、规范种植、产品深加工等一体化经营的企业。带动农户300户，种植面积3000亩，户年均增收1680亩。2016—2018年，企业经营收入分别为1423万元、1685万元、2118万元。2018年负债率45%，净资产收益率5%。

罗定市合宇生态农业发展有限公司 成立于2011年5月，注册资本1000万元，是一家集农林产品种植、加工、销售、农产品交易市场、农村电商、休闲农业和生态旅游景区开发等于一体的综合性企业。主要种植澳洲坚果2000亩、南药500亩、茶叶300多亩等。建有茶叶加工厂一个，农产品交易市场6000平方米，在连州镇开发建设一个AA级的蒲垌自然生态旅游区。带动农户100户，年均增收3000元。2016—2018年，企业经营收入分别为5100.64万元、5445.6万元、5094.68万元。2018年负债率30.5%，净资产收益率9.89%。

广东桂之神实业股份有限公司 成立于2011年8月，注册资本2100万元，是一家集肉桂种植、研发、加工、生产、销售于一体的企业。2015年11月，在上海挂牌上市。生产基地占地面积30亩，自有承包肉桂产业林3250亩，其中1300亩建设了一个集观光旅游、养生体验、休闲娱乐、肉桂文化宣传的肉桂主题公园。带动农户2428户，年均增收3500元。公司注册有"桂之神"等四个商标品牌，其生产的灵芝等产品获得有机产品认证证书，2项广东省名牌产品证书。公司拥有5项实用新型专利，连续3年被评为广东省守合同重信用企业。2016—2018年，企业经营收入分别为2323万元、5107万元、6603万元。2018年负债率15%，净资产收益率1.14%。

龙川县勾树农业发展有限公司 成立于2018年1月，注册资本200万元，是一家以茶叶种植、加工、销售为主的企业，茶园种植面积500多亩，其下属机构——龙川县伟顺种养农民专业合作社注册有"凹峰茶"商标品牌。2018年企业经营收入为2169.84万元。2018年负债率4.66%。

龙川湾叶农业发展有限公司 成立于2016年7月，注册资本1100万元，是一家以油茶种植、加工、观光旅游、体验茶园文化为主的综合性企业，已有油茶种植基地3290亩，以"公司+基地+农户"的经营模式，带动农户种植油茶1000多亩。带动农户246户，户年均增收2038元。公司拥有榨油厂2个，其中丰稔镇油厂占地面积5000多平方米，建筑面积1800平方米，公司注册有"湾叶""霍山"等商标品牌，共获得实用新型专利证书10项。2016—2018年，企业经营收入分别为6.5万元、35.43万元、1182.57万元。

河源市金源绿色生命有限公司 成立于2003年3月，注册资本800万元，是一家从事道地中药材种植、研发、生产和销售的科技型现代化产业实体，已初步建成一条 GAP 产业化种植—研发—生产—销售的中药材产业化体系。已自建和合作共建五指毛桃中药材示范基地 750 亩。带动农户 220 户，户年均增收 8182 元。公司建成了满足食品生产和药品生产 GMP 标准要求的厂房建筑面积约 1 万平方米，公司注册有“金绿生”“金生芪”“小儿康”等多个商标品牌，共获得发明专利证书 8 项。制定了广东省食品安全企业标准 2 个。2016—2018 年，企业经营收入分别为 3425. 11 万元、3311. 78 万元、1371. 15 万元。

广东汇友生态农业有限公司 成立于 2016 年 4 月，注册资本 1080 万元，是一家从事森林资源培育、林木种苗、林下经济产业经营的种养型企业，已打造了 2235 亩的示范基地，其中林下种植牛大力 110 亩，蓝莓 300 亩，猕猴桃 150 亩，绿化苗圃 500 亩，红椎林 300 亩，林下养殖 30 亩。带动农户 212 户，户年均增收 2100 元。公司获得绿色食品证书一项，注册有“醉农人”等商标品牌。2018 年度获得广东省守合同重信用企业。2016—2018 年，企业经营收入分别为 1058. 80 万元、3653. 91 万元、4204. 87 万元。2018 年负债率 34. 42%，净资产收益率 4. 53%。

广东康源林业开发有限公司 成立于 2009 年 9 月，注册资本 600 万元，是一家从事林下种植茶叶与灵芝、林下生态养殖(养蜂、养土鸡)的种养型企业，2019 年有林地经营面积 5000 亩，其中林下种植灵芝 100 亩，林果(杨梅、板栗)100 亩，茶叶 350 亩，养蜂面积 1900 亩(约 350 箱)，林下养殖 50 亩(放养土鸡)。带动农户 202 户，户年均增收 2500 多元。2016—2018 年，企业经营收入分别为 252. 16 万元、375. 63 万元、583. 75 万元。2018 年负债率 17. 80%，净资产收益率 5. 6%。

深圳市松博宇科技股份有限公司 成立于 2001 年 7 月，2016 年 12 月创业板挂牌上市，注册资本 5270 万元，是专业研发设计美化艺术 3D 木高档装饰材料的企业，具备从原木选材到研发、生产、销售，再到家居产品配套和服务的完整产业链。拥有生产基地 100 亩，共获得 7 项发明专利和 15 项实用新型专利和一项广东省名牌产品。2016—2018 年企业经营收入分别为 13962. 28 万元、18643. 89 万元、20670. 19 万元，2018 年负债率 47. 59%，净资产收益率 13. 20%。

佛山市鑫诺家具有限公司 成立于 2006 年 12 月，注册资本 10038 万元，是一家从事办公、酒店家具工程的家具生产企业。公司拥有生产基地 130 亩，8000 平方米产品展示厅，3000 平方米的实验基地，6 万多平方米的生产车间，2 万平方米的物流中心。共获得 1 项发明专利、8 项实用新型专利、16 项外观设计专利和 2 项广东省名牌产品及多项的产品被认定为广东省高新技术产品。2016—2018 年，企业经营收入分别为 33889. 13 万元、34041. 21 万元、38320. 50 万元，2018 年负债率 24. 07%，净资产收益率 6. 83%。

廉江市信宇家居有限公司 成立于 2017 年 9 月，注册资本 1200 万元，其前身是廉江市信昌木业有限公司，是一家专业研发、生产、销售木家具、装饰线条和藤竹工艺制品的企业。公司占地 56 亩，拥有 12000 平方米标准化厂房，年生产各类木家具 10 万件，竹藤工艺品 300 万件和装饰线条 1500 万米。开发使用计算机生产管理软件 3 套。2016—2018 年，企业经营收入分别为 3927 万元、4016 万元、6043 万元。2018 年负债率 17. 7%，净资产收益率 20. 7%。

广东科茂林产化工股份有限公司 成立于 2004 年 8 月，注册资本 12150 万元，是一家研发、生产、销售松香深加工产品及其他林产化学品的股份制企业。年产销 6 万吨树脂，使用农产品松脂逾 7 万吨，年营业额超过 8. 5 亿元。公司占地 55. 7 亩，拥有 20 项发明专利和 30 项专有技术、10 多项高新技术产品、2 项国家重点新产品。科茂产品被认定为广东省名牌产品，科茂商标被评为广东省著名商标。2016—2018 年，企业经营收入分别为 22455. 53 万元、25252. 52 万元、28700. 95 万元。2018 年负债率 25. 59%，净资产收益率 4. 31%。

广东济公保健食品有限公司 成立于 1998 年 5 月，注册资本 8000 万元，是一家以专业研究、开发、生产、销售佛手制品为主导产品的国家高新技术企业。公司拥有 44. 7 亩厂区。公司通过“公司+基地+农户”的经营模式，带动农户 4050 户，种植佛手果面积 6600 亩，户均年增收 4150 元。公司注册有“济公”“喉宝”“济公喉宝”等商标品牌。公司通过了质量管理体系认证，拥有广东省著名商标证书、广东省名牌产品证书，拥有8项发明专利或外观专利。2016—2018年，企业经营收入分别为21016万元、18863万元、13447万元。2018年负债率19.1%，净资产收益率8.5%。

广东星光脂胶科技股份有限公司 成立于2004年5月，注册资本2000万元，是一家利用天然松脂提炼出的松节油作为原料，深加工制得食品添加剂——萜烯树脂的高科技企业。公司占地58亩，年加工松节油4000吨以上，拥有4项发明专利和7项实用新型专利。星光牌萜烯树脂产品被认定为广东省名牌产品。2016年被评为广东省高新技术企业。2016—2018年，企业经营收入分别为6200万元、8009万元、13167万元。2018年负债率69.77%，净资产收益率7.64%。

和平县虎竹嶂旅游开发有限公司 其前身和平县火火种养专业合作社成立于2014年1月，2019年4月改制重组为和平县虎竹嶂旅游开发有限公司，注册资本300万元，是一家从事森林资源以所培育的景观林为基础开展森林生态旅游康养型企业。经营面积3500亩。打造和平县虎竹嶂梯田花海风景区，设置了民宿、餐饮、婚纱摄影、露营、水果采摘等多个项目。通过产业带动，提供就业岗位等方式带动农户201户，户年均增收5970元。2017—2018年，企业经营收入分别为1040.33万元、2103.29万元。2018年负债率48.64%，净资产收益率0.85%。

和平县弘顺农业有限公司 成立于2009年12月，注册资本300万元，是一家以森林生态旅游带动林下经济及林业相关衍生品的综合性企业，经营面积3200亩，建设有酒饼岗森林生态旅游基地和观音坐莲山特色水果采摘基地。开设了水果采摘、垂钓、野餐烧烤、住宿等项目。带动300户农户，建立3000亩林下种养基地，年均增收5226元。2016—2018年，企业经营收入分别为3407.23万元、4166.12万元、4200.40万元。2018年负债率33.54%，净资产收益率9.25%。

梅州市南寿峰健康产业园有限公司 成立于2012年3月，注册资本3000万元，以中医药养生旅游为核心，一、二、三产融合，打造文化特色浓郁，中医药养生技术先进，养生、养老功能齐全的现代高端森林旅游特色景区。景区已建设6个景点，6个中心，6个养生项目等，是国家AAA级旅游景区、国家森林养生基地、广东省森林康养基地、广东省中医药文化养生旅游示范单位等。2018年共接待游客47.6万人次。2016—2018年，企业经营收入分别为3000万元、3219万元、4355万元。2018年负债率48.85%，净资产收益率5.67%。2018年的企业经营销售收入为4355万元，其中林产品销售收入1020.2万元。2019年，涉林项目的收益有所增长。

惠东县大川投资有限公司 成立于2015年12月，注册资本1000万元，公司主要经营温泉度假、健康养生、生态旅游等绿色旅游项目投资业务，旗下拥有惠东县安墩镇水美温泉度假村、惠州市大华投资有限公司等子公司。其中水美温泉度假村2018年接待游客量15万人次以上，开设了温泉、户外野营、徒步、红色文化旅游、药材种植观赏园等多个特色项目。2016—2018年，企业经营收入分别为1189.25万元、1223.15万元、1381.78万元。2018年负债率6.09%，净资产收益率12.43%。

高州市新芝泰农业科技有限公司 成立于2015年8月，注册资本5000万元，集农产品种植、生产、加工、销售、研发和乡村旅游于一体。重点打造现代农业发展基地——"南国花乡"农业公园，基地面积3120亩，种植番石榴300多亩，鹰嘴桃、黄晶果等名特优新水果300多亩，开设一草一世界观赏科普园、自主烧烤、观光栈道、水果采摘等特色项目。2016—2018年，企业经营收入分别为2528万元、4522万元、5897万元。2018年负债率36%，净资产收益率21%。

清远市清新区古龙峡生态旅游娱乐有限公司 成立于2005年4月，注册资本400万元，是一家经营旅游娱乐、观光、漂流、探险等森林旅游项目的企业，打造了云天玻霸、峡谷漂流、古龙瀑布、丛林飞跃等特色项目。国家AAAA级旅游景区，连续8年被评为广东省守合同重信用企业。2018年接待游客近100万人次。2016—2018年，企业经营收入分别为1266.22万元、2429.4万元、9387.74万元。2018年负债率72%，净资产收益率73%。

广东城基生态科技股份有限公司 成立于1997年12月，注册资本8043.72万元，从事风景园林规划设计、旅游景区规划设计、城乡规划编制设计、生态环保技术研发、园林景观及市政工程施工等业务，拥有城市园林绿化壹级、风景园林设计专项乙级、市政公用工程施工总承包二级、园林古建筑专业承包资质等。公司共获得实用新型专利证书31项，2017年获得高新技术企业证书，多项园林绿化工程获得样板工程、市政园林类金奖等奖项。2016—2018年，企业经营收入分别为19206.67万元、30575.93万元、30178.56万元。2018年负债率64.93%，净资产收益率7.36%。

广东尚善环境建设有限公司 成立于2009年7月，注册资本2008万元，是一家综合市政工程建设、园林景观绿化设计、营造林设计监理施工、矿山复绿等业务的综合性企业，拥有市政公用工程施工总承包三级资质，造林工程规划设计丙级、造林工程监理丙级资质。2019年12月获得林业调查规划设计乙级资质。2017—2018年，连续两年获得广东省守合同重信用企业，通过了质量管理体系、环境管理体系、职业健康安全管理体系认证。2016—2018年，完成了37项造林施工、园林绿化等工程项目。2016—2018年，企业经营收入分别为158.01万元、791.38万元、1485.61万元。2018年负债率69.42%，净资产收益率5.93%。

韶关市如美景观工程有限公司 成立于2005年2月，注册资本1200万元，是一家专业从事苗木生产与销售、园林绿化、造林抚育、林业有害生物防治、绿地养护等业务的林业施工企业。拥有造林工程施工乙级、林业有害生物防治丙级、城市园林绿化三级等资质。连续6年获得广东省守合同重信用企业，通过了质量管理体系、环境管理体系、职业健康安全管理体系认证。2016—2018年，企业经营收入分别为2139.48万元、1808.52万元、2781.02万元。2018年负债率53.60%，净资产收益率7.8%。

广东创宇园林股份有限公司 成立于1999年2月，注册资本2029.5万元，是一家集林业生态循环、景观规划设计、园林工程施工、绿化养护、苗木产销、园林科学研究、生态旅游、游艺游乐设施等完整产业链的综合服务商，新三板上市企业。具备城市园林绿化二级资质、造林工程施工乙级资质。市政公用工程总承包三级资质、林业有害生物防治丙级资质。连续8年被评为广东省守合同重信用企业。拥有苗圃基地1300余亩。拥有13项使用新型专利。2016—2018年，企业经营收入分别为2739.44万元、4027.68万元、5222.73万元。2018年负债率77.35%，净资产收益率0.43%。

云浮市伟业园林绿化有限公司 成立于2008年7月，注册资本1638万元，是一家主要从事园艺植物栽培、绿化苗木的培育与销售、承接园林绿化工程、造林及抚育工程的林业技术服务企业。具备造林工程施工乙级资质。公司下属两个苗圃场，育苗面积共152亩，连续10年被评为广东省守合同重信用企业。完成了多项森林碳汇重点生态工程及园林绿化工程。2016—2018年，企业经营收入分别为3079.09万元、2157.22万元、1771.14万元。2018年负债率23.91%，净资产收益率12.52%。

【林业产业大事记】

1月10日 中共中央、国务院在北京隆重举行国家科学技术奖励大会。以华南理工大学陈克复院士主持的“制浆造纸清洁生产与水污染全过程控制关键技术及产业化”项目，获得2019年度国家科技进步奖一等奖。

3月15日 广东省人民政府对获得2018年度广东省科学技术奖的个人和项目进行表彰。省林业局提名成果“珠江河口滨海湿地生态修复关键技术”获得2018年度省科学技术二等奖。

3月18日至4月9日 2019年广东省森林旅游系列活动之深圳市梧桐山第四届毛棉杜鹃花会在广东省第一个国家森林公园——梧桐山国家森林公园举办。

4月1日 广东省林业局公布首批省级森林康养试点示范基地名单，广东石门国家森林公园、广东西樵山国家森林公园等10个基地榜上有名。

4月25日 国家林业和草原局森林旅游管理办公室公布了100家森林体验和森林养生国家重点建设基地名单，其中4家广东境内的森林旅游地入选本次森林“体验+养生”百强榜单。

4月29日至10月9日 2019年中国北京世界园艺博览会在北京举办。广东展园“南粤园”及广东室内展区展示了岭南园林的图的风采和广东园艺成就，分别荣获北京世园会组委会颁发的中华展园特等奖、中国省区市展区金奖，受到参观群众的热烈追捧。

4月29日 广东省庆祝“五一”国际劳动节暨劳模表彰大会在广州举行。广东省林业系统中，广东省野生动物救护中心、广东省林业调查规划院林业产业室被授予“广东省五一劳动奖状”称号。

5月14日 国家林业和草原局办公室公布2019年国家林下经济示范基地名单，广东态合堂实业有限公司等10家广东省单位榜上有名。

6月22日 广东省林学会森林旅游与康养专家委员会成立大会在华南农业大学召开。

7月1日 广东省连南万山朝王国家石漠公园管理处挂牌仪式及国家石漠公园建设项目奠基仪式在连南县举办，标志着广东省首个石漠化公园正式进入全面建设阶段。

8月22日 “全省林业产业监测培训班”在广州燕岭大厦举办。

10月29日 广东省林业产业协会第三届会员大会在广州召开，省林业局陈俊光局长参加会议并讲话，会议审议并通过《广东省林业产业协会章程(修订草案)》，选举产生第三届理事会，并为2018年广东省林业龙头企业现场授牌。

11月8—10日 第二届中国新疆特色林果产品博览会在广州举办。

11月19日 国家林业和草原局、中国农林水利气象工会全国委员会联合表彰了第四届“中国林业产业突出贡献奖”和“中国林业产业创新奖”获奖者。广东省林业调查规划院等6个单位和刘祝赞等3人被授予“中国林业产业突出贡献奖”，深圳长江家具有限公司和曹永建等3人被授予“中国林业产业创新奖”。

11月22日 广东省自然资源厅、广东省文化和旅游厅、广东省林业局联合发布《关于加快发展森林旅游的通知》。明确广东省森林旅游发展原则和方向，加快森林旅游基础设施建设，助力乡村振兴，推进旅游富民，推动森林旅游高质量发展。

11月23日 首届广东省森林文化周主会场在广州市番禺区大夫山森林公园拉开序幕。活动以“走进森林 多彩南粤”为主题，于11月23—30日在全省21个地市约80个分会场同步联动举办，活动推出“秋染红林”“百鸟争鸣”“登山望远”3条广东精品森林旅游线路，共举办森林文化活动316场。

11月25日 国家林业和草原局公布第四批国家林业重点龙头企业名单，广东耀东华装饰材料科技有限公司等7家广东省企业榜上有名。

11月27日 广东省实施乡村振兴战略林业行动现场推进会在惠州市召开，与会人员走进惠州市博罗县现场考察森林小镇、美丽乡村建设和乡村休闲旅游、中草药发展等方面取得的成果，实地感受乡村振兴带来的新变化。

11月29日 第四届中国绿化博览会广东展园开工仪式在绿博园广东园址举行。

11月 经广东省农业技术推广奖评审委员会评定，“森林生态旅游区喷淋防火林带系统建设技术推广”等5项林业科技推广项目获得2018年度广东省农业技术推广奖。

12月 广州市番禺区沙湾镇、深圳市宝安区石岩街道、珠海市万山试验区万山镇等55个建制镇被广东省林业局认定为2019年广东省森林小镇。

广西壮族自治区林业产业

【概 述】 2019年，在广西壮族自治区党委、政府的正确领导下和国家林业和草原局的指导下，广西林业产业以转变林业发展方式为主线，以打造林业产业集群为抓手，扶强做大优势产业，取得了较好成绩，林业产业持续保持略高于全国林业、广西经济增速的增长水平，全区林业总产值达7052亿元，其中木材加工和造纸产业产值达到2776亿元，人造板产量达到4955万立方米，森林旅游总人数达1.96亿人次，收入超过1272亿元，花卉产业产值达到170亿元。

【林产加工业发展】 2019年4月29日，广西壮族自治区人民政府出台了《广西现代林业产业高质量发展三年行动计划(2019—2021年)》(桂林办发〔2019〕47号)，着力构建布局合理、产业链长、附加值高的林业产业体系。积极培育林业龙头企业，2019年新增自治区级林业产业重点龙头企业14家、国家林业重点龙头企业5家，全区自治区级林业产业重点龙头企业达到161家，国家林业重点龙头企业19家。扎实推进品牌创建工作，林业品牌影响不断提升，贵港市获评“中国南方板材之都”，容县林产品工业园被誉为“中国异型胶合板基地”，荔浦市被誉为“中国衣架之都”，“高林”“丰林”“三威”等纤维板以产量大、质量优而享誉全国。

新增国家林业重点龙头企业5家 广西国旭林业发展集团股份有限公司，广西华沃特生态肥业股份有限公司，广西林业集团桂钦林浆纸有限公司，广西八桂林木花卉种苗股份有限公司，广西壮族自治区国有派阳山林场。

新增自治区级林业产业重点龙头企业14家 广西国控林业投资股份有限公司，广西林业集团桂谷实业有限公司，广西南宁明源木业有限公司，南宁市广成木业有限公司，广西上林县林发松香有限公司，广西得力木业开发有限公司，广西马山县和林木业有限公司，广西三门江生态茶油有限责任公司，广西融水同心木业有限公司，柳州市东阳木业有限公司，广西田东龙行经贸有限公司，广西河池市富森明月木业有限公司，广西环江佳和木业有限责任公司，来宾市翔胜木材加工有限责任公司。

【林业产业园区建设】 广西林业产业园区建设扎实推进，园区规模日益扩大、产业链条不断延伸、产业集聚程度持续提高。自治区林业局组织工作组多次赴各产业园区开展指导服务，帮助园区拓宽创建思路，明确园区发展方向，把握创建重点，压实建设责任，解决实际困难和问题。指导和协助广西崇左-龙赞东盟国际林业循环经济产业园、广西山圩产业园申报国家林业产业示范区。全区已建及在建的各类林产加工园区33个，入园企业2300余家，安排就业人数约15万人，园区工业总产值约615亿元，产业园区基础设施建设逐步完善，配套服务水平逐年提高，崇左-龙赞东盟国际林业循环经济产业园、广西山圩产业园、南宁科天水性科技产业园、广西桂中现代林业科技产业园、贵港国家绿色家居产业园等园区发展迅猛，产业集聚能力显著增强。

崇左-龙赞东盟国际林业循环经济产业园 总投资50亿元，规划用地10000亩，已签约入园企业60家，其中投产19家、在建13家、约期筹建28家，2019年完成产值22亿元。

广西山圩产业园 2019年有入园企业112家，其中规模以上企业43家，2019年新签约项目30个，总投资26.3亿元，2019年完成产值100亿元。

南宁科天水性产业园 规划用地1200亩，主要建有水性聚氨酯、水性地板、水性密度板、水性刨花板、水性板材贴面、无毒全屋定制家具、无毒家具等生产线。

广西桂中现代林业科技产业园 总投资300亿

元，规划用地 23000 亩，已成功引进浙江良友木业、南星家居、山东千森集团、大自然地板等国内知名企业 23 家，2019 年有规模以上企业 6 家，在建企业 6 家，在建项目均确定年内竣工投产，2019 年完成产值 15 亿元。

贵港国家绿色家居产业园 规划用地 15600 亩，已签约入园企业 49 家，竣工投产 31 家，其中规模以上企业 14 家，在建项目 16 个，2019 年完成产值 28 亿元。

【示范区创建】 自治区林业局组织工作组多次到各地及有关区直林场开展调研指导，帮助各地拓宽创建思路、靶向工作重点、做好规划编制、基础设施建设、主导产业提示、辅助产业拓展等，协调解决建设中的新问题，完成了年度示范区考评、监测工作，全区创建自治区级核心示范区 78 个、县级林业示范区 85 个、乡级林业示范园 173 个、村级林业示范点 319 个，提前一年完成《广西现代特色林业示范区增点扩面提质升级三年(2018—2020 年)行动方案》的自治区级现代特色林业核心示范区创建任务。

2019 年新增自治区级现代特色林业核心示范区 29 个，其中，新增第一批 12 个：融水苗族自治县双龙沟森林生态文化旅游核心示范区，融水苗族自治县竹韵荪香产业核心示范区，永福县龙溪麻竹产业核心示范区，上思县十万大山布透温泉森林生态文化旅游核心示范区，容县中南生态油茶产业核心示范区，北流市实木家具产业核心示范区，环江毛南族自治县油茶产业核心示范区，东兰县板栗产业核心示范区，南丹县南国之丹花卉苗木产业核心示范区，合山市澳洲坚果产业核心示范区，金秀瑶族自治县圣堂瑶乡森林生态文化旅游核心示范区，崇左市江州区雨花石森林生态文化旅游核心示范区。

第二批 17 个：南宁市良庆区百乐澳洲坚果产业核心示范区，融水苗族自治县林下灵芝产业核心示范区，桂林市叠彩区花卉产业核心示范区，龙胜各族自治县勇爱有机油茶产业核心示范区，藤县古龙大红八角产业核心示范区，合浦县钦廉木本香料产业核心示范区，上思县汉森澳洲坚果产业核心示范区，钦州市钦南区北部湾花卉小镇森林生态文化旅游核心示范区，容县绿碧山森林生态文化旅游核心示范区，富川瑶族自治县秀水森林生态文化旅游核心示范区，南丹县云水谷高山油茶产业核心示范区，天峨县富万家核桃产业核心示范区，河池市金城江区同干核桃产业核心示范区，扶绥县东门澳洲大花梨产业核心示范区，龙州县大青山坚果产业核心示范区，宁明县金花茶产业核心示范区，平果县国控林投油茶产业核心示范区。

【区直林场改革】 稳步推进区直林场林产工业改革发展工作，制订广西森工集团股份有限公司组建方案，推动广西森工集团于 2019 年 12 月 26 日正式挂牌成立，促进林业供给侧结构性改革。多次研究创新经营管理、加速技改创新、协调解决祥盛公司上市有关事项等问题，推动成立了祥盛公司上市工作领导小组，加快祥盛公司上市进程，祥盛公司已完成股份制改造的清产核字、审计、评估等工作。大力推进区直林场肥料和花卉苗木企业优化经营相关工作，形成了广西华沃特生态肥业股份有限公司和广西八桂种苗公司优化经营工作方案并批复同意。配合自治区开展的“千企技改”工程，启动高林公司中(高)密度纤维板生产线整体搬迁技改升级项目、国旭东腾年产 35 万立方米中(高)密度纤维板技改项目、春天木业年产 10 万立方米胶合板自动化生产线等技改项目建设，推动区直林场林产企业提升产品质量与国际领先标准接轨。

【花卉产业】 2019 年 1 月 25 日至 2 月 2 日，由自治区林业局、南宁市人民政府、广西博览局、广西博览集团共同主办的 2019 年(首届)广西迎春花市在南宁国际会展中心东广场隆重开市，自治区副主席方春明、政府副秘书长文世峰等出席了开市活动，花市以“壮美广西，迎春接福”为主题，共有 108 家区内花卉零售企业参展，展览面积 1.8 万平方米，累计约 20 万人次参观，单日最高为 3 万人次，现场销售额约 300 万元。4 月 29 日至 10 月 7 日，2019 北京世界园艺博览会在北京市延庆区举行，4 月 28 日，自治区党委常委、自治区副主席严植婵率广西代表团出席开幕式；7 月 13 日，自治区党委书记、自治区人大常委会主任鹿心社，自治区党委副书记、自治区主席陈武，自治区党委常委、秘书长黄伟京率队检查指导世园会"广西日"筹备工作；7月和10月，自治区副主席方春明率队分别参加了"广西日"活动和世园会闭幕式等活动；广西选送了兰科植物、金花茶、苏铁、苦苣苔等广西特有珍稀的花卉植物及插花花艺、干花、盆景、组合盆栽等1000多件展品参展参赛，最终广西室内展品获奖364个，其中特等奖32个、金奖65个、银奖108个、铜奖159个，广西展园获得北京世园会组委会特等奖，室内展区获组委会金奖。由广西林科院等单位共同承担的《优良观赏树种高效栽培技术集成创新与推广应用》项目获得自治区科学技术进步类三等奖。

【森林旅游业】 截至2019年底，广西有国家级森林公园23处、自治区级森林公园36处。2019年，森林公园接待游客量1201.89万人次，收入总额179789.16万元；森林公园游道里程796.30千米，职工总数3205人，导游人数248人，车船总数519台(艘)，接待床位13730张，接待餐位25480个。广西各级森林公园投入建设资金93395.85万元，其中，国家投资15977.86万元，自筹52117.99万元，招商引资25300万元；森林公园生态建设投入7679.91万元，植树造林437.10公顷，改造林相750.55公顷。

森林旅游重大项目建设 自治区林业局按照自治区"重大项目建设攻坚突破年"活动的部署，遴选环南宁森林旅游圈、北部湾(钦州)花卉小镇等5个具有典型性、代表性的森林旅游重大项目，实行厅级领导推进重大项目工作联系制，加快推进森林旅游重大项目建设，环南宁森林旅游圈的七彩森林世界项目完成约3900亩土地的收储工作，金鸡山森林公园项目完成总体规划及可研编制，高峰森林公园一期项目已完工并投入运营，良凤江森林公园完成游客中心、导赏生态解说系统等基础项目建设并投入使用，北部湾(钦州)花卉小镇完成项目可研报告的编制和评审，并已建成罗汉松园、兰花园、四季花海、山茶园、三角梅园等部分景点景观。

林业与旅游产业融合发展 自治区林业局与自治区文化和旅游厅建立定期工作磋商机制，联合制定年度共同推进森林旅游发展工作计划，加强林业与文化和旅游部门的合作。两部门联合在北京举办文化和旅游项目招商推介会，联合开展森林旅游项目建设、森林旅游产品开发专题调研活动，举行大健康旅游产业投融资银企对接会，为文化旅游、林业项目搭建投融资平台。

打造森林旅游新业态新品牌 结合林业系统实施乡村振兴战略，开展"森林人家"等品牌培育和创建工作，推动乡村森林旅游发展。2019年评定星级"森林人家"13个、森林体验基地4个、花卉苗木观光基地1个。

森林康养产业 开展"广西森林康养产业发展及政策"课题研究，为编制广西森林康养产业"十四五"发展规划提供理论支撑。培育和创建森林康养基地，龙胜温泉国家森林公园、广西国有六万林场、广西国有派阳山林场列为森林养生国家重点建设基地。认定桂林漓江逍遥湖森林康养基地等3个广西森林康养基地。举办2019年广西森林康养产业发展论坛，邀请医学、健康养生等方面的专家介绍国家发展森林康养产业的政策并就区内外发展森林康养方面的经验进行交流。

【招商引资】 2019年走访了欧派集团、宜华集团、美狐科技公司、湖北巨宁竹业公司、万华禾香板业等大型知名木竹材加工企业，着力引进科技含量高、精深加工能力强、产品附加值高、示范带动强的木竹加工龙头企业。通过精准招商洽谈，欧派集团表达了未来在企业战略合作、企业混改方面与广西深入交流合作的意愿；宜华集团派出考察团到广西考察木材精深加工、森林康养等情况；万华禾香板业计划在广西投资兴建一个年产值百亿元以上的家居一体化园区，连续派出专业团队开展项目考察和前期工作，并向自治区林业局发送了《战略合作协议》；湖北巨宁竹业公司也表达了到广西开展竹材加工项目投资的意愿。

【林木展会】 第十届林木展于2019年11月23—25日在南宁国际会展中心隆重举办并取得圆满成功。国家林草局副局长刘东生，自治区副主席方春明，柬埔寨、泰国、缅甸、老挝、马来西亚、越南等国驻南宁领事馆领事，联合国粮农组织赛斯·林汉斯鞠诺、中国林产工业协会秘书长石峰等出席了开幕式。展会展览面积25000平方米，近210家企业参展，270家国内外采购商到会采购，境外采购商参会比例高达51.8%，现场客商达到4万人次，现场签订采购订单和投资额超过3.5亿元人民币，合同采购额和投资额超过100亿元人民币。林木展作为东博会旗下举办时间最长、规模最大的专业展，已成功举办10届，成为中国—东盟区域内重要的林业专业展会。2019林木展设置产业、装备、木工机械、红木家具、实木家具五大展区，涵盖中国与东盟林业的全产业链。本届林木展期间，开展了专业论坛以及多场针对性强的贸易投资洽谈、现场体验类活动，包括林产品国际贸易论坛、国际林产品可持续发展创新联盟理事会、中国—东盟木工机械产品采购对接会、广西森林康养产业发展论坛、中国—东盟木文化活动、广西花仙子大赛等。2019林产品国际贸易论坛及其分论坛(2019世界林产工业产业峰会、国际林产品可持续发展创新联盟理事会)，围绕"木材工业可持续发展——为了永续发展的世界"主题进行了探讨，会议规模达200人，境外专家占40%，其中，中国国家林业和草原局副局长刘东生、FAO联合国粮农组织官员Ms Thais Linhares-Juvenal、濒危野生动植物国际贸易公约秘书长Ms Ivonne Higuero、自治区林业局局长黄显阳、广西国际博览集团副总经理熊智琳等领导在论坛上致开幕词，美国佐治亚大学栗艳曙博士、国家林业和草原局发改司司长刘拓、国家林草局生态司副司长陈建武等14位世界知名专家分别对林业经济效益倍增效应、产业可持续发展、应对气候变化等问题做主旨演讲，并为改善木材贸易现状、通过国际合作强化木材价值链提出建议。中国—东盟林业装备采购对接会邀请了超过100家来自国内外的林业装备采购商到会，境外采购商占40%，通过与参展企业进行一对一的贸易对接，越南山罗省芒桑股份公司与河北九顺机械制造有限公司、常熟市力恒木业机械厂签订旋切机、木材烘干机购销合同，越南俊菊家具有限公司与常州利器工具有限公司、山东临沂强盛机械厂签订中拼机购销合同，本次对接会共有超过20家企业配对成功，意向成交额约2000万元人民币。现场举办2019第十届中国—东盟木文化活动，通过木旋技艺、木梳、木勺子等制作手作互动，榫卯结构拆装体验，木制关节人拼装及木艺产品展示，构建"木美生活手工坊"，使社会大众在现场感受木材在生活中的重要和美好，在弘扬传统文化的同时，思考人类在可持续发展中的定位与作为。在玉林市六万大山森林公园举办的广西森林康养产业发展论坛，该论坛以"共建森林生态、共享健康生活"为主题，汇集医学、林学、健康养生等100多位专家学者深入交流研讨，进一步推动广西森林康养产业高质量发展。

【林业安全生产工作】 自治区林业局认真贯彻国家和自治区安全生产会议精神，严格落实安全生产责任制度，全面部署开展安全生产专项检查和隐患整治，积极开展"安全生产活动月"活动，抓好节假日和汛期等重要时段的安全生产工作，2019年，自治区直属林业单位未发生重特大、重大、较大生产安全事故。

海南省林业产业

【概 述】 海南省规划林地面积3165万亩。2019年年底，全省森林面积3204万亩，森林覆盖率达62.1%。通过大力发展林下经济，做精做优花卉、乡土树种、野生动物、木本油料、林木种苗、特色林木、森林旅游七大产业，实现生态效益、社会效益和经济效益的有机统一，林业总产值达654.14亿元。

2019年全省花卉种植面积达22.6万亩，花卉总产值56亿元，实现销售额31.7亿元，有花卉企业800多家，从业人员6.6万人。花卉品质不断提升，出口创汇能力显著增强，神马白菊、多头彩菊等走俏日韩市场。

椰子产业快速发展，全年培育良种椰子苗43万株，推广文椰系列优良品种3个，新种植1553公顷，椰子总产值约200亿元。

油茶产业稳步发展，推广良种种植技术，推进油茶特色产业健康发展，良种推广种植面积不断扩大，全省油茶种植总面积11.52万亩，2019年油茶总产值突破1亿元。

2019年全省木材加工行业总产值约133.8亿元。

全年森林旅游游客总人数达420.7万人次，累计总收入12.165亿元。

2019年，经野生动物行政主管部门批准的野生动物驯养繁殖场424家，人工繁育的主要物种有虎纹蛙、果子狸、蛇类、原鸡、豪猪、野猪、龟类等。

省林木品种审定委员会认定油茶、沉香、三角梅等14个林木品种为海南省优良品种。全省苗圃总数574个，占地6万多亩，在圃苗木总量为2亿多株。

林下经济逐步壮大，全省林下经济从业人数累计达61.45万人，面积270.88万亩，产值160.35亿元。

【花卉产业】 2019年11月，海南省人民政府办公厅印发了《海南省花卉苗木产业发展规划(2019—2035)》，明确了海南省花卉苗木产业发展目标和产业布局，提出了支持花卉产业发展的政策措施，为指导全省花卉产业发展提供了重要依据。

技术培训 2019年12月，海南省林业局在昌江县举办了全省花卉产业培训班，解读花卉产业政策、发展规划和统计报表等，提升海南省基层管理者的服务和管理水平。

会展方面 积极参与2019年中国北京世界园艺博览会。展区参展展品国际竞赛项目中，海南省获得100个奖项，其中特等奖5个，金奖18个，银奖29个，铜奖48个。在2019年中国北京世界园艺博览会“2019北京世园会优质果品大赛”中，海南省获得4个奖项，其中金奖1个，银奖2个，铜奖1个。在综合评奖中，海南园和海南室内展区双双获得银奖。10月，组织企事业单位积极参加2019年中国·合肥苗木花卉交易大会，荣获组委会评比的“最佳特色奖”。12月完成2019年中国(海南)国际热带农产品冬季交易会海南林业展馆布展工作。展区重点突出国家热带雨林公园、花卉、椰子、油茶、珍贵树种、林下经济等，深受社会各界关注。

龙头企业 开展国家龙头企业和省级龙头企业的评审和认定工作。制订了《海南省省级林业龙头企业认定和运行监测管理办法》(琼林〔2019〕214号)。下发了《关于做好2019年国家和省级林业重点龙头企业推荐工作的通知》(琼林办〔2019〕34号)，海南金棕榈园艺景观有限公司被认定为第四批国家林业重点龙头企业，新认定4家省级林业龙头企业。2019年，全省共有国家级龙头企业5家，省级龙头企业24家。

【椰子产业】 2019年，全年培育良种椰子苗43万株，推广文椰系列优良品种3个，新种植1553公顷，椰子产业总产值约200亿元。11月，海南省政府办公厅印发了《海南省推进椰子产业发展联席会议制度》。12月，海南省林业局与中国热带农业科学院联合举办了2019海南(国际)椰子产业合作发展论坛，论坛邀请泰国、新加坡、马来西亚、菲律宾、汤加、瓦努阿图、印度尼西亚等国家的政府官员、专家学者及国内外企事业单位代表200余人。国内外嘉宾就海南椰子产业的发展、技术创新、区域优势互补、产供销联动、产业园区设立等合作议题进行了广泛探讨。

【油茶产业】 2019年，海南省林业局组织实施油茶产业发展规划，推广良种种植技术，推进油茶特色产业健康发展，培育油茶苗木120万株，推广选育优良品种6个，新种植油茶面积1013公顷。全省油茶种植总面积达11.52万亩。

【珍稀乡土树种种植和竹业】 2019年珍稀树种造林共1.2万亩。其中花梨7028亩，沉香4867亩。根据森林资源抽样调查，全省有竹林面积18万亩。2019年竹子种植面积233.8亩，大径竹生产833.6860万根，小杂竹351吨，产值4345万元。

【苗木产业】 海南省林业局以规范市场管理、严格林木种苗执法、引导种苗生产有序经营、跟进指导项目建设等为中心，以依法行政、严管种子市场、强化服务为重点，促进全省林木种苗工作。全省苗圃总数574个，占地6万多亩，在圃苗木总量为2亿多株。一是制定《海南省林木种子管理条例》，该条例获得海南省六届人大常委会第十三次会议表决通过，从2019年9月1日起施行，9月23—25日，在海口市成功举办全省林木种苗行政执法暨落实《海南省林木种子管理条例》培训班。二是推进种质资源调查等项目3个，为林木种苗质量执法监管提供依据，为林木种苗产业发展提供数据支撑。三是积极开展中央林木良种培育补助金发放工作，对14家单位下达中央林木良种培育补助资金。四是认定了沉香、油茶、三角梅等14个优良品种。

【木材加工业】 2019年全省木材加工行业完成产值约133.8亿元。其中，①木、竹浆纸产值124.5亿元，包括浆产量约168.6万吨，产值约65.4亿元；纸产量156.5万吨，产值约59.1亿元。②锯材产值4.2亿元，产量约28万立方米。③人造板产值3.4亿元，各类人造板等产量约7.8万立方米。④木片产值0.5亿元，木片产量约5万吨。⑤木、竹、藤制成品及其他产品产值1.2亿元。主要做法：一是加强对全省木材经营加工管理工作的指导检查和监督；二是对小型加工企业、长期停产、停业企业进行清理整顿，规范木材加工企业管理；三是认真开展调研，鼓励和支持企业进行深、精加工，提高木材加工高新技术含量，延长产业链，鼓励利用采伐、造材、加工等三剩物加工项目，提高木材加工增加值。主要成效：一是通过加强指导检查和监督，全省木材经营加工管理更加规范；二是儋州华盛新人造板有限公司等部分精深加工企业的相继投产经营，全省木材经营加工产值得到较大提高。

【林下经济产业】 据统计，2019年全省林下经济新增面积16.26万亩，产值11.47亿元，新增就业人数5992人。截至2019年底，全省林下经济累计从业人数达61.45万人，面积270.88万亩，产值160.35亿元。

领导重视，高位推动 省委、省政府高度重视林下经济发展，将林下经济作为协调生态保护和经济发展的新模式、作为壮大林业经济和解放林业生产力的新载体、作为加快农民增收和实现农村社会文明的新途径。特别是将林下经济列入省委、省政府《关于打赢脱贫攻坚战的实施意见》《海南省“十三五”产业精准扶贫规划》的重要工作来推进，并列入全省精准扶贫和“十三五”十二大重点产业的重要内容来抓。2019年8月，林下经济发展又列入省委、省政府“确保全省经济持续健康发展”重点任务清单，给进一步扩大林下经济规模和效益提供政策支撑。

出台政策，积极引导 积极贯彻落实《国务院办公厅关于加快林下经济发展的意见》(国办发〔2012〕42号)精神，2013年省政府办公厅印发了《关于大力发展林下经济促进农民增收的实施意见》(琼府办〔2013〕114 号),提出科学编制规划、建设示范品牌基地、健全社会服务体系、加强市场建设、加大科技支撑、保证种苗供应、推进体制机制创新等七大工作任务。实施了加大投入力度、强化税收政策扶持、加大金融支持力度、加快基础设施建设等四大政策措施。重点培育以林下种植、林下养殖、林下产品采集加工、林下旅游为主的 4 种形式林下经济,并确定了林苗、林药、林菌、林茶(油茶)、林驯(野生动物驯养繁殖)、林蜂、林鸡、林畜(猪牛羊)、林下产品采集加工、林下旅游等十大重点项目。

示范带动,龙头引领 着重树立先进典型,加强示范基地建设,以点带面、全面推进,2019 年,海南省 5 家经营主体单位经国家林草局评审认定,荣获“国家林下经济示范基地”荣誉称号,全省先后累计推荐评定国家级和省级林下经济示范基地 119 个(其中国家级 11 个,省级 108 个)。积极引进和培育龙头企业,大力推广“龙头企业+专业合作组织+基地+农户”合作模式。

存在的问题 一是林下经济发展势头不强,林下经济发展的“小、散、弱”等现象仍然存在。林农缺乏信息引导和市场观念,缺少有影响力的龙头企业带领,产品研发、加工、销售相对滞后,林下产业普遍停留在销售原产品的低层次服务上,没有形成一个良好的运转体系,缺乏市场竞争力。二是对林下经济财政支持仍不稳定。各级财政对林下经济发展扶持较弱,2014—2018 年,涉及林下经济的扶持资金是从其他项目(品牌林业发展资金)切块,到 2019 年省财政已将品牌林业发展专项资金等 16 项产业类专项资金整合,2019 年海南省林业局已无任何林下经济相关的财政资金扶持政策。

【森林旅游产业】 截至 2019 年底,海南省共有各级森林公园 29 处,其中国家级森林公园 9 处,省级森林公园 18 处,市县级森林公园 2 处,总面积约 16.66 万公顷,2019 年 11 月 15 日,新设立海南昌江昌化大岭省级森林公园,面积为 1068.83 公顷。拥有森林旅游游步道 109 千米,车船 197 台(艘),床位 4168 张,餐位 13710 个,职工和导游总数分别为 4113 人和 331 人,社会从业人员 1833 人。

2019 年,全省全年投入森林旅游建设资金 1.38 亿元,其中国家及各级地方财政投入 0.88 亿元,自筹资金为 0.5 亿元,生态建设投入为 465 万元。全省森林旅游基础设施和旅游服务设施逐步完善,旅游条件有所提升。2019 年全年共接待国内外游客 420.7 万人次,其中海外旅游人数 12.7 万人次。森林旅游总收入 12.165 亿元,同比增长 10.12%。

【野生动物驯养业】 海南野生动物人工繁育场分布在全省 18 个市县,人工繁育的主要物种有虎纹蛙、果子狸、蛇类(眼镜蛇、滑鼠蛇、灰鼠蛇、蟒蛇)、原鸡、豪猪、野猪、龟类等,截止到 2019 年,全省有人工繁育场 424 家。

重庆市林业产业

【概　述】 2019年，重庆市林业产业工作紧紧围绕高质量筑牢长江上游生态屏障、乡村产业振兴、脱贫攻坚等重点工作，依托新一轮退耕还林、国土绿化提升行动、造林补助项目、石漠化综合治理工程等林业重点工程，深入践行"两山论"、走深走实"两化路"，不断拓展林业产业发展空间，全市林业产业发展呈现出规模和效益同步提升的良好态势。2019年林业产业总产值1391亿元，其中第一产业571亿元、第二产业404亿元、第三产业416亿元。

优化产业发展顶层设计 编制印发全市林产品加工贸易发展规划(2019—2025)，形成林业产业发展规划(修编)和笋竹、林下经济、森林旅游、森林康养、木本油料等"1+6"林业产业发展规划。开展深化供给侧结构性改革，加快林业产业化发展的调研，聚焦企业发展难题，形成《重庆林业产业融合发展问题及对策调研》专题报告。

以基地建设壮大生态产业规模 结合国土绿化提升行动和退耕还林，全市新增特色经济林131万亩，其中新建核桃6万亩、油茶12.6万亩、花椒19万亩。截止到2019年底，全市累积发展经济林1685万亩，实现产值342.03亿元。建成以彭水、酉阳、秀山油茶，城口、巫溪核桃，奉节、合川油橄榄等为代表的木本油料基地224万亩；建成江津、酉阳、潼南、丰都、涪陵等区县种植花椒基地162万亩；建成荣昌、梁平、涪陵、南川、大足等笋竹基地450万亩；建设林下经济示范区县6个，发展柑橘等水果720万亩；发展以黄连、金银花、云木香、杜仲、天麻、党参为主的中药材基地122万亩。支持市林投公司在城口、梁平、奉节、巫溪等地积极实施国家战略储备林项目。

林产品加工贸易 全年产出初级林产品约310万吨，主要有鲜笋26万吨、柑橘227万吨、中药材32.6万吨、花椒36.7万吨、油茶籽1.2万吨、核桃1.7万吨、茶叶4.5万吨、其他森林食品32.5万吨。生产蚕茧18万担，重点推进木材、林产化工、木竹家具、纸浆、活性炭和森林食品等主要林产品加工，全年木材加工131万立方米、人造板121万立方米、木竹地板24.3万平方米、木竹家具生产750万套、竹浆生产120万吨、活性炭生产约8000吨、森林食品加工36万吨、竹纤维餐具餐盒生产4000多万只。投资230亿元、占地4100亩的中国西部木材贸易港建设有序推进。重庆佛耳岩港二期工程开港并投入使用，港口木材年吞吐量由原来的65万立方米增加到300万立方米。

林产品品牌建设和市场主体培育 与市农委、市发展改革委、市财政局等部门联合申报国家级特色农产品优势区4项，其中3项是涉林项目。长寿家居产业园入驻涉林企业46家；永川港桥产业园区签约企业115家，入驻企业83家。秀山电商网络体系发展势头强劲，2019年交易额突破100亿元，其中涉林产品交易额占30%以上。到2019年底，具有一定规模的涉林市场主体(企业)累计达8000余户，其中新命名和监测市级林业龙头企业99家；林产品交易市场达154家、电商平台58处。

圆满完成北京世园会参展 按照市委、市政府工作部署，重庆市林业局负责筹备参展及运行维护2019中国北京世界园艺博览会，参展期间，重庆园(展区)累计接待游客约640万人次，引起国内外多家媒体关注并给予报道。在"重庆日"活动期间，重庆市林业局组织巫溪、武隆、南川、丰都、石柱等区县专题推介了生态旅游和生态康养，促成重庆星星套装门集团招商签约20亿元。重庆室外展园荣获北京世园会组委会特等奖，重庆室内展区荣获北京世园会组委会银奖，展品共荣获特等奖2个，金奖4个、银奖16个、铜奖14个。

森林旅游康养提档升级 认真组织实施重庆市森林旅游、森林康养发展规划。参加市政协组织开展的生态康养产业调研，形成以森林、湿地等为主的生态康养调研报告。联合市民政局、市卫健委下发《关于促进森林康养产业发展的意见》。组织开展"国际森林日"，森林旅游地自然讲解志愿服务；指导武隆白马山天尺情缘顺利开园，成功举办中国·重庆·武隆绿色发展实践国际论坛和第三届石柱森林康养发展大会；支持大足区举办荷花节。以2019年3月21日"国际森林日"为切入点，联合中国邮政重庆公司、重庆地理信息中心等单位和各区县林业局，启动3—8月的全市森林旅游康养活动和"森林大篷车"主题活动。仙女山国家森林公园、千野草场、红池坝国家森林公园命名为森林体验国家重点建设基地，巴南彩色森林被命名为森林养生国家重点建设基地。全年森林旅游康养人数达到1.2亿人次，森林旅游康养综合收益超过350亿元。

林业对外合作与交流 组织人员赴阿塞拜疆参加43届世界遗产大会，组团到澳大利亚、新西兰考察国家储备林项目建设。引进陕西树顶跨界公司落户仙女山国家森林公园，投资建设自然体验项目，该项目已正式启动。组织10多个区县和涉林企业到江苏南通参加2019年全国森林旅游节，重点推介"康养石柱"品牌。组织近20个区县的林业主管部门及其涉林企业参加中国义乌国际森林产品博览会、中国-东盟博览会林木展等国家级重点展会。

四川省林草产业

【概　述】 2019年，四川省认真贯彻党的十九届四中全会和省委十一届四次、五次全会精神，落实《关于全面推动四川林业高质量发展的意见》要求，紧紧围绕“高质量筑牢长江上游生态屏障、高质量建设林业经济强省”两大目标，坚持以绿色发展理念为统领，以供给侧结构性改革为主线，坚定实施乡村振兴战略，加快发展现代林业产业，突出抓好林业产业扶贫，切实加强行业安全生产，持续推动直属企业改革发展。实现林草总产值3966亿元，同比增长6%，其中林业总产值3947亿元。

【林业产业基地增量提质】 当年培育。2019年，推进林业产业基地标准化、规模化和集约化建设，共培育林业产业基地471万亩。其中，新造268.3万亩，占57%，低改或抚育202.2万亩，占43%。在当年培育基地中，以核桃、油橄榄为主的木本油料林居多，占总面积的30%(表1)。

基地总量。2019年，全省林业产业基地总规模达到10617万亩，其中木质原料林基地3621万亩，占总基地面积的34.1%，位居第一(表2)。

现代林业产业基地。2019年，21个市(州)的144个县(市、区)已建成现代林业产业基地3086万亩，其中木质原料林基地、竹林基地和木本油料基地面积位列前三，分别占总面积的35.7%、28.9%和20.0%(表3)。

【林产品产量稍有波动】

木竹产品产量 2019年，全省原木、次小薪材、楠竹产量较2018年有所增长。杂竹材产量大幅度减少(表4)。

木竹加工产品产量 2019年，全省木竹人造板、竹浆生产及造纸产量有所增长，木竹地板产量大幅度减少，原因在于受企业转型、环保督察及经济大环境影响，实木地板、实木复合木地板、强化木地板分别为41万平方米、12万平方米、32万平方米，均比上年大幅下降(表5)。

【林产加工能力持续提升】 2019年，现代林业产业基地达到3086万亩，生产木材231万立方米，大径竹1.77亿根，木竹人造板605万立方米，木竹地板111万平方米，特色经济林产品600万吨。林产品商品化率显著提升，成都平原区林板家具、川南竹产业、川东北特色经济林和川西生态旅游四大产业集群初步形成(表6)。

表1　2019年全省林业产业基地当年培育情况

培育种类	合计	木质原料林	竹林	特色干果	木本药材	木本油料	森林蔬菜	生物能源林	茶桑果	其他
面积(万亩)	471	48.0	87.0	97.6	43.7	141.0	2.3	0.4	44	7.0
占比(%)	100	10.2	18.5	20.7	9.3	30	0.5	0	9.3	1.5

表2　2019年全省林业产业基地构成

培育种类	合计	木质原料林	竹林	特色干果	木本药材	木本油料	森林蔬菜	生物能源林	茶桑果	其他
面积(万亩)	10617	3621	1803	946	375	1980	235	127	1434	96
占比(%)	100	34.1	17	8.9	3.5	18.6	2.2	1.2	13.5	1

表 3　2018—2019 年全省现代林业产业基地构成

单位：万亩

年份	合计	速生丰产用材林、珍贵树种用材林	纸浆竹林、材用竹林基地	笋用竹林、笋材两用竹林基地	木本油料	木本药材	木本调料	木本粮食	木本饮料	森林蔬菜	其他特色经济林基地
2018 年	2935	1065	526	304	594	97	171	15	15	82	66
2019 年	3086	1101	641	250	585	123	199	9	15	92	71

表 4　2018—2019 年全省木竹产品产量

年份	原木(万立方米)	次小薪材(万吨)	楠竹(万根)	杂竹材(鲜)(万吨)
2018 年	211	19.7	4633.8	665
2019 年	217	26.8	6125.7	506
同比增长率(%)	2.8	36.0	32.2	−23.9

表 5　2019 年全省木竹加工产品产量

年份	木竹人造板(万立方米)	木竹地板(万立方米)	竹浆生产及造纸(万吨)	竹笋加工(万吨)
2018 年	565.3	307	150.68	55
2019 年	605	111	189	44
同比增长率(%)	7	−63.8	25.4	−20

表 6　2019 年全省经济林产品产量

单位：万吨

年份	特色水果	特色干果	林产饮料	林产调料	森林药材	木本油料				森林食品	林产工业原料
						小计	核桃	油橄榄	油茶籽		
2018 年	735	8.3	15.5	10.4	27.0	61.7	57.4	2.0	2.3	20.5	0.77
2019 年	821	9.3	16.1	10.5	28.0	62.4	56.3	2.1	2.0	25.7	0.85
同比增长率(%)	11.7	12	3.9	1	3.7	−1	−2	5	−13	25.4	10

【林业经济持续增长】

市县林业产值情况　2019 年，全省实现林草总产值 3966 亿元，比 2010 年增加 201.5%。其中超过全省平均增速的有 13 个市(州)，超过 30 亿元的县级统计单位有 42 个，较 2018 年增加 2 个。新都、温江、蒲江、都江堰、彭州、邛崃、崇州、简阳、纳溪、叙永、合江、朝天、沐川、峨眉山南部、洪雅、青神、长宁、雨城、南江 20 个县(市、区)林业总产值超过 50 亿元，其中都江堰、崇州达到 100 亿元(详见表 7、表 8)。

表 7　2019 年市县林业总产值统计表

单位：个

总产值	合计	<5 亿元	5 亿元≤x<30 亿元	30 亿元≤x<100 亿元	≥100 亿元
市(州)	21	—	—	8	13
县级单位	183	40	101	40	2

表 8　2019 年林业总产值过百亿市(州)情况表

序号	林业总产值过百亿市(州)	产值(亿元)
1	成都市	854.2

(续表)

序号	林业总产值过百亿市(州)	产值(亿元)
2	泸州市	278.0
3	绵阳市	228.0
4	广元市	235.9
5	乐山市	269.5
6	南充市	201.0
7	眉山市	249.4
8	宜宾市	362.4
9	广安市	100.2
10	达州市	165.1
11	雅安市	154.1
12	巴中市	175.9
13	凉山州	163.3

产值增速情况 2019年，全省林业总产值较2018年增长6%，其中第一产业减少2.6%，第二产业增长0.7%，第三产业增长3.3%。在21个市(州)中，超过全省平均增速的有9个市(州)。在183个县(市、区)中，增速超过10%(含)的有51个县(市、区)(表9)。

表9 2019年市县林业总产值增长情况表

单位：个

增长率	合计	<6%	6%≤x<10%	≥10%
市(州)	21	12	6	3
县(市、区)	183	115	17	51

注：6%为2019年全省林业总产值平均增幅。

林业产值构成情况 2019年，全省林业第一、第二、第三产业产值的构成比为36∶26∶38。其中第三产业产值比重较2018年增加了3个百分点，表明四川省以森林观光、休闲、度假、康养为主的生态旅游、仓储物流等服务业快速增长(表10)。

表10 2019年全省林业总产值及构成表

统计指标	合计	第一产业	第二产业	第三产业
2019年产值(亿元)	3948	1425	1011	1512
2019年构成(%)	100	36	26	38
2018年构成(%)	100	38.6	26.7	34.7

【竹产业】 2019年，全省竹林面积达到1803万亩，其中现代竹产业基地891万亩；20个市、州134个县(市、区)有竹林分布，其中面积20万亩以上的25个，50万亩以上的7个，100万亩以上的2个。集中分布在泸州市、宜宾市、乐山市、雅安市、成都市、眉山市、达州市等地，这7个市现有竹林1396万亩，占全省的77%，初步形成了川南、青衣江、渠江、龙门山竹资源带。

以竹业主产县为重点，加大招商引资力度，积极推进竹产品加工转化，加快构建“原料—初加工—深加工—产品销售”全产业链，提高资源利用率和附加值。到2019年底，全省有竹笋、竹材初加工点2000余个，年加工鲜笋44万吨，竹材766万吨；有竹食品精深加工企业83个，年生产竹食品和调味品15.8万吨，竹保健医药产品10吨；有竹浆纸、竹家具、竹编及竹工艺品、竹活性炭、竹人造板、竹原纤维等竹材精深加工企业500家，年生产竹人造板29万立方米、竹家具400万件、竹编及竹工艺品2100万件、竹浆及纸制品189万吨、竹活性炭3万吨、竹地板15万平方米。

按照“竹+花”“竹+树”等模式，各地结合生态修复、城乡绿化美化、竹业基地培育和旅游景点建设，以江、河、湖、库、路等重点区域为重点，启动建设一批集生态、经济、社会、文化效益为一体的竹林风景线。2019年实现竹业综合产值605.9亿元，较2018年增长31.0%，建成翠竹长廊(竹林大道)18条、394千米，“宜长兴”“纳叙古”两条标志性百里翠竹长廊基本建成。初步建成竹林小镇10个，竹林人家35户。

【花卉产业】 截至2019年底，花卉种植面积106万亩，控温室625万平方米。以机构改革为契机，以“三花并进”(建花海、办花市、过花节)为抓手，推动四川省花卉产业持续健康发展。全省14个市(州)举办了迎春花市，接待城乡居民观赏350万人次，参展花木近600万盆(株)，实现销售收入超5000万元。与成都市政府共同主办2019年西部(成都)花博会。着力推进2019年度“四川花卉(果类)生态旅游节”活动，截至11月已在16个市州50多个县(市、区)开展花卉主题活动近100场。指导省林科院下属企业开展北京世园会“四川园”建设，室内展园获得金奖，室内展区获银奖。协同省花协组织川派盆景参加盆景国际竞赛，获得金奖2个、银奖7个、铜奖18个。指导温江银芽柳、西昌人参榕等优质花木走出国门，实现四川花木远销欧洲市场。2019年，四川省已有20多个品种出口欧洲，全省花卉出口额达8387万元。

【木本油料产业】 四川省木本油料产业主要以核桃、油橄榄和油茶为主。截至2019年底，全省木本油料产业基地面积1979.8万亩，产值153亿元。其中，核桃1846.8万亩，年产干果56.3万吨，年产核桃油2390吨，实现产值138.3亿元；油橄榄50.3万亩，年产鲜果2万吨，年产橄榄油2690吨，实现产值10.5亿元；油茶55.4万亩，年产鲜果2.9万吨，年产茶油3771吨，实现产值4.5亿元；其他基地27.3万亩。2019年度新造19.4万亩，低改118万亩。

【草产业】 2019年，落实国家级、省级财政资金5.5亿元，实施草原生态修复工程和退牧还草工程。人工种草生态修复144.5万亩，有害生物防控522万亩；开展围栏建设50万亩，退化草原改良81万亩，人工种草25万亩，黑土滩治理15万亩，毒害草治理10万亩。建设人工草地35.42万亩，改良天然草原160万亩，建设乡土草种繁育基地5个，有力地促进了产业增效。

2019年全省天然草原综合植被盖度85.1%。全省牧区牲畜超载率9.1%，较上年下降0.13个百分点。

【现代林业示范区建设】 围绕示范区高质量发展，实施“521”发展战略，与5个市(州)签署战略合作协议，成立推进小组，顺利启动广元朝天、宜宾叙州、泸州纳溪、资阳乐至、凉山普格共5个国家和省级现代林业示范区建设；命名首批21个市(州)级现代林业示范区。各示范区结合本地资源优势和产业发展实际，同步编制示范区“四个一”资料，全面明确了示范区的建设范围、主导产业、发展目标、重点任务和进度安排，按计划实施，成效初显。截止到2019年底，26个示范区累计投入资金20.8亿元，其中省财政投入1.7亿元，地方整合涉农资金12亿元，社会融资7.1亿元。培育林业产业基地22.8万亩，修建林区产业道路410.1千米、对外连接道路169.4千米，灌溉水池6.3万立方米。创新森林康养模式，共建旅游步道678千米，打造森林人家72个，建设森林康养基地29个，接待旅游人数共511.4万人，实现37.4亿元旅游收入。采取林药、林菌、林禽等方式探索林下种养模式，新增林下种植基地5万亩，养殖基地1.4万亩。青神县、朝天区、叙州区、游仙区、道孚县等林业示范区已成为全省林业一、二、三产业融合发展的示范“窗口”。

【林业产业扶贫】 指导贫困地区因地制宜新建、改造木质原料林、竹林和木本油料、木本药材、森林蔬菜、特色饮品等特色经济林，建设和发展优质高效的花卉产业、林下经济产业和生态旅游业。积极推动8个贫困县(市、区)建设现代林业示范区，6个贫困县(市、区)建设竹产业高质量发展重点培育县，4个贫困县(市、区)建设省级花卉产业园区(基地)。2019年在“四大片区”培育林业产业基地80万亩。指导广元市朝天区创建第三批中国特色农产品优势区，推荐广元油橄榄参与第二批四川省特色农产品优势区评选。持续培育朝天核桃、大凉山花卉、汶川甜樱桃、俄色雪域茶、雅江松茸等特色林产品品牌，带动深度贫困县的产业发展。

【森林康养旅游】

持续开展示范单位建设 新评定省级森林康养基地55处，森林康养人家104处，申报获得中国林产联合会评定“森林康养全国试点基地单位”7处，向国家林业和草原局等四部委申报推荐玉屏山、海子山等6处“国家森林康养基地”，其中4处获得评定通过。

深化普及推广森林康养 举办了第二届“森林康养月”和“生态康养日”宣传活动、第二届海峡两岸森林康养研讨会暨会东县华山松森林康养旅游节、中国(四川)第五届森林康养年会，承接举办中国林产联合会主办的第三届中国森林康养与乡村振兴大会，深化了森林康养、自然教育等理念、发展模式等宣传普及和推广。

着力加大森林康养研究 完成《森林康养步道

建设标准》研究和发布、《山地轨道交通项目助推都江堰—四姑娘山生态走廊带森林康养快速发展研究》、玉屏山森林康养基地医学实证研究、花椒等植物森林康养价值研究、《大熊猫国家公园自然教育现状研究》。启动了《关于强化科学研究高质量推进森林康养发展的意见》研究工作。

推进森林康养创新发展 强化森林康养协同合作与技术攻关，支持四川省林科院、规划院、林业中心医院等单位成立了森林康养理论与文化创意、森林康养医学实证研究等6个森林康养省级创新联盟；推动森林康养区域集聚发展，发布都江堰—四姑娘山、玉屏—峨眉四川首批两条森林康养走廊。

探索森林康养政策创新 将森林康养产业发展用地政策纳入四川省林业和草原局印发的《关于优化我省林草业发展环境的指导意见(试行)》；开展了利用年度工会费用开展森林康养体验的政策可行性探索。

强化森林康养交流培训 组织管理与技术人员20余人赴日本、韩国等国家和中国台湾地区进行了森林康养交流学习；组织17人到美国开展了为期21天的生态康养与自然教育引智培训学习；与贵州省林草局签署了《关于加强双方森林康养发展合作备忘录》；与台湾地区森林康养同行达成海峡两岸森林康养“会东共识”。

【林业生态旅游业】 以“大熊猫生态旅游”为引领，探索生态旅游与节会、康养、教育、文化、运动、扶贫等创新融合，稳步推进森林小镇、森林人家、森林步道等生态旅游载体建设，促进森林康养、自然教育、运动体验等新业态发展，带动乡村振兴与脱贫攻坚，积极推动四川生态旅游成为新时代四川林草对外形象展示的新平台、新窗口。2019年共创建省级森林小镇48个，累计创建省级森林小镇115个。其中，有16个入选全国最美森林小镇，占全国最美小镇的64%。同时创建91家四星级森林人家，全省星级森林人家累计总数达1315家。2019在贫困地区开展的生态旅游节会活动近28场，约占总活动场数的1/3。黄龙高山兰花节、盐源苹果节、平昌花椒节、黑水彩林节等活动带动农民脱贫增收。2019年支持贫困地区创建省级森林小镇21个，支持贫困地区创建四星级森林人家52家。两期直接培训贫困地区生态旅游一线干部、专业人员200余人。

贵州省林业产业

【概　述】　2019年，在国家林草局的大力支持和指导下，在省委、省政府的高度重视和坚强领导下，贵州省林业局压实工作职责，将发展林业产业作为“守好两条底线”和践行“绿水青山变成金山银山”重要路径，全省林业产业总产值实现3300亿元，较2018年林业产值（3010亿元）增加10%，有力助推全省决战脱贫攻坚。2019年贵州省有6家企业8款产品获得首批国家森林生态标志产品认定。

按照省委、省政府对农村产业调整要求，将竹、油茶、花椒、皂角等并列为省特色林业产业。

竹产业　2019年全省完成新造竹林49.7万亩，改培竹林31.38万亩，超额完成新造林16万亩、改培28万亩的目标任务。全省竹林资源总规模面积约470万亩。2019年全年竹材采伐量68.47万吨，鲜竹笋产量20万吨。全省竹产业总产值80亿元，带动贫困人口8.83万人增收。

油茶产业　2019年全省完成新造油茶林60.47万亩，改培低产油茶林35.02万亩，超额完成新造林60万亩、改造30万亩的目标任务。全省油茶种植总规模约323.87万亩。2019年全省油茶产油茶籽7.22万吨。全省油茶产业产值30亿元，带动10.9万人增收。

花椒产业　2019年，有花椒面积103.97万亩，花椒鲜品产量2.2万吨，产值4.35亿元，主要销往本省和重庆、四川、上海、江苏、北京等地。

皂角产业　贵州省皂角大面积人工种植主要集中在毕节市，据调查，种植面积47万亩，其中织金县31.52万亩，其他市州有零星分布。2019年全省皂角加工成品1300吨，产值4亿元，皂角籽加工端主要在织金县，主要从外省购进原料进行加工。2018年织金县皂角精获得全国农产品地理标志产品登记保护认证。

【林下经济】　2019年，贵州省林业局认真贯彻落实省委十二届五次全会精神，按照省委书记关于“做足林下经济文章，走出一条运用‘八要素’发展林下经济的新路，让绿水青山能够实实在在变为金山银山”的要求，以深度贫困地区为重点，采取超常规措施全力推动林下经济加快发展，制订下发《聚焦深度贫困地区发展林下经济助推脱贫攻坚的实施方案》，将林菌、林药、林禽、林蜂、林笋等短期能够见效的业态作为林下经济发展的重点，聚焦全省16个深度贫困县和20个极贫乡镇，安排资金6458万元，组织实施林下经济示范项目42个，覆盖贫困人口1.88万人。通过以点带面，全省林下经济发展取得初步成效，据调查统计，2019年全省林下经济发展面积达到1279.7万亩（不含森林景观利用，下同），同比增长8.5%。林下种植面积达到356万亩，其中近野生石斛13.92万亩、林下食用菌6.72万亩、林下中药材76.2万亩、林下茶叶62.4万亩、其他196.8万亩；林下养殖面积达到270万亩，共养殖林下鸡2324万羽、蜂50.15万箱、家畜95.67万头；林产品采集加工面积653.49万亩。全省发展林下经济的企业、专业合作社等经济实体达1.4万个，带动贫困人口28.1万人，人均增收近千元。初步实现了省委十二届五次全会提出的2019年和2020年林下经济实现重大突破的目标。

【食用菌菌材林】　一是制订出台《2019年全省食用菌产业发展木质菌材供保方案》，方案在摸清全省菌材资源底数、核准菌材需求、开展省外调研等工作的基础上，制订菌材供保方案，提出了全省菌材的供给原则、供给渠道和保障措施。二是制定出台《贵州省菌材林基地建设规划（2019—2022年）》，紧密衔接全省食用菌产业发展规划，提出2019—2022年，通过新造、改培等措施，在全省建设菌材林基地150万亩，打造30个重点建设县和32个一般发展县。三是制定出台了《关于支持木质菌材基地建设和菌材加工的指导意见》，从菌材林基地建设的项目支持、服务保障、菌材(木屑)加工按量补贴政策和产销对接四个方面鼓励各类社会主体参与菌材林基地建设和菌材加工，为保障菌材原料供给提供政策支持。四是全力推进50万亩菌材林基地建设。省林业局组织全省林业系统筹措资金、采购苗木、落实土地，持续推进菌材林基地建设。据调查，2019年完成栽植面积33.7万亩。

【发挥产业资金积极作用】 产业资金发挥作用。聚合省财政下达2018年、2019年省级林业产业发展专项资金共22970万元，对石斛、油茶、竹、刺梨产业和菌材林等五大产业基地建设进行奖补，对森林康养基地建设项目、林下经济示范项目、种苗花卉项目、林下种养殖培训基地建设项目、国家级、省级林业龙头企业、林产品品牌建设企业等方面进行补助和贴息，有力撬动社会资本和金融资本，鼓励各类涉林社会主体发展林业产业。

【存在的问题】

林业产业经营主体规模小 2019年，全省有省级林业龙头企业202家，其中年销售收入达1亿元以上的15家，5000万~1亿元的27家，1000万~4000万元的101家。销售收入排前三名是贵州百灵企业集团制药股份有限公司(25.19亿元)、贵州赤天化纸业股份有限公司(15.48亿元)、贵州苗夫都市园艺有限公司(5.67亿元)。但此类企业数量较少，且相对全国来说规模较小。缺乏有实力的龙头企业和专业合作社组织带动发展，产业发展组织化、规模化程度低，难以形成产品规模、品牌效应，应对市场能力弱。

涉林资金使用方式单一 林业投入的资金大多采取先建后补、以奖代补的方式，未起到引导投资的作用，很难撬动金融资本和社会资本。有的地方将有限的林业投资资金整合用于其他方面，真正用于林业项目的资金不足。大多企业、合作社、农户仅靠极少的投入资金，很难做大做强林业产业。

全省无知名品牌，产品宣传不够 一是有关企业未充分认识品牌建设的重要性，全省森林生态产品缺乏生产、加工、产品标准体系，没有知名的公共品牌，产品附加值不高。二是对林业产业和森林生态产品宣传不够，媒体宣传报道一产方面居多，二、三产的相对较少。产品销售渠道不畅，无产量、产地、价格等供需双方的信息发布平台，供需双方需求信息不匹配。

【林业龙头企业】 2019年，贵州省新增国家级林业龙头企业4家，共有8家，省级林业龙头企业202家。名单如下：

国家级林业龙头企业(8家)：贵州湄潭兰馨茶业有限公司(湄潭县)、贵州大自然科技股份有限公司(白云区)、贵州赤天化纸业股份有限公司(赤水市)、贵州森泰实业有限公司(黎平县)、贵州百灵企业集团制药股份有限公司(安顺开发区)、贵州苗夫都市园艺有限公司(余庆县)、贵州红赤水集团有限公司(赤水市)、贵州恒力源实业有限公司(龙里县)。

新认定省级林业龙头企业名单(37家)：

贵阳市(6家)：贵州开阳益荣茶业有限公司(开阳县)、贵州九通市政园林建设有限公司(南明区)、贵州龙洞堡物流港置业有限公司(双龙新区)、贵州威门药业股份有限公司(乌当区)、贵州绿和美环境建设投资有限公司(清镇市)、贵州林业勘察设计有限公司(云岩区)。

遵义市(9家)：贵州樱香园艺有限公司(新蒲新区)、贵州省凤冈县永田露茶业有限公司(凤冈县)、贵州赤水国礼金钗石斛发展有限公司(赤水市)、贵州赤水科苑农业科技开发有限公司(赤水市)、赤水市信天中药产业开发有限公司(赤水市)、贵州草木年华生态农业有限公司(仁怀市)、遵义卉之丰现代农业有限公司(湄潭县)、遵义绿丰木业有限公司(新蒲新区)、贵州野鹿盖茶业有限公司(凤冈县)。

六盘水(2家)：贵州宏财聚农投资有限责任公司(盘州市)、水城县宏兴绿色农业投资有限公司(水城县)。

安顺市(2家)：贵州百灵企业集团制药股份有限公司(开发区)、安顺市延年果种植农民专业合作社(西秀区)。

毕节市（1家）：毕节阳光园林绿化有限公司（七星关区）。

铜仁市（4家）：贵州黔玉油茶开发有限公司（玉屏县）、贵州沿河乌江生物科技发展有限公司（沿河县）、铜仁市锦江投资有限公司（碧江区）、贵州陶缘居生态发展有限公司（德江县）。

黔东南（5家）：贵州康源铁皮石斛农业科研开发有限公司（从江县）、榕江县宇泰木材加工厂（榕江县）、贵州百佳尚品农业综合开发有限公司（雷山县）、贵州都市森林旅游产业开发有限公司（施秉县）、贵州侗乡红农业发展有限公司（黎平县）。

黔南州（2家）：贵州绿健神农有机农业股份有限公司（独山县）、贵州济生农业科技有限公司（独山县）。

黔西南州（6家）：贵州森林木业有限公司（望谟县）、贵州皇草农特旅游开发有限公司（望谟县）、贵州龙豪生态农业发展有限责任公司（兴义市）、普安县吴氏蛇业科技开发有限公司（普安县）、贵州首草健康发展有限公司（兴义市）、贵州红源绿宝农业发展有限公司（兴义市）。

通过监测继续授予省级林业龙头企业名单（165家）：

贵阳市（11家）：贵州林业新技术发展中心（云岩区）、贵州合众家具有限公司（云岩区）、贵州省扎佐林场医院（修文县）、贵州军辉生物工程有限公司（观山湖区）、贵州大自然科技股份有限公司（白云区）、贵州景阳森林疗养院有限公司（修文县）、贵州森林野生动物园股份有限公司（修文县）、修文县农业投资开发有限公司（修文县）、贵阳单宁科技有限公司（修文县）、贵州由由农业开发有限公司（开阳县）、贵州红梦民族文化发展有限公司（开阳县）。

遵义市（33家）：贵州仙草生物科技有限公司（赤水市）、贵州省湄潭县栗香茶业有限公司（湄潭县）、贵州梦润鹌鹑有限公司（汇川区）、贵州川友家具有限责任公司（赤水市）、贵州习水县勤韵茶业有限公司（习水县）、贵州赤水竹韵贸易有限公司（赤水市）、余庆大美绿化工程有限公司（余庆县）、贵州众恒中药发展有限公司（道真县）、贵州习水林旅投资有限公司（习水县）、遵义林仙康茶旅有限公司（凤冈县）、贵州贝加尔乐器有限公司（正安县）、遵义神曲乐器制造有限责任公司（正安县）、贵州赤天化纸业股份有限公司（赤水市）、贵州红赤水集团有限公司（赤水市）、赤水市黔原笋业有限责任公司（赤水市）、贵州新锦竹木制品有限公司（赤水市）、贵州省赤水市金钗石斛产业开发有限公司（赤水市）、贵州金泽地绿色产品开发有限责任公司（湄潭县）、贵州乾艺园林工程有限公司（湄潭县）、贵州湄潭兰馨茶业有限公司（湄潭县）、凤冈县富源茯苓有限责任公司（凤冈县）、贵州省凤冈县田坝魅力黔茶有限公司（凤冈县）、贵州省凤冈县浪竹有机茶业有限公司（凤冈县）、贵州凤冈县仙人岭锌硒有机茶业有限公司（凤冈县）、贵州山珍宝绿色科技开发有限公司（播州区）、遵义林源医药化工有限责任公司（红花岗区）、贵州博联茶业股份有限公司（道真县）、正安县顶箐方竹笋有限公司（正安县）、贵州省桐梓县康利绿色食品有限公司（桐梓县）、贵州海峰木业发展有限公司（绥阳县）、贵州苗夫都市园艺有限公司（余庆县）、贵州省务川县照石坊农林（集团）有限公司（务川县）、贵州三阁园林生态股份有限公司（正安县）。

六盘水市（7家）：六盘水茂霖苗圃农民专业合作社（钟山区）、贵州鸿森茶业发展有限公司（六枝特区）、水城县茶叶发展有限公司（水城县）、六盘水金玲籽农业科技发展有限公司（水城县）、水城县旭鑫种养殖农民专业合作社（水城县）、贵州天刺力食品科技有限责任公司（盘州市）、六盘水神驰生物科技有限公司（钟山区）。

安顺市（16家）：安顺市西秀区钰霖种养殖农民专业合作社（西秀区）、安顺市西秀区黔中缘种养殖农民专业合作社（西秀区）、安顺鸿祥绿色产业有限责任公司（西秀区）、贵州思特技术有限公司（平坝区）、安顺市平坝区乐平镇塘约村金土地合作社（平坝区）、安顺市平坝区飞虎山生态农业种植专业合作社（平坝区）、普定县思源现代农业发展有限公司（普定县）、贵州省普定县印象朵贝贡茶专业合作社（普定县）、普定县持恒林业科技发展有限公司（普定县）、普定县青源茶叶专业合作社（普定县）、普定县绿源苗业开发有限公司（普定县）、普定县朵贝重华茶业有限责任公司（普定县）、镇宁自治县金瀑农产品开发有限责任公司

(镇宁县)、贵州六马蜂糖李种植农民专业合作社(镇宁县)、贵州高原蓝生态农业科技开发有限公司(紫云县)、贵州天赐贵宝食品有限公司(开发区)。

毕节市(8家):大方县九龙天麻开发有限公司(大方县)、毕节禹垚园林绿化有限公司(金海湖新区)、贵州惠馨果业发展有限公司(金沙县)、贵州百里杜鹃旅游开发投资公司(百里杜鹃管委会)、大方县阳光林业综合开发有限责任公司(大方县)、黔西县金碧镇杨勇种植农民专业合作社(黔西县)、纳雍县万寿玛瑙红樱桃有限公司(纳雍县)、威宁县乌蒙绿色产业有限责任公司(威宁县)。

铜仁市(17家):贵州玉屏千林林业投资有限公司(玉屏县)、贵州大龙益寿植物油有限公司(玉屏县)、贵州大龙健康油脂有限公司(玉屏县)、贵州祥驰农业开发有限公司(玉屏县)、贵州省松桃福农鑫农牧科技发展有限公司(松桃县)、贵州汇森源开发有限责任公司(松桃县)、贵州苗药生物技术有限公司(江口县)、贵州省石阡和记绿色食品开发有限公司(石阡县)、石阡县猫寨农林专业合作社(石阡县)、贵州石阡佛顶山野生油茶油业有限公司(石阡县)、贵州一航生态农牧科技开发有限公司(思南县)、思南乌江利民木业有限公司(思南县)、贵州天德农产品开发有限责任公司(德江县)、贵州德江县康奇药植开发有限责任公司(德江县)、德江洋山河生物科技有限公司(德江县)、德江县伊甸园农业发展有限公司(德江县)、德江县宗武苗圃有限公司(德江县)。

黔东南州(25家):贵州金佰瑞农业股份有限公司(黄平县)、贵州省黄平县五洋生态园绿化工程有限责任公司(黄平县)、贵州福林福木业工贸有限责任公司(榕江县)、贵州永盛木业有限责任公司(榕江县)、贵州华宏木业有限公司(榕江县)、榕江县五榕木业有限责任公司(榕江县)、贵州甘力木业有限公司(榕江县)、贵州黎美农业科技开发有限公司(黎平县)、贵州黔香园油脂有限公司(黎平县)、黎平县霞宇油脂有限公司(黎平县)、剑河县仰阿莎旅游投资开发有限责任公司(剑河县)、贵州剑河园方林业投资开发有限公司(剑河县)、贵州恒生源农业开发有限公司(天柱县)、贵州百里杜鹃瑞伟生态产业开发有限公司(从江县)、贵州省从江县红枫木业有限公司(从江县)、从江县华丰木业有限责任公司(从江县)、贵州永恒丰木业有限公司(从江县)、从江县盛源木业有限公司(从江县)、锦屏县东南木业有限公司(锦屏县)、锦屏县锦源木业有限公司(锦屏县)、贵州鸿辉木业技术有限公司(锦屏县)、锦屏县寰宁木业有限公司(锦屏县)、锦屏县胜利木业有限公司(锦屏县)、锦屏县森科林产品有限公司(锦屏县)、贵州凯欣产业投资股份有限公司(凯里市)。

黔南州(22家):贵定县黔星云雾贡茶产业有限公司(贵定县)、贵州山王果健康实业有限公司(贵定县)、贵州经典云雾茶业有限责任公司(贵定县)、贵州高原农产资材开发有限公司(贵定县)、贵州森林湖农业发展有限公司(贵定县)、贵定县三胜绿色产业开发基地(贵定县)、贵州瑞茂旅游投资开发有限公司(独山县)、贵州颖梵农业资源开发有限公司(独山县)、贵州青龙农林股份有限公司(独山县)、贵州御龙尊茶业有限公司(独山县)、惠水合生农业生态发展有限公司(惠水县)、贵州鸿瑞实业有限责任公司(惠水县)、贵州美瑞特林木开发有限责任公司(惠水县)、贵州省瓮安县贵山茶业有限责任公司(瓮安县)、贵州瓮安鑫产园茶业有限公司(瓮安县)、贵州黔宝食品有限公司(龙里县)、贵州恒力源林业科技有限公司(龙里县)、长顺丹索亚刺梨庄园有限公司(长顺县)、长顺县金冠林木农民专业合作社(长顺县)、贵州汇生林业开发有限公司(罗甸县)、贵州群山木业有限公司(三都县)、贵州景天园林工程有限公司(都匀市)。

黔西南州(26家):兴义市绿缘中药材种植农民专业合作社(兴义市)、兴义市文辉中药材农民专业合作社(兴义市)、黔西南州绿缘动植物科技开发有限公司(兴义市)、贵州省霖生木业有限公司(兴义市)、黔西南州鲲波生物资源开发有限公司(兴义市)、贵州阳光农业科技有限公司(兴义市)、贵州珠江源生态实业有限公司(兴义市)、黔西南州贵鑫农产品开发有限公司(兴义市)、兴仁县富益茶业有限公司(兴仁市)、兴仁县鑫盛种养殖农民专业合作社(兴仁市)、贵州安龙金蕙花卉发展有限公司(安龙县)、贵州华一农业股份有限公司(安龙县)、安龙县西城秀树农林有限责任公司(安龙县)、贵州楚人典范林木资源开发有限公司(贞丰县)、贵州禾丰苑农林开发有限公司(贞丰县)、贞丰县顶罈椒业有限公司(贞丰县)、册亨奇松林业发展有限责任公司(册亨县)、册亨县泰森农林业开发有限公司(册亨县)、贵州马岭河植物油有限公司(册亨县)、贵州光秀生态食品有限责任公司(望谟县)、望谟县四海桐油福利加工厂(望谟县)、贵州省普安县白珍稀资源开发有限公司(普安县)、兴义市阁鲁吉亚家具厂(义龙新区)、贵州中科绿谷生物科技有限公司(义龙新区)、贵州脑滋源生物科技有限责任公司(义龙新区)、贵州西南生物科技股份有限公司(义龙新区)。

云南省林业产业

【概　述】　云南省林业资源丰富，森林类型多样，森林环境原始，物种多样性极为丰富，林地面积4.23亿亩，占全省土地总面积的73.5%，居全国第二位；森林面积3.59亿亩，居全国第二位，森林覆盖率达62.4%，居全国第五位；造就了多姿多彩的自然景观，孕育了丰富的森林旅游资源，为森林旅游的发展提供了得天独厚的景观资源基础。森林中珍稀物种种类和数量占全国的1/2以上，其富集程度居全国首位，独有、特有种占有率高。竹类、中药材、花卉、香料、野生菌种类均居全国之首。

【发展思路及现状】　云南省林区森林食品资源丰富，是生产生态、绿色、健康、安全产品的主要来源，省林草局坚定不移践行“两山理论”和省委、省政府全力打造世界一流“绿色能源”“绿色食品”“健康生活目的地”三张牌重大战略部署，立足和充分发挥云南森林生态产品资源丰富、特色突出、品好质优的优势，按照“大产业+新主体+新平台”发展模式，不断提升规模化、专业化、绿色化、组织化、市场化水平，聚焦云南核桃、澳洲坚果、野生食用菌、花椒、竹类、油茶等重点产业，大力发展具有云南特色的林下养殖、林下种植、林产品采集及三七、天麻、石斛、黄精、重楼、滇皂角等优势品种，全力打造世界一流“绿色食品牌”，产出更丰富、更优质的森林生态产品，迈上生态美、百姓富和满足人民日益增长的美好生活需要的发展道路。

新中国成立70年来，云南省林草产业由小向大、由缺向全、由弱向强，已经形成特色经济林(木本油料)、林浆纸、林化工、竹藤、生态旅游、森林康养、木材加工及人造板、林下经济、观赏苗木及草原等九大产业体系，构成了一、二、三产业的多门类、多产品的复合产业群体，取得了可喜的经济、社会、生态效益，对扶贫攻坚、实施乡村振兴战略和助推云南经济发展做出了重要贡献。

到2019年底，全省林草产业总产值达2522.56亿元，与2012年相比增长1.85倍。涉及绿色食品产业的产值合计达1028.24亿元，其中，核桃295亿元，澳洲坚果14.36亿元，野生食用菌167亿元，花椒46亿元，油茶5.88亿元，林菌、林菜、林禽、林畜、林蜂等林下经济产值超过500亿元，占林业总产值的40.76%。全省林草产业所产出的森林生态食品，已成为打造世界一流绿色食品品牌的重要支柱。

【木本油料】　截至2019年，全省木本油料种植面积5150万亩，产量129万吨，产值310亿元。其中，核桃面积4300万亩，投产面积2246万亩，产量120万吨，产值295亿元；澳洲坚果面积330万亩，投产面积88.21万亩，产量4.68万吨，产值14.36亿元；油茶面积231.20万亩，投产面积60.64万亩，产量1.84万吨，产值4.24亿元；油橄榄面积18.76万亩，投产面积7.54万亩，产量997吨，产值1298.14万元；膏桐面积24.64万亩，产量29.5吨，产值11.22万元；油桐面积16.38万亩，产量5833.7吨，产值6292万元。

全省129个县(市、区)中，有116个县(市、区)已形成核桃种植产业，占90%，其中种植规模较大的县达70个，种植总面积超过100万亩的有凤庆、云县、永平、隆阳、腾冲、昌宁、大姚、云龙等8个县(市、区)，50万~100万亩的有漾濞、鲁甸、南华等28个县(市、区)。大理州12个县(市)有96%的乡镇、88%的行政村、50%以上的农户种植核桃。重点分布在澜沧江、怒江、红河及金沙江流域，品种主要有漾濞泡核桃、三台核桃、细香核桃、大砂壳核桃、鲁甸大麻核桃、云新、娘箐夹绵核桃7个品系，占面积90%以上。2019年，全省建成核桃产业基地县101个，拥有各类示范基地283个，有机基地认定面积113.9万亩，其中国家级核桃示范基地8个。

全省有核桃企业780家，其中龙头企业123家(国家级5家)，加工型企业204家；已组建核桃专业合作社1309个，涉及4.5万多农户，产区农民人均核桃收入达1200元，其中主产区农民人均核桃收入超过1500元；产值过10亿元的有国家级林业产业龙头企业云南摩尔农庄，1亿~10亿元的企业有14家；全省有5个县核桃年产值超过10亿元，32个县的核桃年产值超过1亿元。漾濞、昌宁、大姚、楚雄、南华、凤庆、会泽、鲁甸8个县(市)荣获"中国名特优经济林核桃之乡"荣誉称号，大姚县被国家林业局认定为第一个核桃生物产业基地县，大理州被评为中国核桃第一州。永平县、凤庆县成为全省"一县一业"核桃产业示范县。全省认定22项核桃地理标志品牌、商标，17个省级驰名、著名商标，23个名品优品。南涧县红云核桃、云南摩尔农庄、云南磨浆、维西县康邦、永平果亮等公司相继入选云南省绿色食品"10大名果""10强企业""20佳创新企业"。红云核桃畅销北京、上海、广东和泰国、阿联酋、马来西亚等国内国际市场。摩尔农庄"聪滋"是全国第一个也是唯一一个被中国航天员中心审核授权的航天级功能食品。

《中国核桃种质资源》中记载了泡核桃优良品种20个、优良单株11个、农家类型16个。全省通过省级审(认)定的核桃良种93个，已建成全球多样性最丰富的核桃种质资源收集库，收集核桃种质资源1300余份；依托云南省林科院建设有1个国家级木本油料工程研究中心、3个省部级木本油料工程研究中心和1个国家林业局经济林产品检验检测中心(昆明)，为云南省坚果产业发展提供了技术研发和创新平台；制定行业和地方标准9项，地理标志产品标准2项，获授权专利289项，登记软件著作权3项；获国家科技进步二、三等奖各1项，云南省科技进步特等奖1项、二等奖7项、三等奖4项；初步构建了云南山地高效栽培管理技术体系。

自1996年澳洲坚果首次引入云南以来，在省委、省政府的关心支持下，经过31年的不断发展，特别是"十一五"将澳洲坚果纳入木本油料产业发展规划以来，全省澳洲坚果基地以年均10万亩的速度增长。截至2017年末，全省澳洲坚果种植面积突破262万亩，壳果产量1.6万吨，综合产值4.8亿元，均居全国之首，其中镇康、盈江等5个县种植面积超过10万亩，景洪、江城、昌宁等8个县市种植面积超过5万亩，培育了云澳达、迪思、结圆等为代表的澳洲坚果种植加工龙头企业，形成了"云澳达""迪思""云果""澳真"等品牌，其中迪思、云澳达被评为"云南省名牌产品"。

云南省引种油橄榄开始于20世纪初，至今已有百年历史。1964年周恩来总理在昆明海口林场亲自种下了油橄榄树，拉开了云南油橄榄产业发展的序幕，先后引进的103个品种(品系)，已初步选育出皮削利、软阿斯等在云南适应性强、抗病好、产量较高的品种。

【林下经济】 云南省委、省政府高度重视林下经济发展，2013年，省政府召开了全省林下经济现场会，讨论审议了《云南省林下经济发展规划纲要(2013—2020)》；2014年7月出台了《云南省人民政府关于加快林下经济发展的意见》(云政发〔2014〕29号)，采取了一系列措施，把发展林下经济作为巩固集体林权制度改革成果、促进绿色增长、提高林地产出、增加农民收入的有效途径。2019年，云南省林草局出台了《关于促进林草产业高质量发展的实施意见》(云林改产〔2019〕3号)，将"巩固提升林下经济产业化水平"纳入重点工作内容。

随着集体林权制度改革的深入推进，全省各地坚持"产业发展生态化，生态建设产业化"发展思路，开展了不同形式的林下经济活动。通过开展林下种植、林下养殖、林果采摘及加工、森林资源采集及加工、生物质能源和森林景观利用，初步形成了以林下养殖、林下种植、林产品采集加工、森林生态旅游等为重点，涉及林药、林菌、林花、林果、林菜、林草、林禽、林畜、林虫、林景等领域的林下经济发展格局，林、农、牧等资源共享、优势互补、循环发展已形成趋势。

滇中地区以野生菌、林下药材及木本油料产品的加工及流通为主；滇东北地区以林下药材种植为主，天麻、重楼等名贵药材种植已经形成规模；滇南地区多种植石斛、三七等林下药材；滇西北及滇西南地区依托丰富的旅游资源开展森林生态旅游。

全省已有国家林下经济示范基地51个，其中县域示范基地11个，分别是普洱市思茅区、楚雄州南华县和永仁县、临沧市凤庆县、昆明市宜良县、丽江市玉龙县、红河州泸西县和金平县、保山市龙陵县、昭通市彝良县、玉溪市元阳县；企业示范基地40个。

截至2019年底，林下经济经营面积达5653万亩，产值超过600亿元，占全省林业草原总产值的23.8%，全省从事林下经济人数1300余万人；林下种植、林下养殖、林下采集，尤其中药材得以迅速发展，培育了"文山三七""昭通天麻""龙陵石斛"等一大批云南特色中药材品牌。

【森林旅游】 云南复杂的地理环境，多样的森林类型，丰富的物种多样性，造就了多姿多彩的自然景观，孕育了丰富的森林旅游资源，云南省发挥林业资源优势，以森林、湿地、野生动植物等特色资源为依托，开展以森林公园、自然保护区、国家公园、湿地公园、动物园、植物园、国有林场等为载体的森林旅游，发展森林生态观光、野生动植物科考、森林休闲度假、森林探险、森林科考科普和生态旅游村等特色旅游产品。

截至2019年，全省可依托360处自然保护地、141个国有林场、58个森林公园、19个湿地公园、38个国家级森林康养基地开展生态旅游和森林康养，全省已建成了数量众多的动植物园，打造了西双版纳、普达措、玉龙雪山、泸沽湖、高黎贡山、哀牢、白马雪山、梅里雪山、哈尼梯田等国际知名森林旅游品牌。云南"滇南秘境森林旅游线"入选"2019全国特色森林旅游线路"，无量山国家级自然保护区(南涧段)、普洱太阳河国家森林公园、西双版纳野象谷景区、丽江玉龙雪山景区等入选"中国森林氧吧"，云南野生动物园入选"2019全国自然教育精品基地"。森林生态旅游产值达151亿元，森林康养产业达14.35亿元。从出游动机和资源偏好倾向来看，特别是新冠肺炎疫情之后，越来越多的游客更加偏爱自然生态风光，这意味着云南省森林康养和生态旅游产业拥有极大的发展潜力。森林旅游和森林康养将逐渐成为全省旅游业的重要组成部分和现代林业必不可少的重要内容，可以预见未来数年时间会持续迎来井喷式发展。

【地方优势林产业与林产品】 昆明市发展以核桃、板栗为主的特色经济林果198.34万亩，产量10.63万吨，产值11.52亿元。其中发展核桃151万亩，盛果期面积27.87万亩，年产量3.9156万吨，产值7.34亿元；板栗52.37万亩，产量6.711万吨，产值4.18亿元。核桃、板栗等经济林果产业发展已逐步覆盖一、二、三产业，全市生态建设实现了森林覆盖率增长4.4%，其中，核桃为森林覆盖率增长贡献了2.7个百分点。2019年实现产值20亿元。

全市观赏苗木基地面积已达33.06万亩，乡土树种苗木基地面积1万余亩，观赏苗木企业1212个(其中省级龙头企业45个，占全市的省级林业龙头企业49.5%)，市级观赏苗木行业协会1个，有246家会员单位。观赏苗木行业从业人数2.1万人，总资产45.9亿元。2019年实现产值49亿元。宜良县是与浙江萧山、江苏夏溪、河南鄢陵、四川温江齐名的全国五大苗木花卉生产地之一，是云南省最大的绿化苗木花卉生产地和集散地。全县苗木花卉种植面积已达16.62万亩(在云南市场的占比量达1/3)，主要有盆栽花、绿化苗木、鲜切花三大业态，46种驯化树种、160种乡土树种。苗木花卉企业及个人4000余户，解决农村劳动力就业6万余人，产值40亿元。其中，1000亩以上5个，500~1000亩的2个，100~500亩的17个。通过树多多苗木花卉电子商务交易平台，苗木花卉产品已远销全国多地，有辽宁、新疆、北京、湖南、江苏、贵州、四川、重庆、海南、广西等多个省市，2019年树多多电商平台销售额达3100余万元，撮合交易达1.2亿余元。引导培育三角梅、樱花、木兰花、梅花、海棠花"五朵金花"1500万株，打造宜良县拳头花木产品。

昆明市林下经济发展模式包括林菌模式(保育促繁、人工种植)、林药模式(野生抚育、人工种植)、林花模式和其他模式(林禽、林畜、林菜、林蜂)。昆明市涉及林下经济的龙头企业达25家，产业化经营扎实起步。全市拥有5家规模较大的省级龙头企业，林药加工企业20多家。打造出了一批特色品牌，如昆明恒沅食品工业有限公司“恒沅坊”、呈贡三人食品有限公司“三人食品”和云南川云养生保健食品有限公司自主研发的纯天然、无污染“川云牌”养生汤类系列食品，受到了消费者的广泛好评。宜良着力打造野生菌品牌，先后推出了“小哨干巴菌”“竹山干巴菌”“九乡干巴菌”“狗街牛肝菌”等精品，提升了林下经济产品的市场价值和知名度。截至2019年，全市共发展林下经济98万亩，其中林菌62.7万亩，林药3.2万亩，林下养殖2.8万亩，森林景观利用及其他28万亩。通过典型引路，示范带动的方式发展林下经济。已审核评定了52个林下经济示范基地和15个森林庄园。

截止到2019年，昆明市从事木制品产业的企业为3447家。其中，公司类型企业349家，个体工商户类型企业3098家。企业注册资金为8.27亿元，其中公司注册资金6.84亿元，个体户1.43亿元。产业布局主要集中在官渡、经开、五华、盘龙、西山等主城区域。2019年实现产值70.58亿元。在国家政策的大力支持下，出现了众多诸如新飞林、森工、红塔木业、瑞林等木材综合加工的重点骨干企业，产品远销国内外。行业年产值38亿元。

昆明市从事家具行业的单位有3081家，行业年产值30亿元以上。其中公司类型企业241家，注册资金5.01亿元。昆明家具销售商场主要有得胜、雨龙、泰雨、弘凯、鑫峰等零售批发商场；华洋、居然之家、百集龙、红星美凯龙等家居建材市场；亿美居、奥斯迪、港都、豪都、十一家具等专业品牌卖场。商场销售面积约150万平方米，入驻商家3000多家，从业人员3万人。年销售额15亿元以上。

临沧市2019年，全市实现林草产业总产值266亿元，其中一产产值149亿元、二产89亿元、三产28亿元，三产比例结构为56∶33∶11，呈现一产放缓、二产稳步提升、三产快速发展的态势，核桃产业、临沧坚果产业表现更为突出；累计建成林草产业基地2008.49万亩，其中核桃800.39万亩、临沧坚果262.77万亩；共有涉林企业201户(其中省级龙头企业45户)，林农专业合作社717个(其中省级示范社32个)、加入农户64756户、经营林地面积121.89万亩。以“中国核桃之乡”凤庆县和“中国澳洲坚果之乡”“中国诃子之乡”永德县为代表的区域特色产业基本形成，临沧市核桃产业、临沧坚果产业得到长足发展。2019年，全市以稳定面积、提质增效为基调，把高质量发展核桃产业、临沧坚果产业作为打造“绿色食品牌”、脱贫攻坚、乡村振兴的重要工作内容之一，压实责任、一以贯之、狠抓落实、稳步推进，取得阶段性成效。

2019年，完成核桃基地提质增效18万亩，临沧坚果12万亩；主动配合农业农村等部门，做好“三品一标”认证工作，累计完成核桃有机认证3.97万亩，其中2019年新增2.68万亩。2018年11月，临沧核桃、临沧坚果被认定为云南省第一批特色农产品优势区。2018年10月，农业农村部发布公告，“临沧坚果”符合农产品地理标志登记程序和条件，获准登记，并获颁中华人民共和国农产品地理标志登记证书。“临沧优品”有3个种植户的临沧坚果基地通过全球良好农业规范欧盟认证。通过持之以恒抓提质增效，有效推动林果品质提升、林农增收。截止到2019年底，全市核桃面积稳定在800.39万亩，投产面积610万亩，较上年增加60万亩，增幅为11%；产量40万吨，较上年增加7万吨，增幅为21%；产值51亿元，较上年增加4.61亿元，增幅为9%。核桃青皮果每千克1.7~2.5元，价格下滑得到有效遏制。临沧坚果面积稳定在262.77万亩，投产面积40万亩，较上年增加10万亩，增幅为33%；产量3万吨，较上年增加0.5万吨，增幅为20%；产值15亿元，较上年增加2.5亿元，增幅为20%。临沧坚果青皮果每千克10~15元，较上年上涨约2元。

大理州全州辖12个县(市)，森林面积173万公顷，森林蓄积1.13亿立方米，森林覆盖率达61.22%；全州湿地总面积为6.3万公顷；共建立各级各类自然保护区29个、国家森林公园5个，国家湿地公园2个。境内山脉主要属云岭山脉及怒山山脉，北部剑川县的雪斑山是州内群山最高峰，海拔4295米；最低点是云龙县怒江边的红旗坝，海拔730米。由于特殊的地理位置和气候条件，境内物种资源十分丰富，全州有高等植物4295种，陆生野生动物763种。全州85%左右的人口在农村，93%左右的森林资源集中在山区，农村人均集体山林面积9.9亩，为农村人均耕地面积的10.6倍，森林资源是大理州产业发展和环境建设的重要基础。

截止到2019年底，大理州林草产业总产值达236.52亿元。大理州主要经济林产品包括水果、干果、林产饮料产品、森林食品、森林药材等，2019年底种植面积达121.29万亩，产量101.43万吨，产值69.4亿元。水果、坚果、含油果和香料作物种植产值达68.02亿元。其中，核桃面积已达1015.53万亩，原果产量35.81万吨，原果产值达55.06亿元，加工产值43.92亿元；柑橘、苹果等水果面积28.05万亩，产量59.7万吨；板栗、枣、松子等干果面积40.04万亩，产量3.46万吨。森林药材、食品种植产值27.4亿元，其中，重楼、白及、滇黄精等森林药材种植面积10.18万亩，产量5.92万吨；食用菌、山野菜等森林食品产量2.92万吨。茶及其他饮料作物的产值8.97亿元。林产品的采集产值20.07亿元。

昭通市按照市委、市政府竹产业“双百目标”战略部署，2019年全年新建竹基地74.7万亩，竹林地面积达332.5万亩，投产面积达127.5万亩，实施低效竹林改造75.93万亩，竹基地整体水平得到有效提升，市场经济价值稳固增长，笋用竹产量11.685万吨，材用竹55.6万吨，一产产值23.95亿元(其中，笋用竹20.57亿元，材用竹3.38亿元)，增长42%，覆盖农户19397户，83240人，其中建档立卡贫困户9715户，42009人，实现竹产业覆盖区域人均收入1000元以上。全面落实种苗管控，建设育苗地点68个，育苗户63家，播竹种8.40万千克(其中，方竹7.23万千克，筇竹1.17万千克)，出苗11366.96万丛(方竹10208.16万丛，筇竹1158.8万丛)，预计出圃8126.17万丛(方竹7406.64万丛，筇竹725.53万丛)。竹类经营加工及综合利用取得了一定进展，形成了一批以竹笋、竹材加工为主的龙头企业，主要产品包括竹食品、竹建材、日用竹制品、竹材人造板、竹家具、竹纤维、竹工艺品等。全市有永善云南莱人家，盐津竹银华山、林森，大关鑫兴和国丰，彝良山益宝，镇雄黑颈鹤等13家竹笋精深加工企业。同时，推进特色产业建设，打造有机绿色筇竹笋生产基地，推动大关县成功申报“一县一品”筇竹县，建设加工产业集群，推广“大关筇竹笋”品牌，逐步完善县域竹林旅游休闲康养体系，实现一、二、三产融合发展。全县出笋季节人均采笋收入达到8000元左右，实现3.66万人稳定脱贫，15.9万余人受益，扎实推进精准生态产业扶贫。

围绕市委、市政府产业发展目标，推动花椒产业高效发展，全年新建花椒基地131万亩，丰产林面积105.8万亩，新建示范基地4.4万亩，产量3707.9万千克，一产产值达33亿元。制定出台了《昭通青花椒质量等级标准》《昭通无公害青花椒生产技术规程》《青花椒低产林改造技术规程》《青花椒育苗技术规程》4个标准，注册“鲁甸青花椒”“溪洛渡花椒”地理标志商标2个，注册“三川半”“牛栏江”“梭山”“梭山青花椒”“金江花椒”普通商标5个，昭通青花椒品牌品质打造取得了较好的成效，特别是以鲁甸、永善出产的青花椒属花椒中的上品，享有“调味品之王”的美誉，获得了第十四届中国农产品交易会金奖、第十届昆明泛亚国际农业博览会优质产品银奖等殊荣。通过创建新型经营模式，引入新动能、培育新主体、打造新业态，逐步提升规模化、组织化水平建设，带动贫困人口增收致富。覆盖农户7675户，33834人，其中建档立卡贫困户3162户，14076人。实现花椒产业覆盖区域人均收入3000元以上。推动打造鲁甸“一县一业”花椒特色县，建立优质花椒生产基地，完善花椒产业链条，培育新型经营主体自主品牌建设，推广“鲁甸青花椒”品牌，将逐步形成规模化、水平化、专业化、绿色化、市场化的花椒产业。

楚雄州坚持发展以核桃为主的特色经济林产业、以野生菌为主的林下经济产业、以人造板为主的木材加工产业、以松香为主的林产化工产业和林木种苗花卉五大林草产业，林草产业稳步向前发展。至2019年，全州实现林草总产值216.81亿元，比上年增长17.05%，农民年人均林草收入3815元，林草产业已经成为山区农民脱贫致富的基础产业，全州林草产业发展呈现以下特点。

截至2019年底，全州已发展特色经济林806万亩，其中，核桃600万亩，花椒69.4万亩，板栗51.5万亩，油橄榄6万亩，水果57万亩，茶叶5.1万亩，其他17万亩。2019年，全州共生产核桃9.35万吨、产值19.83亿元，板栗2.83万吨、产值2.25亿元，花椒0.52万吨、产值3.08亿元，水果27.72万吨、产值17.74亿元，采集野生菌2.53万吨、产值16.22亿元，中药材1.83万吨、产值5.0亿元，生产人造板61.58万立方米、产值14.04亿元，松香(松节油)7.87万吨、产值8.73亿元，苗木花卉产值7.25亿元。

依托丰富的森林资源，全州已培育林业企业785户，职工总数2.09万人，季节性用工5.18万人次，资产总额60.4亿元，2019年实现工业产值108.63亿元，销售收入85.66亿元，利润4.16亿元，上缴税金0.63亿元。在785户涉林企业中，有核桃加工30户，野生菌加工34户，松香加工5户，木材精深加工10户，木材粗加工245户，种苗花卉160户，森林旅游16户，其他285户。产值10亿元以上的1户、5亿元以上的1户、亿元以上的18户。有进出口企业9户，2019年出口创汇295万美元。有3户企业被认定为“国家林草重点龙头企业”，44户企业被认定为林草产业省级龙头企业，5户企业被认定为国家高新技术企业，2户企业在新三板挂牌上市，云南摩尔农庄公司被评为“中国核桃产业十佳企业”。

楚雄、南华、大姚3个县(市)被国家林业局命名为“中国核桃之乡”，楚雄市被认定为“中国核桃油之乡”，南华县被第五届世界菌根食用菌大会授予“野生菌王国”称号，“大姚核桃”“楚雄牛肝菌”“南华松茸”被批准为国家地理标志保护产品，“野森达牌”永仁松露被批准为国家生态原产地保护产品，“大姚核桃”“楚雄核桃”被核准为国家地理标志证明商标，“大姚核桃”地理标志证明商标被认定为全国“驰名商标”，大姚县被认定为中国第一个核桃生物产业基地，全州林草产品已获得云南省名牌产品15个，云南名牌农产品7个。

依托丰富的森林草原资源，经过多年的发展和政策的引导，逐渐形成了以野生菌、核桃、花椒、油橄榄、松香等特色林草产业。2019年，全州共采集野生菌2.53万吨，产值16.22亿元，其中，松茸1063吨，块菌200吨，牛肝菌0.85万吨，干巴菌693吨，鸡枞2023吨，木耳334吨，香菌863吨，其他杂菌1.17万吨。全州野生菌产量居全省第一位。全州已建立具有一定规模的野生菌加工出口企业19家，2019年实现工业产值13.5亿元。截至2019年底，全州核桃面积已达到600万亩，其中挂果面积230万亩，核桃干果产量9.35万吨，产值19.83亿元，全州农民人均核桃面积达3.1亩，农民人均核桃收入达1053元。核桃面积居全省第三位，产量居全省第四位。全州已发展核桃加工企业30家，2019年实现工业产值42.8亿元。有16家企业被认定为省级林业龙头企业，云南摩尔农庄公司分别被国家林业局认定为“首批国家林业重点龙头企业”和“中国核桃产业十佳企业”。

文山州不断聚焦林草产业发展，林草产业已经成为助力脱贫攻坚和乡村振兴的主要产业。2019年，全州林业产业总产值达122亿元，比2018年同期增长15.4%，其中第一产业67.43亿元，增长13.9%，第二产业32.6亿元，增长11.68%，第三产业21.97亿元，增长26.99%。

文山是云南油茶的主产区。文山油茶品质优良，不饱和脂肪酸达93%左右，排名全国第一，比橄榄油高5个百分点。文山油茶果仁含油率高达55.12%，比国家标准高出9个百分点。油茶还可作为润滑油、防锈油用于工业。油茶饼可加工生产生物农药和肥料。果皮是提制栲胶、活性炭、多肽等天然原料。同时，油茶还可加工成高档化妆品等，产品开发链条长，附加值高。文山州油茶种植历史悠久，山区群众有种植油茶的传统习惯，全州8个县市均有分布，其中以广南、富宁两县种植分布最为广泛。据统计，全州累计发展油茶面积199.3万亩(其中新植油茶161.3万亩)，占全省油茶面积的70%以上，实际保存面积63.83万亩。2019年完成木本油料提质增效13.9万亩，其中提质增效11.8万亩，低效林改造2.1万亩，占计划数的139.21%。年产油茶产量13824吨，总产值30405万元。全州共培育和扶持油茶龙头企业16家、造林大户52户、专业合作社51家，覆盖农户达4.3万余户。

文山是云南省唯一的国家二级保护植物蒜头

果的原生地，是全国蒜头果的主产区。据不完全统计，2019年全国蒜头果野生资源大树仅有1.5万株，全年结实约200吨，产种籽不足50吨。而文山州就有11724株，其中广南县7941株，富宁县3783株，占全国野生蒜头果总量的78%。同时，蒜头果人工种植关键技术在文山已经取得突破，并成功发展蒜头果基地2万余亩。蒜头果种子含油率高达64.5%，而蒜头果果仁油中含有高达40%~50%的神经酸，是提取神经酸的天然原料。另外，蒜头果果仁油也是生产医用麝香酮的重要原料，蒜头果青皮中还含有香料工业中不可缺少的定香剂——苯甲醛。蒜头果果仁中还能够分离出具有抗癌活性的果仁蛋白，蒜头果果仁蛋白对部分癌细胞有显著的抗癌活性。2019年以来，州委、州政府高度重视蒜头果产业发展，2019年6月11日，州委主要领导主持召开蒜头果产业发展座谈会。州政府成立了蒜头果产业发展领导小组，印发了《文山州人民政府办公室关于加快蒜头果产业发展的通知》(文政办发〔2019〕139号)。州林草局按州委、州政府的安排部署，完成了蒜头果产业的调研，加强与云南省林业和草原科学研究院、西南林业大学等科研院所的对接交流，起草了《文山州蒜头果种植产业实施方案编制工作方案》。2019年7月5日广南县蒜头果产业发展新闻发布会，联合云南省林科院、北京林业大学、贝木公司等成立了蒜头果技术研究开发中心，启动了广南县蒜头果产业集群园区建设。6月13日富宁县政府与云南昆医万正生物科技股份有限公司成功签约富宁县蒜头果产业园及种植示范基地投资框架协议，规划投资5.5亿元人民币建成集科研、中试、生产、办公等为一体的蒜头果产业园及相关配套设施。2019年，广南县和富宁县正在积极开展2020年蒜头果产业育苗工作，广南县计划育苗90余万株，富宁县40余万株，将满足近3万亩的种植需要。

文山还是中国八角之乡，境内种植面积达87.71万亩，占全省总面积的90%以上，占全国总面积的15%左右。其中，富宁县65.91万亩，在全国以县为单位统计，面积第一、产量第一、质量第一。其他4县市也有分布，其中文山市1.9万亩、西畴县6.3万亩、马关县4.8万亩、广南县8.8万亩。据统计，2019年八角产量已达40172吨，产值达32095.8万元。

截止到2019年，全州林下经济发展利用林地面积规模达230万亩，占规划面积的50%。完成投资2.16亿元，占规划投入的95.65%。林药种植面积35.35万亩，产值达3.9亿元。其中，草果种植24万亩，产值达4400万元；砂仁种植面积7万亩，产值1.5亿元；重楼种植0.35万亩，产量232.3吨，产值4000万元；石斛种植面积1万亩，产量352.6吨，产值5600万元；苦参3万亩，产值达1亿元。林下产品采集及加工面积144.65万亩，产值10048万元。其中，人工发展黑木耳、鲜蘑菇3780吨，产量达9452万元。同时，林竹笋、林蕨菜、林香椿、林菌等加工业也悄然兴起，年产量达166吨，年产值596万元。

2019年，全州培育扶持的林业专业合作社总数达到293家，销售林产品总值达2.9亿元；入社农户达到2.3万户；扶持的林业龙头企业总数达到26家，其中，国家级重点龙头企业2家，省级重点龙头企业24家，实现销售收入12.6亿元；符合标准的家庭林场数量达到110家，主要集中在国有林场种植(58家)和林下养殖(52家)两个产业，家庭林场土地经营规模达到3.7万亩，从业人数1508人，年销售林业农副产品总值1亿多元；有林业专业大户150户，林业职业经理人176人。

【林业产业大事记】

5月10—12日 组织25家龙头企业、近80种森林生态产品参加以“绿色、特色、品质、品牌”为主题的2019上海·全国优质农产品博览会(2019CAF上海农博会)，累计意向成交额近3亿元。

6月12日 按照省政府要求，首次在2019南亚东南亚国家商品展暨投资贸易洽谈会独立设置“森林生态产品馆”，共组织212家龙头企业和专业合作社，总计成交金额约8.5亿元(含202.75万美元)。

8月8日 云南省林业和草原局结合林草产业发展实际，出台《关于促进林草产业高质量发展的实施意见》，坚持生态优先，绿色发展；坚持因地制宜，突出特色；坚持创新驱动，集约高效；坚持市场主导，政府引导。到2025年，林草资源合理利用体制机制基本形成，林草资源支撑能力显著增强，龙头企业主导作用日益明显，产业结构不断优化，新产业、新业态大量涌现，森林和草原服务业加速发展，资源利用效率和生产技术水平进一步提升，优质林草产品产量显著增加，产业质量效益显著改善。森林的非木质资源利用全面加强和优化，林草旅游、森林康养和休闲产业接待规模每年达3亿人次，力争全省林业和草原总产值比“十三五”期间翻一番，一、二、三产业比例调整到25∶48∶27。到2035年，基本建成具有突出特色和比较优势的现代林草产业体系，基本形成“良种化、标准化、规模化、产业化、集约化”的特色优势林草产业集群，育成一批拥有较大市场份额的龙头企业，云南省迈入林草产业强省行列。重点工作包括增强木材产业可持续发展能力，做强做优以核桃为主的坚果产业，推动经济林和木本花卉苗木产业提质增效，巩固提升林下经济产业化水平，规范有序发展特种养殖，促进林草产品加工业升级，大力发展森林生态旅游，积极发展森林康养，培育壮大草产业。

8月27日 云南省人民政府发布云南省“一县一业”示范县和特色县名单。永平县(核桃)、凤庆县(核桃)当选坚果产业示范县。大姚县(核桃)、永德县(澳洲坚果)单选坚果产业特色县。

12月 组织33家林业企业参加在上海和北京举办的“2019云南森林生态产品助力脱贫专场宣传推介与招商活动”。沪滇双方签署8个框架合作协议，总投资111.6亿元人民币；京滇双方签署8个框架合作协议，总投资150亿元人民币，实现产销有效对接，有力促进增销增收。

12月22日 云南省林草局首次举办云南省林草产业有机认证培训班，提高有机意识，推动有机认证进程，邀请了中国林业生态发展促进会高级顾问王伟英教授，北京中合金诺认证中心有限公司认证专家、西南林业大学熊智教授等知名专家授课。16个州(市)林草局的产业科长和96名经营主体负责人参加了此次培训。

12月23日 云南省林业和草原局首次举办2019云南核桃全产业链关键技术创新与应用研讨会议，邀请核桃产业界的省内外专家和加工设备制造商、重点龙头企业、专业合作社的代表、省林业和草原科学院、16个州(市)和38个核桃种植面积50万亩以上县(市)林草局的领导、专家，紧扣核桃全产业链关键技术创新与应用作研讨，成功汇聚各方智慧，分享宝贵经验，解读新政策、推广新技术、展示新装备，签订优果承诺书，为下一步做优、做强、做大云南核桃产业提供了实用的措施借鉴和发展路径。

(云南省林业和草原局林业草原改革与产业发展处 李承胜 陶德双 张俊波 姬静)

西藏自治区林草产业

【概 述】 第九次全国森林资源连续清查结果显示：西藏林地面积 1798.19 万公顷，森林面积 1491 万公顷，森林覆盖率 12.14%，森林蓄积量 228254 万立方米。森林面积中，天然林面积 1483 万公顷，人工林面积 8 万公顷，其中天然乔木林面积 878 万公顷，蓄积量 228012 万立方米；人工乔木林面积 6 万公顷，蓄积量 242 万立方米。

西藏林草产业结构不断优化，继续保持快速发展势头。2019 年，实现林草总产值 51.60 亿元，其中林业产值 40.45 亿元，比上年增长 10.45%；草原产业产值 11.15 亿元，增长势头持续稳定。第一产业产值 33 亿元，主要为林木育种和育苗 1.81 亿元，实现营造林 22.11 亿元，经济林林产品的种植与采集为 6.49 亿元；第二产业产值为 1.92 亿元，同比减少 39.08%；自治区全面停止天然林商业采伐以来，只有少量农牧民自用材和农牧民薪柴，没有林业林产品生产企业，产值将逐年减少；第三产业森林旅游产业发展迅速，实现产值 7.25 亿元，同比增长 19.44%，全区林业草原旅游人次突破 876 万人次，人均消费 840 元；实现草原产业总产值 11.15 亿元，其中种草、修复和管护 11.09 亿元，占总产值的 99.46%，草原旅游、休闲与服务 0.06 亿元，占总产值的 0.54%。

【特色经济林产业】 西藏经济林资源主要分布在海拔 1500~4150 米的 38 个县(区)，主要品种有苹果、康巴蜜橘、桃等水果类和核桃、花椒等干果类，且种植历史悠久。依据西藏各地区的地域特点，因地制宜，总体推进，重点突破，打造具有西藏高原生态特色的经济林基地。2019 年，通过对现有特色经济林的培育改造和新建，全区年末经济林种植面积达 5.43 万公顷，各类经济林产量 1.81 万吨，实现产值 5.14 亿元，同比增长 4.77%。其中，以核桃为主的木本油料种植面积最大，达 11.12 万亩，年产量 0.48 万吨，以山南市加查县、林芝市朗县、巴宜区和米林县为主产区，其次在昌都市芒康县等有一定规模分布；苹果、康巴蜜橘、葡萄、石榴、桃等水果也有不同程度的发展。随着经济林的快速生长，产业链稳定发展，产量、产值将会逐年增长。

【林下资源产业】 以保护促繁森林为前提，以合理开发利用为核心，以兴林富民为目标，科学规划，创新机制，兴建基地，培育龙头，形成“公司+专业合作社+基地+农户”的林下种植、养殖和采集加工的发展格局，林农复合经营的生产模式，重点发展林下种植和林下养殖两大类，主要发展品种为以天麻为主的特色藏药材、食用菌的林下种植及藏香猪、藏鸡等西藏特有品种的林下养殖。西藏有已知药用植物 1000 多种，占全国药用植物总数的 1/3；可食用真菌 415 种，其中药用菌类 238 种，丝膜菌等已知有抗癌作用的真菌 168 种；还有各种可食用的野生蔬菜几十种。据不完全统计，2019 年全区林下中药材采集与种植的年产量约有 3975 吨，年产值约 0.54 亿元；以松茸为典型代表的野生食用菌和野菜年产量 45 吨，年产值约 0.81 亿元。林下中药材年产量最大的为林芝市和昌都市，主要有天麻、灵芝、丹参、贝母等品种；林下食用菌年产量最大的也是林芝市和昌都市，主要有松茸、羊肚菌、青杠菌等品种。

【苗木产业】 全区共有各类苗圃 238 个，用地总面积 1.93 万亩，育苗面积 1.55 万亩，占全区苗圃用地总面积的 81%。其中，国有苗圃 64 个，面积 1.65 万亩，占苗圃总面积的 85%，现有苗圃育苗主要以针叶树苗木等为主。年出圃各类苗木 3500 万株。“十三五”期间，国家共投资 5000 余万元，用于自治区林木种苗工程建设。截止到 2019 年，种苗基地建设项目资金全部到位，主要建设内容为苗圃的改扩建，采种基地的围建、母树林的管护、抚育、晒场、仓储、采种及种子分析、检测设备，以及其他附属设施。

【草产业】 2019年，西藏自治区草原植被综合盖度为46.71%，天然草原鲜草产量达到11712.5万吨，比2018年增加16.9%。其中，高寒草原类、高寒草甸类、高寒荒漠草原类、高寒草甸草原类、高寒荒漠类、温性草原类、山地草甸类鲜草产量分别为741.34千克/公顷、2437.38千克/公顷、584.92千克/公顷、591.34千克/公顷、700.00千克/公顷、2050.99千克/公顷、2699.42千克/公顷。退牧还草项目工程区内与工程区外相比，平均植被覆盖度由44.01%提高到64.82%，平均提高20.81个百分点；平均植被高度由6.59厘米增加到10.44厘米，平均提高了3.85厘米，鲜草产草量由1548.13千克/公顷增加到2553.06千克/公顷，平均提高1004.93千克/公顷。退牧还草工程区内植被逐步恢复，生态环境明显改善。

【木材生产】 根据2016年中央领导的指示精神和全国林业工作会议有关精神，自治区全面扩大天然林保护范围，全面停止天然林商业性采伐，完善天然林保护政策，提高补助标准，巩固停伐成果。2019年，自治区林业和草原局共下达木材生产计划20.40万立方米(非商品材计划)，占国务院批准西藏自治区“十三五”期间森林采伐限额44.30万立方米的46.05%。其中，自用材5.30万立方米(含自治区应急特大自然灾害所需预留计划指标1.20万立方米)，薪炭材15.10万立方米，竹子(箭竹)6.55万根(不占限额)。森林采伐限额执行情况：全区林木采伐执行蓄积量为9.94万立方米，其中拉萨市0.10万立方米，林芝市7.29万立方米，昌都市1.54万立方米，日喀则市0.40万立方米，山南市0.06万立方米。自用材1.15万立方米，薪炭材8.78万立方米。

【野生动物资源】 根据第一次野生动物资源调查，西藏有野生脊椎动物795种，居全国第三位，大中型野生动物种群数量居全国前列。其中藏羚羊、野牦牛数量、黑颈鹤越冬数量占整个种群数量的80%以上。被列为国家重点保护的野生动物有125种，占全国重点保护野生动物的34.5%；另有自治区重点保护野生动物16种，“三有”(有益和有重要经济、科学研究价值)动物352种，被列入《濒危野生动植物种国际贸易公约》(CITES)附录的动物种达140余种。

【野生植物资源】 西藏已记录的野生植物有9600多种，高等植物6600多种，其中，苔藓植物700余种，维管束植物(蕨类和种子植物)5800余种。受国家重点保护的珍稀植物有38种(其中国家一级保护植物有喜玛拉雅红豆杉、玉龙蕨等6种)，列入自治区重点保护植物有四叶红景天、亚东冷杉等40种，另有214种被列入《濒危野生动植物种国际贸易公约》附录。

【湿地资源】 西藏湿地面积大、分布广，是世界上特殊的高原湿地分布区，根据全国湿地资源第二次调查结果，西藏有各类湿地总面积为652.90万公顷，占全区国土面积的5.3%，居全国第二位；共有河流湿地、湖泊湿地、沼泽湿地和人工湿地等4类17型，是我国湿地类型齐全，数量最为丰富的省区之一。截至2019年，全区有4处国际重要湿地、22处国家湿地公园，受保护湿地面积达435万公顷，占全区湿地面积的66%。我国著名的雅鲁藏布江、怒江、澜沧江、长江发源或流经这里，西藏高原素有“中华水塔”和“亚洲水塔”之美誉，是中国水资源安全战略基地和水能资源接续基地。

【自然保护区】 西藏有国家和省级自然保护区23处，面积4016.54万公顷，其中国家级自然保护区11处，面积3719.59万公顷；省级自然保护区12处，面积296.95万公顷。国家级地质公园3处，面积27.13万公顷。国家和省级风景名胜区16处，其中国家级风景名胜区4处，省级风景名胜区12处。

【森林旅游业】 西藏森林公园共有9处，总面积达118.67万公顷，均为国家森林公园，其中能够开展生态旅游的有6处，其余3处森林公园因为开发程度低，基础设施薄弱，未出售门票，旅游收入极少。2019 年，为合理开发利用森林公园资源，促进经济社会发展，在严格遵循科学保护、合理布局的前提下，通过加强宣传促销扩大影响，如东游西藏免票政策，逐步培养旅游市场，提升旅游景区知名度，森林旅游总收入达 7.25 亿元。

【林业产业扶贫】 西藏是全国唯一的省级集中连片贫困地区，是贫困面积最大、贫困程度最深的地区。为贯彻落实全区扶贫工作会议决策部署，自治区林业和草原局结合行业资源优势，突出发展种植业、养殖业、林果及林下资源、旅游服务业等林业产业，在巩固发展传统产业和优势产业的同时，着力打造经济增长新引擎，着力培育经济增长新亮点，逐步建立了以政府投入为引导，企业和专业合作组织、农牧民投入为主体的多元化投入机制。统筹各类林业投资，加大对良种繁育的扶持力度，在生态治理项目建设中，增加乡土经济林树种比例，带动地方投资和各类社会投资积极参与。充分利用国家林业产业发展政策，积极争取各级财政加大对林业企业、产业基地建设的扶持力度，进一步推动林业产业发展，促进地方经济发展和农牧民增收。鼓励农牧民兴办营造林、林木种苗、经济林、林业生态旅游等各种专业合作经济组织，发展林业产业，拓宽林业产业扶贫路径。

截至 2019 年底，林草局配合自治区脱贫攻坚指挥部完成深度贫困地区经济林产业建设项目任务分解，印发了扶贫苗圃和扶贫经济林项目管理办法、《关于进一步加强林业产业扶贫项目建设的通知》《关于开展涉林产业项目排查整改工作的通知》。建设扶贫苗圃 22 个(已完成建设扶贫苗圃 12 个)，建设扶贫经济林 2.9 万亩。成立农牧民营造林合作社 8 个，并参与生态工程建设。落实 2019 年国有林场扶贫资金 1850 万元，推进林升有限责任公司强嘎果园藏鸡林下养殖基地建设项目和昌都林场苗圃改扩建工程。

陕西省林业产业

【概　述】 2019年，陕西省林业产业总产值1404.5亿元，比上年增长7.6%。其中，第一产业产值1092.65亿元，第二产业产值155.13亿元，第三产业产值156.78亿元，三产比例为78：11：11。

政策措施 一是印发了《陕西省林业厅　陕西省财政局关于下达2019年核桃等经济林产业发展资金项目计划的通知》，累计下达各市和贫困县建设项目资金1.75亿元。二是印发了《关于2019年度林业产业发展考核任务下达的通知》，细化分解各市林业产业产值目标和经济林建设任务。三是制订林业产业2019年全年工作要点。部署安排2019年全省林业产业工作。四是印发了《关于做好2019年国家级和省级林业重点龙头企业推荐工作的通知》，经过逐级推荐和专家评审，向国家林业和草原局推荐上报了6家企业为“国家林业重点龙头企业”，其中，陕西天行健生物工程股份有限公司、陕西圣桑集团有限公司、韩城市金太阳花椒油脂药料有限责任公司被认定为第四批“国家林业重点龙头企业”。

产业扶贫 按照“双倾斜”原则支持贫困地区发展林业产业，全年核桃等经济林产业发展资金和项目计划向56个贫困县重点倾斜。联合省财政、农业、扶贫办下发了《关于加快贫困地区林业产业发展若干意见》。引导龙头企业按照“企业+基地+贫困户”的模式助力脱贫攻坚，履行精准扶贫的社会责任。

科技支撑 开展技术培训。针对核桃等经济林的提质增效，2019年5月初，联合安康市林业局在安康市平利县举办了“全省林业产业观摩培训会”，会上观摩了平利县养生源核桃产业园区、田珍茶叶生产加工厂、龙头茶叶产业示范园3个产业园区的地块、生产车间。同时邀请专家分别以核桃丰产栽培和管理技术、林业产业园区建设与管理为题进行讲座培训。各设区市、杨凌示范区、韩城市，安康各县区林业部门负责同志、业务骨干和园区业主代表共计70余人参加会议。

林业专业合作社评选了4个国家级示范社，16个省级示范社。开展了农民专业合作社“空壳社”专项清理工作。2019年全省注册各类农民林业专业合作组织2584个，加入合作组织农户26.82万户，注册资金41.48亿元。有40个农民林业专业合作社被评为国家级示范社，94个农民林业专业合作社被评为省级示范社。

林业产业龙头企业管理 全年申报认定3家国家林业重点龙头企业和1个中国特色农产品优势区，认定25家省级林业产业龙头企业。先后深入各县对省级林业龙头企业的生产、经营状况进行全面监测。全省林业产业省级龙头企业达到158家，其中国家级林业重点龙头企业12个。另外有6家林业单位、9名个人荣获“第四届中国林业产业突出贡献奖”；5家单位、4名个人荣获“第四届中国林业产业创新奖”。

【特色经济林】 一是特色经济林规模效益显著提高。陕西省干杂果特色经济林种植面积不断增大，特色产品逐步形成，名优产品不断涌现，产量稳步提高，综合效益显著增强。2019年，全年新造核桃等五大干杂果经济林51.59万亩，改造273.48万亩。其中，核桃新建22.44万亩，改造239.24万亩；红枣新建1.52万亩，改造12.32万亩；花椒新建20.77万亩，改造8.02万亩。二是标准化示范园建设稳步推进。坚持因地制宜，重点发展特色经济林示范园区及基地建设，以核桃、花椒、元宝枫、油用牡丹为主体的木本油料生产基地建设稳步推进，为快速推进木本油料产业发展奠定了坚实的基础。2019年全省有“国家级核桃示范基地”10个，“省级核桃示范基地”27个，省级核桃红枣精品示范园15个，国家级产业示范园区1个(韩城花椒)。加强林业产业品牌建设，打造了“巨鹰红枣”“大荔冬枣”“商洛核桃”等一批陕西知名林产品牌。商洛核桃、大荔冬枣、韩城花椒被国家林业和草原局等九部委认定为“中国特色农产品优势区”。

【林下经济】 组织完成陕西2019年林下经济情况和国家级示范基地情况调查工作，完成并上报了全省林下经济情况报告及调查表统计，分析了现状，提出了问题，掌握了25个国家示范基地的基本情况，为基地更好地发挥作用提出意见和建议。组织开展省级林下经济示范基地申报、审核工作，各地市及相关单位共上报73家，经初步审核确定48家。2019年全省落实林下经济扶持资金共1350万元，分别安排在10个市及省直管县的林下经济等项目上，有效地支持了林下经济项目发展，对带动林区群众致富发挥了一定作用。

【种苗花卉】 一是认真开展林木品种审定申报受理工作，开展乡土树种优良品种调查工作。二是开展“科技之春”宣传日活动，编印了《核桃嫁接技术》和《油用牡丹栽培管理及春季肥水管理》等宣传资料，开展种苗科技宣传服务。三是做好林木种苗网站、林木种苗管理群等信息网络体系的日常维护，对2019年度种苗生产及供需情况进行分析预测，收集、上报和发布。截止到2019年，全省实有花卉种植面积25134.2公顷，花卉市场95个。苗木花卉产业也成为一些地方农民增收的重要来源。

【野生动物繁育利用】 2019年，朱鹮繁育659只，超出年度目标任务的153%，朱鹮种群数量已达3363只，其中人工饲养朱鹮种群数量486只，野外朱鹮数量已达2877只；林麝繁育7355头，超出年度目标359%，共有林麝22028头。采取的主要措施：一是加强培训，全面提升野生动物保护管理人员的业务知识和管理水平。二是加强朱鹮日常巡护监测，重点加强了朱鹮繁殖期和越冬期的保护工作。三是结合“开展严厉打击破坏野生动物资源违法犯罪专项行动”，加大保护鸟类的执法检查。四是对野化放飞朱鹮开展了跟踪研究活动，扩大朱鹮在其历史分布区的活动范围和野外种群数量。五是加强野外巡护监测。

【森林旅游】 起草印发了《关于切实加强森林公园管理工作的通知》，要求各级林业主管部门和森林公园切实履行森林公园建设管理的主体责任，坚持保护优先，合理利用的原则下，不断增加森林旅游产品有效供给。同时，做好勘界立标、安全生产和总体规划的修编工作。在商洛市召开森林公园建设管理工作座谈会，同公园管理机构负责同志面对面交流沟通，了解行业发展动态和诉求意见。组织全省10个市的60多个国家、省级森林公园有关人员参加了南通2019中国森林旅游节，陕西馆分别以“大美秦岭 熊猫陕西”“大美秦岭 绿染陕西”为主题，全面介绍陕西生态空间治理以及大秦岭、大熊猫保护取得的建设成就，进一步提升陕西省生态旅游的知名度，被中国森林旅游节组委会分别授予“最佳组织单位”“最佳省级展示单位”“优秀组织奖”；省牛背梁国家级自然保护区获“优秀参展森林旅游地”。

【林业企业】

陕西为康食品科技股份有限公司 成立于2016年7月，位于“司马故里·中国名优花椒之乡”——陕西省韩城市芝阳镇国家级花椒产业园区，是国家级林业重点龙头企业，占地面积500亩。制作花椒粉、花椒油、花椒香精、花椒茶、花椒洗手液、日化品等系列产品，致力于打造一个集有机种植、智能仓储、深度加工、标准制定等多种功能为一体的国内首家全产业链花椒企业。公司历年来多次被评为韩城市“花椒加工先进单位”“花椒产业领军企业”“诚信示范单位”“产业扶贫帮扶示范企业”“突出贡献奖”等。

作为一家龙头企业，为康公司积极承担社会责任，按照“联系到镇、定点到村、收益到户”原则，与芝阳镇圪崂村、雷家塔村等24个村229户签订了花椒产业帮扶责任书，通过技术培训帮扶、品种改良及提供有机化肥和农药、销售渠道帮扶、就业帮扶等多种渠道进行产业帮扶，公司每年发放花椒产业帮扶资金30万元，让花椒真正成为椒农兴业致富的好产业。以“公司+基地+合作社+农户”的产业模式与农户建立长期稳定关系，通过自主研发或与高等院校、权威机构合作引进新技术，提高生产工艺，使花椒经过深加工呈现多种产品形态，也让花椒精深加工产品附加值提升5~10倍。2019年，公司受国家级有关科研单位委托，参与韩城大红袍花椒良种的培育研发，此良种十分珍贵，原种仅13颗，曾搭载宇宙飞船上天。

陕西长麟农林科技有限公司 创建于2011年8月，是一家集核桃、蜂蜜、杏仁等农副产品收购、加工、生产、研发与国内外贸易为一体的高科技农业产业化龙头企业。

2019年，公司拥有现代化食品加工厂20亩，年加工核桃2000吨。公司食品加工厂位于宝鸡市麟游县咸亨路1号，建有标准化生产车间、冷库、库房、检验检测化验室等，有核桃脱青皮清洗全自动生产线、核桃破壳分拣全自动生产线、核桃油全精炼生产线、蜂蜜加工生产线4条现代化生产线，均选择国内高科技设备，可达到国内领先水平。

公司主营产品：长麟核桃系列产品，长麟核桃仁系列产品，长麟蜂蜜系列产品，长麟核桃油、长麟杏仁油等植物食用油系列产品。

公司先后取得了蜂产品、食用植物油、炒货食品及坚果制品3个系列SC认证(生产许可证)。核桃和蜂蜜生产还通过了出口贸易所必需的HACCP认证；公司管理通过ISO9001：2015质量管理体系认证；核桃、蜂蜜的有机认证。核桃示范园区被陕西省人民政府评为“陕西省九成宫现代农业园区”；公司被陕西省科学技术厅评为“陕西民营科技型企业”。公司注册通过了“长麟农林”9个类别的产品商标；“长麟核桃”被陕西省技术监督局评为“陕西省名牌产品”；“长麟农林”牌核桃在第七届世界核桃大会上荣获“中国核桃优良品种”奖；“长麟农林”牌核桃油在中国森林食品交易博览会上荣获“金奖”和“最受喜爱产品奖”；“长麟槐花蜂蜜”在中国森林食品交易博览会上荣获“金奖”；“长麟农林”牌核桃在第十九届、第二十届中国杨凌农业高新技术成果博览会上荣获“后稷奖”“后稷特别奖”；“长麟农林”牌蜂蜜在第二十届中国杨凌农业高新技术成果博览会上荣获“后稷奖”；“长麟农林”牌核桃油及杏仁油在第二十一届中国杨凌农业高新技术成果博览会上荣获“后稷特别奖”；“长麟农林”牌核桃在陕西省第七届农产品对接洽谈会上荣获“陕西优质农产品奖”。

宝鸡振华农业发展有限公司 成立于2014年1月，是一家以小麦、玉米制种，绿化苗木、中药材等苗木繁育为主营的民营科技企业。近几年随着国家对油用牡丹产业化项目和中药材研发项目的扶持支持，公司在做好原有经营项目的同时，及时将重点转移到了油用牡丹种子基地化生产、良种壮苗繁育和中药材的规模化种植。随着生产规模化的壮大，公司产品国内市场的开拓，产品种类和粗加工产品链条得到进一步延伸。示范和辐射带动了当地群众和周边省份群众对该产业的涉足。随着基地生产规模的壮大、企业诚信度的影响力提升、科技服务和质量认证检测监督等社会保障、管理机制体制的进一步完善。

2019年公司通过租赁流转方式流转土地1200亩；农业专业合作社社员专门用于油用牡丹和中药材种植土地516亩；辐射带动县域内农民种植面积7100亩，三年累计实现销售收入4500万元以上。辐射带动地方农民产业脱贫和致富增收5000万元以上。为地方经济社会发展做出了较大的贡献。

【特色产业】

商洛红仁核桃 红仁核桃是商洛引进美国的核桃新品种，经过4年多的引种试验，获得成功，并于2018年12月通过省级林木良种新品种审定，2019年1月取得林木良种生产经营许可证，准予在全省核桃适生区推广栽植。该品种早实、丰产、品种优良，核仁显示红色，能够在商洛山区正常生长结果和安全越冬。经成分检测，红仁核桃富含花色苷和鞣花单宁，是当地品种西洛3号的6~9倍，有较好的抗氧化、预防癌症等作用，具有较高的经济价值。截至2019年，已在洛南县建立引种区试园20亩、示范基地1300亩，在山阳县建立示范基地150亩。

略阳杜仲 中药材是略阳的农业特色主导产业之一，而杜仲又是略阳中药材的重要品种，自1983年开始发展杜仲，经略阳人民的辛勤努力，杜仲基地发展到40.78万亩，人均800余株，占中药材总面积的82.35%。全县17个镇办有13个被命名为杜仲基地镇，1286户农户被命名为杜仲专业户，已建成万亩杜仲林带一处(金家河流域)，千亩杜仲速生丰产林76处，千亩杜仲示范林18处，制定了杜仲基地规范化管理技术操作规程，开展了杜仲基地有机认证，引进杜仲优良品种，建成了“中国第一秦仲系列杜仲良种采穗圃”。略阳被命名为“中国名特优经济林——杜仲之乡”，“略阳杜仲”也被列为国家地理标志保护产品。为了利用资源，提升效益，从1989年开始已着手杜仲的开发，2019年，已有7家上规模的加工企业，

2010年《略阳杜仲地理标志产品质量标准》(陕西省地方标准DB/T499—2010)和《杜仲标准综合体》(陕西省地方标准DB/T500—2010)通过省级审定颁布实施，为略阳及全省杜仲产业标准化、规范化生产打下了坚实基础。在巩固和提高基地建设规模和质量的同时，略阳依托杜仲资源优势，加快杜仲综合开发，上市了7个大类18个杜仲开发产品。建成了年产50吨杜仲胶生产线和医用胶板生产线；开发出了具有自主知识产权的“雪之溶杜仲软胶囊”产品和绿色环保型杜仲饲料添加剂；开发的杜仲茶、杜仲雄花茶、杜仲酱油、杜仲醋等产品已全面上市，销售看好。全县年产杜仲皮1594吨，杜仲叶3918吨，杜仲籽237吨，实现收入3790万元，其中杜仲企业收入1904万元。

先后引进汉中永杨医药公司柔脉胶囊生产线项目、略阳县华泰贸易公司杜仲叶绿原酸提取生产线项目、略阳县嘉木公司杜仲“雪之溶”软胶囊生产线项目、略阳县向阳公司中药材深加工及饮片加工项目和陕西百圣公司康乐胶囊生产线项目5个以杜仲为主要原料的特色产业企业生产线项目，建起毛坝食品医药工业园区，园区突出了循环经济利用理念，将有力地拉动县域特色经济的发展。

(郝媛媛)

甘肃省林业产业

【全省经济林果产业】 2019年全省经济林果栽植面积2244万亩，实现综合产值498亿元。建成了以平凉、庆阳为主的陇东黄土高原优质红富士苹果产业带，以天水和陇南礼县浅山丘陵区为主的国内最大的元帅系苹果生产基地，中部黄河流域特色苹果生产基地。建成了以河西和中部地区为主的优质梨生产基地，以河西走廊为主的酿酒葡萄产业带和以敦煌、麦积、兰州为主的鲜食葡萄生产基地，以秦安和兰州为主的优质蜜桃生产基地，以兰州、临夏、敦煌、宁县为主的地方品种特色杏生产基地，以靖远、临泽、宁县为主的优质红枣生产基地，以秦州、麦积为主的大樱桃生产基地，以成县、清水、华亭为主的核桃生产基地，以武都、秦安为主的优质花椒生产基地，以武都为主的油橄榄生产基地，以靖远、景泰、瓜州为主的枸杞生产基地。

静宁苹果产业 2019年，静宁县苹果总面积稳定在93.6万亩，挂果园面积达65.2万亩，果品总产量88万吨，实现产值39.6亿元，果农人均果品收入6160元。调运优质苹果苗木350万株，完成果园新建5.5万亩，其中为贫困户新建果园2.11万亩，实现了有意愿发展果产业的贫困户和适宜发展果产业的贫困村“两个全覆盖”。扎实开展“果品产业助推脱贫攻坚果园提质增效行动”，完成树形改良503万亩，配方施肥40万亩，果园覆黑膜55万亩。2019年10月，在北京京东总部举办“静宁苹果”品牌战略发布会暨京东静宁苹果电商节，举办了第五届静宁苹果节，首届静宁电商节系列宣传活动，建成了“静宁名品汇”自主电商平台，全县电商交易额达1.58亿元。

天水花牛苹果产业 2019年天水花牛苹果栽植面积132.8万亩，产量209万吨，产值48.5亿元，重点分布在麦积区(面积37.5万亩)、秦州区(27.6万亩)、甘谷县(39.2万亩)、秦安县(15.3万亩)等渭河流域南北浅山区，2019年已发展成为全国最大的以山地果园为主的元帅系苹果生产基地。花牛苹果主栽优良品种有元帅系3~5代的天汪1号、俄矮2号、首红、阿斯、超红等，2018年天水花牛苹果被国家知识产权局认定为地理标志证明商标。

秦安蜜桃产业 截止到2019年底，天水全市桃栽植面积10.7万亩，产量18万吨，产值4.8亿元。主要分布在秦安县兴国、西川、刘坪、王尹、叶堡、郭嘉、安伏、王窑等乡镇的川道区和浅山区，海拔1100~1600米。秦安县为农业农村部桃产业体系首席科学家重点联系县和技术创新示范县。先后从中国果树研究所、郑州果树研究所、甘肃省农科院果树研究所、北京市林科所等多家科研院所引进栽植早、中、晚熟鲜食蜜桃品种100多个，早熟蜜桃品种占总面积的12.3%，中熟蜜桃品种占总面积的62.4%，晚熟蜜桃品种占总面积的25.3%。

2016年秦安蜜桃成功入选《2015年度全国名特优新农产品目录》。在2016年中国农产品区域公用品牌价值评估中，秦安蜜桃品牌价值人民币9.73亿元。

临夏州花椒和啤特果产业 全州以刘家峡库区周边的临夏、东乡、积石山、永靖4县为重点的花椒产业总栽植面积为82.76万亩，挂果总面积49万亩，2019年总产量达6500吨，年产值3.9亿元。全州栽植花椒的乡(镇)有57个，涉及行政村267个、农户5.34万户。以和政、临夏县、东乡、广河、积石山为重点的啤特果产业总面积49.33万亩，挂果总面积19万亩，2019年总产量7.43万吨，年产值1.32亿元。全州栽植啤特果的乡(镇)有23个，涉及行政村135个、农户4.2万户。

酒泉市枸杞产业 全市建成优质枸杞生产基地近42万亩，其中玉门市20.3万亩，瓜州县17万亩，金塔县4万亩，肃州区0.7万亩。以瓜州县三道沟、布隆吉、腰站子、双塔、沙河、梁湖，玉门市花海片、下西号，金塔县鼎新镇等乡镇为主产区，建成万亩枸杞专业乡镇11个，千亩集中连片示范基地38个，百亩连片标准化生产示范点370个。全市注册有“东霸兔”“陇上红”“戈壁宝杞”“青林”“西游神果”“西域红宝”“聚馨”“玉门红”等枸杞品牌30多个，获得“三品一标”认证9个。瓜州县5.8万亩枸杞基地被认定为全国绿色食品原料(枸杞)标准化生产基地，玉门市昌马1500亩枸杞基地被评定为“优质道地药材(枸杞子)示范基地”。全市建成枸杞分级、包装、深加工企业60多家，成立枸杞专业合作社208家，建有枸杞专业批发销售市场1个。枸杞主产区建成烘干线90多条，年生产加工能力5万吨以上，研发生产的枸杞干(鲜)果、枸杞茶叶、枸杞咖啡、枸杞花蜜、枸杞提取物等6大类20余种系列，年产值15亿元。

武都区花椒产业 2019年12月武都区“中国花椒之乡”更名为“花椒名县(区)”；2020年2月武都被认定为中国特色农产品优势区。2019年，全区40个乡镇(街道)700个行政村(社)中适宜栽培花椒的37个乡镇(街道)650个行政村实现了花椒栽植全覆盖。2019年全区产量2100万千克以上，综合产值42亿元，农民人均纯收入3600元。花椒基地覆盖全区绝大多数乡镇和村社，受益贫困村245个，占建档立卡贫困村的85%。花椒适生区贫困发生率由2013年的29.5%下降到9.3%，通过发展花椒产业脱贫2.2万户8.6万人。有34个乡镇组建了乡级花椒营销协会，共发展会员21000人，共有花椒加工企业、合作社24家。

武都区油橄榄产业 2019年全区新增油橄榄基地建设2万亩，实施油橄榄低产园改造5万亩，繁育油橄榄优质苗木120万株。截至2019年，全区油橄榄栽植面积达48万亩，完成油橄榄综合管理38万亩；完成油橄榄高接换优3万株，涉及6个乡镇15个村；完成病虫害防治1.5万亩；配方施肥5万亩；引进新品种20个，建立种质资源圃1个，推广新技术2项(高接换优腹接技术、油橄榄人工授粉)。同时，培训农民技术员达8000多人次，发放宣传资料8000多份以及嫁接工具1000套。2019年新增油橄榄加工生产线7条，使日加工能力从原来的950吨提高到1100吨。

成县核桃产业 截止到2019年，全县已建成核桃基地51万亩，全县核桃坚果产量2.51万吨，产值3.765亿元。2019年3月，成县被国家林业和草原局评为全国林下经济示范县；9月，由成县林草局组织申报的《成县核桃品质资源运用及推广》获国家林草局科技创新奖。全县组织技术员110人，共完成嫁接换优4万多株，完成低产园改造10万亩。举办各类培训班68期，培训群众1.53万人次，培养农民技术员1200多人。针对核桃初加工产品不优的实际情况，全县投入576万元，采购核桃脱皮、清洗、烘干设备100套，新建设备安装配套基础设施100个。

白银市文冠果产业 截止到2019年年底，全市文冠果栽植面积为45.65万亩，其中，靖远县20.80万亩、会宁县12.63万亩、景泰县9.36万亩、平川区2.81万亩、白银区0.05万亩，挂果面积19.89万亩，全市种子年产量达到0.24万吨。2019年，经中国特产之乡推荐评审活动组委会评审，白银市靖远县荣获“中国文冠果之乡”称号。在全国率先生产出文冠果茶、文冠果油等产品。2018年文冠果茶叶、食用油加工企业达到6家，文冠果食用油产量9吨，产值90万元，文冠果茶产量10吨，产值1200万元。

【林下经济产业】 根据甘肃省委、省政府《关于加快林下经济发展的意见》精神，省林草局制定印发了《甘肃省“十三五”林下经济发展规划》，鼓励和引导各地加快林下经济发展。2019年全省实现林下经济产值73.59亿元。泾川、静宁、会宁、徽县、成县、康县、临泽、敦煌8个县和静宁德美林果专业合作社等29个新型经营主体被国家林草局评为国家级林下经济示范基地。

陇南市林下经济产业 全市利用退耕还林地和农民承包林地，累计栽植各类林果树种127.77万亩，2019年实现产值4.5亿元；发展林下中药材20.96万亩、产值1.2亿元；发展林菌7.95万亩、产值1.1亿元；发展种苗花卉10.57万亩、产值3.3亿元。林禽养殖256.5万只、产值1.8亿元；林畜养殖26.3万头(只)、产值3.2亿元；林蜂养殖21.98万箱、产值0.7亿元；特种养殖33.8万只、产值0.1亿元；发展林下采集90.56万亩、产值1亿元。积极发展生态旅游，兴办农家乐、森林人家243家。截止到2019年底，全市林下经济产值达16.9亿元。

庆阳市林下经济产业 全市稳步推进综合配套改革，形成了"四大类型"(林下种植型、林下养殖型、林产品加工和林下休闲型)、"十种模式(林药、林苗、林草、林菌、林菜、林经、林禽、林畜、林产品加工、休闲旅游)"的林下经济发展格局。截止到2019年底，全市成立林业专业合作社251家，建立家庭林场82家，林下经济总产值达到6.16亿元。在华池县建立了20万亩沙棘基地林和沙棘综合加工厂，年处理带枝沙棘3000吨，年产沙棘原浆500吨，沙棘原浆口服液40吨，沙棘籽36吨，年营业收入1500万元。

【林木种苗产业】 截止到2019年底，全省共有苗圃19246个，育苗面积44666.7公顷。其中，国有苗圃(包括国有苗圃和国有林场苗圃)254个，育苗面积5333.3公顷，苗木总产量56.69亿株；全省共有良种基地44处，总面积2966.7公顷。其中，国家重点良种基地11处，面积1513.3公顷，省级良种基地33处，面积1453.3公顷。全省共有林木采种基地49处，总面积2513.3公顷，其中可采种面积2246.6公顷，可采种量223200千克，实际采种量42100千克。

【森林旅游产业】 截止到2019年底，全省共有森林公园91处，其中国家级森林公园22处，省级森林公园69处。拥有林间旅游步道1751.72千米、车船274(艘)、床位8140张、餐位1.34万个，职工和导游总数分别为2636人和165人，社会从业人员10238人。2019年共接待国内外游客732.47万人次，森林公园总收入1.38亿元。

【草产业】 甘肃省出台了《甘肃省草产业发展意见》《甘肃省草产业发展规划》，成立了"甘肃省草产业技术创新战略联盟""甘肃省草产业协会""甘肃省草业标准化技术委员会"。全省人工种草面积稳定在2400万亩左右，位居全国第二位；苜蓿面积达到1130多万亩，位居全国第一位。全省草产业企业、合作社发展到860多家，生产加工能力达到520多万吨。甘肃有牧草种子田4万多公顷，年产苜蓿、红豆草、燕麦、披碱草等各类优质牧草种子3万吨。全省先后培育牧草新品种34个，建立国家级草品种区域试验站4处，省级草品种区域试验站6处。

【沙产业】 截止到2019年底，全省已累计发展沙产业企业、基地1100多家，形成了中药材、沙地林果、沙区产品加工、沙区特色种养殖、沙区生态旅游5个特色优势产业，全省基础沙产业产值为197.10亿元，延伸产业和用沙产业产值为259.7亿元(其中，风力光伏发电产值为148亿元)，总产值456.8亿元。

【花卉产业】 2019年，全省已建成高档盆花、花坛花卉和花卉苗木生产基地，观赏苗木生产基地，优质牡丹、芍药、百合生产基地，优质鲜切花生产基地，球根花卉生产基地，花卉制种基地，食用药用花卉生产基地七大花卉生产基地。建成了2个高科技千亩花卉示范园区，5个种球繁育和复壮基地，1个大丽花、3个紫斑牡丹繁育基地，1个蝴蝶兰繁育基地，3个玫瑰(月季)繁育基地，1个薰衣草生产基地，2个芍药生产基地。全省花卉企业总数122个，其中大中型企业93个，花卉从业人员34563人，现有花卉生产基地78处。

青海省林草产业

【概　述】 2019年，全省各级林草部门认真贯彻落实习近平新时代中国特色社会主义思想，积极践行习近平生态文明思想和“绿水青山就是金山银山”理念，不断推进省委、省政府“五四战略”“一优两高”战略部署，加快推进林草生态产业，促进绿色发展取得实效。

基本情况 2019年底，全省林业特色种植面积397.48万亩，其中，特色经济林面积381.90万亩(枸杞74.8万亩)，中藏药材面积15.58万亩。天然草原4.74亿亩，草籽繁育28.5万亩，人工种草420.1万亩。2019年全省林草产业产值达319.49亿元。其中，林业特色种植产值54.18亿元，林木育种育苗产值1.76亿元，草产业产值93.18亿元，冬虫夏草产值149.54亿元，林业特色养殖0.71亿元，木材产值3.47亿元。林草产业带动就业人数22.34万人，带动周边农户11.65万户，户均年收入1.30万元，带动农户人数27万人，人均年收入5607元。带动周边贫困户1.32万户，周边贫困人数3.8万人。支付劳动报酬15.12亿元。

主要措施 一是坚持融合理念，找准定位精准发力。在国家公园示范省建设、脱贫攻坚、乡村振兴、全域旅游等战略决策和重大安排中找准定位，在深化林草产业融合发展上明晰工作思路，完善工作举措。起草《加快林草产业发展推进生态富民强省的实施意见》。制定印发《青海省林草产业扶贫实施意见》《青海林业和草原领域军民融合发展的实施方案》《青海省林业生态旅游项目实施方案》，常态化抓好产业基地、质量认证管理体系等基础性建设，注重生态旅游、森林康养等新业态培育，不断拓宽和调整产业发展模式，持续增强产业发展后劲和韧劲，切实发挥好林草产业的经济、社会和生态效益。

二是聚焦主攻方向，突出主导产业。围绕打造“沙棘枸杞百亿元产业”重点工作任务，在产业素质提升和产能扩容上予以支持，全省枸杞种植面积达74.8万亩。同时，加快推进有机枸杞基地认定和产品认证工作，有机枸杞基地认定面积近18万亩，获得各类有机产品认证面积近13万亩，近40万亩野生枸杞资源得到有效保护，青海省已建成全国最大的枸杞种植区和有机枸杞生产基地。完成“枸杞规模化丰产栽培技术集成与示范”“柴达木枸杞栽培技术推广与示范”等省级科技成果10余项，制定“枸杞扦插育苗技术规程”“枸杞经济林栽培技术规程”等地方标准20余项。2019年4月，国家认监委等有关部门在西宁召开有机枸杞认证启动会议，将青海枸杞列入了《中国药典》。2019年6月24日，“柴杞”取得国家版权局作品登记证书并推进注册程序。“柴达木”枸杞产品商标使用许可和青海枸杞品牌创建工作有序推进。2019年，全省各类枸杞干果产量达9.67万吨，年产值达41.44亿元。枸杞产业带动就业8.5万人，实现劳动收益11.09亿元，惠及周边农户1.76万户，户均增收5.84万元，人均增收1.48万元。

三是立足资源禀赋，培育优势产业。充分利用青海省高原冷凉气候优势，大力发展唐古特大黄、党参、当归等中藏药材繁育、种植基地建设。2019年，中藏药种植基地面积为15.58万亩，产量4.8万吨。成立青海省中藏药产业发展协会，积极协助指导省内相关企业、合作社、农户开展中藏药材种植和加工。同时，与北京同仁堂签订中藏药产业战略合作框架协议，举办“有机(优良)中藏药材种植技术培训班”，通过搭建行业内企业交流合作平台，整合优化行业资源，促进全省中藏药产业健康优质、长远高效发展。

四是发掘资源潜力，培育新兴产业。围绕省委、省政府关于全域旅游目标，依托国家公园、森林公园、湿地公园、沙漠公园和自然保护区、国有林场、生态农牧场，推进森林、草原、湿地等山水林田湖草自然景观利用等林草生态旅游业发展。2019年，林草生态旅游实现产值8.78亿元。

五是培育市场主体，推动产业化经营。培育林草产业新型经营主体，坚持以市场为主体引领产业发展。不断推进有机枸杞、中藏药材、经济林、藏茶、麝、冬虫夏草产业发展协会工作。2019年组织认定27家林业产业化重点龙头企业，扶持饲草加工龙头企业8家。全省省级林业产业化重点龙头企业发展到107家，国家级林业产业化重点龙头企业增加到4家。林下经济示范基地18处，其中有8个单位被认定为“国家林下经济示范基地”。农(牧)民林业专业合作社发展到1018家，有5家林业专业合作社被认定为国家农民专业合作社示范社，45家林业专业合作社被认定为青海省林业专业合作社示范社。2019年10月12日，组织召开青海省林草企业家座谈会，围绕林草产业融合发展，积极建言献策，共谋共推林草绿色生态产业发展。组织相关企业和优质产品“走出去”，先后赴菏泽、南通、义乌、广州、南宁等地参加各类展会，积极推介青海省优质林草产品，着力提升产品的市场知名度。

六是增强工作靶向，助力脱贫攻坚。始终把林草产业作为生态扶贫的重要抓手，制定印发《青海省林草产业扶贫实施意见》，进一步发挥林草生态产业在脱贫攻坚中的普惠作用，增强工作靶向，提升产业扶贫质量。在严格落实好生态保护的前提下，积极争取省财政支农资金项目和国家农发资金项目，在资金投向和投量上重点支持贫困地区贫困人口发展特色经济林种植、特色养殖、生态旅游等产业项目。近5年来，投入资金5.29亿元，重点安排林草产业中藏药材种植、林区生态旅游等项目，林草产业资金总量的一半以上用于脱贫攻坚。2019年，安排省财政支农资金3300万元支持中藏药材和藏茶等扶贫项目，占当年林草产业资金投入总量(4000万元)的82.5%。

宁夏回族自治区林业产业

【概　况】 2019年，全区完成营造林9.23万公顷，治理荒漠化土地6万公顷，治理退化草原0.73万公顷，人工种草生态修复1.53万公顷。全区森林覆盖率达到15.2%，草原综合植被盖度达到56%，湿地保护率达到55%。完成六盘山区10个点133.33公顷高密度人工林近自然林改造试点任务。绿化美化乡村200个，推荐命名“国家森林乡村”37个。

【特色林果产业】

产业发展　2019年，宁夏按照高质量发展要求，全力推进特色优势经果林产业发展，新增苹果、红枣等特色经济林面积8.4万亩；完成“三低”果园改造10.6万亩。在巩固13个自治区级优质苹果、红枣示范基地基础上，继续抓好34个苹果、红枣、花卉、红梅杏、设施果树等经济林产业示范基地建设；大力推进产业扶贫，引进正果集团在闽宁镇武河村建设千亩精品桃种植基地，帮助解决移民就业100余人。支持固原市“四个一”工程建设；加强技术骨干培训，大力推广示范新品种和新技术；加强林果产品宣传推介，组织知名林果企业参加全国大型林产品展销、博览会5场次，拓展林产品营销渠道。加强龙头企业和市场品牌培育，5家企业获批2019年(第四批)国家林业重点龙头企业。成功举办首届宁夏苹果大赛活动，引导产业走优质、精品、高效发展之路。截止到2019年底，全区特色林果面积179.8万亩，其中苹果种植52.2万亩(挂果面积33.2万亩)、红枣54.4万亩(结果面积40万亩)、设施果树及花卉3.6万亩、鲜食葡萄3.8万亩、梨2.1万亩、桃2.0万亩、杏(红梅杏)11.8万亩(结果面积3万亩)，宁南山区山桃、山杏44万亩，2019年全区水果产量达56万吨，果品产值约30亿元。

品牌培育　借助各类展销平台，不断组织宣传推介活动，加大对灵武长枣、中宁圆枣、同心圆枣、沙坡头苹果、彭阳红梅杏、青铜峡先锋大青葡萄等地域品牌与知名企业品牌的培育扶持力度。积极组织林果企业参加国内知名森林食品交易会、糖酒会、博览会等宣传推介活动。展会搭建了以“塞上江南 神奇宁夏”为主题的宁夏特色经果林展馆，通过图片、实物相结合的方式展示苹果、枣汁、枣酒、枣醋、杏干、杏肉、杏脯、蜂蜜等林产品，利用综合类林产品展会平台，在苹果、红枣、红梅杏等林产品推介力度上创历史新高，取得了显著成效，拓展了产品营销渠道，全面展示了自治区经济林产业发展成果。2019年北京世园会优质果品大赛，三批次共荣获金奖2个，银奖4个，铜奖8个，优秀奖6个；2019年在新疆阿克苏举办的西部果业优质苹果大会，获金奖4个，优秀奖7个。

新型经营主体培育　全区新型经果林经营主体发展到3952家，其中市级以上农业龙头企业57家、林业专业合作社1662家、家庭农场287家。按照《国家林业重点龙头企业推选和管理工作实施方案(试行)》要求，对各市、县(区)林业和草原局推荐的企业进行认真审核，推荐宁夏早康枸杞股份有限公司、宁夏南山阳光果业有限公司、玺赞庄园枸杞有限公司、宁夏银湖农林牧开发有限公司、宁夏全通枸杞供应链管理股份有限公司5家企业，参评2019年(第四批)国家林业重点龙头企业。

首届宁夏苹果大赛　2019年10月10—12日，在中卫市沙坡头区永康镇双达村成功举办首届宁夏苹果大赛暨沙坡头苹果节，活动以“特色·优质·精品·发展”为主题，圆满落幕，经过3天的激烈角逐，共评出金奖14个、银奖18个、优质奖22个、果王4个。此次大赛吸引了全区51家企业、专业合作社和种植大户踊跃参与，共收集参赛样品133个，涵盖了富士、金冠、元帅及其他宁夏栽培的所有品种系列。为了保证大赛公平、公正，此次大赛全程监控，采取盲评盲检的方式，评比由客观评定和主观评定两部分组成。组织开展了果王拍卖，“果王”拍卖竞争激烈，高潮迭起，分别拍出“富士王”2988元、“金冠王”1988元、“元帅王”1888元、“秦冠王”1488元，拍卖所得全部捐赠给了沙坡头区河南敬老院。通过本次活动的开展，为广大果农和苹果企业搭建了一个共谋产业发展、开展合作交流、推动优势资源互补共享的好平台。同时活动充分展示了宁夏苹果产业发展的成果与优势，宣传了宁夏苹果品牌，扩大了苹果对外影响和销售市场，提振了广大经营主体的信心，为全区苹果产业高质量发展起到了极大的推动作用。

【枸杞产业】

产业发展 全区枸杞种植标准化率达到71%，统防统治率达到70%，良种覆盖率达到90%以上；枸杞及其制品出口40多个国家和地区。2019年，出口枸杞4808.7吨，创汇收入4201.7万美元。相继建成4个国家级枸杞研发平台，2个国家级枸杞种质资源圃，5个自治区级苗木繁育基地，5个院士工作站，14个枸杞产业人才高地工作站。枸杞干果、原汁、化妆品、功能性食品等及其制品达10个大类100余种，加工转化率达到25%。宁夏已成为全国乃至全世界枸杞产业基础最好、生产要素最全、品牌优势最突出的枸杞核心产区。

标准化体系建设 发布枸杞标准9部，其中，地方标准7部，国家团体标准2部。宁夏地方标准分别为《宁夏枸杞标准体系建设指南》(DB64/T 1639—2019)、《中宁枸杞》(DB64/T 1640—2019)、《枸杞加工良好规范》(DB64/T 1648—2019)、《枸杞包装通则》(DB64/T 1649—2019)、《枸杞贮存要求》(DB64/T 1650—2019)、《枸杞交易市场建设经营管理规范》(DB64/T 1651—2019)、《枸杞追溯要求》(DB64/T 1652—2019)。《宁夏枸杞标准体系建设指南》(DB64/T 1639—2019)涵盖了宁夏枸杞产业、生产、经营3个标准子体系，为宁夏枸杞产业标准体系构建明确了方向。宁夏枸杞产业发展中心向国家市场监管总局标准技术司成功申报“国家枸杞标准化区域服务与推广平台”项目；由宁夏枸杞产业发展中心参与起草的《道地药材 宁夏枸杞》(T/CACM 1020.6—2019)、《中药材商品等级规格 枸杞子》(T/CACM 1021.50—2018)，由中华中医药学会发布，实现了宁夏枸杞道地中药材标准零的突破。

品牌建设 全区枸杞产业龙头企业55家。其中，国家重点农业产业化龙头企业4家，国家林业产业化龙头企业10家，自治区级农业产业化龙头企业和林业产业化龙头企业41家。获得国家驰名商标企业达到8个，获得自治区著名商标17个；宁夏枸杞知名品牌达到12家，优质基地(示范苗圃)10个。成功举办第二届枸杞产业博览会，比第一届博览会增加展位195个，增加幅度超过50%。国内20多个省、市、自治区476家枸杞企业采购商及区内外科研院所、行业协会代表共1200余人参加，集中展示干果及饮料、芽茶、籽油、功能性食品(特膳食品)等枸杞及其衍生品10个大类100余种，展出摄影、刺绣、书画、剪纸等文化产品650余件，展示枸杞专用施肥、中耕、除草、植保、烘干等机械设备90余台(套)；共签订各类合作协议22个，签约销售枸杞干果及其系列产品6000余吨，签约资金达4.95亿元。

【林下经济】 林下经济发展。推动林下经济高质量发展。西吉县绿源种植专业合作社、彭阳县玉兰养殖专业合作社、彭阳县金凯杏子营销农民专业合作社、西吉县宝义林下产业专业合作社、固原市原州区康禾种养殖农民专业合作社5家合作社被国家林业和草原局认定为国家林下经济示范基地。开展了自治区林下经济示范基地动态监测。全区林下经济经营和利用面积170.5万亩，实现产值5.7亿元，从业人数5.9万人，林下产品种类不断增多，已发展为9个大系列、20多个品种。

示范基地监测 为贯彻落实《自治区人民政府办公厅关于加快林下经济发展的意见》精神，发挥林下经济示范基地典型引领和辐射带动作用，推动全区林下经济示范基地规范化建设和高质量发展，依据《宁夏回族自治区林下经济示范基地评定和监管办法(试行)》(宁林规发〔2018〕2号)，自治区林业和草原局组织有关专家对2015年、2016年度评定的20家自治区林下经济示范基地发展情况进行了监测核实。经专家评定、会议审议和社会公示，决定保留自治区林下经济示范基地12家，限期整改2家，取消6家。

【林业产业大事记】

2月21—22日 自治区林业和草原局在彭阳县举办“2019年宁夏南部山区红梅杏春季栽培管理技术培训班”，全区红梅杏主产市、县(区)林业和草原局分管领导，林技中心技术负责人、部分红梅杏生产企业、合作社、家庭林场、种植大户技术骨干及当地果农近百人参加了培训。

2月27日 自治区林业和草原局在灵武市举办了全区红枣春季修剪技术骨干培训班。全区红枣主产市(县、区)自然资源局(林业和草原局)分管领导、林技中心技术负责人、部分红枣企业技术骨干近百人参加了培训。此次培训，加深了红枣产业管理人员和专业技术人员、种植大户对先进栽培技术的了解，指出了红枣优质栽培方向，规范了红枣栽培管理和修剪技术，解决了果农在长期生产中存在的各种疑惑，增强了果农的发展信心。

3月8—10日 自治区林草局采取结对帮扶的形式，实施精准扶贫、精准脱贫，全力支持闽宁镇产业发展。根据闽宁镇武河村、木兰村经济林产业发展需求，对两个贫困村1350亩苹果、小杂果、枣树春季修剪进行田间实操培训，入户技术指导。

4月2—3日 全区经济林春季冻害防御暨设施果树栽培技术骨干培训班在吴忠市举办，为全面推进自治区优势特色经济林产业高质量发展，积极应对晚霜冻害对经济林的影响，提升设施果树栽培管理技术，对全区主产市县产业技术负责人、部分新型经营主体，种植大户等技术骨干80人进行了培训。

5月10—12日 “2019上海·全国优质农产品博览会”在上海光大会展中心成功举行。自治区林业和草原局副局长王自新和宁夏林权服务与产业发展中心副主任李国，带领6家特色林产品流通加工企业参展，展示宁夏苹果、红枣树莓红酒、树莓原浆口服液等10余类20多种森林食品，展示以图片、实物相结合的形式布展，全面展示了自治区林产品发展动态。

5月16日 第十五届中国(深圳)国际文化产业博览交易会(以下简称文博会)在深圳拉开帷幕。宁夏林业和草原局组织百瑞源枸杞股份有限公司、早康枸杞股份有限公司、润德生物科技有限责任公司、玺赞庄园枸杞有限公司、宁夏红枸杞产业集团、全通枸杞供应链管理股份有限公司、宁安堡土特产品有限公司、中宁县吉鼎生物科技开发有限公司等8家企业参展，展示了枸杞干果、果汁、酵素及枸杞多糖等10类40余种枸杞制品，将宁夏最靓丽的“红色名片”亮相文博会。

6月12日 自治区林草局组织林果、气象、土壤、植保等方面的专家，赴原州区彭堡乡蒋口村果农伏金林红梅杏种植园和新丰源农林科技有限公司红梅杏种植基地实地调研，帮助果农解决难题。专家组通过观察、对比、走访、座谈、取样等方式，详细了解了落果果园水肥管理、病虫害防治、气象变化、土壤水分等因素，并进行了全面的讨论分析和研究。

6月26日 第二届枸杞产业博览会在“中国枸杞之乡”中宁县开幕，自治区人民政府副主席刘可为、国家林业和草原局林业和草原改革发展司司长刘拓、国家林业和草原局三北防护林建设局局长张炜、自治区政府办公厅副主任范锐君、自治区自然资源厅厅长李晓龙、自治区林业和草原局局长徐庆林、中卫市人民政府市长李晓波等参加了开幕式。

7月9—11日 自治区林业和草原局党组书记局长徐庆林、副局长王自新陪同国家林草局荒漠司司长孙国吉、三北局局长张炜、科技中心主任王永海、经研中心主任李冰等一行10人对全区困难立地绿化、经济林(文冠果)发展现状与推广进行调研。

7月11—12日 自治区林业和草原局在固原市举办“2019年南部山区红梅杏夏季栽培管理技术培训班”，全区红梅杏主产市、县(区)林业和草原局分管领导，林技中心技术负责人、部分红梅杏生产企业、合作社、家庭林场、种植大户技术骨干及当地果农近百人参加了培训。

7月25—26日 为全面推进全区优势特色经济林产业发展，加快提质增效步伐，推广示范先进技术，解决苹果、红枣夏季果园管理中出现的常见问题，在吴忠市举办了全区苹果、红枣夏季管理关键技术培训班，培训骨干80人。采取理论授课和田间实操培训相结合的方法，增强培训效果。

7月30日 宁夏林权服务与产业发展中心根据闽宁镇武河村、木兰村果农的需求，组织自治区设施果树首席专家张国庆、苹果专家李国、史宽、冯骊，枸杞专家戴国礼，组成技术服务组，进村入户，对30余户果农进行了手把手的技术指导培训。

8月24—25日 由宁夏回族自治区林草局主办，宁夏宁苗生态园林集团股份有限公司联合中国苗木信息网共同承办的第三届宁夏(银川)秋季苗木交易会，在银川亲水体育馆召开。

8月26—30日 为开阔视野，学习山东省经果林产业发展的先进技术和经验，加快自治区经果林产业提质增效步伐，全力推进高质量发展，自治区自然资源厅副巡视员张浩，带领宁夏林权服务与产业发展中心和产业主产县区林业局负责同志及部分企业代表等一行21人，对山东省威海市荣成、蓬莱的苹果产业进行实地观摩学习。

9月10—12日 自治区林业和草原局在彭阳和隆德县召开了全区集体林地“三权分置”改革试点暨林下经济现场培训班。

10月26日 由国家西部果业创新联盟与中国农科院西部农业研究中心共同举办的2019年西部果业优质苹果大会在新疆阿克苏市召开。来自山东、山西、陕西、河南、云南、宁夏、甘肃、新疆等地选送的53个苹果样品参加了评比。由宁夏林权服务与产业发展中心组织选送的16个苹果样品，在评比中大放异彩，共获得金奖4个，优秀奖7个，其中，富士金奖3个，优秀奖5个；金冠金奖1个，金冠、华冠优秀奖各1个。

11月1—4日 第12届中国义乌国际森林产品博览会在义乌国际博览中心盛大开幕，宁夏以“塞上珍果　神奇宁夏”为主题，设置了宁夏特色展区，组织了全区12家知名企业参加此次盛会。同时借助森博会的平台，向来自全国各地的投资商和企业家重点推介了苹果、红枣、枸杞等宁夏特色经济林产品，当地经销商及消费者在品尝了宁夏林产品后赞赏有加，并与部分企业达成订购意向。

11月4日 在“第12届中国义乌国际森林产品博览会”开展的优质果品及组织评选活动中，自治区林业和草原局被授予“最佳组织奖”，宁夏林权服务与产业发展中心被授予“最佳展台奖(宁夏馆)”；吴忠市扁担沟玉国果品购销专业合作社的“扁担沟”苹果、宁夏苹安农业科技有限公司的“来选王”苹果、宁夏青铜峡市鸽子山林果专业合作社的“鸽子山”灰枣荣获优质林产品金奖；宁夏众农亿客食品有限公司的灵武长枣、宁夏苹安农业科技有限公司的“来选王”苹果、宁夏丝路回春食品有限公司的“穆伊颗红”同心圆枣荣获优质林产品优质奖。

11月13日 中国农业银行总行投资银行部、宁夏分行与自治区林草局在宁夏分行营业部召开了“宁夏枸杞行业银政企合作座谈会”，自治区林草局党组书记、局长徐庆林，副局长王自新，宁夏农林科学院枸杞工程中心主任、枸杞产业首席专家曹有龙，中国农业银行总行投资银行部结构融资部乔郁总经理，宁夏枸杞产业发展中心组织相关枸杞企业代表负责人参加了座谈会。

11月13—14日 2019年瑞典天然有机食品及配料展在马尔默展览中心举办，宁夏林业和草原局携宁夏枸杞参展，这也是宁夏枸杞首次在北欧国家亮相。

12月5日 由宁夏回族自治区林业和草原局与《联合国防治荒漠化公约》秘书处共同主办的“2019年荒漠化防治技术与实践国际研修班”在宁夏银川正式开班。开班仪式由宁夏林业和草原局党组成员、总工程师徐忠主持。

新疆维吾尔自治区林业产业

【概　述】 新疆是著名的"瓜果之乡"，具有得天独厚的水土光热自然资源条件和丰富的特色林果资源。经过多年的优化调整，新疆已形成以环塔里木盆地红枣、核桃、杏、香梨、苹果、巴旦木、葡萄等为主的南疆特色林果主产区，以鲜食和制干葡萄、红枣为主的吐哈盆地优质高效林果产业带，以鲜食和酿酒葡萄、枸杞、小浆果等为主的伊犁河谷林果产业带和天山北坡特色林果产业带。"十三五"以来，新疆特色林果产业得到了快速发展，已成为新疆农业农村经济的支柱产业之一，更是南疆深度贫困地区农民脱贫攻坚的有力支撑，在助力乡村振兴和脱贫攻坚中发挥了重要作用。同时，林木种苗花卉业、森林旅游业和沙产业也得到了较快发展。

林果产业　截至2019年底，新疆林果种植面积1856.1万亩(不含新疆生产建设兵团，下同)，挂果面积1521万亩，产量达813.6万吨，产值达528.12亿元。部分林果主产县市林果业收入已占农民总收入的50%以上。

生态健康果园等标准化林果基地规模达到250万亩，林果企业达到3246家，林果加工产品有500多种，果品储藏保鲜加工企业550多家，年储藏保鲜加工能力300多万吨。获得国家和自治区各类知名品牌称号143个。以林果产品为主的农产品生产、加工、流通等企业已在全国各地建起了近万家新疆农产品专卖、代理和加盟店。成功举办第二届中国新疆特色林果产品博览会，果品项目签约51.27亿元，其中合同签约37.66亿元。

林木种苗业　截至2019年底，全区共有苗圃5011处，实际育苗面积44.98万亩，苗木总产量11.81亿株，其中良种苗木6.86亿株，可供造林苗木6.54亿株，苗木产值达49.11亿元。2019年全区造林实际用苗4.71亿株，使用良种苗木4.44亿株，林木良种使用率由"十二五"期末的82%提高到2019年底的93.97%。全区有14处国家重点林木良种基地、2处自治区重点林木良种基地、1处林木种质资源设施保存库、2处国家林木种质资源异地保存库、1处省级林木种苗示范基地、40处自治区林业保障性苗圃、30处自治区林木良种生产基地。

花卉产业　2019年，新疆花卉总面积已达47万亩，总产值为8.47亿元。主要以乌鲁木齐、昌吉、石河子、库尔勒、伊宁、喀什等大中城市为主的鲜切花类、盆栽植物类和观赏苗木生产区域；以和田地区的玫瑰花、喀什地区的万寿菊、伊犁州的薰衣草、塔城地区和博州的红花、香紫苏等食用、药用和工业用大田深加工花卉生产区域。

森林旅游业　新疆林草局高度重视森林旅游工作，贯彻落实自治区旅游发展大会精神，结合森林旅游发展实际，成立"自治区林业和草原局生态旅游工作领导小组"，重点解决旅游工作"三难一不畅"和"三差一乱"等问题，为塑造自治区旅游品牌贡献力量。积极参与筹备2019年北京世界园艺博览会，参加2019年中国森林旅游节，不断创新活动内容，加大森林旅游推介力度。充分利用各类大型展会，通过新疆林业和草原局网站、微信公众号、新闻媒体等平台，广泛宣传"新疆是个好地方"旅游品牌。据统计，2019年，全区森林旅游接待人数380万人次，提供床位1640多张，实现旅游收入8163.32万元。

沙产业　坚持"治沙"与"致富"相结合，生态效益与经济效益相促进，人与自然和谐相处，走出了一条"治理"与"开发"相结合，推进沙产业发展的新路子。截至2019年，全区肉苁蓉、枸杞、沙棘、玫瑰、甘草等沙区特色经济植物种植面积达136.32万亩，总产量38.53万吨；沙产业年产值近41.7亿元，涉沙加工企业93家。

存在的问题　①特色林果业。一是林果建设标准化程度低。生产经营方式落后、集约化程度低，产品质量较差、商品率低。二是林果产业风险防控能力弱，抵御自然灾害能力弱。三是林果业科技研发推广力度不够，科技支撑能力严重不足。四是政策支持体系不完善。②林木种苗花卉业。一是林木种苗结构性矛盾突出，与转变林业发展方式的要求不相适应。二是林木种质资源保护利用滞后，与加快林木良种选育步伐的要求不相适应。三是林木种苗和花卉专业技术人才严重短缺，与林木良种基地创新、林木种质资源保护和花卉产业发展不相适应。四是林木种苗和花卉管理机构不健全，与林木种苗和花卉行政管理和市场化程度越来越高的要求不相适应。③森林旅游业。一是森林旅游业基础设施建设滞后，缺乏统一规划。二是专业的旅游管理人才紧缺，服务质量不高。三是缺乏具有特色的森林旅游产品。

产业发展思路 ①对标对表进一步夯实林果产业基础。一是坚持"人无我有、人有我优、人优我特"的思路，突出地区特色、品种特色，进一步加大特色林果优良品种选育与推广，优化品种结构。二是继续抓好林果业提质增效工程。按照自治区实施乡村振兴战略和推进"一产上水平"工作要求，坚持高位推动，压实管理责任，加强市场营销，巩固提质增效成果。

②切实加强林木良种基地创新和林木种质资源保护。一是做好林木种苗种质资源调查收集保存利用工作。适时启动全区林木种质资源普查，建设林木种质资源保存库，构建原地保存、异地保存和设施保存有机结合的林木种质资源保护体系。二是积极选育推广林木良种。以常规选育为基础，结合生物技术应用，加快林木良种选育进程。三是加强林木种苗基地建设。加强种子园、母树林、采穗圃等良种基地营建与管理，推进良种基地科研与生产管理深度融合。

③提升花卉产业优势。一是提高大田花卉种植规模，大力推广发展和田玫瑰、万寿菊两个应用广泛、经济效益高的大田花卉产品，带动农民增收和旅游发展。二是以企业、农民为主体，依托大专院校、科研机构建立培训体系，为花卉企业培养多层次、高素质、应用型的经营管理人才。三是对具有优良花色、花香和抗逆性的野生花卉的遗传多样性和亲缘关系加强研究，对有特色、有开发前景的野生品种进行驯化和种质改良，培育新品种。

④牢固树立"绿水青山就是金山银山"理念，推动森林旅游高质量发展。一是加大新疆森林旅游推介力度，展示新疆特色林果产品、优势土特产，推介新疆丰富的旅游资源和文旅产品。二是加强统筹规划，完善森林旅游服务体系。三是研究森林旅游发展新业态，探索"在不破坏地表植被、不影响生物多样性保护前提下，可在天然林地适度发展生态旅游、休闲康养、特色种植养殖等产业"。

产业发展主要目标 一是通过持续实施林果业提质增效工程，稳定林果面积，建设标准化果园。全区林果面积稳定在1800万亩左右，果品产量达到900万吨，林果业产值达到600亿元以上，形成比较完备的现代林果业产业体系。二是以国家重点林木良种基地和科研院所为依托，开展新品种选育、引进，促进苗木产业发展。完善林木良种选育、审定、示范、推广体系。以选育、示范、推广自治区特有、珍稀树种为重点，建成一批国家和自治区重点林木良种基地。主要造林树种林木良种使用率稳定在75%以上，其中，特色林果造林良种使用率稳定在90%以上。三是大力推广发展和田玫瑰、万寿菊两个大田花卉品种，调整农业种植结构，增加农民收入，实现精准脱贫，为美丽新疆增光添彩。"十四五"时期实现种植规模50万亩以上。四是有序推进风景名胜区、自然保护区、森林公园、湿地公园、沙漠公园等各类自然保护地摸底评估和优化整合工作，丰富森林旅游内容。加大生态建设力度，实施生态保护和修复工程。认真执行《天然林保护修复制度方案》中关于旅游发展的要求，结合全区实际情况，认真研究制订工作方案，助推森林旅游高质量发展。

产业发展重点举措 ①大力推进造林绿化。以三北、天保、退耕还林还草等国家重点生态工程为依托，巩固建设成果，提高造林标准，加快国土绿化步伐。完善农田防护林体系，加快推进农田防护林网修复改造，促进退化防护林更新复壮。开展绿洲外围防风固沙基干林带建设、环准噶尔盆地荒漠区植被恢复重建、农田林网化建设等三项工程。在巩固前期退耕还林还草成果的基础上，对严重沙化耕地实施新一轮退耕还林还草。以“三山两盆”等重点生态功能区为主战场，采取人工造林种草、封山(沙)育林育草、退化林分、草原修复等措施，增加植被，构建片、带、线、点相结合的防护林草体系。

②加快推进林果基地标准化建设和提质增效，推行绿色生产技术标准，推广农家肥计划，提升林果品质。大力推广水肥一体化应用技术，加快果园农渠防渗改造，实行以林果为主的配水制度。加强林果灾害防控能力建设，加快提升监测预报、综合防治能力和水平。鼓励和引导果农通过以转包、出租等方式，推进果园承包经营权流转。

③ 通过建设乡土种质资源中期库、种质资源圃，加快优质林木种质资源库建设，科学制定保护利用规划，加强优质林木种质资源收集、保存、鉴定、评价和开发利用，提升野生种质资源保护利用能力。

④按照“林旅一体化”的发展思路打造全域旅游行业，加强基础设施建设，创新森林旅游体系。依托国家森林公园，积极引导发展森林生态休闲游、森林康养、森林人家。不断深化产业融合模式，实施“以林促旅、以旅兴林”的林旅融合发展之路，做到“处处有美景、镇镇有产业、户户能增收”，初步实现旅游兴、产业旺的发展目标，满足快速增长的大众化、个性化、体验化消费需求。

内蒙古大兴安岭重点国有林管理局林草产业

【概　述】 内蒙古大兴安岭林区坚持以习近平新时代中国特色社会主义思想为指引，深入贯彻落实党的十九大精神和习近平总书记系列重要讲话精神，紧紧围绕“五位一体”总体布局和“四个全面”战略布局，牢固树立和贯彻五大发展理念，以国有林区改革为统领，牢牢把握稳中求进的工作总基调，主动适应体制调整变化的新要求，坚决守住发展、生态、民生三条底线，科学谋划、统筹推进、分类施策、精准发力，集中力量解决制约林区发展的突出问题，生态、改革、发展、民生各个方面发生深层次变革，取得了阶段性成果。

生态建设　在全面停伐的大背景下，面对新体制、新定位、新形势、新要求，内蒙古大兴安岭重点国有林区管理局坚持生态优先战略，把生态保护作为林区奋力前行的首要职责，努力践行建设好“山水林田湖”生命共同体的伟大目标，确保了森林资源总量持续增加、质量持续提高、生态产品生产能力持续提升、生态功能持续增强。截止到2018年底，林区已建立58个自然保护地，包括8个自然保护区(123万公顷)、15个湿地公园(16.6万公顷)、9个森林公园(42万公顷)以及26个保护小区(42.97万公顷)，总面积达224.85万公顷，占内蒙古大兴安岭生态功能区总面积的21%，完成了对重点物种、重点生态区域实施优先保护的目标，在林区初步建成布局基本合理、类型比较齐全、功能相对完备的自然保护地网络。

2019年，林区完成各类人工造林6.86万亩和退耕还林4.72万亩，累计完成人工更新造林近2000万亩以上，有林地面积、活立木总蓄积量、森林覆盖率分别由开发初期的636.51万公顷、6.62亿立方米、60.1%，提高到2019年的827万公顷、9.5亿立方米和77.44%。

【林下经济产业】　2018年，内蒙古大兴安岭林区为了推动林区实现全面转型中建立长效的产业发展新机制，促进林业产业向规范化、规模化方向发展，委托国家林业局林产工业规划设计院林业产业发展研究中心编制完成了《内蒙古大兴安岭重点国有林区林业产业转型发展规划》。2019年林区根据《规划》既定目标，结合林区实际，加大了经济林种植、中草药种植、食用菌培植、森林牲畜养殖、特种动物养殖、野生资源采集等产业项目推进力度，全年林下经济实现产值3.1亿元，使用林地面积300多万亩，带动就业近2万人。

经济林果种植　林区紧抓开展国土绿化行动和已垦林地退耕还林还草试点工作的契机，优化生产布局、树种，充分利用林地资源优势和特殊气候条件，大力发展沙棘、榛子、西伯利亚红松等经济林产业。2018年林区完成营造经济林总面积达4.6万亩。截止到2019年底，林区各类经济林经营总面积已经达到8.65万亩，其中榛子平茬、种植、抚育4.72万亩；营造、抚育沙棘林3.68万亩；人工种植蓝莓近2000亩、蓝靛果忍冬500亩。

中草药培育　林区的中草药种植业主要集中在绰源、图里河、吉文等林业局，品种有返魂草、芍药、防风、金莲花、北五味子等。截止到2019年末，林区各类中草药种植总面积17000余亩，种植中草药家庭经济户达130余户。但林区中草药产业还处于资源培育期，为了增加林地生产力，提高综合收益率，引入中草药种植与沙棘等经济林种植相结合的林药间作种植模式，结合林区退耕还林还草工作的开展，林区中草药种植面积将逐步扩大。

食用菌培植　林区以黑木耳、滑子菇为主要产品的食用菌产业，经过多年的发展，已经成为林区职工群众就业和致富增收的重要途径。2018年、2019年林区受停伐木质原料限制，食用菌培植规模在1500万袋左右，有培植户500余户，实现产值4000万元。林区在积极推广食用菌家庭经济的同时，大力培育食用菌培植示范基地，近几年来，阿里河、克一河、库都尔、满归等食用菌示范基地各类食用菌培植规模维持在1000万袋左右。2019年，林区3个食用菌加工企业诺敏绿业有限公司、鲜卑鲜食品有限责任公司和白鹿岛科技食品有限公司运行良好。

森林牲畜养殖 林区有无林草山、草坡、草甸及林缘草场达21万公顷，为发展森林畜牧养殖业奠定了基础。近几年，林区充分发挥各养殖协会、合作社的功能，并通过协调养殖用地，发放小额无息借款，培训养殖技术等方式扶持引导职工群众发展养殖业，养殖结构不断优化。截止到2019年末，林区养殖马匹近10000匹、肉牛8000余头、羊15000余只，从事马匹养殖家庭经济户200余户，森林畜牧养殖年产值达1.5亿元以上。

特种动物养殖 林区北部的"冷资源"优势明显，冬季气温达到零下40℃，为发展北极狐养殖提供了得天独厚的自然环境。林区发展特种动物养殖业主要是以家庭为单位，以协会自我发展为主，养殖品种主要有北极狐、狍子、鹿等，养殖地点主要集中于金河、阿龙山、克一河、吉文、阿里河等林业局。截止到2019年末，林区各类特种动物养殖规模达12000多头(只)，产值达3500万元，从事特种动物养殖家庭经济户400余户。

林下采集业 林区林下资源丰富，品种多样，开展野生资源采集已成为林区职工群众致富增收的主要渠道，职工群众在采集季节自愿上山进行野生资源采集，采集的产品主要有野生蓝莓、红豆、松子、榛子、蘑菇和山野菜等。近年来，林区不断完善林下资源采集方面的管理措施和办法，规范林下资源采集行为，林区林下资源储量和质量明显提高。2019年林区有14000人次进山从事野生资源采集，人均增收万元以上，采集业实现产值近2.8亿元。

【发展林下经济主要做法】 加强组织领导、科学规划。林区成立了"内蒙古大兴安岭重点国有林区产业发展领导小组"，对林区转型产业发展进行顶层设计。科学编制了《内蒙古大兴安岭重点国有林区林业产业转型发展规划(2018—2030)》，客观分析了林区林下产业发展存在的问题和自身具有的优势，对体制机制进行了设计，提出了具体措施，为转型产业发展提供了指导和依据。切实建立起"主要领导亲自抓、分管领导具体抓、相关部门协调抓"的产业发展机制，及时解决产业发展过程中所遇到的困难和问题，各相关部门根据职责分工，完善联动与合作机制，强化协作配合，形成工作合力，确保各项措施落到实处。各林业局成立了相应组织机构，加强对发展转型产业工作的组织领导，制订了实施方案，进一步分解落实任务，合力推动转型产业高质量发展。

坚持绿色发展，加强监督考核。林区严守生态红线，坚持低碳、环保、自然、和谐、美丽原则，让绿色始终成为转型产业发展的底色和品牌。林区积极整合各方面资源，强化资源管理，统一规划、设计，有序开发。对产业发展目标进行责任分解，强化责任目标考核，层层签订责任状，建立一级抓一级、一级为一级负责的责任体系，并建立了奖励机制，对产业发展速度快、质量高的单位予以重点奖励，确保各林业局产业项目稳步推进。

坚持规范发展，不断完善政策扶持。为规范、扶持、引导林区职工群众发展转型产业，林区各级林业管理机构不断规范产业发展路径，完善产业扶持政策。一是加强产业的规范化管理。制定了《内蒙古大兴安岭林区平榛沙棘灌木林平茬与复壮技术规定(试行)》《内蒙古大兴安岭重点国有林区退耕还经济林经营培育管理办法(暂行)》等，规范林区退耕还经济林的经营管理，指导林区经济林产业合理有序地发展。二是加大资金扶持力度。在确保资金回收的前提下，加大家庭经济借款的投放力度和覆盖面。将沙棘等经济林营造经费纳入国土绿化行动方案，截止到2019年末，累计投资7838.39万元。三是针对林区产业发展实际，制定出台包含社会保障、资金、技术服务等方面的扶持激励政策，激发职工群众发展林下经济的积极性。四是加强从业人员技能培训。为增强职工就业再就业的能力，适应林区转型产业发展需要，林区各级林业管理机构多次举办林下种、养殖等方面的技术培训班，为职工群众创收提供必要的技能支持。

【发展林下经济存在的困难和问题】 产业政策支

撑不足，体系不完善。国家和内蒙古自治区虽然在各类文件中提出了鼓励、扶持林下经济等转型产业发展，但对于林区林下经济等转型产业的针对性不强，具体配套政策少、体系不完善。林区林下产业所享受的政策无论与周边省市，还是与农牧产业相比，在财政、金融、税收等方面都严重不足。一是林区缺乏针对性强的林下产业政策支撑。农牧民在种植农作物和养殖牲畜过程中，国家及各级地方政府针对农牧业均有特定的种养殖补贴、补助等政策扶持，林区缺少专门的扶持政策支撑林下产业发展。二是林区的产业发展与林地限制使用之间的矛盾突出。林区在野生经济林抚育经营时，非目的树种不允许采伐剔除；疏林地等地块进行仿野生道地中药材种植时，采收根茎类中药材受林地植被保护限制。三是产业政策不完善。林下产业多以种植、养殖业为主，属于农牧业政策扶持范畴，受林业职工的身份限制，从事林下产业的职工不能享受到同等待遇，农牧业方面的部分优惠政策很难惠及林区。

发展资金不足，产业基础薄弱。林区转型产业还处于资源培育期，还需大量前期投资形成基础条件，资金不足一直是制约林区林下经济产业发展的瓶颈。一是产业投资体系未形成，补助政策缺乏。国家和各级地方政府颁发的产业政策红利，地处偏僻的农牧民很难及时完整地享受到。二是缺乏针对性强的金融政策，产业融资渠道不畅。受国有林区体制以及林下产业投入大、周期长等产业特性制约，引资和银行贷款困难。三是发展资金不足。林区全面停止天然林商业性采伐后，管理局及各林业局现有资金大多为专项资金，能够投入林下产业发展的资金严重不足。

职工参与发展林下产业积极性不高。受国有林区产业政策波动大、不连续、基础设施建设滞后等因素影响，林区职工群众发展林下产业的主动性、积极性不足。一是产业政策波动性大。林区经历“主辅分离、辅业改制”“去经营职能”等国有林区改革后，职工担心产业政策不连续，波动大，基础建设投入受资源保护政策调整遭受损失，发展林下产业的信心和主动性不足。二是基础设施建设滞后，产业发展难度大。对林区公路、水电、通信等社会基础设施，政府、社会投资非常有限，林区基础设施建设滞后，林下资源综合开发利用困难。三是林区地处偏远、交通不便、远离市场，信息滞后，市场动态难以把握，增加了林产品的加工和销售成本。

【森林旅游业】 先后编制了《内蒙古大兴安岭重点国有林区旅游业公司化运营管理策划方案》《内蒙古大兴安岭重点国有林区旅游业产品开发方向及投融资模式方案》《内蒙古大兴安岭重点国有林区旅游深度策划方案》。

2019 年，管理局以“旅游+”战略为指导，依托内蒙古大兴安岭独特的区位优势和自然资源，充分利用互联网的创新成果，全力打造“旅游+森林康养”、冰雪探险、绿色食品等森林生态产品，全面落实两个旅游《策划方案》，夯实林区旅游发展基础，打造内蒙古大兴安岭旅游品牌。组建“内蒙古大兴安岭旅游集团”，实现“统一规划、统一品牌、统一营销、统筹经营”，从源头上解决“资源碎片、小而弱、多而散”的问题。在旅游产业布局上，以打造南部、中部、北部三大旅游板块为重点，借助北部漠河，西部海拉尔、满洲里，南部阿尔山、扎兰屯，东部齐齐哈尔、东北部加格达奇 7 个进出林区的通道，以区带面、以面带点、以带穿线，形成“三区七向”的林区旅游发展格局。2019 年，林区共接待游客 39. 9 万人次，实现旅游收入 3410 万元，实现旅游业产值 8713 万元。

吉林森林工业集团有限责任公司林业产业

【概　述】2019 年，森工集团按照省委、省政府推进森工集团改革重组的决策部署，落实巴音朝鲁书记“保护企业资产安全、维护企业和社会稳定”的批示精神和省政府领导的工作要求，坚定重组方向，破解问题障碍，强化经营发展，从严管党治党，扎实有序推进改革发展稳定各项工作。

明确思路，重组准备工作基本就绪　省委、省政府高度重视森工集团改革重组。巴音朝鲁书记和景俊海省长做出重要批示，常务副省长吴靖平和省国有企业改革领导小组副组长金育辉多次主持召开专题会议研究集团改革脱困和整体重组事宜。

常务副省长吴靖平到集团调研指导工作，明确吉盛公司介入重组、僵尸企业先入程序的重组方向，确立“总体设计、分块实施、分步推进”的工作思路，责成省国资委牵头组成专班，会同大成律师事务所等中介机构研究制订整体重组方案。2019 年，确定吉盛公司作为集团整体重组投资人，推荐大成律所作为重组管理人，综合运用庭内重整、预重整、庭外重组、处置退出、维持原状等手段实施重组，采取“3+1+X”重组方式，即露水河刨花板等三家企业先期进入程序，集团本级适时启动司法保护，后续多个板块企业择时进入程序。

2019 年，重组前置性问题基本得到解决。协调长春市及净月区政府解决存量土地补偿金 3.5 亿元、吉林银行增信贷款 3.3 亿元、调剂使用中央财政补贴部分资金，将职工集资款剩余的 7.68 亿元全部返还。金育辉副组长亲自协调有关部门，上市公司问题已初步解决。各项基础数据基本摸清。大成律所牵头组织有关中介机构组成联合工作组进驻集团，通过近 4 个月的尽职调查，摸清了法人主体结构和企业资产情况。截止到 2019 年 9 月 30 日，集团共有 271 家法人主体(非上市公司中合并报表 150 家，剩余 121 家中，参股 38 家、控股 83 家)，按照审计评估数据，非上市板块合并总资产约 204 亿元，总负债约 278 亿元，资产负债率为 136.3%，金融负债 207.83 亿元，涉及金融债权机构 75 家。各类重点难点问题基本理清。通过企业自查、分板块研究，挖掘、梳理、归纳出各类问题 143 项，其中重大问题 12 项、疑难问题 18 项、共性问题 11 项、专项问题 6 项和常规性问题 96 项，为下步重组奠定了基础。

改革发展稳步推进　进一步瘦身健体，年内管理主体减少 16 户。实施分级分类管控，明确 21 户重点管控企业以及其他企业的托管关系和管理权限。推进信息化管控平台建设，财务、人力资源和供应链系统在二三级企业上线应用。完成二级企业公务用车制度改革，解决了财务公司等 4 户企业产权问题。协调长热集团接收白石山和红石林业局供热职能，11 家“三供一业”(供水、供电、供热和物业管理)单位 27 个项目已移交 23 项。推动对外合作和项目建设，谋划 45 个绿色转型项目纳入各级政府招商平台。集中推介混改项目 40 个。与白山市政府、长白山管委会和中国林产工业协会以及中车城交公司和国美集团等企业签约推动产业项目开发和产品渠道建设。12～15L 大包装矿泉水、与中石油合作经营 20 万吨矿泉水和 10 万吨小浆果特色饮品项目投入生产。林业温泉医院改造项目完成主体基础建设。争取中央和省级财政重点项目补贴资金 1.49 亿元，同比增加 16.41%。吉林森工森林生态物产研究院完成公司注册，组织申报中央财政林业科技推广示范项目 3 个。泉阳泉公司获评国家高新技术企业，享受连续三年所得税降低 10% 的政策。霍尔茨门业和健维科技公司进入中国林草产业创新企业行列。康养集团被评为吉林省林业产业化龙头企业。

生产经营稳中有进　加强森林资源培育管护，年内完成森林抚育 111 万亩、后备森林资源培育 35 万亩和国家储备林项目建设 2 万亩，组织中幼林抚育和人工林采伐出材16万立方米，实现辖区连续40年无重大森林火灾。开展内外对标，组织成本剖析，强化精益化管理，全口径管理费用和销售费用同比减少1000万元。全年清收应收款项5.73亿元。金桥地板集团产品质量提升成效明显，合格率达到98.8%，售后投诉率同比下降50%，被指定为中国三层实木复合地板生产和出口基地。加大营销资源整合和产品推介力度，地板和木门参与北京大兴机场和冬奥会场馆项目建设。全年销售矿泉水70万吨、木门9.2万樘、地板347.2万平方米(内销同比增长20%)、人造板98.5万立方米。集团经理层决策效率和业务部门服务质量明显提升，对26项涉及森林经营、项目建设、资产处置、品牌维护等方面事项及时决策，对78项经营管理事项给予批复，指导推动落实。

2019年，在努力保工资的同时，积极偿还职工集资款，尽全力维护职工权益。协调省社保部门争取到在长企业继续享受养老和失业保险“缓旧缴新”政策。通过组织职工参加营造林生产，参与山水林田湖草工程和林区道路建设维修，引导发展森林经济产业项目，林区职工年人均增收4700多元，有的超过1万元。坚持四级结对包保帮扶，通过发放扶贫帮困基金扶持职工创业致富，有1446名困难职工全部脱贫。

大兴安岭林业集团公司林业产业

【**概　述**】 2019年，大兴安岭林业集团公司发展生态主导型产业，开工建设综合服务驿站和自驾营地12个，已建成9个，启动爱情小镇建设项目，龙江第一湾景区移动信号全覆盖，松岭成功承办2019年中国森林旅游节，大兴安岭被评为中国生态自然景观旅游最佳目的地，旅游人数和收入分别增长14%和23%。点状开发发展绿色矿业和水经济，古莲河煤矿实现利税4.9亿元，呼中飞虎山铅锌矿划定矿区范围获批，漠河农夫山泉矿泉水项目正式投产。出台中医药产业和管护区五大发展规划，成立绿色产业联合会，新增北药种植2.74万亩，韩家园林业局新增沙棘1万亩，加格达奇林业局被命名为"中国金莲花之乡"，管护区经济产值和人均收入分别增长9.6%、8.9%。龙北联社有机农产品加工厂建成投产，北极冰蓝莓冰酒亮相第二届中国进博会。集成要素发展"三新经济"，新增电商企业78家，北极泉矿泉水与小米有品合作销售收入倍增，电商销售额增长17.7%。

2019年，林业集团公司产业总产值实现104亿元，同比增长4.4%。其中，第一产业产值45.2亿元，同比增长6.4%；第二产业产值16.2亿元，同比下降7.4%；第三产业产值42.6亿元，同比增长7.6%。三次产业产值结构由停伐前2013年的46.1∶38∶15.9调整为43.5∶15.6∶40.9，第三产业比重上升了25个百分点，第一、第二产业分别下降2.6、22.4个百分点。

林业产业总产值中，涉林产业产值66亿元，占林业产业总产值的63.5%；林业系统非林产业产值38亿元，占林业产业总产值的36.5%。在林业产业总产值中，系统内产值68.1亿元，占林业产业总产值的65.5%，系统外产值35.9亿元，占林业产业总产值的34.5%。

在涉林产业产值中，第一、第二、第三产业产值分别为31.3亿元、4.7亿元、30亿元，分别占涉林产业总产值比重的47.4∶7.1∶45.5。林业系统非林产业产值中，第一、第二、第三产业产值分别为14亿元、11.5亿元、12.5亿元，分别占林业系统非林产业比重的36.8∶30.2∶33。

第一产业中，林产品采集实现产值5.6亿元，同比增长3.6%。第二产业中，木材加工业完成产值1.45亿元，同比增长13.2%，其中，木结构建筑完成产值0.86亿元，占木材加工业产值的59.3%，木结构建筑面积完成17263平方米。第三产业中，林业旅游与休闲业继续保持增长势头，实现产值21.9亿元，同比增长11.2%。

林业投资　2019年，林业集团公司共完成投资43.72亿元，同比增长11.1%。其中，中央财政资金35.56亿元，中央预算内基本建设资金7.12亿元，自筹资金1.04亿元，分别占投资总额比重的81.4%、16.3%、2.3%。

生态修复治理完成投资36.73亿元。其中，中央财政资金35.56亿元，中央预算内基本建设资金1.17亿元，分别占生态修复治理投资96.8%和3.2%。林业草原服务、保障和公共管理完成投资6.99亿元。其中，中央预算内基本建设资金5.95亿元，自筹资金1.04亿元，分别占林业草原服务、保障和公共管理投资的85.1%和14.9%。固定资产投资完成6.99亿元，占全部投资的15.8%。按构成分：建安工程投资5.21亿元、设备工器具购置投资0.86亿元、其他投资0.92亿元。按性质分：新建投资4.42亿元、改建和技术改造投资1.83亿元、扩建投资0.32亿元、单纯购置投资0.42亿元。2019年新增固定资产投资3.30亿元。

自然保护区　2019年末，林区共建成森林、湿地和野生动植物自然保护区31处，总面积211.6万公顷，占林区总面积的25.33%。其中，国家级保护区8处，分别为呼中、南瓮河、双河、绰纳河、多布库尔、北极村、岭峰和盘中国家级保护区，总面积为98.1万公顷；省级保护区3处，分别为常青、漠河笃斯越橘和呼源钻天柳省级保护区，总面积14.6万公顷。地级自然保护区、保护地20处，总面积为98.9万公顷。

按类型分：湿地类型自然保护区17处，总面积为126.6万公顷；森林类型自然保护区9处，总面积为65.3万公顷；野生动物类型自然保护区2处，总面积为11.1万公顷；野生植物类型自然保护区3处，总面积为8.6万公顷。

湿地公园 截至2019年末，林区共建成湿地公园11个，总面积为8.92万公顷。其中，双河源、阿木尔、漠河九曲十八湾、古里河、砍都河、呼中呼玛河源、漠河大林河、十八站呼玛河、加格达奇甘河、塔河固奇谷等10处为国家级湿地公园，面积为8.45万公顷。新林奥库萨卡埃河为地级湿地公园，面积为0.47万公顷。

共建成3个国家级森林公园，总面积为16.63万公顷。分别为呼中国家森林公园、北极村国家森林公园、加格达奇国家森林公园。共建成省级地质公园2个，面积为0.89万公顷，分别为呼中苍山石林地质公园、黑龙江漠河地质公园。

【资源保护】 2019年，活立木总蓄积量6.04亿立方米，森林覆盖率84.89%，森林面积708.97万公顷，森林蓄积量5.85亿立方米。较2018年分别增长了770.1万立方米，0.57个百分点，4.77万公顷，632.3万立方米。

共计审核审批占地项目155个，其中，审核上报国家林业局21个永久使用林地项目，获得批复19个；审批临时使用林地项目32个，审批直接为林业生产服务项目104个。完成违建别墅梳理排查1106块疑似点的现地核查、毁林开垦专项整治总面积283.796万亩的清查、森林督查970块判读疑似图斑的现地核实；研究制定《林业案件分类标准》和《森林资源管理责任建议追责标准》。下发了《关于做好幼中林抚育剩余物清拣支持食用菌养殖发展有关工作的通知》。提前完成2019年大兴安岭和三县地方国有林场森林资源统计工作和国家级公益林区划调整落界任务；完成了二类调查三年攻坚战任务，指导相关林业局森林经营方案编制工作；组织开展野生兴安杜鹃平茬对照监测试点和古树名木初查工作。层层签订“保护发展森林资源目标责任状”；制订了《流动巡护机制工作实施方案》，开展星级管护站表彰活动，评定31个星级管护站、14个星级检查站。

【生态保护】 在全国率先完成国家林草局下达的采集10份野猪脏器样本的任务，年度采集送检蜱虫样本1680只，鸟类粪便样本1480份，样本送检贡献率居全国首位。在全国率先完成湿地落界和率先编制了工程项目占用湿地占补平衡大纲。林业集团公司自然保护区全面开展勘界立标工作，新增界碑、界桩、标牌3372个；呼中国家级自然保护区在资源本底调查中发现山西杓兰，是首次在我国河北省以北地域发现。

共出动人员4964人次，车辆1382台次，清理粘网、夹套、鸟笼563个，放飞活鸟238只，检查集贸市场、山珍礼品店、宾馆饭店、花鸟鱼店等经营场所514户次。开展大兴安岭东部、北部山前台地陆生野生动物资源常规调查工作。漠河大林河、呼中呼玛河源国家湿地公园(试点)通过了国家林草局实地验收。开展为期3个月的打击破坏湿地资源专项行动，没有发生违规占用湿地行为。完善林业集团公司自然保护区基础设施，完成北极村和岭峰国家级自然保护区总体规划评审论证。

【营林生产】 2019年，共完成人工造林3.6万亩，补植补造计划33万亩。义务植树85.94万株，完成计划的100.76%。培育苗木7272.24万株，完成计划的121.45%；新育苗木799.55亩，完成计划的182.1%；新播沙棘14.7亩，完成计划的100%，新增苗木31.6万株。完成有害生物防治作业面积42.48万亩，无公害防治率为92.43%；成灾率为0；测报准确率为99.79%；种苗产地检疫率100%。

组织各类形式培训177期次，培训11803人次。完成对2017年度人工造林春造3.12万亩和补植补造春造11.17万亩，2018年度森林抚育345.9万亩和补植补造秋造5.1万亩，2019年度人工造林春造3.59万亩(计划面积3.6万亩其余部分为秋造)和补植补造春造33万亩的质量核查工作。制定了《经济果材兼用林发展规划》，规划6665.95亩，共完成7589.62亩，完成规划任务的113.86%。完成特殊及珍稀林木培育4400亩。10

个林业局已将调拨的西伯利亚红松种子全部播种，完成西伯利亚红松新播 82.5 亩，新增苗木 318 万株。红松种子育苗获得阶段性成功，产苗 2292 株。下发《全区营林系统“安全生产月”活动实施方案》等 16 个安全管理文件，全年没有发生一起安全生产事故。采用人工套网、鼠铗、修枝、诱杀等物理措施防治病、虫、鼠害 0.48 万亩，采用人工悬挂鸟巢招引益鸟等生物防治虫害作业面积 1.01 万亩。共完成苗木检疫 1261.16 万株。松材线虫病、红脂大小蠹等危险性检疫有害生物普查面积为 5017.91 万亩，普查里程达 15000 多千米，出动专业普查人员 600 多人次，未发现松材线虫病。

【生态旅游】 大兴安岭获评“中国生态自然景观旅游最佳目的地”荣誉称号，漠河市获批首批国家全域旅游示范区，北红村被命名为“首批全国乡村旅游重点村”，成功入选“全国乡村文化和旅游能人支持项目”。

下发了《“旅游+”融合发展落实行动方案》等指导性文件；召开了全域旅游工作推进会议、“旅游+”工作推进会议；召开了地区旅游规划评审会，《大兴安岭自驾游目的地规划》等 7 个规划通过评审，2019 年全区旅游规划已达 41 个。漠河观音山景区实现封闭运营，漠河石林景区具备开园条件。呼中区新建和改造了白山、佛缘岭、苍山石林、碧水北山洞穴遗址等景区的基础服务设施；龙江第一湾、北极岛景区 4G 信号已经覆盖。漠河观音山景区箱体式自驾游营地等“九点两线”投入使用。新修和维修旅游公路 715 千米，完成改扩建旅游厕所 46 座(水冲式 38 座)，建设旅游标识牌 184 块。推出了以“‘冷’静北极、‘冻’感兴安”为主题的“极地冰雪季”和以“兴安消夏·北极避暑”为主题的“极地消夏避暑季”特色产品；发布了“毕业季·去北极·森呼吸”体验活动；开展了“周末游兴安”活动；设计了“研学天台山、探秘古岩画”等 6 个研学产品；推出了“兴安游礼”系列品牌，开发了旅游吉祥物“北吉鹿”和“大兴安岭手绘旅游地图”。

在北京、上海、重庆等客源地举办推介活动 15 场次，直播旅游网、今日头条、微博等面向全球视频直播。累计参加国家、省级层面举办的推介会和展会 19 场次。大兴安岭旅游官方微博发稿量全省排名前三名。泼水成冰、速冻泡面、雪地火锅、冰泡景观和冰雪旅馆等成为网红打卡活动和打卡地。与旅游卫视《天气预报》栏目合作播放形象广告，全年有效送达数据为 16.68 亿人次。开通了揭阳至漠河和上海至加格达奇的两条航线。

【管护区经济】 2019 年，106 个管护区(林场)确立主营业务项目 265 个，年初确定的 90% 的管护区(林场)重塑主营业务顺利完成，经济收入 10 万元、20 万元以上的管护区(林场)分别为 50%、20%，超额完成目标。

在沙棘、食用菌、浆果(坚)果、中药材(山野菜)、森林养殖五大产业发展上，制定下发《绿色产业五大发展规划》。研究制订《管护区经济“四化”落实行动方案》《推动管护区经济高质量发展实施方案》。对旗舰店(专卖店)成本控制、市场开拓、外部环境等因素分析，形成旗舰店(专卖店)调研报告，与绿色产业联合会及蜜蜂养殖产业协会代表赴饶河县、迎春林业局、东方红林业局开展蜜蜂产业发展情况考察和学习，形成《关于赴饶河等地考察黑蜂产业发展情况的报告》。

梳理出 265 个特色化经营项目，编制下发 10 种管护区经济实用技术手册 7500 余本。韩家园林业局累计种植沙棘 1.9 万亩，塔河林业局建立森林猪养殖基地 9 个，森林猪养殖数量达到 1.78 万头，管护区森林猪存栏 5701 头，加林局养殖森林鸡 2.5 万只。呼玛扶持发展北药产业，共扶持职工种植赤芍、白芍、金莲花、五味子、苍术、白鲜皮、防风、返魂草、水飞蓟等 5300 余亩，带动周边种植户规模化发展。新建阜外旗舰店 16 家，已累计在杭州、广州、北京等地建成 20 家域外旗舰店。下发了《关于表彰发展管护区经济先进单位先进集体和产业先进典型的决定》，共下发奖励资金 740 万元，通过以奖代投模式有效激励，进一步提升管护区经济发展动能。举办“第三届管护区经济工艺品大赛”“我为发展管护区经济献计策主题演讲比赛”“大兴安岭第四届管护区经济主营业务项目大赛”。举办各类培训班 54 期，培训人员 3730 余人次。修改完善《“大兴安岭”商标使用管理办法》，完成 22 枚大兴安岭到期商标续展工作，授权使用“大兴安岭”红色方戳商标企业 19 家。

【特色养殖】 狐(貉)存栏48159只,比上年下降9.3%;生猪存栏91954头,比上年增长3.3%。肉牛存栏21813头,比上年增长5%;奶牛存栏696头,比上年增长2.1%。羊存栏81722只,比上年增长3%;家禽存栏683677只,比上年增长3.4%。马存栏2762匹,比上年下降11.4%;鹿存栏1435头,比上年下降14.9%。养殖蜜蜂17757箱,比上年下降15.7%。肉类产量14062吨,比上年增长5%;蛋类产量4741吨,比上年增长5%;奶类产量1979吨,比上年增长3.5%;蜂蜜产量277.26吨,比上年增长2.1%。全年畜牧业产值实现135014万元,比上年增长5.5%。

畜禽规模养殖场发展到7个,比上年增加2个。安卡偲(大兴安岭)牧业有限公司肉牛养殖项目在呼玛县落地,到位资金510万元,建成牛舍1200平方米,引进安格斯、西门塔尔良种肉牛200头。大兴安岭绿森林食品有限公司开发出森林猪罐头系列产品,现有森林猪产品4个大类25个品种。黑龙江省博龙牧业股份有限公司在哈尔滨市建立了芬兰原种狐繁育场,在佳木斯市设立了种狐配种站,推进集种狐引进、繁育、商品狐生产销售及皮草加工于一体的全产业链建设。畜牧业加工企业生产畜产品203.1吨,实现销售收入552万元,其中利润162.3万元。畜牧企业利用“互联网+”平台销售畜产品48.75吨,实现销售收入261.1万元,其中利润62.3万元。编制完成《大兴安岭地区森林养殖产业发展规划(2019—2023年)》。联合省、地有关科研院所,制定完成《大兴安岭地区森林鸡饲养管理技术规程》和《大兴安岭地区蓝狐饲养管理技术规程》两个地方标准。

【电子商务】 2019年,打造中国最北特色电商平台,建立12个北极珍品汇子平台。以“卖特色”“聚创客”“解乡愁”的三大定位,完成手机应用程序(APP)、小程序等6项软件著作权及EDI的审批备案。北极珍品汇平台借鉴“阿里巴巴理念”,打造电商新模式。分别在广东揭阳、普宁和大兴安岭呼玛县、松岭区建立新零售O2O体验馆,并上线呼玛嘎鲁河村积分超市。新增电子商务企业78家,电子商务销售额9.63亿元,同比增长17.7%。“北极珍品汇”成功跻身中国企业家博鳌经济论坛,电商平台“11·11”成交44383单,总交易额达162.97万元。

推动区内网红产业发展,建立“大成子网红工作室”,开展“百千万”电商人才培养计划和“十百千”网红培训计划。电商系统先后开展电子商务培训、网红培训39场,累计培训1710人次。在广东揭阳市和普宁建成大兴安岭绿色食品旗舰店。先后组织岭味堂、至臻尚品等10余家林下产品生产加工企业和电子商务营销企业参加中国(上海)食品及饮料博览会、中国(北京)生态食品博览会等展会,北极珍品汇电商平台运营团队精选脱毒黄瓤马铃薯等生态产品销售。

【科技创新】 2019年,新认定高新技术企业3家,总数达6家,同比增长100%;35家企业入库成为国家科技型中小企业,同比增长34.6%。安排科技经费400万元,组织实施了36个科技创新项目,对《大兴安岭地区科技计划项目管理暂行办法》进行修订。争取国家林草局科技项目7项,资金125万元。大兴安岭森林湿地生态系统国家长期科研基地,被国家林草局批准为首批全国50家长期科研基地之一。对2013—2017年项目进行了全面梳理,对27个课题进行了验收。首次举办了大兴安岭科技创新创业大赛,推荐优秀企业参加黑龙江省大赛并获奖,富来森生物质能源公司闯入全国决赛。首次举办了大兴安岭首届科普讲解大赛;首次参加了第五届黑龙江省“科普达人秀”活动并获得奖项,实现历史零的突破;推动5家企业与东北林业大学实质开展产学研合作项目5项。推进大兴安岭与哈尔滨医科大学合作开展的“林下植物提取物下游终端产品开发”项目历经两年多的研究,取得了突破性的科研成果11项。推荐漠河邢宗杰成功入选全国林草百名乡土专家行列。选派了11名科技特派员深入到14个贫困村和管护区(林场)一线开展对口服务,对接了17个产业项目,举办技术培训班11期,培训450人次,开展实地技术指导210次。举办森林认证培训班两期,培训80人次。举办了森林认证贴标产品推介会,全面宣传推广“大兴安岭森林认证”贴标产品。推进落实“两头两尾”行动方案,成立了大兴安岭永林大豆科学技术研究中心和大兴安岭地区兴林野生资源研究所，开展农作物品种审定试验、品种选育和技术开发与推广等工作。开展了马铃薯疮痂病田间防治技术研究与示范项目，使疮痂病发病率降低40%，提高了马铃薯的产量和品质，每亩增收2400千克。开展了超早熟高产优质大豆东农60号，北豆40号等新品种选育，育成多抗高产新品系列25份。

（康文学）

新疆生产建设兵团林业产业

【经济林果产业】 2019年，新疆生产建设兵团把加快林业产业发展与实施生态扶贫打赢脱贫攻坚战、实施乡村振兴战略、推进兵团向南发展有机结合起来，加强政策引导，推进经济林果产业提质增效、发展木本粮食和林下经济产业，取得积极成效。截至2019年底，兵团经济林实有面积350.45万亩，同比增加1.85%，年产量432.55万吨，增长8.87%。其中苹果、香梨、葡萄、红枣等四大果品产量分别较2018年增长8.7%、10%、2%、6.4%，果品商品率进一步提升。兵团以种植红枣、核桃、巴旦杏为主，截止到2019年底，种植面积达168.72万亩，结果面积155.01万亩，鲜果年产量205.07万吨，年产值104.1亿元。其中，红枣种植面积150.55万亩，结果面积139.6万亩，年产量200.33万吨，年产值96.16亿元；核桃种植面积18.13万亩，结果面积15.37万亩，年产量4.74万吨，年产值7.92亿元；巴旦杏种植面积0.04万亩，结果面积400亩，年产量50吨，年产值125万元。 (滕晓宁)

【林下经济】 2019年，兵团各师、市因地制宜，积极支持发展林下种植、养殖，联系金融机构为职工发展林下经济提供小额贷款，助力林下经济种养业。截止到2019年底，兵团林下经济种植、养殖面积8.23万亩，年产值1.31亿元。其中，林下种植主要以小麦、饲草、棉花、蔬菜、瓜果为主，种植面积5.183万亩，年产量3.5万吨，年产值0.61亿元；林下养殖主要以鸡、鸭、鹅、猪、羊为主，养殖面积3.1万亩，年产量52.4万羽(只/头)，年产值0.7亿元。 (侯　亮)

【林木种苗产业】 2019年，兵团林木育苗总面积6.96万亩，有苗圃数190处，其中国有苗圃33处。2019年苗木产量2650万株，苗种主要为一年生以下和多年生绿化苗木，用于人工造林和城镇绿化苗木，主要有杨树、榆树、海棠、白蜡、胡杨、梭梭、沙棘、核桃、苹果、沙枣、杏等。2019年，全兵团实际用苗量1797万株，其中良种苗量863万株，使用容器育苗15万株。

组织兵团种苗工作者及3家兵团育苗企业共90余人，参加了第八届中国(新疆)苗木花卉博览会，为兵团苗木花卉行业融合与发展搭建了洽谈平台，重点宣传新《种子法》，打击制售假劣林木种苗，无证无签生产经营林木种苗违法行为，保护植物新品种权等相关法律法规。学习借鉴全疆各地州及其他省份种苗生产管理的先进经验，促进兵团种苗事业的发展。在此次苗博会上，兵团荣获最佳组织奖和最佳展品奖。 (常红涛)

【观赏苗木花卉产业】 截止到2019年底，兵团实有花卉种植面积3760亩，销售额达3300万元，出口额70万元；观赏苗木面积1770亩，切花、切枝、切叶产量650万支，盆栽植物产量达554.29万盆；有花卉市场5个；设施化栽培面积达13.71万平方米，花卉从业人员期末人数522人，其中花农有193户，具有工程师(含)职称以上从业人员29人。兵团各师、市积极发展花卉产业，举办兰花、牡丹花、郁金香等各类花卉展，带动了兵团旅游业的发展。团场社区广泛开展各类花卉种植、展示巾帼风采等活动，提高了居民种花技术水平和环境保护意识。兵团第六师五家渠市到2019年已在青格达湖旅游风景区成功举办了十四届郁金香节。每年4月下旬至5月中旬，景区种植160多个品种120万~200万株的各色郁金香与游客见面，每年接待游客10多万人次，景区综合收入400万元以上。 (滕晓宁)

【兵团国家沙漠公园建设】 2019年，兵团9个国家沙漠公园通过团场自筹、招商引资等累计投资2.39亿元，其中恢复保护项目2个，用于沙漠绿化工程机井和保护围栏建设，投资227万元，占总投资额的0.95%。宣教展示项目7个，即红色军垦纪念馆、纪念碑、国旗党徽及军垦魂等建设，投资7350万元，占投资总额的30.75%。娱乐体验项目16个，即冬季滑雪、沙漠浴场、打靶、篝火宿营、越野场地、赛道等，投资0.8亿元，占总投资额的33.6%。社会公益类项目18个，即道路、游客中心、停车场、绿化及照明设施、围墙围栏、公共卫生、标示牌等基础设施建设，投资0.83亿元，占投资总额的34.69%。兵团沙漠公园内开展的游览项目有：篝火露营、爬沙丘、涉沙海、徒步探险、烽火远眺、古堡探秘、驼铃探险、打靶、沙漠浴场、滑沙滑雪、沙海观日、动力滑翔、沙田农耕等20多个，旅游收入250万元，接待游客8万人次。2019年，位于新疆古尔班通古特沙漠西南边缘的兵团第八师一五〇团驼铃梦坡国家沙漠公园景区上榜中国最美沙漠；一五〇团被关注森林活动组委会(全国政协人口资源环增委员会、全国绿化委员会、国家林业和草原局、教育部、国家广播电视总局、中华全国总工会、共青团中央、中华全国妇女联合会、中华全国工商业联合会、中国绿化基金会)授予全国关注森林活动20周年突出贡献单位。 (滕晓宁)

【沙产业和沙生药材】 兵团有条件的团场通过在沙区积极推广种植经济树种，发展梭梭、柽柳接种大芸，种植药材，沙生经济树种和沙生药材种植面积不断扩大。据统计，截止到2019年底，兵团累计种植枸杞达7.55万亩，培育沙棘面积6.25万亩，油用牡丹5200亩，文冠果2600万亩，仁用杏3400亩，榛子3100亩，花椒120亩；累计种植甘草6万亩，种植大芸2.56万亩，黄芪3200亩。 (滕晓宁)

【兵团农林产品质量安全监管工作】 经第六批农业产业化国家重点龙头企业申报、监测认定，截止到2019年末，兵团共有国家级和兵团级农业产业化龙头企业120家，其中，国家重点龙头企业17家，兵团级重点龙头企业103家，仅103家农业产业化兵团重点龙头企业，2019年销售收入达937亿元，带动40万户职工就业。强化线上展销平台建设，创建农林产品电商品牌，推动农林产品电子商务工作，携手阿里巴巴、天猫、京东等电商平台销售兵团农林产品。推动生产经营主体上国家追溯平台，加快推进兵团农林产品质量追溯平台建设。不断开拓农林产品市场，创建展会品牌，当年兵团企业和新型经营主体参加各级各类展洽会12个，宣传兵团的特色优质林果产品，取得了良好的实效。

2019年，配合全国打击侵权假冒工作领导小组对兵团农林产品市场进行了检查。2019年，兵团13个师(市)的瓜果产品共抽样529批，全部样品均无农药残留超标，总体合格率均为100%；食用菌产品共抽样131批，经检验，全部样品均无农药残留超标，总体合格率均为100%。 (滕晓宁)

林产品主产地及产量

PRINCIPAL PRODUCTION COUNTIES AND OUTPUT OF FOREST PRODUCTS

表 1-1　原木主产地产量　　（续表）

序号	原木主产地	产量（万立方米）
1	西青区(津)	1.18
2	北辰区(津)	0.64
3	昌黎县(冀)	5.45
4	承德县(冀)	4.39
5	丰宁满族自治县(冀)	4.26
6	易　县(冀)	3.80
7	滦南县(冀)	3.40
8	古冶区(冀)	2.81
9	冀州区(冀)	2.58
10	枣强县(冀)	2.27
11	玉田县(冀)	1.91
12	乐亭县(冀)	1.70
13	隆化县(冀)	1.60
14	迁安市(冀)	1.52
15	威　县(冀)	1.50
16	丰润区(冀)	1.40
17	饶阳县(冀)	1.28
18	滦平县(冀)	1.21
19	永清县(冀)	1.16
20	滦州市(冀)	1.08
21	抚宁区(冀)	1.05
22	平泉市(冀)	1.03
23	曹妃甸区(冀)	1.00
24	遵化市(冀)	0.93
25	定州市(冀)	0.92
26	故城县(冀)	0.91
27	景　县(冀)	0.87
28	香河县(冀)	0.80
29	武邑县(冀)	0.70
30	深州市(冀)	0.62
31	涿州市(冀)	0.62
32	桃城区(冀)	0.59
33	宁晋县(冀)	0.55
34	平山县(冀)	0.55
35	阜城县(冀)	0.54
36	东光县(冀)	0.53
37	卢龙县(冀)	0.52
38	唐　县(冀)	0.50
39	路南区(冀)	0.50
40	陵川县(晋)	0.92
41	阳曲县(晋)	0.61
42	沁水县(晋)	0.57
43	沁　县(晋)	0.53
44	忻府区(晋)	0.50
45	古交市(晋)	0.50
46	科尔沁左翼后旗(内蒙古)	10.00
47	阿鲁科尔沁旗(内蒙古)	8.40
48	扎鲁特旗(内蒙古)	6.50
49	敖汉旗(内蒙古)	5.89
50	巴林右旗(内蒙古)	5.09
51	翁牛特旗(内蒙古)	4.45
52	巴林左旗(内蒙古)	3.97
53	奈曼旗(内蒙古)	3.70
54	松山区(内蒙古)	3.16
55	开鲁县(内蒙古)	2.92
56	科尔沁左翼中旗(内蒙古)	2.78
57	科尔沁区(内蒙古)	2.70
58	克什克腾旗(内蒙古)	2.40
59	宁城县(内蒙古)	2.30
60	陈巴尔虎旗(内蒙古)	1.93
61	喀喇沁旗(内蒙古)	1.64
62	乌拉特前旗(内蒙古)	1.11
63	临河区(内蒙古)	0.88
64	突泉县(内蒙古)	0.75
65	五原县(内蒙古)	0.75
66	磴口县(内蒙古)	0.67
67	新民市(辽)	8.87
68	抚顺县(辽)	5.23
69	新宾满族自治县(辽)	4.75
70	清原满族自治县(辽)	3.80
71	本溪满族自治县(辽)	3.40
72	凌源市(辽)	3.00
73	沈北新区(辽)	2.80
74	朝阳县(辽)	2.30
75	海城市(辽)	2.14
76	西丰县(辽)	2.10
77	岫岩满族自治县(辽)	2.02
78	辽中区(辽)	1.60
79	南芬区(辽)	1.24
80	法库县(辽)	1.04
81	喀喇沁左翼蒙古族自治县(辽)	0.89
82	东港市(辽)	0.71
83	康平县(辽)	0.60
84	龙城区(辽)	0.56
85	榆树市(吉)	9.20
86	德惠市(吉)	9.00
87	前郭尔罗斯蒙古族自治县(吉)	7.60
88	双辽市(吉)	6.65
89	公主岭市(吉)	5.97
90	蛟河市(吉)	4.58
91	磐石市(吉)	3.35
92	东丰县(吉)	3.00
93	通榆县(吉)	2.89
94	辉南县(吉)	2.70
95	和龙市(吉)	2.63
96	江源区(吉)	2.42
97	舒兰市(吉)	2.20
98	梅河口市(吉)	2.20
99	大石头林业局(吉)	2.17
100	永吉县(吉)	2.15
101	洮南市(吉)	1.77
102	大兴沟林业局(吉)	1.39
103	浑江区(吉)	1.25
104	图们市(吉)	0.96
105	八家子林业局(吉)	0.92
106	延吉市(吉)	0.70
107	长白朝鲜族自治县(吉)	0.70
108	东昌区(吉)	0.60
109	东辽县(吉)	0.55
110	昌邑区(吉)	0.53
111	朝阳区(吉)	0.50
112	拜泉县(黑)	4.70
113	龙江县(黑)	3.80
114	望奎县(黑)	3.50
115	海伦市(黑)	3.00
116	肇东市(黑)	3.00
117	依兰县(黑)	3.00
118	汤原县(黑)	2.50
119	七台河市市辖区(黑)	2.41
120	孟家岗林场(黑)	2.13
121	兰西县(黑)	2.00
122	桦南县(黑)	2.00
123	克东县(黑)	1.87
124	肇源县(黑)	1.75
125	绥棱县(黑)	1.32
126	杜尔伯特蒙古族自治县(黑)	1.30
127	集贤县(黑)	1.28
128	庆安国有林场管理局(黑)	1.03
129	龙凤区(黑)	1.00
130	鸡东县(黑)	0.97
131	昂昂溪区(黑)	0.80
132	桦川县(黑)	0.73

（续表）

序号	原木主产地	产量（万立方米）
133	肇州县（黑）	0.72
134	延寿县（黑）	0.70
135	佳木斯市郊区（黑）	0.57
136	泗洪县（苏）	8.60
137	淮阴区（苏）	8.00
138	盱眙县（苏）	7.00
139	泗阳县（苏）	6.50
140	东海县（苏）	5.23
141	沭阳县（苏）	5.16
142	洪泽区（苏）	4.50
143	淮安区（苏）	4.30
144	六合区（苏）	4.20
145	睢宁县（苏）	4.04
146	沛　县（苏）	3.69
147	赣榆区（苏）	3.66
148	金湖县（苏）	3.00
149	宿豫区（苏）	2.47
150	大丰区（苏）	2.40
151	滨海县（苏）	2.19
152	镇江市市辖区（苏）	2.12
153	响水县（苏）	2.00
154	宿城区（苏）	1.96
155	江宁区（苏）	1.64
156	海州区（苏）	1.51
157	高淳区（苏）	1.50
158	高邮市（苏）	1.46
159	铜山区（苏）	1.43
160	阜宁县（苏）	1.23
161	仪征市（苏）	1.09
162	吴中区（苏）	1.05
163	泰兴市（苏）	0.97
164	句容市（苏）	0.96
165	溧阳市（苏）	0.81
166	建湖县（苏）	0.78
167	江都区（苏）	0.73
168	姜堰区（苏）	0.67
169	兴化市（苏）	0.57
170	建德市（浙）	8.62
171	开化县（浙）	7.91
172	淳安县（浙）	7.10
173	庆元县（浙）	6.58
174	遂昌县（浙）	4.74
175	文成县（浙）	3.70
176	武义县（浙）	3.17

（续表）

序号	原木主产地	产量（万立方米）
177	江山市（浙）	2.52
178	常山县（浙）	2.38
179	婺城区（浙）	2.25
180	桐庐县（浙）	2.09
181	磐安县（浙）	1.78
182	诸暨市（浙）	1.00
183	瑞安市（浙）	0.74
184	永康市（浙）	0.72
185	青田县（浙）	0.64
186	嵊州市（浙）	0.59
187	潜山市（皖）	13.00
188	青阳县（皖）	12.54
189	东至县（皖）	11.10
190	祁门县（皖）	10.38
191	泾　县（皖）	10.30
192	涡阳县（皖）	8.50
193	颍上县（皖）	8.00
194	五河县（皖）	7.50
195	砀山县（皖）	7.12
196	太湖县（皖）	7.07
197	太和县（皖）	7.00
198	阜南县（皖）	6.90
199	宣州区（皖）	5.88
200	固镇县（皖）	5.00
201	明光市（皖）	4.90
202	旌德县（皖）	4.89
203	黟　县（皖）	4.70
204	黄山区（皖）	4.50
205	濉溪县（皖）	4.21
206	埇桥区（皖）	4.20
207	颍泉区（皖）	4.00
208	来安县（皖）	3.97
209	颍州区（皖）	3.90
210	石台县（皖）	3.70
211	广德县（皖）	3.50
212	界首市（皖）	3.50
213	凤阳县（皖）	3.37
214	宿松县（皖）	3.30
215	颍东区（皖）	3.00
216	怀宁县（皖）	2.83
217	全椒县（皖）	2.70
218	利辛县（皖）	2.61
219	绩溪县（皖）	2.49
220	郎溪县（皖）	2.30

（续表）

序号	原木主产地	产量（万立方米）
221	长丰县（皖）	2.30
222	桐城市（皖）	2.00
223	南谯区（皖）	2.00
224	和　县（皖）	1.97
225	无为县（皖）	1.82
226	歙　县（皖）	1.80
227	凤台县（皖）	1.76
228	宁国市（皖）	1.75
229	巢湖市（皖）	1.75
230	岳西县（皖）	1.19
231	望江县（皖）	1.04
232	萧　县（皖）	1.03
233	芜湖县（皖）	0.85
234	肥东县（皖）	0.68
235	迎江区（皖）	0.56
236	相山区（皖）	0.55
237	肥西县（皖）	0.50
238	崇义县（赣）	15.61
239	遂川县（赣）	15.47
240	安福县（赣）	13.57
241	永丰县（赣）	13.50
242	大余县（赣）	11.20
243	新干县（赣）	10.19
244	信丰县（赣）	9.87
245	吉水县（赣）	8.30
246	分宜县（赣）	8.28
247	宜丰县（赣）	7.59
248	万安县（赣）	7.30
249	峡江县（赣）	6.43
250	会昌县（赣）	6.23
251	瑞金市（赣）	6.10
252	永新县（赣）	5.65
253	南康区（赣）	4.58
254	万载县（赣）	3.53
255	资溪县（赣）	3.21
256	龙南县（赣）	2.94
257	吉安县（赣）	2.90
258	奉新县（赣）	2.79
259	青原区（赣）	2.70
260	上犹县（赣）	2.62
261	安远县（赣）	2.50
262	黎川县（赣）	2.39
263	靖安县（赣）	2.39
264	高安市（赣）	2.35

(续表)

序号	原木主产地	产量(万立方米)
265	贵溪市(赣)	2.11
266	宜黄县(赣)	2.10
267	定南县(赣)	1.55
268	武宁县(赣)	1.50
269	都昌县(赣)	1.50
270	临川区(赣)	1.47
271	全南县(赣)	1.44
272	金溪县(赣)	1.40
273	铜鼓县(赣)	1.36
274	永修县(赣)	1.31
275	寻乌县(赣)	1.21
276	安义县(赣)	1.14
277	袁州区(赣)	1.11
278	南丰县(赣)	1.07
279	乐安县(赣)	1.05
280	南城县(赣)	1.05
281	兴国县(赣)	0.99
282	渝水区(赣)	0.99
283	石城县(赣)	0.81
284	玉山县(赣)	0.75
285	宁都县(赣)	0.74
286	上饶县(赣)	0.70
287	赣县区(赣)	0.60
288	广昌县(赣)	0.56
289	泰和县(赣)	0.50
290	铅山县(赣)	0.50
291	莘　县(鲁)	14.15
292	蒙阴县(鲁)	12.20
293	平原县(鲁)	11.28
294	沂水县(鲁)	10.00
295	长清区(鲁)	9.66
296	齐河县(鲁)	9.50
297	济阳区(鲁)	7.64
298	茌平县(鲁)	6.92
299	费　县(鲁)	6.92
300	莒南县(鲁)	6.80
301	泗水县(鲁)	6.79
302	高唐县(鲁)	6.06
303	牡丹区(鲁)	6.00
304	高密市(鲁)	5.83
305	宁阳县(鲁)	5.10
306	沂南县(鲁)	5.05
307	平邑县(鲁)	4.80
308	商河县(鲁)	4.78

(续表)

序号	原木主产地	产量(万立方米)
309	广饶县(鲁)	4.69
310	成武县(鲁)	4.68
311	冠　县(鲁)	4.36
312	曲阜市(鲁)	4.20
313	乐陵市(鲁)	4.10
314	兰陵县(鲁)	3.98
315	东平县(鲁)	3.95
316	惠民县(鲁)	3.60
317	陵城区(鲁)	3.46
318	夏津县(鲁)	3.44
319	章丘区(鲁)	3.40
320	微山县(鲁)	3.32
321	高青县(鲁)	3.30
322	新泰市(鲁)	3.18
323	罗庄区(鲁)	3.17
324	临清市(鲁)	3.06
325	鱼台县(鲁)	2.81
326	兖州区(鲁)	2.80
327	周村区(鲁)	2.60
328	寿光市(鲁)	2.47
329	莱芜区(鲁)	2.34
330	东明县(鲁)	2.00
331	岱岳区(鲁)	2.00
332	淄川区(鲁)	1.98
333	汶上县(鲁)	1.94
334	莱城区(鲁)	1.83
335	青州市(鲁)	1.77
336	博兴县(鲁)	1.71
337	台儿庄区(鲁)	1.71
338	平阴县(鲁)	1.62
339	武城县(鲁)	1.56
340	德城区(鲁)	1.54
341	嘉祥县(鲁)	1.45
342	临邑县(鲁)	1.03
343	钢城区(鲁)	1.00
344	垦利区(鲁)	0.97
345	泰安市高新区(鲁)	0.96
346	博山区(鲁)	0.95
347	聊城市市辖区(鲁)	0.90
348	寒亭区(鲁)	0.85
349	江北水城旅游度假区(鲁)	0.83
350	滕州市(鲁)	0.83
351	历城区(鲁)	0.81
352	任城区(鲁)	0.68

(续表)

序号	原木主产地	产量(万立方米)
353	海阳市(鲁)	0.66
354	内乡县(豫)	13.00
355	长葛市(豫)	10.60
356	永城市(豫)	6.80
357	虞城县(豫)	6.40
358	内黄县(豫)	5.74
359	商城县(豫)	5.09
360	固始县(豫)	5.00
361	淮滨县(豫)	4.50
362	原阳县(豫)	4.50
363	长垣县(豫)	3.70
364	民权县(豫)	3.60
365	灵宝市(豫)	3.50
366	泌阳县(豫)	3.50
367	平舆县(豫)	3.50
368	嵩　县(豫)	3.20
369	潢川县(豫)	3.06
370	西华县(豫)	3.00
371	建安区(豫)	3.00
372	西平县(豫)	2.85
373	光山县(豫)	2.80
374	睢阳区(豫)	2.78
375	沈丘县(豫)	2.77
376	西峡县(豫)	2.73
377	登封市(豫)	2.60
378	柘城县(豫)	2.50
379	桐柏县(豫)	2.36
380	临颍县(豫)	2.29
381	正阳县(豫)	2.19
382	陕州区(豫)	2.17
383	上蔡县(豫)	2.10
384	夏邑县(豫)	2.08
385	尉氏县(豫)	2.05
386	确山县(豫)	2.00
387	驿城区(豫)	1.90
388	延津县(豫)	1.89
389	伊川县(豫)	1.75
390	通许县(豫)	1.73
391	禹州市(豫)	1.70
392	罗山县(豫)	1.69
393	博爱县(豫)	1.65
394	太康县(豫)	1.60
395	沁阳市(豫)	1.60
396	林州市(豫)	1.50

（续表）

序号	原木主产地	产量（万立方米）
397	汝阳县(豫)	1.49
398	鹿邑县(豫)	1.46
399	南召县(豫)	1.46
400	武陟县(豫)	1.42
401	新蔡县(豫)	1.36
402	修武县(豫)	1.30
403	汝南县(豫)	1.30
404	宁陵县(豫)	1.20
405	项城市(豫)	1.20
406	新野县(豫)	1.16
407	郏　县(豫)	1.16
408	获嘉县(豫)	1.13
409	遂平县(豫)	1.07
410	社旗县(豫)	1.00
411	兰考县(豫)	0.98
412	鲁山县(豫)	0.95
413	新安县(豫)	0.93
414	孟州市(豫)	0.91
415	卫辉市(豫)	0.89
416	方城县(豫)	0.86
417	宜阳县(豫)	0.80
418	唐河县(豫)	0.77
419	襄城县(豫)	0.75
420	平桥区(豫)	0.73
421	宝丰县(豫)	0.73
422	淇　县(豫)	0.71
423	汤阴县(豫)	0.69
424	焦作市市辖区(豫)	0.67
425	鄢陵县(豫)	0.65
426	舞钢市(豫)	0.64
427	渑池县(豫)	0.61
428	魏都区(豫)	0.59
429	淮阳县(豫)	0.58
430	叶　县(豫)	0.55
431	来凤县(鄂)	20.00
432	石首市(鄂)	12.47
433	蔡甸区(鄂)	9.74
434	洪湖市(鄂)	9.30
435	新洲区(鄂)	8.00
436	仙桃市(鄂)	7.85
437	崇阳县(鄂)	7.30
438	京山县(鄂)	7.20
439	潜江市(鄂)	7.10
440	秭归县(鄂)	7.07

（续表）

序号	原木主产地	产量（万立方米）
441	汉川市(鄂)	6.64
442	公安县(鄂)	6.50
443	江夏区(鄂)	6.29
444	宜城市(鄂)	6.10
445	松滋市(鄂)	5.77
446	东宝区(鄂)	5.00
447	赤壁市(鄂)	4.98
448	南漳县(鄂)	4.80
449	浠水县(鄂)	4.80
450	江陵县(鄂)	4.50
451	宜都市(鄂)	4.38
452	钟祥市(鄂)	4.35
453	天门市(鄂)	4.03
454	荆州区(鄂)	3.62
455	随　县(鄂)	3.50
456	咸安区(鄂)	3.20
457	沙洋县(鄂)	2.80
458	长阳土家族自治县(鄂)	2.75
459	枣阳市(鄂)	2.50
460	广水市(鄂)	2.30
461	枝江市(鄂)	2.23
462	罗田县(鄂)	2.03
463	夷陵区(鄂)	2.00
464	鹤峰县(鄂)	2.00
465	应城市(鄂)	2.00
466	当阳市(鄂)	1.71
467	远安县(鄂)	1.67
468	安陆市(鄂)	1.62
469	蕲春县(鄂)	1.48
470	建始县(鄂)	1.47
471	红安县(鄂)	1.23
472	英山县(鄂)	1.10
473	阳新县(鄂)	1.10
474	大悟县(鄂)	1.00
475	麻城市(鄂)	1.00
476	樊城区(鄂)	0.96
477	掇刀区(鄂)	0.96
478	利川市(鄂)	0.92
479	巴东县(鄂)	0.92
480	老河口市(鄂)	0.90
481	谷城县(鄂)	0.84
482	房　县(鄂)	0.80
483	恩施市(鄂)	0.78
484	武穴市(鄂)	0.74

（续表）

序号	原木主产地	产量（万立方米）
485	襄州区(鄂)	0.72
486	华容区(鄂)	0.72
487	团风县(鄂)	0.68
488	湖北省太子山林场(鄂)	0.54
489	黄州区(鄂)	0.53
490	张湾区(鄂)	0.53
491	津市市(湘)	34.80
492	资阳区(湘)	17.32
493	沅江市(湘)	16.55
494	汉寿县(湘)	13.20
495	赫山区(湘)	10.40
496	攸　县(湘)	10.00
497	安化县(湘)	9.31
498	溆浦县(湘)	7.46
499	靖州苗族侗族自治县(湘)	7.30
500	鼎城区(湘)	7.20
501	临湘市(湘)	6.70
502	绥宁县(湘)	6.50
503	华容县(湘)	6.50
504	澧　县(湘)	6.45
505	通道侗族自治县(湘)	5.60
506	城步苗族自治县(湘)	5.44
507	武冈市(湘)	4.99
508	芷江侗族自治县(湘)	4.49
509	湘阴县(湘)	4.25
510	炎陵县(湘)	4.08
511	双牌县(湘)	4.03
512	平江县(湘)	4.02
513	新宁县(湘)	3.70
514	辰溪县(湘)	3.65
515	永定区(湘)	3.02
516	君山区(湘)	2.80
517	永兴县(湘)	2.75
518	江永县(湘)	2.63
519	云溪区(湘)	2.56
520	汨罗市(湘)	2.53
521	衡南县(湘)	2.50
522	益阳市市辖区(湘)	2.50
523	宜章县(湘)	2.49
524	隆回县(湘)	2.23
525	岳阳楼区(湘)	2.05
526	桃源县(湘)	2.00
527	新晃侗族自治县(湘)	2.00
528	新化县(湘)	1.95

(续表)

序号	原木主产地	产量(万立方米)
529	芦淞区(湘)	1.72
530	武陵区(湘)	1.70
531	慈利县(湘)	1.64
532	常宁市(湘)	1.60
533	宁乡市(湘)	1.50
534	南　县(湘)	1.35
535	中方县(湘)	1.33
536	沅陵县(湘)	1.30
537	会同县(湘)	1.22
538	茶陵县(湘)	1.21
539	湘潭市市辖区(湘)	1.19
540	衡东县(湘)	1.10
541	洪江市(湘)	1.10
542	新田县(湘)	1.10
543	古丈县(湘)	1.00
544	零陵区(湘)	1.00
545	衡阳县(湘)	0.88
546	渌口区(湘)	0.81
547	耒阳市(湘)	0.80
548	桃江县(湘)	0.80
549	祁东县(湘)	0.75
550	衡山县(湘)	0.73
551	常德市市辖区(湘)	0.66
552	湘潭县(湘)	0.63
553	岳阳市市辖区(湘)	0.60
554	岳阳县(湘)	0.60
555	鹤城区(湘)	0.54
556	英德市(粤)	43.57
557	怀集县(粤)	31.17
558	东源县(粤)	30.80
559	高要区(粤)	25.02
560	紫金县(粤)	24.79
561	阳春市(粤)	22.10
562	翁源县(粤)	21.63
563	封开县(粤)	21.59
564	台山市(粤)	20.56
565	鹤山市(粤)	18.96
566	雷州市(粤)	18.96
567	开平市(粤)	16.80
568	德庆县(粤)	15.80
569	博罗县(粤)	15.00
570	佛冈县(粤)	13.69
571	新兴县(粤)	13.01
572	信宜市(粤)	12.54

(续表)

序号	原木主产地	产量(万立方米)
573	曲江区(粤)	12.18
574	增城区(粤)	12.15
575	四会市(粤)	11.87
576	罗定市(粤)	11.16
577	龙门县(粤)	10.41
578	龙川县(粤)	10.39
579	新丰县(粤)	10.25
580	五华县(粤)	9.80
581	廉江市(粤)	9.62
582	乳源瑶族自治县(粤)	9.50
583	肇庆市林业总场(粤)	9.42
584	连州市(粤)	8.97
585	大埔县(粤)	8.60
586	和平县(粤)	8.50
587	郁南县(粤)	8.02
588	化州市(粤)	7.93
589	恩平市(粤)	7.80
590	云安区(粤)	7.53
591	阳山县(粤)	7.24
592	新会区(粤)	6.70
593	高州市(粤)	6.65
594	仁化县(粤)	6.27
595	阳江林场(粤)	5.90
596	云城区(粤)	5.72
597	连山壮族瑶族自治县(粤)	5.58
598	武江区(粤)	5.41
599	阳东区(粤)	5.32
600	兴宁市(粤)	5.30
601	韶关市属总林场(粤)	4.85
602	惠城区(粤)	4.70
603	连南瑶族自治县(粤)	4.50
604	普宁市(粤)	3.74
605	茂名市属总林场(粤)	3.52
606	清新区(粤)	2.94
607	平远县(粤)	2.79
608	揭西县(粤)	2.50
609	潮安区(粤)	2.45
610	黄埔区(粤)	2.30
611	电白区(粤)	2.20
612	阳西县(粤)	2.12
613	坡头区(粤)	2.03
614	花都区(粤)	1.93
615	南雄市(粤)	1.81
616	蓬江区(粤)	1.76

(续表)

序号	原木主产地	产量(万立方米)
617	鼎湖区(粤)	1.75
618	蕉岭县(粤)	1.70
619	梅江区(粤)	1.58
620	惠阳区(粤)	1.53
621	麻章区(粤)	1.50
622	龙埔林场(粤)	1.32
623	阳江花滩林场(粤)	1.14
624	茂南区(粤)	0.99
625	大云雾林场(粤)	0.98
626	连平县(粤)	0.89
627	飞马林场(粤)	0.57
628	源城区(粤)	0.50
629	藤　县(桂)	97.86
630	灵山县(桂)	88.83
631	武鸣区(桂)	82.28
632	博白县(桂)	82.08
633	田林县(桂)	81.60
634	武宣县(桂)	80.25
635	兴宾区(桂)	74.40
636	钦南区(桂)	70.60
637	扶绥县(桂)	70.00
638	八步区(桂)	69.89
639	平果县(桂)	66.09
640	北流市(桂)	58.61
641	苍梧县(桂)	58.39
642	右江区(桂)	57.82
643	钦北区(桂)	57.78
644	高峰林场(桂)	57.03
645	上思县(桂)	55.70
646	马山县(桂)	53.50
647	浦北县(桂)	50.86
648	融安县(桂)	48.80
649	合浦县(桂)	44.60
650	容　县(桂)	43.00
651	田东县(桂)	42.82
652	西林县(桂)	38.32
653	陆川县(桂)	33.00
654	柳江区(桂)	32.15
655	兴业县(桂)	30.87
656	天峨县(桂)	30.49
657	田阳县(桂)	29.52
658	大桂山林场(桂)	26.90
659	防城区(桂)	22.51
660	巴马瑶族自治县(桂)	21.65

（续表）

序号	原木主产地	产量（万立方米）
661	隆林各族自治县(桂)	20.73
662	玉林市福绵区(桂)	20.24
663	金秀瑶族自治县(桂)	19.81
664	钦廉林场(桂)	15.38
665	那坡县(桂)	13.64
666	三门江林场(桂)	12.83
667	凌云县(桂)	11.31
668	派阳山林场(桂)	11.30
669	乐业县(桂)	10.99
670	七坡林场(桂)	10.07
671	平乐县(桂)	9.99
672	凭祥市(桂)	8.75
673	柳北区(桂)	8.68
674	鹿寨县(桂)	8.61
675	柳南区(桂)	8.56
676	德保县(桂)	7.80
677	恭城瑶族自治县(桂)	7.50
678	东兰县(桂)	7.50
679	龙胜各族自治县(桂)	6.80
680	临桂区(桂)	6.32
681	中国林科院热林中心(桂)	6.10
682	全州县(桂)	5.82
683	维都林场(桂)	5.43
684	鱼峰区(桂)	4.98
685	东兴市(桂)	4.22
686	灵川县(桂)	4.18
687	东门林场(桂)	2.84
688	玉州区(桂)	1.98
689	港口区(桂)	1.72
690	蒙山县(桂)	1.50
691	澄迈县(琼)	13.87
692	屯昌县(琼)	13.05
693	儋州市(琼)	12.43
694	文昌市(琼)	8.44
695	万宁市(琼)	4.08
696	陵水黎族自治县(琼)	2.00
697	仪陇县(川)	30.00
698	洪雅县(川)	17.76
699	夹江县(川)	12.50
700	沐川县(川)	8.86
701	峨边彝族自治县(川)	7.74
702	雨城区(川)	6.51
703	叙永县(川)	6.40
704	北川羌族自治县(川)	6.33

（续表）

序号	原木主产地	产量（万立方米）
705	东坡区(川)	6.12
706	峨眉山市(川)	5.87
707	犍为县(川)	5.72
708	沙湾区(川)	5.47
709	珙　县(川)	5.35
710	荣　县(川)	5.15
711	安州区(川)	4.50
712	剑阁县(川)	4.43
713	叙州区(川)	4.40
714	屏山县(川)	4.24
715	平昌县(川)	4.20
716	筠连县(川)	3.91
717	芦山县(川)	3.88
718	平武县(川)	3.72
719	乐山市市中区(川)	3.65
720	古蔺县(川)	3.50
721	通川区(川)	3.00
722	宝兴县(川)	2.90
723	昭化区(川)	2.90
724	开江县(川)	2.80
725	青川县(川)	2.60
726	泸　县(川)	2.50
727	彭山区(川)	2.30
728	青神县(川)	2.30
729	马边彝族自治县(川)	2.26
730	朝天区(川)	2.17
731	威远县(川)	2.16
732	名山区(川)	2.15
733	兴文县(川)	2.14
734	丹棱县(川)	2.09
735	蓬溪县(川)	2.00
736	五通桥区(川)	1.89
737	南江县(川)	1.86
738	翠屏区(川)	1.84
739	彭州市(川)	1.78
740	南溪区(川)	1.73
741	高　县(川)	1.69
742	什邡市(川)	1.67
743	合江县(川)	1.65
744	苍溪县(川)	1.59
745	梓潼县(川)	1.56
746	大邑县(川)	1.53
747	邛崃市(川)	1.22
748	华蓥市(川)	1.22

（续表）

序号	原木主产地	产量（万立方米）
749	仁寿县(川)	1.20
750	安岳县(川)	1.12
751	宣汉县(川)	1.06
752	大竹县(川)	1.00
753	天全县(川)	0.95
754	长宁县(川)	0.94
755	会理县(川)	0.91
756	南部县(川)	0.80
757	石棉县(川)	0.72
758	利州区(川)	0.71
759	绵竹市(川)	0.70
760	江油市(川)	0.67
761	隆昌市(川)	0.66
762	江安县(川)	0.66
763	武胜县(川)	0.64
764	布拖县(川)	0.60
765	达川区(川)	0.60
766	富顺县(川)	0.60
767	巴州区(川)	0.58
768	崇州市(川)	0.57
769	雁江区(川)	0.55
770	贡井区(川)	0.50
771	西充县(川)	0.50
772	榕江县(黔)	38.24
773	黎平县(黔)	25.33
774	从江县(黔)	15.20
775	锦屏县(黔)	13.95
776	天柱县(黔)	12.95
777	三都水族自治县(黔)	6.90
778	罗甸县(黔)	4.15
779	独山县(黔)	4.14
780	台江县(黔)	3.30
781	凤冈县(黔)	3.26
782	岑巩县(黔)	3.22
783	黄平县(黔)	3.12
784	普安县(黔)	2.37
785	兴义市(黔)	2.23
786	湄潭县(黔)	1.81
787	余庆县(黔)	1.74
788	凯里市(黔)	1.62
789	雷山县(黔)	1.59
790	荔波县(黔)	1.55
791	镇远县(黔)	1.50
792	仁怀市(黔)	1.07

(续表)

序号	原木主产地	产量(万立方米)
793	桐梓县(黔)	0.89
794	汇川区(黔)	0.81
795	绥阳县(黔)	0.73
796	道真仡佬族苗族自治县(黔)	0.68
797	遵义市市辖区(黔)	0.68
798	玉屏侗族自治县(黔)	0.67
799	水城县(黔)	0.66
800	赤水市(黔)	0.65
801	元阳县(滇)	22.00
802	富宁县(滇)	21.36
803	腾冲市(滇)	20.50
804	金平苗族瑶族傣族自治县(滇)	17.51
805	广南县(滇)	13.81
806	麻栗坡县(滇)	13.08
807	马关县(滇)	12.69
808	芒　市(滇)	10.54
809	瑞丽市(滇)	9.37
810	盈江县(滇)	7.64
811	景东彝族自治县(滇)	7.21
812	师宗县(滇)	6.00
813	罗平县(滇)	5.01
814	陇川县(滇)	4.69
815	新平彝族傣族自治县(滇)	4.36
816	河口瑶族自治县(滇)	4.34
817	梁河县(滇)	4.20
818	云　县(滇)	4.09
819	双柏县(滇)	4.00
820	勐海县(滇)	4.00
821	丘北县(滇)	3.89
822	建水县(滇)	3.57
823	龙陵县(滇)	3.40
824	西畴县(滇)	3.16
825	砚山县(滇)	3.09
826	禄丰县(滇)	3.03
827	牟定县(滇)	2.50
828	香格里拉市(滇)	2.32
829	楚雄市(滇)	2.31
830	文山市(滇)	2.23
831	昌宁县(滇)	2.16
832	南华县(滇)	2.07
833	双江拉祜族佤族布朗族傣族自治县(滇)	2.01
834	峨山彝族自治县(滇)	1.98
835	开远市(滇)	1.90

(续表)

序号	原木主产地	产量(万立方米)
836	陆良县(滇)	1.87
837	镇雄县(滇)	1.72
838	马龙区(滇)	1.60
839	沾益区(滇)	1.40
840	石林彝族自治县(滇)	1.20
841	施甸县(滇)	1.17
842	永胜县(滇)	1.00
843	绥江县(滇)	1.00
844	贡山独龙族怒族自治县(滇)	0.97
845	祥云县(滇)	0.88
846	镇康县(滇)	0.77
847	个旧市(滇)	0.76
848	兰坪白族普米族自治县(滇)	0.72
849	武定县(滇)	0.70
850	耿马傣族佤族自治县(滇)	0.66
851	石屏县(滇)	0.61
852	水富市(滇)	0.55
853	大关县(滇)	0.54
854	红塔区(滇)	0.51
855	镇巴县(陕)	2.21
856	城固县(陕)	1.70
857	临泽县(甘)	0.73
858	都兰县(青)	4.99
859	焉耆回族自治县(新)	9.76
860	和静县(新)	6.79
861	英吉沙县(新)	4.83
862	乌什县(新)	2.00
863	泽普县(新)	1.60
864	奇台县(新)	1.47
865	阿克苏市(新)	1.41
866	博乐市(新)	1.23
867	额敏县(新)	1.10
868	博湖县(新)	1.08
869	和硕县(新)	0.94
870	沙湾县(新)	0.86
871	塔城市(新)	0.64
872	新和县(新)	0.60
873	金河林业局(内蒙古森工)	0.56
874	吉林森工人造板集团有限公司(吉林森工)	11.54
875	三岔子林业局(吉林森工)	3.62
876	松江河林业有限公司(吉林森工)	3.50
877	临江林业局(吉林森工)	3.00

(续表)

序号	原木主产地	产量(万立方米)
878	露水河林业局(吉林森工)	0.93
879	泉阳林业局(吉林森工)	0.72

表 1-2　锯材主产地产量

序号	锯材主产地	产量(万立方米)
1	临漳县(冀)	40.40
2	永年区(冀)	3.72
3	围场满族蒙古族自治县(冀)	3.00
4	藁城区(冀)	2.60
5	沙河市(冀)	2.60
6	景　县(冀)	2.32
7	平泉市(冀)	2.23
8	晋州市(冀)	1.98
9	丰南区(冀)	1.49
10	正定县(冀)	1.30
11	隆化县(冀)	0.80
12	武邑县(冀)	0.70
13	乌兰浩特市(内蒙古)	2.00
14	开鲁县(内蒙古)	1.60
15	科尔沁区(内蒙古)	1.40
16	巴林左旗(内蒙古)	1.27
17	奈曼旗(内蒙古)	1.00
18	乌拉特前旗(内蒙古)	0.72
19	巴林右旗(内蒙古)	0.63
20	喀喇沁旗(内蒙古)	0.60
21	宁城县(内蒙古)	0.60
22	桓仁满族自治县(辽)	54.99
23	普兰店区(辽)	10.00
24	新宾满族自治县(辽)	6.00
25	新民市(辽)	4.23
26	东洲区(辽)	3.20
27	凌源市(辽)	2.50
28	东港市(辽)	2.05
29	建平县(辽)	1.48
30	海城市(辽)	1.10
31	辽中区(辽)	0.96
32	振安区(辽)	0.55
33	二道区(吉)	11.00
34	榆树市(吉)	7.70
35	辉南县(吉)	7.50
36	通化县(吉)	4.85
37	公主岭市(吉)	4.47
38	农安县(吉)	4.47

(续表)

序号	锯材主产地	产量（万立方米）
39	丰满区(吉)	3.74
40	上营森林经营局(吉)	1.35
41	梅河口市(吉)	1.11
42	蛟河市(吉)	0.96
43	浑江区(吉)	0.69
44	和龙市(吉)	0.68
45	昌邑区(吉)	0.54
46	舒兰市(吉)	0.53
47	七台河市市辖区(黑)	3.77
48	甘南县(黑)	3.40
49	肇东市(黑)	2.20
50	呼兰区(黑)	2.00
51	海伦市(黑)	1.80
52	富裕县(黑)	1.79
53	集贤县(黑)	1.60
54	拜泉县(黑)	0.70
55	肇州县(黑)	0.63
56	林甸县(黑)	0.62
57	汤原县(黑)	0.60
58	昂昂溪区(黑)	0.60
59	丰　县(苏)	78.60
60	京口区(苏)	46.00
61	灌南县(苏)	41.94
62	沭阳县(苏)	29.52
63	连云港市市辖区(苏)	22.30
64	涟水县(苏)	20.00
65	东海县(苏)	10.00
66	泗洪县(苏)	8.60
67	沛　县(苏)	6.00
68	灌云县(苏)	4.30
69	睢宁县(苏)	3.75
70	六合区(苏)	3.50
71	洪泽区(苏)	3.30
72	常熟市(苏)	2.57
73	滨海县(苏)	2.50
74	金湖县(苏)	2.00
75	大丰区(苏)	1.89
76	泗阳县(苏)	1.75
77	盐都区(苏)	1.63
78	建湖县(苏)	1.47
79	仪征市(苏)	1.33
80	镇江市市辖区(苏)	1.11
81	高邮市(苏)	1.00
82	宝应县(苏)	1.00

(续表)

序号	锯材主产地	产量（万立方米）
83	通州区(苏)	0.53
84	江山市(浙)	87.42
85	桐乡市(浙)	14.29
86	诸暨市(浙)	8.00
87	婺城区(浙)	4.86
88	建德市(浙)	4.65
89	松阳县(浙)	4.49
90	遂昌县(浙)	3.99
91	长兴县(浙)	3.10
92	武义县(浙)	2.51
93	莲都区(浙)	2.28
94	淳安县(浙)	2.20
95	庆元县(浙)	1.67
96	安吉县(浙)	1.53
97	余杭区(浙)	1.39
98	永康市(浙)	1.38
99	桐庐县(浙)	1.36
100	文成县(浙)	1.20
101	柯城区(浙)	1.17
102	常山县(浙)	1.10
103	兰溪市(浙)	0.91
104	龙游县(浙)	0.85
105	瑞安市(浙)	0.75
106	上虞区(浙)	0.75
107	萧山区(浙)	0.70
108	宣州区(皖)	87.00
109	东至县(皖)	29.20
110	天长市(皖)	13.23
111	南谯区(皖)	11.90
112	全椒县(皖)	10.00
113	阜南县(皖)	9.60
114	青阳县(皖)	9.27
115	祁门县(皖)	8.50
116	灵璧县(皖)	8.35
117	颍州区(皖)	7.80
118	定远县(皖)	7.50
119	潜山市(皖)	6.80
120	太和县(皖)	6.60
121	怀宁县(皖)	6.26
122	黟　县(皖)	4.15
123	明光市(皖)	3.10
124	休宁县(皖)	3.00
125	界首市(皖)	3.00
126	无为县(皖)	2.85

(续表)

序号	锯材主产地	产量（万立方米）
127	太湖县(皖)	2.81
128	长丰县(皖)	2.80
129	泾　县(皖)	2.65
130	埇桥区(皖)	2.30
131	黄山区(皖)	2.20
132	宿松县(皖)	2.13
133	郎溪县(皖)	1.57
134	旌德县(皖)	1.53
135	和　县(皖)	1.24
136	蒙城县(皖)	1.20
137	望江县(皖)	1.16
138	岳西县(皖)	1.09
139	蚌埠市市辖区(皖)	1.00
140	桐城市(皖)	1.00
141	固镇县(皖)	1.00
142	萧　县(皖)	0.92
143	包河区(皖)	0.78
144	琅琊区(皖)	0.78
145	庐江县(皖)	0.66
146	南昌市市辖区(赣)	135.00
147	安源区(赣)	11.90
148	新干县(赣)	7.29
149	章贡区(赣)	6.80
150	遂川县(赣)	4.00
151	信丰县(赣)	3.40
152	武宁县(赣)	2.40
153	崇义县(赣)	2.21
154	南昌县(赣)	2.10
155	渝水区(赣)	2.10
156	峡江县(赣)	2.03
157	瑞金市(赣)	1.97
158	黎川县(赣)	1.90
159	安福县(赣)	1.86
160	分宜县(赣)	1.68
161	兴国县(赣)	1.61
162	余江区(赣)	1.50
163	大余县(赣)	1.50
164	永新县(赣)	1.49
165	安远县(赣)	1.36
166	濂溪区(赣)	1.32
167	宜丰县(赣)	1.28
168	吉州区(赣)	1.26
169	高安市(赣)	1.00
170	临川区(赣)	0.96

(续表)

序号	锯材主产地	产量（万立方米）
171	全南县(赣)	0.90
172	东乡区(赣)	0.66
173	南城县(赣)	0.60
174	广昌县(赣)	0.56
175	定南县(赣)	0.55
176	曹　县(鲁)	260.04
177	岚山区(鲁)	210.00
178	成武县(鲁)	62.10
179	郯城县(鲁)	60.00
180	巨野县(鲁)	34.60
181	梁山县(鲁)	26.01
182	牡丹区(鲁)	23.30
183	章丘区(鲁)	18.20
184	河东区(鲁)	17.00
185	寿光市(鲁)	12.00
186	诸城市(鲁)	11.20
187	宁津县(鲁)	10.00
188	嘉祥县(鲁)	6.88
189	沂源县(鲁)	6.80
190	蒙阴县(鲁)	5.60
191	泰安市高新区(鲁)	5.10
192	东平县(鲁)	4.46
193	临沭县(鲁)	4.23
194	长清区(鲁)	3.86
195	惠民县(鲁)	3.65
196	高密市(鲁)	3.60
197	兰陵县(鲁)	3.39
198	临朐县(鲁)	3.00
199	邹平市(鲁)	2.86
200	济阳区(鲁)	2.80
201	新泰市(鲁)	2.70
202	滕州市(鲁)	2.60
203	临清市(鲁)	2.60
204	临邑县(鲁)	2.31
205	淄川区(鲁)	2.23
206	夏津县(鲁)	2.20
207	东明县(鲁)	1.83
208	莱芜区(鲁)	1.83
209	平阴县(鲁)	1.60
210	肥城市(鲁)	1.50
211	德州市市辖区(鲁)	1.50
212	桓台县(鲁)	1.40
213	鱼台县(鲁)	1.33
214	昌乐县(鲁)	1.30

(续表)

序号	锯材主产地	产量（万立方米）
215	莘　县(鲁)	1.24
216	安丘市(鲁)	1.15
217	沂南县(鲁)	1.13
218	台儿庄区(鲁)	1.12
219	五莲县(鲁)	1.10
220	潍坊市峡山区(鲁)	1.10
221	莱城区(鲁)	1.08
222	乐陵市(鲁)	0.85
223	高青县(鲁)	0.83
224	茌平县(鲁)	0.80
225	博兴县(鲁)	0.75
226	莒南县(鲁)	0.70
227	邹城市(鲁)	0.69
228	武城县(鲁)	0.66
229	汶上县(鲁)	0.65
230	西华县(豫)	13.00
231	沈丘县(豫)	9.90
232	梁园区(豫)	9.89
233	睢阳区(豫)	9.70
234	临颍县(豫)	6.29
235	汝阳县(豫)	5.38
236	内黄县(豫)	5.06
237	镇平县(豫)	5.02
238	台前县(豫)	4.50
239	商水县(豫)	4.49
240	淮阳县(豫)	4.40
241	川汇区(豫)	4.20
242	内乡县(豫)	4.00
243	睢　县(豫)	4.00
244	太康县(豫)	4.00
245	虞城县(豫)	4.00
246	郸城县(豫)	3.70
247	洛宁县(豫)	3.60
248	淮滨县(豫)	3.50
249	固始县(豫)	3.00
250	郾城区(豫)	2.87
251	商城县(豫)	2.80
252	嵩　县(豫)	2.80
253	卫辉市(豫)	2.71
254	源汇区(豫)	2.48
255	新安县(豫)	2.39
256	柘城县(豫)	2.35
257	新密市(豫)	2.20
258	民权县(豫)	2.20

(续表)

序号	锯材主产地	产量（万立方米）
259	宁陵县(豫)	2.12
260	确山县(豫)	2.00
261	息　县(豫)	1.85
262	伊川县(豫)	1.60
263	尉氏县(豫)	1.58
264	泌阳县(豫)	1.50
265	禹州市(豫)	1.40
266	西平县(豫)	1.33
267	获嘉县(豫)	1.30
268	灵宝市(豫)	1.25
269	桐柏县(豫)	1.23
270	卢氏县(豫)	1.15
271	舞阳县(豫)	1.10
272	偃师市(豫)	1.08
273	叶　县(豫)	1.00
274	夏邑县(豫)	1.00
275	新蔡县(豫)	0.99
276	鲁山县(豫)	0.97
277	宝丰县(豫)	0.83
278	安阳县(豫)	0.80
279	方城县(豫)	0.76
280	新野县(豫)	0.75
281	淇　县(豫)	0.71
282	焦作市市辖区(豫)	0.64
283	建安区(豫)	0.60
284	西峡县(豫)	0.60
285	潢川县(豫)	0.57
286	荥阳市(豫)	0.57
287	原阳县(豫)	0.53
288	浉河区(豫)	0.52
289	监利县(鄂)	20.00
290	石首市(鄂)	15.00
291	蔡甸区(鄂)	9.74
292	嘉鱼县(鄂)	8.23
293	松滋市(鄂)	7.79
294	谷城县(鄂)	6.15
295	宜城市(鄂)	5.10
296	公安县(鄂)	4.20
297	汉川市(鄂)	3.56
298	随　县(鄂)	3.50
299	京山县(鄂)	2.44
300	秭归县(鄂)	2.00
301	潜江市(鄂)	2.00
302	赤壁市(鄂)	2.00

（续表）

序号	锯材主产地	产量（万立方米）
303	崇阳县(鄂)	1.86
304	沙洋县(鄂)	1.70
305	钟祥市(鄂)	1.25
306	曾都区(鄂)	1.21
307	安陆市(鄂)	1.08
308	浠水县(鄂)	1.00
309	猇亭区(鄂)	1.00
310	东宝区(鄂)	1.00
311	掇刀区(鄂)	0.96
312	老河口市(鄂)	0.90
313	枝江市(鄂)	0.86
314	大悟县(鄂)	0.80
315	红安县(鄂)	0.74
316	枣阳市(鄂)	0.70
317	咸丰县(鄂)	0.65
318	樊城区(鄂)	0.64
319	新洲区(鄂)	0.60
320	当阳市(鄂)	0.59
321	宣恩县(鄂)	0.53
322	张湾区(鄂)	0.51
323	道　县(湘)	39.90
324	鹤城区(湘)	15.65
325	资阳区(湘)	13.28
326	双牌县(湘)	10.74
327	汉寿县(湘)	10.42
328	津市市(湘)	7.40
329	武冈市(湘)	7.38
330	鼎城区(湘)	6.80
331	双峰县(湘)	6.25
332	靖州苗族侗族自治县(湘)	6.25
333	北塔区(湘)	5.50
334	武陵区(湘)	5.20
335	澧　县(湘)	4.52
336	安化县(湘)	4.46
337	衡山县(湘)	4.27
338	湘潭市市辖区(湘)	3.57
339	永兴县(湘)	3.26
340	湘乡市(湘)	2.88
341	湘阴县(湘)	2.80
342	芷江侗族自治县(湘)	2.52
343	华容县(湘)	2.50
344	新宁县(湘)	2.10
345	绥宁县(湘)	2.10
346	君山区(湘)	2.00

（续表）

序号	锯材主产地	产量（万立方米）
347	云溪区(湘)	1.93
348	祁东县(湘)	1.90
349	炎陵县(湘)	1.90
350	平江县(湘)	1.90
351	醴陵市(湘)	1.83
352	蒸湘区(湘)	1.82
353	新化县(湘)	1.80
354	安乡县(湘)	1.69
355	洪江市(湘)	1.50
356	衡东县(湘)	1.50
357	临湘市(湘)	1.50
358	蓝山县(湘)	1.46
359	麻阳苗族自治县(湘)	1.40
360	益阳市市辖区(湘)	1.30
361	石峰区(湘)	1.25
362	辰溪县(湘)	1.13
363	江永县(湘)	1.10
364	江华瑶族自治县(湘)	1.09
365	岳阳楼区(湘)	1.00
366	古丈县(湘)	1.00
367	城步苗族自治县(湘)	1.00
368	衡南县(湘)	1.00
369	通道侗族自治县(湘)	0.90
370	衡阳县(湘)	0.88
371	宁远县(湘)	0.87
372	中方县(湘)	0.80
373	沅江市(湘)	0.80
374	新田县(湘)	0.80
375	沅陵县(湘)	0.70
376	隆回县(湘)	0.66
377	会同县(湘)	0.65
378	南　县(湘)	0.60
379	慈利县(湘)	0.60
380	新晃侗族自治县(湘)	0.60
381	桃源县(湘)	0.60
382	石鼓区(湘)	0.60
383	渌口区(湘)	0.60
384	雨湖区(湘)	0.58
385	洪江区(湘)	0.57
386	惠东县(粤)	30.00
387	高要区(粤)	16.69
388	信宜市(粤)	15.80
389	怀集县(粤)	11.49
390	龙门县(粤)	9.16

（续表）

序号	锯材主产地	产量（万立方米）
391	化州市(粤)	8.97
392	台山市(粤)	8.56
393	四会市(粤)	8.31
394	云安区(粤)	7.53
395	恩平市(粤)	7.20
396	蓬江区(粤)	6.58
397	新会区(粤)	5.70
398	博罗县(粤)	5.50
399	英德市(粤)	5.03
400	阳春市(粤)	5.00
401	连山壮族瑶族自治县(粤)	4.50
402	和平县(粤)	4.30
403	阳东区(粤)	4.26
404	仁化县(粤)	3.95
405	清新区(粤)	3.59
406	连平县(粤)	3.05
407	罗定市(粤)	3.00
408	龙川县(粤)	2.90
409	东源县(粤)	2.40
410	惠城区(粤)	2.21
411	鼎湖区(粤)	1.20
412	蕉岭县(粤)	1.20
413	新丰县(粤)	1.05
414	郁南县(粤)	1.05
415	电白区(粤)	1.00
416	曲江区(粤)	0.94
417	潮安区(粤)	0.82
418	乳源瑶族自治县(粤)	0.80
419	平远县(粤)	0.57
420	雷州市(粤)	0.56
421	扶绥县(桂)	138.00
422	田林县(桂)	48.48
423	苍梧县(桂)	31.02
424	兴业县(桂)	30.25
425	钦南区(桂)	30.00
426	玉州区(桂)	27.98
427	八步区(桂)	21.92
428	临桂区(桂)	21.85
429	北流市(桂)	21.12
430	合浦县(桂)	19.10
431	平果县(桂)	18.40
432	防城区(桂)	17.82
433	西林县(桂)	16.53
434	田东县(桂)	15.00

(续表)

序号	锯材主产地	产量(万立方米)
435	柳北区(桂)	15.00
436	那坡县(桂)	11.00
437	灵山县(桂)	10.05
438	天峨县(桂)	9.90
439	右江区(桂)	8.82
440	隆林各族自治县(桂)	8.82
441	灵川县(桂)	8.64
442	陆川县(桂)	8.00
443	荔浦市(桂)	6.92
444	凌云县(桂)	6.52
445	兴宾区(桂)	6.50
446	金城江区(桂)	6.36
447	金秀瑶族自治县(桂)	6.16
448	乐业县(桂)	5.68
449	田阳县(桂)	4.90
450	平乐县(桂)	4.43
451	全州县(桂)	3.97
452	武宣县(桂)	3.30
453	柳江区(桂)	3.10
454	融安县(桂)	3.00
455	东兰县(桂)	2.80
456	恭城瑶族自治县(桂)	2.50
457	容　县(桂)	2.50
458	钦北区(桂)	2.50
459	三江侗族自治县(桂)	2.37
460	灌阳县(桂)	1.98
461	藤　县(桂)	1.39
462	港口区(桂)	1.05
463	博白县(桂)	1.02
464	德保县(桂)	1.00
465	蒙山县(桂)	1.00
466	鹿寨县(桂)	0.86
467	巴马瑶族自治县(桂)	0.76
468	凭祥市(桂)	0.75
469	屯昌县(琼)	10.44
470	文昌市(琼)	5.91
471	儋州市(琼)	5.78
472	琼中黎族苗族自治县(琼)	4.83
473	白沙黎族自治县(琼)	4.13
474	澄迈县(琼)	2.15
475	珙　县(川)	25.00
476	仪陇县(川)	21.00
477	夹江县(川)	10.00
478	雨城区(川)	7.92
479	洪雅县(川)	7.00
480	青白江区(川)	6.50
481	郫都区(川)	5.39
482	平昌县(川)	4.50
483	威远县(川)	4.50
484	犍为县(川)	4.23
485	翠屏区(川)	4.20
486	北川羌族自治县(川)	4.20
487	邛崃市(川)	2.86
488	叙永县(川)	2.80
489	旺苍县(川)	2.45
490	邻水县(川)	2.30
491	昭化区(川)	2.20
492	江油市(川)	2.10
493	什邡市(川)	2.00
494	射洪县(川)	2.00
495	彭州市(川)	1.93
496	盐亭县(川)	1.91
497	崇州市(川)	1.87
498	安州区(川)	1.80
499	梓潼县(川)	1.80
500	仁寿县(川)	1.80
501	马边彝族自治县(川)	1.78
502	蓬溪县(川)	1.78
503	筠连县(川)	1.65
504	利州区(川)	1.42
505	丹棱县(川)	1.35
506	华蓥市(川)	1.33
507	沙湾区(川)	1.30
508	泸　县(川)	1.20
509	绵竹市(川)	1.17
510	中江县(川)	1.10
511	宝兴县(川)	1.06
512	南江县(川)	1.03
513	平武县(川)	1.00
514	广安区(川)	0.85
515	屏山县(川)	0.80
516	雁江区(川)	0.79
517	宣汉县(川)	0.70
518	达川区(川)	0.65
519	五通桥区(川)	0.64
520	都江堰市(川)	0.62
521	万源市(川)	0.61
522	通川区(川)	0.60
523	简阳市(川)	0.57
524	涪城区(川)	0.55
525	黎平县(黔)	9.07
526	兴义市(黔)	8.09
527	天柱县(黔)	8.05
528	三都水族自治县(黔)	6.20
529	三穗县(黔)	4.20
530	凯里市(黔)	3.63
531	独山县(黔)	2.63
532	余庆县(黔)	2.57
533	普安县(黔)	2.43
534	凤冈县(黔)	2.32
535	从江县(黔)	1.95
536	锦屏县(黔)	1.87
537	湄潭县(黔)	1.81
538	台江县(黔)	1.60
539	石阡县(黔)	1.50
540	黄平县(黔)	1.07
541	仁怀市(黔)	1.07
542	汇川区(黔)	0.81
543	修文县(黔)	0.78
544	碧江区(黔)	0.75
545	播州区(黔)	0.61
546	绥阳县(黔)	0.55
547	乌当区(黔)	0.55
548	桐梓县(黔)	0.51
549	双柏县(滇)	24.95
550	元阳县(滇)	16.50
551	腾冲市(滇)	12.30
552	马关县(滇)	8.94
553	隆阳区(滇)	8.38
554	师宗县(滇)	6.00
555	龙陵县(滇)	5.10
556	盈江县(滇)	4.52
557	广南县(滇)	4.14
558	富宁县(滇)	3.25
559	芒　市(滇)	2.60
560	罗平县(滇)	2.50
561	沧源佤族自治县(滇)	1.68
562	建水县(滇)	1.62
563	丘北县(滇)	1.61
564	楚雄市(滇)	1.57
565	陇川县(滇)	1.54
566	陆良县(滇)	1.40

（续表）

序号	锯材主产地	产量（万立方米）
567	威信县（滇）	1.27
568	麻栗坡县（滇）	1.09
569	耿马傣族佤族自治县（滇）	1.09
570	石林彝族自治县（滇）	1.00
571	宾川县（滇）	0.99
572	南华县（滇）	0.86
573	西畴县（滇）	0.82
574	勐海县（滇）	0.80
575	开远市（滇）	0.80
576	梁河县（滇）	0.75
577	泸水市（滇）	0.75
578	镇康县（滇）	0.54
579	个旧市（滇）	0.53
580	汉台区（陕）	3.00
581	汉滨区（陕）	2.00
582	勉　县（陕）	0.80
583	焉耆回族自治县（新）	2.80
584	乌什县（新）	1.60
585	莎车县（新）	1.50
586	玛纳斯县（新）	1.10
587	拜城县（新）	0.80
588	博湖县（新）	0.76
589	泽普县（新）	0.74

表 1-3　木片主产地产量

序号	木片主产地	产量（万实积立方米）
1	景　县（冀）	3.05
2	晋州市（冀）	1.97
3	曲阳县（冀）	1.80
4	围场满族蒙古族自治县（冀）	1.00
5	藁城区（冀）	0.99
6	元宝山区（内蒙古）	13.00
7	五原县（内蒙古）	0.67
8	东港市（辽）	18.00
9	辽中区（辽）	1.30
10	新宾满族自治县（辽）	1.20
11	抚顺县（辽）	0.86
12	农安县（吉）	1.64
13	二道区（吉）	0.90
14	通榆县（吉）	0.85
15	梨树区（黑）	4.00
16	龙江县（黑）	3.80
17	肇东市（黑）	1.50
18	泗洪县（苏）	62.89
19	涟水县（苏）	20.00
20	太仓市（苏）	20.00
21	张家港市（苏）	6.00
22	新沂市（苏）	5.12
23	金湖县（苏）	3.20
24	六合区（苏）	3.10
25	沛　县（苏）	3.00
26	仪征市（苏）	2.20
27	滨海县（苏）	2.00
28	灌云县（苏）	1.30
29	洪泽区（苏）	1.10
30	桐乡市（浙）	11.06
31	江山市（浙）	7.87
32	松阳县（浙）	7.67
33	余杭区（浙）	2.45
34	诸暨市（浙）	2.00
35	长兴县（浙）	1.22
36	磐安县（浙）	1.00
37	淳安县（浙）	0.70
38	婺城区（浙）	0.69
39	萧　县（皖）	70.69
40	太和县（皖）	26.00
41	东至县（皖）	18.60
42	阜南县（皖）	7.10
43	怀远县（皖）	6.10
44	潜山市（皖）	5.70
45	埇桥区（皖）	3.30
46	涡阳县（皖）	3.00
47	青阳县（皖）	2.05
48	蒙城县（皖）	1.50
49	桐城市（皖）	1.10
50	固镇县（皖）	1.00
51	无为县（皖）	0.58
52	安源区（赣）	18.20
53	东乡区（赣）	11.47
54	遂川县（赣）	8.00
55	月湖区（赣）	3.00
56	贵溪市（赣）	2.50
57	安福县（赣）	2.09
58	峡江县（赣）	1.80
59	万安县（赣）	1.50
60	吉安县（赣）	0.80
61	瑞金市（赣）	0.66
62	石城县（赣）	0.63
63	曹　县（鲁）	361.77
64	费　县（鲁）	300.00
65	茌平县（鲁）	115.33
66	沂南县（鲁）	98.70
67	宁津县（鲁）	60.00
68	莘　县（鲁）	54.00
69	郯城县（鲁）	50.00
70	兰陵县（鲁）	39.87
71	商河县（鲁）	14.70
72	寿光市（鲁）	14.13
73	河东区（鲁）	13.00
74	惠民县（鲁）	11.21
75	东平县（鲁）	10.24
76	新泰市（鲁）	9.26
77	宁阳县（鲁）	9.00
78	成武县（鲁）	7.60
79	梁山县（鲁）	6.89
80	齐河县（鲁）	6.50
81	陵城区（鲁）	5.00
82	蒙阴县（鲁）	4.80
83	利津县（鲁）	4.18
84	肥城市（鲁）	4.00
85	兖州区（鲁）	3.70
86	泰安市高新区（鲁）	3.28
87	莒南县（鲁）	3.20
88	诸城市（鲁）	3.20
89	济阳区（鲁）	3.00
90	临清市（鲁）	2.40
91	章丘区（鲁）	2.20
92	泗水县（鲁）	2.07
93	邹平市（鲁）	1.86
94	临沭县（鲁）	1.60
95	沂源县（鲁）	1.60
96	高唐县（鲁）	1.50
97	博兴县（鲁）	0.82
98	德州市市辖区（鲁）	0.80
99	邹城市（鲁）	0.66
100	汶上县（鲁）	0.65
101	昌乐县（鲁）	0.60
102	临邑县（鲁）	0.59
103	范　县（豫）	92.82
104	洛宁县（豫）	73.10
105	商水县（豫）	37.03

(续表)

序号	木片主产地	产量(万实积立方米)
106	临颍县(豫)	33.20
107	固始县(豫)	16.00
108	西华县(豫)	12.00
109	武陟县(豫)	12.00
110	淮阳县(豫)	6.60
111	南乐县(豫)	5.80
112	台前县(豫)	5.80
113	镇平县(豫)	5.33
114	伊川县(豫)	4.00
115	淅川县(豫)	3.50
116	息　县(豫)	3.30
117	郸城县(豫)	3.20
118	新郑市(豫)	3.20
119	淮滨县(豫)	3.00
120	太康县(豫)	2.50
121	获嘉县(豫)	1.90
122	虞城县(豫)	1.60
123	内乡县(豫)	1.40
124	鹿邑县(豫)	1.40
125	中牟县(豫)	1.23
126	浚　县(豫)	1.10
127	灵宝市(豫)	1.10
128	尉氏县(豫)	0.90
129	建安区(豫)	0.90
130	汝阳县(豫)	0.87
131	民权县(豫)	0.87
132	淇　县(豫)	0.77
133	光山县(豫)	0.70
134	社旗县(豫)	0.62
135	舞阳县(豫)	0.52
136	潜江市(鄂)	5.00
137	公安县(鄂)	3.20
138	东宝区(鄂)	3.00
139	仙桃市(鄂)	2.73
140	南漳县(鄂)	2.60
141	枣阳市(鄂)	2.00
142	来凤县(鄂)	2.00
143	天门市(鄂)	2.00
144	老河口市(鄂)	1.60
145	京山县(鄂)	0.76
146	应城市(鄂)	0.70
147	赤壁市(鄂)	0.60
148	汉寿县(湘)	3.41
149	衡山县(湘)	3.20

(续表)

序号	木片主产地	产量(万实积立方米)
150	澧　县(湘)	2.59
151	汨罗市(湘)	2.21
152	祁东县(湘)	1.70
153	君山区(湘)	1.60
154	益阳市市辖区(湘)	1.50
155	宁远县(湘)	1.30
156	古丈县(湘)	1.00
157	慈利县(湘)	0.80
158	武冈市(湘)	0.71
159	南　县(湘)	0.70
160	岳阳县(湘)	0.70
161	靖州苗族侗族自治县(湘)	0.67
162	华容县(湘)	0.60
163	怀集县(粤)	20.00
164	雷州市(粤)	10.80
165	惠东县(粤)	10.00
166	乳源瑶族自治县(粤)	7.00
167	龙门县(粤)	6.41
168	恩平市(粤)	5.60
169	高要区(粤)	4.17
170	英德市(粤)	3.60
171	博罗县(粤)	3.00
172	麻章区(粤)	2.50
173	新丰县(粤)	2.21
174	惠城区(粤)	2.00
175	东源县(粤)	1.80
176	仁化县(粤)	0.92
177	广宁县(粤)	0.82
178	翁源县(粤)	0.81
179	清新区(粤)	0.56
180	兴宾区(桂)	54.40
181	博白县(桂)	33.60
182	苍梧县(桂)	18.12
183	防城区(桂)	17.90
184	全州县(桂)	11.20
185	陆川县(桂)	7.00
186	柳北区(桂)	4.80
187	柳江区(桂)	4.50
188	灵山县(桂)	4.00
189	钦北区(桂)	3.68
190	武宣县(桂)	3.50
191	田林县(桂)	3.29
192	鹿寨县(桂)	2.43
193	灵川县(桂)	1.79

(续表)

序号	木片主产地	产量(万实积立方米)
194	北流市(桂)	1.75
195	田东县(桂)	1.57
196	上思县(桂)	1.46
197	西林县(桂)	1.39
198	兴业县(桂)	1.10
199	港口区(桂)	1.04
200	平乐县(桂)	0.60
201	万宁市(琼)	1.28
202	澄迈县(琼)	0.92
203	仪陇县(川)	12.00
204	夹江县(川)	10.00
205	郫都区(川)	6.74
206	屏山县(川)	3.40
207	乐山市市中区(川)	2.83
208	渠　县(川)	2.59
209	荣　县(川)	2.38
210	筠连县(川)	2.07
211	富顺县(川)	1.80
212	盐亭县(川)	1.80
213	五通桥区(川)	1.70
214	安州区(川)	1.60
215	邻水县(川)	1.30
216	平武县(川)	1.00
217	江油市(川)	0.90
218	长宁县(川)	0.83
219	南江县(川)	0.56
220	兴义市(黔)	6.60
221	台江县(黔)	3.20
222	隆阳区(滇)	8.38
223	陆良县(滇)	5.00
224	马关县(滇)	4.47
225	建水县(滇)	2.10
226	牟定县(滇)	1.84
227	沧源佤族自治县(滇)	1.60
228	景洪市(滇)	1.01
229	双柏县(滇)	0.64
230	城固县(陕)	0.70
231	和静县(新)	1.20
232	乌什县(新)	1.00
233	泽普县(新)	0.70
234	博湖县(新)	0.58

表 2-1 胶合板主产地产量

序号	胶合板主产地	产量（万立方米）
1	霸州市(冀)	26.43
2	北戴河新区(冀)	8.40
3	正定县(冀)	6.30
4	灵寿县(冀)	3.75
5	望都县(冀)	2.71
6	邢台市高新技术开发区(冀)	2.50
7	青龙满族自治县(冀)	0.62
8	涿州市(冀)	0.57
9	元宝山区(内蒙古)	10.12
10	科尔沁区(内蒙古)	4.00
11	松山区(内蒙古)	1.70
12	巴林右旗(内蒙古)	1.43
13	红山区(内蒙古)	1.20
14	五原县(内蒙古)	0.67
15	临河区(内蒙古)	0.62
16	建平县(辽)	12.26
17	桓仁满族自治县(辽)	2.80
18	新民市(辽)	8.89
19	金普新区(辽)	1.51
20	喀喇沁左翼蒙古族自治县(辽)	1.00
21	东辽县(吉)	8.63
22	延吉市(吉)	6.20
23	农安县(吉)	6.12
24	德惠市(吉)	5.00
25	梨树县(吉)	3.45
26	二道区(吉)	2.00
27	安图县(吉)	1.29
28	绿园区(吉)	0.70
29	洮南市(吉)	0.51
30	牡丹江市市本级(黑)	3.29
31	拜泉县(黑)	3.20
32	肇州县(黑)	1.30
33	邳州市(苏)	1172.60
34	沭阳县(苏)	1065.00
35	泗阳县(苏)	578.65
36	丰　县(苏)	234.00
37	涟水县(苏)	74.00
38	相城区(苏)	69.45
39	连云港市市辖区(苏)	65.12
40	铜山区(苏)	50.00
41	东海县(苏)	39.11
42	灌南县(苏)	36.70
43	东台市(苏)	34.80
44	泗洪县(苏)	33.07

（续表）

序号	胶合板主产地	产量（万立方米）
45	赣榆区(苏)	29.73
46	张家港市(苏)	21.50
47	新沂市(苏)	13.80
48	镇江市市辖区(苏)	10.10
49	江宁区(苏)	10.01
50	洪泽区(苏)	8.00
51	江都区(苏)	6.89
52	宿豫区(苏)	6.86
53	睢宁县(苏)	6.50
54	六合区(苏)	6.30
55	宿城区(苏)	5.87
56	沛　县(苏)	5.20
57	如东县(苏)	3.18
58	启东市(苏)	3.10
59	金湖县(苏)	3.00
60	昆山市(苏)	2.89
61	淮安区(苏)	2.60
62	仪征市(苏)	2.11
63	姜堰区(苏)	2.02
64	高邮市(苏)	2.00
65	宝应县(苏)	2.00
66	盱眙县(苏)	2.00
67	建湖县(苏)	1.64
68	海州区(苏)	1.53
69	灌云县(苏)	1.30
70	宜兴市(苏)	1.24
71	吴江区(苏)	1.20
72	响水县(苏)	0.95
73	贾汪区(苏)	0.85
74	阜宁县(苏)	0.72
75	常熟市(苏)	0.65
76	靖江市(苏)	0.60
77	大丰区(苏)	0.58
78	高港区(苏)	0.55
79	通州区(苏)	0.52
80	南浔区(浙)	24.43
81	诸暨市(浙)	6.00
82	江山市(浙)	5.73
83	嵊州市(浙)	5.73
84	庆元县(浙)	5.59
85	嘉善县(浙)	4.87
86	安吉县(浙)	4.16
87	长兴县(浙)	2.63
88	龙游县(浙)	2.60

（续表）

序号	胶合板主产地	产量（万立方米）
89	上虞区(浙)	1.76
90	桐乡市(浙)	1.62
91	衢江区(浙)	1.40
92	莲都区(浙)	1.16
93	淳安县(浙)	0.66
94	柯城区(浙)	0.60
95	永康市(浙)	0.52
96	埇桥区(皖)	510.30
97	砀山县(皖)	146.74
98	灵璧县(皖)	59.90
99	广德县(皖)	50.00
100	天长市(皖)	47.63
101	宣州区(皖)	42.50
102	南谯区(皖)	33.15
103	蒙城县(皖)	31.90
104	萧　县(皖)	20.00
105	宁国市(皖)	13.33
106	太和县(皖)	12.90
107	怀宁县(皖)	12.69
108	青阳县(皖)	9.78
109	颍上县(皖)	8.10
110	潜山市(皖)	5.80
111	宿松县(皖)	5.74
112	谯城区(皖)	5.30
113	琅琊区(皖)	4.90
114	定远县(皖)	4.80
115	长丰县(皖)	4.10
116	博望区(皖)	3.95
117	颍泉区(皖)	3.70
118	宜秀区(皖)	3.63
119	界首市(皖)	3.20
120	含山县(皖)	3.00
121	黟　县(皖)	2.58
122	临泉县(皖)	2.50
123	颍州区(皖)	2.40
124	明光市(皖)	2.30
125	屯溪区(皖)	2.30
126	禹会区(皖)	1.85
127	全椒县(皖)	1.75
128	东至县(皖)	1.73
129	郎溪县(皖)	1.68
130	当涂县(皖)	1.63
131	烈山区(皖)	1.51
132	肥东县(皖)	1.50

(续表)

序号	胶合板主产地	产量(万立方米)
133	泾　县(皖)	1.40
134	和　县(皖)	1.23
135	五河县(皖)	1.00
136	涡阳县(皖)	1.00
137	太湖县(皖)	0.93
138	岳西县(皖)	0.81
139	望江县(皖)	0.73
140	无为县(皖)	0.58
141	石台县(皖)	0.55
142	迎江区(皖)	0.54
143	绩溪县(皖)	0.52
144	抚州市市辖区(赣)	22.90
145	南昌市市辖区(赣)	20.40
146	南康区(赣)	20.20
147	万载县(赣)	11.26
148	武宁县(赣)	7.50
149	安福县(赣)	5.80
150	峡江县(赣)	5.76
151	南丰县(赣)	4.89
152	新干县(赣)	4.75
153	宜丰县(赣)	4.60
154	遂川县(赣)	3.92
155	定南县(赣)	3.86
156	东乡区(赣)	2.99
157	永丰县(赣)	2.50
158	万安县(赣)	2.30
159	湘东区(赣)	2.00
160	泰和县(赣)	2.00
161	贵溪市(赣)	1.80
162	余江区(赣)	1.58
163	全南县(赣)	1.37
164	南城县(赣)	1.30
165	章贡区(赣)	1.30
166	宜黄县(赣)	1.20
167	吉州区(赣)	1.17
168	南昌县(赣)	1.13
169	瑞金市(赣)	1.11
170	石城县(赣)	0.64
171	奉新县(赣)	0.51
172	兰山区(鲁)	2000.00
173	费　县(鲁)	640.00
174	沂水县(鲁)	312.00
175	高唐县(鲁)	181.00
176	牡丹区(鲁)	133.81
177	茌平县(鲁)	132.52
178	巨野县(鲁)	124.36
179	金乡县(鲁)	95.00
180	寿光市(鲁)	79.14
181	嘉祥县(鲁)	73.29
182	东明县(鲁)	52.00
183	高密市(鲁)	40.00
184	莘　县(鲁)	36.00
185	成武县(鲁)	34.80
186	平邑县(鲁)	32.00
187	惠民县(鲁)	29.70
188	兰陵县(鲁)	27.76
189	微山县(鲁)	25.00
190	东平县(鲁)	23.39
191	昌乐县(鲁)	23.00
192	临沂市高新技术产业开发区(鲁)	20.55
193	临清市(鲁)	20.52
194	罗庄区(鲁)	20.00
195	安丘市(鲁)	16.90
196	台儿庄区(鲁)	16.88
197	新泰市(鲁)	16.22
198	阳信县(鲁)	15.74
199	商河县(鲁)	12.98
200	岚山区(鲁)	12.50
201	梁山县(鲁)	12.41
202	曲阜市(鲁)	11.50
203	宁津县(鲁)	10.00
204	齐河县(鲁)	9.00
205	潍城区(鲁)	8.10
206	河东区(鲁)	8.00
207	郯城县(鲁)	8.00
208	汶上县(鲁)	7.35
209	兖州区(鲁)	7.10
210	青州市(鲁)	6.80
211	蒙阴县(鲁)	6.20
212	莒南县(鲁)	6.00
213	诸城市(鲁)	5.76
214	泗水县(鲁)	5.28
215	宁阳县(鲁)	5.10
216	邹平市(鲁)	4.26
217	陵城区(鲁)	4.00
218	肥城市(鲁)	3.70
219	滕州市(鲁)	2.60
220	邹城市(鲁)	2.48
221	泰安市高新区(鲁)	2.00
222	博兴县(鲁)	1.66
223	临邑县(鲁)	1.52
224	沂南县(鲁)	1.42
225	高青县(鲁)	1.10
226	夏津县(鲁)	1.10
227	德州市市辖区(鲁)	1.00
228	桓台县(鲁)	0.90
229	泰山区(鲁)	0.74
230	五莲县(鲁)	0.66
231	沂源县(鲁)	0.60
232	鱼台县(鲁)	0.55
233	滑　县(豫)	54.22
234	兰考县(豫)	39.12
235	梁园区(豫)	28.90
236	永城市(豫)	26.75
237	夏邑县(豫)	21.00
238	鄢陵县(豫)	20.02
239	柘城县(豫)	19.00
240	洛宁县(豫)	18.15
241	内乡县(豫)	15.00
242	上蔡县(豫)	12.90
243	固始县(豫)	12.00
244	睢阳区(豫)	11.00
245	宁陵县(豫)	11.00
246	汝南县(豫)	10.90
247	建安区(豫)	10.90
248	尉氏县(豫)	10.50
249	正阳县(豫)	9.65
250	范　县(豫)	9.60
251	息　县(豫)	7.30
252	新蔡县(豫)	7.20
253	镇平县(豫)	6.42
254	宛城区(豫)	5.90
255	郸城县(豫)	5.20
256	原阳县(豫)	5.20
257	禹州市(豫)	4.60
258	郾城区(豫)	4.47
259	延津县(豫)	4.40
260	太康县(豫)	4.30
261	平舆县(豫)	4.20
262	获嘉县(豫)	4.03
263	罗山县(豫)	3.93
264	项城市(豫)	3.84

(续表)

序号	胶合板主产地	产量(万立方米)
265	武陟县(豫)	3.60
266	驿城区(豫)	3.60
267	商水县(豫)	3.35
268	汝阳县(豫)	3.32
269	临颍县(豫)	3.29
270	登封市(豫)	3.15
271	内黄县(豫)	3.14
272	伊川县(豫)	3.00
273	泌阳县(豫)	3.00
274	民权县(豫)	2.70
275	嵩　县(豫)	2.50
276	舞阳县(豫)	2.26
277	淇　县(豫)	2.24
278	淮滨县(豫)	2.00
279	西平县(豫)	1.58
280	博爱县(豫)	1.57
281	新野县(豫)	1.50
282	源汇区(豫)	1.45
283	召陵区(豫)	1.42
284	叶　县(豫)	1.12
285	川汇区(豫)	0.90
286	遂平县(豫)	0.83
287	卫辉市(豫)	0.79
288	偃师市(豫)	0.58
289	汉川市(鄂)	36.21
290	老河口市(鄂)	23.00
291	宜城市(鄂)	21.90
292	公安县(鄂)	18.00
293	京山县(鄂)	15.00
294	石首市(鄂)	12.02
295	新洲区(鄂)	12.00
296	来凤县(鄂)	12.00
297	嘉鱼县(鄂)	11.19
298	潜江市(鄂)	10.00
299	钟祥市(鄂)	8.80
300	谷城县(鄂)	7.16
301	襄州区(鄂)	6.31
302	随　县(鄂)	5.30
303	曾都区(鄂)	5.30
304	应城市(鄂)	3.80
305	伍家岗区(鄂)	3.80
306	崇阳县(鄂)	3.50
307	当阳市(鄂)	3.24
308	洪湖市(鄂)	3.20

(续表)

序号	胶合板主产地	产量(万立方米)
309	咸安区(鄂)	3.17
310	夷陵区(鄂)	3.12
311	郧西县(鄂)	3.00
312	枣阳市(鄂)	2.50
313	通山县(鄂)	1.85
314	监利县(鄂)	1.50
315	沙洋县(鄂)	1.00
316	利川市(鄂)	1.00
317	黄梅县(鄂)	0.99
318	红安县(鄂)	0.90
319	安陆市(鄂)	0.90
320	赤壁市(鄂)	0.80
321	樊城区(鄂)	0.79
322	张湾区(鄂)	0.73
323	宣恩县(鄂)	0.73
324	襄城区(鄂)	0.55
325	浠水县(鄂)	0.50
326	炎陵县(湘)	51.40
327	双峰县(湘)	18.23
328	湘阴县(湘)	16.50
329	新田县(湘)	16.00
330	衡山县(湘)	15.21
331	汉寿县(湘)	15.18
332	鹤城区(湘)	9.94
333	芦淞区(湘)	9.13
334	祁东县(湘)	6.00
335	沅江市(湘)	5.80
336	永定区(湘)	5.60
337	东安县(湘)	5.31
338	桃江县(湘)	4.80
339	常宁市(湘)	4.56
340	鼎城区(湘)	4.50
341	武冈市(湘)	4.18
342	渌口区(湘)	3.80
343	洞口县(湘)	3.56
344	醴陵市(湘)	3.53
345	沅陵县(湘)	3.50
346	蓝山县(湘)	3.00
347	湘潭市市辖区(湘)	2.18
348	湘潭县(湘)	2.04
349	桃源县(湘)	2.00
350	益阳市市辖区(湘)	2.00
351	赫山区(湘)	2.00
352	荷塘区(湘)	1.89

(续表)

序号	胶合板主产地	产量(万立方米)
353	石峰区(湘)	1.71
354	绥宁县(湘)	1.50
355	衡东县(湘)	1.50
356	麻阳苗族自治县(湘)	1.40
357	澧　县(湘)	1.20
358	中方县(湘)	1.20
359	岳阳县(湘)	1.00
360	双牌县(湘)	0.96
361	石鼓区(湘)	0.93
362	娄星区(湘)	0.90
363	慈利县(湘)	0.80
364	冷水江市(湘)	0.80
365	茶陵县(湘)	0.78
366	安化县(湘)	0.75
367	洪江区(湘)	0.70
368	廉江市(粤)	35.01
369	高明区(粤)	26.64
370	东源县(粤)	26.40
371	阳春市(粤)	13.00
372	南海区(粤)	12.27
373	高州市(粤)	6.82
374	信宜市(粤)	6.50
375	南沙区(粤)	6.50
376	蕉岭县(粤)	5.24
377	博罗县(粤)	5.00
378	仁化县(粤)	4.69
379	曲江区(粤)	3.53
380	雷州市(粤)	3.46
381	增城区(粤)	3.11
382	乳源瑶族自治县(粤)	2.30
383	惠城区(粤)	2.30
384	化州市(粤)	2.14
385	平远县(粤)	2.03
386	清城区(粤)	1.87
387	清新区(粤)	1.43
388	怀集县(粤)	1.34
389	英德市(粤)	1.10
390	高要区(粤)	0.72
391	揭西县(粤)	0.70
392	三水区(粤)	0.66
393	连平县(粤)	0.65
394	四会市(粤)	0.60
395	灌阳县(桂)	600.00
396	扶绥县(桂)	263.00

(续表)

序号	胶合板主产地	产量(万立方米)
397	武鸣区(桂)	160.08
398	柳北区(桂)	136.50
399	柳江区(桂)	67.07
400	浦北县(桂)	67.00
401	兴宾区(桂)	52.90
402	右江区(桂)	51.30
403	武宣县(桂)	40.80
404	藤　县(桂)	38.82
405	博白县(桂)	38.10
406	灵山县(桂)	37.60
407	容　县(桂)	35.00
408	北流市(桂)	30.15
409	玉州区(桂)	27.32
410	金秀瑶族自治县(桂)	26.00
411	凭祥市(桂)	25.30
412	陆川县(桂)	25.00
413	苍梧县(桂)	21.58
414	临桂区(桂)	21.47
415	田林县(桂)	20.07
416	合浦县(桂)	20.00
417	全州县(桂)	19.60
418	防城区(桂)	18.00
419	玉林市福绵区(桂)	16.91
420	平果县(桂)	16.88
421	八步区(桂)	16.01
422	钦北区(桂)	15.00
423	上思县(桂)	14.84
424	西林县(桂)	13.99
425	平乐县(桂)	12.56
426	马山县(桂)	12.46
427	兴业县(桂)	12.07
428	鹿寨县(桂)	11.73
429	灵川县(桂)	11.28
430	荔浦市(桂)	9.74
431	恭城瑶族自治县(桂)	8.80
432	田东县(桂)	8.45
433	钦南区(桂)	8.00
434	隆林各族自治县(桂)	7.71
435	港口区(桂)	7.10
436	田阳县(桂)	5.55
437	鱼峰区(桂)	5.03
438	凌云县(桂)	4.12
439	大桂山林场(桂)	3.20
440	巴马瑶族自治县(桂)	2.90

(续表)

序号	胶合板主产地	产量(万立方米)
441	六万林场(桂)	2.70
442	蒙山县(桂)	2.70
443	东兰县(桂)	2.00
444	龙胜各族自治县(桂)	1.93
445	金城江区(桂)	1.50
446	融安县(桂)	1.00
447	七坡林场(桂)	0.86
448	屯昌县(琼)	9.13
449	白沙黎族自治县(琼)	0.92
450	澄迈县(琼)	0.75
451	丹棱县(川)	17.47
452	利州区(川)	8.76
453	洪雅县(川)	8.00
454	井研县(川)	7.90
455	万源市(川)	6.96
456	高坪区(川)	6.30
457	雨城区(川)	6.10
458	什邡市(川)	5.50
459	夹江县(川)	5.00
460	长宁县(川)	4.99
461	沐川县(川)	4.68
462	荣　县(川)	4.30
463	广汉市(川)	3.77
464	郫都区(川)	3.52
465	蓬安县(川)	3.50
466	乐山市市中区(川)	3.01
467	宣汉县(川)	3.00
468	高　县(川)	2.75
469	东坡区(川)	2.53
470	平武县(川)	2.50
471	富顺县(川)	2.30
472	江油市(川)	2.02
473	合江县(川)	2.00
474	旌阳区(川)	1.35
475	绵竹市(川)	1.32
476	自流井区(川)	1.15
477	邛崃市(川)	1.00
478	安州区(川)	1.00
479	沙湾区(川)	0.96
480	隆昌市(川)	0.83
481	旺苍县(川)	0.80
482	会东县(川)	0.55
483	罗江区(川)	0.52
484	红花岗区(黔)	5.73

(续表)

序号	胶合板主产地	产量(万立方米)
485	从江县(黔)	4.40
486	凯里市(黔)	4.25
487	兴义市(黔)	3.71
488	台江县(黔)	3.20
489	三穗县(黔)	2.40
490	绥阳县(黔)	1.60
491	余庆县(黔)	1.40
492	播州区(黔)	1.23
493	凤冈县(黔)	0.80
494	石阡县(黔)	0.58
495	隆阳区(滇)	29.80
496	双柏县(滇)	17.69
497	昌宁县(滇)	16.98
498	大姚县(滇)	7.59
499	马关县(滇)	4.47
500	砚山县(滇)	3.90
501	西畴县(滇)	3.15
502	南华县(滇)	2.58
503	寻甸回族彝族自治县(滇)	2.50
504	麒麟区(滇)	2.00
505	云　县(滇)	1.97
506	楚雄市(滇)	1.80
507	富宁县(滇)	1.75
508	芒　市(滇)	1.31
509	麻栗坡县(滇)	1.17
510	易门县(滇)	0.84
511	禄丰县(滇)	0.79
512	陆良县(滇)	0.62
513	石林彝族自治县(滇)	0.60
514	扶风县(陕)	5.13
515	白河县(陕)	2.60
516	城固县(陕)	0.70

表 2-2　纤维板主产地产量

序号	纤维板主产地	产量(万立方米)
1	藁城区(冀)	121.05
2	易　县(冀)	32.00
3	唐　县(冀)	22.00
4	邱　县(冀)	18.56
5	正定县(冀)	15.00
6	深州市(冀)	9.57
7	安平县(冀)	6.11
8	霸州市(冀)	5.77

（续表）

序号	纤维板主产地	产量（万立方米）
9	平泉市(冀)	2.37
10	辽中区(辽)	10.00
11	桓仁满族自治县(辽)	5.22
12	本溪满族自治县(辽)	2.10
13	新宾满族自治县(辽)	2.00
14	德惠市(吉)	1.00
15	方正县(黑)	0.80
16	沭阳县(苏)	226.50
17	丹阳市(苏)	112.00
18	邳州市(苏)	53.20
19	浦口区(苏)	42.69
20	新沂市(苏)	35.17
21	张家港市(苏)	23.00
22	泗洪县(苏)	22.05
23	泗阳县(苏)	21.80
24	高邮市(苏)	18.60
25	宿城区(苏)	17.30
26	滨海县(苏)	16.80
27	洪泽区(苏)	15.00
28	灌南县(苏)	14.50
29	宝应县(苏)	12.00
30	涟水县(苏)	12.00
31	淮阴区(苏)	11.25
32	赣榆区(苏)	10.53
33	东海县(苏)	8.52
34	溧阳市(苏)	7.85
35	高淳区(苏)	6.80
36	睢宁县(苏)	6.00
37	大丰区(苏)	4.50
38	宿豫区(苏)	1.53
39	阜宁县(苏)	1.05
40	常熟市(苏)	0.77
41	江山市(浙)	13.40
42	常山县(浙)	8.30
43	桐乡市(浙)	7.79
44	上虞区(浙)	0.59
45	阜南县(皖)	33.30
46	怀宁县(皖)	25.96
47	五河县(皖)	24.00
48	蒙城县(皖)	23.00
49	太和县(皖)	22.60
50	宣州区(皖)	17.52
51	宁国市(皖)	13.80
52	埇桥区(皖)	13.10
53	定远县(皖)	13.00
54	固镇县(皖)	12.00
55	灵璧县(皖)	11.89
56	南谯区(皖)	10.00
57	东至县(皖)	8.60
58	桐城市(皖)	6.50
59	谯城区(皖)	6.50
60	怀远县(皖)	5.40
61	含山县(皖)	3.80
62	全椒县(皖)	3.00
63	潜山市(皖)	2.30
64	界首市(皖)	1.60
65	琅琊区(皖)	1.49
66	肥东县(皖)	1.17
67	颍泉区(皖)	1.10
68	禹会区(皖)	0.60
69	南康区(赣)	32.30
70	吉安县(赣)	20.00
71	南昌市市辖区(赣)	13.10
72	信丰县(赣)	11.37
73	遂川县(赣)	9.90
74	湘东区(赣)	1.00
75	南昌县(赣)	0.98
76	安源区(赣)	0.81
77	费　县(鲁)	310.00
78	茌平县(鲁)	214.00
79	嘉祥县(鲁)	38.91
80	惠民县(鲁)	30.00
81	牡丹区(鲁)	27.72
82	寿光市(鲁)	19.54
83	邹城市(鲁)	18.98
84	禹城市(鲁)	15.40
85	广饶县(鲁)	15.30
86	高唐县(鲁)	14.80
87	巨野县(鲁)	10.26
88	薛城区(鲁)	7.40
89	沾化区(鲁)	6.20
90	郯城县(鲁)	6.00
91	东平县(鲁)	5.94
92	任城区(鲁)	5.40
93	沂水县(鲁)	4.90
94	汶上县(鲁)	4.20
95	兖州区(鲁)	3.49
96	新泰市(鲁)	2.24
97	潍城区(鲁)	1.80
98	博兴县(鲁)	1.51
99	沂南县(鲁)	1.33
100	梁山县(鲁)	1.00
101	鱼台县(鲁)	0.65
102	齐河县(鲁)	0.59
103	长葛市(豫)	127.00
104	范　县(豫)	34.50
105	濮阳县(豫)	33.00
106	夏邑县(豫)	26.00
107	扶沟县(豫)	21.40
108	尉氏县(豫)	21.00
109	孟州市(豫)	15.00
110	汝南县(豫)	15.00
111	罗山县(豫)	12.57
112	睢阳区(豫)	10.20
113	新乡县(豫)	9.57
114	兰考县(豫)	8.50
115	临颍县(豫)	8.07
116	泌阳县(豫)	8.00
117	西华县(豫)	6.00
118	固始县(豫)	6.00
119	杞　县(豫)	5.30
120	郸城县(豫)	4.80
121	商水县(豫)	4.79
122	内乡县(豫)	4.00
123	沈丘县(豫)	3.33
124	原阳县(豫)	3.00
125	淇　县(豫)	1.90
126	淅川县(豫)	1.20
127	石首市(鄂)	29.56
128	潜江市(鄂)	25.00
129	天门市(鄂)	23.00
130	松滋市(鄂)	20.56
131	曾都区(鄂)	19.80
132	赤壁市(鄂)	17.50
133	南漳县(鄂)	16.50
134	枝江市(鄂)	15.80
135	咸安区(鄂)	15.60
136	新洲区(鄂)	15.00
137	沙洋县(鄂)	15.00
138	东宝区(鄂)	13.90
139	屈家岭管理区(鄂)	13.50
140	蕲春县(鄂)	12.00

(续表)

序号	纤维板主产地	产量(万立方米)
141	仙桃市(鄂)	7.50
142	云梦县(鄂)	7.50
143	嘉鱼县(鄂)	6.18
144	洪湖市(鄂)	3.50
145	应城市(鄂)	1.50
146	安陆市(鄂)	1.10
147	黄梅县(鄂)	1.02
148	监利县(鄂)	0.80
149	资阳区(湘)	19.92
150	湘阴县(湘)	16.50
151	华容县(湘)	10.00
152	汉寿县(湘)	9.78
153	祁东县(湘)	0.90
154	安化县(湘)	0.55
155	台山市(粤)	37.85
156	开平市(粤)	35.00
157	封开县(粤)	31.92
158	茂南区(粤)	27.94
159	四会市(粤)	24.70
160	清城区(粤)	23.24
161	德庆县(粤)	22.00
162	南海区(粤)	21.75
163	罗定市(粤)	20.88
164	博罗县(粤)	18.00
165	翁源县(粤)	16.38
166	阳东区(粤)	14.78
167	新丰县(粤)	9.21
168	怀集县(粤)	7.44
169	郁南县(粤)	7.20
170	化州市(粤)	5.38
171	蕉岭县(粤)	5.24
172	英德市(粤)	5.00
173	信宜市(粤)	5.00
174	廉江市(粤)	4.45
175	清新区(粤)	3.30
176	高明区(粤)	1.89
177	恩平市(粤)	1.75
178	高要区(粤)	0.70
179	鹿寨县(桂)	87.16
180	高峰林场(桂)	73.79
181	合浦县(桂)	42.50
182	博白县(桂)	42.00
183	武宣县(桂)	29.91
184	右江区(桂)	28.40

(续表)

序号	纤维板主产地	产量(万立方米)
185	上思县(桂)	22.82
186	柳北区(桂)	22.80
187	藤　县(桂)	20.51
188	容　县(桂)	19.20
189	凭祥市(桂)	15.30
190	钦北区(桂)	12.00
191	蒙山县(桂)	10.20
192	苍梧县(桂)	8.99
193	兴业县(桂)	8.11
194	兴宾区(桂)	6.30
195	扶绥县(桂)	6.00
196	灵川县(桂)	4.20
197	陆川县(桂)	3.00
198	浦北县(桂)	1.20
199	彭山区(川)	105.30
200	双流区(川)	40.57
201	邛崃市(川)	32.57
202	仁寿县(川)	18.20
203	珙　县(川)	16.00
204	屏山县(川)	15.20
205	盐亭县(川)	13.00
206	梓潼县(川)	12.00
207	昭化区(川)	11.90
208	彭州市(川)	11.44
209	夹江县(川)	10.00
210	名山区(川)	6.30
211	大邑县(川)	6.21
212	高坪区(川)	5.82
213	北川羌族自治县(川)	5.60
214	安州区(川)	4.50
215	资中县(川)	4.00
216	合江县(川)	3.50
217	剑阁县(川)	3.05
218	崇州市(川)	2.13
219	青神县(川)	2.10
220	温江区(川)	1.80
221	江油市(川)	1.50
222	旌阳区(川)	0.67
223	龙里县(黔)	7.50
224	镇远县(黔)	2.00
225	双柏县(滇)	28.15
226	师宗县(滇)	10.50
227	泸西县(滇)	8.69
228	寻甸回族彝族自治县(滇)	8.48

(续表)

序号	纤维板主产地	产量(万立方米)
229	腾冲市(滇)	5.86
230	临翔区(滇)	1.80
231	陇川县(滇)	1.20
232	富宁县(滇)	1.00
233	高陵区(陕)	11.10
234	吉林森工人造板集团有限公司(吉林森工)	73.77

表 2-3　刨花板主产地产量

序号	刨花板主产地	产量(万立方米)
1	武邑县(冀)	20.00
2	唐　县(冀)	18.00
3	正定县(冀)	17.00
4	藁城区(冀)	12.02
5	望都县(冀)	5.72
6	临漳县(冀)	3.95
7	吴桥县(冀)	1.48
8	邢台市高新技术开发区(冀)	0.70
9	达拉特旗(内蒙古)	3.00
10	普兰店区(辽)	4.20
11	德惠市(吉)	1.00
12	常州经开区(苏)	451.33
13	沭阳县(苏)	126.50
14	丹阳市(苏)	86.00
15	宿豫区(苏)	38.50
16	灌云县(苏)	30.00
17	张家港市(苏)	15.50
18	泗阳县(苏)	11.25
19	丰　县(苏)	6.82
20	洪泽区(苏)	5.00
21	镇江市市辖区(苏)	3.80
22	滨海县(苏)	1.10
23	建湖县(苏)	1.02
24	常熟市(苏)	0.92
25	阜宁县(苏)	0.53
26	海宁市(浙)	5.50
27	衢江区(浙)	3.20
28	江山市(浙)	1.40
29	蒙城县(皖)	40.20
30	南谯区(皖)	23.15
31	太和县(皖)	22.00
32	埇桥区(皖)	18.40
33	怀宁县(皖)	17.30

（续表）

序号	刨花板主产地	产量（万立方米）
34	砀山县(皖)	16.18
35	泾　县(皖)	8.20
36	石台县(皖)	2.10
37	界首市(皖)	1.80
38	潜山市(皖)	1.50
39	宿松县(皖)	1.43
40	望江县(皖)	1.06
41	东至县(皖)	0.80
42	琅琊区(皖)	0.76
43	南昌市市辖区(赣)	10.00
44	万安县(赣)	9.80
45	东乡区(赣)	1.75
46	安远县(赣)	0.84
47	费　县(鲁)	100.00
48	寿光市(鲁)	53.67
49	茌平县(鲁)	30.00
50	沂水县(鲁)	21.00
51	山亭区(鲁)	8.85
52	牡丹区(鲁)	6.45
53	郯城县(鲁)	6.00
54	禹城市(鲁)	6.00
55	兖州区(鲁)	2.81
56	微山县(鲁)	2.50
57	河东区(鲁)	2.00
58	诸城市(鲁)	2.00
59	东平县(鲁)	1.02
60	汶上县(鲁)	1.00
61	东明县(鲁)	0.90
62	沂南县(鲁)	0.84
63	东营区(鲁)	0.62
64	柘城县(豫)	30.50
65	临颍县(豫)	19.76
66	睢　县(豫)	13.00
67	虞城县(豫)	9.00
68	睢阳区(豫)	8.70
69	鄢陵县(豫)	8.20
70	西华县(豫)	7.00
71	兰考县(豫)	3.60
72	尉氏县(豫)	3.50
73	沈丘县(豫)	3.33
74	郸城县(豫)	2.30
75	长葛市(豫)	2.10
76	南召县(豫)	1.57
77	新安县(豫)	1.54

（续表）

序号	刨花板主产地	产量（万立方米）
78	宁陵县(豫)	1.50
79	平桥区(豫)	1.30
80	新野县(豫)	1.20
81	夏邑县(豫)	1.00
82	淮滨县(豫)	0.80
83	内乡县(豫)	0.70
84	民权县(豫)	0.64
85	公安县(鄂)	25.00
86	东宝区(鄂)	19.10
87	石首市(鄂)	1.58
88	通山县(鄂)	1.45
89	红安县(鄂)	0.70
90	应城市(鄂)	0.63
91	新洲区(鄂)	0.60
92	湘阴县(湘)	18.56
93	桃江县(湘)	6.00
94	炎陵县(湘)	3.69
95	鹤城区(湘)	1.20
96	仁化县(粤)	27.91
97	封开县(粤)	27.65
98	曲江区(粤)	27.06
99	化州市(粤)	25.37
100	博罗县(粤)	25.00
101	惠城区(粤)	21.24
102	五华县(粤)	6.80
103	中山市(粤)	6.78
104	怀集县(粤)	4.00
105	龙川县(粤)	1.55
106	阳西县(粤)	1.00
107	防城区(桂)	51.59
108	高峰林场(桂)	32.02
109	派阳山林场(桂)	31.28
110	八步区(桂)	28.46
111	柳江区(桂)	8.50
112	融安县(桂)	3.50
113	荔浦市(桂)	2.35
114	柳南区(桂)	1.20
115	彭山区(川)	9.50
116	青神县(川)	6.80
117	雁江区(川)	2.60
118	安州区(川)	1.50
119	平武县(川)	1.50
120	隆昌市(川)	1.29
121	邛崃市(川)	1.16

（续表）

序号	刨花板主产地	产量（万立方米）
122	江油市(川)	0.91
123	龙里县(黔)	6.50
124	富民县(滇)	19.50
125	昌宁县(滇)	9.24
126	寻甸回族彝族自治县(滇)	4.04
127	麒麟区(滇)	2.00
128	五华区(滇)	1.32
129	吉林森工人造板集团有限公司(吉林森工)	21.39

表 2-4　细木工板(大芯板)主产地产量

序号	细木工板(大芯板)主产地	产量（万立方米）
1	藁城区(冀)	1.00
2	灵寿县(冀)	1.00
3	夏　县(晋)	1.14
4	通辽经济技术开发区(内蒙古)	1.00
5	喀喇沁左翼蒙古族自治县(辽)	1.00
6	珲春市(吉)	6.00
7	延吉市(吉)	3.80
8	德惠市(吉)	1.00
9	长岭县(吉)	0.75
10	公主岭市(吉)	0.60
11	望奎县(黑)	0.90
12	沭阳县(苏)	81.50
13	宿豫区(苏)	2.36
14	丰　县(苏)	2.10
15	嘉善县(浙)	70.20
16	江山市(浙)	64.22
17	南浔区(浙)	55.68
18	余杭区(浙)	11.80
19	桐乡市(浙)	10.62
20	诸暨市(浙)	2.00
21	开化县(浙)	1.50
22	上虞区(浙)	1.33
23	桐庐县(浙)	1.25
24	萧山区(浙)	0.57
25	砀山县(皖)	56.18
26	天长市(皖)	4.23
27	潜山市(皖)	4.00
28	蒙城县(皖)	2.10
29	祁门县(皖)	1.75
30	阜南县(皖)	1.10
31	宣州区(皖)	0.83

(续表)

序号	细木工板(大芯板)主产地	产量(万立方米)
32	东至县(皖)	0.70
33	明光市(皖)	0.60
34	黄山区(皖)	0.58
35	南康区(赣)	22.50
36	新干县(赣)	14.42
37	南昌市市辖区(赣)	12.95
38	定南县(赣)	6.23
39	新余市市辖区(赣)	5.77
40	资溪县(赣)	3.80
41	武宁县(赣)	3.20
42	分宜县(赣)	2.60
43	铜鼓县(赣)	2.60
44	瑞金市(赣)	1.91
45	万载县(赣)	1.13
46	安源区(赣)	0.99
47	广昌县(赣)	0.95
48	遂川县(赣)	0.90
49	万安县(赣)	0.80
50	安福县(赣)	0.69
51	青原区(赣)	0.60
52	南城县(赣)	0.60
53	泰安市高新区(鲁)	32.00
54	牡丹区(鲁)	11.89
55	梁山县(鲁)	4.45
56	任城区(鲁)	4.20
57	惠民县(鲁)	4.04
58	巨野县(鲁)	3.07
59	莘　县(鲁)	1.90
60	成武县(鲁)	1.80
61	汶上县(鲁)	1.40
62	兖州区(鲁)	1.30
63	齐河县(鲁)	1.00
64	东平县(鲁)	0.77
65	沂南县(鲁)	0.74
66	茌平县(鲁)	0.70
67	南乐县(豫)	9.50
68	汝阳县(豫)	6.41
69	灵宝市(豫)	4.80
70	新密市(豫)	3.20
71	义马市(豫)	2.30
72	鹿邑县(豫)	1.80
73	内乡县(豫)	1.40
74	嵩　县(豫)	1.30
75	临颍县(豫)	0.76

(续表)

序号	细木工板(大芯板)主产地	产量(万立方米)
76	睢阳区(豫)	0.60
77	钟祥市(鄂)	4.80
78	麻城市(鄂)	3.50
79	石首市(鄂)	2.73
80	猇亭区(鄂)	2.00
81	湘阴县(湘)	29.85
82	湘潭市市辖区(湘)	20.06
83	桃江县(湘)	15.50
84	汉寿县(湘)	5.53
85	洞口县(湘)	5.50
86	衡山县(湘)	5.24
87	中方县(湘)	4.20
88	炎陵县(湘)	3.60
89	武冈市(湘)	3.37
90	双峰县(湘)	3.32
91	蓝山县(湘)	3.00
92	鹤城区(湘)	2.73
93	安化县(湘)	2.20
94	祁东县(湘)	2.10
95	湘潭县(湘)	1.84
96	雨湖区(湘)	1.70
97	芦淞区(湘)	1.62
98	会同县(湘)	1.50
99	江永县(湘)	1.42
100	岳阳市市辖区(湘)	1.30
101	益阳市市辖区(湘)	1.30
102	耒阳市(湘)	1.21
103	零陵区(湘)	1.03
104	隆回县(湘)	0.86
105	桃源县(湘)	0.85
106	慈利县(湘)	0.80
107	新宁县(湘)	0.80
108	江华瑶族自治县(湘)	0.66
109	芷江侗族自治县(湘)	0.65
110	新晃侗族自治县(湘)	0.60
111	洪江市(湘)	0.60
112	高要区(粤)	0.73
113	融安县(桂)	50.00
114	扶绥县(桂)	18.00
115	博白县(桂)	3.10
116	凌云县(桂)	2.61
117	灵川县(桂)	2.55
118	田阳县(桂)	1.80
119	陆川县(桂)	1.00

(续表)

序号	细木工板(大芯板)主产地	产量(万立方米)
120	灌阳县(桂)	1.00
121	夹江县(川)	10.00
122	安州区(川)	1.00
123	彭州市(川)	0.80
124	沙湾区(川)	0.76
125	榕江县(黔)	26.50
126	锦屏县(黔)	1.67
127	隆阳区(滇)	6.56

表 3-1　木地板主产地产量

序号	木地板主产地	产量(万平方米)
1	抚顺县(辽)	310.20
2	金普新区(辽)	217.62
3	普兰店区(辽)	190.00
4	新民市(辽)	176.45
5	甘井子区(辽)	88.00
6	新宾满族自治县(辽)	4.10
7	溪湖区(辽)	3.00
8	南芬区(辽)	1.50
9	瓦房店市(辽)	1.20
10	抚松县(吉)	230.00
11	经济开发区(吉)	150.00
12	珲春森林山公司(吉)	95.00
13	新元木业公司(吉)	93.03
14	江源区(吉)	48.04
15	昌邑区(吉)	48.00
16	敦化市(吉)	44.00
17	延吉市(吉)	11.00
18	通化县(吉)	2.50
19	临江市(吉)	1.14
20	德惠市(吉)	1.00
21	牡丹江市市本级(黑)	99.75
22	嘉荫县(黑)	22.29
23	七台河市市辖区(黑)	1.64
24	五常市(黑)	1.00
25	常州经开区(苏)	27091.76
26	丹阳市(苏)	7598.30
27	沭阳县(苏)	525.00
28	邳州市(苏)	470.65
29	相城区(苏)	290.49
30	宜兴市(苏)	225.00
31	南通市市辖区(苏)	219.54
32	铜山区(苏)	135.00

（续表）

序号	木地板主产地	产量（万平方米）
33	张家港市(苏)	117.50
34	泗阳县(苏)	96.18
35	高淳区(苏)	92.10
36	启东市(苏)	52.00
37	常熟市(苏)	27.58
38	泗洪县(苏)	20.78
39	赣榆区(苏)	18.96
40	大丰区(苏)	6.30
41	镇江市市辖区(苏)	6.00
42	六合区(苏)	5.80
43	金坛区(苏)	5.00
44	丰　县(苏)	4.60
45	邗江区(苏)	4.47
46	涟水县(苏)	3.55
47	昆山市(苏)	2.90
48	锡山区(苏)	2.40
49	吴江区(苏)	1.70
50	高邮市(苏)	1.60
51	海安市(苏)	0.96
52	南浔区(浙)	5318.00
53	嘉善县(浙)	1593.20
54	越城区(浙)	267.00
55	海盐县(浙)	180.00
56	萧山区(浙)	180.00
57	柯桥区(浙)	140.00
58	龙游县(浙)	135.00
59	诸暨市(浙)	115.00
60	长兴县(浙)	90.06
61	海宁市(浙)	45.76
62	上虞区(浙)	19.40
63	余杭区(浙)	12.50
64	常山县(浙)	11.20
65	武义县(浙)	8.00
66	建德市(浙)	7.60
67	开化县(浙)	7.50
68	平湖市(浙)	6.55
69	兰溪市(浙)	6.32
70	柯城区(浙)	2.00
71	桐乡市(浙)	1.54
72	遂昌县(浙)	1.50
73	永康市(浙)	1.43
74	南谯区(皖)	4460.00
75	来安县(皖)	953.43
76	宿松县(皖)	512.22

（续表）

序号	木地板主产地	产量（万平方米）
77	灵璧县(皖)	448.26
78	怀宁县(皖)	410.00
79	阜南县(皖)	280.00
80	琅琊区(皖)	225.00
81	埇桥区(皖)	196.00
82	广德县(皖)	150.00
83	砀山县(皖)	130.00
84	天长市(皖)	53.81
85	宣州区(皖)	47.00
86	黟　县(皖)	30.34
87	东至县(皖)	16.70
88	休宁县(皖)	6.00
89	肥东县(皖)	6.00
90	定远县(皖)	5.50
91	青阳县(皖)	4.27
92	屯溪区(皖)	3.80
93	岳西县(皖)	3.35
94	宜秀区(皖)	2.68
95	太湖县(皖)	1.74
96	潜山市(皖)	1.50
97	石台县(皖)	1.25
98	蜀山区(皖)	1.00
99	颍上县(皖)	0.98
100	宜丰县(赣)	531.30
101	南昌市市辖区(赣)	296.10
102	靖安县(赣)	161.96
103	铜鼓县(赣)	136.00
104	奉新县(赣)	117.62
105	永新县(赣)	92.00
106	崇仁县(赣)	70.00
107	南昌县(赣)	64.00
108	资溪县(赣)	40.00
109	高安市(赣)	23.00
110	崇义县(赣)	19.60
111	渝水区(赣)	17.00
112	宁都县(赣)	16.00
113	萍乡市经济开发区(赣)	14.34
114	玉山县(赣)	11.80
115	石城县(赣)	10.41
116	湘东区(赣)	10.00
117	东乡区(赣)	6.73
118	袁州区(赣)	6.20
119	安福县(赣)	5.91
120	遂川县(赣)	4.50

（续表）

序号	木地板主产地	产量（万平方米）
121	上饶县(赣)	3.67
122	广昌县(赣)	3.60
123	乐安县(赣)	3.00
124	余江区(赣)	1.50
125	武宁县(赣)	1.50
126	吉州区(赣)	1.49
127	上栗县(赣)	1.10
128	永丰县(赣)	1.00
129	分宜县(赣)	1.00
130	泰和县(赣)	1.00
131	宜黄县(赣)	0.70
132	瑞金市(赣)	0.65
133	茌平县(鲁)	2111.00
134	任城区(鲁)	511.50
135	东明县(鲁)	120.00
136	牡丹区(鲁)	98.47
137	成武县(鲁)	95.60
138	邹平市(鲁)	87.00
139	邹城市(鲁)	85.00
140	兖州区(鲁)	56.21
141	寿光市(鲁)	48.14
142	郯城县(鲁)	42.00
143	巨野县(鲁)	34.60
144	高唐县(鲁)	21.20
145	桓台县(鲁)	15.00
146	东平县(鲁)	13.88
147	梁山县(鲁)	13.10
148	禹城市(鲁)	11.00
149	齐河县(鲁)	8.20
150	岚山区(鲁)	3.80
151	费　县(鲁)	3.00
152	睢阳区(豫)	100.00
153	台前县(豫)	57.80
154	尉氏县(豫)	10.00
155	固始县(豫)	5.00
156	宁陵县(豫)	3.13
157	博爱县(豫)	1.57
158	蔡甸区(鄂)	147.00
159	东宝区(鄂)	85.00
160	云梦县(鄂)	11.50
161	房　县(鄂)	5.00
162	公安县(鄂)	2.80
163	赤壁市(鄂)	2.60
164	通山县(鄂)	2.40

(续表)

序号	木地板主产地	产量(万平方米)
165	蕲春县(鄂)	2.00
166	应城市(鄂)	1.50
167	咸丰县(鄂)	1.25
168	来凤县(鄂)	1.00
169	利川市(鄂)	0.80
170	大悟县(鄂)	0.80
171	黄梅县(鄂)	0.75
172	黄州区(鄂)	0.53
173	雨花区(湘)	145.00
174	武冈市(湘)	135.64
175	湘阴县(湘)	35.00
176	鹤城区(湘)	34.33
177	炎陵县(湘)	29.50
178	辰溪县(湘)	25.53
179	沅陵县(湘)	14.50
180	桃源县(湘)	8.00
181	汉寿县(湘)	6.38
182	洪江区(湘)	4.20
183	靖州苗族侗族自治县(湘)	3.70
184	绥宁县(湘)	2.60
185	新化县(湘)	2.50
186	安化县(湘)	2.35
187	洪江市(湘)	2.00
188	会同县(湘)	1.50
189	衡东县(湘)	1.30
190	麻阳苗族自治县(湘)	1.00
191	慈利县(湘)	1.00
192	芷江侗族自治县(湘)	0.85
193	衡南县(湘)	0.60
194	华容县(湘)	0.60
195	溆浦县(湘)	0.60
196	肇庆市大旺高新区(粤)	890.00
197	增城区(粤)	260.00
198	南海区(粤)	90.45
199	澄海区(粤)	12.00
200	新会区(粤)	8.90
201	高要区(粤)	2.45
202	乳源瑶族自治县(粤)	0.60
203	武鸣区(桂)	18.18
204	陆川县(桂)	2.00
205	鹿寨县(桂)	1.15
206	六万林场(桂)	0.92
207	金牛区(川)	26.50
208	新都区(川)	17.46
209	郫都区(川)	11.61
210	蓬溪县(川)	7.74
211	安州区(川)	7.00
212	洪雅县(川)	5.00
213	南江县(川)	4.40
214	江油市(川)	1.92
215	剑阁县(川)	1.84
216	盐亭县(川)	0.70
217	阆中市(川)	0.51
218	龙里县(黔)	48.00
219	凯里市(黔)	4.76
220	凤冈县(黔)	1.28
221	播州区(黔)	1.10
222	镇远县(黔)	0.70
223	隆阳区(滇)	72.22
224	盈江县(滇)	14.90
225	陇川县(滇)	11.80
226	瑞丽市(滇)	10.20
227	腾冲市(滇)	6.00
228	麒麟区(滇)	1.00
229	吉林森工集团金桥木业有限公司(吉林森工)	328.00

表 3-2　单板(刨切、旋切、微薄板)主产地产量

序号	单板(刨切、旋切、微薄板)主产地	产量(万立方米)
1	平泉市(冀)	0.68
2	元宝山区(内蒙古)	2.88
3	松山区(内蒙古)	1.70
4	奈曼旗(内蒙古)	1.50
5	科尔沁区(内蒙古)	1.00
6	新宾满族自治县(辽)	1.00
7	龙城区(辽)	1.00
8	农安县(吉)	6.26
9	梨树县(吉)	4.81
10	双辽市(吉)	2.99
11	白城市市辖区(吉)	2.04
12	江源区(吉)	2.00
13	德惠市(吉)	2.00
14	延吉市(吉)	1.30
15	绿园区(吉)	0.58
16	望奎县(黑)	2.10
17	昂昂溪区(黑)	2.00
18	克东县(黑)	0.84
19	沭阳县(苏)	600.00
20	丰　县(苏)	180.00
21	泗洪县(苏)	59.33
22	邳州市(苏)	53.20
23	涟水县(苏)	15.00
24	铜山区(苏)	10.00
25	淮阴区(苏)	5.00
26	金湖县(苏)	4.00
27	镇江市市辖区(苏)	4.00
28	洪泽区(苏)	3.00
29	滨海县(苏)	2.00
30	沛　县(苏)	1.20
31	清江浦区(苏)	1.00
32	吴江区(苏)	0.80
33	砀山县(皖)	169.64
34	蜀山区(皖)	50.60
35	灵璧县(皖)	41.20
36	蒙城县(皖)	31.00
37	怀远县(皖)	4.80
38	萧　县(皖)	3.00
39	临泉县(皖)	2.80
40	潜山市(皖)	1.20
41	界首市(皖)	1.20
42	五河县(皖)	1.00
43	桐城市(皖)	1.00
44	望江县(皖)	0.77
45	南康区(赣)	6.50
46	上栗县(赣)	1.66
47	石城县(赣)	1.60
48	瑞金市(赣)	0.95
49	赣县区(赣)	0.65
50	泰和县(赣)	0.60
51	茌平县(鲁)	463.70
52	费　县(鲁)	360.00
53	曹　县(鲁)	260.00
54	郯城县(鲁)	65.00
55	诸城市(鲁)	7.97
56	平邑县(鲁)	3.30
57	莒南县(鲁)	3.00
58	汶上县(鲁)	1.70
59	沂源县(鲁)	1.50
60	商水县(豫)	37.03
61	夏邑县(豫)	16.00
62	尉氏县(豫)	15.00

（续表）

序号	单板（刨切、旋切、微薄板）主产地	产量（万立方米）
63	泌阳县（豫）	10.00
64	延津县（豫）	9.26
65	虞城县（豫）	8.00
66	宛城区（豫）	7.90
67	伊川县（豫）	7.50
68	内乡县（豫）	3.80
69	桐柏县（豫）	3.30
70	舞阳县（豫）	2.70
71	鹿邑县（豫）	1.90
72	洛宁县（豫）	1.72
73	新野县（豫）	1.20
74	嵩　县（豫）	1.10
75	祥符区（豫）	1.00
76	西峡县（豫）	0.80
77	确山县（豫）	0.60
78	潜江市（鄂）	10.00
79	公安县（鄂）	5.50
80	南漳县（鄂）	2.60
81	枣阳市（鄂）	2.40
82	洪湖市（鄂）	1.00
83	江陵县（鄂）	0.80
84	应城市（鄂）	0.63
85	襄城区（鄂）	0.54
86	澧　县（湘）	2.80
87	沅江市（湘）	2.40
88	汉寿县（湘）	1.98
89	汨罗市（湘）	1.35
90	祁东县（湘）	1.20
91	桃江县（湘）	0.90
92	零陵区（湘）	0.80
93	茶陵县（湘）	0.80
94	鼎城区（湘）	0.60
95	英德市（粤）	22.50
96	东源县（粤）	21.60
97	翁源县（粤）	19.94
98	清新区（粤）	12.45
99	雷州市（粤）	11.73
100	乳源瑶族自治县（粤）	5.00
101	仁化县（粤）	4.36
102	连州市（粤）	4.00
103	武江区（粤）	3.09
104	德庆县（粤）	3.00
105	惠城区（粤）	2.40
106	高要区（粤）	2.20
107	电白区（粤）	1.30
108	阳西县（粤）	1.00
109	高州市（粤）	1.00
110	信宜市（粤）	1.00
111	曲江区（粤）	0.70
112	阳山县（粤）	0.65
113	增城区（粤）	0.57
114	兴宾区（桂）	209.00
115	扶绥县（桂）	138.00
116	浦北县（桂）	65.40
117	防城区（桂）	51.59
118	灵山县（桂）	46.00
119	武宣县（桂）	41.33
120	博白县（桂）	36.33
121	上思县（桂）	35.95
122	玉州区（桂）	34.76
123	容　县（桂）	30.00
124	钦北区（桂）	29.44
125	苍梧县（桂）	24.70
126	八步区（桂）	15.59
127	陆川县（桂）	15.00
128	田东县（桂）	14.58
129	全州县（桂）	14.10
130	鹿寨县（桂）	10.63
131	钦南区（桂）	8.98
132	凭祥市（桂）	7.87
133	蒙山县（桂）	6.50
134	灵川县（桂）	3.57
135	藤　县（桂）	1.75
136	德保县（桂）	0.67
137	雅长林场（桂）	0.64
138	儋州市（琼）	2.20
139	澄迈县（琼）	0.68
140	夹江县（川）	10.00
141	乐山市市中区（川）	5.36
142	高　县（川）	3.10
143	平武县（川）	2.00
144	华蓥市（川）	0.62
145	鹤庆县（滇）	3.30
146	禄丰县（滇）	1.24
147	腾冲市（滇）	0.80
148	博湖县（新）	4.40
149	和静县（新）	1.20
150	吉林森工人造板集团有限公司（吉林森工）	95.17

表 3-3　木质家具主产地产量

序号	木质家具主产地	产量（万件）
1	平泉市（冀）	1035.00
2	顺平县（冀）	480.00
3	香河县（冀）	195.00
4	邢台市高新技术开发区（冀）	55.00
5	广平县（冀）	35.56
6	巨鹿县（冀）	25.00
7	宁晋县（冀）	12.85
8	围场满族蒙古族自治县（冀）	8.00
9	丰南区（冀）	6.00
10	秦皇岛开发区（冀）	5.50
11	栾城区（冀）	3.40
12	任丘市（冀）	2.26
13	泊头市（冀）	2.20
14	永年区（冀）	1.50
15	魏　县（冀）	0.88
16	大厂回族自治县（冀）	0.63
17	大名县（冀）	0.63
18	鸡泽县（冀）	0.60
19	任　县（冀）	0.60
20	普兰店区（辽）	761.00
21	甘井子区（辽）	400.00
22	本溪满族自治县（辽）	53.10
23	新宾满族自治县（辽）	7.50
24	朝阳县（辽）	1.50
25	振兴区（辽）	1.00
26	龙城区（辽）	1.00
27	清原满族自治县（辽）	0.70
28	安图县（吉）	27.80
29	双阳区（吉）	12.50
30	新元木业公司（吉）	2.48
31	敦化市（吉）	1.20
32	德惠市（吉）	1.00
33	长春市净月经济开发区（吉）	0.93
34	船营区（吉）	0.85
35	昌邑区（吉）	0.60
36	通化县（吉）	0.59
37	蛟河市（吉）	0.54
38	高新开发区（吉）	0.51

(续表)

序号	木质家具主产地	产量（万件）
39	新兴区(黑)	150.00
40	五常市(黑)	5.50
41	克东县(黑)	2.70
42	兰西县(黑)	1.00
43	丰　县(苏)	120.00
44	沭阳县(苏)	82.00
45	邗江区(苏)	20.00
46	浦口区(苏)	12.37
47	淮安区(苏)	5.72
48	贾汪区(苏)	4.50
49	铜山区(苏)	4.00
50	沛　县(苏)	4.00
51	吴江区(苏)	2.80
52	盐都区(苏)	2.00
53	启东市(苏)	1.80
54	盱眙县(苏)	1.50
55	涟水县(苏)	1.50
56	吴中区(苏)	1.20
57	滨海县(苏)	1.10
58	靖江市(苏)	0.90
59	诸暨市(浙)	730.00
60	嘉善县(浙)	386.26
61	莲都区(浙)	318.87
62	萧山区(浙)	314.00
63	南浔区(浙)	270.60
64	建德市(浙)	180.06
65	婺城区(浙)	159.55
66	青田县(浙)	127.43
67	海盐县(浙)	70.62
68	柯城区(浙)	42.98
69	江山市(浙)	39.45
70	嵊州市(浙)	26.79
71	开化县(浙)	26.00
72	遂昌县(浙)	25.34
73	温岭市(浙)	20.60
74	余杭区(浙)	19.50
75	衢江区(浙)	18.30
76	上虞区(浙)	15.00
77	永康市(浙)	11.75
78	三门县(浙)	11.28
79	兰溪市(浙)	8.74
80	瑞安市(浙)	8.45
81	义乌市(浙)	7.10
82	桐乡市(浙)	7.02
83	柯桥区(浙)	6.50
84	越城区(浙)	5.70
85	淳安县(浙)	5.11
86	磐安县(浙)	5.05
87	长兴县(浙)	2.51
88	常山县(浙)	1.84
89	平湖市(浙)	1.51
90	南湖区(浙)	0.62
91	颍东区(皖)	385.00
92	蒙城县(皖)	124.00
93	潜山市(皖)	122.00
94	界首市(皖)	100.00
95	濉溪县(皖)	86.00
96	萧　县(皖)	37.00
97	临泉县(皖)	32.00
98	砀山县(皖)	27.65
99	埇桥区(皖)	26.00
100	固镇县(皖)	22.00
101	全椒县(皖)	22.00
102	颍州区(皖)	18.90
103	东至县(皖)	13.60
104	五河县(皖)	10.00
105	徽州区(皖)	9.00
106	桐城市(皖)	7.50
107	歙　县(皖)	5.35
108	望江县(皖)	2.81
109	石台县(皖)	2.62
110	旌德县(皖)	2.50
111	灵璧县(皖)	2.20
112	蜀山区(皖)	2.19
113	阜南县(皖)	1.50
114	宿松县(皖)	1.50
115	黟　县(皖)	1.00
116	上栗县(赣)	2215.00
117	渝水区(赣)	1040.00
118	龙南县(赣)	199.24
119	贵溪市(赣)	115.00
120	吉水县(赣)	56.00
121	高安市(赣)	50.00
122	瑞金市(赣)	46.00
123	于都县(赣)	45.00
124	南昌市市辖区(赣)	44.00
125	永新县(赣)	27.50
126	靖安县(赣)	20.00
127	泰和县(赣)	16.00
128	宜黄县(赣)	14.00
129	玉山县(赣)	11.70
130	广丰区(赣)	11.05
131	宜丰县(赣)	10.00
132	遂川县(赣)	9.30
133	定南县(赣)	6.44
134	永丰县(赣)	6.00
135	信丰县(赣)	5.29
136	石城县(赣)	5.20
137	万载县(赣)	4.30
138	上犹县(赣)	4.00
139	南昌县(赣)	3.40
140	崇义县(赣)	3.31
141	湘东区(赣)	3.15
142	芦溪县(赣)	2.90
143	赣县区(赣)	2.90
144	樟树市(赣)	2.73
145	全南县(赣)	2.49
146	大余县(赣)	2.10
147	奉新县(赣)	1.88
148	兴国县(赣)	1.56
149	余江区(赣)	1.30
150	乐安县(赣)	1.28
151	永修县(赣)	1.20
152	武宁县(赣)	1.20
153	安源区(赣)	1.18
154	吉安县(赣)	1.00
155	铅山县(赣)	0.90
156	萍乡市经济开发区(赣)	0.88
157	会昌县(赣)	0.82
158	寻乌县(赣)	0.80
159	濂溪区(赣)	0.55
160	诸城市(鲁)	2215.00
161	曹　县(鲁)	331.70
162	乐陵市(鲁)	150.00
163	郯城县(鲁)	68.00
164	滕州市(鲁)	60.00
165	东明县(鲁)	50.00
166	龙口市(鲁)	20.00
167	莒南县(鲁)	20.00
168	肥城市(鲁)	17.80
169	东平县(鲁)	17.12
170	河东区(鲁)	17.10

（续表）

序号	木质家具主产地	产量（万件）
171	济阳区(鲁)	15.00
172	梁山县(鲁)	14.30
173	新泰市(鲁)	13.35
174	茌平县(鲁)	11.73
175	潍城区(鲁)	10.00
176	桓台县(鲁)	6.70
177	曲阜市(鲁)	6.30
178	昌乐县(鲁)	6.10
179	东营区(鲁)	6.00
180	惠民县(鲁)	5.05
181	罗庄区(鲁)	5.00
182	章丘区(鲁)	4.90
183	周村区(鲁)	4.90
184	滨城区(鲁)	4.80
185	莘　县(鲁)	4.00
186	博山区(鲁)	3.90
187	莱阳市(鲁)	3.00
188	沂南县(鲁)	2.43
189	汶上县(鲁)	2.42
190	沂源县(鲁)	1.80
191	峄城区(鲁)	1.50
192	青州市(鲁)	1.43
193	沾化区(鲁)	1.30
194	五莲县(鲁)	1.06
195	平原县(鲁)	1.00
196	江北水城旅游度假区(鲁)	0.65
197	市辖区(豫)	792.00
198	灵宝市(豫)	560.00
199	尉氏县(豫)	100.00
200	清丰县(豫)	95.00
201	项城市(豫)	79.56
202	兰考县(豫)	62.98
203	沈丘县(豫)	50.20
204	夏邑县(豫)	50.00
205	新安县(豫)	35.00
206	濮阳县(豫)	27.50
207	宁陵县(豫)	25.21
208	渑池县(豫)	25.00
209	梁园区(豫)	24.70
210	镇平县(豫)	20.00
211	西华县(豫)	18.00
212	中牟县(豫)	17.00
213	虞城县(豫)	14.00
214	台前县(豫)	13.00

（续表）

序号	木质家具主产地	产量（万件）
215	郸城县(豫)	12.60
216	太康县(豫)	12.50
217	商水县(豫)	10.80
218	西峡县(豫)	10.01
219	宝丰县(豫)	9.60
220	淮阳县(豫)	8.80
221	荥阳市(豫)	8.26
222	原阳县(豫)	8.00
223	华龙区(豫)	7.50
224	桐柏县(豫)	7.30
225	鹿邑县(豫)	7.20
226	南乐县(豫)	7.00
227	嵩　县(豫)	5.66
228	汝阳县(豫)	5.46
229	登封市(豫)	5.44
230	永城市(豫)	5.10
231	睢　县(豫)	5.00
232	固始县(豫)	5.00
233	凤泉区(豫)	4.80
234	方城县(豫)	4.71
235	湖滨区(豫)	4.70
236	获嘉县(豫)	4.10
237	安阳县(豫)	4.10
238	伊川县(豫)	4.00
239	淮滨县(豫)	3.50
240	新野县(豫)	3.50
241	商城县(豫)	3.40
242	杞　县(豫)	3.10
243	新密市(豫)	3.10
244	确山县(豫)	3.00
245	淅川县(豫)	3.00
246	龙安区(豫)	2.80
247	睢阳区(豫)	2.00
248	滑　县(豫)	2.00
249	光山县(豫)	1.90
250	温　县(豫)	1.85
251	社旗县(豫)	1.80
252	龙亭区(豫)	1.60
253	浉河区(豫)	1.50
254	息　县(豫)	1.20
255	济源市(豫)	1.10
256	内乡县(豫)	1.10
257	洛龙区(豫)	1.10
258	延津县(豫)	1.05

（续表）

序号	木质家具主产地	产量（万件）
259	民权县(豫)	0.82
260	洛宁县(豫)	0.73
261	舞钢市(豫)	0.70
262	孟津县(豫)	0.65
263	潜江市(鄂)	100.00
264	竹山县(鄂)	91.00
265	黄州区(鄂)	71.41
266	沙市区(鄂)	51.00
267	云梦县(鄂)	40.00
268	汉川市(鄂)	21.00
269	宜城市(鄂)	16.80
270	天门市(鄂)	16.50
271	洪湖市(鄂)	14.30
272	仙桃市(鄂)	10.00
273	英山县(鄂)	10.00
274	老河口市(鄂)	10.00
275	赤壁市(鄂)	8.00
276	阳新县(鄂)	6.50
277	东宝区(鄂)	6.34
278	来凤县(鄂)	6.00
279	红安县(鄂)	5.80
280	大悟县(鄂)	5.00
281	巴东县(鄂)	5.00
282	麻城市(鄂)	4.25
283	随　县(鄂)	4.00
284	罗田县(鄂)	3.80
285	沙洋县(鄂)	2.70
286	京山县(鄂)	2.70
287	利川市(鄂)	2.40
288	石首市(鄂)	2.00
289	樊城区(鄂)	2.00
290	应城市(鄂)	1.50
291	咸安区(鄂)	1.44
292	江陵县(鄂)	1.20
293	远安县(鄂)	1.11
294	蔡甸区(鄂)	1.10
295	钟祥市(鄂)	1.00
296	荆州区(鄂)	0.80
297	崇阳县(鄂)	0.80
298	襄城区(鄂)	0.80
299	浠水县(鄂)	0.80
300	涟源市(湘)	78.00
301	双峰县(湘)	56.00
302	蓝山县(湘)	55.00

(续表)

序号	木质家具主产地	产量(万件)
303	湘潭县(湘)	42.20
304	鼎城区(湘)	41.00
305	临澧县(湘)	40.00
306	岳塘区(湘)	31.16
307	新化县(湘)	22.00
308	桃源县(湘)	16.30
309	汨罗市(湘)	16.14
310	新田县(湘)	14.50
311	中方县(湘)	14.25
312	邵东县(湘)	13.30
313	南　县(湘)	12.30
314	衡山县(湘)	8.04
315	雨湖区(湘)	6.83
316	石门县(湘)	6.80
317	韶山市(湘)	6.00
318	新宁县(湘)	5.60
319	洪江市(湘)	5.00
320	澧　县(湘)	5.00
321	汉寿县(湘)	4.50
322	桃江县(湘)	4.20
323	永定区(湘)	3.70
324	衡南县(湘)	3.20
325	醴陵市(湘)	3.13
326	华容县(湘)	3.00
327	平江县(湘)	2.60
328	零陵区(湘)	2.60
329	北塔区(湘)	2.48
330	耒阳市(湘)	2.15
331	慈利县(湘)	2.00
332	永兴县(湘)	1.87
333	芦淞区(湘)	1.82
334	芷江侗族自治县(湘)	1.25
335	麻阳苗族自治县(湘)	1.20
336	安化县(湘)	1.20
337	沅陵县(湘)	1.20
338	攸　县(湘)	1.00
339	常德市市辖区(湘)	0.95
340	绥宁县(湘)	0.80
341	岳阳县(湘)	0.70
342	隆回县(湘)	0.69
343	渌口区(湘)	0.60
344	茶陵县(湘)	0.60
345	南海区(粤)	335.00
346	云安区(粤)	100.00

(续表)

序号	木质家具主产地	产量(万件)
347	江海区(粤)	62.00
348	增城区(粤)	60.20
349	禅城区(粤)	28.00
350	澄海区(粤)	11.70
351	仁化县(粤)	8.80
352	茂南区(粤)	7.00
353	三水区(粤)	5.46
354	阳春市(粤)	2.80
355	东源县(粤)	1.60
356	肇庆市大旺高新区(粤)	1.00
357	新兴县(粤)	0.70
358	全州县(桂)	87.50
359	恭城瑶族自治县(桂)	14.00
360	乐业县(桂)	12.61
361	平乐县(桂)	9.57
362	柳江区(桂)	9.25
363	陆川县(桂)	8.00
364	灵山县(桂)	6.70
365	融安县(桂)	5.00
366	兴宾区(桂)	3.80
367	鹿寨县(桂)	3.28
368	博白县(桂)	2.80
369	隆林各族自治县(桂)	2.00
370	容　县(桂)	2.00
371	灵川县(桂)	1.56
372	泸　县(川)	205.00
373	青神县(川)	190.00
374	新都区(川)	65.70
375	安州区(川)	30.00
376	中江县(川)	27.00
377	东坡区(川)	26.21
378	江阳区(川)	25.60
379	万源市(川)	25.00
380	巴州区(川)	20.40
381	盐亭县(川)	20.00
382	游仙区(川)	19.00
383	梓潼县(川)	16.50
384	宣汉县(川)	15.60
385	珙　县(川)	15.00
386	峨眉山市(川)	15.00
387	南溪区(川)	11.80
388	丹棱县(川)	10.50
389	西充县(川)	10.00
390	剑阁县(川)	9.50

(续表)

序号	木质家具主产地	产量(万件)
391	邛崃市(川)	9.37
392	彭山区(川)	8.81
393	利州区(川)	8.32
394	井研县(川)	8.00
395	金牛区(川)	7.20
396	高　县(川)	6.53
397	温江区(川)	5.38
398	长宁县(川)	5.20
399	筠连县(川)	5.00
400	简阳市(川)	4.72
401	安岳县(川)	4.68
402	邻水县(川)	4.60
403	渠　县(川)	4.10
404	江油市(川)	4.01
405	阆中市(川)	3.80
406	富顺县(川)	3.50
407	大英县(川)	3.50
408	通江县(川)	3.10
409	雷波县(川)	3.00
410	仁和区(川)	3.00
411	高坪区(川)	3.00
412	金堂县(川)	2.63
413	广汉市(川)	2.60
414	达川区(川)	2.60
415	郫都区(川)	2.43
416	仁寿县(川)	2.31
417	北川羌族自治县(川)	2.20
418	恩阳区(川)	2.00
419	江安县(川)	1.60
420	兴文县(川)	1.60
421	内江市市中区(川)	1.56
422	喜德县(川)	1.50
423	南部县(川)	1.50
424	苍溪县(川)	1.50
425	威远县(川)	1.50
426	古蔺县(川)	1.50
427	仪陇县(川)	1.50
428	隆昌市(川)	1.20
429	南江县(川)	1.15
430	前锋区(川)	1.10
431	夹江县(川)	1.00
432	广安区(川)	1.00
433	犍为县(川)	0.98
434	武胜县(川)	0.80

（续表）

序号	木质家具主产地	产量（万件）
435	德昌县(川)	0.70
436	叙州区(川)	0.70
437	嘉陵区(川)	0.60
438	东兴区(川)	0.52
439	播州区(黔)	48.60
440	玉屏侗族自治县(黔)	19.07
441	赤水市(黔)	13.37
442	兴义市(黔)	11.22
443	普安县(黔)	5.93
444	松桃苗族自治县(黔)	5.20
445	凯里市(黔)	4.24
446	罗甸县(黔)	3.60
447	天柱县(黔)	3.00
448	凤冈县(黔)	2.00
449	沿河土家族自治县(黔)	1.86
450	镇远县(黔)	1.30
451	道真仡佬族苗族自治县(黔)	1.25
452	黄平县(黔)	0.68
453	武定县(滇)	4.11
454	芒　市(滇)	3.43
455	寻甸回族彝族自治县(滇)	3.27
456	麒麟区(滇)	3.00
457	沧源佤族自治县(滇)	3.00
458	嵩明县(滇)	3.00
459	腾冲市(滇)	2.80
460	禄丰县(滇)	2.70
461	瑞丽市(滇)	2.11
462	马龙区(滇)	2.00
463	梁河县(滇)	1.35
464	开远市(滇)	1.30
465	双柏县(滇)	1.30
466	南华县(滇)	1.19
467	盐津县(滇)	1.00
468	陇川县(滇)	0.70
469	景洪市(滇)	0.63
470	云　县(滇)	0.62
471	宣威市(滇)	0.60
472	隆阳区(滇)	0.60
473	大关县(滇)	0.58
474	江川区(滇)	0.57
475	扶风县(陕)	19.57
476	商南县(陕)	1.85
477	子洲县(陕)	1.00
478	南郑区(陕)	0.85
479	七里河区(甘)	0.86
480	喀什市(新)	2.60

表 3-4　卫生筷子主产地产量

序号	卫生筷子主产地	产量（标准箱）
1	余杭区(浙)	153500.00
2	临安区(浙)	110000.00
3	柯桥区(浙)	4000.00
4	淳安县(浙)	3000.00
5	龙游县(浙)	2000.00
6	安吉县(浙)	1000.00
7	蒙城县(皖)	42000.00
8	潜山市(皖)	36000.00
9	东至县(皖)	29170.00
10	石台县(皖)	25000.00
11	南昌市市辖区(赣)	998000.00
12	南昌县(赣)	420000.00
13	高安市(赣)	300000.00
14	万载县(赣)	272600.00
15	全南县(赣)	226500.00
16	上饶县(赣)	196000.00
17	袁州区(赣)	190000.00
18	定南县(赣)	160000.00
19	奉新县(赣)	145440.00
20	宜黄县(赣)	143000.00
21	武宁县(赣)	110500.00
22	龙南县(赣)	106900.00
23	贵溪市(赣)	85000.00
24	铜鼓县(赣)	80000.00
25	会昌县(赣)	65040.00
26	万安县(赣)	60000.00
27	靖安县(赣)	45000.00
28	上犹县(赣)	30000.00
29	吉水县(赣)	28600.00
30	遂川县(赣)	28000.00
31	寻乌县(赣)	25000.00
32	石城县(赣)	22200.00
33	信丰县(赣)	16000.00
34	崇仁县(赣)	10500.00
35	湘东区(赣)	10000.00
36	安源区(赣)	8500.00
37	于都县(赣)	7100.00
38	横峰县(赣)	5333.00
39	南康区(赣)	2000.00
40	广丰区(赣)	2000.00
41	瑞金市(赣)	1510.00
42	大余县(赣)	1500.00
43	乐安县(赣)	1500.00
44	息　县(豫)	6200.00
45	红安县(鄂)	1260.00
46	蓝山县(湘)	6100000.00
47	隆回县(湘)	3200000.00
48	大祥区(湘)	365000.00
49	攸　县(湘)	300000.00
50	洪江市(湘)	120000.00
51	新邵县(湘)	80000.00
52	茶陵县(湘)	79000.00
53	衡南县(湘)	53500.00
54	城步苗族自治县(湘)	38000.00
55	耒阳市(湘)	36800.00
56	临湘市(湘)	30000.00
57	鼎城区(湘)	29000.00
58	安化县(湘)	28000.00
59	祁东县(湘)	25000.00
60	零陵区(湘)	10000.00
61	沅陵县(湘)	9500.00
62	金洞林场(湘)	8000.00
63	新化县(湘)	8000.00
64	渌口区(湘)	5000.00
65	衡东县(湘)	5000.00
66	双峰县(湘)	1200.00
67	溆浦县(湘)	1100.00
68	醴陵市(湘)	1000.00
69	高要区(粤)	6500.00
70	琼山区(琼)	20000.00
71	安州区(川)	3000.00
72	青神县(川)	1333.00
73	盘龙区(滇)	21000.00
74	腾冲市(滇)	4000.00

表 4-1　木浆主产地产量

序号	木浆主产地	产量（万吨）
1	高碑店市(冀)	0.57
2	德惠市(吉)	10.00
3	淮安区(苏)	2.50
4	安吉县(浙)	7.00

(续表)

序号	木浆主产地	产量(万吨)
5	余杭区(浙)	6.80
6	婺城区(浙)	4.00
7	迎江区(皖)	30.00
8	潜山市(皖)	13.00
9	颍州区(皖)	7.80
10	淮上区(皖)	1.00
11	岳西县(皖)	0.59
12	日照经济技术开发区(鲁)	210.00
13	临清市(鲁)	20.00
14	陵城区(鲁)	5.00
15	广饶县(鲁)	4.30
16	新乡县(豫)	15.20
17	濮阳市高新区(豫)	15.00
18	武陟县(豫)	6.00
19	内乡县(豫)	5.00
20	监利县(鄂)	200.00
21	利川市(鄂)	10.00
22	潜江市(鄂)	8.00
23	南漳县(鄂)	7.60
24	老河口市(鄂)	3.00
25	黄州区(鄂)	2.35
26	湘潭县(湘)	8.90
27	沅江市(湘)	2.40
28	绥宁县(湘)	2.00
29	辰溪县(湘)	0.61
30	濠江区(粤)	1.40
31	钦南区(桂)	52.00
32	防城区(桂)	27.00
33	麒麟区(滇)	2.00

表 4-2 木浆纸主产地产量

序号	木浆纸主产地	产量(万吨)
1	顺平县(冀)	1.60
2	德惠市(吉)	10.00
3	镇江市市辖区(苏)	10.08
4	淮安区(苏)	2.00
5	海盐县(浙)	200.28
6	平湖市(浙)	98.38
7	余杭区(浙)	76.10
8	柯桥区(浙)	20.00
9	瑞安市(浙)	12.50
10	三门县(浙)	11.47
11	南湖区(浙)	2.49
12	迎江区(皖)	15.00
13	淮上区(皖)	1.50
14	南昌市市辖区(赣)	57.50
15	上饶县(赣)	1.19
16	广饶县(鲁)	143.00
17	兖州区(鲁)	142.00
18	日照经济技术开发区(鲁)	58.00
19	宁阳县(鲁)	32.00
20	桓台县(鲁)	25.00
21	临清市(鲁)	25.00
22	新泰市(鲁)	22.09
23	齐河县(鲁)	14.00
24	东平县(鲁)	10.00
25	昌乐县(鲁)	5.20
26	青州市(鲁)	1.52
27	濮阳市高新区(豫)	31.00
28	新乡县(豫)	12.90
29	台前县(豫)	11.00
30	武陟县(豫)	4.94
31	睢　县(豫)	4.20
32	内乡县(豫)	3.00
33	项城市(豫)	2.06
34	监利县(鄂)	300.00
35	荆州区(鄂)	36.40
36	南漳县(鄂)	6.00
37	湘潭县(湘)	6.50
38	沅江市(湘)	3.20
39	绥宁县(湘)	1.10
40	新化县(湘)	0.75
41	南海区(粤)	68.08
42	濠江区(粤)	1.30
43	钦南区(桂)	95.00
44	兴宾区(桂)	80.00
45	田林县(桂)	1.58
46	仁怀市(黔)	2.76
47	石阡县(黔)	1.48
48	凯里市(黔)	0.55

表 4-3 竹浆主产地产量

序号	竹浆主产地	产量(万吨)
1	湘潭县(湘)	4.53
2	濠江区(粤)	1.40
3	兴宾区(桂)	100.00
4	田东县(桂)	5.20
5	防城区(桂)	2.00
6	沐川县(川)	22.10
7	叙永县(川)	20.00
8	纳溪区(川)	10.00
9	江安县(川)	7.50
10	夹江县(川)	6.00
11	青神县(川)	4.50
12	赤水市(黔)	18.00
13	新平彝族傣族自治县(滇)	5.36

表 4-4 竹浆纸主产地产量

序号	竹浆纸主产地	产量(万吨)
1	赤壁市(鄂)	14.45
2	会同县(湘)	20.60
3	湘潭县(湘)	2.65
4	濠江区(粤)	1.30
5	兴宾区(桂)	10.00
6	陆川县(桂)	3.00
7	田东县(桂)	2.10
8	南溪区(川)	23.26
9	犍为县(川)	15.00
10	纳溪区(川)	12.00
11	青神县(川)	12.00
12	沐川县(川)	11.12
13	富顺县(川)	3.00
14	东坡区(川)	2.85
15	高　县(川)	2.55
16	达川区(川)	2.40
17	芦山县(川)	1.40
18	夹江县(川)	1.00
19	赤水市(黔)	5.33
20	新平彝族傣族自治县(滇)	2.00

表 4-5 其他浆主产地产量

序号	其他浆主产地	产量(万吨)
1	杜尔伯特蒙古族自治县(黑)	1.50
2	淮安区(苏)	1.90
3	常山县(浙)	9.00
4	萧　县(皖)	60.00
5	内乡县(豫)	14.00
6	城步苗族自治县(湘)	0.80

（续表）

序号	其他浆主产地	产量（万吨）
7	广宁县（粤）	9.80
8	田东县（桂）	7.10
9	北流市（桂）	3.00
10	绥江县（滇）	1.20

表4-6 其他纸主产地产量

序号	其他纸主产地	产量（万吨）
1	金普新区（辽）	31.24
2	杜尔伯特蒙古族自治县（黑）	1.70
3	镇江市市辖区（苏）	199.00
4	洪泽区（苏）	11.00
5	吴中区（苏）	3.68
6	温岭市（浙）	65.64
7	平湖市（浙）	47.07
8	越城区（浙）	28.60
9	衢江区（浙）	21.40
10	长兴县（浙）	8.88
11	上虞区（浙）	7.45
12	常山县（浙）	6.50
13	三门县（浙）	4.07
14	金东区（浙）	3.71
15	庆元县（浙）	3.52
16	桐乡市（浙）	2.17
17	肥东县（皖）	220.00
18	萧　县（皖）	50.00
19	郎溪县（皖）	15.00
20	广丰区（赣）	94.86
21	奉新县（赣）	28.41
22	石城县（赣）	2.10
23	吉安县（赣）	2.00
24	龙口市（鲁）	14.60
25	太康县（豫）	36.30
26	内乡县（豫）	12.00
27	项城市（豫）	2.06
28	淮阳县（豫）	2.00
29	温　县（豫）	0.68
30	北流市（桂）	29.08
31	陆川县（桂）	5.00
32	全州县（桂）	3.91
33	玉州区（桂）	0.90
34	富顺县（川）	2.00
35	播州区（黔）	40.00
36	凤冈县（黔）	2.00

（续表）

序号	其他纸主产地	产量（万吨）
37	石阡县（黔）	1.59
38	芒　市（滇）	1.05
39	江川区（滇）	0.65

表5-1 毛竹主产地产量

序号	毛竹主产地	产量（万根）
1	宜兴市（苏）	259.65
2	江宁区（苏）	37.61
3	溧阳市（苏）	28.90
4	涟水县（苏）	28.00
5	吴中区（苏）	4.00
6	溧水区（苏）	4.00
7	六合区（苏）	3.70
8	阜宁县（苏）	2.90
9	金坛区（苏）	2.31
10	锡山区（苏）	1.36
11	仪征市（苏）	0.80
12	安吉县（浙）	2766.00
13	柯桥区（浙）	1963.00
14	庆元县（浙）	1246.00
15	龙游县（浙）	867.00
16	余杭区（浙）	864.00
17	遂昌县（浙）	799.30
18	诸暨市（浙）	680.00
19	临安区（浙）	627.50
20	衢江区（浙）	512.00
21	长兴县（浙）	465.74
22	淳安县（浙）	456.60
23	嵊州市（浙）	300.00
24	东阳市（浙）	280.00
25	柯城区（浙）	255.00
26	建德市（浙）	227.60
27	上虞区（浙）	195.00
28	江山市（浙）	134.00
29	萧山区（浙）	131.75
30	武义县（浙）	93.00
31	开化县（浙）	85.00
32	松阳县（浙）	71.03
33	磐安县（浙）	71.00
34	莲都区（浙）	70.26
35	婺城区（浙）	62.00
36	越城区（浙）	58.50
37	文成县（浙）	33.80

（续表）

序号	毛竹主产地	产量（万根）
38	兰溪市（浙）	30.00
39	瑞安市（浙）	17.90
40	温岭市（浙）	15.80
41	永康市（浙）	10.38
42	常山县（浙）	10.10
43	三门县（浙）	5.37
44	义乌市（浙）	4.00
45	青田县（浙）	1.85
46	广德县（皖）	4000.00
47	宁国市（皖）	1021.60
48	东至县（皖）	430.80
49	歙　县（皖）	409.57
50	泾　县（皖）	400.00
51	休宁县（皖）	385.00
52	宣州区（皖）	347.98
53	潜山市（皖）	270.00
54	石台县（皖）	260.00
55	祁门县（皖）	210.00
56	黄山区（皖）	200.00
57	宿松县（皖）	165.00
58	黟　县（皖）	136.50
59	岳西县（皖）	112.00
60	郎溪县（皖）	110.00
61	太湖县（皖）	90.27
62	青阳县（皖）	70.40
63	绩溪县（皖）	57.00
64	无为县（皖）	45.00
65	含山县（皖）	33.00
66	徽州区（皖）	29.50
67	庐江县（皖）	24.70
68	淮上区（皖）	11.50
69	花山区（皖）	10.43
70	旌德县（皖）	8.52
71	宜秀区（皖）	5.10
72	屯溪区（皖）	2.80
73	全椒县（皖）	2.00
74	桐城市（皖）	1.50
75	和　县（皖）	1.10
76	肥东县（皖）	1.00
77	望江县（皖）	0.80
78	井冈山市（赣）	4955.30
79	贵溪市（赣）	1707.37
80	崇义县（赣）	963.00
81	遂川县（赣）	800.00

(续表)

序号	毛竹主产地	产量(万根)
82	定南县(赣)	750.00
83	乐安县(赣)	708.46
84	铅山县(赣)	704.00
85	资溪县(赣)	700.00
86	崇仁县(赣)	500.00
87	上饶县(赣)	463.00
88	龙南县(赣)	407.00
89	武宁县(赣)	390.00
90	芦溪县(赣)	380.00
91	瑞金市(赣)	369.00
92	黎川县(赣)	358.00
93	宜黄县(赣)	350.00
94	南丰县(赣)	340.00
95	铜鼓县(赣)	325.00
96	广昌县(赣)	299.20
97	奉新县(赣)	270.48
98	南城县(赣)	257.80
99	临川区(赣)	250.64
100	广丰区(赣)	240.87
101	万载县(赣)	238.50
102	安福县(赣)	210.00
103	大余县(赣)	193.00
104	横峰县(赣)	180.00
105	袁州区(赣)	175.00
106	峡江县(赣)	157.00
107	萍乡市武功山分局(赣)	139.50
108	靖安县(赣)	135.68
109	宁都县(赣)	135.48
110	上犹县(赣)	125.00
111	都昌县(赣)	120.00
112	樟树市(赣)	120.00
113	青原区(赣)	120.00
114	湘东区(赣)	110.00
115	分宜县(赣)	110.00
116	石城县(赣)	90.00
117	于都县(赣)	88.90
118	泰和县(赣)	85.00
119	寻乌县(赣)	70.24
120	永丰县(赣)	70.00
121	金溪县(赣)	67.00
122	会昌县(赣)	55.23
123	信丰县(赣)	54.60
124	永修县(赣)	52.00
125	兴国县(赣)	51.80

(续表)

序号	毛竹主产地	产量(万根)
126	全南县(赣)	45.30
127	吉安县(赣)	40.00
128	彭泽县(赣)	33.00
129	玉山县(赣)	30.50
130	赣县区(赣)	19.00
131	永新县(赣)	17.50
132	高安市(赣)	11.00
133	余江区(赣)	10.00
134	渝水区(赣)	10.00
135	万安县(赣)	9.18
136	东乡区(赣)	8.50
137	南康区(赣)	2.80
138	章贡区(赣)	2.00
139	新　县(豫)	53.28
140	商城县(豫)	42.80
141	固始县(豫)	40.00
142	淅川县(豫)	26.60
143	潢川县(豫)	13.03
144	唐河县(豫)	6.80
145	平桥区(豫)	3.31
146	通山县(鄂)	642.81
147	赤壁市(鄂)	490.00
148	咸安区(鄂)	400.00
149	崇阳县(鄂)	121.00
150	钟祥市(鄂)	112.00
151	华容区(鄂)	94.96
152	蕲春县(鄂)	80.00
153	嘉鱼县(鄂)	75.00
154	京山县(鄂)	70.00
155	宜都市(鄂)	63.00
156	沙洋县(鄂)	50.00
157	红安县(鄂)	23.60
158	利川市(鄂)	20.00
159	竹溪县(鄂)	20.00
160	通城县(鄂)	18.50
161	团风县(鄂)	13.23
162	武穴市(鄂)	13.10
163	英山县(鄂)	13.00
164	黄梅县(鄂)	12.00
165	来凤县(鄂)	10.00
166	建始县(鄂)	10.00
167	恩施市(鄂)	10.00
168	巴东县(鄂)	10.00
169	浠水县(鄂)	8.00

(续表)

序号	毛竹主产地	产量(万根)
170	阳新县(鄂)	5.30
171	大悟县(鄂)	5.00
172	宣恩县(鄂)	4.40
173	石首市(鄂)	2.51
174	松滋市(鄂)	2.50
175	江夏区(鄂)	2.35
176	大冶市(鄂)	1.00
177	临湘市(湘)	5988.00
178	桃江县(湘)	3680.00
179	攸　县(湘)	2000.00
180	祁东县(湘)	600.00
181	茶陵县(湘)	550.00
182	岳阳县(湘)	500.00
183	新化县(湘)	500.00
184	双峰县(湘)	470.00
185	炎陵县(湘)	450.00
186	桃源县(湘)	435.00
187	桑植县(湘)	400.00
188	洪江市(湘)	400.00
189	衡东县(湘)	360.00
190	绥宁县(湘)	350.00
191	鼎城区(湘)	320.00
192	麻阳苗族自治县(湘)	260.00
193	安化县(湘)	240.00
194	耒阳市(湘)	222.80
195	城步苗族自治县(湘)	200.00
196	新宁县(湘)	200.00
197	沅陵县(湘)	180.00
198	蓝山县(湘)	176.45
199	零陵区(湘)	150.00
200	衡山县(湘)	146.30
201	平江县(湘)	130.00
202	渌口区(湘)	96.00
203	云溪区(湘)	68.07
204	洪江区(湘)	62.00
205	武冈市(湘)	59.21
206	岳阳楼区(湘)	56.80
207	汨罗市(湘)	55.43
208	会同县(湘)	53.00
209	新田县(湘)	50.00
210	资阳区(湘)	45.21
211	溆浦县(湘)	44.20
212	隆回县(湘)	36.12
213	永定区(湘)	35.60

（续表）

序号	毛竹主产地	产量（万根）
214	汉寿县(湘)	34.10
215	衡阳县(湘)	32.00
216	常德市市辖区(湘)	31.20
217	醴陵市(湘)	25.00
218	永兴县(湘)	23.40
219	湘阴县(湘)	22.00
220	南岳区(湘)	21.70
221	宜章县(湘)	19.90
222	澧　县(湘)	18.00
223	华容县(湘)	18.00
224	新晃侗族自治县(湘)	16.00
225	石鼓区(湘)	15.93
226	中方县(湘)	13.00
227	荷塘区(湘)	11.06
228	通道侗族自治县(湘)	11.00
229	赫山区(湘)	10.00
230	宁乡市(湘)	9.00
231	芷江侗族自治县(湘)	8.79
232	冷水江市(湘)	8.60
233	津市市(湘)	8.00
234	新邵县(湘)	6.00
235	湘乡市(湘)	5.32
236	涟源市(湘)	5.20
237	湘潭县(湘)	5.10
238	石门县(湘)	5.00
239	靖州苗族侗族自治县(湘)	4.90
240	雨湖区(湘)	2.98
241	大祥区(湘)	2.86
242	邵东县(湘)	2.60
243	益阳市市辖区(湘)	1.22
244	鹤城区(湘)	1.20
245	芦淞区(湘)	1.15
246	韶山市(湘)	0.90
247	临澧县(湘)	0.90
248	石峰区(湘)	0.80
249	辰溪县(湘)	0.69
250	双清区(湘)	0.60
251	连平县(粤)	1298.25
252	怀集县(粤)	659.80
253	廉江市(粤)	493.96
254	和平县(粤)	480.00
255	南雄市(粤)	430.24
256	云城区(粤)	361.17
257	紫金县(粤)	348.00

（续表）

序号	毛竹主产地	产量（万根）
258	连南瑶族自治县(粤)	300.00
259	仁化县(粤)	256.00
260	信宜市(粤)	221.00
261	五华县(粤)	200.00
262	化州市(粤)	186.93
263	封开县(粤)	140.10
264	曲江区(粤)	127.39
265	惠东县(粤)	100.00
266	龙川县(粤)	98.50
267	翁源县(粤)	71.02
268	蕉岭县(粤)	60.00
269	阳西县(粤)	50.00
270	郁南县(粤)	28.81
271	东源县(粤)	28.40
272	连山壮族瑶族自治县(粤)	27.58
273	连州市(粤)	20.00
274	新会区(粤)	19.00
275	高州市(粤)	16.95
276	潮阳区(粤)	12.21
277	从化区(粤)	10.00
278	云安区(粤)	10.00
279	新丰县(粤)	8.37
280	乳源瑶族自治县(粤)	7.00
281	武江区(粤)	4.50
282	肇庆市林业总场(粤)	3.20
283	揭西县(粤)	2.77
284	全州县(桂)	2764.50
285	灵川县(桂)	995.26
286	平乐县(桂)	966.44
287	灌阳县(桂)	720.53
288	三江侗族自治县(桂)	601.50
289	田东县(桂)	550.00
290	龙胜各族自治县(桂)	409.00
291	港口区(桂)	361.00
292	融安县(桂)	319.00
293	临桂区(桂)	299.85
294	荔浦市(桂)	178.20
295	合浦县(桂)	140.00
296	田阳县(桂)	133.00
297	巴马瑶族自治县(桂)	83.60
298	金秀瑶族自治县(桂)	80.00
299	蒙山县(桂)	55.00
300	鹿寨县(桂)	34.00
301	乐业县(桂)	30.00

（续表）

序号	毛竹主产地	产量（万根）
302	恭城瑶族自治县(桂)	20.00
303	东兴市(桂)	13.51
304	灵山县(桂)	10.40
305	东兰县(桂)	5.12
306	金城江区(桂)	3.82
307	凌云县(桂)	2.20
308	鱼峰区(桂)	1.71
309	那坡县(桂)	1.30
310	西林县(桂)	1.10
311	澄迈县(琼)	287.00
312	长宁县(川)	580.00
313	东坡区(川)	565.60
314	荣　县(川)	458.00
315	南部县(川)	290.00
316	纳溪区(川)	280.00
317	米易县(川)	251.70
318	兴文县(川)	250.70
319	安州区(川)	220.00
320	叙永县(川)	137.00
321	合江县(川)	102.00
322	仁寿县(川)	95.00
323	蓬溪县(川)	70.00
324	邻水县(川)	63.00
325	筠连县(川)	50.00
326	会理县(川)	43.66
327	威远县(川)	25.00
328	叙州区(川)	23.80
329	古蔺县(川)	20.00
330	平昌县(川)	19.50
331	万源市(川)	18.00
332	彭州市(川)	16.36
333	北川羌族自治县(川)	16.00
334	乐山市市中区(川)	15.00
335	珙　县(川)	15.00
336	宣汉县(川)	14.53
337	江安县(川)	12.00
338	屏山县(川)	10.70
339	富顺县(川)	9.30
340	达川区(川)	9.00
341	江油市(川)	8.20
342	五通桥区(川)	7.40
343	绵竹市(川)	5.40
344	邛崃市(川)	5.12
345	犍为县(川)	3.99

(续表)

序号	毛竹主产地	产量(万根)
346	大邑县(川)	3.60
347	都江堰市(川)	3.50
348	高　县(川)	3.20
349	泸　县(川)	2.00
350	资中县(川)	1.90
351	大竹县(川)	1.00
352	崇州市(川)	0.92
353	赤水市(黔)	393.00
354	榕江县(黔)	176.40
355	普安县(黔)	110.00
356	黎平县(黔)	71.68
357	天柱县(黔)	60.00
358	松桃苗族自治县(黔)	60.00
359	兴义市(黔)	36.00
360	锦屏县(黔)	25.00
361	镇远县(黔)	10.00
362	仁怀市(黔)	8.80
363	务川仡佬族苗族自治县(黔)	5.00
364	从江县(黔)	5.00
365	石阡县(黔)	4.00
366	玉屏侗族自治县(黔)	2.34
367	思南县(黔)	1.20
368	三都水族自治县(黔)	0.70
369	个旧市(滇)	3304.00
370	峨山彝族自治县(滇)	899.67
371	寻甸回族彝族自治县(滇)	592.30
372	镇雄县(滇)	500.00
373	沧源佤族自治县(滇)	476.19
374	富源县(滇)	390.00
375	建水县(滇)	258.76
376	永德县(滇)	154.50
377	昌宁县(滇)	143.00
378	腾冲市(滇)	130.00
379	盈江县(滇)	120.00
380	威信县(滇)	100.00
381	芒　市(滇)	98.75
382	元阳县(滇)	98.00
383	镇康县(滇)	90.00
384	施甸县(滇)	84.00
385	南涧彝族自治县(滇)	81.00
386	石屏县(滇)	75.00
387	双柏县(滇)	55.82
388	禄丰县(滇)	54.98
389	新平彝族傣族自治县(滇)	46.20

(续表)

序号	毛竹主产地	产量(万根)
390	凤庆县(滇)	38.00
391	陇川县(滇)	37.31
392	马关县(滇)	33.64
393	双江拉祜族佤族布朗族傣族自治县(滇)	31.20
394	瑞丽市(滇)	30.30
395	隆阳区(滇)	27.99
396	福贡县(滇)	26.62
397	兰坪白族普米族自治县(滇)	25.57
398	文山市(滇)	24.20
399	剑川县(滇)	21.00
400	牟定县(滇)	17.80
401	永仁县(滇)	17.60
402	富宁县(滇)	15.60
403	石林彝族自治县(滇)	15.00
404	梁河县(滇)	13.57
405	勐海县(滇)	13.00
406	盐津县(滇)	11.00
407	麻栗坡县(滇)	10.52
408	景东彝族自治县(滇)	10.00
409	西畴县(滇)	8.80
410	晋宁区(滇)	8.60
411	元谋县(滇)	7.37
412	绥江县(滇)	5.50
413	罗平县(滇)	3.00
414	砚山县(滇)	2.79
415	澄江县(滇)	1.70
416	宣威市(滇)	1.20
417	马龙区(滇)	1.00
418	江川区(滇)	0.53
419	平利县(陕)	280.00
420	洋　县(陕)	230.00
421	南郑区(陕)	130.00
422	石泉县(陕)	92.00
423	紫阳县(陕)	17.00

表 5-2　篙竹主产地产量

序号	篙竹主产地	产量(万根)
1	长兴县(浙)	65.00
2	上虞区(浙)	4.50
3	石台县(皖)	100.00
4	休宁县(皖)	5.00
5	潜山市(皖)	4.00
6	东至县(皖)	3.26
7	武宁县(赣)	168.00
8	资溪县(赣)	158.00
9	崇义县(赣)	120.00
10	泰和县(赣)	110.00
11	井冈山市(赣)	100.80
12	大余县(赣)	92.00
13	上犹县(赣)	85.00
14	横峰县(赣)	70.00
15	袁州区(赣)	65.00
16	永丰县(赣)	60.00
17	崇仁县(赣)	50.00
18	湘东区(赣)	48.00
19	安福县(赣)	46.00
20	瑞金市(赣)	41.00
21	定南县(赣)	25.00
22	分宜县(赣)	20.00
23	萍乡市武功山分局(赣)	15.00
24	遂川县(赣)	15.00
25	兴国县(赣)	5.10
26	永新县(赣)	4.00
27	铅山县(赣)	2.20
28	峡江县(赣)	2.10
29	吉安县(赣)	1.20
30	章贡区(赣)	0.78
31	南漳县(鄂)	490.00
32	咸安区(鄂)	130.00
33	赤壁市(鄂)	100.00
34	崇阳县(鄂)	29.00
35	麻城市(鄂)	20.00
36	松滋市(鄂)	4.00
37	大悟县(鄂)	3.00
38	茶陵县(湘)	200.00
39	桃源县(湘)	160.00
40	祁东县(湘)	130.00
41	岳阳县(湘)	100.00
42	鼎城区(湘)	90.00
43	云溪区(湘)	78.26
44	新化县(湘)	60.00
45	绥宁县(湘)	50.00
46	洪江市(湘)	50.00
47	新宁县(湘)	15.00
48	永兴县(湘)	10.60
49	南岳区(湘)	10.10
50	蓝山县(湘)	9.55

（续表）

序号	篙竹主产地	产量（万根）
51	城步苗族自治县(湘)	8.00
52	华容县(湘)	6.00
53	武冈市(湘)	2.95
54	隆回县(湘)	2.68
55	常德市市辖区(湘)	2.50
56	芷江侗族自治县(湘)	1.87
57	沅陵县(湘)	1.00
58	湘潭县(湘)	0.68
59	怀集县(粤)	4333.93
60	龙门县(粤)	3200.00
61	四会市(粤)	650.00
62	英德市(粤)	500.00
63	阳春市(粤)	500.00
64	仁化县(粤)	380.00
65	南雄市(粤)	244.85
66	和平县(粤)	180.00
67	翁源县(粤)	157.00
68	连平县(粤)	129.36
69	五华县(粤)	100.00
70	高州市(粤)	61.42
71	惠东县(粤)	60.00
72	云安区(粤)	50.00
73	连州市(粤)	30.00
74	曲江区(粤)	27.72
75	东源县(粤)	22.80
76	连南瑶族自治县(粤)	12.00
77	信宜市(粤)	9.00
78	新丰县(粤)	7.46
79	麻章区(粤)	4.20
80	防城区(桂)	1550.00
81	浦北县(桂)	1404.00
82	柳江区(桂)	1190.00
83	平乐县(桂)	979.26
84	苍梧县(桂)	629.00
85	钦南区(桂)	530.00
86	钦北区(桂)	445.00
87	全州县(桂)	319.00
88	灵川县(桂)	252.13
89	融安县(桂)	174.00
90	鹿寨县(桂)	173.00
91	荔浦市(桂)	156.70
92	博白县(桂)	152.73
93	恭城瑶族自治县(桂)	125.00
94	北流市(桂)	117.00
95	陆川县(桂)	100.00
96	灌阳县(桂)	90.05
97	兴宾区(桂)	86.00
98	灵山县(桂)	79.51
99	乐业县(桂)	55.00
100	蒙山县(桂)	52.00
101	龙胜各族自治县(桂)	51.00
102	巴马瑶族自治县(桂)	45.85
103	金城江区(桂)	27.79
104	容　县(桂)	20.00
105	田林县(桂)	16.72
106	隆林各族自治县(桂)	10.00
107	那坡县(桂)	8.63
108	凌云县(桂)	3.00
109	武宣县(桂)	1.50
110	琼山区(琼)	0.80
111	资中县(川)	10.00
112	邻水县(川)	7.50
113	台江县(黔)	17.00
114	威信县(滇)	121.00
115	汉滨区(陕)	20.00

表 5-3　藤类主产地产量

序号	藤类主产地	产量（万吨）
1	滨海县(苏)	0.80
2	东至县(皖)	12.70
3	潜山市(皖)	5.00
4	淮上区(皖)	3.00
5	石台县(皖)	0.58
6	瑞金市(赣)	11.60
7	武宁县(赣)	0.85
8	河东区(鲁)	0.80
9	渑池县(豫)	45.00
10	洛宁县(豫)	8.10
11	宁陵县(豫)	0.74
12	大悟县(鄂)	8.00
13	京山县(鄂)	3.00
14	涟源市(湘)	2.27
15	冷水江市(湘)	2.00
16	祁东县(湘)	0.80
17	龙川县(粤)	60.50
18	怀集县(粤)	59.06
19	惠东县(粤)	10.00
20	翁源县(粤)	2.14
21	阳春市(粤)	1.80
22	东源县(粤)	1.60
23	蒙山县(桂)	12.00
24	灵山县(桂)	0.80
25	沧源佤族自治县(滇)	50.00
26	南郑区(陕)	0.95

表 6-1　苹果主产地产量

序号	苹果主产地	产量（吨）
1	延庆区(京)	18117.00
2	顺义区(京)	17630.00
3	昌平区(京)	13189.30
4	密云区(京)	11789.50
5	通州区(京)	6322.80
6	门头沟区(京)	5665.00
7	平谷区(京)	3644.90
8	房山区(京)	3551.70
9	大兴区(京)	1357.00
10	武清区(津)	19994.00
11	静海区(津)	4370.15
12	围场满族蒙古族自治县(冀)	270000.00
13	深州市(冀)	169830.02
14	辛集市(冀)	73935.00
15	顺平县(冀)	45500.00
16	内丘县(冀)	43869.00
17	涿鹿县(冀)	41918.00
18	武邑县(冀)	30809.18
19	魏　县(冀)	27797.00
20	枣强县(冀)	25238.57
21	成安县(冀)	24483.00
22	饶阳县(冀)	24236.00
23	隆化县(冀)	23859.30
24	冀州区(冀)	20850.00
25	滦南县(冀)	17271.11
26	晋州市(冀)	16342.19
27	曲阳县(冀)	15003.00
28	安平县(冀)	12751.00
29	井陉县(冀)	12582.00
30	怀来县(冀)	11600.00
31	桃城区(冀)	11467.89
32	肥乡区(冀)	11436.00
33	曲周县(冀)	8379.00

(续表)

序号	苹果主产地	产量(吨)
34	香河县(冀)	8000.00
35	海港区(冀)	7459.46
36	清苑区(冀)	7066.51
37	永年区(冀)	5150.00
38	广平县(冀)	5000.00
39	大名县(冀)	4967.85
40	平山县(冀)	4621.00
41	景　县(冀)	3961.19
42	藁城区(冀)	3873.83
43	涞水县(冀)	3805.52
44	赞皇县(冀)	3522.00
45	故城县(冀)	3287.06
46	柏乡县(冀)	2931.77
47	涞源县(冀)	2919.00
48	任　县(冀)	2895.19
49	井陉矿区(冀)	2135.10
50	威　县(冀)	2000.00
51	涉　县(冀)	1890.00
52	清河县(冀)	1805.00
53	东光县(冀)	1624.20
54	邯山区(冀)	1070.95
55	秦皇岛开发区(冀)	1010.00
56	正定县(冀)	1007.00
57	阳曲县(晋)	16290.00
58	繁峙县(晋)	3300.00
59	杏花岭区(晋)	3114.00
60	晋源区(晋)	2750.00
61	忻府区(晋)	1545.70
62	尖草坪区(晋)	1470.00
63	小店区(晋)	1410.00
64	潞州区(晋)	1328.00
65	宁城县(内蒙古)	98000.00
66	开鲁县(内蒙古)	29878.00
67	阿鲁科尔沁旗(内蒙古)	23000.00
68	林西县(内蒙古)	15000.00
69	敖汉旗(内蒙古)	13987.00
70	准格尔旗(内蒙古)	12500.00
71	喀喇沁旗(内蒙古)	11140.00
72	松山区(内蒙古)	8200.00
73	土默特左旗(内蒙古)	5881.00
74	清水河县(内蒙古)	5000.00
75	元宝山区(内蒙古)	3900.00
76	集宁区(内蒙古)	2717.00
77	科尔沁左翼中旗(内蒙古)	2418.00

(续表)

序号	苹果主产地	产量(吨)
78	兴和县(内蒙古)	1796.00
79	红山区(内蒙古)	1550.00
80	扎鲁特旗(内蒙古)	1505.00
81	商都县(内蒙古)	1500.00
82	察哈尔右翼前旗(内蒙古)	1500.00
83	凉城县(内蒙古)	1271.75
84	瓦房店市(辽)	445611.00
85	盖州市(辽)	291422.00
86	台安县(辽)	120000.00
87	普兰店区(辽)	86918.00
88	朝阳县(辽)	53000.00
89	东港市(辽)	30986.00
90	铁岭县(辽)	30000.00
91	建平县(辽)	24000.00
92	喀喇沁左翼蒙古族自治县(辽)	18500.00
93	凤城市(辽)	17810.00
94	旅顺口区(辽)	15000.00
95	法库县(辽)	15000.00
96	新民市(辽)	12000.00
97	康平县(辽)	10780.00
98	抚顺县(辽)	7308.00
99	清原满族自治县(辽)	6050.00
100	沈北新区(辽)	5665.00
101	千山区(辽)	5113.00
102	龙城区(辽)	1930.00
103	振安区(辽)	1500.00
104	永吉县(吉)	11000.00
105	东丰县(吉)	10866.00
106	集安市(吉)	6345.00
107	磐石市(吉)	5533.00
108	蛟河市(吉)	5083.00
109	船营区(吉)	1800.00
110	宝清县(黑)	5954.20
111	七台河市市辖区(黑)	1693.00
112	丰　县(苏)	430000.00
113	沛　县(苏)	32000.00
114	沭阳县(苏)	22600.00
115	睢宁县(苏)	7113.00
116	邳州市(苏)	6520.00
117	铜山区(苏)	5937.00
118	响水县(苏)	2250.00
119	泗阳县(苏)	1100.00
120	砀山县(皖)	200000.00
121	烈山区(皖)	53360.00

(续表)

序号	苹果主产地	产量(吨)
122	灵璧县(皖)	8150.00
123	杜集区(皖)	7250.00
124	栖霞市(鲁)	2200000.00
125	蓬莱市(鲁)	1046000.00
126	牟平区(鲁)	640070.00
127	招远市(鲁)	485200.00
128	海阳市(鲁)	300000.00
129	荣成市(鲁)	280000.00
130	沂水县(鲁)	265511.00
131	莱阳市(鲁)	254580.00
132	龙口市(鲁)	221153.00
133	冠　县(鲁)	180000.00
134	新泰市(鲁)	85569.00
135	济南市南部山区(鲁)	65000.00
136	宁阳县(鲁)	64644.00
137	巨野县(鲁)	62510.00
138	威海市经济技术开发区(鲁)	57885.00
139	诸城市(鲁)	45500.00
140	临朐县(鲁)	42000.00
141	平阴县(鲁)	39125.35
142	乐陵市(鲁)	35206.00
143	寒亭区(鲁)	34350.00
144	惠民县(鲁)	32696.00
145	成武县(鲁)	28000.00
146	牡丹区(鲁)	26375.00
147	福山区(鲁)	26200.00
148	五莲县(鲁)	25754.00
149	肥城市(鲁)	24932.00
150	邹城市(鲁)	23100.00
151	莱山区(鲁)	22403.00
152	潍城区(鲁)	22050.00
153	寿光市(鲁)	18366.00
154	嘉祥县(鲁)	18150.00
155	费　县(鲁)	17561.00
156	利津县(鲁)	17009.00
157	曲阜市(鲁)	16000.00
158	岚山区(鲁)	15770.00
159	高密市(鲁)	14233.00
160	岱岳区(鲁)	11876.00
161	山亭区(鲁)	11420.00
162	莘　县(鲁)	11161.80
163	章丘区(鲁)	10020.00
164	梁山县(鲁)	9200.00
165	平原县(鲁)	8900.00

（续表）

序号	苹果主产地	产量（吨）
166	阳谷县(鲁)	8302.80
167	东平县(鲁)	8207.00
168	鄄城县(鲁)	8000.00
169	昌乐县(鲁)	8000.00
170	滨城区(鲁)	7748.00
171	泗水县(鲁)	7570.00
172	泰安市高新区(鲁)	7472.00
173	莒南县(鲁)	7368.00
174	沾化区(鲁)	6930.00
175	莱芜区(鲁)	6369.00
176	高青县(鲁)	6300.00
177	垦利区(鲁)	6300.00
178	昌邑市(鲁)	6163.00
179	临清市(鲁)	5900.00
180	泰山区(鲁)	5710.00
181	阳信县(鲁)	5513.00
182	山海天旅游度假区(鲁)	4950.00
183	夏津县(鲁)	4800.00
184	商河县(鲁)	4400.00
185	博兴县(鲁)	3757.00
186	河东区(鲁)	3732.00
187	钢城区(鲁)	3600.00
188	武城县(鲁)	3448.00
189	茌平县(鲁)	3378.50
190	齐河县(鲁)	3215.00
191	东明县(鲁)	3146.00
192	宁津县(鲁)	2677.00
193	坊子区(鲁)	2500.00
194	德城区(鲁)	2432.00
195	陵城区(鲁)	2087.50
196	临淄区(鲁)	1883.10
197	汶上县(鲁)	1700.00
198	长清区(鲁)	1650.00
199	临邑县(鲁)	1420.00
200	济南市市中区(鲁)	1300.00
201	青州市(鲁)	1200.00
202	济阳区(鲁)	1108.50
203	虞城县(豫)	450000.00
204	洛宁县(豫)	276500.00
205	南乐县(豫)	120248.00
206	夏邑县(豫)	64800.00
207	永城市(豫)	61810.00
208	滑　县(豫)	56835.86
209	通许县(豫)	45500.00

（续表）

序号	苹果主产地	产量（吨）
210	梁园区(豫)	30894.00
211	汤阴县(豫)	30000.00
212	民权县(豫)	30000.00
213	清丰县(豫)	18000.00
214	林州市(豫)	17940.00
215	兰考县(豫)	15000.00
216	中牟县(豫)	15000.00
217	龙安区(豫)	15000.00
218	宜阳县(豫)	11300.00
219	濮阳市高新区(豫)	10950.00
220	封丘县(豫)	9000.00
221	濮阳县(豫)	9000.00
222	汝阳县(豫)	8372.00
223	济源市(豫)	8000.00
224	原阳县(豫)	8000.00
225	祥符区(豫)	6000.00
226	伊川县(豫)	5865.00
227	杞　县(豫)	4850.00
228	延津县(豫)	4800.00
229	沁阳市(豫)	4250.00
230	获嘉县(豫)	3919.00
231	安阳县(豫)	3850.00
232	武陟县(豫)	3767.00
233	长垣县(豫)	3700.00
234	偃师市(豫)	3660.00
235	扶沟县(豫)	3633.00
236	睢阳区(豫)	3600.00
237	台前县(豫)	3500.00
238	孟州市(豫)	3337.00
239	范　县(豫)	3186.00
240	登封市(豫)	3000.00
241	柘城县(豫)	3000.00
242	卢氏县(豫)	2800.00
243	西华县(豫)	2300.00
244	焦作市市辖区(豫)	2100.00
245	新安县(豫)	1920.00
246	鹤山区(豫)	1700.00
247	凤泉区(豫)	1538.00
248	郸城县(豫)	1300.00
249	栾川县(豫)	1300.00
250	华龙区(豫)	1000.00
251	盐源县(川)	550000.00
252	万源市(川)	8205.00
253	会东县(川)	2900.00

（续表）

序号	苹果主产地	产量（吨）
254	昭觉县(川)	2650.00
255	木里藏族自治县(川)	2596.00
256	会理县(川)	2329.00
257	南江县(川)	1655.00
258	理　县(川)	1425.00
259	普格县(川)	1146.00
260	乡城县(川)	1050.00
261	桐梓县(黔)	1300.00
262	马龙区(滇)	51020.00
263	漾濞彝族自治县(滇)	7000.00
264	宾川县(滇)	5223.00
265	洱源县(滇)	5200.00
266	陆良县(滇)	4890.00
267	富源县(滇)	4478.60
268	石林彝族自治县(滇)	3707.00
269	古城区(滇)	3150.00
270	南华县(滇)	2650.00
271	永胜县(滇)	2311.90
272	个旧市(滇)	1474.00
273	宁蒗彝族自治县(滇)	1144.00
274	香格里拉市(滇)	1062.10
275	察雅县(藏)	4875.00
276	洛川县(陕)	936700.00
277	宝塔区(陕)	365720.00
278	扶风县(陕)	314395.00
279	延长县(陕)	290000.00
280	永寿县(陕)	257250.00
281	礼泉县(陕)	218595.00
282	韩城市林业局(陕)	126000.00
283	米脂县(陕)	118836.00
284	铜川市新区(陕)	66500.00
285	安塞区(陕)	47861.00
286	千阳县(陕)	41328.00
287	子洲县(陕)	7200.00
288	凤　县(陕)	5680.00
289	陈仓区(陕)	4910.00
290	绥德县(陕)	4350.00
291	旬阳县(陕)	2986.00
292	略阳县(陕)	2278.00
293	定边县(陕)	2050.00
294	眉　县(陕)	2003.00
295	甘谷县(甘)	658130.00
296	灵台县(甘)	180000.00
297	泾川县(甘)	138253.00

(续表)

序号	苹果主产地	产量(吨)
298	西峰区(甘)	71030.22
299	正宁县(甘)	64065.00
300	会宁县(甘)	57600.00
301	靖远县(甘)	33400.00
302	宁　县(甘)	30100.00
303	平川区(甘)	15500.00
304	肃州区(甘)	15260.00
305	景泰县(甘)	13800.00
306	华池县(甘)	10000.00
307	白银区(甘)	9750.00
308	金塔县(甘)	6932.00
309	高台县(甘)	5350.00
310	甘州区(甘)	1600.00
311	嘉峪关市(甘)	1542.00
312	临泽县(甘)	1522.00
313	化隆回族自治县(青)	3413.00
314	阿克苏市(新)	198664.00
315	温宿县(新)	147000.00
316	泽普县(新)	67337.58
317	莎车县(新)	15726.00
318	沙湾县(新)	13000.00
319	英吉沙县(新)	3703.95
320	乌什县(新)	2802.00
321	塔城市(新)	2680.00
322	阜康市(新)	2475.00
323	昌吉市(新)	1170.00
324	博乐市(新)	1134.00

表 6-2　梨主产地产量

序号	梨主产地	产量(吨)
1	大兴区(京)	33882.00
2	密云区(京)	23089.80
3	顺义区(京)	21500.00
4	房山区(京)	13323.50
5	平谷区(京)	10174.80
6	通州区(京)	8325.40
7	怀柔区(京)	1905.20
8	门头沟区(京)	1661.40
9	昌平区(京)	1579.00
10	西青区(津)	23150.00
11	静海区(津)	13869.55
12	武清区(津)	2726.00
13	东丽区(津)	1262.00

(续表)

序号	梨主产地	产量(吨)
14	晋州市(冀)	584653.83
15	深州市(冀)	291865.17
16	辛集市(冀)	275367.00
17	藁城区(冀)	211999.20
18	魏　县(冀)	196205.00
19	曲阳县(冀)	64877.00
20	饶阳县(冀)	36152.00
21	威　县(冀)	30000.00
22	阜城县(冀)	28287.00
23	冀州区(冀)	21110.00
24	成安县(冀)	19179.00
25	广平县(冀)	18000.00
26	涿州市(冀)	15666.60
27	涿鹿县(冀)	12263.00
28	高碑店市(冀)	12200.00
29	肥乡区(冀)	9691.00
30	滦南县(冀)	9501.83
31	隆化县(冀)	8434.00
32	新乐市(冀)	7016.00
33	枣强县(冀)	6875.39
34	清苑区(冀)	6758.60
35	柏乡县(冀)	5957.92
36	大名县(冀)	5764.00
37	曲周县(冀)	4987.00
38	怀来县(冀)	4900.00
39	武邑县(冀)	3318.58
40	永年区(冀)	3100.00
41	景　县(冀)	3087.80
42	故城县(冀)	2920.32
43	围场满族蒙古族自治县(冀)	2600.00
44	东光县(冀)	2362.97
45	桃城区(冀)	2111.95
46	赞皇县(冀)	1433.00
47	海港区(冀)	1281.77
48	秦皇岛开发区(冀)	1120.00
49	无极县(冀)	1100.00
50	丰宁满族自治县(冀)	1000.00
51	清徐县(晋)	12500.00
52	晋源区(晋)	2415.00
53	忻府区(晋)	2182.60
54	尖草坪区(晋)	1340.00
55	临河区(内蒙古)	27570.00
56	宁城县(内蒙古)	27000.00
57	喀喇沁旗(内蒙古)	16200.00

(续表)

序号	梨主产地	产量(吨)
58	杭锦后旗(内蒙古)	15000.00
59	开鲁县(内蒙古)	5860.00
60	土默特左旗(内蒙古)	4448.00
61	敖汉旗(内蒙古)	2637.00
62	林西县(内蒙古)	2000.00
63	奈曼旗(内蒙古)	1350.00
64	松山区(内蒙古)	1095.00
65	海城市(辽)	274000.00
66	千山区(辽)	116214.00
67	建平县(辽)	82000.00
68	朝阳县(辽)	10000.00
69	旅顺口区(辽)	10000.00
70	东港市(辽)	9694.00
71	喀喇沁左翼蒙古族自治县(辽)	9000.00
72	凤城市(辽)	7627.00
73	瓦房店市(辽)	7157.60
74	沈北新区(辽)	6082.00
75	清原满族自治县(辽)	4100.00
76	法库县(辽)	2000.00
77	东洲区(辽)	1910.00
78	龙井市(吉)	22030.00
79	延吉市(吉)	17650.00
80	和龙市(吉)	4690.00
81	梅河口市(吉)	3000.00
82	宝清县(黑)	1750.00
83	龙江县(黑)	1100.00
84	崇明区(沪)	10060.00
85	奉贤区(沪)	9068.60
86	浦东新区(沪)	7794.70
87	金山区(沪)	4425.40
88	松江区(沪)	1827.00
89	青浦区(沪)	1713.10
90	丰　县(苏)	100000.00
91	如东县(苏)	37744.00
92	铜山区(苏)	26044.00
93	睢宁县(苏)	25980.00
94	灌南县(苏)	17885.00
95	江阴市(苏)	13200.00
96	盐都区(苏)	10200.00
97	海安市(苏)	9800.00
98	沛　县(苏)	9430.00
99	宿豫区(苏)	8965.00
100	赣榆区(苏)	8087.00
101	建湖县(苏)	7492.00

（续表）

序号	梨主产地	产量（吨）
102	泗洪县(苏)	7012.00
103	宜兴市(苏)	6401.00
104	启东市(苏)	5117.00
105	高邮市(苏)	4600.00
106	兴化市(苏)	4500.00
107	响水县(苏)	4250.00
108	沭阳县(苏)	4050.00
109	吴江区(苏)	4000.00
110	泰兴市(苏)	3800.00
111	浦口区(苏)	3658.00
112	靖江市(苏)	3200.00
113	泗阳县(苏)	3000.00
114	张家港市(苏)	2960.00
115	邳州市(苏)	2663.00
116	东台市(苏)	2400.00
117	仪征市(苏)	2360.00
118	江都区(苏)	2250.00
119	昆山市(苏)	2200.00
120	清江浦区(苏)	1800.00
121	灌云县(苏)	1550.00
122	淮安区(苏)	1500.00
123	宿城区(苏)	1375.00
124	姜堰区(苏)	1106.50
125	秀洲区(浙)	28477.00
126	海宁市(浙)	26550.00
127	建德市(浙)	16570.00
128	武义县(浙)	16114.00
129	余杭区(浙)	14019.00
130	义乌市(浙)	11892.00
131	上虞区(浙)	10422.00
132	金东区(浙)	9240.00
133	桐乡市(浙)	8093.00
134	淳安县(浙)	5931.00
135	永康市(浙)	5670.00
136	文成县(浙)	5020.00
137	浦江县(浙)	4825.00
138	松阳县(浙)	3776.00
139	青田县(浙)	3616.00
140	平湖市(浙)	3024.00
141	长兴县(浙)	2987.00
142	南湖区(浙)	2930.00
143	吴兴区(浙)	2731.00
144	婺城区(浙)	2640.00
145	安吉县(浙)	2551.00

（续表）

序号	梨主产地	产量（吨）
146	嵊州市(浙)	2000.00
147	莲都区(浙)	1952.00
148	温岭市(浙)	1571.50
149	柯桥区(浙)	1500.00
150	萧山区(浙)	1050.00
151	砀山县(皖)	100000.00
152	灵璧县(皖)	20478.00
153	广德县(皖)	20000.00
154	杜集区(皖)	10560.00
155	固镇县(皖)	10000.00
156	烈山区(皖)	8357.00
157	颍上县(皖)	7800.00
158	五河县(皖)	6283.20
159	怀远县(皖)	6174.00
160	阜南县(皖)	5600.00
161	蒙城县(皖)	5200.00
162	蜀山区(皖)	4633.00
163	长丰县(皖)	4125.00
164	庐江县(皖)	2745.00
165	凤阳县(皖)	2050.00
166	淮上区(皖)	2000.00
167	东至县(皖)	1570.00
168	和　县(皖)	1500.00
169	歙　县(皖)	1430.00
170	颍泉区(皖)	1380.00
171	南谯区(皖)	1200.00
172	金溪县(赣)	35050.00
173	玉山县(赣)	10400.00
174	新干县(赣)	9273.00
175	黎川县(赣)	5169.00
176	高安市(赣)	4800.00
177	袁州区(赣)	4500.00
178	靖安县(赣)	4104.00
179	定南县(赣)	2854.00
180	余江区(赣)	2700.00
181	兴国县(赣)	2611.00
182	于都县(赣)	2002.00
183	吉水县(赣)	1699.00
184	永修县(赣)	1620.00
185	安福县(赣)	1602.00
186	永丰县(赣)	1575.00
187	奉新县(赣)	1407.00
188	会昌县(赣)	1349.00
189	湘东区(赣)	1320.00

（续表）

序号	梨主产地	产量（吨）
190	南城县(赣)	1220.00
191	大余县(赣)	1177.00
192	赣县区(赣)	1100.00
193	上饶县(赣)	1006.00
194	阳信县(鲁)	149708.00
195	冠　县(鲁)	130000.00
196	龙口市(鲁)	94180.00
197	诸城市(鲁)	40355.00
198	栖霞市(鲁)	28570.00
199	济南市南部山区(鲁)	28500.00
200	蓬莱市(鲁)	27473.00
201	海阳市(鲁)	24400.00
202	梁山县(鲁)	20000.00
203	惠民县(鲁)	18813.00
204	昌邑市(鲁)	11576.00
205	岱岳区(鲁)	10985.00
206	齐河县(鲁)	9334.00
207	沂水县(鲁)	9275.00
208	招远市(鲁)	9000.00
209	临朐县(鲁)	9000.00
210	邹城市(鲁)	8500.00
211	高唐县(鲁)	8020.00
212	新泰市(鲁)	7940.00
213	荣成市(鲁)	7500.00
214	牟平区(鲁)	6937.00
215	嘉祥县(鲁)	6560.00
216	商河县(鲁)	6354.00
217	曲阜市(鲁)	6000.00
218	河东区(鲁)	5734.22
219	高密市(鲁)	5527.00
220	夏津县(鲁)	5013.00
221	宁阳县(鲁)	4928.00
222	费　县(鲁)	4842.00
223	牡丹区(鲁)	4124.00
224	利津县(鲁)	4010.00
225	泰安市高新区(鲁)	3400.00
226	阳谷县(鲁)	3180.00
227	莱芜区(鲁)	3124.00
228	莒南县(鲁)	3055.20
229	淄川区(鲁)	2850.00
230	山亭区(鲁)	2790.00
231	岚山区(鲁)	2560.00
232	临清市(鲁)	2487.00
233	莘　县(鲁)	2252.84

(续表)

序号	梨主产地	产量(吨)
234	德城区(鲁)	2216.00
235	桓台县(鲁)	2100.00
236	滨城区(鲁)	1880.00
237	泗水县(鲁)	1835.00
238	鱼台县(鲁)	1630.00
239	济阳区(鲁)	1627.60
240	鄄城县(鲁)	1600.00
241	威海市经济技术开发区(鲁)	1520.00
242	坊子区(鲁)	1500.00
243	长清区(鲁)	1466.00
244	汶上县(鲁)	1350.00
245	巨野县(鲁)	1300.00
246	平原县(鲁)	1300.00
247	兖州区(鲁)	1300.00
248	东明县(鲁)	1232.00
249	广饶县(鲁)	1181.00
250	章丘区(鲁)	1050.00
251	永城市(豫)	88240.00
252	虞城县(豫)	60000.00
253	兰考县(豫)	40000.00
254	民权县(豫)	39000.00
255	滑　县(豫)	34610.31
256	洛宁县(豫)	20100.00
257	梁园区(豫)	18320.00
258	西华县(豫)	18000.00
259	孟津县(豫)	15000.00
260	南乐县(豫)	14360.00
261	长垣县(豫)	14200.00
262	商水县(豫)	12870.00
263	唐河县(豫)	12500.00
264	清丰县(豫)	12000.00
265	舞钢市(豫)	11130.00
266	方城县(豫)	10000.00
267	确山县(豫)	9900.00
268	社旗县(豫)	9750.00
269	正阳县(豫)	9000.00
270	济源市(豫)	9000.00
271	鲁山县(豫)	8060.00
272	汝阳县(豫)	8025.00
273	南召县(豫)	8000.00
274	项城市(豫)	8000.00
275	鄢陵县(豫)	7932.00
276	濮阳县(豫)	7250.00
277	太康县(豫)	6225.00

(续表)

序号	梨主产地	产量(吨)
278	舞阳县(豫)	6200.00
279	夏邑县(豫)	6000.00
280	原阳县(豫)	6000.00
281	卫辉市(豫)	5800.00
282	杞　县(豫)	5610.00
283	新野县(豫)	5500.00
284	宜阳县(豫)	4750.00
285	扶沟县(豫)	4711.00
286	栾川县(豫)	4500.00
287	沁阳市(豫)	4246.00
288	上蔡县(豫)	4135.00
289	获嘉县(豫)	3838.60
290	息　县(豫)	3650.00
291	汤阴县(豫)	3500.00
292	延津县(豫)	3000.00
293	柘城县(豫)	3000.00
294	登封市(豫)	3000.00
295	孟州市(豫)	2842.00
296	通许县(豫)	2770.00
297	林州市(豫)	2700.00
298	新蔡县(豫)	2650.00
299	祥符区(豫)	2600.00
300	潢川县(豫)	2560.00
301	市辖区(豫)	2511.00
302	渑池县(豫)	2335.00
303	平桥区(豫)	2250.00
304	新密市(豫)	2180.00
305	偃师市(豫)	2070.00
306	卢氏县(豫)	2000.00
307	遂平县(豫)	1780.00
308	睢阳区(豫)	1777.50
309	襄城县(豫)	1666.00
310	新　县(豫)	1560.00
311	郸城县(豫)	1470.00
312	嵩　县(豫)	1400.00
313	源汇区(豫)	1350.00
314	台前县(豫)	1300.00
315	淇　县(豫)	1300.00
316	新安县(豫)	1090.00
317	枝江市(鄂)	56221.00
318	钟祥市(鄂)	50985.00
319	京山县(鄂)	30000.00
320	咸丰县(鄂)	13636.00
321	宜城市(鄂)	11475.00

(续表)

序号	梨主产地	产量(吨)
322	监利县(鄂)	10000.00
323	仙桃市(鄂)	8400.00
324	蔡甸区(鄂)	8370.00
325	枣阳市(鄂)	6800.00
326	老河口市(鄂)	6700.00
327	襄州区(鄂)	6345.00
328	随　县(鄂)	5672.00
329	鹤峰县(鄂)	5500.00
330	新洲区(鄂)	4125.00
331	沙洋县(鄂)	3600.00
332	宣恩县(鄂)	3200.00
333	罗田县(鄂)	3200.00
334	五峰土家族自治县(鄂)	3020.00
335	应城市(鄂)	3000.00
336	通山县(鄂)	2330.00
337	汉川市(鄂)	2250.00
338	东宝区(鄂)	2000.00
339	阳新县(鄂)	1595.00
340	建始县(鄂)	1500.00
341	秭归县(鄂)	1500.00
342	巴东县(鄂)	1400.00
343	黄梅县(鄂)	1200.00
344	洪江市(湘)	59985.00
345	涟源市(湘)	54860.00
346	新化县(湘)	45000.00
347	中方县(湘)	13965.00
348	靖州苗族侗族自治县(湘)	8325.00
349	绥宁县(湘)	6330.00
350	溆浦县(湘)	4760.00
351	耒阳市(湘)	3150.00
352	赫山区(湘)	2680.00
353	大祥区(湘)	2675.00
354	石门县(湘)	2520.00
355	炎陵县(湘)	2274.00
356	蓝山县(湘)	2000.00
357	辰溪县(湘)	1550.00
358	衡东县(湘)	1500.00
359	洪江区(湘)	1242.00
360	连州市(粤)	31944.00
361	惠来县(粤)	4545.00
362	五华县(粤)	3729.00
363	阳山县(粤)	1437.00
364	灌阳县(桂)	130729.70
365	全州县(桂)	44999.00

（续表）

序号	梨主产地	产量（吨）
366	柳江区(桂)	18302.00
367	灵山县(桂)	17150.00
368	兴宾区(桂)	11876.00
369	平乐县(桂)	9103.00
370	临桂区(桂)	8790.00
371	恭城瑶族自治县(桂)	8788.00
372	龙胜各族自治县(桂)	3598.00
373	鹿寨县(桂)	2204.00
374	那坡县(桂)	1566.22
375	武宣县(桂)	1214.00
376	天峨县(桂)	1119.80
377	苍溪县(川)	49340.00
378	华蓥市(川)	23780.00
379	南溪区(川)	19200.00
380	会理县(川)	19123.00
381	邻水县(川)	15800.00
382	仪陇县(川)	14400.00
383	翠屏区(川)	12880.00
384	万源市(川)	12100.00
385	高　县(川)	12049.00
386	安州区(川)	12000.00
387	金堂县(川)	11268.00
388	大英县(川)	9225.00
389	青白江区(川)	9000.00
390	乐至县(川)	9000.00
391	会东县(川)	8050.00
392	绵竹市(川)	7200.00
393	彭州市(川)	6850.00
394	游仙区(川)	6795.00
395	旌阳区(川)	6100.00
396	雁江区(川)	6030.40
397	南江县(川)	6025.00
398	罗江区(川)	6000.00
399	通川区(川)	5000.00
400	威远县(川)	4665.00
401	古蔺县(川)	4000.00
402	阆中市(川)	3800.00
403	西充县(川)	3600.00
404	西昌市(川)	3350.20
405	巴州区(川)	3245.00
406	中江县(川)	3000.00
407	崇州市(川)	2810.00
408	平昌县(川)	2770.00
409	江安县(川)	2700.00

（续表）

序号	梨主产地	产量（吨）
410	宁南县(川)	2250.00
411	兴文县(川)	2243.00
412	昭觉县(川)	2240.00
413	屏山县(川)	2000.00
414	雷波县(川)	1800.00
415	嘉陵区(川)	1600.00
416	盐亭县(川)	1400.00
417	江油市(川)	1385.00
418	珙　县(川)	1278.00
419	三穗县(黔)	24078.00
420	兴义市(黔)	18000.00
421	黎平县(黔)	12188.70
422	桐梓县(黔)	6900.00
423	遵义市市辖区(黔)	6895.00
424	播州区(黔)	5045.00
425	天柱县(黔)	5000.00
426	普安县(黔)	2616.00
427	三都水族自治县(黔)	2565.00
428	汇川区(黔)	2400.00
429	荔波县(黔)	1943.00
430	仁怀市(黔)	1460.00
431	独山县(黔)	1420.00
432	道真仡佬族苗族自治县(黔)	1372.00
433	凤冈县(黔)	1150.00
434	开远市(滇)	168230.00
435	泸西县(滇)	60000.00
436	陆良县(滇)	32150.00
437	巍山彝族回族自治县(滇)	27993.00
438	永胜县(滇)	24621.20
439	麒麟区(滇)	16000.00
440	安宁市(滇)	14800.00
441	马龙区(滇)	13550.00
442	洱源县(滇)	9250.00
443	南华县(滇)	9000.00
444	漾濞彝族自治县(滇)	8000.00
445	石林彝族自治县(滇)	7098.00
446	牟定县(滇)	6200.00
447	永平县(滇)	5700.00
448	楚雄市(滇)	4549.00
449	江川区(滇)	4529.50
450	宾川县(滇)	4178.40
451	文山市(滇)	3902.00
452	富源县(滇)	3371.60
453	鹤庆县(滇)	3335.40

（续表）

序号	梨主产地	产量（吨）
454	丘北县(滇)	2235.00
455	元江哈尼族彝族傣族自治县(滇)	2016.00
456	新平彝族傣族自治县(滇)	1677.90
457	马关县(滇)	1648.00
458	双柏县(滇)	1533.00
459	元阳县(滇)	1419.00
460	云龙县(滇)	1202.00
461	施甸县(滇)	1110.00
462	元谋县(滇)	1095.00
463	大姚县(滇)	1063.00
464	香格里拉市(滇)	1048.10
465	永德县(滇)	1030.20
466	延长县(陕)	21000.00
467	米脂县(陕)	14012.00
468	阎良区(陕)	9724.00
469	洋　县(陕)	6552.00
470	绥德县(陕)	4310.00
471	南郑区(陕)	3600.00
472	略阳县(陕)	3283.00
473	子洲县(陕)	3100.00
474	旬阳县(陕)	1709.00
475	汉滨区(陕)	1413.00
476	永寿县(陕)	1323.00
477	陈仓区(陕)	1180.00
478	景泰县(甘)	65200.00
479	甘州区(甘)	20000.00
480	甘谷县(甘)	19350.00
481	金塔县(甘)	17275.00
482	肃州区(甘)	14742.00
483	靖远县(甘)	10500.00
484	高台县(甘)	9100.00
485	陇西县(甘)	3844.41
486	临泽县(甘)	3436.35
487	山丹县(甘)	2700.00
488	嘉峪关市(甘)	2606.00
489	敦煌市(甘)	1412.10
490	民乐县(甘)	1000.00
491	同仁县(青)	3500.00
492	化隆回族自治县(青)	1890.00
493	库尔勒市(新)	214082.00
494	新和县(新)	24205.40
495	伽师县(新)	2684.00

表 6-3　桃主产地产量

(续表)

序号	桃主产地	产量(吨)
1	平谷区(京)	199719.40
2	大兴区(京)	24167.00
3	通州区(京)	10548.50
4	顺义区(京)	5500.00
5	房山区(京)	5332.90
6	昌平区(京)	3175.10
7	密云区(京)	2551.00
8	怀柔区(京)	1780.90
9	海淀区(京)	1263.40
10	静海区(津)	18792.55
11	武清区(津)	17580.00
12	宝坻区(津)	5770.00
13	顺平县(冀)	204700.00
14	深州市(冀)	126077.23
15	广宗县(冀)	60000.00
16	辛集市(冀)	30289.00
17	魏　县(冀)	21424.00
18	定兴县(冀)	20428.00
19	饶阳县(冀)	17535.00
20	成安县(冀)	10353.00
21	香河县(冀)	10085.00
22	滦南县(冀)	8886.06
23	肥乡区(冀)	8324.00
24	大名县(冀)	7336.76
25	冀州区(冀)	7000.00
26	晋州市(冀)	6659.40
27	安平县(冀)	4915.00
28	怀来县(冀)	4550.00
29	竞秀区(冀)	4543.00
30	景　县(冀)	4032.54
31	广平县(冀)	4000.00
32	曲阳县(冀)	3710.00
33	邯山区(冀)	3560.67
34	涞水县(冀)	3454.85
35	涿州市(冀)	3438.24
36	阜城县(冀)	3261.00
37	永年区(冀)	3150.00
38	高碑店市(冀)	2581.00
39	海港区(冀)	2181.75
40	桃城区(冀)	2069.65
41	威　县(冀)	2000.00
42	北戴河区(冀)	1862.50
43	清苑区(冀)	1833.45
44	阜平县(冀)	1781.00
45	隆化县(冀)	1582.00
46	栾城区(冀)	1509.00
47	井陉县(冀)	1472.00
48	任　县(冀)	1460.42
49	丛台区(冀)	1440.00
50	藁城区(冀)	1350.10
51	新乐市(冀)	1334.00
52	武强县(冀)	1243.00
53	故城县(冀)	1119.59
54	平山县(冀)	1117.00
55	晋源区(晋)	1650.00
56	尖草坪区(晋)	1100.00
57	阳曲县(晋)	1072.00
58	准格尔旗(内蒙古)	4800.00
59	宁城县(内蒙古)	3224.00
60	瓦房店市(辽)	230831.00
61	普兰店区(辽)	70726.40
62	东港市(辽)	16608.00
63	振安区(辽)	5000.00
64	朝阳县(辽)	2000.00
65	凤城市(辽)	1570.00
66	喀喇沁左翼蒙古族自治县(辽)	1450.00
67	盖州市(辽)	1422.00
68	集安市(吉)	2501.00
69	浦东新区(沪)	23444.70
70	奉贤区(沪)	14059.50
71	金山区(沪)	11396.40
72	崇明区(沪)	10401.00
73	青浦区(沪)	2648.40
74	嘉定区(沪)	1380.30
76	丰　县(苏)	62000.00
77	铜山区(苏)	43904.00
78	邳州市(苏)	39350.00
79	如东县(苏)	36989.00
80	贾汪区(苏)	27520.00
81	泗洪县(苏)	22500.00
82	沛　县(苏)	18850.00
83	江阴市(苏)	15000.00
84	盐都区(苏)	13500.00
85	睢宁县(苏)	8238.00
86	滨湖区(苏)	7600.00
87	兴化市(苏)	7390.00
88	张家港市(苏)	5679.00
89	宜兴市(苏)	4586.00
90	江都区(苏)	3790.00
91	建湖县(苏)	3761.00
92	浦口区(苏)	3658.00
93	高邮市(苏)	3500.00
94	姜堰区(苏)	3440.20
95	靖江市(苏)	3300.00
96	泰兴市(苏)	3200.00
97	启东市(苏)	3157.00
98	泗阳县(苏)	3000.00
99	盱眙县(苏)	3000.00
100	吴江区(苏)	3000.00
101	灌南县(苏)	2932.00
102	吴中区(苏)	2803.10
103	淮阴区(苏)	2453.00
104	通州区(苏)	2400.00
105	连云区(苏)	2400.00
106	昆山市(苏)	2263.00
107	仪征市(苏)	2112.00
108	扬中市(苏)	2050.00
109	宿豫区(苏)	1998.00
110	海安市(苏)	1800.00
111	如皋市(苏)	1600.00
112	海门市(苏)	1243.00
113	灌云县(苏)	1100.00
114	广陵区(苏)	1020.00
115	莲都区(浙)	44559.00
116	嵊州市(浙)	25000.00
117	长兴县(浙)	21230.00
118	义乌市(浙)	17222.00
119	淳安县(浙)	11493.00
120	建德市(浙)	11445.00
121	秀洲区(浙)	10895.00
122	海宁市(浙)	10290.00
123	南湖区(浙)	9968.00
124	金东区(浙)	9395.00
125	余杭区(浙)	7946.00
126	上虞区(浙)	7648.00
127	桐乡市(浙)	7518.00
128	吴兴区(浙)	6585.00
129	永康市(浙)	6200.00
130	平湖市(浙)	4609.00
131	松阳县(浙)	3422.00
132	婺城区(浙)	3384.00
133	柯桥区(浙)	2400.00

（续表）

序号	桃主产地	产量（吨）
134	三门县(浙)	2215.00
135	浦江县(浙)	1623.00
136	萧山区(浙)	1560.00
137	温岭市(浙)	1413.50
138	衢江区(浙)	1211.00
139	砀山县(皖)	300000.00
140	长丰县(皖)	33750.00
141	肥西县(皖)	30928.00
142	明光市(皖)	30300.00
143	肥东县(皖)	23199.00
144	濉溪县(皖)	13615.00
145	定远县(皖)	12896.25
146	凤阳县(皖)	12375.00
147	烈山区(皖)	11718.00
148	庐江县(皖)	11350.00
149	颍上县(皖)	11040.00
150	来安县(皖)	10689.00
151	颍泉区(皖)	9637.00
152	相山区(皖)	9560.00
153	灵璧县(皖)	9455.00
154	当涂县(皖)	7543.00
155	全椒县(皖)	7467.00
156	南谯区(皖)	5850.00
157	望江县(皖)	4800.00
158	颍东区(皖)	4000.00
159	巢湖市(皖)	3800.00
160	琅琊区(皖)	3400.00
161	阜南县(皖)	3375.00
162	界首市(皖)	3000.00
163	含山县(皖)	2800.00
164	青阳县(皖)	2566.00
165	宣州区(皖)	2478.00
166	太湖县(皖)	2453.00
167	固镇县(皖)	2100.00
168	芜湖县(皖)	1850.00
169	东至县(皖)	1736.00
170	歙　县(皖)	1730.00
171	桐城市(皖)	1725.00
172	博望区(皖)	1182.00
173	旌德县(皖)	1000.00
174	玉山县(赣)	5000.00
175	会昌县(赣)	4921.00
176	龙南县(赣)	3548.00
177	永修县(赣)	2430.00

（续表）

序号	桃主产地	产量（吨）
178	于都县(赣)	2220.00
179	赣县区(赣)	1682.00
180	新干县(赣)	1473.00
181	高安市(赣)	1350.00
182	上栗县(赣)	1032.00
183	临朐县(鲁)	150000.00
184	沂水县(鲁)	148580.00
185	济南市南部山区(鲁)	132330.00
186	肥城市(鲁)	107157.00
187	费　县(鲁)	100019.00
188	新泰市(鲁)	76437.00
189	山亭区(鲁)	72720.00
190	邹城市(鲁)	61400.00
191	青州市(鲁)	57270.00
192	冠　县(鲁)	56000.00
193	诸城市(鲁)	51200.00
194	钢城区(鲁)	47600.00
195	莱阳市(鲁)	35689.00
196	泗水县(鲁)	28687.00
197	鱼台县(鲁)	26140.00
198	枣庄市市中区(鲁)	25447.50
199	蓬莱市(鲁)	25250.00
200	岱岳区(鲁)	22615.00
201	海阳市(鲁)	22500.00
202	历城区(鲁)	22000.00
203	昌乐县(鲁)	22000.00
204	惠民县(鲁)	21010.00
205	鄄城县(鲁)	21000.00
206	莱芜区(鲁)	20617.00
207	五莲县(鲁)	20530.00
208	宁阳县(鲁)	15465.00
209	寿光市(鲁)	15380.00
210	荣成市(鲁)	15000.00
211	夏津县(鲁)	14446.00
212	河东区(鲁)	12385.00
213	东平县(鲁)	12314.00
214	栖霞市(鲁)	12000.00
215	微山县(鲁)	11000.00
216	长清区(鲁)	10650.00
217	嘉祥县(鲁)	9360.00
218	高青县(鲁)	9100.00
219	曲阜市(鲁)	9000.00
220	招远市(鲁)	8500.00
221	昌邑市(鲁)	8380.00

（续表）

序号	桃主产地	产量（吨）
222	莒南县(鲁)	8218.60
223	峄城区(鲁)	8160.00
224	成武县(鲁)	8000.00
225	高密市(鲁)	6816.00
226	坊子区(鲁)	6000.00
227	德城区(鲁)	5876.00
228	齐河县(鲁)	5502.00
229	梁山县(鲁)	5288.00
230	牡丹区(鲁)	5246.00
231	济南市市中区(鲁)	5051.00
232	莱山区(鲁)	4638.00
233	潍城区(鲁)	4500.00
234	垦利区(鲁)	4375.00
235	牟平区(鲁)	4193.00
236	淄川区(鲁)	4100.00
237	平原县(鲁)	4100.00
238	临邑县(鲁)	3610.00
239	章丘区(鲁)	3475.00
240	平阴县(鲁)	3425.10
241	武城县(鲁)	3134.00
242	临清市(鲁)	3058.00
243	巨野县(鲁)	3000.00
244	汶上县(鲁)	3000.00
245	临淄区(鲁)	2846.70
246	阳谷县(鲁)	2371.00
247	茌平县(鲁)	2311.00
248	兖州区(鲁)	2000.00
249	利津县(鲁)	1939.00
250	东明县(鲁)	1925.00
251	泰安市高新区(鲁)	1645.00
252	广饶县(鲁)	1515.00
253	乐陵市(鲁)	1423.00
254	商河县(鲁)	1350.00
255	陵城区(鲁)	1334.00
256	虞城县(豫)	140000.00
257	西华县(豫)	94455.00
258	内乡县(豫)	83500.00
259	唐河县(豫)	79800.00
260	滑　县(豫)	37605.61
261	原阳县(豫)	35000.00
262	兰考县(豫)	35000.00
263	武陟县(豫)	30583.00
264	永城市(豫)	29400.00
265	南召县(豫)	25807.00

(续表)

序号	桃主产地	产量(吨)
266	光山县(豫)	23450.00
267	太康县(豫)	15880.00
268	汝阳县(豫)	15002.00
269	方城县(豫)	15000.00
270	民权县(豫)	14000.00
271	栾川县(豫)	12950.00
272	扶沟县(豫)	12364.00
273	濮阳市高新区(豫)	12275.00
274	延津县(豫)	12000.00
275	鲁山县(豫)	11582.00
276	宜阳县(豫)	11408.00
277	确山县(豫)	11000.00
278	济源市(豫)	9200.00
279	嵩　县(豫)	9120.00
280	洛宁县(豫)	9100.00
281	舞钢市(豫)	8730.00
282	项城市(豫)	8000.00
283	新野县(豫)	8000.00
284	登封市(豫)	7600.00
285	潢川县(豫)	7450.00
286	长垣县(豫)	6900.00
287	汤阴县(豫)	6900.00
288	遂平县(豫)	6350.00
289	夏邑县(豫)	6000.00
290	孟津县(豫)	6000.00
291	伊川县(豫)	5610.00
292	杞　县(豫)	5600.00
293	商水县(豫)	5430.00
294	新密市(豫)	5300.00
295	山城区(豫)	4900.00
296	卢氏县(豫)	4500.00
297	孟州市(豫)	4249.00
298	封丘县(豫)	4200.00
299	睢阳区(豫)	4020.00
300	通许县(豫)	3950.00
301	濮阳县(豫)	3350.00
302	获嘉县(豫)	3060.00
303	上蔡县(豫)	2990.00
304	湛河区(豫)	2890.00
305	襄城县(豫)	2836.00
306	市辖区(豫)	2829.00
307	郸城县(豫)	2750.00
308	社旗县(豫)	2590.00
309	新蔡县(豫)	2466.00
310	淇滨区(豫)	2340.00
311	渑池县(豫)	2335.00
312	新安县(豫)	2280.00
313	正阳县(豫)	2000.00
314	柘城县(豫)	2000.00
315	禹王台区(豫)	1850.00
316	平桥区(豫)	1800.00
317	中牟县(豫)	1800.00
318	台前县(豫)	1600.00
319	叶　县(豫)	1550.00
320	新　县(豫)	1356.00
321	安阳县(豫)	1050.00
322	枣阳市(鄂)	260000.00
323	宜城市(鄂)	94725.00
324	随　县(鄂)	51627.00
325	枝江市(鄂)	34000.00
326	屈家岭管理区(鄂)	25740.00
327	钟祥市(鄂)	21360.00
328	老河口市(鄂)	20000.00
329	监利县(鄂)	13000.00
330	襄州区(鄂)	11169.00
331	沙洋县(鄂)	10800.00
332	江陵县(鄂)	10000.00
333	安陆市(鄂)	9853.00
334	当阳市(鄂)	9687.00
335	蔡甸区(鄂)	7484.00
336	新洲区(鄂)	7110.00
337	秭归县(鄂)	6000.00
338	京山县(鄂)	5500.00
339	阳新县(鄂)	4185.00
340	鹤峰县(鄂)	3500.00
341	巴东县(鄂)	3360.00
342	仙桃市(鄂)	3300.00
343	赤壁市(鄂)	2400.00
344	汉川市(鄂)	2400.00
345	襄城区(鄂)	2200.00
346	孝昌县(鄂)	1900.00
347	掇刀区(鄂)	1900.00
348	丹江口市(鄂)	1800.00
349	通城县(鄂)	1700.00
350	谷城县(鄂)	1670.00
351	宜都市(鄂)	1669.00
352	浠水县(鄂)	1636.00
353	南漳县(鄂)	1583.00
354	郧西县(鄂)	1500.00
355	云梦县(鄂)	1300.00
356	大冶市(鄂)	1210.00
357	东宝区(鄂)	1200.00
358	应城市(鄂)	1200.00
359	郧阳区(鄂)	1000.00
360	洪江市(湘)	59985.00
361	邵东县(湘)	19000.00
362	澧　县(湘)	15250.00
363	赫山区(湘)	7100.00
364	永定区(湘)	5900.00
365	津市市(湘)	5625.00
366	临澧县(湘)	5260.00
367	石门县(湘)	4200.00
368	茶陵县(湘)	3060.00
369	大祥区(湘)	2982.00
370	宁远县(湘)	2880.00
371	衡山县(湘)	2633.40
372	麻阳苗族自治县(湘)	2520.00
373	衡东县(湘)	2200.00
374	冷水江市(湘)	2000.00
375	蓝山县(湘)	1568.00
376	绥宁县(湘)	1460.00
377	湘乡市(湘)	1230.00
378	祁东县(湘)	1200.00
379	临湘市(湘)	1100.00
380	连平县(粤)	30750.00
381	连州市(粤)	5679.00
382	五华县(粤)	2451.00
383	恭城瑶族自治县(桂)	67262.00
384	平乐县(桂)	41755.00
385	灌阳县(桂)	14144.00
386	天峨县(桂)	6638.42
387	兴宾区(桂)	6399.00
388	鹿寨县(桂)	6070.00
389	全州县(桂)	5077.00
390	田林县(桂)	3506.00
391	龙胜各族自治县(桂)	2267.00
392	八步区(桂)	1512.00
393	金秀瑶族自治县(桂)	1430.00
394	柳江区(桂)	1277.00
395	西充县(川)	60000.00
396	金堂县(川)	40128.00
397	青白江区(川)	26000.00

（续表）

序号	桃主产地	产量（吨）
398	大英县(川)	23625.00
399	广汉市(川)	20688.00
400	丹棱县(川)	15894.00
401	安州区(川)	10000.00
402	会理县(川)	9823.00
403	威远县(川)	9041.00
404	西昌市(川)	8089.00
405	乐至县(川)	7000.00
406	盐源县(川)	5000.00
407	南江县(川)	4755.00
408	邻水县(川)	4700.00
409	旌阳区(川)	4600.00
410	高　县(川)	3863.00
411	万源市(川)	3180.00
412	中江县(川)	3000.00
413	巴州区(川)	2850.00
414	游仙区(川)	2610.00
415	阆中市(川)	2510.00
416	会东县(川)	2100.00
417	大竹县(川)	2000.00
418	屏山县(川)	2000.00
419	翠屏区(川)	1830.00
420	嘉陵区(川)	1800.00
421	宁南县(川)	1605.00
422	南溪区(川)	1200.00
423	五通桥区(川)	1200.00
424	恩阳区(川)	1000.00
425	兴义市(黔)	34500.00
426	桐梓县(黔)	17523.00
427	独山县(黔)	7100.00
428	播州区(黔)	5600.00
429	仁怀市(黔)	4680.00
430	荔波县(黔)	4299.00
431	黎平县(黔)	3737.10
432	凯里市(黔)	2865.00
433	三穗县(黔)	2864.00
434	碧江区(黔)	2260.00
435	三都水族自治县(黔)	2100.00
436	道真仡佬族苗族自治县(黔)	1890.00
437	万山区(黔)	1560.00
438	红花岗区(黔)	1388.50
439	天柱县(黔)	1290.00
440	普安县(黔)	1130.00
441	岑巩县(黔)	1050.00

（续表）

序号	桃主产地	产量（吨）
442	汇川区(黔)	1000.00
443	元江哈尼族彝族傣族自治县(滇)	57226.00
444	开远市(滇)	22231.70
445	陆良县(滇)	18023.00
446	麒麟区(滇)	17000.00
447	泸西县(滇)	15000.00
448	弥勒市(滇)	13863.10
449	砚山县(滇)	9912.00
450	东川区(滇)	9470.00
451	宾川县(滇)	7312.20
452	永平县(滇)	7200.00
453	新平彝族傣族自治县(滇)	6334.20
454	个旧市(滇)	6248.00
455	文山市(滇)	5147.00
456	永胜县(滇)	4552.50
457	马龙区(滇)	4300.00
458	安宁市(滇)	3638.00
459	马关县(滇)	3000.00
460	富宁县(滇)	2687.60
461	南华县(滇)	2400.00
462	牟定县(滇)	2100.00
463	双柏县(滇)	2034.00
464	巍山彝族回族自治县(滇)	1869.00
465	易门县(滇)	1547.00
466	鹤庆县(滇)	1426.50
467	西畴县(滇)	1160.00
468	永德县(滇)	1091.40
469	元谋县(滇)	1050.00
470	眉　县(陕)	11457.00
471	扶风县(陕)	10871.00
472	韩城市林业局(陕)	10830.00
473	礼泉县(陕)	9187.00
474	汉滨区(陕)	8718.00
475	南郑区(陕)	4500.00
476	渭滨区(陕)	3786.00
477	永寿县(陕)	3283.00
478	千阳县(陕)	2259.00
479	略阳县(陕)	1678.00
480	白河县(陕)	1500.00
481	米脂县(陕)	1046.00
482	敦煌市(甘)	8190.00
483	肃州区(甘)	4943.00
484	金塔县(甘)	3418.00
485	靖远县(甘)	3300.00

（续表）

序号	桃主产地	产量（吨）
486	宁　县(甘)	2010.00
487	甘谷县(甘)	1370.00
488	玉门市(甘)	1108.00
489	临泽县(甘)	1036.20
490	泽普县(新)	12235.10
491	英吉沙县(新)	8671.34
492	沙湾县(新)	3700.00
493	莎车县(新)	3077.00
494	喀什市(新)	2146.73
495	和静县(新)	1392.00
496	阿图什市(新)	1340.00
497	阜康市(新)	1200.00

表 6-4　杏主产地产量

序号	杏主产地	产量（吨）
1	延庆区(京)	4461.00
2	密云区(京)	3604.80
3	大兴区(京)	2618.00
4	平谷区(京)	1626.80
5	房山区(京)	1241.10
6	门头沟区(京)	1134.00
7	怀柔区(京)	1080.60
8	昌平区(京)	1076.10
9	顺平县(冀)	9000.00
10	涞水县(冀)	3511.11
11	隆化县(冀)	3380.35
12	阳原县(冀)	2618.58
13	深州市(冀)	2114.58
14	内丘县(冀)	1243.00
15	井陉县(冀)	1098.00
16	辛集市(冀)	1092.00
17	怀安县(冀)	1000.00
18	繁峙县(晋)	4500.00
19	晋源区(晋)	1340.00
20	尖草坪区(晋)	1100.00
21	准格尔旗(内蒙古)	5800.00
22	宁城县(内蒙古)	2799.00
23	清水河县(内蒙古)	2000.00
24	凉城县(内蒙古)	1650.00
25	扎兰屯市(内蒙古)	1060.00
26	阿鲁科尔沁旗(内蒙古)	1000.00
27	瓦房店市(辽)	1238.00
28	铜山区(苏)	2216.00

(续表)

序号	杏主产地	产量（吨）
29	赣榆区(苏)	1200.00
30	邳州市(苏)	1020.00
31	杜集区(皖)	1050.00
32	东平县(鲁)	16468.00
33	长清区(鲁)	11500.00
34	临朐县(鲁)	11000.00
35	邹城市(鲁)	10200.00
36	新泰市(鲁)	8971.00
37	沂水县(鲁)	7925.00
38	费　县(鲁)	7671.00
39	淄川区(鲁)	7500.00
40	招远市(鲁)	5000.00
41	宁阳县(鲁)	4649.00
42	青州市(鲁)	4000.00
43	莱芜区(鲁)	3486.00
44	肥城市(鲁)	2924.00
45	泗水县(鲁)	2745.00
46	莱阳市(鲁)	2486.00
47	临清市(鲁)	2046.00
48	梁山县(鲁)	1945.00
49	蓬莱市(鲁)	1600.00
50	峄城区(鲁)	1580.00
51	山亭区(鲁)	1370.00
52	历城区(鲁)	1000.00
53	宜阳县(豫)	6900.00
54	内乡县(豫)	6400.00
55	夏邑县(豫)	6000.00
56	林州市(豫)	5616.00
57	南乐县(豫)	5242.00
58	原阳县(豫)	5000.00
59	登封市(豫)	4250.00
60	洛宁县(豫)	3372.00
61	渑池县(豫)	3175.00
62	伊川县(豫)	3060.00
63	栾川县(豫)	2950.00
64	方城县(豫)	2700.00
65	龙安区(豫)	2512.00
66	平桥区(豫)	2475.00
67	济源市(豫)	2050.00
68	嵩　县(豫)	1500.00
69	新密市(豫)	1500.00
70	延津县(豫)	1500.00
71	封丘县(豫)	1300.00
72	洛阳市高新区(豫)	1250.00

(续表)

序号	杏主产地	产量（吨）
73	鄢陵县(豫)	1200.00
74	长垣县(豫)	1100.00
75	鲁山县(豫)	1028.00
76	青白江区(川)	2010.00
77	吴起县(陕)	11035.00
78	礼泉县(陕)	7200.00
79	米脂县(陕)	2766.00
80	汉滨区(陕)	2613.00
81	韩城市林业局(陕)	2020.00
82	绥德县(陕)	1063.00
83	肃州区(甘)	12007.00
84	山丹县(甘)	4600.00
85	敦煌市(甘)	4155.00
86	宁　县(甘)	2412.00
87	临泽县(甘)	2108.55
88	玉门市(甘)	2008.00
89	平川区(甘)	2000.00
90	陇西县(甘)	1998.05
91	正宁县(甘)	1419.00
92	高台县(甘)	1071.00
93	化隆回族自治县(青)	1260.00
94	皮山县(新)	68365.00
95	昌吉市(新)	62625.00
96	乌什县(新)	38574.00
97	伽师县(新)	37486.00
98	拜城县(新)	26435.17
99	轮台县(新)	19800.00
100	策勒县(新)	18982.00
101	托克逊县(新)	18472.00
102	新和县(新)	16408.60
103	于田县(新)	12486.00
104	洛浦县(新)	11928.00
105	鄯善县(新)	11364.00
106	喀什市(新)	10162.39
107	高昌区(新)	9552.00
108	和田县(新)	9450.00
109	阿图什市(新)	4276.00
110	墨玉县(新)	3744.00
111	民丰县(新)	3450.00

表 6-5　李主产地产量

序号	李主产地	产量（吨）
1	密云区(京)	3909.50

(续表)

序号	李主产地	产量（吨）
2	房山区(京)	1806.90
3	顺义区(京)	1450.00
4	延庆区(京)	1215.00
5	大兴区(京)	834.00
6	怀柔区(京)	651.70
7	昌平区(京)	623.60
8	平谷区(京)	486.00
9	通州区(京)	342.90
10	海淀区(京)	163.30
11	围场满族蒙古族自治县(冀)	2000.00
12	涞水县(冀)	1321.31
13	辛集市(冀)	650.00
14	丰宁满族自治县(冀)	230.00
15	临河区(内蒙古)	11798.00
16	敖汉旗(内蒙古)	2800.00
17	乌兰浩特市(内蒙古)	2500.00
18	开鲁县(内蒙古)	2300.00
19	宁城县(内蒙古)	1139.60
20	林西县(内蒙古)	1000.00
21	松山区(内蒙古)	600.00
22	杭锦后旗(内蒙古)	248.00
23	阿鲁科尔沁旗(内蒙古)	200.00
24	翁牛特旗(内蒙古)	180.00
25	扎鲁特旗(内蒙古)	122.00
26	普兰店区(辽)	182.40
27	船营区(吉)	4120.00
28	蛟河市(吉)	3266.60
29	梅河口市(吉)	1432.50
30	农安县(吉)	600.00
31	辉南县(吉)	500.00
32	临江市(吉)	370.00
33	前郭尔罗斯蒙古族自治县(吉)	280.00
34	舒兰市(吉)	202.90
35	洮南市(吉)	185.00
36	龙潭区(吉)	175.00
37	龙山区(吉)	113.00
38	宝清县(黑)	1668.90
39	碾子山区(黑)	875.00
40	五常市(黑)	400.00
41	龙凤区(黑)	280.00
42	龙江县(黑)	230.00
43	让胡路区(黑)	120.00
44	滨湖区(苏)	2300.00
45	吴中区(苏)	255.60

（续表）

序号	李主产地	产量（吨）
46	嵊州市（浙）	22000.00
47	浦江县（浙）	8054.00
48	建德市（浙）	7000.00
49	松阳县（浙）	4823.00
50	永康市（浙）	2300.00
51	南湖区（浙）	2249.00
52	淳安县（浙）	1853.00
53	金东区（浙）	1660.00
54	莲都区（浙）	1602.00
55	婺城区（浙）	1488.00
56	武义县（浙）	958.00
57	义乌市（浙）	872.00
58	遂昌县（浙）	754.00
59	余杭区（浙）	607.00
60	平湖市（浙）	586.00
61	萧山区（浙）	450.00
62	桐乡市（浙）	395.00
63	秀洲区（浙）	281.00
64	安吉县（浙）	244.00
65	海宁市（浙）	230.00
66	三门县（浙）	170.00
67	衢江区（浙）	132.00
68	瑞安市（浙）	116.00
69	歙　县（皖）	931.75
70	肥西县（皖）	500.00
71	颍上县（皖）	120.00
72	瑞金市（赣）	830.00
73	玉山县（赣）	800.00
74	大余县（赣）	600.00
75	蓬莱市（鲁）	2000.00
76	新泰市（鲁）	1026.00
77	荣成市（鲁）	800.00
78	昌乐县（鲁）	750.00
79	莱芜区（鲁）	520.00
80	济南市南部山区（鲁）	480.00
81	费　县（鲁）	280.00
82	岱岳区（鲁）	115.00
83	海阳市（鲁）	100.00
84	济南市高新区（鲁）	100.00
85	内乡县（豫）	25500.00
86	封丘县（豫）	11400.00
87	嵩　县（豫）	4000.00
88	商水县（豫）	2430.00
89	伊川县（豫）	1110.00

（续表）

序号	李主产地	产量（吨）
90	淇滨区（豫）	270.00
91	长垣县（豫）	187.00
92	延津县（豫）	150.00
93	方城县（豫）	100.00
94	宜城市（鄂）	7200.00
95	枣阳市（鄂）	2300.00
96	罗田县（鄂）	750.00
97	丹江口市（鄂）	600.00
98	大冶市（鄂）	450.00
99	钟祥市（鄂）	200.00
100	宣恩县（鄂）	155.00
101	襄城区（鄂）	138.00
102	新化县（湘）	81000.00
103	祁东县（湘）	7800.00
104	永定区（湘）	4685.00
105	涟源市（湘）	3400.00
106	中方县（湘）	705.00
107	麻阳苗族自治县（湘）	500.00
108	临澧县（湘）	460.00
109	鼎城区（湘）	350.00
110	衡山县（湘）	333.10
111	南岳区（湘）	190.00
112	新丰县（粤）	19929.00
113	五华县（粤）	4500.00
114	曲江区（粤）	2097.00
115	惠阳区（粤）	1950.00
116	阳山县（粤）	1582.00
117	梅县区（粤）	1507.80
118	八步区（桂）	61337.00
119	灌阳县（桂）	52807.00
120	平乐县（桂）	35065.00
121	武宣县（桂）	34259.00
122	恭城瑶族自治县（桂）	32112.00
123	全州县（桂）	19561.00
124	天峨县（桂）	9843.30
125	鹿寨县（桂）	8334.00
126	田林县（桂）	6768.00
127	兴宾区（桂）	5537.00
128	柳江区（桂）	4793.00
129	金秀瑶族自治县（桂）	3265.00
130	右江区（桂）	2515.00
131	龙胜各族自治县（桂）	1892.00
132	苍梧县（桂）	1499.00
133	田东县（桂）	1433.00

（续表）

序号	李主产地	产量（吨）
134	临桂区（桂）	720.76
135	融安县（桂）	320.00
136	那坡县（桂）	143.50
137	屏山县（川）	70000.00
138	通川区（川）	15000.00
139	江油市（川）	7510.00
140	仪陇县（川）	7200.00
141	古蔺县（川）	5860.00
142	金堂县（川）	5697.50
143	江安县（川）	4230.00
144	理　县（川）	3644.00
145	乐至县（川）	3375.00
146	兴文县（川）	3180.00
147	宣汉县（川）	2760.00
148	开江县（川）	2200.00
149	游仙区（川）	1636.00
150	巴州区（川）	1520.00
151	九寨沟县（川）	1137.00
152	北川羌族自治县（川）	1051.00
153	达川区（川）	950.00
154	叙州区（川）	889.00
155	苍溪县（川）	700.00
156	邻水县（川）	560.00
157	大竹县（川）	500.00
158	恩阳区（川）	455.00
159	沿河土家族自治县（黔）	50554.00
160	桐梓县（黔）	46530.00
161	汇川区（黔）	20000.00
162	兴义市（黔）	18000.00
163	思南县（黔）	17576.10
164	仁怀市（黔）	4760.00
165	独山县（黔）	4610.00
166	罗甸县（黔）	4400.00
167	凯里市（黔）	2450.00
168	三都水族自治县（黔）	2450.00
169	黎平县（黔）	2417.50
170	道真仡佬族苗族自治县（黔）	2000.00
171	凤冈县（黔）	1650.00
172	红花岗区（黔）	1500.00
173	碧江区（黔）	1289.00
174	荔波县（黔）	911.00
175	镇远县（黔）	900.00
176	遵义市市辖区（黔）	592.00
177	岑巩县（黔）	400.00

(续表)

序号	李主产地	产量(吨)
178	榕江县(黔)	110.00
179	绥江县(滇)	60000.00
180	元江哈尼族彝族傣族自治县(滇)	22564.00
181	砚山县(滇)	12882.00
182	马关县(滇)	6865.00
183	开远市(滇)	5715.00
184	文山市(滇)	5147.00
185	富宁县(滇)	1997.10
186	石林彝族自治县(滇)	1072.60
187	永胜县(滇)	955.40
188	双柏县(滇)	929.00
189	西畴县(滇)	800.00
190	元阳县(滇)	688.00
191	楚雄市(滇)	440.00
192	勐海县(滇)	398.00
193	盈江县(滇)	320.90
194	元谋县(滇)	300.00
195	江川区(滇)	286.00
196	云 县(滇)	286.00
197	新平彝族傣族自治县(滇)	236.80
198	大姚县(滇)	211.00
199	通海县(滇)	180.00
200	麒麟区(滇)	150.00
201	东川区(滇)	140.00
202	南郑区(陕)	750.00
203	岚皋县(陕)	713.00
204	镇坪县(陕)	337.00
205	石泉县(陕)	160.00
206	沙湾县(新)	2000.00
207	和硕县(新)	1020.00
208	阜康市(新)	216.00

表 6-6 樱桃主产地产量

序号	樱桃主产地	产量(吨)
1	通州区(京)	2989.70
2	房山区(京)	1793.00
3	顺义区(京)	1500.00
4	昌平区(京)	1132.30
5	密云区(京)	769.80
6	大兴区(京)	650.00
7	海淀区(京)	489.60
8	平谷区(京)	459.00
9	门头沟区(京)	363.00
10	怀柔区(京)	102.60
11	海港区(冀)	1185.78
12	鸡泽县(冀)	363.00
13	丰宁满族自治县(冀)	300.00
14	曲周县(冀)	140.00
15	丛台区(冀)	120.00
16	井陉矿区(冀)	120.00
17	瓦房店市(辽)	115145.00
18	旅顺口区(辽)	21000.00
19	普兰店区(辽)	6574.16
20	大连市花园口经济开发区(辽)	130.00
21	海安市(苏)	140.00
22	通州区(苏)	100.00
23	浦江县(浙)	138.00
24	吴兴区(浙)	126.00
25	温岭市(浙)	111.75
26	全椒县(皖)	450.00
27	明光市(皖)	360.00
28	天长市(皖)	260.00
29	巢湖市(皖)	200.00
30	琅琊区(皖)	175.00
31	含山县(皖)	160.00
32	蜀山区(皖)	150.30
33	临朐县(鲁)	102500.00
34	栖霞市(鲁)	64720.00
35	福山区(鲁)	29200.00
36	牟平区(鲁)	26831.00
37	蓬莱市(鲁)	25200.00
38	泰安市高新区(鲁)	23750.00
39	肥城市(鲁)	23715.00
40	山亭区(鲁)	15000.00
41	海阳市(鲁)	15000.00
42	长清区(鲁)	13500.00
43	新泰市(鲁)	8816.00
44	冠 县(鲁)	8000.00
45	费 县(鲁)	7671.00
46	莱芜区(鲁)	6857.00
47	五莲县(鲁)	5239.00
48	泰山区(鲁)	4294.00
49	曲阜市(鲁)	3800.00
50	龙口市(鲁)	3450.00
51	莱山区(鲁)	3000.00
52	沂水县(鲁)	2873.00
53	东平县(鲁)	2013.00
54	荣成市(鲁)	2000.00
55	阳谷县(鲁)	1972.00
56	济南市南部山区(鲁)	1810.00
57	章丘区(鲁)	1800.00
58	莒南县(鲁)	1725.00
59	高密市(鲁)	1681.00
60	青州市(鲁)	1391.00
61	临淄区(鲁)	1307.60
62	平阴县(鲁)	1195.00
63	昌乐县(鲁)	980.00
64	临清市(鲁)	830.00
65	巨野县(鲁)	630.00
66	泗水县(鲁)	627.00
67	兖州区(鲁)	500.00
68	寒亭区(鲁)	492.00
69	商河县(鲁)	450.00
70	汶上县(鲁)	300.00
71	枣庄市市中区(鲁)	188.90
72	茌平县(鲁)	176.60
73	成武县(鲁)	166.00
74	齐河县(鲁)	165.00
75	鄄城县(鲁)	150.00
76	武城县(鲁)	146.00
77	济南市高新区(鲁)	130.00
78	新安县(豫)	24000.00
79	卢氏县(豫)	12500.00
80	西峡县(豫)	11250.00
81	镇平县(豫)	6000.00
82	栾川县(豫)	3600.00
83	台前县(豫)	3200.00
84	西工区(豫)	2600.00
85	伊川县(豫)	2295.00
86	祥符区(豫)	1500.00
87	长垣县(豫)	810.00
88	义马市(豫)	560.00
89	淮阳县(豫)	407.00
90	确山县(豫)	400.00
91	商水县(豫)	375.00
92	新密市(豫)	300.00
93	延津县(豫)	175.00
94	睢阳区(豫)	121.50
95	禹王台区(豫)	120.00
96	孟州市(豫)	110.00
97	登封市(豫)	100.00

（续表）

序号	樱桃主产地	产量（吨）
98	房　县(鄂)	3541.00
99	南漳县(鄂)	1400.00
100	保康县(鄂)	933.00
101	郧阳区(鄂)	200.00
102	澧　县(湘)	250.00
103	西昌市(川)	5197.50
104	汶川县(川)	5058.00
105	威远县(川)	5000.00
106	理　县(川)	3329.00
107	木里藏族自治县(川)	3309.00
108	九寨沟县(川)	1124.00
109	广汉市(川)	800.00
110	巴州区(川)	385.00
111	播州区(黔)	3000.00
112	汇川区(黔)	1500.00
113	仁怀市(黔)	1200.00
114	红花岗区(黔)	862.00
115	兴义市(黔)	320.00
116	桐梓县(黔)	240.00
117	彝良县(滇)	16500.00
118	永胜县(滇)	878.80
119	灞桥区(陕)	26658.00
120	铜川市新区(陕)	6000.00
121	西乡县(陕)	4650.00
122	渭滨区(陕)	3398.00
123	眉　县(陕)	2991.00
124	汉滨区(陕)	1683.00
125	洛南县(陕)	936.00
126	略阳县(陕)	724.00
127	韩城市林业局(陕)	720.00
128	镇坪县(陕)	150.00
129	白河县(陕)	130.00
130	景泰县(甘)	100.00

表 6-7　猕猴桃主产地产量

序号	猕猴桃主产地	产量（吨）
1	凤城市(辽)	640.00
2	振安区(辽)	400.00
3	浦东新区(沪)	337.70
4	嘉定区(沪)	109.30
5	赣榆区(苏)	2250.00
6	海门市(苏)	1846.00
7	睢宁县(苏)	654.00

（续表）

序号	猕猴桃主产地	产量（吨）
8	江都区(苏)	615.00
9	邳州市(苏)	610.00
10	高港区(苏)	480.00
11	贾汪区(苏)	448.00
12	东台市(苏)	400.00
13	泗洪县(苏)	212.00
14	通州区(苏)	120.00
15	启东市(苏)	100.85
16	盐都区(苏)	100.00
17	江山市(浙)	22000.00
18	上虞区(浙)	13038.00
19	衢江区(浙)	4388.00
20	义乌市(浙)	2728.00
21	遂昌县(浙)	2377.00
22	嵊州市(浙)	2200.00
23	莲都区(浙)	1550.00
24	婺城区(浙)	1520.00
25	柯桥区(浙)	1500.00
26	柯城区(浙)	1423.00
27	长兴县(浙)	1240.00
28	武义县(浙)	876.00
29	余杭区(浙)	850.00
30	淳安县(浙)	798.00
31	三门县(浙)	750.00
32	瑞安市(浙)	630.00
33	越城区(浙)	524.00
34	文成县(浙)	480.00
35	浦江县(浙)	438.00
36	吴兴区(浙)	405.00
37	温岭市(浙)	332.00
38	庆元县(浙)	275.00
39	桐乡市(浙)	258.00
40	永康市(浙)	216.00
41	萧山区(浙)	200.00
42	平湖市(浙)	149.00
43	广德县(皖)	3200.00
44	庐江县(皖)	2220.00
45	歙　县(皖)	1057.00
46	休宁县(皖)	405.00
47	太湖县(皖)	325.00
48	五河县(皖)	245.55
49	奉新县(赣)	43586.00
50	玉山县(赣)	600.00
51	宜丰县(赣)	460.00

（续表）

序号	猕猴桃主产地	产量（吨）
52	广昌县(赣)	316.00
53	全南县(赣)	308.00
54	安福县(赣)	280.00
55	上饶县(赣)	275.00
56	黎川县(赣)	190.00
57	芦溪县(赣)	160.00
58	湘东区(赣)	120.00
59	靖安县(赣)	110.00
60	泰安市高新区(鲁)	23750.00
61	淄川区(鲁)	5125.00
62	莱芜区(鲁)	1875.00
63	钢城区(鲁)	1600.00
64	长清区(鲁)	506.00
65	荣成市(鲁)	250.00
66	临淄区(鲁)	120.00
67	泰山区(鲁)	110.00
68	西峡县(豫)	20000.00
69	卢氏县(豫)	4000.00
70	栾川县(豫)	2800.00
71	内乡县(豫)	2640.00
72	孟津县(豫)	1500.00
73	淇滨区(豫)	900.00
74	鲁山县(豫)	876.00
75	平桥区(豫)	750.00
76	郸城县(豫)	680.00
77	舞阳县(豫)	610.00
78	洛宁县(豫)	355.00
79	扶沟县(豫)	248.00
80	新蔡县(豫)	236.00
81	获嘉县(豫)	200.00
82	偃师市(豫)	158.00
83	新　县(豫)	106.00
84	桐柏县(豫)	100.00
85	登封市(豫)	100.00
86	赤壁市(鄂)	56000.00
87	建始县(鄂)	11000.00
88	新洲区(鄂)	3825.00
89	秭归县(鄂)	3000.00
90	老河口市(鄂)	3000.00
91	鹤峰县(鄂)	2800.00
92	巴东县(鄂)	2166.00
93	丹江口市(鄂)	2000.00
94	郧阳区(鄂)	2000.00
95	夷陵区(鄂)	1600.00

(续表)

序号	猕猴桃主产地	产量（吨）
96	五峰土家族自治县(鄂)	1491.00
97	江夏区(鄂)	1399.20
98	通城县(鄂)	802.00
99	竹溪县(鄂)	580.00
100	钟祥市(鄂)	530.00
101	随　县(鄂)	490.00
102	襄州区(鄂)	466.00
103	长阳土家族自治县(鄂)	466.00
104	咸丰县(鄂)	370.00
105	谷城县(鄂)	351.00
106	罗田县(鄂)	300.00
107	阳新县(鄂)	247.00
108	保康县(鄂)	243.00
109	安陆市(鄂)	200.00
110	孝昌县(鄂)	160.00
111	兴山县(鄂)	159.00
112	宜都市(鄂)	150.00
113	竹山县(鄂)	128.00
114	新化县(湘)	8500.00
115	靖州苗族侗族自治县(湘)	2613.00
116	桑植县(湘)	2100.00
117	隆回县(湘)	1360.00
118	沅陵县(湘)	1135.00
119	石门县(湘)	1000.00
120	永定区(湘)	810.00
121	祁东县(湘)	400.00
122	麻阳苗族自治县(湘)	389.00
123	绥宁县(湘)	332.00
124	澧　县(湘)	300.00
125	临湘市(湘)	288.00
126	蓝山县(湘)	266.00
127	东安县(湘)	150.00
128	和平县(粤)	11650.00
129	龙门县(粤)	330.00
130	临桂区(桂)	755.00
131	全州县(桂)	710.00
132	龙胜各族自治县(桂)	449.00
133	灌阳县(桂)	105.00
134	蒲江县(川)	110000.00
135	苍溪县(川)	50860.00
136	邛崃市(川)	45536.00
137	都江堰市(川)	37070.00
138	安州区(川)	26000.00
139	绵竹市(川)	9750.00

(续表)

序号	猕猴桃主产地	产量（吨）
140	名山区(川)	7000.00
141	恩阳区(川)	6250.00
142	彭州市(川)	6000.00
143	南江县(川)	4686.00
144	乐山市市中区(川)	2355.00
145	巴州区(川)	2323.00
146	南溪区(川)	1200.00
147	仪陇县(川)	1200.00
148	通川区(川)	1000.00
149	金堂县(川)	1000.00
150	北川羌族自治县(川)	952.00
151	崇州市(川)	931.00
152	什邡市(川)	904.00
153	兴文县(川)	843.00
154	游仙区(川)	764.00
155	西昌市(川)	562.50
156	旌阳区(川)	450.00
157	邻水县(川)	410.00
158	剑阁县(川)	400.00
159	郫都区(川)	350.00
160	平昌县(川)	270.00
161	金口河区(川)	106.00
162	阆中市(川)	104.00
163	凯里市(黔)	4609.00
164	道真仡佬族苗族自治县(黔)	4122.00
165	桐梓县(黔)	2508.00
166	播州区(黔)	1398.00
167	红花岗区(黔)	1262.00
168	三穗县(黔)	1080.00
169	镇远县(黔)	965.00
170	三都水族自治县(黔)	735.00
171	兴义市(黔)	600.00
172	汇川区(黔)	500.00
173	独山县(黔)	250.00
174	黎平县(黔)	173.50
175	碧江区(黔)	160.00
176	普安县(黔)	128.00
177	腾冲市(滇)	3000.00
178	马龙区(滇)	1200.00
179	陇川县(滇)	912.40
180	绥江县(滇)	880.00
181	永胜县(滇)	734.50
182	永平县(滇)	385.00
183	新平彝族傣族自治县(滇)	268.00

(续表)

序号	猕猴桃主产地	产量（吨）
184	水富市(滇)	240.00
185	眉　县(陕)	430500.00
186	城固县(陕)	27650.00
187	扶风县(陕)	23043.00
188	渭滨区(陕)	8934.00
189	灞桥区(陕)	3603.00
190	略阳县(陕)	1678.00
191	岚皋县(陕)	1002.00
192	南郑区(陕)	1000.00
193	汉滨区(陕)	986.00
194	镇坪县(陕)	800.00
195	陈仓区(陕)	520.00
196	佛坪县(陕)	316.00
197	西乡县(陕)	223.00
198	石泉县(陕)	150.00

表 6-8　鲜葡萄主产地产量

序号	鲜葡萄主产地	产量（吨）
1	延庆区(京)	6108.00
2	大兴区(京)	4832.00
3	通州区(京)	4043.30
4	静海区(津)	1717.50
5	顺平县(冀)	27000.00
6	青山区(内蒙古)	30000.00
7	林西县(内蒙古)	2000.00
8	杜尔伯特蒙古族自治县(黑)	4725.00
9	铁锋区(黑)	3770.00
10	如东县(苏)	32387.00
11	铜山区(苏)	27858.00
12	靖江市(苏)	3200.00
13	灵璧县(皖)	8900.00
14	蒙城县(皖)	8620.00
15	定远县(皖)	2832.60
16	冠　县(鲁)	16000.00
17	新泰市(鲁)	7789.00
18	夏津县(鲁)	3452.00
19	阳谷县(鲁)	1672.00
20	鄄城县(鲁)	1650.00
21	乐陵市(鲁)	1102.00
22	滑　县(豫)	15456.95
23	商水县(豫)	6480.00
24	嵩　县(豫)	5740.00
25	登封市(豫)	3900.00

（续表）

序号	鲜葡萄主产地	产量（吨）
26	顺河回族区（豫）	1100.00
27	蔡甸区（鄂）	3240.00
28	鼎城区（湘）	3360.00
29	耒阳市（湘）	3300.00
30	祁东县（湘）	3100.00
31	临澧县（湘）	1850.00
32	沅陵县（湘）	1010.00
33	临桂区（桂）	8578.00
34	鹿寨县（桂）	3010.00
35	开远市（滇）	4212.00
36	东川区（滇）	4060.00
37	个旧市（滇）	3614.00
38	腾冲市（滇）	2100.00
39	双柏县（滇）	1351.00
40	灞桥区（陕）	267177.00
41	昌吉市（新）	60073.00
42	拜城县（新）	33184.60
43	库尔勒市（新）	20591.00
44	呼图壁县（新）	16734.00
45	巴里坤哈萨克自治县（新）	8847.00

表 6-9　山楂主产地产量

序号	山楂主产地	产量（吨）
1	大兴区（京）	168.00
2	临猗县（晋）	11000.00
3	泽州县（晋）	4031.96
4	夏　县（晋）	3750.00
5	祁　县（晋）	3280.00
6	尖草坪区（晋）	860.00
7	黎城县（晋）	800.00
8	平遥县（晋）	520.00
9	潞城区（晋）	300.00
10	长子县（晋）	130.00
11	陵川县（晋）	100.00
12	宁城县（内蒙古）	196.90
13	法库县（辽）	3000.00
14	清原满族自治县（辽）	1000.00
15	新宾满族自治县（辽）	165.00
16	辉南县（吉）	670.00
17	临朐县（鲁）	85000.00
18	费　县（鲁）	36472.00
19	济南市南部山区（鲁）	22230.00
20	青州市（鲁）	17808.00

（续表）

序号	山楂主产地	产量（吨）
21	新泰市（鲁）	17316.00
22	沂源县（鲁）	15120.00
23	莱芜区（鲁）	11329.00
24	钢城区（鲁）	2590.00
25	山亭区（鲁）	1890.00
26	长清区（鲁）	850.00
27	乐陵市（鲁）	496.00
28	泰安市高新区（鲁）	281.00
29	博山区（鲁）	260.00
30	济阳区（鲁）	240.00
31	高密市（鲁）	232.00
32	招远市（鲁）	183.00
33	汶上县（鲁）	100.00
34	梁山县（鲁）	100.00
35	历城区（鲁）	100.00
36	汝阳县（豫）	8064.00
37	登封市（豫）	3045.00
38	嵩　县（豫）	780.00
39	鹤山区（豫）	225.00
40	洛阳市伊洛工业园区（豫）	196.00
41	信宜市（粤）	2500.00
42	五华县（粤）	300.00
43	盈江县（滇）	289.60
44	泽普县（新）	166.00

表 6-10　柚主产地产量

序号	柚主产地	产量（吨）
1	常山县（浙）	160000.00
2	广丰区（赣）	25160.00
3	玉山县（赣）	17300.00
4	于都县（赣）	2900.00
5	樟树市（赣）	2710.00
6	余江区（赣）	1000.00
7	会昌县（赣）	392.00
8	兴国县（赣）	275.00
9	澧　县（湘）	20000.00
10	洪江市（湘）	9000.00
11	麻阳苗族自治县（湘）	5625.00
12	茶陵县（湘）	2880.00
13	鼎城区（湘）	2376.00
14	永定区（湘）	1545.00
15	冷水江市（湘）	1500.00
16	耒阳市（湘）	1500.00

（续表）

序号	柚主产地	产量（吨）
17	双峰县（湘）	625.00
18	中方县（湘）	486.00
19	南岳区（湘）	370.00
20	东安县（湘）	100.00
21	梅县区（粤）	114903.60
22	五华县（粤）	18551.00
23	连山壮族瑶族自治县（粤）	17781.00
24	曲江区（粤）	1853.00
25	惠阳区（粤）	700.00
26	乳源瑶族自治县（粤）	365.00
27	新丰县（粤）	191.00
28	容　县（桂）	180000.00
29	恭城瑶族自治县（桂）	173023.00
30	平乐县（桂）	72968.00
31	鹿寨县（桂）	58046.00
32	武宣县（桂）	32507.00
33	全州县（桂）	6988.00
34	八步区（桂）	6945.00
35	融安县（桂）	4987.00
36	扶绥县（桂）	4910.80
37	右江区（桂）	4014.00
38	苍梧县（桂）	2001.00
39	田东县（桂）	1420.60
40	黄冕林场（桂）	872.50
41	天峨县（桂）	744.60
42	龙胜各族自治县（桂）	678.00
43	金秀瑶族自治县（桂）	662.00
44	柳江区（桂）	623.00
45	那坡县（桂）	226.35
46	儋州市（琼）	4868.00
47	梓潼县（川）	3932.00
48	盐亭县（川）	2800.00
49	巴州区（川）	1699.00
50	岳池县（川）	1500.00
51	达川区（川）	1000.00
52	邻水县（川）	460.00
53	岑巩县（黔）	20000.00
54	播州区（黔）	8371.00
55	碧江区（黔）	4270.00
56	罗甸县（黔）	1000.00
57	思南县（黔）	900.00
58	万山区（黔）	390.00
59	桐梓县（黔）	150.00
60	瑞丽市（滇）	9171.00

(续表)

序号	柚主产地	产量(吨)
61	西畴县(滇)	360.00
62	永胜县(滇)	254.10

表 6-11 柑橘主产地产量

序号	柑橘主产地	产量(吨)
1	崇明区(沪)	93036.00
2	浦东新区(沪)	10138.20
3	吴江区(苏)	10500.00
4	张家港市(苏)	4235.00
5	吴中区(苏)	4057.40
6	滨湖区(苏)	2870.00
7	海门市(苏)	1268.00
8	衢江区(浙)	130268.00
9	三门县(浙)	75894.00
10	金东区(浙)	69310.00
11	建德市(浙)	65300.00
12	淳安县(浙)	63277.00
13	柯城区(浙)	56408.00
14	龙游县(浙)	54600.00
15	莲都区(浙)	27836.00
16	松阳县(浙)	25111.00
17	海宁市(浙)	23110.00
18	青田县(浙)	18746.00
19	庆元县(浙)	17695.00
20	瑞安市(浙)	16541.00
21	江山市(浙)	15818.00
22	温岭市(浙)	13498.00
23	义乌市(浙)	10498.00
24	婺城区(浙)	8535.00
25	武义县(浙)	6586.00
26	永康市(浙)	3987.00
27	上虞区(浙)	2052.00
28	嵊州市(浙)	2000.00
29	余杭区(浙)	1102.00
30	歙　县(皖)	13265.00
31	太湖县(皖)	4897.00
32	宿松县(皖)	4000.00
33	望江县(皖)	3950.00
34	东至县(皖)	1573.00
35	南丰县(赣)	1302924.00
36	新干县(赣)	242529.00
37	信丰县(赣)	99654.00
38	广昌县(赣)	92534.00
39	南城县(赣)	90560.00
40	赣县区(赣)	62223.00
41	遂川县(赣)	60269.00
42	金溪县(赣)	60230.00
43	龙南县(赣)	54822.00
44	玉山县(赣)	48800.00
45	靖安县(赣)	42596.00
46	永修县(赣)	36494.00
47	吉水县(赣)	32498.00
48	黎川县(赣)	26422.00
49	全南县(赣)	22342.00
50	石城县(赣)	16355.00
51	安福县(赣)	15278.00
52	会昌县(赣)	15144.73
53	崇仁县(赣)	15000.00
54	武宁县(赣)	13551.00
55	湘东区(赣)	9000.00
56	袁州区(赣)	8567.00
57	定南县(赣)	8165.00
58	樟树市(赣)	7077.00
59	高安市(赣)	6000.00
60	永丰县(赣)	5899.00
61	余江区(赣)	5375.00
62	渝水区(赣)	4308.00
63	大余县(赣)	2998.00
64	奉新县(赣)	2808.00
65	上饶县(赣)	2016.00
66	上栗县(赣)	1440.00
67	横峰县(赣)	1400.00
68	铜鼓县(赣)	1000.00
69	内乡县(豫)	6300.00
70	淅川县(豫)	5500.00
71	枝江市(鄂)	766179.00
72	夷陵区(鄂)	702800.00
73	宜都市(鄂)	648138.00
74	秭归县(鄂)	600000.00
75	当阳市(鄂)	446297.75
76	丹江口市(鄂)	300000.00
77	兴山县(鄂)	100000.00
78	巴东县(鄂)	62000.00
79	长阳土家族自治县(鄂)	52534.00
80	漳河新区(鄂)	45552.00
81	阳新县(鄂)	41013.00
82	赤壁市(鄂)	37290.00
83	南漳县(鄂)	34150.00
84	黄梅县(鄂)	28500.00
85	钟祥市(鄂)	27990.00
86	远安县(鄂)	26000.00
87	江夏区(鄂)	17979.20
88	京山县(鄂)	17500.00
89	浠水县(鄂)	16748.00
90	宜城市(鄂)	12150.00
91	通山县(鄂)	10730.00
92	沙洋县(鄂)	10312.00
93	鹤峰县(鄂)	10000.00
94	梁子湖区(鄂)	9892.80
95	五峰土家族自治县(鄂)	9582.00
96	通城县(鄂)	7230.00
97	蔡甸区(鄂)	6570.00
98	武穴市(鄂)	6112.00
99	枣阳市(鄂)	6000.00
100	随　县(鄂)	5610.00
101	建始县(鄂)	3519.00
102	掇刀区(鄂)	3000.00
103	云梦县(鄂)	1950.00
104	应城市(鄂)	1800.00
105	仙桃市(鄂)	1700.00
106	咸丰县(鄂)	1430.00
107	黄陂区(鄂)	1360.00
108	安陆市(鄂)	1120.00
109	新洲区(鄂)	1100.00
110	华容区(鄂)	1071.00
111	东宝区(鄂)	1000.00
112	洪江市(湘)	900000.00
113	石门县(湘)	421800.00
114	澧　县(湘)	381510.00
115	宜章县(湘)	182000.00
116	邵东县(湘)	170000.00
117	沅江市(湘)	159000.00
118	永定区(湘)	81500.00
119	辰溪县(湘)	76000.00
120	津市市(湘)	75000.00
121	江永县(湘)	63847.00
122	安化县(湘)	60000.00
123	临澧县(湘)	54552.00
124	绥宁县(湘)	50200.00
125	麻阳苗族自治县(湘)	50036.00
126	中方县(湘)	41283.00

（续表）

序号	柑橘主产地	产量（吨）
127	新化县(湘)	31000.00
128	岳阳县(湘)	30000.00
129	永兴县(湘)	29393.00
130	衡南县(湘)	26899.00
131	涟源市(湘)	24400.00
132	靖州苗族侗族自治县(湘)	23580.00
133	耒阳市(湘)	22000.00
134	隆回县(湘)	20500.00
135	零陵区(湘)	20000.00
136	宁远县(湘)	19330.00
137	鹤城区(湘)	19072.00
138	沅陵县(湘)	18230.00
139	东安县(湘)	18000.00
140	醴陵市(湘)	16789.00
141	常德市市辖区(湘)	14463.70
142	江华瑶族自治县(湘)	13650.00
143	茶陵县(湘)	13600.00
144	蓝山县(湘)	11673.00
145	鼎城区(湘)	10950.00
146	溆浦县(湘)	9530.00
147	大祥区(湘)	9200.00
148	邵阳县(湘)	9000.00
149	南　县(湘)	8000.00
150	常宁市(湘)	6300.00
151	湘乡市(湘)	5000.00
152	雨湖区(湘)	4905.00
153	双峰县(湘)	4570.00
154	新田县(湘)	3750.00
155	衡山县(湘)	3699.20
156	渌口区(湘)	3060.00
157	炎陵县(湘)	2523.00
158	洪江区(湘)	2356.00
159	衡东县(湘)	2000.00
160	汨罗市(湘)	2000.00
161	冷水江市(湘)	1960.00
162	新邵县(湘)	1500.00
163	北塔区(湘)	1450.00
164	德庆县(粤)	1079385.00
165	广宁县(粤)	122757.00
166	龙门县(粤)	97440.00
167	仁化县(粤)	85690.00
168	阳山县(粤)	67017.00
169	英德市(粤)	65248.00
170	阳春市(粤)	59287.00

（续表）

序号	柑橘主产地	产量（吨）
171	连州市(粤)	57189.00
172	清新区(粤)	55415.00
173	郁南县(粤)	46470.00
174	东源县(粤)	42750.00
175	曲江区(粤)	25280.00
176	恩平市(粤)	16507.00
177	五华县(粤)	12973.00
178	罗定市(粤)	11800.00
179	连南瑶族自治县(粤)	10000.00
180	新丰县(粤)	9678.00
181	连山壮族瑶族自治县(粤)	7787.00
182	揭西县(粤)	6600.00
183	鹤山市(粤)	5981.00
184	潮安区(粤)	5966.00
185	高明区(粤)	5960.00
186	云安区(粤)	5000.00
187	信宜市(粤)	3560.00
188	云城区(粤)	3200.00
189	普宁市(粤)	2367.00
190	高州市(粤)	2158.00
191	南澳县(粤)	2132.00
192	乳源瑶族自治县(粤)	1600.00
193	梅县区(粤)	1461.50
194	鹿寨县(桂)	800929.00
195	武鸣区(桂)	658592.00
196	平乐县(桂)	399396.00
197	全州县(桂)	374879.00
198	恭城瑶族自治县(桂)	217310.00
199	融安县(桂)	215614.00
200	临桂区(桂)	192981.80
201	金秀瑶族自治县(桂)	172911.00
202	苍梧县(桂)	152138.00
203	灌阳县(桂)	141741.20
204	兴宾区(桂)	130529.00
205	浦北县(桂)	107853.00
206	龙胜各族自治县(桂)	89095.00
207	右江区(桂)	87996.00
208	武宣县(桂)	85564.00
209	柳江区(桂)	70830.00
210	扶绥县(桂)	69615.00
211	平果县(桂)	63712.00
212	八步区(桂)	25680.00
213	北流市(桂)	19797.00
214	田林县(桂)	7400.00

（续表）

序号	柑橘主产地	产量（吨）
215	天峨县(桂)	3284.95
216	那坡县(桂)	3064.15
217	田东县(桂)	2461.28
218	琼中黎族苗族自治县(琼)	14199.00
219	蒲江县(川)	400000.00
220	金堂县(川)	190300.10
221	西充县(川)	183750.00
222	邛崃市(川)	173158.00
223	丹棱县(川)	113652.00
224	青神县(川)	100000.00
225	石棉县(川)	66000.00
226	富顺县(川)	65134.00
227	渠　县(川)	54000.00
228	威远县(川)	50368.00
229	江安县(川)	48785.00
230	中江县(川)	38500.00
231	嘉陵区(川)	38200.00
232	翠屏区(川)	37650.00
233	仪陇县(川)	32000.00
234	荣　县(川)	30155.00
235	南溪区(川)	29000.00
236	大英县(川)	27675.00
237	罗江区(川)	25000.00
238	井研县(川)	24620.00
239	内江市市中区(川)	21564.00
240	青白江区(川)	18200.00
241	隆昌市(川)	17250.00
242	安州区(川)	16200.00
243	乐山市市中区(川)	15479.00
244	通川区(川)	15000.00
245	巴州区(川)	13800.00
246	五通桥区(川)	13525.00
247	雷波县(川)	13450.00
248	屏山县(川)	13000.00
249	开江县(川)	10550.00
250	合江县(川)	10000.00
251	阆中市(川)	9500.00
252	高　县(川)	9311.00
253	泸　县(川)	8100.00
254	江油市(川)	7580.00
255	游仙区(川)	7070.00
256	南江县(川)	6624.00
257	兴文县(川)	6280.00
258	乐至县(川)	6000.00

(续表)

序号	柑橘主产地	产量(吨)
259	叙州区(川)	5310.00
260	广汉市(川)	4065.00
261	宁南县(川)	4000.00
262	苍溪县(川)	3500.00
263	木里藏族自治县(川)	3295.00
264	旌阳区(川)	3200.00
265	崇州市(川)	3081.00
266	涪城区(川)	2800.00
267	雁江区(川)	2766.40
268	龙马潭区(川)	2694.00
269	广安区(川)	2550.00
270	大竹县(川)	2500.00
271	珙县(川)	2436.60
272	宣汉县(川)	1776.00
273	达川区(川)	1200.00
274	荔波县(黔)	43692.00
275	黎平县(黔)	17498.30
276	三都水族自治县(黔)	16150.00
277	天柱县(黔)	15200.00
278	榕江县(黔)	14000.00
279	桐梓县(黔)	10717.00
280	播州区(黔)	8368.00
281	普安县(黔)	4475.00
282	独山县(黔)	3700.00
283	道真仡佬族苗族自治县(黔)	2700.00
284	汇川区(黔)	2000.00
285	兴义市(黔)	2000.00
286	仁怀市(黔)	2000.00
287	镇远县(黔)	1789.00
288	碧江区(黔)	1187.00
289	华宁县(滇)	277000.00
290	新平彝族傣族自治县(滇)	127665.90
291	元江哈尼族彝族傣族自治县(滇)	55918.00
292	开远市(滇)	50040.00
293	弥勒市(滇)	48964.00
294	永胜县(滇)	34040.10
295	芒市(滇)	19997.23
296	马关县(滇)	9005.00
297	鹤庆县(滇)	6453.00
298	个旧市(滇)	5909.00
299	永平县(滇)	4800.00
300	勐海县(滇)	4533.00
301	元谋县(滇)	3240.00
302	易门县(滇)	3208.00

(续表)

序号	柑橘主产地	产量(吨)
303	富宁县(滇)	2253.30
304	西畴县(滇)	1812.00
305	文山市(滇)	1781.00
306	楚雄市(滇)	1488.00
307	陇川县(滇)	1325.20
308	南华县(滇)	1280.00
309	瑞丽市(滇)	1236.90
310	城固县(陕)	293000.00
311	汉滨区(陕)	47582.00
312	旬阳县(陕)	33200.00
313	白河县(陕)	6120.00
314	南郑区(陕)	4000.00
315	紫阳县(陕)	2250.00

表 6-12　枇杷主产地产量

序号	枇杷主产地	产量(吨)
1	青浦区(沪)	177.70
2	吴中区(苏)	7504.00
3	海门市(苏)	1414.00
4	靖江市(苏)	1050.00
5	扬中市(苏)	600.00
6	张家港市(苏)	558.00
7	仪征市(苏)	322.00
8	通州区(苏)	200.00
9	滨湖区(苏)	179.00
10	余杭区(浙)	6805.00
11	淳安县(浙)	6065.00
12	建德市(浙)	4500.00
13	常山县(浙)	4500.00
14	衢江区(浙)	4298.00
15	温岭市(浙)	3411.83
16	莲都区(浙)	3330.00
17	三门县(浙)	2600.00
18	义乌市(浙)	1469.00
19	金东区(浙)	892.00
20	婺城区(浙)	772.00
21	嵊州市(浙)	760.00
22	浦江县(浙)	691.00
23	海宁市(浙)	670.00
24	青田县(浙)	455.00
25	秀洲区(浙)	390.00
26	松阳县(浙)	358.00
27	瑞安市(浙)	299.00

(续表)

序号	枇杷主产地	产量(吨)
28	平湖市(浙)	256.00
29	开化县(浙)	200.00
30	武义县(浙)	133.00
31	永康市(浙)	125.00
32	上虞区(浙)	122.00
33	文成县(浙)	116.00
34	吴兴区(浙)	102.00
35	歙县(皖)	4326.50
36	桐城市(皖)	150.00
37	大冶市(鄂)	200.00
38	永定区(湘)	1680.00
39	中方县(湘)	1638.00
40	鼎城区(湘)	270.00
41	麻阳苗族自治县(湘)	170.00
42	新化县(湘)	150.00
43	冷水江市(湘)	120.00
44	五华县(粤)	2450.00
45	信宜市(粤)	1700.00
46	石棉县(川)	18000.00
47	雁江区(川)	7416.00
48	北川羌族自治县(川)	1769.00
49	游仙区(川)	1600.00
50	巴州区(川)	1150.00
51	宁南县(川)	1034.00
52	翠屏区(川)	680.00
53	宣汉县(川)	542.00
54	达川区(川)	500.00
55	涪城区(川)	350.00
56	江油市(川)	165.00
57	盐亭县(川)	150.00
58	邻水县(川)	125.00
59	嘉陵区(川)	100.00
60	荔波县(黔)	6937.00
61	兴义市(黔)	3000.00
62	仁怀市(黔)	1240.00
63	黎平县(黔)	1124.74
64	桐梓县(黔)	1100.00
65	三都水族自治县(黔)	728.00
66	凯里市(黔)	725.00
67	汇川区(黔)	600.00
68	遵义市市辖区(黔)	557.00
69	播州区(黔)	473.00
70	镇远县(黔)	235.00
71	红花岗区(黔)	144.00

（续表）

序号	枇杷主产地	产量（吨）
72	石林彝族自治县（滇）	2674.00
73	永平县（滇）	1900.00
74	永胜县（滇）	420.10
75	开远市（滇）	255.00
76	元谋县（滇）	178.00
77	白河县（陕）	300.00
78	南郑区（陕）	170.00

表 6-13　杧果主产地产量

序号	杧果主产地	产量（吨）
1	罗定市（粤）	15500.00
2	雷州市（粤）	15150.00
3	五华县（粤）	4500.00
4	电白区（粤）	1895.00
5	云安区（粤）	1700.00
6	麻章区（粤）	1500.00
7	信宜市（粤）	1160.00
8	惠阳区（粤）	420.00
9	广宁县（粤）	266.00
10	右江区（桂）	191937.00
11	田东县（桂）	183624.00
12	田林县（桂）	30006.00
13	钦北区（桂）	15472.00
14	扶绥县（桂）	4440.00
15	兴宾区（桂）	1225.00
16	那坡县（桂）	519.04
17	陵水黎族自治县（琼）	36103.00
18	儋州市（琼）	1617.00
19	仁和区（川）	110114.00
20	会理县（川）	1798.00
21	攀枝花市东区（川）	900.00
22	宁南县（川）	236.00
23	兴义市（黔）	1200.00
24	罗甸县（黔）	200.00
25	元江哈尼族彝族傣族自治县（滇）	146520.00
26	华坪县（滇）	123500.00
27	永胜县（滇）	28910.90
28	元阳县（滇）	20484.00
29	个旧市（滇）	8125.00
30	新平彝族傣族自治县（滇）	7772.60
31	元谋县（滇）	2304.00
32	弥勒市（滇）	2255.00
33	大姚县（滇）	801.00

（续表）

序号	杧果主产地	产量（吨）
34	古城区（滇）	500.00
35	勐海县（滇）	416.00
36	马关县（滇）	405.00
37	双柏县（滇）	272.00
38	云　县（滇）	264.00
39	东川区（滇）	200.00
40	楚雄市（滇）	139.00
41	南华县（滇）	120.00

表 6-14　荔枝主产地产量

序号	荔枝主产地	产量（吨）
1	让胡路区（黑）	100.00
2	高州市（粤）	159165.00
3	电白区（粤）	148473.00
4	惠来县（粤）	138525.00
5	阳西县（粤）	80000.00
6	普宁市（粤）	31315.00
7	化州市（粤）	29950.00
8	茂南区（粤）	25127.00
9	郁南县（粤）	8698.00
10	增城区（粤）	8199.65
11	五华县（粤）	7554.00
12	阳春市（粤）	7380.00
13	信宜市（粤）	7160.00
14	罗定市（粤）	7000.00
15	恩平市（粤）	6087.00
16	云安区（粤）	5600.00
17	雷州市（粤）	5074.90
18	鹤山市（粤）	2476.00
19	潮南区（粤）	2380.40
20	从化区（粤）	2000.00
21	高要区（粤）	1539.00
22	揭西县（粤）	1010.00
23	惠阳区（粤）	900.00
24	花都区（粤）	897.78
25	茂名市属总林场（粤）	790.00
26	广宁县（粤）	471.00
27	龙门县（粤）	450.00
28	三水区（粤）	395.76
29	高明区（粤）	282.00
30	云城区（粤）	200.00
31	南沙区（粤）	150.00
32	南澳县（粤）	134.00

（续表）

序号	荔枝主产地	产量（吨）
33	珠海市高新区（粤）	125.00
34	新兴县（粤）	115.00
35	灵山县（桂）	95000.00
36	浦北县（桂）	91408.00
37	钦北区（桂）	89042.00
38	北流市（桂）	72713.00
39	武鸣区（桂）	46592.00
40	容　县（桂）	27000.00
41	苍梧县（桂）	3565.00
42	右江区（桂）	2339.00
43	扶绥县（桂）	1873.00
44	兴宾区（桂）	1460.00
45	玉州区（桂）	559.00
46	陆川县（桂）	550.00
47	武宣县（桂）	384.00
48	田东县（桂）	237.60
49	鹿寨县（桂）	198.00
50	港口区（桂）	170.00
51	琼山区（琼）	39510.00
52	陵水黎族自治县（琼）	19232.00
53	秀英区（琼）	13017.00
54	儋州市（琼）	6983.00
55	琼中黎族苗族自治县（琼）	1522.00
56	三亚市市辖区（琼）	694.20
57	合江县（川）	31000.00
58	叙州区（川）	1050.00
59	南溪区（川）	500.00
60	江安县（川）	268.00
61	乐山市市中区（川）	165.00
62	元江哈尼族彝族傣族自治县（滇）	4576.00
63	永德县（滇）	1663.90
64	元阳县（滇）	1325.00
65	新平彝族傣族自治县（滇）	1209.60
66	元谋县（滇）	410.00
67	马关县（滇）	302.00
68	盈江县（滇）	251.70
69	麻栗坡县（滇）	153.20
70	云　县（滇）	121.80

表 6-15　龙眼主产地产量

序号	龙眼主产地	产量（吨）
1	高州市（粤）	160385.00
2	电白区（粤）	34037.50

(续表)

序号	龙眼主产地	产量(吨)
3	惠阳区(粤)	16300.00
4	茂南区(粤)	15120.00
5	化州市(粤)	15115.00
6	惠来县(粤)	15030.00
7	恩平市(粤)	11593.00
8	阳春市(粤)	11362.00
9	阳西县(粤)	10000.00
10	罗定市(粤)	9800.00
11	信宜市(粤)	8350.00
12	增城区(粤)	6092.40
13	郁南县(粤)	4301.00
14	云安区(粤)	4130.00
15	雷州市(粤)	3118.70
16	五华县(粤)	2906.00
17	高要区(粤)	1790.00
18	茂名市属总林场(粤)	1460.00
19	揭西县(粤)	1420.00
20	英德市(粤)	674.00
21	龙门县(粤)	670.00
22	鹤山市(粤)	577.00
23	南澳县(粤)	438.00
24	连南瑶族自治县(粤)	350.00
25	高明区(粤)	304.00
26	珠海市高新区(粤)	300.00
27	花都区(粤)	224.27
28	三水区(粤)	159.79
29	新丰县(粤)	156.00
30	云城区(粤)	150.00
31	广宁县(粤)	143.00
32	新兴县(粤)	140.40
33	曲江区(粤)	132.00
34	蓬江区(粤)	106.00
35	武鸣区(桂)	200259.00
36	灵山县(桂)	40900.00
37	钦北区(桂)	29258.00
38	北流市(桂)	28102.00
39	兴宾区(桂)	14090.00
40	容　县(桂)	14000.00
41	武宣县(桂)	13883.10
42	浦北县(桂)	12936.00
43	扶绥县(桂)	10288.50
44	八步区(桂)	3183.45
45	右江区(桂)	3166.40
46	鹿寨县(桂)	2885.00

(续表)

序号	龙眼主产地	产量(吨)
47	田东县(桂)	2041.00
48	苍梧县(桂)	1535.00
49	柳江区(桂)	740.00
50	玉州区(桂)	572.00
51	金秀瑶族自治县(桂)	391.00
52	陆川县(桂)	210.00
53	天峨县(桂)	199.20
54	港口区(桂)	180.00
55	七坡林场(桂)	138.00
56	陵水黎族自治县(琼)	2668.00
57	三亚市市辖区(琼)	2600.40
58	儋州市(琼)	2156.00
59	琼山区(琼)	1725.00
60	琼中黎族苗族自治县(琼)	1333.00
61	泸　县(川)	20260.00
62	富顺县(川)	8134.00
63	龙马潭区(川)	6256.00
64	屏山县(川)	4500.00
65	南溪区(川)	4500.00
66	高　县(川)	2433.00
67	翠屏区(川)	978.00
68	叙州区(川)	935.00
69	江安县(川)	500.00
70	隆昌市(川)	330.00
71	雷波县(川)	115.00
72	永胜县(滇)	3116.60
73	元江哈尼族彝族傣族自治县(滇)	2707.00
74	鹤庆县(滇)	1703.00
75	开远市(滇)	1273.00
76	元谋县(滇)	1136.00
77	水富市(滇)	900.00
78	华宁县(滇)	106.00

表 6-16　香蕉主产地产量

序号	香蕉主产地	产量(吨)
1	高州市(粤)	1028862.00
2	恩平市(粤)	17325.00
3	罗定市(粤)	15000.00
4	电白区(粤)	13015.00
5	惠阳区(粤)	4900.00
6	蓬江区(粤)	2220.00
7	南澳县(粤)	1520.00
8	潮南区(粤)	708.60

(续表)

序号	香蕉主产地	产量(吨)
9	五华县(粤)	300.00
10	曲江区(粤)	172.00
11	田东县(桂)	152859.00
12	右江区(桂)	9300.00
13	那坡县(桂)	6450.74
14	容　县(桂)	4500.00
15	苍梧县(桂)	4249.00
16	陆川县(桂)	1500.00
17	天峨县(桂)	264.35
18	儋州市(琼)	64503.00
19	陵水黎族自治县(琼)	33094.00
20	会理县(川)	1096.00
21	宁南县(川)	975.00
22	瑞丽市(滇)	61027.80
23	新平彝族傣族自治县(滇)	41461.40
24	个旧市(滇)	31938.00
25	元江哈尼族彝族傣族自治县(滇)	17175.00
26	芒　市(滇)	8836.80
27	盈江县(滇)	8598.70
28	永胜县(滇)	5897.70
29	施甸县(滇)	1567.00
30	双柏县(滇)	1266.00
31	东川区(滇)	829.00
32	元谋县(滇)	824.00
33	云　县(滇)	334.40
34	梁河县(滇)	253.10
35	文山市(滇)	248.00

表 6-17　草莓主产地产量

序号	草莓主产地	产量(吨)
1	丰宁满族自治县(冀)	210.00
2	克什克腾旗(内蒙古)	200.00
3	清原满族自治县(辽)	150.00
4	临江市(吉)	1704.50
5	长白朝鲜族自治县(吉)	1252.00
6	盐都区(苏)	9500.00
7	通州区(苏)	5200.00
8	海安市(苏)	1600.00
9	洪泽区(苏)	1100.00
10	张家港市(苏)	1069.00
11	清江浦区(苏)	600.00
12	浦口区(苏)	517.00
13	邗江区(苏)	500.00

（续表）

序号	草莓主产地	产量（吨）
14	海陵区(苏)	418.50
15	淮安区(苏)	235.00
16	六合区(苏)	200.00
17	镇江市市辖区(苏)	129.10
18	建德市(浙)	22300.00
19	永康市(浙)	1240.00
20	长丰县(皖)	165000.00
21	颍上县(皖)	7950.00
22	桐城市(皖)	300.00
23	蚌山区(皖)	300.00
24	固镇县(皖)	300.00
25	阜南县(皖)	100.00
26	章贡区(赣)	589.00
27	袁州区(赣)	120.00
28	莒南县(鲁)	11250.00
29	蒙阴县(鲁)	1125.00
30	汶上县(鲁)	300.00
31	商水县(豫)	3090.00
32	封丘县(豫)	1500.00
33	梁园区(豫)	764.00
34	长垣县(豫)	600.00
35	淮阳县(豫)	551.00
36	光山县(豫)	310.00
37	睢　县(豫)	225.00
38	浉河区(豫)	120.00
39	随　县(鄂)	1912.00
40	汉川市(鄂)	1200.00
41	保康县(鄂)	420.00
42	罗田县(鄂)	225.00
43	钟祥市(鄂)	200.00
44	宜城市(鄂)	180.00
45	张湾区(鄂)	129.00
46	澧　县(湘)	600.00
47	鼎城区(湘)	506.00
48	永定区(湘)	410.00
49	儋州市(琼)	145.00
50	通川区(川)	3000.00
51	郫都区(川)	980.00
52	雁江区(川)	497.40
53	恩阳区(川)	270.00
54	巴州区(川)	168.00
55	凯里市(黔)	5396.00
56	个旧市(滇)	661.00
57	开远市(滇)	183.00

（续表）

序号	草莓主产地	产量（吨）
58	永胜县(滇)	172.20
59	腾冲市(滇)	120.00
60	梁河县(滇)	100.00
61	南郑区(陕)	300.00
62	略阳县(陕)	250.00
63	七里河区(甘)	200.00
64	陇西县(甘)	135.00

表 6-18　鲜红枣主产地产量

序号	鲜红枣主产地	产量（吨）
1	平谷区(京)	2189.80
2	密云区(京)	1851.20
3	怀柔区(京)	1100.70
4	房山区(京)	453.10
5	延庆区(京)	258.00
6	通州区(京)	198.00
7	静海区(津)	14656.70
8	东丽区(津)	563.00
9	阜平县(冀)	60165.00
10	曲阳县(冀)	5897.00
11	涿鹿县(冀)	1283.00
12	任　县(冀)	970.49
13	枣强县(冀)	365.00
14	东光县(冀)	277.15
15	辛集市(冀)	210.00
16	丰润区(冀)	190.00
17	双滦区(冀)	135.00
18	夏　县(晋)	26250.00
19	榆次区(晋)	4300.00
20	祁　县(晋)	4222.40
21	定襄县(晋)	1220.50
22	清徐县(晋)	1120.00
23	阳曲县(晋)	530.00
24	岢岚县(晋)	265.00
25	潞城区(晋)	220.00
26	忻府区(晋)	106.10
27	松山区(内蒙古)	1270.00
28	杭锦旗(内蒙古)	744.00
29	乌审旗(内蒙古)	400.00
30	朝阳县(辽)	95000.00
31	龙城区(辽)	5000.00
32	贾汪区(苏)	720.00
33	颍泉区(皖)	100.00

（续表）

序号	鲜红枣主产地	产量（吨）
34	费　县(鲁)	36472.00
35	山亭区(鲁)	16035.00
36	昌邑市(鲁)	15054.00
37	峄城区(鲁)	3750.00
38	济阳区(鲁)	2404.20
39	新泰市(鲁)	1470.00
40	荣成市(鲁)	400.00
41	东平县(鲁)	293.00
42	莱阳市(鲁)	178.00
43	济南新旧动能转换先行区(鲁)	150.00
44	临淄区(鲁)	141.00
45	西华县(豫)	5860.00
46	新密市(豫)	260.00
47	登封市(豫)	170.00
48	洛阳市龙门文化旅游园区(豫)	150.00
49	延津县(豫)	150.00
50	大冶市(鄂)	154.00
51	茶陵县(湘)	2700.00
52	衡阳县(湘)	350.00
53	连州市(粤)	6489.00
54	全州县(桂)	9396.00
55	灌阳县(桂)	2415.80
56	平乐县(桂)	797.00
57	兴宾区(桂)	706.00
58	鹿寨县(桂)	386.00
59	临桂区(桂)	294.00
60	金秀瑶族自治县(桂)	285.00
61	八步区(桂)	193.00
62	旌阳区(川)	120.00
63	道真仡佬族苗族自治县(黔)	151.00
64	元谋县(滇)	1124.00
65	新平彝族傣族自治县(滇)	302.80
66	永胜县(滇)	171.80
67	佳　县(陕)	445000.00
68	清涧县(陕)	200000.00
69	延川县(陕)	56000.00
70	神木市(陕)	50000.00
71	绥德县(陕)	36200.00
72	吴堡县(陕)	36000.00
73	米脂县(陕)	12020.00
74	府谷县(陕)	4850.00
75	榆阳区(陕)	600.00
76	宁　县(甘)	6778.00
77	平川区(甘)	4200.00

(续表)

序号	鲜红枣主产地	产量(吨)
78	高台县(甘)	1160.00
79	若羌县(新)	115800.00
80	新和县(新)	64747.50
81	喀什市(新)	27904.17
82	库尔勒市(新)	19199.00
83	轮台县(新)	3328.00
84	英吉沙县(新)	1488.75
85	和硕县(新)	1432.00
86	焉耆回族自治县(新)	1300.00
87	呼图壁县(新)	727.20
88	鄯善县(新)	524.00

表 6-19　青枣主产地产量

序号	青枣主产地	产量(吨)
1	昌平区(京)	1140.60
2	宝坻区(津)	140.00
3	吴中区(苏)	295.50
4	三门县(浙)	110.00
5	灵璧县(皖)	985.00
6	望江县(皖)	120.00
7	庆云县(鲁)	12600.00
8	枣庄市市中区(鲁)	237.00
9	平桥区(豫)	153.00
10	原阳县(豫)	130.00
11	枣阳市(鄂)	3000.00
12	宜城市(鄂)	300.00
13	祁东县(湘)	15672.00
14	衡山县(湘)	875.34
15	雁峰区(湘)	410.00
16	中方县(湘)	210.00
17	雷州市(粤)	11044.00
18	青白江区(川)	223.00
19	仁怀市(黔)	150.00
20	元江哈尼族彝族傣族自治县(滇)	46108.00
21	元谋县(滇)	18360.00
22	双柏县(滇)	2470.00
23	东川区(滇)	1450.00
24	新平彝族傣族自治县(滇)	127.20

表 6-20　冬枣主产地产量

序号	冬枣主产地	产量(吨)
1	丰台区(京)	600.00
2	西青区(津)	4138.50
3	武清区(津)	1980.00
4	丛台区(冀)	420.00
5	临猗县(晋)	299250.00
6	青浦区(沪)	183.40
7	阜南县(皖)	225.00
8	颍上县(皖)	150.00
9	沾化区(鲁)	300000.00
10	无棣县(鲁)	93788.00
11	滨城区(鲁)	2860.00
12	利津县(鲁)	1245.00
13	垦利区(鲁)	400.00
14	寒亭区(鲁)	348.00
15	济南市南部山区(鲁)	270.00
16	惠民县(鲁)	135.00
17	齐河县(鲁)	130.00
18	博兴县(鲁)	121.00
19	长垣县(豫)	4200.00
20	伊川县(豫)	2805.00
21	龙安区(豫)	1800.00
22	濮阳县(豫)	540.00
23	郏　县(豫)	511.00
24	睢　县(豫)	500.00
25	随　县(鄂)	3102.00
26	应城市(鄂)	420.00
27	孝昌县(鄂)	300.00
28	云梦县(鄂)	290.00
29	柳江区(桂)	175.00
30	三江侗族自治县(桂)	140.00
31	阎良区(陕)	1400.00
32	肃州区(甘)	724.00
33	阿图什市(新)	462.00
34	米东区(新)	287.00

表 6-21　石榴主产地产量

序号	石榴主产地	产量(吨)
1	泗洪县(苏)	800.00
2	宿豫区(苏)	246.00
3	吴中区(苏)	190.60
4	烈山区(皖)	128458.00
5	相山区(皖)	31591.00
6	杜集区(皖)	5600.00
7	禹会区(皖)	3750.00
8	濉溪县(皖)	265.00
9	蒙城县(皖)	240.00
10	蜀山区(皖)	180.00
11	天长市(皖)	144.00
12	峄城区(鲁)	19580.00
13	东平县(鲁)	5878.00
14	新泰市(鲁)	2164.00
15	泰山区(鲁)	1565.00
16	岱岳区(鲁)	1315.00
17	枣庄市市中区(鲁)	755.20
18	莱芜区(鲁)	533.00
19	威海市经济技术开发区(鲁)	150.00
20	淅川县(豫)	5080.00
21	孟津县(豫)	4500.00
22	封丘县(豫)	2600.00
23	平桥区(豫)	2330.00
24	伊川县(豫)	1530.00
25	孟州市(豫)	1131.00
26	长垣县(豫)	1100.00
27	商水县(豫)	900.00
28	新密市(豫)	650.00
29	嵩　县(豫)	600.00
30	确山县(豫)	500.00
31	方城县(豫)	500.00
32	偃师市(豫)	324.00
33	洛阳市伊洛工业园区(豫)	240.00
34	濮阳县(豫)	140.00
35	睢阳区(豫)	113.40
36	内乡县(豫)	110.00
37	登封市(豫)	100.00
38	宜城市(鄂)	360.00
39	惠阳区(粤)	2100.00
40	会理县(川)	42920.00
41	会东县(川)	3075.00
42	木里藏族自治县(川)	293.00
43	永胜县(滇)	36621.10
44	弥勒市(滇)	8435.20
45	开远市(滇)	4420.00
46	个旧市(滇)	2523.00
47	双柏县(滇)	1174.00
48	元谋县(滇)	1136.00
49	东川区(滇)	480.00
50	宁蒗彝族自治县(滇)	450.00
51	新平彝族傣族自治县(滇)	198.00

（续表）

序号	石榴主产地	产量（吨）
52	牟定县(滇)	110.00
53	喀什市(新)	23060.77
54	皮山县(新)	11533.00
55	策勒县(新)	8121.00
56	鄯善县(新)	2486.00
57	伽师县(新)	2266.00
58	阿图什市(新)	675.00
59	莎车县(新)	262.00

表 6-22　蓝莓主产地产量

序号	蓝莓主产地	产量（吨）
1	靖宇县(吉)	37083.00
2	通化县(吉)	8600.00
3	抚松县(吉)	3589.90
4	集安市(吉)	2120.00
5	蛟河市(吉)	929.80
6	白河林业局(吉)	550.00
7	江源区(吉)	480.00
8	临江市(吉)	371.00
9	东丰县(吉)	176.00
10	青浦区(沪)	238.50
11	松江区(沪)	146.70
12	仪征市(苏)	206.00
13	建德市(浙)	250.00
14	温岭市(浙)	183.89
15	庆元县(浙)	160.00
16	永康市(浙)	126.00
17	怀宁县(皖)	3680.00
18	无为县(皖)	800.00
19	旌德县(皖)	310.00
20	包河区(皖)	300.00
21	郎溪县(皖)	189.00
22	阜南县(皖)	180.00
23	桐城市(皖)	150.00
24	巢湖市(皖)	110.00
25	海阳市(鲁)	1100.00
26	临沭县(鲁)	100.00
27	随　县(鄂)	2000.00
28	黄梅县(鄂)	1500.00
29	安陆市(鄂)	200.00
30	屈家岭管理区(鄂)	160.00
31	大冶市(鄂)	150.00
32	掇刀区(鄂)	100.00

（续表）

序号	蓝莓主产地	产量（吨）
33	洪江市(湘)	600.00
34	涟源市(湘)	360.00
35	永定区(湘)	319.50
36	冷水江市(湘)	310.00
37	汨罗市(湘)	100.00
38	通川区(川)	750.00
39	郫都区(川)	268.00
40	凯里市(黔)	2073.00
41	黎平县(黔)	684.01
42	播州区(黔)	416.00
43	独山县(黔)	256.00
44	麒麟区(滇)	3000.00
45	澄江县(滇)	2100.00
46	石林彝族自治县(滇)	340.50
47	楚雄市(滇)	320.00
48	洱源县(滇)	125.00
49	库都尔林业局(内蒙古森工)	300.00

表 6-23　鲜柿子主产地产量

序号	鲜柿子主产地	产量（吨）
1	房山区(京)	12315.10
2	平谷区(京)	10052.30
3	门头沟区(京)	2815.50
4	密云区(京)	2607.60
5	昌平区(京)	1926.90
6	怀柔区(京)	525.10
7	武清区(津)	872.00
8	满城区(冀)	68319.00
9	顺平县(冀)	26300.00
10	涞水县(冀)	20514.43
11	曲阳县(冀)	5832.00
12	内丘县(冀)	4641.00
13	辛集市(冀)	130.00
14	阜平县(冀)	100.00
15	临猗县(晋)	52500.00
16	泽州县(晋)	8790.00
17	夏　县(晋)	4300.00
18	潞城区(晋)	2500.00
19	定襄县(晋)	2197.00
20	平顺县(晋)	1670.00
21	祁　县(晋)	1240.00
22	平遥县(晋)	270.00
23	左权县(晋)	160.00

（续表）

序号	鲜柿子主产地	产量（吨）
24	昔阳县(晋)	100.00
25	建湖县(苏)	2360.00
26	贾汪区(苏)	1420.00
27	海门市(苏)	1172.00
28	仪征市(苏)	1111.00
29	浦口区(苏)	451.00
30	沭阳县(苏)	270.00
31	永康市(浙)	970.00
32	建德市(浙)	600.00
33	青田县(浙)	506.00
34	三门县(浙)	410.00
35	灵璧县(皖)	1998.00
36	肥西县(皖)	1260.00
37	东至县(皖)	617.00
38	蚌山区(皖)	560.00
39	望江县(皖)	450.00
40	歙　县(皖)	159.00
41	青阳县(皖)	136.00
42	祁门县(皖)	119.00
43	莱芜区(鲁)	19290.00
44	海阳市(鲁)	9800.00
45	长清区(鲁)	7150.00
46	山亭区(鲁)	5510.00
47	沂源县(鲁)	2850.00
48	新泰市(鲁)	2267.00
49	寒亭区(鲁)	1716.00
50	招远市(鲁)	919.00
51	昌邑市(鲁)	764.00
52	费　县(鲁)	600.00
53	博山区(鲁)	600.00
54	梁山县(鲁)	500.00
55	乐陵市(鲁)	448.00
56	高密市(鲁)	336.00
57	莱山区(鲁)	300.00
58	平阴县(鲁)	208.00
59	历城区(鲁)	200.00
60	牟平区(鲁)	176.00
61	蓬莱市(鲁)	170.00
62	济阳区(鲁)	144.30
63	威海市经济技术开发区(鲁)	120.00
64	西华县(豫)	24500.00
65	汝阳县(豫)	14400.00
66	洛宁县(豫)	4550.00
67	鲁山县(豫)	3083.00

(续表)

序号	鲜柿子主产地	产量(吨)
68	登封市(豫)	3000.00
69	延津县(豫)	3000.00
70	渑池县(豫)	2590.00
71	正阳县(豫)	2500.00
72	惠济区(豫)	1460.00
73	杞　县(豫)	1000.00
74	襄城县(豫)	379.00
75	嵩　县(豫)	378.00
76	平桥区(豫)	360.00
77	睢阳区(豫)	286.20
78	西工区(豫)	270.00
79	卫辉市(豫)	267.00
80	淮阳县(豫)	220.00
81	商水县(豫)	220.00
82	新密市(豫)	200.00
83	郸城县(豫)	170.00
84	濮阳县(豫)	160.00
85	武陟县(豫)	115.00
86	罗田县(鄂)	8600.00
87	东宝区(鄂)	390.00
88	云梦县(鄂)	380.00
89	大冶市(鄂)	291.00
90	竹溪县(鄂)	250.00
91	咸丰县(鄂)	246.00
92	郧西县(鄂)	205.00
93	谷城县(鄂)	192.00
94	竹山县(鄂)	191.00
95	张湾区(鄂)	150.00
96	华容区(鄂)	102.30
97	临澧县(湘)	130.00
98	增城区(粤)	3023.40
99	新丰县(粤)	842.00
100	信宜市(粤)	670.00
101	龙门县(粤)	400.00
102	恭城瑶族自治县(桂)	557791.00
103	平乐县(桂)	345708.00
104	全州县(桂)	9396.00
105	鹿寨县(桂)	4909.00
106	天峨县(桂)	2659.60
107	八步区(桂)	1950.00
108	柳江区(桂)	1500.00
109	右江区(桂)	1182.00
110	临桂区(桂)	713.00
111	融安县(桂)	139.00

(续表)

序号	鲜柿子主产地	产量(吨)
112	青白江区(川)	300.00
113	宁南县(川)	280.00
114	巴州区(川)	180.00
115	江安县(川)	100.00
116	播州区(黔)	231.00
117	华宁县(滇)	17370.00
118	文山市(滇)	7340.00
119	石林彝族自治县(滇)	5563.00
120	施甸县(滇)	4398.00
121	龙陵县(滇)	4099.00
122	永胜县(滇)	725.00
123	开远市(滇)	450.00
124	双柏县(滇)	417.00
125	西畴县(滇)	376.00
126	个旧市(滇)	222.00
127	富源县(滇)	217.30
128	新平彝族傣族自治县(滇)	200.00
129	元谋县(滇)	174.00
130	东川区(滇)	170.00
131	梁河县(滇)	113.00
132	永寿县(陕)	7924.00
133	白河县(陕)	7000.00
134	洛南县(陕)	6661.00
135	汉滨区(陕)	2571.00
136	扶风县(陕)	270.00
137	渭滨区(陕)	136.00

表 6-24　板栗主产地产量

序号	板栗主产地	产量(吨)
1	灵寿县(冀)	3420.00
2	鹰手营子矿区(冀)	1260.00
3	阜平县(冀)	665.00
4	涞水县(冀)	167.00
5	东港市(辽)	44000.00
6	凤城市(辽)	42000.00
7	集安市(吉)	1467.40
8	沭阳县(苏)	850.00
9	六合区(苏)	800.00
10	赣榆区(苏)	711.00
11	吴中区(苏)	370.50
12	连云区(苏)	132.00
13	桐庐县(浙)	4500.00
14	遂昌县(浙)	2568.00

(续表)

序号	板栗主产地	产量(吨)
15	磐安县(浙)	450.00
16	长兴县(浙)	185.00
17	开化县(浙)	100.00
18	太湖县(皖)	10285.00
19	石台县(皖)	1200.00
20	旌德县(皖)	1050.00
21	岳西县(皖)	947.00
22	祁门县(皖)	511.00
23	歙　县(皖)	507.40
24	博望区(皖)	403.00
25	郎溪县(皖)	315.00
26	望江县(皖)	220.00
27	怀宁县(皖)	170.00
28	东至县(皖)	101.00
29	袁州区(赣)	560.00
30	玉山县(赣)	465.00
31	宁都县(赣)	402.00
32	泰和县(赣)	275.00
33	横峰县(赣)	240.00
34	全南县(赣)	223.00
35	资溪县(赣)	166.00
36	黎川县(赣)	145.00
37	莱芜区(鲁)	13436.00
38	费　县(鲁)	13303.00
39	兰陵县(鲁)	2326.00
40	岚山区(鲁)	1530.00
41	商城县(豫)	25065.00
42	罗山县(豫)	5174.00
43	泌阳县(豫)	4500.00
44	光山县(豫)	3500.00
45	浉河区(豫)	1800.00
46	鲁山县(豫)	1750.00
47	方城县(豫)	1500.00
48	登封市(豫)	800.00
49	平桥区(豫)	772.00
50	驿城区(豫)	665.00
51	息　县(豫)	210.00
52	京山县(鄂)	220000.00
53	罗田县(鄂)	35000.00
54	保康县(鄂)	5900.00
55	英山县(鄂)	5013.00
56	团风县(鄂)	4715.00
57	枣阳市(鄂)	3500.00
58	红安县(鄂)	2544.00

（续表）

序号	板栗主产地	产量（吨）
59	鹤峰县(鄂)	1500.00
60	安陆市(鄂)	1400.00
61	郧阳区(鄂)	800.00
62	神农架林区(鄂)	800.00
63	通山县(鄂)	798.00
64	阳新县(鄂)	605.00
65	梁子湖区(鄂)	429.08
66	利川市(鄂)	400.00
67	大冶市(鄂)	384.00
68	丹江口市(鄂)	325.00
69	崇阳县(鄂)	317.00
70	恩施市(鄂)	291.00
71	竹山县(鄂)	225.00
72	武穴市(鄂)	158.00
73	钟祥市(鄂)	148.00
74	涟源市(湘)	7080.00
75	永定区(湘)	3500.00
76	石门县(湘)	3380.00
77	慈利县(湘)	1413.00
78	蓝山县(湘)	1285.00
79	会同县(湘)	1098.00
80	湘潭市市辖区(湘)	926.00
81	衡山县(湘)	875.46
82	衡阳县(湘)	855.00
83	云溪区(湘)	836.00
84	桑植县(湘)	800.00
85	华容县(湘)	750.00
86	娄星区(湘)	550.00
87	临湘市(湘)	460.00
88	中方县(湘)	240.00
89	醴陵市(湘)	183.00
90	雨湖区(湘)	150.00
91	澧　县(湘)	100.00
92	封开县(粤)	7896.00
93	大埔县(粤)	4500.00
94	连平县(粤)	4200.00
95	连州市(粤)	2014.00
96	东源县(粤)	1530.00
97	东兰县(桂)	18974.00
98	隆林各族自治县(桂)	8691.00
99	田东县(桂)	4885.02
100	乐业县(桂)	2332.00
101	融安县(桂)	1221.00
102	鹿寨县(桂)	646.00

（续表）

序号	板栗主产地	产量（吨）
103	西林县(桂)	643.00
104	龙胜各族自治县(桂)	559.00
105	三江侗族自治县(桂)	455.00
106	武宣县(桂)	315.00
107	那坡县(桂)	216.00
108	扶绥县(桂)	190.00
109	田阳县(桂)	183.00
110	恭城瑶族自治县(桂)	100.70
111	仁和区(川)	6315.00
112	叙永县(川)	1085.00
113	营山县(川)	980.00
114	米易县(川)	935.00
115	汉源县(川)	478.00
116	北川羌族自治县(川)	240.00
117	崇州市(川)	150.00
118	仪陇县(川)	120.00
119	合江县(川)	100.00
120	罗甸县(黔)	6200.00
121	播州区(黔)	828.00
122	道真仡佬族苗族自治县(黔)	637.00
123	松桃苗族自治县(黔)	450.00
124	桐梓县(黔)	276.00
125	台江县(黔)	180.00
126	禄劝彝族苗族自治县(滇)	32000.00
127	大姚县(滇)	9456.00
128	武定县(滇)	7650.00
129	永仁县(滇)	6500.00
130	临翔区(滇)	4900.00
131	寻甸回族彝族自治县(滇)	3742.50
132	罗平县(滇)	3705.30
133	富民县(滇)	3360.00
134	石林彝族自治县(滇)	2300.00
135	宣威市(滇)	1600.00
136	大理市(滇)	1374.00
137	东川区(滇)	1300.00
138	易门县(滇)	932.00
139	师宗县(滇)	600.00
140	元阳县(滇)	581.00
141	元谋县(滇)	521.00
142	安宁市(滇)	450.00
143	腾冲市(滇)	380.00
144	麒麟区(滇)	350.00
145	牟定县(滇)	330.00
146	隆阳区(滇)	201.60

（续表）

序号	板栗主产地	产量（吨）
147	晋宁区(滇)	179.00
148	姚安县(滇)	140.00
149	陆良县(滇)	135.00
150	弥渡县(滇)	130.00
151	香格里拉市(滇)	126.10
152	华宁县(滇)	109.20
153	汉滨区(陕)	12314.00
154	柞水县(陕)	3483.00
155	洋　县(陕)	1350.00
156	石泉县(陕)	1300.00
157	平利县(陕)	500.00
158	渭滨区(陕)	420.00
159	黄龙县(陕)	260.00
160	金台区(陕)	132.00

表 6-25　核桃主产地产量

序号	核桃主产地	产量（吨）
1	阜平县(冀)	7204.00
2	平山县(冀)	6899.00
3	平乡县(冀)	4420.00
4	涞源县(冀)	3250.00
5	成安县(冀)	566.00
6	高邑县(冀)	552.00
7	竞秀区(冀)	454.00
8	峰峰矿区(冀)	360.00
9	泽州县(晋)	19496.25
10	阳城县(晋)	11200.00
11	方山县(晋)	1659.00
12	盂　县(晋)	1436.00
13	寿阳县(晋)	1150.00
14	壶关县(晋)	1000.00
15	高平市(晋)	890.00
16	古交市(晋)	450.00
17	襄垣县(晋)	225.00
18	上党区(晋)	200.00
19	灵丘县(晋)	188.00
20	集安市(吉)	655.50
21	临江市(吉)	169.00
22	安图森林经营局(吉)	158.00
23	八家子林业局(吉)	146.00
24	东海县(苏)	278.82
25	桐庐县(浙)	6000.00
26	旌德县(皖)	2200.00

(续表)

序号	核桃主产地	产量(吨)
27	谯城区(皖)	545.00
28	界首市(皖)	300.00
29	滕州市(鲁)	12000.00
30	岱岳区(鲁)	7305.00
31	龙口市(鲁)	666.00
32	阳谷县(鲁)	468.00
33	曹　县(鲁)	468.00
34	齐河县(鲁)	293.00
35	梁山县(鲁)	120.00
36	德城区(鲁)	103.72
37	陕州区(豫)	50000.00
38	登封市(豫)	17500.00
39	舞阳县(豫)	9100.00
40	南召县(豫)	7800.00
41	孟州市(豫)	7192.00
42	济源市(豫)	6850.00
43	湖滨区(豫)	5725.00
44	殷都区(豫)	5000.00
45	鲁山县(豫)	4350.00
46	灵宝市(豫)	3600.00
47	孟津县(豫)	2400.00
48	泌阳县(豫)	2000.00
49	新密市(豫)	1700.00
50	渑池县(豫)	1280.00
51	洛阳市高新区(豫)	1134.00
52	中牟县(豫)	855.00
53	郏　县(豫)	736.00
54	淮阳县(豫)	666.00
55	郾城区(豫)	550.00
56	瀍河回族区(豫)	520.00
57	洛阳市伊洛工业园区(豫)	514.00
58	驿城区(豫)	489.00
59	原阳县(豫)	480.00
60	方城县(豫)	250.00
61	山阳区(豫)	140.00
62	保康县(鄂)	4798.00
63	房　县(鄂)	4500.00
64	利川市(鄂)	1994.00
65	宣恩县(鄂)	1640.00
66	随　县(鄂)	1540.00
67	丹江口市(鄂)	800.00
68	老河口市(鄂)	600.00
69	京山县(鄂)	307.00
70	神农架林区(鄂)	300.00

(续表)

序号	核桃主产地	产量(吨)
71	恩施市(鄂)	228.00
72	枣阳市(鄂)	100.00
73	永定区(湘)	1200.00
74	新丰县(粤)	124.00
75	隆林各族自治县(桂)	320.00
76	乐业县(桂)	184.00
77	简阳市(川)	76445.00
78	德昌县(川)	61768.00
79	昭化区(川)	19100.00
80	盐边县(川)	15500.00
81	米易县(川)	14332.00
82	仁和区(川)	11122.50
83	资中县(川)	9000.00
84	盐亭县(川)	9000.00
85	安居区(川)	7200.00
86	布拖县(川)	5000.00
87	巴塘县(川)	4000.00
88	仪陇县(川)	3600.00
89	汉源县(川)	2926.00
90	黑水县(川)	2732.00
91	汶川县(川)	2579.00
92	得荣县(川)	2100.00
93	叙永县(川)	1690.00
94	峨边彝族自治县(川)	1345.00
95	理　县(川)	1180.00
96	康定市(川)	819.00
97	东兴区(川)	800.00
98	稻城县(川)	605.00
99	夹江县(川)	300.00
100	彭州市(川)	245.00
101	邛崃市(川)	149.00
102	松桃苗族自治县(黔)	450.00
103	黎平县(黔)	299.30
104	罗甸县(黔)	200.00
105	临翔区(滇)	638000.00
106	鲁甸县(滇)	345700.00
107	凤庆县(滇)	183300.00
108	景东彝族自治县(滇)	100000.00
109	新平彝族傣族自治县(滇)	52735.00
110	漾濞彝族自治县(滇)	51700.00
111	巧家县(滇)	47825.30
112	双江拉祜族佤族布朗族傣族自治县(滇)	41090.68
113	腾冲市(滇)	34000.00

(续表)

序号	核桃主产地	产量(吨)
114	祥云县(滇)	26167.00
115	禄劝彝族苗族自治县(滇)	24000.00
116	沧源佤族自治县(滇)	14000.00
117	昭阳区(滇)	13842.30
118	彝良县(滇)	12666.00
119	陆良县(滇)	8160.00
120	大理市(滇)	7525.00
121	宁蒗彝族自治县(滇)	7200.00
122	古城区(滇)	4300.00
123	麒麟区(滇)	4000.00
124	东川区(滇)	3253.00
125	香格里拉市(滇)	3043.70
126	师宗县(滇)	2630.00
127	沾益区(滇)	2300.00
128	富民县(滇)	1810.00
129	寻甸回族彝族自治县(滇)	1582.40
130	易门县(滇)	1090.00
131	华宁县(滇)	786.90
132	广南县(滇)	602.00
133	石林彝族自治县(滇)	560.00
134	元阳县(滇)	515.00
135	澄江县(滇)	500.00
136	贡山独龙族怒族自治县(滇)	312.80
137	晋宁区(滇)	301.00
138	个旧市(滇)	247.00
139	嵩明县(滇)	241.00
140	安宁市(滇)	200.00
141	威信县(滇)	167.00
142	开远市(滇)	136.00
143	勐海县(滇)	100.00
144	察雅县(藏)	100.00
145	黄龙县(陕)	65000.00
146	柞水县(陕)	14300.00
147	汉滨区(陕)	12452.00
148	临潼区(陕)	10500.00
149	平利县(陕)	6000.00
150	渭滨区(陕)	5257.00
151	金台区(陕)	5028.00
152	华州区(陕)	4950.00
153	吴堡县(陕)	4641.00
154	黄龙山林业局(陕)	1700.00
155	洋　县(陕)	1152.00
156	华阴市(陕)	1100.00
157	子洲县(陕)	1040.00

（续表）

序号	核桃主产地	产量（吨）
158	佳　县（陕）	800.00
159	岐山县（陕）	700.00
160	石泉县（陕）	515.00
161	志丹县（陕）	300.00
162	宝塔区（陕）	100.00
163	黄陵县（陕）	100.00
164	华亭市（甘）	15900.00
165	陇西县（甘）	8927.30
166	七里河区（甘）	400.00
167	化隆回族自治县（青）	816.00
168	尖扎县（青）	220.00
169	温宿县（新）	176400.00
170	喀什市（新）	944.66
171	高昌区（新）	198.00

表 6-26　其他果品主产地产量

序号	其他果品主产地	品种	产量（吨）
1	喀什市（新）	巴旦木	944.66
2	惠来县（粤）	菠萝	67500.00
3	芒　市（滇）	菠萝	12718.02
4	儋州市（琼）	菠萝	7200.00
5	马关县（滇）	菠萝	1895.00
6	右江区（桂）	菠萝	1670.00
7	田东县（桂）	菠萝	1361.20
8	梁河县（滇）	菠萝	1066.00
9	陆川县（桂）	菠萝	1000.00
10	盈江县（滇）	菠萝	314.10
11	广宁县（粤）	菠萝	222.00
12	瑞丽市（滇）	菠萝	197.50
13	元谋县（滇）	番木瓜	1124.00
14	瑞丽市（滇）	番木瓜	284.90
15	盈江县（滇）	番木瓜	192.00
16	精河县（新）	枸杞	56592.00
17	靖远县（甘）	枸杞	46400.00
18	杭锦后旗（内蒙古）	枸杞	5396.00
19	金塔县（甘）	枸杞	4071.00
20	平川区（甘）	枸杞	2750.00
21	嘉峪关市（甘）	枸杞	1325.00
22	高台县（甘）	枸杞	673.30
23	额济纳旗（内蒙古）	枸杞	500.00
24	肃州区（甘）	枸杞	366.00
25	杭锦旗（内蒙古）	枸杞	218.25
26	腾格里开发区（内蒙古）	枸杞	200.00
27	库尔勒市（新）	枸杞	175.00
28	临泽县（甘）	枸杞	157.23
29	准格尔旗（内蒙古）	海棠	16000.00
30	怀来县（冀）	海棠	10670.00
31	奇台县（新）	海棠	2500.00
32	宁城县（内蒙古）	海棠	2306.70
33	乌兰浩特市（内蒙古）	海棠	2000.00
34	吉木萨尔县（新）	海棠	1987.00
35	丰宁满族自治县（冀）	海棠	160.00
36	呼图壁县（新）	海棠	160.00
37	塔城市（新）	海棠	160.00
38	托克托县（内蒙古）	海棠	150.00
39	凤城市（辽）	核桃楸	4000.00
40	五常市（黑）	核桃楸	1000.00
41	上营森林经营局（吉）	核桃楸	657.00
42	开化县（浙）	核桃楸	310.00
43	通化县（吉）	核桃楸	139.00
44	清河县（冀）	红果	51500.00
45	密云区（京）	红果	5867.00
46	隆化县（冀）	红果	5117.35
47	平谷区人民政府果品办公室（京）	红果	1922.40
48	晋州市（冀）	红果	1668.00
49	延庆区果品服务中心（京）	红果	1521.00
50	饶阳县（冀）	红果	1170.00
51	怀柔区（京）	红果	824.30
52	西青区（津）	红果	280.00
53	海港区（冀）	红果	219.46
54	丰宁满族自治县（冀）	红果	200.00
55	涞水县（冀）	红果	173.45
56	宝坻区（津）	红果	133.00
57	武清区（津）	红果	120.00
58	凤城市（辽）	红松坚果	3010.00
59	通化县（吉）	红松坚果	558.00
60	抚松县（吉）	红松坚果	536.80
61	大兴沟林业局（吉）	红松坚果	150.00
62	东丰县（吉）	红松坚果	150.00
63	靖宇县（吉）	红松坚果	108.00
64	连山壮族瑶族自治县（粤）	金柑	4146.00
65	漾濞彝族自治县（滇）	梅	6700.00
66	马关县（滇）	梅	1196.00
67	鹤庆县（滇）	梅	394.80
68	新兴县（粤）	梅	188.80

(续表)

序号	其他果品主产地	品种	产量(吨)
69	永胜县(滇)	梅	127.50
70	新和县(新)	梅	107.00
71	乐至县(川)	柠檬	14320.00
72	瑞丽市(滇)	柠檬	8360.10
73	惠阳区(粤)	柠檬	1200.00
74	广安区(川)	柠檬	520.00
75	元阳县(滇)	柠檬	510.00
76	盈江县(滇)	柠檬	175.80
77	新宁县(湘)	脐橙	440000.00
78	邻水县(川)	脐橙	229600.00
79	会昌县(赣)	脐橙	149560.00
80	于都县(赣)	脐橙	81002.00
81	兴国县(赣)	脐橙	71200.00
82	崇义县(赣)	脐橙	40747.00
83	澧　县(湘)	脐橙	28200.00
84	石城县(赣)	脐橙	15215.00
85	定南县(赣)	脐橙	10606.00
86	永定区(湘)	脐橙	3800.00
87	上犹县(赣)	脐橙	2605.00
88	南　县(湘)	脐橙	2300.00
89	双牌县(湘)	脐橙	1884.00
90	巴州区(川)	脐橙	1200.00
91	石门县(湘)	脐橙	1200.00
92	榕江县(黔)	脐橙	1100.00
93	章贡区(赣)	脐橙	999.00
94	零陵区(湘)	脐橙	600.00
95	双峰县(湘)	脐橙	320.00
96	夏津县(鲁)	桑葚	5205.00
97	乐陵市(鲁)	桑葚	1251.00
98	巢湖市(皖)	桑葚	990.00
99	平桥区(豫)	桑葚	820.00
100	封丘县(豫)	桑葚	700.00
101	永康市(浙)	桑葚	528.00
102	吉安县(赣)	桑葚	500.00
103	麒麟区(滇)	桑葚	500.00
104	桃城区(冀)	桑葚	404.00
105	潜山市(皖)	桑葚	160.00
106	华龙区(豫)	桑葚	143.00
107	文成县(浙)	桑葚	120.00
108	屈家岭管理区(鄂)	桑葚	120.00
109	竹溪县(鄂)	山竹	300.00
110	竹山县(鄂)	山竹	280.00
111	封丘县(豫)	树莓	10000.00
112	法库县(辽)	树莓	7000.00

(续表)

序号	其他果品主产地	品种	产量(吨)
113	怀远县(皖)	树莓	1881.00
114	祁门县(皖)	树莓	760.00
115	湟源县(青)	树莓	600.00
116	佳木斯市郊区(黑)	树莓	600.00
117	章丘区(鲁)	树莓	450.00
118	黄山区(皖)	树莓	150.00
119	泽普县(新)	酸梅	260.00
120	莎车县(新)	酸梅	105.00
121	大竹县(川)	笋用竹	50000.00
122	新化县(湘)	笋用竹	45000.00
123	桐庐县(浙)	笋用竹	41400.00
124	桐梓县(黔)	笋用竹	38000.00
125	吴兴区(浙)	笋用竹	36550.00
126	旌德县(皖)	笋用竹	19000.00
127	富顺县(川)	笋用竹	17800.00
128	莲都区(浙)	笋用竹	12000.00
129	常山县(浙)	笋用竹	10000.00
130	龙游县(浙)	笋用竹	9185.00
131	大关县(滇)	笋用竹	3000.00
132	从化区(粤)	笋用竹	2000.00
133	祁门县(皖)	笋用竹	997.00
134	南岳区(湘)	笋用竹	910.00
135	歙　县(皖)	笋用竹	810.00
136	东兴区(川)	笋用竹	630.00
137	华宁县(滇)	笋用竹	555.00
138	恩阳区(川)	笋用竹	300.00
139	竹溪县(鄂)	笋用竹	300.00
140	沧源佤族自治县(滇)	笋用竹	216.40
141	利州区(川)	笋用竹	171.00
142	郎溪县(皖)	笋用竹	100.00
143	建德市(浙)	甜瓜	17500.00
144	章贡区(赣)	甜瓜	2537.00
145	商水县(豫)	甜瓜	2101.00
146	太康县(豫)	甜瓜	1875.00
147	淮阳县(豫)	甜瓜	991.00
148	鼎城区(湘)	甜瓜	880.00
149	阳曲县(晋)	甜瓜	820.00
150	梁山县(鲁)	甜瓜	720.00
151	华龙区(豫)	甜瓜	450.00
152	莱山区(鲁)	甜瓜	300.00
153	大余县(赣)	甜瓜	200.00
154	靖远县(甘)	文冠果	2139.00
155	景泰县(甘)	文冠果	150.00
156	高台县(甘)	文冠果	130.00

（续表）

序号	其他果品主产地	品种	产量（吨）
157	阿鲁科尔沁旗(内蒙古)	文冠果	100.00
158	威远县(川)	无花果	12000.00
159	威海市经济技术开发区(鲁)	无花果	6804.00
160	荣成市(鲁)	无花果	5000.00
161	阿图什市(新)	无花果	2986.00
162	鱼台县(鲁)	无花果	1450.00
163	蓬莱市(鲁)	无花果	1100.00
164	广汉市(川)	无花果	880.00
165	张家港市(苏)	无花果	440.00
166	莱山区(鲁)	无花果	300.00
167	奉贤区(沪)	无花果	291.40
168	温岭市(浙)	无花果	222.50
169	靖江市(苏)	无花果	160.00
170	通州区(苏)	无花果	160.00
171	封丘县(豫)	无花果	150.00
172	桐城市(皖)	无花果	150.00
173	巢湖市(皖)	无花果	120.00
174	阿克苏市(新)	香梨	157586.00
175	轮台县(新)	香梨	26460.00
176	新和县(新)	香梨	24205.40
177	温宿县(新)	香梨	11900.00
178	尉犁县(新)	香梨	11327.00
179	莎车县(新)	香梨	6731.00
180	乌什县(新)	香梨	5603.00
181	城步苗族自治县(湘)	香梨	4985.00
182	宁远县(湘)	香梨	1470.00
183	阿图什市(新)	香梨	108.00
184	乌兰浩特市(内蒙古)	小浆果	1100.00
185	石泉县(陕)	小浆果	760.00
186	额敏县(新)	小浆果	480.00
187	阜康市(新)	小浆果	368.00
188	东丰县(吉)	小浆果	200.00
189	陵水黎族自治县(琼)	椰子	1969.00
190	儋州市(琼)	椰子	1500.00
191	琼山区(琼)	椰子	1420.50
192	通河县(黑)	榛子	24000.00
193	铁岭县(辽)	榛子	15000.00
194	抚顺县(辽)	榛子	8250.00
195	阿荣旗(内蒙古)	榛子	8000.00
196	东洲区(辽)	榛子	4156.00
197	凤城市(辽)	榛子	950.00
198	东丰县(吉)	榛子	506.00
199	永吉县(吉)	榛子	500.00
200	富锦市(黑)	榛子	500.00

（续表）

序号	其他果品主产地	品种	产量（吨）
201	临江市(吉)	榛子	409.10
202	桦甸市(吉)	榛子	347.67
203	磐石市(吉)	榛子	296.00
204	舒兰市(吉)	榛子	200.00
205	坊子区(鲁)	榛子	200.00
206	盖州市(辽)	榛子	197.00
207	集安市(吉)	榛子	137.50
208	通化县(吉)	榛子	125.00
209	东港市(辽)	榛子	120.00

表 7　母树林种子主产地产量

序号	母树林种子主产地	品种	产量（千克）
1	东门林场(桂)	桉树	700.00
2	陆川县(桂)	桉树	120.00
3	惠民县(鲁)	白蜡	12000.00
4	南漳县(鄂)	白皮松	1000.00
5	渑池县(豫)	柏树	17550.00
6	鼎城区(湘)	池杉	370.00
7	汝阳县(豫)	刺槐	1573000.00
8	宁　县(甘)	刺槐	12330.00
9	蒙阴县(鲁)	刺槐	200.00
10	巴东县(鄂)	鹅掌楸	50000.00
11	竹山县(鄂)	鹅掌楸	300.00
12	黎平县(黔)	鹅掌楸	260.00
13	祁东县(湘)	枫香	3500.00
14	大悟县(鄂)	枫香	3000.00
15	祁门县(皖)	枫香	105.00
16	大悟县(鄂)	广玉兰	300.00
17	南岳区(湘)	桂花	2890.00
18	安州区(川)	桂花	240.00
19	全椒县(皖)	国外松	100.00
20	鲁甸县(滇)	核桃	1500000.00
21	漾濞彝族自治县(滇)	核桃	300000.00
22	竹山县(鄂)	核桃	20000.00
23	内乡县(豫)	核桃	12000.00
24	昌宁县(滇)	核桃	12000.00
25	华宁县(滇)	核桃	4000.00
26	南江县(川)	核桃	2280.00
27	平利县(陕)	核桃	1000.00
28	济源市(豫)	核桃	850.00
29	房　县(鄂)	核桃	800.00
30	安图森林经营局(吉)	红松	532000.00
31	新宾满族自治县(辽)	红松	519806.00

(续表)

序号	母树林种子主产地	品种	产量(千克)
32	孟家岗林场(黑)	红松	162612.50
33	桦南县(黑)	红松	100000.00
34	辉南县(吉)	红松	60000.00
35	汤原县(黑)	红松	50000.00
36	临江市(吉)	红松	35000.00
37	东辽县(吉)	红松	24000.00
38	本溪满族自治县(辽)	红松	18000.00
39	桦甸市(吉)	红松	15000.00
40	安图县(吉)	红松	8010.00
41	抚松县(吉)	红松	7200.00
42	通河县(黑)	红松	7000.00
43	工农区(黑)	红松	3050.00
44	东洲区(辽)	红松	3000.00
45	永吉县(吉)	红松	2500.00
46	通化县(吉)	红松	2500.00
47	临江林业局(吉林森工)	红松	994.00
48	长白朝鲜族自治县(吉)	红松	821.00
49	新宁县(湘)	厚朴	30000.00
50	南郑区(陕)	厚朴	5000.00
51	巴东县(鄂)	厚朴	5000.00
52	宁远县(湘)	厚朴	3000.00
53	新宾满族自治县(辽)	胡桃楸	569335.00
54	敦化林业局(吉)	胡桃楸	35200.00
55	五常市(黑)	胡桃楸	7000.00
56	泸西县(滇)	华山松	36500.00
57	南郑区(陕)	华山松	20000.00
58	会东县(川)	华山松	5750.00
59	南华县(滇)	华山松	1125.00
60	楚雄市(滇)	华山松	270.00
61	万源市(川)	华山松	200.00
62	敦化林业局(吉)	桦树	1000.00
63	玛纳斯县(新)	黄檗	1000.00
64	泌阳县(豫)	火炬松	1000.00
65	安福县(赣)	火炬松	270.00
66	冷水江市(湘)	金钱松	100.00
67	舞钢市(豫)	栎树	1235000.00
68	固始县(豫)	栎树	16000.00
69	南岳区(湘)	柳杉	2000.00
70	安州区(川)	柳杉	540.00
71	洪雅县(川)	柳杉	520.00
72	库都尔林业局(内蒙古森工)	落叶松	10000.00
73	清原满族自治县(辽)	落叶松	3200.00
74	巴林左旗(内蒙古)	落叶松	2100.00
75	和林格尔县(内蒙古)	落叶松	1500.00
76	克山县(黑)	落叶松	1000.00
77	甘河林业局(内蒙古森工)	落叶松	1000.00
78	阿里河林业局(内蒙古森工)	落叶松	568.00
79	长白朝鲜族自治县(吉)	落叶松	216.00
80	五常市(黑)	落叶松	100.00
81	吴江区(苏)	落羽杉	2000.00
82	靖江市(苏)	落羽杉	1000.00
83	鼎城区(湘)	落羽杉	150.00
84	巴东县(鄂)	马尾松	2500000.00
85	南郑区(陕)	马尾松	42000.00
86	松桃苗族自治县(黔)	马尾松	36000.00
87	祁东县(湘)	马尾松	14200.00
88	竹山县(鄂)	马尾松	10000.00
89	曾都区(鄂)	马尾松	10000.00
90	奉新县(赣)	马尾松	9000.00
91	南岳区(湘)	马尾松	5100.00
92	蓝山县(湘)	马尾松	2400.00
93	石阡县(黔)	马尾松	1000.00
94	南江县(川)	马尾松	500.00
95	恩阳区(川)	马尾松	500.00
96	城固县(陕)	马尾松	200.00
97	桐柏县(豫)	马尾松	160.00
98	高　县(川)	马尾松	120.00
99	新宁县(湘)	南方红豆杉	20000.00
100	竹溪县(鄂)	楠木	6000.00
101	金洞林场(湘)	楠木	249.00
102	庆元县(浙)	楠木	160.00
103	米脂县(陕)	柠条	75000.00
104	鄂托克前旗(内蒙古)	柠条	10000.00
105	恩阳区(川)	桤木	500.00
106	巴州区(川)	桤木	500.00
107	安州区(川)	桤木	150.00
108	汨罗市(湘)	桤木	109.00
109	和林格尔县(内蒙古)	沙棘	350000.00
110	巴东县(鄂)	杉木	200000.00
111	松桃苗族自治县(黔)	杉木	45000.00
112	威信县(滇)	杉木	6000.00
113	祁东县(湘)	杉木	4700.00
114	安福县(赣)	杉木	3400.00
115	乐安县(赣)	杉木	2500.00
116	江华瑶族自治县(湘)	杉木	2000.00
117	攸　县(湘)	杉木	1200.00
118	竹山县(鄂)	杉木	800.00
119	瑞金市(赣)	杉木	521.00

（续表）

序号	母树林种子主产地	品种	产量（千克）
120	昌宁县(滇)	杉木	420.00
121	锦屏县(黔)	杉木	400.00
122	高　县(川)	杉木	400.00
123	祁门县(皖)	杉木	210.00
124	南岳区(湘)	杉木	120.00
125	阳新县(鄂)	杉木	100.00
126	荆门市市辖区(鄂)	湿地松	850.00
127	瑞金市(赣)	湿地松	678.00
128	汨罗市(湘)	湿地松	442.00
129	新宾满族自治县(辽)	水曲柳	98176.00
130	五常市(黑)	水曲柳	180.00
131	吴江区(苏)	水杉	2400.00
132	利川市(鄂)	水杉	420.00
133	鼎城区(湘)	水杉	150.00
134	永德县(滇)	思茅松	3200.00
135	阿鲁科尔沁旗(内蒙古)	文冠果	6000.00
136	万源市(川)	香椿	200.00
137	屈家岭管理区(鄂)	香樟	2050.00
138	岳阳县(湘)	香樟	1000.00
139	富顺县(川)	香樟	400.00
140	安州区(川)	香樟	200.00
141	坡头区(粤)	香樟	100.00
142	宁阳县(鲁)	杨树	300.00
143	新宁县(湘)	银杉	500.00
144	巴东县(鄂)	银杏	200000.00
145	邳州市(苏)	银杏	58725.00
146	凤庆县(滇)	油茶	100000.00
147	耒阳市(湘)	油茶	10000.00
148	茶陵县(湘)	油茶	8800.00
149	辰溪县(湘)	油茶	4200.00
150	新　县(豫)	油茶	985.00
151	廉江市(粤)	油茶	698.00
152	交口县(晋)	油松	420000.00
153	凌源市(辽)	油松	50000.00
154	华池县(甘)	油松	25000.00
155	陵川县(晋)	油松	10000.00
156	南郑区(陕)	油松	7200.00
157	正宁林业总场(甘)	油松	1800.00
158	沁　县(晋)	油松	1300.00
159	卢氏县(豫)	油松	1209.00
160	韩城市林业局(陕)	油松	1000.00
161	洛南县(陕)	油松	200.00
162	宁城县(内蒙古)	油松	155.00
163	兰坪白族普米族自治县(滇)	云南松	8000.00
164	隆阳区(滇)	云南松	3900.00
165	腾冲市(滇)	云南松	3200.00
166	宣威市(滇)	云南松	600.00
167	香格里拉市(滇)	云南松	130.00
168	玛珂河林业局(青)	云杉	11040.00
169	麦秀森林公园(青)	云杉	206.10
170	门源回族自治县(青)	云杉	200.00
171	炉霍林业局(川)	云杉	100.00
172	克山县(黑)	樟子松	1000.00
173	庆元县(浙)	珍稀乡土树种	442.60
174	屯溪区(皖)	珍稀乡土树种	120.00
175	黎平县(黔)	珍稀乡土树种	120.00

表8　种子园种子主产地产量

序号	种子园种子主产地	品种	产量（千克）
1	东门林场(桂)	桉树	1000.00
2	库尔勒市(新)	白蜡	300000.00
3	东营区(鲁)	白蜡	100.00
4	内乡县(豫)	柏树	70000.00
5	陵川县(晋)	柏树	31000.00
6	郧阳区(鄂)	柏树	10000.00
7	禹会区(皖)	柏树	2000.00
8	石林彝族自治县(滇)	柏树	280.00
9	三台县(川)	柏树	100.00
10	竹山县(鄂)	檫树	150.00
11	洪湖市(鄂)	池杉	5000.00
12	鼎城区(湘)	池杉	200.00
13	内乡县(豫)	刺槐	74000.00
14	陵川县(晋)	刺槐	4900.00
15	竹山县(鄂)	刺槐	1000.00
16	宁　县(甘)	刺槐	688.00
17	南郑区(陕)	刺槐	110.00
18	宁阳县(鲁)	刺槐	100.00
19	陵川县(晋)	鹅耳枥	460000.00
20	内乡县(豫)	核桃	4000000.00
21	汝阳县(豫)	核桃	1105000.00
22	东平县(鲁)	核桃	85000.00
23	南江县(川)	核桃	12000.00
24	昌宁县(滇)	核桃	11000.00
25	昭阳区(滇)	核桃	6000.00
26	华宁县(滇)	核桃	4000.00
27	竹山县(鄂)	核桃	2688.00
28	新和县(新)	核桃	1800.00

(续表)

序号	种子园种子主产地	品种	产量(千克)
29	仁寿县(川)	核桃	1116.00
30	南召县(豫)	核桃	500.00
31	新宾满族自治县(辽)	红松	4446876.00
32	抚顺县(辽)	红松	31000.00
33	本溪满族自治县(辽)	红松	18000.00
34	临江市(吉)	红松	15000.00
35	临江林业局(吉林森工)	红松	2056.00
36	永吉县(吉)	红松	1500.00
37	露水河林业局(吉林森工)	红松	956.00
38	龙井市(吉)	红松	483.60
39	三岔子林业局(吉林森工)	红松	215.00
40	工农区(黑)	红松	200.00
41	陆川县(桂)	红锥	350.00
42	新宾满族自治县(辽)	胡桃楸	5529851.00
43	库尔勒市(新)	胡杨	300000.00
44	平利县(陕)	华山松	150000.00
45	麒麟区(滇)	华山松	20000.00
46	兰坪白族普米族自治县(滇)	华山松	10000.00
47	巴东县(鄂)	华山松	2000.00
48	万源市(川)	华山松	500.00
49	楚雄市(滇)	华山松	270.00
50	洱源县(滇)	华山松	145.00
51	固始县(豫)	槐树	30000.00
52	禹会区(皖)	槐树	300.00
53	泌阳县(豫)	火炬松	1000.00
54	安福县(赣)	火炬松	260.00
55	郧阳区(鄂)	栎树	200000.00
56	南郑区(陕)	栎树	19000.00
57	钟祥市(鄂)	栎树	5000.00
58	浠水县(鄂)	栎树	320.00
59	竹山县(鄂)	柳杉	500.00
60	南岳区(湘)	柳杉	190.00
61	清原满族自治县(辽)	落叶松	3200.00
62	巴林左旗(内蒙古)	落叶松	2100.00
63	和林格尔县(内蒙古)	落叶松	1000.00
64	克山县(黑)	落叶松	250.00
65	长城山林场(晋)	落叶松	250.00
66	东洲区(辽)	落叶松	206.00
67	万源市(川)	落叶松	100.00
68	吴江区(苏)	落羽杉	2000.00
69	孝昌县(鄂)	落羽杉	220.00
70	派阳山林场(桂)	马尾松	15275.00
71	祁东县(湘)	马尾松	14000.00
72	张湾区(鄂)	马尾松	2000.00

(续表)

序号	种子园种子主产地	品种	产量(千克)
73	竹山县(鄂)	马尾松	2000.00
74	湘潭县(湘)	马尾松	982.00
75	瑞金市(赣)	马尾松	903.00
76	恩阳区(川)	马尾松	500.00
77	南岳区(湘)	马尾松	380.00
78	高 县(川)	马尾松	200.00
79	桐柏县(豫)	马尾松	160.00
80	万源市(川)	马尾松	100.00
81	庆元县(浙)	楠木	112.00
82	新和县(新)	沙枣	800.00
83	张湾区(鄂)	杉木	15000.00
84	祁东县(湘)	杉木	11200.00
85	威信县(滇)	杉木	6000.00
86	西畴县(滇)	杉木	5137.00
87	黎平县(黔)	杉木	5000.00
88	余江区(赣)	杉木	5000.00
89	郧阳区(鄂)	杉木	5000.00
90	安福县(赣)	杉木	3250.00
91	岳阳县(湘)	杉木	3000.00
92	乐安县(赣)	杉木	2500.00
93	江华瑶族自治县(湘)	杉木	2100.00
94	会同县(湘)	杉木	1600.00
95	房 县(鄂)	杉木	1500.00
96	攸 县(湘)	杉木	1200.00
97	筠连县(川)	杉木	1000.00
98	竹山县(鄂)	杉木	1000.00
99	信丰县(赣)	杉木	800.00
100	马关县(滇)	杉木	770.00
101	阳新县(鄂)	杉木	600.00
102	石台县(皖)	杉木	450.00
103	昌宁县(滇)	杉木	420.00
104	高 县(川)	杉木	400.00
105	珙 县(川)	杉木	300.00
106	瑞金市(赣)	杉木	241.00
107	恩施市(鄂)	杉木	225.00
108	古蔺县(川)	杉木	220.00
109	曲江区(粤)	杉木	165.00
110	开化县(浙)	杉木	150.00
111	锦屏县(黔)	杉木	135.00
112	休宁县(皖)	杉木	100.00
113	汨罗市(湘)	湿地松	3524.00
114	孝昌县(鄂)	湿地松	450.00
115	瑞金市(赣)	湿地松	342.00
116	峡江县(赣)	湿地松	150.00

（续表）

序号	种子园种子主产地	品种	产量（千克）
117	临江林业局（吉林森工）	水曲柳	1840.00
118	吴江区（苏）	水杉	2400.00
119	潜江市（鄂）	水杉	500.00
120	库尔勒市（新）	香梨	500000.00
121	新和县（新）	杏树	4400.00
122	隆化县（冀）	杏树	4000.00
123	华池县（甘）	杏树	2500.00
124	康平县（辽）	杨树	420.00
125	隆化县（冀）	油松	9000.00
126	陵川县（晋）	油松	2200.00
127	北票市（辽）	油松	2000.00
128	正宁林业总场（甘）	油松	1200.00
129	平泉市（冀）	油松	1000.00

（续表）

序号	种子园种子主产地	品种	产量（千克）
130	宁城县（内蒙古）	油松	300.00
131	卢氏县（豫）	油松	292.00
132	土默特左旗（内蒙古）	油松	150.00
133	洛南县（陕）	油松	110.00
134	玛纳斯县（新）	榆树	800.00
135	兰坪白族普米族自治县（滇）	云南松	8000.00
136	隆阳区（滇）	云南松	3900.00
137	腾冲市（滇）	云南松	3200.00
138	普格县（川）	云南松	270.00
139	炉霍林业局（川）	云杉	100.00
140	克东县（黑）	樟子松	320.00
141	克山县（黑）	樟子松	250.00

表 9-1　马尾松苗主产地产量

序号	马尾松苗主产地	产量（万株）
1	兰溪市（浙）	30.00
2	瑞金市（赣）	263.00
3	袁州区（赣）	65.00
4	遂川县（赣）	50.00
5	竹山县（鄂）	100.00
6	阳新县（鄂）	60.00
7	罗田县（鄂）	35.00
8	蓝山县（湘）	2700.00
9	茶陵县（湘）	1600.00
10	洪江市（湘）	180.00
11	新化县（湘）	120.00
12	新宁县（湘）	100.00
13	永定区（湘）	90.00
14	新晃侗族自治县（湘）	50.00
15	绥宁县（湘）	30.00
16	永兴县（湘）	16.00
17	溆浦县（湘）	12.00
18	安化县（湘）	10.20
19	信宜市（粤）	80.00
20	云安区（粤）	30.00
21	西林县（桂）	740.00
22	藤　县（桂）	120.00
23	派阳山林场（桂）	100.41
24	陆川县（桂）	100.00
25	田东县（桂）	100.00
26	田林县（桂）	70.00
27	黄冕林场（桂）	62.62

（续表）

序号	马尾松苗主产地	产量（万株）
28	蒙山县（桂）	60.00
29	中国林科院热林中心（桂）	27.54
30	那坡县（桂）	20.00
31	七坡林场（桂）	15.29
32	八步区（桂）	13.00
33	贡井区（川）	10.00
34	独山县（黔）	225.00
35	石阡县（黔）	120.00
36	沿河土家族自治县（黔）	30.00
37	富宁县（滇）	150.00
38	建水县（滇）	65.00

表 9-2　落叶松苗主产地产量

序号	落叶松苗主产地	产量（万株）
1	赤城县（冀）	3675.00
2	丰宁满族自治县（冀）	1200.00
3	岢岚县（晋）	1020.00
4	繁峙县（晋）	420.00
5	宁武县（晋）	380.00
6	广灵县（晋）	90.00
7	神池县（晋）	70.00
8	扎兰屯市（内蒙古）	850.00
9	兴和县（内蒙古）	400.00
10	阿荣旗（内蒙古）	300.00
11	宁城县（内蒙古）	220.00
12	牙克石市（内蒙古）	203.00

（续表）

序号	落叶松苗主产地	产量（万株）
13	松山区（内蒙古）	200.00
14	武川县（内蒙古）	60.00
15	鄂温克族自治旗（内蒙古）	15.00
16	清原满族自治县（辽）	1600.00
17	岫岩满族自治县（辽）	860.00
18	桓仁满族自治县（辽）	252.00
19	抚顺县（辽）	109.00
20	铁岭县（辽）	100.00
21	新宾满族自治县（辽）	76.00
22	本溪满族自治县（辽）	64.00
23	明山区（辽）	15.00
24	辉南县（吉）	1050.00
25	舒兰市（吉）	311.70
26	东辽县（吉）	133.00
27	永吉县（吉）	126.00
28	长白朝鲜族自治县（吉）	68.00
29	东丰县（吉）	61.00
30	蛟河市（吉）	39.00
31	安图县（吉）	26.00
32	天桥岭林业局（吉）	12.00
33	丰满区（吉）	10.00
34	抚松县（吉）	10.00
35	佳木斯市郊区（黑）	1430.00
36	汤原县（黑）	900.00
37	五常市（黑）	400.00
38	讷河市（黑）	274.00
39	尚志国有林场（黑）	215.50

(续表)

序号	落叶松苗主产地	产量(万株)
40	鸡东县(黑)	208.20
41	克山县(黑)	160.00
42	集贤县(黑)	105.00
43	七台河市直属单位(黑)	56.00
44	呼玛县(黑)	55.00
45	孟家岗林场(黑)	40.00
46	桦南县(黑)	38.00
47	济源市(豫)	20.00
48	华池林业总场(甘)	18.97
49	阿尔泰林场(新)	159.00
50	青河林场(新)	12.50
51	哈巴河林场(新)	10.00
52	乌尔旗汉林业局(内蒙古森工)	550.00
53	阿里河林业局(内蒙古森工)	258.60
54	莫尔道嘎林业局(内蒙古森工)	220.00
55	库都尔林业局(内蒙古森工)	211.53
56	绰尔林业局(内蒙古森工)	160.00
57	甘河林业局(内蒙古森工)	100.00
58	金河林业局(内蒙古森工)	100.00
59	吉文林业局(内蒙古森工)	78.80
60	阿尔山林业局(内蒙古森工)	68.11
61	满归林业局(内蒙古森工)	60.00
62	克一河林业局(内蒙古森工)	42.00
63	毕拉河林业局(内蒙古森工)	30.50
64	洮河生态建设局(甘)	128.40
65	白水江生态建设局(博峪河自然保护局)(甘)	21.50

表 9-3 红松苗主产地产量

序号	红松苗主产地	产量(万株)
1	清原满族自治县(辽)	5000.00
2	新宾满族自治县(辽)	3173.00
3	桓仁满族自治县(辽)	1829.20
4	本溪满族自治县(辽)	345.00
5	岫岩满族自治县(辽)	118.20
6	铁岭县(辽)	52.00
7	明山区(辽)	20.00
8	抚顺县(辽)	12.00
9	柳河县(吉)	124068.00
10	蛟河市(吉)	3598.00
11	通化县(吉)	1667.26
12	八家子林业局(吉)	1028.00
13	汪清林业局(吉)	901.00
14	珲春林业局(吉)	890.00
15	长白朝鲜族自治县(吉)	640.00
16	黄泥河林业局(吉)	546.00
17	天桥岭林业局(吉)	442.00
18	江源区(吉)	432.35
19	靖宇县(吉)	407.62
20	永吉县(吉)	380.00
21	临江市(吉)	310.80
22	磐石市(吉)	304.00
23	桦甸市(吉)	300.00
24	敦化市(吉)	190.00
25	舒兰市(吉)	178.40
26	白河林业局(吉)	165.00
27	集安市(吉)	153.00
28	安图森林经营局(吉)	152.50
29	和龙市(吉)	150.00
30	辉南县(吉)	150.00
31	浑江区(吉)	149.35
32	大石头林业局(吉)	148.00
33	安图县(吉)	124.00
34	敦化林业局(吉)	118.00
35	珲春市(吉)	79.20
36	抚松县(吉)	66.80
37	船营区(吉)	41.30
38	昌邑区(吉)	41.00
39	东辽县(吉)	36.57
40	龙井市(吉)	26.20
41	九台区(吉)	25.00
42	东丰县(吉)	20.00
43	梅河口市(吉)	16.00
44	白山市市辖区(吉)	13.70
46	汤原县(黑)	3420.00
47	七台河市市辖区(黑)	1663.90
48	延寿县(黑)	730.20
49	鸡东县(黑)	633.60
50	依兰县(黑)	400.00
51	桦南县(黑)	201.00
52	尚志国有林场管理局(黑)	174.00
53	工农区(黑)	130.00
54	孟家岗林场(黑)	55.00
55	佳木斯市郊区(黑)	50.00
56	嘉荫县(黑)	26.00
57	呼玛县(黑)	16.00
58	克东县(黑)	15.00
59	阿里河林业局(内蒙古森工)	25.40
60	满归林业局(内蒙古森工)	24.00
61	阿尔山林业局(内蒙古森工)	14.67
62	红石林业局(吉林森工)	608.80
63	松江河林业有限公司(吉林森工)	408.00
64	白石山林业局(吉林森工)	402.71
65	露水河林业局(吉林森工)	246.10
66	临江林业局(吉林森工)	124.00
67	三岔子林业局(吉林森工)	41.70

表 9-4 黑松苗主产地产量

序号	黑松苗主产地	产量(万株)
1	金普新区(辽)	454.00
2	二道江区(吉)	76.00
3	柳河县(吉)	54.38
4	新沂市(苏)	1640.00
5	蜀山区(皖)	30.00
6	莒南县(鲁)	3720.00
7	新泰市(鲁)	530.00
8	莱阳市(鲁)	526.00
9	岚山区(鲁)	430.00
10	宁阳县(鲁)	400.00
11	栖霞市(鲁)	336.00
12	岱岳区(鲁)	277.00
13	泗水县(鲁)	270.00
14	肥城市(鲁)	236.00
15	博山区(鲁)	160.00
16	海阳市(鲁)	120.00
17	蒙阴县(鲁)	100.00
18	威海市经济技术开发区(鲁)	32.00
19	德州市市辖区(鲁)	30.00
20	费　县(鲁)	28.00
21	莱芜区(鲁)	27.90
22	山亭区(鲁)	20.00
23	钢城区(鲁)	20.00
24	牟平区(鲁)	19.00
25	蓬莱市(鲁)	18.00
26	寒亭区(鲁)	15.00
27	安丘市(鲁)	12.30
28	潢川县(豫)	24.00
29	泌阳县(豫)	15.00

表 9-5 华山松苗主产地产量

序号	华山松苗主产地	产量（万株）
1	北京市林业种子苗木管理总站(京)	32.00
2	玉田县(冀)	25.00
3	涿州市(冀)	13.30
4	泽州县(晋)	44.70
5	桓仁满族自治县(辽)	155.40
6	岫岩满族自治县(辽)	40.00
7	泰安市泰山景区(鲁)	510.00
8	莱芜区(鲁)	12.00
9	美姑县(川)	1600.00
10	会东县(川)	50.20
11	汉源县(川)	20.00
12	宁南县(川)	15.00
13	兴义市(黔)	60.00
14	昭阳区(滇)	800.00
15	富源县(滇)	400.00
16	大姚县(滇)	400.00
17	宁蒗彝族自治县(滇)	181.50
18	寻甸回族彝族自治县(滇)	169.00
19	腾冲市(滇)	100.00
20	建水县(滇)	80.00
21	玉龙纳西族自治县(滇)	70.00
22	罗平县(滇)	50.00
23	剑川县(滇)	47.00
24	东川区(滇)	29.00
25	龙陵县(滇)	25.00
26	南华县(滇)	25.00
27	古城区(滇)	24.00
28	洱源县(滇)	19.00
29	香格里拉市(滇)	18.42
30	西山区(滇)	17.50
31	永胜县(滇)	15.00
32	石林彝族自治县(滇)	15.00
33	五华区(滇)	13.00
34	呈贡区(滇)	10.00
35	富民县(滇)	10.00
36	留坝县(陕)	50.00
37	千阳县(陕)	39.00
38	南郑区(陕)	30.00
39	洛南县(陕)	21.00
40	华池林业总场(甘)	102.33
41	华亭市(甘)	24.00

表 9-6 湿地松苗主产地产量

序号	湿地松苗主产地	产量（万株）
1	宣州区(皖)	26.50
2	桐城市(皖)	11.00
3	吉安县(赣)	357.00
4	宁都县(赣)	180.00
5	铅山县(赣)	140.00
6	大余县(赣)	120.00
7	临川区(赣)	105.00
8	青原区(赣)	95.00
9	兴国县(赣)	75.00
10	信丰县(赣)	60.00
11	玉山县(赣)	50.00
12	于都县(赣)	48.00
13	全南县(赣)	35.00
14	广昌县(赣)	21.00
15	永新县(赣)	17.30
16	峡江县(赣)	12.00
17	余江区(赣)	10.00
18	潢川县(豫)	160.00
19	浠水县(鄂)	1200.00
20	随　县(鄂)	900.00
21	英山县(鄂)	300.00
22	团风县(鄂)	120.00
23	武穴市(鄂)	120.00
24	新洲区(鄂)	80.00
25	京山县(鄂)	80.00
26	宜城市(鄂)	50.00
27	崇阳县(鄂)	20.00
28	阳新县(鄂)	16.00
29	荆门市市辖区(鄂)	15.00
30	谷城县(鄂)	10.00
31	当阳市(鄂)	10.00
32	东安县(湘)	160.00
33	新宁县(湘)	80.00
34	麻阳苗族自治县(湘)	62.00
35	隆回县(湘)	60.00
36	新田县(湘)	50.00
37	连州市(粤)	200.00
38	化州市(粤)	145.00
39	钦南区(桂)	30.00
40	开江县(川)	50.00
41	独山县(黔)	480.00
42	兴义市(黔)	200.00
43	砚山县(滇)	315.00
44	开远市(滇)	200.00

(续表)

序号	湿地松苗主产地	产量（万株）
45	个旧市(滇)	103.00
46	双江拉祜族佤族布朗族傣族自治县(滇)	20.00
47	姚安县(滇)	10.00

表 9-7 白皮松苗主产地产量

序号	白皮松苗主产地	产量（万株）
1	北京市林业种子苗木管理总站(京)	365.00
2	顺义区(京)	25.00
3	定州市(冀)	105.00
4	晋州市(冀)	40.40
5	玉田县(冀)	30.00
6	涿州市(冀)	13.30
7	古交市(晋)	2300.00
8	陵川县(晋)	513.00
9	沁　县(晋)	143.00
10	泽州县(晋)	108.30
11	临猗县(晋)	72.00
12	夏　县(晋)	35.30
13	高平市(晋)	15.84
14	尖草坪区(晋)	14.80
15	长清区(鲁)	600.00
16	肥城市(鲁)	377.00
17	坊子区(鲁)	110.00
18	莱芜区(鲁)	90.00
19	济南市市中区(鲁)	80.00
20	历城区(鲁)	24.00
21	博山区(鲁)	21.00
22	诸城市(鲁)	18.00
23	周村区(鲁)	16.00
24	新安县(豫)	129.00
25	嵩　县(豫)	117.00
26	卢氏县(豫)	100.00
27	洛宁县(豫)	20.50
28	济源市(豫)	20.50
29	汤阴县(豫)	16.00
30	禹州市(豫)	12.00
31	蓝田县(陕)	3360.00
32	凤　县(陕)	3200.00
33	韩城市林业局(陕)	1360.82
34	扶风县(陕)	287.00
35	千阳县(陕)	148.00

(续表)

序号	白皮松苗主产地	产量(万株)
36	临潼区(陕)	130.00
37	眉　县(陕)	70.90
38	渭滨区(陕)	50.00
39	洛南县(陕)	32.00
40	宜君县(陕)	28.00
41	高陵区(陕)	24.00
42	长安区(陕)	14.25
43	合水县(甘)	190.00
44	正宁林业总场(甘)	90.00
45	华池林业总场(甘)	57.92
46	灵台县(甘)	47.25

表 9-8　油松苗主产地产量

序号	油松苗主产地	产量(万株)
1	北京市林业种子苗木管理总站(京)	932.00
2	顺义区(京)	73.20
3	丰宁满族自治县(冀)	14300.00
4	滦平县(冀)	7400.00
5	隆化县(冀)	6020.00
6	承德县(冀)	4000.00
7	赤城县(冀)	3721.50
8	围场满族蒙古族自治县(冀)	2500.00
9	涞源县(冀)	1743.00
10	平泉市(冀)	1232.00
11	张家口市高新技术管理区(冀)	312.00
12	定州市(冀)	230.00
13	涿州市(冀)	100.10
14	兴隆县(冀)	55.90
15	阜平县(冀)	22.00
16	易　县(冀)	20.00
17	晋州市(冀)	16.20
18	邢台县(冀)	15.00
19	定兴县(冀)	15.00
20	平山县(冀)	15.00
21	古交市(晋)	38485.00
22	五台县(晋)	22899.00
23	岢岚县(晋)	14000.00
24	繁峙县(晋)	7545.00
25	新荣区(晋)	4100.00
26	偏关县(晋)	3992.00
27	宁武县(晋)	3600.00
28	方山县(晋)	2736.00

(续表)

序号	油松苗主产地	产量(万株)
29	阳曲县(晋)	2480.00
30	沁　县(晋)	1470.00
31	五寨县(晋)	1300.00
32	陵川县(晋)	934.50
33	定襄县(晋)	530.00
34	平顺县(晋)	489.00
35	广灵县(晋)	360.00
36	左权县(晋)	320.00
37	神池县(晋)	260.00
38	灵丘县(晋)	220.00
39	阳泉市郊区(晋)	206.00
40	娄烦县(晋)	200.00
41	泽州县(晋)	172.00
42	屯留区(晋)	130.00
43	平城区(晋)	120.00
44	高平市(晋)	69.02
45	尖草坪区(晋)	65.56
46	襄垣县(晋)	42.80
47	迎泽区(晋)	29.70
48	黎城县(晋)	21.00
49	杏花岭区(晋)	14.00
50	万柏林区(晋)	11.10
51	潞城区(晋)	10.00
52	松山区(内蒙古)	1130.00
53	凉城县(内蒙古)	889.00
54	清水河县(内蒙古)	839.00
55	兴和县(内蒙古)	355.00
56	敖汉旗(内蒙古)	233.00
57	武川县(内蒙古)	220.00
58	丰镇市(内蒙古)	198.00
59	宁城县(内蒙古)	178.00
60	土默特左旗(内蒙古)	172.00
61	达拉特旗(内蒙古)	140.78
62	巴林右旗(内蒙古)	75.08
63	察哈尔右翼前旗(内蒙古)	70.00
64	翁牛特旗(内蒙古)	51.00
65	阿鲁科尔沁旗(内蒙古)	50.00
66	商都县(内蒙古)	33.00
67	卓资县(内蒙古)	32.00
68	鄂托克前旗(内蒙古)	25.00
69	扎鲁特旗(内蒙古)	18.90
70	赛罕区(内蒙古)	17.00
71	杭锦旗(内蒙古)	11.50
72	开鲁县(内蒙古)	10.00

(续表)

序号	油松苗主产地	产量(万株)
73	北票市(辽)	370.00
74	龙城区(辽)	350.00
75	凌源市(辽)	233.00
76	喀喇沁左翼蒙古族自治县(辽)	87.00
77	铁岭县(辽)	45.00
78	本溪满族自治县(辽)	17.50
79	长白朝鲜族自治县(吉)	45.00
80	泰山区(鲁)	1300.00
81	莒南县(鲁)	360.00
82	海阳市(鲁)	11.00
83	卢氏县(豫)	900.00
84	湖滨区(豫)	151.90
85	鹤山区(豫)	100.00
86	济源市(豫)	50.00
87	汤阴县(豫)	10.00
88	金川县(川)	90.00
89	千阳县(陕)	3520.00
90	横山区(陕)	1200.00
91	黄龙山林业局(陕)	998.91
92	安塞区(陕)	982.60
93	王益区(陕)	870.00
94	绥德县(陕)	685.50
95	劳山林业局(陕)	283.50
96	榆阳区(陕)	216.00
97	韩城市林业局(陕)	152.80
98	扶风县(陕)	107.40
99	定边县(陕)	95.00
100	南郑区(陕)	80.00
101	洛南县(陕)	72.00
102	米脂县(陕)	70.00
103	神木市(陕)	69.00
104	桥山林业局(陕)	60.00
105	留坝县(陕)	50.00
106	子洲县(陕)	33.00
107	志丹县(陕)	31.00
108	清涧县(陕)	30.00
109	宜君县(陕)	28.00
110	华池林业总场(甘)	5029.76
111	正宁林业总场(甘)	2008.00
112	华亭市(甘)	900.00
113	合水县(甘)	800.00
114	泾川县(甘)	158.00
115	灵台县(甘)	105.00
116	甘谷县(甘)	100.00

（续表）

序号	油松苗主产地	产量（万株）
117	会宁县(甘)	13.20
118	互助土族自治县(青)	1856.88
119	同仁县(青)	142.00
120	尖扎县(青)	113.22
121	平安区(青)	57.79
122	迭部生态建设局(甘)	64.97

表 9-9　樟子松苗主产地产量

序号	樟子松苗主产地	产量（万株）
1	北京市林业种子苗木管理总站(京)	59.00
2	围场满族蒙古族自治县(冀)	3000.00
3	丰宁满族自治县(冀)	2670.00
4	康保县(冀)	587.90
5	赤城县(冀)	400.80
6	定州市(冀)	200.00
7	张北县(冀)	100.00
8	新荣区(晋)	3020.00
9	五寨县(晋)	600.00
10	偏关县(晋)	380.00
11	广灵县(晋)	180.00
12	繁峙县(晋)	165.00
13	左云县(晋)	100.00
14	平城区(晋)	90.00
15	神池县(晋)	42.00
16	岢岚县(晋)	40.00
17	多伦县(内蒙古)	42000.00
18	太仆寺旗(内蒙古)	1980.00
19	扎兰屯市(内蒙古)	1648.00
20	和林格尔县(内蒙古)	1200.00
21	克什克腾旗(内蒙古)	1158.00
22	扎鲁特旗(内蒙古)	734.80
23	鄂托克前旗(内蒙古)	729.00
24	凉城县(内蒙古)	580.00
25	清水河县(内蒙古)	574.00
26	兴和县(内蒙古)	543.00
27	达拉特旗(内蒙古)	414.89
28	鄂温克族自治旗(内蒙古)	400.00
29	杭锦旗(内蒙古)	387.29
30	乌兰浩特市(内蒙古)	381.00
31	丰镇市(内蒙古)	313.00
32	化德县(内蒙古)	300.00
33	松山区(内蒙古)	240.00

（续表）

序号	樟子松苗主产地	产量（万株）
34	巴林右旗(内蒙古)	224.70
35	土默特左旗(内蒙古)	203.00
36	敖汉旗(内蒙古)	201.00
37	卓资县(内蒙古)	187.00
38	牙克石市(内蒙古)	176.00
39	察哈尔右翼前旗(内蒙古)	173.00
40	鄂托克旗(内蒙古)	131.00
41	巴林左旗(内蒙古)	106.00
42	托克托县(内蒙古)	104.40
43	阿荣旗(内蒙古)	100.00
44	陈巴尔虎旗(内蒙古)	100.00
45	开鲁县(内蒙古)	90.00
46	库伦旗(内蒙古)	58.60
47	翁牛特旗(内蒙古)	51.00
48	科尔沁左翼中旗(内蒙古)	50.00
49	武川县(内蒙古)	50.00
50	赛罕区(内蒙古)	49.00
51	商都县(内蒙古)	47.00
52	宁城县(内蒙古)	46.00
53	通辽经济技术开发区(内蒙古)	28.10
54	阿拉善左旗(内蒙古)	16.52
55	西乌珠穆沁旗(内蒙古)	12.00
56	四子王旗(内蒙古)	10.00
57	铁岭县(辽)	75.00
58	蛟河市(吉)	668.27
59	九台区(吉)	260.93
60	东辽县(吉)	229.40
61	长白朝鲜族自治县(吉)	152.00
62	辉南县(吉)	120.00
63	洮南市(吉)	100.00
64	经济开发区(吉)	54.34
65	伊通满族自治县(吉)	50.00
66	江源区(吉)	40.00
67	浑江区(吉)	39.00
68	集安市(吉)	35.00
69	通化县(吉)	26.50
70	东丰县(吉)	20.00
71	前郭尔罗斯蒙古族自治县(吉)	20.00
72	梅河口市(吉)	12.10
73	讷河市(黑)	2425.10
74	佳木斯市郊区(黑)	1768.00
75	汤原县(黑)	1060.00
76	克东县(黑)	500.00
77	杜尔伯特蒙古族自治县(黑)	305.60

（续表）

序号	樟子松苗主产地	产量（万株）
78	集贤县(黑)	280.00
79	龙江县(黑)	239.94
80	克山县(黑)	210.00
81	让胡路区(黑)	200.00
82	鸡东县(黑)	155.90
83	尚志国有林场管理局(黑)	119.00
84	呼玛县(黑)	80.00
85	桦南县(黑)	72.00
86	大同区(黑)	32.00
87	嘉荫县(黑)	29.30
88	横山区(陕)	100000.00
89	定边县(陕)	480.00
90	神木市(陕)	169.00
91	华池林业总场(甘)	147.85
92	合水县(甘)	100.00
93	泾川县(甘)	65.00
94	灵台县(甘)	63.00
95	金川区(甘)	33.00
96	临泽县(甘)	29.70
97	互助土族自治县(青)	401.27
98	阜康市(新)	1000.00
99	库都尔林业局(内蒙古森工)	338.05
100	根河林业局(内蒙古森工)	297.00
101	满归林业局(内蒙古森工)	239.00
102	阿里河林业局(内蒙古森工)	125.50
103	绰尔林业局(内蒙古森工)	119.00
104	吉文林业局(内蒙古森工)	93.25
105	克一河林业局(内蒙古森工)	76.80
106	毕拉河林业局(内蒙古森工)	45.48
107	阿尔山林业局(内蒙古森工)	11.22

表 9-10　杉木苗主产地产量

序号	杉木苗主产地	产量（万株）
1	浦东新区(沪)	115.00
2	常山县(浙)	300.00
3	青田县(浙)	26.00
4	建德市(浙)	25.00
5	遂昌县(浙)	11.88
6	青阳县(皖)	260.00
7	东至县(皖)	260.00
8	石台县(皖)	240.00
9	祁门县(皖)	75.00
10	宣州区(皖)	45.50

(续表)

序号	杉木苗主产地	产量（万株）
11	广德县(皖)	15.30
12	大余县(赣)	1080.00
13	万载县(赣)	960.00
14	崇义县(赣)	700.00
15	袁州区(赣)	650.00
16	定南县(赣)	563.00
17	宜丰县(赣)	558.00
18	乐安县(赣)	549.00
19	金溪县(赣)	470.00
20	安福县(赣)	340.00
21	铅山县(赣)	330.00
22	瑞金市(赣)	290.00
23	信丰县(赣)	260.00
24	黎川县(赣)	200.00
25	全南县(赣)	200.00
26	铜鼓县(赣)	198.00
27	宁都县(赣)	150.00
28	峡江县(赣)	110.00
29	永新县(赣)	105.00
30	临川区(赣)	102.50
31	永丰县(赣)	100.00
32	广昌县(赣)	81.00
33	兴国县(赣)	52.50
34	玉山县(赣)	50.00
35	上犹县(赣)	41.00
36	余江区(赣)	10.00
37	新　县(豫)	1700.00
38	南漳县(鄂)	2250.00
39	阳新县(鄂)	550.00
40	竹山县(鄂)	400.00
41	崇阳县(鄂)	300.00
42	郧阳区(鄂)	270.00
43	枣阳市(鄂)	120.00
44	黄梅县(鄂)	80.00
45	沙市区(鄂)	59.00
46	谷城县(鄂)	42.00
47	鹤峰县(鄂)	40.00
48	大冶市(鄂)	15.50
49	桃江县(湘)	7100.00
50	蓝山县(湘)	4000.00
51	茶陵县(湘)	3040.00
52	东安县(湘)	1724.40
53	攸　县(湘)	1500.00
54	通道侗族自治县(湘)	1000.00

(续表)

序号	杉木苗主产地	产量（万株）
55	江华瑶族自治县(湘)	600.00
56	隆回县(湘)	435.00
57	汨罗市(湘)	360.00
58	鼎城区(湘)	340.00
59	靖州苗族侗族自治县(湘)	329.70
60	衡山县(湘)	328.10
61	麻阳苗族自治县(湘)	288.00
62	临澧县(湘)	280.00
63	新化县(湘)	250.00
64	洪江市(湘)	240.00
65	零陵区(湘)	240.00
66	芷江侗族自治县(湘)	200.00
67	祁东县(湘)	190.00
68	平江县(湘)	180.00
69	溆浦县(湘)	160.00
70	湘阴县(湘)	122.00
71	新宁县(湘)	120.00
72	新晃侗族自治县(湘)	120.00
73	安化县(湘)	96.00
74	永兴县(湘)	72.85
75	绥宁县(湘)	70.00
76	渌口区(湘)	66.00
77	慈利县(湘)	60.00
78	耒阳市(湘)	40.00
79	冷水滩区(湘)	40.00
80	常宁市(湘)	30.00
81	新田县(湘)	25.00
82	中方县(湘)	20.00
83	连山壮族瑶族自治县(粤)	300.00
84	连州市(粤)	300.00
85	新丰县(粤)	151.55
86	连南瑶族自治县(粤)	110.00
87	曲江区(粤)	82.20
88	封开县(粤)	80.00
89	肇庆市林业总场(粤)	50.00
90	郁南县(粤)	35.00
91	高要区(粤)	20.00
92	西林县(桂)	2568.00
93	融安县(桂)	2020.00
94	那坡县(桂)	1488.00
95	八步区(桂)	1420.00
96	田林县(桂)	1355.00
97	武宣县(桂)	270.00
98	灵川县(桂)	260.00

(续表)

序号	杉木苗主产地	产量（万株）
99	田东县(桂)	200.00
100	隆林各族自治县(桂)	167.00
101	三江侗族自治县(桂)	120.00
102	藤　县(桂)	100.00
103	维都林场(桂)	85.00
104	蒙山县(桂)	60.00
105	黄冕林场(桂)	33.66
106	钦廉林场(桂)	33.00
107	中国林科院热林中心(桂)	13.19
108	邻水县(川)	290.00
109	珙　县(川)	150.00
110	宣汉县(川)	120.00
111	汉源县(川)	100.00
112	甘孜州林业工程处(川)	25.30
113	开江县(川)	25.00
114	达川区(川)	22.00
115	威远县(川)	15.00
116	高　县(川)	10.00
117	兴义市(黔)	2990.00
118	天柱县(黔)	224.10
119	榕江县(黔)	180.00
120	锦屏县(黔)	155.00
121	碧江区(黔)	120.00
122	万山区(黔)	117.00
123	黎平县(黔)	102.40
124	镇远县(黔)	69.00
125	绥阳县(黔)	50.00
126	三都水族自治县(黔)	25.00
127	余庆县(黔)	10.00
128	元阳县(滇)	6355.00
129	丘北县(滇)	1983.00
130	金平苗族瑶族傣族自治县(滇)	1500.00
131	富宁县(滇)	1020.51
132	罗平县(滇)	900.00
133	麒麟区(滇)	800.00
134	砚山县(滇)	450.00
135	富源县(滇)	450.00
136	镇康县(滇)	422.00
137	腾冲市(滇)	260.00
138	盐津县(滇)	170.00
139	双江拉祜族佤族布朗族傣族自治县(滇)	100.00
140	西畴县(滇)	50.00
141	龙陵县(滇)	30.00

（续表）

序号	杉木苗主产地	产量（万株）
142	陇川县（滇）	18.00
143	石泉县（陕）	250.00
144	汉滨区（陕）	200.00

表 9-11　云杉苗主产地产量

序号	云杉苗主产地	产量（万株）
1	北京市林业种子苗木管理总站（京）	311.00
2	定州市（冀）	500.00
3	围场满族蒙古族自治县（冀）	200.00
4	康保县（冀）	147.90
5	赤城县（冀）	64.50
6	隆化县（冀）	12.00
7	南和县（冀）	12.00
8	宁武县（晋）	3100.00
9	繁峙县（晋）	158.00
10	新荣区（晋）	113.00
11	偏关县（晋）	33.00
12	克什克腾旗（内蒙古）	1241.00
13	化德县（内蒙古）	300.00
14	凉城县（内蒙古）	184.00
15	松山区（内蒙古）	183.00
16	巴林右旗（内蒙古）	111.83
17	土默特左旗（内蒙古）	95.00
18	清水河县（内蒙古）	93.00
19	察哈尔右翼前旗（内蒙古）	78.00
20	卓资县（内蒙古）	76.00
21	武川县（内蒙古）	70.00
22	牙克石市（内蒙古）	61.00
23	扎鲁特旗（内蒙古）	55.00
24	兴和县（内蒙古）	40.00
25	丰镇市（内蒙古）	38.00
26	乌兰浩特市（内蒙古）	33.00
27	商都县（内蒙古）	30.00
28	敖汉旗（内蒙古）	30.00
29	杭锦旗（内蒙古）	28.40
30	赛罕区（内蒙古）	27.00
31	陈巴尔虎旗（内蒙古）	20.00
32	宁城县（内蒙古）	20.00
33	东河区（内蒙古）	15.00
34	托克托县（内蒙古）	14.40
35	红山区（内蒙古）	13.65
36	鄂托克前旗（内蒙古）	12.00

（续表）

序号	云杉苗主产地	产量（万株）
37	察哈尔右翼中旗（内蒙古）	11.00
38	巴林左旗（内蒙古）	11.00
39	四子王旗（内蒙古）	11.00
40	开鲁县（内蒙古）	10.00
41	翁牛特旗（内蒙古）	10.00
42	桓仁满族自治县（辽）	320.80
43	岫岩满族自治县（辽）	178.00
44	金普新区（辽）	76.00
45	甘井子区（辽）	11.40
46	明山区（辽）	10.00
47	蛟河市（吉）	2696.00
48	临江市（吉）	913.00
49	通化县（吉）	539.00
50	辉南县（吉）	380.00
51	汪清林业局（吉）	338.00
52	敦化市（吉）	284.00
53	珲春林业局（吉）	185.00
54	浑江区（吉）	144.00
55	通化医药高新区（吉）	100.00
56	天桥岭林业局（吉）	91.00
57	桦甸市（吉）	80.00
58	图们市（吉）	60.00
59	抚松县（吉）	57.00
60	安图县（吉）	50.00
61	昌邑区（吉）	49.00
62	九台区（吉）	48.80
63	龙井市（吉）	47.23
64	永吉县（吉）	45.00
65	江源区（吉）	41.00
66	东辽县（吉）	39.10
67	乾安县（吉）	39.00
68	梅河口市（吉）	24.80
69	集安市（吉）	22.00
70	八家子林业局（吉）	15.00
71	白山市市辖区（吉）	12.30
72	鸡东县（黑）	1011.50
73	讷河市（黑）	707.10
74	集贤县（黑）	483.00
75	克东县（黑）	420.00
76	克山县（黑）	250.00
77	铁力市（黑）	200.00
78	让胡路区（黑）	150.00
79	尚志国有林场管理局（黑）	110.00
80	呼兰区（黑）	100.00

（续表）

序号	云杉苗主产地	产量（万株）
81	汤原县（黑）	90.00
82	呼玛县（黑）	39.00
83	佳木斯市郊区（黑）	20.00
84	大同区（黑）	11.00
85	同江市（黑）	10.00
86	通河县（黑）	10.00
87	若尔盖县（川）	1206.00
88	金川县（川）	600.00
89	白玉林业局（川）	500.00
90	道孚林业局（川）	300.00
91	新龙林业局（川）	291.00
92	石棉县（川）	200.00
93	汉源县（川）	150.00
94	茂　县（川）	50.00
95	新龙县（川）	36.00
96	丹巴林业局（川）	27.00
97	乡城县（川）	10.00
98	香格里拉市（滇）	681.68
99	玉龙纳西族自治县（滇）	331.00
100	宁蒗彝族自治县（滇）	150.00
101	类乌齐县（藏）	33.00
102	千阳县（陕）	102.00
103	辛家山林业局（陕）	10.00
104	劳山林业局（陕）	10.00
105	甘谷县（甘）	120.00
106	正宁林业总场（甘）	120.00
107	灵台县（甘）	105.00
108	景泰县（甘）	77.10
109	会宁县（甘）	60.00
110	合水县（甘）	50.00
111	七里河区（甘）	41.00
112	泾川县（甘）	38.70
113	华池林业总场（甘）	35.70
114	华亭市（甘）	12.70
115	玉门市（甘）	12.00
116	互助土族自治县（青）	22069.23
117	化隆回族自治县（青）	1377.00
118	玛珂河林业局（青）	891.72
119	泽库县（青）	600.00
120	平安区（青）	522.50
121	麦秀森林公园（青）	318.12
122	同仁县（青）	184.00
123	祁连县（青）	100.00
124	湟源县（青）	30.00

(续表)

序号	云杉苗主产地	产量(万株)
125	兴海县(青)	14.13
126	阿尔泰林场(新)	180.28
127	尼勒克林场(新)	80.00
128	昭苏林场(新)	11.67
129	福海林场(新)	10.00
130	克一河林业局(内蒙古森工)	340.30
131	库都尔林业局(内蒙古森工)	312.06
132	阿尔山林业局(内蒙古森工)	308.55
133	绰尔林业局(内蒙古森工)	304.00
134	图里河林业局(内蒙古森工)	300.00
135	根河林业局(内蒙古森工)	210.00
136	吉文林业局(内蒙古森工)	179.10
137	得耳布尔林业局(内蒙古森工)	175.00
138	毕拉河林业局(内蒙古森工)	146.30
139	阿里河林业局(内蒙古森工)	91.50
140	满归林业局(内蒙古森工)	85.00
141	松江河林业有限公司(吉林森工)	94.60
142	临江林业局(吉林森工)	55.00
143	露水河林业局(吉林森工)	46.90
144	红石林业局(吉林森工)	36.00
145	洮河生态建设局(甘)	1949.53
146	迭部生态建设局(甘)	737.14
147	白水江生态建设局(博峪河自然保护局)(甘)	655.00
148	舟曲生态建设局(插岗梁自然保护局)(甘)	221.69
149	阿夏自然保护局(甘)	37.28

表 9-12　柏树苗主产地产量

序号	柏树苗主产地	产量(万株)
1	蓟州区(津)	40.00
2	定州市(冀)	9450.00
3	井陉县(冀)	3750.00
4	兴隆县(冀)	160.70
5	隆尧县(冀)	72.00
6	晋州市(冀)	20.00
7	陵川县(晋)	91.00
8	屯留区(晋)	40.00
9	平城区(晋)	31.50
10	奈曼旗(内蒙古)	62.00
11	东港市(辽)	393.00
12	禹会区(皖)	20.00
13	岚山区(鲁)	1325.00
14	沂水县(鲁)	94.00
15	灵宝市(豫)	6000.00
16	登封市(豫)	150.00
17	林州市(豫)	20.00
18	义马市(豫)	18.00
19	郧西县(鄂)	263.00
20	巴东县(鄂)	100.00
21	孝昌县(鄂)	100.00
22	竹溪县(鄂)	27.00
23	崇阳县(鄂)	16.00
24	湖北省太子山林场(鄂)	10.00
25	蔡甸区(鄂)	10.00
26	涟源市(湘)	180.00
27	桃江县(湘)	180.00
28	零陵区(湘)	100.00
29	新邵县(湘)	100.00
30	隆回县(湘)	70.00
31	永定区(湘)	60.00
32	洪江市(湘)	60.00
33	双峰县(湘)	40.00
34	衡山县(湘)	33.13
35	慈利县(湘)	30.00
36	冷水滩区(湘)	15.00
37	新宁县(湘)	10.00
38	邻水县(川)	480.00
39	宣汉县(川)	120.00
40	大英县(川)	48.00
41	金川县(川)	45.00
42	船山区(川)	16.00
43	兴义市(黔)	540.00
44	玉屏侗族自治县(黔)	174.00
45	碧江区(黔)	70.00
46	岑巩县(黔)	34.00
47	镇远县(黔)	18.00
48	余庆县(黔)	10.00
49	麒麟区(滇)	400.00
50	古城区(滇)	180.00
51	宣威市(滇)	160.00
52	罗平县(滇)	150.00
53	施甸县(滇)	55.00
54	易门县(滇)	44.00
55	砚山县(滇)	36.00
56	香格里拉市(滇)	31.05
57	鹤庆县(滇)	30.00
58	宾川县(滇)	20.00
59	宁蒗彝族自治县(滇)	15.60
60	巍山彝族回族自治县(滇)	15.00
61	石林彝族自治县(滇)	15.00
62	马龙区(滇)	10.00
63	定边县(陕)	51.00
64	互助土族自治县(青)	3919.20

表 9-13　刺槐苗主产地产量

序号	刺槐苗主产地	产量(万株)
1	北京市林业种子苗木管理总站(京)	52.00
2	宽城满族自治县(冀)	1240.00
3	阜平县(冀)	324.00
4	曲阳县(冀)	130.00
5	涿州市(冀)	10.00
6	夏　县(晋)	156.00
7	襄垣县(晋)	143.30
8	陵川县(晋)	86.00
9	永济市(晋)	50.00
10	平顺县(晋)	20.00
11	阳泉市郊区(晋)	19.60
12	屯留区(晋)	18.70
13	左权县(晋)	11.00
14	泽州县(晋)	10.00
15	鄂托克前旗(内蒙古)	22.00
16	岫岩满族自治县(辽)	800.00
17	金普新区(辽)	602.00
18	铁岭县(辽)	550.00
19	喀喇沁左翼蒙古族自治县(辽)	500.00
20	明山区(辽)	120.00
21	龙城区(辽)	100.00
22	东洲区(辽)	62.90
23	法库县(辽)	36.00
24	本溪满族自治县(辽)	19.90
25	四平市市辖区(吉)	90.00
26	萧　县(皖)	200.00
27	寒亭区(鲁)	25.00
28	博山区(鲁)	18.00
29	济阳区(鲁)	15.00
30	莱阳市(鲁)	13.00
31	费　县(鲁)	10.00
32	汝阳县(豫)	1305.00
33	湖滨区(豫)	286.30

（续表）

序号	刺槐苗主产地	产量（万株）
34	宁陵县(豫)	45.00
35	商水县(豫)	38.00
36	遂平县(豫)	33.50
37	济源市(豫)	18.50
38	栾川县(豫)	15.00
39	郧西县(鄂)	30.00
40	保康县(鄂)	24.00
41	竹溪县(鄂)	20.00
42	大冶市(鄂)	10.40
43	宣汉县(川)	30.00
44	清涧县(陕)	220.00
45	韩城市林业局(陕)	176.50
46	安塞区(陕)	91.80
47	柞水县(陕)	47.00
48	永寿县(陕)	22.30
49	石泉县(陕)	16.00
50	灵台县(甘)	2700.00
51	会宁县(甘)	805.00
52	景泰县(甘)	306.60
53	合水县(甘)	190.00
54	华池林业总场(甘)	157.73
55	泾川县(甘)	128.00
56	甘谷县(甘)	30.00

表 9-14　柳树苗主产地产量

序号	柳树苗主产地	产量（万株）
1	北京市林业种子苗木管理总站(京)	60.00
2	蓟州区(津)	40.00
3	西青区(津)	20.00
4	定州市(冀)	900.00
5	丰宁满族自治县(冀)	450.00
6	唐山市汉沽管理区(冀)	300.00
7	赤城县(冀)	246.00
8	博野县(冀)	150.00
9	遵化市(冀)	121.00
10	邢台县(冀)	110.00
11	昌黎县(冀)	80.00
12	平泉市(冀)	72.00
13	晋州市(冀)	69.50
14	涿州市(冀)	60.00
15	隆尧县(冀)	45.00
16	枣强县(冀)	40.00

（续表）

序号	柳树苗主产地	产量（万株）
17	任　县(冀)	40.00
18	南和县(冀)	18.00
19	井陉县(冀)	15.00
20	高阳县(冀)	15.00
21	魏　县(冀)	13.00
22	乐亭县(冀)	12.20
23	曲周县(冀)	10.00
24	繁峙县(晋)	350.00
25	定襄县(晋)	200.00
26	广灵县(晋)	150.00
27	潞城区(晋)	150.00
28	陵川县(晋)	125.00
29	黎城县(晋)	61.00
30	襄垣县(晋)	52.20
31	新荣区(晋)	44.00
32	屯留区(晋)	40.00
33	夏　县(晋)	27.70
34	高平市(晋)	26.15
35	阳曲县(晋)	25.30
36	尖草坪区(晋)	17.76
37	科尔沁区(内蒙古)	722.00
38	达拉特旗(内蒙古)	442.03
39	凉城县(内蒙古)	335.00
40	开鲁县(内蒙古)	150.00
41	兴和县(内蒙古)	95.00
42	奈曼旗(内蒙古)	65.00
43	阿拉善左旗(内蒙古)	62.34
44	鄂托克旗(内蒙古)	55.00
45	托克托县(内蒙古)	49.00
46	鄂托克前旗(内蒙古)	42.00
47	丰镇市(内蒙古)	40.00
48	科尔沁左翼中旗(内蒙古)	40.00
49	察哈尔右翼前旗(内蒙古)	31.00
50	卓资县(内蒙古)	30.00
51	清水河县(内蒙古)	28.00
52	乌拉特前旗(内蒙古)	20.00
53	宁城县(内蒙古)	18.00
54	敖汉旗(内蒙古)	18.00
55	巴林右旗(内蒙古)	16.80
56	松山区(内蒙古)	16.00
57	红山区(内蒙古)	13.56
58	铁岭县(辽)	180.00
59	法库县(辽)	156.00
60	东港市(辽)	92.10

（续表）

序号	柳树苗主产地	产量（万株）
61	抚顺县(辽)	13.00
62	梅河口市(吉)	249.05
63	公主岭市(吉)	240.00
64	乾安县(吉)	185.00
65	洮南市(吉)	120.00
66	蛟河市(吉)	102.20
67	九台区(吉)	93.03
68	抚松县(吉)	75.00
69	农安县(吉)	40.67
70	丰满区(吉)	25.00
71	辉南县(吉)	20.00
72	榆树市(吉)	20.00
73	东辽县(吉)	15.68
74	通榆县(吉)	15.00
75	浑江区(吉)	10.85
76	江源区(吉)	10.00
77	兰西县(黑)	1000.00
78	五常市(黑)	200.00
79	呼兰区(黑)	200.00
80	鸡东县(黑)	189.00
81	龙江县(黑)	74.86
82	肇源县(黑)	44.00
83	桦南县(黑)	36.00
84	讷河市(黑)	33.66
85	克东县(黑)	25.00
86	大同区(黑)	24.00
87	同江市(黑)	10.00
88	望奎县(黑)	10.00
89	新沂市(苏)	2610.00
90	江都区(苏)	625.00
91	洪泽区(苏)	300.00
92	响水县(苏)	255.00
93	泗洪县(苏)	99.00
94	盐都区(苏)	90.00
95	浦口区(苏)	60.00
96	宿城区(苏)	24.00
97	新北区(苏)	19.00
98	贾汪区(苏)	10.90
99	泗阳县(苏)	10.00
100	海宁市(浙)	167.00
101	灵璧县(皖)	10.00
102	新泰市(鲁)	775.00
103	济阳区(鲁)	510.00
104	高密市(鲁)	350.00

(续表)

序号	柳树苗主产地	产量(万株)
105	乐陵市(鲁)	350.00
106	东明县(鲁)	350.00
107	德州市市辖区(鲁)	300.00
108	齐河县(鲁)	290.00
109	垦利区(鲁)	270.00
110	陵城区(鲁)	249.20
111	惠民县(鲁)	177.00
112	岱岳区(鲁)	171.00
113	河东区(鲁)	110.00
114	平原县(鲁)	105.00
115	宁阳县(鲁)	80.00
116	济南市市中区(鲁)	80.00
117	莱芜区(鲁)	80.00
118	泗水县(鲁)	65.00
119	寒亭区(鲁)	60.00
120	梁山县(鲁)	57.00
121	莘　县(鲁)	55.68
122	昌邑市(鲁)	50.00
123	莱阳市(鲁)	48.00
124	鱼台县(鲁)	40.00
125	滨城区(鲁)	37.00
126	东平县(鲁)	36.00
127	青州市(鲁)	36.00
128	嘉祥县(鲁)	29.00
129	茌平县(鲁)	23.46
130	高青县(鲁)	15.00
131	牟平区(鲁)	15.00
132	范　县(豫)	225.00
133	潢川县(豫)	124.00
134	台前县(豫)	114.00
135	杞　县(豫)	60.00
136	商水县(豫)	47.50
137	清丰县(豫)	47.00
138	宜阳县(豫)	43.00
139	上蔡县(豫)	21.30
140	孟津县(豫)	15.00
141	若尔盖县(川)	460.80
142	北川羌族自治县(川)	120.00
143	红原县(川)	60.00
144	宣汉县(川)	15.00
145	会宁县(甘)	503.00
146	玉门市(甘)	318.00
147	高台县(甘)	155.00
148	合水县(甘)	80.00

(续表)

序号	柳树苗主产地	产量(万株)
149	敦煌市(甘)	58.00
150	泾川县(甘)	46.00
151	甘州区(甘)	30.00
152	灵台县(甘)	30.00
153	景泰县(甘)	22.80
154	甘谷县(甘)	10.00
155	化隆回族自治县(青)	19.00
156	焉耆回族自治县(新)	193.50
157	库尔勒市(新)	60.00
158	英吉沙县(新)	17.66

表 9-15　杨树苗主产地产量

序号	杨树苗主产地	产量(万株)
1	北京市林业种子苗木管理总站(京)	13.00
2	宝坻区(津)	206.51
3	西青区(津)	45.00
4	蓟州区(津)	45.00
5	北辰区(津)	23.00
6	曲阳县(冀)	513.00
7	魏　县(冀)	511.00
8	涿州市(冀)	477.00
9	永清县(冀)	436.00
10	磁　县(冀)	400.00
11	辛集市(冀)	384.00
12	阜城县(冀)	310.00
13	定州市(冀)	250.00
14	香河县(冀)	200.00
15	故城县(冀)	200.00
16	邢台县(冀)	195.00
17	永年区(冀)	150.00
18	临漳县(冀)	150.00
19	丰宁满族自治县(冀)	150.00
20	枣强县(冀)	145.60
21	宁晋县(冀)	136.02
22	隆尧县(冀)	135.00
23	蠡　县(冀)	99.00
24	赤城县(冀)	91.13
25	曲周县(冀)	90.00
26	宽城满族自治县(冀)	80.00
27	高阳县(冀)	60.00
28	昌黎县(冀)	50.00
29	隆化县(冀)	40.00

(续表)

序号	杨树苗主产地	产量(万株)
30	大名县(冀)	36.00
31	曹妃甸区(冀)	30.00
32	南和县(冀)	25.00
33	武强县(冀)	21.00
34	抚宁区(冀)	20.00
35	任　县(冀)	16.00
36	新河县(冀)	15.00
37	平山县(冀)	12.00
38	安平县(冀)	12.00
39	繁峙县(晋)	560.00
40	屯留区(晋)	421.00
41	襄垣县(晋)	241.00
42	定襄县(晋)	230.00
43	黎城县(晋)	205.00
44	夏　县(晋)	113.90
45	沁　县(晋)	100.00
46	平城区(晋)	90.00
47	广灵县(晋)	60.00
48	新荣区(晋)	44.00
49	左权县(晋)	36.00
50	平陆县(晋)	36.00
51	高平市(晋)	23.13
52	阳曲县(晋)	22.10
53	岢岚县(晋)	12.00
54	泽州县(晋)	11.04
55	左云县(晋)	10.00
56	陵川县(晋)	10.00
57	五原县(内蒙古)	2500.00
58	科尔沁左翼后旗(内蒙古)	2200.00
59	开鲁县(内蒙古)	825.00
60	科尔沁区(内蒙古)	803.00
61	奈曼旗(内蒙古)	765.00
62	凉城县(内蒙古)	425.00
63	达拉特旗(内蒙古)	369.99
64	杭锦后旗(内蒙古)	300.00
65	科尔沁左翼中旗(内蒙古)	200.00
66	敖汉旗(内蒙古)	134.00
67	扎鲁特旗(内蒙古)	125.00
68	察哈尔右翼后旗(内蒙古)	120.00
69	土默特左旗(内蒙古)	111.00
70	阿拉善左旗(内蒙古)	106.62
71	巴林右旗(内蒙古)	106.10
72	兴和县(内蒙古)	100.00
73	乌拉特前旗(内蒙古)	100.00

（续表）

序号	杨树苗主产地	产量（万株）
74	察哈尔右翼前旗(内蒙古)	95.00
75	鄂托克旗(内蒙古)	91.00
76	托克托县(内蒙古)	70.60
77	清水河县(内蒙古)	69.00
78	鄂托克前旗(内蒙古)	59.00
79	卓资县(内蒙古)	58.00
80	库伦旗(内蒙古)	43.50
81	翁牛特旗(内蒙古)	31.00
82	乌拉特中旗(内蒙古)	26.00
83	松山区(内蒙古)	23.00
84	丰镇市(内蒙古)	23.00
85	化德县(内蒙古)	20.00
86	玉泉区(内蒙古)	17.00
87	正蓝旗(内蒙古)	17.00
88	巴林左旗(内蒙古)	11.00
89	红山区(内蒙古)	10.45
90	喀喇沁左翼蒙古族自治县(辽)	282.00
91	新民市(辽)	275.00
92	法库县(辽)	249.00
93	铁岭县(辽)	203.00
94	建平县(辽)	134.00
95	辽中区(辽)	129.00
96	凌源市(辽)	50.00
97	本溪满族自治县(辽)	40.60
98	龙城区(辽)	20.00
99	洮南市(吉)	1082.00
100	乾安县(吉)	741.00
101	通榆县(吉)	660.00
102	公主岭市(吉)	461.50
103	长岭县(吉)	390.00
104	前郭尔罗斯蒙古族自治县(吉)	371.00
105	双辽市(吉)	317.00
106	桦甸市(吉)	150.00
107	白城市市辖区(吉)	106.50
108	榆树市(吉)	91.00
109	辉南县(吉)	55.00
110	九台区(吉)	42.00
111	磐石市(吉)	40.00
112	浑江区(吉)	28.10
113	天桥岭林业局(吉)	20.00
114	松原市市辖区(吉)	17.00
115	龙潭区(吉)	10.00
116	让胡路区(黑)	1110.00
117	林甸县(黑)	1000.00

（续表）

序号	杨树苗主产地	产量（万株）
118	双城区(黑)	827.00
119	延寿县(黑)	687.00
120	五常市(黑)	500.00
121	肇州县(黑)	428.00
122	肇源县(黑)	360.00
123	龙江县(黑)	223.90
124	鸡东县(黑)	219.00
125	杜尔伯特蒙古族自治县(黑)	210.00
126	桦南县(黑)	136.50
127	克山县(黑)	100.00
128	拜泉县(黑)	85.40
129	富裕县(黑)	80.00
130	兰西县(黑)	80.00
131	讷河市(黑)	79.80
132	方正县(黑)	30.00
133	邳州市(苏)	789.40
134	洪泽区(苏)	300.00
135	泗洪县(苏)	265.00
136	宿城区(苏)	226.00
137	沛　县(苏)	225.00
138	响水县(苏)	146.00
139	泗阳县(苏)	130.00
140	淮阴区(苏)	120.00
141	淮安区(苏)	79.00
142	大丰区(苏)	73.00
143	宝应县(苏)	57.70
144	新沂市(苏)	55.00
145	清江浦区(苏)	45.00
146	沭阳县(苏)	30.00
147	阜宁县(苏)	12.00
148	桐庐县(浙)	22.00
149	桐乡市(浙)	15.00
150	灵璧县(皖)	75.00
151	蒙城县(皖)	72.00
152	固镇县(皖)	50.00
153	迎江区(皖)	25.00
154	五河县(皖)	12.00
155	新泰市(鲁)	2550.00
156	微山县(鲁)	2200.00
157	沂南县(鲁)	2000.00
158	德州市市辖区(鲁)	1530.00
159	冠　县(鲁)	1440.00
160	宁津县(鲁)	1200.00
161	东平县(鲁)	1125.00

（续表）

序号	杨树苗主产地	产量（万株）
162	高密市(鲁)	900.00
163	宁阳县(鲁)	600.00
164	平原县(鲁)	535.00
165	惠民县(鲁)	509.00
166	济阳区(鲁)	450.00
167	章丘区(鲁)	430.00
168	乐陵市(鲁)	405.00
169	齐河县(鲁)	340.00
170	费　县(鲁)	322.00
171	泗水县(鲁)	312.00
172	蒙阴县(鲁)	300.00
173	茌平县(鲁)	277.73
174	济南新旧动能转换先行区(鲁)	240.00
175	肥城市(鲁)	140.00
176	嘉祥县(鲁)	140.00
177	鱼台县(鲁)	105.62
178	商河县(鲁)	96.00
179	济南市市中区(鲁)	70.00
180	莱阳市(鲁)	69.00
181	莱芜区(鲁)	69.00
182	梁山县(鲁)	57.00
183	高青县(鲁)	51.00
184	青州市(鲁)	36.00
185	莒南县(鲁)	35.00
186	禹城市(鲁)	22.00
187	滨城区(鲁)	18.00
188	平阴县(鲁)	15.50
189	曹　县(鲁)	15.00
190	峄城区(鲁)	15.00
191	夏津县(鲁)	10.00
192	尉氏县(豫)	750.00
193	台前县(豫)	724.50
194	商水县(豫)	507.00
195	西平县(豫)	450.00
196	民权县(豫)	367.00
197	祥符区(豫)	351.75
198	兰考县(豫)	330.00
199	西华县(豫)	264.00
200	潢川县(豫)	240.00
201	虞城县(豫)	220.00
202	济源市(豫)	210.00
203	睢　县(豫)	180.00
204	扶沟县(豫)	144.24
205	惠济区(豫)	135.05

(续表)

序号	杨树苗主产地	产量(万株)
206	召陵区(豫)	135.00
207	柘城县(豫)	125.00
208	宜阳县(豫)	103.00
209	内黄县(豫)	90.00
210	温　县(豫)	75.00
211	通许县(豫)	75.00
212	夏邑县(豫)	72.00
213	睢阳区(豫)	64.50
214	原阳县(豫)	58.00
215	永城市(豫)	51.40
216	濮阳市高新区(豫)	45.00
217	延津县(豫)	36.30
218	梁园区(豫)	28.60
219	汤阴县(豫)	27.00
220	杞　县(豫)	20.00
221	义马市(豫)	18.00
222	卫辉市(豫)	17.00
223	清丰县(豫)	10.00
224	潜江市(鄂)	1000.00
225	洪湖市(鄂)	500.00
226	天门市(鄂)	270.00
227	沙市区(鄂)	267.00
228	襄城区(鄂)	251.00
229	石首市(鄂)	225.00
230	仙桃市(鄂)	155.00
231	公安县(鄂)	120.00
232	屈家岭管理区(鄂)	101.70
233	随　县(鄂)	100.00
234	黄梅县(鄂)	90.00
235	云梦县(鄂)	36.00
236	应城市(鄂)	30.00
237	当阳市(鄂)	30.00
238	新洲区(鄂)	19.00
239	宜城市(鄂)	15.00
240	阳新县(鄂)	12.00
241	安乡县(湘)	102.00
242	鼎城区(湘)	19.00
243	甘孜县(川)	25.00
244	力邱河林业局(川)	12.00
245	定边县(陕)	107.00
246	劳山林业局(陕)	45.00
247	安塞区(陕)	32.00
248	玉门市(甘)	1492.00
249	会宁县(甘)	600.00

(续表)

序号	杨树苗主产地	产量(万株)
250	高台县(甘)	476.00
251	临泽县(甘)	469.20
252	敦煌市(甘)	247.60
253	景泰县(甘)	162.90
254	甘州区(甘)	120.00
255	瓜州县(甘)	94.00
256	灵台县(甘)	15.00
257	泽库县(青)	3000.00
258	互助土族自治县(青)	310.51
259	化隆回族自治县(青)	89.00
260	都兰县(青)	68.40
261	格尔木市(青)	15.80
262	兴海县(青)	11.00
263	拜城县(新)	336.99
264	呼图壁县(新)	298.50
265	新和县(新)	238.00
266	英吉沙县(新)	218.59
267	和田市(新)	140.00
268	玛纳斯县(新)	117.50
269	精河县(新)	115.10
270	洛浦县(新)	80.00
271	于田县(新)	78.00
272	且末县(新)	70.00
273	尉犁县(新)	66.00
274	民丰县(新)	54.00
275	墨玉县(新)	40.00
276	博湖县(新)	28.60
277	沙湾县(新)	22.00
278	和田县(新)	17.00
279	温泉县(新)	13.60
280	库尔勒市(新)	13.00
281	喀什市(新)	10.50

表 9-16　白蜡苗主产地产量

序号	白蜡苗主产地	产量(万株)
1	北京市林业种子苗木管理总站(京)	7974.00
2	顺义区(京)	11.20
3	蓟州区(津)	95.00
4	北辰区(津)	43.00
5	西青区(津)	43.00
6	武清区(津)	23.10
7	宝坻区(津)	20.39

(续表)

序号	白蜡苗主产地	产量(万株)
8	定州市(冀)	1450.00
9	唐山市汉沽管理区(冀)	600.00
10	南和县(冀)	209.00
11	故城县(冀)	200.00
12	邢台市高新技术开发区(冀)	150.00
13	辛集市(冀)	144.00
14	隆尧县(冀)	140.00
15	遵化市(冀)	137.00
16	永清县(冀)	124.00
17	玉田县(冀)	80.00
18	藁城区(冀)	51.00
19	曹妃甸区(冀)	41.60
20	抚宁区(冀)	40.00
21	乐亭县(冀)	39.60
22	邢台县(冀)	36.00
23	高阳县(冀)	30.00
24	任　县(冀)	28.00
25	晋州市(冀)	26.20
26	丛台区(冀)	20.00
27	宁晋县(冀)	15.90
28	饶阳县(冀)	14.80
29	蠡　县(冀)	11.97
30	枣强县(冀)	11.40
31	安国市(冀)	10.00
32	阳城县(晋)	78.70
33	夏　县(晋)	44.90
34	临猗县(晋)	12.00
35	奈曼旗(内蒙古)	30.00
36	科尔沁区(内蒙古)	11.00
37	松山区(内蒙古)	10.00
38	东港市(辽)	79.56
39	响水县(苏)	287.00
40	泗洪县(苏)	22.00
41	沭阳县(苏)	18.00
42	盐都区(苏)	15.00
43	灵璧县(皖)	150.00
44	颍上县(皖)	36.00
45	禹会区(皖)	30.00
46	蚌埠市市辖区(皖)	15.00
47	固镇县(皖)	10.00
48	肥西县(皖)	10.00
49	无棣县(鲁)	21823.00
50	惠民县(鲁)	4749.00
51	垦利区(鲁)	1600.00

（续表）

序号	白蜡苗主产地	产量（万株）
52	肥城市(鲁)	1412.00
53	临邑县(鲁)	1280.00
54	曲阜市(鲁)	850.00
55	梁山县(鲁)	792.00
56	广饶县(鲁)	788.40
57	昌邑市(鲁)	542.50
58	高青县(鲁)	492.00
59	历城区(鲁)	484.00
60	陵城区(鲁)	461.00
61	岱岳区(鲁)	426.00
62	嘉祥县(鲁)	412.00
63	齐河县(鲁)	400.00
64	牡丹区(鲁)	320.00
65	济阳区(鲁)	300.00
66	宁阳县(鲁)	260.00
67	河东区(鲁)	240.00
68	滨城区(鲁)	218.00
69	东明县(鲁)	200.00
70	莘　县(鲁)	172.58
71	莱阳市(鲁)	166.00
72	平原县(鲁)	153.00
73	德州市市辖区(鲁)	150.00
74	曹　县(鲁)	120.00
75	阳信县(鲁)	112.00
76	诸城市(鲁)	100.00
77	高密市(鲁)	95.00
78	商河县(鲁)	84.00
79	昌乐县(鲁)	62.00
80	成武县(鲁)	60.00
81	茌平县(鲁)	58.00
82	鄄城县(鲁)	38.00
83	高唐县(鲁)	35.00
84	青州市(鲁)	27.00
85	寒亭区(鲁)	21.00
86	东平县(鲁)	20.00
87	长清区(鲁)	20.00
88	费　县(鲁)	18.00
89	禹城市(鲁)	10.50
90	牟平区(鲁)	10.00
91	淄川区(鲁)	10.00
92	西华县(豫)	455.00
93	卫辉市(豫)	300.00
94	济源市(豫)	225.00
95	清丰县(豫)	224.00

（续表）

序号	白蜡苗主产地	产量（万株）
96	湖滨区(豫)	150.20
97	濮阳县(豫)	98.00
98	永城市(豫)	95.70
99	召陵区(豫)	90.00
100	南乐县(豫)	90.00
101	潢川县(豫)	90.00
102	孟州市(豫)	76.56
103	项城市(豫)	75.00
104	商水县(豫)	64.00
105	登封市(豫)	60.00
106	新密市(豫)	60.00
107	牧野区(豫)	51.50
108	温　县(豫)	45.00
109	宜阳县(豫)	42.00
110	安阳县(豫)	40.00
111	长垣县(豫)	40.00
112	禹州市(豫)	36.00
113	淮阳县(豫)	33.00
114	郸城县(豫)	20.00
115	文峰区(豫)	17.00
116	鹤山区(豫)	15.00
117	平舆县(豫)	15.00
118	通许县(豫)	12.00
119	上蔡县(豫)	12.00
120	原阳县(豫)	12.00
121	洛龙区(豫)	10.50
122	祥符区(豫)	10.50
123	京山县(鄂)	142.00
124	钟祥市(鄂)	50.00
125	合水县(甘)	90.00
126	华池林业总场(甘)	27.53
127	玛纳斯县(新)	5155.40
128	阜康市(新)	820.00
129	呼图壁县(新)	202.10
130	和静县(新)	143.85
131	托克逊县(新)	126.30
132	博乐市(新)	102.48
133	沙湾县(新)	90.00
134	英吉沙县(新)	31.07
135	泽普县(新)	27.26
136	库尔勒市(新)	20.00
137	精河县(新)	12.48
138	昌吉市(新)	11.25

表 9-17　水曲柳苗主产地产量

序号	水曲柳苗主产地	产量（万株）
1	乌兰浩特市(内蒙古)	11.00
2	振安区(辽)	18.37
3	临江市(吉)	147.00
4	浑江区(吉)	96.02
5	蛟河市(吉)	84.20
6	抚松县(吉)	75.00
7	通化县(吉)	70.60
8	桦甸市(吉)	62.00
9	汪清林业局(吉)	46.30
10	敦化市(吉)	44.00
11	长白朝鲜族自治县(吉)	40.00
12	永吉县(吉)	30.00
13	敦化林业局(吉)	27.00
14	珲春林业局(吉)	20.67
15	龙井市(吉)	15.20
16	天桥岭林业局(吉)	15.00
17	辉南县(吉)	10.00
18	尚志国有林场管理局(黑)	24.20
19	松江河林业有限公司(吉林森工)	774.00
20	泉阳林业局(吉林森工)	150.00
21	露水河林业局(吉林森工)	124.50
22	红石林业局(吉林森工)	106.00
23	临江林业局(吉林森工)	51.00
24	白石山林业局(吉林森工)	30.17

表 9-18　榆树苗主产地产量

序号	榆树苗主产地	产量（万株）
1	北京市林业种子苗木管理总站(京)	15.00
2	蓟州区(津)	48.00
3	西青区(津)	20.00
4	丰宁满族自治县(冀)	2250.00
5	定州市(冀)	1100.00
6	张北县(冀)	360.00
7	涿州市(冀)	67.50
8	邢台县(冀)	48.00
9	平泉市(冀)	20.00
10	宁晋县(冀)	14.10
11	任　县(冀)	13.00
12	托克托县(内蒙古)	1019.00
13	巴林右旗(内蒙古)	848.30
14	化德县(内蒙古)	500.00
15	察哈尔右翼中旗(内蒙古)	401.00

(续表)

序号	榆树苗主产地	产量(万株)
16	鄂托克前旗(内蒙古)	335.00
17	奈曼旗(内蒙古)	320.00
18	乌拉特中旗(内蒙古)	167.55
19	翁牛特旗(内蒙古)	150.00
20	正蓝旗(内蒙古)	150.00
21	杭锦后旗(内蒙古)	120.00
22	科尔沁区(内蒙古)	114.00
23	四子王旗(内蒙古)	104.00
24	达拉特旗(内蒙古)	79.05
25	开鲁县(内蒙古)	60.00
26	正镶白旗(内蒙古)	55.86
27	察哈尔右翼后旗(内蒙古)	50.00
28	阿拉善左旗(内蒙古)	39.06
29	鄂托克旗(内蒙古)	33.00
30	杭锦旗(内蒙古)	25.00
31	宁城县(内蒙古)	25.00
32	兴和县(内蒙古)	24.00
33	巴林左旗(内蒙古)	20.00
34	察哈尔右翼前旗(内蒙古)	17.00
35	乌兰浩特市(内蒙古)	16.00
36	卓资县(内蒙古)	13.00
37	扎鲁特旗(内蒙古)	11.40
38	清水河县(内蒙古)	10.00
39	乌拉特前旗(内蒙古)	10.00
40	铁岭县(辽)	305.00
41	法库县(辽)	58.00
42	敦化市(吉)	100.00
43	呼兰区(黑)	20.00
44	蜀山区(皖)	25.00
45	乐陵市(鲁)	676.00
46	垦利区(鲁)	400.00
47	昌邑市(鲁)	125.00
48	宁阳县(鲁)	80.00
49	惠民县(鲁)	45.00
50	莘　县(鲁)	38.00
51	东平县(鲁)	27.00
52	济阳区(鲁)	10.00
53	郾城区(豫)	120.00
54	永城市(豫)	35.20
55	宜阳县(豫)	12.50
56	敦煌市(甘)	10.50
57	互助土族自治县(青)	504.29
58	呼图壁县(新)	1960.00
59	阜康市(新)	1478.00
60	玛纳斯县(新)	817.20
61	焉耆回族自治县(新)	763.70
62	托克逊县(新)	92.00
63	和静县(新)	44.69
64	木垒哈萨克自治县(新)	31.90
65	沙湾县(新)	29.50
66	吉木萨尔县(新)	14.10
67	高昌区(新)	13.50

表 9-19　楠木苗主产地产量

序号	楠木苗主产地	产量(万株)
1	建德市(浙)	58.00
2	文成县(浙)	14.50
3	崇义县(赣)	410.00
4	黎川县(赣)	165.00
5	峡江县(赣)	50.00
6	濂溪区(赣)	25.00
7	宁都县(赣)	20.00
8	全南县(赣)	17.00
9	遂川县(赣)	15.00
10	大余县(赣)	12.00
11	上犹县(赣)	10.10
12	竹山县(鄂)	1000.00
13	金洞林场(湘)	1296.00
14	涟源市(湘)	198.00
15	茶陵县(湘)	180.00
16	新宁县(湘)	150.00
17	新化县(湘)	15.00
18	隆回县(湘)	10.00
19	雅长林场(桂)	12.00
20	富顺县(川)	45.00
21	大邑县(川)	37.50
22	龙泉驿区(川)	20.00
23	郫都区(川)	15.00
24	碧江区(黔)	37.00
25	黎平县(黔)	19.25

表 9-20　桉树苗主产地产量

序号	桉树苗主产地	产量(万株)
1	武宁县(赣)	24.73
2	雁峰区(湘)	10.00
3	雷州市(粤)	9990.00
4	阳春市(粤)	1000.00
5	四会市(粤)	800.00
6	封开县(粤)	580.00
7	高要区(粤)	500.00
8	麻章区(粤)	500.00
9	新会区(粤)	410.00
10	开平市(粤)	180.00
11	新丰县(粤)	168.10
12	化州市(粤)	151.00
13	阳西县(粤)	100.00
14	广宁县(粤)	70.00
15	怀集县(粤)	65.00
16	陆川县(桂)	2000.00
17	钦南区(桂)	1100.00
18	合浦县(桂)	1100.00
19	灵山县(桂)	885.00
20	高峰林场(桂)	716.44
21	兴宾区(桂)	600.00
22	八步区(桂)	400.00
23	田东县(桂)	300.00
24	田林县(桂)	200.00
25	龙圩区(桂)	195.00
26	容　县(桂)	150.00
27	派阳山林场(桂)	142.39
28	维都林场(桂)	131.70
29	扶绥县(桂)	100.00
30	博白县(桂)	100.00
31	蒙山县(桂)	60.00
32	七坡林场(桂)	57.78
33	钦廉林场(桂)	56.60
34	柳江区(桂)	50.00
35	武宣县(桂)	30.00
36	黄冕林场(桂)	24.64
37	武鸣区(桂)	15.00
38	中国林科院热林中心(桂)	10.00
39	江油市(川)	60.00
40	兴义市(黔)	76.00
41	双柏县(滇)	220.00

表 9-21　香樟苗主产地产量

序号	香樟苗主产地	产量(万株)
1	浦东新区(沪)	139.00
2	松江区(沪)	76.00

（续表）

序号	香樟苗主产地	产量（万株）
3	嘉定区（沪）	10.00
4	如皋市（苏）	340.00
5	江都区（苏）	135.00
6	仪征市（苏）	78.00
7	溧阳市（苏）	75.10
8	泰兴市（苏）	63.50
9	邗江区（苏）	50.20
10	武进区（苏）	47.00
11	新北区（苏）	34.00
12	六合区（苏）	18.00
13	盐都区（苏）	10.00
14	海宁市（浙）	512.00
15	秀洲区（浙）	493.00
16	萧山区（浙）	460.00
17	青田县（浙）	32.60
18	越城区（浙）	24.00
19	南浔区（浙）	10.00
20	肥西县（皖）	1500.00
21	芜湖县（皖）	180.00
22	弋江区（皖）	150.00
23	望江县（皖）	130.00
24	潜山市（皖）	78.00
25	肥东县（皖）	70.00
26	蜀山区（皖）	59.83
27	凤阳县（皖）	17.60
28	东至县（皖）	13.40
29	龙南县（赣）	250.00
30	芦溪县（赣）	68.00
31	章贡区（赣）	59.00
32	瑞金市（赣）	53.00
33	彭泽县（赣）	23.80
34	永修县（赣）	23.24
35	余江区（赣）	20.00
36	兴国县（赣）	12.00
37	孝昌县（鄂）	1600.00
38	天门市（鄂）	400.00
39	沙洋县（鄂）	230.00
40	襄城区（鄂）	160.00
41	蔡甸区（鄂）	130.00
42	黄梅县（鄂）	90.00
43	谷城县（鄂）	66.00
44	沙市区（鄂）	43.00
45	枣阳市（鄂）	30.00
46	荆门市市辖区（鄂）	14.00

（续表）

序号	香樟苗主产地	产量（万株）
47	宜城市（鄂）	10.00
48	衡山县（湘）	437.55
49	涟源市（湘）	210.00
50	临澧县（湘）	130.00
51	汨罗市（湘）	120.00
52	大祥区（湘）	45.50
53	湘潭市市辖区（湘）	36.80
54	雨湖区（湘）	26.00
55	麻阳苗族自治县（湘）	13.00
56	株洲市市辖区（湘）	11.60
57	坡头区（粤）	135.00
58	茂南区（粤）	52.00
59	清新区（粤）	22.00
60	潮南区（粤）	20.00
61	新丰县（粤）	15.50
62	开平市（粤）	15.00
63	钦廉林场（桂）	26.40
64	黄冕林场（桂）	17.87
65	安州区（川）	265.00
66	富顺县（川）	180.00
67	邻水县（川）	122.00
68	彭山区（川）	120.00
69	达川区（川）	100.00
70	郫都区（川）	75.00
71	江油市（川）	41.00
72	宣汉县（川）	40.00
73	万源市（川）	23.00
74	金堂县（川）	17.94
75	涪城区（川）	15.00
76	新都区（川）	14.00
77	犍为县（川）	13.00
78	古蔺县（川）	13.00
79	沿滩区（川）	12.00
80	乌当区（黔）	90.00
81	石阡县（黔）	33.00
82	播州区（黔）	20.00
83	兴义市（黔）	17.90
84	锦屏县（黔）	13.00
85	镇远县（黔）	12.00
86	麒麟区（滇）	400.00
87	澄江县（滇）	50.00
88	宾川县（滇）	13.00
89	开远市（滇）	10.00
90	汉滨区（陕）	320.00

表 9-22　女贞苗主产地产量

序号	女贞苗主产地	产量（万株）
1	蓟州区（津）	780.00
2	定州市（冀）	24860.00
3	乐亭县（冀）	12.80
4	北戴河区（冀）	11.00
5	阳泉市郊区（晋）	50.00
6	托克托县（内蒙古）	50.10
7	赛罕区（内蒙古）	45.00
8	红山区（内蒙古）	14.95
9	清水河县（内蒙古）	11.00
10	九台区（吉）	134.90
11	新沂市（苏）	2960.00
12	大丰区（苏）	800.00
13	响水县（苏）	684.00
14	阜宁县（苏）	275.00
15	滨海县（苏）	250.00
16	姜堰区（苏）	133.97
17	金坛区（苏）	84.00
18	海门市（苏）	80.00
19	淮安区（苏）	71.50
20	浦口区（苏）	64.00
21	贾汪区（苏）	63.80
22	淮阴区（苏）	40.00
23	沭阳县（苏）	30.00
24	宝应县（苏）	22.00
25	新北区（苏）	21.00
26	睢宁县（苏）	20.00
27	溧阳市（苏）	15.80
28	金东区（浙）	150.00
29	萧山区（浙）	79.00
30	桐乡市（浙）	33.70
31	海宁市（浙）	16.50
32	凤阳县（皖）	146.40
33	肥东县（皖）	100.00
34	临泉县（皖）	75.00
35	弋江区（皖）	70.00
36	颍上县（皖）	23.40
37	淮上区（皖）	23.00
38	蜀山区（皖）	22.90
39	怀远县（皖）	19.50
40	芜湖县（皖）	17.00
41	颍东区（皖）	11.80
42	新泰市（鲁）	900.00
43	河东区（鲁）	800.00
44	乐陵市（鲁）	368.00

(续表)

序号	女贞苗主产地	产量（万株）
45	东明县(鲁)	300.00
46	青州市(鲁)	250.00
47	岱岳区(鲁)	124.00
48	历城区(鲁)	50.00
49	昌邑市(鲁)	29.00
50	西峡县(豫)	3500.00
51	武陟县(豫)	1196.00
52	宛城区(豫)	1000.00
53	内乡县(豫)	530.00
54	济源市(豫)	520.00
55	卧龙区(豫)	380.00
56	凤泉区(豫)	276.00
57	宜阳县(豫)	121.00
58	宝丰县(豫)	92.00
59	镇平县(豫)	40.00
60	永城市(豫)	39.10
61	宁陵县(豫)	33.00
62	平桥区(豫)	20.00
63	洛宁县(豫)	18.00
64	蔡甸区(鄂)	800.00
65	武穴市(鄂)	105.00
66	当阳市(鄂)	70.00
67	新洲区(鄂)	55.00
68	阳新县(鄂)	50.00
69	沙市区(鄂)	49.00
70	谷城县(鄂)	42.00
71	宜城市(鄂)	16.00
72	漳河新区(鄂)	15.00
73	鹤峰县(鄂)	10.00
74	邻水县(川)	180.00
75	宣汉县(川)	20.00
76	余庆县(黔)	46.00
77	息烽县(黔)	30.30
78	播州区(黔)	30.00
79	仁怀市(黔)	22.00
80	麒麟区(滇)	500.00
81	开远市(滇)	150.00
82	扶风县(陕)	75.90
83	临潼区(陕)	52.00
84	南郑区(陕)	40.00
85	宁陕县(陕)	23.40

表 9-23 桂花主产地产量

序号	桂花主产地	产量（万株）
1	浦东新区(沪)	77.00
2	松江区(沪)	13.00
3	如皋市(苏)	795.00
4	江都区(苏)	136.00
5	泰兴市(苏)	104.20
6	溧阳市(苏)	63.60
7	金坛区(苏)	50.00
8	高淳区(苏)	37.00
9	姜堰区(苏)	32.28
10	浦口区(苏)	32.00
11	沭阳县(苏)	25.00
12	六合区(苏)	18.00
13	海陵区(苏)	10.00
14	婺城区(浙)	7800.00
15	义乌市(浙)	300.00
16	永康市(浙)	147.40
17	金东区(浙)	130.00
18	桐庐县(浙)	100.00
19	浦江县(浙)	65.00
20	富阳区(浙)	60.00
21	温岭市(浙)	50.00
22	兰溪市(浙)	34.56
23	常山县(浙)	24.00
24	吴兴区(浙)	15.50
25	衢江区(浙)	13.00
26	平湖市(浙)	12.32
27	三门县(浙)	10.90
28	肥西县(皖)	1000.00
29	弋江区(皖)	250.00
30	望江县(皖)	203.50
31	来安县(皖)	55.80
32	宣州区(皖)	50.00
33	潜山市(皖)	48.00
34	蜀山区(皖)	42.60
35	徽州区(皖)	41.00
36	石台县(皖)	25.00
37	凤阳县(皖)	20.80
38	祁门县(皖)	15.00
39	桐城市(皖)	13.00
40	芜湖县(皖)	10.00
41	全南县(赣)	1200.00
42	上犹县(赣)	1105.00
43	大余县(赣)	1055.40
44	上栗县(赣)	800.00

(续表)

序号	桂花主产地	产量（万株）
45	渝水区(赣)	314.90
46	龙南县(赣)	280.00
47	赣县区(赣)	272.00
48	永修县(赣)	216.40
49	黎川县(赣)	141.00
50	彭泽县(赣)	95.40
51	章贡区(赣)	86.00
52	崇义县(赣)	80.00
53	芦溪县(赣)	55.00
54	石城县(赣)	50.00
55	玉山县(赣)	27.00
56	崇仁县(赣)	22.00
57	宁都县(赣)	20.00
58	遂川县(赣)	12.00
59	卧龙区(豫)	80.00
60	嵩　县(豫)	60.00
61	新密市(豫)	60.00
62	济源市(豫)	50.00
63	息　县(豫)	42.00
64	舞钢市(豫)	30.00
65	唐河县(豫)	26.00
66	孟州市(豫)	13.37
67	浉河区(豫)	13.10
68	宜阳县(豫)	10.00
69	新洲区(鄂)	420.00
70	赤壁市(鄂)	320.00
71	南漳县(鄂)	200.00
72	潜江市(鄂)	200.00
73	天门市(鄂)	200.00
74	大悟县(鄂)	100.00
75	鹤峰县(鄂)	80.00
76	安陆市(鄂)	72.00
77	京山县(鄂)	59.00
78	蔡甸区(鄂)	52.00
79	监利县(鄂)	50.00
80	仙桃市(鄂)	42.00
81	红安县(鄂)	36.50
82	枣阳市(鄂)	36.00
83	黄梅县(鄂)	20.00
84	武穴市(鄂)	18.00
85	罗田县(鄂)	18.00
86	郧阳区(鄂)	15.00
87	巴东县(鄂)	15.00
88	大冶市(鄂)	10.00

（续表）

序号	桂花主产地	产量（万株）
89	蓝山县（湘）	1560.00
90	韶山市（湘）	700.00
91	通道侗族自治县（湘）	600.00
92	雨花区（湘）	300.00
93	新宁县（湘）	160.00
94	雁峰区（湘）	152.00
95	涟源市（湘）	140.00
96	雨湖区（湘）	65.00
97	零陵区（湘）	50.00
98	麻阳苗族自治县（湘）	45.00
99	湘潭市市辖区（湘）	31.80
100	隆回县（湘）	30.00
101	益阳市市辖区（湘）	30.00
102	大祥区（湘）	18.00
103	南岳区（湘）	18.00
104	冷水江市（湘）	12.00
105	新化县（湘）	12.00
106	双峰县（湘）	12.00
107	北塔区（湘）	10.00
108	英德市（粤）	50.00
109	南海区（粤）	10.00
110	三江侗族自治县（桂）	160.00
111	西充县（川）	730.00
112	安州区（川）	590.00
113	邻水县（川）	410.00
114	苍溪县（川）	300.00
115	恩阳区（川）	300.00
116	金堂县（川）	262.00
117	富顺县（川）	247.00
118	郫都区（川）	240.00
119	达川区（川）	80.00
120	邛崃市（川）	50.00
121	绵竹市（川）	34.00
122	屏山县（川）	33.00
123	安岳县（川）	24.00
124	新都区（川）	21.60
125	合江县（川）	18.00
126	江油市（川）	15.00
127	通川区（川）	15.00
128	宣汉县（川）	10.00
129	沿滩区（川）	10.00
130	资中县（川）	10.00
131	瓮安县（黔）	750.00
132	余庆县（黔）	415.00

（续表）

序号	桂花主产地	产量（万株）
133	湄潭县（黔）	209.66
134	镇远县（黔）	131.60
135	兴义市（黔）	80.98
136	播州区（黔）	60.00
137	锦屏县（黔）	49.10
138	万山区（黔）	40.00
139	石阡县（黔）	31.00
140	岑巩县（黔）	28.80
141	罗甸县（黔）	19.90
142	遵义市市辖区（黔）	18.21
143	麒麟区（滇）	300.00
144	古城区（滇）	275.00
145	旬阳县（陕）	78.30
146	长安区（陕）	16.20
147	留坝县（陕）	10.00

表 9-24　广玉兰苗主产地产量

序号	广玉兰苗主产地	产量（万株）
1	定州市（冀）	300.00
2	泰兴市（苏）	98.00
3	浦口区（苏）	85.00
4	邗江区（苏）	83.00
5	溧阳市（苏）	48.80
6	金坛区（苏）	45.00
7	姜堰区（苏）	14.25
8	沭阳县（苏）	12.00
9	仪征市（苏）	11.00
10	盐都区（苏）	10.00
11	萧山区（浙）	182.00
12	桐乡市（浙）	77.80
13	婺城区（浙）	37.00
14	潜山市（皖）	50.00
15	弋江区（皖）	50.00
16	肥东县（皖）	23.00
17	肥西县（皖）	20.00
18	淮上区（皖）	15.00
19	蜀山区（皖）	12.90
20	濂溪区（赣）	14.50
21	峄城区（鲁）	12.00
22	镇平县（豫）	2000.00
23	南召县（豫）	568.00
24	宝丰县（豫）	81.00
25	卧龙区（豫）	55.00

（续表）

序号	广玉兰苗主产地	产量（万株）
26	长垣县（豫）	22.00
27	郸城县（豫）	18.00
28	天门市（鄂）	100.00
29	监利县（鄂）	100.00
30	蔡甸区（鄂）	90.00
31	荆州区（鄂）	63.00
32	襄城区（鄂）	52.00
33	沙洋县（鄂）	40.00
34	谷城县（鄂）	33.00
35	沙市区（鄂）	32.00
36	孝昌县（鄂）	30.00
37	枣阳市（鄂）	21.00
38	应城市（鄂）	15.00
39	樊城区（鄂）	13.00
40	麻章区（粤）	10.18
41	乌当区（黔）	45.00

表 9-25　雪松苗主产地产量

序号	雪松苗主产地	产量（万株）
1	定州市（冀）	300.00
2	邢台市高新技术开发区（冀）	30.00
3	夏　县（晋）	30.00
4	芮城县（晋）	15.00
5	浦口区（苏）	2000.00
6	沭阳县（苏）	20.00
7	六合区（苏）	10.00
8	江都区（苏）	10.00
9	望江县（皖）	10.00
10	诸城市（鲁）	600.00
11	宁阳县（鲁）	300.00
12	肥城市（鲁）	130.00
13	新泰市（鲁）	30.00
14	海阳市（鲁）	30.00
15	昌邑市（鲁）	19.00
16	莱阳市（鲁）	13.00
17	潢川县（豫）	160.00
18	湖滨区（豫）	98.40
19	嵩　县（豫）	29.30
20	宜阳县（豫）	29.00
21	惠济区（豫）	26.70
22	蔡甸区（鄂）	10.00
23	麒麟区（滇）	500.00
24	昭阳区（滇）	75.00

(续表)

序号	雪松苗主产地	产量(万株)
25	石林彝族自治县(滇)	25.00
26	师宗县(滇)	11.40
27	眉　县(陕)	85.90
28	韩城市林业局(陕)	48.10
29	阎良区(陕)	13.00
30	南郑区(陕)	11.00
31	合水县(甘)	50.00

表 9-26　杏树苗主产地产量

序号	杏树苗主产地	产量(万株)
1	赤城县(冀)	180.00
2	怀来县(冀)	80.00
3	阜平县(冀)	20.00
4	邢台县(冀)	14.00
5	藁城区(冀)	13.00
6	涿州市(冀)	12.00
7	繁峙县(晋)	150.00
8	屯留区(晋)	80.00
9	偏关县(晋)	34.50
10	岢岚县(晋)	20.00
11	翁牛特旗(内蒙古)	1060.00
12	和林格尔县(内蒙古)	300.00
13	达拉特旗(内蒙古)	155.30
14	乌兰浩特市(内蒙古)	112.00
15	科尔沁区(内蒙古)	101.00
16	清水河县(内蒙古)	70.00
17	敖汉旗(内蒙古)	63.00
18	巴林左旗(内蒙古)	60.00
19	凉城县(内蒙古)	55.00
20	奈曼旗(内蒙古)	30.00
21	鄂托克前旗(内蒙古)	24.00
22	宁城县(内蒙古)	16.00
23	凌源市(辽)	1120.00
24	喀喇沁左翼蒙古族自治县(辽)	500.00
25	建平县(辽)	354.00
26	龙城区(辽)	200.00
27	法库县(辽)	12.00
28	新泰市(鲁)	510.00
29	山亭区(鲁)	12.00
30	北关区(豫)	22.00
31	炉霍县(川)	1200.00
32	敦煌市(甘)	28.43
33	尖扎县(青)	43.11
34	焉耆回族自治县(新)	622.60
35	尉犁县(新)	64.00
36	英吉沙县(新)	54.82
37	拜城县(新)	50.15
38	托克逊县(新)	41.10
39	阜康市(新)	20.00

表 9-27　核桃苗主产地产量

序号	核桃苗主产地	产量(万株)
1	定州市(冀)	1708.00
2	临城县(冀)	1366.00
3	遵化市(冀)	540.00
4	内丘县(冀)	270.00
5	青龙满族自治县(冀)	237.00
6	宽城满族自治县(冀)	158.00
7	迁西县(冀)	150.00
8	卢龙县(冀)	133.00
9	邢台县(冀)	133.00
10	临漳县(冀)	36.00
11	平山县(冀)	22.00
12	怀来县(冀)	15.00
13	辛集市(冀)	10.00
14	涉　县(冀)	10.00
15	屯留区(晋)	220.00
16	孝义市(晋)	100.00
17	平顺县(晋)	41.00
18	沁　县(晋)	31.00
19	左权县(晋)	27.00
20	临猗县(晋)	15.00
21	抚松县(吉)	18.00
22	盐都区(苏)	40.00
23	新北区(苏)	36.00
24	响水县(苏)	15.00
25	颍泉区(皖)	150.00
26	桐城市(皖)	148.00
27	灵璧县(皖)	90.00
28	来安县(皖)	25.70
29	庐江县(皖)	19.10
30	怀宁县(皖)	16.00
31	望江县(皖)	12.00
32	肥城市(鲁)	730.00
33	岱岳区(鲁)	303.00
34	泗水县(鲁)	181.00
35	费　县(鲁)	174.00
36	宁阳县(鲁)	100.00
37	河东区(鲁)	82.00
38	沂源县(鲁)	65.00
39	蒙阴县(鲁)	50.00
40	昌邑市(鲁)	47.00
41	博山区(鲁)	45.00
42	山亭区(鲁)	45.00
43	新泰市(鲁)	40.00
44	广饶县(鲁)	18.07
45	青州市(鲁)	18.00
46	牟平区(鲁)	18.00
47	东平县(鲁)	12.00
48	峄城区(鲁)	10.00
49	济源市(豫)	600.00
50	凤泉区(豫)	423.10
51	内乡县(豫)	260.00
52	新密市(豫)	180.00
53	光山县(豫)	130.00
54	洛宁县(豫)	110.00
55	西华县(豫)	82.00
56	嵩　县(豫)	70.90
57	宜阳县(豫)	61.60
58	淅川县(豫)	51.00
59	温　县(豫)	35.00
60	平桥区(豫)	23.00
61	栾川县(豫)	14.40
62	驿城区(豫)	12.50
63	义马市(豫)	10.00
64	保康县(鄂)	300.00
65	巴东县(鄂)	15.00
66	靖州苗族侗族自治县(湘)	22.50
67	苍溪县(川)	500.00
68	朝天区(川)	412.00
69	昭觉县(川)	200.00
70	江油市(川)	149.00
71	普格县(川)	120.00
72	剑阁县(川)	90.00
73	万源市(川)	80.00
74	旺苍县(川)	60.00
75	金堂县(川)	60.00
76	盐源县(川)	45.00
77	青白江区(川)	35.00
78	蓬安县(川)	35.00

（续表）

序号	核桃苗主产地	产量（万株）
79	三台县（川）	30.00
80	平昌县（川）	26.00
81	南部县（川）	25.00
82	游仙区（川）	20.00
83	沙湾区（川）	20.00
84	青川县（川）	20.00
85	巴塘县（川）	20.00
86	东兴区（川）	16.00
87	恩阳区（川）	15.00
88	雁江区（川）	12.00
89	兴义市（黔）	129.30
90	漾濞彝族自治县（滇）	1003.00
91	双柏县（滇）	118.00
92	南华县（滇）	75.00
93	新平彝族傣族自治县（滇）	75.00
94	丘北县（滇）	68.00
95	砚山县（滇）	68.00
96	景东彝族自治县（滇）	58.00
97	寻甸回族彝族自治县（滇）	41.00
98	玉龙纳西族自治县（滇）	27.00
99	双江拉祜族佤族布朗族傣族自治县（滇）	24.00
100	永仁县（滇）	23.00
101	西畴县（滇）	15.00
102	永德县（滇）	15.00
103	香格里拉市（滇）	10.80
104	朗　县（藏）	10.00
105	扶风县（陕）	8200.00
106	洛南县（陕）	200.00
107	紫阳县（陕）	160.00
108	商南县（陕）	120.00
109	眉　县（陕）	119.30
110	略阳县（陕）	32.00
111	汉滨区（陕）	30.00
112	千阳县（陕）	30.00
113	米脂县（陕）	18.00
114	焉耆回族自治县（新）	601.60
115	英吉沙县（新）	49.23
116	泽普县（新）	15.88

表 9-28　苹果苗主产地产量

序号	苹果苗主产地	产量（万株）
1	北京市林业种子苗木管理总站（京）	66.00
2	顺义区（京）	35.10
3	围场满族蒙古族自治县（冀）	500.00
4	内丘县（冀）	393.70
5	昌黎县（冀）	360.00
6	遵化市（冀）	324.00
7	平泉市（冀）	230.00
8	承德县（冀）	200.00
9	宽城满族自治县（冀）	144.00
10	隆化县（冀）	50.00
11	抚宁区（冀）	40.00
12	赤城县（冀）	27.00
13	阜平县（冀）	20.00
14	宁晋县（冀）	10.00
15	开鲁县（内蒙古）	380.00
16	凉城县（内蒙古）	62.00
17	东河区（内蒙古）	54.00
18	科尔沁左翼中旗（内蒙古）	50.00
19	宁城县（内蒙古）	44.00
20	科尔沁区（内蒙古）	21.00
21	清水河县（内蒙古）	10.00
22	法库县（辽）	62.88
23	公主岭市（吉）	126.00
24	九台区（吉）	35.00
25	东辽县（吉）	12.59
26	河东区（鲁）	2810.00
27	栖霞市（鲁）	1152.00
28	泰安市高新区（鲁）	1000.00
29	诸城市（鲁）	600.00
30	宁阳县（鲁）	500.00
31	岱岳区（鲁）	135.00
32	牟平区（鲁）	104.00
33	莱阳市（鲁）	101.00
34	蓬莱市（鲁）	84.00
35	新泰市（鲁）	55.00
36	惠民县（鲁）	53.00
37	海阳市（鲁）	45.00
38	德州市市辖区（鲁）	30.00
39	寒亭区（鲁）	25.00
40	沂源县（鲁）	11.00
41	武陟县（豫）	2600.00
42	洛宁县（豫）	354.00
43	西华县（豫）	168.00
44	宜阳县（豫）	12.15
45	宁蒗彝族自治县（滇）	80.00
46	古城区（滇）	40.00
47	千阳县（陕）	2621.00
48	扶风县（陕）	800.20
49	米脂县（陕）	240.00
50	甘谷县（甘）	75.00
51	景泰县（甘）	66.80
52	泾川县（甘）	32.00
53	阜康市（新）	320.00
54	呼图壁县（新）	29.00
55	拜城县（新）	24.10
56	昌吉市（新）	15.00
57	吉木萨尔县（新）	12.80
58	博乐市（新）	11.61

表 9-29　枫香苗主产地产量

序号	枫香苗主产地	产量（万株）
1	九台区（吉）	40.00
2	江都区（苏）	268.00
3	六合区（苏）	10.00
4	青田县（浙）	108.50
5	淳安县（浙）	31.10
6	文成县（浙）	20.50
7	兰溪市（浙）	15.60
8	衢江区（浙）	13.50
9	建德市（浙）	12.00
10	萧山区（浙）	11.50
11	瑞安市（浙）	10.00
12	来安县（皖）	148.00
13	桐城市（皖）	45.00
14	东至县（皖）	23.00
15	徽州区（皖）	17.50
16	潜山市（皖）	12.00
17	崇义县（赣）	640.00
18	信丰县（赣）	100.00
19	兴国县（赣）	87.00
20	赣县区（赣）	81.00
21	宁都县（赣）	80.00
22	大余县（赣）	70.00
23	上犹县（赣）	60.00
24	章贡区（赣）	43.00
25	袁州区（赣）	15.00
26	彭泽县（赣）	10.00
27	全南县（赣）	10.00

(续表)

序号	枫香苗主产地	产量（万株）
28	遂平县(豫)	56.20
29	英山县(鄂)	350.00
30	罗田县(鄂)	45.00
31	阳新县(鄂)	40.00
32	新洲区(鄂)	23.00
33	大冶市(鄂)	14.00
34	茶陵县(湘)	300.00
35	洪江市(湘)	150.00
36	零陵区(湘)	50.00
37	绥宁县(湘)	30.00
38	隆回县(湘)	27.00
39	南岳区(湘)	13.00
40	双峰县(湘)	10.00
41	翁源县(粤)	868.00
42	博罗县(粤)	200.00
43	五华县(粤)	90.00
44	新丰县(粤)	90.00
45	揭西县(粤)	88.80
46	和平县(粤)	80.00
47	龙门县(粤)	52.50
48	连州市(粤)	50.00
49	惠阳区(粤)	45.00
50	惠城区(粤)	32.00
51	新会区(粤)	20.00
52	清新区(粤)	16.00
53	乳源瑶族自治县(粤)	15.50
54	天河区(粤)	15.00
55	潮安区(粤)	12.00
56	源城区(粤)	12.00
57	郁南县(粤)	10.00
58	惠来县(粤)	10.00

表 9-30　柑橘苗主产地产量

序号	柑橘苗主产地	产量（万株）
1	常山县(浙)	315.00
2	三门县(浙)	70.00
3	温岭市(浙)	12.00
4	袁州区(赣)	15.00
5	孝昌县(鄂)	15.00
6	漳河新区(鄂)	10.00
7	洪江市(湘)	1500.00
8	辰溪县(湘)	165.00
9	芷江侗族自治县(湘)	38.00
10	鼎城区(湘)	36.00
11	澧　县(湘)	20.00
12	新宁县(湘)	12.00
13	高要区(粤)	100.00
14	陆川县(桂)	42.00
15	平乐县(桂)	10.00
16	简阳市(川)	9000.00
17	苍溪县(川)	2000.00
18	安岳县(川)	108.00
19	丹棱县(川)	76.50
20	金堂县(川)	50.00
21	恩阳区(川)	30.00
22	巴州区(川)	10.50
23	罗江区(川)	10.00
24	独山县(黔)	882.00
25	正安县(黔)	100.00
26	罗甸县(黔)	60.89
27	思南县(黔)	50.00
28	石阡县(黔)	40.00
29	余庆县(黔)	39.00
30	桐梓县(黔)	20.00
31	华宁县(滇)	500.00
32	宾川县(滇)	150.00
33	汉滨区(陕)	30.00
34	旬阳县(陕)	16.20

表 9-31　香椿苗主产地产量

序号	香椿苗主产地	产量（万株）
1	辛集市(冀)	10.00
2	泽州县(晋)	25.30
3	泰安市高新区(鲁)	3000.00
4	新泰市(鲁)	215.00
5	青州市(鲁)	180.00
6	岱岳区(鲁)	58.00
7	濮阳县(豫)	113.00
8	禹州市(豫)	36.00
9	商水县(豫)	22.50
10	鹤山区(豫)	16.80
11	郧西县(鄂)	140.00
12	沅江市(湘)	20.00
13	邻水县(川)	160.00
14	宣汉县(川)	15.00
15	船山区(川)	14.00
16	蓬溪县(川)	12.00
17	乐山市市辖区(川)	10.00
18	攀枝花市国有林场总场(川)	10.00
19	道真仡佬族苗族自治县(黔)	50.00
20	砚山县(滇)	700.00
21	罗平县(滇)	50.00
22	西畴县(滇)	40.00
23	富源县(滇)	10.00
24	石泉县(陕)	16.00

表 9-32　栾树苗主产地产量

序号	栾树苗主产地	产量（万株）
1	北京市林业种子苗木管理总站(京)	286.00
2	顺义区(京)	81.50
3	蓟州区(津)	65.00
4	定州市(冀)	430.00
5	博野县(冀)	150.00
6	遵化市(冀)	144.00
7	邢台市高新技术开发区(冀)	38.92
8	枣强县(冀)	37.00
9	高阳县(冀)	35.00
10	辛集市(冀)	28.00
11	饶阳县(冀)	19.10
12	藁城区(冀)	19.00
13	南和县(冀)	18.00
14	科尔沁区(内蒙古)	21.00
15	如皋市(苏)	1065.00
16	泗洪县(苏)	550.00
17	盐都区(苏)	280.00
18	滨海县(苏)	180.00
19	吴江区(苏)	150.00
20	大丰区(苏)	120.00
21	江都区(苏)	82.00
22	泗阳县(苏)	65.00
23	金坛区(苏)	65.00
24	阜宁县(苏)	52.00
25	淮阴区(苏)	40.00
26	六合区(苏)	35.00
27	贾汪区(苏)	35.00
28	新北区(苏)	27.00
29	沭阳县(苏)	15.00
30	海陵区(苏)	12.00

（续表）

序号	栾树苗主产地	产量（万株）
31	睢宁县(苏)	12.00
32	海宁市(浙)	570.00
33	萧山区(浙)	78.00
34	婺城区(浙)	35.00
35	平湖市(浙)	15.42
36	吴兴区(浙)	15.00
37	兰溪市(浙)	10.20
38	肥西县(皖)	600.00
39	灵璧县(皖)	110.00
40	禹会区(皖)	100.00
41	临泉县(皖)	75.00
42	肥东县(皖)	75.00
43	固镇县(皖)	40.00
44	宣州区(皖)	39.00
45	颍上县(皖)	29.25
46	怀远县(皖)	19.00
47	蜀山区(皖)	17.70
48	芜湖县(皖)	13.00
49	彭泽县(赣)	21.60
50	梁山县(鲁)	165.00
51	宁阳县(鲁)	150.00
52	鱼台县(鲁)	80.00
53	肥城市(鲁)	73.00
54	嘉祥县(鲁)	61.00
55	莘　县(鲁)	24.70
56	成武县(鲁)	20.00
57	寒亭区(鲁)	15.00
58	历城区(鲁)	14.50
59	东平县(鲁)	12.00
60	济阳区(鲁)	10.00
61	潢川县(豫)	600.00
62	新密市(豫)	480.00
63	汝阳县(豫)	194.00
64	泌阳县(豫)	100.00
65	新安县(豫)	85.50
66	湖滨区(豫)	76.30
67	登封市(豫)	60.00
68	宝丰县(豫)	58.00
69	孟州市(豫)	48.25
70	禹州市(豫)	30.00
71	新野县(豫)	30.00
72	洛阳市伊洛工业园区(豫)	24.00
73	宁陵县(豫)	22.00
74	淮阳县(豫)	21.60

（续表）

序号	栾树苗主产地	产量（万株）
75	郸城县(豫)	18.00
76	滑　县(豫)	16.50
77	长垣县(豫)	16.00
78	北关区(豫)	16.00
79	伊川县(豫)	14.70
80	鹤山区(豫)	14.00
81	沙洋县(鄂)	300.00
82	天门市(鄂)	300.00
83	孝昌县(鄂)	200.00
84	阳新县(鄂)	100.00
85	当阳市(鄂)	90.00
86	京山县(鄂)	62.00
87	襄城区(鄂)	60.00
88	江陵县(鄂)	60.00
89	谷城县(鄂)	50.00
90	宜城市(鄂)	45.00
91	仙桃市(鄂)	38.00
92	新洲区(鄂)	30.00
93	樊城区(鄂)	20.00
94	漳河新区(鄂)	20.00
95	竹山县(鄂)	12.00
96	桃源县(湘)	200.00
97	临澧县(湘)	180.00
98	新宁县(湘)	82.00
99	湘阴县(湘)	80.00
100	汉寿县(湘)	20.90
101	彭山区(川)	30.00
102	郫都区(川)	30.00
103	简阳市(川)	15.00
104	西充县(川)	15.00
105	金堂县(川)	11.00
106	古蔺县(川)	10.00
107	汉源县(川)	10.00
108	兴义市(黔)	151.55
109	余庆县(黔)	34.00
110	华池林业总场(甘)	12.69

表 9-33　银杏苗主产地产量

序号	银杏苗主产地	产量（万株）
1	北京市林业种子苗木管理总站(京)	135.00
2	顺义区(京)	45.00
3	蓟州区(津)	49.00

（续表）

序号	银杏苗主产地	产量（万株）
4	定州市(冀)	450.00
5	涿州市(冀)	130.00
6	大厂回族自治县(冀)	68.00
7	邢台县(冀)	27.00
8	东港市(辽)	1330.70
9	振安区(辽)	1316.80
10	元宝区(辽)	300.00
11	金普新区(辽)	276.00
12	盖州市(辽)	18.00
13	嘉定区(沪)	281.00
14	松江区(沪)	10.00
15	邳州市(苏)	29425.00
16	新沂市(苏)	3080.00
17	盐都区(苏)	315.00
18	睢宁县(苏)	300.00
19	滨海县(苏)	200.00
20	响水县(苏)	80.00
21	淮安区(苏)	71.50
22	阜宁县(苏)	67.00
23	新北区(苏)	46.00
24	宝应县(苏)	34.40
25	溧阳市(苏)	18.60
26	泰兴市(苏)	13.50
27	宿城区(苏)	12.00
28	沭阳县(苏)	10.00
29	富阳区(浙)	30.00
30	桐庐县(浙)	10.00
31	蜀山区(皖)	12.60
32	龙南县(赣)	150.00
33	兰陵县(鲁)	2657.00
34	肥城市(鲁)	612.00
35	海阳市(鲁)	270.00
36	宁阳县(鲁)	150.00
37	河东区(鲁)	60.00
38	岱岳区(鲁)	52.00
39	昌邑市(鲁)	43.60
40	高密市(鲁)	40.00
41	东平县(鲁)	20.00
42	莱阳市(鲁)	20.00
43	昌乐县(鲁)	16.00
44	寒亭区(鲁)	10.00
45	历城区(鲁)	10.00
46	禹州市(豫)	60.00
47	潢川县(豫)	34.00

(续表)

序号	银杏苗主产地	产量(万株)
48	惠济区(豫)	10.19
49	曾都区(鄂)	2000.00
50	建始县(鄂)	930.00
51	巴东县(鄂)	500.00
52	竹溪县(鄂)	405.00
53	屈家岭管理区(鄂)	240.80
54	安陆市(鄂)	216.00
55	鹤峰县(鄂)	100.00
56	竹山县(鄂)	79.00
57	襄城区(鄂)	75.00
58	枣阳市(鄂)	48.00
59	孝昌县(鄂)	38.00
60	京山县(鄂)	33.20
61	仙桃市(鄂)	33.00
62	谷城县(鄂)	17.00
63	蔡甸区(鄂)	16.00
64	黄梅县(鄂)	15.00
65	株洲市市辖区(湘)	5000.00
66	常德市市辖区(湘)	52.30
67	韶山市(湘)	20.00
68	苍溪县(川)	500.00
69	郫都区(川)	180.00
70	西充县(川)	120.00
71	金堂县(川)	62.90
72	彭山区(川)	60.00
73	北川羌族自治县(川)	50.00
74	宣汉县(川)	30.00
75	开江县(川)	20.00
76	达川区(川)	20.00
77	沿滩区(川)	18.00
78	恩阳区(川)	15.00
79	新都区(川)	11.20
80	修文县(黔)	6771.00
81	瓮安县(黔)	1500.00
82	余庆县(黔)	71.00
83	镇远县(黔)	37.02
84	正安县(黔)	20.00
85	湄潭县(黔)	10.00
86	沾益区(滇)	20.00
87	洋　县(陕)	150.00
88	佛坪县(陕)	81.00
89	宁陕县(陕)	30.40
90	高陵区(陕)	12.00

表 9-34　沙棘苗主产地产量

序号	沙棘苗主产地	产量(万株)
1	丰宁满族自治县(冀)	16070.00
2	围场满族蒙古族自治县(冀)	10000.00
3	张北县(冀)	525.00
4	偏关县(晋)	3005.00
5	岢岚县(晋)	800.00
6	新荣区(晋)	140.00
7	神池县(晋)	30.00
8	和林格尔县(内蒙古)	6000000.00
9	翁牛特旗(内蒙古)	3000.00
10	托克托县(内蒙古)	2310.00
11	清水河县(内蒙古)	959.00
12	凉城县(内蒙古)	500.00
13	科尔沁左翼中旗(内蒙古)	400.00
14	敖汉旗(内蒙古)	372.00
15	扎兰屯市(内蒙古)	262.00
16	达拉特旗(内蒙古)	240.00
17	鄂托克前旗(内蒙古)	222.00
18	宁城县(内蒙古)	205.00
19	武川县(内蒙古)	200.00
20	巴林右旗(内蒙古)	137.00
21	奈曼旗(内蒙古)	42.00
22	科尔沁区(内蒙古)	21.00
23	建平县(辽)	2424.00
24	农安县(吉)	25.00
25	江源区(吉)	16.00
26	东辽县(吉)	15.00
27	炉霍县(川)	3300.00
28	华池林业总场(甘)	308.40
29	互助土族自治县(青)	14690.86
30	化隆回族自治县(青)	60.00
31	吉木萨尔县(新)	499.50
32	精河县(新)	100.00
33	阜康市(新)	20.00
34	温泉县(新)	11.38
35	库都尔林业局(内蒙古森工)	12.93

表 9-35　油茶苗主产地产量

序号	油茶苗主产地	产量(万株)
1	青田县(浙)	265.00
2	莲都区(浙)	165.80
3	怀宁县(皖)	150.00
4	绩溪县(皖)	125.00
5	望江县(皖)	40.00

(续表)

序号	油茶苗主产地	产量(万株)
6	芦溪县(赣)	1200.00
7	湘东区(赣)	390.00
8	章贡区(赣)	350.00
9	上饶县(赣)	280.00
10	袁州区(赣)	225.00
11	宁都县(赣)	150.00
12	广丰区(赣)	100.04
13	玉山县(赣)	30.00
14	新　县(豫)	829.00
15	光山县(豫)	360.00
16	商城县(豫)	250.00
17	阳新县(鄂)	500.00
18	麻城市(鄂)	400.00
19	蕲春县(鄂)	300.00
20	恩施市(鄂)	240.00
21	浠水县(鄂)	210.00
22	谷城县(鄂)	200.00
23	崇阳县(鄂)	150.00
24	英山县(鄂)	60.00
25	当阳市(鄂)	60.00
26	孝昌县(鄂)	55.00
27	团风县(鄂)	54.00
28	湘潭县(湘)	20000.00
29	攸　县(湘)	10000.00
30	辰溪县(湘)	1370.00
31	鼎城区(湘)	1200.00
32	常宁市(湘)	804.00
33	衡南县(湘)	577.60
34	邵东县(湘)	350.00
35	茶陵县(湘)	330.00
36	平江县(湘)	200.00
37	桑植县(湘)	200.00
38	邵阳县(湘)	190.00
39	汨罗市(湘)	185.00
40	衡山县(湘)	178.33
41	鹤城区(湘)	160.00
42	临澧县(湘)	160.00
43	耒阳市(湘)	150.00
44	沅陵县(湘)	147.00
45	中方县(湘)	130.00
46	新化县(湘)	120.00
47	醴陵市(湘)	120.00
48	渌口区(湘)	115.00
49	祁东县(湘)	63.50

（续表）

序号	油茶苗主产地	产量（万株）
50	东安县(湘)	60.00
51	澧　县(湘)	35.00
52	广宁县(粤)	250.00
53	平远县(粤)	160.00
54	曲江区(粤)	135.00
55	罗定市(粤)	100.00
56	三门江林场(桂)	6965.90
57	田林县(桂)	2435.00
58	三江侗族自治县(桂)	2213.40
59	东兰县(桂)	1110.00
60	田阳县(桂)	1104.00
61	陆川县(桂)	730.00
62	防城区(桂)	550.00
63	那坡县(桂)	500.00
64	乐业县(桂)	446.75
65	凌云县(桂)	400.00
66	西林县(桂)	397.00
67	维都林场(桂)	350.00
68	隆林各族自治县(桂)	205.00
69	兴业县(桂)	200.00
70	平乐县(桂)	110.00
71	八步区(桂)	80.00
72	雅长林场(桂)	60.00
73	钦廉林场(桂)	50.00
74	七坡林场(桂)	14.78
75	浦北县(桂)	14.00
76	琼中黎族苗族自治县(琼)	130.00
77	澄迈县(琼)	98.00
78	五指山市(琼)	65.00
79	翠屏区(川)	430.00
80	雨城区(川)	100.00

（续表）

序号	油茶苗主产地	产量（万株）
81	犍为县(川)	15.00
82	从江县(黔)	90000.00
83	玉屏侗族自治县(黔)	1178.00
84	天柱县(黔)	975.00
85	榕江县(黔)	440.00
86	松桃苗族自治县(黔)	400.00
87	兴义市(黔)	349.00
88	石阡县(黔)	340.00
89	碧江区(黔)	280.00
90	罗甸县(黔)	135.00
91	岑巩县(黔)	120.00
92	台江县(黔)	80.00
93	凤庆县(滇)	670000.00
94	富宁县(滇)	235.00
95	广南县(滇)	222.10
96	建水县(滇)	180.00
97	砚山县(滇)	135.00
98	金平苗族瑶族傣族自治县(滇)	80.00
99	盈江县(滇)	50.00
100	汉滨区(陕)	250.00
101	商南县(陕)	85.00
102	南郑区(陕)	80.00

表 9-36　荷木苗主产地产量

序号	荷木苗主产地	产量（万株）
1	兰溪市(浙)	13.90
2	信丰县(赣)	80.00
3	铅山县(赣)	64.00
4	宁都县(赣)	50.00
5	遂川县(赣)	50.00

（续表）

序号	荷木苗主产地	产量（万株）
6	上犹县(赣)	49.00
7	兴国县(赣)	40.00
8	大余县(赣)	38.00
9	石城县(赣)	20.00
10	袁州区(赣)	15.00
11	洪江市(湘)	150.00
12	翁源县(粤)	866.00
13	博罗县(粤)	500.00
14	梅县区(粤)	331.00
15	连平县(粤)	303.75
16	紫金县(粤)	200.00
17	龙川县(粤)	129.00
18	惠阳区(粤)	100.00
19	连州市(粤)	100.00
20	惠城区(粤)	67.60
21	潮阳区(粤)	60.00
22	封开县(粤)	53.00
23	龙门县(粤)	52.50
24	和平县(粤)	50.00
25	云安区(粤)	50.00
26	新丰县(粤)	49.00
27	潮南区(粤)	40.00
28	新会区(粤)	20.00
29	潮安区(粤)	20.00
30	罗定市(粤)	20.00
31	高要区(粤)	20.00
32	清新区(粤)	18.00
33	新丰江林管局(粤)	15.00
34	高州市(粤)	10.00
35	怀集县(粤)	10.00

表 9-37　其他主要苗圃苗木主产地产量

序号	其他主要苗圃苗木主产地	品种	产量（万株）
1	英吉沙县(新)	巴旦木	19.02
2	盐津县(滇)	檫树	408.00
3	竹山县(鄂)	檫树	90.00
4	互助土族自治县(青)	柽柳	221.71
5	垦利区(鲁)	柽柳	206.00
6	精河县(新)	柽柳	50.00
7	格尔木市(青)	柽柳	37.00
8	敦煌市(甘)	柽柳	14.50

（续表）

序号	其他主要苗圃苗木主产地	品种	产量（万株）
9	尉犁县(新)	柽柳	10.00
10	桐乡市(浙)	池杉	171.60
11	沅江市(湘)	池杉	45.00
12	秀洲区(浙)	池杉	31.70
13	瑞安市(浙)	池杉	20.00
14	新荣区(晋)	杜松	33.00
15	乌兰浩特市(内蒙古)	杜松	17.00
16	偏关县(晋)	杜松	15.00

(续表)

序号	其他主要苗圃苗木主产地	品种	产量(万株)
17	梅县区(粤)	杜英	331.00
18	茶陵县(湘)	杜英	117.00
19	雁峰区(湘)	杜英	109.00
20	连州市(粤)	杜英	100.00
21	崇义县(赣)	杜英	52.00
22	遂川县(赣)	杜英	50.00
23	新宁县(湘)	杜英	50.00
24	襄城区(鄂)	杜英	42.00
25	章贡区(赣)	杜英	38.00
26	涟源市(湘)	杜英	36.00
27	东源县(粤)	杜英	30.00
28	南岳区(湘)	杜英	21.50
29	蔡甸区(鄂)	杜英	20.00
30	玉山县(赣)	杜英	15.00
31	上犹县(赣)	杜英	11.00
32	双峰县(湘)	杜英	10.00
33	宁阳县(鲁)	鹅耳枥	80.00
34	开远市(滇)	鹅掌楸	100.00
35	商水县(豫)	鹅掌楸	30.00
36	托克托县(内蒙古)	枸杞	420.00
37	吉木萨尔县(新)	枸杞	195.00
38	精河县(新)	枸杞	185.00
39	都兰县(青)	枸杞	110.10
40	焉耆回族自治县(新)	枸杞	100.80
41	博湖县(新)	枸杞	100.00
42	呼图壁县(新)	枸杞	67.60
43	瓜州县(甘)	枸杞	53.00
44	景泰县(甘)	枸杞	42.67
45	四子王旗(内蒙古)	枸杞	16.00
46	察哈尔右翼后旗(内蒙古)	枸杞	10.00
47	互助土族自治县(青)	枸杞	10.00
48	商都县(内蒙古)	枸杞	10.00
49	茶陵县(湘)	国外松	1350.00
50	红安县(鄂)	国外松	910.00
51	衡山县(湘)	国外松	669.14
52	衡东县(湘)	国外松	600.00
53	永丰县(赣)	国外松	550.00
54	零陵区(湘)	国外松	450.00
55	黄梅县(鄂)	国外松	400.00
56	岳阳县(湘)	国外松	400.00
57	汨罗市(湘)	国外松	285.00
58	枣阳市(鄂)	国外松	180.00
59	瑞金市(赣)	国外松	170.00

(续表)

序号	其他主要苗圃苗木主产地	品种	产量(万株)
60	孝昌县(鄂)	国外松	150.00
61	双清区(湘)	国外松	120.00
62	新宁县(湘)	国外松	120.00
63	鼎城区(湘)	国外松	75.00
64	临澧县(湘)	国外松	60.00
65	罗田县(鄂)	国外松	50.00
66	溆浦县(湘)	国外松	30.00
67	望江县(皖)	国外松	23.00
68	大冶市(鄂)	国外松	17.80
69	大祥区(湘)	国外松	17.00
70	北塔区(湘)	国外松	10.00
71	东川区(滇)	合欢	191.00
72	潢川县(豫)	合欢	170.00
73	定州市(冀)	合欢	160.00
74	桐乡市(浙)	合欢	87.40
75	遂平县(豫)	合欢	56.00
76	商水县(豫)	合欢	54.00
77	浦口区(苏)	合欢	32.00
78	乐陵市(鲁)	合欢	25.00
79	秀洲区(浙)	合欢	20.90
80	雅长林场(桂)	合欢	20.00
81	来安县(皖)	合欢	18.10
82	开远市(滇)	合欢	15.00
83	清丰县(豫)	合欢	11.00
84	达拉特旗(内蒙古)	红枣	544.00
85	乌审旗(内蒙古)	红枣	200.00
86	绥德县(陕)	红枣	125.00
87	祁东县(湘)	红枣	80.00
88	怀来县(冀)	红枣	48.00
89	万山区(黔)	红枣	32.00
90	罗江区(川)	红枣	12.00
91	紫金县(粤)	红锥	200.00
92	龙川县(粤)	红锥	198.00
93	东源县(粤)	红锥	100.00
94	天河区(粤)	红锥	91.00
95	茂南区(粤)	红锥	70.00
96	惠阳区(粤)	红锥	65.00
97	新会区(粤)	红锥	40.00
98	信宜市(粤)	红锥	38.50
99	黄冕林场(桂)	红锥	35.43
100	中国林科院热林中心(桂)	红锥	15.73
101	惠城区(粤)	红锥	13.00
102	南澳县(粤)	红锥	12.00

（续表）

序号	其他主要苗圃苗木主产地	品种	产量（万株）
103	七坡林场(桂)	红锥	11.83
104	鹤峰县(鄂)	厚朴	800.00
105	宣汉县(川)	厚朴	60.00
106	新宁县(湘)	厚朴	20.00
107	宣恩县(鄂)	厚朴	20.00
108	镇巴县(陕)	厚朴	20.00
109	蛟河市(吉)	胡桃楸	20.60
110	舒兰市(吉)	胡桃楸	12.20
111	尉犁县(新)	胡杨	574.00
112	库尔勒市(新)	胡杨	469.00
113	吉木萨尔县(新)	胡杨	160.00
114	玉门市(甘)	胡杨	160.00
115	敦煌市(甘)	胡杨	82.30
116	玛纳斯县(新)	胡杨	77.60
117	泽普县(新)	胡杨	75.00
118	五原县(内蒙古)	胡杨	60.00
119	瓜州县(甘)	胡杨	47.00
120	焉耆回族自治县(新)	胡杨	24.50
121	且末县(新)	胡杨	23.00
122	乌拉特前旗(内蒙古)	胡杨	15.00
123	额济纳旗(内蒙古)	胡杨	10.00
124	互助土族自治县(青)	桦树	142.37
125	玛纳斯县(新)	桦树	109.80
126	汤原县(黑)	桦树	68.00
127	赤城县(冀)	桦树	27.00
128	道真仡佬族苗族自治县(黔)	桦树	24.00
129	白山市市辖区(吉)	桦树	22.00
130	东辽县(吉)	桦树	14.10
131	阿尔泰林场 (新)	桦树	13.80
132	定州市(冀)	槐树	1106.00
133	平泉市(冀)	槐树	393.00
134	社旗县(豫)	槐树	210.00
135	蓟州区(津)	槐树	111.00
136	范　县(豫)	槐树	99.00
137	屯留区(晋)	槐树	90.00
138	邢台县(冀)	槐树	57.00
139	新泰市(鲁)	槐树	35.00
140	阳信县(鲁)	槐树	35.00
141	鱼台县(鲁)	槐树	35.00
142	敦煌市(甘)	槐树	32.50
143	西青区(津)	槐树	30.00
144	孟州市(豫)	槐树	27.88
145	库尔勒市(新)	槐树	22.00

（续表）

序号	其他主要苗圃苗木主产地	品种	产量（万株）
146	宝坻区(津)	槐树	16.27
147	沭阳县(苏)	槐树	10.00
148	白山市市辖区(吉)	黄檗	63.10
149	临江市(吉)	黄檗	50.00
150	桓仁满族自治县(辽)	黄檗	45.80
151	蛟河市(吉)	黄檗	39.40
152	通化县(吉)	黄檗	24.50
153	毕拉河林业局(内蒙古森工)	黄檗	21.00
154	浑江区(吉)	黄檗	18.21
155	宁城县(内蒙古)	黄檗	15.00
156	玛纳斯县(新)	黄檗	13.65
157	舒兰市(吉)	黄檗	12.00
158	珲春林业局(吉)	黄檗	11.70
159	泗水县(鲁)	黄连木	26.00
160	姚安县(滇)	黄连木	24.00
161	林州市(豫)	黄连木	10.00
162	龙泉驿区(川)	黄连木	10.00
163	定州市(冀)	黄栌	430.00
164	青州市(鲁)	黄栌	288.00
165	莱芜区(鲁)	黄栌	145.00
166	岱岳区(鲁)	黄栌	142.00
167	嵩　县(豫)	黄栌	91.50
168	蓟州区(津)	黄栌	40.00
169	潍城区(鲁)	黄栌	30.00
170	博山区(鲁)	黄栌	18.00
171	泌阳县(豫)	火炬松	400.00
172	桐柏县(豫)	火炬松	260.00
173	淅川县(豫)	火炬松	31.00
174	信宜市(粤)	开心果	10.00
175	陵川县(晋)	栎树	938.00
176	寻甸回族彝族自治县(滇)	栎树	98.00
177	湖北省太子山林场(鄂)	栎树	80.00
178	宾川县(滇)	栎树	25.00
179	钟祥市(鄂)	栎树	15.00
180	青州市(鲁)	栎树	12.00
181	麻阳苗族自治县(湘)	栎树	10.00
182	沭阳县(苏)	栎树	10.00
183	麒麟区(滇)	柳杉	1000.00
184	叙永县(川)	柳杉	650.00
185	宝兴县(川)	柳杉	150.00
186	富源县(滇)	柳杉	150.00
187	罗平县(滇)	柳杉	150.00
188	安州区(川)	柳杉	120.00

(续表)

序号	其他主要苗圃苗木主产地	品种	产量(万株)
189	陆良县(滇)	柳杉	67.00
190	鹤峰县(鄂)	柳杉	60.00
191	峨边彝族自治县(川)	柳杉	50.00
192	汉源县(川)	柳杉	50.00
193	开江县(川)	柳杉	50.00
194	个旧市(滇)	柳杉	18.00
195	桐乡市(浙)	落羽杉	457.60
196	淮滨县(豫)	落羽杉	300.00
197	靖江市(苏)	落羽杉	230.00
198	江都区(苏)	落羽杉	120.00
199	吴江区(苏)	落羽杉	120.00
200	松江区(沪)	落羽杉	70.00
201	海宁市(浙)	落羽杉	67.00
202	启东市(苏)	落羽杉	32.00
203	新北区(苏)	落羽杉	24.00
204	桐柏县(豫)	木瓜	60.00
205	宣州区(皖)	木瓜	17.50
206	崇义县(赣)	南方红豆杉	320.00
207	新宁县(湘)	南方红豆杉	160.00
208	昌宁县(滇)	南方红豆杉	148.00
209	龙南县(赣)	南方红豆杉	144.00
210	宜丰县(赣)	南方红豆杉	130.00
211	铜鼓县(赣)	南方红豆杉	128.06
212	大余县(赣)	南方红豆杉	90.00
213	遂昌县(浙)	南方红豆杉	56.78
214	新化县(湘)	南方红豆杉	50.00
215	石林彝族自治县(滇)	南方红豆杉	48.00
216	青田县(浙)	南方红豆杉	33.20
217	黎川县(赣)	南方红豆杉	30.00
218	玉山县(赣)	南方红豆杉	29.00
219	衢江区(浙)	南方红豆杉	20.00
220	温岭市(浙)	南方红豆杉	19.00
221	兴国县(赣)	南方红豆杉	15.50
222	三门县(浙)	南方红豆杉	15.10
223	淳安县(浙)	南方红豆杉	11.95
224	瑞安市(浙)	南方红豆杉	10.00
225	鄂托克前旗(内蒙古)	柠条	2540.00
226	翁牛特旗(内蒙古)	柠条	1960.00
227	左云县(晋)	柠条	1000.00
228	巴林右旗(内蒙古)	柠条	880.00
229	正镶白旗(内蒙古)	柠条	450.00
230	鄂托克旗(内蒙古)	柠条	315.00
231	达拉特旗(内蒙古)	柠条	235.00

(续表)

序号	其他主要苗圃苗木主产地	品种	产量(万株)
232	张北县(冀)	柠条	210.00
233	正蓝旗(内蒙古)	柠条	195.00
234	苏尼特右旗(内蒙古)	柠条	160.00
235	东乌珠穆沁旗(内蒙古)	柠条	150.50
236	阿拉善左旗(内蒙古)	柠条	150.00
237	四子王旗(内蒙古)	柠条	120.00
238	镶黄旗(内蒙古)	柠条	120.00
239	科尔沁左翼中旗(内蒙古)	柠条	100.00
240	乌审旗(内蒙古)	柠条	95.00
241	敖汉旗(内蒙古)	柠条	60.00
242	杭锦旗(内蒙古)	柠条	50.00
243	奈曼旗(内蒙古)	柠条	40.00
244	察哈尔右翼中旗(内蒙古)	柠条	30.00
245	苏尼特左旗(内蒙古)	柠条	20.00
246	东明县(鲁)	泡桐	320.00
247	连平县(粤)	泡桐	292.50
248	民权县(豫)	泡桐	267.00
249	沈丘县(豫)	泡桐	157.00
250	兰考县(豫)	泡桐	145.00
251	郸城县(豫)	泡桐	72.00
252	岱岳区(鲁)	泡桐	71.00
253	杞　县(豫)	泡桐	60.00
254	睢　县(豫)	泡桐	56.00
255	商水县(豫)	泡桐	53.00
256	西华县(豫)	泡桐	18.40
257	梁园区(豫)	泡桐	15.20
258	青州市(鲁)	泡桐	15.00
259	淮阳县(豫)	泡桐	14.40
260	砚山县(滇)	泡桐	12.00
261	通许县(豫)	泡桐	11.00
262	延津县(豫)	泡桐	10.60
263	成武县(鲁)	泡桐	10.00
264	临泉县(皖)	泡桐	10.00
265	昌黎县(冀)	葡萄	5000.00
266	公主岭市(吉)	葡萄	1585.00
267	呼图壁县(新)	葡萄	223.00
268	法库县(辽)	葡萄	104.00
269	怀来县(冀)	葡萄	60.00
270	开鲁县(内蒙古)	葡萄	40.00
271	五常市(黑)	葡萄	40.00
272	西华县(豫)	葡萄	36.00
273	鸡泽县(冀)	葡萄	21.00
274	昌吉市(新)	葡萄	18.00

（续表）

序号	其他主要苗圃苗木主产地	品种	产量（万株）
275	高昌区（新）	葡萄	11.50
276	原阳县（豫）	葡萄	11.00
277	蓬莱市（鲁）	葡萄	10.00
278	彭州市（川）	桤木	6000.00
279	麒麟区（滇）	桤木	500.00
280	宣汉县（川）	桤木	400.00
281	瑞金市（赣）	桤木	365.00
282	新都区（川）	桤木	300.00
283	寻甸回族彝族自治县（滇）	桤木	241.00
284	安州区（川）	桤木	225.00
285	永德县（滇）	桤木	200.00
286	新平彝族傣族自治县（滇）	桤木	160.00
287	腾冲市（滇）	桤木	100.00
288	龙陵县（滇）	桤木	92.00
289	麻栗坡县（滇）	桤木	85.00
290	富源县（滇）	桤木	80.00
291	砚山县（滇）	桤木	80.00
292	富宁县（滇）	桤木	65.50
293	建水县（滇）	桤木	60.00
294	罗平县（滇）	桤木	60.00
295	陆良县（滇）	桤木	56.00
296	巴州区（川）	桤木	50.00
297	开江县（川）	桤木	50.00
298	易门县（滇）	桤木	37.00
299	西畴县（滇）	桤木	30.00
300	袁州区（赣）	桤木	30.00
301	梓潼县（川）	桤木	30.00
302	安宁市（滇）	桤木	26.00
303	华宁县（滇）	桤木	16.00
304	恩阳区（川）	桤木	15.00
305	富民县（滇）	桤木	15.00
306	涿州市（冀）	千头椿	15.00
307	定州市（冀）	青桐	250.00
308	嵩　县（豫）	青桐	64.80
309	潢川县（豫）	青桐	47.00
310	商水县（豫）	青桐	39.00
311	东港市（辽）	沙松	26.00
312	抚松县（吉）	沙松	10.00
313	临泽县（甘）	沙枣	4459.00
314	鄂托克前旗（内蒙古）	沙枣	367.00
315	焉耆回族自治县（新）	沙枣	261.60
316	拜城县（新）	沙枣	223.48
317	吉木萨尔县（新）	沙枣	170.00
318	杭锦旗（内蒙古）	沙枣	152.00
319	阿拉善左旗（内蒙古）	沙枣	151.50
320	鄂托克旗（内蒙古）	沙枣	133.00
321	南华生态建设局（甘）	沙枣	89.24
322	杭锦后旗（内蒙古）	沙枣	24.00
323	泽普县（新）	沙枣	20.30
324	金川区（甘）	沙枣	20.00
325	且末县（新）	沙枣	15.00
326	尉犁县（新）	沙枣	13.00
327	甘州区（甘）	沙枣	10.00
328	四平市市辖区（吉）	山槐	25.00
329	临江市（吉）	山槐	23.10
330	蛟河市（吉）	山槐	20.00
331	浑江区（吉）	山槐	17.00
332	砚山县（滇）	石榴	252.00
333	宁津县（鲁）	石榴	220.00
334	泗洪县（苏）	石榴	200.00
335	峄城区（鲁）	石榴	150.00
336	宾川县（滇）	石榴	120.00
337	市辖区（豫）	石榴	105.00
338	姚安县（滇）	石榴	34.00
339	宁陵县（豫）	石榴	32.00
340	怀远县（皖）	石榴	24.00
341	西华县（豫）	石榴	24.00
342	宁蒗彝族自治县（滇）	石榴	17.70
343	山亭区（鲁）	石榴	12.00
344	独山县（黔）	石榴	10.00
345	利川市（鄂）	水杉	18599.00
346	株洲市市辖区（湘）	水杉	2000.00
347	吴江区（苏）	水杉	300.00
348	桐乡市（浙）	水杉	292.80
349	大丰区（苏）	水杉	279.00
350	婺城区（浙）	水杉	255.00
351	东台市（苏）	水杉	200.00
352	洪湖市（鄂）	水杉	180.00
353	潢川县（豫）	水杉	145.00
354	仙桃市（鄂）	水杉	107.00
355	秀洲区（浙）	水杉	60.40
356	吴兴区（浙）	水杉	46.00
357	江都区（苏）	水杉	20.00
358	瑞安市（浙）	水杉	20.00
359	溧阳市（苏）	水杉	17.30
360	宝应县（苏）	水杉	13.50

(续表)

序号	其他主要苗圃苗木主产地	品种	产量(万株)
361	海宁市(浙)	水杉	13.00
362	景东彝族自治县(滇)	思茅松	20.00
363	新和县(新)	酸梅	10.50
364	天河区(粤)	桃花心木	36.00
365	凌源市(辽)	文冠果	545.00
366	翁牛特旗(内蒙古)	文冠果	525.00
367	建平县(辽)	文冠果	270.00
368	科尔沁区(内蒙古)	文冠果	265.00
369	景泰县(甘)	文冠果	235.90
370	阿鲁科尔沁旗(内蒙古)	文冠果	200.00
371	开鲁县(内蒙古)	文冠果	160.00
372	栖霞市(鲁)	文冠果	120.00
373	通榆县(吉)	文冠果	110.00
374	杭锦旗(内蒙古)	文冠果	96.00
375	巴林右旗(内蒙古)	文冠果	92.60
376	红山区(内蒙古)	文冠果	78.77
377	敖汉旗(内蒙古)	文冠果	70.00
378	安丘市(鲁)	文冠果	52.50
379	清水河县(内蒙古)	文冠果	50.00
380	龙城区(辽)	文冠果	20.00
381	东乌珠穆沁旗(内蒙古)	文冠果	18.35
382	前郭尔罗斯蒙古族自治县(吉)	文冠果	15.00
383	巴林左旗(内蒙古)	文冠果	10.00
384	鄂托克前旗(内蒙古)	文冠果	10.00
385	通辽经济技术开发区(内蒙古)	文冠果	10.00
386	兴和县(内蒙古)	文冠果	10.00
387	轮台县(新)	香梨	74.00
388	九台区(吉)	香梨	35.00
389	儋州市(琼)	橡胶	84.00
390	白沙黎族自治县(琼)	橡胶	60.00
391	定州市(冀)	小檗	3700.00
392	新泰市(鲁)	小檗	900.00
393	蓟州区(津)	小檗	450.00
394	青州市(鲁)	小檗	230.00
395	商水县(豫)	小檗	152.00
396	阳泉市郊区(晋)	小檗	23.80
397	北戴河区(冀)	小檗	10.80
398	乌兰浩特市(内蒙古)	小浆果	35.00
399	略阳县(陕)	元宝枫	410.00
400	禹州市(豫)	元宝枫	360.00
401	定州市(冀)	元宝枫	350.00
402	宜阳县(豫)	元宝枫	335.00

(续表)

序号	其他主要苗圃苗木主产地	品种	产量(万株)
403	泽州县(晋)	元宝枫	275.00
404	泗水县(鲁)	元宝枫	268.00
405	卫辉市(豫)	元宝枫	200.00
406	开鲁县(内蒙古)	元宝枫	150.00
407	阳城县(晋)	元宝枫	122.70
408	北京市林业种子苗木管理总站(京)	元宝枫	115.00
409	宝坻区(津)	元宝枫	65.74
410	涿州市(冀)	元宝枫	60.00
411	海阳市(鲁)	元宝枫	44.00
412	蓟州区(津)	元宝枫	41.00
413	顺义区(京)	元宝枫	38.60
414	梁山县(鲁)	元宝枫	20.00
415	镇平县(豫)	元宝枫	20.00
416	晋州市(冀)	元宝枫	19.00
417	平顺县(晋)	元宝枫	18.00
418	尖草坪区(晋)	元宝枫	17.48
419	通辽经济技术开发区(内蒙古)	元宝枫	10.50
420	双柏县(滇)	云南松	410.00
421	鹤庆县(滇)	云南松	52.00
422	巍山彝族回族自治县(滇)	云南松	40.00
423	古城区(滇)	云南松	36.00
424	会理县(川)	云南松	36.00
425	江川区(滇)	云南松	26.00
426	姚安县(滇)	云南松	24.00
427	宁蒗彝族自治县(滇)	云南松	23.16
428	西山区(滇)	云南松	17.50
429	牟定县(滇)	云南松	15.00
430	南华县(滇)	云南松	15.00
431	香格里拉市(滇)	云南松	10.80
432	腾冲市(滇)	云南松	10.00
433	永胜县(滇)	云南松	10.00
434	鹤峰县(鄂)	珍稀乡土树种	660.00
435	岚皋县(陕)	珍稀乡土树种	641.00
436	桃江县(湘)	珍稀乡土树种	500.00
437	新　县(豫)	珍稀乡土树种	266.00
438	江油市(川)	珍稀乡土树种	260.00
439	南郑区(陕)	珍稀乡土树种	240.00
440	威海市经济技术开发区(鲁)	珍稀乡土树种	46.90
441	昌宁县(滇)	珍稀乡土树种	22.00
442	中国林科院热林中心(桂)	珍稀乡土树种	18.35
443	振安区(辽)	紫杉	1280.10
444	元宝区(辽)	紫杉	400.00

表 10-1　松香主产地产量

序号	松香主产地	产量（吨）
1	开化县(浙)	1800.00
2	旌德县(皖)	3500.00
3	泾　县(皖)	2860.00
4	滁州市市辖区(皖)	1000.00
5	全椒县(皖)	700.00
6	郎溪县(皖)	500.00
7	遂川县(赣)	9100.00
8	南昌市市辖区(赣)	8455.00
9	吉安县(赣)	8000.00
10	安福县(赣)	7161.00
11	乐安县(赣)	5000.00
12	宁都县(赣)	5000.00
13	峡江县(赣)	4731.00
14	安远县(赣)	4130.00
15	新干县(赣)	3930.00
16	会昌县(赣)	3672.00
17	万安县(赣)	3266.00
18	瑞金市(赣)	2670.00
19	永丰县(赣)	2540.00
20	泰和县(赣)	2300.00
21	永新县(赣)	2000.00
22	临川区(赣)	2000.00
23	奉新县(赣)	1950.00
24	信丰县(赣)	1320.00
25	金溪县(赣)	856.00
26	于都县(赣)	690.00
27	赣县区(赣)	180.00
28	内乡县(豫)	300.00
29	谷城县(鄂)	110.00
30	蓝山县(湘)	12150.00
31	石峰区(湘)	10160.00
32	岳阳县(湘)	4000.00
33	宜章县(湘)	2800.00
34	湘阴县(湘)	2170.00
35	双牌县(湘)	384.00
36	衡山县(湘)	351.32
37	衡东县(湘)	300.00
38	沅陵县(湘)	190.00
39	芦淞区(湘)	160.00
40	怀集县(粤)	33883.00
41	封开县(粤)	16973.00
42	高要区(粤)	12513.00
43	德庆县(粤)	10030.00
44	阳东区(粤)	7550.00
45	连山壮族瑶族自治县(粤)	5079.00
46	东源县(粤)	2500.00
47	廉江市(粤)	1705.00
48	和平县(粤)	1300.00
49	新兴县(粤)	941.60
50	江城区(粤)	625.00
51	信宜市(粤)	300.00
52	英德市(粤)	265.00
53	阳春市(粤)	150.00
54	防城区(桂)	24280.00
55	金秀瑶族自治县(桂)	11652.00
56	临桂区(桂)	11048.00
57	全州县(桂)	8536.00
58	苍梧县(桂)	7037.00
59	藤　县(桂)	4703.00
60	恭城瑶族自治县(桂)	4206.00
61	右江区(桂)	2000.00
62	钦南区(桂)	2000.00
63	容　县(桂)	1130.00
64	青秀区(桂)	559.00
65	柳北区(桂)	420.00
66	六万林场(桂)	355.00
67	天峨县(桂)	315.00
68	锦屏县(黔)	1290.00
69	南华县(滇)	49933.00
70	双柏县(滇)	37100.00
71	临翔区(滇)	25650.00
72	宣威市(滇)	7000.00
73	双江拉祜族佤族布朗族傣族自治县(滇)	4565.50
74	云　县(滇)	1802.00
75	施甸县(滇)	210.00
76	梁河县(滇)	120.00

表 10-2　松节油主产地产量

序号	松节油主产地	产量（吨）
1	高新开发区(吉)	155.00
2	开化县(浙)	7500.00
3	郎溪县(皖)	350.00
4	南昌市市辖区(赣)	6300.00
5	遂川县(赣)	1900.00
6	吉安县(赣)	1600.00
7	新干县(赣)	785.00
8	万安县(赣)	760.00
9	宁都县(赣)	750.00
10	会昌县(赣)	587.52
11	永丰县(赣)	563.00
12	奉新县(赣)	487.50
13	永新县(赣)	400.00
14	信丰县(赣)	318.00
15	青原区(赣)	260.00
16	永修县(赣)	195.00
17	金溪县(赣)	142.00
18	于都县(赣)	130.00
19	赣县区(赣)	36.00
20	宜章县(湘)	860.00
21	中方县(湘)	700.00
22	新田县(湘)	275.00
23	衡东县(湘)	40.00
24	衡山县(湘)	37.07
25	麻阳苗族自治县(湘)	25.00
26	德庆县(粤)	21000.00
27	阳东区(粤)	1270.00
28	苍梧县(桂)	1771.00
29	灵山县(桂)	1500.00
30	容　县(桂)	110.00
31	六万林场(桂)	55.00
32	南华县(滇)	15968.00
33	临翔区(滇)	9850.00
34	双柏县(滇)	1850.00
35	双江拉祜族佤族布朗族傣族自治县(滇)	951.10
36	云　县(滇)	401.00
37	梁河县(滇)	27.00

表 10-3　松脂主产地产量

序号	松脂主产地	产量（吨）
1	明光市(皖)	820.00
2	宣州区(皖)	754.00
3	潜山市(皖)	120.00
4	桐城市(皖)	100.00
5	南谯区(皖)	20.00

(续表)

序号	松脂主产地	产量(吨)
6	吉水县(赣)	7240.00
7	会昌县(赣)	4838.00
8	万安县(赣)	4125.00
9	瑞金市(赣)	2466.00
10	吉州区(赣)	905.00
11	于都县(赣)	890.00
12	贵溪市(赣)	800.00
13	永新县(赣)	428.60
14	上饶县(赣)	300.00
15	赣县区(赣)	225.00
16	都昌县(赣)	200.00
17	万载县(赣)	186.00
18	兴国县(赣)	140.00
19	袁州区(赣)	29.00
20	当阳市(鄂)	6520.00
21	京山县(鄂)	5600.00
22	钟祥市(鄂)	300.00
23	沙洋县(鄂)	195.00
24	保康县(鄂)	95.00
25	屈家岭管理区(鄂)	50.00
26	东安县(湘)	15000.00
27	汨罗市(湘)	10290.00
28	攸　县(湘)	10000.00
29	江华瑶族自治县(湘)	7000.00
30	冷水滩区(湘)	3534.00
31	双清区(湘)	2500.00
32	耒阳市(湘)	1600.00
33	新化县(湘)	450.00
34	祁东县(湘)	370.00
35	新宁县(湘)	300.00
36	永定区(湘)	272.00
37	鼎城区(湘)	72.00
38	江永县(湘)	65.00
39	德庆县(粤)	85000.00
40	罗定市(粤)	38000.00
41	肇庆市大旺高新区(粤)	18600.00
42	云安区(粤)	15000.00
43	郁南县(粤)	13580.00
44	云城区(粤)	8000.00
45	高州市(粤)	7714.00
46	四会市(粤)	5222.00

(续表)

序号	松脂主产地	产量(吨)
47	信宜市(粤)	1800.00
48	乳源瑶族自治县(粤)	300.00
49	龙埔林场(粤)	188.00
50	曲江区(粤)	148.00
51	大云雾林场(粤)	114.00
52	飞马林场(粤)	70.00
53	水台林场(粤)	70.00
54	苍梧县(桂)	37507.00
55	蒙山县(桂)	22000.00
56	平乐县(桂)	8393.00
57	八步区(桂)	6663.93
58	浦北县(桂)	4849.00
59	田东县(桂)	4832.00
60	鹿寨县(桂)	4346.00
61	恭城瑶族自治县(桂)	4206.00
62	灌阳县(桂)	3999.00
63	兴宾区(桂)	3806.00
64	西林县(桂)	3465.00
65	凭祥市(桂)	2010.00
66	金秀瑶族自治县(桂)	1830.00
67	中国林科院热林中心(桂)	1384.00
68	田阳县(桂)	903.00
69	武宣县(桂)	823.00
70	融安县(桂)	639.00
71	陆川县(桂)	600.00
72	田林县(桂)	259.00
73	东兰县(桂)	152.00
74	七坡林场(桂)	100.00
75	凌云县(桂)	79.00
76	玉州区(桂)	66.00
77	隆林各族自治县(桂)	55.00
78	南江县(川)	133.00
79	开江县(川)	109.00
80	黎平县(黔)	3449.90
81	龙里县(黔)	550.00
82	荔波县(黔)	60.00
83	双江拉祜族佤族布朗族傣族自治县(滇)	5813.20
84	双柏县(滇)	2369.00
85	广南县(滇)	500.00
86	昌宁县(滇)	420.40
87	云　县(滇)	84.00

表 10-4　木炭主产地产量

序号	木炭主产地	产量(吨)
1	宝清县(黑)	500.00
2	江山市(浙)	17280.00
3	长兴县(浙)	200.00
4	淳安县(浙)	61.00
5	太湖县(皖)	3168.00
6	和　县(皖)	200.00
7	郎溪县(皖)	200.00
8	阜南县(皖)	36.00
9	遂川县(赣)	2050.00
10	崇义县(赣)	1500.00
11	金溪县(赣)	1142.00
12	瑞金市(赣)	800.00
13	新余市市辖区(赣)	670.00
14	万安县(赣)	420.00
15	于都县(赣)	420.00
16	吉安县(赣)	100.00
17	高安市(赣)	15.00
18	嘉祥县(鲁)	5630.00
19	固始县(豫)	80.00
20	炎陵县(湘)	37230.00
21	东安县(湘)	20000.00
22	绥宁县(湘)	4865.00
23	湘潭县(湘)	2413.00
24	新宁县(湘)	1000.00
25	新化县(湘)	500.00
26	通道侗族自治县(湘)	295.00
27	溆浦县(湘)	280.00
28	永兴县(湘)	242.00
29	会同县(湘)	240.00
30	祁东县(湘)	180.00
31	娄星区(湘)	110.00
32	资阳区(湘)	37.40
33	化州市(粤)	620.00
34	阳西县(粤)	50.00
35	乐业县(桂)	265.00
36	陆川县(桂)	55.00
37	平昌县(川)	600.00
38	天柱县(黔)	4160.00
39	从江县(黔)	4000.00
40	罗甸县(黔)	2600.00
41	凤冈县(黔)	550.00
42	石阡县(黔)	20.00
43	镇康县(滇)	50.00
44	兰坪白族普米族自治县(滇)	30.00

表 10-5 其他林化产品主产地产量 (续表)

序号	其他林化产品主产地	品种	产量(吨)
1	乐山市市辖区(川)	白蜡	50.00
2	五河县(皖)	白蜡	30.00
3	新宁县(湘)	白蜡	20.00
4	竹山县(鄂)	单宁	500.00
5	翠屏区(川)	芳樟醇	4300.00
6	金溪县(赣)	芳樟醇	1630.00
7	防城区(桂)	桂油	380.00
8	梓潼县(川)	桂油	100.00
9	易门县(滇)	合成龙脑	600.00
10	梅县区(粤)	合成樟脑	110.30
11	资阳区(湘)	合成樟脑	12.00
12	澧 县(湘)	合成樟脑	10.00
13	那坡县(桂)	茴油	2495.00
14	防城区(桂)	茴油	172.00
15	平泉市(冀)	活性炭	75442.00
16	玉山县(赣)	活性炭	16460.00
17	崇义县(赣)	活性炭	10000.00
18	宁城县(内蒙古)	活性炭	8000.00
19	遂川县(赣)	活性炭	7000.00
20	淳安县(浙)	活性炭	5200.00
21	铜鼓县(赣)	活性炭	4600.00
22	开化县(浙)	活性炭	3800.00
23	黎平县(黔)	活性炭	3179.00
24	安吉县(浙)	活性炭	2000.00
25	安化县(湘)	活性炭	1600.00
26	靖州苗族侗族自治县(湘)	活性炭	1580.00
27	湘东区(赣)	活性炭	1300.00
28	分宜县(赣)	活性炭	1230.00
29	长兴县(浙)	活性炭	1020.00
30	辰溪县(湘)	活性炭	758.00
31	渝水区(赣)	活性炭	689.00
32	芦溪县(赣)	活性炭	608.00
33	溆浦县(湘)	活性炭	490.00
34	信丰县(赣)	活性炭	144.50
35	麻阳苗族自治县(湘)	活性炭	60.00
36	通道侗族自治县(湘)	活性炭	25.00
37	余江区(赣)	活性炭	15.00
38	青龙满族自治县(冀)	栲胶	1200.00
39	武冈市(湘)	栲胶	48.00
40	苍梧县(桂)	歧化松香	3720.00
41	双柏县(滇)	歧化松香	3428.00
42	七坡林场(桂)	歧化松香	139.00
43	竹溪县(鄂)	生漆及其制品	510.00
44	石泉县(陕)	生漆及其制品	200.00
45	商南县(陕)	生漆及其制品	114.50
46	镇雄县(滇)	生漆及其制品	105.00
47	建始县(鄂)	生漆及其制品	86.00
48	南江县(川)	生漆及其制品	85.00
49	南郑区(陕)	生漆及其制品	30.00
50	新宁县(湘)	生漆及其制品	30.00
51	巴东县(鄂)	生漆及其制品	20.00
52	磐安县(浙)	生漆及其制品	20.00
53	内乡县(豫)	栓皮	4550.00
54	北川羌族自治县(川)	栓皮	2200.00
55	保康县(鄂)	栓皮	1689.00
56	巴东县(鄂)	栓皮	500.00
57	凤 县(陕)	栓皮	500.00
58	商南县(陕)	栓皮	200.00
59	儋州市(琼)	橡胶及其制品	58404.00
60	屯昌县(琼)	橡胶及其制品	22519.00
61	瑞丽市(滇)	橡胶及其制品	9471.00
62	高州市(粤)	橡胶及其制品	9208.00
63	芒 市(滇)	橡胶及其制品	1093.90
64	盈江县(滇)	橡胶及其制品	49.00
65	普宁市(粤)	橡胶及其制品	36.50
66	苍梧县(桂)	脂松香	11976.00
67	双柏县(滇)	脂松香	520.00
68	云 县(滇)	紫胶	390.70
69	牟定县(滇)	紫胶	320.00
70	双江拉祜族佤族布朗族傣族自治县(滇)	紫胶	275.20
71	永德县(滇)	紫胶	120.00
72	昌宁县(滇)	紫胶	61.00
73	资阳区(湘)	紫胶	24.00

表 11-1 野菜主产地产量 (续表)

序号	野菜主产地	产量(吨)
1	围场满族蒙古族自治县(冀)	2500.00
2	平泉市(冀)	600.00
3	赤城县(冀)	250.00
4	丰宁满族自治县(冀)	222.00
5	宁城县(内蒙古)	280.00
6	新宾满族自治县(辽)	9555.00
7	桓仁满族自治县(辽)	5000.00
8	凤城市(辽)	3000.00
9	清原满族自治县(辽)	2200.00

(续表)

序号	野菜主产地	产量(吨)
10	东洲区(辽)	930.00
11	东港市(辽)	438.00
12	抚顺县(辽)	360.00
13	大石头林业局(吉)	362.00
14	汪清林业局(吉)	176.50
15	长白朝鲜族自治县(吉)	150.00
16	抚松县(吉)	102.50
17	靖宇县(吉)	100.00
18	嘉荫县(黑)	1210.00
19	五常市(黑)	1000.00
20	集贤县(黑)	238.00
21	梨树区(黑)	165.00
22	吴中区(苏)	3400.00
23	三门县(浙)	100.00
24	天长市(皖)	6785.00
25	滁州市市辖区(皖)	2000.00
26	岳西县(皖)	1500.00
27	太湖县(皖)	1400.00
28	明光市(皖)	930.00
29	祁门县(皖)	912.00
30	旌德县(皖)	300.00
31	潜山市(皖)	120.00
32	青阳县(皖)	110.00
33	宁都县(赣)	1388.00
34	青州市(鲁)	100.00
35	新安县(豫)	780.00
36	桐柏县(豫)	360.00
37	新　县(豫)	358.00
38	栾川县(豫)	180.00
39	叶　县(豫)	140.00
40	竹溪县(鄂)	10375.00
41	罗田县(鄂)	1584.00
42	丹江口市(鄂)	700.00
43	房　县(鄂)	650.00
44	五峰土家族自治县(鄂)	615.00
45	郧阳区(鄂)	500.00
46	沅陵县(湘)	11500.00
47	蓝山县(湘)	1987.50
48	石门县(湘)	1600.00
49	常宁市(湘)	1500.00
50	新化县(湘)	685.00
51	汉寿县(湘)	570.90
52	醴陵市(湘)	570.00
53	鹤城区(湘)	540.00

(续表)

序号	野菜主产地	产量(吨)
54	汨罗市(湘)	400.00
55	新宁县(湘)	300.00
56	临澧县(湘)	230.00
57	城步苗族自治县(湘)	200.00
58	靖州苗族侗族自治县(湘)	125.60
59	麻阳苗族自治县(湘)	100.00
60	连州市(粤)	384.00
61	容　县(桂)	2000.00
62	平武县(川)	15000.00
63	井研县(川)	6200.00
64	雷波县(川)	2350.00
65	宣汉县(川)	1755.00
66	会东县(川)	1300.00
67	青川县(川)	954.00
68	万源市(川)	930.00
69	叙州区(川)	816.00
70	安州区(川)	800.00
71	南溪区(川)	691.00
72	游仙区(川)	600.00
73	宝兴县(川)	500.00
74	兴文县(川)	421.00
75	金口河区(川)	410.00
76	邻水县(川)	251.00
77	平昌县(川)	220.00
78	北川羌族自治县(川)	210.00
79	芦山县(川)	200.00
80	仁和区(川)	135.00
81	西昌市(川)	110.00
82	播州区(黔)	900.00
83	天柱县(黔)	600.00
84	罗甸县(黔)	320.00
85	仁怀市(黔)	160.00
86	榕江县(黔)	150.00
87	兴义市(黔)	128.00
88	镇远县(黔)	100.00
89	双柏县(滇)	2029.00
90	麒麟区(滇)	1200.00
91	元谋县(滇)	812.00
92	双江拉祜族佤族布朗族傣族自治县(滇)	751.50
93	瑞丽市(滇)	681.40
94	隆阳区(滇)	635.60
95	昌宁县(滇)	544.60
96	盈江县(滇)	509.70

(续表)

序号	野菜主产地	产量(吨)
97	大姚县(滇)	424.00
98	腾冲市(滇)	400.00
99	绥江县(滇)	360.00
100	江川区(滇)	300.00
101	贡山独龙族怒族自治县(滇)	271.30
102	永德县(滇)	200.00
103	巍山彝族回族自治县(滇)	198.00
104	水富市(滇)	110.00
105	寻甸回族彝族自治县(滇)	105.00
106	南郑区(陕)	2100.00
107	西乡县(陕)	2050.00
108	镇巴县(陕)	1520.00
109	城固县(陕)	712.00
110	略阳县(陕)	695.00
111	镇坪县(陕)	475.00
112	平利县(陕)	195.00

表 11-2　食用菌类主产地产量

序号	食用菌类主产地	产量(吨)
1	围场满族蒙古族自治县(冀)	1500.00
2	平泉市(冀)	800.00
3	赤城县(冀)	750.00
4	丰宁满族自治县(冀)	150.00
5	滦平县(冀)	100.00
6	陵川县(晋)	1327.60
7	左权县(晋)	1000.00
8	敖汉旗(内蒙古)	1566.00
9	宁城县(内蒙古)	573.00
10	扎兰屯市(内蒙古)	400.00
11	克什克腾旗(内蒙古)	240.00
12	东港市(辽)	15355.00
13	清原满族自治县(辽)	14000.00
14	新宾满族自治县(辽)	1700.00
15	岫岩满族自治县(辽)	1650.00
16	凤城市(辽)	1400.00
17	敦化市(吉)	3937.10
18	和龙市(吉)	3490.00
19	通化县(吉)	2920.20
20	蛟河市(吉)	2689.82
21	天桥岭林业局(吉)	1960.00
22	大石头林业局(吉)	1744.20
23	大兴沟林业局(吉)	1004.18
24	汪清林业局(吉)	862.19

（续表）

序号	食用菌类主产地	产量（吨）
25	珲春市(吉)	612.00
26	长白朝鲜族自治县(吉)	392.00
27	延吉市(吉)	270.00
28	临江市(吉)	250.00
29	白河林业局(吉)	220.00
30	八家子林业局(吉)	219.30
31	图们市(吉)	203.00
32	浑江区(吉)	128.00
33	汤原县(黑)	8000.00
34	梨树区(黑)	6042.00
35	嘉荫县(黑)	4610.00
36	桦南县(黑)	1800.00
37	五常市(黑)	1800.00
38	七台河市市辖区(黑)	780.00
39	双城区(黑)	550.00
40	宝清县(黑)	300.00
41	铁力市(黑)	250.00
42	尚志国有林场管理局(黑)	223.00
43	望奎县(黑)	155.00
44	同江市(黑)	150.00
45	洪泽区(苏)	400.00
46	磐安县(浙)	27000.00
47	开化县(浙)	25360.00
48	淳安县(浙)	6460.00
49	庆元县(浙)	5992.00
50	莲都区(浙)	5005.00
51	温岭市(浙)	3918.00
52	常山县(浙)	3000.00
53	萧山区(浙)	371.00
54	建德市(浙)	330.00
55	临安区(浙)	291.00
56	永康市(浙)	214.00
57	芜湖县(皖)	24700.00
58	潜山市(皖)	6200.00
59	祁门县(皖)	1420.00
60	宿松县(皖)	1080.00
61	东至县(皖)	901.00
62	五河县(皖)	750.00
63	旌德县(皖)	650.00
64	太湖县(皖)	616.00
65	石台县(皖)	330.00
66	桐城市(皖)	280.00
67	歙　县(皖)	165.00
68	金溪县(赣)	4666.00

（续表）

序号	食用菌类主产地	产量（吨）
69	黎川县(赣)	3942.00
70	铜鼓县(赣)	3800.00
71	袁州区(赣)	1630.00
72	渝水区(赣)	1206.00
73	永丰县(赣)	1100.00
74	芦溪县(赣)	997.00
75	定南县(赣)	956.00
76	安福县(赣)	768.66
77	吉安县(赣)	703.00
78	上犹县(赣)	675.00
79	宁都县(赣)	646.90
80	永新县(赣)	520.00
81	奉新县(赣)	499.00
82	赣县区(赣)	463.00
83	瑞金市(赣)	430.00
84	资溪县(赣)	425.00
85	樟树市(赣)	257.20
86	于都县(赣)	240.00
87	遂川县(赣)	220.00
88	余江区(赣)	200.00
89	全南县(赣)	189.00
90	龙南县(赣)	143.90
91	万安县(赣)	123.00
92	兴国县(赣)	116.00
93	巨野县(鲁)	2850.00
94	鱼台县(鲁)	2000.00
95	乐陵市(鲁)	1500.00
96	青州市(鲁)	500.00
97	章丘区(鲁)	384.00
98	河东区(鲁)	100.00
99	卢氏县(豫)	102400.00
100	夏邑县(豫)	20000.00
101	西平县(豫)	17300.00
102	泌阳县(豫)	10000.00
103	淮阳县(豫)	9973.00
104	新野县(豫)	5000.00
105	项城市(豫)	4000.00
106	淅川县(豫)	3565.00
107	内乡县(豫)	1840.00
108	方城县(豫)	1400.00
109	西华县(豫)	1300.00
110	西峡县(豫)	1036.00
111	舞钢市(豫)	750.00
112	叶　县(豫)	510.00

（续表）

序号	食用菌类主产地	产量（吨）
113	浉河区(豫)	500.00
114	桐柏县(豫)	460.00
115	汝阳县(豫)	441.00
116	睢　县(豫)	420.00
117	栾川县(豫)	350.00
118	洛宁县(豫)	275.00
119	新　县(豫)	250.00
120	随　县(鄂)	62374.00
121	南漳县(鄂)	40000.00
122	宜城市(鄂)	30814.00
123	远安县(鄂)	16830.00
124	京山县(鄂)	8151.28
125	阳新县(鄂)	8050.00
126	保康县(鄂)	6700.00
127	钟祥市(鄂)	6000.00
128	枣阳市(鄂)	4000.00
129	郧阳区(鄂)	3900.00
130	谷城县(鄂)	3876.00
131	房　县(鄂)	3364.00
132	丹江口市(鄂)	2300.00
133	浠水县(鄂)	2020.00
134	英山县(鄂)	1219.00
135	枝江市(鄂)	560.00
136	老河口市(鄂)	550.00
137	沙洋县(鄂)	450.00
138	武穴市(鄂)	300.00
139	襄州区(鄂)	220.00
140	利川市(鄂)	180.00
141	新化县(湘)	5000.00
142	衡山县(湘)	4768.80
143	炎陵县(湘)	4030.00
144	沅陵县(湘)	2850.00
145	蓝山县(湘)	2100.00
146	靖州苗族侗族自治县(湘)	1658.00
147	洪江市(湘)	1000.00
148	邵东县(湘)	1000.00
149	永兴县(湘)	768.00
150	涟源市(湘)	482.00
151	绥宁县(湘)	450.00
152	石门县(湘)	400.00
153	城步苗族自治县(湘)	230.00
154	冷水滩区(湘)	208.00
155	会同县(湘)	150.00
156	新宁县(湘)	150.00

(续表)

序号	食用菌类主产地	产量(吨)
157	鹤城区(湘)	130.00
158	永定区(湘)	130.00
159	江永县(湘)	115.00
160	麻阳苗族自治县(湘)	100.00
161	清新区(粤)	320.00
162	连州市(粤)	150.00
163	平远县(粤)	100.00
164	龙胜各族自治县(桂)	4270.00
165	灌阳县(桂)	3332.00
166	融安县(桂)	1059.00
167	苍梧县(桂)	1028.00
168	天峨县(桂)	688.00
169	金秀瑶族自治县(桂)	520.00
170	那坡县(桂)	396.52
171	隆林各族自治县(桂)	154.00
172	儋州市(琼)	1200.00
173	青川县(川)	17000.00
174	朝天区(川)	12768.00
175	通江县(川)	5493.00
176	利州区(川)	4500.00
177	旺苍县(川)	2600.00
178	江油市(川)	2270.00
179	南江县(川)	1897.00
180	剑阁县(川)	1100.00
181	宣汉县(川)	1021.00
182	平武县(川)	1000.00
183	德昌县(川)	920.00
184	会理县(川)	883.00
185	游仙区(川)	740.00
186	木里藏族自治县(川)	691.70
187	邻水县(川)	602.00
188	梓潼县(川)	600.00
189	小金县(川)	596.00
190	冕宁县(川)	572.24
191	彭州市(川)	569.00
192	开江县(川)	550.00
193	渠　县(川)	400.00
194	隆昌市(川)	400.00
195	安州区(川)	300.00
196	乡城县(川)	295.00
197	盐源县(川)	288.00
198	翠屏区(川)	274.00
199	西昌市(川)	271.00
200	江安县(川)	244.00
201	苍溪县(川)	220.00
202	金川县(川)	220.00
203	长宁县(川)	213.00
204	宝兴县(川)	210.00
205	金口河区(川)	200.00
206	平昌县(川)	200.00
207	丹巴县(川)	196.00
208	九龙县(川)	135.00
209	北川羌族自治县(川)	134.00
210	普格县(川)	122.00
211	乐至县(川)	116.00
212	井研县(川)	110.00
213	榕江县(黔)	1207.00
214	凯里市(黔)	675.00
215	仁怀市(黔)	500.00
216	荔波县(黔)	444.00
217	天柱县(黔)	338.00
218	兴义市(黔)	235.00
219	播州区(黔)	200.00
220	务川仡佬族苗族自治县(黔)	200.00
221	罗甸县(黔)	150.00
222	独山县(黔)	120.00
223	赤水市(黔)	112.50
224	汇川区(黔)	101.00
225	镇远县(黔)	100.00
226	楚雄市(滇)	7110.00
227	盈江县(滇)	6517.00
228	南华县(滇)	5523.00
229	禄劝彝族苗族自治县(滇)	5400.00
230	临翔区(滇)	4750.00
231	永胜县(滇)	4200.00
232	大姚县(滇)	4078.00
233	麒麟区(滇)	3500.00
234	鲁甸县(滇)	2600.00
235	双柏县(滇)	2273.00
236	陇川县(滇)	2241.70
237	富宁县(滇)	2089.00
238	鹤庆县(滇)	2043.00
239	梁河县(滇)	1895.00
240	施甸县(滇)	1613.00
241	腾冲市(滇)	1600.00
242	芒　市(滇)	1558.00
243	石屏县(滇)	1355.00
244	弥渡县(滇)	1312.00
245	晋宁区(滇)	1236.40
246	陆良县(滇)	1021.00
247	文山市(滇)	1001.00
248	香格里拉市(滇)	991.74
249	漾濞彝族自治县(滇)	878.00
250	牟定县(滇)	718.00
251	元阳县(滇)	716.00
252	大理市(滇)	654.00
253	砚山县(滇)	560.00
254	洱源县(滇)	465.00
255	巍山彝族回族自治县(滇)	418.00
256	巧家县(滇)	410.00
257	玉龙纳西族自治县(滇)	408.00
258	马龙区(滇)	400.00
259	绥江县(滇)	400.00
260	元谋县(滇)	332.00
261	石林彝族自治县(滇)	300.00
262	通海县(滇)	255.00
263	江川区(滇)	190.00
264	易门县(滇)	167.50
265	云　县(滇)	167.00
266	昌宁县(滇)	165.40
267	新平彝族傣族自治县(滇)	159.10
268	商南县(陕)	9468.00
269	西乡县(陕)	6500.00
270	留坝县(陕)	4046.00
271	洛南县(陕)	3123.00
272	城固县(陕)	2758.00
273	略阳县(陕)	2561.00
274	南郑区(陕)	2100.00
275	柞水县(陕)	1195.00
276	佛坪县(陕)	960.00
277	陈仓区(陕)	850.00
278	洋　县(陕)	800.00
279	岚皋县(陕)	630.00
280	韩城市林业局(陕)	500.00
281	镇坪县(陕)	435.00
282	石泉县(陕)	213.00
283	露水河林业局(吉林森工)	130.00

表 11-3　竹笋主产地产量

序号	竹笋主产地	产量(吨)
1	金山区(沪)	2172.00

（续表）

序号	竹笋主产地	产量（吨）
2	临安区(浙)	257480.00
3	余杭区(浙)	78021.00
4	遂昌县(浙)	77650.00
5	嵊州市(浙)	70160.00
6	安吉县(浙)	45900.00
7	长兴县(浙)	37630.00
8	淳安县(浙)	32884.00
9	常山县(浙)	30000.00
10	建德市(浙)	27032.00
11	衢江区(浙)	18546.00
12	庆元县(浙)	13213.00
13	莲都区(浙)	12000.00
14	三门县(浙)	4380.00
15	开化县(浙)	3950.00
16	磐安县(浙)	2653.00
17	武义县(浙)	2526.00
18	萧山区(浙)	2115.00
19	越城区(浙)	1879.00
20	义乌市(浙)	1250.00
21	瑞安市(浙)	790.00
22	江山市(浙)	651.00
23	婺城区(浙)	650.00
24	兰溪市(浙)	528.00
25	永康市(浙)	388.00
26	温岭市(浙)	200.00
27	广德县(皖)	16700.00
28	徽州区(皖)	5441.00
29	歙　县(皖)	2676.00
30	庐江县(皖)	2500.00
31	宁国市(皖)	1717.00
32	祁门县(皖)	1680.00
33	绩溪县(皖)	1380.00
34	旌德县(皖)	1320.00
35	太湖县(皖)	634.00
36	黟　县(皖)	500.00
37	休宁县(皖)	461.00
38	青阳县(皖)	441.00
39	岳西县(皖)	400.00
40	芜湖县(皖)	400.00
41	宿松县(皖)	230.00
42	定远县(皖)	210.00
43	郎溪县(皖)	160.00
44	东至县(皖)	133.00
45	潜山市(皖)	100.00

（续表）

序号	竹笋主产地	产量（吨）
46	铜鼓县(赣)	36400.00
47	宜丰县(赣)	32200.00
48	崇义县(赣)	30000.00
49	上犹县(赣)	11850.00
50	万载县(赣)	6900.00
51	金溪县(赣)	5292.00
52	安远县(赣)	4400.00
53	瑞金市(赣)	3491.00
54	资溪县(赣)	3456.00
55	黎川县(赣)	3321.00
56	渝水区(赣)	3029.00
57	石城县(赣)	2800.00
58	宁都县(赣)	2200.00
59	崇仁县(赣)	1464.00
60	横峰县(赣)	1310.00
61	遂川县(赣)	1210.00
62	兴国县(赣)	900.00
63	信丰县(赣)	888.00
64	广丰区(赣)	665.00
65	萍乡市武功山分局(赣)	559.00
66	永丰县(赣)	520.00
67	全南县(赣)	450.00
68	赣县区(赣)	432.00
69	上饶县(赣)	430.00
70	南城县(赣)	395.00
71	万安县(赣)	390.00
72	安福县(赣)	260.00
73	玉山县(赣)	253.00
74	会昌县(赣)	200.00
75	余江区(赣)	200.00
76	靖安县(赣)	160.00
77	袁州区(赣)	110.00
78	定南县(赣)	110.00
79	新　县(豫)	880.00
80	固始县(豫)	200.00
81	赤壁市(鄂)	3400.00
82	崇阳县(鄂)	3250.00
83	利川市(鄂)	3060.00
84	远安县(鄂)	2000.00
85	大冶市(鄂)	1000.00
86	阳新县(鄂)	921.20
87	房　县(鄂)	914.00
88	当阳市(鄂)	447.50
89	竹山县(鄂)	280.00

（续表）

序号	竹笋主产地	产量（吨）
90	松滋市(鄂)	240.00
91	竹溪县(鄂)	235.00
92	通山县(鄂)	217.00
93	通城县(鄂)	171.00
94	长阳土家族自治县(鄂)	150.00
95	罗田县(鄂)	142.00
96	保康县(鄂)	102.00
97	京山县(鄂)	100.00
98	郧阳区(鄂)	100.00
99	桃江县(湘)	498850.00
100	新化县(湘)	45000.00
101	耒阳市(湘)	19000.00
102	城步苗族自治县(湘)	13200.00
103	零陵区(湘)	13000.00
104	衡山县(湘)	9935.05
105	炎陵县(湘)	7128.00
106	会同县(湘)	6500.00
107	沅陵县(湘)	4880.00
108	中方县(湘)	3550.00
109	涟源市(湘)	3462.00
110	洪江市(湘)	3000.00
111	安化县(湘)	2600.00
112	永兴县(湘)	1603.00
113	蓝山县(湘)	1500.00
114	新宁县(湘)	1500.00
115	常宁市(湘)	1400.00
116	鼎城区(湘)	1340.00
117	东安县(湘)	740.00
118	冷水滩区(湘)	732.00
119	溆浦县(湘)	710.00
120	南岳区(湘)	660.00
121	醴陵市(湘)	598.00
122	双牌县(湘)	560.00
123	芷江侗族自治县(湘)	503.00
124	隆回县(湘)	500.00
125	双峰县(湘)	420.00
126	衡阳县(湘)	410.00
127	慈利县(湘)	326.00
128	汨罗市(湘)	300.00
129	绥宁县(湘)	200.00
130	永定区(湘)	156.00
131	大祥区(湘)	156.00
132	麻阳苗族自治县(湘)	150.00
133	鹤城区(湘)	135.00

（续表）

序号	竹笋主产地	产量（吨）
134	清新区(粤)	42225.00
135	英德市(粤)	20753.00
136	怀集县(粤)	20000.00
137	仁化县(粤)	7500.00
138	云城区(粤)	4155.00
139	新兴县(粤)	3900.00
140	龙门县(粤)	3030.00
141	阳山县(粤)	2015.00
142	云安区(粤)	1500.00
143	郁南县(粤)	1147.50
144	乳源瑶族自治县(粤)	830.00
145	连南瑶族自治县(粤)	730.00
146	连州市(粤)	500.00
147	四会市(粤)	350.00
148	信宜市(粤)	250.00
149	平远县(粤)	150.00
150	阳春市(粤)	150.00
151	田林县(桂)	5800.00
152	平乐县(桂)	3092.00
153	容　县(桂)	3000.00
154	高峰林场(桂)	3000.00
155	田阳县(桂)	2650.00
156	金秀瑶族自治县(桂)	1443.00
157	武鸣区(桂)	1020.00
158	全州县(桂)	955.00
159	兴宾区(桂)	650.00
160	龙胜各族自治县(桂)	408.00
161	藤　县(桂)	300.00
162	柳江区(桂)	300.00
163	东兰县(桂)	285.00
164	巴马瑶族自治县(桂)	201.00
165	钦南区(桂)	195.00
166	乐业县(桂)	176.00
167	灵山县(桂)	163.00
168	陆川县(桂)	150.00
169	恭城瑶族自治县(桂)	135.00
170	隆林各族自治县(桂)	110.00
171	叙永县(川)	140000.00
172	长宁县(川)	55000.00
173	兴文县(川)	27036.00
174	隆昌市(川)	20000.00
175	高坪区(川)	19420.00
176	雁江区(川)	13220.00
177	筠连县(川)	13200.00

（续表）

序号	竹笋主产地	产量（吨）
178	江安县(川)	13100.00
179	宣汉县(川)	12810.00
180	古蔺县(川)	12150.00
181	叙州区(川)	11797.00
182	都江堰市(川)	11009.00
183	雨城区(川)	10600.00
184	内江市市中区(川)	10300.00
185	高　县(川)	10058.00
186	资中县(川)	8000.00
187	合江县(川)	8000.00
188	珙　县(川)	7500.00
189	马边彝族自治县(川)	6603.00
190	南溪区(川)	5670.00
191	乐至县(川)	5000.00
192	绵竹市(川)	4875.00
193	西充县(川)	4800.00
194	南部县(川)	4000.00
195	洪雅县(川)	3900.00
196	万源市(川)	3743.00
197	屏山县(川)	3600.00
198	翠屏区(川)	3530.00
199	芦山县(川)	3000.00
200	威远县(川)	3000.00
201	荣　县(川)	2500.00
202	大竹县(川)	2000.00
203	安州区(川)	1800.00
204	雷波县(川)	1645.00
205	营山县(川)	1100.00
206	江油市(川)	980.00
207	五通桥区(川)	851.00
208	东兴区(川)	830.00
209	华蓥市(川)	750.00
210	金口河区(川)	744.00
211	仁寿县(川)	676.00
212	中江县(川)	600.00
213	宝兴县(川)	500.00
214	昭化区(川)	500.00
215	彭州市(川)	394.00
216	沐川县(川)	370.00
217	北川羌族自治县(川)	230.00
218	邛崃市(川)	220.00
219	南江县(川)	209.00
220	平昌县(川)	200.00
221	利州区(川)	171.00

（续表）

序号	竹笋主产地	产量（吨）
222	邻水县(川)	140.00
223	武胜县(川)	120.00
224	旺苍县(川)	100.00
225	绥阳县(黔)	50000.00
226	赤水市(黔)	50000.00
227	桐梓县(黔)	38000.00
228	正安县(黔)	9430.00
229	罗甸县(黔)	2500.00
230	松桃苗族自治县(黔)	2000.00
231	汇川区(黔)	1800.00
232	石阡县(黔)	1250.00
233	荔波县(黔)	844.00
234	碧江区(黔)	759.00
235	榕江县(黔)	662.00
236	天柱县(黔)	587.00
237	黎平县(黔)	450.00
238	龙里县(黔)	300.00
239	从江县(黔)	210.00
240	仁怀市(黔)	200.00
241	台江县(黔)	200.00
242	务川仡佬族苗族自治县(黔)	200.00
243	镇远县(黔)	142.00
244	大关县(滇)	56000.00
245	师宗县(滇)	30533.00
246	盐津县(滇)	15000.00
247	陇川县(滇)	9836.60
248	镇雄县(滇)	9000.00
249	绥江县(滇)	8000.00
250	元阳县(滇)	3435.00
251	临翔区(滇)	2520.00
252	威信县(滇)	2000.00
253	盈江县(滇)	1597.20
254	水富市(滇)	1403.00
255	永善县(滇)	1012.50
256	新平彝族傣族自治县(滇)	850.00
257	芒　市(滇)	839.70
258	昌宁县(滇)	575.10
259	勐海县(滇)	421.00
260	沧源佤族自治县(滇)	298.00
261	富宁县(滇)	205.00
262	双柏县(滇)	159.00
263	施甸县(滇)	136.00
264	鹤庆县(滇)	129.00
265	旬阳县(陕)	10000.00

（续表）

序号	竹笋主产地	产量（吨）
266	镇巴县(陕)	2000.00
267	南郑区(陕)	1400.00
268	镇坪县(陕)	852.00
269	平利县(陕)	560.00
270	城固县(陕)	510.00
271	石泉县(陕)	242.00
272	略阳县(陕)	239.00

表 11-4 蕨菜主产地产量

序号	蕨菜主产地	产量（吨）
1	围场满族蒙古族自治县(冀)	2000.00
2	丰宁满族自治县(冀)	140.00
3	巴林左旗(内蒙古)	800.00
4	扎兰屯市(内蒙古)	700.00
5	克什克腾旗(内蒙古)	70.00
6	巴林右旗(内蒙古)	45.00
7	阿鲁科尔沁旗(内蒙古)	17.00
8	新宾满族自治县(辽)	1655.00
9	东港市(辽)	352.00
10	天桥岭林业局(吉)	215.00
11	长白朝鲜族自治县(吉)	158.00
12	黄泥河林业局(吉)	147.00
13	蛟河市(吉)	141.70
14	东辽县(吉)	64.00
15	安图森林经营局(吉)	62.00
16	八家子林业局(吉)	23.80
17	汪清县(吉)	23.00
18	辉南县(吉)	21.00
19	宝清县(黑)	750.00
20	嘉荫县(黑)	420.00
21	汤原县(黑)	24.00
22	呼玛县(黑)	20.00
23	同江市(黑)	20.00
24	淳安县(浙)	26.00
25	祁门县(皖)	889.00
26	南谯区(皖)	280.00
27	歙　县(皖)	52.50
28	绩溪县(皖)	30.00
29	休宁县(皖)	29.50
30	黟　县(皖)	20.00
31	资溪县(赣)	528.00
32	遂川县(赣)	323.00
33	万载县(赣)	201.00

（续表）

序号	蕨菜主产地	产量（吨）
34	分宜县(赣)	139.50
35	吉安县(赣)	30.00
36	兴国县(赣)	12.00
37	安福县(赣)	10.00
38	新　县(豫)	95.00
39	平桥区(豫)	56.00
40	桐柏县(豫)	50.00
41	内乡县(豫)	32.00
42	嵩　县(豫)	16.60
43	阳新县(鄂)	1755.00
44	竹山县(鄂)	110.00
45	赤壁市(鄂)	76.00
46	巴东县(鄂)	40.00
47	竹溪县(鄂)	10.50
48	耒阳市(湘)	21000.00
49	沅陵县(湘)	3200.00
50	醴陵市(湘)	505.00
51	新化县(湘)	500.00
52	渌口区(湘)	500.00
53	鹤城区(湘)	300.00
54	双峰县(湘)	270.00
55	城步苗族自治县(湘)	210.00
56	涟源市(湘)	210.00
57	炎陵县(湘)	184.00
58	溆浦县(湘)	120.00
59	新宁县(湘)	100.00
60	中方县(湘)	70.00
61	东安县(湘)	60.00
62	宣汉县(川)	1150.00
63	冕宁县(川)	407.64
64	芦山县(川)	310.00
65	筠连县(川)	120.00
66	宝兴县(川)	110.00
67	邻水县(川)	102.00
68	德昌县(川)	90.00
69	安州区(川)	48.00
70	喜德县(川)	46.00
71	金川县(川)	40.00
72	九寨沟县(川)	20.00
73	高　县(川)	18.00
74	天柱县(黔)	4500.00
75	龙里县(黔)	800.00
76	黎平县(黔)	726.97
77	务川仡佬族苗族自治县(黔)	300.00

（续表）

序号	蕨菜主产地	产量（吨）
78	播州区(黔)	183.00
79	罗甸县(黔)	180.00
80	镇远县(黔)	150.00
81	仁怀市(黔)	150.00
82	独山县(黔)	70.00
83	荔波县(黔)	56.70
84	榕江县(黔)	30.00
85	绥阳县(黔)	10.00
86	腾冲市(滇)	4500.00
87	临翔区(滇)	2700.00
88	麒麟区(滇)	2000.00
89	鲁甸县(滇)	1500.00
90	双柏县(滇)	1215.00
91	弥渡县(滇)	1060.00
92	禄劝彝族苗族自治县(滇)	1000.00
93	云龙县(滇)	850.00
94	云　县(滇)	572.00
95	元阳县(滇)	502.00
96	双江拉祜族佤族布朗族傣族自治县(滇)	500.00
97	江川区(滇)	430.00
98	马龙区(滇)	400.00
99	大姚县(滇)	393.00
100	石林彝族自治县(滇)	380.00
101	文山市(滇)	280.00
102	盈江县(滇)	218.70
103	禄丰县(滇)	209.00
104	鹤庆县(滇)	207.70
105	梁河县(滇)	160.00
106	永胜县(滇)	150.00
107	陆良县(滇)	132.00
108	武定县(滇)	120.00
109	楚雄市(滇)	96.00
110	洱源县(滇)	92.00
111	昌宁县(滇)	84.70
112	永德县(滇)	80.00
113	漾濞彝族自治县(滇)	80.00
114	贡山独龙族怒族自治县(滇)	78.10
115	姚安县(滇)	75.00
116	镇康县(滇)	56.00
117	施甸县(滇)	55.00
118	剑川县(滇)	51.00
119	富民县(滇)	50.00
120	芒　市(滇)	42.40

(续表)

序号	蕨菜主产地	产量(吨)
121	牟定县(滇)	34.00
122	砚山县(滇)	30.00
123	兰坪白族普米族自治县(滇)	28.00
124	永仁县(滇)	24.00
125	易门县(滇)	23.50
126	嵩明县(滇)	20.00
127	华宁县(滇)	20.00
128	福贡县(滇)	17.16
129	泸水市(滇)	15.30
130	镇巴县(陕)	620.00
131	平利县(陕)	140.00
132	佛坪县(陕)	16.00
133	洋　县(陕)	13.00

表 11-5　香椿主产地产量

序号	香椿主产地	产量(吨)
1	深泽县(冀)	3000.00
2	迁西县(冀)	12.00
3	忻府区(晋)	45.00
4	常山县(浙)	500.00
5	三门县(浙)	12.00
6	五河县(皖)	60.00
7	祁门县(皖)	15.00
8	蒙城县(皖)	14.50
9	界首市(皖)	13.20
10	新泰市(鲁)	19860.00
11	淄川区(鲁)	4000.00
12	青州市(鲁)	2200.00
13	博山区(鲁)	2160.00
14	邹平市(鲁)	900.00
15	平阴县(鲁)	405.00
16	乐陵市(鲁)	370.00
17	东平县(鲁)	370.00
18	岱岳区(鲁)	347.00
19	长清区(鲁)	150.00
20	宁阳县(鲁)	75.00

(续表)

序号	香椿主产地	产量(吨)
21	莱芜市高新技术产业开发区(鲁)	72.00
22	禹城市(鲁)	30.00
23	武城县(鲁)	14.00
24	登封市(豫)	1500.00
25	遂平县(豫)	264.00
26	新　县(豫)	126.00
27	嵩　县(豫)	124.00
28	林州市(豫)	90.00
29	孟津县(豫)	60.00
30	商城县(豫)	60.00
31	桐柏县(豫)	45.00
32	禹州市(豫)	30.00
33	栾川县(豫)	30.00
34	固始县(豫)	20.00
35	平桥区(豫)	20.00
36	利川市(鄂)	750.00
37	应城市(鄂)	700.00
38	南漳县(鄂)	150.00
39	大冶市(鄂)	150.00
40	建始县(鄂)	98.00
41	竹山县(鄂)	79.00
42	房　县(鄂)	50.00
43	郧阳区(鄂)	30.00
44	竹溪县(鄂)	26.00
45	巴东县(鄂)	15.00
46	京山县(鄂)	10.00
47	沅陵县(湘)	650.00
48	城步苗族自治县(湘)	60.00
49	东安县(湘)	50.00
50	涟源市(湘)	10.00
51	大竹县(川)	7500.00
52	雁江区(川)	1632.00
53	达川区(川)	800.00
54	越西县(川)	70.00
55	梓潼县(川)	62.00
56	宣汉县(川)	52.00
57	邻水县(川)	52.00

(续表)

序号	香椿主产地	产量(吨)
58	游仙区(川)	10.00
59	罗甸县(黔)	200.00
60	务川仡佬族苗族自治县(黔)	80.00
61	镇远县(黔)	80.00
62	播州区(黔)	60.00
63	龙里县(黔)	30.00
64	鲁甸县(滇)	1200.00
65	腾冲市(滇)	280.00
66	禄丰县(滇)	246.00
67	陆良县(滇)	175.00
68	洱源县(滇)	129.00
69	文山市(滇)	125.00
70	双柏县(滇)	116.00
71	武定县(滇)	94.00
72	石林彝族自治县(滇)	80.00
73	大姚县(滇)	71.00
74	梁河县(滇)	60.00
75	施甸县(滇)	50.00
76	楚雄市(滇)	47.00
77	盈江县(滇)	33.60
78	姚安县(滇)	28.00
79	牟定县(滇)	24.00
80	隆阳区(滇)	23.60
81	江川区(滇)	22.00
82	永德县(滇)	22.00
83	砚山县(滇)	20.00
84	华宁县(滇)	20.00
85	昌宁县(滇)	18.40
86	南华县(滇)	16.00
87	师宗县(滇)	13.00
88	鹤庆县(滇)	12.00
89	福贡县(滇)	10.51
90	嵩明县(滇)	10.00
91	南郑区(陕)	700.00
92	华阴市(陕)	420.00
93	佛坪县(陕)	12.00

表 11-6　其他森林蔬菜主产地产量

序号	其他森林蔬菜主产地	品种	产量(吨)
1	隆回县(湘)	百合	40100.00
2	盐亭县(川)	百合	2000.00
3	蓝山县(湘)	百合	1762.50

(续表)

序号	其他森林蔬菜主产地	品种	产量(吨)
4	沅陵县(湘)	百合	650.00
5	新化县(湘)	百合	600.00
6	新宁县(湘)	百合	120.00

（续表）

序号	其他森林蔬菜主产地	品种	产量（吨）
7	元阳县(滇)	百合	90.00
8	江油市(川)	百合	25.00
9	耒阳市(湘)	百合	22.00
10	安化县(湘)	百合	15.50
11	邵东县(湘)	黄花	3500.00
12	祁东县(湘)	黄花	3200.00
13	耒阳市(湘)	黄花	3000.00
14	宁　县(甘)	黄花	1821.00
15	东平县(鲁)	黄花	150.00
16	仁怀市(黔)	黄花	120.00
17	围场满族蒙古族自治县(冀)	黄花	100.00
18	蓝山县(湘)	黄花	60.00
19	太湖县(皖)	黄花	54.00
20	永兴县(湘)	黄花	47.00
21	丰宁满族自治县(冀)	黄花	45.00

（续表）

序号	其他森林蔬菜主产地	品种	产量（吨）
22	淮阳县(豫)	黄花	37.00
23	邻水县(川)	黄花	26.00
24	克什克腾旗(内蒙古)	黄花	20.00
25	同江市(黑)	黄花	19.00
26	江油市(川)	黄花	12.00
27	随　县(鄂)	黄花	12.00
28	醴陵市(湘)	黄花	11.80
29	华池县(甘)	黄花	10.00
30	清原满族自治县(辽)	龙芽木	1680.00
31	抚顺县(辽)	龙芽木	530.00
32	本溪满族自治县(辽)	龙芽木	22.50
33	九寨沟县(川)	龙芽木	20.00
34	平山区(辽)	龙芽木	20.00
35	明山区(辽)	龙芽木	10.00

表 11-7　茶叶主产地产量

序号	茶叶主产地	产量（吨）
1	陵川县(晋)	100.00
2	宜兴市(苏)	6450.00
3	溧阳市(苏)	1880.00
4	金坛区(苏)	956.00
5	仪征市(苏)	527.00
6	溧水区(苏)	318.00
7	赣榆区(苏)	306.00
8	滨湖区(苏)	165.00
9	浦口区(苏)	102.50
10	连云港市市辖区(苏)	102.00
11	淳安县(浙)	89568.00
12	松阳县(浙)	15650.00
13	武义县(浙)	14089.00
14	遂昌县(浙)	12266.00
15	磐安县(浙)	11200.00
16	嵊州市(浙)	9610.00
17	余杭区(浙)	8324.00
18	安吉县(浙)	6210.00
19	开化县(浙)	4500.00
20	建德市(浙)	3110.00
21	婺城区(浙)	2810.00
22	兰溪市(浙)	2695.00
23	长兴县(浙)	1980.00

（续表）

序号	茶叶主产地	产量（吨）
24	江山市(浙)	1876.00
25	莲都区(浙)	1808.00
26	衢江区(浙)	1405.00
27	吴兴区(浙)	1253.00
28	越城区(浙)	808.00
29	义乌市(浙)	721.00
30	三门县(浙)	552.00
31	庆元县(浙)	529.00
32	浦江县(浙)	495.00
33	萧山区(浙)	398.00
34	青田县(浙)	392.00
35	常山县(浙)	270.00
36	歙　县(皖)	15942.00
37	郎溪县(皖)	12600.00
38	休宁县(皖)	12300.00
39	祁门县(皖)	6525.00
40	岳西县(皖)	6511.00
41	宣州区(皖)	6509.00
42	潜山市(皖)	4000.00
43	东至县(皖)	3534.00
44	宁国市(皖)	3251.00
45	广德县(皖)	3020.00
46	泾　县(皖)	2800.00

（续表）

序号	茶叶主产地	产量（吨）
47	太湖县(皖)	2624.00
48	黟　县(皖)	2235.00
49	徽州区(皖)	1841.00
50	黄山区(皖)	1307.00
51	绩溪县(皖)	1250.00
52	庐江县(皖)	1098.20
53	南谯区(皖)	825.00
54	桐城市(皖)	750.00
55	屯溪区(皖)	641.00
56	宿松县(皖)	612.00
57	巢湖市(皖)	475.00
58	旌德县(皖)	420.00
59	怀宁县(皖)	293.00
60	青阳县(皖)	276.00
61	含山县(皖)	225.00
62	无为县(皖)	190.00
63	石台县(皖)	165.00
64	望江县(皖)	130.00
65	峡江县(赣)	22200.00
66	上犹县(赣)	5250.00
67	铜鼓县(赣)	1220.00
68	泰和县(赣)	922.00
69	玉山县(赣)	900.00

(续表)

序号	茶叶主产地	产量(吨)
70	铅山县(赣)	594.00
71	兴国县(赣)	592.00
72	上饶县(赣)	560.00
73	于都县(赣)	508.00
74	崇义县(赣)	390.00
75	永丰县(赣)	386.00
76	靖安县(赣)	384.00
77	高安市(赣)	350.00
78	遂川县(赣)	300.00
79	樟树市(赣)	292.00
80	永修县(赣)	263.00
81	会昌县(赣)	226.00
82	南昌县(赣)	200.00
83	定南县(赣)	180.00
84	安福县(赣)	172.00
85	寻乌县(赣)	163.00
86	井冈山市(赣)	125.00
87	宁都县(赣)	112.00
88	余江区(赣)	103.00
89	诸城市(鲁)	2696.00
90	莒南县(鲁)	1940.40
91	招远市(鲁)	800.00
92	海阳市(鲁)	610.00
93	五莲县(鲁)	577.00
94	沂水县(鲁)	450.00
95	临沭县(鲁)	390.00
96	新泰市(鲁)	337.00
97	泰山区(鲁)	237.00
98	荣成市(鲁)	150.00
99	岱岳区(鲁)	137.00
100	光山县(豫)	10434.00
101	浉河区(豫)	8450.00
102	新　县(豫)	4950.00
103	潢川县(豫)	1582.00
104	商城县(豫)	1541.00
105	罗山县(豫)	1037.00
106	固始县(豫)	1000.00
107	桐柏县(豫)	1000.00
108	内乡县(豫)	212.00
109	西峡县(豫)	210.00
110	平桥区(豫)	119.00
111	确山县(豫)	100.00
112	利川市(鄂)	38877.00
113	夷陵区(鄂)	29800.00

(续表)

序号	茶叶主产地	产量(吨)
114	英山县(鄂)	27751.00
115	五峰土家族自治县(鄂)	23584.00
116	宜都市(鄂)	18865.00
117	咸丰县(鄂)	10320.00
118	竹溪县(鄂)	7690.00
119	宣恩县(鄂)	7500.00
120	南漳县(鄂)	7316.00
121	秭归县(鄂)	6800.00
122	保康县(鄂)	6758.00
123	竹山县(鄂)	6000.00
124	随　县(鄂)	6000.00
125	谷城县(鄂)	5450.00
126	崇阳县(鄂)	4166.00
127	长阳土家族自治县(鄂)	3300.00
128	巴东县(鄂)	3200.00
129	远安县(鄂)	3000.00
130	红安县(鄂)	2822.00
131	大悟县(鄂)	2000.00
132	建始县(鄂)	1750.00
133	麻城市(鄂)	1600.00
134	嘉鱼县(鄂)	1541.00
135	兴山县(鄂)	1500.00
136	阳新县(鄂)	1440.00
137	罗田县(鄂)	1365.00
138	广水市(鄂)	1026.00
139	郧阳区(鄂)	1000.00
140	梁子湖区(鄂)	906.75
141	黄陂区(鄂)	900.00
142	房　县(鄂)	864.00
143	江夏区(鄂)	716.00
144	丹江口市(鄂)	600.00
145	当阳市(鄂)	574.05
146	安陆市(鄂)	450.00
147	应城市(鄂)	400.00
148	浠水县(鄂)	303.00
149	枣阳市(鄂)	300.00
150	京山县(鄂)	300.00
151	天门市(鄂)	200.00
152	孝昌县(鄂)	160.00
153	新洲区(鄂)	145.00
154	郧西县(鄂)	130.00
155	神农架林区(鄂)	120.00
156	通城县(鄂)	108.00
157	安化县(湘)	18785.00

(续表)

序号	茶叶主产地	产量(吨)
158	沅陵县(湘)	12800.00
159	衡山县(湘)	8875.46
160	新化县(湘)	8500.00
161	石门县(湘)	8000.00
162	汨罗市(湘)	4512.00
163	桃源县(湘)	3850.00
164	常宁市(湘)	3279.00
165	湘潭市市辖区(湘)	3138.00
166	桃江县(湘)	2500.00
167	宜章县(湘)	1926.00
168	湘乡市(湘)	1528.00
169	澧　县(湘)	1450.00
170	湘潭县(湘)	1100.00
171	江华瑶族自治县(湘)	1100.00
172	邵东县(湘)	1000.00
173	慈利县(湘)	850.00
174	武冈市(湘)	762.00
175	醴陵市(湘)	708.00
176	会同县(湘)	650.00
177	耒阳市(湘)	550.00
178	蓝山县(湘)	536.00
179	渌口区(湘)	470.00
180	桑植县(湘)	450.00
181	城步苗族自治县(湘)	450.00
182	炎陵县(湘)	427.00
183	涟源市(湘)	382.00
184	南岳区(湘)	378.00
185	鼎城区(湘)	290.00
186	通道侗族自治县(湘)	201.00
187	隆回县(湘)	200.00
188	溆浦县(湘)	185.00
189	新宁县(湘)	150.00
190	临澧县(湘)	130.00
191	绥宁县(湘)	121.00
192	雨湖区(湘)	120.00
193	芷江侗族自治县(湘)	110.00
194	岳阳县(湘)	100.00
195	紫金县(粤)	144730.00
196	信宜市(粤)	9800.00
197	英德市(粤)	8326.00
198	揭西县(粤)	8020.00
199	大埔县(粤)	6300.00
200	潮安区(粤)	6021.00
201	蕉岭县(粤)	3666.00

（续表）

序号	茶叶主产地	产量（吨）
202	新丰县(粤)	1617.00
203	龙川县(粤)	1425.00
204	仁化县(粤)	1401.00
205	普宁市(粤)	1275.30
206	清新区(粤)	1257.00
207	封开县(粤)	1159.00
208	平远县(粤)	610.00
209	和平县(粤)	600.00
210	郁南县(粤)	353.00
211	曲江区(粤)	317.00
212	潮南区(粤)	282.00
213	五华县(粤)	263.50
214	东源县(粤)	253.00
215	阳春市(粤)	230.00
216	开平市(粤)	230.00
217	德庆县(粤)	218.00
218	连平县(粤)	200.00
219	南澳县(粤)	192.00
220	恩平市(粤)	133.00
221	新丰江林管局(粤)	106.10
222	灵山县(桂)	8971.00
223	凌云县(桂)	5775.00
224	西林县(桂)	3386.20
225	浦北县(桂)	2521.00
226	全州县(桂)	2330.00
227	苍梧县(桂)	2129.00
228	平乐县(桂)	1334.00
229	金秀瑶族自治县(桂)	875.00
230	八步区(桂)	874.20
231	龙胜各族自治县(桂)	828.00
232	隆林各族自治县(桂)	655.00
233	恭城瑶族自治县(桂)	634.00
234	藤　县(桂)	600.00
235	兴业县(桂)	562.00
236	武鸣区(桂)	468.00
237	灌阳县(桂)	406.40
238	武宣县(桂)	227.00
239	钦北区(桂)	193.00
240	那坡县(桂)	175.40
241	屏山县(川)	15000.00
242	蒲江县(川)	10000.00
243	珙　县(川)	9520.00
244	邛崃市(川)	7862.00
245	荣　县(川)	5625.00
246	峨眉山市(川)	4200.00
247	高　县(川)	3803.00
248	通江县(川)	2905.00
249	翠屏区(川)	2800.00
250	筠连县(川)	2660.00
251	雨城区(川)	2500.00
252	威远县(川)	2151.00
253	旺苍县(川)	1980.00
254	叙永县(川)	1768.00
255	五通桥区(川)	1638.00
256	万源市(川)	1500.00
257	青川县(川)	1300.00
258	绵竹市(川)	960.00
259	开江县(川)	800.00
260	雷波县(川)	770.00
261	北川羌族自治县(川)	764.00
262	井研县(川)	670.00
263	青神县(川)	620.00
264	宣汉县(川)	510.00
265	叙州区(川)	431.00
266	崇州市(川)	424.00
267	平昌县(川)	410.00
268	南溪区(川)	331.00
269	芦山县(川)	300.00
270	渠　县(川)	300.00
271	南江县(川)	275.00
272	马边彝族自治县(川)	265.00
273	兴文县(川)	200.00
274	江安县(川)	170.00
275	大邑县(川)	166.00
276	隆昌市(川)	150.00
277	凤冈县(黔)	22600.00
278	石阡县(黔)	19500.00
279	湄潭县(黔)	13817.00
280	黎平县(黔)	13800.00
281	沿河土家族自治县(黔)	12600.00
282	独山县(黔)	11430.00
283	普安县(黔)	7800.00
284	罗甸县(黔)	1304.40
285	镇远县(黔)	940.00
286	仁怀市(黔)	800.00
287	兴义市(黔)	623.28
288	桐梓县(黔)	500.00
289	遵义市市辖区(黔)	375.60
290	汇川区(黔)	165.00
291	腾冲市(滇)	125000.00
292	昌宁县(滇)	28421.50
293	勐海县(滇)	28350.00
294	云　县(滇)	25300.00
295	永德县(滇)	16399.00
296	双江拉祜族佤族布朗族傣族自治县(滇)	14098.00
297	景东彝族自治县(滇)	13130.00
298	梁河县(滇)	10669.20
299	广南县(滇)	10001.00
300	芒　市(滇)	7251.60
301	勐腊县(滇)	5716.51
302	盈江县(滇)	3338.70
303	陇川县(滇)	1761.20
304	施甸县(滇)	1528.00
305	元阳县(滇)	1480.00
306	元江哈尼族彝族傣族自治县(滇)	1336.00
307	瑞丽市(滇)	837.00
308	双柏县(滇)	716.00
309	麻栗坡县(滇)	715.50
310	金平苗族瑶族傣族自治县(滇)	522.00
311	西畴县(滇)	341.00
312	富宁县(滇)	317.00
313	南华县(滇)	295.00
314	牟定县(滇)	200.00
315	大关县(滇)	135.00
316	楚雄市(滇)	129.00
317	水富市(滇)	110.00
318	峨山彝族自治县(滇)	110.00
319	盐津县(滇)	100.00
320	平利县(陕)	13850.00
321	西乡县(陕)	10780.00
322	勉　县(陕)	10507.00
323	宁强县(陕)	8110.00
324	汉滨区(陕)	7345.00
325	南郑区(陕)	7200.00
326	岚皋县(陕)	5300.00
327	城固县(陕)	3900.00
328	镇巴县(陕)	3260.00
329	商南县(陕)	1344.00
330	石泉县(陕)	1267.00
331	镇坪县(陕)	455.00
332	略阳县(陕)	120.00

(续表)

序号	茶叶主产地	产量(吨)
333	旬阳县(陕)	105.00

表 11-8 矿泉水主产地产量

序号	矿泉水主产地	产量(吨)
1	靖宇县(吉)	1140000.00
2	长白朝鲜族自治县(吉)	101004.00
3	辉南县(吉)	12000.00
4	临江市(吉)	2000.00
5	文成县(浙)	5000.00
6	袁州区(赣)	100000.00
7	于都县(赣)	22300.00
8	瑞金市(赣)	12700.00
9	上犹县(赣)	10950.00
10	新　县(豫)	7800.00
11	竹溪县(鄂)	250000.00
12	大悟县(鄂)	5000.00
13	枣阳市(鄂)	1820.00
14	巴东县(鄂)	1000.00
15	东安县(湘)	1000000.00
16	城步苗族自治县(湘)	900200.00
17	新晃侗族自治县(湘)	200000.00
18	耒阳市(湘)	73500.00
19	隆回县(湘)	24500.00
20	醴陵市(湘)	21000.00
21	韶山市(湘)	13200.00
22	安化县(湘)	6000.00
23	新宁县(湘)	3000.00
24	汨罗市(湘)	1500.00
25	渌口区(湘)	1100.00
26	桑植县(湘)	1000.00
27	阳春市(粤)	1280000.00
28	五华县(粤)	3300.00
29	北流市(桂)	15800.00
30	六万林场(桂)	7840.00
31	天柱县(黔)	20000.00
32	碧江区(黔)	1000.00
33	江川区(滇)	5000.00
34	漾濞彝族自治县(滇)	3000.00
35	腾冲市(滇)	1500.00
36	姚安县(滇)	1000.00

表 11-9 其他森林饮料主产地产量

序号	其他森林饮料主产地	品种	产量(吨)
1	独山县(黔)	刺梨	3649.00
2	龙里县(黔)	刺梨	3000.00
3	播州区(黔)	刺梨	2000.00
4	乐业县(桂)	刺梨	1103.00
5	辉南县(吉)	刺五加	1500.00
6	五常市(黑)	刺五加	250.00
7	宜城市(鄂)	葛根	48500.00
8	横峰县(赣)	葛根	31460.00
9	咸丰县(鄂)	葛根	4500.00
10	浠水县(鄂)	葛根	2000.00
11	钟祥市(鄂)	葛根	1750.00
12	石门县(湘)	葛根	1280.00
13	冷水江市(湘)	葛根	920.00
14	黄陂区(鄂)	葛根	600.00
15	桑植县(湘)	葛根	520.00
16	江山市(浙)	葛根	363.00
17	牟定县(滇)	葛根	283.00
18	永定区(湘)	葛根	265.00
19	盈江县(滇)	咖啡	12508.70
20	临翔区(滇)	咖啡	6500.00
21	芒　市(滇)	咖啡	4095.15
22	云　县(滇)	咖啡	1653.30
23	麻栗坡县(滇)	咖啡	383.10
24	泸水市(滇)	咖啡	372.50
25	陇川县(滇)	咖啡	310.70
26	双江拉祜族佤族布朗族傣族自治县(滇)	咖啡	286.00
27	瑞丽市(滇)	咖啡	254.70
28	勐海县(滇)	咖啡	176.00
29	勐腊县(滇)	咖啡	165.03
30	双柏县(滇)	咖啡	120.00
31	通化县(吉)	蓝靛果酒	900.00
32	柳河县(吉)	蓝靛果酒	544.00
33	围场满族蒙古族自治县(冀)	苹果汁	18000.00
34	永寿县(陕)	苹果汁	16700.00
35	牟平区(鲁)	苹果汁	12637.00
36	宁　县(甘)	苹果汁	11870.00
37	林西县(内蒙古)	苹果汁	8000.00
38	乐陵市(鲁)	苹果汁	5500.00
39	济源市(豫)	苹果汁	3100.00
40	扎兰屯市(内蒙古)	苹果汁	2500.00
41	科尔沁区(内蒙古)	苹果汁	1500.00
42	辉南县(吉)	苹果汁	330.00
43	灵宝市(豫)	苹果汁	200.00
44	岢岚县(晋)	沙棘	12748.00
45	和林格尔县(内蒙古)	沙棘	10000.00
46	敖汉旗(内蒙古)	沙棘	9985.00
47	围场满族蒙古族自治县(冀)	沙棘	3200.00
48	建平县(辽)	沙棘	3000.00
49	神池县(晋)	沙棘	2300.00
50	交口县(晋)	沙棘	2000.00
51	东胜区(内蒙古)	沙棘	2000.00
52	宁城县(内蒙古)	沙棘	900.00

（续表）

序号	其他森林饮料主产地	品种	产量（吨）
53	方山县(晋)	沙棘	900.00
54	乌什县(新)	沙棘	800.00
55	昔阳县(晋)	沙棘	500.00
56	华池县(甘)	沙棘	500.00
57	湟源县(青)	沙棘	200.00
58	阳曲县(晋)	沙棘	155.80
59	隆阳区(滇)	余甘子	2158.00
60	普宁市(粤)	余甘子	1482.80
61	潮南区(粤)	余甘子	432.20
62	漾濞彝族自治县(滇)	余甘子	150.00

表 11-10　主要森林饲料主产地产量

序号	主要森林饲料主产地	品种	产量（吨）
1	鄂托克旗(内蒙古)	阔叶维生素粉	400.00
2	公安县(鄂)	阔叶维生素粉	190.00
3	独山县(黔)	嫩树枝叶资源	2250000.00
4	昌宁县(滇)	嫩树枝叶资源	650000.00
5	新宾满族自治县(辽)	嫩树枝叶资源	47263.00
6	瑞金市(赣)	嫩树枝叶资源	40340.00
7	姚安县(滇)	嫩树枝叶资源	30000.00
8	元阳县(滇)	嫩树枝叶资源	28350.00
9	竹山县(鄂)	嫩树枝叶资源	7888.00
10	彭泽县(赣)	嫩树枝叶资源	7000.00
11	嵩　县(豫)	嫩树枝叶资源	6000.00
12	围场满族蒙古族自治县(冀)	嫩树枝叶资源	5000.00
13	阿巴嘎旗(内蒙古)	嫩树枝叶资源	5000.00
14	耒阳市(湘)	嫩树枝叶资源	3650.00
15	竹溪县(鄂)	嫩树枝叶资源	2600.00
16	沅陵县(湘)	嫩树枝叶资源	2010.00
17	巴东县(鄂)	嫩树枝叶资源	2000.00
18	浠水县(鄂)	嫩树枝叶资源	1500.00
19	宁阳县(鲁)	嫩树枝叶资源	1260.00
20	新化县(湘)	嫩树枝叶资源	1100.00
21	内乡县(豫)	嫩树枝叶资源	400.00
22	宁　县(甘)	嫩树枝叶资源	386.00
23	恩阳区(川)	嫩树枝叶资源	350.00
24	屈家岭管理区(鄂)	嫩树枝叶资源	320.00
25	桐柏县(豫)	嫩树枝叶资源	300.00
26	随　县(鄂)	嫩树枝叶资源	200.00
27	乌审旗(内蒙古)	嫩树枝叶资源	120.00
28	华宁县(滇)	嫩树枝叶资源	100.00
29	宁南县(川)	桑叶	293627.00
30	高　县(川)	桑叶	290200.00

（续表）

序号	主要森林饲料主产地	品种	产量（吨）
31	麒麟区(滇)	桑叶	200000.00
32	昌宁县(滇)	桑叶	127156.80
33	石泉县(陕)	桑叶	110000.00
34	南漳县(鄂)	桑叶	55000.00
35	阳春市(粤)	桑叶	35220.00
36	融安县(桂)	桑叶	30030.00
37	那坡县(桂)	桑叶	28855.16
38	独山县(黔)	桑叶	22500.00
39	歙　县(皖)	桑叶	14500.00
40	高青县(鲁)	桑叶	13500.00
41	莒南县(鲁)	桑叶	12600.00
42	连南瑶族自治县(粤)	桑叶	10000.00
43	阜南县(皖)	桑叶	7600.00
44	阳新县(鄂)	桑叶	7000.00
45	巴州区(川)	桑叶	6500.00
46	井研县(川)	桑叶	6200.00
47	黟　县(皖)	桑叶	6000.00
48	东平县(鲁)	桑叶	4500.00
49	吴江区(苏)	桑叶	3000.00
50	潜山市(皖)	桑叶	3000.00
51	临西县(冀)	桑叶	3000.00
52	蓝山县(湘)	桑叶	2880.00
53	汉滨区(陕)	桑叶	2782.00
54	新泰市(鲁)	桑叶	2463.00
55	儋州市(琼)	桑叶	2250.00
56	乐安县(赣)	桑叶	2200.00
57	屈家岭管理区(鄂)	桑叶	1820.00
58	开江县(川)	桑叶	1100.00
59	桐城市(皖)	桑叶	1000.00
60	平利县(陕)	桑叶	1000.00
61	南郑区(陕)	桑叶	850.00
62	祁东县(湘)	桑叶	800.00
63	淅川县(豫)	桑叶	728.00
64	屏山县(川)	桑叶	600.00
65	双柏县(滇)	桑叶	596.00
66	零陵区(湘)	桑叶	500.00
67	鼎城区(湘)	桑叶	500.00
68	沅陵县(湘)	桑叶	450.00
69	宝兴县(川)	桑叶	450.00
70	镇巴县(陕)	桑叶	300.00
71	永兴县(湘)	桑叶	300.00
72	盐津县(滇)	桑叶	300.00
73	叙州区(川)	桑叶	300.00
74	五河县(皖)	桑叶	300.00

(续表)

序号	主要森林饲料主产地	品种	产量(吨)
75	固始县(豫)	桑叶	300.00
76	鲁甸县(滇)	桑叶	260.00
77	播州区(黔)	桑叶	225.00
78	嵩 县(豫)	桑叶	200.00
79	澧 县(湘)	桑叶	200.00
80	南华县(滇)	桑叶	191.00
81	望江县(皖)	桑叶	170.00
82	利川市(鄂)	桑叶	160.00
83	沂源县(鲁)	桑叶	150.00
84	渠 县(川)	桑叶	123.00
85	蕲春县(鄂)	桑叶	120.00
86	仁寿县(川)	桑叶	111.00
87	米脂县(陕)	紫穗槐	766000.00
88	横山区(陕)	紫穗槐	53000.00
89	竹山县(鄂)	紫穗槐	118.00
90	浠水县(鄂)	紫穗槐	100.00

表 12-1 波斯菊主产地产量

序号	波斯菊主产地	花卉类别	单位	生产量
1	零陵区(湘)	城市绿化苗	万株	500.00
2	凯里市(黔)	城市绿化苗	万株	200.00
3	甘州区(甘)	城市绿化苗	万株	30.00
4	五原县(内蒙古)	城市绿化苗	万株	10.00
5	萧 县(皖)	城市绿化苗	万株	10.00
6	武川县(内蒙古)	城市绿化苗	万株	3.00
7	龙凤区(黑)	城市绿化苗	万株	2.00
8	兴文县(川)	观赏苗木	万株	12.00
9	遂川县(赣)	观赏苗木	万株	10.00
10	力邱河林业局(川)	观叶植物	万盆	10.00
11	包河区(皖)	观叶植物	万盆	7.00
12	旌阳区(川)	花卉用种子	千克	45.00
13	肥西县(皖)	盆花	万盆	30.00
14	隆尧县(冀)	盆花	万盆	15.00
15	桐乡市(浙)	盆花	万盆	8.35
16	浠水县(鄂)	盆花	万盆	8.00
17	永清县(冀)	盆花	万盆	5.00
18	洪泽区(苏)	盆花	万盆	4.00
19	嘉陵区(川)	盆花	万盆	3.00
20	衡山县(湘)	盆花	万盆	1.60
21	康定市(川)	盆景	万盆	7.00
22	广汉市(川)	盆景	万盆	6.00
23	平阴县(鲁)	鲜切花	万支	185.00
24	迁西县(冀)	鲜切花	万支	25.00

(续表)

序号	波斯菊主产地	花卉类别	单位	生产量
25	鱼台县(鲁)	鲜切花	万支	10.60

表 12-2 万寿菊主产地产量

序号	万寿菊主产地	花卉类别	单位	生产量
1	建始县(鄂)	城市绿化苗	万株	45.00
2	元宝山区(内蒙古)	城市绿化苗	万株	25.00
3	苏尼特右旗(内蒙古)	城市绿化苗	万株	23.00
4	尉犁县(新)	城市绿化苗	万株	6.30
5	武川县(内蒙古)	城市绿化苗	万株	5.00
6	洮南市(吉)	城市绿化苗	万株	2.50
7	温泉县(新)	城市绿化苗	万株	2.00
8	恩阳区(川)	城市绿化苗	万株	1.00
9	榆阳区(陕)	观赏苗木	万株	2.00
10	乌拉特后旗(内蒙古)	花卉用种苗	千苗	9.00
11	新安县(豫)	盆花	万盆	360.00
12	莒南县(鲁)	盆花	万盆	130.00
13	商水县(豫)	盆花	万盆	105.00
14	三亚市市辖区(琼)	盆花	万盆	50.00
15	延庆区(京)	盆花	万盆	50.00
16	新泰市(鲁)	盆花	万盆	32.00
17	和静县(新)	盆花	万盆	30.00
18	嘉峪关市(甘)	盆花	万盆	21.80
19	宜城市(鄂)	盆花	万盆	20.00
20	滕州市(鲁)	盆花	万盆	16.00
21	敦煌市(甘)	盆花	万盆	10.00
22	博湖县(新)	盆花	万盆	9.00
23	魏 县(冀)	盆花	万盆	7.00
24	蠡 县(冀)	盆花	万盆	6.00
25	平川区(甘)	盆花	万盆	5.00
26	双滦区(冀)	盆花	万盆	4.00
27	东洲区(辽)	盆花	万盆	3.10
28	怀来县(冀)	盆花	万盆	1.20
29	儋州市(琼)	盆花	万盆	1.00
30	万全区(冀)	食用及药用花卉	千克	900000.00
31	清水河县(内蒙古)	食用及药用花卉	千克	10000.00
32	围场满族蒙古族自治县(冀)	食用及药用花卉	千克	8000.00
33	内乡县(豫)	食用及药用花卉	千克	325.00
34	松山区(内蒙古)	鲜切花	万支	45.00

表 12-3 玉兰类主产地产量

序号	玉兰类主产地	花卉类别	单位	生产量
1	潢川县(豫)	城市绿化苗	万株	1010.00

（续表）

序号	玉兰类主产地	花卉类别	单位	生产量
2	麒麟区(滇)	城市绿化苗	万株	500.00
3	肥西县(皖)	城市绿化苗	万株	40.00
4	上蔡县(豫)	城市绿化苗	万株	36.00
5	桐城市(皖)	城市绿化苗	万株	20.00
6	建安区(豫)	城市绿化苗	万株	15.00
7	黎川县(赣)	城市绿化苗	万株	13.00
8	石泉县(陕)	城市绿化苗	万株	5.00
9	恩阳区(川)	城市绿化苗	万株	3.00
10	竹山县(鄂)	城市绿化苗	万株	2.60
11	碧江区(黔)	城市绿化苗	万株	1.30
12	内乡县(豫)	观赏苗木	万株	122.00
13	芜湖县(皖)	观赏苗木	万株	20.00
14	大祥区(湘)	观赏苗木	万株	19.76
15	新泰市(鲁)	观赏苗木	万株	18.00
16	涿州市(冀)	观赏苗木	万株	10.00
17	淅川县(豫)	观赏苗木	万株	7.20
18	蔡甸区(鄂)	观赏苗木	万株	6.00
19	淮阳县(豫)	观赏苗木	万株	3.30
20	巴州区(川)	观赏苗木	万株	1.43
21	碧江区(黔)	观赏苗木	万株	1.00
22	宝丰县(豫)	观赏苗木	万株	0.80
23	蒙阴县(鲁)	观叶植物	万盆	3.00
24	南郑区(陕)	花卉用种苗	千苗	1200.00
25	岚山区(鲁)	盆花	万盆	16.00
26	潢川县(豫)	盆花	万盆	4.00
27	巴州区(川)	盆花	万盆	0.55
28	新丰县(粤)	盆景	万盆	0.81
29	新丰县(粤)	鲜切花	万支	358.00

表 12-4　紫叶李主产地产量

序号	紫叶李主产地	花卉类别	单位	生产量
1	坊子区(鲁)	城市绿化苗	万株	260.00
2	潢川县(豫)	城市绿化苗	万株	260.00
3	河东区(鲁)	城市绿化苗	万株	220.00
4	德惠市(吉)	城市绿化苗	万株	200.00
5	鄄城县(鲁)	城市绿化苗	万株	30.00
6	浠水县(鄂)	城市绿化苗	万株	30.00
7	隆尧县(冀)	城市绿化苗	万株	15.00
8	安丘市(鲁)	城市绿化苗	万株	13.50
9	竹山县(鄂)	城市绿化苗	万株	10.00
10	安国市(冀)	城市绿化苗	万株	3.00
11	华容县(湘)	城市绿化苗	万株	3.00
12	息　县(豫)	城市绿化苗	万株	2.80

（续表）

序号	紫叶李主产地	花卉类别	单位	生产量
13	恩阳区(川)	城市绿化苗	万株	2.00
14	西华县(豫)	城市绿化苗	万株	1.50
15	威海市经济技术开发区(鲁)	城市绿化苗	万株	1.00
16	丰宁满族自治县(冀)	观赏苗木	万株	47.00
17	肥西县(皖)	观赏苗木	万株	30.00
18	济阳区(鲁)	观赏苗木	万株	20.00
19	曲阳县(冀)	观赏苗木	万株	16.00
20	永清县(冀)	观赏苗木	万株	16.00
21	安丘市(鲁)	观赏苗木	万株	13.50
22	渌口区(湘)	观赏苗木	万株	13.00
23	陵城区(鲁)	观赏苗木	万株	11.50
24	武城县(鲁)	观赏苗木	万株	10.00
25	新泰市(鲁)	观赏苗木	万株	10.00
26	章丘区(鲁)	观赏苗木	万株	8.00
27	德城区(鲁)	观赏苗木	万株	7.20
28	巴州区(川)	观赏苗木	万株	5.70
29	蚌山区(皖)	观赏苗木	万株	5.00
30	迁安市(冀)	观赏苗木	万株	5.00
31	太康县(豫)	观赏苗木	万株	5.00
32	芜湖县(皖)	观赏苗木	万株	5.00
33	安平县(冀)	观赏苗木	万株	4.00
34	高碑店市(冀)	观赏苗木	万株	4.00
35	涿州市(冀)	观赏苗木	万株	2.00
36	鸡泽县(冀)	观赏苗木	万株	1.20
37	涉　县(冀)	观赏苗木	万株	1.00
38	顺义区(京)	观赏苗木	万株	1.00
39	界首市(皖)	观赏苗木	万株	0.90
40	任　县(冀)	观赏苗木	万株	0.60
41	茌平县(鲁)	观叶植物	万盆	1.41
42	巴州区(川)	盆花	万盆	0.55

表 12-5　碧桃主产地产量

序号	碧桃主产地	花卉类别	单位	生产量
1	莱阳市(鲁)	城市绿化苗	万株	19.00
2	安丘市(鲁)	城市绿化苗	万株	12.70
3	安国市(冀)	城市绿化苗	万株	8.00
4	龙安区(豫)	城市绿化苗	万株	3.00
5	浠水县(鄂)	城市绿化苗	万株	3.00
6	竹山县(鄂)	城市绿化苗	万株	2.00
7	萧　县(皖)	城市绿化苗	万株	1.00
8	陵川县(晋)	城市绿化苗	万株	0.90
9	鄢陵县(豫)	观赏苗木	万株	329.00
10	晋州市(冀)	观赏苗木	万株	53.30

(续表)

序号	碧桃主产地	花卉类别	单位	生产量
11	涿州市(冀)	观赏苗木	万株	18.00
12	安丘市(鲁)	观赏苗木	万株	12.70
13	光山县(豫)	观赏苗木	万株	11.00
14	龙口市(鲁)	观赏苗木	万株	10.00
15	迁安市(冀)	观赏苗木	万株	10.00
16	什邡市(川)	观赏苗木	万株	10.00
17	永清县(冀)	观赏苗木	万株	8.00
18	西平县(豫)	观赏苗木	万株	6.00
19	蚌山区(皖)	观赏苗木	万株	5.00
20	大厂回族自治县(冀)	观赏苗木	万株	5.00
21	鹤山区(豫)	观赏苗木	万株	5.00
22	芜湖县(皖)	观赏苗木	万株	5.00
23	新泰市(鲁)	观赏苗木	万株	5.00
24	范　县(豫)	观赏苗木	万株	4.00
25	金堂县(川)	观赏苗木	万株	2.30
26	定兴县(冀)	观赏苗木	万株	2.00
27	高碑店市(冀)	观赏苗木	万株	2.00
28	南乐县(豫)	观赏苗木	万株	1.90
29	鱼台县(鲁)	观赏苗木	万株	1.50
30	任　县(冀)	观赏苗木	万株	1.10
31	顺义区(京)	观赏苗木	万株	1.00
32	宜黄县(赣)	观赏苗木	万株	1.00
33	内江市市中区(川)	观赏苗木	万株	0.90
34	临颍县(豫)	观叶植物	万盆	5.00
35	茌平县(鲁)	观叶植物	万盆	1.33
36	辛集市(冀)	盆花	万盆	0.60
37	汉源县(川)	鲜切花	万支	6.50

表 12-6　月季类主产地产量

序号	月季类主产地	花卉类别	单位	生产量
1	潢川县(豫)	城市绿化苗	万株	980.00
2	公主岭市(吉)	城市绿化苗	万株	500.00
3	韩城市林业局(陕)	城市绿化苗	万株	500.00
4	麒麟区(滇)	城市绿化苗	万株	500.00
5	华阴市(陕)	城市绿化苗	万株	200.00
6	雨花区(湘)	城市绿化苗	万株	60.00
7	安丘市(鲁)	城市绿化苗	万株	22.00
8	定襄县(晋)	城市绿化苗	万株	20.00
9	高陵区(陕)	城市绿化苗	万株	12.00
10	新化县(湘)	城市绿化苗	万株	10.00
11	邵阳县(湘)	城市绿化苗	万株	4.80
12	楚雄市(滇)	城市绿化苗	万株	2.10
13	瑞丽市(滇)	城市绿化苗	万株	1.00

(续表)

序号	月季类主产地	花卉类别	单位	生产量
14	金堂县(川)	观赏苗木	万株	319.50
15	安州区(川)	观赏苗木	万株	150.00
16	颍东区(皖)	观赏苗木	万株	120.00
17	社旗县(豫)	观赏苗木	万株	100.00
18	武陟县(豫)	观赏苗木	万株	80.00
19	雨花区(湘)	观赏苗木	万株	68.00
20	顺义区(京)	观赏苗木	万株	65.00
21	长垣县(豫)	观赏苗木	万株	50.00
22	丰宁满族自治县(冀)	观赏苗木	万株	46.00
23	成武县(鲁)	观赏苗木	万株	36.00
24	金川区(甘)	观赏苗木	万株	30.00
25	双峰县(湘)	观赏苗木	万株	30.00
26	涿州市(冀)	观赏苗木	万株	30.00
27	安丘市(鲁)	观赏苗木	万株	22.00
28	睢阳区(豫)	观赏苗木	万株	20.00
29	迁安市(冀)	观赏苗木	万株	15.00
30	曲阳县(冀)	观赏苗木	万株	13.00
31	华州区(陕)	观赏苗木	万株	12.00
32	盐都区(苏)	观赏苗木	万株	10.00
33	屈家岭管理区(鄂)	观赏苗木	万株	9.00
34	巴州区(川)	观赏苗木	万株	7.13
35	德城区(鲁)	观赏苗木	万株	6.00
36	北戴河区(冀)	观赏苗木	万株	5.40
37	新泰市(鲁)	观赏苗木	万株	5.00
38	永年区(冀)	观赏苗木	万株	5.00
39	淮阳县(豫)	观赏苗木	万株	2.20
40	鹤山区(豫)	观赏苗木	万株	2.00
41	千阳县(陕)	观赏苗木	万株	2.00
42	阳新县(鄂)	观赏苗木	万株	2.00
43	晋州市(冀)	观赏苗木	万株	1.90
44	博山区(鲁)	观赏苗木	万株	1.50
45	大名县(冀)	观赏苗木	万株	1.12
46	寒亭区(鲁)	观赏苗木	万株	1.00
47	蜀山区(皖)	观赏苗木	万株	1.00
48	夏邑县(豫)	观赏苗木	万株	1.00
49	中方县(湘)	观叶植物	万盆	30.00
50	惠济区(豫)	观叶植物	万盆	15.00
51	旌阳区(川)	花卉用种苗	千苗	285.00
52	玉门市(甘)	花卉用种苗	千苗	27.00
53	新野县(豫)	盆花	万盆	150.00
54	邢台市高新技术开发区(冀)	盆花	万盆	135.00
55	昌平区(京)	盆花	万盆	116.60
56	桐乡市(浙)	盆花	万盆	69.10
57	睢　县(豫)	盆花	万盆	50.00

（续表）

序号	月季类主产地	花卉类别	单位	生产量
58	肥西县(皖)	盆花	万盆	30.00
59	阜南县(皖)	盆花	万盆	30.00
60	仙桃市(鄂)	盆花	万盆	26.00
61	商水县(豫)	盆花	万盆	25.00
62	清江浦区(苏)	盆花	万盆	20.00
63	游仙区(川)	盆花	万盆	20.00
64	郧西县(鄂)	盆花	万盆	20.00
65	辛集市(冀)	盆花	万盆	17.50
66	魏 县(冀)	盆花	万盆	13.00
67	浦东新区(沪)	盆花	万盆	11.00
68	新宾满族自治县(辽)	盆花	万盆	11.00
69	鼎城区(湘)	盆花	万盆	10.00
70	凤阳县(皖)	盆花	万盆	10.00
71	鸡泽县(冀)	盆花	万盆	10.00
72	绵竹市(川)	盆花	万盆	10.00
73	南漳县(鄂)	盆花	万盆	9.00
74	灵璧县(皖)	盆花	万盆	8.00
75	鹿泉区(冀)	盆花	万盆	4.60
76	潢川县(豫)	盆花	万盆	4.20
77	旌阳区(川)	盆花	万盆	4.10
78	巴州区(川)	盆花	万盆	4.00
79	定兴县(冀)	盆花	万盆	4.00
80	肥城市(鲁)	盆花	万盆	3.00
81	唐河县(豫)	盆花	万盆	3.00
82	潮安区(粤)	盆花	万盆	2.50
83	义乌市(浙)	盆花	万盆	2.50
84	樊城区(鄂)	盆花	万盆	2.20
85	蠡 县(冀)	盆花	万盆	2.00
86	赵 县(冀)	盆花	万盆	1.10
87	大英县(川)	盆花	万盆	1.00
88	平川区(甘)	盆花	万盆	1.00
89	平山县(冀)	盆花	万盆	1.00
90	迁安市(冀)	盆花	万盆	1.00
91	三门县(浙)	盆花	万盆	0.80
92	涿州市(冀)	盆花	万盆	0.70
93	辉南县(吉)	盆景	万盆	50.00
94	颍上县(皖)	盆景	万盆	2.00
95	宁阳县(鲁)	鲜切花	万支	1510.00
96	青浦区(沪)	鲜切花	万支	800.00
97	新野县(豫)	鲜切花	万支	350.00
98	新丰县(粤)	鲜切花	万支	324.00
99	宜城市(鄂)	鲜切花	万支	200.00
100	淄川区(鲁)	鲜切花	万支	200.00
101	浦口区(苏)	鲜切花	万支	122.00

（续表）

序号	月季类主产地	花卉类别	单位	生产量
102	甘井子区(辽)	鲜切花	万支	100.00
103	博山区(鲁)	鲜切花	万支	50.00
104	石台县(皖)	鲜切花	万支	50.00
105	定南县(赣)	鲜切花	万支	40.00
106	旌阳区(川)	鲜切花	万支	28.00
107	宣汉县(川)	鲜切花	万支	25.20
108	东丽区(津)	鲜切花	万支	18.00
109	西华县(豫)	鲜切花	万支	18.00
110	东洲区(辽)	鲜切花	万支	15.20
111	章丘区(鲁)	鲜切花	万支	11.00
112	定兴县(冀)	鲜切花	万支	10.00
113	郧西县(鄂)	鲜切花	万支	10.00
114	衡山县(湘)	鲜切花	万支	9.97
115	灵璧县(皖)	鲜切花	万支	8.00
116	洛南县(陕)	鲜切花	万支	8.00
117	怀柔区(京)	鲜切花	万支	7.00
118	平川区(甘)	鲜切花	万支	5.00
119	芜湖县(皖)	鲜切花	万支	5.00
120	武穴市(鄂)	鲜切花	万支	5.00
121	盐边县(川)	鲜切花	万支	5.00
122	信宜市(粤)	鲜切花	万支	2.00
123	昌平区(京)	鲜切花	万支	1.20
124	荥 县(川)	鲜切花	万支	1.00
125	永年区(冀)	鲜切花	万支	0.70
126	宁 县(甘)	穴盘苗	万株	200.00

表 12-7 玫瑰主产地产量

序号	玫瑰主产地	花卉类别	单位	生产量
1	蓝山县(湘)	城市绿化苗	万株	50.00
2	竹溪县(鄂)	城市绿化苗	万株	40.00
3	玉门市(甘)	城市绿化苗	万株	32.45
4	木垒哈萨克自治县(新)	城市绿化苗	万株	21.00
5	甘州区(甘)	城市绿化苗	万株	20.00
6	二道江区(吉)	城市绿化苗	万株	16.00
7	恩阳区(川)	城市绿化苗	万株	13.00
8	龙山区(吉)	城市绿化苗	万株	6.20
9	芷江侗族自治县(湘)	城市绿化苗	万株	5.80
10	安国市(冀)	城市绿化苗	万株	3.00
11	船营区(吉)	城市绿化苗	万株	1.50
12	托克托县(内蒙古)	城市绿化苗	万株	1.20
13	竹山县(鄂)	城市绿化苗	万株	1.00
14	永城市(豫)	干花	万支	68.70
15	小金县(川)	工业及其他用途花卉	千克	420.00

(续表)

序号	玫瑰主产地	花卉类别	单位	生产量
16	沅江市(湘)	工业及其他用途花卉	千克	10.00
17	溧水区(苏)	观赏苗木	万株	500.00
18	安州区(川)	观赏苗木	万株	300.00
19	新蔡县(豫)	观赏苗木	万株	180.00
20	怀集县(粤)	观赏苗木	万株	150.00
21	七坡林场(桂)	观赏苗木	万株	133.00
22	大安区(川)	观赏苗木	万株	93.00
23	丰宁满族自治县(冀)	观赏苗木	万株	64.00
24	绵竹市(川)	观赏苗木	万株	35.00
25	迁安市(冀)	观赏苗木	万株	20.00
26	沿河土家族自治县(黔)	观赏苗木	万株	20.00
27	腾冲市(滇)	观赏苗木	万株	12.00
28	鹿泉区(冀)	观赏苗木	万株	9.50
29	沛　县(苏)	观赏苗木	万株	4.20
30	范　县(豫)	观赏苗木	万株	4.00
31	昌吉市(新)	观赏苗木	万株	2.50
32	碧江区(黔)	观赏苗木	万株	2.00
33	内江市市中区(川)	观赏苗木	万株	2.00
34	博山区(鲁)	观赏苗木	万株	1.50
35	东安县(湘)	观赏苗木	万株	1.00
36	夏邑县(豫)	观赏苗木	万株	1.00
37	中方县(湘)	观叶植物	万盆	20.00
38	青浦区(沪)	花卉用种苗	千苗	800.00
39	古冶区(冀)	盆花	万盆	64.00
40	清丰县(豫)	盆花	万盆	60.00
41	翠屏区(川)	盆花	万盆	23.00
42	郧西县(鄂)	盆花	万盆	20.00
43	三亚市市辖区(琼)	盆花	万盆	16.00
44	什邡市(川)	盆花	万盆	11.00
45	定兴县(冀)	盆花	万盆	3.00
46	魏　县(冀)	盆花	万盆	2.00
47	信宜市(粤)	盆花	万盆	2.00
48	平山县(冀)	盆花	万盆	0.90
49	江川区(滇)	盆景	万盆	110.00
50	新丰县(粤)	盆景	万盆	2.77
51	枣阳市(鄂)	食用及药用花卉	千克	1000000.00
52	门头沟区(京)	食用及药用花卉	千克	130000.00
53	通许县(豫)	食用及药用花卉	千克	125000.00
54	三亚市市辖区(琼)	食用及药用花卉	千克	81000.00
55	兰考县(豫)	食用及药用花卉	千克	57500.00
56	朝天区(川)	食用及药用花卉	千克	5000.00
57	昭阳区(滇)	食用及药用花卉	千克	5000.00
58	仁寿县(川)	食用及药用花卉	千克	1680.00
59	思南县(黔)	食用及药用花卉	千克	120.00
60	广宗县(冀)	食用及药用花卉	千克	60.00
61	磐石市(吉)	食用及药用花卉	千克	60.00
62	新丰县(粤)	鲜切花	万支	738.00
63	清丰县(豫)	鲜切花	万支	700.00
64	江安县(川)	鲜切花	万支	490.00
65	巴林左旗(内蒙古)	鲜切花	万支	400.00
66	费　县(鲁)	鲜切花	万支	400.00
67	三亚市市辖区(琼)	鲜切花	万支	390.00
68	沙市区(鄂)	鲜切花	万支	320.00
69	崇明区(沪)	鲜切花	万支	306.40
70	永胜县(滇)	鲜切花	万支	290.00
71	沂南县(鲁)	鲜切花	万支	280.00
72	东洲区(辽)	鲜切花	万支	228.00
73	郾城区(豫)	鲜切花	万支	221.50
74	颍上县(皖)	鲜切花	万支	200.00
75	平山县(冀)	鲜切花	万支	180.00
76	台前县(豫)	鲜切花	万支	160.00
77	吉安县(赣)	鲜切花	万支	150.00
78	振安区(辽)	鲜切花	万支	150.00
79	辽中区(辽)	鲜切花	万支	125.00
80	辉南县(吉)	鲜切花	万支	120.00
81	建安区(豫)	鲜切花	万支	120.00
82	朝阳县(辽)	鲜切花	万支	100.00
83	固镇县(皖)	鲜切花	万支	100.00
84	宜城市(鄂)	鲜切花	万支	100.00
85	龙南县(赣)	鲜切花	万支	91.10
86	金山区(沪)	鲜切花	万支	76.48
87	南溪区(川)	鲜切花	万支	70.00
88	岚山区(鲁)	鲜切花	万支	68.00
89	安吉县(浙)	鲜切花	万支	65.00
90	孟州市(豫)	鲜切花	万支	60.00
91	浠水县(鄂)	鲜切花	万支	60.00
92	平桥区(豫)	鲜切花	万支	50.00
93	松山区(内蒙古)	鲜切花	万支	50.00
94	招远市(鲁)	鲜切花	万支	50.00
95	淄川区(鲁)	鲜切花	万支	50.00
96	宣汉县(川)	鲜切花	万支	48.60
97	游仙区(川)	鲜切花	万支	40.00
98	嵊州市(浙)	鲜切花	万支	35.00
99	会理县(川)	鲜切花	万支	32.40
100	祁东县(湘)	鲜切花	万支	31.00
101	平原县(鲁)	鲜切花	万支	30.00
102	石城县(赣)	鲜切花	万支	22.00
103	龙口市(鲁)	鲜切花	万支	12.00

(续表)

序号	玫瑰主产地	花卉类别	单位	生产量
104	定兴县(冀)	鲜切花	万支	10.00
105	郧西县(鄂)	鲜切花	万支	10.00
106	昭阳区(滇)	鲜切花	万支	10.00
107	蓝山县(湘)	鲜切花	万支	9.30
108	南华县(滇)	鲜切花	万支	8.00
109	水城县(黔)	鲜切花	万支	8.00
110	井研县(川)	鲜切花	万支	6.80
111	袁州区(赣)	鲜切花	万支	6.60
112	衡山县(湘)	鲜切花	万支	5.95
113	灵璧县(皖)	鲜切花	万支	5.00
114	丹棱县(川)	鲜切花	万支	4.00
115	浦江县(浙)	鲜切花	万支	4.00
116	安国市(冀)	鲜切花	万支	3.00
117	章丘区(鲁)	鲜切花	万支	3.00
118	隆化县(冀)	鲜切花	万支	2.00
119	潍城区(鲁)	鲜切花	万支	2.00
120	蔡甸区(鄂)	鲜切花	万支	1.80
121	荣　县(川)	鲜切花	万支	1.50
122	崇阳县(鄂)	鲜切花	万支	1.00
123	高安市(赣)	鲜切花	万支	0.65
124	港口区(桂)	鲜切花	万支	0.57
125	姚安县(滇)	鲜切叶	万支	520.00
126	安吉县(浙)	鲜切叶	万支	85.00

表 12-8　樱花主产地产量

序号	樱花主产地	花卉类别	单位	生产量
1	平江县(湘)	城市绿化苗	万株	500.00
2	麒麟区(滇)	城市绿化苗	万株	500.00
3	栾川县(豫)	城市绿化苗	万株	248.00
4	潢川县(豫)	城市绿化苗	万株	120.00
5	扶风县(陕)	城市绿化苗	万株	33.50
6	安丘市(鲁)	城市绿化苗	万株	22.40
7	肥西县(皖)	城市绿化苗	万株	20.00
8	浠水县(鄂)	城市绿化苗	万株	15.00
9	竹山县(鄂)	城市绿化苗	万株	11.80
10	锦屏县(黔)	城市绿化苗	万株	11.35
11	沾益区(滇)	城市绿化苗	万株	10.00
12	洛阳市伊洛工业园区(豫)	城市绿化苗	万株	9.00
13	桐城市(皖)	城市绿化苗	万株	8.00
14	舞阳县(豫)	城市绿化苗	万株	5.50
15	威海市经济技术开发区(鲁)	城市绿化苗	万株	4.80
16	阳新县(鄂)	城市绿化苗	万株	4.00
17	恩阳区(川)	城市绿化苗	万株	3.00

(续表)

序号	樱花主产地	花卉类别	单位	生产量
18	含山县(皖)	城市绿化苗	万株	1.00
19	双峰县(湘)	城市绿化苗	万株	1.00
20	安国市(冀)	城市绿化苗	万株	0.80
21	道孚林业局(川)	观赏苗木	万株	1200.00
22	鄢陵县(豫)	观赏苗木	万株	214.00
23	海宁市(浙)	观赏苗木	万株	100.00
24	长清区(鲁)	观赏苗木	万株	100.00
25	淄川区(鲁)	观赏苗木	万株	100.00
26	寒亭区(鲁)	观赏苗木	万株	61.00
27	华宁县(滇)	观赏苗木	万株	55.00
28	金堂县(川)	观赏苗木	万株	45.20
29	安丘市(鲁)	观赏苗木	万株	22.40
30	安陆市(鄂)	观赏苗木	万株	20.00
31	蒙阴县(鲁)	观赏苗木	万株	20.00
32	清镇市(黔)	观赏苗木	万株	20.00
33	邵阳县(湘)	观赏苗木	万株	20.00
34	陵城区(鲁)	观赏苗木	万株	13.24
35	长垣县(豫)	观赏苗木	万株	13.00
36	巴州区(川)	观赏苗木	万株	10.00
37	洪江市(湘)	观赏苗木	万株	10.00
38	济阳区(鲁)	观赏苗木	万株	10.00
39	旌阳区(川)	观赏苗木	万株	10.00
40	新泰市(鲁)	观赏苗木	万株	10.00
41	渌口区(湘)	观赏苗木	万株	8.00
42	武城县(鲁)	观赏苗木	万株	8.00
43	范　县(豫)	观赏苗木	万株	7.00
44	鹿泉区(冀)	观赏苗木	万株	7.00
45	蚌山区(皖)	观赏苗木	万株	5.00
46	大厂回族自治县(冀)	观赏苗木	万株	5.00
47	德城区(鲁)	观赏苗木	万株	5.00
48	迁安市(冀)	观赏苗木	万株	5.00
49	平桥区(豫)	观赏苗木	万株	3.20
50	歙　县(皖)	观赏苗木	万株	2.30
51	常宁市(湘)	观赏苗木	万株	2.24
52	涿州市(冀)	观赏苗木	万株	2.00
53	大姚县(滇)	观赏苗木	万株	1.75
54	太和县(皖)	观赏苗木	万株	1.60
55	松江区(沪)	观赏苗木	万株	1.30
56	顺义区(京)	观赏苗木	万株	1.00
57	吴江区(苏)	观赏苗木	万株	1.00
58	南郑区(陕)	花卉用种苗	千苗	1300.00
59	岚山区(鲁)	盆花	万盆	50.00
60	竞秀区(冀)	盆花	万盆	1.30
61	辛集市(冀)	盆花	万盆	0.80

(续表)

序号	樱花主产地	花卉类别	单位	生产量
62	巴州区(川)	盆花	万盆	0.69
63	新丰县(粤)	鲜切花	万支	289.00

表 12-9　海棠花主产地产量

序号	海棠花主产地	花卉类别	单位	生产量
1	麒麟区(滇)	城市绿化苗	万株	800.00
2	扶风县(陕)	城市绿化苗	万株	52.00
3	建安区(豫)	城市绿化苗	万株	22.00
4	栾川县(豫)	城市绿化苗	万株	20.00
5	怀来县(冀)	城市绿化苗	万株	14.00
6	安国市(冀)	城市绿化苗	万株	12.00
7	上蔡县(豫)	城市绿化苗	万株	5.00
8	望江县(皖)	城市绿化苗	万株	3.00
9	七坡林场(桂)	观赏苗木	万株	165.00
10	陵城区(鲁)	观赏苗木	万株	133.90
11	成武县(鲁)	观赏苗木	万株	65.00
12	寒亭区(鲁)	观赏苗木	万株	51.00
13	确山县(豫)	观赏苗木	万株	40.00
14	涿州市(冀)	观赏苗木	万株	39.00
15	辛集市(冀)	观赏苗木	万株	20.55
16	广德县(皖)	观赏苗木	万株	15.70
17	罗庄区(鲁)	观赏苗木	万株	15.00
18	永年区(冀)	观赏苗木	万株	12.00
19	鹿泉区(冀)	观赏苗木	万株	10.80
20	肥西县(皖)	观赏苗木	万株	10.00
21	围场满族蒙古族自治县(冀)	观赏苗木	万株	10.00
22	三门县(浙)	观赏苗木	万株	9.20
23	德城区(鲁)	观赏苗木	万株	8.80
24	安阳县(豫)	观赏苗木	万株	8.50
25	范　县(豫)	观赏苗木	万株	7.50
26	太和县(皖)	观赏苗木	万株	4.60
27	北戴河区(冀)	观赏苗木	万株	3.60
28	大厂回族自治县(冀)	观赏苗木	万株	3.00
29	淅川县(豫)	观赏苗木	万株	3.00
30	峰峰矿区(冀)	观赏苗木	万株	2.00
31	博山区(鲁)	观赏苗木	万株	1.50
32	吴兴区(浙)	观赏苗木	万株	1.50
33	钦廉林场(桂)	观赏苗木	万株	1.16
34	泰安市高新区(鲁)	观赏苗木	万株	1.10
35	莒南县(鲁)	盆花	万盆	87.00
36	延庆区(京)	盆花	万盆	72.00
37	桐乡市(浙)	盆花	万盆	8.80
38	隆尧县(冀)	盆花	万盆	8.00

(续表)

序号	海棠花主产地	花卉类别	单位	生产量
39	镇江市市辖区(苏)	盆花	万盆	4.00
40	蠡　县(冀)	盆花	万盆	2.00
41	峄城区(鲁)	盆花	万盆	2.00
42	平山县(冀)	盆花	万盆	1.10
43	远安县(鄂)	盆景	万盆	3.54
44	翠屏区(川)	鲜切花	万支	2.10

表 12-10　杜鹃花主产地产量

序号	杜鹃花主产地	花卉类别	单位	生产量
1	竹溪县(鄂)	城市绿化苗	万株	800.00
2	新化县(湘)	城市绿化苗	万株	200.00
3	公主岭市(吉)	城市绿化苗	万株	100.00
4	腾冲市(滇)	城市绿化苗	万株	100.00
5	五华县(粤)	城市绿化苗	万株	100.00
6	恩阳区(川)	城市绿化苗	万株	10.00
7	韶山市(湘)	城市绿化苗	万株	10.00
8	红安县(鄂)	城市绿化苗	万株	5.56
9	通城县(鄂)	城市绿化苗	万株	5.10
10	芷江侗族自治县(湘)	城市绿化苗	万株	4.50
11	遂川县(赣)	工业及其他用途花卉	千克	10.00
12	崇阳县(鄂)	观赏苗木	万株	50.00
13	凯里市(黔)	观赏苗木	万株	10.00
14	兴文县(川)	观赏苗木	万株	10.00
15	章丘区(鲁)	观赏苗木	万株	9.00
16	大余县(赣)	观赏苗木	万株	5.00
17	盐都区(苏)	观赏苗木	万株	5.00
18	阳新县(鄂)	观赏苗木	万株	5.00
19	钟祥市(鄂)	观赏苗木	万株	5.00
20	会理县(川)	观赏苗木	万株	3.50
21	小店区(晋)	观赏苗木	万株	3.10
22	雨湖区(湘)	观赏苗木	万株	2.10
23	遵义市市辖区(黔)	观赏苗木	万株	0.85
24	凯里市(黔)	观叶植物	万盆	5.00
25	昭阳区(滇)	观叶植物	万盆	2.00
26	肥东县(皖)	盆花	万盆	40.00
27	新都区(川)	盆花	万盆	40.00
28	振安区(辽)	盆花	万盆	36.00
29	鼎城区(湘)	盆花	万盆	20.00
30	淄川区(鲁)	盆花	万盆	20.00
31	兴国县(赣)	盆花	万盆	12.00
32	蔡甸区(鄂)	盆花	万盆	10.00
33	嵩　县(豫)	盆花	万盆	6.60
34	浠水县(鄂)	盆花	万盆	4.00

（续表）

序号	杜鹃花主产地	花卉类别	单位	生产量
35	资中县(川)	盆花	万盆	4.00
36	狮河区(豫)	盆花	万盆	3.20
37	新华区(豫)	盆花	万盆	3.00
38	信宜市(粤)	盆花	万盆	2.80
39	巴州区(川)	盆花	万盆	1.73
40	岚山区(鲁)	盆花	万盆	1.50
41	樊城区(鄂)	盆花	万盆	1.20
42	芷江侗族自治县(湘)	盆花	万盆	1.20
43	鹤峰县(鄂)	盆花	万盆	1.00
44	石城县(赣)	盆花	万盆	1.00
45	永清县(冀)	盆花	万盆	1.00
46	三水区(粤)	盆花	万盆	0.98
47	泰和县(赣)	盆景	万盆	200.00
48	五华县(粤)	盆景	万盆	100.00
49	遂川县(赣)	盆景	万盆	7.00
50	合江县(川)	盆景	万盆	3.00
51	新丰县(粤)	盆景	万盆	2.43
52	益阳市市辖区(湘)	盆景	万盆	2.00
53	游仙区(川)	盆景	万盆	1.00
54	辰溪县(湘)	盆景	万盆	0.88
55	永兴县(湘)	盆景	万盆	0.65
56	吉安县(赣)	鲜切花	万支	1000.00
57	新丰县(粤)	鲜切花	万支	630.00
58	宣汉县(川)	鲜切花	万支	17.50
59	翠屏区(川)	鲜切花	万支	2.00

表 12-11　桂花主产地产量

序号	桂花主产地	花卉类别	单位	生产量
1	雁江区(川)	城市绿化苗	万株	2766.00
2	玉屏侗族自治县(黔)	城市绿化苗	万株	2672.00
3	慈利县(湘)	城市绿化苗	万株	1800.00
4	岳阳县(湘)	城市绿化苗	万株	1000.00
5	麒麟区(滇)	城市绿化苗	万株	700.00
6	光山县(豫)	城市绿化苗	万株	605.00
7	潢川县(豫)	城市绿化苗	万株	600.00
8	平江县(湘)	城市绿化苗	万株	600.00
9	达川区(川)	城市绿化苗	万株	500.00
10	义乌市(浙)	城市绿化苗	万株	300.00
11	望江县(皖)	城市绿化苗	万株	203.50
12	浠水县(鄂)	城市绿化苗	万株	200.00
13	盐亭县(川)	城市绿化苗	万株	200.00
14	汨罗市(湘)	城市绿化苗	万株	180.00
15	社旗县(豫)	城市绿化苗	万株	160.00

（续表）

序号	桂花主产地	花卉类别	单位	生产量
16	英德市(粤)	城市绿化苗	万株	140.00
17	南漳县(鄂)	城市绿化苗	万株	120.00
18	新田县(湘)	城市绿化苗	万株	120.00
19	巴东县(鄂)	城市绿化苗	万株	100.00
20	肥西县(皖)	城市绿化苗	万株	100.00
21	新宁县(湘)	城市绿化苗	万株	100.00
22	雨花区(湘)	城市绿化苗	万株	87.00
23	南郑区(陕)	城市绿化苗	万株	80.00
24	桐城市(皖)	城市绿化苗	万株	80.00
25	建始县(鄂)	城市绿化苗	万株	65.00
26	栾川县(豫)	城市绿化苗	万株	65.00
27	保康县(鄂)	城市绿化苗	万株	60.00
28	大冶市(鄂)	城市绿化苗	万株	60.00
29	济源市(豫)	城市绿化苗	万株	54.00
30	通城县(鄂)	城市绿化苗	万株	51.00
31	恩阳区(川)	城市绿化苗	万株	50.00
32	澧　县(湘)	城市绿化苗	万株	50.00
33	团风县(鄂)	城市绿化苗	万株	50.00
34	华容县(湘)	城市绿化苗	万株	40.00
35	石泉县(陕)	城市绿化苗	万株	35.00
36	屏山县(川)	城市绿化苗	万株	33.00
37	诸暨市(浙)	城市绿化苗	万株	30.00
38	玉山县(赣)	城市绿化苗	万株	27.00
39	红安县(鄂)	城市绿化苗	万株	26.00
40	文成县(浙)	城市绿化苗	万株	25.00
41	枣阳市(鄂)	城市绿化苗	万株	25.00
42	黟　县(皖)	城市绿化苗	万株	21.00
43	鹤城区(湘)	城市绿化苗	万株	20.00
44	龙南县(赣)	城市绿化苗	万株	20.00
45	泌阳县(豫)	城市绿化苗	万株	20.00
46	邛崃市(川)	城市绿化苗	万株	20.00
47	罗甸县(黔)	城市绿化苗	万株	19.90
48	普宁市(粤)	城市绿化苗	万株	17.30
49	高　县(川)	城市绿化苗	万株	15.00
50	沿河土家族自治县(黔)	城市绿化苗	万株	15.00
51	应城市(鄂)	城市绿化苗	万株	15.00
52	绵竹市(川)	城市绿化苗	万株	13.00
53	新　县(豫)	城市绿化苗	万株	12.00
54	资中县(川)	城市绿化苗	万株	12.00
55	君山区(湘)	城市绿化苗	万株	10.00
56	平乐县(桂)	城市绿化苗	万株	10.00
57	思南县(黔)	城市绿化苗	万株	10.00
58	新化县(湘)	城市绿化苗	万株	10.00
59	禹会区(皖)	城市绿化苗	万株	10.00

(续表)

序号	桂花主产地	花卉类别	单位	生产量
60	钟祥市(鄂)	城市绿化苗	万株	10.00
61	楚雄市(滇)	城市绿化苗	万株	9.50
62	瑞金市(赣)	城市绿化苗	万株	9.00
63	桃江县(湘)	城市绿化苗	万株	8.00
64	上蔡县(豫)	城市绿化苗	万株	6.00
65	阳新县(鄂)	城市绿化苗	万株	6.00
66	鹤峰县(鄂)	城市绿化苗	万株	5.00
67	湘东区(赣)	城市绿化苗	万株	5.00
68	宣恩县(鄂)	城市绿化苗	万株	5.00
69	芷江侗族自治县(湘)	城市绿化苗	万株	5.00
70	安化县(湘)	城市绿化苗	万株	4.60
71	东宝区(鄂)	城市绿化苗	万株	4.00
72	邻水县(川)	城市绿化苗	万株	3.60
73	独山县(黔)	城市绿化苗	万株	3.16
74	靖江市(苏)	城市绿化苗	万株	2.30
75	舞阳县(豫)	城市绿化苗	万株	2.30
76	淮上区(皖)	城市绿化苗	万株	2.00
77	松桃苗族自治县(黔)	城市绿化苗	万株	2.00
78	锦屏县(黔)	城市绿化苗	万株	1.97
79	扬中市(苏)	城市绿化苗	万株	1.80
80	麻栗坡县(滇)	城市绿化苗	万株	1.56
81	龙里县(黔)	城市绿化苗	万株	1.50
82	碧江区(黔)	城市绿化苗	万株	1.00
83	大关县(滇)	城市绿化苗	万株	1.00
84	容　县(桂)	城市绿化苗	万株	1.00
85	桐柏县(豫)	城市绿化苗	万株	0.90
86	平利县(陕)	城市绿化苗	万株	0.80
87	瑞丽市(滇)	城市绿化苗	万株	0.80
88	东安县(湘)	观赏苗木	万株	1200.00
89	上犹县(赣)	观赏苗木	万株	1105.00
90	洪江市(湘)	观赏苗木	万株	1000.00
91	邵阳县(湘)	观赏苗木	万株	390.00
92	内乡县(豫)	观赏苗木	万株	225.00
93	邳州市(苏)	观赏苗木	万株	112.00
94	郧西县(鄂)	观赏苗木	万株	104.00
95	崇阳县(鄂)	观赏苗木	万株	101.00
96	常山县(浙)	观赏苗木	万株	100.00
97	监利县(鄂)	观赏苗木	万株	100.00
98	龙南县(赣)	观赏苗木	万株	100.00
99	雨花区(湘)	观赏苗木	万株	90.00
100	兴义市(黔)	观赏苗木	万株	80.98
101	平桥区(豫)	观赏苗木	万株	70.00
102	鄢陵县(豫)	观赏苗木	万株	62.00
103	渌口区(湘)	观赏苗木	万株	56.00

(续表)

序号	桂花主产地	花卉类别	单位	生产量
104	庆元县(浙)	观赏苗木	万株	49.90
105	巴州区(川)	观赏苗木	万株	30.50
106	蓬溪县(川)	观赏苗木	万株	30.00
107	双峰县(湘)	观赏苗木	万株	30.00
108	武进区(苏)	观赏苗木	万株	26.00
109	芦淞区(湘)	观赏苗木	万株	25.50
110	前锋区(川)	观赏苗木	万株	22.00
111	播州区(黔)	观赏苗木	万株	20.00
112	大余县(赣)	观赏苗木	万株	20.00
113	游仙区(川)	观赏苗木	万株	20.00
114	渠　县(川)	观赏苗木	万株	16.00
115	川汇区(豫)	观赏苗木	万株	15.00
116	祁门县(皖)	观赏苗木	万株	15.00
117	莱阳市(鲁)	观赏苗木	万株	12.00
118	京山县(鄂)	观赏苗木	万株	11.00
119	罗平县(滇)	观赏苗木	万株	10.20
120	吴江区(苏)	观赏苗木	万株	10.00
121	新宁县(湘)	观赏苗木	万株	10.00
122	昭阳区(滇)	观赏苗木	万株	10.00
123	普安县(黔)	观赏苗木	万株	9.60
124	合江县(川)	观赏苗木	万株	9.50
125	北塔区(湘)	观赏苗木	万株	8.00
126	广德县(皖)	观赏苗木	万株	7.50
127	蔡甸区(鄂)	观赏苗木	万株	7.00
128	东兴区(川)	观赏苗木	万株	6.80
129	雨湖区(湘)	观赏苗木	万株	6.10
130	芜湖县(皖)	观赏苗木	万株	6.00
131	吴兴区(浙)	观赏苗木	万株	6.00
132	兴文县(川)	观赏苗木	万株	6.00
133	江阳区(川)	观赏苗木	万株	5.50
134	禄丰县(滇)	观赏苗木	万株	5.15
135	大英县(川)	观赏苗木	万株	5.00
136	旌阳区(川)	观赏苗木	万株	4.00
137	太和县(皖)	观赏苗木	万株	3.90
138	松江区(沪)	观赏苗木	万株	3.80
139	会理县(川)	观赏苗木	万株	3.50
140	大竹县(川)	观赏苗木	万株	3.00
141	陆川县(桂)	观赏苗木	万株	3.00
142	开福区(湘)	观赏苗木	万株	1.80
143	湘东区(赣)	观赏苗木	万株	1.50
144	浦江县(浙)	观赏苗木	万株	1.20
145	广陵区(苏)	观赏苗木	万株	1.00
146	大姚县(滇)	观赏苗木	万株	0.88
147	界首市(皖)	观赏苗木	万株	0.80

（续表）

序号	桂花主产地	花卉类别	单位	生产量
148	淮阳县（豫）	观赏苗木	万株	0.56
149	益阳市市辖区（湘）	观叶植物	万盆	1.00
150	龙南县（赣）	花卉用种苗	千苗	1000.00
151	梅江区（粤）	花卉用种苗	千苗	300.00
152	临泉县（皖）	花卉用种苗	千苗	200.00
153	玉屏侗族自治县（黔）	花卉用种苗	千苗	30.50
154	河东区（鲁）	盆花	万盆	100.00
155	岱岳区（鲁）	盆花	万盆	26.40
156	沂水县（鲁）	盆花	万盆	12.00
157	巴州区（川）	盆花	万盆	3.59
158	莒南县（鲁）	盆花	万盆	3.00
159	灵璧县（皖）	盆花	万盆	3.00
160	临淄区（鲁）	盆花	万盆	1.20
161	招远市（鲁）	盆景	万盆	9.00
162	沂源县（鲁）	盆景	万盆	4.50
163	新丰县（粤）	盆景	万盆	3.80
164	石城县（赣）	盆景	万盆	1.00
165	无为县（皖）	盆景	万盆	1.00
166	灵璧县（皖）	鲜切花	万支	2.00

表 12-12　木槿主产地产量

序号	木槿主产地	花卉类别	单位	生产量
1	潢川县（豫）	城市绿化苗	万株	240.00
2	济源市（豫）	城市绿化苗	万株	40.00
3	泌阳县（豫）	城市绿化苗	万株	30.00
4	滕州市（鲁）	城市绿化苗	万株	25.00
5	新宁县（湘）	城市绿化苗	万株	20.00
6	建安区（豫）	城市绿化苗	万株	8.00
7	龙安区（豫）	城市绿化苗	万株	5.00
8	安国市（冀）	城市绿化苗	万株	2.00
9	鄄城县（鲁）	城市绿化苗	万株	2.00
10	浠水县（鄂）	城市绿化苗	万株	2.00
11	竹山县（鄂）	城市绿化苗	万株	1.00
12	罗平县（滇）	观赏苗木	万株	11.20
13	章丘区（鲁）	观赏苗木	万株	11.00
14	迁安市（冀）	观赏苗木	万株	10.00
15	武进区（苏）	观赏苗木	万株	9.00
16	涉　县（冀）	观赏苗木	万株	8.00
17	范　县（豫）	观赏苗木	万株	5.50
18	涿州市（冀）	观赏苗木	万株	5.00
19	济阳区（鲁）	观赏苗木	万株	4.00
20	嵩　县（豫）	观赏苗木	万株	3.80
21	陵城区（鲁）	观赏苗木	万株	3.60

（续表）

序号	木槿主产地	花卉类别	单位	生产量
22	安平县（冀）	观赏苗木	万株	3.20
23	井陉矿区（冀）	观赏苗木	万株	3.00
24	新泰市（鲁）	观赏苗木	万株	3.00
25	公安县（鄂）	观赏苗木	万株	2.80
26	平桥区（豫）	观赏苗木	万株	2.50
27	德城区（鲁）	观赏苗木	万株	2.05
28	顺义区（京）	观赏苗木	万株	2.00
29	鸡泽县（冀）	观赏苗木	万株	1.20
30	夏邑县（豫）	观赏苗木	万株	1.00
31	屈家岭管理区（鄂）	观赏苗木	万株	0.70
32	巴州区（川）	盆花	万盆	6.21

表 12-13　矮牵牛主产地产量

序号	矮牵牛主产地	花卉类别	单位	生产量
1	甘州区（甘）	城市绿化苗	万株	100.00
2	繁峙县（晋）	城市绿化苗	万株	50.00
3	武川县（内蒙古）	城市绿化苗	万株	15.00
4	龙山区（吉）	城市绿化苗	万株	10.50
5	莱阳市（鲁）	城市绿化苗	万株	10.00
6	尉犁县（新）	城市绿化苗	万株	6.30
7	温泉县（新）	城市绿化苗	万株	5.00
8	洮南市（吉）	城市绿化苗	万株	3.20
9	龙凤区（黑）	城市绿化苗	万株	3.00
10	五原县（内蒙古）	城市绿化苗	万株	3.00
11	莫尔道嘎林业局（内蒙古森工）	城市绿化苗	万株	2.50
12	七坡林场（桂）	工业及其他用途花卉	千克	150.00
13	乌尔旗汉林业局（内蒙古森工）	观赏苗木	万株	20.00
14	钦廉林场（桂）	观赏苗木	万株	1.00
15	毕拉河林业局（内蒙古森工）	观赏苗木	万株	0.70
16	包河区（皖）	观叶植物	万盆	8.00
17	松江区（沪）	花卉用种苗	千苗	2000.00
18	乌拉特后旗（内蒙古）	花卉用种苗	千苗	10.00
19	莒南县（鲁）	盆花	万盆	230.00
20	延庆区（京）	盆花	万盆	153.00
21	嘉峪关市（甘）	盆花	万盆	50.00
22	三亚市市辖区（琼）	盆花	万盆	50.00
23	宜黄县（赣）	盆花	万盆	50.00
24	和静县（新）	盆花	万盆	40.00
25	桐乡市（浙）	盆花	万盆	36.25
26	滦平县（冀）	盆花	万盆	30.00
27	永清县（冀）	盆花	万盆	22.00
28	敦煌市（甘）	盆花	万盆	20.00
29	北戴河区（冀）	盆花	万盆	15.50

(续表)

序号	矮牵牛主产地	花卉类别	单位	生产量
30	龙口市(鲁)	盆花	万盆	15.00
31	贵溪市(赣)	盆花	万盆	12.00
32	博湖县(新)	盆花	万盆	10.00
33	丰宁满族自治县(冀)	盆花	万盆	10.00
34	会宁县(甘)	盆花	万盆	10.00
35	蜀山区(皖)	盆花	万盆	10.00
36	托克托县(内蒙古)	盆花	万盆	6.20
37	蠡　县(冀)	盆花	万盆	6.00
38	平川区(甘)	盆花	万盆	5.00
39	高台县(甘)	盆花	万盆	4.20
40	绵竹市(川)	盆花	万盆	3.00
41	怀来县(冀)	盆花	万盆	2.60
42	井研县(川)	盆花	万盆	2.60
43	芜湖县(皖)	盆花	万盆	2.00
44	渭滨区(陕)	盆花	万盆	1.90
45	高碑店市(冀)	盆花	万盆	1.00
46	魏　县(冀)	盆花	万盆	1.00
47	商水县(豫)	盆花	万盆	0.90

表 12-14　一串红主产地产量

序号	一串红主产地	花卉类别	单位	生产量
1	德惠市(吉)	城市绿化苗	万株	500.00
2	甘州区(甘)	城市绿化苗	万株	100.00
3	建始县(鄂)	城市绿化苗	万株	88.00
4	龙山区(吉)	城市绿化苗	万株	8.40
5	洮南市(吉)	城市绿化苗	万株	2.50
6	恩阳区(川)	城市绿化苗	万株	2.00
7	蚌山区(皖)	观赏苗木	万株	10.00
8	大名县(冀)	观赏苗木	万株	0.65
9	龙南县(赣)	花卉用种苗	千苗	500.00
10	东辽县(吉)	花卉用种苗	千苗	6.70
11	旌阳区(川)	花卉用种子	千克	68.00
12	仙桃市(鄂)	盆花	万盆	700.00
13	蔡甸区(鄂)	盆花	万盆	200.00
14	延庆区(京)	盆花	万盆	140.00
15	滦平县(冀)	盆花	万盆	70.00
16	新泰市(鲁)	盆花	万盆	62.00
17	吉安县(赣)	盆花	万盆	50.00
18	三亚市市辖区(琼)	盆花	万盆	50.00
19	莒南县(鲁)	盆花	万盆	40.00
20	宜城市(鄂)	盆花	万盆	30.00
21	嘉峪关市(甘)	盆花	万盆	20.00
22	和静县(新)	盆花	万盆	15.00

(续表)

序号	一串红主产地	花卉类别	单位	生产量
23	鼎城区(湘)	盆花	万盆	13.00
24	北戴河区(冀)	盆花	万盆	12.80
25	桐乡市(浙)	盆花	万盆	11.15
26	辛集市(冀)	盆花	万盆	10.60
27	绵竹市(川)	盆花	万盆	10.00
28	丰宁满族自治县(冀)	盆花	万盆	5.00
29	蠡　县(冀)	盆花	万盆	5.00
30	平川区(甘)	盆花	万盆	5.00
31	平桥区(豫)	盆花	万盆	5.00
32	拜泉县(黑)	盆花	万盆	4.30
33	博湖县(新)	盆花	万盆	4.00
34	井研县(川)	盆花	万盆	3.50
35	高碑店市(冀)	盆花	万盆	3.00
36	双滦区(冀)	盆花	万盆	3.00
37	潢川县(豫)	盆花	万盆	2.80
38	灵璧县(皖)	盆花	万盆	2.00
39	鹰手营子矿区(冀)	盆花	万盆	2.00
40	敦煌市(甘)	盆花	万盆	1.80
41	商水县(豫)	盆花	万盆	1.50
42	怀来县(冀)	盆花	万盆	1.20
43	儋州市(琼)	盆花	万盆	1.00
44	井陉矿区(冀)	盆花	万盆	1.00
45	隆化县(冀)	盆花	万盆	1.00
46	迁安市(冀)	盆花	万盆	1.00
47	路北区(冀)	盆景	万盆	1.40
48	松山区(内蒙古)	鲜切花	万支	40.00

表 12-15　非洲菊主产地产量

序号	非洲菊主产地	花卉类别	单位	生产量
1	武川县(内蒙古)	城市绿化苗	万株	15.00
2	通城县(鄂)	城市绿化苗	万株	12.00
3	五原县(内蒙古)	城市绿化苗	万株	6.00
4	浦东新区(沪)	观赏苗木	万株	500.00
5	平原县(鲁)	花卉用种苗	千苗	8000.00
6	古冶区(冀)	盆花	万盆	28.00
7	祁东县(湘)	盆花	万盆	14.10
8	北戴河区(冀)	盆花	万盆	6.40
9	绵竹市(川)	盆花	万盆	5.00
10	井研县(川)	盆花	万盆	1.20
11	高碑店市(冀)	盆花	万盆	1.00
12	奉贤区(沪)	鲜切花	万支	6650.00
13	阳宗海(滇)	鲜切花	万支	6209.00
14	新都区(川)	鲜切花	万支	4465.00

（续表）

序号	非洲菊主产地	花卉类别	单位	生产量
15	海宁市(浙)	鲜切花	万支	4201.00
16	彭山区(川)	鲜切花	万支	3800.00
17	平湖市(浙)	鲜切花	万支	2615.00
18	临沭县(鲁)	鲜切花	万支	2300.00
19	简阳市(川)	鲜切花	万支	1540.00
20	盐都区(苏)	鲜切花	万支	1500.00
21	凤阳县(皖)	鲜切花	万支	500.00
22	柞水县(陕)	鲜切花	万支	500.00
23	费　县(鲁)	鲜切花	万支	457.00
24	凌源市(辽)	鲜切花	万支	380.00
25	兰陵县(鲁)	鲜切花	万支	235.82
26	沂南县(鲁)	鲜切花	万支	200.00
27	嵊州市(浙)	鲜切花	万支	170.00
28	江川区(滇)	鲜切花	万支	150.00
29	昌平区(京)	鲜切花	万支	107.50
30	靖安县(赣)	鲜切花	万支	72.00
31	金山区(沪)	鲜切花	万支	62.00
32	青浦区(沪)	鲜切花	万支	50.00
33	泰安市高新区(鲁)	鲜切花	万支	50.00
34	源汇区(豫)	鲜切花	万支	48.00
35	崇明区(沪)	鲜切花	万支	40.10
36	平泉市(冀)	鲜切花	万支	23.25
37	赤水市(黔)	鲜切花	万支	22.50
38	永胜县(滇)	鲜切花	万支	21.00
39	海陵区(苏)	鲜切花	万支	20.00
40	松江区(沪)	鲜切花	万支	16.00
41	南湖区(浙)	鲜切花	万支	11.47
42	鱼台县(鲁)	鲜切花	万支	7.40
43	南乐县(豫)	鲜切花	万支	1.50

表 12-16　百合主产地产量

序号	百合主产地	花卉类别	单位	生产量
1	麒麟区(滇)	城市绿化苗	万株	200.00
2	通化县(吉)	城市绿化苗	万株	120.00
3	呼玛县(黑)	城市绿化苗	万株	20.00
4	九台区(吉)	城市绿化苗	万株	20.00
5	安国市(冀)	城市绿化苗	万株	5.00
6	龙山区(吉)	城市绿化苗	万株	5.00
7	安国市(冀)	干花	万支	10.00
8	宁城县(内蒙古)	工业及其他用途花卉	千克	4000.00
9	清新区(粤)	观赏苗木	万株	500.00
10	七台河市市辖区(黑)	观赏苗木	万株	235.00
11	江油市(川)	观赏苗木	万株	150.00

（续表）

序号	百合主产地	花卉类别	单位	生产量
12	双峰县(湘)	观赏苗木	万株	80.00
13	鹿泉区(冀)	观赏苗木	万株	18.10
14	钟祥市(鄂)	观赏苗木	万株	10.00
15	魏　县(冀)	观赏苗木	万株	3.00
16	新津县(川)	观赏苗木	万株	3.00
17	恩阳区(川)	观赏苗木	万株	1.00
18	大悟县(鄂)	观叶植物	万盆	0.80
19	南郑区(陕)	花卉用种球	千粒	260.00
20	延庆区(京)	花卉用种球	千粒	120.00
21	旌阳区(川)	花卉用种球	千粒	16.00
22	青州市(鲁)	盆花	万盆	500.00
23	雨山区(皖)	盆花	万盆	12.00
24	隆尧县(冀)	盆花	万盆	10.00
25	镇江市市辖区(苏)	盆花	万盆	5.00
26	江安县(川)	盆花	万盆	4.00
27	潮安区(粤)	盆花	万盆	3.10
28	合江县(川)	盆花	万盆	3.00
29	颍泉区(皖)	盆花	万盆	3.00
30	永德县(滇)	盆花	万盆	3.00
31	平山县(冀)	盆花	万盆	2.10
32	高碑店市(冀)	盆花	万盆	1.00
33	三门县(浙)	盆花	万盆	0.70
34	新丰县(粤)	盆景	万盆	0.58
35	兴义市(黔)	食用及药用花卉	千克	120000.00
36	东安县(湘)	食用及药用花卉	千克	1500.00
37	浠水县(鄂)	食用及药用花卉	千克	1120.00
38	江川区(滇)	鲜切花	万支	4105.24
39	石林彝族自治县(滇)	鲜切花	万支	932.00
40	晋宁区(滇)	鲜切花	万支	860.00
41	金普新区(辽)	鲜切花	万支	850.00
42	柞水县(陕)	鲜切花	万支	500.00
43	甘井子区(辽)	鲜切花	万支	400.00
44	新丰县(粤)	鲜切花	万支	235.00
45	金山区(沪)	鲜切花	万支	161.20
46	东洲区(辽)	鲜切花	万支	158.00
47	盐都区(苏)	鲜切花	万支	150.00
48	崇明区(沪)	鲜切花	万支	100.10
49	吉安县(赣)	鲜切花	万支	100.00
50	沙市区(鄂)	鲜切花	万支	100.00
51	兴义市(黔)	鲜切花	万支	80.00
52	昌平区(京)	鲜切花	万支	78.27
53	振安区(辽)	鲜切花	万支	74.00
54	平泉市(冀)	鲜切花	万支	61.25
55	永清县(冀)	鲜切花	万支	60.00

(续表)

序号	百合主产地	花卉类别	单位	生产量
56	鄢陵县(豫)	鲜切花	万支	51.00
57	婺城区(浙)	鲜切花	万支	48.00
58	嵊州市(浙)	鲜切花	万支	42.00
59	招远市(鲁)	鲜切花	万支	40.00
60	南湖区(浙)	鲜切花	万支	32.50
61	会理县(川)	鲜切花	万支	32.40
62	贡井区(川)	鲜切花	万支	20.00
63	海陵区(苏)	鲜切花	万支	15.00
64	宣汉县(川)	鲜切花	万支	14.20
65	龙南县(赣)	鲜切花	万支	13.10
66	东川区(滇)	鲜切花	万支	12.00
67	永城市(豫)	鲜切花	万支	10.10
68	无为县(皖)	鲜切花	万支	10.00
69	袁州区(赣)	鲜切花	万支	7.00
70	旌阳区(川)	鲜切花	万支	6.00
71	昭阳区(滇)	鲜切花	万支	5.00
72	丹棱县(川)	鲜切花	万支	4.00
73	沙洋县(鄂)	鲜切花	万支	4.00
74	蓝山县(湘)	鲜切花	万支	3.40
75	西华县(豫)	鲜切花	万支	3.00
76	蔡甸区(鄂)	鲜切花	万支	2.30
77	安国市(冀)	鲜切花	万支	2.00
78	南丰县(赣)	鲜切花	万支	1.80
79	潍城区(鲁)	鲜切花	万支	1.80
80	信宜市(粤)	鲜切花	万支	1.30
81	浦江县(浙)	鲜切花	万支	0.80
82	港口区(桂)	鲜切花	万支	0.64
83	江安县(川)	鲜切叶	万支	490.00

表 12-17 菊花主产地产量

序号	菊花主产地	花卉类别	单位	生产量
1	增城区(粤)	城市绿化苗	万株	440.00
2	甘州区(甘)	城市绿化苗	万株	300.00
3	恩阳区(川)	城市绿化苗	万株	50.00
4	老河口市(鄂)	城市绿化苗	万株	20.00
5	竹山县(鄂)	城市绿化苗	万株	5.50
6	恩阳区(川)	城市绿化苗	万株	5.00
7	永城市(豫)	干花	万支	70.60
8	梁园区(豫)	观赏苗木	万株	403.00
9	睢阳区(豫)	观赏苗木	万株	300.00
10	大冶市(鄂)	观赏苗木	万株	60.00
11	长垣县(豫)	观赏苗木	万株	40.00
12	永年区(冀)	观赏苗木	万株	5.00

(续表)

序号	菊花主产地	花卉类别	单位	生产量
13	魏　县(冀)	观赏苗木	万株	5.00
14	定兴县(冀)	观赏苗木	万株	5.00
15	上栗县(赣)	观赏苗木	万株	2.00
16	恩阳区(川)	观赏苗木	万株	2.00
17	钦廉林场(桂)	观赏苗木	万株	1.82
18	顺义区(京)	观赏苗木	万株	1.00
19	肥乡区(冀)	观叶植物	万盆	85.00
20	蓝山县(湘)	观叶植物	万盆	15.00
21	伊川县(豫)	观叶植物	万盆	3.00
22	凤阳县(皖)	观叶植物	万盆	1.00
23	延庆区(京)	花卉用种苗	千苗	35000.00
24	松江区(沪)	花卉用种苗	千苗	30440.00
25	旌阳区(川)	花卉用种苗	千苗	105.00
26	祥符区(豫)	盆花	万盆	1000.00
27	新安县(豫)	盆花	万盆	780.00
28	昌平区(京)	盆花	万盆	374.09
29	蔡甸区(鄂)	盆花	万盆	300.00
30	商水县(豫)	盆花	万盆	220.00
31	兰陵县(鲁)	盆花	万盆	208.76
32	鼎城区(湘)	盆花	万盆	200.00
33	炉霍林业局(川)	盆花	万盆	200.00
34	禹王台区(豫)	盆花	万盆	93.00
35	延庆区(京)	盆花	万盆	85.00
36	顺河回族区(豫)	盆花	万盆	65.00
37	新泰市(鲁)	盆花	万盆	60.00
38	曲阜市(鲁)	盆花	万盆	60.00
39	吉安县(赣)	盆花	万盆	50.00
40	内乡县(豫)	盆花	万盆	36.00
41	宁阳县(鲁)	盆花	万盆	31.00
42	翠屏区(川)	盆花	万盆	22.00
43	固镇县(皖)	盆花	万盆	20.00
44	郧西县(鄂)	盆花	万盆	20.00
45	沂水县(鲁)	盆花	万盆	18.00
46	辛集市(冀)	盆花	万盆	14.70
47	嵩　县(豫)	盆花	万盆	12.60
48	灵璧县(皖)	盆花	万盆	12.00
49	章丘区(鲁)	盆花	万盆	11.00
50	西华县(豫)	盆花	万盆	9.00
51	港闸区(苏)	盆花	万盆	6.50
52	赵　县(冀)	盆花	万盆	6.00
53	义乌市(浙)	盆花	万盆	5.00
54	岚山区(鲁)	盆花	万盆	5.00
55	潢川县(豫)	盆花	万盆	5.00
56	浠水县(鄂)	盆花	万盆	5.00

（续表）

序号	菊花主产地	花卉类别	单位	生产量
57	平山县(冀)	盆花	万盆	3.80
58	肥城市(鲁)	盆花	万盆	3.70
59	金堂县(川)	盆花	万盆	3.50
60	东平县(鲁)	盆花	万盆	3.00
61	潮安区(粤)	盆花	万盆	2.88
62	襄城区(鄂)	盆花	万盆	2.50
63	信宜市(粤)	盆花	万盆	2.50
64	南乐县(豫)	盆花	万盆	2.40
65	永清县(冀)	盆花	万盆	2.00
66	宝丰县(豫)	盆花	万盆	2.00
67	公安县(鄂)	盆花	万盆	1.80
68	武陵区(湘)	盆花	万盆	1.80
69	旌阳区(川)	盆花	万盆	1.80
70	安平县(冀)	盆花	万盆	1.60
71	高要区(粤)	盆花	万盆	1.20
72	任　县(冀)	盆花	万盆	1.00
73	迁安市(冀)	盆花	万盆	1.00
74	芜湖县(皖)	盆花	万盆	1.00
75	三门县(浙)	盆花	万盆	0.90
76	杞　县(豫)	盆花	万盆	0.80
77	崇阳县(鄂)	盆花	万盆	0.80
78	芷江侗族自治县(湘)	盆花	万盆	0.80
79	宁晋县(冀)	盆花	万盆	0.66
80	梁山县(鲁)	盆花	万盆	0.60
81	山阳区(豫)	盆花	万盆	0.60
82	潍城区(鲁)	盆景	万盆	25.00
83	萧　县(皖)	盆景	万盆	5.00
84	路北区(冀)	盆景	万盆	2.00
85	费　县(鲁)	盆景	万盆	2.00
86	常宁市(湘)	盆景	万盆	1.20
87	歙　县(皖)	食用及药用花卉	千克	300000.00
88	兰考县(豫)	食用及药用花卉	千克	300000.00
89	曲周县(冀)	食用及药用花卉	千克	100000.00
90	界首市(皖)	食用及药用花卉	千克	80000.00
91	通许县(豫)	食用及药用花卉	千克	25000.00
92	高　县(川)	食用及药用花卉	千克	8000.00
93	邳州市(苏)	鲜切花	万支	3214.00
94	柯桥区(浙)	鲜切花	万支	2800.00
95	海宁市(浙)	鲜切花	万支	1400.00
96	奉贤区(沪)	鲜切花	万支	1030.00
97	延庆区(京)	鲜切花	万支	800.00
98	沛　县(苏)	鲜切花	万支	600.00
99	松江区(沪)	鲜切花	万支	575.00
100	金山区(沪)	鲜切花	万支	470.00
101	青浦区(沪)	鲜切花	万支	350.00
102	昌平区(京)	鲜切花	万支	309.20
103	嵊州市(浙)	鲜切花	万支	212.00
104	新丰县(粤)	鲜切花	万支	181.00
105	东洲区(辽)	鲜切花	万支	150.00
106	南湖区(浙)	鲜切花	万支	130.47
107	石林彝族自治县(滇)	鲜切花	万支	120.00
108	永清县(冀)	鲜切花	万支	80.00
109	招远市(鲁)	鲜切花	万支	80.00
110	文成县(浙)	鲜切花	万支	50.00
111	颍泉区(皖)	鲜切花	万支	45.00
112	宣汉县(川)	鲜切花	万支	42.50
113	定兴县(冀)	鲜切花	万支	40.00
114	崇明区(沪)	鲜切花	万支	38.00
115	海陵区(苏)	鲜切花	万支	35.00
116	建安区(豫)	鲜切花	万支	35.00
117	伊川县(豫)	鲜切花	万支	30.00
118	江川区(滇)	鲜切花	万支	17.00
119	岚山区(鲁)	鲜切花	万支	15.00
120	灵璧县(皖)	鲜切花	万支	10.00
121	辰溪县(湘)	鲜切花	万支	7.25
122	敦煌市(甘)	鲜切花	万支	7.00
123	水城县(黔)	鲜切花	万支	6.00
124	潍城区(鲁)	鲜切花	万支	5.00
125	崇阳县(鄂)	鲜切花	万支	3.00
126	旌阳区(川)	鲜切花	万支	3.00
127	浦江县(浙)	鲜切花	万支	1.20
128	荣　县(川)	鲜切花	万支	1.00
129	游仙区(川)	鲜切叶	万支	20.00

表 12-18　红继木主产地产量

序号	红继木主产地	花卉类别	单位	生产量
1	建始县(鄂)	城市绿化苗	万株	500.00
2	零陵区(湘)	城市绿化苗	万株	200.00
3	茶陵县(湘)	城市绿化苗	万株	160.00
4	浠水县(鄂)	城市绿化苗	万株	120.00
5	潢川县(豫)	城市绿化苗	万株	110.00
6	华容县(湘)	城市绿化苗	万株	100.00
7	岳阳县(湘)	城市绿化苗	万株	100.00
8	雨花区(湘)	城市绿化苗	万株	60.00
9	新宁县(湘)	城市绿化苗	万株	50.00
10	澧　县(湘)	城市绿化苗	万株	20.00
11	竹山县(鄂)	城市绿化苗	万株	11.00

(续表)

序号	红继木主产地	花卉类别	单位	生产量
12	武陵区(湘)	城市绿化苗	万株	8.00
13	普宁市(粤)	城市绿化苗	万株	4.84
14	芷江侗族自治县(湘)	城市绿化苗	万株	3.50
15	罗甸县(黔)	城市绿化苗	万株	2.50
16	双清区(湘)	城市绿化苗	万株	2.30
17	沅陵县(湘)	城市绿化苗	万株	1.75
18	黟　县(皖)	城市绿化苗	万株	1.00
19	田东县(桂)	城市绿化苗	万株	0.84
20	南郑区(陕)	观赏苗木	万株	90.00
21	雨花区(湘)	观赏苗木	万株	90.00
22	崇阳县(鄂)	观赏苗木	万株	50.00
23	游仙区(川)	观赏苗木	万株	50.00
24	庆元县(浙)	观赏苗木	万株	44.00
25	渌口区(湘)	观赏苗木	万株	40.00
26	双峰县(湘)	观赏苗木	万株	40.00
27	万山区(黔)	观赏苗木	万株	36.00
28	义乌市(浙)	观赏苗木	万株	25.00
29	平湖市(浙)	观赏苗木	万株	13.20
30	巴州区(川)	观赏苗木	万株	11.40
31	东安县(湘)	观赏苗木	万株	10.00
32	宣恩县(鄂)	观赏苗木	万株	7.00
33	常宁市(湘)	观赏苗木	万株	3.75
34	高　县(川)	观赏苗木	万株	2.00
35	海宁市(浙)	观赏苗木	万株	2.00
36	兴文县(川)	观赏苗木	万株	2.00
37	永兴县(湘)	观赏苗木	万株	0.76
38	新化县(湘)	观叶植物	万盆	10.00
39	平乐县(桂)	观叶植物	万盆	2.00
40	龙南县(赣)	花卉用种苗	千苗	1500.00
41	雨花区(湘)	盆花	万盆	50.00
42	巴州区(川)	盆花	万盆	2.28
43	阳新县(鄂)	盆花	万盆	1.00
44	吉州区(赣)	盆景	万盆	3.65

表 12-19　红掌主产地产量

序号	红掌主产地	花卉类别	单位	生产量
1	大竹县(川)	观赏苗木	万株	5.00
2	顺义区(京)	观赏苗木	万株	5.00
3	盐都区(苏)	观赏苗木	万株	5.00
4	钟祥市(鄂)	观叶植物	万盆	350.00
5	七坡林场(桂)	观叶植物	万盆	47.00
6	顺义区(京)	观叶植物	万盆	20.00
7	博罗县(粤)	花卉用种苗	千苗	1.00

(续表)

序号	红掌主产地	花卉类别	单位	生产量
8	颍州区(皖)	盆花	万盆	510.00
9	濮阳市高新区(豫)	盆花	万盆	400.00
10	青州市(鲁)	盆花	万盆	300.00
11	南湖区(浙)	盆花	万盆	247.09
12	海宁市(浙)	盆花	万盆	202.00
13	平阴县(鲁)	盆花	万盆	51.50
14	东丽区(津)	盆花	万盆	50.00
15	昌平区(京)	盆花	万盆	48.00
16	榕江县(黔)	盆花	万盆	30.00
17	三亚市市辖区(琼)	盆花	万盆	20.00
18	五指山市(琼)	盆花	万盆	20.00
19	伊川县(豫)	盆花	万盆	18.00
20	栾城区(冀)	盆花	万盆	8.00
21	北京市大东流苗圃(京)	盆花	万盆	7.20
22	长清区(鲁)	盆花	万盆	5.00
23	延庆区(京)	盆花	万盆	3.00
24	虞城县(豫)	盆花	万盆	2.10
25	永清县(冀)	盆花	万盆	2.00
26	敦煌市(甘)	盆花	万盆	1.20
27	三门县(浙)	盆花	万盆	0.60
28	五华县(粤)	盆景	万盆	50.00
29	隆尧县(冀)	盆景	万盆	10.00
30	汉源县(川)	盆景	万盆	5.20
31	新丰县(粤)	盆景	万盆	0.58
32	三亚市市辖区(琼)	鲜切花	万支	720.00
33	琼山区(琼)	鲜切花	万支	450.00
34	鄢陵县(豫)	鲜切花	万支	289.00
35	青浦区(沪)	鲜切花	万支	180.00
36	五指山市(琼)	鲜切花	万支	175.00
37	保亭黎族苗族自治县(琼)	鲜切花	万支	42.27
38	栖霞区(苏)	鲜切花	万支	17.80
39	金山区(沪)	鲜切花	万支	6.30
40	儋州市(琼)	鲜切花	万支	3.00
41	包河区(皖)	鲜切花	万支	2.00

表 12-20　草花主产地产量

序号	草花主产地	花卉类别	单位	生产量
1	涉　县(冀)	城市绿化苗	万株	200.00
2	华容县(湘)	城市绿化苗	万株	100.00
3	武川县(内蒙古)	城市绿化苗	万株	75.00
4	博乐市(新)	城市绿化苗	万株	50.10
5	安国市(冀)	城市绿化苗	万株	15.00
6	莎车县(新)	城市绿化苗	万株	10.00

（续表）

序号	草花主产地	花卉类别	单位	生产量
7	杜尔伯特蒙古族自治县(黑)	城市绿化苗	万株	8.00
8	韩城市林业局(陕)	观赏苗木	万株	580.00
9	张家口市高新技术管理区(冀)	观赏苗木	万株	250.00
10	金川区(甘)	观赏苗木	万株	70.00
11	双城区(黑)	观赏苗木	万株	30.00
12	什邡市(川)	观赏苗木	万株	20.00
13	遂川县(赣)	观赏苗木	万株	10.00
14	东乌珠穆沁旗(内蒙古)	观赏苗木	万株	3.80
15	永德县(滇)	观赏苗木	万株	2.00
16	芜湖县(皖)	观叶植物	万盆	10.00
17	义乌市(浙)	花卉用种苗	千苗	30000.00
18	平湖市(浙)	盆花	万盆	1392.00
19	秀洲区(浙)	盆花	万盆	160.00
20	青浦区(沪)	盆花	万盆	120.00
21	莒南县(鲁)	盆花	万盆	115.00
22	肥西县(皖)	盆花	万盆	100.00
23	轮台县(新)	盆花	万盆	60.00
24	义乌市(浙)	盆花	万盆	50.00
25	武穴市(鄂)	盆花	万盆	40.00
26	北戴河区(冀)	盆花	万盆	32.80
27	宝塔区(陕)	盆花	万盆	16.00
28	乌当区(黔)	盆花	万盆	15.00
29	章丘区(鲁)	盆花	万盆	11.00
30	成武县(鲁)	盆花	万盆	10.00
31	栖霞市(鲁)	盆花	万盆	9.76
32	北京市大东流苗圃(京)	盆花	万盆	9.60
33	魏　县(冀)	盆花	万盆	7.00
34	永清县(冀)	盆花	万盆	6.00
35	浉河区(豫)	盆花	万盆	2.50
36	崇阳县(鄂)	盆花	万盆	2.00
37	工布江达县(藏)	盆花	万盆	2.00
38	涿州市(冀)	盆花	万盆	2.00
39	东平县(鲁)	盆花	万盆	1.00
40	婺城区(浙)	盆景	万盆	45.00
41	大悟县(鄂)	盆景	万盆	6.00
42	益阳市市辖区(湘)	盆景	万盆	3.00
43	曲阜市(鲁)	鲜切花	万支	600.00
44	成安县(冀)	鲜切花	万支	150.00
45	吉州区(赣)	鲜切花	万支	103.40
46	栖霞市(鲁)	鲜切花	万支	9.20
47	怀柔区(京)	鲜切花	万支	8.47
48	栖霞市(鲁)	鲜切叶	万支	9.20

表 12-21　吊兰主产地产量

序号	吊兰主产地	花卉类别	单位	生产量
1	五华县(粤)	城市绿化苗	万株	80.00
2	湖滨区(豫)	城市绿化苗	万株	50.00
3	竹山县(鄂)	城市绿化苗	万株	4.80
4	龙南县(赣)	观赏苗木	万株	100.00
5	潞州区(晋)	观赏苗木	万株	65.53
6	新化县(湘)	观赏苗木	万株	10.00
7	宜黄县(赣)	观赏苗木	万株	5.00
8	灵璧县(皖)	观赏苗木	万株	3.00
9	阳新县(鄂)	观赏苗木	万株	1.50
10	夏邑县(豫)	观赏苗木	万株	1.00
11	永清县(冀)	观叶植物	万盆	13.00
12	嵩　县(豫)	观叶植物	万盆	12.90
13	泌阳县(豫)	观叶植物	万盆	10.00
14	峄城区(鲁)	观叶植物	万盆	5.00
15	商水县(豫)	观叶植物	万盆	4.00
16	固始县(豫)	观叶植物	万盆	2.00
17	大英县(川)	观叶植物	万盆	1.00
18	凤阳县(皖)	观叶植物	万盆	1.00
19	龙南县(赣)	花卉用种苗	千苗	400.00
20	洪江市(湘)	花卉用种球	(千粒)	10.00
21	鹤城区(湘)	盆花	万盆	390.00
22	雨山区(皖)	盆花	万盆	18.00
23	贵溪市(赣)	盆花	万盆	12.00
24	会宁县(甘)	盆花	万盆	10.00
25	萧　县(皖)	盆花	万盆	10.00
26	北戴河区(冀)	盆花	万盆	9.40
27	辛集市(冀)	盆花	万盆	7.70
28	郧西县(鄂)	盆花	万盆	7.00
29	建安区(豫)	盆花	万盆	5.00
30	鱼台县(鲁)	盆花	万盆	4.30
31	魏　县(冀)	盆花	万盆	4.00
32	西华县(豫)	盆花	万盆	4.00
33	浠水县(鄂)	盆花	万盆	4.00
34	镇江市市辖区(苏)	盆花	万盆	4.00
35	潢川县(豫)	盆花	万盆	3.80
36	迁安市(冀)	盆花	万盆	3.60
37	东洲区(辽)	盆花	万盆	3.10
38	蠡　县(冀)	盆花	万盆	3.00
39	邗江区(苏)	盆花	万盆	2.20
40	高碑店市(冀)	盆花	万盆	2.00
41	洪泽区(苏)	盆花	万盆	1.50
42	沁阳市(豫)	盆花	万盆	1.23
43	庆元县(浙)	盆花	万盆	1.20
44	蚌山区(皖)	盆花	万盆	1.00

(续表)

序号	吊兰主产地	花卉类别	单位	生产量
45	吴江区(苏)	盆花	万盆	1.00
46	五华县(粤)	盆景	万盆	80.00
47	翠屏区(川)	盆景	万盆	16.00
48	会理县(川)	盆景	万盆	10.10
49	太康县(豫)	盆景	万盆	9.30
50	招远市(鲁)	盆景	万盆	6.00
51	费　县(鲁)	盆景	万盆	5.00
52	兴国县(赣)	盆景	万盆	3.50
53	昌吉市(新)	盆景	万盆	1.00
54	新丰县(粤)	盆景	万盆	0.58
55	新丰县(粤)	鲜切花	万支	142.00
56	会宁县(甘)	鲜切花	万支	2.00
57	凯里市(黔)	鲜切花	万支	1.00
58	袁州区(赣)	鲜切花	万支	1.00

表 12-22 法桐主产地产量

序号	法桐主产地	花卉类别	单位	生产量
1	河东区(鲁)	城市绿化苗	万株	380.00
2	郸城县(豫)	城市绿化苗	万株	120.00
3	光山县(豫)	城市绿化苗	万株	90.00
4	茌平县(鲁)	城市绿化苗	万株	70.07
5	鄄城县(鲁)	城市绿化苗	万株	42.00
6	莎车县(新)	城市绿化苗	万株	30.00
7	坊子区(鲁)	城市绿化苗	万株	25.00
8	曲周县(冀)	城市绿化苗	万株	20.00
9	浠水县(鄂)	城市绿化苗	万株	20.00
10	建安区(豫)	城市绿化苗	万株	18.00
11	永清县(冀)	城市绿化苗	万株	15.00
12	安丘市(鲁)	城市绿化苗	万株	11.20
13	龙南县(赣)	城市绿化苗	万株	10.00
14	杞　县(豫)	城市绿化苗	万株	10.00
15	红安县(鄂)	城市绿化苗	万株	8.00
16	西华县(豫)	城市绿化苗	万株	8.00
17	安国市(冀)	城市绿化苗	万株	6.00
18	竹山县(鄂)	城市绿化苗	万株	6.00
19	瑞金市(赣)	城市绿化苗	万株	5.00
20	安阳县(豫)	城市绿化苗	万株	3.90
21	华容县(湘)	城市绿化苗	万株	3.00
22	威海市经济技术开发区(鲁)	城市绿化苗	万株	2.50
23	龙安区(豫)	城市绿化苗	万株	2.00
24	尉氏县(豫)	城市绿化苗	万株	1.20
25	民权县(豫)	观赏苗木	万株	268.00
26	鄢陵县(豫)	观赏苗木	万株	212.00

(续表)

序号	法桐主产地	花卉类别	单位	生产量
27	陵城区(鲁)	观赏苗木	万株	138.38
28	成安县(冀)	观赏苗木	万株	110.00
29	涿州市(冀)	观赏苗木	万株	92.80
30	乐亭县(冀)	观赏苗木	万株	83.00
31	宁晋县(冀)	观赏苗木	万株	65.00
32	安丘市(鲁)	观赏苗木	万株	11.20
33	曲阳县(冀)	观赏苗木	万株	11.00
34	川汇区(豫)	观赏苗木	万株	9.00
35	太和县(皖)	观赏苗木	万株	5.50
36	肥乡区(冀)	观赏苗木	万株	5.00
37	鹤山区(豫)	观赏苗木	万株	5.00
38	鹿泉区(冀)	观赏苗木	万株	4.80
39	广德县(皖)	观赏苗木	万株	4.20
40	淮阳县(豫)	观赏苗木	万株	3.80
41	成武县(鲁)	观赏苗木	万株	2.40
42	鱼台县(鲁)	观赏苗木	万株	2.30
43	高碑店市(冀)	观赏苗木	万株	2.00
44	济南新旧动能转换先行区(鲁)	观赏苗木	万株	2.00
45	广平县(冀)	观赏苗木	万株	1.10
46	沁阳市(豫)	观赏苗木	万株	0.95
47	魏　县(冀)	观叶植物	万盆	2.00

表 12-23 蝴蝶兰主产地产量

序号	蝴蝶兰主产地	花卉类别	单位	生产量
1	秀英区(琼)	城市绿化苗	万株	240.00
2	新城区(内蒙古)	城市绿化苗	万株	30.00
3	建安区(豫)	城市绿化苗	万株	12.00
4	杭锦旗(内蒙古)	观赏苗木	万株	720.00
5	惠济区(豫)	观赏苗木	万株	200.00
6	灵宝市(豫)	观赏苗木	万株	46.00
7	永胜县(滇)	观叶植物	万盆	10.00
8	禹城市(鲁)	花卉用种苗	千苗	5000.00
9	龙华区(琼)	花卉用种苗	千苗	100.00
10	青州市(鲁)	盆花	万盆	650.00
11	海宁市(浙)	盆花	万盆	190.00
12	邳州市(苏)	盆花	万盆	143.00
13	华蓥市(川)	盆花	万盆	100.00
14	青浦区(沪)	盆花	万盆	70.00
15	南湖区(浙)	盆花	万盆	66.54
16	禹会区(皖)	盆花	万盆	50.00
17	三亚市市辖区(琼)	盆花	万盆	40.00
18	颍州区(皖)	盆花	万盆	30.00
19	牟平区(鲁)	盆花	万盆	27.00

（续表）

序号	蝴蝶兰主产地	花卉类别	单位	生产量
20	石林彝族自治县(滇)	盆花	万盆	20.00
21	延庆区(京)	盆花	万盆	20.00
22	津南区(津)	盆花	万盆	17.90
23	丰宁满族自治县(冀)	盆花	万盆	16.00
24	东丽区(津)	盆花	万盆	10.00
25	蜀山区(皖)	盆花	万盆	10.00
26	阳信县(鲁)	盆花	万盆	10.00
27	长清区(鲁)	盆花	万盆	10.00
28	章丘区(鲁)	盆花	万盆	5.00
29	东洲区(辽)	盆花	万盆	4.60
30	莱阳市(鲁)	盆花	万盆	4.00
31	普宁市(粤)	盆花	万盆	3.75
32	安平县(冀)	盆花	万盆	2.00
33	包河区(皖)	盆花	万盆	2.00
34	迁安市(冀)	盆花	万盆	2.00
35	吴江区(苏)	盆花	万盆	2.00
36	民乐县(甘)	盆花	万盆	1.50
37	坊子区(鲁)	盆花	万盆	1.00
38	高碑店市(冀)	盆花	万盆	1.00
39	永清县(冀)	盆花	万盆	1.00
40	北京市大东流苗圃(京)	盆花	万盆	0.98
41	兴国县(赣)	盆花	万盆	0.85
42	五华县(粤)	盆景	万盆	200.00
43	新丰县(粤)	盆景	万盆	5.60
44	平湖市(浙)	盆景	万盆	2.40
45	新丰县(粤)	鲜切花	万支	645.00
46	三亚市市辖区(琼)	鲜切花	万支	430.00
47	颍上县(皖)	鲜切花	万支	30.00
48	泰山区(鲁)	鲜切花	万支	26.20
49	鱼台县(鲁)	鲜切花	万支	4.30
50	五指山市(琼)	鲜切花	万支	3.00

表 12-24　茶花主产地产量

序号	茶花主产地	花卉类别	单位	生产量
1	利川市(鄂)	城市绿化苗	万株	500.00
2	东安县(湘)	城市绿化苗	万株	200.00
3	竹溪县(鄂)	城市绿化苗	万株	160.00
4	雨花区(湘)	城市绿化苗	万株	150.00
5	盐津县(滇)	城市绿化苗	万株	141.00
6	麒麟区(滇)	城市绿化苗	万株	120.00
7	五华县(粤)	城市绿化苗	万株	120.00
8	邵东县(湘)	城市绿化苗	万株	22.00
9	华容县(湘)	城市绿化苗	万株	15.00

（续表）

序号	茶花主产地	花卉类别	单位	生产量
10	高　县(川)	城市绿化苗	万株	13.00
11	瑞金市(赣)	城市绿化苗	万株	12.00
12	阳新县(鄂)	城市绿化苗	万株	11.00
13	邵阳县(湘)	城市绿化苗	万株	10.00
14	新化县(湘)	城市绿化苗	万株	10.00
15	公安县(鄂)	城市绿化苗	万株	8.50
16	楚雄市(滇)	城市绿化苗	万株	6.60
17	红安县(鄂)	城市绿化苗	万株	6.20
18	大悟县(鄂)	城市绿化苗	万株	6.00
19	澧　县(湘)	城市绿化苗	万株	5.00
20	黎川县(赣)	城市绿化苗	万株	4.00
21	通城县(鄂)	城市绿化苗	万株	3.10
22	腾冲市(滇)	城市绿化苗	万株	3.00
23	岳阳县(湘)	城市绿化苗	万株	1.00
24	望江县(皖)	城市绿化苗	万株	0.70
25	平利县(陕)	城市绿化苗	万株	0.60
26	大悟县(鄂)	工业及其他用途花卉	千克	3.00
27	汨罗市(湘)	观赏苗木	万株	120.00
28	洪江市(湘)	观赏苗木	万株	100.00
29	龙南县(赣)	观赏苗木	万株	50.00
30	雨花区(湘)	观赏苗木	万株	50.00
31	诸暨市(浙)	观赏苗木	万株	20.00
32	三门县(浙)	观赏苗木	万株	14.90
33	高　县(川)	观赏苗木	万株	13.00
34	渌口区(湘)	观赏苗木	万株	12.00
35	双峰县(湘)	观赏苗木	万株	12.00
36	崇阳县(鄂)	观赏苗木	万株	10.00
37	什邡市(川)	观赏苗木	万株	10.00
38	泌阳县(豫)	观赏苗木	万株	6.00
39	前锋区(川)	观赏苗木	万株	6.00
40	大悟县(鄂)	观赏苗木	万株	5.00
41	文成县(浙)	观赏苗木	万株	5.00
42	义乌市(浙)	观赏苗木	万株	4.00
43	丹棱县(川)	观赏苗木	万株	3.00
44	阳新县(鄂)	观赏苗木	万株	3.00
45	章丘区(鲁)	观赏苗木	万株	3.00
46	巴州区(川)	观赏苗木	万株	2.28
47	化州市(粤)	观赏苗木	万株	2.16
48	荆州区(鄂)	观赏苗木	万株	1.50
49	云　县(滇)	观赏苗木	万株	1.30
50	冷水滩区(湘)	观赏苗木	万株	1.00
51	罗平县(滇)	观赏苗木	万株	0.80
52	沅陵县(湘)	观赏苗木	万株	0.75
53	庆元县(浙)	观叶植物	万盆	0.90

(续表)

序号	茶花主产地	花卉类别	单位	生产量
54	韶山市(湘)	花卉用种苗	千苗	6000.00
55	龙南县(赣)	花卉用种苗	千苗	300.00
56	海宁市(浙)	盆花	万盆	200.00
57	筠连县(川)	盆花	万盆	150.00
58	宜黄县(赣)	盆花	万盆	50.00
59	浠水县(鄂)	盆花	万盆	12.00
60	大冶市(鄂)	盆花	万盆	10.00
61	南湖区(浙)	盆花	万盆	8.87
62	绵竹市(川)	盆花	万盆	7.00
63	高　县(川)	盆花	万盆	6.00
64	韶山市(湘)	盆花	万盆	6.00
65	灵璧县(皖)	盆花	万盆	4.00
66	丹棱县(川)	盆花	万盆	3.00
67	阳新县(鄂)	盆花	万盆	3.00
68	潮安区(粤)	盆花	万盆	2.90
69	巴州区(川)	盆花	万盆	2.07
70	资中县(川)	盆花	万盆	2.00
71	息　县(豫)	盆花	万盆	1.30
72	新华区(豫)	盆花	万盆	1.00
73	五华县(粤)	盆景	万盆	108.00
74	婺城区(浙)	盆景	万盆	65.00
75	遂川县(赣)	盆景	万盆	6.00
76	新丰县(粤)	盆景	万盆	4.86
77	鹤城区(湘)	盆景	万盆	2.60
78	防城区(桂)	食用及药用花卉	千克	250000.00
79	新丰县(粤)	鲜切花	万支	639.00
80	大悟县(鄂)	鲜切花	万支	3.00
81	灵璧县(皖)	鲜切花	万支	3.00
82	翠屏区(川)	鲜切花	万支	2.00
83	袁州区(赣)	鲜切花	万支	2.00
84	宣恩县(鄂)	鲜切花	万支	1.00

表 12-25　红叶石楠主产地产量

序号	红叶石楠主产地	花卉类别	单位	生产量
1	潢川县(豫)	城市绿化苗	万株	1000.00
2	平江县(湘)	城市绿化苗	万株	1000.00
3	岳阳县(湘)	城市绿化苗	万株	1000.00
4	竹溪县(鄂)	城市绿化苗	万株	620.00
5	颍州区(皖)	城市绿化苗	万株	550.00
6	零陵区(湘)	城市绿化苗	万株	500.00
7	慈利县(湘)	城市绿化苗	万株	495.00
8	光山县(豫)	城市绿化苗	万株	328.00
9	利川市(鄂)	城市绿化苗	万株	300.00

(续表)

序号	红叶石楠主产地	花卉类别	单位	生产量
10	洛阳市伊洛工业园区(豫)	城市绿化苗	万株	233.00
11	海盐县(浙)	城市绿化苗	万株	200.00
12	南漳县(鄂)	城市绿化苗	万株	200.00
13	浠水县(鄂)	城市绿化苗	万株	200.00
14	雨花区(湘)	城市绿化苗	万株	150.00
15	茶陵县(湘)	城市绿化苗	万株	128.00
16	盐津县(滇)	城市绿化苗	万株	118.00
17	华容县(湘)	城市绿化苗	万株	100.00
18	栾川县(豫)	城市绿化苗	万株	100.00
19	桐城市(皖)	城市绿化苗	万株	100.00
20	竹山县(鄂)	城市绿化苗	万株	98.00
21	房　县(鄂)	城市绿化苗	万株	93.60
22	郸城县(豫)	城市绿化苗	万株	80.00
23	建安区(豫)	城市绿化苗	万株	55.00
24	达川区(川)	城市绿化苗	万株	50.00
25	泌阳县(豫)	城市绿化苗	万株	50.00
26	新宁县(湘)	城市绿化苗	万株	50.00
27	新田县(湘)	城市绿化苗	万株	48.00
28	叶　县(豫)	城市绿化苗	万株	38.00
29	保康县(鄂)	城市绿化苗	万株	30.00
30	澧　县(湘)	城市绿化苗	万株	30.00
31	枣阳市(鄂)	城市绿化苗	万株	30.00
32	息　县(豫)	城市绿化苗	万株	26.00
33	沿河土家族自治县(黔)	城市绿化苗	万株	25.00
34	湘东区(赣)	城市绿化苗	万株	20.00
35	新化县(湘)	城市绿化苗	万株	20.00
36	沾益区(滇)	城市绿化苗	万株	20.00
37	舞阳县(豫)	城市绿化苗	万株	15.00
38	公安县(鄂)	城市绿化苗	万株	11.50
39	含山县(皖)	城市绿化苗	万株	10.00
40	黎川县(赣)	城市绿化苗	万株	10.00
41	腾冲市(滇)	城市绿化苗	万株	10.00
42	祥符区(豫)	城市绿化苗	万株	10.00
43	阳新县(鄂)	城市绿化苗	万株	10.00
44	望江县(皖)	城市绿化苗	万株	8.60
45	芷江侗族自治县(湘)	城市绿化苗	万株	7.20
46	威海市经济技术开发区(鲁)	城市绿化苗	万株	7.00
47	恩阳区(川)	城市绿化苗	万株	6.00
48	东宝区(鄂)	城市绿化苗	万株	5.00
49	涪城区(川)	城市绿化苗	万株	5.00
50	鹤峰县(鄂)	城市绿化苗	万株	5.00
51	罗甸县(黔)	城市绿化苗	万株	4.60
52	郎溪县(皖)	城市绿化苗	万株	4.00
53	龙安区(豫)	城市绿化苗	万株	4.00

（续表）

序号	红叶石楠主产地	花卉类别	单位	生产量
54	西华县(豫)	城市绿化苗	万株	3.00
55	兴国县(赣)	城市绿化苗	万株	1.60
56	香格里拉市(滇)	城市绿化苗	万株	1.58
57	山阳区(豫)	城市绿化苗	万株	1.50
58	桃江县(湘)	城市绿化苗	万株	1.10
59	黟　县(皖)	城市绿化苗	万株	1.00
60	义乌市(浙)	观赏苗木	万株	540.00
61	鄢陵县(豫)	观赏苗木	万株	313.00
62	秀洲区(浙)	观赏苗木	万株	250.00
63	崇阳县(鄂)	观赏苗木	万株	150.00
64	大冶市(鄂)	观赏苗木	万株	150.00
65	肥西县(皖)	观赏苗木	万株	100.00
66	郧西县(鄂)	观赏苗木	万株	100.00
67	平桥区(豫)	观赏苗木	万株	75.00
68	庆元县(浙)	观赏苗木	万株	65.30
69	双峰县(湘)	观赏苗木	万株	60.00
70	邵阳县(湘)	观赏苗木	万株	50.00
71	雨花区(湘)	观赏苗木	万株	50.00
72	西平县(豫)	观赏苗木	万株	35.00
73	万山区(黔)	观赏苗木	万株	30.00
74	吴江区(苏)	观赏苗木	万株	30.00
75	嵩　县(豫)	观赏苗木	万株	24.70
76	东安县(湘)	观赏苗木	万株	20.00
77	游仙区(川)	观赏苗木	万株	20.00
78	安阳县(豫)	观赏苗木	万株	19.00
79	罗平县(滇)	观赏苗木	万株	12.60
80	渌口区(湘)	观赏苗木	万株	12.00
81	磁　县(冀)	观赏苗木	万株	10.00
82	鹤山区(豫)	观赏苗木	万株	10.00
83	荆州区(鄂)	观赏苗木	万株	10.00
84	沂水县(鲁)	观赏苗木	万株	10.00
85	汝阳县(豫)	观赏苗木	万株	9.10
86	川汇区(豫)	观赏苗木	万株	9.00
87	通城县(鄂)	观赏苗木	万株	6.90
88	鸡泽县(冀)	观赏苗木	万株	6.00
89	施甸县(滇)	观赏苗木	万株	5.68
90	巴州区(川)	观赏苗木	万株	4.30
91	兴文县(川)	观赏苗木	万株	4.00
92	汉源县(川)	观赏苗木	万株	3.50
93	沁阳市(豫)	观赏苗木	万株	2.60
94	雨湖区(湘)	观赏苗木	万株	2.10
95	高　县(川)	观赏苗木	万株	2.00
96	邗江区(苏)	观赏苗木	万株	2.00
97	涉　县(冀)	观赏苗木	万株	2.00

（续表）

序号	红叶石楠主产地	花卉类别	单位	生产量
98	魏　县(冀)	观赏苗木	万株	2.00
99	夏邑县(豫)	观赏苗木	万株	2.00
100	南乐县(豫)	观赏苗木	万株	1.50
101	锦屏县(黔)	观赏苗木	万株	0.60
102	淮阳县(豫)	观赏苗木	万株	0.56
103	石泉县(陕)	观叶植物	万盆	30.00
104	伊川县(豫)	观叶植物	万盆	8.00
105	广汉市(川)	观叶植物	万盆	6.00
106	潢川县(豫)	观叶植物	万盆	4.50
107	平利县(陕)	观叶植物	万盆	0.80
108	龙南县(赣)	花卉用种苗	万株	60.00
109	南郑区(陕)	花卉用种苗	万株	6.00
110	雨花区(湘)	盆花	万盆	100.00
111	巴州区(川)	盆花	万盆	0.83
112	宣汉县(川)	鲜切花	万支	5.80
113	蚌山区(皖)	穴盘苗	万株	20.00

表 12-26　罗汉松主产地产量

序号	罗汉松主产地	花卉类别	单位	生产量
1	竹溪县(鄂)	城市绿化苗	万株	90.00
2	潢川县(豫)	城市绿化苗	万株	70.00
3	英德市(粤)	城市绿化苗	万株	50.00
4	浠水县(鄂)	城市绿化苗	万株	21.00
5	扶绥县(桂)	城市绿化苗	万株	9.30
6	新宁县(湘)	城市绿化苗	万株	5.00
7	武鸣区(桂)	城市绿化苗	万株	4.22
8	陆川县(桂)	城市绿化苗	万株	4.00
9	华容县(湘)	城市绿化苗	万株	3.00
10	合浦县(桂)	城市绿化苗	万株	2.00
11	普宁市(粤)	城市绿化苗	万株	1.83
12	瑞丽市(滇)	城市绿化苗	万株	1.80
13	钦南区(桂)	城市绿化苗	万株	1.50
14	阳新县(鄂)	城市绿化苗	万株	1.00
15	竹山县(鄂)	城市绿化苗	万株	1.00
16	青原区(赣)	观赏苗木	万株	300.00
17	龙南县(赣)	观赏苗木	万株	50.00
18	崇阳县(鄂)	观赏苗木	万株	40.00
19	大余县(赣)	观赏苗木	万株	10.00
20	洪江市(湘)	观赏苗木	万株	10.00
21	义乌市(浙)	观赏苗木	万株	10.00
22	渠　县(川)	观赏苗木	万株	2.20
23	阳新县(鄂)	观赏苗木	万株	2.00
24	七坡林场(桂)	观赏苗木	万株	0.62

(续表)

序号	罗汉松主产地	花卉类别	单位	生产量
25	常宁市(湘)	观赏苗木	万株	0.60
26	石泉县(陕)	观叶植物	万盆	0.60
27	阳新县(鄂)	盆花	万盆	1.00
28	巴州区(川)	盆花	万盆	0.83
29	丹棱县(川)	盆景	万盆	2.00
30	双峰县(湘)	盆景	万盆	2.00
31	歙　县(皖)	盆景	万盆	0.57

表 12-27 红枫主产地产量

序号	红枫主产地	花卉类别	单位	生产量
1	麒麟区(滇)	城市绿化苗	万株	600.00
2	达川区(川)	城市绿化苗	万株	100.00
3	确山县(豫)	城市绿化苗	万株	75.00
4	潢川县(豫)	城市绿化苗	万株	27.00
5	诸暨市(浙)	城市绿化苗	万株	20.00
6	恩阳区(川)	城市绿化苗	万株	16.00
7	龙南县(赣)	城市绿化苗	万株	15.00
8	新　县(豫)	城市绿化苗	万株	11.00
9	泌阳县(豫)	城市绿化苗	万株	10.00
10	舞阳县(豫)	城市绿化苗	万株	8.10
11	华容县(湘)	城市绿化苗	万株	5.00
12	浠水县(鄂)	城市绿化苗	万株	5.00
13	阳新县(鄂)	城市绿化苗	万株	5.00
14	竹山县(鄂)	城市绿化苗	万株	3.80
15	桐城市(皖)	城市绿化苗	万株	2.00
16	息　县(豫)	城市绿化苗	万株	1.80
17	威海市经济技术开发区(鲁)	城市绿化苗	万株	1.50
18	靖江市(苏)	城市绿化苗	万株	1.20
19	安国市(冀)	城市绿化苗	万株	0.80
20	龙南县(赣)	观赏苗木	万株	35.00
21	南郑区(陕)	观赏苗木	万株	30.00
22	东安县(湘)	观赏苗木	万株	10.00
23	洪江市(湘)	观赏苗木	万株	10.00
24	宁晋县(冀)	观赏苗木	万株	10.00
25	游仙区(川)	观赏苗木	万株	10.00
26	涿州市(冀)	观赏苗木	万株	6.00
27	巴州区(川)	观赏苗木	万株	4.50
28	平湖市(浙)	观赏苗木	万株	3.15
29	海宁市(浙)	观赏苗木	万株	3.00
30	兴文县(川)	观赏苗木	万株	2.50
31	双峰县(湘)	观赏苗木	万株	2.00
32	鹿泉区(冀)	观赏苗木	万株	1.40
33	恩阳区(川)	观赏苗木	万株	1.00

(续表)

序号	红枫主产地	花卉类别	单位	生产量
34	大冶市(鄂)	观叶植物	万盆	20.00
35	歙　县(皖)	观叶植物	万盆	0.70
36	龙南县(赣)	花卉用种苗	万株	20.00
37	邗江区(苏)	盆花	万盆	2.00

表 12-28 紫薇主产地产量

序号	紫薇主产地	花卉类别	单位	生产量
1	平江县(湘)	城市绿化苗	万株	1500.00
2	盐津县(滇)	城市绿化苗	万株	846.50
3	新　县(豫)	城市绿化苗	万株	369.00
4	望江县(皖)	城市绿化苗	万株	230.00
5	河东区(鲁)	城市绿化苗	万株	200.00
6	雨花区(湘)	城市绿化苗	万株	200.00
7	光山县(豫)	城市绿化苗	万株	158.00
8	南漳县(鄂)	城市绿化苗	万株	150.00
9	钟祥市(鄂)	城市绿化苗	万株	100.00
10	海盐县(浙)	城市绿化苗	万株	50.00
11	团风县(鄂)	城市绿化苗	万株	50.00
12	浠水县(鄂)	城市绿化苗	万株	50.00
13	确山县(豫)	城市绿化苗	万株	40.00
14	建始县(鄂)	城市绿化苗	万株	30.00
15	石泉县(陕)	城市绿化苗	万株	30.00
16	桃源县(湘)	城市绿化苗	万株	28.00
17	保康县(鄂)	城市绿化苗	万株	25.00
18	济源市(豫)	城市绿化苗	万株	21.00
19	红安县(鄂)	城市绿化苗	万株	20.00
20	华容县(湘)	城市绿化苗	万株	20.00
21	思南县(黔)	城市绿化苗	万株	20.00
22	威海市经济技术开发区(鲁)	城市绿化苗	万株	15.00
23	沿河土家族自治县(黔)	城市绿化苗	万株	15.00
24	巴东县(鄂)	城市绿化苗	万株	10.00
25	龙南县(赣)	城市绿化苗	万株	10.00
26	瑞金市(赣)	城市绿化苗	万株	9.80
27	竹山县(鄂)	城市绿化苗	万株	7.00
28	鹤峰县(鄂)	城市绿化苗	万株	5.00
29	桃江县(湘)	城市绿化苗	万株	5.00
30	阳新县(鄂)	城市绿化苗	万株	4.00
31	通城县(鄂)	城市绿化苗	万株	3.00
32	罗甸县(黔)	城市绿化苗	万株	2.77
33	息　县(豫)	城市绿化苗	万株	2.60
34	恩阳区(川)	城市绿化苗	万株	2.00
35	碧江区(黔)	城市绿化苗	万株	0.70
36	平乐县(桂)	观赏苗木	万株	500.00

（续表）

序号	紫薇主产地	花卉类别	单位	生产量
37	泰兴市(苏)	观赏苗木	万株	396.00
38	鄢陵县(豫)	观赏苗木	万株	146.00
39	雨花区(湘)	观赏苗木	万株	68.00
40	汨罗市(湘)	观赏苗木	万株	65.00
41	钟祥市(鄂)	观赏苗木	万株	60.00
42	金堂县(川)	观赏苗木	万株	58.80
43	兴义市(黔)	观赏苗木	万株	51.10
44	肥西县(皖)	观赏苗木	万株	50.00
45	社旗县(豫)	观赏苗木	万株	50.00
46	庆元县(浙)	观赏苗木	万株	42.80
47	渌口区(湘)	观赏苗木	万株	38.00
48	淄川区(鲁)	观赏苗木	万株	30.00
49	平桥区(豫)	观赏苗木	万株	28.00
50	华蓥市(川)	观赏苗木	万株	25.00
51	祁门县(皖)	观赏苗木	万株	20.00
52	前锋区(川)	观赏苗木	万株	20.00
53	邵阳县(湘)	观赏苗木	万株	20.00
54	广德县(皖)	观赏苗木	万株	14.70
55	旌阳区(川)	观赏苗木	万株	10.50
56	屈家岭管理区(鄂)	观赏苗木	万株	10.50
57	蚌山区(皖)	观赏苗木	万株	10.00
58	巴州区(川)	观赏苗木	万株	7.13
59	章丘区(鲁)	观赏苗木	万株	7.00
60	兴文县(川)	观赏苗木	万株	6.00
61	北塔区(湘)	观赏苗木	万株	5.90
62	安化县(湘)	观赏苗木	万株	5.50
63	东兴区(川)	观赏苗木	万株	5.20
64	绵竹市(川)	观赏苗木	万株	5.00
65	辰溪县(湘)	观赏苗木	万株	4.51
66	三门县(浙)	观赏苗木	万株	3.80
67	固镇县(皖)	观赏苗木	万株	3.00
68	涿州市(冀)	观赏苗木	万株	3.00
69	荆州区(鄂)	观赏苗木	万株	2.00
70	樊城区(鄂)	观赏苗木	万株	1.80
71	内江市市中区(川)	观赏苗木	万株	1.80
72	涉　县(冀)	观赏苗木	万株	1.50
73	任　县(冀)	观赏苗木	万株	1.30
74	顺义区(京)	观赏苗木	万株	1.20
75	罗平县(滇)	观赏苗木	万株	1.10
76	普安县(黔)	观赏苗木	万株	1.00
77	迁安市(冀)	观赏苗木	万株	1.00
78	松江区(沪)	观赏苗木	万株	0.80
79	南郑区(陕)	花卉用种苗	千苗	1500.00
80	龙南县(赣)	花卉用种苗	千苗	300.00
81	锦屏县(黔)	花卉用种苗	千苗	4.00
82	巴州区(川)	盆花	万盆	1.10
83	远安县(鄂)	盆景	万盆	1.84

表 12-29　其他花卉主产地产量

序号	其他花卉主产	品种	花卉类别	单位	生产量
1	新宁县(湘)	白及	城市绿化苗	万株	300.00
2	甘州区(甘)	百日草	城市绿化苗	万株	40.00
3	五原县(内蒙古)	百日草	城市绿化苗	万株	10.00
4	龙山区(吉)	百日草	城市绿化苗	万株	9.80
5	元宝山区(内蒙古)	百日草	城市绿化苗	万株	5.00
6	零陵区(湘)	彩叶草	城市绿化苗	万株	200.00
7	莱阳市(鲁)	彩叶草	城市绿化苗	万株	9.00
8	华容县(湘)	茶梅	城市绿化苗	万株	10.00
9	阳新县(鄂)	茶梅	城市绿化苗	万株	4.00
10	竹山县(鄂)	茶梅	城市绿化苗	万株	4.00
11	通城县(鄂)	茶梅	城市绿化苗	万株	2.00
12	红安县(鄂)	茶梅	城市绿化苗	万株	1.80
13	姚安县(滇)	赤楠	城市绿化苗	万株	20.00
14	建安区(豫)	雏菊	城市绿化苗	万株	230.00
15	湖滨区(豫)	雏菊	城市绿化苗	万株	50.00
16	汉寿县(湘)	雏菊	城市绿化苗	万株	27.80
17	大竹县(川)	雏菊	城市绿化苗	万株	10.00
18	龙安区(豫)	雏菊	城市绿化苗	万株	2.00
19	河东区(鲁)	垂丝海棠	城市绿化苗	万株	700.00
20	潢川县(豫)	垂丝海棠	城市绿化苗	万株	28.00
21	建安区(豫)	垂丝海棠	城市绿化苗	万株	10.00
22	舞阳县(豫)	垂丝海棠	城市绿化苗	万株	3.20
23	阜南县(皖)	垂丝海棠	城市绿化苗	万株	3.00
24	浠水县(鄂)	垂丝海棠	城市绿化苗	万株	2.00
25	龙安区(豫)	垂丝海棠	城市绿化苗	万株	1.00
26	新化县(湘)	葱兰	城市绿化苗	万株	20.00
27	宝塔区(陕)	翠柏	城市绿化苗	万株	384.00
28	潢川县(豫)	翠柏	城市绿化苗	万株	28.00
29	龙山区(吉)	大丽花	城市绿化苗	万株	5.30
30	竹山县(鄂)	淡竹	城市绿化苗	万株	118.00
31	潢川县(豫)	淡竹	城市绿化苗	万株	100.00
32	麒麟区(滇)	灯盏花	城市绿化苗	万株	1000.00
33	五原县(内蒙古)	地肤	城市绿化苗	万株	10.00
34	威海市经济技术开发区(鲁)	地肤	城市绿化苗	万株	4.00
35	龙凤区(黑)	地锦	城市绿化苗	万株	2.00
36	安国市(冀)	棣棠	城市绿化苗	万株	16.00

(续表)

序号	其他花卉主产	品种	花卉类别	单位	生产量
37	德惠市(吉)	丁香类	城市绿化苗	万株	500.00
38	潢川县(豫)	丁香类	城市绿化苗	万株	80.00
39	大同区(黑)	丁香类	城市绿化苗	万株	45.20
40	肃州区(甘)	丁香类	城市绿化苗	万株	20.00
41	安国市(冀)	丁香类	城市绿化苗	万株	10.00
42	双滦区(冀)	丁香类	城市绿化苗	万株	8.00
43	鄂托克前旗(内蒙古)	丁香类	城市绿化苗	万株	5.00
44	韶山市(湘)	丁香类	城市绿化苗	万株	5.00
45	敦煌市(甘)	丁香类	城市绿化苗	万株	3.31
46	龙凤区(黑)	丁香类	城市绿化苗	万株	3.00
47	围场满族蒙古族自治县(冀)	丁香类	城市绿化苗	万株	1.50
48	平川区(甘)	丁香类	城市绿化苗	万株	1.00
49	利川市(鄂)	杜仲	城市绿化苗	万株	400.00
50	济源市(豫)	杜仲	城市绿化苗	万株	35.00
51	竹山县(鄂)	杜仲	城市绿化苗	万株	4.00
52	安国市(冀)	杜仲	城市绿化苗	万株	3.00
53	仙桃市(鄂)	对节白蜡	城市绿化苗	万株	2.00
54	华容县(湘)	对节白蜡	城市绿化苗	万株	1.00
55	井研县(川)	多花蔷薇	城市绿化苗	万株	3.80
56	五原县(内蒙古)	飞燕草	城市绿化苗	万株	5.00
57	竹山县(鄂)	凤尾竹	城市绿化苗	万株	6.00
58	竹山县(鄂)	佛肚竹	城市绿化苗	万株	2.00
59	瑞金市(赣)	扶桑	城市绿化苗	万株	7.20
60	威海市经济技术开发区(鲁)	扶桑	城市绿化苗	万株	4.00
61	甘州区(甘)	福禄考	城市绿化苗	万株	30.00
62	双城区(黑)	福禄考	城市绿化苗	万株	30.00
63	五华县(粤)	富贵竹	城市绿化苗	万株	300.00
64	澄迈县(琼)	富贵竹	城市绿化苗	万株	225.00
65	竹山县(鄂)	刚竹	城市绿化苗	万株	10.00
66	威海市经济技术开发区(鲁)	刚竹	城市绿化苗	万株	5.00
67	新宁县(湘)	刚竹	城市绿化苗	万株	5.00
68	桑植县(湘)	珙桐	城市绿化苗	万株	1000.00
69	竹山县(鄂)	珙桐	城市绿化苗	万株	7.00
70	禹会区(皖)	枸骨	城市绿化苗	万株	10.00
71	新　县(豫)	枸骨	城市绿化苗	万株	5.00
72	建安区(豫)	枸骨	城市绿化苗	万株	4.00
73	新宁县(湘)	枸骨	城市绿化苗	万株	2.00
74	潢川县(豫)	桧柏	城市绿化苗	万株	120.00
75	龙安区(豫)	桧柏	城市绿化苗	万株	20.00
76	陵川县(晋)	桧柏	城市绿化苗	万株	11.00
77	新宁县(湘)	桧柏	城市绿化苗	万株	10.00
78	磁　县(冀)	桧柏	城市绿化苗	万株	2.00
79	威海市经济技术开发区(鲁)	桧柏	城市绿化苗	万株	2.00
80	竹山县(鄂)	桧柏	城市绿化苗	万株	2.00
81	潢川县(豫)	海桐	城市绿化苗	万株	380.00
82	浠水县(鄂)	海桐	城市绿化苗	万株	40.00
83	枣阳市(鄂)	海桐	城市绿化苗	万株	5.00
84	新化县(湘)	海桐	城市绿化苗	万株	2.00
85	竹山县(鄂)	海桐	城市绿化苗	万株	1.20
86	威海市经济技术开发区(鲁)	海桐	城市绿化苗	万株	1.00
87	麒麟区(滇)	含笑	城市绿化苗	万株	1000.00
88	潢川县(豫)	含笑	城市绿化苗	万株	55.00
89	黎川县(赣)	含笑	城市绿化苗	万株	7.00
90	浠水县(鄂)	含笑	城市绿化苗	万株	3.00
91	普宁市(粤)	含笑	城市绿化苗	万株	1.25
92	甘州区(甘)	荷兰菊	城市绿化苗	万株	60.00
93	恩阳区(川)	荷兰菊	城市绿化苗	万株	10.00
94	五原县(内蒙古)	荷兰菊	城市绿化苗	万株	5.00
95	尉犁县(新)	黑心菊	城市绿化苗	万株	10.64
96	龙山区(吉)	黑心菊	城市绿化苗	万株	4.80
97	潢川县(豫)	红碧桃	城市绿化苗	万株	160.00
98	新宁县(湘)	红碧桃	城市绿化苗	万株	10.00
99	安国市(冀)	红碧桃	城市绿化苗	万株	6.00
100	恩阳区(川)	红碧桃	城市绿化苗	万株	5.00
101	浠水县(鄂)	红碧桃	城市绿化苗	万株	3.00
102	潢川县(豫)	红瑞木	城市绿化苗	万株	110.00
103	望奎县(黑)	红瑞木	城市绿化苗	万株	100.00
104	九台区(吉)	红瑞木	城市绿化苗	万株	68.10
105	安国市(冀)	红瑞木	城市绿化苗	万株	6.00
106	潢川县(豫)	红叶小檗	城市绿化苗	万株	730.00
107	龙安区(豫)	红叶小檗	城市绿化苗	万株	538.00
108	泌阳县(豫)	红叶小檗	城市绿化苗	万株	150.00
109	威海市经济技术开发区(鲁)	红叶小檗	城市绿化苗	万株	6.00
110	安国市(冀)	红叶小檗	城市绿化苗	万株	5.00
111	竹山县(鄂)	红叶小檗	城市绿化苗	万株	3.00
112	新宁县(湘)	厚朴	城市绿化苗	万株	10.00
113	竹山县(鄂)	厚朴	城市绿化苗	万株	1.00
114	安国市(冀)	黄刺玫	城市绿化苗	万株	2.00
115	潢川县(豫)	黄杨类	城市绿化苗	万株	1100.00
116	龙安区(豫)	黄杨类	城市绿化苗	万株	1043.00
117	洛阳市伊洛工业园区(豫)	黄杨类	城市绿化苗	万株	983.00
118	隆尧县(冀)	黄杨类	城市绿化苗	万株	50.00

（续表）

序号	其他花卉主产	品种	花卉类别	单位	生产量
119	淇滨区(豫)	黄杨类	城市绿化苗	万株	35.00
120	恩阳区(川)	黄杨类	城市绿化苗	万株	20.00
121	惠济区(豫)	黄杨类	城市绿化苗	万株	18.00
122	安国市(冀)	黄杨类	城市绿化苗	万株	2.00
123	潢川县(豫)	火棘	城市绿化苗	万株	100.00
124	竹溪县(鄂)	火棘	城市绿化苗	万株	25.00
125	甘州区(甘)	鸡冠花	城市绿化苗	万株	100.00
126	恩阳区(川)	鸡冠花	城市绿化苗	万株	6.00
127	尉犁县(新)	鸡冠花	城市绿化苗	万株	5.40
128	确山县(豫)	鸡爪槭	城市绿化苗	万株	10.00
129	恩阳区(川)	鸡爪槭	城市绿化苗	万株	6.00
130	竹山县(鄂)	鸡爪槭	城市绿化苗	万株	3.10
131	浠水县(鄂)	鸡爪槭	城市绿化苗	万株	2.00
132	潢川县(豫)	夹竹桃类	城市绿化苗	万株	35.00
133	竹山县(鄂)	夹竹桃类	城市绿化苗	万株	14.00
134	威海市经济技术开发区(鲁)	夹竹桃类	城市绿化苗	万株	3.00
135	浠水县(鄂)	结香	城市绿化苗	万株	1.00
136	安国市(冀)	金银木	城市绿化苗	万株	4.00
137	双滦区(冀)	锦带花	城市绿化苗	万株	10.00
138	安国市(冀)	锦带花	城市绿化苗	万株	3.00
139	威海市经济技术开发区(鲁)	锦带花	城市绿化苗	万株	2.00
140	甘州区(甘)	景天	城市绿化苗	万株	100.00
141	武川县(内蒙古)	景天	城市绿化苗	万株	90.00
142	恩阳区(川)	桔梗	城市绿化苗	万株	5.00
143	麒麟区(滇)	康乃馨	城市绿化苗	万株	1000.00
144	威海市经济技术开发区(鲁)	康乃馨	城市绿化苗	万株	2.00
145	新宁县(湘)	苦竹	城市绿化苗	万株	10.00
146	潢川县(豫)	蜡梅	城市绿化苗	万株	140.00
147	竹山县(鄂)	蜡梅	城市绿化苗	万株	118.00
148	达川区(川)	蜡梅	城市绿化苗	万株	100.00
149	保康县(鄂)	蜡梅	城市绿化苗	万株	45.00
150	栾川县(豫)	蜡梅	城市绿化苗	万株	5.00
151	麒麟区(滇)	兰草	城市绿化苗	万株	1000.00
152	潢川县(豫)	连翘	城市绿化苗	万株	150.00
153	竹溪县(鄂)	连翘	城市绿化苗	万株	25.00
154	九台区(吉)	连翘	城市绿化苗	万株	23.00
155	陵川县(晋)	连翘	城市绿化苗	万株	18.00
156	双滦区(冀)	连翘	城市绿化苗	万株	10.00
157	浠水县(鄂)	连翘	城市绿化苗	万株	10.00
158	威海市经济技术开发区(鲁)	连翘	城市绿化苗	万株	3.00
159	竹山县(鄂)	连翘	城市绿化苗	万株	3.00

（续表）

序号	其他花卉主产	品种	花卉类别	单位	生产量
160	敦煌市(甘)	连翘	城市绿化苗	万株	1.67
161	平川区(甘)	连翘	城市绿化苗	万株	1.00
162	襄垣县(晋)	连翘	城市绿化苗	万株	1.00
163	安国市(冀)	连翘	城市绿化苗	万株	0.80
164	栾川县(豫)	流苏	城市绿化苗	万株	260.00
165	曲周县(冀)	流苏	城市绿化苗	万株	5.00
166	安丘市(鲁)	流苏	城市绿化苗	万株	2.80
167	陵川县(晋)	流苏	城市绿化苗	万株	2.00
168	潢川县(豫)	龙柏	城市绿化苗	万株	405.00
169	龙安区(豫)	龙柏	城市绿化苗	万株	150.00
170	威海市经济技术开发区(鲁)	龙柏	城市绿化苗	万株	70.00
171	华容县(湘)	龙柏	城市绿化苗	万株	5.00
172	竹山县(鄂)	龙柏	城市绿化苗	万株	2.20
173	竹山县(鄂)	罗汉竹	城市绿化苗	万株	2.00
174	竹山县(鄂)	络石	城市绿化苗	万株	3.00
175	安国市(冀)	马蔺	城市绿化苗	万株	30.00
176	恩阳区(川)	马蹄井	城市绿化苗	万株	1.50
177	恩阳区(川)	麦冬	城市绿化苗	万株	30.00
178	竹山县(鄂)	麦冬	城市绿化苗	万株	2.00
179	恩阳区(川)	满天星	城市绿化苗	万株	3.00
180	竹山县(鄂)	满天星	城市绿化苗	万株	1.00
181	竹山县(鄂)	毛竹	城市绿化苗	万株	7.70
182	新宁县(湘)	毛竹	城市绿化苗	万株	5.00
183	华容县(湘)	毛竹	城市绿化苗	万株	3.00
184	潢川县(豫)	梅花	城市绿化苗	万株	130.00
185	威海市经济技术开发区(鲁)	梅花	城市绿化苗	万株	5.00
186	浠水县(鄂)	梅花	城市绿化苗	万株	3.00
187	潢川县(豫)	美国红栌	城市绿化苗	万株	29.00
188	新宁县(湘)	美国红栌	城市绿化苗	万株	5.00
189	甘州区(甘)	美丽天人菊	城市绿化苗	万株	50.00
190	麒麟区(滇)	米兰	城市绿化苗	万株	500.00
191	恩阳区(川)	米兰	城市绿化苗	万株	3.00
192	恩阳区(川)	茉莉花	城市绿化苗	万株	3.00
193	芷江侗族自治县(湘)	茉莉花	城市绿化苗	万株	2.40
194	麒麟区(滇)	牡丹	城市绿化苗	万株	600.00
195	建始县(鄂)	牡丹	城市绿化苗	万株	500.00
196	甘州区(甘)	牡丹	城市绿化苗	万株	10.00
197	竹山县(鄂)	牡丹	城市绿化苗	万株	1.00
198	潢川县(豫)	南天竹	城市绿化苗	万株	180.00
199	郸城县(豫)	南天竹	城市绿化苗	万株	30.00
200	浠水县(鄂)	南天竹	城市绿化苗	万株	13.00
201	黟　县(皖)	南天竹	城市绿化苗	万株	12.00

（续表）

序号	其他花卉主产	品种	花卉类别	单位	生产量
202	新宁县(湘)	南天竹	城市绿化苗	万株	8.00
203	双阳区(吉)	婆婆纳	城市绿化苗	万株	8.00
204	竹山县(鄂)	葡萄	城市绿化苗	万株	10.00
205	祥符区(豫)	葡萄	城市绿化苗	万株	1.20
206	安国市(冀)	葡萄	城市绿化苗	万株	0.80
207	保康县(鄂)	七叶树	城市绿化苗	万株	22.00
208	确山县(豫)	七叶树	城市绿化苗	万株	20.00
209	竹溪县(鄂)	七叶树	城市绿化苗	万株	20.00
210	扶风县(陕)	七叶树	城市绿化苗	万株	17.77
211	潢川县(豫)	七叶树	城市绿化苗	万株	16.00
212	竹山县(鄂)	七叶树	城市绿化苗	万株	4.00
213	甘州区(甘)	千日红	城市绿化苗	万株	10.00
214	潢川县(豫)	青枫	城市绿化苗	万株	43.00
215	恩阳区(川)	青枫	城市绿化苗	万株	5.00
216	华容县(湘)	青枫	城市绿化苗	万株	5.00
217	东宝区(鄂)	青枫	城市绿化苗	万株	4.00
218	容　县(桂)	秋风	城市绿化苗	万株	2.00
219	田东县(桂)	秋风	城市绿化苗	万株	2.00
220	阳西县(粤)	秋风	城市绿化苗	万株	1.00
221	社旗县(豫)	楸树	城市绿化苗	万株	300.00
222	坊子区(鲁)	楸树	城市绿化苗	万株	40.00
223	茌平县(鲁)	楸树	城市绿化苗	万株	30.15
224	确山县(豫)	楸树	城市绿化苗	万株	30.00
225	龙安区(豫)	楸树	城市绿化苗	万株	10.00
226	竹山县(鄂)	楸树	城市绿化苗	万株	3.00
227	安丘市(鲁)	楸树	城市绿化苗	万株	0.80
228	麒麟区(滇)	榕树(小叶榕)	城市绿化苗	万株	500.00
229	达川区(川)	榕树(小叶榕)	城市绿化苗	万株	150.00
230	龙南县(赣)	榕树(小叶榕)	城市绿化苗	万株	21.00
231	钦南区(桂)	榕树(小叶榕)	城市绿化苗	万株	5.00
232	田东县(桂)	榕树(小叶榕)	城市绿化苗	万株	0.70
233	恩阳区(川)	箬竹	城市绿化苗	万株	3.00
234	威海市经济技术开发区(鲁)	三色堇	城市绿化苗	万株	1.00
235	麒麟区(滇)	山茶花	城市绿化苗	万株	500.00
236	新宁县(湘)	山茶花	城市绿化苗	万株	10.00
237	桃江县(湘)	山茶花	城市绿化苗	万株	1.10
238	鄂托克前旗(内蒙古)	山桃	城市绿化苗	万株	8.00
239	安国市(冀)	山桃	城市绿化苗	万株	2.00
240	竹山县(鄂)	山桃	城市绿化苗	万株	2.00
241	浠水县(鄂)	山茱萸	城市绿化苗	万株	12.00
242	甘州区(甘)	芍药	城市绿化苗	万株	20.00
243	老河口市(鄂)	芍药	城市绿化苗	万株	15.00

（续表）

序号	其他花卉主产	品种	花卉类别	单位	生产量
244	呼玛县(黑)	芍药	城市绿化苗	万株	10.00
245	洮南市(吉)	芍药	城市绿化苗	万株	2.60
246	竹山县(鄂)	芍药	城市绿化苗	万株	1.00
247	甘州区(甘)	蛇鞭菊	城市绿化苗	万株	20.00
248	恩阳区(川)	射干	城市绿化苗	万株	3.00
249	安国市(冀)	射干	城市绿化苗	万株	2.00
250	甘州区(甘)	蓍草	城市绿化苗	万株	50.00
251	恩阳区(川)	石榴	城市绿化苗	万株	3.00
252	竹山县(鄂)	石榴	城市绿化苗	万株	2.80
253	浠水县(鄂)	石榴	城市绿化苗	万株	2.00
254	甘州区(甘)	石竹	城市绿化苗	万株	120.00
255	莱阳市(鲁)	石竹	城市绿化苗	万株	10.00
256	竹山县(鄂)	石竹	城市绿化苗	万株	2.30
257	甘州区(甘)	矢车菊	城市绿化苗	万株	20.00
258	尉犁县(新)	矢车菊	城市绿化苗	万株	7.98
259	威海市经济技术开发区(鲁)	矢车菊	城市绿化苗	万株	1.00
260	竹山县(鄂)	柿	城市绿化苗	万株	2.10
261	麒麟区(滇)	水仙	城市绿化苗	万株	300.00
262	恩阳区(川)	水仙	城市绿化苗	万株	1.30
263	栾川县(豫)	丝绵木	城市绿化苗	万株	19.00
264	安国市(冀)	丝绵木	城市绿化苗	万株	3.00
265	沾益区(滇)	四照花	城市绿化苗	万株	20.00
266	威海市经济技术开发区(鲁)	唐菖蒲	城市绿化苗	万株	2.00
267	恩阳区(川)	唐菖蒲	城市绿化苗	万株	1.00
268	定州市(冀)	藤本月季	城市绿化苗	万株	800.00
269	安国市(冀)	天目琼花	城市绿化苗	万株	0.80
270	尉犁县(新)	天人菊	城市绿化苗	万株	16.49
271	双阳区(吉)	贴梗海棠	城市绿化苗	万株	6.20
272	安国市(冀)	卫矛类	城市绿化苗	万株	2.00
273	华容县(湘)	五针松	城市绿化苗	万株	2.00
274	潢川县(豫)	西府海棠	城市绿化苗	万株	78.00
275	坊子区(鲁)	西府海棠	城市绿化苗	万株	60.00
276	海盐县(浙)	西府海棠	城市绿化苗	万株	50.00
277	安丘市(鲁)	西府海棠	城市绿化苗	万株	13.70
278	仙桃市(鄂)	西府海棠	城市绿化苗	万株	13.00
279	安国市(冀)	西府海棠	城市绿化苗	万株	10.00
280	浠水县(鄂)	西府海棠	城市绿化苗	万株	3.00
281	威海市经济技术开发区(鲁)	仙客来	城市绿化苗	万株	3.00
282	湖滨区(豫)	现代月季	城市绿化苗	万株	40.00
283	恩阳区(川)	现代月季	城市绿化苗	万株	2.00
284	威海市经济技术开发区(鲁)	现代月季	城市绿化苗	万株	2.00

（续表）

序号	其他花卉主产	品种	花卉类别	单位	生产量
285	鄂托克前旗（内蒙古）	杏	城市绿化苗	万株	51.00
286	瑞金市（赣）	杏	城市绿化苗	万株	6.30
287	竹山县（鄂）	杏	城市绿化苗	万株	3.00
288	威海市经济技术开发区（鲁）	杏	城市绿化苗	万株	1.50
289	甘州区（甘）	萱草	城市绿化苗	万株	100.00
290	安国市（冀）	萱草	城市绿化苗	万株	20.00
291	武鸣区（桂）	羊蹄甲类	城市绿化苗	万株	16.32
292	扶绥县（桂）	羊蹄甲类	城市绿化苗	万株	5.80
293	普宁市（粤）	羊蹄甲类	城市绿化苗	万株	1.92
294	田东县（桂）	羊蹄甲类	城市绿化苗	万株	0.60
295	腾冲市（滇）	叶子花	城市绿化苗	万株	50.00
296	德惠市（吉）	夜来香	城市绿化苗	万株	100.00
297	腾冲市（滇）	一品红	城市绿化苗	万株	50.00
298	威海市经济技术开发区（鲁）	一品红	城市绿化苗	万株	2.00
299	竹山县（鄂）	樱桃	城市绿化苗	万株	10.00
300	湖滨区（豫）	迎春	城市绿化苗	万株	50.00
301	安国市（冀）	迎春	城市绿化苗	万株	10.00
302	博罗县（粤）	鱼尾葵	城市绿化苗	万株	1.00
303	潢川县（豫）	榆叶梅	城市绿化苗	万株	90.00
304	肃州区（甘）	榆叶梅	城市绿化苗	万株	30.00
305	莱阳市（鲁）	榆叶梅	城市绿化苗	万株	18.00
306	双滦区（冀）	榆叶梅	城市绿化苗	万株	8.00
307	安丘市（鲁）	榆叶梅	城市绿化苗	万株	5.40
308	大同区（黑）	榆叶梅	城市绿化苗	万株	4.20
309	敦煌市（甘）	榆叶梅	城市绿化苗	万株	3.80
310	鄂托克前旗（内蒙古）	榆叶梅	城市绿化苗	万株	1.00
311	甘州区（甘）	羽叶甘蓝	城市绿化苗	万株	20.00
312	九台区（吉）	玉簪类	城市绿化苗	万株	20.00
313	安国市（冀）	玉簪类	城市绿化苗	万株	10.00
314	麒麟区（滇）	郁金香	城市绿化苗	万株	300.00
315	甘州区（甘）	鸢尾类	城市绿化苗	万株	150.00
316	安国市（冀）	鸢尾类	城市绿化苗	万株	20.00
317	栾川县（豫）	元宝枫	城市绿化苗	万株	125.00
318	社旗县（豫）	元宝枫	城市绿化苗	万株	120.00
319	光山县（豫）	元宝枫	城市绿化苗	万株	57.00
320	潢川县（豫）	元宝枫	城市绿化苗	万株	45.00
321	滕州市（鲁）	元宝枫	城市绿化苗	万株	30.00
322	安国市（冀）	元宝枫	城市绿化苗	万株	2.00
323	香格里拉市（滇）	云杉	城市绿化苗	万株	681.68
324	新宾满族自治县（辽）	云杉	城市绿化苗	万株	15.00

（续表）

序号	其他花卉主产	品种	花卉类别	单位	生产量
325	围场满族蒙古族自治县（冀）	云杉	城市绿化苗	万株	5.00
326	恩阳区（川）	杂种香水月季	城市绿化苗	万株	3.00
327	确山县（豫）	皂角	城市绿化苗	万株	60.00
328	竹山县（鄂）	皂角	城市绿化苗	万株	2.00
329	三水区（粤）	长春花	城市绿化苗	万株	82.00
330	新化县（湘）	栀子花	城市绿化苗	万株	50.00
331	浠水县（鄂）	栀子花	城市绿化苗	万株	40.00
332	岳阳县（湘）	栀子花	城市绿化苗	万株	10.00
333	恩阳区（川）	栀子花	城市绿化苗	万株	3.00
334	武陵区（湘）	栀子花	城市绿化苗	万株	2.00
335	新化县（湘）	中华蚊母	城市绿化苗	万株	100.00
336	襄垣县（晋）	竹柳	城市绿化苗	万株	5.00
337	栾川县（豫）	紫荆	城市绿化苗	万株	440.00
338	潢川县（豫）	紫荆	城市绿化苗	万株	65.00
339	钟祥市（鄂）	紫荆	城市绿化苗	万株	6.00
340	浠水县（鄂）	紫荆	城市绿化苗	万株	5.00
341	竹山县（鄂）	紫荆	城市绿化苗	万株	5.00
342	恩阳区（川）	紫荆	城市绿化苗	万株	3.00
343	淇滨区（豫）	紫荆	城市绿化苗	万株	2.00
344	田东县（桂）	紫荆	城市绿化苗	万株	1.00
345	威海市经济技术开发区（鲁）	紫荆	城市绿化苗	万株	1.00
346	潢川县（豫）	紫薇类	城市绿化苗	万株	800.00
347	黟　县（皖）	紫薇类	城市绿化苗	万株	21.00
348	桐城市（皖）	紫薇类	城市绿化苗	万株	20.00
349	枣阳市（鄂）	紫薇类	城市绿化苗	万株	10.00
350	田东县（桂）	紫薇类	城市绿化苗	万株	0.75
351	潢川县（豫）	紫叶矮樱	城市绿化苗	万株	10.00
352	龙安区（豫）	紫叶矮樱	城市绿化苗	万株	3.70
353	安国市（冀）	紫叶矮樱	城市绿化苗	万株	0.80
354	东丰县（吉）	紫叶稠李	城市绿化苗	万株	420.00
355	大同区（黑）	紫叶稠李	城市绿化苗	万株	7.00
356	华容县（湘）	紫叶桃	城市绿化苗	万株	3.00
357	潢川县（豫）	紫竹	城市绿化苗	万株	28.00
358	黟　县（皖）	紫竹	城市绿化苗	万株	10.00
359	竹山县（鄂）	紫竹	城市绿化苗	万株	1.00
360	邗江区（苏）	满天星	干花	万支	1000.00
361	邗江区（苏）	水仙	干花	万支	1000.00
362	邗江区（苏）	鱼尾葵	干花	万支	1000.00
363	保康县（鄂）	蜡梅	工业及其他用途花卉	千克	156.00

(续表)

序号	其他花卉主产	品种	花卉类别	单位	生产量
364	沙湾区(川)	牡丹	工业及其他用途花卉	千克	32.00
365	广德县(皖)	白及	观赏苗木	万株	6985.00
366	永德县(滇)	白及	观赏苗木	万株	5.00
367	汉寿县(湘)	白鹃梅	观赏苗木	万株	103.00
368	前锋区(川)	白鹃梅	观赏苗木	万株	12.00
369	金川区(甘)	百日草	观赏苗木	万株	20.00
370	吴兴区(浙)	百日草	观赏苗木	万株	3.70
371	东乌珠穆沁旗(内蒙古)	百日草	观赏苗木	万株	3.50
372	钦廉林场(桂)	彩叶草	观赏苗木	万株	0.83
373	洪江市(湘)	茶梅	观赏苗木	万株	100.00
374	南郑区(陕)	茶梅	观赏苗木	万株	15.00
375	宜黄县(赣)	茶梅	观赏苗木	万株	10.00
376	阳新县(鄂)	茶梅	观赏苗木	万株	3.00
377	罗平县(滇)	茶梅	观赏苗木	万株	1.10
378	新泰市(鲁)	常春藤类	观赏苗木	万株	10.00
379	龙南县(赣)	赤楠	观赏苗木	万株	50.01
380	鼎城区(湘)	赤楠	观赏苗木	万株	3.00
381	雨湖区(湘)	赤楠	观赏苗木	万株	2.20
382	昌吉市(新)	雏菊	观赏苗木	万株	1.00
383	河东区(鲁)	垂丝海棠	观赏苗木	万株	550.00
384	光山县(豫)	垂丝海棠	观赏苗木	万株	36.00
385	前锋区(川)	垂丝海棠	观赏苗木	万株	17.00
386	义乌市(浙)	垂丝海棠	观赏苗木	万株	6.60
387	吴江区(苏)	垂丝海棠	观赏苗木	万株	5.00
388	蚌埠市市辖区(皖)	垂丝海棠	观赏苗木	万株	4.00
389	章丘区(鲁)	垂丝海棠	观赏苗木	万株	3.00
390	迁西县(冀)	垂丝海棠	观赏苗木	万株	2.00
391	松江区(沪)	垂丝海棠	观赏苗木	万株	1.40
392	鱼台县(鲁)	垂丝海棠	观赏苗木	万株	1.17
393	顺义区(京)	垂丝海棠	观赏苗木	万株	1.00
394	芜湖县(皖)	翠柏	观赏苗木	万株	5.00
395	鼎城区(湘)	翠柏	观赏苗木	万株	2.00
396	涿州市(冀)	地锦	观赏苗木	万株	5.00
397	禹会区(皖)	地石榴	观赏苗木	万株	10.00
398	灵璧县(皖)	地石榴	观赏苗木	万株	1.00
399	石城县(赣)	地石榴	观赏苗木	万株	1.00
400	涿州市(冀)	棣棠	观赏苗木	万株	20.00
401	章丘区(鲁)	棣棠	观赏苗木	万株	2.00
402	丰宁满族自治县(冀)	丁香类	观赏苗木	万株	150.00
403	五常市(黑)	丁香类	观赏苗木	万株	50.00
404	北戴河区(冀)	丁香类	观赏苗木	万株	7.00

(续表)

序号	其他花卉主产	品种	花卉类别	单位	生产量
405	集贤县(黑)	丁香类	观赏苗木	万株	6.00
406	前锋区(川)	丁香类	观赏苗木	万株	6.00
407	涿州市(冀)	丁香类	观赏苗木	万株	6.00
408	迁安市(冀)	丁香类	观赏苗木	万株	3.00
409	滦平县(冀)	丁香类	观赏苗木	万株	2.10
410	井陉矿区(冀)	丁香类	观赏苗木	万株	2.00
411	昌吉市(新)	丁香类	观赏苗木	万株	1.50
412	二道区(吉)	丁香类	观赏苗木	万株	1.00
413	夏邑县(豫)	丁香类	观赏苗木	万株	1.00
414	临颍县(豫)	杜仲	观赏苗木	万株	100.00
415	汝阳县(豫)	杜仲	观赏苗木	万株	5.90
416	禹会区(皖)	杜仲	观赏苗木	万株	5.00
417	成武县(鲁)	杜仲	观赏苗木	万株	4.00
418	南乐县(豫)	杜仲	观赏苗木	万株	1.00
419	迁安市(冀)	杜仲	观赏苗木	万株	1.00
420	钟祥市(鄂)	对节白蜡	观赏苗木	万株	50.00
421	北戴河区(冀)	多花蔷薇	观赏苗木	万株	7.90
422	章丘区(鲁)	多花蔷薇	观赏苗木	万株	7.00
423	江安县(川)	凤尾竹	观赏苗木	万株	40.00
424	七坡林场(桂)	凤仙花	观赏苗木	万株	152.00
425	新宁县(湘)	佛肚竹	观赏苗木	万株	2.00
426	昌吉市(新)	福禄考	观赏苗木	万株	1.50
427	新宁县(湘)	富贵竹	观赏苗木	万株	10.00
428	大竹县(川)	富贵竹	观赏苗木	万株	2.00
429	临泉县(皖)	刚竹	观赏苗木	万株	2000.00
430	夏邑县(豫)	刚竹	观赏苗木	万株	1.00
431	新宁县(湘)	枸骨	观赏苗木	万株	10.00
432	双峰县(湘)	枸骨	观赏苗木	万株	1.00
433	新宁县(湘)	观叶芋类	观赏苗木	万株	5.00
434	大竹县(川)	观叶芋类	观赏苗木	万株	2.00
435	新宁县(湘)	龟背竹	观赏苗木	万株	5.00
436	望都县(冀)	桧柏	观赏苗木	万株	1480.00
437	鄢陵县(豫)	桧柏	观赏苗木	万株	89.00
438	鹤山区(豫)	桧柏	观赏苗木	万株	26.00
439	隆尧县(冀)	桧柏	观赏苗木	万株	20.00
440	汝阳县(豫)	桧柏	观赏苗木	万株	13.20
441	北戴河区(冀)	桧柏	观赏苗木	万株	8.80
442	东安县(湘)	桧柏	观赏苗木	万株	6.00
443	涉　县(冀)	桧柏	观赏苗木	万株	6.00
444	涿州市(冀)	桧柏	观赏苗木	万株	4.00
445	永清县(冀)	桧柏	观赏苗木	万株	3.00
446	井陉矿区(冀)	桧柏	观赏苗木	万株	2.00

（续表）

序号	其他花卉主产	品种	花卉类别	单位	生产量
447	迁安市(冀)	桧柏	观赏苗木	万株	2.00
448	高碑店市(冀)	桧柏	观赏苗木	万株	1.00
449	洪江市(湘)	海桐	观赏苗木	万株	100.00
450	蚌埠市市辖区(皖)	海桐	观赏苗木	万株	10.00
451	巴州区(川)	海桐	观赏苗木	万株	3.50
452	邗江区(苏)	海桐	观赏苗木	万株	2.00
453	内江市市中区(川)	海桐	观赏苗木	万株	1.00
454	崇阳县(鄂)	含笑	观赏苗木	万株	50.00
455	龙南县(赣)	含笑	观赏苗木	万株	25.00
456	洪江市(湘)	含笑	观赏苗木	万株	10.00
457	大余县(赣)	含笑	观赏苗木	万株	5.00
458	蔡甸区(鄂)	含笑	观赏苗木	万株	4.00
459	阳新县(鄂)	含笑	观赏苗木	万株	4.00
460	常宁市(湘)	含笑	观赏苗木	万株	0.70
461	涿州市(冀)	荷兰菊	观赏苗木	万株	30.00
462	昌吉市(新)	荷兰菊	观赏苗木	万株	1.00
463	昌吉市(新)	黑心菊	观赏苗木	万株	1.50
464	崇阳县(鄂)	红碧桃	观赏苗木	万株	50.00
465	鸡泽县(冀)	红碧桃	观赏苗木	万株	8.80
466	嵩　县(豫)	红碧桃	观赏苗木	万株	4.20
467	顺义区(京)	红碧桃	观赏苗木	万株	3.00
468	迁安市(冀)	红碧桃	观赏苗木	万株	2.00
469	磁　县(冀)	红碧桃	观赏苗木	万株	1.00
470	丰宁满族自治县(冀)	红瑞木	观赏苗木	万株	52.00
471	涿州市(冀)	红瑞木	观赏苗木	万株	20.00
472	北戴河区(冀)	红瑞木	观赏苗木	万株	5.90
473	顺义区(京)	红瑞木	观赏苗木	万株	2.00
474	昌吉市(新)	红瑞木	观赏苗木	万株	1.00
475	井陉矿区(冀)	红瑞木	观赏苗木	万株	1.00
476	涿州市(冀)	红叶小檗	观赏苗木	万株	120.00
477	鹤山区(豫)	红叶小檗	观赏苗木	万株	25.00
478	迁安市(冀)	红叶小檗	观赏苗木	万株	20.00
479	迁西县(冀)	红叶小檗	观赏苗木	万株	10.00
480	顺义区(京)	红叶小檗	观赏苗木	万株	10.00
481	川汇区(豫)	红叶小檗	观赏苗木	万株	9.00
482	曲阳县(冀)	红叶小檗	观赏苗木	万株	8.00
483	义马市(豫)	红叶小檗	观赏苗木	万株	5.00
484	鸡泽县(冀)	红叶小檗	观赏苗木	万株	3.80
485	北戴河区(冀)	红叶小檗	观赏苗木	万株	3.60
486	大厂回族自治县(冀)	红叶小檗	观赏苗木	万株	3.00
487	昌吉市(新)	红叶小檗	观赏苗木	万株	1.50
488	迁安市(冀)	黄刺玫	观赏苗木	万株	3.00

（续表）

序号	其他花卉主产	品种	花卉类别	单位	生产量
489	洪江市(湘)	黄杨类	观赏苗木	万株	100.00
490	涿州市(冀)	黄杨类	观赏苗木	万株	100.00
491	内乡县(豫)	黄杨类	观赏苗木	万株	82.00
492	平山县(冀)	黄杨类	观赏苗木	万株	66.00
493	迁安市(冀)	黄杨类	观赏苗木	万株	33.00
494	永清县(冀)	黄杨类	观赏苗木	万株	22.00
495	西平县(豫)	黄杨类	观赏苗木	万株	15.00
496	嵩　县(豫)	黄杨类	观赏苗木	万株	11.00
497	北戴河区(冀)	黄杨类	观赏苗木	万株	9.60
498	巴州区(川)	黄杨类	观赏苗木	万株	4.30
499	鸡泽县(冀)	黄杨类	观赏苗木	万株	3.00
500	沂水县(鲁)	黄杨类	观赏苗木	万株	1.30
501	兴义市(黔)	火棘	观赏苗木	万株	170.00
502	鼎城区(湘)	火棘	观赏苗木	万株	6.00
503	钦廉林场(桂)	鸡冠花	观赏苗木	万株	2.00
504	旌阳区(川)	鸡爪槭	观赏苗木	万株	8.50
505	北戴河区(冀)	鸡爪槭	观赏苗木	万株	2.10
506	三门县(浙)	鸡爪槭	观赏苗木	万株	1.60
507	内江市市中区(川)	鸡爪槭	观赏苗木	万株	0.70
508	西平县(豫)	夹竹桃类	观赏苗木	万株	24.00
509	前锋区(川)	夹竹桃类	观赏苗木	万株	6.00
510	东安县(湘)	夹竹桃类	观赏苗木	万株	2.00
511	迁安市(冀)	夹竹桃类	观赏苗木	万株	1.00
512	竹溪县(鄂)	金弹子	观赏苗木	万株	1.20
513	涿州市(冀)	金鸡菊	观赏苗木	万株	30.00
514	昌吉市(新)	金鸡菊	观赏苗木	万株	1.00
515	丰宁满族自治县(冀)	金银木	观赏苗木	万株	42.00
516	涿州市(冀)	金银木	观赏苗木	万株	5.00
517	北戴河区(冀)	金银木	观赏苗木	万株	2.00
518	晋州市(冀)	金银木	观赏苗木	万株	1.60
519	井陉矿区(冀)	金银木	观赏苗木	万株	1.00
520	迁安市(冀)	金银木	观赏苗木	万株	1.00
521	丰宁满族自治县(冀)	锦带花	观赏苗木	万株	71.00
522	涿州市(冀)	锦带花	观赏苗木	万株	30.00
523	涿州市(冀)	景天	观赏苗木	万株	80.00
524	金川区(甘)	景天	观赏苗木	万株	50.00
525	昌吉市(新)	景天	观赏苗木	万株	1.50
526	围场满族蒙古族自治县(冀)	桔梗	观赏苗木	万株	10.00
527	绿园区(吉)	君子兰	观赏苗木	万株	19.00
528	灵璧县(皖)	君子兰	观赏苗木	万株	1.00
529	普安县(黔)	康乃馨	观赏苗木	万株	3.00

(续表)

序号	其他花卉主产	品种	花卉类别	单位	生产量
530	鄢陵县(豫)	蜡梅	观赏苗木	万株	981.00
531	淮阳县(豫)	蜡梅	观赏苗木	万株	4.60
532	巴州区(川)	蜡梅	观赏苗木	万株	4.00
533	东安县(湘)	蜡梅	观赏苗木	万株	4.00
534	嵩　县(豫)	蜡梅	观赏苗木	万株	1.20
535	建安区(豫)	兰草	观赏苗木	万株	13.00
536	古蔺县(川)	兰草	观赏苗木	万株	10.00
537	恩阳区(川)	兰草	观赏苗木	万株	1.00
538	丰宁满族自治县(冀)	连翘	观赏苗木	万株	46.00
539	迁安市(冀)	连翘	观赏苗木	万株	20.00
540	涉　县(冀)	连翘	观赏苗木	万株	8.00
541	涿州市(冀)	连翘	观赏苗木	万株	7.50
542	顺义区(京)	连翘	观赏苗木	万株	6.00
543	平泉市(冀)	连翘	观赏苗木	万株	2.88
544	嵩　县(豫)	连翘	观赏苗木	万株	2.70
545	滦平县(冀)	连翘	观赏苗木	万株	1.70
546	集贤县(黑)	连翘	观赏苗木	万株	1.00
547	魏　县(冀)	连翘	观赏苗木	万株	1.00
548	鹿泉区(冀)	流苏	观赏苗木	万株	10.00
549	沂水县(鲁)	流苏	观赏苗木	万株	3.50
550	安丘市(鲁)	流苏	观赏苗木	万株	2.80
551	北京市大东流苗圃(京)	流苏	观赏苗木	万株	0.97
552	常宁市(湘)	龙柏	观赏苗木	万株	3.60
553	范　县(豫)	龙柏	观赏苗木	万株	3.00
554	灵璧县(皖)	龙柏	观赏苗木	万株	1.00
555	兴文县(川)	罗汉竹	观赏苗木	万株	6.50
556	迁安市(冀)	麻叶绣线菊类	观赏苗木	万株	10.00
557	涿州市(冀)	马蔺	观赏苗木	万株	5.00
558	卧龙区(豫)	梅花	观赏苗木	万株	181.30
559	大余县(赣)	梅花	观赏苗木	万株	5.00
560	华蓥市(川)	梅花	观赏苗木	万株	5.00
561	巴州区(川)	梅花	观赏苗木	万株	2.90
562	迁安市(冀)	美国红栌	观赏苗木	万株	8.00
563	普宁市(粤)	米兰	观赏苗木	万株	1.06
564	巴州区(川)	茉莉花	观赏苗木	万株	2.90
565	普宁市(粤)	茉莉花	观赏苗木	万株	1.03
566	恩阳区(川)	茉莉花	观赏苗木	万株	1.00
567	保康县(鄂)	牡丹	观赏苗木	万株	254.00
568	魏　县(冀)	牡丹	观赏苗木	万株	33.00
569	临城县(冀)	牡丹	观赏苗木	万株	30.00
570	沙河市(冀)	牡丹	观赏苗木	万株	20.00
571	铜川市新区(陕)	牡丹	观赏苗木	万株	6.00

(续表)

序号	其他花卉主产	品种	花卉类别	单位	生产量
572	仁寿县(川)	牡丹	观赏苗木	万株	0.70
573	巴州区(川)	木芙蓉	观赏苗木	万株	10.00
574	洪江市(湘)	木芙蓉	观赏苗木	万株	10.00
575	金堂县(川)	木芙蓉	观赏苗木	万株	1.80
576	巴州区(川)	南天竹	观赏苗木	万株	4.30
577	川汇区(豫)	南天竹	观赏苗木	万株	2.00
578	吴兴区(浙)	南天竹	观赏苗木	万株	1.20
579	川汇区(豫)	葡萄	观赏苗木	万株	3.00
580	南郑区(陕)	七叶树	观赏苗木	万株	40.00
581	泌阳县(豫)	七叶树	观赏苗木	万株	3.00
582	嵩　县(豫)	七叶树	观赏苗木	万株	0.67
583	元宝山区(内蒙古)	千日红	观赏苗木	万株	5.00
584	钦廉林场(桂)	千日红	观赏苗木	万株	1.30
585	成武县(鲁)	楸树	观赏苗木	万株	50.10
586	西平县(豫)	楸树	观赏苗木	万株	29.00
587	川汇区(豫)	楸树	观赏苗木	万株	21.00
588	淮阳县(豫)	楸树	观赏苗木	万株	17.50
589	涿州市(冀)	楸树	观赏苗木	万株	2.00
590	安丘市(鲁)	楸树	观赏苗木	万株	0.80
591	丰宁满族自治县(冀)	忍冬类	观赏苗木	万株	18.00
592	龙南县(赣)	榕树(小叶榕)	观赏苗木	万株	40.00
593	信宜市(粤)	榕树(小叶榕)	观赏苗木	万株	5.00
594	巴州区(川)	榕树(小叶榕)	观赏苗木	万株	2.90
595	大姚县(滇)	榕树(小叶榕)	观赏苗木	万株	2.35
596	三亚市市辖区(琼)	散尾葵	观赏苗木	万株	11.80
597	巴州区(川)	山茶花	观赏苗木	万株	4.30
598	屈家岭管理区(鄂)	山茶花	观赏苗木	万株	1.00
599	丰宁满族自治县(冀)	山桃	观赏苗木	万株	150.00
600	北塔区(湘)	山桃	观赏苗木	万株	6.80
601	集贤县(黑)	山桃	观赏苗木	万株	0.60
602	南漳县(鄂)	山茱萸	观赏苗木	万株	86.00
603	范　县(豫)	芍药	观赏苗木	万株	7.00
604	峰峰矿区(冀)	芍药	观赏苗木	万株	6.00
605	昌吉市(新)	芍药	观赏苗木	万株	1.50
606	昌吉市(新)	蛇鞭菊	观赏苗木	万株	1.00
607	定兴县(冀)	射干	观赏苗木	万株	3.00
608	新宁县(湘)	石斛兰	观赏苗木	万株	20.00
609	寒亭区(鲁)	石榴	观赏苗木	万株	5.00
610	公安县(鄂)	石榴	观赏苗木	万株	3.20
611	涿州市(冀)	石榴	观赏苗木	万株	3.00
612	巴州区(川)	石榴	观赏苗木	万株	0.57
613	武陵区(湘)	石蒜	观赏苗木	万株	1.50

（续表）

序号	其他花卉主产	品种	花卉类别	单位	生产量
614	七坡林场(桂)	石竹	观赏苗木	万株	230.00
615	涿州市(冀)	石竹	观赏苗木	万株	50.00
616	昌吉市(新)	石竹	观赏苗木	万株	1.00
617	高碑店市(冀)	柿	观赏苗木	万株	3.00
618	涿州市(冀)	丝兰	观赏苗木	万株	2.00
619	鄢陵县(豫)	丝绵木	观赏苗木	万株	211.00
620	丰宁满族自治县(冀)	丝绵木	观赏苗木	万株	42.00
621	涿州市(冀)	丝绵木	观赏苗木	万株	32.00
622	成武县(鲁)	丝绵木	观赏苗木	万株	5.00
623	安平县(冀)	丝绵木	观赏苗木	万株	4.00
624	永清县(冀)	丝绵木	观赏苗木	万株	4.00
625	北京市大东流苗圃（京）	丝绵木	观赏苗木	万株	2.10
626	隆化县(冀)	丝绵木	观赏苗木	万株	2.10
627	高碑店市(冀)	丝绵木	观赏苗木	万株	2.00
628	蜀山区(皖)	唐菖蒲	观赏苗木	万株	5.00
629	迁安市(冀)	藤本月季	观赏苗木	万株	14.00
630	高碑店市(冀)	藤本月季	观赏苗木	万株	4.00
631	定兴县(冀)	藤本月季	观赏苗木	万株	2.00
632	顺义区(京)	藤本月季	观赏苗木	万株	1.00
633	华蓥市(川)	贴梗海棠	观赏苗木	万株	30.00
634	南郑区(陕)	贴梗海棠	观赏苗木	万株	8.00
635	巴州区(川)	贴梗海棠	观赏苗木	万株	1.13
636	涿州市(冀)	卫矛类	观赏苗木	万株	100.00
637	鹤山区(豫)	卫矛类	观赏苗木	万株	60.00
638	肥乡区(冀)	卫矛类	观赏苗木	万株	32.00
639	曲阳县(冀)	卫矛类	观赏苗木	万株	30.00
640	迁安市(冀)	卫矛类	观赏苗木	万株	15.00
641	大厂回族自治县(冀)	卫矛类	观赏苗木	万株	3.00
642	夏邑县(豫)	卫矛类	观赏苗木	万株	1.00
643	北京市大东流苗圃（京）	文冠果	观赏苗木	万株	1.34
644	浦东新区(沪)	勿忘草	观赏苗木	万株	790.00
645	鄢陵县(豫)	西府海棠	观赏苗木	万株	176.00
646	曲阳县(冀)	西府海棠	观赏苗木	万株	52.00
647	丰宁满族自治县(冀)	西府海棠	观赏苗木	万株	30.00
648	西平县(豫)	西府海棠	观赏苗木	万株	25.00
649	济阳区(鲁)	西府海棠	观赏苗木	万株	20.00
650	安丘市(鲁)	西府海棠	观赏苗木	万株	13.70
651	永清县(冀)	西府海棠	观赏苗木	万株	8.00
652	安平县(冀)	西府海棠	观赏苗木	万株	5.20
653	滦平县(冀)	西府海棠	观赏苗木	万株	3.70
654	定兴县(冀)	西府海棠	观赏苗木	万株	3.00

（续表）

序号	其他花卉主产	品种	花卉类别	单位	生产量
655	顺义区(京)	西府海棠	观赏苗木	万株	2.00
656	高碑店市(冀)	西府海棠	观赏苗木	万株	1.00
657	杞　县(豫)	西府海棠	观赏苗木	万株	0.60
658	翠屏区(川)	仙客来	观赏苗木	万株	150.00
659	平阴县(鲁)	现代月季	观赏苗木	万株	206.94
660	泌阳县(豫)	现代月季	观赏苗木	万株	100.00
661	滕州市(鲁)	现代月季	观赏苗木	万株	50.00
662	梁子湖区(鄂)	现代月季	观赏苗木	万株	18.00
663	肥西县(皖)	现代月季	观赏苗木	万株	10.00
664	蚌山区(皖)	杏	观赏苗木	万株	1.00
665	高碑店市(冀)	杏	观赏苗木	万株	1.00
666	武陵区(湘)	绣球花	观赏苗木	万株	1.50
667	涿州市(冀)	萱草	观赏苗木	万株	100.00
668	桦甸市(吉)	萱草	观赏苗木	万株	90.00
669	二道区(吉)	萱草	观赏苗木	万株	3.00
670	顺义区(京)	萱草	观赏苗木	万株	2.00
671	昌吉市(新)	萱草	观赏苗木	万株	1.50
672	顺义区(京)	雁来红	观赏苗木	万株	10.00
673	兴义市(黔)	叶子花	观赏苗木	万株	248.62
674	翠屏区(川)	夜来香	观赏苗木	万株	172.00
675	会理县(川)	一品红	观赏苗木	万株	3.50
676	顺义区(京)	樱桃	观赏苗木	万株	2.00
677	永寿县(陕)	樱桃	观赏苗木	万株	1.90
678	新泰市(鲁)	迎春	观赏苗木	万株	8.00
679	迁安市(冀)	迎春	观赏苗木	万株	2.00
680	魏　县(冀)	迎春	观赏苗木	万株	2.00
681	丰宁满族自治县(冀)	榆叶梅	观赏苗木	万株	86.00
682	新泰市(鲁)	榆叶梅	观赏苗木	万株	14.00
683	永清县(冀)	榆叶梅	观赏苗木	万株	8.00
684	涿州市(冀)	榆叶梅	观赏苗木	万株	7.20
685	安平县(冀)	榆叶梅	观赏苗木	万株	6.00
686	大厂回族自治县(冀)	榆叶梅	观赏苗木	万株	6.00
687	安丘市(鲁)	榆叶梅	观赏苗木	万株	5.40
688	定兴县(冀)	榆叶梅	观赏苗木	万株	5.00
689	迁安市(冀)	榆叶梅	观赏苗木	万株	4.00
690	北戴河区(冀)	榆叶梅	观赏苗木	万株	3.70
691	鹿泉区(冀)	榆叶梅	观赏苗木	万株	2.00
692	滦平县(冀)	榆叶梅	观赏苗木	万株	2.00
693	玉门市(甘)	榆叶梅	观赏苗木	万株	1.02
694	浦东新区(沪)	玉簪类	观赏苗木	万株	500.00
695	桦甸市(吉)	玉簪类	观赏苗木	万株	120.00
696	涿州市(冀)	玉簪类	观赏苗木	万株	50.00

（续表）

序号	其他花卉主产	品种	花卉类别	单位	生产量
697	顺义区(京)	玉簪类	观赏苗木	万株	5.00
698	二道区(吉)	玉簪类	观赏苗木	万株	2.00
699	新津县(川)	郁金香	观赏苗木	万株	5.00
700	涿州市(冀)	鸢尾类	观赏苗木	万株	100.00
701	惠济区(豫)	鸢尾类	观赏苗木	万株	13.50
702	定兴县(冀)	鸢尾类	观赏苗木	万株	10.00
703	顺义区(京)	鸢尾类	观赏苗木	万株	5.00
704	平山县(冀)	鸢尾类	观赏苗木	万株	4.10
705	丰宁满族自治县(冀)	元宝枫	观赏苗木	万株	30.00
706	成武县(鲁)	元宝枫	观赏苗木	万株	13.00
707	永清县(冀)	元宝枫	观赏苗木	万株	9.00
708	丹棱县(川)	元宝枫	观赏苗木	万株	2.50
709	玉门市(甘)	元宝枫	观赏苗木	万株	2.50
710	顺义区(京)	元宝枫	观赏苗木	万株	1.00
711	丰宁满族自治县(冀)	云杉	观赏苗木	万株	88.00
712	涿州市(冀)	云杉	观赏苗木	万株	2.00
713	隆化县(冀)	云杉	观赏苗木	万株	0.60
714	涿州市(冀)	早园竹	观赏苗木	万株	2.00
715	金堂县(川)	皂角	观赏苗木	万株	1.80
716	旌阳区(川)	皂角	观赏苗木	万株	1.00
717	巴州区(川)	皂角	观赏苗木	万株	0.57
718	双峰县(湘)	栀子花	观赏苗木	万株	680.00
719	翠屏区(川)	栀子花	观赏苗木	万株	208.00
720	洪江市(湘)	栀子花	观赏苗木	万株	100.00
721	万山区(黔)	栀子花	观赏苗木	万株	22.00
722	邻水县(川)	栀子花	观赏苗木	万株	10.00
723	巴州区(川)	栀子花	观赏苗木	万株	4.30
724	蕲春县(鄂)	栀子花	观赏苗木	万株	3.00
725	内江市市中区(川)	栀子花	观赏苗木	万株	0.70
726	美兰区(琼)	朱蕉	观赏苗木	万株	300.00
727	三亚市市辖区(琼)	朱蕉	观赏苗木	万株	4.00
728	万全区(冀)	竹柳	观赏苗木	万株	120.00
729	陵城区(鲁)	竹柳	观赏苗木	万株	10.80
730	巴州区(川)	竹柳	观赏苗木	万株	5.70
731	鄢陵县(豫)	紫荆	观赏苗木	万株	265.00
732	海阳市(鲁)	紫荆	观赏苗木	万株	13.00
733	武宣县(桂)	紫荆	观赏苗木	万株	6.00
734	巴州区(川)	紫荆	观赏苗木	万株	5.70
735	新泰市(鲁)	紫荆	观赏苗木	万株	4.00
736	成武县(鲁)	紫荆	观赏苗木	万株	2.00
737	海宁市(浙)	紫薇类	观赏苗木	万株	200.00
738	义乌市(浙)	紫薇类	观赏苗木	万株	58.00

（续表）

序号	其他花卉主产	品种	花卉类别	单位	生产量
739	蒙阴县(鲁)	紫薇类	观赏苗木	万株	20.00
740	昭化区(川)	紫薇类	观赏苗木	万株	20.00
741	新泰市(鲁)	紫薇类	观赏苗木	万株	13.00
742	北戴河区(冀)	紫薇类	观赏苗木	万株	5.50
743	丹棱县(川)	紫薇类	观赏苗木	万株	3.00
744	双峰县(湘)	紫薇类	观赏苗木	万株	2.00
745	吴兴区(浙)	紫薇类	观赏苗木	万株	1.20
746	永兴县(湘)	紫薇类	观赏苗木	万株	0.86
747	玉门市(甘)	紫叶矮樱	观赏苗木	万株	89.52
748	金川区(甘)	紫叶矮樱	观赏苗木	万株	25.00
749	曲阳县(冀)	紫叶稠李	观赏苗木	万株	13.00
750	滦平县(冀)	紫叶稠李	观赏苗木	万株	1.10
751	二道区(吉)	紫叶稠李	观赏苗木	万株	1.00
752	双峰县(湘)	紫叶稠李	观赏苗木	万株	1.00
753	玉门市(甘)	紫叶稠李	观赏苗木	万株	1.00
754	渌口区(湘)	紫叶桃	观赏苗木	万株	9.00
755	蚌山区(皖)	紫叶桃	观赏苗木	万株	5.00
756	任　县(冀)	紫叶桃	观赏苗木	万株	0.60
757	蓝山县(湘)	巴西铁	观叶植物	万盆	10.00
758	嵩　县(豫)	彩叶草	观叶植物	万盆	22.10
759	包河区(皖)	彩叶草	观叶植物	万盆	5.00
760	成武县(鲁)	常春藤类	观叶植物	万盆	20.00
761	镇江市市辖区(苏)	常春藤类	观叶植物	万盆	6.00
762	迁西县(冀)	常春藤类	观叶植物	万盆	5.00
763	嵩　县(豫)	常春藤类	观叶植物	万盆	3.10
764	永清县(冀)	常春藤类	观叶植物	万盆	2.00
765	七坡林场(桂)	灯盏花	观叶植物	万盆	123.00
766	夏邑县(豫)	杜仲	观叶植物	万盆	1.00
767	钟祥市(鄂)	凤梨类	观叶植物	万盆	300.00
768	顺义区(京)	凤梨类	观叶植物	万盆	58.80
769	永清县(冀)	凤梨类	观叶植物	万盆	1.00
770	鹤城区(湘)	富贵竹	观叶植物	万盆	18.00
771	高碑店市(冀)	富贵竹	观叶植物	万盆	3.00
772	峄城区(鲁)	富贵竹	观叶植物	万盆	1.00
773	永清县(冀)	富贵竹	观叶植物	万盆	1.00
774	海宁市(浙)	观叶芋类	观叶植物	万盆	243.00
775	顺义区(京)	观叶芋类	观叶植物	万盆	36.30
776	永清县(冀)	观叶芋类	观叶植物	万盆	1.00
777	高碑店市(冀)	龟背竹	观叶植物	万盆	1.00
778	夏邑县(豫)	红叶小檗	观叶植物	万盆	1.00
779	丛台区(冀)	景天	观叶植物	万盆	20.00
780	峄城区(鲁)	景天	观叶植物	万盆	0.60

（续表）

序号	其他花卉主产	品种	花卉类别	单位	生产量
781	固始县(豫)	君子兰	观叶植物	万盆	6.50
782	伊川县(豫)	君子兰	观叶植物	万盆	5.00
783	商水县(豫)	君子兰	观叶植物	万盆	1.00
784	伊川县(豫)	兰草	观叶植物	万盆	6.00
785	平乐县(桂)	兰草	观叶植物	万盆	1.00
786	泰安市高新区(鲁)	龙柏	观叶植物	万盆	0.71
787	潢川县(豫)	南天竹	观叶植物	万盆	3.80
788	蜀山区(皖)	三色堇	观叶植物	万盆	5.00
789	高碑店市(冀)	散尾葵	观叶植物	万盆	3.00
790	信宜市(粤)	藤萝	观叶植物	万盆	3.00
791	梁子湖区(鄂)	现代月季	观叶植物	万盆	450.00
792	临泉县(皖)	现代月季	观叶植物	万盆	2.00
793	商水县(豫)	榆叶梅	观叶植物	万盆	1.50
794	武陵区(湘)	羽叶甘蓝	观叶植物	万盆	2.00
795	肥西县(皖)	长春花	观叶植物	万盆	10.00
796	石泉县(陕)	中华蚊母	观叶植物	万盆	0.60
797	龙南县(赣)	百日草	花卉用种苗	万株	30.00
798	大悟县(鄂)	百日草	花卉用种苗	万株	0.08
799	龙南县(赣)	赤楠	花卉用种苗	万株	40.00
800	玉门市(甘)	大丽花	花卉用种苗	万株	0.20
801	玉门市(甘)	丁香类	花卉用种苗	万株	1.32
802	龙南县(赣)	富贵竹	花卉用种苗	万株	30.00
803	龙南县(赣)	含笑	花卉用种苗	万株	20.00
804	南郑区(陕)	含笑	花卉用种苗	万株	2.00
805	钦廉林场(桂)	鸡冠花	花卉用种苗	万株	1.70
806	乌拉特后旗(内蒙古)	鸡冠花	花卉用种苗	万株	1.10
807	玉门市(甘)	景天	花卉用种苗	万株	5.00
808	旌阳区(川)	康乃馨	花卉用种苗	万株	3.80
809	雅长林场(桂)	兰草	花卉用种苗	万株	8.50
810	龙南县(赣)	榕树(小叶榕)	花卉用种苗	万株	20.00
811	松江区(沪)	三色堇	花卉用种苗	万株	1300.00
812	龙华区(琼)	石斛兰	花卉用种苗	万株	1.00
813	旌阳区(川)	石竹	花卉用种苗	万株	4.70
814	顺义区(京)	一品红	花卉用种苗	万株	23.90
815	七坡林场(桂)	一品红	花卉用种苗	万株	5.00
816	旌阳区(川)	一品红	花卉用种苗	万株	2.50
817	平利县(陕)	一品红	花卉用种苗	万株	0.21
818	玉门市(甘)	鸢尾类	花卉用种苗	万株	8.00
819	白山市市辖区(吉)	鸢尾类	花卉用种苗	万株	3.00
820	南郑区(陕)	紫竹	花卉用种苗	万株	140.00
821	永清县(冀)	大丽花	花卉用种球	千粒	5.00
822	永清县(冀)	马蹄井	花卉用种球	千粒	10.00
823	旌阳区(川)	马蹄井	花卉用种球	千粒	6.00
824	沙市区(鄂)	水仙	花卉用种球	千粒	80.00
825	永清县(冀)	水仙	花卉用种球	千粒	50.00
826	旌阳区(川)	水仙	花卉用种球	千粒	12.00
827	永清县(冀)	仙客来	花卉用种球	千粒	15.00
828	旌阳区(川)	小苍兰	花卉用种球	千粒	6.00
829	松江区(沪)	郁金香	花卉用种球	千粒	900.00
830	永清县(冀)	郁金香	花卉用种球	千粒	68.00
831	旌阳区(川)	郁金香	花卉用种球	千粒	40.00
832	旌阳区(川)	凤仙花	花卉用种子	千克	53.00
833	旌阳区(川)	球根海棠	花卉用种子	千克	47.00
834	旌阳区(川)	仙客来	花卉用种子	千克	37.00
835	宜城市(鄂)	百日草	盆花	万盆	40.00
836	北戴河区(冀)	百日草	盆花	万盆	11.30
837	丰宁满族自治县(冀)	百日草	盆花	万盆	10.00
838	永清县(冀)	百日草	盆花	万盆	5.00
839	镇江市市辖区(苏)	薄荷	盆花	万盆	3.00
840	仙桃市(鄂)	彩叶草	盆花	万盆	71.00
841	北戴河区(冀)	彩叶草	盆花	万盆	9.80
842	永清县(冀)	彩叶草	盆花	万盆	9.00
843	桐乡市(浙)	彩叶草	盆花	万盆	8.55
844	商水县(豫)	彩叶草	盆花	万盆	0.90
845	北戴河区(冀)	草芙蓉	盆花	万盆	8.30
846	无为县(皖)	茶梅	盆花	万盆	10.00
847	浠水县(鄂)	茶梅	盆花	万盆	6.00
848	绵竹市(川)	茶梅	盆花	万盆	3.00
849	崇阳县(鄂)	茶梅	盆花	万盆	0.80
850	定州市(冀)	常春藤类	盆花	万盆	30.00
851	高邑县(冀)	常春藤类	盆花	万盆	15.00
852	辛集市(冀)	常春藤类	盆花	万盆	10.90
853	淮安区(苏)	雏菊	盆花	万盆	560.00
854	新安县(豫)	雏菊	盆花	万盆	405.00
855	武陟县(豫)	雏菊	盆花	万盆	300.00
856	高邑县(冀)	雏菊	盆花	万盆	15.00
857	北戴河区(冀)	雏菊	盆花	万盆	10.60
858	成安县(冀)	雏菊	盆花	万盆	8.00
859	颍泉区(皖)	雏菊	盆花	万盆	1.00
860	普宁市(粤)	雏菊	盆花	万盆	0.88
861	息　县(豫)	垂丝海棠	盆花	万盆	4.20
862	仙桃市(鄂)	葱兰	盆花	万盆	10.00
863	襄城区(鄂)	葱兰	盆花	万盆	2.50
864	新泰市(鲁)	大丽花	盆花	万盆	25.00

(续表)

序号	其他花卉主产	品种	花卉类别	单位	生产量
865	高邑县(冀)	大丽花	盆花	万盆	15.00
866	丰宁满族自治县(冀)	大丽花	盆花	万盆	10.00
867	会宁县(甘)	大丽花	盆花	万盆	10.00
868	绵竹市(川)	大丽花	盆花	万盆	6.00
869	潢川县(豫)	大丽花	盆花	万盆	4.00
870	嵩　县(豫)	大丽花	盆花	万盆	3.00
871	普宁市(粤)	大丽花	盆花	万盆	1.86
872	商水县(豫)	大丽花	盆花	万盆	1.10
873	永清县(冀)	大岩桐	盆花	万盆	1.00
874	高碑店市(冀)	倒挂金钟	盆花	万盆	2.00
875	永清县(冀)	倒挂金钟	盆花	万盆	1.00
876	商水县(豫)	地肤	盆花	万盆	1.10
877	西华县(豫)	吊金钱	盆花	万盆	1.50
878	衡山县(湘)	丁香类	盆花	万盆	0.68
879	雨花区(湘)	凤凰竹	盆花	万盆	68.00
880	青州市(鲁)	凤梨类	盆花	万盆	350.00
881	东台市(苏)	凤梨类	盆花	万盆	300.00
882	南湖区(浙)	凤梨类	盆花	万盆	150.79
883	松江区(沪)	凤梨类	盆花	万盆	135.00
884	儋州市(琼)	凤梨类	盆花	万盆	105.00
885	青浦区(沪)	凤梨类	盆花	万盆	90.00
886	奉贤区(沪)	凤梨类	盆花	万盆	24.00
887	五指山市(琼)	凤梨类	盆花	万盆	20.00
888	三亚市市辖区(琼)	凤梨类	盆花	万盆	10.00
889	保亭黎族苗族自治县(琼)	凤梨类	盆花	万盆	9.97
890	东洲区(辽)	凤梨类	盆花	万盆	8.80
891	虞城县(豫)	凤梨类	盆花	万盆	1.50
892	涿州市(冀)	凤梨类	盆花	万盆	1.50
893	浦口区(苏)	凤梨类	盆花	万盆	1.02
894	辛集市(冀)	凤梨类	盆花	万盆	1.00
895	北京市大东流苗圃(京)	凤梨类	盆花	万盆	0.88
896	巴州区(川)	凤尾竹	盆花	万盆	0.83
897	三亚市市辖区(琼)	凤仙花	盆花	万盆	100.00
898	延庆区(京)	凤仙花	盆花	万盆	84.00
899	新安县(豫)	凤仙花	盆花	万盆	50.00
900	滦平县(冀)	凤仙花	盆花	万盆	30.00
901	北戴河区(冀)	凤仙花	盆花	万盆	13.90
902	高邑县(冀)	凤仙花	盆花	万盆	8.00
903	东洲区(辽)	凤仙花	盆花	万盆	3.90
904	平山县(冀)	凤仙花	盆花	万盆	1.20
905	商水县(豫)	凤仙花	盆花	万盆	0.70

(续表)

序号	其他花卉主产	品种	花卉类别	单位	生产量
906	延庆区(京)	福禄考	盆花	万盆	32.00
907	北戴河区(冀)	福禄考	盆花	万盆	8.90
908	雨山区(皖)	富贵竹	盆花	万盆	10.00
909	巴州区(川)	富贵竹	盆花	万盆	5.93
910	建安区(豫)	富贵竹	盆花	万盆	3.00
911	灵璧县(皖)	富贵竹	盆花	万盆	3.00
912	南湖区(浙)	观叶芋类	盆花	万盆	357.34
913	青浦区(沪)	观叶芋类	盆花	万盆	50.00
914	奉贤区(沪)	观叶芋类	盆花	万盆	32.00
915	海陵区(苏)	观叶芋类	盆花	万盆	11.00
916	浦口区(苏)	观叶芋类	盆花	万盆	2.38
917	涿州市(冀)	观叶芋类	盆花	万盆	1.50
918	迁安市(冀)	龟背竹	盆花	万盆	2.00
919	石鼓区(湘)	海桐	盆花	万盆	58.00
920	潢川县(豫)	海桐	盆花	万盆	3.70
921	巴州区(川)	海桐	盆花	万盆	0.55
922	绵竹市(川)	含笑	盆花	万盆	4.00
923	潢川县(豫)	含笑	盆花	万盆	2.00
924	鼎城区(湘)	含羞草	盆花	万盆	2.00
925	巴州区(川)	红碧桃	盆花	万盆	1.38
926	巴州区(川)	黄杨类	盆花	万盆	0.83
927	南湖区(浙)	惠兰	盆花	万盆	25.61
928	潢川县(豫)	火棘	盆花	万盆	4.00
929	潍城区(鲁)	火棘	盆花	万盆	1.50
930	保亭黎族苗族自治县(琼)	火燕兰	盆花	万盆	3.20
931	商水县(豫)	霍香蓟	盆花	万盆	2.50
932	三亚市市辖区(琼)	鸡冠花	盆花	万盆	50.00
933	贵溪市(赣)	鸡冠花	盆花	万盆	36.00
934	和静县(新)	鸡冠花	盆花	万盆	15.00
935	北戴河区(冀)	鸡冠花	盆花	万盆	10.30
936	丰宁满族自治县(冀)	鸡冠花	盆花	万盆	10.00
937	会宁县(甘)	鸡冠花	盆花	万盆	10.00
938	博湖县(新)	鸡冠花	盆花	万盆	5.00
939	鼎城区(湘)	鸡冠花	盆花	万盆	5.00
940	潢川县(豫)	鸡冠花	盆花	万盆	4.00
941	双滦区(冀)	鸡冠花	盆花	万盆	4.00
942	信宜市(粤)	鸡冠花	盆花	万盆	2.60
943	颍泉区(皖)	鸡冠花	盆花	万盆	2.00
944	永清县(冀)	鸡冠花	盆花	万盆	2.00
945	延庆区(京)	假龙头	盆花	万盆	4.00
946	魏　县(冀)	金光菊	盆花	万盆	6.00

（续表）

序号	其他花卉主产	品种	花卉类别	单位	生产量
947	肥东县(皖)	金鸡菊	盆花	万盆	3.00
948	南湖区(浙)	景天	盆花	万盆	475.18
949	延庆区(京)	景天	盆花	万盆	95.00
950	丰宁满族自治县(冀)	景天	盆花	万盆	90.00
951	北戴河区(冀)	景天	盆花	万盆	12.50
952	盐都区(苏)	景天	盆花	万盆	10.00
953	颍泉区(皖)	景天	盆花	万盆	2.00
954	保亭黎族苗族自治县(琼)	九重葛	盆花	万盆	0.80
955	高碑店市(冀)	韭菜莲	盆花	万盆	2.00
956	淄川区(鲁)	君子兰	盆花	万盆	20.00
957	津南区(津)	君子兰	盆花	万盆	17.00
958	章丘区(鲁)	君子兰	盆花	万盆	6.00
959	镇江市市辖区(苏)	君子兰	盆花	万盆	4.00
960	浠水县(鄂)	君子兰	盆花	万盆	3.00
961	鱼台县(鲁)	君子兰	盆花	万盆	2.40
962	高碑店市(冀)	君子兰	盆花	万盆	2.00
963	迁安市(冀)	君子兰	盆花	万盆	2.00
964	资中县(川)	君子兰	盆花	万盆	2.00
965	兴国县(赣)	君子兰	盆花	万盆	1.80
966	洪泽区(苏)	君子兰	盆花	万盆	1.50
967	隆化县(冀)	君子兰	盆花	万盆	1.50
968	东平县(鲁)	君子兰	盆花	万盆	1.00
969	辛集市(冀)	君子兰	盆花	万盆	1.00
970	峄城区(鲁)	君子兰	盆花	万盆	1.00
971	永清县(冀)	君子兰	盆花	万盆	1.00
972	襄城区(鄂)	康乃馨	盆花	万盆	4.30
973	镇江市市辖区(苏)	康乃馨	盆花	万盆	4.00
974	浠水县(鄂)	康乃馨	盆花	万盆	3.00
975	保康县(鄂)	蜡梅	盆花	万盆	20.00
976	肥西县(皖)	蜡梅	盆花	万盆	10.00
977	潢川县(豫)	蜡梅	盆花	万盆	3.20
978	巴州区(川)	蜡梅	盆花	万盆	0.55
979	双峰县(湘)	兰草	盆花	万盆	280.00
980	昌平区(京)	兰草	盆花	万盆	230.87
981	海宁市(浙)	兰草	盆花	万盆	100.00
982	浦东新区(沪)	兰草	盆花	万盆	90.20
983	巍山彝族回族自治县(滇)	兰草	盆花	万盆	85.00
984	鼎城区(湘)	兰草	盆花	万盆	13.00
985	绵竹市(川)	兰草	盆花	万盆	3.30
986	潢川县(豫)	兰草	盆花	万盆	2.20
987	新城区(内蒙古)	蓝色亚麻	盆花	万盆	2.60

（续表）

序号	其他花卉主产	品种	花卉类别	单位	生产量
988	甘孜州林业工程处(川)	麻叶绣线菊类	盆花	万盆	0.80
989	东洲区(辽)	马蔺	盆花	万盆	6.80
990	新华区(豫)	马蹄井	盆花	万盆	3.00
991	鸡泽县(冀)	麦冬	盆花	万盆	24.00
992	鱼台县(鲁)	麦冬	盆花	万盆	1.84
993	镇江市市辖区(苏)	满天星	盆花	万盆	3.00
994	鼎城区(湘)	满天星	盆花	万盆	1.00
995	永清县(冀)	满天星	盆花	万盆	1.00
996	巴州区(川)	毛茉莉	盆花	万盆	2.10
997	鼎城区(湘)	梅花	盆花	万盆	9.00
998	灵璧县(皖)	梅花	盆花	万盆	3.00
999	潢川县(豫)	梅花	盆花	万盆	2.50
1000	卢氏县(豫)	梅花	盆花	万盆	1.00
1001	巴州区(川)	梅花	盆花	万盆	0.83
1002	歙　县(皖)	梅花	盆花	万盆	0.80
1003	增城区(粤)	米兰	盆花	万盆	173.00
1004	雨山区(皖)	茉莉花	盆花	万盆	6.00
1005	巴州区(川)	茉莉花	盆花	万盆	1.38
1006	涿州市(冀)	茉莉花	盆花	万盆	0.70
1007	新安县(豫)	牡丹	盆花	万盆	525.00
1008	牡丹区(鲁)	牡丹	盆花	万盆	500.00
1009	洛龙区(豫)	牡丹	盆花	万盆	50.00
1010	南关区(吉)	牡丹	盆花	万盆	10.00
1011	鼎城区(湘)	牡丹	盆花	万盆	7.00
1012	柏乡县(冀)	牡丹	盆花	万盆	1.00
1013	巴州区(川)	牡丹	盆花	万盆	0.69
1014	平山县(冀)	牡丹	盆花	万盆	0.60
1015	巴州区(川)	南天竹	盆花	万盆	0.83
1016	新城区(内蒙古)	婆婆纳	盆花	万盆	0.60
1017	桐乡市(浙)	千日红	盆花	万盆	7.25
1018	中江县(川)	千日红	盆花	万盆	1.60
1019	巴州区(川)	青枫	盆花	万盆	0.69
1020	涿州市(冀)	球根海棠	盆花	万盆	0.70
1021	衡山县(湘)	球根海棠	盆花	万盆	0.69
1022	颍东区(皖)	球兰	盆花	万盆	2.00
1023	洛南县(陕)	忍冬类	盆花	万盆	26.00
1024	东洲区(辽)	榕树(小叶榕)	盆花	万盆	2.40
1025	新华区(豫)	榕树(小叶榕)	盆花	万盆	2.00
1026	巴州区(川)	榕树(小叶榕)	盆花	万盆	0.69
1027	潢川县(豫)	瑞香	盆花	万盆	3.00
1028	甘井子区(辽)	三色堇	盆花	万盆	260.00

(续表)

序号	其他花卉主产	品种	花卉类别	单位	生产量
1029	延庆区(京)	三色堇	盆花	万盆	82.00
1030	和静县(新)	三色堇	盆花	万盆	15.00
1031	红花岗区(黔)	三色堇	盆花	万盆	15.00
1032	商水县(豫)	三色堇	盆花	万盆	10.00
1033	肥东县(皖)	三色堇	盆花	万盆	6.00
1034	东洲区(辽)	三色堇	盆花	万盆	4.70
1035	镇江市市辖区(苏)	三色堇	盆花	万盆	4.00
1036	巴州区(川)	三色堇	盆花	万盆	1.66
1037	芜湖县(皖)	三色堇	盆花	万盆	1.00
1038	鼎城区(湘)	山茶花	盆花	万盆	5.00
1039	永清县(冀)	山茶花	盆花	万盆	4.00
1040	武陵区(湘)	山茶花	盆花	万盆	2.50
1041	巴州区(川)	山茶花	盆花	万盆	1.10
1042	衡山县(湘)	山茶花	盆花	万盆	0.88
1043	潢川县(豫)	芍药	盆花	万盆	3.30
1044	潮安区(粤)	芍药	盆花	万盆	2.65
1045	高碑店市(冀)	芍药	盆花	万盆	1.00
1046	辛集市(冀)	芍药	盆花	万盆	1.00
1047	三亚市市辖区(琼)	石斛兰	盆花	万盆	76.00
1048	保亭黎族苗族自治县(琼)	石斛兰	盆花	万盆	71.65
1049	北京市大东流苗圃(京)	石斛兰	盆花	万盆	1.30
1050	高碑店市(冀)	石榴	盆花	万盆	1.00
1051	蔡甸区(鄂)	石竹	盆花	万盆	200.00
1052	延庆区(京)	石竹	盆花	万盆	23.00
1053	祁东县(湘)	石竹	盆花	万盆	20.60
1054	红花岗区(黔)	石竹	盆花	万盆	10.00
1055	北戴河区(冀)	石竹	盆花	万盆	9.70
1056	桐乡市(浙)	石竹	盆花	万盆	6.35
1057	绵竹市(川)	石竹	盆花	万盆	5.00
1058	镇江市市辖区(苏)	石竹	盆花	万盆	4.00
1059	新城区(内蒙古)	石竹	盆花	万盆	3.60
1060	绵竹市(川)	水仙	盆花	万盆	3.00
1061	东洲区(辽)	水仙	盆花	万盆	2.80
1062	潍城区(鲁)	水仙	盆花	万盆	1.50
1063	颍泉区(皖)	藤本月季	盆花	万盆	14.00
1064	湖北省太子山林场管理局(鄂)	藤本月季	盆花	万盆	0.80
1065	敦煌市(甘)	藤萝	盆花	万盆	5.60
1066	巴州区(川)	贴梗海棠	盆花	万盆	1.38
1067	新城区(内蒙古)	萎陵菜	盆花	万盆	1.10
1068	新泰市(鲁)	西府海棠	盆花	万盆	18.00

(续表)

序号	其他花卉主产	品种	花卉类别	单位	生产量
1069	青州市(鲁)	仙客来	盆花	万盆	350.00
1070	浦东新区(沪)	仙客来	盆花	万盆	80.00
1071	丰宁满族自治县(冀)	仙客来	盆花	万盆	20.00
1072	牟平区(鲁)	仙客来	盆花	万盆	15.00
1073	鹿泉区(冀)	仙客来	盆花	万盆	10.00
1074	栾城区(冀)	仙客来	盆花	万盆	10.00
1075	镇江市市辖区(苏)	仙客来	盆花	万盆	6.00
1076	高密市(鲁)	仙客来	盆花	万盆	3.00
1077	蠡　县(冀)	仙客来	盆花	万盆	3.00
1078	迁安市(冀)	仙客来	盆花	万盆	2.33
1079	蓬莱市(鲁)	仙客来	盆花	万盆	2.10
1080	定兴县(冀)	仙客来	盆花	万盆	2.00
1081	颍泉区(皖)	现代月季	盆花	万盆	200.00
1082	颍州区(皖)	现代月季	盆花	万盆	110.00
1083	东洲区(辽)	现代月季	盆花	万盆	7.90
1084	延庆区(京)	小丽花	盆花	万盆	33.00
1085	和静县(新)	小丽花	盆花	万盆	15.00
1086	高邑县(冀)	小丽花	盆花	万盆	13.00
1087	镇江市市辖区(苏)	小丽花	盆花	万盆	3.00
1088	海宁市(浙)	绣球花	盆花	万盆	555.00
1089	青州市(鲁)	绣球花	盆花	万盆	500.00
1090	桐乡市(浙)	绣球花	盆花	万盆	56.50
1091	仁化县(粤)	绣球花	盆花	万盆	48.00
1092	辛集市(冀)	绣球花	盆花	万盆	5.00
1093	延庆区(京)	萱草	盆花	万盆	60.00
1094	丰宁满族自治县(冀)	萱草	盆花	万盆	40.00
1095	成武县(鲁)	萱草	盆花	万盆	31.50
1096	永清县(冀)	夜来香	盆花	万盆	2.00
1097	新安县(豫)	一品红	盆花	万盆	420.00
1098	三亚市市辖区(琼)	一品红	盆花	万盆	28.00
1099	丰宁满族自治县(冀)	一品红	盆花	万盆	10.00
1100	秀英区(琼)	一品红	盆花	万盆	9.00
1101	隆化县(冀)	一品红	盆花	万盆	5.50
1102	灵璧县(皖)	一品红	盆花	万盆	5.00
1103	潮安区(粤)	一品红	盆花	万盆	3.20
1104	东洲区(辽)	一品红	盆花	万盆	3.00
1105	鹰手营子矿区(冀)	一品红	盆花	万盆	3.00
1106	坊子区(鲁)	一品红	盆花	万盆	2.00
1107	普宁市(粤)	一品红	盆花	万盆	1.88
1108	迁安市(冀)	一品红	盆花	万盆	1.00
1109	潢川县(豫)	迎春	盆花	万盆	3.80
1110	潢川县(豫)	榆叶梅	盆花	万盆	3.60

（续表）

序号	其他花卉主产	品种	花卉类别	单位	生产量
1111	莒南县（鲁）	羽叶甘蓝	盆花	万盆	172.00
1112	肥东县（皖）	羽叶甘蓝	盆花	万盆	8.00
1113	红花岗区（黔）	羽叶甘蓝	盆花	万盆	3.00
1114	商水县（豫）	羽叶甘蓝	盆花	万盆	3.00
1115	镇江市市辖区（苏）	羽叶甘蓝	盆花	万盆	3.00
1116	延庆区（京）	玉簪类	盆花	万盆	44.00
1117	游仙区（川）	郁金香	盆花	万盆	170.00
1118	仙桃市（鄂）	郁金香	盆花	万盆	15.00
1119	什邡市（川）	郁金香	盆花	万盆	11.00
1120	镇江市市辖区（苏）	郁金香	盆花	万盆	4.00
1121	旌阳区（川）	郁金香	盆花	万盆	0.80
1122	鸡泽县（冀）	鸢尾类	盆花	万盆	16.00
1123	鼎城区（湘）	长春花	盆花	万盆	24.00
1124	颍东区（皖）	长寿花	盆花	万盆	72.00
1125	浦东新区（沪）	长寿花	盆花	万盆	30.00
1126	丰宁满族自治县（冀）	长寿花	盆花	万盆	10.00
1127	高邑县（冀）	长寿花	盆花	万盆	10.00
1128	镇江市市辖区（苏）	长寿花	盆花	万盆	5.00
1129	蠡　县（冀）	长寿花	盆花	万盆	3.00
1130	永清县（冀）	长寿花	盆花	万盆	2.00
1131	坊子区（鲁）	长寿花	盆花	万盆	1.00
1132	涿州市（冀）	长寿花	盆花	万盆	0.70
1133	三门县（浙）	长寿花	盆花	万盆	0.60
1134	雨山区（皖）	栀子花	盆花	万盆	11.00
1135	肥西县（皖）	栀子花	盆花	万盆	10.00
1136	襄城区（鄂）	栀子花	盆花	万盆	4.70
1137	巴州区（川）	栀子花	盆花	万盆	3.04
1138	镇江市市辖区（苏）	栀子花	盆花	万盆	3.00
1139	兴国县（赣）	栀子花	盆花	万盆	2.10
1140	合江县（川）	栀子花	盆花	万盆	1.00
1141	巴州区（川）	紫荆	盆花	万盆	1.10
1142	襄城区（鄂）	紫罗兰	盆花	万盆	3.50
1143	衡山县（湘）	紫罗兰	盆花	万盆	1.01
1144	蔡甸区（鄂）	紫薇类	盆花	万盆	8.00
1145	阳新县（鄂）	紫薇类	盆花	万盆	1.00
1146	大悟县（鄂）	白鹃梅	盆景	万盆	0.80
1147	崇阳县（鄂）	彩叶草	盆景	万盆	0.80
1148	灵璧县（皖）	茶梅	盆景	万盆	1.00
1149	洪泽区（苏）	常春藤类	盆景	万盆	2.00
1150	洪泽区（苏）	垂丝海棠	盆景	万盆	2.00
1151	新丰县（粤）	垂丝海棠	盆景	万盆	0.58
1152	常宁市（湘）	葱兰	盆景	万盆	1.20

（续表）

序号	其他花卉主产	品种	花卉类别	单位	生产量
1153	蚌山区（皖）	翠柏	盆景	万盆	20.00
1154	潢川县（豫）	翠柏	盆景	万盆	2.20
1155	新丰县（粤）	翠柏	盆景	万盆	1.04
1156	翠屏区（川）	丁香类	盆景	万盆	15.00
1157	远安县（鄂）	丁香类	盆景	万盆	2.73
1158	浠水县（鄂）	对节白蜡	盆景	万盆	2.00
1159	湖北省太子山林场管理局（鄂）	对节白蜡	盆景	万盆	0.70
1160	吉安县（赣）	富贵竹	盆景	万盆	50.00
1161	会理县（川）	富贵竹	盆景	万盆	10.10
1162	灵璧县（皖）	富贵竹	盆景	万盆	2.00
1163	宝丰县（豫）	富贵竹	盆景	万盆	1.20
1164	昌吉市（新）	富贵竹	盆景	万盆	1.00
1165	新丰县（粤）	富贵竹	盆景	万盆	0.93
1166	浠水县（鄂）	枸骨	盆景	万盆	3.00
1167	定南县（赣）	观叶芋类	盆景	万盆	10.80
1168	新丰县（粤）	观叶芋类	盆景	万盆	0.81
1169	会理县（川）	龟背竹	盆景	万盆	10.10
1170	无为县（皖）	龟背竹	盆景	万盆	1.00
1171	新丰县（粤）	含笑	盆景	万盆	2.30
1172	三门县（浙）	黄杨类	盆景	万盆	0.60
1173	新丰县（粤）	惠兰	盆景	万盆	0.93
1174	丹棱县（川）	火棘	盆景	万盆	1.00
1175	隆尧县（冀）	鸡冠花	盆景	万盆	8.00
1176	新丰县（粤）	鸡爪槭	盆景	万盆	1.39
1177	邛崃市（川）	金弹子	盆景	万盆	20.00
1178	高　县（川）	金弹子	盆景	万盆	5.00
1179	远安县（鄂）	金弹子	盆景	万盆	3.12
1180	丹棱县（川）	金弹子	盆景	万盆	2.00
1181	宣恩县（鄂）	金弹子	盆景	万盆	1.00
1182	凯里市（黔）	金鸡菊	盆景	万盆	5.00
1183	昌吉市（新）	君子兰	盆景	万盆	1.00
1184	禄丰县（滇）	君子兰	盆景	万盆	0.80
1185	新丰县（粤）	君子兰	盆景	万盆	0.58
1186	新丰县（粤）	康乃馨	盆景	万盆	0.58
1187	远安县（鄂）	蜡梅	盆景	万盆	2.57
1188	雨城区（川）	兰草	盆景	万盆	1.50
1189	潢川县（豫）	龙柏	盆景	万盆	3.50
1190	灵璧县（皖）	龙柏	盆景	万盆	2.00
1191	旌阳区（川）	马蹄井	盆景	万盆	0.60
1192	会理县（川）	米兰	盆景	万盆	8.20
1193	浠水县（鄂）	茉莉花	盆景	万盆	0.80

(续表)

序号	其他花卉主产	品种	花卉类别	单位	生产量
1194	新丰县(粤)	雀梅藤	盆景	万盆	3.00
1195	新丰县(粤)	榕树(小叶榕)	盆景	万盆	2.20
1196	新丰县(粤)	瑞香	盆景	万盆	1.85
1197	蓝山县(湘)	山茶花	盆景	万盆	20.00
1198	峄城区(鲁)	石榴	盆景	万盆	2.00
1199	旌阳区(川)	石竹	盆景	万盆	0.80
1200	旌阳区(川)	水仙	盆景	万盆	0.80
1201	新丰县(粤)	贴梗海棠	盆景	万盆	1.62
1202	远安县(鄂)	卫矛类	盆景	万盆	3.22
1203	浠水县(鄂)	五针松	盆景	万盆	2.00
1204	翠屏区(川)	羊蹄甲类	盆景	万盆	27.00
1205	新丰县(粤)	一品红	盆景	万盆	0.69
1206	新丰县(粤)	鹰爪枫	盆景	万盆	0.69
1207	新丰县(粤)	郁金香	盆景	万盆	0.58
1208	江安县(川)	栀子花	盆景	万盆	3.50
1209	远安县(鄂)	中华蚊母	盆景	万盆	3.53
1210	远安县(鄂)	紫薇类	盆景	万盆	2.82
1211	新丰县(粤)	紫薇类	盆景	万盆	0.69
1212	灵宝市(豫)	杜仲	食用及药用花卉	千克	13000.00
1213	阜南县(皖)	马蹄井	食用及药用花卉	千克	3000000.00
1214	成武县(鲁)	麦冬	食用及药用花卉	千克	160000.00
1215	歙　县(皖)	梅花	食用及药用花卉	千克	110000.00
1216	浠水县(鄂)	牡丹	食用及药用花卉	千克	600.00
1217	邵阳县(湘)	牡丹	食用及药用花卉	千克	55.00
1218	博白县(桂)	山茶花	食用及药用花卉	千克	100.00
1219	成武县(鲁)	芍药	食用及药用花卉	千克	110000.00
1220	赤城县(冀)	芍药	食用及药用花卉	千克	6000.00
1221	金堂县(川)	芍药	食用及药用花卉	千克	3100.00
1222	邯山区(冀)	芍药	食用及药用花卉	千克	3000.00
1223	浠水县(鄂)	芍药	食用及药用花卉	千克	30.00
1224	庆元县(浙)	石斛兰	食用及药用花卉	千克	8500.00
1225	平桥区(豫)	栀子花	食用及药用花卉	千克	320000.00
1226	贡井区(川)	彩叶草	鲜切花	万支	20.00
1227	卫滨区(豫)	雏菊	鲜切花	万支	220.00
1228	新丰县(粤)	雏菊	鲜切花	万支	208.00
1229	建安区(豫)	雏菊	鲜切花	万支	200.00
1230	伊川县(豫)	雏菊	鲜切花	万支	30.00
1231	贡井区(川)	雏菊	鲜切花	万支	20.00
1232	迁西县(冀)	雏菊	鲜切花	万支	11.00
1233	东洲区(辽)	雏菊	鲜切花	万支	6.90
1234	西华县(豫)	雏菊	鲜切花	万支	5.00
1235	息　县(豫)	雏菊	鲜切花	万支	2.30

(续表)

序号	其他花卉主产	品种	花卉类别	单位	生产量
1236	新丰县(粤)	垂丝海棠	鲜切花	万支	174.00
1237	阳宗海(滇)	凤梨类	鲜切花	万支	418.00
1238	新丰县(粤)	凤仙花	鲜切花	万支	291.00
1239	松山区(内蒙古)	凤仙花	鲜切花	万支	20.00
1240	奉贤区(沪)	扶郎花	鲜切花	万支	800.00
1241	泽州县(晋)	扶郎花	鲜切花	万支	200.00
1242	永丰县(赣)	富贵竹	鲜切花	万支	10.00
1243	西华县(豫)	富贵竹	鲜切花	万支	8.00
1244	新丰县(粤)	含笑	鲜切花	万支	575.00
1245	顺义区(京)	荷兰菊	鲜切花	万支	162.00
1246	邻水县(川)	厚朴	鲜切花	万支	2.80
1247	新丰县(粤)	鸡冠花	鲜切花	万支	71.00
1248	会宁县(甘)	鸡冠花	鲜切花	万支	3.00
1249	宜城市(鄂)	结香	鲜切花	万支	10.00
1250	江川区(滇)	桔梗	鲜切花	万支	3432.00
1251	石林彝族自治县(滇)	桔梗	鲜切花	万支	1851.00
1252	阳宗海(滇)	康乃馨	鲜切花	万支	8876.00
1253	凌源市(辽)	康乃馨	鲜切花	万支	1300.00
1254	沙市区(鄂)	康乃馨	鲜切花	万支	200.00
1255	永清县(冀)	康乃馨	鲜切花	万支	200.00
1256	青浦区(沪)	康乃馨	鲜切花	万支	120.00
1257	吉安县(赣)	康乃馨	鲜切花	万支	100.00
1258	金山区(沪)	康乃馨	鲜切花	万支	78.11
1259	会理县(川)	康乃馨	鲜切花	万支	32.40
1260	招远市(鲁)	康乃馨	鲜切花	万支	20.00
1261	龙南县(赣)	康乃馨	鲜切花	万支	13.20
1262	石城县(赣)	康乃馨	鲜切花	万支	8.00
1263	旌阳区(川)	康乃馨	鲜切花	万支	6.00
1264	西华县(豫)	康乃馨	鲜切花	万支	3.00
1265	信宜市(粤)	康乃馨	鲜切花	万支	3.00
1266	安国市(冀)	康乃馨	鲜切花	万支	1.00
1267	宣汉县(川)	蜡梅	鲜切花	万支	28.20
1268	宣汉县(川)	兰草	鲜切花	万支	28.30
1269	无为县(皖)	兰草	鲜切花	万支	10.00
1270	秀英区(琼)	龙舌兰牡丹	鲜切花	万支	150.00
1271	浦东新区(沪)	马蹄井	鲜切花	万支	20.00
1272	旌阳区(川)	马蹄井	鲜切花	万支	4.00
1273	晋宁区(滇)	满天星	鲜切花	万支	8757.00
1274	石林彝族自治县(滇)	满天星	鲜切花	万支	3000.60
1275	江川区(滇)	满天星	鲜切花	万支	171.00
1276	吉安县(赣)	满天星	鲜切花	万支	100.00
1277	龙南县(赣)	满天星	鲜切花	万支	26.00

（续表）

序号	其他花卉主产	品种	花卉类别	单位	生产量
1278	东洲区(辽)	满天星	鲜切花	万支	5.40
1279	石城县(赣)	满天星	鲜切花	万支	5.00
1280	灵璧县(皖)	满天星	鲜切花	万支	2.00
1281	西华县(豫)	满天星	鲜切花	万支	2.00
1282	宣汉县(川)	梅花	鲜切花	万支	18.40
1283	平桥区(豫)	梅花	鲜切花	万支	7.00
1284	沛　县(苏)	牡丹	鲜切花	万支	400.00
1285	牡丹区(鲁)	牡丹	鲜切花	万支	50.00
1286	平山县(冀)	牡丹	鲜切花	万支	10.00
1287	浦江县(浙)	牡丹	鲜切花	万支	4.00
1288	松山区(内蒙古)	三色堇	鲜切花	万支	15.00
1289	东洲区(辽)	三色堇	鲜切花	万支	6.50
1290	琼山区(琼)	散尾葵	鲜切花	万支	5100.00
1291	美兰区(琼)	散尾葵	鲜切花	万支	500.00
1292	牡丹区(鲁)	芍药	鲜切花	万支	3500.00
1293	中江县(川)	芍药	鲜切花	万支	550.00
1294	洛龙区(豫)	芍药	鲜切花	万支	200.00
1295	仁寿县(川)	芍药	鲜切花	万支	96.00
1296	高　县(川)	芍药	鲜切花	万支	10.00
1297	五指山市(琼)	石斛兰	鲜切花	万支	70.00
1298	宣汉县(川)	四季竹	鲜切花	万支	11.30
1299	凌源市(辽)	唐菖蒲	鲜切花	万支	5300.00
1300	海陵区(苏)	唐菖蒲	鲜切花	万支	10.00
1301	金山区(沪)	唐菖蒲	鲜切花	万支	1.38
1302	蔡甸区(鄂)	唐菖蒲	鲜切花	万支	1.00
1303	禄劝彝族苗族自治县(滇)	藤本月季	鲜切花	万支	10.00
1304	石林彝族自治县(滇)	天蓝绣球	鲜切花	万支	343.00
1305	新丰县(粤)	贴梗海棠	鲜切花	万支	357.00
1306	吉安县(赣)	勿忘草	鲜切花	万支	100.00
1307	江川区(滇)	勿忘草	鲜切花	万支	48.00
1308	阳宗海(滇)	仙客来	鲜切花	万支	448.00
1309	江川区(滇)	现代月季	鲜切花	万支	921.86
1310	顺义区(京)	现代月季	鲜切花	万支	300.00
1311	永清县(冀)	现代月季	鲜切花	万支	210.00
1312	南湖区(浙)	现代月季	鲜切花	万支	134.14
1313	海陵区(苏)	现代月季	鲜切花	万支	85.00
1314	婺城区(浙)	现代月季	鲜切花	万支	30.50
1315	崇阳县(鄂)	现代月季	鲜切花	万支	1.00
1316	晋宁区(滇)	绣球花	鲜切花	万支	1080.00
1317	江川区(滇)	绣球花	鲜切花	万支	403.04
1318	嵊州市(浙)	绣球花	鲜切花	万支	21.00
1319	南湖区(浙)	绣球花	鲜切花	万支	6.88
1320	新丰县(粤)	一品红	鲜切花	万支	57.80
1321	海宁市(浙)	郁金香	鲜切花	万支	2800.00
1322	新丰县(粤)	郁金香	鲜切花	万支	127.00
1323	吉安县(赣)	郁金香	鲜切花	万支	60.00
1324	嵊州市(浙)	郁金香	鲜切花	万支	43.00
1325	伊川县(豫)	郁金香	鲜切花	万支	35.00
1326	沙洋县(鄂)	郁金香	鲜切花	万支	5.00
1327	旌阳区(川)	郁金香	鲜切花	万支	3.00
1328	蔡甸区(鄂)	郁金香	鲜切花	万支	1.00
1329	浦江县(浙)	郁金香	鲜切花	万支	1.00
1330	新丰县(粤)	鸢尾类	鲜切花	万支	132.00
1331	榕江县(黔)	栀子花	鲜切花	万支	3.00
1332	新丰县(粤)	紫罗兰	鲜切花	万支	151.00
1333	儋州市(琼)	巴西铁	鲜切叶	万支	7.00
1334	迁西县(冀)	彩叶草	鲜切叶	万支	3.00
1335	贡井区(川)	大丽花	鲜切叶	万支	10.00
1336	旌阳区(川)	凤尾竹	鲜切叶	万支	3.00
1337	儋州市(琼)	富贵竹	鲜切叶	万支	10.00
1338	旌阳区(川)	富贵竹	鲜切叶	万支	3.00
1339	迁西县(冀)	观叶芋类	鲜切叶	万支	2.00
1340	贡井区(川)	龟背竹	鲜切叶	万支	10.00
1341	旌阳区(川)	龟背竹	鲜切叶	万支	3.00
1342	邻水县(川)	厚朴	鲜切叶	万支	1.80
1343	鲁甸县(滇)	康乃馨	鲜切叶	万支	25.00
1344	金山区(沪)	散尾葵	鲜切叶	万支	5.14
1345	旌阳区(川)	散尾葵	鲜切叶	万支	3.50
1346	儋州市(琼)	散尾葵	鲜切叶	万支	2.00
1347	旌阳区(川)	石刁柏	鲜切叶	万支	1.00
1348	秀英区(琼)	石斛兰	鲜切叶	万支	51.00
1349	贡井区(川)	藤本月季	鲜切叶	万支	20.00
1350	呈贡区(滇)	现代月季	鲜切叶	万支	1475.80
1351	石城县(赣)	现代月季	鲜切叶	万支	8.00
1352	旌阳区(川)	鱼尾葵	鲜切叶	万支	3.00
1353	崇阳县(鄂)	鱼尾葵	鲜切叶	万支	2.50
1354	儋州市(琼)	朱蕉	鲜切叶	万支	3.00
1355	宁　县(甘)	黄刺玫	穴盘苗	万株	100.00
1356	宁　县(甘)	牡丹	穴盘苗	万株	750.00
1357	宁　县(甘)	芍药	穴盘苗	万株	350.00
1358	宁　县(甘)	文冠果	穴盘苗	万株	140.00

表 12-30 草坪主产地产量

(续表)

序号	草坪主产地	产量(万平方米)
1	顺义区(京)	304.00
2	通州区(京)	34.85
3	怀柔区(京)	12.67
4	蓟州区(津)	242.10
5	涿州市(冀)	140.00
6	香河县(冀)	45.00
7	任　县(冀)	5.00
8	围场满族蒙古族自治县(冀)	5.00
9	定襄县(晋)	2.00
10	牙克石市(内蒙古)	18.60
11	辽中区(辽)	33.00
12	呼兰区(黑)	2.00
13	奉贤区(沪)	242.80
14	金山区(沪)	173.62
15	松江区(沪)	94.80
16	青浦区(沪)	70.00
17	如皋市(苏)	1800.00
18	武进区(苏)	1800.00
19	沭阳县(苏)	1300.00
20	宜兴市(苏)	333.00
21	金坛区(苏)	320.00
22	泗阳县(苏)	300.00
23	太仓市(苏)	73.37
24	扬中市(苏)	58.00
25	溧阳市(苏)	46.00
26	响水县(苏)	40.00
27	靖江市(苏)	35.00
28	浦口区(苏)	24.90
29	阜宁县(苏)	22.00
30	盐都区(苏)	20.00
31	江都区(苏)	19.00
32	滨海县(苏)	10.00
33	吴江区(苏)	6.60
34	吴中区(苏)	6.40
35	如东县(苏)	5.25
36	涟水县(苏)	5.00
37	余杭区(浙)	2593.00
38	海宁市(浙)	1255.00
39	常山县(浙)	160.00
40	婺城区(浙)	155.00
41	萧山区(浙)	153.00
42	诸暨市(浙)	150.00
43	平湖市(浙)	141.50
44	嵊州市(浙)	100.00

(续表)

序号	草坪主产地	产量(万平方米)
45	金东区(浙)	60.00
46	瑞安市(浙)	56.00
47	衢江区(浙)	55.80
48	临安区(浙)	30.00
49	莲都区(浙)	20.00
50	义乌市(浙)	6.00
51	江山市(浙)	2.50
52	长兴县(浙)	0.90
53	颍上县(皖)	270.00
54	阜南县(皖)	80.00
55	芜湖县(皖)	65.00
56	蒙城县(皖)	55.00
57	太湖县(皖)	12.70
58	蚌埠市市辖区(皖)	12.00
59	全椒县(皖)	10.00
60	宜秀区(皖)	10.00
61	界首市(皖)	6.00
62	禹会区(皖)	3.00
63	潜山市(皖)	2.00
64	屯溪区(皖)	2.00
65	迎江区(皖)	2.00
66	桐城市(皖)	1.20
67	石台县(皖)	1.00
68	横峰县(赣)	133.40
69	贵溪市(赣)	125.00
70	濂溪区(赣)	110.00
71	广丰区(赣)	110.00
72	永修县(赣)	110.00
73	奉新县(赣)	105.00
74	于都县(赣)	100.80
75	靖安县(赣)	89.09
76	宁都县(赣)	50.80
77	吉安县(赣)	30.00
78	吉水县(赣)	28.00
79	彭泽县(赣)	19.98
80	芦溪县(赣)	18.00
81	南城县(赣)	15.60
82	余江区(赣)	15.10
83	赣县区(赣)	13.50
84	瑞金市(赣)	13.00
85	全南县(赣)	10.60
86	袁州区(赣)	10.00
87	石城县(赣)	10.00
88	渝水区(赣)	9.20

(续表)

序号	草坪主产地	产量(万平方米)
89	资溪县(赣)	7.00
90	安源区(赣)	7.00
91	金溪县(赣)	6.50
92	南昌县(赣)	6.25
93	龙南县(赣)	3.81
94	上饶县(赣)	3.60
95	玉山县(赣)	3.00
96	广昌县(赣)	2.52
97	泰和县(赣)	2.00
98	分宜县(赣)	2.00
99	萍乡市经济开发区(赣)	1.98
100	会昌县(赣)	1.20
101	永丰县(赣)	1.00
102	乐安县(赣)	0.60
103	樟树市(赣)	0.60
104	鄄城县(鲁)	180.00
105	商河县(鲁)	85.00
106	历城区(鲁)	67.00
107	龙口市(鲁)	60.00
108	宁阳县(鲁)	57.00
109	平阴县(鲁)	23.31
110	高唐县(鲁)	13.33
111	成武县(鲁)	12.10
112	莱阳市(鲁)	10.00
113	泰安市高新区(鲁)	8.00
114	东营区(鲁)	7.99
115	莱山区(鲁)	7.00
116	临朐县(鲁)	4.00
117	长清区(鲁)	1.00
118	鄢陵县(豫)	82.63
119	建安区(豫)	20.00
120	新　县(豫)	17.00
121	光山县(豫)	15.00
122	潢川县(豫)	11.00
123	兰考县(豫)	10.01
124	泌阳县(豫)	10.00
125	淮滨县(豫)	10.00
126	卧龙区(豫)	4.00
127	淅川县(豫)	2.10
128	唐河县(豫)	1.60
129	永城市(豫)	1.50
130	祥符区(豫)	1.30
131	沙洋县(鄂)	670.00
132	仙桃市(鄂)	210.00

（续表）

序号	草坪主产地	产量（万平方米）
133	江陵县（鄂）	106.70
134	汉川市（鄂）	79.20
135	谷城县（鄂）	65.00
136	大冶市（鄂）	60.00
137	监利县（鄂）	35.00
138	阳新县（鄂）	31.00
139	云梦县（鄂）	20.00
140	竹山县（鄂）	18.00
141	孝昌县（鄂）	18.00
142	黄梅县（鄂）	15.00
143	公安县（鄂）	12.00
144	宜城市（鄂）	10.00
145	钟祥市（鄂）	6.70
146	蔡甸区（鄂）	5.00
147	崇阳县（鄂）	3.00
148	巴东县（鄂）	3.00
149	屈家岭管理区（鄂）	2.20
150	枣阳市（鄂）	2.00
151	武穴市（鄂）	2.00
152	洪湖市（鄂）	2.00
153	丹江口市（鄂）	1.70
154	利川市（鄂）	1.00
155	鼎城区（湘）	190.00
156	岳阳县（湘）	115.00
157	湘潭市市辖区（湘）	82.60
158	湘潭县（湘）	82.50
159	赫山区（湘）	58.00
160	芷江侗族自治县（湘）	56.80
161	资阳区（湘）	55.00
162	平江县（湘）	33.00
163	华容县（湘）	26.60
164	醴陵市（湘）	20.00
165	涟源市（湘）	15.00
166	双清区（湘）	12.00
167	洪江市（湘）	10.00
168	石峰区（湘）	9.50
169	汉寿县（湘）	9.50
170	辰溪县（湘）	6.23
171	茶陵县（湘）	6.00
172	石鼓区（湘）	4.00
173	中方县（湘）	3.50
174	武陵区（湘）	3.00
175	祁东县（湘）	2.50
176	新化县（湘）	2.50

（续表）

序号	草坪主产地	产量（万平方米）
177	永定区（湘）	2.00
178	常宁市（湘）	2.00
179	桃源县（湘）	2.00
180	零陵区（湘）	2.00
181	靖州苗族侗族自治县（湘）	1.21
182	隆回县（湘）	1.10
183	永兴县（湘）	0.66
184	增城区（粤）	305.71
185	曲江区（粤）	6.74
186	仁化县（粤）	5.24
187	潮安区（粤）	4.55
188	南海区（粤）	3.20
189	柳江区（桂）	129.00
190	合浦县（桂）	75.00
191	玉州区（桂）	51.00
192	陆川县（桂）	25.00
193	钦南区（桂）	15.00
194	龙胜各族自治县（桂）	13.00
195	苍梧县（桂）	2.00
196	北流市（桂）	1.30
197	全州县（桂）	1.00
198	龙圩区（桂）	1.00
199	龙华区（琼）	200.00
200	屯昌县（琼）	15.00
201	儋州市（琼）	10.00
202	大安区（川）	30.00
203	什邡市（川）	26.00
204	江阳区（川）	25.00
205	新津县（川）	10.00
206	江油市（川）	5.50
207	叙州区（川）	3.30
208	翠屏区（川）	2.20
209	恩阳区（川）	2.00
210	广汉市（川）	2.00
211	屏山县（川）	2.00
212	顺庆区（川）	0.80
213	荔波县（黔）	1400.00
214	播州区（黔）	10.67
215	遵义市市辖区（黔）	0.52
216	师宗县（滇）	7587.00
217	沧源佤族自治县（滇）	100.00
218	芒　市（滇）	59.80
219	腾冲市（滇）	20.00
220	嵩明县（滇）	13.00

（续表）

序号	草坪主产地	产量（万平方米）
221	镇康县（滇）	5.00
222	施甸县（滇）	2.67
223	兰坪白族普米族自治县（滇）	2.00
224	瑞丽市（滇）	2.00
225	楚雄市（滇）	1.68
226	大关县（滇）	1.00
227	头屯河区（新）	100.00

表 13-1　木雕主产地产值

序号	木雕主产地	产值（万元）
1	肃宁县（冀）	7500.00
2	顺平县（冀）	1760.00
3	承德县（冀）	950.00
4	博野县（冀）	35.70
5	围场满族蒙古族自治县（冀）	10.00
6	新宾满族自治县（辽）	44467.00
7	辉南县（吉）	13800.00
8	临江市（吉）	929.00
9	敦化市（吉）	40.00
10	舒兰市（吉）	24.00
11	铁力市（黑）	5580.00
12	五常市（黑）	40.00
13	丰　县（苏）	20000.00
14	滨海县（苏）	500.00
15	泰兴市（苏）	6.00
16	开化县（浙）	20000.00
17	磐安县（浙）	14999.00
18	瑞安市（浙）	13133.00
19	温岭市（浙）	7300.00
20	义乌市（浙）	3000.00
21	淳安县（浙）	2002.00
22	常山县（浙）	1650.00
23	文成县（浙）	1200.00
24	庆元县（浙）	325.00
25	余杭区（浙）	42.00
26	灵璧县（皖）	86550.00
27	颍东区（皖）	5800.00
28	阜南县（皖）	5300.00
29	和　县（皖）	500.00
30	黟　县（皖）	500.00
31	绩溪县（皖）	350.00
32	石台县（皖）	185.00
33	潜山市（皖）	180.00

(续表)

序号	木雕主产地	产值(万元)
34	蚌埠市市辖区(皖)	120.00
35	五河县(皖)	100.00
36	歙　县(皖)	90.00
37	萧　县(皖)	30.00
38	广丰区(赣)	79050.00
39	余江区(赣)	73100.00
40	安福县(赣)	19730.00
41	彭泽县(赣)	6600.00
42	铅山县(赣)	1180.00
43	高安市(赣)	1025.00
44	南康区(赣)	1000.00
45	永丰县(赣)	1000.00
46	青原区(赣)	500.00
47	分宜县(赣)	450.00
48	兴国县(赣)	200.00
49	上犹县(赣)	65.00
50	曹　县(鲁)	5000.00
51	坊子区(鲁)	600.00
52	青州市(鲁)	300.00
53	汶上县(鲁)	100.00
54	沂源县(鲁)	39.00
55	蒙阴县(鲁)	10.00
56	濮阳市高新区(豫)	12000.00
57	范　县(豫)	9350.00
58	卫辉市(豫)	7622.00
59	洛宁县(豫)	7110.00
60	桐柏县(豫)	1530.00
61	新　县(豫)	899.00
62	孟津县(豫)	500.00
63	嵩　县(豫)	300.00
64	西峡县(豫)	255.25
65	灵宝市(豫)	80.00
66	淅川县(豫)	20.00
67	谷城县(鄂)	7072.00
68	宜城市(鄂)	5200.00
69	南漳县(鄂)	2100.00
70	阳新县(鄂)	1500.00
71	建始县(鄂)	600.00
72	保康县(鄂)	561.93
73	宣恩县(鄂)	550.00
74	咸丰县(鄂)	350.00
75	浠水县(鄂)	210.00

(续表)

序号	木雕主产地	产值(万元)
76	巴东县(鄂)	80.00
77	京山县(鄂)	60.00
78	大悟县(鄂)	50.00
79	钟祥市(鄂)	50.00
80	公安县(鄂)	6.20
81	永定区(湘)	8650.00
82	永兴县(湘)	6480.00
83	祁东县(湘)	3900.00
84	湘乡市(湘)	3651.00
85	蓝山县(湘)	2654.00
86	南岳区(湘)	2086.00
87	江华瑶族自治县(湘)	1980.00
88	湘潭市市辖区(湘)	1977.50
89	沅陵县(湘)	1880.00
90	石门县(湘)	1200.00
91	新宁县(湘)	1200.00
92	汨罗市(湘)	1157.60
93	湘潭县(湘)	1125.00
94	衡山县(湘)	993.40
95	新化县(湘)	800.00
96	慈利县(湘)	780.00
97	醴陵市(湘)	660.00
98	会同县(湘)	500.00
99	零陵区(湘)	500.00
100	茶陵县(湘)	320.00
101	华容县(湘)	300.00
102	益阳市市辖区(湘)	260.00
103	桃源县(湘)	232.00
104	武陵区(湘)	230.00
105	芷江侗族自治县(湘)	210.00
106	临湘市(湘)	200.00
107	隆回县(湘)	170.00
108	鹤城区(湘)	150.00
109	麻阳苗族自治县(湘)	122.00
110	双峰县(湘)	100.00
111	靖州苗族侗族自治县(湘)	97.00
112	金洞林场(湘)	50.00
113	岳阳县(湘)	30.00
114	宁乡市(湘)	30.00
115	桑植县(湘)	5.00
116	德庆县(粤)	10696.70
117	英德市(粤)	1000.00

(续表)

序号	木雕主产地	产值(万元)
118	化州市(粤)	250.00
119	紫金县(粤)	90.00
120	龙门县(粤)	7.80
121	陆川县(桂)	2000.00
122	博白县(桂)	880.00
123	北流市(桂)	219.00
124	鱼峰区(桂)	1.70
125	芦山县(川)	14000.00
126	邻水县(川)	3550.00
127	富顺县(川)	900.00
128	江油市(川)	650.00
129	都江堰市(川)	466.00
130	叙州区(川)	244.00
131	高　县(川)	180.00
132	安州区(川)	120.00
133	雷山县(黔)	1305.00
134	兴义市(黔)	686.00
135	龙里县(黔)	600.00
136	播州区(黔)	500.00
137	榕江县(黔)	310.00
138	思南县(黔)	100.00
139	镇远县(黔)	100.00
140	乌当区(黔)	23.00
141	普安县(黔)	20.00
142	从江县(黔)	10.00
143	剑川县(滇)	41860.00
144	开远市(滇)	6500.00
145	腾冲市(滇)	6000.00
146	文山市(滇)	3892.00
147	禄丰县(滇)	648.00
148	麒麟区(滇)	500.00
149	施甸县(滇)	480.00
150	石林彝族自治县(滇)	280.00
151	洱源县(滇)	210.00
152	寻甸回族彝族自治县(滇)	200.00
153	瑞丽市(滇)	198.00
154	华宁县(滇)	110.00
155	昌宁县(滇)	81.00
156	江川区(滇)	60.00
157	元谋县(滇)	30.00
158	长安区(陕)	13980.00

表 13-2 竹雕主产地产值

序号	竹雕主产地	产值（万元）
1	余杭区(浙)	7000.00
2	嵊州市(浙)	300.00
3	徽州区(皖)	16477.00
4	黟　县(皖)	2000.00
5	石台县(皖)	190.00
6	潜山市(皖)	60.00
7	歙　县(皖)	50.00
8	安福县(赣)	12611.00
9	玉山县(赣)	1000.00
10	井冈山市(赣)	310.00
11	瑞金市(赣)	138.00
12	尉氏县(豫)	1100.00
13	利川市(鄂)	80.00
14	浠水县(鄂)	10.00
15	大悟县(鄂)	9.00
16	衡山县(湘)	2601.23
17	桃江县(湘)	2000.00
18	临湘市(湘)	1500.00
19	祁东县(湘)	700.00
20	醴陵市(湘)	330.00
21	汨罗市(湘)	67.45
22	汉寿县(湘)	53.00
23	会同县(湘)	50.00
24	新宁县(湘)	50.00
25	江安县(川)	2900.00
26	翠屏区(川)	1170.00
27	邻水县(川)	1050.00
28	长宁县(川)	870.00
29	都江堰市(川)	9.00
30	玉屏侗族自治县(黔)	600.00
31	镇远县(黔)	100.00
32	从江县(黔)	4.00
33	石林彝族自治县(滇)	100.00
34	腾冲市(滇)	40.00

表 13-3 竹编主产地产量

序号	竹编主产地	产值（万元）
1	靖江市(苏)	1200.00
2	阜宁县(苏)	380.00
3	洪泽区(苏)	155.00
4	吴江区(苏)	3.00
5	萧山区(浙)	26264.00
6	安吉县(浙)	24710.00

（续表）

序号	竹编主产地	产值（万元）
7	磐安县(浙)	6642.00
8	瑞安市(浙)	5397.00
9	浦江县(浙)	3333.00
10	常山县(浙)	2840.00
11	诸暨市(浙)	2000.00
12	三门县(浙)	800.00
13	淳安县(浙)	687.00
14	文成县(浙)	551.00
15	武义县(浙)	420.00
16	柯城区(浙)	400.00
17	永康市(浙)	377.00
18	嵊州市(浙)	338.00
19	阜南县(皖)	90000.00
20	旌德县(皖)	6060.00
21	庐江县(皖)	4773.00
22	宿松县(皖)	4280.00
23	太湖县(皖)	4180.00
24	岳西县(皖)	3900.00
25	郎溪县(皖)	2850.00
26	怀宁县(皖)	1700.00
27	广德县(皖)	500.00
28	潜山市(皖)	260.00
29	界首市(皖)	203.00
30	祁门县(皖)	178.00
31	石台县(皖)	125.00
32	无为县(皖)	100.00
33	歙　县(皖)	73.00
34	绩溪县(皖)	20.00
35	蒙城县(皖)	8.60
36	宁国市(皖)	7.00
37	新干县(赣)	81902.00
38	铜鼓县(赣)	23200.00
39	宜丰县(赣)	9568.00
40	宁都县(赣)	5241.00
41	武宁县(赣)	3481.00
42	章贡区(赣)	2000.00
43	广昌县(赣)	1600.00
44	崇义县(赣)	1000.00
45	大余县(赣)	798.00
46	玉山县(赣)	700.00
47	遂川县(赣)	684.00
48	萍乡市武功山分局(赣)	461.00
49	定南县(赣)	404.00
50	铅山县(赣)	230.00

（续表）

序号	竹编主产地	产值（万元）
51	石城县(赣)	141.00
52	泰和县(赣)	120.00
53	赣县区(赣)	68.00
54	上犹县(赣)	50.00
55	安源区(赣)	43.00
56	寻乌县(赣)	3.00
57	坊子区(鲁)	2940.00
58	博爱县(豫)	4400.00
59	新　县(豫)	1960.00
60	尉氏县(豫)	1600.00
61	栾川县(豫)	1386.00
62	浉河区(豫)	1200.00
63	商城县(豫)	940.00
64	唐河县(豫)	480.00
65	嵩　县(豫)	240.00
66	新野县(豫)	180.00
67	汝阳县(豫)	53.30
68	崇阳县(鄂)	35000.00
69	黄梅县(鄂)	4000.00
70	阳新县(鄂)	1120.00
71	竹山县(鄂)	1000.00
72	赤壁市(鄂)	150.00
73	巴东县(鄂)	150.00
74	浠水县(鄂)	100.00
75	利川市(鄂)	80.00
76	蕲春县(鄂)	50.00
77	随　县(鄂)	40.00
78	来凤县(鄂)	30.00
79	大悟县(鄂)	15.00
80	保康县(鄂)	10.00
81	沙洋县(鄂)	10.00
82	公安县(鄂)	6.50
83	屈家岭管理区(鄂)	2.50
84	永兴县(湘)	8499.00
85	湘潭市市辖区(湘)	8300.00
86	湘潭县(湘)	3556.00
87	雨湖区(湘)	2877.00
88	江华瑶族自治县(湘)	2120.00
89	中方县(湘)	2000.00
90	蓝山县(湘)	2000.00
91	湘乡市(湘)	1414.00
92	沅陵县(湘)	1200.00
93	宜章县(湘)	1022.00
94	临湘市(湘)	800.00

(续表)

序号	竹编主产地	产值(万元)
95	益阳市市辖区(湘)	800.00
96	娄星区(湘)	800.00
97	宁远县(湘)	600.00
98	双峰县(湘)	600.00
99	衡山县(湘)	595.98
100	溆浦县(湘)	510.00
101	安化县(湘)	500.00
102	冷水江市(湘)	385.00
103	醴陵市(湘)	357.00
104	汨罗市(湘)	351.54
105	永定区(湘)	350.00
106	茶陵县(湘)	220.00
107	新晃侗族自治县(湘)	200.00
108	武陵区(湘)	200.00
109	桃江县(湘)	200.00
110	新化县(湘)	200.00
111	鼎城区(湘)	200.00
112	华容县(湘)	200.00
113	冷水滩区(湘)	120.00
114	岳阳县(湘)	100.00
115	会同县(湘)	100.00
116	芷江侗族自治县(湘)	56.00
117	东安县(湘)	50.00
118	新宁县(湘)	50.00
119	麻阳苗族自治县(湘)	50.00
120	澧　县(湘)	35.00
121	洪江市(湘)	30.00
122	新邵县(湘)	20.00
123	衡东县(湘)	5.00
124	桑植县(湘)	4.00
125	信宜市(粤)	87998.00
126	罗定市(粤)	7500.00
127	高州市(粤)	925.00
128	和平县(粤)	400.00
129	梅县区(粤)	200.00
130	阳春市(粤)	180.00
131	清新区(粤)	180.00
132	高要区(粤)	80.00
133	五华县(粤)	60.00
134	龙门县(粤)	20.00
135	南雄市(粤)	8.30
136	增城区(粤)	2.76
137	博白县(桂)	116850.00
138	浦北县(桂)	21050.00

(续表)

序号	竹编主产地	产值(万元)
139	北流市(桂)	3696.00
140	平果县(桂)	2669.00
141	陆川县(桂)	2500.00
142	灵山县(桂)	800.00
143	蒙山县(桂)	800.00
144	乐业县(桂)	326.00
145	八步区(桂)	289.00
146	东兰县(桂)	150.00
147	田阳县(桂)	143.00
148	西林县(桂)	25.00
149	武宣县(桂)	10.00
150	青神县(川)	97000.00
151	井研县(川)	30500.00
152	合江县(川)	15050.00
153	沐川县(川)	12000.00
154	筠连县(川)	8900.00
155	江油市(川)	5800.00
156	邛崃市(川)	5003.00
157	兴文县(川)	4079.00
158	渠　县(川)	4000.00
159	纳溪区(川)	3260.00
160	达川区(川)	3000.00
161	翠屏区(川)	2730.00
162	恩阳区(川)	2600.00
163	雨城区(川)	2100.00
164	邻水县(川)	2020.00
165	东坡区(川)	1950.00
166	彭山区(川)	1850.00
167	北川羌族自治县(川)	850.00
168	安居区(川)	800.00
169	南江县(川)	750.00
170	高坪区(川)	700.00
171	武胜县(川)	650.00
172	平昌县(川)	350.00
173	开江县(川)	300.00
174	绵竹市(川)	300.00
175	安岳县(川)	280.00
176	长宁县(川)	261.00
177	简阳市(川)	250.00
178	屏山县(川)	200.00
179	名山区(川)	195.00
180	宝兴县(川)	190.00
181	南部县(川)	110.00
182	叙永县(川)	90.00

(续表)

序号	竹编主产地	产值(万元)
183	高　县(川)	65.00
184	岳池县(川)	60.00
185	梓潼县(川)	58.00
186	都江堰市(川)	26.00
187	米易县(川)	26.00
188	布拖县(川)	25.00
189	盐源县(川)	3.00
190	务川仡佬族苗族自治县(黔)	2000.00
191	锦屏县(黔)	1848.00
192	赤水市(黔)	894.00
193	榕江县(黔)	503.00
194	播州区(黔)	420.00
195	罗甸县(黔)	384.00
196	三穗县(黔)	320.00
197	镇远县(黔)	80.00
198	普安县(黔)	24.00
199	思南县(黔)	20.00
200	碧江区(黔)	10.00
201	从江县(黔)	8.00
202	黎平县(黔)	5.00
203	文山市(滇)	5947.00
204	富宁县(滇)	1002.00
205	武定县(滇)	684.00
206	昌宁县(滇)	633.00
207	鲁甸县(滇)	600.00
208	宣威市(滇)	600.00
209	大关县(滇)	380.00
210	姚安县(滇)	346.00
211	威信县(滇)	200.00
212	彝良县(滇)	165.00
213	贡山独龙族怒族自治县(滇)	135.00
214	楚雄市(滇)	131.00
215	腾冲市(滇)	125.00
216	西畴县(滇)	120.00
217	施甸县(滇)	110.00
218	永德县(滇)	100.00
219	景东彝族自治县(滇)	100.00
220	兰坪白族普米族自治县(滇)	60.00
221	华宁县(滇)	55.00
222	马龙区(滇)	50.00
223	盐津县(滇)	30.00
224	永平县(滇)	18.00
225	嵩明县(滇)	11.00
226	瑞丽市(滇)	11.00

（续表）

序号	竹编主产地	产值（万元）
227	元谋县(滇)	10.00
228	绥江县(滇)	10.00
229	江川区(滇)	3.10
230	新平彝族傣族自治县(滇)	2.80
231	蓝田县(陕)	9340.00
232	南郑区(陕)	900.00
233	平利县(陕)	200.00
234	镇巴县(陕)	15.00
235	洋　县(陕)	10.00

表 13-4　藤编主产地产量

序号	藤编主产地	产值（万元）
1	五常市(黑)	40.00
2	盐都区(苏)	1800.00
3	滨海县(苏)	1500.00
4	灌云县(苏)	430.00
5	萧山区(浙)	11055.00
6	江山市(浙)	2000.00
7	文成县(浙)	481.00
8	嵊州市(浙)	100.00
9	武义县(浙)	100.00
10	阜南县(皖)	700000.00
11	岳西县(皖)	4757.00
12	肥东县(皖)	3000.00
13	桐城市(皖)	2500.00
14	和　县(皖)	2000.00
15	太湖县(皖)	1250.00
16	蒙城县(皖)	362.00
17	蚌埠市市辖区(皖)	220.00
18	祁门县(皖)	145.00
19	潜山市(皖)	135.00
20	石台县(皖)	55.00
21	颍上县(皖)	1.10
22	新干县(赣)	85902.00
23	峡江县(赣)	29442.00
24	南昌市市辖区(赣)	8400.00
25	奉新县(赣)	7701.00
26	乐安县(赣)	4220.00
27	南康区(赣)	1450.00
28	定南县(赣)	520.00
29	广昌县(赣)	498.00
30	安源区(赣)	387.00
31	彭泽县(赣)	300.00

（续表）

序号	藤编主产地	产值（万元）
32	大余县(赣)	198.00
33	赣县区(赣)	118.00
34	宁都县(赣)	82.00
35	上犹县(赣)	45.00
36	瑞金市(赣)	29.00
37	石城县(赣)	28.00
38	无棣县(鲁)	43550.00
39	邹平市(鲁)	15000.00
40	临沭县(鲁)	950.00
41	河东区(鲁)	610.00
42	汶上县(鲁)	210.00
43	东平县(鲁)	150.00
44	任城区(鲁)	111.50
45	陵城区(鲁)	70.00
46	固始县(豫)	35000.00
47	宁陵县(豫)	6318.00
48	渑池县(豫)	1800.00
49	新　县(豫)	1601.00
50	尉氏县(豫)	1500.00
51	方城县(豫)	650.00
52	新野县(豫)	180.00
53	淮滨县(豫)	50.00
54	汝阳县(豫)	48.10
55	镇平县(豫)	20.00
56	淅川县(豫)	10.00
57	襄州区(鄂)	20000.00
58	枣阳市(鄂)	4500.00
59	竹山县(鄂)	100.00
60	浠水县(鄂)	35.00
61	大悟县(鄂)	15.00
62	永兴县(湘)	7200.00
63	蓝山县(湘)	3000.00
64	双峰县(湘)	1200.00
65	娄星区(湘)	885.50
66	汨罗市(湘)	390.55
67	溆浦县(湘)	360.00
68	衡山县(湘)	216.81
69	鼎城区(湘)	195.00
70	冷水江市(湘)	108.00
71	双清区(湘)	50.00
72	临湘市(湘)	50.00
73	桑植县(湘)	30.00
74	芷江侗族自治县(湘)	24.00
75	东安县(湘)	20.00

（续表）

序号	藤编主产地	产值（万元）
76	洪江市(湘)	10.00
77	衡东县(湘)	5.00
78	阳春市(粤)	350.00
79	高要区(粤)	45.00
80	蒙山县(桂)	900.00
81	灵山县(桂)	700.00
82	田阳县(桂)	257.00
83	陆川县(桂)	180.00
84	东兰县(桂)	150.00
85	儋州市(琼)	850.00
86	崇州市(川)	8500.00
87	邻水县(川)	1090.00
88	江油市(川)	300.00
89	高　县(川)	161.00
90	宝兴县(川)	20.00
91	湄潭县(黔)	1987.00
92	思南县(黔)	1800.00
93	罗甸县(黔)	120.00
94	从江县(黔)	5.00
95	文山市(滇)	1516.00
96	富宁县(滇)	600.00
97	腾冲市(滇)	600.00
98	沧源佤族自治县(滇)	225.00
99	梁河县(滇)	210.00
100	昌宁县(滇)	114.00
101	施甸县(滇)	56.00
102	威信县(滇)	40.00
103	瑞丽市(滇)	38.00
104	南郑区(陕)	6400.00
105	平利县(陕)	150.00
106	镇巴县(陕)	10.00
107	洋　县(陕)	5.00
108	宁　县(甘)	3.00

表 13-5　棕编主产地产量

序号	棕编主产地	产值（万元）
1	磐安县(浙)	34.00
2	淳安县(浙)	15.00
3	永康市(浙)	11.00
4	浦江县(浙)	9.00
5	太湖县(皖)	960.00
6	和　县(皖)	200.00
7	石台县(皖)	80.00

(续表)

序号	棕编主产地	产值(万元)
8	潜山市(皖)	30.00
9	赣县区(赣)	379.00
10	石城县(赣)	13.00
11	瑞金市(赣)	7.90
12	沂源县(鲁)	3.00
13	汝阳县(豫)	53.60
14	竹山县(鄂)	200.00
15	大悟县(鄂)	9.00
16	阳新县(鄂)	6.00
17	江华瑶族自治县(湘)	1650.00
18	祁东县(湘)	530.00

(续表)

序号	棕编主产地	产值(万元)
19	醴陵市(湘)	330.00
20	沅陵县(湘)	240.00
21	新化县(湘)	200.00
22	衡山县(湘)	158.20
23	溆浦县(湘)	90.00
24	岳阳县(湘)	30.00
25	安化县(湘)	20.00
26	芷江侗族自治县(湘)	2.80
27	邻水县(川)	750.00
28	江油市(川)	550.00

(续表)

序号	棕编主产地	产值(万元)
29	罗甸县(黔)	200.00
30	播州区(黔)	120.00
31	思南县(黔)	5.00
32	从江县(黔)	2.00
33	文山市(滇)	1516.00
34	腾冲市(滇)	186.00
35	石林彝族自治县(滇)	25.00
36	隆阳区(滇)	1.00
37	南郑区(陕)	680.00
38	镇巴县(陕)	5.00

表 14　2019 年驯化野生动物与利用

序号	主产地	动物种类	驯养数量(只、头、条)
1	华容区(鄂)	鹌鹑	300000
2	博湖县(新)	鹌鹑	85000
3	甘州区(甘)	鹌鹑	55000
4	石峰区(湘)	鹌鹑	30000
5	涟水县(苏)	鹌鹑	10000
6	汤阴县(豫)	鹌鹑	10000
7	英德市(粤)	鹌鹑	10000
8	南召县(豫)	鹌鹑	1000
9	诸暨市(浙)	巴西龟	5000000
10	吴江区(苏)	巴西龟	3000000
11	文昌市(琼)	巴西龟	314884
12	惠城区(粤)	巴西龟	13200
13	九寨沟县(川)	白腹锦鸡	1800
14	奉贤区(沪)	白腹锦鸡	150
15	浦东新区(沪)	白腹锦鸡	146
16	抚宁区(冀)	白腹锦鸡	32
17	阳谷县(鲁)	白腹锦鸡	27
18	托克托县(内蒙古)	白腹锦鸡	15
19	蓬莱市(鲁)	白腹锦鸡	12
20	鹿泉区(冀)	白腹锦鸡	10
21	北戴河区(冀)	白冠长尾雉	37
22	偃师市(豫)	白冠长尾雉	12
23	抚宁区(冀)	白冠长尾雉	10
24	北戴河区(冀)	白鹳	5
25	澄江县(滇)	白孔雀	2000
26	枣阳市(鄂)	白孔雀	550
27	阜宁县(苏)	白孔雀	350
28	北戴河区(冀)	白孔雀	17

(续表)

序号	主产地	动物种类	驯养数量(只、头、条)
29	五华区(滇)	白孔雀	15
30	鹿泉区(冀)	白孔雀	12
31	昌邑区(吉)	白眉蝮蛇	5000
32	吴兴区(浙)	白眉山鹧鸪	100
33	丘北县(滇)	白天鹅	150
34	槐荫区(鲁)	白天鹅	38
35	乌拉特前旗(内蒙古)	白天鹅	25
36	岱岳区(鲁)	白天鹅	17
37	和静县(新)	白天鹅	14
38	宝山区(沪)	白天鹅	13
39	蓝山县(湘)	白鹇	6500
40	大余县(赣)	白鹇	942
41	平乐县(桂)	白鹇	470
42	洋　县(陕)	白鹇	148
43	北戴河区(冀)	白鹇	91
44	遂川县(赣)	白鹇	83
45	昌宁县(滇)	白鹇	52
46	偃师市(豫)	白鹇	22
47	奉贤区(沪)	白鹇	10
48	宁阳县(鲁)	白腰文鸟	16000
49	河口瑶族自治县(滇)	白腰文鸟	1600
50	君山区(湘)	白雉	17800
51	丘北县(滇)	斑头雁	350
52	阳谷县(鲁)	斑头雁	234
53	兰溪市(浙)	斑头雁	220
54	江川区(滇)	斑头雁	170
55	湖北省太子山林场管理局(鄂)	斑头雁	27
56	和静县(新)	斑头雁	15

（续表）

序号	主产地	动物种类	驯养数量（只、头、条）
57	高台县（甘）	斑头雁	10
58	偃师市（豫）	斑头雁	10
59	南昌县（赣）	斑嘴鸭	265000
60	永修县（赣）	斑嘴鸭	15500
61	东安县（湘）	斑嘴鸭	15000
62	监利县（鄂）	斑嘴鸭	15000
63	茶陵县（湘）	斑嘴鸭	4600
64	余江区（赣）	斑嘴鸭	4000
65	鼎城区（湘）	斑嘴鸭	3700
66	郎溪县（皖）	斑嘴鸭	3165
67	望江县（皖）	斑嘴鸭	2793
68	桐城市（皖）	斑嘴鸭	1628
69	金湖县（苏）	斑嘴鸭	1593
70	宿松县（皖）	斑嘴鸭	1500
71	高邮市（苏）	斑嘴鸭	1200
72	萧山区（浙）	斑嘴鸭	1200
73	莲都区（浙）	斑嘴鸭	1100
74	松滋市（鄂）	斑嘴鸭	930
75	丘北县（滇）	斑嘴鸭	340
76	武进区（苏）	斑嘴鸭	286
77	吴兴区（浙）	斑嘴鸭	210
78	乌拉特前旗（内蒙古）	斑嘴鸭	100
79	巢湖市（皖）	斑嘴鸭	54
80	济阳区（鲁）	斑嘴鸭	50
81	兴化市（苏）	斑嘴鸭	30
82	松山区（内蒙古）	北极狐	400
83	青州市（鲁）	北极狐	200
84	蓬莱市（鲁）	北极熊	2
85	浦东新区（沪）	北极熊	2
86	新化县（湘）	菜蛇	25000
87	渝水区（赣）	菜蛇	10000
88	播州区（黔）	菜蛇	1300
89	建德市（浙）	菜蛇	1200
90	大安区（川）	菜蛇	570
91	敦化市（吉）	蚕	20091000
92	南浔区（浙）	蚕	2555000
93	蛟河市（吉）	蚕	1651500
94	东辽县（吉）	蚕	200000
95	江都区（苏）	草龟	4000
96	英德市（粤）	草龟	4000
97	惠城区（粤）	草龟	2900
98	金坛区（苏）	草龟	1200
99	阜康市（新）	草兔	300
100	集安市（吉）	蟾蜍	1030000
101	九台区（吉）	蟾蜍	100000
102	文昌市（琼）	蟾蜍	5000
103	枣阳市（鄂）	蟾蜍	5000
104	屈家岭管理区（鄂）	蟾蜍	3000
105	兰溪市（浙）	蟾蜍	200
106	秀洲区（浙）	赤链蛇	22000
107	南海区（粤）	刺猬	650
108	永德县（滇）	刺猬	341
109	沿河土家族自治县（黔）	刺猬	76
110	安化县（湘）	刺猬	50
111	邻水县（川）	刺猬	40
112	梅河口市（吉）	大雁	300000
113	渑池县（豫）	大雁	32085
114	曲江区（粤）	大雁	27598
115	永修县（赣）	大雁	24100
116	彭泽县（赣）	大雁	10000
117	株洲市市辖区（湘）	大雁	10000
118	怀远县（皖）	大雁	5000
119	富裕县（黑）	大雁	4500
120	农安县（吉）	大雁	3400
121	济阳区（鲁）	大雁	3000
122	祁东县（湘）	大雁	3000
123	江都区（苏）	大雁	2200
124	都昌县（赣）	大雁	2000
125	松山区（内蒙古）	大雁	2000
126	麻章区（粤）	大雁	1850
127	五河县（皖）	大雁	1400
128	通榆县（吉）	大雁	1350
129	建德市（浙）	大雁	1200
130	东辽县（吉）	大雁	1000
131	巴林右旗（内蒙古）	大雁	600
132	茶陵县（湘）	大雁	450
133	盐津县（滇）	大雁	390
134	凤阳县（皖）	大雁	350
135	靖江市（苏）	大雁	200
136	沭阳县（苏）	大雁	200
137	双辽市（吉）	大雁	161
138	乌拉特前旗（内蒙古）	大雁	125
139	栾川县（豫）	大雁	100
140	咸丰县（鄂）	大雁	66
141	溧水区（苏）	大雁	65
142	岱岳区（鲁）	大雁	50
143	乌拉盖管理区（内蒙古）	大雁	17
144	北戴河区（冀）	丹顶鹤	20

(续表)

序号	主产地	动物种类	驯养数量(只、头、条)
145	岱岳区(鲁)	丹顶鹤	10
146	蓬莱市(鲁)	丹顶鹤	10
147	滦平县(冀)	雕	60
148	宝山区(沪)	喋喋吸蜜鹦鹉	32
149	秀洲区(浙)	短尾蝮	147000
150	茂南区(粤)	鳄龟	11000
151	阜宁县(苏)	鳄龟	2000
152	英德市(粤)	鳄龟	2000
153	高邮市(苏)	鳄龟	400
154	儋州市(琼)	鳄龟	300
155	五华县(粤)	鳄龟	212
156	让胡路区(黑)	鸸鹋	300
157	莲都区(浙)	鸸鹋	200
158	彭州市(川)	鸸鹋	120
159	柞水县(陕)	鸸鹋	70
160	牟定县(滇)	鸸鹋	41
161	景东彝族自治县(滇)	鸸鹋	40
162	临泉县(皖)	鸸鹋	15
163	伊川县(豫)	鸸鹋	14
164	乌拉特前旗(内蒙古)	鸸鹋	12
165	偃师市(豫)	鸸鹋	12
166	乌拉特后旗(内蒙古)	非洲鸵鸟	1001
167	让胡路区(黑)	非洲鸵鸟	1000
168	射洪县(川)	非洲鸵鸟	500
169	富民县(滇)	非洲鸵鸟	416
170	乐安县(赣)	非洲鸵鸟	350
171	晋宁区(滇)	非洲鸵鸟	305
172	深泽县(冀)	非洲鸵鸟	187
173	祥云县(滇)	非洲鸵鸟	100
174	凤阳县(皖)	非洲鸵鸟	95
175	玉山县(赣)	非洲鸵鸟	40
176	弥勒市(滇)	非洲鸵鸟	36
177	黎城县(晋)	非洲鸵鸟	30
178	钦南区(桂)	非洲鸵鸟	30
179	三门县(浙)	非洲鸵鸟	30
180	昭阳区(滇)	非洲鸵鸟	15
181	卫东区(豫)	非洲鸵鸟	11
182	恩阳区(川)	非洲鸵鸟	10
183	望江县(皖)	非洲鹦鹉	102
184	灌阳县(桂)	非洲鹦鹉	100
185	寒亭区(鲁)	非洲鹦鹉	53
186	金坛区(苏)	非洲鹦鹉	14
187	泰兴市(苏)	非洲鹦鹉	13
188	武清区(津)	非洲鹦鹉	10

(续表)

序号	主产地	动物种类	驯养数量(只、头、条)
189	宁河区(津)	凤头鹦鹉	700
190	昌吉市(新)	凤头鹦鹉	13
191	偃师市(豫)	凤头鹦鹉	12
192	栾川县(豫)	复齿鼯鼠	200
193	延吉市(吉)	狗熊	220
194	安图森林经营局(吉)	狗熊	69
195	临泉县(皖)	狗熊	15
196	吉安县(赣)	贵妃鸡	5000
197	北戴河区(冀)	贵妃鸡	26
198	东胜区(内蒙古)	贵妃鸡	19
199	抚宁区(冀)	贵妃鸡	12
200	万安县(赣)	果子狸	10960
201	文昌市(琼)	果子狸	8841
202	容　县(桂)	果子狸	5000
203	美兰区(琼)	果子狸	4233
204	恭城瑶族自治县(桂)	果子狸	3500
205	安宁市(滇)	果子狸	2800
206	五指山市(琼)	果子狸	2431
207	鹤城区(湘)	果子狸	2225
208	桃源县(湘)	果子狸	2000
209	高邮市(苏)	果子狸	1682
210	栾川县(豫)	果子狸	1500
211	铜鼓县(赣)	果子狸	1450
212	安州区(川)	果子狸	1300
213	江山市(浙)	果子狸	1177
214	洋　县(陕)	果子狸	1100
215	利川市(鄂)	果子狸	1089
216	吉水县(赣)	果子狸	1050
217	东宝区(鄂)	果子狸	1010
218	武江区(粤)	果子狸	1000
219	西峡县(豫)	果子狸	996
220	茂南区(粤)	果子狸	930
221	大余县(赣)	果子狸	925
222	儋州市(琼)	果子狸	646
223	遂川县(赣)	果子狸	626
224	兴宁市(粤)	果子狸	586
225	昌宁县(滇)	果子狸	545
226	高州市(粤)	果子狸	500
227	咸丰县(鄂)	果子狸	440
228	沅陵县(湘)	果子狸	378
229	石林彝族自治县(滇)	果子狸	320
230	泰和县(赣)	果子狸	320
231	麻阳苗族自治县(湘)	果子狸	310
232	灵川县(桂)	果子狸	300

（续表）

序号	主产地	动物种类	驯养数量（只、头、条）	序号	主产地	动物种类	驯养数量（只、头、条）
233	宁陕县（陕）	果子狸	300	277	五指山市（琼）	豪猪	1301
234	平江县（湘）	果子狸	285	278	名山区（川）	豪猪	1257
235	衡东县（湘）	果子狸	273	279	恭城瑶族自治县（桂）	豪猪	1200
236	大英县（川）	果子狸	250	280	宁乡市（湘）	豪猪	1150
237	新丰县（粤）	果子狸	240	281	文昌市（琼）	豪猪	1050
238	兴文县（川）	果子狸	225	282	大余县（赣）	豪猪	1037
239	平陆县（晋）	果子狸	216	283	盈江县（滇）	豪猪	989
240	江安县（川）	果子狸	210	284	鹤城区（湘）	豪猪	975
241	平桥区（豫）	果子狸	200	285	崇阳县（鄂）	豪猪	960
242	万宁市（琼）	果子狸	189	286	邻水县（川）	豪猪	953
243	澄迈县（琼）	果子狸	180	287	播州区（黔）	豪猪	909
244	屏山县（川）	果子狸	180	288	龙陵县（滇）	豪猪	844
245	白河县（陕）	果子狸	170	289	武穴市（鄂）	豪猪	800
246	富宁县（滇）	果子狸	165	290	岳西县（皖）	豪猪	791
247	乐业县（桂）	果子狸	140	291	英德市（粤）	豪猪	750
248	奉新县（赣）	果子狸	125	292	五华县（粤）	豪猪	725
249	五华县（粤）	果子狸	120	293	太湖县（皖）	豪猪	706
250	博白县（桂）	果子狸	110	294	铅山县（赣）	豪猪	700
251	荣　县（川）	果子狸	107	295	东至县（皖）	豪猪	600
252	兴业县（桂）	果子狸	105	296	芦山县（川）	豪猪	600
253	内乡县（豫）	果子狸	100	297	万安县（赣）	豪猪	600
254	寻甸回族彝族自治县（滇）	果子狸	100	298	富民县（滇）	豪猪	596
255	遂川县（赣）	海狸鼠	2100	299	高邮市（苏）	豪猪	580
256	殷都区（豫）	海狸鼠	1500	300	靖州苗族侗族自治县（湘）	豪猪	560
257	平乐县（桂）	海狸鼠	440	301	元江哈尼族彝族傣族自治县（滇）	豪猪	558
258	桑植县（湘）	獴猪	900	302	江山市（浙）	豪猪	512
259	宜章县（湘）	豪猪	38000	303	威远县（川）	豪猪	510
260	会昌县（赣）	豪猪	8330	304	江陵县（鄂）	豪猪	500
261	桃源县（湘）	豪猪	4300	305	麻阳苗族自治县（湘）	豪猪	500
262	香格里拉市（滇）	豪猪	3536	306	阳新县（鄂）	豪猪	500
263	内江市市中区（川）	豪猪	3000	307	盐津县（滇）	豪猪	499
264	上栗县（赣）	豪猪	3000	308	独山县（黔）	豪猪	450
265	昌宁县（滇）	豪猪	2493	309	汇川区（黔）	豪猪	423
266	利川市（鄂）	豪猪	2429	310	瑞丽市（滇）	豪猪	421
267	陇川县（滇）	豪猪	2144	311	龙门县（粤）	豪猪	420
268	安宁市（滇）	豪猪	2000	312	南江县（川）	豪猪	412
269	咸丰县（鄂）	豪猪	1930	313	巴东县（鄂）	豪猪	400
270	兴宁市（粤）	豪猪	1891	314	祥云县（滇）	豪猪	400
271	楚雄市（滇）	豪猪	1811	315	勉　县（陕）	豪猪	394
272	隆阳区（滇）	豪猪	1678	316	梁河县（滇）	豪猪	390
273	儋州市（琼）	豪猪	1576	317	兴义市（黔）	豪猪	357
274	隆回县（湘）	豪猪	1500	318	武陵区（湘）	豪猪	350
275	柞水县（陕）	豪猪	1443	319	茂南区（粤）	豪猪	340
276	长丰县（皖）	豪猪	1426	320	辰溪县（湘）	豪猪	321

(续表)

序号	主产地	动物种类	驯养数量(只、头、条)
321	新化县(湘)	豪猪	320
322	河口瑶族自治县(滇)	豪猪	313
323	腾冲市(滇)	豪猪	310
324	平江县(湘)	豪猪	303
325	麻城市(鄂)	豪猪	300
326	四会市(粤)	豪猪	300
327	通城县(鄂)	豪猪	300
328	宜城市(鄂)	豪猪	300
329	永定区(湘)	豪猪	300
330	凌云县(桂)	豪猪	293
331	兴国县(赣)	豪猪	280
332	连州市(粤)	豪猪	277
333	江安县(川)	豪猪	263
334	那坡县(桂)	豪猪	250
335	平乐县(桂)	豪猪	229
336	云　县(滇)	豪猪	229
337	榕江县(黔)	豪猪	221
338	广南县(滇)	豪猪	219
339	大安区(川)	豪猪	215
340	常宁市(湘)	豪猪	200
341	平桥区(豫)	豪猪	200
342	余江区(赣)	豪猪	200
343	茶陵县(湘)	豪猪	195
344	罗甸县(黔)	豪猪	180
345	永胜县(滇)	豪猪	180
346	南雄市(粤)	豪猪	178
347	屏山县(川)	豪猪	175
348	荣　县(川)	豪猪	164
349	建水县(滇)	豪猪	162
350	开远市(滇)	豪猪	157
351	巢湖市(皖)	豪猪	155
352	郁南县(粤)	豪猪	155
353	新丰江林管局(粤)	豪猪	151
354	双江拉祜族佤族布朗族傣族自治县(滇)	豪猪	150
355	仁和区(川)	豪猪	148
356	铜鼓县(赣)	豪猪	148
357	溧阳市(苏)	豪猪	140
358	文山市(滇)	豪猪	137
359	阜南县(皖)	豪猪	136
360	沿河土家族自治县(黔)	豪猪	134
361	宾川县(滇)	豪猪	130
362	博白县(桂)	豪猪	126
363	奉新县(赣)	豪猪	123
364	三都水族自治县(黔)	豪猪	120
365	宝兴县(川)	豪猪	116
366	麻栗坡县(滇)	豪猪	111
367	南部县(川)	豪猪	111
368	富宁县(滇)	豪猪	105
369	宁远县(湘)	豪猪	100
370	寻甸回族彝族自治县(滇)	豪猪	100
371	中方县(湘)	豪猪	100
372	临西县(冀)	和尚鹦鹉	1259
373	安岳县(川)	和尚鹦鹉	1200
374	通城县(鄂)	和尚鹦鹉	800
375	吴兴区(浙)	和尚鹦鹉	600
376	陵城区(鲁)	和尚鹦鹉	400
377	抚宁区(冀)	和尚鹦鹉	240
378	彭州市(川)	和尚鹦鹉	152
379	海安市(苏)	河麂	965
380	颍上县(皖)	河麂	761
381	吴兴区(浙)	河麂	424
382	衡南县(湘)	河麂	200
383	冷水滩区(湘)	河麂	180
384	巢湖市(皖)	河麂	120
385	常宁市(湘)	河麂	100
386	青州市(鲁)	河马	2
387	顺德区(粤)	河马	2
388	禅城区(粤)	河马	1
389	潜江市(鄂)	黑斑蛙	160000000
390	黎川县(赣)	黑斑蛙	17030000
391	婺城区(浙)	黑斑蛙	10600000
392	宿松县(皖)	黑斑蛙	7875000
393	桐庐县(浙)	黑斑蛙	6500000
394	溧阳市(苏)	黑斑蛙	6395000
395	桃江县(湘)	黑斑蛙	6190000
396	东兴区(川)	黑斑蛙	5332000
397	武江区(粤)	黑斑蛙	5300000
398	奉新县(赣)	黑斑蛙	5224850
399	邻水县(川)	黑斑蛙	5220000
400	祁东县(湘)	黑斑蛙	5000000
401	枣阳市(鄂)	黑斑蛙	4675000
402	麻阳苗族自治县(湘)	黑斑蛙	4600000
403	仙桃市(鄂)	黑斑蛙	4540000
404	桐城市(皖)	黑斑蛙	4490800
405	大祥区(湘)	黑斑蛙	4200000
406	望江县(皖)	黑斑蛙	3762000
407	金坛区(苏)	黑斑蛙	3615000

（续表）

序号	主产地	动物种类	驯养数量（只、头、条）
408	平江县（湘）	黑斑蛙	3600000
409	大邑县（川）	黑斑蛙	3500000
410	衡东县（湘）	黑斑蛙	3000000
411	京山县（鄂）	黑斑蛙	3000000
412	五华县（粤）	黑斑蛙	3000000
413	汉川市（鄂）	黑斑蛙	2861000
414	仁寿县（川）	黑斑蛙	2850000
415	南　县（湘）	黑斑蛙	2250000
416	铜鼓县（赣）	黑斑蛙	2100000
417	莲都区（浙）	黑斑蛙	2050000
418	澧　县（湘）	黑斑蛙	1900000
419	大观区（皖）	黑斑蛙	1850000
420	彭州市（川）	黑斑蛙	1837000
421	泰兴市（苏）	黑斑蛙	1833000
422	仁和区（川）	黑斑蛙	1800000
423	兴文县（川）	黑斑蛙	1750000
424	永康市（浙）	黑斑蛙	1620000
425	江安县（川）	黑斑蛙	1500540
426	荣　县（川）	黑斑蛙	1500000
427	凤阳县（皖）	黑斑蛙	1488000
428	新化县（湘）	黑斑蛙	1370000
429	洪湖市（鄂）	黑斑蛙	1284000
430	沙洋县（鄂）	黑斑蛙	1207500
431	井研县（川）	黑斑蛙	1200000
432	南溪区（川）	黑斑蛙	1108300
433	东安县（湘）	黑斑蛙	1000000
434	文成县（浙）	黑斑蛙	860000
435	江都区（苏）	黑斑蛙	850000
436	独山县（黔）	黑斑蛙	810000
437	海安市（苏）	黑斑蛙	800000
438	济阳区（鲁）	黑斑蛙	750000
439	启东市（苏）	黑斑蛙	700000
440	麻城市（鄂）	黑斑蛙	640000
441	洪江区（湘）	黑斑蛙	600000
442	南雄市（粤）	黑斑蛙	600000
443	通州区（苏）	黑斑蛙	570000
444	睢宁县（苏）	黑斑蛙	550000
445	宜城市（鄂）	黑斑蛙	550000
446	大英县（川）	黑斑蛙	530000
447	灌阳县（桂）	黑斑蛙	530000
448	桃源县（湘）	黑斑蛙	520000
449	秀洲区（浙）	黑斑蛙	500000
450	渌口区（湘）	黑斑蛙	464000
451	宣州区（皖）	黑斑蛙	411200

（续表）

序号	主产地	动物种类	驯养数量（只、头、条）
452	简阳市（川）	黑斑蛙	410000
453	播州区（黔）	黑斑蛙	402000
454	五河县（皖）	黑斑蛙	400400
455	长丰县（皖）	黑斑蛙	394700
456	绩溪县（皖）	黑斑蛙	380000
457	三门县（浙）	黑斑蛙	380000
458	高邮市（苏）	黑斑蛙	355000
459	随　县（鄂）	黑斑蛙	350000
460	宁远县（湘）	黑斑蛙	340000
461	保康县（鄂）	黑斑蛙	300000
462	监利县（鄂）	黑斑蛙	300000
463	南浔区（浙）	黑斑蛙	300000
464	屈家岭管理区（鄂）	黑斑蛙	300000
465	绥宁县（湘）	黑斑蛙	300000
466	海陵区（苏）	黑斑蛙	280000
467	兴化市（苏）	黑斑蛙	225000
468	乐至县（川）	黑斑蛙	224000
469	当阳市（鄂）	黑斑蛙	205000
470	津南区（津）	黑斑蛙	200000
471	新晃侗族自治县（湘）	黑斑蛙	200000
472	威远县（川）	黑斑蛙	179065
473	颍上县（皖）	黑斑蛙	160000
474	龙马潭区（川）	黑斑蛙	150000
475	高港区（苏）	黑斑蛙	135000
476	姜堰区（苏）	黑斑蛙	111500
477	高　县（川）	黑斑蛙	105000
478	长宁县（川）	黑斑蛙	105000
479	庐江县（皖）	黑斑蛙	100000
480	吴兴区（浙）	黑斑蛙	100000
481	玉山县（赣）	黑斑蛙	100000
482	芷江侗族自治县（湘）	黑斑蛙	96150
483	石峰区（湘）	黑斑蛙	70000
484	米易县（川）	黑斑蛙	64000
485	牡丹区（鲁）	黑斑蛙	60000
486	黟　县（皖）	黑斑蛙	60000
487	娄星区（湘）	黑斑蛙	52000
488	隆回县（湘）	黑斑蛙	50000
489	宁国市（皖）	黑斑蛙	50000
490	辰溪县（湘）	黑斑蛙	45200
491	义乌市（浙）	黑斑蛙	40500
492	铜山区（苏）	黑斑蛙	40000
493	团风县（鄂）	黑斑蛙	40000
494	灵川县（桂）	黑斑蛙	38000
495	阳新县（鄂）	黑斑蛙	37500

(续表)

序号	主产地	动物种类	驯养数量(只、头、条)
496	鄄城县(鲁)	黑斑蛙	35000
497	武进区(苏)	黑斑蛙	34500
498	茶陵县(湘)	黑斑蛙	34000
499	梁山县(鲁)	黑斑蛙	30000
500	勉　县(陕)	黑斑蛙	30000
501	青浦区(沪)	黑斑蛙	30000
502	安州区(川)	黑斑蛙	25000
503	嘉鱼县(鄂)	黑斑蛙	20000
504	金乡县(鲁)	黑斑蛙	15000
505	瑞丽市(滇)	黑斑蛙	15000
506	双峰县(湘)	黑斑蛙	14000
507	海门市(苏)	黑斑蛙	12000
508	芜湖县(皖)	黑斑蛙	10000
509	岳塘区(湘)	黑颈天鹅	300
510	望江县(皖)	黑颈天鹅	200
511	伊通满族自治县(吉)	黑龙江林蛙	2300000
512	耒阳市(湘)	黑眉蛇	2000
513	溧阳市(苏)	黑眉蛇	1500
514	三都水族自治县(黔)	黑眉蛇	300
515	宣州区(皖)	黑眉蛇	220
516	青川县(川)	黑眉蛇	100
517	邛崃市(川)	黑天鹅	40000
518	来安县(皖)	黑天鹅	214
519	阳谷县(鲁)	黑天鹅	192
520	岱岳区(鲁)	黑天鹅	122
521	奉贤区(沪)	黑天鹅	120
522	槐荫区(鲁)	黑天鹅	120
523	武清区(津)	黑天鹅	100
524	姜堰区(苏)	黑天鹅	51
525	和静县(新)	黑天鹅	37
526	洛阳市伊洛工业园区(豫)	黑天鹅	36
527	麻章区(粤)	黑天鹅	36
528	江川区(滇)	黑天鹅	35
529	高台县(甘)	黑天鹅	30
530	萧山区(浙)	黑天鹅	20
531	托克托县(内蒙古)	黑天鹅	18
532	广丰区(赣)	黑天鹅	16
533	东丽区(津)	黑天鹅	15
534	东胜区(内蒙古)	黑天鹅	14
535	北戴河区(冀)	黑天鹅	13
536	五华区(滇)	黑天鹅	13
537	乌拉特前旗(内蒙古)	黑天鹅	12
538	湘潭县(湘)	黑天鹅	12
539	偃师市(豫)	黑天鹅	12

(续表)

序号	主产地	动物种类	驯养数量(只、头、条)
540	吴中区(苏)	黑天鹅	10
541	榆树市(吉)	黑熊	3376
542	都江堰市(川)	黑熊	2857
543	雁江区(川)	黑熊	1197
544	大邑县(川)	黑熊	895
545	陇川县(滇)	黑熊	563
546	简阳市(川)	黑熊	300
547	资溪县(赣)	黑熊	300
548	潮安区(粤)	黑熊	275
549	勉　县(陕)	黑熊	222
550	桓仁满族自治县(辽)	黑熊	170
551	敦化市(吉)	黑熊	167
552	渭滨区(陕)	黑熊	112
553	琼山区(琼)	黑熊	100
554	和龙市(吉)	黑熊	86
555	钦南区(桂)	黑熊	53
556	泰兴市(苏)	黑熊	49
557	崇义县(赣)	黑熊	46
558	龙井市(吉)	黑熊	43
559	珲春市(吉)	黑熊	38
560	东胜区(内蒙古)	黑熊	14
561	顺德区(粤)	黑熊	13
562	青州市(鲁)	黑熊	10
563	双辽市(吉)	黑熊	10
564	乌拉特前旗(内蒙古)	红腹锦鸡	1035
565	铜山区(苏)	红腹锦鸡	650
566	奉贤区(沪)	红腹锦鸡	390
567	白河县(陕)	红腹锦鸡	180
568	浦东新区(沪)	红腹锦鸡	156
569	义乌市(浙)	红腹锦鸡	100
570	上栗县(赣)	红颊竹鼠	4000
571	常山县(浙)	红颊竹鼠	3000
572	增城区(粤)	红颊竹鼠	300
573	蓬莱市(鲁)	洪式环企鹅	8
574	浦东新区(沪)	洪式环企鹅	8
575	呈贡区(滇)	洪式环企鹅	5
576	东安县(湘)	鸿雁	2500
577	宜丰县(赣)	鸿雁	1200
578	郎溪县(皖)	鸿雁	960
579	来安县(皖)	鸿雁	809
580	海门市(苏)	鸿雁	700
581	迎江区(皖)	鸿雁	500
582	新晃侗族自治县(湘)	鸿雁	450
583	阳谷县(鲁)	鸿雁	300

（续表）

序号	主产地	动物种类	驯养数量（只、头、条）
584	萧山区（浙）	鸿雁	210
585	柯城区（浙）	鸿雁	190
586	洛阳市伊洛工业园区（豫）	鸿雁	180
587	桐城市（皖）	鸿雁	154
588	淳安县（浙）	猴子	120
589	浦东新区（沪）	猴子	71
590	雨花区（湘）	猴子	30
591	双城区（黑）	狐狸	15000
592	梁山县（鲁）	狐狸	12880
593	林甸县（黑）	狐狸	12708
594	曹　县（鲁）	狐狸	8600
595	蠡　县（冀）	狐狸	3800
596	舒兰市（吉）	狐狸	3240
597	九台区（吉）	狐狸	3100
598	集宁区（内蒙古）	狐狸	2038
599	东平县（鲁）	狐狸	2000
600	启东市（苏）	狐狸	1500
601	成武县（鲁）	狐狸	1450
602	双辽市（吉）	狐狸	1215
603	前郭尔罗斯蒙古族自治县（吉）	狐狸	1200
604	肥城市（鲁）	狐狸	1000
605	故城县（冀）	狐狸	650
606	泰安市高新区（鲁）	狐狸	600
607	昌乐县（鲁）	狐狸	500
608	平阴县（鲁）	狐狸	500
609	松原市市辖区（吉）	狐狸	490
610	本溪满族自治县（辽）	狐狸	360
611	昌邑区（吉）	狐狸	300
612	和静县（新）	狐狸	275
613	陵川县（晋）	狐狸	220
614	东辽县（吉）	狐狸	200
615	蓟州区（津）	狐狸	200
616	嘉荫县（黑）	狐狸	200
617	金湖县（苏）	狐狸	200
618	贵溪市（赣）	虎皮鹦鹉	5070
619	金乡县（鲁）	虎皮鹦鹉	2000
620	津南区（津）	虎皮鹦鹉	500
621	洛阳市伊洛工业园区（豫）	虎皮鹦鹉	160
622	鄄城县（鲁）	虎皮鹦鹉	150
623	昌吉市（新）	虎皮鹦鹉	90
624	东胜区（内蒙古）	虎皮鹦鹉	70
625	偃师市（豫）	虎皮鹦鹉	10
626	美兰区（琼）	虎纹蛙	1880150
627	襄城区（鄂）	虎纹蛙	900000

（续表）

序号	主产地	动物种类	驯养数量（只、头、条）
628	浦东新区（沪）	虎纹蛙	530000
629	泰和县（赣）	虎纹蛙	200000
630	桐庐县（浙）	虎纹蛙	200000
631	永兴县（湘）	虎纹蛙	140000
632	大邑县（川）	虎纹蛙	75000
633	文昌市（琼）	虎纹蛙	34550
634	耒阳市（湘）	虎纹蛙	20000
635	茂南区（粤）	虎纹蛙	6000
636	东辽县（吉）	花鼠	800
637	儋州市（琼）	滑鼠蛇	96550
638	钦北区（桂）	滑鼠蛇	60645
639	博白县（桂）	滑鼠蛇	50820
640	瑞丽市（滇）	滑鼠蛇	50392
641	澄迈县（琼）	滑鼠蛇	37125
642	电白区（粤）	滑鼠蛇	32500
643	增城区（粤）	滑鼠蛇	29950
644	文昌市（琼）	滑鼠蛇	29560
645	高州市（粤）	滑鼠蛇	26000
646	灵川县（桂）	滑鼠蛇	15200
647	平乐县（桂）	滑鼠蛇	14793
648	上犹县（赣）	滑鼠蛇	12000
649	北流市（桂）	滑鼠蛇	11000
650	大安区（川）	滑鼠蛇	11000
651	源城区（粤）	滑鼠蛇	10000
652	那坡县（桂）	滑鼠蛇	9500
653	英德市（粤）	滑鼠蛇	9300
654	茂南区（粤）	滑鼠蛇	8910
655	美兰区（琼）	滑鼠蛇	7350
656	惠城区（粤）	滑鼠蛇	5570
657	惠阳区（粤）	滑鼠蛇	4779
658	合浦县（桂）	滑鼠蛇	4500
659	江山市（浙）	滑鼠蛇	4000
660	兴化市（苏）	滑鼠蛇	4000
661	宜城市（鄂）	滑鼠蛇	3950
662	富民县（滇）	滑鼠蛇	3000
663	钦南区（桂）	滑鼠蛇	2300
664	义乌市（浙）	滑鼠蛇	2000
665	遂川县（赣）	滑鼠蛇	1620
666	秀洲区（浙）	滑鼠蛇	1170
667	通州区（苏）	滑鼠蛇	1000
668	阳山县（粤）	滑鼠蛇	900
669	恭城瑶族自治县（桂）	滑鼠蛇	700
670	罗甸县（黔）	滑鼠蛇	600
671	汉川市（鄂）	滑鼠蛇	550

(续表)

序号	主产地	动物种类	驯养数量(只、头、条)
672	播州区(黔)	滑鼠蛇	500
673	兴国县(赣)	滑鼠蛇	500
674	泰兴市(苏)	滑鼠蛇	400
675	奉新县(赣)	滑鼠蛇	336
676	广丰区(赣)	滑鼠蛇	262
677	临江市(吉)	獾子	100
678	双辽市(吉)	獾子	68
679	九台区(吉)	獾子	50
680	梅河口市(吉)	獾子	30
681	浑江区(吉)	獾子	22
682	宁乡市(湘)	环颈雉	19320
683	弥勒市(滇)	环颈雉	16700
684	泰和县(赣)	环颈雉	10500
685	香格里拉市(滇)	环颈雉	10193
686	兰溪市(浙)	环颈雉	10000
687	山亭区(鲁)	环颈雉	10000
688	石台县(皖)	环颈雉	8500
689	岳西县(皖)	环颈雉	5580
690	巴东县(鄂)	环颈雉	5400
691	绥宁县(湘)	环颈雉	5000
692	新化县(湘)	环颈雉	3200
693	月湖区(赣)	环颈雉	3000
694	平江县(湘)	环颈雉	2620
695	东兴区(川)	环颈雉	1300
696	玉山县(赣)	环颈雉	1200
697	芷江侗族自治县(湘)	环颈雉	1200
698	龙陵县(滇)	环颈雉	1051
699	宁国市(皖)	环颈雉	960
700	兴国县(赣)	环颈雉	950
701	泰兴市(苏)	环颈雉	800
702	当阳市(鄂)	环颈雉	760
703	平陆县(晋)	环颈雉	680
704	奉新县(赣)	环颈雉	650
705	海安市(苏)	环颈雉	600
706	乐至县(川)	环颈雉	560
707	灌阳县(桂)	环颈雉	530
708	巴林右旗(内蒙古)	环颈雉	500
709	金坛区(苏)	环颈雉	500
710	肃南裕固族自治县(甘)	环颈雉	500
711	兴化市(苏)	环颈雉	500
712	高　县(川)	环颈雉	410
713	睢宁县(苏)	环颈雉	400
714	华坪县(滇)	环颈雉	380
715	三门县(浙)	环颈雉	300

(续表)

序号	主产地	动物种类	驯养数量(只、头、条)
716	遂川县(赣)	环颈雉	268
717	大余县(赣)	环颈雉	257
718	广丰区(赣)	环颈雉	190
719	谷城县(鄂)	环颈雉	150
720	江山市(浙)	环颈雉	150
721	鼓楼区(豫)	环颈雉	100
722	五华区(滇)	浣熊	26
723	北戴河区(冀)	浣熊	19
724	顺德区(粤)	浣熊	16
725	寒亭区(鲁)	黄领牡丹鹦鹉	20
726	儋州市(琼)	黄缘闭壳龟	37400
727	吴兴区(浙)	黄缘闭壳龟	5880
728	安吉县(浙)	黄缘闭壳龟	5000
729	吴江区(苏)	黄缘闭壳龟	5000
730	秀洲区(浙)	黄缘闭壳龟	4383
731	南浔区(浙)	黄缘闭壳龟	1550
732	江都区(苏)	黄缘闭壳龟	700
733	永康市(浙)	黄缘闭壳龟	605
734	广陵区(苏)	黄缘闭壳龟	590
735	平江县(湘)	黄缘闭壳龟	500
736	启东市(苏)	黄缘闭壳龟	343
737	兴化市(苏)	黄缘闭壳龟	220
738	富阳区(浙)	黄缘闭壳龟	181
739	溧阳市(苏)	黄缘闭壳龟	175
740	茂南区(粤)	黄缘龟	6550
741	惠城区(粤)	黄缘龟	410
742	金坛区(苏)	黄缘龟	42
743	兴化市(苏)	黄缘龟	42
744	莲都区(浙)	黄缘龟	25
745	高邮市(苏)	黄缘龟	15
746	海安市(苏)	黄缘龟	10
747	芜湖县(皖)	灰天鹅	2000
748	姜堰区(苏)	灰天鹅	31
749	师宗县(滇)	灰胸竹鸡	3300
750	溧阳市(苏)	灰胸竹鸡	350
751	咸丰县(鄂)	灰胸竹鸡	115
752	儋州市(琼)	灰雁	1985
753	济阳区(鲁)	灰雁	1000
754	萧山区(浙)	灰雁	700
755	郎溪县(皖)	灰雁	620
756	望江县(皖)	灰雁	460
757	兰考县(豫)	灰雁	260
758	南昌县(赣)	灰雁	250
759	岱岳区(鲁)	灰雁	200

（续表）

序号	主产地	动物种类	驯养数量（只、头、条）
760	来安县（皖）	灰雁	107
761	乌兰浩特市（内蒙古）	火鸡	104
762	宁乡市（湘）	火鸡	62
763	孟州市（豫）	火鸡	30
764	托克托县（内蒙古）	火鸡	20
765	偃师市（豫）	火鸡	14
766	峄城区（鲁）	火鸡	10
767	东胜区（内蒙古）	火烈鸟	54
768	蓬莱市（鲁）	火烈鸟	33
769	顺德区（粤）	火烈鸟	16
770	宝山区（沪）	火烈鸟	15
771	吴兴区（浙）	火烈鸟	10
772	陵城区（鲁）	鸡尾鹦鹉	600
773	安吉县（浙）	棘胸蛙	500000
774	开化县（浙）	棘胸蛙	360000
775	宁国市（皖）	棘胸蛙	323300
776	遂昌县（浙）	棘胸蛙	251600
777	屏山县（川）	棘胸蛙	235500
778	楚雄市（滇）	棘胸蛙	200000
779	江川区（滇）	棘胸蛙	195000
780	大余县（赣）	棘胸蛙	187858
781	黎川县（赣）	棘胸蛙	180000
782	绩溪县（皖）	棘胸蛙	150000
783	婺城区（浙）	棘胸蛙	145000
784	牟定县（滇）	棘胸蛙	112760
785	澧　县（湘）	棘胸蛙	100000
786	湘东区（赣）	棘胸蛙	90000
787	新晃侗族自治县（湘）	棘胸蛙	90000
788	崇义县（赣）	棘胸蛙	65600
789	奉新县（赣）	棘胸蛙	64285
790	永康市（浙）	棘胸蛙	60000
791	莲都区（浙）	棘胸蛙	58000
792	苍梧县（桂）	棘胸蛙	50000
793	连州市（粤）	棘胸蛙	50000
794	平江县（湘）	棘胸蛙	50000
795	麻阳苗族自治县（湘）	棘胸蛙	45000
796	芦山县（川）	棘胸蛙	35000
797	石台县（皖）	棘胸蛙	35000
798	龙陵县（滇）	棘胸蛙	33000
799	南雄市（粤）	棘胸蛙	33000
800	广丰区（赣）	棘胸蛙	30000
801	龙门县（粤）	棘胸蛙	30000
802	辰溪县（湘）	棘胸蛙	27800
803	靖州苗族侗族自治县（湘）	棘胸蛙	27000

（续表）

序号	主产地	动物种类	驯养数量（只、头、条）
804	歙　县（皖）	棘胸蛙	27000
805	黟　县（皖）	棘胸蛙	20500
806	文成县（浙）	棘胸蛙	15500
807	江山市（浙）	棘胸蛙	13500
808	安福县（赣）	棘胸蛙	13000
809	磐安县（浙）	棘胸蛙	10000
810	婺城区（浙）	尖吻蝮	23000
811	溧阳市（苏）	尖吻蝮	3500
812	当阳市（鄂）	尖吻蝮	2930
813	义乌市（浙）	尖吻蝮	2800
814	秀洲区（浙）	尖吻蝮	2100
815	连州市（粤）	尖吻蝮	2000
816	灵川县（桂）	尖吻蝮	1500
817	蒙山县（桂）	尖吻蝮	1100
818	麻城市（鄂）	尖吻蝮	1000
819	通城县（鄂）	金刚鹦鹉	800
820	嵩明县（滇）	金刚鹦鹉	200
821	清丰县（豫）	金刚鹦鹉	138
822	惠来县（粤）	金刚鹦鹉	62
823	望江县（皖）	金刚鹦鹉	42
824	寒亭区（鲁）	金刚鹦鹉	14
825	蓬莱市（鲁）	金刚鹦鹉	11
826	溧阳市（苏）	金环蛇	1500
827	茂南区（粤）	金环蛇	1300
828	蓬莱市（鲁）	金钱豹	2
829	顺德区（粤）	金钱豹	2
830	江北水城旅游度假区（鲁）	金钱豹	1
831	安丘市（鲁）	金丝雀	200
832	蓝山县（湘）	孔雀	30000
833	北流市（桂）	孔雀	4800
834	石林彝族自治县（滇）	孔雀	3000
835	荣　县（川）	孔雀	2834
836	大悟县（鄂）	孔雀	1500
837	奉贤区（沪）	孔雀	1000
838	宁远县（湘）	孔雀	800
839	永年区（冀）	孔雀	650
840	义乌市（浙）	孔雀	600
841	东安县（湘）	孔雀	500
842	南江县（川）	孔雀	500
843	余江区（赣）	孔雀	500
844	如东县（苏）	孔雀	300
845	阳城县（晋）	孔雀	300
846	洛阳市伊洛工业园区（豫）	孔雀	274
847	乌兰浩特市（内蒙古）	孔雀	261

(续表)

序号	主产地	动物种类	驯养数量(只、头、条)
848	柯城区(浙)	孔雀	235
849	莱阳市(鲁)	孔雀	230
850	瑞安市(浙)	孔雀	220
851	让胡路区(黑)	孔雀	200
852	沭阳县(苏)	孔雀	200
853	江北水城旅游度假区(鲁)	孔雀	180
854	九台区(吉)	孔雀	180
855	宁乡市(湘)	孔雀	180
856	槐荫区(鲁)	孔雀	130
857	淅川县(豫)	孔雀	125
858	临泉县(皖)	孔雀	120
859	前郭尔罗斯蒙古族自治县(吉)	孔雀	100
860	陇川县(滇)	孔雀	98
861	随　县(鄂)	孔雀	80
862	乌拉特前旗(内蒙古)	孔雀	75
863	锦屏县(黔)	孔雀	65
864	卢氏县(豫)	孔雀	60
865	常宁市(湘)	孔雀	50
866	歙　县(皖)	孔雀	50
867	乐业县(桂)	孔雀	41
868	建德市(浙)	孔雀	40
869	双辽市(吉)	孔雀	39
870	和静县(新)	孔雀	32
871	梅河口市(吉)	孔雀	30
872	平桥区(豫)	孔雀	20
873	泽普县(新)	孔雀	16
874	湖北省太子山林场管理局(鄂)	孔雀	15
875	中阳县(晋)	孔雀	13
876	惠民县(鲁)	孔雀	12
877	东河区(内蒙古)	孔雀	11
878	甘谷县(甘)	孔雀	10
879	卫东区(豫)	孔雀	10
880	新泰市(鲁)	孔雀	10
881	寒亭区(鲁)	蓝顶亚马逊鹦鹉	18
882	京山县(鄂)	蓝孔雀	22000
883	安丘市(鲁)	蓝孔雀	20095
884	宁国市(皖)	蓝孔雀	14435
885	寻甸回族彝族自治县(滇)	蓝孔雀	11877
886	江川区(滇)	蓝孔雀	11500
887	武穴市(鄂)	蓝孔雀	6000
888	兴义市(黔)	蓝孔雀	4506
889	平江县(湘)	蓝孔雀	3800
890	安吉县(浙)	蓝孔雀	3700
891	兰考县(豫)	蓝孔雀	2850
892	楚雄市(滇)	蓝孔雀	2800
893	衡东县(湘)	蓝孔雀	2300
894	阳谷县(鲁)	蓝孔雀	2150
895	博白县(桂)	蓝孔雀	2000
896	阎良区(陕)	蓝孔雀	2000
897	益阳市市辖区(湘)	蓝孔雀	2000
898	月湖区(赣)	蓝孔雀	2000
899	建水县(滇)	蓝孔雀	1700
900	宁乡市(湘)	蓝孔雀	1680
901	偃师市(豫)	蓝孔雀	1671
902	庐江县(皖)	蓝孔雀	1559
903	庆云县(鲁)	蓝孔雀	1500
904	芜湖县(皖)	蓝孔雀	1400
905	婺城区(浙)	蓝孔雀	1400
906	蔡甸区(鄂)	蓝孔雀	1300
907	永康市(浙)	蓝孔雀	1300
908	宜丰县(赣)	蓝孔雀	1100
909	邹平市(鲁)	蓝孔雀	1090
910	上栗县(赣)	蓝孔雀	1000
911	遂川县(赣)	蓝孔雀	960
912	梁河县(滇)	蓝孔雀	868
913	南昌县(赣)	蓝孔雀	840
914	鹿泉区(冀)	蓝孔雀	808
915	武清区(津)	蓝孔雀	800
916	永清县(冀)	蓝孔雀	800
917	广丰区(赣)	蓝孔雀	762
918	鹤城区(湘)	蓝孔雀	700
919	钦北区(桂)	蓝孔雀	687
920	莲都区(浙)	蓝孔雀	529
921	泌阳县(豫)	蓝孔雀	528
922	青州市(鲁)	蓝孔雀	500
923	镇巴县(陕)	蓝孔雀	500
924	北戴河区(冀)	蓝孔雀	490
925	兴宁市(粤)	蓝孔雀	490
926	湘东区(赣)	蓝孔雀	470
927	阜南县(皖)	蓝孔雀	408
928	汇川区(黔)	蓝孔雀	400
929	兰溪市(浙)	蓝孔雀	400
930	磐安县(浙)	蓝孔雀	400
931	泰和县(赣)	蓝孔雀	400
932	宜城市(鄂)	蓝孔雀	400
933	文昌市(琼)	蓝孔雀	382
934	弥勒市(滇)	蓝孔雀	378
935	勉　县(陕)	蓝孔雀	350

（续表）

序号	主产地	动物种类	驯养数量（只、头、条）
936	遂昌县(浙)	蓝孔雀	350
937	武陵区(湘)	蓝孔雀	350
938	昭阳区(滇)	蓝孔雀	350
939	乌拉特前旗(内蒙古)	蓝孔雀	320
940	江夏区(鄂)	蓝孔雀	318
941	崇义县(赣)	蓝孔雀	300
942	恩阳区(川)	蓝孔雀	300
943	珙　县(川)	蓝孔雀	300
944	新都区(川)	蓝孔雀	300
945	桐城市(皖)	蓝孔雀	280
946	连州市(粤)	蓝孔雀	263
947	开远市(滇)	蓝孔雀	244
948	文山市(滇)	蓝孔雀	244
949	东河区(内蒙古)	蓝孔雀	241
950	鼓楼区(豫)	蓝孔雀	240
951	五华区(滇)	蓝孔雀	209
952	儋州市(琼)	蓝孔雀	200
953	龙马潭区(川)	蓝孔雀	200
954	乌拉特后旗(内蒙古)	蓝孔雀	200
955	襄城区(鄂)	蓝孔雀	200
956	萧　县(皖)	蓝孔雀	200
957	枣阳市(鄂)	蓝孔雀	200
958	荥　县(川)	蓝孔雀	190
959	巢湖市(皖)	蓝孔雀	180
960	朝天区(川)	蓝孔雀	171
961	瑞丽市(滇)	蓝孔雀	161
962	南　县(湘)	蓝孔雀	160
963	望江县(皖)	蓝孔雀	160
964	仁寿县(川)	蓝孔雀	140
965	昌宁县(滇)	蓝孔雀	120
966	嘉鱼县(鄂)	蓝孔雀	120
967	吴兴区(浙)	蓝孔雀	113
968	泽州县(晋)	蓝孔雀	112
969	伊川县(豫)	蓝孔雀	111
970	平舆县(豫)	蓝孔雀	106
971	渌口区(湘)	蓝孔雀	101
972	碧江区(黔)	蓝孔雀	100
973	谷城县(鄂)	蓝孔雀	100
974	娄星区(湘)	蓝孔雀	100
975	栾川县(豫)	蓝孔雀	100
976	岱岳区(鲁)	蓝孔雀	93
977	东胜区(内蒙古)	蓝孔雀	90
978	瑞金市(赣)	蓝孔雀	86
979	昌邑区(吉)	蓝孔雀	80

（续表）

序号	主产地	动物种类	驯养数量（只、头、条）
980	金湖县(苏)	蓝孔雀	80
981	榕江县(黔)	蓝孔雀	80
982	利川市(鄂)	蓝孔雀	79
983	西峡县(豫)	蓝孔雀	66
984	文成县(浙)	蓝孔雀	65
985	弋江区(皖)	蓝孔雀	65
986	化隆回族自治县(青)	蓝孔雀	62
987	深泽县(冀)	蓝孔雀	59
988	雷山县(黔)	蓝孔雀	58
989	独山县(黔)	蓝孔雀	56
990	华宁县(滇)	蓝孔雀	53
991	会同县(湘)	蓝孔雀	50
992	滦平县(冀)	蓝孔雀	50
993	五河县(皖)	蓝孔雀	50
994	禄丰县(滇)	蓝孔雀	45
995	名山区(川)	蓝孔雀	40
996	和静县(新)	蓝孔雀	39
997	冀州区(冀)	蓝孔雀	39
998	临泽县(甘)	蓝孔雀	39
999	柞水县(陕)	蓝孔雀	39
1000	玉龙纳西族自治县(滇)	蓝孔雀	37
1001	云　县(滇)	蓝孔雀	36
1002	米易县(川)	蓝孔雀	35
1003	泽普县(新)	蓝孔雀	35
1004	咸丰县(鄂)	蓝孔雀	33
1005	个旧市(滇)	蓝孔雀	30
1006	玉山县(赣)	蓝孔雀	30
1007	抚宁区(冀)	蓝孔雀	29
1008	蓬莱市(鲁)	蓝孔雀	29
1009	临猗县(晋)	蓝孔雀	23
1010	华坪县(滇)	蓝孔雀	20
1011	平桥区(豫)	蓝孔雀	20
1012	乳源瑶族自治县(粤)	蓝孔雀	20
1013	泗水县(鲁)	蓝孔雀	20
1014	盐亭县(川)	蓝孔雀	20
1015	高台县(甘)	蓝孔雀	18
1016	香格里拉市(滇)	蓝孔雀	18
1017	寒亭区(鲁)	蓝孔雀	17
1018	宾川县(滇)	蓝孔雀	14
1019	富民县(滇)	蓝孔雀	13
1020	蓟州区(津)	蓝孔雀	13
1021	山阳区(豫)	蓝孔雀	12
1022	兴文县(川)	蓝孔雀	12
1023	新泰市(鲁)	蓝孔雀	10

(续表)

序号	主产地	动物种类	驯养数量(只、头、条)
1024	颍上县(皖)	蓝孔雀	10
1025	乌拉盖管理区(内蒙古)	狼	94
1026	东胜区(内蒙古)	狼	55
1027	北戴河区(冀)	狼	30
1028	临泉县(皖)	狼	25
1029	和静县(新)	狼	15
1030	揭西县(粤)	老虎	104
1031	清丰县(豫)	老虎	81
1032	姜堰区(苏)	老虎	22
1033	洛阳市伊洛工业园区(豫)	老虎	20
1034	舒兰市(吉)	冷水鱼	7750600
1035	汪清县(吉)	冷水鱼	620000
1036	敦化市(吉)	冷水鱼	300300
1037	安图森林经营局(吉)	冷水鱼	105500
1038	白河林业局(吉)	冷水鱼	14000
1039	珲春林业局(吉)	冷水鱼	10000
1040	凤　县(陕)	林麝	14821
1041	宝兴县(川)	林麝	750
1042	青川县(川)	林麝	687
1043	房　县(鄂)	林麝	612
1044	玉龙纳西族自治县(滇)	林麝	540
1045	灵宝市(豫)	林麝	510
1046	略阳县(陕)	林麝	479
1047	太白县(陕)	林麝	470
1048	汉源县(川)	林麝	400
1049	朝天区(川)	林麝	379
1050	平陆县(晋)	林麝	353
1051	眉　县(陕)	林麝	345
1052	勉　县(陕)	林麝	315
1053	金川县(川)	林麝	312
1054	宁陕县(陕)	林麝	302
1055	怀来县(冀)	林麝	300
1056	洋　县(陕)	林麝	248
1057	镇巴县(陕)	林麝	245
1058	古交市(晋)	林麝	200
1059	九寨沟县(川)	林麝	200
1060	柞水县(陕)	林麝	166
1061	佛坪县(陕)	林麝	157
1062	茂　县(川)	林麝	108
1063	西丰县(辽)	林蛙	35500000
1064	永吉县(吉)	林蛙	28364000
1065	长白朝鲜族自治县(吉)	林蛙	22250000
1066	安图县(吉)	林蛙	20040000
1067	清原满族自治县(辽)	林蛙	13800000

(续表)

序号	主产地	动物种类	驯养数量(只、头、条)
1068	舒兰市(吉)	林蛙	12490052
1069	梅河口市(吉)	林蛙	12220000
1070	桦甸市(吉)	林蛙	8549990
1071	敦化市(吉)	林蛙	7204554
1072	大石头林业局(吉)	林蛙	6720000
1073	安图森林经营局(吉)	林蛙	6490000
1074	江源区(吉)	林蛙	6072000
1075	凤城市(辽)	林蛙	6000000
1076	蛟河市(吉)	林蛙	4932185
1077	汪清县(吉)	林蛙	4536120
1078	黄泥河林业局(吉)	林蛙	3920000
1079	白山市市辖区(吉)	林蛙	3800000
1080	靖宇县(吉)	林蛙	3518000
1081	汪清林业局(吉)	林蛙	3000000
1082	辉南县(吉)	林蛙	2560000
1083	珲春林业局(吉)	林蛙	1738000
1084	天桥岭林业局(吉)	林蛙	1610000
1085	浑江区(吉)	林蛙	1554500
1086	大兴沟林业局(吉)	林蛙	1450000
1087	白河林业局(吉)	林蛙	1100000
1088	丰满区(吉)	林蛙	1023000
1089	临江市(吉)	林蛙	1000000
1090	振安区(辽)	林蛙	1000000
1091	抚松县(吉)	林蛙	939000
1092	东昌区(吉)	林蛙	731000
1093	柯城区(浙)	林蛙	715000
1094	图们市(吉)	林蛙	185000
1095	平江县(湘)	林蛙	100000
1096	盖州市(辽)	林蛙	50000
1097	九台区(吉)	林蛙	50000
1098	铁岭县(辽)	林蛙	50000
1099	西平县(豫)	林蛙	50000
1100	马龙区(滇)	林蛙	10000
1101	海盐县(浙)	绿头鸭	140000
1102	监利县(鄂)	绿头鸭	8000
1103	洪湖市(鄂)	绿头鸭	7500
1104	江安县(川)	绿头鸭	4000
1105	宣州区(皖)	绿头鸭	3790
1106	夹江县(川)	绿头鸭	3500
1107	君山区(湘)	绿头鸭	3000
1108	利辛县(皖)	绿头鸭	3000
1109	迎江区(皖)	绿头鸭	2000
1110	武进区(苏)	绿头鸭	1070
1111	济阳区(鲁)	绿头鸭	500

（续表）

序号	主产地	动物种类	驯养数量（只、头、条）
1112	金坛区(苏)	绿头鸭	470
1113	望江县(皖)	绿头鸭	450
1114	包河区(皖)	绿头鸭	300
1115	临朐县(鲁)	绿头鸭	110
1116	昌邑区(吉)	绿头野鸭	2800
1117	简阳市(川)	绿头野鸭	300
1118	来安县(皖)	绿头野鸭	180
1119	巴林左旗(内蒙古)	马鹿	6922
1120	铁力市(黑)	马鹿	600
1121	清原满族自治县(辽)	马鹿	550
1122	和静县(新)	马鹿	401
1123	肃南裕固族自治县(甘)	马鹿	396
1124	九台区(吉)	马鹿	200
1125	高台县(甘)	马鹿	168
1126	新宾满族自治县(辽)	马鹿	158
1127	祁连县(青)	马鹿	83
1128	盈江县(滇)	马鹿	70
1129	桦南县(黑)	马鹿	65
1130	根河林业局(内蒙古森工)	马鹿	53
1131	松山区(内蒙古)	马鹿	50
1132	临江市(吉)	马鹿	32
1133	江源区(吉)	马鹿	30
1134	梁河县(滇)	马鹿	30
1135	泽普县(新)	马鹿	28
1136	围场满族蒙古族自治县(冀)	马鹿	27
1137	民乐县(甘)	马鹿	24
1138	阜康市(新)	马鹿	15
1139	林西县(内蒙古)	马鹿	13
1140	岱岳区(鲁)	马鹿	11
1141	南江县(川)	蟒蛇	3537
1142	文昌市(琼)	蟒蛇	281
1143	东丽区(津)	蟒蛇	151
1144	永吉县(吉)	梅花鹿	11254
1145	蛟河市(吉)	梅花鹿	10432
1146	宜阳县(豫)	梅花鹿	8000
1147	东丰县(吉)	梅花鹿	5500
1148	丰满区(吉)	梅花鹿	3674
1149	九台区(吉)	梅花鹿	3074
1150	通化县(吉)	梅花鹿	2868
1151	江油市(川)	梅花鹿	2500
1152	靖宇县(吉)	梅花鹿	2377
1153	梅河口市(吉)	梅花鹿	2345
1154	辉南县(吉)	梅花鹿	2300
1155	双阳区(吉)	梅花鹿	1812

（续表）

序号	主产地	动物种类	驯养数量（只、头、条）
1156	潜山市(皖)	梅花鹿	1592
1157	多伦县(内蒙古)	梅花鹿	1350
1158	屈家岭管理区(鄂)	梅花鹿	1295
1159	龙潭区(吉)	梅花鹿	1270
1160	高州市(粤)	梅花鹿	1200
1161	清原满族自治县(辽)	梅花鹿	1100
1162	新宾满族自治县(辽)	梅花鹿	1016
1163	大悟县(鄂)	梅花鹿	1000
1164	丹江口市(鄂)	梅花鹿	1000
1165	公主岭市(吉)	梅花鹿	940
1166	东港市(辽)	梅花鹿	900
1167	彭泽县(赣)	梅花鹿	800
1168	白河林业局(吉)	梅花鹿	700
1169	萧山区(浙)	梅花鹿	680
1170	集安市(吉)	梅花鹿	590
1171	京山县(鄂)	梅花鹿	580
1172	昌邑区(吉)	梅花鹿	532
1173	吴兴区(浙)	梅花鹿	530
1174	佳木斯市郊区(黑)	梅花鹿	520
1175	新宁县(湘)	梅花鹿	520
1176	安宁市(滇)	梅花鹿	500
1177	东昌区(吉)	梅花鹿	500
1178	莱山区(鲁)	梅花鹿	500
1179	郧西县(鄂)	梅花鹿	500
1180	临江市(吉)	梅花鹿	480
1181	莲都区(浙)	梅花鹿	452
1182	浑江区(吉)	梅花鹿	436
1183	吉水县(赣)	梅花鹿	435
1184	珲春市(吉)	梅花鹿	423
1185	本溪满族自治县(辽)	梅花鹿	417
1186	合江县(川)	梅花鹿	400
1187	金东区(浙)	梅花鹿	396
1188	桓仁满族自治县(辽)	梅花鹿	380
1189	景东彝族自治县(滇)	梅花鹿	380
1190	玉龙纳西族自治县(滇)	梅花鹿	362
1191	汤原县(黑)	梅花鹿	360
1192	泽州县(晋)	梅花鹿	360
1193	栾川县(豫)	梅花鹿	330
1194	茂南区(粤)	梅花鹿	324
1195	大石头林业局(吉)	梅花鹿	320
1196	广丰区(赣)	梅花鹿	316
1197	图们市(吉)	梅花鹿	305
1198	泗水县(鲁)	梅花鹿	300
1199	汤阴县(豫)	梅花鹿	300

(续表)

序号	主产地	动物种类	驯养数量(只、头、条)
1200	五常市(黑)	梅花鹿	300
1201	玉山县(赣)	梅花鹿	290
1202	上营森林经营局(吉)	梅花鹿	279
1203	双城区(黑)	梅花鹿	270
1204	江源区(吉)	梅花鹿	259
1205	乐安县(赣)	梅花鹿	249
1206	白河县(陕)	梅花鹿	240
1207	梓潼县(川)	梅花鹿	240
1208	湖北省太子山林场管理局(鄂)	梅花鹿	230
1209	石林彝族自治县(滇)	梅花鹿	225
1210	宁陕县(陕)	梅花鹿	219
1211	莱阳市(鲁)	梅花鹿	213
1212	二道江区(吉)	梅花鹿	209
1213	溧阳市(苏)	梅花鹿	205
1214	阿鲁科尔沁旗(内蒙古)	梅花鹿	200
1215	南召县(豫)	梅花鹿	200
1216	七台河市直属单位(黑)	梅花鹿	200
1217	让胡路区(黑)	梅花鹿	200
1218	新蔡县(豫)	梅花鹿	200
1219	昭化区(川)	梅花鹿	200
1220	楚雄市(滇)	梅花鹿	197
1221	民乐县(甘)	梅花鹿	190
1222	双辽市(吉)	梅花鹿	186
1223	瑞安市(浙)	梅花鹿	180
1224	东安县(湘)	梅花鹿	176
1225	敦化市(吉)	梅花鹿	175
1226	柳河县(吉)	梅花鹿	162
1227	湟源县(青)	梅花鹿	160
1228	祁连县(青)	梅花鹿	156
1229	兰溪市(浙)	梅花鹿	155
1230	平利县(陕)	梅花鹿	155
1231	兴义市(黔)	梅花鹿	153
1232	大英县(川)	梅花鹿	152
1233	红原县(川)	梅花鹿	152
1234	古城区(滇)	梅花鹿	150
1235	龙山区(吉)	梅花鹿	150
1236	浦东新区(沪)	梅花鹿	149
1237	通州区(苏)	梅花鹿	144
1238	永胜县(滇)	梅花鹿	141
1239	婺城区(浙)	梅花鹿	139
1240	颍上县(皖)	梅花鹿	139
1241	贵德县(青)	梅花鹿	136
1242	平江县(湘)	梅花鹿	134
1243	长白朝鲜族自治县(吉)	梅花鹿	133

(续表)

序号	主产地	动物种类	驯养数量(只、头、条)
1244	德令哈市(青)	梅花鹿	130
1245	济南市市中区(鲁)	梅花鹿	130
1246	汉川市(鄂)	梅花鹿	124
1247	马龙区(滇)	梅花鹿	124
1248	武进区(苏)	梅花鹿	124
1249	平安区(青)	梅花鹿	120
1250	西峡县(豫)	梅花鹿	120
1251	小金县(川)	梅花鹿	118
1252	蓟州区(津)	梅花鹿	117
1253	梨树县(吉)	梅花鹿	113
1254	金山区(沪)	梅花鹿	112
1255	富源县(滇)	梅花鹿	110
1256	绩溪县(皖)	梅花鹿	109
1257	凤阳县(皖)	梅花鹿	108
1258	鸡东县(黑)	梅花鹿	104
1259	平阴县(鲁)	梅花鹿	104
1260	平舆县(豫)	梅花鹿	103
1261	淇滨区(豫)	梅花鹿	103
1262	宾川县(滇)	梅花鹿	100
1263	古交市(晋)	梅花鹿	100
1264	开化县(浙)	梅花鹿	100
1265	临邑县(鲁)	梅花鹿	100
1266	内乡县(豫)	梅花鹿	100
1267	鹰手营子矿区(冀)	梅花鹿	100
1268	永康市(浙)	梅花鹿	100
1269	北戴河区(冀)	梅花鹿	96
1270	房　县(鄂)	梅花鹿	93
1271	海门市(苏)	梅花鹿	90
1272	元江哈尼族彝族傣族自治县(滇)	梅花鹿	87
1273	渌口区(湘)	梅花鹿	86
1274	镇远县(黔)	梅花鹿	85
1275	海港区(冀)	梅花鹿	84
1276	仁和区(川)	梅花鹿	82
1277	枣强县(冀)	梅花鹿	82
1278	崇义县(赣)	梅花鹿	80
1279	黎川县(赣)	梅花鹿	80
1280	龙江县(黑)	梅花鹿	80
1281	洛阳市伊洛工业园区(豫)	梅花鹿	80
1282	铜山区(苏)	梅花鹿	80
1283	乌拉特前旗(内蒙古)	梅花鹿	80
1284	武义县(浙)	梅花鹿	80
1285	江阴市(苏)	梅花鹿	78
1286	克什克腾旗(内蒙古)	梅花鹿	78
1287	宁国市(皖)	梅花鹿	78

（续表）

序号	主产地	动物种类	驯养数量（只、头、条）
1288	惠阳区(粤)	梅花鹿	72
1289	凤冈县(黔)	梅花鹿	70
1290	天桥岭林业局(吉)	梅花鹿	70
1291	旺苍县(川)	梅花鹿	65
1292	保康县(鄂)	梅花鹿	62
1293	昭阳区(滇)	梅花鹿	62
1294	昌乐县(鲁)	梅花鹿	60
1295	都江堰市(川)	梅花鹿	59
1296	朝天区(川)	梅花鹿	58
1297	萧　县(皖)	梅花鹿	58
1298	宜章县(湘)	梅花鹿	57
1299	滦州市(冀)	梅花鹿	56
1300	寻甸回族彝族自治县(滇)	梅花鹿	56
1301	芜湖县(皖)	梅花鹿	55
1302	宝山区(沪)	梅花鹿	53
1303	大观区(皖)	梅花鹿	53
1304	南芬区(辽)	梅花鹿	53
1305	桦甸市(吉)	梅花鹿	50
1306	临泉县(皖)	梅花鹿	50
1307	芦山县(川)	梅花鹿	50
1308	略阳县(陕)	梅花鹿	50
1309	宁　县(甘)	梅花鹿	50
1310	大祥区(湘)	梅花鹿	47
1311	甘谷县(甘)	梅花鹿	46
1312	安吉县(浙)	梅花鹿	45
1313	大余县(赣)	梅花鹿	45
1314	偃师市(豫)	梅花鹿	44
1315	禹会区(皖)	梅花鹿	44
1316	江山市(浙)	梅花鹿	43
1317	崇仁县(赣)	梅花鹿	42
1318	兰坪白族普米族自治县(滇)	梅花鹿	42
1319	吴中区(苏)	梅花鹿	42
1320	岱岳区(鲁)	梅花鹿	40
1321	金川县(川)	梅花鹿	40
1322	美兰区(琼)	梅花鹿	40
1323	威远县(川)	梅花鹿	40
1324	武清区(津)	梅花鹿	40
1325	永清县(冀)	梅花鹿	38
1326	长丰县(皖)	梅花鹿	38
1327	望江县(皖)	梅花鹿	36
1328	江都区(苏)	梅花鹿	34
1329	大邑县(川)	梅花鹿	32
1330	舒兰市(吉)	梅花鹿	32
1331	歙　县(皖)	梅花鹿	32

（续表）

序号	主产地	动物种类	驯养数量（只、头、条）
1332	牟平区(鲁)	梅花鹿	31
1333	沿河土家族自治县(黔)	梅花鹿	31
1334	建德市(浙)	梅花鹿	30
1335	乌拉盖管理区(内蒙古)	梅花鹿	29
1336	博白县(桂)	梅花鹿	26
1337	恩阳区(川)	梅花鹿	24
1338	姜堰区(苏)	梅花鹿	22
1339	清丰县(豫)	梅花鹿	22
1340	文昌市(琼)	梅花鹿	22
1341	井冈山市(赣)	梅花鹿	21
1342	雷州市(粤)	梅花鹿	21
1343	巢湖市(皖)	梅花鹿	20
1344	景泰县(甘)	梅花鹿	20
1345	隆回县(湘)	梅花鹿	20
1346	牡丹区(鲁)	梅花鹿	20
1347	普安县(黔)	梅花鹿	20
1348	汪清县(吉)	梅花鹿	20
1349	赵　县(冀)	梅花鹿	20
1350	弥勒市(滇)	梅花鹿	19
1351	顺德区(粤)	梅花鹿	19
1352	揭西县(粤)	梅花鹿	18
1353	遂川县(赣)	梅花鹿	18
1354	围场满族蒙古族自治县(冀)	梅花鹿	18
1355	香格里拉市(滇)	梅花鹿	18
1356	喀喇沁旗(内蒙古)	梅花鹿	17
1357	华宁县(滇)	梅花鹿	16
1358	五华区(滇)	梅花鹿	15
1359	启东市(苏)	梅花鹿	14
1360	东宝区(鄂)	梅花鹿	13
1361	邢台市高新技术开发区(冀)	梅花鹿	13
1362	麻城市(鄂)	梅花鹿	12
1363	托克托县(内蒙古)	梅花鹿	12
1364	巴东县(鄂)	梅花鹿	10
1365	如东县(苏)	梅花鹿	10
1366	吴中区(苏)	猕猴	13766
1367	叙州区(川)	猕猴	8800
1368	新野县(豫)	猕猴	6000
1369	开平市(粤)	猕猴	2000
1370	呈贡区(滇)	猕猴	1200
1371	祁门县(皖)	猕猴	860
1372	耿马傣族佤族自治县(滇)	猕猴	512
1373	南郑区(陕)	猕猴	490
1374	汇川区(黔)	猕猴	312
1375	金山区(沪)	猕猴	303

(续表)

序号	主产地	动物种类	驯养数量(只、头、条)
1376	曾都区(鄂)	猕猴	212
1377	北戴河区(冀)	猕猴	195
1378	独山县(黔)	猕猴	140
1379	元江哈尼族彝族傣族自治县(滇)	猕猴	119
1380	五华县(粤)	猕猴	96
1381	文成县(浙)	猕猴	80
1382	五华区(滇)	猕猴	68
1383	内乡县(豫)	猕猴	50
1384	昌吉市(新)	猕猴	46
1385	兴隆县(冀)	猕猴	38
1386	海门市(苏)	猕猴	32
1387	临泉县(皖)	猕猴	30
1388	巢湖市(皖)	猕猴	27
1389	偃师市(豫)	猕猴	25
1390	奉贤区(沪)	猕猴	20
1391	和静县(新)	猕猴	20
1392	雨湖区(湘)	猕猴	20
1393	安丘市(鲁)	猕猴	17
1394	肥城市(鲁)	猕猴	14
1395	江北水城旅游度假区(鲁)	猕猴	12
1396	青州市(鲁)	猕猴	12
1397	通州区(苏)	猕猴	12
1398	青浦区(沪)	猕猴	11
1399	姜堰区(苏)	麋鹿	115
1400	古城区(滇)	麋鹿	35
1401	北戴河区(冀)	麋鹿	19
1402	临泉县(皖)	麋鹿	12
1403	杜尔伯特蒙古族自治县(黑)	貉	95600
1404	富裕县(黑)	貉	30000
1405	林甸县(黑)	貉	19062
1406	榆树市(吉)	貉	10491
1407	蠡　县(冀)	貉	6670
1408	梁山县(鲁)	貉	6560
1409	舒兰市(吉)	貉	6503
1410	栾川县(豫)	貉	3500
1411	喀喇沁左翼蒙古族自治县(辽)	貉	2900
1412	双辽市(吉)	貉	2367
1413	昌黎县(冀)	貉	1800
1414	让胡路区(黑)	貉	1800
1415	成武县(鲁)	貉	1720
1416	昌邑区(吉)	貉	1560
1417	深州市(冀)	貉	1510
1418	蓟州区(津)	貉	1500
1419	孟州市(豫)	貉	1350

(续表)

序号	主产地	动物种类	驯养数量(只、头、条)
1420	曹　县(鲁)	貉	900
1421	江源区(吉)	貉	580
1422	松原市市辖区(吉)	貉	500
1423	东辽县(吉)	貉	300
1424	临江市(吉)	貉	216
1425	偃师市(豫)	貉	202
1426	蛟河市(吉)	貉	200
1427	乌兰浩特市(内蒙古)	貉	160
1428	嘉荫县(黑)	貉	120
1429	和静县(新)	貉	115
1430	靖宇县(吉)	貉	110
1431	九台区(吉)	貉	106
1432	故城县(冀)	貉	99
1433	平阴县(鲁)	貉	40
1434	梅河口市(吉)	貉	25
1435	陆川县(桂)	牡丹鹦鹉	1000
1436	津南区(津)	牡丹鹦鹉	450
1437	武强县(冀)	牡丹鹦鹉	15
1438	勐海县(滇)	尼罗鳄	2400
1439	岱岳区(鲁)	疣鼻天鹅	70
1440	望江县(皖)	疣鼻天鹅	20
1441	宁河区(津)	疣鼻天鹅	16
1442	汤原县(黑)	狍子	300
1443	松山区(内蒙古)	狍子	210
1444	本溪满族自治县(辽)	狍子	200
1445	绰尔林业局(内蒙古森工)	狍子	90
1446	林西县(内蒙古)	狍子	60
1447	临江市(吉)	狍子	60
1448	娄星区(湘)	狍子	50
1449	滦平县(冀)	狍子	50
1450	围场满族蒙古族自治县(冀)	狍子	34
1451	颍州区(皖)	七彩山鸡	29500
1452	景　县(冀)	七彩山鸡	20000
1453	瑞金市(赣)	七彩山鸡	15300
1454	武清区(津)	七彩山鸡	15000
1455	京山县(鄂)	七彩山鸡	10000
1456	金湖县(苏)	七彩山鸡	9500
1457	芜湖县(皖)	七彩山鸡	8500
1458	鼎城区(湘)	七彩山鸡	7000
1459	渭滨区(陕)	七彩山鸡	6200
1460	巴东县(鄂)	七彩山鸡	5000
1461	泌阳县(豫)	七彩山鸡	4100
1462	耒阳市(湘)	七彩山鸡	4000
1463	江陵县(鄂)	七彩山鸡	3000

（续表）

序号	主产地	动物种类	驯养数量（只、头、条）
1464	邻水县（川）	七彩山鸡	2800
1465	安宁市（滇）	七彩山鸡	2300
1466	宁乡市（湘）	七彩山鸡	2200
1467	威远县（川）	七彩山鸡	2100
1468	安福县（赣）	七彩山鸡	2000
1469	碧江区（黔）	七彩山鸡	2000
1470	淮阴区（苏）	七彩山鸡	2000
1471	永定区（湘）	七彩山鸡	1500
1472	枣阳市（鄂）	七彩山鸡	1500
1473	南雄市（粤）	七彩山鸡	1100
1474	歙　县（皖）	七彩山鸡	1000
1475	舞钢市（豫）	七彩山鸡	965
1476	米易县（川）	七彩山鸡	900
1477	茶陵县（湘）	七彩山鸡	860
1478	孟州市（豫）	七彩山鸡	806
1479	芒　市（滇）	七彩山鸡	800
1480	南江县（川）	七彩山鸡	800
1481	通城县（鄂）	七彩山鸡	800
1482	汇川区（黔）	七彩山鸡	762
1483	昭阳区（滇）	七彩山鸡	669
1484	乳源瑶族自治县（粤）	七彩山鸡	603
1485	屏山县（川）	七彩山鸡	453
1486	名山区（川）	七彩山鸡	440
1487	兴义市（黔）	七彩山鸡	381
1488	文山市（滇）	七彩山鸡	309
1489	淮滨县（豫）	七彩山鸡	300
1490	临泽县（甘）	七彩山鸡	300
1491	三都水族自治县（黔）	七彩山鸡	300
1492	江川区（滇）	七彩山鸡	220
1493	仁和区（川）	七彩山鸡	220
1494	泰和县（赣）	七彩山鸡	200
1495	彭州市（川）	七彩山鸡	130
1496	乌拉特前旗（内蒙古）	七彩山鸡	120
1497	华池县（甘）	七彩山鸡	100
1498	禄丰县（滇）	七彩山鸡	100
1499	安图森林经营局（吉）	森林鸡	21000
1500	大石头林业局（吉）	森林鸡	20000
1501	舒兰市（吉）	森林鸡	15400
1502	西安区（吉）	森林鸡	13000
1503	农安县（吉）	森林鸡	12000
1504	图们市（吉）	森林鸡	11000
1505	通榆县（吉）	森林鸡	10000
1506	通化县（吉）	森林鸡	7405
1507	浑江区（吉）	森林鸡	7000

（续表）

序号	主产地	动物种类	驯养数量（只、头、条）
1508	汪清县（吉）	森林鸡	800
1509	靖宇县（吉）	森林鸡	310
1510	湖北省太子山林场管理局（鄂）	森林鸡	100
1511	浑江区（吉）	森林猪	6050
1512	大石头林业局（吉）	森林猪	1164
1513	通化县（吉）	森林猪	268
1514	敦化市（吉）	森林猪	230
1515	舒兰市（吉）	森林猪	200
1516	天桥岭林业局（吉）	森林猪	163
1517	湖北省太子山林场管理局（鄂）	森林猪	100
1518	扎鲁特旗（内蒙古）	沙鸡	650
1519	麻章区（粤）	山斑鸠	38000
1520	宁乡市（湘）	山斑鸠	1800
1521	楚雄市（滇）	山斑鸠	510
1522	云龙县（滇）	山鸡	12000
1523	伊金霍洛旗（内蒙古）	山鸡	10000
1524	建德市（浙）	山鸡	6500
1525	都昌县（赣）	山鸡	5000
1526	通城县（鄂）	山鸡	5000
1527	松山区（内蒙古）	山鸡	3000
1528	嘉荫县（黑）	山鸡	2500
1529	龙井市（吉）	山鸡	650
1530	沿河土家族自治县（黔）	山鸡	530
1531	渌口区（湘）	山鸡	453
1532	井冈山市（赣）	山鸡	400
1533	桐柏县（豫）	山鸡	300
1534	巧家县（滇）	山鸡	177
1535	云龙县（滇）	山猪	1200
1536	岳池县（川）	蛇	400000
1537	南昌县（赣）	蛇	176200
1538	义乌市（浙）	蛇	146200
1539	零陵区（湘）	蛇	100000
1540	顺德区（粤）	蛇	98730
1541	武江区（粤）	蛇	86854
1542	宁乡市（湘）	蛇	74580
1543	灵山县（桂）	蛇	70000
1544	容　县（桂）	蛇	70000
1545	祁东县（湘）	蛇	60000
1546	株洲市市辖区（湘）	蛇	50000
1547	高要区（粤）	蛇	48000
1548	桃江县（湘）	蛇	47600
1549	万安县（赣）	蛇	38630
1550	四会市（粤）	蛇	38000
1551	云城区（粤）	蛇	30800

(续表)

序号	主产地	动物种类	驯养数量(只、头、条)
1552	武穴市(鄂)	蛇	28000
1553	柯城区(浙)	蛇	27550
1554	仙桃市(鄂)	蛇	26300
1555	新丰县(粤)	蛇	26000
1556	乐至县(川)	蛇	24257
1557	雷州市(粤)	蛇	21800
1558	黎川县(赣)	蛇	18000
1559	祁门县(皖)	蛇	15000
1560	武陵区(湘)	蛇	14560
1561	曲江区(粤)	蛇	14530
1562	郁南县(粤)	蛇	12800
1563	陇川县(滇)	蛇	12000
1564	江安县(川)	蛇	11700
1565	北流市(桂)	蛇	11500
1566	桃源县(湘)	蛇	11500
1567	凤冈县(黔)	蛇	10000
1568	上栗县(赣)	蛇	10000
1569	镇远县(黔)	蛇	10000
1570	中方县(湘)	蛇	10000
1571	双峰县(湘)	蛇	8870
1572	谷城县(鄂)	蛇	8100
1573	沅陵县(湘)	蛇	7850
1574	泰和县(赣)	蛇	7814
1575	阳山县(粤)	蛇	7700
1576	宁远县(湘)	蛇	7360
1577	靖江市(苏)	蛇	7000
1578	永康市(浙)	蛇	6600
1579	清新区(粤)	蛇	6400
1580	沿滩区(川)	蛇	6323
1581	德保县(桂)	蛇	6000
1582	房　县(鄂)	蛇	6000
1583	瑞金市(赣)	蛇	5630
1584	盘龙区(滇)	蛇	5320
1585	碧江区(黔)	蛇	5300
1586	吉水县(赣)	蛇	5250
1587	东宝区(鄂)	蛇	5200
1588	阳新县(鄂)	蛇	4600
1589	南浔区(浙)	蛇	4500
1590	潜山市(皖)	蛇	4500
1591	湘东区(赣)	蛇	4250
1592	广南县(滇)	蛇	4200
1593	宣州区(皖)	蛇	4200
1594	五华县(粤)	蛇	4050
1595	安化县(湘)	蛇	4000

(续表)

序号	主产地	动物种类	驯养数量(只、头、条)
1596	开化县(浙)	蛇	4000
1597	锦屏县(黔)	蛇	3500
1598	内江市市中区(川)	蛇	3500
1599	岳西县(皖)	蛇	3439
1600	大悟县(鄂)	蛇	3248
1601	苍梧县(桂)	蛇	3000
1602	武义县(浙)	蛇	3000
1603	田阳县(桂)	蛇	2600
1604	玉山县(赣)	蛇	2500
1605	高邮市(苏)	蛇	2391
1606	白河县(陕)	蛇	2350
1607	隆回县(湘)	蛇	2000
1608	勉　县(陕)	蛇	2000
1609	邻水县(川)	蛇	1900
1610	萍乡市经济开发区(赣)	蛇	1360
1611	枣阳市(鄂)	蛇	1300
1612	余江区(赣)	蛇	1000
1613	兴宁市(粤)	蛇	987
1614	兴义市(黔)	蛇	955
1615	东兴区(川)	蛇	904
1616	兴文县(川)	蛇	896
1617	歙　县(皖)	蛇	810
1618	青州市(鲁)	蛇	705
1619	靖州苗族侗族自治县(湘)	蛇	550
1620	连州市(粤)	蛇	540
1621	海港区(冀)	蛇	500
1622	南郑区(陕)	蛇	500
1623	茶陵县(湘)	蛇	460
1624	萧山区(浙)	蛇	390
1625	桑植县(湘)	蛇	350
1626	洪江区(湘)	蛇	280
1627	苍溪县(川)	蛇	200
1628	永德县(滇)	蛇	133
1629	卢氏县(豫)	蛇	100
1630	麻栗坡县(滇)	蛇	100
1631	栾川县(豫)	麝鼠	1350
1632	渭滨区(陕)	麝鼠	800
1633	竹山县(鄂)	麝鼠	200
1634	临泉县(皖)	狮子	12
1635	蓬莱市(鲁)	狮子	9
1636	平阴县(鲁)	狮子	5
1637	崇阳县(鄂)	狮子	4
1638	江北水城旅游度假区(鲁)	狮子	3
1639	顺德区(粤)	狮子	3

（续表）

序号	主产地	动物种类	驯养数量（只、头、条）
1640	新泰市（鲁）	狮子	3
1641	禅城区（粤）	狮子	2
1642	江海区（粤）	狮子	2
1643	揭西县（粤）	狮子	2
1644	启东市（苏）	狮子	2
1645	山阳区（豫）	狮子	2
1646	洛阳市伊洛工业园区（豫）	狮子	1
1647	乌拉特前旗（内蒙古）	石鸡	25000
1648	乌拉特后旗（内蒙古）	石鸡	1000
1649	惠城区（粤）	石金钱龟	3970
1650	茂南区（粤）	石金钱龟	1440
1651	英德市（粤）	石蛙	1300000
1652	东安县（湘）	石蛙	800000
1653	建德市（浙）	石蛙	467500
1654	罗甸县（黔）	石蛙	200000
1655	永兴县（湘）	石蛙	120000
1656	德昌县（川）	石蛙	109000
1657	名山区（川）	石蛙	100000
1658	城步苗族自治县（湘）	石蛙	85000
1659	仁化县（粤）	石蛙	76200
1660	桃江县（湘）	石蛙	50000
1661	绩溪县（皖）	石蛙	32000
1662	水城县（黔）	石蛙	30400
1663	双江拉祜族佤族布朗族傣族自治县（滇）	石蛙	30000
1664	安化县（湘）	石蛙	21000
1665	瑞安市（浙）	石蛙	20000
1666	乳源瑶族自治县（粤）	石蛙	13000
1667	博白县（桂）	石蛙	10000
1668	石泉县（陕）	石蛙	10000
1669	宾川县（滇）	石蛙	6000
1670	云　县（滇）	石蛙	3800
1671	普安县（黔）	石蛙	2500
1672	蒙山县（桂）	石蛙	1500
1673	三都水族自治县（黔）	石蛙	600
1674	琼山区（琼）	食蟹猴	31361
1675	文昌市（琼）	食蟹猴	6800
1676	呈贡区（滇）	食蟹猴	4020
1677	高要区（粤）	食蟹猴	3926
1678	元江哈尼族彝族傣族自治县（滇）	食蟹猴	1452
1679	浦东新区（沪）	食蟹猴	1447
1680	海门市（苏）	食蟹猴	219
1681	秀洲区（浙）	双斑锦蛇	420
1682	诸城市（鲁）	水貂	4000000
1683	喀喇沁旗（内蒙古）	水貂	40000
1684	昌乐县（鲁）	水貂	36000
1685	新宾满族自治县（辽）	水貂	26015
1686	东平县（鲁）	水貂	22000
1687	蠡　县（冀）	水貂	20700
1688	抚远市（黑）	水貂	20000
1689	舒兰市（吉）	水貂	20000
1690	梁山县（鲁）	水貂	11300
1691	集宁区（内蒙古）	水貂	3275
1692	东港市（辽）	水貂	3000
1693	昌邑区（吉）	水貂	2200
1694	峄城区（鲁）	水貂	800
1695	青州市（鲁）	水貂	400
1696	阜宁县（苏）	水貂	120
1697	兴业县（桂）	水律蛇	191959
1698	钦南区（桂）	水律蛇	52000
1699	连山壮族瑶族自治县（粤）	水律蛇	35366
1700	陆川县（桂）	水律蛇	35000
1701	茂南区（粤）	水律蛇	31903
1702	阳西县（粤）	水律蛇	27030
1703	英德市（粤）	水律蛇	23000
1704	南海区（粤）	水律蛇	12750
1705	涟源市（湘）	水律蛇	12000
1706	云安区（粤）	水律蛇	8500
1707	连州市（粤）	水律蛇	7950
1708	清新区（粤）	水律蛇	7300
1709	普安县（黔）	水律蛇	5761
1710	洪泽区（苏）	水律蛇	5500
1711	东安县（湘）	水律蛇	5000
1712	大英县（川）	水律蛇	4500
1713	江陵县（鄂）	水律蛇	4000
1714	仁化县（粤）	水律蛇	4000
1715	钦北区（桂）	水律蛇	3000
1716	长宁县（川）	水律蛇	3000
1717	陵水黎族自治县（琼）	水律蛇	1975
1718	溧阳市（苏）	水律蛇	1800
1719	麻城市（鄂）	水律蛇	1500
1720	松滋市（鄂）	水律蛇	1500
1721	三都水族自治县（黔）	水律蛇	1300
1722	金坛区（苏）	水律蛇	1200
1723	雷州市（粤）	水律蛇	1200
1724	儋州市（琼）	水律蛇	1000
1725	茂　县（川）	水律蛇	700
1726	富民县（滇）	水律蛇	496

(续表)

序号	主产地	动物种类	驯养数量(只、头、条)
1727	太湖县(皖)	水律蛇	470
1728	辰溪县(湘)	水律蛇	440
1729	衡东县(湘)	水律蛇	120
1730	文昌市(琼)	松鼠	10650
1731	东辽县(吉)	松鼠	3000
1732	昌邑区(吉)	松鼠	300
1733	九台区(吉)	松鼠	100
1734	沙洋县(鄂)	松鼠	80
1735	龙山区(吉)	松鼠	62
1736	丰满区(吉)	松鼠	45
1737	吴兴区(浙)	松鼠	45
1738	龙潭区(吉)	松鼠	30
1739	浑江区(吉)	松鼠	20
1740	湖北省太子山林场管理局(鄂)	松鼠	10
1741	双辽市(吉)	松鼠	10
1742	屏山县(川)	松鼠猴	450
1743	衡南县(湘)	松鼠猴	40
1744	蓬莱市(鲁)	松鼠猴	22
1745	顺德区(粤)	松鼠猴	20
1746	吴兴区(浙)	松鼠猴	12
1747	昌吉市(新)	松鼠猴	10
1748	武清区(津)	松鼠猴	10
1749	昌吉市(新)	太阳锥尾鹦鹉	156
1750	武清区(津)	太阳锥尾鹦鹉	86
1751	宝山区(沪)	太阳锥尾鹦鹉	57
1752	吴兴区(浙)	太阳锥尾鹦鹉	40
1753	彭州市(川)	太阳锥尾鹦鹉	24
1754	偃师市(豫)	太阳锥尾鹦鹉	24
1755	寒亭区(鲁)	太阳锥尾鹦鹉	13
1756	双辽市(吉)	泰国鳄	1
1757	宁河区(津)	桃脸牡丹鹦鹉	260
1758	金坛区(苏)	桃脸牡丹鹦鹉	190
1759	洛阳市伊洛工业园区(豫)	桃脸牡丹鹦鹉	20
1760	宝山区(沪)	秃鹫	4
1761	双辽市(吉)	秃鹫	2
1762	西平县(豫)	兔	70000
1763	让胡路区(黑)	兔	41000
1764	独山县(黔)	兔	12000
1765	名山区(川)	兔	4100
1766	瑞安市(浙)	兔	2000
1767	丘北县(滇)	兔	1200
1768	江陵县(鄂)	豚鼠	3700
1769	利川市(鄂)	豚鼠	2337
1770	富宁县(滇)	豚鼠	2300

(续表)

序号	主产地	动物种类	驯养数量(只、头、条)
1771	独山县(黔)	豚鼠	2271
1772	彭州市(川)	豚鼠	1200
1773	株洲市市辖区(湘)	豚鼠	1000
1774	榕江县(黔)	豚鼠	400
1775	五华县(粤)	豚鼠	328
1776	蠡　县(冀)	鸵鸟	358
1777	博野县(冀)	鸵鸟	317
1778	德昌县(川)	鸵鸟	300
1779	新市区(新)	鸵鸟	140
1780	石林彝族自治县(滇)	鸵鸟	120
1781	西平县(豫)	鸵鸟	120
1782	荣　县(川)	鸵鸟	108
1783	碧江区(黔)	鸵鸟	100
1784	芦山县(川)	鸵鸟	68
1785	米易县(川)	鸵鸟	56
1786	广丰区(赣)	鸵鸟	55
1787	宁乡市(湘)	鸵鸟	40
1788	农安县(吉)	鸵鸟	37
1789	双辽市(吉)	鸵鸟	36
1790	昌黎县(冀)	鸵鸟	30
1791	龙井市(吉)	鸵鸟	30
1792	陇川县(滇)	鸵鸟	28
1793	泽普县(新)	鸵鸟	27
1794	临泽县(甘)	鸵鸟	21
1795	松山区(内蒙古)	鸵鸟	20
1796	乌拉特前旗(内蒙古)	鸵鸟	20
1797	永清县(冀)	鸵鸟	20
1798	陵川县(晋)	鸵鸟	18
1799	玉山县(赣)	鸵鸟	17
1800	独山县(黔)	鸵鸟	16
1801	吉水县(赣)	鸵鸟	15
1802	平阴县(鲁)	鸵鸟	15
1803	普安县(黔)	鸵鸟	15
1804	舒兰市(吉)	鸵鸟	15
1805	牟定县(滇)	鸵鸟	13
1806	托克托县(内蒙古)	鸵鸟	11
1807	惠民县(鲁)	鸵鸟	10
1808	通州区(苏)	鸵鸟	10
1809	顺德区(粤)	湾鳄	14
1810	襄城区(鄂)	王锦蛇	60000
1811	襄州区(鄂)	王锦蛇	44000
1812	兴业县(桂)	王锦蛇	43200
1813	涟源市(湘)	王锦蛇	41800
1814	陆川县(桂)	王锦蛇	28000

（续表）

序号	主产地	动物种类	驯养数量（只、头、条）
1815	通城县（鄂）	王锦蛇	25000
1816	渌口区（湘）	王锦蛇	21300
1817	上犹县（赣）	王锦蛇	18000
1818	澧　县（湘）	王锦蛇	13400
1819	金坛区（苏）	王锦蛇	12000
1820	屏山县（川）	王锦蛇	10000
1821	宣州区（皖）	王锦蛇	9000
1822	南海区（粤）	王锦蛇	8000
1823	巴东县（鄂）	王锦蛇	7000
1824	大安区（川）	王锦蛇	6904
1825	武陵区（湘）	王锦蛇	6850
1826	耒阳市（湘）	王锦蛇	6000
1827	溧阳市（苏）	王锦蛇	6000
1828	宜城市（鄂）	王锦蛇	5210
1829	随　县（鄂）	王锦蛇	5000
1830	朝天区（川）	王锦蛇	4390
1831	利川市（鄂）	王锦蛇	4320
1832	咸丰县（鄂）	王锦蛇	4286
1833	泌阳县（豫）	王锦蛇	4100
1834	江山市（浙）	王锦蛇	3880
1835	宁国市（皖）	王锦蛇	3755
1836	威远县（川）	王锦蛇	3620
1837	宿松县（皖）	王锦蛇	3600
1838	义乌市（浙）	王锦蛇	3550
1839	宜丰县（赣）	王锦蛇	3500
1840	兴国县（赣）	王锦蛇	3300
1841	大观区（皖）	王锦蛇	3200
1842	白河县（陕）	王锦蛇	3100
1843	高港区（苏）	王锦蛇	3000
1844	新晃侗族自治县（湘）	王锦蛇	2700
1845	黟　县（皖）	王锦蛇	2540
1846	麻城市（鄂）	王锦蛇	2500
1847	平桥区（豫）	王锦蛇	2500
1848	仁寿县（川）	王锦蛇	2200
1849	恩阳区（川）	王锦蛇	2100
1850	辰溪县（湘）	王锦蛇	2090
1851	鹤城区（湘）	王锦蛇	2000
1852	秀洲区（浙）	王锦蛇	2000
1853	长宁县（川）	王锦蛇	2000
1854	灵川县（桂）	王锦蛇	1900
1855	三都水族自治县（黔）	王锦蛇	1800
1856	奉新县（赣）	王锦蛇	1450
1857	昭化区（川）	王锦蛇	1147
1858	宜秀区（皖）	王锦蛇	1128

（续表）

序号	主产地	动物种类	驯养数量（只、头、条）
1859	南溪区（川）	王锦蛇	1100
1860	绥宁县（湘）	王锦蛇	1000
1861	通州区（苏）	王锦蛇	1000
1862	迎江区（皖）	王锦蛇	1000
1863	秀洲区（浙）	乌梢蛇	39900
1864	威远县（川）	乌梢蛇	15816
1865	大安区（川）	乌梢蛇	11720
1866	耒阳市（湘）	乌梢蛇	4000
1867	溧阳市（苏）	乌梢蛇	4000
1868	义乌市（浙）	乌梢蛇	3650
1869	连州市（粤）	乌梢蛇	2300
1870	靖江市（苏）	乌梢蛇	2000
1871	麻城市（鄂）	乌梢蛇	1500
1872	宣州区（皖）	乌梢蛇	1160
1873	祥云县（滇）	乌梢蛇	1100
1874	金湖县（苏）	乌梢蛇	1000
1875	秀洲区（浙）	乌苏里蝮蛇	2800
1876	枣阳市（鄂）	蜈蚣	4800000
1877	浦东新区（沪）	蜥蜴	10
1878	呈贡区（滇）	蜥蜴	3
1879	双辽市（吉）	蜥蜴	1
1880	高州市（粤）	暹罗鳄	259152
1881	潮南区（粤）	暹罗鳄	22000
1882	河口瑶族自治县（滇）	暹罗鳄	13039
1883	四会市（粤）	暹罗鳄	3500
1884	都江堰市（川）	小熊猫	61
1885	昌吉市（新）	小熊猫	6
1886	蓬莱市（鲁）	小熊猫	4
1887	顺德区（粤）	小熊猫	3
1888	武清区（津）	小熊猫	3
1889	青州市（鲁）	小熊猫	2
1890	华阴市（陕）	蝎子	1200000
1891	平陆县（晋）	蝎子	300000
1892	淅川县（豫）	蝎子	20200
1893	内江市市中区（川）	蝎子	7000
1894	根河林业局（内蒙古森工）	驯鹿	178
1895	漠河县（黑）	驯鹿	112
1896	大关县（滇）	驯鹿	51
1897	顺德区（粤）	亚洲象	3
1898	秀洲区（浙）	岩栖蝮	3580
1899	美兰区（琼）	眼镜蛇	261980
1900	澄迈县（琼）	眼镜蛇	123600
1901	君山区（湘）	眼镜蛇	58318
1902	普安县（黔）	眼镜蛇	56300

(续表)

序号	主产地	动物种类	驯养数量(只、头、条)
1903	儋州市(琼)	眼镜蛇	53980
1904	兴业县(桂)	眼镜蛇	41425
1905	上犹县(赣)	眼镜蛇	32000
1906	英德市(粤)	眼镜蛇	30400
1907	大观区(皖)	眼镜蛇	29000
1908	博白县(桂)	眼镜蛇	26580
1909	茂南区(粤)	眼镜蛇	20730
1910	灌阳县(桂)	眼镜蛇	20100
1911	通城县(鄂)	眼镜蛇	20000
1912	掇刀区(鄂)	眼镜蛇	18000
1913	钦北区(桂)	眼镜蛇	15500
1914	庐江县(皖)	眼镜蛇	15400
1915	于都县(赣)	眼镜蛇	15000
1916	桐城市(皖)	眼镜蛇	13500
1917	陆川县(桂)	眼镜蛇	13000
1918	泰和县(赣)	眼镜蛇	12000
1919	义乌市(浙)	眼镜蛇	11540
1920	恩阳区(川)	眼镜蛇	9200
1921	增城区(粤)	眼镜蛇	9000
1922	琼山区(琼)	眼镜蛇	6500
1923	电白区(粤)	眼镜蛇	6300
1924	那坡县(桂)	眼镜蛇	5500
1925	东宝区(鄂)	眼镜蛇	5000
1926	高要区(粤)	眼镜蛇	5000
1927	珙　县(川)	眼镜蛇	5000
1928	金坛区(苏)	眼镜蛇	5000
1929	钦南区(桂)	眼镜蛇	5000
1930	平乐县(桂)	眼镜蛇	4771
1931	江陵县(鄂)	眼镜蛇	4700
1932	文昌市(琼)	眼镜蛇	4227
1933	北流市(桂)	眼镜蛇	4000
1934	连州市(粤)	眼镜蛇	4000
1935	云安区(粤)	眼镜蛇	3990
1936	松滋市(鄂)	眼镜蛇	3900
1937	遂川县(赣)	眼镜蛇	3667
1938	兰溪市(浙)	眼镜蛇	3500
1939	溧阳市(苏)	眼镜蛇	3500
1940	兴国县(赣)	眼镜蛇	3000
1941	大安区(川)	眼镜蛇	2900
1942	大英县(川)	眼镜蛇	2700
1943	富民县(滇)	眼镜蛇	2680
1944	涟源市(湘)	眼镜蛇	2600
1945	利川市(鄂)	眼镜蛇	2283
1946	大余县(赣)	眼镜蛇	2060

(续表)

序号	主产地	动物种类	驯养数量(只、头、条)
1947	惠城区(粤)	眼镜蛇	1820
1948	三都水族自治县(黔)	眼镜蛇	1650
1949	武鸣区(桂)	眼镜蛇	1552
1950	麻城市(鄂)	眼镜蛇	1300
1951	惠阳区(粤)	眼镜蛇	1250
1952	乳源瑶族自治县(粤)	眼镜蛇	1200
1953	新晃侗族自治县(湘)	眼镜蛇	1200
1954	靖江市(苏)	眼镜蛇	1000
1955	惠民县(鲁)	羊驼	60
1956	岱岳区(鲁)	羊驼	21
1957	洛阳市伊洛工业园区(豫)	羊驼	18
1958	临泉县(皖)	羊驼	12
1959	赵　县(冀)	羊驼	12
1960	呈贡区(滇)	羊驼	10
1961	蓟州区(津)	羊驼	10
1962	五河县(皖)	野鸡	20200
1963	玉屏侗族自治县(黔)	野鸡	20000
1964	栾川县(豫)	野鸡	19000
1965	南昌县(赣)	野鸡	12000
1966	汤阴县(豫)	野鸡	10000
1967	梓潼县(川)	野鸡	8200
1968	内江市市中区(川)	野鸡	6000
1969	乌拉特前旗(内蒙古)	野鸡	5620
1970	高邮市(苏)	野鸡	5030
1971	昌邑区(吉)	野鸡	4200
1972	儋州市(琼)	野鸡	4000
1973	双峰县(湘)	野鸡	2200
1974	独山县(黔)	野鸡	2000
1975	播州区(黔)	野鸡	1600
1976	松滋市(鄂)	野鸡	1573
1977	仁化县(粤)	野鸡	1500
1978	西平县(豫)	野鸡	1500
1979	恩阳区(川)	野鸡	1166
1980	淮阴区(苏)	野鸡	1000
1981	九台区(吉)	野鸡	1000
1982	乌拉特后旗(内蒙古)	野鸡	1000
1983	萧山区(浙)	野鸡	800
1984	集安市(吉)	野鸡	700
1985	江源区(吉)	野鸡	660
1986	乌兰浩特市(内蒙古)	野鸡	641
1987	舞钢市(豫)	野鸡	600
1988	松原市市辖区(吉)	野鸡	560
1989	大关县(滇)	野鸡	500
1990	连州市(粤)	野鸡	450

（续表）

序号	主产地	动物种类	驯养数量（只、头、条）
1991	伊川县(豫)	野鸡	360
1992	左权县(晋)	野鸡	233
1993	镇远县(黔)	野鸡	200
1994	扎鲁特旗(内蒙古)	野鸡	160
1995	朝天区(川)	野鸡	150
1996	马龙区(滇)	野鸡	150
1997	孟州市(豫)	野鸡	120
1998	沿河土家族自治县(黔)	野鸡	100
1999	峄城区(鲁)	野鸡	100
2000	萧山区(浙)	野鸭	73825
2001	前郭尔罗斯蒙古族自治县(吉)	野鸭	160
2002	永兴县(湘)	野猪	80000
2003	渑池县(豫)	野猪	27592
2004	栾川县(豫)	野猪	11000
2005	宁城县(内蒙古)	野猪	5200
2006	梓潼县(川)	野猪	4000
2007	汤原县(黑)	野猪	3800
2008	五常市(黑)	野猪	3500
2009	城步苗族自治县(湘)	野猪	2000
2010	梁山县(鲁)	野猪	2000
2011	祁东县(湘)	野猪	2000
2012	万安县(赣)	野猪	1300
2013	腾冲市(滇)	野猪	1240
2014	中阳县(晋)	野猪	1200
2015	扎鲁特旗(内蒙古)	野猪	1110
2016	宝清县(黑)	野猪	1000
2017	内乡县(豫)	野猪	1000
2018	容　县(桂)	野猪	1000
2019	松山区(内蒙古)	野猪	880
2020	辉南县(吉)	野猪	850
2021	峨边彝族自治县(川)	野猪	833
2022	双江拉祜族佤族布朗族傣族自治县(滇)	野猪	800
2023	沅陵县(湘)	野猪	785
2024	喀喇沁左翼蒙古族自治县(辽)	野猪	750
2025	巴林左旗(内蒙古)	野猪	700
2026	香格里拉市(滇)	野猪	670
2027	讷河市(黑)	野猪	640
2028	恭城瑶族自治县(桂)	野猪	600
2029	白河县(陕)	野猪	590
2030	会昌县(赣)	野猪	590
2031	蠡　县(冀)	野猪	590
2032	铅山县(赣)	野猪	590

（续表）

序号	主产地	动物种类	驯养数量（只、头、条）
2033	新兴区(黑)	野猪	564
2034	集安市(吉)	野猪	500
2035	建德市(浙)	野猪	500
2036	芦山县(川)	野猪	500
2037	万源市(川)	野猪	500
2038	郧西县(鄂)	野猪	500
2039	新宾满族自治县(辽)	野猪	483
2040	玉龙纳西族自治县(滇)	野猪	465
2041	辰溪县(湘)	野猪	401
2042	巴东县(鄂)	野猪	400
2043	朝阳县(辽)	野猪	400
2044	桐柏县(豫)	野猪	400
2045	小金县(川)	野猪	387
2046	九寨沟县(川)	野猪	380
2047	茂　县(川)	野猪	375
2048	七台河市直属单位(黑)	野猪	368
2049	石林彝族自治县(滇)	野猪	350
2050	伊川县(豫)	野猪	350
2051	富宁县(滇)	野猪	335
2052	江源区(吉)	野猪	335
2053	盈江县(滇)	野猪	332
2054	民乐县(甘)	野猪	326
2055	马龙区(滇)	野猪	320
2056	儋州市(琼)	野猪	309
2057	祥云县(滇)	野猪	301
2058	盖州市(辽)	野猪	300
2059	鸡东县(黑)	野猪	300
2060	耒阳市(湘)	野猪	300
2061	游仙区(川)	野猪	300
2062	余江区(赣)	野猪	300
2063	麻栗坡县(滇)	野猪	254
2064	集宁区(内蒙古)	野猪	239
2065	铜鼓县(赣)	野猪	221
2066	锦屏县(黔)	野猪	202
2067	巴林右旗(内蒙古)	野猪	200
2068	南郑区(陕)	野猪	200
2069	前郭尔罗斯蒙古族自治县(吉)	野猪	200
2070	师宗县(滇)	野猪	200
2071	遂昌县(浙)	野猪	200
2072	北川羌族自治县(川)	野猪	180
2073	大余县(赣)	野猪	172
2074	青川县(川)	野猪	164
2075	灵宝市(豫)	野猪	163

(续表)

序号	主产地	动物种类	驯养数量(只、头、条)
2076	楚雄市(滇)	野猪	160
2077	新化县(湘)	野猪	160
2078	瑞安市(浙)	野猪	150
2079	西畴县(滇)	野猪	150
2080	宾川县(滇)	野猪	149
2081	永胜县(滇)	野猪	129
2082	衡东县(湘)	野猪	128
2083	浑江区(吉)	野猪	120
2084	宁乡市(湘)	野猪	120
2085	嘉荫县(黑)	野猪	115
2086	陇川县(滇)	野猪	111
2087	东至县(皖)	野猪	100
2088	江川区(滇)	野猪	100
2089	卢氏县(豫)	野猪	100
2090	洮南市(吉)	野猪	100
2091	杜尔伯特蒙古族自治县(黑)	银狐	115700
2092	让胡路区(黑)	银狐	30000
2093	宁河区(津)	银狐	2970
2094	临泽县(甘)	银狐	2520
2095	东港市(辽)	银狐	2000
2096	民乐县(甘)	银狐	400
2097	义乌市(浙)	银环蛇	10000
2098	秀洲区(浙)	银环蛇	9230
2099	遂川县(赣)	银环蛇	1858
2100	溧阳市(苏)	银环蛇	1500
2101	云梦县(鄂)	鹦鹉	1500000
2102	华阴市(陕)	鹦鹉	65000
2103	泰安市高新区(鲁)	鹦鹉	13137
2104	天门市(鄂)	鹦鹉	2000
2105	岱岳区(鲁)	鹦鹉	448
2106	萧　县(皖)	鹦鹉	280
2107	滦州市(冀)	鹦鹉	184
2108	富民县(滇)	鹦鹉	173
2109	潮安区(粤)	鹦鹉	156
2110	宁国市(皖)	疣鼻栖鸭	20
2111	阳谷县(鲁)	鸳鸯	352
2112	奉贤区(沪)	鸳鸯	265
2113	浦东新区(沪)	鸳鸯	180
2114	岱岳区(鲁)	鸳鸯	114
2115	来安县(皖)	鸳鸯	108
2116	吴兴区(浙)	鸳鸯	60
2117	萧山区(浙)	鸳鸯	50
2118	桐城市(皖)	鸳鸯	49

(续表)

序号	主产地	动物种类	驯养数量(只、头、条)
2119	锦江区(川)	鸳鸯	35
2120	蓬莱市(鲁)	鸳鸯	20
2121	偃师市(豫)	鸳鸯	20
2122	顺德区(粤)	鸳鸯	16
2123	启东市(苏)	鸳鸯	10
2124	兴国县(赣)	鹧鸪	30000
2125	栾川县(豫)	鹧鸪	15500
2126	溧阳市(苏)	鹧鸪	13000
2127	沿河土家族自治县(黔)	鹧鸪	800
2128	金坛区(苏)	鹧鸪	570
2129	宣州区(皖)	鹧鸪	100
2130	桐城市(皖)	雉鸡	25388
2131	铜山区(苏)	雉鸡	9500
2132	颍上县(皖)	雉鸡	8000
2133	宿松县(皖)	雉鸡	6700
2134	靖州苗族侗族自治县(湘)	雉鸡	3960
2135	金坛区(苏)	雉鸡	2600
2136	新晃侗族自治县(湘)	雉鸡	2300
2137	英德市(粤)	雉鸡	2000
2138	丘北县(滇)	雉鸡	1900
2139	西峡县(豫)	雉鸡	580
2140	富源县(滇)	雉鸡	570
2141	富民县(滇)	雉鸡	411
2142	永胜县(滇)	雉鸡	410
2143	海门市(苏)	雉鸡	300
2144	五华县(粤)	雉鸡	300
2145	宣州区(皖)	雉鸡	200
2146	米易县(川)	雉鸡	120
2147	广南县(滇)	雉鸡	100
2148	新宾满族自治县(辽)	中国林蛙	582041460
2149	敦化林业局(吉)	中国林蛙	4260000
2150	绰源林业局(内蒙古森工)	中国林蛙	4240000
2151	湾沟林业局(吉林森工)	中国林蛙	2000000
2152	东港市(辽)	中国林蛙	1000000
2153	蒙山县(桂)	中国林蛙	6000
2154	耒阳市(湘)	中华鳖	800
2155	马龙区(滇)	中华大蟾蜍	1750000
2156	金坛区(苏)	中华大蟾蜍	560000
2157	播州区(黔)	中华大蟾蜍	400000
2158	溧阳市(苏)	中华大蟾蜍	322000
2159	乾　县(陕)	中华大蟾蜍	200000
2160	苍溪县(川)	中华大蟾蜍	100000
2161	昌邑区(吉)	中华大蟾蜍	100000

（续表）

序号	主产地	动物种类	驯养数量（只、头、条）
2162	东兴区（川）	中华大蟾蜍	100000
2163	渭滨区（陕）	中华大蟾蜍	75000
2164	巢湖市（皖）	中华大蟾蜍	50000
2165	贵溪市（赣）	中华大蟾蜍	50000
2166	乐至县（川）	中华大蟾蜍	42000
2167	望江县（皖）	中华大蟾蜍	23050
2168	泰兴市（苏）	中华大蟾蜍	18000
2169	吴中区（苏）	中华大蟾蜍	12000
2170	宁国市（皖）	中华大蟾蜍	10000
2171	邻水县（川）	中华大蟾蜍	6000
2172	新晃侗族自治县（湘）	中华大蟾蜍	5000
2173	宣州区（皖）	中华大蟾蜍	3302
2174	名山区（川）	中华大蟾蜍	2000
2175	荥　县（川）	中华大蟾蜍	2000
2176	弋江区（皖）	中华大蟾蜍	2000
2177	三都水族自治县（黔）	中华竹鼠	15200
2178	南雄市（粤）	中华竹鼠	13375
2179	武鸣区（桂）	中华竹鼠	7322
2180	陆川县（桂）	中华竹鼠	4200
2181	鹤城区（湘）	中华竹鼠	3216
2182	龙陵县（滇）	中华竹鼠	2766
2183	吉水县（赣）	中华竹鼠	2100
2184	安宁市（滇）	中华竹鼠	2000
2185	茂南区（粤）	中华竹鼠	2000
2186	安福县（赣）	中华竹鼠	1800
2187	黎川县（赣）	中华竹鼠	1620
2188	独山县（黔）	中华竹鼠	1401
2189	隆回县（湘）	中华竹鼠	1400
2190	绥宁县（湘）	中华竹鼠	1000
2191	增城区（粤）	中华竹鼠	850
2192	宁乡市（湘）	中华竹鼠	775
2193	泰和县（赣）	中华竹鼠	712
2194	大关县（滇）	中华竹鼠	620
2195	祥云县（滇）	中华竹鼠	560
2196	弥勒市（滇）	中华竹鼠	538
2197	英德市（粤）	中华竹鼠	500
2198	清新区（粤）	中华竹鼠	490
2199	茶陵县（湘）	中华竹鼠	460
2200	锦屏县（黔）	中华竹鼠	460
2201	冷水滩区（湘）	中华竹鼠	310
2202	常宁市（湘）	中华竹鼠	300
2203	彝良县（滇）	中华竹鼠	243
2204	芦山县（川）	中华竹鼠	130

（续表）

序号	主产地	动物种类	驯养数量（只、头、条）
2205	秀洲区（浙）	舟山眼镜蛇	660
2206	兴和县（内蒙古）	珠鸡	500
2207	北戴河区（冀）	珠鸡	256
2208	宁乡市（湘）	珠鸡	120
2209	伊川县（豫）	珠鸡	68
2210	峄城区（鲁）	珠鸡	40
2211	乌拉特前旗（内蒙古）	珠鸡	35
2212	吴兴区（浙）	珠鸡	16
2213	恭城瑶族自治县（桂）	竹鼠	470000
2214	平乐县（桂）	竹鼠	191845
2215	兴业县（桂）	竹鼠	30294
2216	永兴县（湘）	竹鼠	30000
2217	瑞丽市（滇）	竹鼠	25448
2218	儋州市（琼）	竹鼠	23100
2219	隆阳区（滇）	竹鼠	22201
2220	钦北区（桂）	竹鼠	15961
2221	连山壮族瑶族自治县（粤）	竹鼠	15305
2222	榕江县（黔）	竹鼠	14212
2223	双峰县（湘）	竹鼠	12145
2224	连州市（粤）	竹鼠	10428
2225	镇康县（滇）	竹鼠	9875
2226	桃江县（湘）	竹鼠	8800
2227	永德县（滇）	竹鼠	8340
2228	盈江县（滇）	竹鼠	7673
2229	罗甸县（黔）	竹鼠	7180
2230	昌宁县（滇）	竹鼠	6564
2231	四会市（粤）	竹鼠	5500
2232	镇远县（黔）	竹鼠	5380
2233	湘东区（赣）	竹鼠	5350
2234	三都水族自治县（黔）	竹鼠	5265
2235	钦南区（桂）	竹鼠	5210
2236	株洲市市辖区（湘）	竹鼠	5000
2237	英德市（粤）	竹鼠	4900
2238	开远市（滇）	竹鼠	4773
2239	锦屏县（黔）	竹鼠	4279
2240	广南县（滇）	竹鼠	4073
2241	江安县（川）	竹鼠	4050
2242	辰溪县（湘）	竹鼠	3974
2243	建水县（滇）	竹鼠	3951
2244	博白县（桂）	竹鼠	3850
2245	阳山县（粤）	竹鼠	3630
2246	双江拉祜族佤族布朗族傣族自治县（滇）	竹鼠	3540

(续表)

序号	主产地	动物种类	驯养数量(只、头、条)
2247	阳西县(粤)	竹鼠	3448
2248	兴国县(赣)	竹鼠	3282
2249	田阳县(桂)	竹鼠	3263
2250	梁河县(滇)	竹鼠	3250
2251	于都县(赣)	竹鼠	3170
2252	会同县(湘)	竹鼠	3000
2253	武穴市(鄂)	竹鼠	3000
2254	郁南县(粤)	竹鼠	3000
2255	大余县(赣)	竹鼠	2941
2256	兴义市(黔)	竹鼠	2884
2257	麻栗坡县(滇)	竹鼠	2824
2258	庐江县(皖)	竹鼠	2520
2259	会昌县(赣)	竹鼠	2500
2260	安州区(川)	竹鼠	2300
2261	灵川县(桂)	竹鼠	2300
2262	漾濞彝族自治县(滇)	竹鼠	2250
2263	新晃侗族自治县(湘)	竹鼠	2220
2264	平江县(湘)	竹鼠	2100
2265	曲江区(粤)	竹鼠	2070
2266	凤冈县(黔)	竹鼠	2000
2267	富民县(滇)	竹鼠	1983
2268	陇川县(滇)	竹鼠	1936
2269	五华县(粤)	竹鼠	1901
2270	凌云县(桂)	竹鼠	1704
2271	东安县(湘)	竹鼠	1500
2272	澧　县(湘)	竹鼠	1500
2273	禄丰县(滇)	竹鼠	1500
2274	河口瑶族自治县(滇)	竹鼠	1345
2275	樟树市(赣)	竹鼠	1300
2276	五指山市(琼)	竹鼠	1201
2277	碧江区(黔)	竹鼠	1200
2278	新丰江林管局(粤)	竹鼠	1176
2279	芒　市(滇)	竹鼠	1070
2280	文昌市(琼)	竹鼠	1031
2281	巴东县(鄂)	竹鼠	1000
2282	江陵县(鄂)	竹鼠	1000
2283	乐业县(桂)	竹鼠	949
2284	文成县(浙)	竹鼠	910
2285	马关县(滇)	竹鼠	800
2286	普安县(黔)	竹鼠	800
2287	乐至县(川)	竹鼠	752
2288	麻阳苗族自治县(湘)	竹鼠	700
2289	威远县(川)	竹鼠	651
2290	富宁县(滇)	竹鼠	627

(续表)

序号	主产地	动物种类	驯养数量(只、头、条)
2291	渌口区(湘)	竹鼠	610
2292	兴文县(川)	竹鼠	600
2293	石林彝族自治县(滇)	竹鼠	560
2294	云　县(滇)	竹鼠	560
2295	江山市(浙)	竹鼠	516
2296	大关县(滇)	竹鼠	500
2297	高州市(粤)	竹鼠	500
2298	衡东县(湘)	竹鼠	500
2299	双清区(湘)	竹鼠	500
2300	武江区(粤)	竹鼠	500
2301	新化县(湘)	竹鼠	500
2302	镇巴县(陕)	竹鼠	500
2303	雷山县(黔)	竹鼠	450
2304	大英县(川)	竹鼠	400
2305	娄星区(湘)	竹鼠	400
2306	巧家县(滇)	竹鼠	400
2307	利川市(鄂)	竹鼠	347
2308	文山市(滇)	竹鼠	343
2309	屏山县(川)	竹鼠	342
2310	兴宁市(粤)	竹鼠	329
2311	华宁县(滇)	竹鼠	317
2312	沅陵县(湘)	竹鼠	315
2313	咸丰县(鄂)	竹鼠	309
2314	宁远县(湘)	竹鼠	300
2315	盐津县(滇)	竹鼠	284
2316	新丰县(粤)	竹鼠	280
2317	东兴区(川)	竹鼠	261
2318	麻城市(鄂)	竹鼠	260
2319	松滋市(鄂)	竹鼠	260
2320	长宁县(川)	竹鼠	257
2321	龙门县(粤)	竹鼠	230
2322	清新区(粤)	竹鼠	220
2323	汇川区(黔)	竹鼠	212
2324	井冈山市(赣)	竹鼠	200
2325	乳源瑶族自治县(粤)	竹鼠	180
2326	丘北县(滇)	竹鼠	160
2327	洪江区(湘)	竹鼠	150
2328	遂川县(赣)	竹鼠	150
2329	常宁市(湘)	竹鼠	100
2330	衡南县(湘)	竹鼠	100
2331	那坡县(桂)	竹鼠	100
2332	秀洲区(浙)	棕黑锦蛇	820
2333	大理市(滇)	棕熊	467
2334	北戴河区(冀)	棕熊	32
2335	和龙市(吉)	棕熊	15

表 15-1 银杏主产地产量

序号	银杏主产地	产量（吨）
1	宁晋县(冀)	12590.00
2	振安区(辽)	10.00
3	兴化市(苏)	1150.00
4	临安区(浙)	281.00
5	绩溪县(皖)	80.00
6	嵩　县(豫)	266.70
7	京山县(鄂)	12500.00
8	咸丰县(鄂)	203.00
9	丹江口市(鄂)	100.00
10	通城县(鄂)	45.00
11	浠水县(鄂)	24.00
12	钟祥市(鄂)	20.00
13	麻城市(鄂)	20.00
14	衡阳县(湘)	305.00
15	江华瑶族自治县(湘)	130.00
16	开江县(川)	4900.00
17	西充县(川)	750.00
18	什邡市(川)	397.00
19	绵竹市(川)	50.00
20	德昌县(川)	30.00
21	昭化区(川)	10.00
22	遵义市市辖区(黔)	452.00
23	沿河土家族自治县(黔)	35.00
24	务川仡佬族苗族自治县(黔)	20.00
25	泸西县(滇)	30000.00
26	沾益区(滇)	5000.00
27	文山市(滇)	3123.50
28	洋　县(陕)	235.00
29	佛坪县(陕)	25.00

表 15-2 黄柏主产地产量

序号	黄柏主产地	产量（吨）
1	辉南县(吉)	28.00
2	泾　县(皖)	500.00
3	宣恩县(鄂)	2200.00
4	鹤峰县(鄂)	1600.00
5	咸丰县(鄂)	299.00
6	竹山县(鄂)	40.00
7	安化县(湘)	210.00
8	冷水江市(湘)	200.00
9	桑植县(湘)	120.00
10	东安县(湘)	45.00
11	北川羌族自治县(川)	1034.00

(续表)

序号	黄柏主产地	产量（吨）
12	汉源县(川)	500.00
13	长宁县(川)	482.00
14	古蔺县(川)	465.00
15	叙永县(川)	450.00
16	屏山县(川)	300.00
17	美姑县(川)	250.00
18	崇州市(川)	206.00
19	叙州区(川)	204.00
20	汶川县(川)	185.00
21	通江县(川)	176.00
22	泸　县(川)	165.00
23	雨城区(川)	150.00
24	邛崃市(川)	70.00
25	邻水县(川)	60.00
26	绵竹市(川)	48.00
27	德昌县(川)	40.00
28	珙　县(川)	25.00
29	越西县(川)	14.00
30	渠　县(川)	12.00
31	道真仡佬族苗族自治县(黔)	200.00
32	岑巩县(黔)	22.00
33	大关县(滇)	300.00
34	水富市(滇)	30.00

表 15-3 菊花主产地产量

序号	菊花主产地	产量（吨）
1	临西县(冀)	60.00
2	盐都区(苏)	4000.00
3	灌云县(苏)	420.00
4	兴化市(苏)	75.00
5	衢江区(浙)	62.00
6	建德市(浙)	16.20
7	旌德县(皖)	4500.00
8	歙　县(皖)	832.00
9	颍上县(皖)	400.00
10	颍泉区(皖)	350.00
11	桐城市(皖)	150.00
12	界首市(皖)	104.00
13	绩溪县(皖)	36.00
14	潜山市(皖)	13.00
15	无为县(皖)	10.00
16	铜鼓县(赣)	200.00
17	大余县(赣)	188.00

(续表)

序号	菊花主产地	产量（吨）
18	东平县(鲁)	400.00
19	济南市南部山区(鲁)	12.00
20	新野县(豫)	1000.00
21	太康县(豫)	330.00
22	天门市(鄂)	800.00
23	竹山县(鄂)	10.00
24	耒阳市(湘)	20.00
25	天柱县(黔)	15.00
26	商南县(陕)	226.80
27	华阴市(陕)	200.00

表 15-4 金银花主产地产量

序号	金银花主产地	产量（吨）
1	广宗县(冀)	100.00
2	临西县(冀)	37.50
3	鸡泽县(冀)	32.00
4	曲周县(冀)	20.00
5	阳曲县(晋)	16.00
6	松阳县(浙)	17.50
7	广德县(皖)	2671.00
8	怀远县(皖)	750.00
9	万载县(赣)	165.00
10	宜黄县(赣)	113.00
11	永丰县(赣)	100.00
12	玉山县(赣)	50.00
13	上饶县(赣)	46.00
14	赣县区(赣)	43.00
15	袁州区(赣)	42.00
16	横峰县(赣)	40.00
17	井冈山市(赣)	30.05
18	余江区(赣)	30.00
19	吉水县(赣)	19.00
20	遂川县(赣)	16.00
21	平邑县(鲁)	54800.00
22	曹　县(鲁)	3000.00
23	新泰市(鲁)	1600.00
24	无棣县(鲁)	712.00
25	泗水县(鲁)	560.00
26	东平县(鲁)	60.00
27	博山区(鲁)	50.00
28	临沭县(鲁)	45.00
29	肥城市(鲁)	33.00
30	济南市南部山区(鲁)	33.00

(续表)

序号	金银花主产地	产量(吨)
31	汶上县(鲁)	22.00
32	平阴县(鲁)	10.00
33	南乐县(豫)	900.00
34	范　县(豫)	500.00
35	台前县(豫)	220.00
36	嵩　县(豫)	216.00
37	睢　县(豫)	200.00
38	原阳县(豫)	150.00
39	兰考县(豫)	150.00
40	伊川县(豫)	130.00
41	商水县(豫)	100.00
42	永城市(豫)	56.00
43	梁园区(豫)	18.30
44	宜阳县(豫)	17.00
45	宜城市(鄂)	650.00
46	阳新县(鄂)	300.00
47	竹山县(鄂)	70.00
48	麻城市(鄂)	30.00
49	钟祥市(鄂)	20.00
50	隆回县(湘)	28000.00
51	涟源市(湘)	506.00
52	岳阳县(湘)	400.00
53	益阳市市辖区(湘)	150.00
54	汨罗市(湘)	135.20
55	冷水江市(湘)	100.00
56	耒阳市(湘)	40.00
57	城步苗族自治县(湘)	35.00
58	麻阳苗族自治县(湘)	35.00
59	醴陵市(湘)	12.00
60	全州县(桂)	995.00
61	剑阁县(川)	500.00
62	屏山县(川)	200.00
63	达川区(川)	200.00
64	绥阳县(黔)	28000.00
65	兴义市(黔)	380.00
66	天柱县(黔)	47.50
67	岑巩县(黔)	36.00
68	凯里市(黔)	30.00
69	务川仡佬族苗族自治县(黔)	30.00
70	腾冲市(滇)	60.00
71	巍山彝族回族自治县(滇)	20.00
72	华州区(陕)	200.00
73	阎良区(陕)	10.50

表 15-5　艾叶主产地产量

序号	艾叶主产地	产量(吨)
1	铁力市(黑)	150.00
2	临泉县(皖)	2000.00
3	阜南县(皖)	2000.00
4	萧　县(皖)	300.00
5	颍泉区(皖)	24.00
6	峡江县(赣)	1680.00
7	赣县区(赣)	24.00
8	兴国县(赣)	11.40
9	社旗县(豫)	9800.00
10	桐柏县(豫)	4000.00
11	伊川县(豫)	1340.00
12	汝阳县(豫)	63.00
13	宜阳县(豫)	33.00
14	镇平县(豫)	30.00
15	淮滨县(豫)	15.00
16	蕲春县(鄂)	50000.00
17	大悟县(鄂)	6000.00
18	老河口市(鄂)	6000.00
19	宜城市(鄂)	550.00
20	襄城区(鄂)	460.00
21	竹溪县(鄂)	210.00
22	竹山县(鄂)	88.00
23	孝昌县(鄂)	25.00
24	钟祥市(鄂)	12.50
25	醴陵市(湘)	21.00
26	华容县(湘)	10.00
27	五华县(粤)	330.00
28	陆川县(桂)	10.00
29	邻水县(川)	120.00
30	商南县(陕)	56.10

表 15-6　厚朴主产地产量

序号	厚朴主产地	产量(吨)
1	临安区(浙)	10.00
2	泾　县(皖)	2160.00
3	遂川县(赣)	100.00
4	广丰区(赣)	19.00
5	玉山县(赣)	10.00
6	宣恩县(鄂)	2200.00
7	鹤峰县(鄂)	1000.00
8	咸丰县(鄂)	50.00
9	通城县(鄂)	11.00
10	浠水县(鄂)	10.00

(续表)

序号	厚朴主产地	产量(吨)
11	安化县(湘)	2800.00
12	新化县(湘)	700.00
13	江华瑶族自治县(湘)	600.00
14	芷江侗族自治县(湘)	210.00
15	新宁县(湘)	120.00
16	蓝山县(湘)	119.00
17	隆回县(湘)	70.00
18	冷水江市(湘)	50.00
19	麻阳苗族自治县(湘)	32.00
20	道　县(湘)	10.00
21	衡东县(湘)	10.00
22	八步区(桂)	12.00
23	恭城瑶族自治县(桂)	10.50
24	北川羌族自治县(川)	20031.00
25	彭州市(川)	3000.00
26	古蔺县(川)	470.00
27	叙永县(川)	415.00
28	汶川县(川)	399.00
29	通江县(川)	274.00
30	崇州市(川)	138.00
31	什邡市(川)	85.00
32	三台县(川)	80.00
33	绵竹市(川)	60.00
34	德昌县(川)	60.00
35	邻水县(川)	60.00
36	汉源县(川)	40.00
37	道真仡佬族苗族自治县(黔)	75.00
38	罗甸县(黔)	10.00
39	城固县(陕)	2782.00
40	佛坪县(陕)	63.00

表 15-7　白及主产地产量

序号	白及主产地	产量(吨)
1	诸暨市(浙)	30.00
2	广德县(皖)	1530.00
3	祁门县(皖)	380.00
4	东至县(皖)	68.00
5	岳西县(皖)	13.00
6	崇阳县(鄂)	1003.00
7	鹤峰县(鄂)	1000.00
8	巴东县(鄂)	600.00
9	竹山县(鄂)	70.00
10	京山县(鄂)	40.00

（续表）

序号	白及主产地	产量（吨）
11	来凤县(鄂)	20.00
12	洪江市(湘)	200.00
13	汉寿县(湘)	92.50
14	新宁县(湘)	50.00
15	蓝山县(湘)	47.25
16	祁东县(湘)	30.00
17	宜章县(湘)	23.00
18	南部县(川)	900.00
19	仁和区(川)	60.00
20	木里藏族自治县(川)	27.00
21	仁怀市(黔)	375.00
22	天柱县(黔)	35.00
23	泸西县(滇)	500.00
24	巍山彝族回族自治县(滇)	300.00
25	石林彝族自治县(滇)	190.00
26	腾冲市(滇)	100.00
27	麒麟区(滇)	100.00
28	玉龙纳西族自治县(滇)	87.40
29	古城区(滇)	59.00
30	马龙区(滇)	50.00
31	永胜县(滇)	48.00
32	大关县(滇)	25.00
33	宜良县(滇)	10.00
34	镇坪县(陕)	910.00
35	华州区(陕)	150.00
36	石泉县(陕)	30.00

表 15-8 丹参主产地产量

序号	丹参主产地	产量（吨）
1	滨海县(苏)	1500.00
2	平陆县(晋)	30.00
3	同江市(黑)	14.00
4	界首市(皖)	318.00
5	彭泽县(赣)	146.00
6	新泰市(鲁)	23000.00
7	宁阳县(鲁)	20000.00
8	沂源县(鲁)	7381.00
9	平邑县(鲁)	5620.00
10	泗水县(鲁)	2000.00
11	沂水县(鲁)	1584.00
12	莱城区(鲁)	1300.00
13	莱芜区(鲁)	1300.00
14	肥城市(鲁)	530.00

（续表）

序号	丹参主产地	产量（吨）
15	东平县(鲁)	500.00
16	章丘区(鲁)	250.00
17	汶上县(鲁)	180.00
18	济南市南部山区(鲁)	55.00
19	沂南县(鲁)	35.00
20	方城县(豫)	1500.00
21	孟津县(豫)	1400.00
22	柘城县(豫)	800.00
23	范　县(豫)	700.00
24	桐柏县(豫)	450.00
25	睢阳区(豫)	70.00
26	商水县(豫)	25.00
27	远安县(鄂)	60.00
28	竹溪县(鄂)	40.00
29	东川区(滇)	737.00

表 15-9 天麻主产地产量

序号	天麻主产地	产量（吨）
1	辉南县(吉)	1000.00
2	抚松县(吉)	20.15
3	岳西县(皖)	3550.00
4	商水县(豫)	25.00
5	汝阳县(豫)	12.30
6	罗田县(鄂)	16000.00
7	英山县(鄂)	5837.00
8	咸丰县(鄂)	26.88
9	靖州苗族侗族自治县(湘)	1650.00
10	宝兴县(川)	15.00
11	黎平县(黔)	1996.90
12	汇川区(黔)	837.00
13	雷山县(黔)	580.00
14	仁怀市(黔)	75.00
15	彝良县(滇)	11285.00
16	大关县(滇)	1114.00
17	镇雄县(滇)	739.20
18	泸西县(滇)	600.00
19	香格里拉市(滇)	368.30
20	腾冲市(滇)	350.00
21	绥江县(滇)	300.00
22	永胜县(滇)	253.00
23	鹤庆县(滇)	201.00
24	威信县(滇)	200.00

（续表）

序号	天麻主产地	产量（吨）
25	古城区(滇)	100.00
26	禄丰县(滇)	90.00
27	弥渡县(滇)	60.00
28	姚安县(滇)	60.00
29	通海县(滇)	56.00
30	玉龙纳西族自治县(滇)	19.30
31	华宁县(滇)	11.00
32	巍山彝族回族自治县(滇)	10.00
33	商南县(陕)	348.70
34	佛坪县(陕)	310.00

表 15-10 黄芪主产地产量

序号	黄芪主产地	产量（吨）
1	围场满族蒙古族自治县(冀)	35.00
2	赤城县(冀)	20.00
3	广灵县(晋)	1200.00
4	清水河县(内蒙古)	800.00
5	武川县(内蒙古)	650.00
6	太仆寺旗(内蒙古)	225.00
7	喀喇沁旗(内蒙古)	15.00
8	松山区(内蒙古)	10.00
9	北票市(辽)	1850.00
10	喀喇沁左翼蒙古族自治县(辽)	202.00
11	龙城区(辽)	200.00
12	舒兰市(吉)	20.00
13	铁力市(黑)	300.00
14	同江市(黑)	70.00
15	呼玛县(黑)	10.00
16	滨海县(苏)	700.00
17	宜黄县(赣)	150.00
18	沂水县(鲁)	607.00
19	济南市南部山区(鲁)	65.50
20	范　县(豫)	500.00
21	木里藏族自治县(川)	18.19
22	子洲县(陕)	1200.00
23	陇西县(甘)	20042.15
24	正宁县(甘)	10.00
25	互助土族自治县(青)	4068.00
26	湟源县(青)	910.00
27	贵德县(青)	310.00
28	尖扎县(青)	48.75
29	平安区(青)	37.50

表 15-11 黄精主产地产量

序号	黄精主产地	产量（吨）
1	松阳县(浙)	625.00
2	旌德县(皖)	2100.00
3	广德县(皖)	1431.00
4	祁门县(皖)	1110.00
5	青阳县(皖)	1000.00
6	歙　县(皖)	150.00
7	东至县(皖)	41.00
8	绩溪县(皖)	10.00
9	泰安市泰山景区(鲁)	23.50
10	济南市南部山区(鲁)	15.00
11	宣恩县(鄂)	8000.00
12	崇阳县(鄂)	1985.00
13	新化县(湘)	16850.00
14	隆回县(湘)	1050.00
15	桃江县(湘)	400.00
16	洪江市(湘)	300.00
17	岳阳县(湘)	300.00
18	平江县(湘)	150.00
19	鹤城区(湘)	60.00
20	冷水江市(湘)	25.00
21	新丰江林管局(粤)	350.00
22	清新区(粤)	32.00
23	安岳县(川)	5000.00
24	恩阳区(川)	120.00
25	都江堰市(川)	90.00
26	南部县(川)	80.00
27	松桃苗族自治县(黔)	50.00
28	天柱县(黔)	17.52
29	勐海县(滇)	1500.00
30	巍山彝族回族自治县(滇)	500.00
31	龙陵县(滇)	260.00
32	腾冲市(滇)	240.00
33	麒麟区(滇)	150.00
34	沾益区(滇)	100.00
35	易门县(滇)	26.40
36	马龙区(滇)	20.00
37	古城区(滇)	12.00

表 15-12 石斛主产地产量

序号	石斛主产地	产量（吨）
1	柯桥区(浙)	200.00
2	义乌市(浙)	174.00
3	嵊州市(浙)	102.00
4	余杭区(浙)	45.00
5	富阳区(浙)	41.08
6	萧山区(浙)	40.00
7	温岭市(浙)	34.00
8	兰溪市(浙)	26.00
9	诸暨市(浙)	20.00
10	永康市(浙)	15.00
11	婺城区(浙)	11.00
12	余江区(赣)	20.00
13	华容区(鄂)	327.50
14	京山县(鄂)	20.00
15	高州市(粤)	300.00
16	平远县(粤)	40.16
17	仁化县(粤)	16.73
18	龙门县(粤)	12.50
19	八步区(桂)	96.00
20	合江县(川)	2100.00
21	夹江县(川)	300.00
22	金堂县(川)	250.00
23	赤水市(黔)	3000.00
24	独山县(黔)	210.00
25	荔波县(黔)	135.00
26	黎平县(黔)	91.00
27	沿河土家族自治县(黔)	20.00
28	兴义市(黔)	11.00
29	龙陵县(滇)	3600.00
30	芒　市(滇)	2072.10
31	腾冲市(滇)	800.00
32	勐海县(滇)	760.00
33	梁河县(滇)	400.00
34	陇川县(滇)	282.00
35	隆阳区(滇)	215.70
36	昌宁县(滇)	121.00
37	文山市(滇)	102.00
38	泸西县(滇)	100.00
39	双江拉祜族佤族布朗族傣族自治县(滇)	80.00
40	红塔区(滇)	32.00
41	沧源佤族自治县(滇)	25.00
42	麻栗坡县(滇)	20.00
43	石林彝族自治县(滇)	20.00
44	禄丰县(滇)	17.00

表 15-13 百合主产地产量

序号	百合主产地	产量（吨）
1	赤城县(冀)	10.00
2	吴江区(苏)	150.00
3	郎溪县(皖)	150.00
4	咸丰县(鄂)	371.00
5	竹溪县(鄂)	60.00
6	竹山县(鄂)	20.00
7	张湾区(鄂)	10.00
8	隆回县(湘)	40100.00
9	沅陵县(湘)	650.00
10	新化县(湘)	600.00
11	永定区(湘)	580.00
12	洪江市(湘)	200.00
13	汉寿县(湘)	115.00
14	衡东县(湘)	110.00
15	东安县(湘)	100.00
16	新邵县(湘)	60.00
17	邵东县(湘)	30.00
18	新宁县(湘)	20.00
19	会理县(川)	134.00
20	松桃苗族自治县(黔)	300.00
21	天柱县(黔)	163.24
22	元阳县(滇)	650.00
23	江川区(滇)	11.40
24	陆良县(滇)	10.50
25	镇坪县(陕)	330.00

表 15-14 杜仲主产地产量

序号	杜仲主产地	产量（吨）
1	广宗县(冀)	75.00
2	枣强县(冀)	10.00
3	海城市(辽)	1200.00
4	泗阳县(苏)	2475.00
5	响水县(苏)	252.00
6	衢江区(浙)	28.00
7	青阳县(皖)	650.00
8	祁门县(皖)	350.00
9	桐城市(皖)	150.00
10	滁州市市辖区(皖)	100.00
11	怀宁县(皖)	36.00
12	遂川县(赣)	1250.00
13	宜黄县(赣)	165.00

（续表）

序号	杜仲主产地	产量（吨）
14	广丰区(赣)	29.14
15	永丰县(赣)	15.00
16	永新县(赣)	12.00
17	青州市(鲁)	30.00
18	范　县(豫)	600.00
19	灵宝市(豫)	300.00
20	卢氏县(豫)	300.00
21	镇平县(豫)	100.00
22	禹州市(豫)	80.00
23	商城县(豫)	74.00
24	嵩　县(豫)	45.00
25	鲁山县(豫)	27.00
26	房　县(鄂)	2000.00
27	南漳县(鄂)	600.00
28	鹤峰县(鄂)	500.00
29	咸丰县(鄂)	250.00
30	丹江口市(鄂)	100.00
31	京山县(鄂)	60.00
32	竹山县(鄂)	30.00
33	谷城县(鄂)	26.00
34	襄州区(鄂)	15.00
35	涟源市(湘)	1060.00
36	新化县(湘)	200.00
37	安化县(湘)	115.00
38	洪江市(湘)	100.00
39	永定区(湘)	100.00
40	新宁县(湘)	50.00
41	江华瑶族自治县(湘)	48.00
42	麻阳苗族自治县(湘)	42.00
43	通道侗族自治县(湘)	35.00
44	醴陵市(湘)	31.00
45	隆回县(湘)	28.00
46	北塔区(湘)	21.00
47	耒阳市(湘)	20.00
48	冷水江市(湘)	20.00
49	雨湖区(湘)	20.00
50	华容县(湘)	10.00

（续表）

序号	杜仲主产地	产量（吨）
51	娄星区(湘)	10.00
52	会同县(湘)	10.00
53	衡东县(湘)	10.00
54	隆林各族自治县(桂)	43.00
55	北川羌族自治县(川)	1692.00
56	仁和区(川)	1575.00
57	泸　县(川)	1429.00
58	叙永县(川)	640.00
59	通江县(川)	458.00
60	德昌县(川)	388.00
61	汉源县(川)	380.00
62	古蔺县(川)	370.00
63	彭州市(川)	362.00
64	长宁县(川)	329.00
65	汶川县(川)	230.00
66	崇州市(川)	223.00
67	叙州区(川)	118.00
68	屏山县(川)	100.00
69	三台县(川)	98.00
70	越西县(川)	43.00
71	什邡市(川)	43.00
72	邛崃市(川)	30.00
73	珙　县(川)	18.00
74	兴文县(川)	13.00
75	顺庆区(川)	11.00
76	剑阁县(川)	10.00
77	遵义市市辖区(黔)	1450.00
78	道真仡佬族苗族自治县(黔)	400.00
79	仁怀市(黔)	126.00
80	汇川区(黔)	125.00
81	凯里市(黔)	70.00
82	务川仡佬族苗族自治县(黔)	30.00
83	岑巩县(黔)	27.00
84	湄潭县(黔)	18.00
85	兴义市(黔)	15.00
86	泸西县(滇)	1000.00
87	绥江县(滇)	500.00

（续表）

序号	杜仲主产地	产量（吨）
88	水富市(滇)	35.00
89	城固县(陕)	1920.00
90	石泉县(陕)	1500.00
91	佛坪县(陕)	53.00

表 15-15　五味子主产地产量

序号	五味子主产地	产量（吨）
1	桓仁满族自治县(辽)	750.00
2	清原满族自治县(辽)	500.00
3	东港市(辽)	95.00
4	集安市(吉)	2155.00
5	浑江区(吉)	1424.50
6	临江市(吉)	878.00
7	柳河县(吉)	685.80
8	抚松县(吉)	573.00
9	通化县(吉)	434.50
10	东丰县(吉)	150.00
11	和龙市(吉)	132.00
12	白河林业局(吉)	55.00
13	黄泥河林业局(吉)	44.00
14	长白朝鲜族自治县(吉)	27.00
15	汪清县(吉)	25.35
16	桦甸市(吉)	10.00
17	龙井市(吉)	10.00
18	汤原县(黑)	100.00
19	鸡东县(黑)	80.00
20	双城区(黑)	55.00
21	佳木斯市郊区(黑)	30.00
22	七台河市市辖区(黑)	10.00
23	卢氏县(豫)	550.00
24	商南县(陕)	261.00
25	洋　县(陕)	25.00
26	三岔子林业局(吉林森工)	50.00
27	红石林业局(吉林森工)	36.00
28	泉阳林业局(吉林森工)	20.00

表 15-16 其他中药材主产地产量

(续表)

序号	其他中药材主产地	品种	产量(吨)
1	昌宁县(滇)	桉叶	460.00
2	砚山县(滇)	桉叶	12.00
3	德庆县(粤)	巴戟天	96250.00
4	惠来县(粤)	巴戟天	75.00
5	新化县(湘)	白扁豆	50.00
6	玉龙纳西族自治县(滇)	白附子	7235.90
7	大丰区(苏)	白果	1489.00
8	石泉县(陕)	白果	1400.00
9	新沂市(苏)	白果	870.00
10	沭阳县(苏)	白果	750.00
11	都江堰市(川)	白果	436.00
12	崇阳县(鄂)	白果	252.00
13	五河县(皖)	白果	216.00
14	兴文县(川)	白果	120.00
15	临桂区(桂)	白果	63.00
16	大悟县(鄂)	白果	60.00
17	恭城瑶族自治县(桂)	白果	36.00
18	吴江区(苏)	白果	30.00
19	房　县(鄂)	白果	22.00
20	宜阳县(豫)	白果	21.00
21	思南县(黔)	白果	20.00
22	新宁县(湘)	白果	20.00
23	竹溪县(鄂)	白果	11.00
24	新洲区(鄂)	白花蛇	2100.00
25	龙陵县(滇)	白花蛇	865.00
26	彭泽县(赣)	白花蛇	25.00
27	新洲区(鄂)	白前	8400.00
28	范　县(豫)	白芍	1800.00
29	襄城县(豫)	白芍	1590.00
30	涡阳县(皖)	白芍	600.00
31	丰　县(苏)	白芍	500.00
32	夏邑县(豫)	白芍	450.00
33	虞城县(豫)	白芍	420.00
34	新泰市(鲁)	白芍	400.00
35	零陵区(湘)	白芍	350.00
36	界首市(皖)	白芍	150.00
37	孟津县(豫)	白芍	150.00
38	太康县(豫)	白芍	125.00
39	睢　县(豫)	白芍	120.00
40	永城市(豫)	白芍	70.00
41	围场满族蒙古族自治县(冀)	白芍	58.00
42	芜湖县(皖)	白芍	45.00
43	竹溪县(鄂)	白芍	42.00
44	竹山县(鄂)	白芍	40.00
45	什邡市(川)	白芍	39.00
46	彭泽县(赣)	白芍	23.50
47	麻城市(鄂)	白芍	20.00
48	天柱县(黔)	白芍	12.00
49	颍东区(皖)	白术	4505.00
50	灵宝市(豫)	白术	2050.00
51	临泉县(皖)	白术	2000.00
52	咸丰县(鄂)	白术	1384.83
53	滨海县(苏)	白术	800.00
54	界首市(皖)	白术	550.00
55	宁国市(皖)	白术	396.00
56	太康县(豫)	白术	310.00
57	柯桥区(浙)	白术	300.00
58	玉龙纳西族自治县(滇)	白术	217.00
59	洪江市(湘)	白术	200.00
60	永城市(豫)	白术	120.00
61	砀山县(皖)	白术	61.85
62	桑植县(湘)	白术	40.00
63	建德市(浙)	白术	30.00
64	遂昌县(浙)	白术	25.00
65	彭泽县(赣)	白术	23.00
66	临安区(浙)	白术	21.00
67	南部县(川)	白芷	3500.00
68	范　县(豫)	白芷	1800.00
69	界首市(皖)	白芷	650.00
70	韶山市(湘)	白芷	400.00
71	咸丰县(鄂)	白芷	378.80
72	茶陵县(湘)	白芷	200.00
73	竹山县(鄂)	白芷	50.00
74	黄龙县(陕)	白芷	39.33
75	竹溪县(鄂)	白芷	21.00
76	远安县(鄂)	百部	60.00
77	东安县(湘)	百部	50.00
78	永丰县(赣)	百部	20.00
79	耒阳市(湘)	败酱草	1200.00
80	独山县(黔)	板蓝根	42000.00
81	元阳县(滇)	板蓝根	5520.00
82	临泉县(皖)	板蓝根	2000.00
83	那坡县(桂)	板蓝根	2000.00
84	陇西县(甘)	板蓝根	1737.80
85	红岗区(黑)	板蓝根	1712.00
86	伊川县(豫)	板蓝根	1110.00
87	滨海县(苏)	板蓝根	700.00
88	龙城区(辽)	板蓝根	300.00

（续表）

序号	其他中药材主产地	品种	产量（吨）
89	龙南县(赣)	板蓝根	290.00
90	康平县(辽)	板蓝根	200.00
91	让胡路区(黑)	板蓝根	200.00
92	龙江县(黑)	板蓝根	190.00
93	延津县(豫)	板蓝根	160.00
94	乐业县(桂)	板蓝根	100.00
95	围场满族蒙古族自治县(冀)	板蓝根	70.00
96	白城市市辖区(吉)	板蓝根	60.00
97	竹山县(鄂)	板蓝根	55.00
98	太康县(豫)	板蓝根	49.00
99	阳曲县(晋)	板蓝根	35.60
100	七里河区(甘)	板蓝根	27.00
101	武定县(滇)	板蓝根	27.00
102	宜阳县(豫)	板蓝根	27.00
103	清新区(粤)	板蓝根	11.00
104	禄丰县(滇)	板蓝根	10.00
105	安国市(冀)	半夏	3000.00
106	阜南县(皖)	半夏	3000.00
107	潜江市(鄂)	半夏	2500.00
108	公安县(鄂)	半夏	850.00
109	东宝区(鄂)	半夏	500.00
110	天门市(鄂)	半夏	169.00
111	望奎县(黑)	半夏	150.00
112	沙洋县(鄂)	半夏	100.00
113	麻阳苗族自治县(湘)	半夏	60.00
114	砀山县(皖)	半夏	33.28
115	新宁县(湘)	半夏	20.00
116	咸丰县(鄂)	半夏	12.00
117	砚山县(滇)	半夏	12.00
118	竹山县(鄂)	半夏	11.00
119	临泉县(皖)	薄荷	2000.00
120	枣阳市(鄂)	薄荷	530.00
121	磐安县(浙)	贝母	2500.00
122	海安市(苏)	贝母	1500.00
123	鹤峰县(鄂)	贝母	1200.00
124	通化县(吉)	贝母	1122.40
125	巴东县(鄂)	贝母	500.00
126	辉南县(吉)	贝母	430.00
127	铁力市(黑)	贝母	150.00
128	咸丰县(鄂)	贝母	119.40
129	建德市(浙)	贝母	50.60
130	冷水江市(湘)	贝母	50.00
131	红石林业局(吉林森工)	贝母	26.00
132	琼山区(琼)	槟榔	2570.00

（续表）

序号	其他中药材主产地	品种	产量（吨）
133	罗甸县(黔)	冰片	1050.00
134	耒阳市(湘)	苍耳子	20.00
135	罗田县(鄂)	苍术	10000.00
136	凤　县(陕)	苍术	5000.00
137	桐柏县(豫)	苍术	3003.00
138	郧西县(鄂)	苍术	610.00
139	扎兰屯市(内蒙古)	苍术	500.00
140	平泉市(冀)	苍术	400.00
141	赤城县(冀)	苍术	300.00
142	钟祥市(鄂)	苍术	250.00
143	凌源市(辽)	苍术	100.00
144	龙江县(黑)	苍术	80.00
145	大悟县(鄂)	苍术	60.00
146	丰宁满族自治县(冀)	苍术	53.00
147	通化县(吉)	苍术	50.20
148	东丰县(吉)	苍术	44.50
149	围场满族蒙古族自治县(冀)	苍术	42.00
150	呼玛县(黑)	苍术	20.00
151	木里藏族自治县(川)	苍术	10.00
152	腾冲市(滇)	草果	30000.00
153	元阳县(滇)	草果	6140.00
154	福贡县(滇)	草果	5611.63
155	贡山独龙族怒族自治县(滇)	草果	4916.00
156	马关县(滇)	草果	4159.50
157	梁河县(滇)	草果	900.00
158	瑞丽市(滇)	草果	393.00
159	西畴县(滇)	草果	80.00
160	萧　县(皖)	侧柏	1000.00
161	禹会区(皖)	侧柏	10.00
162	萧　县(皖)	侧柏叶	600.00
163	竹山县(鄂)	侧柏叶	100.00
164	沧源佤族自治县(滇)	茶树	2685.30
165	武宁县(赣)	茶树	458.00
166	惠东县(粤)	茶树	35.00
167	凤　县(陕)	柴胡	8600.00
168	陇西县(甘)	柴胡	1530.90
169	林甸县(黑)	柴胡	1125.00
170	正宁县(甘)	柴胡	547.20
171	邳州市(苏)	柴胡	390.00
172	昭化区(川)	柴胡	198.00
173	阳曲县(晋)	柴胡	61.20
174	舒兰市(吉)	柴胡	58.00
175	赤城县(冀)	柴胡	50.00
176	丰宁满族自治县(冀)	柴胡	44.00

(续表)

序号	其他中药材主产地	品种	产量(吨)
177	七台河市直属单位(黑)	柴胡	33.00
178	围场满族蒙古族自治县(冀)	柴胡	30.00
179	龙凤区(黑)	柴胡	25.00
180	宜阳县(豫)	柴胡	23.00
181	竹山县(鄂)	柴胡	20.00
182	永年区(冀)	柴胡	18.00
183	济南市南部山区(鲁)	柴胡	16.50
184	竹山县(鄂)	蝉蜕	10.00
185	竹山县(鄂)	菖蒲	100.00
186	砚山县(滇)	菖蒲	12.00
187	辉南县(吉)	车前子	170.00
188	竹山县(鄂)	车前子	98.00
189	化州市(粤)	沉香	9500.00
190	电白区(粤)	沉香	29.50
191	东川区(滇)	赤芍	1716.00
192	贵德县(青)	赤芍	300.00
193	扎兰屯市(内蒙古)	赤芍	190.00
194	龙江县(黑)	赤芍	180.00
195	通河县(黑)	赤芍	111.00
196	铁力市(黑)	赤芍	100.00
197	竹溪县(鄂)	赤芍	80.00
198	甘河林业局(内蒙古森工)	赤芍	20.00
199	竹山县(鄂)	臭椿	300.00
200	大悟县(鄂)	臭椿	15.00
201	香格里拉市(滇)	川芎	46.40
202	汶川县(川)	川芎	30.00
203	辉南县(吉)	穿山甲	300.00
204	平泉市(冀)	穿山龙	300.00
205	辉南县(吉)	穿山龙	290.00
206	方正县(黑)	穿山龙	25.00
207	新宾满族自治县(辽)	刺五加	7394.00
208	清原满族自治县(辽)	刺五加	480.00
209	大石头林业局(吉)	刺五加	150.00
210	辉南县(吉)	刺五加	150.00
211	东港市(辽)	刺五加	40.00
212	桓仁满族自治县(辽)	刺五加	40.00
213	东丰县(吉)	刺五加	30.00
214	振安区(辽)	刺五加	20.00
215	化隆回族自治县(青)	大黄	3000.00
216	洱源县(滇)	大黄	2360.00
217	互助土族自治县(青)	大黄	2016.00
218	北川羌族自治县(川)	大黄	1757.00
219	贵德县(青)	大黄	1700.00
220	祁连县(青)	大黄	900.00

(续表)

序号	其他中药材主产地	品种	产量(吨)
221	巴东县(鄂)	大黄	500.00
222	木里藏族自治县(川)	大黄	171.04
223	尖扎县(青)	大黄	164.80
224	咸丰县(鄂)	大黄	110.00
225	白玉林业局(川)	大黄	100.00
226	平安区(青)	大黄	78.40
227	金川县(川)	大黄	30.00
228	同仁县(青)	大黄	16.25
229	临泉县(皖)	大青叶	1000.00
230	耒阳市(湘)	大青叶	200.00
231	泾　县(皖)	丹皮	1875.00
232	商南县(陕)	丹皮	152.10
233	巴东县(鄂)	丹皮	100.00
234	砀山县(皖)	丹皮	75.81
235	宜阳县(豫)	丹皮	16.00
236	互助土族自治县(青)	当归	9750.00
237	湟源县(青)	当归	5220.00
238	门源回族自治县(青)	当归	1416.00
239	东川区(滇)	当归	1290.00
240	香格里拉市(滇)	当归	606.00
241	德钦县(滇)	当归	537.80
242	化隆回族自治县(青)	当归	480.00
243	师宗县(滇)	当归	400.00
244	竹山县(鄂)	当归	220.00
245	玉龙纳西族自治县(滇)	当归	168.70
246	陇西县(甘)	当归	151.10
247	鹤庆县(滇)	当归	144.00
248	贵德县(青)	当归	100.00
249	平安区(青)	当归	72.80
250	永胜县(滇)	当归	67.00
251	沾益区(滇)	当归	20.00
252	丰宁满族自治县(冀)	当归	18.00
253	陇西县(甘)	党参	43877.35
254	竹山县(鄂)	党参	300.00
255	巍山彝族回族自治县(滇)	党参	260.00
256	辉南县(吉)	党参	180.00
257	舒兰市(吉)	党参	175.00
258	会理县(川)	党参	134.00
259	新化县(湘)	党参	110.00
260	东川区(滇)	党参	92.00
261	正宁县(甘)	党参	85.80
262	木里藏族自治县(川)	党参	67.00
263	云龙县(滇)	党参	60.00
264	竹溪县(鄂)	党参	40.00

（续表）

序号	其他中药材主产地	品种	产量（吨）
265	江源区（吉）	党参	20.00
266	围场满族蒙古族自治县（冀）	党参	12.00
267	咸丰县（鄂）	党参	11.40
268	兰坪白族普米族自治县（滇）	党参	10.00
269	竹溪县（鄂）	地骨皮	30.00
270	韶山市（湘）	丁香	1000.00
271	鹤峰县（鄂）	独活	3500.00
272	镇坪县（陕）	独活	75.00
273	竹溪县（鄂）	独活	50.00
274	竹山县（鄂）	番木瓜	2000.00
275	昌宁县（滇）	番木瓜	311.00
276	安国市（冀）	防风	10000.00
277	林甸县（黑）	防风	1125.00
278	白城市市辖区（吉）	防风	150.00
279	龙凤区（黑）	防风	75.00
280	赤城县（冀）	防风	40.00
281	丰宁满族自治县（冀）	防风	40.00
282	丰满区（吉）	防风	32.40
283	洮南市（吉）	防风	32.00
284	围场满族蒙古族自治县（冀）	防风	23.00
285	甘河林业局（内蒙古森工）	防风	15.00
286	彭泽县（赣）	防已	12.00
287	耒阳市（湘）	枫香	12.00
288	沧源佤族自治县（滇）	佛手	400.00
289	石棉县（川）	佛手	160.00
290	西林县（桂）	茯苓	650000.00
291	靖州苗族侗族自治县（湘）	茯苓	58000.00
292	罗田县（鄂）	茯苓	31300.00
293	岳西县（皖）	茯苓	11800.00
294	英山县（鄂）	茯苓	9519.00
295	崇义县（赣）	茯苓	1120.00
296	景东彝族自治县（滇）	茯苓	1000.00
297	楚雄市（滇）	茯苓	291.00
298	古城区（滇）	茯苓	200.00
299	桑植县（湘）	茯苓	120.00
300	洪江市（湘）	茯苓	100.00
301	灵宝市（豫）	茯苓	100.00
302	竹山县（鄂）	茯苓	100.00
303	永胜县（滇）	茯苓	72.00
304	潜山市（皖）	茯苓	50.00
305	新宁县（湘）	茯苓	50.00
306	木里藏族自治县（川）	茯苓	11.69
307	容　县（桂）	茯苓	10.00
308	台江县（黔）	茯苓	10.00

（续表）

序号	其他中药材主产地	品种	产量（吨）
309	耒阳市（湘）	浮萍	300.00
310	古城区（滇）	附子	1000.00
311	永胜县（滇）	附子	364.00
312	香格里拉市（滇）	附子	321.80
313	德钦县（滇）	附子	200.80
314	鹤庆县（滇）	附子	198.00
315	寻甸回族彝族自治县（滇）	附子	38.00
316	广德县（皖）	覆盆子	1785.00
317	玉山县（赣）	覆盆子	1500.00
318	横峰县（赣）	覆盆子	100.00
319	黟　县（皖）	覆盆子	100.00
320	祁门县（皖）	覆盆子	67.00
321	富阳区（浙）	覆盆子	34.00
322	绩溪县（皖）	覆盆子	30.00
323	景泰县（甘）	甘草	10500.00
324	莎车县（新）	甘草	500.00
325	陇西县（甘）	甘草	390.90
326	子洲县（陕）	甘草	200.00
327	喀喇沁旗（内蒙古）	甘草	185.00
328	白城市市辖区（吉）	甘草	120.00
329	博湖县（新）	甘草	80.00
330	乌兰布和示范区（内蒙古）	甘草	15.00
331	达拉特旗（内蒙古）	甘草	12.00
332	壤塘县（川）	甘松	14.00
333	茶陵县（湘）	干姜	540.00
334	永胜县（滇）	干姜	248.00
335	赣县区（赣）	干姜	216.00
336	宁都县（赣）	干姜	20.00
337	砚山县（滇）	干姜	16.00
338	舒兰市（吉）	藁本	87.00
339	通化县（吉）	藁本	23.50
340	竹山县（鄂）	葛根	80000.00
341	宜城市（鄂）	葛根	17400.00
342	咸丰县（鄂）	葛根	2865.00
343	镇坪县（陕）	葛根	2080.00
344	桐柏县（豫）	葛根	2000.00
345	钟祥市（鄂）	葛根	1750.00
346	广德县（皖）	葛根	1350.00
347	耒阳市（湘）	葛根	600.00
348	平远县（粤）	葛根	581.00
349	桑植县（湘）	葛根	500.00
350	定远县（皖）	葛根	349.95
351	彭泽县（赣）	葛根	220.00
352	兴义市（黔）	葛根	140.00

(续表)

序号	其他中药材主产地	品种	产量(吨)
353	澧　县(湘)	葛根	100.00
354	嵩明县(滇)	葛根	80.00
355	常山县(浙)	葛根	50.00
356	新化县(湘)	葛根	50.00
357	岳西县(皖)	葛根	45.00
358	双江拉祜族佤族布朗族傣族自治县(滇)	葛根	30.00
359	仁怀市(黔)	钩藤	400.00
360	天柱县(黔)	钩藤	337.66
361	岑巩县(黔)	钩藤	45.00
362	道真仡佬族苗族自治县(黔)	钩藤	20.00
363	盐津县(滇)	钩藤	17.00
364	兴义市(黔)	钩藤	16.00
365	德令哈市(青)	枸杞子	298752.00
366	精河县(新)	枸杞子	56592.00
367	景泰县(甘)	枸杞子	56400.00
368	杭锦后旗(内蒙古)	枸杞子	5396.00
369	金塔县(甘)	枸杞子	4071.00
370	泾　县(皖)	枸杞子	1500.00
371	瓜州县(甘)	枸杞子	1317.00
372	吉木萨尔县(新)	枸杞子	300.00
373	渑池县(豫)	枸杞子	120.00
374	大石头林业局(吉)	枸杞子	40.00
375	恭城瑶族自治县(桂)	枸杞子	22.00
376	吉水县(赣)	枸杞子	18.00
377	竹山县(鄂)	枸杞子	12.00
378	滨海县(苏)	瓜蒌	5000.00
379	岳西县(皖)	瓜蒌	450.00
380	华容县(湘)	瓜蒌	180.00
381	潜山市(皖)	瓜蒌	100.00
382	钟祥市(鄂)	瓜蒌	10.00
383	信宜市(粤)	桂枝	150.00
384	容　县(桂)	桂枝	20.00
385	新兴县(粤)	桂枝	10.50
386	滨海县(苏)	何首乌	6000.00
387	兴义市(黔)	何首乌	265.00
388	咸丰县(鄂)	何首乌	50.00
389	青秀区(桂)	何首乌	33.00
390	竹山县(鄂)	何首乌	33.00
391	陆川县(桂)	何首乌	12.00
392	竹山县(鄂)	荷叶	1000.00
393	淮阳县(豫)	黑芝麻	552.00
394	商水县(豫)	黑芝麻	20.00
395	永胜县(滇)	红花	601.00

(续表)

序号	其他中药材主产地	品种	产量(吨)
396	范　县(豫)	红花	500.00
397	鹤庆县(滇)	红花	70.00
398	师宗县(滇)	黄姜	82688.00
399	竹山县(鄂)	黄姜	10000.00
400	商南县(陕)	黄姜	1142.00
401	洪江市(湘)	黄姜	100.00
402	会理县(川)	黄荆	134.00
403	耒阳市(湘)	黄荆	40.00
404	临湘市(湘)	黄荆	20.00
405	什邡市(川)	黄连	8764.00
406	彭州市(川)	黄连	4657.00
407	镇坪县(陕)	黄连	1600.00
408	北川羌族自治县(川)	黄连	1081.00
409	鹤峰县(鄂)	黄连	500.00
410	珙　县(川)	黄连	220.00
411	竹溪县(鄂)	黄连	150.00
412	竹山县(鄂)	黄连	30.00
413	绵竹市(川)	黄连	15.50
414	平邑县(鲁)	黄芩	52800.00
415	沂源县(鲁)	黄芩	2560.00
416	宁晋县(冀)	黄芩	2260.00
417	广灵县(晋)	黄芩	600.00
418	龙城区(辽)	黄芩	600.00
419	冀州区(冀)	黄芩	420.00
420	平泉市(冀)	黄芩	400.00
421	子洲县(陕)	黄芩	320.00
422	龙江县(黑)	黄芩	100.00
423	丰宁满族自治县(冀)	黄芩	66.00
424	武定县(滇)	黄芩	66.00
425	武川县(内蒙古)	黄芩	60.00
426	永寿县(陕)	黄芩	52.00
427	喀喇沁左翼蒙古族自治县(辽)	黄芩	35.00
428	楚雄市(滇)	黄芩	26.00
429	围场满族蒙古族自治县(冀)	黄芩	26.00
430	阳曲县(晋)	黄芩	25.50
431	赤城县(冀)	黄芩	10.00
432	平陆县(晋)	黄芩	10.00
433	清新区(粤)	藿香	35.00
434	资中县(川)	姜黄	1400.00
435	盱眙县(苏)	金钱草	100.00
436	鼎城区(湘)	金樱子	32.00
437	太和县(皖)	桔梗	10292.00
438	喀喇沁左翼蒙古族自治县(辽)	桔梗	1664.00
439	舒兰市(吉)	桔梗	1100.00

（续表）

序号	其他中药材主产地	品种	产量（吨）
440	洪江市（湘）	桔梗	1000.00
441	松山区（内蒙古）	桔梗	980.00
442	玉龙纳西族自治县（滇）	桔梗	842.90
443	香格里拉市（滇）	桔梗	699.00
444	德钦县（滇）	桔梗	507.00
445	滨海县（苏）	桔梗	500.00
446	扎兰屯市（内蒙古）	桔梗	180.00
447	沂源县（鲁）	桔梗	60.00
448	围场满族蒙古族自治县（冀）	桔梗	50.00
449	丰满区（吉）	桔梗	45.00
450	丰宁满族自治县（冀）	桔梗	40.00
451	牟定县（滇）	桔梗	31.00
452	都江堰市（川）	桔梗	30.00
453	临朐县（鲁）	桔梗	23.00
454	砀山县（皖）	桔梗	16.18
455	宁蒗彝族自治县（滇）	桔梗	15.00
456	含山县（皖）	桔梗	10.00
457	振安区（辽）	桔梗	10.00
458	应城市（鄂）	决明子	200.00
459	蒙城县（皖）	决明子	52.00
460	孟津县（豫）	决明子	40.00
461	喀喇沁左翼蒙古族自治县（辽）	苦参	1387.00
462	多伦县（内蒙古）	苦参	1200.00
463	平泉市（冀）	苦参	400.00
464	洛南县（陕）	苦参	300.00
465	凌源市（辽）	苦参	95.00
466	广灵县（晋）	苦参	50.00
467	围场满族蒙古族自治县（冀）	苦参	41.00
468	丰宁满族自治县（冀）	苦参	40.00
469	竹山县（鄂）	款冬花	13.00
470	长子县（晋）	连翘	48760.00
471	西峡县（豫）	连翘	15340.00
472	洛南县（陕）	连翘	2500.00
473	阳城县（晋）	连翘	2000.00
474	沁　县（晋）	连翘	1250.00
475	嵩　县（豫）	连翘	900.00
476	商南县（陕）	连翘	504.70
477	渑池县（豫）	连翘	359.00
478	伊川县（豫）	连翘	300.00
479	左权县（晋）	连翘	300.00
480	沁源县（晋）	连翘	180.00
481	登封市（豫）	连翘	166.67
482	青州市（鲁）	连翘	102.00
483	武乡县（晋）	连翘	100.00

（续表）

序号	其他中药材主产地	品种	产量（吨）
484	平定县（晋）	连翘	38.00
485	高平市（晋）	连翘	21.63
486	靖州苗族侗族自治县（湘）	灵芝	2600.00
487	旌德县（皖）	灵芝	1500.00
488	红石林业局（吉林森工）	灵芝	110.00
489	清新区（粤）	灵芝	58.00
490	白河林业局（吉）	灵芝	55.00
491	抚松县（吉）	灵芝	48.27
492	崇义县（赣）	灵芝	33.00
493	五华县（粤）	灵芝	33.00
494	通化县（吉）	灵芝	30.50
495	桦甸市（吉）	灵芝	26.37
496	磐安县（浙）	灵芝	25.00
497	英德市（粤）	灵芝	25.00
498	遂川县（赣）	灵芝	20.00
499	敦化市（吉）	灵芝	15.02
500	天柱县（黔）	灵芝	13.82
501	景东彝族自治县（滇）	龙胆草	180.00
502	辉南县（吉）	龙胆草	12.00
503	化州市（粤）	龙眼肉	35.00
504	陆川县（桂）	龙眼肉	30.00
505	耒阳市（湘）	芦根	300.00
506	鄂托克前旗（内蒙古）	麻黄	3506.00
507	达拉特旗（内蒙古）	麻黄	511.00
508	耒阳市（湘）	马齿苋	2000.00
509	兴国县（赣）	马齿苋	14.00
510	襄城区（鄂）	麦冬	7200.00
511	宁阳县（鲁）	麦冬	400.00
512	永城市（豫）	麦冬	30.00
513	麻阳苗族自治县（湘）	麦冬	16.00
514	通河县（黑）	满山红	120.00
515	涟水县（苏）	玫瑰花	2000.00
516	盐都区（苏）	玫瑰花	800.00
517	丘北县（滇）	玫瑰花	780.00
518	东平县（鲁）	玫瑰花	600.00
519	肥城市（鲁）	玫瑰花	240.00
520	同江市（黑）	玫瑰花	60.00
521	巍山彝族回族自治县（滇）	玫瑰花	30.00
522	虞城县（豫）	玫瑰花	23.00
523	谷城县（鄂）	木瓜	12328.00
524	南漳县（鄂）	木瓜	2000.00
525	宣州区（皖）	木瓜	1452.00
526	宣恩县（鄂）	木瓜	600.00
527	鹤峰县（鄂）	木瓜	120.00

(续表)

序号	其他中药材主产地	品种	产量(吨)
528	昌宁县(滇)	木瓜	20.00
529	竹溪县(鄂)	木瓜	20.00
530	兰坪白族普米族自治县(滇)	木瓜	18.00
531	咸丰县(鄂)	木瓜	10.00
532	辉南县(吉)	木通	55.00
533	桑植县(湘)	木通	50.00
534	玉龙纳西族自治县(滇)	木香	13391.40
535	北川羌族自治县(川)	木香	9800.00
536	洱源县(滇)	木香	3800.00
537	牟定县(滇)	木香	1260.00
538	香格里拉市(滇)	木香	897.10
539	德钦县(滇)	木香	536.80
540	永胜县(滇)	木香	50.00
541	楚雄市(滇)	木香	13.87
542	宁蒗彝族自治县(滇)	木香	10.00
543	耒阳市(湘)	南蛇藤	100.00
544	黟　县(皖)	南天竹	30.00
545	惠民县(鲁)	牛蒡子	800.00
546	永寿县(陕)	牛蒡子	450.00
547	大姚县(滇)	牛蒡子	76.00
548	耒阳市(湘)	牛蒡子	20.00
549	鹤峰县(鄂)	牛膝	1330.00
550	铁力市(黑)	牛膝	200.00
551	临泉县(皖)	女贞子	100.00
552	孟津县(豫)	女贞子	50.00
553	新宾满族自治县(辽)	蒲公英	5970.00
554	辉南县(吉)	蒲公英	4000.00
555	柘城县(豫)	蒲公英	3000.00
556	安国市(冀)	蒲公英	1000.00
557	舒兰市(吉)	蒲公英	850.00
558	通河县(黑)	蒲公英	750.00
559	范　县(豫)	蒲公英	600.00
560	邳州市(苏)	蒲公英	390.00
561	抚顺县(辽)	蒲公英	263.00
562	长清区(鲁)	蒲公英	210.00
563	宁阳县(鲁)	蒲公英	150.00
564	东丰县(吉)	蒲公英	122.00
565	华阴市(陕)	蒲公英	100.00
566	惠民县(鲁)	蒲公英	40.00
567	耒阳市(湘)	蒲公英	40.00
568	襄城区(鄂)	蒲公英	35.00
569	庆安国有林场管理局(黑)	蒲公英	13.00
570	东平县(鲁)	蒲公英	10.00
571	耒阳市(湘)	千金藤	10.00

(续表)

序号	其他中药材主产地	品种	产量(吨)
572	固始县(豫)	芡实	80.00
573	东至县(皖)	芡实	45.00
574	互助土族自治县(青)	羌活	306.25
575	白玉林业局(川)	羌活	18.00
576	玉龙纳西族自治县(滇)	秦艽	2402.80
577	云龙县(滇)	秦艽	320.00
578	香格里拉市(滇)	秦艽	227.90
579	德钦县(滇)	秦艽	101.80
580	永胜县(滇)	秦艽	45.00
581	宁蒗彝族自治县(滇)	秦艽	20.00
582	祁东县(湘)	青蒿	2400.00
583	耒阳市(湘)	青蒿	500.00
584	会理县(川)	青蒿	119.00
585	砚山县(滇)	青蒿	20.00
586	永定区(湘)	青蒿	20.00
587	新洲区(鄂)	瞿麦	2700.00
588	抚松县(吉)	人参	8565.20
589	长白朝鲜族自治县(吉)	人参	7000.00
590	庆安国有林场管理局(黑)	人参	5801.00
591	通化县(吉)	人参	2972.42
592	新宾满族自治县(辽)	人参	1371.00
593	辉南县(吉)	人参	1300.00
594	露水河林业局(吉林森工)	人参	1200.00
595	柳河县(吉)	人参	1180.70
596	绥棱县(黑)	人参	690.00
597	工农区(黑)	人参	620.00
598	珲春市(吉)	人参	245.80
599	德钦县(滇)	人参	212.50
600	和龙市(吉)	人参	200.00
601	临江林业局(吉林森工)	人参	197.00
602	鸡东县(黑)	人参	150.00
603	临江市(吉)	人参	135.34
604	汪清县(吉)	人参	32.50
605	红石林业局(吉林森工)	人参	16.30
606	桓仁满族自治县(辽)	人参	15.00
607	集安市(吉)	人参	15.00
608	三岔子林业局(吉林森工)	人参	10.00
609	高昌区(新)	肉苁蓉	5115.50
610	且末县(新)	肉苁蓉	1340.00
611	高台县(甘)	肉苁蓉	1300.00
612	阿拉善右旗(内蒙古)	肉苁蓉	1000.00
613	阿拉善左旗(内蒙古)	肉苁蓉	839.50
614	磴口县(内蒙古)	肉苁蓉	380.00

（续表）

序号	其他中药材主产地	品种	产量（吨）
615	额济纳旗(内蒙古)	肉苁蓉	350.00
616	乌兰布和示范区(内蒙古)	肉苁蓉	20.00
617	德庆县(粤)	肉桂	20833.00
618	容　县(桂)	肉桂	7000.00
619	鼎湖区(粤)	肉桂	1010.00
620	封开县(粤)	肉桂	404.00
621	信宜市(粤)	肉桂	400.00
622	洪江市(湘)	肉桂	10.00
623	砚山县(滇)	三七	20000.00
624	宣威市(滇)	三七	5000.00
625	泸西县(滇)	三七	3000.00
626	腾冲市(滇)	三七	3000.00
627	师宗县(滇)	三七	960.00
628	兴义市(黔)	三七	356.50
629	石林彝族自治县(滇)	三七	320.00
630	德钦县(滇)	三七	265.00
631	西畴县(滇)	三七	200.00
632	麒麟区(滇)	三七	150.00
633	玉龙纳西族自治县(滇)	三七	130.00
634	个旧市(滇)	三七	83.00
635	古城区(滇)	三七	30.00
636	永胜县(滇)	三七	25.00
637	东平县(鲁)	三七	10.00
638	阳新县(鄂)	桑椹	205.00
639	威远县(川)	桑椹	100.00
640	黟　县(皖)	桑椹	100.00
641	潜山市(皖)	桑椹	16.00
642	兴国县(赣)	桑椹	12.00
643	涡阳县(皖)	桑椹	10.00
644	钟祥市(鄂)	桑椹	10.00
645	盈江县(滇)	桑叶	8121.80
646	耒阳市(湘)	桑叶	80.00
647	祁门县(皖)	桑叶	45.00
648	安国市(冀)	沙参	20000.00
649	金堂县(川)	沙参	3020.00
650	会理县(川)	沙参	154.00
651	通化县(吉)	沙参	124.20
652	桓仁满族自治县(辽)	沙参	50.00
653	马关县(滇)	砂仁	2458.30
654	信宜市(粤)	砂仁	550.00
655	翠屏区(川)	砂仁	336.00
656	沧源佤族自治县(滇)	砂仁	156.00
657	永胜县(滇)	砂仁	17.00
658	清新区(粤)	砂仁	10.00
659	西畴县(滇)	山豆根	210.00
660	温　县(豫)	山药	13000.00
661	淮阳县(豫)	山药	9147.00
662	安国市(冀)	山药	1200.00
663	东平县(鲁)	山药	1000.00
664	兴义市(黔)	山药	338.00
665	腾冲市(滇)	山药	240.00
666	商南县(陕)	山药	239.20
667	同江市(黑)	山药	30.00
668	嵩　县(豫)	山萸肉	15488.00
669	内乡县(豫)	山萸肉	17.00
670	汝阳县(豫)	山萸肉	12.60
671	宜阳县(豫)	山萸肉	12.00
672	济南市南部山区(鲁)	山楂	6000.00
673	嵩　县(豫)	山楂	2808.00
674	上党区(晋)	山楂	868.30
675	五华县(粤)	山楂	300.00
676	辉南县(吉)	山楂	200.00
677	陵川县(晋)	山楂	100.00
678	都江堰市(川)	射干	1580.00
679	新洲区(鄂)	射干	150.00
680	远安县(鄂)	射干	70.00
681	双峰县(湘)	射干	15.00
682	围场满族蒙古族自治县(冀)	升麻	80.00
683	竹山县(鄂)	升麻	10.00
684	温　县(豫)	生地	2000.00
685	兴国县(赣)	生姜	1000.00
686	昌宁县(滇)	生姜	298.00
687	台江县(黔)	生姜	200.00
688	竹溪县(鄂)	生姜	200.00
689	会理县(川)	生姜	134.00
690	耒阳市(湘)	生姜	100.00
691	巍山彝族回族自治县(滇)	生姜	20.00
692	瑞金市(赣)	生姜	14.00
693	会理县(川)	石榴皮	288.00
694	竹山县(鄂)	松塔	10000.00
695	衡东县(湘)	松香	35.00
696	辉南县(吉)	苏子	100.00
697	宜阳县(豫)	酸枣仁	134.00

(续表)

序号	其他中药材主产地	品种	产量(吨)
698	济南市南部山区(鲁)	酸枣仁	19.00
699	青州市(鲁)	酸枣仁	14.00
700	阿拉善右旗(内蒙古)	锁阳	1000.00
701	阿拉善左旗(内蒙古)	锁阳	600.00
702	乌兰布和示范区(内蒙古)	锁阳	50.00
703	宣州区(皖)	太子参	1125.00
704	余庆县(黔)	太子参	825.00
705	三穗县(黔)	太子参	300.00
706	玉屏侗族自治县(黔)	太子参	202.50
707	岑巩县(黔)	太子参	113.20
708	阳新县(鄂)	太子参	100.00
709	渝水区(赣)	太子参	45.00
710	荔波县(黔)	太子参	31.25
711	永胜县(滇)	天冬	83.00
712	华坪县(滇)	天冬	24.00
713	黄龙县(陕)	天南星	10.73
714	耒阳市(湘)	土茯苓	300.00
715	鼎城区(湘)	土茯苓	25.00
716	昌宁县(滇)	菟丝子	165.60
717	达川区(川)	乌梅	15000.00
718	建德市(浙)	吴茱萸	240.00
719	玉山县(赣)	吴茱萸	100.00
720	汨罗市(湘)	吴茱萸	65.00
721	郎溪县(皖)	吴茱萸	50.00
722	祁东县(湘)	吴茱萸	45.00
723	新化县(湘)	吴茱萸	25.00
724	兴义市(黔)	吴茱萸	25.00
725	岑巩县(黔)	吴茱萸	20.00
726	云溪区(湘)	吴茱萸	13.00
727	钟祥市(鄂)	蜈蚣	10.00
728	平武县(川)	五倍子	10000.00
729	播州区(黔)	五倍子	530.00
730	桑植县(湘)	五倍子	500.00
731	咸丰县(鄂)	五倍子	300.00
732	息烽县(黔)	五倍子	100.00
733	邻水县(川)	五倍子	50.00
734	荔波县(黔)	五倍子	33.00
735	务川仡佬族苗族自治县(黔)	五倍子	15.00
736	永定区(湘)	五倍子	12.00
737	新宾满族自治县(辽)	细辛	2026.00
738	通化县(吉)	细辛	1407.50
739	桓仁满族自治县(辽)	细辛	400.00
740	昭化区(川)	夏枯草	19050.00

(续表)

序号	其他中药材主产地	品种	产量(吨)
741	确山县(豫)	夏枯草	2000.00
742	耒阳市(湘)	夏枯草	80.00
743	洪江市(湘)	夏枯草	10.00
744	叙州区(川)	仙茅	18.00
745	新洲区(鄂)	香薷	3360.00
746	靖江市(苏)	香橼	1500.00
747	巍山彝族回族自治县(滇)	香橼	100.00
748	会理县(川)	小茴香	184.00
749	华池县(甘)	杏仁	15.00
750	永胜县(滇)	续断	2358.00
751	鹤庆县(滇)	续断	722.00
752	腾冲市(滇)	续断	600.00
753	玉龙纳西族自治县(滇)	续断	352.60
754	古城区(滇)	续断	320.00
755	木里藏族自治县(川)	续断	164.00
756	鹤峰县(鄂)	续断	90.00
757	华坪县(滇)	续断	38.50
758	远安县(鄂)	玄参	400.00
759	道真仡佬族苗族自治县(黔)	玄参	200.00
760	双峰县(湘)	玄参	65.00
761	磐安县(浙)	延胡索	865.00
762	竹山县(鄂)	盐肤木	300.00
763	耒阳市(湘)	盐肤木	200.00
764	高州市(粤)	益智仁	8000.00
765	防城区(桂)	益智仁	2500.00
766	信宜市(粤)	益智仁	700.00
767	封开县(粤)	益智仁	416.00
768	儋州市(琼)	益智仁	20.00
769	兴义市(黔)	薏苡仁	8686.50
770	新宾满族自治县(辽)	淫羊藿	3276.00
771	桓仁满族自治县(辽)	淫羊藿	400.00
772	安化县(湘)	玉竹	21500.00
773	连州市(粤)	玉竹	9135.00
774	涟源市(湘)	玉竹	2780.00
775	祁东县(湘)	玉竹	2100.00
776	东港市(辽)	玉竹	800.00
777	中方县(湘)	玉竹	250.00
778	会理县(川)	玉竹	214.00
779	振兴区(辽)	玉竹	140.00
780	敦化林业局(吉)	玉竹	120.00
781	济南市南部山区(鲁)	玉竹	60.00
782	宛城区(豫)	月季	1500.00
783	姚安县(滇)	月季	500.00

（续表）

序号	其他中药材主产地	品种	产量（吨）
784	宜阳县（豫）	皂刺	11.00
785	伊川县（豫）	皂角	760.00
786	西安区（吉）	皂角	52.00
787	宜章县（湘）	皂角	10.00
788	广昌县（赣）	泽泻	998.00
789	远安县（鄂）	知母	100.00
790	临西县（冀）	知母	75.00
791	唐河县（豫）	栀子	3000.00
792	公安县（鄂）	栀子	920.00
793	建德市（浙）	栀子	320.00
794	翠屏区（川）	栀子	224.00
795	叙州区（川）	栀子	200.00
796	衢江区（浙）	栀子	191.00
797	玉山县（赣）	栀子	100.00
798	泸　县（川）	栀子	60.00
799	珙　县（川）	栀子	50.00
800	临安区（浙）	栀子	50.00

（续表）

序号	其他中药材主产地	品种	产量（吨）
801	盐津县（滇）	栀子	11.00
802	澧　县（湘）	枳实	10000.00
803	凤　县（陕）	猪苓	2400.00
804	商南县（陕）	猪苓	432.50
805	辉南县（吉）	猪苓	350.00
806	佛坪县（陕）	猪苓	298.00
807	留坝县（陕）	猪苓	160.00
808	灵宝市（豫）	猪苓	120.00
809	黄龙县（陕）	猪苓	26.67
810	耒阳市（湘）	竹叶	80.00
811	竹山县（鄂）	竹叶	11.00
812	耒阳市（湘）	紫花地丁	60.00
813	桦南县（黑）	紫苏	275.00
814	耒阳市（湘）	紫苏	200.00
815	同江市（黑）	紫苏	160.00
816	安国市（冀）	紫菀	2000.00

表 16　2019 年主要生态旅游资源与利用

序号	县（旗、市、区、局、场）	自然保护区、森林公园、风景名胜区等各类自然保护地（名称）	级别选项（国家、省、地、县）	实际接待人数（万人次）	旅游总收入（万元）	其中：门票收入（万元）
1	北京市西山林场（京）	北京西山国家森林公园	国家	200.00	535.00	467.80
2	北京市八达岭林场（京）	北京八达岭国家森林公园	国家	1.59	49.40	46.26
3	平山县（冀）	平山县天桂山风景名胜区	国家	44.02	3551.30	2737.40
4	平山县（冀）	河北驼梁自然保护区	国家	85.44	6046.70	3213.40
5	迁西县（冀）	达峪林场	国家	60.00	4000.00	1000.00
6	迁西县（冀）	景忠山景区	国家	65.00	2150.00	1500.00
7	山海关区（冀）	山海关国家森林公园	国家	16.00	500.00	—
8	北戴河区（冀）	秦皇岛野生动物园	国家	101.00	8500.00	8500.00
9	昌黎县（冀）	秦皇岛国家级风景名胜区碣石山景区	国家	8.67	—	34.35
10	涉　县（冀）	娲皇宫风景名胜区	国家	126.60	8900.00	8900.00
11	内丘县（冀）	太子岩景区	国家	37.00	1128.00	1110.00
12	涞水县（冀）	白草畔	国家	700.00	31000.00	14000.00
13	阜平县（冀）	天生桥国家森林公园	国家	1.70	406.00	100.00
14	唐　县（冀）	潭瀑峡景区	国家	2.30	90.00	90.00
15	唐　县（冀）	西胜沟景区	国家	3.50	76.30	76.30
16	易　县（冀）	易州森林公园	国家	5.10	2300.00	1750.00
17	曲阳县（冀）	虎山风景区	国家	4.00	500.00	421.00
18	赤城县（冀）	大海陀国家级自然保护区	国家	10.20	3.00	3.00
19	赤城县（冀）	黑龙山国家森林公园	国家	1.20	27.00	27.00
20	承德县（冀）	北大山石海森林公园	国家	60.00	300.00	280.00

(续表)

序号	县(旗、市、区、局、场)	自然保护区、森林公园、风景名胜区等各类自然保护地(名称)	级别选项(国家、省、地、县)	实际接待人数(万人次)	旅游总收入(万元)	其中:门票收入(万元)
21	平泉市(冀)	辽河源国家森林公园	国家	0.50	19.00	19.00
22	滦平县(冀)	白草洼国家森林公园	国家	2.00	110.00	42.00
23	隆化县(冀)	茅荆坝国家森林公园	国家	6.00	230.00	230.00
24	丰宁满族自治县(冀)	河北丰宁海留图国家级湿地公园	国家	14.20	6515.00	1704.00
25	丰宁满族自治县(冀)	白云古洞景区	国家	2.10	85.00	85.00
26	丰宁满族自治县(冀)	千松坝国家森林公园	国家	15.00	1200.00	1200.00
27	阳泉市郊区(晋)	翠峰山自然风景区	国家	6.20	2460.00	2460.00
28	潞州区(晋)	老顶山国家森林公园	国家	22.84	606.00	—
29	左权县(晋)	龙泉国家森林公园	国家	57.00	1380.00	700.00
30	忻府区(晋)	禹王洞国家森林公园	国家	1.50	18.00	18.00
31	五寨县(晋)	芦芽山国家森林公园	国家	1.80	180.00	—
32	清水河县(内蒙古)	老牛湾地质公园	国家	18.00	7000.00	280.00
33	武川县(内蒙古)	哈达门国家森林公园	国家	2.20	50.00	40.00
34	阿鲁科尔沁旗(内蒙古)	高格斯台罕乌拉国家级自然保护区	国家	5.50	2000.00	—
35	巴林右旗(内蒙古)	赛罕乌拉国家级自然保护区	国家	1.13	348.00	—
36	克什克腾旗(内蒙古)	世界地质公园阿斯哈图石林景区	国家	18.00	14120.00	—
37	克什克腾旗(内蒙古)	世界地质公园青山景区	国家	5.00	14030.00	—
38	克什克腾旗(内蒙古)	克旗达理诺尔自然保护区	国家	12.00	13300.00	—
39	克什克腾旗(内蒙古)	桦木沟生态旅游区	国家	96.00	17050.00	—
40	克什克腾旗(内蒙古)	白音敖包自然保护区	国家	1.25	13500.00	—
41	翁牛特旗(内蒙古)	红山玉龙沙湖国际生态文化旅游区	国家	22.00	4000.00	—
42	喀喇沁旗(内蒙古)	马鞍山国家森林公园	国家	3.25	53.20	—
43	宁城县(内蒙古)	黑里河道须沟生态旅游景区	国家	24.40	12780.00	—
44	宁城县(内蒙古)	杜鹃山庄景区	国家	3.00	1500.00	—
45	宁城县(内蒙古)	大坝沟生态旅游景区	国家	3.10	1510.00	—
46	敖汉旗(内蒙古)	大黑山国家级自然保护区	国家	2.75	1637.00	480.00
47	科尔沁左翼后旗(内蒙古)	大青沟国家级自然保护区	国家	28.50	17000.00	780.00
48	东胜区(内蒙古)	鄂尔多斯国家生态公园	国家	7.20	196.80	—
49	达拉特旗(内蒙古)	达拉特旗恩格贝旅游区	国家	9.80	1960.00	1764.00
50	达拉特旗(内蒙古)	达拉特旗响沙湾旅游区	国家	33.39	7790.00	7011.00
51	杭锦旗(内蒙古)	库布其国家沙漠公园	国家	16.70	8484.01	3326.97
52	鄂温克族自治旗(内蒙古)	红花尔基樟子松国家森林公园	国家	1.18	179.83	47.29
53	牙克石市(内蒙古)	内蒙古巴林喇嘛山国家森林公园	国家	1.51	72.11	67.94
54	扎兰屯市(内蒙古)	柴河月亮天池景区	国家	2.46	105.10	105.10
55	磴口县(内蒙古)	纳林湖生态旅游区	国家	5.10	1456.00	220.00
56	凉城县(内蒙古)	二龙什台国家森林公园	国家	0.40	40.00	—
57	东乌珠穆沁旗(内蒙古)	内蒙古宝格达乌拉国家森林公园	国家	3.00	100.00	0.00
58	多伦县(内蒙古)	滦河源国家森林公园	国家	10.00	30.00	12.00
59	额济纳旗(内蒙古)	内蒙古额济纳胡杨林国家级自然保护区	国家	35.00	6720.00	5512.00
60	大连市高新技术园区(辽)	大连横山寺森林公园	国家	3.00	300.00	0.00
61	大连市高新技术园区(辽)	大连英歌石植物园	国家	6.33	380.00	60.00

（续表）

序号	县(旗、市、区、局、场)	自然保护区、森林公园、风景名胜区等各类自然保护地（名称）	级别选项（国家、省、地、县）	实际接待人数（万人次）	旅游总收入（万元）	其中：门票收入（万元）
62	甘井子区(辽)	大连西郊国家森林公园	国家	351.20	15892.10	0.00
63	甘井子区(辽)	大连金龙寺国家森林公园	国家	18.50	225.30	185.60
64	旅顺口区(辽)	二〇三森林公园	国家	22.00	560.00	464.80
65	金普新区(辽)	大赫山国家森林公园	国家	140.00	3000.00	—
66	长海县(辽)	大连长山群岛国家海岛森林公园	国家	10.00	300.00	300.00
67	普兰店区(辽)	二龙山国家森林公园	国家	0.70	4.80	4.80
68	普兰店区(辽)	老帽山风景旅游区	国家	30.00	400.00	—
69	抚顺县(辽)	三块石森林公园	国家	120.00	7500.00	6000.00
70	新宾满族自治县(辽)	新宾满族自治县岗山国家森林公园	国家	12.60	1610.00	850.00
71	新宾满族自治县(辽)	新宾满族自治县和睦国家森林公园	国家	246.00	2940.00	1260.00
72	新宾满族自治县(辽)	新宾满族自治县猴石国家森林公园	国家	35.00	3500.00	2230.00
73	清原满族自治县(辽)	红河峡谷国家级森林公园	国家	32.00	16000.00	5600.00
74	明山区(辽)	本溪环城国家森林公园	国家	9.00	20.00	5.00
75	凤城市(辽)	凤凰山风景名胜区	国家	60.00	12000.00	4800.00
76	盖州市(辽)	辽宁万福赤山旅游景区	国家	20.00	1500.00	1200.00
77	西丰县(辽)	西丰县冰砬山国家森林公园	国家	3.20	680.00	8.30
78	龙城区(辽)	朝阳鸟化石国家地质公园	国家	23.00	900.00	725.00
79	朝阳县(辽)	努鲁尔虎山国家级自然保护区	国家	21.00	3203.00	1050.00
80	建平县(辽)	建平县牛河梁红山文化遗址	国家	60.00	—	60.00
81	喀喇沁左翼蒙古族自治县(辽)	辽宁楼子山国家级自然保护区	国家	3.00	200.00	0.00
82	北票市(辽)	大黑山国家森林公园	国家	2.00	2182.00	120.00
83	凌源市(辽)	青龙河国家级自然保护区	国家	32.00	1200.00	—
84	长春市净月经济开发区(吉)	长春净月潭国家森林公园	国家	135.10	9760.00	—
85	蛟河市(吉)	吉林拉法山国家森林公园	国家	21.70	31000.00	1092.00
86	梅河口市(吉)	吉林省鸡冠山国家森林公园	国家	14.00	623.00	287.00
87	集安市(吉)	集安市五女峰国家森林公园	国家	19.50	2000.00	850.00
88	临江市(吉)	临江国家森林公园	国家	5.00	200.00	28.00
89	前郭尔罗斯蒙古族自治县(吉)	吉林查干湖国家级自然保护区	国家	182.30	152334.00	—
90	白城市市辖区(吉)	白城市查干浩特旅游经济开发区	国家	11.00	660.00	—
91	黄泥河林业局(吉)	老白山原始生态风景区	国家	6.00	1000.00	—
92	大石头林业局(吉)	大石头亚光湖国家湿地公园	国家	10.00	100.00	20.00
93	八家子林业局(吉)	延边仙峰国家森林公园	国家	4.00	5.00	0.00
94	汪清林业局(吉)	吉林兰家大峡谷国家森林公园	国家	0.18	9.70	9.70
95	方正县(黑)	黑龙江双子山国家森林公园	国家	4.20	135.00	122.00
96	延寿县(黑)	长寿山国家森林公园	国家	10.00	20.00	20.00
97	五常市(黑)	龙凤国家森林公园	国家	2.50	120.00	35.00
98	集贤县(黑)	黑龙江省七星山国家森林公园	国家	3.00	72.00	—
99	大同区(黑)	大庆国家森林公园	国家	2.50	75.00	—
100	嘉荫县(黑)	茅兰沟国家森林公园	国家	12.50	641.00	625.00
101	桦川县(黑)	黑龙江桦川国家森林公园	国家	0.83	130.00	0.00
102	汤原县(黑)	大亮子河国家森林公园	国家	28.00	3700.00	—

(续表)

序号	县(旗、市、区、局、场)	自然保护区、森林公园、风景名胜区等各类自然保护地(名称)	级别选项(国家、省、地、县)	实际接待人数(万人次)	旅游总收入(万元)	其中:门票收入(万元)
103	同江市(黑)	街津山国家森林公园	国家	9.05	27.00	—
104	七台河市市辖区(黑)	西大圈国家森林公园	国家	1.66	39.00	27.00
105	牡丹江市市本级(黑)	牡丹江三道关国家森林公园	国家	60.00	124.00	90.00
106	牡丹江市市本级(黑)	牡丹江牡丹峰国家森林公园	国家	5.50	96.00	55.00
107	漠河县(黑)	北极村国家森林公园	国家	31.10	2525.80	1758.00
108	奉贤区(沪)	上海海湾国家森林公园	国家	39.00	2130.00	2130.00
109	浦口区(苏)	南京老山森林公园	国家	82.00	54000.00	2706.00
110	栖霞区(苏)	栖霞山国家森林公园	国家	52.50	2100.00	2100.00
111	邳州市(苏)	邳州国家级银杏博览园	国家	124.00	3750.00	—
112	溧阳市(苏)	溧阳天目湖国家森林公园	国家	503.13	201206.04	23084.79
113	吴中区(苏)	西山国家森林公园	国家	410.00	16840.00	3800.00
114	吴中区(苏)	东吴国家森林公园	国家	70.00	1735.00	1318.00
115	吴江区(苏)	同里国家湿地公园	国家	18.00	356.00	320.00
116	连云港市市辖区(苏)	连云港市云台山风景名胜区	国家	324.91	125966.00	13996.22
117	清江浦区(苏)	江苏淮安古淮河国家湿地公园	国家	52.50	365.00	—
118	盱眙县(苏)	第一山国家森林公园	国家	2.00	5000.00	—
119	盱眙县(苏)	铁山寺国家森林公园	国家	6.00	15000.00	—
120	建湖县(苏)	九龙口国家湿地公园	国家	10.65	947.00	319.00
121	东台市(苏)	黄海海滨国家森林公园	国家	186.90	12000.00	5200.00
122	大丰区(苏)	江苏省大丰麋鹿国家级自然保护区	国家	18.14	1234.34	725.00
123	润州区(苏)	南山国家森林公园	国家	5.00	1000.00	200.00
124	兴化市(苏)	江苏兴化里下河国家湿地公园	国家	17.00	2500.00	1700.00
125	姜堰区(苏)	江苏姜堰溱湖国家湿地公园	国家	264.00	134491.00	36946.00
126	泗洪县(苏)	江苏泗洪洪泽湖湿地国家级保护区	国家	459.00	73440.00	27540.00
127	余杭区(浙)	径山(山沟沟)国家森林公园	国家	158.00	8025.00	—
128	桐庐县(浙)	大奇山国家森林公园	国家	27.69	1285.69	1227.56
129	淳安县(浙)	千岛湖国家森林公园	国家	781.40	72.90	7.50
130	文成县(浙)	铜铃山森林公园	国家	6.00	8000.00	360.00
131	文成县(浙)	百丈漈-飞云湖风景名胜区	国家	80.00	125000.00	4200.00
132	平湖市(浙)	九龙山国家森林公园	国家	90.72	16906.00	7985.00
133	越城区(浙)	浙江省会稽山国家森林公园	国家	82.00	1125.00	—
134	永康市(浙)	方岩风景名胜区	国家	292.00	30669.00	17054.00
135	衢江区(浙)	紫微山国家森林公园	国家	47.00	5886.00	980.90
136	常山县(浙)	浙江三衢国家森林公园	国家	17.00	1200.00	240.00
137	开化县(浙)	古田山自然保护区	国家	48.30	678.40	—
138	开化县(浙)	钱江源森林公园	国家	61.50	936.20	—
139	江山市(浙)	江郎山国家级风景名胜区	国家	228.78	—	1440.51
140	普陀区(浙)	普陀山风景名胜区	国家	900.00	61400.00	31400.00
141	嵊泗县(浙)	嵊泗列岛风景名胜区	国家	100.00	20000.00	5000.00
142	温岭市(浙)	大溪国家森林公园	国家	75.90	459.84	353.19
143	庆元县(浙)	庆元国家森林公园	国家	0.83	28.27	28.27

（续表）

序号	县(旗、市、区、局、场)	自然保护区、森林公园、风景名胜区等各类自然保护地（名称）	级别选项（国家、省、地、县）	实际接待人数（万人次）	旅游总收入（万元）	其中：门票收入（万元）
144	庆元县(浙)	百山祖自然保护区	国家	3.03	690.84	145.44
145	包河区(皖)	滨湖国家森林公园	国家	200.00	8000.00	3000.00
146	长丰县(皖)	中国非物质文化遗产园	国家	30.00	4000.00	2400.00
147	庐江县(皖)	冶父山国家森林公园	国家	73.89	18842.00	—
148	蚌埠市市辖区(皖)	龙子湖风景区	国家	32.00	320.00	960.00
149	五河县(皖)	沱湖湿地公园	国家	200.00	11000.00	0.00
150	博望区(皖)	采石风景区横山片区	国家	6.60	8915.00	—
151	花山区(皖)	采石风景区濮塘片区	国家	13.90	3805.00	—
152	雨山区(皖)	采石风景区	国家	39.20	5290.00	2352.00
153	含山县(皖)	太湖山国家森林公园	国家	20.00	800.00	600.00
154	含山县(皖)	褒禅山风景区	国家	30.00	1500.00	900.00
155	和　县(皖)	鸡笼山国家森林公园	国家	25.00	45920.00	—
156	相山区(皖)	相山国家森林公园	国家	40.00	1100.00	28.00
157	怀宁县(皖)	怀宁县观音湖湿地公园	国家	27.70	12740.00	—
158	潜山市(皖)	天柱山国家森林公园	国家	780.50	632000.00	—
159	太湖县(皖)	花亭湖国家湿地公园	国家	550.00	99000.00	16500.00
160	宿松县(皖)	安徽省石莲洞国家森林公园	国家	21.00	2065.00	1260.00
161	岳西县(皖)	妙道山国家森林公园	国家	1.00	380.00	—
162	岳西县(皖)	古井园自然保护区	国家	0.60	230.00	—
163	桐城市(皖)	安徽桐城嬉子湖国家湿地公园	国家	20.00	1000.00	800.00
164	徽州区(皖)	黄山呈坎旅游景区	国家	22.00	1830.00	—
165	徽州区(皖)	潜口民宅	国家	35.00	3660.00	—
166	徽州区(皖)	黄山丰乐湖景区	国家	18.00	1010.00	—
167	徽州区(皖)	黄山唐模景区	国家	47.00	5600.00	—
168	歙　县(皖)	徽州国家森林公园	国家	15.00	1598.00	—
169	休宁县(皖)	齐云山国家森林公园	国家	205.00	69002.00	3017.01
170	黟　县(皖)	安徽省塔川国家森林公园	国家	300.00	1500.00	500.00
171	祁门县(皖)	黄山市祁门县牯牛降自然保护区	国家	56.00	28000.00	6048.00
172	滁州市市辖区(皖)	老嘉山国家森林公园	国家	10.40	1000.00	—
173	滁州市市辖区(皖)	琅琊山国家森林公园	国家	20.00	3064.00	—
174	滁州市市辖区(皖)	皇甫山国家森林公园	国家	10.50	1500.00	—
175	全椒县(皖)	神山国家森林公园	国家	50.00	30516.00	100.00
176	凤阳县(皖)	安徽韭山国家森林公园	国家	180.00	100000.00	2300.00
177	阜南县(皖)	王家坝湿地公园	国家	50.00	5000.00	0.00
178	颍上县(皖)	迪沟国家湿地公园	国家	20.00	3000.00	1000.00
179	东至县(皖)	安徽池州升金湖国家级自然保护区	国家	17.00	1273.00	—
180	东至县(皖)	东至县大历山风景区	国家	20.00	1910.00	20.00
181	石台县(皖)	安徽牯牛降国家级自然保护区石台管理区	国家	280.00	20000.00	—
182	青阳县(皖)	九华山国家森林公园	国家	52.00	721.00	83.00
183	宣州区(皖)	安徽扬子鳄国家级自然保护区	国家	15.00	380.00	380.00
184	宣州区(皖)	敬亭山国家森林公园	国家	332.00	406.00	296.00

(续表)

序号	县(旗、市、区、局、场)	自然保护区、森林公园、风景名胜区等各类自然保护地(名称)	级别选项(国家、省、地、县)	实际接待人数(万人次)	旅游总收入(万元)	其中:门票收入(万元)
185	广德县(皖)	横山国家森林公园	国家	850.00	300000.00	0.00
186	旌德县(皖)	马家溪森林公园	国家	8.00	32.00	0.00
187	安义县(赣)	圣水堂国家森林公园	国家	60.00	27800.00	2100.00
188	湘东区(赣)	碧湖潭国家森林公园	国家	18.18	918.05	0.00
189	上栗县(赣)	杨岐山风景名胜区	国家	80.00	16000.00	
190	永修县(赣)	柘林湖国家森林公园	国家	36.50	12775.00	
191	彭泽县(赣)	江西彭泽国家森林公园	国家	20.00	3000.00	1000.00
192	彭泽县(赣)	桃红岭梅花鹿保护区	国家	1.00	10.00	0.00
193	贵溪市(赣)	江西阳际峰国家级自然保护区	国家	160.00	82936.00	—
194	赣县区(赣)	江西大湖江湿地公园	国家	8.00	3500.00	—
195	大余县(赣)	梅关国家森林公园	国家	2063.00	43733.00	1200.00
196	上犹县(赣)	五指峰国家森林公园	国家	18.30	11878.00	0.00
197	崇义县(赣)	崇义县阳明山国家森林公园	国家	230.00	54050.00	340.97
198	龙南县(赣)	九连山国家森林公园	国家	3.68	54.30	0.00
199	宁都县(赣)	翠微峰国家森林公园	国家	95.61	73200.00	
200	兴国县(赣)	潋江国家湿地公园	国家	13.00	10582.00	
201	瑞金市(赣)	赣江源国家级自然保护区	国家	3.90	91.20	
202	遂川县(赣)	江西罗霄山大峡谷国家森林公园	国家	7.00	520.00	130.00
203	遂川县(赣)	江西南风面国家级自然保护区	国家	8.00	720.00	0.00
204	万安县(赣)	万安县国家森林公园	国家	30.00	9000.00	—
205	万安县(赣)	万安县国家湿地公园	国家	26.00	8000.00	—
206	安福县(赣)	武功山国家地质公园	国家	380.00	69620.00	58800.00
207	永新县(赣)	三湾国家森林公园	国家	87.70	87.02	
208	铜鼓县(赣)	天柱峰国家森林公园	国家	35.15	23436.10	2851.70
209	樟树市(赣)	阁皂山国家森林公园	国家	75.80	15600.00	—
210	南丰县(赣)	南丰县潭湖旅游风景区	国家	33.33	5.00	—
211	乐安县(赣)	江西老虎脑自然保护区	国家	152.00	42615.00	—
212	广丰区(赣)	铜钹山国家森林公园	国家	150.29	750.00	300.00
213	玉山县(赣)	江西三清山信江源国家湿地公园	国家	6.48	3733.00	—
214	玉山县(赣)	怀玉山国家森林公园	国家	34.65	19963.00	—
215	铅山县(赣)	武夷山国家级自然保护区	国家	154.00	50000.00	—
216	铅山县(赣)	鹅湖山国家森林公园	国家	160.00	44251.00	—
217	横峰县(赣)	江西岑山国家森林公园	国家	5.00	500.00	—
218	济南市历下区(鲁)	千佛山风景名胜区	国家	411.00	7282.10	4114.56
219	章丘区(鲁)	山东章丘国家森林公园	国家	16.00	7010.00	680.00
220	莱芜区(鲁)	山东莱芜华山国家森林公园	国家	25.00	364.00	0.00
221	钢城区(鲁)	棋山幽峡国家森林公园	国家	30.00	1500.00	—
222	淄川区(鲁)	峨庄古村落国家森林公园	国家	22.20	2000.00	520.00
223	峄城区(鲁)	山东峄城古石榴国家级森林公园	国家	110.00	7860.00	320.00
224	台儿庄区(鲁)	台儿庄运河国家湿地公园	国家	115.00	49000.00	3450.00
225	山亭区(鲁)	枣庄市抱犊崮国家森林公园	国家	20.36	725.02	—

（续表）

序号	县（旗、市、区、局、场）	自然保护区、森林公园、风景名胜区等各类自然保护地（名称）	级别选项（国家、省、地、县）	实际接待人数（万人次）	旅游总收入（万元）	其中：门票收入（万元）
226	滕州市(鲁)	山东滕州滨湖国家湿地公园	国家	210.00	20000.00	8000.00
227	长岛县(鲁)	长岛烽山林海国家森林公园	国家	19.40	565.00	565.00
228	龙口市(鲁)	南山国家森林公园	国家	20.00	5000.00	2000.00
229	招远市(鲁)	罗山国家森林公园	国家	2.50	140.00	100.00
230	奎文区(鲁)	潍坊金宝乐园	国家	60.00	2000.00	1800.00
231	临朐县(鲁)	沂山风景名胜区	国家	17.57	1213.00	—
232	青州市(鲁)	青州市仰天山国家级森林公园	国家	3.00	168.58	162.29
233	诸城市(鲁)	密州国家森林公园	国家	52.00	5160.00	—
234	安丘市(鲁)	山东留山古火山国家森林公园	国家	20.00	30.00	30.00
235	泗水县(鲁)	泉林国家森林公园	国家	5.00	90.00	—
236	泗水县(鲁)	泗水泗河源国家湿地公园	国家	7.00	126.00	—
237	曲阜市(鲁)	尼山国家森林公园	国家	850.00	9600.00	390.00
238	宁阳县(鲁)	蟠龙山国家森林公园	国家	102.00	18.00	18.00
239	东平县(鲁)	东平县腊山国家森林公园	国家	50.00	5000.00	300.00
240	东平县(鲁)	东平县滨湖国家湿地公园	国家	50.00	25000.00	—
241	新泰市(鲁)	山东莲花山国家森林公园	国家	43.00	19000.00	500.00
242	肥城市(鲁)	肥城牛山国家森林公园	国家	0.80	20.00	20.00
243	泰安市高新区(鲁)	泰安市徂徕山国家森林公园	国家	2.60	100.00	100.00
244	五莲县(鲁)	五莲山旅游度假区	国家	115.00	13800.00	2720.00
245	山海天旅游度假区(鲁)	日照鲁南国家森林公园	国家	68.00	7150.00	—
246	罗庄区(鲁)	临沂武河国家湿地公园	国家	20.00	502.00	—
247	郯城县(鲁)	山东省郯城国家银杏公园	国家	52.00	150.00	—
248	夏津县(鲁)	山东夏津黄河故道国家森林公园	国家	600.00	36800.00	—
249	惠民县(鲁)	武圣园	国家	10.00	80.00	50.00
250	邹平市(鲁)	鹤伴山国家森林公园	国家	47.00	2680.00	6080.00
251	曹　县(鲁)	曹县黄河故道国家湿地公园	国家	12.00	450.00	0.00
252	龙亭区(豫)	万岁山国家森林公园	国家	13.50	837.00	270.00
253	栾川县(豫)	龙峪湾国家森林公园	国家	40.00	7000.00	350.00
254	栾川县(豫)	老君山国家级自然保护区	国家	90.00	15000.00	4900.00
255	嵩　县(豫)	天池山国家森林公园	国家	72.20	30200.00	1588.40
256	嵩　县(豫)	木札岭风景区	国家	89.10	38100.00	2673.00
257	嵩　县(豫)	白云山国家森林公园	国家	108.60	45000.00	3801.00
258	宜阳县(豫)	洛阳花果山国家森林公园	国家	75.60	1738.00	85.60
259	鲁山县(豫)	伏牛山国家级自然保护区	国家	145.00	49520.00	600.00
260	舞钢市(豫)	二郎山风景区	国家	38.00	12500.00	3040.00
261	舞钢市(豫)	祥龙谷风景区	国家	27.00	7940.00	1620.00
262	舞钢市(豫)	灯台架风景区	国家	34.00	10400.00	2040.00
263	新城区(豫)	白龟湖国家湿地公园	国家	12.00	1600.00	—
264	殷都区(豫)	安阳漳河峡谷国家湿地公园	国家	0.50	2.00	1.00
265	林州市(豫)	五龙洞国家森林公园	国家	1.40	155.00	57.00
266	淇　县(豫)	云梦山国家森林公园	国家	60.21	14000.00	—

(续表)

序号	县(旗、市、区、局、场)	自然保护区、森林公园、风景名胜区等各类自然保护地(名称)	级别选项(国家、省、地、县)	实际接待人数(万人次)	旅游总收入(万元)	其中:门票收入(万元)
267	修武县(豫)	河南云台山国家森林公园	国家	111.00	15186.00	—
268	南乐县(豫)	马颊河国家湿地公园	国家	35.00	3200.00	—
269	濮阳县(豫)	金堤河国家湿地公园	国家	18.00	2100.00	—
270	禹州市(豫)	大鸿寨国家森林公园	国家	87.00	21350.00	6960.00
271	临颍县(豫)	南街村景区	国家	7.00	120.00	85.00
272	三门峡市市辖区(豫)	亚武山国家森林公园	国家	15.00	48.00	10.00
273	陕州区(豫)	甘山国家森林公园	国家	135.00	1524.50	—
274	灵宝市(豫)	燕子山国家森林公园	国家	4.00	119.00	119.00
275	西峡县(豫)	西峡寺山国家森林公园	国家	13.30	340.00	65.00
276	西峡县(豫)	老界岭风景区	国家	41.00	12180.00	4511.00
277	内乡县(豫)	宝天曼生物圈保护区	国家	12.00	1250.00	570.00
278	桐柏县(豫)	桐柏山淮河源自然保护区	国家	25.00	350.00	350.00
279	梁园区(豫)	商丘市黄河故道国家森林公园	国家	4.50	760.00	—
280	虞城县(豫)	虞城县国家湿地公园	国家	50.00	400.00	—
281	光山县(豫)	河南光山龙山湖国家湿地公园	国家	30.00	2000.00	—
282	光山县(豫)	河南大苏山国家森林公园	国家	18.00	3500.00	—
283	新　县(豫)	连康山国家森林公园	国家	400.00	1290.00	566.00
284	商城县(豫)	河南大别山自然保护区	国家	82.50	34032.00	2300.00
285	商城县(豫)	黄柏山国家森林公园	国家	40.30	22688.00	1500.00
286	淮阳县(豫)	河南淮阳龙湖国家湿地公园	国家	150.00	13000.00	6000.00
287	驿城区(豫)	金顶山国家森林公园	国家	169.00	2332.00	1200.00
288	西平县(豫)	棠溪源国家森林公园	国家	17.00	990.00	410.00
289	确山县(豫)	薄山国家森林公园	国家	40.00	8000.00	1600.00
290	泌阳县(豫)	铜山湖国家森林公园	国家	90.00	900.00	180.00
291	济源市(豫)	太行山猕猴国家级自然保护区	国家	530.00	15000.00	800.00
292	蔡甸区(鄂)	武汉市蔡甸区九真山国家森林公园	国家	68.00	10880.00	—
293	蔡甸区(鄂)	武汉市蔡甸区嵩阳森林公园	国家	47.00	7520.00	—
294	阳新县(鄂)	阳新王英仙岛湖风景旅游区	国家	80.00	62000.00	9600.00
295	郧阳区(鄂)	湖北苍浪山国家森林公园	国家	35.00	300.00	—
296	郧西县(鄂)	汉江瀑布群国家森林公园	国家	70.00	22570.00	4060.00
297	竹山县(鄂)	堵河九女峰国家森林公园	国家	1.20	1200.00	22.00
298	竹山县(鄂)	堵河源国家级自然保护区	国家	1.10	1000.00	10.00
299	竹山县(鄂)	圣水湖国家湿地公园	国家	11.00	1.91	78.00
300	竹溪县(鄂)	十八里长峡国家级自然保护区	国家	20.00	200.00	—
301	房　县(鄂)	湖北诗经源国家森林公园	国家	2.71	120.00	—
302	丹江口市(鄂)	湖北丹江口国家森林公园	国家	5550.00	22000.00	—
303	当阳市(鄂)	湖北当阳青龙湖国家湿地公园	国家	1.30	130.00	0.00
304	樊城区(鄂)	长寿岛国家湿地公园	国家	2.00	880.00	—
305	襄州区(鄂)	湖北鹿门寺国家森林公园	国家	12.10	206.80	170.80
306	谷城县(鄂)	谷城汉江国家湿地公园	国家	16.00	2300.00	—
307	谷城县(鄂)	薤山国家森林公园	国家	38.00	2360.00	410.00

（续表）

序号	县（旗、市、区、局、场）	自然保护区、森林公园、风景名胜区等各类自然保护地（名称）	级别选项（国家、省、地、县）	实际接待人数（万人次）	旅游总收入（万元）	其中：门票收入（万元）
308	谷城县（鄂）	谷城南河自然保护区	国家	12.00	1050.00	
309	枣阳市（鄂）	白竹园寺国家森林公园	国家	22.00	1100.00	850.00
310	京山县（鄂）	湖北京山虎爪山国家森林公园	国家	120.00	15000.00	
311	京山县（鄂）	湖北京山大洪山国家森林公园	国家	210.00	40000.00	2500.00
312	京山县（鄂）	惠亭湖湿地公园	国家	100.00	10000.00	—
313	钟祥市（鄂）	大洪山风景名胜区	国家	10.00	1200.00	650.00
314	钟祥市（鄂）	大口国家森林公园	国家	1.50	180.00	60.00
315	安陆市（鄂）	安陆古银杏国家森林公园	国家	78.00	48540.00	
316	汉川市（鄂）	汈汊湖湿地公园	国家	1.00	110.00	—
317	荆州区（鄂）	八岭山国家森林公园	国家	1.00	200.00	30.00
318	公安县（鄂）	公安县黄山头国家森林公园	国家	2.80	450.00	280.00
319	松滋市（鄂）	洈水国家森林公园	国家	80.00	65369.00	—
320	红安县（鄂）	红安县金沙湖湿地公园	国家	586.00	226.60	—
321	红安县（鄂）	红安县天台山国家森林公园	国家	5360.00	1165.00	360.00
322	罗田县（鄂）	大别山国家级自然保护区	国家	715.00	473000.00	190000.00
323	英山县（鄂）	吴家山国家森林公园	国家	10.50	850.00	200.00
324	英山县（鄂）	桃花冲国家森林公园	国家	9.70	760.00	180.00
325	浠水县（鄂）	浠水县三角山国家森林公园	国家	4.82	760.00	280.00
326	麻城市（鄂）	湖北五脑山国家森林公园	国家	124.00	2200.00	220.00
327	通城县（鄂）	大溪国家湿地公园	国家	30.00	15000.00	
328	崇阳县（鄂）	湖北崇阳青山国家湿地公园	国家	25.00	3900.00	360.00
329	随县（鄂）	湖北抱朴谷养生基地	国家	12.00	5000.00	—
330	随县（鄂）	随县封江口国家湿地公园	国家	60.00	600.00	—
331	建始县（鄂）	野三峡风景区	国家	43.30	34312.66	16470.10
332	建始县（鄂）	恩施地心谷	国家	42.60	24360.46	11936.40
333	巴东县（鄂）	神龙溪纤夫文化旅游区	国家	100.00	100000.00	60000.00
334	巴东县（鄂）	巴人河生态旅游区	国家	30.00	30000.00	20000.00
335	咸丰县（鄂）	唐崖河景区	国家	4.40	199.12	171.76
336	咸丰县（鄂）	坪坝营国家森林公园	国家	5.30	630.91	216.42
337	鹤峰县（鄂）	满山红烈士陵园	国家	0.35	220.00	—
338	潜江市（鄂）	返湾湖国家湿地公园	国家	20.00	9800.00	—
339	神农架林区（鄂）	神农架国家森林公园	国家	1800.00	67.00	—
340	湖北省太子山林场管理局（鄂）	太子山国家森林公园	国家	22.70	3000.00	770.00
341	雨花区（湘）	天际岭国家森林公园	国家	81.50	2634.31	1150.99
342	宁乡市（湘）	宁乡沩山风景名胜区	国家	384.02	—	16031.38
343	攸　县（湘）	酒埠江国家森林公园	国家	12.00	24600.00	8600.00
344	茶陵县（湘）	东阳湖国家湿地公园	国家	46.00	60.00	0.00
345	茶陵县（湘）	云阳国家森林公园	国家	70.00	210.00	120.00
346	炎陵县（湘）	神农谷国家森林公园	国家	79.65	12263.58	2909.47
347	岳塘区（湘）	盘龙大观园景区	国家	73.00	17152.00	12216.00
348	湘乡市（湘）	东台山国家森林公园	国家	30.00	400.00	—

(续表)

序号	县(旗、市、区、局、场)	自然保护区、森林公园、风景名胜区等各类自然保护地(名称)	级别选项(国家、省、地、县)	实际接待人数(万人次)	旅游总收入(万元)	其中：门票收入(万元)
349	韶山市(湘)	韶山风景名胜区	国家	242.70	17.96	11.50
350	南岳区(湘)	南岳衡山国家级自然保护区	国家	1000.00	1000000.00	700000.00
351	衡阳县(湘)	岣嵝峰国家森林公园	国家	110.00	30638.00	1500.00
352	衡南县(湘)	岐山国家森林公园	国家	36.00	1280.00	—
353	祁东县(湘)	四明山国家森林公园	国家	5.00	1300.00	0.00
354	常宁市(湘)	天堂山国家森林公园	国家	66.00	39735.00	631.00
355	邵阳县(湘)	天子湖国家湿地公园	国家	4.00	15.00	—
356	绥宁县(湘)	花园阁国家湿地公园	国家	60.00	26345.00	—
357	绥宁县(湘)	黄桑自然保护区	国家	88.00	86171.00	—
358	新宁县(湘)	崀山风景名胜区	国家	120.00	12500.00	3000.00
359	新宁县(湘)	舜皇山自然保护区	国家	10.00	1250.00	—
360	城步苗族自治县(湘)	两江峡谷国家森林公园	国家	5.00	400.00	—
361	城步苗族自治县(湘)	南山牧场	国家	10.00	1000.00	600.00
362	武冈市(湘)	云山国家森林公园	国家	40.00	350.00	200.00
363	岳阳县(湘)	大云山国家森林公园	国家	30.00	1860.00	320.00
364	湘阴县(湘)	湘阴洋沙湖-东湖国家湿地公园	国家	40.00	3200.00	2400.00
365	平江县(湘)	湖南幕阜山国家森林公园	国家	22.03	2816.46	430.07
366	平江县(湘)	平江县石牛寨国家地质公园	国家	70.00	20000.00	7400.00
367	平江县(湘)	北罗霄国家森林公园	国家	1.54	308.00	0.00
368	临湘市(湘)	五尖山国家森林公园	国家	134.00	1700.00	122.00
369	常德市市辖区(湘)	桃花源风景名胜区	国家	22.91	10300.00	2050.40
370	鼎城区(湘)	湖南省常德花岩溪国家森林公园	国家	11.50	3600.00	270.00
371	安乡县(湘)	黄山头国家森林公园	国家	105.00	1150.00	450.00
372	汉寿县(湘)	湖南汉寿竹海国家森林公园	国家	50.00	19.00	0.00
373	桃源县(湘)	乌云界国家级自然保护区	国家	55.00	83.00	34.00
374	石门县(湘)	湖南夹山国家森林公园	国家	300.00	67500.00	—
375	石门县(湘)	湖南壶瓶山自然保护区	国家	150.00	112500.00	—
376	津市市(湘)	毛里湖国家湿地公园	国家	300.00	18000.00	0.00
377	津市市(湘)	湖南嘉山国家森林公园	国家	30.00	2000.00	0.00
378	永定区(湘)	天泉山国家森林公园	国家	6.00	50.00	—
379	永定区(湘)	天门山国家森林公园	国家	750.00	32000.00	—
380	慈利县(湘)	张家界大峡谷景区	国家	410.00	391000.00	290000.00
381	桑植县(湘)	峰峦溪国家级森林公园	国家	30.00	1684.00	1000.00
382	桑植县(湘)	八大公山自然保护区	国家	3.40	350.00	—
383	桃江县(湘)	壹方山水安宁竹谷	国家	60.00	3000.00	—
384	桃江县(湘)	桃花江国家森林公园	国家	110.00	3800.00	—
385	永兴县(湘)	湖南永兴丹霞国家森林公园	国家	97.78	30404.00	11733.00
386	冷水滩区(湘)	腾云岭国家森林公园	国家	10.00	960.00	—
387	东安县(湘)	舜皇山国家森林公园	国家	20.00	6526.00	5200.00
388	双牌县(湘)	阳明山国家森林公园	国家	220.00	1200.00	700.00
389	蓝山县(湘)	湘江源国家森林公园	国家	12.60	2142.00	0.00

（续表）

序号	县（旗、市、区、局、场）	自然保护区、森林公园、风景名胜区等各类自然保护地（名称）	级别选项（国家、省、地、县）	实际接待人数（万人次）	旅游总收入（万元）	其中：门票收入（万元）
390	新田县（湘）	湖南福音山国家森林公园	国家	10.00	1000.00	0.00
391	洪江区（湘）	湖南嵩云山国家森林公园	国家	3210.00	114920.00	—
392	鹤城区（湘）	怀化市中坡国家森林公园	国家	48.00	6800.00	—
393	沅陵县（湘）	齐眉界国家森林公园	国家	13.50	6585.00	—
394	沅陵县（湘）	借母溪自然保护区	国家	7.20	3680.00	—
395	溆浦县（湘）	湖南溆浦国家森林公园	国家	105.00	30410.00	620.00
396	溆浦县（湘）	湖南溆浦思蒙国家湿地公园	国家	56.00	16700.00	—
397	会同县（湘）	鹰嘴界国家级自然保护区	国家	10.00	50.00	—
398	靖州苗族侗族自治县（湘）	排牙山国家森林公园	国家	3.80	2600.00	—
399	靖州苗族侗族自治县（湘）	五龙潭湿地公园	国家	1.30	780.00	—
400	洪江市（湘）	清江湖国家湿地公园	国家	5.00	1000.00	—
401	洪江市（湘）	雪峰山国家森林公园	国家	10.00	2000.00	60.00
402	新化县（湘）	新化县大熊山国家森林公园	国家	100.00	9200.00	250.00
403	新化县（湘）	新化县梅山龙宫景区	国家	35.00	6500.00	2800.00
404	新化县（湘）	新化县紫鹊界梯田	国家	82.50	50529.30	2933.81
405	新化县（湘）	新化县龙湾国家湿地公园	国家	12.00	2500.00	0.00
406	涟源市（湘）	涟源市龙山国家森林公园	国家	69.00	15480.00	—
407	仁化县（粤）	广东丹霞山自然保护区	国家	290.50	54600.00	5263.10
408	韶关市属总林场（粤）	韶关国家森林公园	国家	165.00	600.00	0.00
409	南澳县（粤）	黄花山国家森林公园	国家	18.21	—	132.00
410	南海区（粤）	西樵山国家森林公园	国家	378.00	9049.00	6793.00
411	新会区（粤）	圭峰山国家森林公园	国家	430.00	3215.00	20.00
412	台山市（粤）	北峰山国家森林公园	国家	2.58	25.81	25.81
413	麻章区（粤）	湛江市湖光岩风景区	国家	170.00	21000.00	—
414	广宁县（粤）	竹海国家森林公园	国家	3.67	550.50	146.80
415	惠东县（粤）	广东御景峰国家森林公园	国家	10.00	800.00	300.00
416	龙门县（粤）	南昆山国家森林公园	国家	168.90	50012.59	0.00
417	梅县区（粤）	广东雁鸣湖国家森林公园	国家	55.00	3010.00	1005.00
418	新丰江林管局（粤）	新丰江国家森林公园	国家	216.57	9500.00	3800.00
419	阳春市（粤）	阳春市春湾风景区	国家	24.00	2400.00	822.00
420	阳春市（粤）	阳春市凌宵岩风景区	国家	13.30	1330.00	539.00
421	阳春市（粤）	崆峒风景区	国家	3.56	77.68	13.50
422	阳山县（粤）	广东阳山国家地质公园	国家	44.18	3149.20	0.00
423	连南瑶族自治县（粤）	连南瑶排梯田国家湿地公园	国家	10.00	4000.00	0.00
424	连南瑶族自治县（粤）	广东连南万山朝王国家石漠公园	国家	10.50	4200.00	0.00
425	英德市（粤）	广东石门台国家级自然保护区	国家	5.50	1590.00	191.00
426	英德市（粤）	广东英德国家森林公园	国家	118.00	25300.00	2400.00
427	揭西县（粤）	广东大北山国家森林公园	国家	1.50	315.80	—
428	郁南县（粤）	大王山国家森林公园	国家	30.00	10.00	—
429	青秀区（桂）	南宁花雨湖生态休闲旅游区	国家	25.73	3547.00	771.99
430	苍梧县（桂）	飞龙湖国家森林公园	国家	9.80	62.00	—

(续表)

序号	县(旗、市、区、局、场)	自然保护区、森林公园、风景名胜区等各类自然保护地(名称)	级别选项(国家、省、地、县)	实际接待人数(万人次)	旅游总收入(万元)	其中:门票收入(万元)
431	凌云县(桂)	凌云县浩坤湖湿地公园	国家	41.02	32020.00	2051.00
432	金秀瑶族自治县(桂)	大瑶山国家级自然保护区	国家	197.00	150010.00	—
433	三门江林场(桂)	三门江国家森林公园	国家	12.00	462.00	—
434	儋州市(琼)	蓝洋温泉国家森林公园	国家	38.00	1250.00	—
435	大邑县(川)	西岭国家森林公园	国家	69.42	19336.00	5665.13
436	彭州市(川)	白水河国家森林公园	国家	75.00	6000.00	0.00
437	彭州市(川)	白水河国家级自然保护区	国家	3.00	300.00	0.00
438	邛崃市(川)	天台山国家森林公园	国家	38.49	53940.64	1500.00
439	盐边林业局(川)	盐边县省级森林康养国际合作基地(全国森林康养试点单位)	国家	0.80	100.00	0.00
440	合江县(川)	福宝国家森林公园	国家	113.00	58760.00	4407.00
441	叙永县(川)	四川画稿溪国家级自然保护区	国家	8.10	520.00	—
442	绵竹市(川)	九龙山麓棠山国家4A级景区	国家	150.00	127000.00	300.00
443	盐亭县(川)	高山国家森林公园	国家	130.00	3500.00	—
444	安州区(川)	千佛山国家森林公园	国家	30.00	1000.00	—
445	梓潼县(川)	七曲山国家森林公园	国家	220.58	20038.70	10566.60
446	北川羌族自治县(川)	四川北川国家森林公园	国家	95.00	29500.00	12866.00
447	利州区(川)	天曌山国家森林公园	国家	35.00	5500.00	1650.00
448	昭化区(川)	四川柏林湖国家湿地公园	国家	20.00	39.00	18.00
449	青川县(川)	唐家河自然保护区	国家	4.48	801.00	151.00
450	剑阁县(川)	剑门关国家森林公园	国家	267.18	104080.00	13450.00
451	苍溪县(川)	苍溪国家森林公园	国家	61.00	237.00	—
452	乐山市市中区(川)	乐山大佛风景名胜区	国家	423.19	107802.00	26900.00
453	高坪区(川)	凌云山生态公园	国家	28.36	8216.00	1843.40
454	南部县(川)	升钟湖国家湿地公园	国家	200.00	65850.00	—
455	西充县(川)	青龙湖国家湿地公园	国家	3.80	808.00	0.00
456	长宁县(川)	蜀南竹海	国家	71.44	18963.00	5981.54
457	长宁县(川)	蜀南花海	国家	31.00	3336.00	1345.00
458	兴文县(川)	石海风景名胜区	国家	72.50	7171.24	6152.50
459	屏山县(川)	长江上游珍稀特有鱼类国家级自然保护区	国家	5.00	2500.00	—
460	屏山县(川)	老君山国家级自然保护区	国家	15.00	7500.00	—
461	达川区(川)	四川省铁山国家森林公园	国家	25.00	4185.00	—
462	宣汉县(川)	百里峡自然保护区	国家	21.35	3460.00	—
463	宣汉县(川)	四川宣汉国家森林公园	国家	40.25	11428.00	—
464	大竹县(川)	五峰山国家级森林公园	国家	86.00	39000.00	297.00
465	渠　县(川)	四川賨人谷国家森林公园	国家	29.30	4820.00	1515.00
466	宝兴县(川)	四川省夹金山国家森林公园	国家	61.76	32423.00	220.00
467	夹金山林业局(川)	夹金山国家森林公园(宝兴部分)	国家	10.50	817.00	268.00
468	巴州区(川)	天马山国家森林公园	国家	13.16	3076.30	91.00
469	通江县(川)	空山国家森林公园	国家	80.00	36346.00	—
470	南江县(川)	南江县米仓山国家森林公园	国家	164.58	42150.00	11396.00

（续表）

序号	县（旗、市、区、局、场）	自然保护区、森林公园、风景名胜区等各类自然保护地（名称）	级别选项（国家、省、地、县）	实际接待人数（万人次）	旅游总收入（万元）	其中：门票收入（万元）
471	金川县(川)	金川国家级森林公园	国家	5.00	3500.00	—
472	雅江县(川)	格西沟自然保护区	国家	3.00	3300.00	—
473	理塘县(川)	海子山自然保护区	国家	1.00	100.00	0.00
474	巴塘县(川)	措普沟国家森林公园	国家	5.00	50.00	—
475	白玉林业局(川)	沙鲁里山国家森林公园	国家	0.20	10.00	0.00
476	力邱河林业局(川)	四川荷花海国家森林公园	国家	2.20	176.00	0.00
477	水城县(黔)	水城县玉舍国家森林公园	国家	201.08	110600.00	—
478	红花岗区(黔)	遵义市凤凰山国家森林公园	国家	300.00	360000.00	0.00
479	汇川区(黔)	汇川海龙屯旅游景区	国家	118.98	6294.00	—
480	汇川区(黔)	汇川娄山关景区	国家	308.00	39628.20	—
481	绥阳县(黔)	绥阳双河洞国家地质公园	国家	19.76	1654.00	1194.00
482	务川仡佬族苗族自治县(黔)	务川洪渡河国家湿地公园	国家	30.00	80000.00	0.00
483	余庆县(黔)	余庆县飞龙寨景区	国家	92.00	33120.00	—
484	赤水市(黔)	竹海国家森林公园	国家	47.00	57424.00	963.00
485	赤水市(黔)	燕子岩国家森林公园	国家	23.00	28389.00	612.00
486	碧江区(黔)	九龙洞风景名胜区	国家	6.67	381.00	—
487	沿河土家族自治县(黔)	沿河乌江国家湿地公园	国家	44.80	39123.60	—
488	沿河土家族自治县(黔)	贵州麻阳河国家级自然保护区	国家	89.50	78247.20	—
489	兴义市(黔)	马岭河峡谷风景名胜区	国家	413.28	520732.80	9025.35
490	普安县(黔)	普安县温泉酒店	国家	30.00	3000.00	—
491	镇远县(黔)	铁溪景区	国家	1.76	30.80	—
492	镇远县(黔)	舞阳河景区	国家	11.01	1014.39	—
493	独山县(黔)	紫林山国家森林公园	国家	1.20	38.70	16.30
494	石林彝族自治县(滇)	石林风景名胜区	国家	278.00	46000.00	36000.00
495	禄劝彝族苗族自治县(滇)	轿子山国家级自然保护区	国家	12.80	1540.00	1024.00
496	陆良县(滇)	五峰山国家森林公园	国家	17.20	—	1204.00
497	沾益区(滇)	珠江源国家森林公园	国家	35.00	500.00	400.00
498	江川区(滇)	江川区星云湖国家湿地公园	国家	24.00	830.00	—
499	澄江县(滇)	禄充风景区	国家	100.00	1400.00	1400.00
500	新平彝族傣族自治县(滇)	云南磨盘山国家森林公园	国家	7.20	398.70	118.90
501	古城区(滇)	黑龙潭公园	国家	80.00	3000.00	2400.00
502	古城区(滇)	观音峡景区	国家	50.00	2200.00	580.00
503	双柏县(滇)	哀牢山国家级自然保护区双柏片区	国家	13.00	5000.00	—
504	永仁县(滇)	方山国家3A级旅游风景区	国家	32.20	206.67	97.44
505	广南县(滇)	博吉金国家森林公园	国家	4.90	—	370.11
506	漾濞彝族自治县(滇)	石门关景区	国家	24.00	2700.00	—
507	祥云县(滇)	清华洞国家森林公园	国家	65.00	1490.00	—
508	宾川县(滇)	鸡足山风景名胜区	国家	67.50	15527.00	—
509	巍山彝族回族自治县(滇)	巍宝山国家森林公园	国家	16.78	226.00	148.00
510	永平县(滇)	宝台山国家森林公园	国家	3.64	23.00	—
511	洱源县(滇)	西湖国家湿地公园、地热国等	国家	20.00	11000.00	—

(续表)

序号	县(旗、市、区、局、场)	自然保护区、森林公园、风景名胜区等各类自然保护地(名称)	级别选项(国家、省、地、县)	实际接待人数(万人次)	旅游总收入(万元)	其中:门票收入(万元)
512	剑川县(滇)	剑川县石宝山风景名胜区	国家	15.40		195.50
513	瑞丽市(滇)	莫里热带雨林风景名胜区	国家	50.00	1500.00	1500.00
514	香格里拉市(滇)	香格里拉大峡谷、巴拉格宗景区	国家	15.38	4234.01	1702.55
515	香格里拉市(滇)	普达措国家森林公园	国家	137.82	14926.93	4635.45
516	工布江达县(藏)	巴松措国家森林公园	国家	0.75	200.00	105.30
517	灞桥区(陕)	陕西省洪庆山国家森林公园	国家	10.00	600.00	0.00
518	长安区(陕)	终南山国家森林公园	国家	14.70	—	360.00
519	蓝田县(陕)	王顺山国家森林公园	国家	40.50	200.00	0.00
520	周至县(陕)	黑河国家森林公园	国家	15.00	300.00	—
521	鄠邑区(陕)	西安朱雀国家森林公园	国家	12.00	950.00	—
522	鄠邑区(陕)	陕西太平国家森林公园	国家	43.98	1631.81	—
523	印台区(陕)	玉华宫国家森林公园	国家	99.97	60000.00	930.28
524	铜川市新区(陕)	铜川赵氏河国家湿地公园	国家	10.00	1800.00	—
525	陈仓区(陕)	大水川九龙山国际旅游度假区	国家	900.00	17880.00	10520.00
526	眉　县(陕)	太白山国家森林公园	国家	135.90	22139.00	8131.00
527	辛家山林业局(陕)	陕西通天河国家森林公园	国家	2.80	102.00	80.00
528	永寿县(陕)	云集生态园	国家	16.00	21498.00	960.00
529	华州区(陕)	少华山国家森林公园	国家	50.30	7000.00	1300.00
530	桥山林业局(陕)	黄陵国家森林公园	国家	60.60	2028.66	1497.84
531	黄龙山林业局(陕)	陕西黄龙山国家森林公园	国家	19.50	1077.50	0.00
532	南郑区(陕)	黎坪国家森林公园	国家	99.80	49900.00	5900.00
533	洋　县(陕)	陕西省朱鹮国家级自然保护区	国家	38.10	1905.00	45.00
534	洋　县(陕)	陕西省长青国家级自然保护区	国家	46.00	5520.00	600.00
535	西乡县(陕)	陕西省米仓山自然保护区	国家	2.80	448.00	—
536	略阳县(陕)	陕西省五龙洞国家森林公园	国家	6.00	550.00	98.00
537	镇巴县(陕)	镇巴县草坝国家3A级旅游景区	国家	0.52	72.00	30.00
538	留坝县(陕)	陕西紫柏山国家森林公园	国家	18.00	5600.00	800.00
539	佛坪县(陕)	佛坪县熊猫谷	国家	54.00	5292.00	1620.00
540	佛坪县(陕)	秦岭人与自然博物馆	国家	6.00	600.00	180.00
541	石泉县(陕)	鬼谷岭国家森林公园	国家	4.00	200.00	160.00
542	宁陕县(陕)	上坝河国家森林公园	国家	11.00	760.00	550.00
543	岚皋县(陕)	南宫山国家森林公园	国家	4.30	860.00	350.00
544	岚皋县(陕)	神河源景区	国家	3.50	700.00	300.00
545	平利县(陕)	陕西省平利县千家坪森林公园	国家	21.00	6238.00	—
546	镇坪县(陕)	飞渡峡景区	国家	26.00	22100.00	1600.00
547	商南县(陕)	金丝峡国家森林公园	国家	81.25		6061.91
548	柞水县(陕)	牛背梁国家森林公园	国家	232.00	46720.00	255.00
549	嘉峪关市(甘)	嘉峪关文物景区	国家	159.00	14733.90	14102.97
550	肃南裕固族自治县(甘)	马蹄寺森林公园	国家	32.60	1000.00	800.00
551	互助土族自治县(青)	青海省北山国家森林公园	国家	23.00	8740.00	864.00
552	尖扎县(青)	尖扎县坎布拉国家森林公园	国家	18.98	4375.00	995.00

（续表）

序号	县(旗、市、区、局、场)	自然保护区、森林公园、风景名胜区等各类自然保护地（名称）	级别选项（国家、省、地、县）	实际接待人数（万人次）	旅游总收入（万元）	其中：门票收入（万元）
553	青海湖国家级自然保护区(青)	青海青海湖国家级自然保护区	国家	442.59	62474.76	16641.59
554	青海省孟达自然保护区(青)	青海孟达国家级自然保护区	国家	11.80	387.00	387.00
555	高昌区(新)	沙漠植物园景区	国家	0.74	16.14	16.14
556	高昌区(新)	艾丁湖国家湿地公园	国家	1.80	50.00	45.00
557	阜康市(新)	新疆天山天池景区	国家	330.00	400000.00	—
558	尉犁县(新)	罗布淖尔国家湿地公园	国家	40.00	2000.00	1500.00
559	和静县(新)	巩乃斯国家森林公园	国家	7.87	257.79	91.10
560	和静县(新)	新疆巴音布鲁克国家级自然保护区	国家	184.18	39471.00	3466.21
561	乌什县(新)	新疆乌什托什干河国家湿地公园	国家	7.70	106.00	14.00
562	泽普县(新)	金湖杨国家森林公园	国家	3856.00	3856.00	319.45
563	莎车县(新)	新疆莎车叶尔羌国家湿地公园	国家	200.00	5000.00	2000.00
564	昭苏林场(新)	新疆夏塔古道国家森林公园	国家	3.00	36.00	25.00
565	哈巴河林场(新)	白哈巴国家森林公园	国家	2.80	10.00	0.00
566	克一河林业局(内蒙古森工)	兴安国家森林公园	国家	1.00	41.50	0.00
567	阿里河林业局(内蒙古森工)	阿里河国家森林公园	国家	1.59	26.60	5.30
568	根河林业局(内蒙古森工)	根河源国家湿地公园	国家	5.50	1375.47	119.00
569	满归林业局(内蒙古森工)	伊克萨玛国家森林公园	国家	2.80	840.00	1.00
570	毕拉河林业局(内蒙古森工)	达尔滨湖国家森林公园	国家	0.80	13.70	3.82
571	湾沟林业局(吉林森工)	湾沟国家森林公园	国家	2.00	800.00	—
572	松江河林业有限公司(吉林森工)	松江河国家森林公园	国家	11.44	511.89	—
573	泉阳林业局(吉林森工)	吉林泉阳泉国家森林公园	国家	0.56	113.00	0.00
574	露水河林业局(吉林森工)	露水河国家森林公园	国家	9.20	872.00	104.42
575	白石山林业局(吉林森工)	吉林白石山国家森林公园	国家	0.85	800.00	—
576	迭部生态建设局(甘)	腊子口国家森林公园	国家	0.75	3.50	0.00
577	洮河生态建设局(甘)	冶力关国家森林公园	国家	2.37	306.29	185.13
578	井陉矿区(冀)	清凉湾湿地公园	省	5.00	300.00	—
579	井陉矿区(冀)	杏花沟湿地公园	省	10.00	800.00	—
580	井陉矿区(冀)	清凉山	省	5.00	900.00	150.00
581	井陉县(冀)	河北省南寺掌省级自然保护区	省	5.00	240.00	160.00
582	赵　县(冀)	赵州桥-柏林禅寺	省	255.47	185000.00	1121.38
583	鹿泉区(冀)	封龙山森林公园	省	11.00	330.00	270.00
584	遵化市(冀)	鹫峰山省级森林公园	省	6.20	185.00	129.00
585	迁安市(冀)	山叶口省级森林公园	省	10.00	1255.00	500.00
586	迁安市(冀)	徐流口省级森林公园	省	8.00	527.00	—
587	迁安市(冀)	白羊峪旅游区	省	15.00	1293.00	600.00
588	海港区(冀)	板厂峪风景名胜区	省	10.00	500.00	200.00
589	抚宁区(冀)	渤海森林公园	省	22.31	565.82	565.82
590	清河县(冀)	快活林森林公园	省	5.00	215.00	—
591	张北县(冀)	桦皮岭省级森林公园	省	30.00	150.00	0.00
592	张北县(冀)	仙那都省级森林公园	省	40.00	200.00	0.00
593	张北县(冀)	坝头省级森林公园	省	10.00	50.00	0.00

(续表)

序号	县(旗、市、区、局、场)	自然保护区、森林公园、风景名胜区等各类自然保护地(名称)	级别选项(国家、省、地、县)	实际接待人数(万人次)	旅游总收入(万元)	其中:门票收入(万元)
594	双滦区(冀)	承德双塔山省级森林公园	省	16.87	466.00	455.00
595	清徐县(晋)	山西省葡峰森林公园	省	18.00	2880.00	
596	屯留区(晋)	老爷山森林公园	省	5.50	72.00	—
597	泽州县(晋)	晋城市珏山风景名胜区	省	23.00	1246.00	280.00
598	松山区(内蒙古)	乌良苏自治区级森林公园	省	0.70	400.00	—
599	阿鲁科尔沁旗(内蒙古)	沙日温都保护区	省	3.50	1500.00	—
600	科尔沁左翼中旗(内蒙古)	乌斯吐自治区级自然保护地	省	1.07	179.00	—
601	鄂伦春自治旗(内蒙古)	嘎仙洞森林公园	省	1.74	226.76	114.64
602	乌拉特前旗(内蒙古)	乌梁素海水禽湿地自然保护区	省	2.20	35.00	11.00
603	兴和县(内蒙古)	苏木山森林公园	省	8.40	504.00	—
604	康平县(辽)	沈阳康平卧龙湖省级自然保护区	省	70.00	30.00	—
605	甘井子区(辽)	大连大黑石省级森林公园	省	50.00	2320.00	0.00
606	岫岩满族自治县(辽)	岫岩龙潭湾森林公园	省	3.50	15.00	15.00
607	海城市(辽)	白云山省级保护区	省	1.50	300.00	—
608	清原满族自治县(辽)	辽宁浑河源省级保护区	省	18.00	1300.00	—
609	桓仁满族自治县(辽)	枫林谷森林公园	省	20.00	820.00	660.00
610	朝阳县(辽)	清风岭省级自然保护区	省	20.00	2960.00	100.00
611	朝阳县(辽)	柳城湿地公园	省	5.00	996.00	—
612	建平县(辽)	辽宁省建平县天秀山森林公园	省	65.00	30.00	30.00
613	喀喇沁左翼蒙古族自治县(辽)	辽宁省龙凤山森林公园	省	12.00	1500.00	20.00
614	凌源市(辽)	牛河梁省级森林公园	省	8.00	240.00	—
615	双辽市(吉)	吉林双辽一马树省级森林公园	省	8.10	240.00	60.00
616	通河县(黑)	铧子山森林公园	省	40.00	160.00	80.00
617	碾子山区(黑)	蛇洞山省级森林公园	省	154.20	25200.00	—
618	贾汪区(苏)	大洞山森林公园	省	38.00	380.00	10.00
619	邳州市(苏)	邳州黄草山省级森林公园	省	53.00	2410.00	—
620	邳州市(苏)	艾山风景名胜区	省	142.00	3812.00	235.00
621	邳州市(苏)	邳州古栗园省级森林公园	省	43.00	1356.00	—
622	金坛区(苏)	茅山风景自然公园	省	105.18	12939.23	—
623	吴中区(苏)	东山省级森林公园	省	50.60	639.90	639.90
624	吴中区(苏)	光福自然保护区	省	70.00	1735.00	1318.00
625	吴中区(苏)	光福香雪海省级森林公园	省	44.50	3559.20	368.20
626	张家港市(苏)	暨阳湖省级湿地公园	省	300.00	3025.00	—
627	太仓市(苏)	金仓湖湿地公园	省	1100.00	130.00	—
628	灌云县(苏)	灌云县大伊山森林公园	省	70.33	1336.35	495.54
629	洪泽区(苏)	洪泽湖古堰森林公园	省	20.00	5000.00	0.00
630	洪泽区(苏)	洪泽湖东部湿地自然保护区	省	80.00	15000.00	0.00
631	盐都区(苏)	大纵湖湿地公园	省	50.00	18000.00	3000.00
632	盐都区(苏)	华都森林公园	省	10.00	4000.00	0.00
633	邗江区(苏)	瓜州湿地公园	省	3.00	762.00	612.00
634	宿豫区(苏)	嶂山森林公园	省	385.00	78860.00	23100.00

（续表）

序号	县（旗、市、区、局、场）	自然保护区、森林公园、风景名胜区等各类自然保护地（名称）	级别选项（国家、省、地、县）	实际接待人数（万人次）	旅游总收入（万元）	其中：门票收入（万元）
635	文成县（浙）	石垟林场森林公园	省	28.00	38000.00	500.00
636	文成县（浙）	牛栏湾森林公园	省	1.00	1200.00	—
637	文成县（浙）	金珠森林公园	省	1.00	1300.00	—
638	文成县（浙）	黄鹿山森林公园	省	1.50	2000.00	—
639	海盐县（浙）	南北湖风景名胜区	省	132.24	9013.43	1331.29
640	嵊州市（浙）	嵊州香榧森林公园	省	10.00	100.00	0.00
641	义乌市（浙）	华溪森林公园	省	14.84	221.19	221.19
642	义乌市（浙）	德胜岩森林公园	省	23.00	3500.00	—
643	定海区（浙）	长岗山森林公园	省	20.00	10.00	0.00
644	岱山县（浙）	岱山风景名胜区	省	200.00	52000.00	10000.00
645	温岭市（浙）	温岭江厦森林公园	省	10.00	50.00	—
646	莲都区（浙）	南明山-东西岩省级风景名胜区	省	4.60	237.50	150.60
647	禹会区（皖）	涂山风景区	省	100.00	175.00	0.00
648	怀远县（皖）	安徽怀远滨淮省级湿地公园	省	110.00	1200.00	—
649	五河县（皖）	大巩山森林公园	省	300.00	11000.00	0.00
650	凤台县（皖）	茅仙洞省级森林公园	省	8.40	760.00	252.00
651	当涂县（皖）	安徽省大青山李白文化旅游区	省	30.00	9100.00	—
652	含山县（皖）	大渔滩省级湿地公园	省	5.00	20.00	0.00
653	烈山区（皖）	龙集山风景区	省	33.70	6743.00	—
654	宜秀区（皖）	巨石山森林公园	省	147.00	12600.00	800.00
655	太湖县（皖）	太湖九井溪森林公园	省	55.00	165.00	—
656	宿松县（皖）	小孤山旅游风景名胜区	省	25.00	157.00	—
657	宿松县（皖）	白崖寨旅游风景区	省	13.50	465.00	—
658	岳西县（皖）	天峡景区	省	15.60	5920.00	1248.00
659	岳西县（皖）	明堂山景区	省	30.50	11590.00	3660.00
660	岳西县（皖）	岳西县彩虹瀑布	省	26.00	9880.00	3120.00
661	岳西县（皖）	映山红大观园	省	2.10	840.00	126.00
662	桐城市（皖）	安徽省龙眠山省级森林公园	省	1.50	700.00	—
663	屯溪区（皖）	花山谜窟景区	省	23.00	2027.00	—
664	黟　县（皖）	安徽省五溪山省级自然保护区	省	20.00	100.00	30.00
665	南谯区（皖）	红琊山省级森林公园	省	170.00	2550.00	—
666	来安县（皖）	滁州白鹭岛国际旅游度假村	省	20.00	500.00	50.00
667	颍上县（皖）	颍上县八里河省级自然保护区	省	100.00	12000.00	4000.00
668	砀山县（皖）	黄河湿地自然保护区	省	83.50	22798.00	—
669	萧　县（皖）	安徽省萧县皇藏峪自然保护区	省	75.36	62328.00	2780.00
670	郎溪县（皖）	观天下	省	15.00	1000.00	200.00
671	广德县（皖）	柏垫茅田山省级森林公园	省	200.00	6000.00	0.00
672	广德县（皖）	卢村笋山竹海森林公园	省	1000.00	50000.00	0.00
673	绩溪县（皖）	障山省级森林公园	省	25.00	1200.00	1000.00
674	上栗县（赣）	上栗县国有鸡冠营林林场	省	25.00	3556.00	—
675	上栗县（赣）	上栗县龙溪林场	省	20.00	3010.00	—

(续表)

序号	县(旗、市、区、局、场)	自然保护区、森林公园、风景名胜区等各类自然保护地(名称)	级别选项(国家、省、地、县)	实际接待人数(万人次)	旅游总收入(万元)	其中:门票收入(万元)
676	萍乡市武功山分局(赣)	萍乡武功山风景名胜区	省	280.30	218000.00	12000.00
677	永修县(赣)	云居山省级自然保护区	省	6.50	2275.00	—
678	彭泽县(赣)	彭泽县兆吉沟风景区	省	50.00	40.00	0.00
679	渝水区(赣)	百丈峰森林公园	省	6.00	6200.00	0.00
680	余江区(赣)	江西余江马岗岭省级森林公园	省	36.00	1200.00	—
681	余江区(赣)	江西白鸡峰省级森林公园	省	10.00	1500.00	—
682	龙南县(赣)	武当山森林公园	省	10.12	923.44	704.21
683	于都县(赣)	于都县罗田岩森林公园	省	18.00	195.00	0.00
684	于都县(赣)	于都县屏山省级森林公园	省	32.00	1410.00	450.00
685	兴国县(赣)	兴国县均福山森林公园	省	6.80	5535.00	—
686	兴国县(赣)	兴国县园岭森林公园	省	3.80	3100.00	—
687	瑞金市(赣)	罗汉岩省级森林公园	省	15.90	860.00	50.00
688	峡江县(赣)	玉笥山森林公园	省	47.00	43900.00	16899.00
689	万载县(赣)	万载县九龙庙森林公园	省	1.05	1050.00	—
690	万载县(赣)	万载县三十把省级自然保护区	省	1.00	200.00	—
691	临川区(赣)	江西金山岭省级森林公园	省	13.00	36.00	0.00
692	南丰县(赣)	南丰县观必上乐园	省	14.28	2.14	—
693	金溪县(赣)	翠云峰森林公园、沁湖湿地公园	省	61.00	13934.00	—
694	广丰区(赣)	广丰大南省级森林公园	省	16.03	93.50	—
695	广丰区(赣)	江西省六石岩省级森林公园	省	33.00	159.40	53.00
696	广丰区(赣)	广丰三山省级森林公园	省	27.06	139.45	—
697	广丰区(赣)	广丰龙华山省级森林公园	省	24.01	105.80	—
698	玉山县(赣)	江西玉山信江源省级自然保护区	省	20.13	11598.00	—
699	玉山县(赣)	玉山冰江省级森林公园	省	11.84	6822.00	—
700	济南市历下区(鲁)	趵突泉风景名胜区	省	2467.60	20444.44	13407.34
701	长清区(鲁)	卧龙峪森林公园	省	11.50	180.00	18.60
702	长清区(鲁)	五峰山森林公园	省	15.20	795.00	85.00
703	莱芜区(鲁)	莱芜莲花山省级森林公园	省	85.00	925.00	312.00
704	莱芜区(鲁)	莱芜九龙大峡谷省级地质公园	省	105.00	1356.00	421.00
705	莱芜区(鲁)	莱芜雪野省级风景名胜区	省	455.00	6231.00	0.00
706	莱芜区(鲁)	云台山省级森林公园	省	27.00	345.00	0.00
707	沂源县(鲁)	织女洞森林公园	省	10.00	56.00	51.00
708	沂源县(鲁)	沂源县鲁山森林公园	省	1.60	42.15	42.15
709	昌乐县(鲁)	昌乐仙月湖湿地公园	省	3.20	230.00	—
710	青州市(鲁)	青州市驼山省级森林公园	省	1.10	52.00	52.00
711	诸城市(鲁)	绿园森林公园	省	500.00	480.00	—
712	微山县(鲁)	南四湖省级自然保护区	省	450.00	300000.00	—
713	鱼台县(鲁)	鹿洼湿地公园	省	1.56	1166.00	—
714	鱼台县(鲁)	旧城湿地公园	省	1.53	1100.00	—
715	泗水县(鲁)	泗水尹城省级湿地公园	省	3.00	10.00	—
716	泗水县(鲁)	泗水县青龙山省级森林公园	省	4.00	65.00	—

（续表）

序号	县（旗、市、区、局、场）	自然保护区、森林公园、风景名胜区等各类自然保护地（名称）	级别选项（国家、省、地、县）	实际接待人数（万人次）	旅游总收入（万元）	其中：门票收入（万元）
717	梁山县（鲁）	水泊梁山风景名胜区	省	40.91	18902.00	
718	东平县（鲁）	东平县东平湖风景名胜区	省	140.00	76000.00	2000.00
719	新泰市（鲁）	泰安青云湖省级湿地公园	省	20.00	600.00	
720	新泰市（鲁）	泰安新汶省级森林公园	省	25.00	4300.00	500.00
721	新泰市（鲁）	泰安太平山省级自然保护区	省	8.00	3500.00	
722	新泰市（鲁）	泰安寺山省级地质公园	省	6.00	100.00	60.00
723	新泰市（鲁）	泰安青云山省级地质公园	省	20.00	600.00	
724	泰安市泰山景区（鲁）	泰山省级自然保护区	省	567.90	78000.00	40200.00
725	五莲县（鲁）	大青山旅游度假区	省	66.00	8400.00	195.00
726	费　县（鲁）	天蒙旅游景区塔山森林公园	省	700.00	3500.00	800.00
727	蒙阴县（鲁）	岱崮地貌国家地质公园	省	100.00	500.00	
728	临邑县（鲁）	临邑县红坛寺森林公园	省	0.82	1853.00	
729	乐陵市（鲁）	山东乐陵金丝小枣森林公园	省	8.02	1700.00	255.00
730	江北水城旅游度假区（鲁）	聊城市政管理处公园	省	3.10	57.00	25.00
731	江北水城旅游度假区（鲁）	聊城南湖湿地公园	省	9.60	302.00	175.00
732	江北水城旅游度假区（鲁）	姜堤乐园	省	49.91	1451.00	910.00
733	东明县（鲁）	东明黄河森林公园	省	45.00	380.00	180.00
734	荥阳市（豫）	郑州黄河湿地森林公园	省	71.70	810.00	—
735	荥阳市（豫）	桃花峪森林公园	省	60.00	1390.00	—
736	荥阳市（豫）	环翠峪森林公园	省	47.00	1250.00	—
737	新密市（豫）	神仙洞省级森林公园	省	50.00	4900.00	4500.00
738	登封市（豫）	大熊山森林公园	省	57.00	5700.00	—
739	孟津县（豫）	小浪底森林公园	省	50.00	300.00	40.00
740	汝阳县（豫）	西泰山景区	省	72.00	4500.00	—
741	汝阳县（豫）	大虎岭森林公园	省	5.50	200.00	—
742	偃师市（豫）	双龙山省级森林公园	省	2.25	178.00	—
743	卫东区（豫）	平顶山森林公园	省	13.20	2548.00	—
744	叶　县（豫）	望夫石森林公园	省	3.20	60.00	—
745	郏　县（豫）	眼明寺森林公园	省	9.00	1453.00	—
746	内黄县（豫）	二帝陵森林公园	省	133.00	6700.00	2870.00
747	林州市（豫）	蒿地掌森林公园	省	1.30	33.00	—
748	林州市（豫）	白泉森林公园	省	20.00	95.00	—
749	淇　县（豫）	黄洞森林公园	省	25.13	500.00	—
750	淇　县（豫）	云梦山风景自然公园	省	2.95	800.00	—
751	凤泉区（豫）	新乡凤凰山省级森林公园	省	17.10	94.00	—
752	原阳县（豫）	博浪沙省级森林公园	省	5.00	700.00	300.00
753	延津县（豫）	河南黄河故道森林公园	省	5.00	525.00	75.00
754	卫辉市（豫）	龙卧岩省级森林公园	省	21.00	4310.00	620.00
755	卫辉市（豫）	跑马岭省级森林公园	省	27.00	5300.00	870.00
756	中站区（豫）	焦作市中站区龙翔省级森林公园	省	4.30	401.00	—
757	南乐县（豫）	南乐县昌乐森林公园	省	30.00	3010.00	—

(续表)

序号	县(旗、市、区、局、场)	自然保护区、森林公园、风景名胜区等各类自然保护地(名称)	级别选项(国家、省、地、县)	实际接待人数(万人次)	旅游总收入(万元)	其中:门票收入(万元)
758	濮阳县(豫)	濮阳县张辉公园	省	8.00	8900.00	
759	临颍县(豫)	河南省临颍黄龙省级湿地公园	省	12.00	230.00	1.00
760	义马市(豫)	清风山省级森林公园	省	2.57	1660.00	
761	灵宝市(豫)	灵宝汉山风景区	省	23.70	299.00	55.00
762	卧龙区(豫)	独山森林公园	省	10.00	90.00	90.00
763	方城县(豫)	方城县七峰山森林公园	省	11.00	3000.00	—
764	方城县(豫)	方城县国有大寺林场	省	200.00	50.00	—
765	镇平县(豫)	镇平县菩提寺森林公园	省	25.00	1400.00	750.00
766	浉河区(豫)	杨家老寨省级森林公园	省	2.50	430.00	0.00
767	固始县(豫)	安山森林公园	省	11.00	300.00	60.00
768	确山县(豫)	乐山森林公园	省	80.00	16000.00	2400.00
769	泌阳县(豫)	泌阳盘古山省级森林公园	省	31.00	186.00	62.00
770	泌阳县(豫)	河南泌阳铜山风景名胜区	省	75.00	750.00	150.00
771	蔡甸区(鄂)	湖北省后官湖湿地公园	省	290.00	75400.00	—
772	蔡甸区(鄂)	湖北省沉湖湿地自然保护区	省	96.00	15360.00	—
773	蔡甸区(鄂)	索子长河湿地公园	省	29.00	6090.00	—
774	阳新县(鄂)	阳新县七峰山森林公园	省	5.00	3200.00	—
775	阳新县(鄂)	阳新县网湖湿地保护区	省	10.00	3000.00	—
776	阳新县(鄂)	阳新县莲花湖湿地公园	省	100.00	10000.00	—
777	大冶市(鄂)	雷山森林公园	省	20.00	8000.00	300.00
778	张湾区(鄂)	大西沟省级自然保护区	省	35.00	1.20	—
779	郧西县(鄂)	五龙河自然保护区	省	65.00	16930.00	3050.00
780	竹山县(鄂)	湖北白玉垭省级森林公园	省	3.00	191.00	—
781	竹山县(鄂)	湖北大百川省级森林公园	省	11.00	1.91	—
782	竹山县(鄂)	湖北竹山堵河源省级地质公园	省	300.00	2.91	100.00
783	房　县(鄂)	房县柳树垭森林公园	省	2.00	400.00	—
784	丹江口市(鄂)	龙口省级森林公园	省	5.00	500.00	—
785	丹江口市(鄂)	五朵峰省级自然保护区	省	8.00	800.00	—
786	谷城县(鄂)	承恩寺森林公园	省	22.00	33.00	—
787	石首市(鄂)	南岳山森林公园	省	40.00	700.00	0.00
788	石首市(鄂)	桃花山风景名胜区	省	50.00	8000.00	0.00
789	团风县(鄂)	湖北大崎山省级自然保护区	省	3.00	5530.00	—
790	麻城市(鄂)	湖北狮子峰省级自然保护区	省	12.70	2030.00	1500.00
791	麻城市(鄂)	麻城市龟峰山省级森林公园	省	26.00	6500.00	1800.00
792	武穴市(鄂)	湖北横岗山森林公园武穴管理区	省	7.20	242.00	0.00
793	通城县(鄂)	黄龙山森林自然公园	省	50.00	25000.00	—
794	通城县(鄂)	锡山森林公园	省	20.00	10000.00	—
795	通城县(鄂)	药姑山省级自然保护区	省	40.00	20000.00	—
796	随　县(鄂)	大洪山琵琶湖风景名胜区	省	12.00	5426.00	—
797	随　县(鄂)	随县七尖峰森林公园	省	12.00	1400.00	—
798	随　县(鄂)	炎帝故里风景名胜区	省	60.00	14000.00	4000.00

（续表）

序号	县（旗、市、区、局、场）	自然保护区、森林公园、风景名胜区等各类自然保护地（名称）	级别选项（国家、省、地、县）	实际接待人数（万人次）	旅游总收入（万元）	其中：门票收入（万元）
799	巴东县（鄂）	巴东格子河风景区	省	10.00	1000.00	400.00
800	巴东县（鄂）	巴山森林公园	省	2.00	320.00	42.00
801	鹤峰县（鄂）	八峰森林公园	省	0.35	215.00	—
802	仙桃市（鄂）	仙桃市赵西垸省级森林公园	省	75.00	1300.00	100.00
803	雨花区（湘）	石燕湖省级森林公园	省	76.70	8149.85	5196.00
804	宁乡市（湘）	湖南宁乡靳江省级湿公园	省	2.20	440.00	—
805	芦淞区（湘）	大京风景区	省	5.78	5.89	—
806	石峰区（湘）	石峰九郎山省级森林公园	省	1.85	35416.00	0.00
807	衡南县（湘）	江口鸟洲管理区	省	2.10	0.90	—
808	衡东县（湘）	湖南衡东天光山省级自然保护区	省	1200.00	2000.00	15.00
809	云溪区（湘）	云溪清溪省级森林公园	省	9.63	4341.00	0.00
810	君山区（湘）	天井山森林公园	省	1.50	210.00	—
811	湘阴县（湘）	湘阴县鹅形山省级森林公园	省	1.50	150.00	0.00
812	平江县（湘）	平江福寿山森林公园	省	0.96	188.56	28.86
813	平江县（湘）	平江连云山森林公园	省	11.45	1928.65	—
814	汨罗市（湘）	神鼎山森林公园	省	13.61	875.00	—
815	汨罗市（湘）	八景洞森林公园	省	1.48	260.00	—
816	汨罗市（湘）	玉池山风景名胜区	省	14.97	962.00	—
817	汨罗市（湘）	汨罗江湿地公园	省	10.15	659.00	—
818	澧　县（湘）	澧县天供山森林公园	省	23.00	1550.00	850.00
819	临澧县（湘）	太浮山风景名胜区	省	25.00	1800.00	—
820	江永县（湘）	湖南江永源口自然保护区	省	68.00	28152.00	3000.00
821	蓝山县（湘）	百叠岭生态森林康养旅游区	省	1.80	162.00	72.00
822	中方县（湘）	康龙自然保护区	省	3.00	600.00	—
823	辰溪县（湘）	仙人界省级森林公园	省	5.34	650.00	—
824	辰溪县（湘）	燕子洞风景名胜区	省	5.25	950.00	—
825	麻阳苗族自治县（湘）	麻阳苗族自治县西晃山林场	省	23.00	300.00	0.00
826	新晃侗族自治县（湘）	黄家垄森林公园	省	20.00	200.00	—
827	芷江侗族自治县（湘）	三道坑自然保护区	省	143.40	18043.00	0.00
828	娄星区（湘）	洪家山森林公园	省	90.00	8000.00	—
829	涟源市（湘）	涟源市包围山森林公园	省	9.10	250.00	—
830	黄埔区（粤）	广东天鹿湖森林公园	省	22.50	154.94	87.00
831	花都区（粤）	王子山森林公园	省	7.50	150.00	150.00
832	增城区（粤）	白水寨风景名胜区	省	61.00	3690.00	3690.00
833	南雄市（粤）	韶关帽子峰省级森林公园	省	16.16	1048.80	—
834	潮南区（粤）	广东大南山森林公园	省	27.00	2710.00	—
835	鹤山市（粤）	广东彩虹岭森林公园	省	0.72	5.00	0.00
836	鹤山市（粤）	广东大雁山森林公园	省	49.61	31.30	31.30
837	鹤山市（粤）	广东云乡森林公园	省	3.00	198.00	0.00
838	恩平市（粤）	广东河排森林公园	省	1.50	3.30	0.00
839	茂南区（粤）	茂名市森林公园	省	59.05	1345.00	1205.99

(续表)

序号	县(旗、市、区、局、场)	自然保护区、森林公园、风景名胜区等各类自然保护地(名称)	级别选项(国家、省、地、县)	实际接待人数(万人次)	旅游总收入(万元)	其中:门票收入(万元)
840	化州市(粤)	化州市六王山森林公园	省	12.72	19968.00	—
841	鼎湖区(粤)	肇庆黄金谷省级森林公园	省	30.00	900.00	100.00
842	高要区(粤)	肇庆高要金钟山省级森林公园	省	15.00	98.00	45.00
843	四会市(粤)	广东贞山森林公园	省	110.00	11000.00	0.00
844	博罗县(粤)	罗浮山自然保护区	省	100.00	20000.00	6000.00
845	平远县(粤)	平远县五指石省级风景名胜区	省	25.00	17500.00	1730.00
846	龙川县(粤)	霍山森林公园	省	11.33	3963.00	509.00
847	新丰江林管局(粤)	万绿谷风景区	省	22.28	1060.10	223.08
848	阳江花滩林场(粤)	广东花滩森林公园	省	8.00	60.00	
849	连南瑶族自治县(粤)	连南大鲵省级自然保护区	省	3.50	1400.00	0.00
850	连南瑶族自治县(粤)	连南板洞省级自然保护区	省	5.00	2000.00	0.00
851	清新区(粤)	广东笔架山森林公园	省	10.00	1500.00	0.00
852	清新区(粤)	广东太和洞森林公园	省	115.00	20500.00	587.00
853	英德市(粤)	清远英德英西省级地质公园	省	45.00	2000.00	1500.00
854	连州市(粤)	清远天湖省级森林公园	省	6.00	150.00	—
855	揭西县(粤)	揭阳黄满寨省级地质公园	省	10.40	166.40	
856	云城区(粤)	云浮蟠龙洞省级风景名胜区	省	300.00	600.00	60.00
857	郁南县(粤)	九星湖省级湿地公园	省	10.00	20.00	
858	藤　县(桂)	梧州市石表山休闲旅游风景区	省	23.37	3908.00	820.68
859	钦北区(桂)	广西钦州林湖自治区级森林公园	省	56.40	788.57	
860	浦北县(桂)	广西五皇山自治区森林公园	省	20.00	155.00	137.00
861	北流市(桂)	大容山自然保护区	省	77.98	252200.00	3535.00
862	高峰林场(桂)	广西高峰自治区级森林公园	省	35.00	298.50	
863	六万林场(桂)	六万大山森林公园	省	30.78	320.77	63.20
864	派阳山林场(桂)	广西派阳山自治区级森林公园	省	12.50	494.00	375.00
865	都江堰市(川)	四川省灵岩山森林公园	省	2.37	178.49	18.49
866	彭州市(川)	四川省白鹿森林公园	省	170.00	12300.00	0.00
867	自流井区(川)	四川省飞龙峡森林公园	省	66.50	14000.00	1200.00
868	荣　县(川)	荣县高石梯森林公园	省	26.00	520.00	
869	富顺县(川)	四川省黑凼口森林康养基地	省	35.00	6300.00	
870	富顺县(川)	四川省青山岭森林公园	省	25.00	4200.00	
871	普威林业局(川)	白洼森林康养基地	省	1.00	25.00	
872	江阳区(川)	泸州方山森林公园	省	29.00	3963.00	315.00
873	龙马潭区(川)	泸州市龙马潭区九狮山风景名胜区	省	2.80	58.00	58.00
874	泸　县(川)	玉龙湖风景名胜区	省	60.00	15600.00	0.00
875	泸　县(川)	玉蟾山风景名胜区	省	160.00	41600.00	110.00
876	古蔺县(川)	红龙湖森林公园	省	11.19	125.53	
877	古蔺县(川)	黄荆自然保护区	省	66.53	66985.00	6449.00
878	旌阳区(川)	四川省崴螺山森林公园	省	3.50	127.00	28.00
879	绵竹市(川)	剑南春森林公园	省	1.54	471.00	
880	绵竹市(川)	孝德年画村4A级风景区	省	135.00	81000.00	—

（续表）

序号	县(旗、市、区、局、场)	自然保护区、森林公园、风景名胜区等各类自然保护地（名称）	级别选项（国家、省、地、县）	实际接待人数（万人次）	旅游总收入（万元）	其中：门票收入（万元）
881	江油市(川)	江油市观雾山森林公园	省	25.00	715.00	—
882	朝天区(川)	四川水磨沟自然保护区	省	2.70	800.50	80.40
883	剑阁县(川)	四川省翠云廊古柏自然保护区	省	5.80	11020.00	—
884	船山区(川)	灵泉寺森林公园	省	96.53	27815.00	4108.00
885	射洪县(川)	四川省花果山森林公园	省	30.00	1000.00	0.00
886	东兴区(川)	四川省长江森林公园	省	0.80	4.50	—
887	威远县(川)	四川省慈菇塘森林公园	省	10.00	1500.00	0.00
888	峨边彝族自治县(川)	峨边彝族自治县黑竹沟风景名胜区	省	60.59	6424.61	2669.01
889	仁寿县(川)	黑龙滩森林公园	省	25.00	711.00	—
890	丹棱县(川)	九龙山森林公园	省	5.00	220.00	—
891	叙州区(川)	七星山省级森林公园	省	52.40	12022.00	38.00
892	叙州区(川)	石城山省级森林公园	省	43.50	10020.00	92.00
893	南溪区(川)	云台山森林公园	省	32.00	10474.00	—
894	江安县(川)	连天山森林公园	省	8.26	848.10	—
895	江安县(川)	青峰寺森林公园	省	2.21	226.90	—
896	高　县(川)	高县七仙湖湿地公园	省	9.50	3220.00	—
897	兴文县(川)	僰王山风景名胜区	省	58.70	2153.58	2030.36
898	屏山县(川)	老君山省级森林公园	省	20.00	10000.00	—
899	通川区(川)	四川省千口岭森林公园	省	40.00	4000.00	—
900	通川区(川)	四川省犀牛山森林公园	省	250.00	30000.00	—
901	达川区(川)	达川区真佛山风景区	省	6.00	60.00	—
902	达川区(川)	达川区雷音铺森林公园	省	12.00	2000.00	—
903	万源市(川)	四川省黑宝山森林公园	省	5.00	40.00	0.00
904	万源市(川)	四川省东林山森林公园	省	4.25	35.00	0.00
905	恩阳区(川)	四川省章怀山森林公园	省	10.00	1540.00	500.00
906	安岳县(川)	四川省千佛寨森林公园	省	8.69	3203.50	—
907	汶川县(川)	草坡自然保护区	省	37.00	5535.00	—
908	理　县(川)	理县毕棚沟风景区	省	69.00	9000.00	—
909	金川县(川)	四川金川措朗沟省级湿地公园	省	2.00	1400.00	—
910	丹巴县(川)	莫斯卡自然保护区	省	3.65	365.00	—
911	雅江县(川)	神仙山自然保护区	省	1.00	2000.00	—
912	雅江县(川)	庆大沟森林公园	省	0.30	1203.00	—
913	新龙县(川)	雄龙西自然保护区	省	2.00	2000.00	—
914	德格县(川)	四川德格珠姆省级湿地公园	省	0.56	672.00	19.00
915	德格县(川)	四川新路海自然保护区	省	0.88	1050.00	60.00
916	德格县(川)	四川德格玉隆省级湿地公园	省	15.02	588.00	17.00
917	理塘县(川)	扎嘎神山自然保护区	省	0.50	30.00	0.00
918	理塘县(川)	格木自然保护区	省	0.80	60.00	0.00
919	木里藏族自治县(川)	鸭咀风景区	省	1.70	2108.00	—
920	金阳县(川)	百草坡自然保护区	省	8.30	10000.00	—
921	冕宁县(川)	四川灵山森林公园	省	64.20	1507.96	64.21

(续表)

序号	县(旗、市、区、局、场)	自然保护区、森林公园、风景名胜区等各类自然保护地(名称)	级别选项(国家、省、地、县)	实际接待人数(万人次)	旅游总收入(万元)	其中:门票收入(万元)
922	乌当区(黔)	香纸沟-盘龙山森林公园	省	5.00	5000.00	—
923	乌当区(黔)	羊昌黄连森林公园	省	0.50	100.00	—
924	息烽县(黔)	息烽风景名胜区	省	15.00	1500.00	—
925	遵义市市辖区(黔)	云门囤景区	省	65.30	9562.32	6015.50
926	遵义市市辖区(黔)	贵州农业博览园	省	35.80	1850.30	552.20
927	余庆县(黔)	余庆县大乌江景区	省	130.00	46410.00	—
928	沿河土家族自治县(黔)	贵州沿河乌江森林公园	省	15.00	13041.20	—
929	兴义市(黔)	泥凼石林风景名胜区	省	4.37	5506.20	0.00
930	兴义市(黔)	鲁布格风景名胜区	省	13.70	17262.00	0.00
931	凯里市(黔)	凯里市罗汉山森林公园	省	331.90	33190.00	—
932	凯里市(黔)	凯里石仙山森林公园	省	126.30	12630.00	—
933	镇远县(黔)	高过河景区	省	12.66	2604.92	—
934	腾冲市(滇)	北海湿地自然保护区	省	40.00	1520.00	1060.00
935	大关县(滇)	黄连河风景区	省	290.43	4980.00	213.28
936	楚雄市(滇)	紫溪山自然保护区	省	28.65	257.00	257.00
937	双柏县(滇)	南安森林公园	省	26.50	2600.00	—
938	牟定县(滇)	牟定县化佛山风景区	省	6.24	312.00	—
939	元阳县(滇)	元阳观音山自然保护区	省	1870.00	872.00	150.00
940	砚山县(滇)	砚山浴仙湖风景名胜区	省	13.00	6256.10	—
941	麻栗坡县(滇)	老山省级自然保护区	省	1.12	101.00	—
942	丘北县(滇)	云南丘北普者黑省级自然保护区	省	585.30	159730.00	7730.00
943	广南县(滇)	八宝省级自然保护区	省	3.87	—	33.43
944	剑川县(滇)	剑川县千狮山风景名胜区	省	1.90	—	26.00
945	芒市(滇)	芒市孔雀谷森林公园	省	18.87	767.00	742.00
946	香格里拉市(滇)	虎跳峡风景名胜区	省	164.07	6868.81	6167.14
947	长安区(陕)	祥峪森林公园	省	10.00	—	300.00
948	岐山县(陕)	陕西省崛山森林公园	省	1.00	4.10	4.10
949	扶风县(陕)	陕西野河省级自然保护区	省	13.20	160.00	160.00
950	眉　县(陕)	红河谷森林公园	省	55.90	9061.00	2615.90
951	南郑区(陕)	陕西龙头山森林公园	省	2.20	1100.00	130.00
952	紫阳县(陕)	陕西省擂鼓台森林公园紫阳管理区	省	23.20	18890.00	50.00
953	平利县(陕)	女娲山森林公园	省	6.50	2130.00	—
954	洛南县(陕)	陕西省玉虚洞	省	0.80	110.00	40.00
955	华亭市(甘)	米家沟省级森林公园	省	2.00	24.00	19.00
956	西峰区(甘)	小崆峒	省	16.80	7.15	7.15
957	华池县(甘)	双塔森林公园	省	5.00	300.00	—
958	湟源县(青)	湟源东峡大黑沟省级森林公园	省	6.00	160.00	160.00
959	平安区(青)	峡群省级森林公园	省	4.20	30.00	30.00
960	祁连县(青)	青海黑河大峡谷森林公园	省	230.90	700.00	—
961	德令哈市(青)	德令哈柏树山森林公园	省	0.50	102.00	—
962	德令哈市(青)	可鲁克湖托素湖自然保护区	省	17.80	217.88	217.88

(续表)

序号	县(旗、市、区、局、场)	自然保护区、森林公园、风景名胜区等各类自然保护地(名称)	级别选项(国家、省、地、县)	实际接待人数(万人次)	旅游总收入(万元)	其中:门票收入(万元)
963	富蕴林场(新)	神钟山森林公园	省	90.00	5500.00	120.00
964	阿鲁科尔沁旗(内蒙古)	根皮庙	地	5.00	1200.00	—
965	林西县(内蒙古)	林西县九佛山旅游区	地	0.78	1300.00	—
966	林西县(内蒙古)	林西县大冷山森林公园	地	2.50	3250.00	—
967	林西县(内蒙古)	林西县三楞山旅游区	地	0.30	360.00	—
968	法库县(辽)	五龙山自然保护区	地	4.00	300.00	160.00
969	振安区(辽)	丹东市五龙山自然保护区	地	20.00	3500.00	55.00
970	盖州市(辽)	佛源寺	地	2.00	50.00	—
971	四平市市辖区(吉)	山门水库风景区	地	0.40	5.00	2.00
972	敦化市(吉)	敦化市雁鸣湖丹江山庄度假区	地	0.10	40.00	0.00
973	敦化市(吉)	敦化市寒葱岭红叶谷	地	5.00	75.00	75.00
974	敦化市(吉)	敦化市月牙湾森林生态旅游度假区	地	3.00	80.00	0.00
975	敦化市(吉)	敦化市布库里山旅游度假山庄	地	0.20	5.00	0.00
976	灌云县(苏)	灌云县伊芦山森林公园	地	38.41	538.00	354.96
977	江都区(苏)	扬州渌洋湖市级自然保护区	地	7.20	90.00	—
978	镇江市市辖区(苏)	圌山风景名胜区	地	160.00	50.00	—
979	桐庐县(浙)	桐庐天子地森林公园	地	40.00	2860.00	1750.00
980	文成县(浙)	松龙岭森林公园	地	20.00	10000.00	0.00
981	文成县(浙)	东方园森林公园	地	2.00	300.00	—
982	文成县(浙)	东方源森林公园	地	20.00	3000.00	—
983	金东区(浙)	金东区龙头殿森林公园	地	30.00	543.00	0.00
984	济南市市中区(鲁)	市中区大石崮市级森林公园	地	10.00	1860.00	1250.00
985	长清区(鲁)	双泉庵森林公园	地	7.00	495.00	0.00
986	长清区(鲁)	莲台山森林公园	地	11.00	661.00	25.00
987	济阳区(鲁)	济阳县垛石滨河市级森林公园	地	4.00	510.00	—
988	济阳区(鲁)	济阳县胜源市级森林公园	地	1.00	290.00	—
989	栖霞市(鲁)	崮山自然保护区	地	2.80	300.00	80.00
990	诸城市(鲁)	大山森林公园	地	3.00	1507.00	—
991	安丘市(鲁)	安丘市青云山市级森林公园	地	180.00	1500.00	1000.00
992	惠济区(豫)	郑州黄河风景名胜区	地	85.00	4203.00	1700.00
993	濮阳市高新区(豫)	濮上生态园区	地	45.00	3200.00	—
994	源汇区(豫)	神州鸟园	地	21.00	1685.00	1050.00
995	浉河区(豫)	五曲峡市级森林公园	地	3.60	650.00	0.00
996	阳新县(鄂)	阳新县父子山登山健身步道	地	5.00	2200.00	—
997	阳新县(鄂)	阳新县石田古驿景区	地	6.00	3300.00	—
998	阳新县(鄂)	阳新县兴国南市园博园	地	8.00	5000.00	—
999	渌口区(湘)	国有凤凰山林场	地	4.00	600.00	—
1000	蓝山县(湘)	云冰山旅游度假区	地	5.60	1248.00	336.00
1001	韶关市属总林场(粤)	韶关市九曲水森林公园	地	1.50	60.00	—
1002	香洲区(粤)	珠海香洲板樟山市级森林公园	地	60.00	19.10	0.00
1003	香洲区(粤)	珠海香洲香山湖市级森林公园	地	360.00	78.00	0.00

(续表)

序号	县(旗、市、区、局、场)	自然保护区、森林公园、风景名胜区等各类自然保护地(名称)	级别选项(国家、省、地、县)	实际接待人数(万人次)	旅游总收入(万元)	其中:门票收入(万元)
1004	潮南区(粤)	汕头市翠湖自然保护区	地	13.20	1540.00	—
1005	江海区(粤)	江门市白水带森林公园	地	190.00	194.00	35.00
1006	四会市(粤)	四会市莲塘迳湿地公园	地	1.50	200.00	0.00
1007	惠阳区(粤)	白云嶂市级森林公园	地	9.60	31.00	0.00
1008	惠阳区(粤)	金桔市级森林公园	地	19.60	64.00	0.00
1009	惠阳区(粤)	叶挺市级森林公园	地	51.80	53.00	0.00
1010	龙门县(粤)	大观园市级森林公园	地	127.20	41624.30	0.00
1011	龙门县(粤)	龙门温泉市级森林公园	地	52.99	17458.42	0.00
1012	梅县区(粤)	梅县区松口南寿峰市级森林公园	地	17.20	1402.00	554.00
1013	清城区(粤)	飞来湖湿地公园	地	430.00	850.00	—
1014	清新区(粤)	清远市清泉湾森林公园	地	24.00	8100.00	790.00
1015	中山市(粤)	中山卓旗山庄市级森林公园	地	38.70	769.00	—
1016	潮安区(粤)	潮州市丹桂森林公园	地	2.80	356.00	0.00
1017	钦南区(桂)	广西钦南那雾山市级森林公园	地	30.00	273.00	—
1018	陆川县(桂)	陆川龙珠湖风景区	地	155.00	7800.00	—
1019	陆川县(桂)	陆川谢鲁山庄旅游风景区	地	200.00	8500.00	—
1020	陆川县(桂)	陆川县谢仙嶂旅游风景区	地	150.00	800.00	—
1021	资中县(川)	资中县白云峡森林公园	地	1.00	100.00	0.00
1022	嘉陵区(川)	太和鹭鸟自然保护区	地	105.00	3000.00	—
1023	西充县(川)	百福寺森林公园	地	32.30	9560.00	0.00
1024	屏山县(川)	越西森林公园	地	2.00	1000.00	—
1025	宣汉县(川)	笔架山风景区	地	33.20	2250.00	—
1026	红原县(川)	红原县日干乔湿地自然保护区	地	4.00	200.00	0.00
1027	德格县(川)	四川多普沟自然保护区	地	0.53	630.00	30.00
1028	木里藏族自治县(川)	巴丁娜姆	地	0.40	491.00	—
1029	木里藏族自治县(川)	恰朗多吉	地	1.10	1351.00	—
1030	木里藏族自治县(川)	木里大寺	地	1.50	1842.00	—
1031	盐源县(川)	四川泸沽湖自然保护区	地	25.12	16330.00	2009.80
1032	兴义市(黔)	兴义坡岗喀斯特植被州级保护区	地	13.45	16947.00	0.00
1033	台江县(黔)	贵州台江南宫州级自然保护区	地	0.90	30.00	0.00
1034	麒麟区(滇)	麒麟水乡	地	150.00	8000.00	300.00
1035	麒麟区(滇)	克依黑风景区	地	220.00	7000.00	500.00
1036	双柏县(滇)	白竹山州级自然保护区	地	9.20	2300.00	—
1037	双柏县(滇)	恐龙河州级自然保护区	地	11.60	3400.00	—
1038	元谋县(滇)	元谋县土林州级自然保护区	地	50.00	2485.00	1930.00
1039	迁安市(冀)	迁安塔寺峪景区	县	10.00	537.00	350.00
1040	迁安市(冀)	挂云山景区	县	4.00	268.00	140.00
1041	内丘县(冀)	寒山景区	县	17.00	798.00	520.00
1042	满城区(冀)	满城陵山汉墓	县	5.58	365.00	—
1043	满城区(冀)	满城柿子沟	县	6.42	485.00	—
1044	唐　县(冀)	全胜峡景区	县	18.50	520.00	520.00

（续表）

序号	县（旗、市、区、局、场）	自然保护区、森林公园、风景名胜区等各类自然保护地（名称）	级别选项（国家、省、地、县）	实际接待人数（万人次）	旅游总收入（万元）	其中：门票收入（万元）
1045	顺平县（冀）	顺平县龙潭湖风景区	县	4.20	185.00	40.00
1046	沽源县（冀）	老掌沟国际越野小镇	县	215.00	150.00	125.00
1047	永济市（晋）	雪花山	县	24.00	1200.00	750.00
1048	松山区（内蒙古）	松山区皇家漫甸景区	县	1.50	500.00	—
1049	阿鲁科尔沁旗（内蒙古）	巴彦花水库	县	2.50	1000.00	—
1050	阿鲁科尔沁旗（内蒙古）	阿日宝力高沙地	县	2.50	500.00	—
1051	宁城县（内蒙古）	黑里河漂流乐园	县	1.15	225.00	—
1052	卓资县（内蒙古）	红召九龙湾	县	13.00	2100.00	—
1053	抚顺县（辽）	天女山森林公园	县	90.00	3200.00	2700.00
1054	朝阳县（辽）	槐树洞风景区	县	13.00	1891.00	600.00
1055	朝阳县（辽）	苏营子苍鹭湿地保护区	县	4.00	802.00	—
1056	东丰县（吉）	江城公园	县	15.00	300.00	50.00
1057	东昌区（吉）	白鸡峰森林公园	县	10.00	1200.00	—
1058	柳河县（吉）	罗通山	县	2.00	600.00	—
1059	宝清县（黑）	高家庄	县	1.00	94.00	—
1060	宝清县（黑）	梨树山庄	县	2.00	200.00	40.00
1061	宝清县（黑）	圣洁摇篮山滑雪场	县	12.00	1200.00	720.00
1062	三门县（浙）	大岙坑自然保护小区	县	10.00	3835.00	—
1063	三门县（浙）	瑞云山自然保护小区	县	3.00	735.00	—
1064	三门县（浙）	湫水山森林公园	县	20.00	6415.00	—
1065	祁门县（皖）	黄山市祁门县牯牛降九龙池景区	县	52.00	26000.00	3120.00
1066	祁门县（皖）	祁门县柏溪燕山（九都山）森林公园	县	29.00	8120.00	0.00
1067	祁门县（皖）	黄山 168 国际徒步探险基地	县	10.00	1000.00	0.00
1068	颍东区（皖）	岳家湖公园	县	5.00	0.60	—
1069	东至县（皖）	东至县马坑紫石塔自然保护区	县	3.00	210.00	—
1070	东至县（皖）	东至县仙寓山-南溪古寨风景区	县	4.00	273.00	8.00
1071	永修县（赣）	燕山龙源峡风景区	县	3.20	1120.00	—
1072	彭泽县（赣）	彭泽绿发生态农业观光园	县	5.00	350.00	100.00
1073	彭泽县（赣）	彭泽凤凰颈生态旅游区	县	2.00	60.00	40.00
1074	新干县海源景区		县	83.00	165530.00	41490.00
1075	泰和县（赣）	泰和县紫瑶山自然保护区	县	14.00	10.00	—
1076	泰和县（赣）	泰和县天湖山自然保护区	县	12.00	8.00	—
1077	遂川县（赣）	遂川大湾里县级自然保护区	县	0.50	25.00	0.00
1078	遂川县（赣）	遂川五指峰县级自然保护区	县	2.00	160.00	—
1079	遂川县（赣）	遂川大坝里县级自然保护区	县	2.30	140.00	—
1080	遂川县（赣）	遂川高坪夏候鸟迁徙停留地县级自然保护区	县	5.00	250.00	0.00
1081	资溪县（赣）	资溪县大觉山景区	县	238.00	150600.00	—
1082	鱼台县（鲁）	孟楼湿地公园	县	2.90	2500.00	—
1083	沂南县（鲁）	竹泉村	县	50.00	5000.00	3000.00
1084	阳信县（鲁）	阳信县万亩梨园风景区	县	59.00	30000.00	5900.00

(续表)

序号	县(旗、市、区、局、场)	自然保护区、森林公园、风景名胜区等各类自然保护地(名称)	级别选项(国家、省、地、县)	实际接待人数(万人次)	旅游总收入(万元)	其中:门票收入(万元)
1085	西工区(豫)	洛阳红山欢乐谷旅游度假区	县	100.00	400.00	0.00
1086	新安县(豫)	青要山	县	70.00	7362.00	4260.00
1087	新安县(豫)	黛眉山	县	90.00	9846.00	5430.00
1088	新安县(豫)	龙潭大峡谷	县	120.00	14863.00	8462.00
1089	汝阳县(豫)	龙隐景区	县	16.00	510.00	—
1090	伊川县(豫)	伊川万安山山顶公园	县	20.70	1653.00	1651.10
1091	伊川县(豫)	伊川鹤鸣峡风景区	县	25.00	2100.00	1936.00
1092	伊川县(豫)	伊川县荆山公园	县	30.00	600.00	0.00
1093	龙安区(豫)	长春观	县	100.00	500.00	500.00
1094	龙安区(豫)	凤凰岗生态园	县	10.00	100.00	30.00
1095	龙安区(豫)	马鞍山森岭公园	县	100.00	500.00	500.00
1096	龙安区(豫)	蜡梅园	县	10.00	50.00	30.00
1097	林州市(豫)	水河森林公园	县	9.00	65.00	—
1098	林州市(豫)	天平山森林公园	县	6.10	196.00	132.50
1099	林州市(豫)	柏尖山森林公园	县	51.00	1250.00	—
1100	华龙区(豫)	东北庄园区	县	16.70	2506.00	835.00
1101	西峡县(豫)	龙潭沟风景区	县	26.00	2000.00	700.00
1102	内乡县(豫)	云露山	县	12.50	840.00	590.00
1103	内乡县(豫)	二龙山景区	县	26.00	2590.00	1590.00
1104	新野县(豫)	新野县白河滩湿地公园	县	24.00	2860.00	—
1105	桐柏县(豫)	桐柏山红叶自然保护区	县	10.00	200.00	200.00
1106	宁陵县(豫)	宁陵万顷梨园景区	县	80.00	4000.00	—
1107	西华县(豫)	黄桥万亩桃园观花及休闲基地	县	10.00	480.00	200.00
1108	商水县(豫)	指南针葡萄园	县	2.01	90.00	—
1109	商水县(豫)	商水县森林公园	县	1.50	160.00	—
1110	商水县(豫)	陆捷园林	县	0.82	124.00	—
1111	商水县(豫)	商水县和畅生态园	县	0.55	40.00	—
1112	商水县(豫)	商水县银杏博览园	县	0.60	60.00	—
1113	大悟县(鄂)	悟峰山风景区	县	10.00	120.00	50.00
1114	云梦县(鄂)	台湖自然保护小区	县	30.00	2660.00	—
1115	荆州区(鄂)	川店镇红旗林场	县	1.50	100.00	30.00
1116	江陵县(鄂)	蓝星岛	县	10.70	800.00	800.00
1117	巴东县(鄂)	铁厂荒森林花海	县	50.00	20000.00	3000.00
1118	宣恩县(鄂)	伍家台	县	65.00	10975.00	0.00
1119	宣恩县(鄂)	狮子关	县	45.60	5000.00	2000.00
1120	鹤峰县(鄂)	五里乡五龙山	县	0.70	436.00	—
1121	鹤峰县(鄂)	中营镇大路坪	县	0.30	220.00	—
1122	鹤峰县(鄂)	容美屏山	县	5.50	4750.00	1000.00
1123	鹤峰县(鄂)	燕子镇董家河	县	0.58	345.00	—
1124	鹤峰县(鄂)	走马木耳山茶园	县	1.50	1000.00	—
1125	鹤峰县(鄂)	燕子镇大龙洞养生谷	县	1.20	690.00	—

（续表）

序号	县（旗、市、区、局、场）	自然保护区、森林公园、风景名胜区等各类自然保护地（名称）	级别选项（国家、省、地、县）	实际接待人数（万人次）	旅游总收入（万元）	其中：门票收入（万元）
1126	鹤峰县（鄂）	石龙洞生态旅游	县	1.40	860.00	
1127	茶陵县（湘）	茶香花海	县	28.00	130.00	56.00
1128	茶陵县（湘）	中国花湖谷景区	县	30.00	140.00	60.00
1129	蒸湘区（湘）	雨母山风景名胜区	县	35.40	9420.00	—
1130	大祥区（湘）	松坡森林公园	县	2.13	3230.00	—
1131	大祥区（湘）	金山湖	县	2.96	1780.00	—
1132	邵阳县（湘）	河伯岭自然保护区	县	5.00	22.00	—
1133	平江县（湘）	平江县长寿采育场	县	12.00	1200.00	600.00
1134	资阳区（湘）	紫薇博览园	县	2800.00	1400.00	—
1135	鹤城区（湘）	怀化大峡谷	县	17.00	12300.00	680.00
1136	鹤城区（湘）	怀化市凉山森林公园	县	50.00	7200.00	—
1137	辰溪县（湘）	城南中心公园	县	2.30	50.00	—
1138	辰溪县（湘）	刘晓森林公园	县	5.20	260.00	—
1139	溆浦县（湘）	圣人山自然保护区	县	9.00	950.00	—
1140	溆浦县（湘）	米粮洞自然保护区	县	8.00	750.00	—
1141	会同县（湘）	粟裕公园	县	20.00	50.00	—
1142	新化县（湘）	新化县古台山森林公园	县	7.00	850.00	0.00
1143	从化区（粤）	联溪森林公园	县	10.00	200.00	40.00
1144	从化区（粤）	广州从化外婆家森林公园	县	1.50	300.00	30.00
1145	新丰县（粤）	新丰县黄礤樱花公园	县	8.00	150.00	—
1146	新丰县（粤）	新丰云天海温泉原始森林度假村	县	14.00	2226.00	—
1147	南雄市（粤）	韶关南雄泉水谷县级森林公园	县	7.80	780.00	—
1148	南雄市（粤）	韶关南雄香草世界县级森林公园	县	12.00	686.69	—
1149	香洲区（粤）	珠海香洲拱北将军山区级森林公园	县	10.00	135.00	0.00
1150	顺德区（粤）	顺德翠湖森林公园	县	13.92	577.78	514.77
1151	三水区（粤）	佛山市南丹山旅游区	县	2.30	37.60	37.60
1152	电白区（粤）	茂名放鸡岛旅游区	县	15.00	3100.00	2000.00
1153	化州市（粤）	化州市橘州生态林公园	县	8.30	563.00	—
1154	化州市（粤）	化州市尖岗岭森林公园	县	16.81	16873.00	—
1155	信宜市（粤）	信宜市石根山风景旅游区	县	5.00	230.00	100.00
1156	信宜市（粤）	信宜市太华山森林公园	县	5.00	150.00	80.00
1157	广宁县（粤）	宝锭山景区	县	2.45	367.50	85.70
1158	德庆县（粤）	盘龙峡森林生态旅游景区	县	132.32	106200.00	37170.00
1159	高要区（粤）	肇庆高要砚坑县级自然保护区	县	22.76	872.41	624.99
1160	四会市（粤）	四会壮坑森林公园	县	2.20	230.00	0.00
1161	四会市（粤）	四会黄牛头森林公园	县	3.30	350.00	0.00
1162	四会市（粤）	四会皇帝岭森林公园	县	2.20	200.00	0.00
1163	四会市（粤）	四会江林湖森林公园	县	3.50	400.00	0.00

(续表)

序号	县(旗、市、区、局、场)	自然保护区、森林公园、风景名胜区等各类自然保护地(名称)	级别选项(国家、省、地、县)	实际接待人数(万人次)	旅游总收入(万元)	其中:门票收入(万元)
1164	四会市(粤)	四会水迳森林公园	县	1.30	150.00	0.00
1165	四会市(粤)	四会五指山森林公园	县	1.20	150.00	0.00
1166	四会市(粤)	四会市奇石河森林公园	县	10.00	1000.00	0.00
1167	四会市(粤)	四会市飞鹅岭森林公园	县	50.00	1000.00	0.00
1168	四会市(粤)	四会黄田森林公园	县	11.00	1200.00	0.00
1169	五华县(粤)	五华县益塘水库	县	40.00	98.00	83.00
1170	五华县(粤)	五华县新丰寨旅游区	县	13.80	25.80	10.30
1171	五华县(粤)	五华县双龙山旅游区	县	16.90	46.80	22.50
1172	兴宁市(粤)	梅州兴宁熙和湾县级森林公园	县	50.00	2300.00	—
1173	源城区(粤)	桂山(野趣沟)县级森林公园	县	12.07	725.24	388.15
1174	连山壮族瑶族自治县(粤)	连山县鹰扬关景区	县	1.68	21.84	21.84
1175	连山壮族瑶族自治县(粤)	连山县大旭山景区	县	1.73	43.09	43.09
1176	连南瑶族自治县(粤)	连南县东山森林公园	县	8.00	3500.00	0.00
1177	连南瑶族自治县(粤)	连南县西北山森林公园	县	15.00	6000.00	0.00
1178	连南瑶族自治县(粤)	连南县大埂森林公园	县	10.50	4200.00	0.00
1179	英德市(粤)	清远宝晶宫省级风景名胜区	县	9.50	3800.00	600.00
1180	英德市(粤)	清远英德浈阳湖县级湿地公园	县	236.00	3000.00	360.00
1181	连州市(粤)	清远连州巾峰山县级森林公园	县	30.00	100.00	—
1182	潮安区(粤)	潮州市潮安区凤翔峡森林公园	县	17.00	155.00	57.00
1183	普宁市(粤)	盘龙阁自然保护区	县	10.30	2.70	—
1184	普宁市(粤)	普宁善德梅海	县	46.30	220.00	30.00
1185	融安县(桂)	石门仙湖风景区	县	50.00	160810.00	6000.00
1186	容 县(桂)	容县都峤山风景区	县	100.00	5000.00	600.00
1187	陆川县(桂)	陆川东山休闲养生风景区	县	73.00	1380.00	—
1188	德保县(桂)	红叶森林公园	县	10.50	5250.00	840.00
1189	游仙区(川)	游仙水禽湿地自然保护区	县	46.50	8398.00	—
1190	游仙区(川)	渔父村森林公园	县	7.50	568.00	—
1191	井研县(川)	研溪湿地	县	125.00	1300.00	—
1192	长宁县(川)	七洞沟	县	22.00	750.00	63.80
1193	长宁县(川)	泽鸿故居	县	4.00	8.00	—
1194	长宁县(川)	佛来山	县	64.90	6490.00	—
1195	德格县(川)	四川阿木拉自然保护区	县	0.35	420.00	18.00
1196	德格县(川)	四川阿须湿地自然保护区	县	0.35	420.00	12.00
1197	德格县(川)	四川志巴沟自然保护区	县	0.35	420.00	12.00
1198	甘孜州林业工程处(川)	雅江县天路休闲庄	县	1.00	55.00	—
1199	普格县(川)	大漕河温泉	县	4.30	1266.00	—
1200	遵义市市辖区(黔)	漫花谷景区	县	15.20	852.50	265.20
1201	播州区(黔)	洪关太阳坪景区	县	46.00	2221.00	150.00

（续表）

序号	县（旗、市、区、局、场）	自然保护区、森林公园、风景名胜区等各类自然保护地（名称）	级别选项（国家、省、地、县）	实际接待人数（万人次）	旅游总收入（万元）	其中：门票收入（万元）
1202	绥阳县（黔）	绥阳观音岩县级森林公园	县	6.50	394.88	88.28
1203	三穗县（黔）	贵洞景区	县	100.00	1000.00	0.00
1204	从江县（黔）	岜沙县级自然保护区	县	513.00	113580.00	1080.00
1205	江川区（滇）	江川区碧云寺森林旅游区	县	13.00	536.00	78.00
1206	江川区（滇）	江川区李家山古滇国墓葬遗址森林旅游区	县	1.30	12.00	—
1207	江川区（滇）	江川区白山寺森林公园	县	6.40	365.00	—
1208	通海县（滇）	秀山公园	县	14.00	95.00	95.00
1209	华宁县（滇）	通红甸太极温泉度假村	县	2.00	300.00	—
1210	华宁县（滇）	华宁县象鼻山温泉度假村	县	3.00	700.00	—
1211	施甸县（滇）	善洲林场	县	20.93	1469.00	—
1212	施甸县（滇）	摩苍林场	县	2.00	544.00	—
1213	腾冲市（滇）	火山地质公园	县	52.00	2040.00	1680.00
1214	腾冲市（滇）	云峰山森林公园	县	8.00	1080.00	140.00
1215	腾冲市（滇）	樱花谷森林公园	县	2.10	81.00	81.00
1216	腾冲市（滇）	江东古银杏村	县	43.00	4950.00	830.00
1217	昌宁县（滇）	云南昌宁澜沧江县级自然保护区	县	16.32	11517.00	—
1218	开远市（滇）	开远市南洞自然保护区	县	34.13	306.56	295.12
1219	弥勒市（滇）	湖泉生态园	县	202.00	21800.00	—
1220	弥勒市（滇）	东风韵	县	143.00	1127.00	—
1221	弥勒市（滇）	太平湖森林小镇	县	53.65	1242.36	—
1222	漾濞彝族自治县（滇）	脉地大花园	县	12.00	1200.00	—
1223	漾濞彝族自治县（滇）	马鹿塘大花园	县	15.00	1500.00	—
1224	安宁市（滇）	安宁青龙水神峤景区	县	1.20	49.70	5.60
1225	甘泉县（陕）	劳山森林公园	县	0.70	51.00	28.00
1226	西乡县（陕）	午子山	县	24.60	1279.00	440.00
1227	榆阳区（陕）	红石峡森林公园	县	2.50	86.00	75.00
1228	靖边县（陕）	五台森林公园	县	37.60	3150.00	—
1229	洛南县（陕）	洛南县老君山	县	16.00	5060.00	800.00
1230	金塔县（甘）	金塔县沙漠胡杨林景区	县	41.36	1713.00	1540.80

表 17-1　蜂蜜主产地产量

（续表）

序号	蜂蜜主产地	养蜂户数（户）	蜜蜂饲养数量（群）	蜂蜜产量（千克）	序号	蜂蜜主产地	养蜂户数（户）	蜜蜂饲养数量（群）	蜂蜜产量（千克）
1	海淀区（京）	9	505	6475.00	7	大兴区（京）	50	4804	105000.00
2	门头沟区（京）	416	19600	640000.00	8	怀柔区（京）	180	14500	200000.00
3	房山区（京）	1040	34770	466695.00	9	延庆区（京）	123	10360	259000.00
4	通州区（京）	21	1138	36985.00	10	平山县（冀）	519	3154	77150.00
5	顺义区（京）	138	20000	110000.00	11	永年区（冀）	4	—	8500.00
6	昌平区（京）	370	26500	123500.00	12	广宗县（冀）	10	—	400.00

(续表)

序号	蜂蜜主产地	养蜂户数(户)	蜜蜂饲养数量(群)	蜂蜜产量(千克)
13	平泉市(冀)	248	18000	600000.00
14	丰宁满族自治县(冀)	120	3600	16880.00
15	围场满族蒙古族自治县(冀)	10	10	9000.00
16	古交市(晋)	5	0	2000.00
17	襄垣县(晋)	3	3	500.00
18	陵川县(晋)	843	9861	49305.00
19	平陆县(晋)	7	—	2440.00
20	清水河县(内蒙古)	8	—	16000.00
21	宁城县(内蒙古)	160	3200	64000.00
22	乌审旗(内蒙古)	136	18000	28000.00
23	新宾满族自治县(辽)	539	9966	52668.00
24	清原满族自治县(辽)	280	16000	170000.00
25	南芬区(辽)	—	—	2600.00
26	凌源市(辽)	780	52000	4000000.00
27	龙潭区(吉)	1	—	200.00
28	蛟河市(吉)	96	2660	1435000.00
29	舒兰市(吉)	20	2530	113850.00
30	通化县(吉)	2	—	10000.00
31	辉南县(吉)	165	6300	8000.00
32	白山市市辖区(吉)	46	3200	5000.00
33	抚松县(吉)	15	—	1000.00
34	临江市(吉)	45	—	70000.00
35	洮南市(吉)	110	—	300000.00
36	和龙市(吉)	330	20500	410000.00
37	大石头林业局(吉)	10	—	2440.00
38	八家子林业局(吉)	103	3420	2017500.00
39	和龙林业局(吉)	40	3580	125300.00
40	汪清林业局(吉)	80	2200	54380.00
41	大兴沟林业局(吉)	30	—	45000.00
42	白河林业局(吉)	50	150	2000.00
43	珲春林业局(吉)	5	—	1000.00
44	安图森林经营局(吉)	8	910	36600.00
45	依兰县(黑)	3	1	5000.00
46	方正县(黑)	112	20100	198200.00
47	通河县(黑)	15	100000	4000000.00
48	五常市(黑)	270	—	9000.00
49	梨树区(黑)	6	210	1000.00
50	鸡东县(黑)	230	800	180000.00
51	工农区(黑)	18	—	100500.00
52	宝清县(黑)	285	285	1530000.00
53	嘉荫县(黑)	140	20000	500000.00
54	七台河市直属单位(黑)	4	150	3200.00
55	呼玛县(黑)	3	—	2400.00
56	漠河县(黑)	1	—	3500.00

(续表)

序号	蜂蜜主产地	养蜂户数(户)	蜜蜂饲养数量(群)	蜂蜜产量(千克)
57	贾汪区(苏)	3	—	12500.00
58	吴江区(苏)	1	15	500.00
59	灌云县(苏)	10	—	13500.00
60	洪泽区(苏)	5	80	2000.00
61	盐都区(苏)	10	350	6000.00
62	京口区(苏)	—	—	500000.00
63	萧山区(浙)	104	13067	540000.00
64	淳安县(浙)	20		40120.00
65	婺城区(浙)	596	38179	4428760.00
66	常山县(浙)	68	2600	1000000.00
67	开化县(浙)	4250	45000	425000.00
68	芜湖县(皖)	50	6000	60000.00
69	五河县(皖)	20	20	200000.00
70	潜山市(皖)	160	250	14800.00
71	岳西县(皖)	187	1010	2300.00
72	桐城市(皖)	250	15400	1500000.00
73	歙　县(皖)	258	14207	370300.00
74	祁门县(皖)	126	3940	26455.00
75	凤阳县(皖)	55	7000	300000.00
76	颍州区(皖)	16	—	3200.00
77	临泉县(皖)	320	5300	544000.00
78	阜南县(皖)	80	1	80000.00
79	界首市(皖)	44	1097	82000.00
80	萧　县(皖)	68	68	300000.00
81	东至县(皖)	42	—	4930.00
82	绩溪县(皖)	3068	98000	7800000.00
83	芦溪县(赣)	42	132	8600.00
84	余江区(赣)	95	—	12000.00
85	赣县区(赣)	107	107	9880.00
86	信丰县(赣)	158	—	242000.00
87	大余县(赣)	50	—	360000.00
88	上犹县(赣)	175	0	43750.00
89	龙南县(赣)	70	3093	154654.00
90	宁都县(赣)	30	—	48100.00
91	于都县(赣)	100	4500	44000.00
92	兴国县(赣)	210	4221	81000.00
93	石城县(赣)	20	500	6600.00
94	瑞金市(赣)	36	15360	5120.00
95	青原区(赣)	3	150	310.00
96	永丰县(赣)	200	6100	100000.00
97	泰和县(赣)	100	—	5000.00
98	遂川县(赣)	250	80	520000.00
99	井冈山市(赣)	25	—	28000.00
100	袁州区(赣)	10	10	800.00

（续表）

序号	蜂蜜主产地	养蜂户数（户）	蜜蜂饲养数量（群）	蜂蜜产量（千克）
101	宜丰县(赣)	1500	55000	550000.00
102	崇仁县(赣)	3	—	3000.00
103	乐安县(赣)	55	80	55000.00
104	广昌县(赣)	32	0	50000.00
105	上饶县(赣)	6040	66000	845800.00
106	玉山县(赣)	1104	1795	36158.00
107	平阴县(鲁)	61	2392	150.00
108	章丘区(鲁)	362	—	378000.00
109	济南市南部山区(鲁)	164	11827	181287.00
110	高青县(鲁)	38	395	11750.00
111	沂源县(鲁)	312	2050	159000.00
112	莱阳市(鲁)	13	300	5000.00
113	青州市(鲁)	560	38669	1933450.00
114	汶上县(鲁)	—	1000	33000.00
115	泗水县(鲁)	139	11800	220000.00
116	梁山县(鲁)	5	—	10000.00
117	东平县(鲁)	50	50	10000.00
118	泰安市高新区(鲁)	13	13	144000.00
119	莒　县(鲁)	1270	167900	12100000.00
120	乐陵市(鲁)	60	580	1400.00
121	惠民县(鲁)	60	—	1330.00
122	曹　县(鲁)	13	2400	84000.00
123	成武县(鲁)	30	—	1000.00
124	新密市(豫)	750	—	100900.00
125	尉氏县(豫)	460	51000	300.00
126	孟津县(豫)	1100	12000	150000.00
127	宜阳县(豫)	19	29	124.00
128	洛阳市伊洛工业园区(豫)	33	3068	100800.00
129	南乐县(豫)	40	1700	60800.00
130	西峡县(豫)	4312	32203	161015.00
131	镇平县(豫)	126	220	3348.00
132	内乡县(豫)	80	200	360.00
133	淅川县(豫)	185	—	34720.00
134	新野县(豫)	15	—	500.00
135	平桥区(豫)	633	75530	189000.00
136	遂平县(豫)	12	—	5000.00
137	阳新县(鄂)	66	—	1647.00
138	竹山县(鄂)	4835	6289	60000.00
139	房　县(鄂)	1077	51709	620014.00
140	襄城区(鄂)	25	720	1500.00
141	南漳县(鄂)	680	24000	65000.00
142	谷城县(鄂)	396	15000	150000.00
143	老河口市(鄂)	18	—	15000.00
144	东宝区(鄂)	190	2000	50000.00

（续表）

序号	蜂蜜主产地	养蜂户数（户）	蜜蜂饲养数量（群）	蜂蜜产量（千克）
145	屈家岭管理区(鄂)	4	170	1500.00
146	京山县(鄂)	2966	26064	41225.00
147	钟祥市(鄂)	3400	35000	110000.00
148	孝昌县(鄂)	20	500	2000.00
149	大悟县(鄂)	109	3	9000.00
150	英山县(鄂)	102	—	10200.00
151	麻城市(鄂)	2000	23000	2500000.00
152	崇阳县(鄂)	988	15000	150500.00
153	随　县(鄂)	347	35000	3800000.00
154	利川市(鄂)	1478	40000	30000.00
155	巴东县(鄂)	4326	12886	124337.00
156	宣恩县(鄂)	150	1	1000.00
157	神农架林区(鄂)	2500	50000	320000.00
158	雨花区(湘)	70	—	720.00
159	宁乡市(湘)	198	50000	100000.00
160	渌口区(湘)	56	960	13000.00
161	攸　县(湘)	3000	—	60000.00
162	茶陵县(湘)	2780	32000	480000.00
163	湘潭市市辖区(湘)	448	—	90002.00
164	湘潭县(湘)	223	—	45229.00
165	韶山市(湘)	300	—	21000.00
166	祁东县(湘)	70	480	150000.00
167	耒阳市(湘)	12	36	400.00
168	邵阳县(湘)	68	3800	13000.00
169	隆回县(湘)	—	—	480.00
170	绥宁县(湘)	70	1500	3300.00
171	新宁县(湘)	452	9200	100000.00
172	城步苗族自治县(湘)	23	—	16000.00
173	岳阳县(湘)	300	—	30000.00
174	华容县(湘)	15	15	6000.00
175	平江县(湘)	786	36500	1240000.00
176	常德市市辖区(湘)	42	7	5096.00
177	鼎城区(湘)	147	19000	900000.00
178	澧　县(湘)	981	110000	2800000.00
179	桃源县(湘)	10	—	1800.00
180	石门县(湘)	20000	90000	2000000.00
181	永定区(湘)	2500	—	5000.00
182	安化县(湘)	1126	9826	52450.00
183	永兴县(湘)	59	610	1280.00
184	冷水滩区(湘)	2	12	256.00
185	蓝山县(湘)	230	532	6384.00
186	金洞林场(湘)	12	50	3000.00
187	中方县(湘)	30	—	35000.00
188	沅陵县(湘)	1463	30580	230000.00

(续表)

序号	蜂蜜主产地	养蜂户数(户)	蜜蜂饲养数量(群)	蜂蜜产量(千克)
189	会同县(湘)	50	—	6000.00
190	芷江侗族自治县(湘)	660	2600	36512.00
191	通道侗族自治县(湘)	5	1	110.00
192	洪江市(湘)	110	3500	165000.00
193	新化县(湘)	1020	30000	35500.00
194	增城区(粤)	367	1900	47861.50
195	武江区(粤)	60	—	10000.00
196	仁化县(粤)	170	3300	63000.00
197	翁源县(粤)	18	—	9000.00
198	潮南区(粤)	52	—	12000.00
199	信宜市(粤)	10000	—	60000.00
200	惠东县(粤)	1000	3	100000.00
201	五华县(粤)	100	30	3600.00
202	和平县(粤)	9800	—	210000.00
203	阳西县(粤)	20	0	2000.00
204	阳春市(粤)	1853	35	1111800.00
205	清新区(粤)	42	—	3000.00
206	英德市(粤)	180	16200	250000.00
207	潮安区(粤)	186	2730	58000.00
208	普宁市(粤)	32	562	7775.00
209	新兴县(粤)	130	0	32100.00
210	云安区(粤)	300	—	8000.00
211	鹿寨县(桂)	—	—	288000.00
212	三江侗族自治县(桂)	35	859	4295.00
213	苍梧县(桂)	—		215560.00
214	藤　县(桂)	252	—	895000.00
215	蒙山县(桂)	2800	15.35	2710.52
216	钦南区(桂)	25	—	22000.00
217	灵山县(桂)	3000	50000	200000.00
218	陆川县(桂)	1800	20000	80000.00
219	北流市(桂)	206	2089	2950.00
220	那坡县(桂)	—		122.00
221	高峰林场(桂)	9		2720.00
222	秀英区(琼)	31	20278	811120.00
223	儋州市(琼)	650	1200	18000.00
224	大邑县(川)	72	84500	19000.00
225	彭州市(川)	310	46000	850000.00
226	荣　县(川)	20	—	2650.00
227	梓潼县(川)	50	—	300.00
228	北川羌族自治县(川)	—	—	1816.03
229	平武县(川)	2000	1000	30000.00
230	旺苍县(川)	6500	—	16250.00
231	嘉陵区(川)	15	120	350.00
232	南部县(川)	365	—	7000.00
233	仁寿县(川)	469	51000	4410.00
234	丹棱县(川)	16	—	78000.00
235	叙州区(川)	35	32	22000.00
236	屏山县(川)	36	31	21000.00
237	大竹县(川)	132	5	33000.00
238	万源市(川)	4300	32000	390000.00
239	宝兴县(川)	30	60	1000.00
240	夹金山林业局(川)	60	917	6862.00
241	恩阳区(川)	200	300	10000.00
242	黑林林业局(川)	2	100	204.08
243	新龙林业局(川)	4	110	150.00
244	盐源县(川)	5	—	2000.00
245	播州区(黔)	14400	18350	77070.00
246	务川仡佬族苗族自治县(黔)	6000	—	48000.00
247	仁怀市(黔)	24	6000	36000.00
248	思南县(黔)	85	3	1850.00
249	沿河土家族自治县(黔)	500	—	32000.00
250	兴义市(黔)	1650	5400	320000.00
251	普安县(黔)	490	1000	8100.00
252	凯里市(黔)	71	—	14085.00
253	黄平县(黔)	2	11600	27421.00
254	三穗县(黔)	50	4728	9028.00
255	镇远县(黔)	296	—	61248.00
256	天柱县(黔)	183	6576	17500.00
257	锦屏县(黔)	84	—	13787.50
258	台江县(黔)	813	12000	50000.00
259	雷山县(黔)	480	5068	12149.25
260	独山县(黔)	50	3000	15000.00
261	三都水族自治县(黔)	7	100	160.00
262	东川区(滇)	30	5000	40000.00
263	宜良县(滇)	100	2000	5000.00
264	石林彝族自治县(滇)	12	12	300000.00
265	马龙区(滇)	500	2000	5000.00
266	江川区(滇)	32	45	8300.00
267	澄江县(滇)	10	1000	300.00
268	腾冲市(滇)	9650	60356	181600.00
269	昌宁县(滇)	337	2031	12200.00
270	盐津县(滇)	3000	880	4120.00
271	绥江县(滇)	133	10500	15000.00
272	威信县(滇)	129	5600	112000.00
273	玉龙纳西族自治县(滇)	3634	40619	258000.00
274	永胜县(滇)	3035	20500	330000.00
275	宁蒗彝族自治县(滇)	320	1600	9000.00
276	镇康县(滇)	—	—	227.00
277	双江拉祜族佤族布朗族傣族自治县(滇)	—	—	12000.00

（续表）

序号	蜂蜜主产地	养蜂户数（户）	蜜蜂饲养（群）	蜂蜜产量（千克）
278	沧源佤族自治县(滇)	100	—	9000.00
279	楚雄市(滇)	15	—	8940.00
280	姚安县(滇)	52	652	16810.00
281	元谋县(滇)	100	1000	36482.00
282	禄丰县(滇)	3	—	43754.00
283	西畴县(滇)	—	—	15700.00
284	广南县(滇)	1624	10000	20000.00
285	勐海县(滇)	8200	77214	303000.00
286	漾濞彝族自治县(滇)	3500	—	69000.00
287	宾川县(滇)	2000	5500	2100.00
288	洱源县(滇)	480	1440	4192.00
289	剑川县(滇)	720	13550	98670.00
290	瑞丽市(滇)	614	30680	153400.00
291	陇川县(滇)	110	2084	16156.00
292	贡山独龙族怒族自治县(滇)	800	—	63137.00
293	兰坪白族普米族自治县(滇)	1775	—	35500.00
294	香格里拉市(滇)	—	—	30000.00
295	灞桥区(陕)	2	2	1200.00
296	鄠邑区(陕)	193	5390	26950.00
297	扶风县(陕)	85	—	300000.00
298	华阴市(陕)	95	3500	15500.00
299	志丹县(陕)	1000	1800	33000.00
300	黄龙县(陕)	1659	91000	1400000.00
301	劳山林业局(陕)	14	2000	1600.00
302	桥山林业局(陕)	7	—	630.00
303	南郑区(陕)	1400	—	500000.00
304	洋　县(陕)	1250	—	25000.00
305	镇巴县(陕)	2211	40000	150000.00
306	留坝县(陕)	180	—	50500.00
307	横山区(陕)	35	2000	25000.00
308	绥德县(陕)	117	—	311120.00
309	宁陕县(陕)	2560	—	125000.00
310	岚皋县(陕)	6300	73000	550000.00
311	镇坪县(陕)	1900	36000	263800.00
312	旬阳县(陕)	1300	23000	250000.00
313	商南县(陕)	—	8435	75450.00
314	宁　县(甘)	45	1100	16000.00
315	泽普县(新)	1	1855	55000.00
316	莎车县(新)	230	26420	1321000.00
317	临江林业局(吉林森工)	25	120	3600.00
318	吉林森工集团股份公司(吉林森工)	—	—	8880.00
319	舟曲生态建设局(插岗梁自然保护局)(甘)	83	4	4050.00
320	白水江生态建设局(博峪河自然保护局)(甘)	8	—	6000.00

注：表内“—”表示数据无法获得。

表 17-2　蜂王浆主产地产量

序号	蜂王浆主产地	产量（千克）
1	海淀区(京)	248.00
2	门头沟区(京)	26000.00
3	房山区(京)	12981.00
4	顺义区(京)	1100.00
5	大兴区(京)	1600.00
6	怀柔区(京)	1200.00
7	延庆区(京)	500.00
8	平山县(冀)	233.00
9	海港区(冀)	150.00
10	平泉市(冀)	1000.00
11	围场满族蒙古族自治县(冀)	4000.00
12	古交市(晋)	100.00
13	宁城县(内蒙古)	800.00
14	岫岩满族自治县(辽)	2800.00
15	凌源市(辽)	1000.00
16	舒兰市(吉)	790.00
17	辉南县(吉)	1650.00
18	长白朝鲜族自治县(吉)	152.00
19	临江市(吉)	600.00
20	白河林业局(吉)	625.00
21	依兰县(黑)	500.00
22	方正县(黑)	12301.00
23	通河县(黑)	100000.00
24	鸡东县(黑)	3000.00
25	工农区(黑)	500.00
26	宝清县(黑)	18500.00
27	七台河市市辖区(黑)	860.00
28	绥棱县(黑)	582.00
29	漠河县(黑)	700.00
30	贾汪区(苏)	630.00
31	吴中区(苏)	2800.00
32	盐都区(苏)	1500.00
33	京口区(苏)	5000.00
34	萧山区(浙)	68000.00
35	柯桥区(浙)	9800.00
36	嵊州市(浙)	53150.00
37	婺城区(浙)	70580.00
38	磐安县(浙)	19540.00
39	义乌市(浙)	19118.00
40	永康市(浙)	4875.00
41	常山县(浙)	70000.00
42	开化县(浙)	40000.00
43	三门县(浙)	100.00
44	芜湖县(皖)	48000.00
45	五河县(皖)	2000.00
46	桐城市(皖)	150000.00
47	歙　县(皖)	52920.00
48	凤阳县(皖)	25000.00
49	临泉县(皖)	620.00
50	萧　县(皖)	30000.00
51	东至县(皖)	730.00

(续表)

序号	蜂王浆主产地	产量(千克)
52	绩溪县(皖)	300000.00
53	余江区(赣)	500.00
54	会昌县(赣)	26120.00
55	永丰县(赣)	2000.00
56	井冈山市(赣)	500.00
57	广昌县(赣)	16000.00
58	平阴县(鲁)	285.00
59	章丘区(鲁)	23860.00
60	济南市南部山区(鲁)	21011.00
61	博山区(鲁)	5000.00
62	高青县(鲁)	1380.00
63	沂源县(鲁)	3200.00
64	青州市(鲁)	116007.00
65	汶上县(鲁)	500.00
66	泗水县(鲁)	14000.00
67	东平县(鲁)	5000.00
68	新泰市(鲁)	295.00
69	泰安市高新区(鲁)	2910.00
70	莒　县(鲁)	27600.00
71	蒙阴县(鲁)	5000.00
72	夏津县(鲁)	1800.00
73	乐陵市(鲁)	550.00
74	曹　县(鲁)	6300.00
75	南乐县(豫)	4300.00
76	淅川县(豫)	5000.00
77	平桥区(豫)	16868.00
78	平舆县(豫)	500.00
79	竹山县(鄂)	20000.00
80	襄城区(鄂)	880.00
81	谷城县(鄂)	400.00
82	京山县(鄂)	2480.00
83	钟祥市(鄂)	500.00
84	大悟县(鄂)	3000.00
85	麻城市(鄂)	15000.00
86	崇阳县(鄂)	20680.00
87	随　县(鄂)	4000.00
88	建始县(鄂)	3000.00
89	巴东县(鄂)	100.00
90	茶陵县(湘)	320.00
91	湘潭市市辖区(湘)	4560.00
92	耒阳市(湘)	100.00
93	隆回县(湘)	110.00
94	新宁县(湘)	10000.00
95	城步苗族自治县(湘)	300.00

(续表)

序号	蜂王浆主产地	产量(千克)
96	华容县(湘)	2000.00
97	平江县(湘)	10000.00
98	常德市市辖区(湘)	135.00
99	鼎城区(湘)	75000.00
100	澧　县(湘)	1000.00
101	中方县(湘)	35000.00
102	麻阳苗族自治县(湘)	340.00
103	新化县(湘)	10500.00
104	潮安区(粤)	100.00
105	蒙山县(桂)	220.00
106	北流市(桂)	380.00
107	大邑县(川)	700.00
108	彭州市(川)	4800.00
109	古蔺县(川)	1200.00
110	播州区(黔)	275.00
111	兴义市(黔)	12000.00
112	永胜县(滇)	10000.00
113	扶风县(陕)	5000.00
114	南郑区(陕)	800.00
115	佛坪县(陕)	1200.00
116	定边县(陕)	1005.00
117	甘谷县(甘)	50000.00
118	泽普县(新)	450.00
119	莎车县(新)	132100.00

表 17-3　蜂胶主产地产量

序号	蜂胶主产地	产量(千克)
1	门头沟区(京)	1200.00
2	房山区(京)	1354.25
3	顺义区(京)	450.00
4	大兴区(京)	400.00
5	阜平县(冀)	200000.00
6	平泉市(冀)	600000.00
7	清水河县(内蒙古)	4500.00
8	宁城县(内蒙古)	300.00
9	辉南县(吉)	500.00
10	长白朝鲜族自治县(吉)	726.00
11	通河县(黑)	1000.00
12	鸡东县(黑)	1600.00
13	七台河市市辖区(黑)	130.00
14	贾汪区(苏)	100.00
15	盐都区(苏)	150.00
16	萧山区(浙)	390.00

(续表)

序号	蜂胶主产地	产量(千克)
17	嵊州市(浙)	1610.00
18	婺城区(浙)	3930.00
19	芜湖县(皖)	240.00
20	桐城市(皖)	15000.00
21	歙　县(皖)	10500.00
22	凤阳县(皖)	1000.00
23	东至县(皖)	10400.00
24	绩溪县(皖)	60000.00
25	广昌县(赣)	42000.00
26	济南市南部山区(鲁)	865.60
27	青州市(鲁)	3866.00
28	泗水县(鲁)	2800.00
29	新泰市(鲁)	185.00
30	泰安市高新区(鲁)	351.00
31	莒　县(鲁)	1260.00
32	夏津县(鲁)	100.00
33	曹　县(鲁)	3300.00
34	南乐县(豫)	4980.00
35	淅川县(豫)	3000.00
36	平桥区(豫)	9890.00
37	屈家岭管理区(鄂)	1120.00
38	京山县(鄂)	118.00
39	钟祥市(鄂)	1000.00
40	大悟县(鄂)	2000.00
41	麻城市(鄂)	200000.00
42	崇阳县(鄂)	1500.00
43	随　县(鄂)	300.00
44	建始县(鄂)	600.00
45	茶陵县(湘)	640.00
46	湘潭县(湘)	2258.00
47	新宁县(湘)	50000.00
48	华容县(湘)	1000.00
49	平江县(湘)	600.00
50	鼎城区(湘)	5500.00
51	澧　县(湘)	2800.00
52	新化县(湘)	22650.00
53	潮安区(粤)	2575.00
54	陆川县(桂)	4000.00
55	大邑县(川)	1000.00
56	彭州市(川)	950.00
57	古蔺县(川)	100.00
58	翠屏区(川)	15030.00
59	万源市(川)	800.00
60	播州区(黔)	201.00

（续表）

序号	蜂胶主产地	产量（千克）
61	兴义市(黔)	550.00
62	华宁县(滇)	30000.00
63	永胜县(滇)	5000.00
64	宾川县(滇)	105.00
65	南郑区(陕)	13000.00
66	甘谷县(甘)	280.00
67	泽普县(新)	150.00
68	莎车县(新)	26420.00

表 17-4　蜂花粉主产地产量

序号	蜂花粉主产地	产量（千克）
1	海淀区(京)	130.00
2	门头沟区(京)	3200.00
3	房山区(京)	9656.50
4	顺义区(京)	4500.00
5	大兴区(京)	4000.00
6	怀柔区(京)	1500.00
7	延庆区(京)	2200.00
8	海港区(冀)	200.00
9	阜平县(冀)	200000.00
10	平泉市(冀)	1000.00
11	围场满族蒙古族自治县(冀)	1500.00
12	宁城县(内蒙古)	6000.00
13	岫岩满族自治县(辽)	15000.00
14	凌源市(辽)	100000.00
15	舒兰市(吉)	460.00
16	辉南县(吉)	1120.00
17	白河林业局(吉)	2500.00
18	通河县(黑)	200000.00
19	鸡东县(黑)	1800.00
20	宝清县(黑)	150000.00
21	汤原县(黑)	150.00
22	七台河市直属单位(黑)	2250.00
23	绥棱县(黑)	1746.00
24	贾汪区(苏)	1000.00
25	吴中区(苏)	800.00
26	京口区(苏)	1000.00
27	萧山区(浙)	74000.00
28	柯桥区(浙)	12247.00
29	嵊州市(浙)	63650.00
30	婺城区(浙)	36200.00
31	磐安县(浙)	12550.00
32	永康市(浙)	2295.00

（续表）

序号	蜂花粉主产地	产量（千克）
33	常山县(浙)	50000.00
34	开化县(浙)	20000.00
35	芜湖县(皖)	3000.00
36	岳西县(皖)	7620.00
37	桐城市(皖)	150000.00
38	歙　县(皖)	27900.00
39	凤阳县(皖)	30000.00
40	萧　县(皖)	3000.00
41	东至县(皖)	473.00
42	绩溪县(皖)	200000.00
43	永丰县(赣)	50000.00
44	广昌县(赣)	12800.00
45	平阴县(鲁)	580.00
46	济南市南部山区(鲁)	11863.00
47	青州市(鲁)	309897.00
48	汶上县(鲁)	833.00
49	泗水县(鲁)	11800.00
50	新泰市(鲁)	315.00
51	泰安市高新区(鲁)	5502.00
52	莒　县(鲁)	9500.00
53	夏津县(鲁)	13000.00
54	乐陵市(鲁)	450.00
55	洛阳市伊洛工业园区(豫)	500.00
56	淅川县(豫)	3000.00
57	平桥区(豫)	17535.00
58	竹山县(鄂)	120000.00
59	谷城县(鄂)	250.00
60	京山县(鄂)	380.00
61	钟祥市(鄂)	600.00
62	麻城市(鄂)	300000.00
63	崇阳县(鄂)	30600.00
64	随　县(鄂)	30000.00
65	建始县(鄂)	6000.00
66	新宁县(湘)	5000.00
67	华容县(湘)	1000.00
68	平江县(湘)	8000.00
69	常德市市辖区(湘)	1050.00
70	鼎城区(湘)	5100.00
71	澧　县(湘)	100000.00
72	麻阳苗族自治县(湘)	1100.00
73	通道侗族自治县(湘)	100.00
74	新化县(湘)	20220.00
75	潮安区(粤)	2575.00
76	云安区(粤)	58500.00

（续表）

序号	蜂花粉主产地	产量（千克）
77	蒙山县(桂)	630.00
78	陆川县(桂)	300.00
79	大邑县(川)	16000.00
80	彭州市(川)	80000.00
81	仁寿县(川)	200.00
82	兴义市(黔)	85000.00
83	华宁县(滇)	1600.00
84	永胜县(滇)	165000.00
85	南郑区(陕)	5000.00
86	甘谷县(甘)	100000.00
87	泽普县(新)	3300.00
88	莎车县(新)	1321000.00

林产品进出口

FOREIGN TRADE STATISTICS OF FOREST PRODUCTS

表 1　原木出口量值表

国家/地区	出口数量(立方米)	出口金额(美元)
44034980 热带红木原木		
合计	27.00	13225.00
越南	27.00	13225.00
44034990 其他热带木原木		
合计	41232.00	12892968.00
越南	35435.00	11144656.00
孟加拉国	5797.00	1748312.00
44039930 红木原木,但编码 44034980 所列热带红木除外		
合计	99.00	256640.00
中国香港	99.00	256640.00
44039990 未列名非针叶木原木		
合计	9274.00	2166916.00
越南	9274.00	2166916.00

表 2　原木进口量值表

国家/地区	进口数量(立方米)	进口金额(美元)
44031100 用油漆、着色剂、杂酚油或其他防腐剂处理的针叶木原木		
合计	276998.00	47278693.00
新西兰	276972.00	47263618.00
葡萄牙	26.00	15075.00
44031200 用油漆、着色剂、杂酚油或其他防腐剂处理的非针叶木原木		
合计	23.00	80483.00
美国	22.00	76082.00
中国	0.00	3455.00
非律宾	1.00	707.00
越南	0.00	239.00
44032110 红松和樟子松原木,截面尺寸≥15cm		
合计	2771519.00	305773024.00
俄罗斯	2078684.00	227840311.00
波兰	392353.00	42608633.00
立陶宛	142581.00	16253776.00
拉脱维亚	78294.00	8683134.00
葡萄牙	23816.00	2482999.00
芬兰	1230.00	1545017.00
德国	12845.00	1496581.00
斯洛伐克	10136.00	1192036.00
丹麦	10175.00	1123460.00

(续表)

国家/地区	进口数量(立方米)	进口金额(美元)
捷克	9102.00	1084797.00
比利时	5175.00	625586.00
法国	3019.00	366609.00
爱沙尼亚	1672.00	172406.00
意大利	1287.00	163418.00
南非	506.00	68293.00
白俄罗斯	374.00	34258.00
巴西	270.00	31710.00
44032120 辐射松原木,截面尺寸≥15cm		
合计	19236253.00	2419102327.00
新西兰	16377367.00	2085259101.00
澳大利亚	2610762.00	305028369.00
智利	233461.00	27106421.00
南非	13808.00	1599962.00
西班牙	519.00	65946.00
巴西	280.00	32995.00
乌拉圭	56.00	9533.00
44032130 落叶松原木,截面尺寸≥15cm		
合计	1437870.00	163696539.00
俄罗斯	1409857.00	160101755.00
新西兰	13316.00	1711030.00
德国	7373.00	973446.00
法国	2254.00	303540.00
波兰	2061.00	248229.00
美国	2093.00	242121.00
丹麦	602.00	76618.00
比利时	266.00	33102.00
日本	48.00	6698.00
44032140 花旗松原木,截面尺寸≥15cm		
合计	1770007.00	290892176.00
美国	600339.00	109885931.00
新西兰	689204.00	93875142.00
加拿大	412719.00	77456098.00
法国	47607.00	7010886.00
澳大利亚	9239.00	1040443.00
德国	6564.00	999150.00
比利时	1911.00	325183.00
俄罗斯	1426.00	165259.00
丹麦	800.00	107173.00
波兰	198.00	26911.00
44032190 其他松木原木,截面尺寸≥15cm		

(续表)

国家/地区	进口数量(立方米)	进口金额(美元)
合计	3680775.00	416870046.00
乌拉圭	1308946.00	159974112.00
美国	1185407.00	115025926.00
澳大利亚	474435.00	58663190.00
阿根廷	321548.00	37016169.00
南非	142294.00	15381448.00
巴西	123187.00	13600640.00
俄罗斯	62862.00	9042568.00
新西兰	33758.00	4192244.00
加拿大	10897.00	1815593.00
委内瑞拉	6829.00	828048.00
德国	2604.00	322992.00
波兰	2523.00	283542.00
葡萄牙	2036.00	219186.00
瑞典	534.00	131409.00
法国	515.00	65560.00
立陶宛	493.00	55890.00
墨西哥	421.00	52057.00
斯洛伐克	413.00	50689.00
丹麦	361.00	48925.00
拉脱维亚	483.00	44808.00
日本	52.00	34518.00
比利时	177.00	20403.00
厄瓜多尔	0.00	124.00
英国	0.00	5.00
44032210 红松和樟子松原木,截面尺寸<15cm		
合计	30446.00	3134043.00
俄罗斯	13519.00	1311073.00
波兰	6161.00	630669.00
斯洛伐克	3924.00	446530.00
葡萄牙	3617.00	381992.00
立陶宛	2654.00	289279.00
德国	310.00	36375.00
芬兰	41.00	20764.00
拉脱维亚	134.00	9362.00
白俄罗斯	46.00	4235.00
爱沙尼亚	40.00	3764.00
44032220 辐射松原木,截面尺寸<15cm		
合计	905959.00	97596738.00
澳大利亚	752330.00	79970940.00
新西兰	153327.00	17593343.00

① 中国数据不含中国香港、中国澳门和中国台湾。

（续表）

国家/地区	进口数量（立方米）	进口金额（美元）
智利	126.00	13167.00
巴西	109.00	12810.00
南非	67.00	6478.00
44032230 落叶松原木，截面尺寸<15cm		
合计	351143.00	34765094.00
俄罗斯	350599.00	34700137.00
新西兰	411.00	50092.00
美国	90.00	8906.00
日本	43.00	5959.00
44032240 花旗松原木，截面尺寸<15cm		
合计	62132.00	10229424.00
加拿大	35065.00	6846473.00
新西兰	26751.00	3343441.00
澳大利亚	257.00	29886.00
美国	59.00	9624.00
44032290 其他松木原木，截面尺寸<15cm		
合计	197600.00	20879285.00
南非	99808.00	10356964.00
澳大利亚	66347.00	7142768.00
巴西	23618.00	2468663.00
俄罗斯	3719.00	362440.00
加拿大	1623.00	263757.00
新西兰	1381.00	151382.00
乌拉圭	788.00	102017.00
美国	223.00	21241.00
委内瑞拉	65.00	6695.00
阿根廷	18.00	2025.00
日本	10.00	1333.00
44032300 冷杉和云杉原木，截面尺寸≥15cm		
合计	9575830.00	1194619935.00
德国	3774278.00	457013455.00
捷克	2278969.00	274966829.00
俄罗斯	1399283.00	167448115.00
加拿大	470978.00	80228313.00
美国	332676.00	55804846.00
法国	308113.00	37590084.00
斯洛伐克	168596.00	21069634.00
丹麦	168128.00	19335039.00
比利时	143175.00	17453648.00
斯洛文尼亚	92873.00	11114463.00
拉脱维亚	90879.00	10731410.00
意大利	74023.00	9061222.00
波兰	66772.00	7537148.00
立陶宛	52339.00	6353566.00

（续表）

国家/地区	进口数量（立方米）	进口金额（美元）
爱沙尼亚	41276.00	4995088.00
瑞士	43993.00	4983084.00
挪威	12442.00	1545213.00
罗马尼亚	8268.00	1479948.00
克罗地亚	10482.00	1168120.00
日本	7534.00	1024107.00
澳大利亚	7052.00	928347.00
芬兰	7749.00	918136.00
新西兰	6095.00	694429.00
瑞典	4344.00	514348.00
奥地利	2834.00	332946.00
荷兰	1502.00	180556.00
卢森堡	1140.00	131707.00
韩国	37.00	16134.00
44032400 冷杉和云杉原木，截面尺寸<15cm		
合计	494868.00	53423970.00
俄罗斯	475748.00	50931065.00
日本	6497.00	849618.00
加拿大	5618.00	846910.00
捷克	2953.00	323073.00
澳大利亚	1729.00	224036.00
爱沙尼亚	679.00	67939.00
波兰	433.00	52333.00
德国	452.00	50045.00
立陶宛	473.00	49526.00
美国	276.00	28226.00
新西兰	9.00	1089.00
挪威	1.00	102.00
比利时	0.00	8.00
44032500 其他针叶木原木，截面尺寸≥15cm		
合计	3319456.00	534594292.00
加拿大	1343814.00	226792992.00
美国	903721.00	156126089.00
日本	675034.00	89267900.00
澳大利亚	294993.00	38370402.00
新西兰	57692.00	11981944.00
哥斯达黎加	22751.00	6587311.00
危地马拉	10988.00	3328971.00
俄罗斯	4430.00	729650.00
厄瓜多尔	2077.00	555036.00
墨西哥	1050.00	278834.00
中国台湾	283.00	161690.00
丹麦	740.00	101280.00
南非	701.00	100465.00

（续表）

国家/地区	进口数量（立方米）	进口金额（美元）
萨尔瓦多	178.00	81628.00
葡萄牙	402.00	43316.00
比利时	275.00	35343.00
法国	221.00	27414.00
智利	71.00	20210.00
德国	25.00	2875.00
越南	10.00	692.00
圭亚那	0.00	250.00
44032600 其他针叶木原木，截面尺寸<15cm		
合计	373229.00	49436836.00
日本	240359.00	30879338.00
加拿大	74468.00	11557113.00
澳大利亚	55406.00	6419066.00
新西兰	2159.00	342939.00
美国	762.00	224919.00
越南	68.00	8652.00
中国台湾	7.00	4241.00
法国	0.00	568.00
44034100 深红色红柳桉木、浅红色红柳桉木及巴栲红柳桉木原木		
合计	7987.00	1584994.00
马来西亚	7962.00	1582034.00
澳大利亚	25.00	2960.00
44034910 柚木原木		
合计	9768.00	6163230.00
缅甸	2170.00	2020681.00
巴西	2814.00	1518348.00
哥斯达黎加	1449.00	871243.00
越南	434.00	411295.00
尼日利亚	718.00	382784.00
委内瑞拉	664.00	216044.00
马来西亚	325.00	190507.00
巴拿马	315.00	168564.00
喀麦隆	161.00	90334.00
厄瓜多尔	150.00	75276.00
巴布亚新几内亚	164.00	60845.00
科特迪瓦	74.00	33499.00
纳米比亚	67.00	27279.00
加纳	63.00	27188.00
哥伦比亚	65.00	27186.00
老挝	53.00	21509.00
所罗门群岛	56.00	8514.00
东帝汶	17.00	8094.00
加蓬	9.00	4040.00

(续表)

国家/地区	进口数量(立方米)	进口金额(美元)
44034920 奥克曼木(奥克榄)原木		
合计	675510.00	213513066.00
刚果(布)	362154.00	119770255.00
赤道几内亚	313332.00	93735084.00
加蓬	24.00	7727.00
44034930 龙脑香木(克隆木)原木		
合计	413.00	127293.00
赤道几内亚	404.00	124565.00
缅甸	8.00	2308.00
巴布亚新几内亚	1.00	420.00
44034940 山樟木(香木)原木		
合计	2763.00	667427.00
马来西亚	2763.00	667427.00
44034950 印加木(波罗格)原木		
合计	290925.00	121201513.00
巴布亚新几内亚	287371.00	119093838.00
马来西亚	2346.00	1691122.00
所罗门群岛	1208.00	416553.00
44034960 大干巴豆木(门格里斯或康派斯)原木		
合计	601.00	163204.00
巴布亚新几内亚	601.00	163204.00
44034970 异翅香木原木		
合计	43739.00	7578068.00
巴布亚新几内亚	43739.00	7578068.00
44034980 热带红木原木		
合计	476332.00	389918493.00
塞拉利昂	167655.00	129200455.00
加纳	97064.00	74617872.00
马里	64052.00	56329215.00
冈比亚	62529.00	52117870.00
印度尼西亚	9547.00	13133225.00
刚果(金)	19937.00	10597408.00
刚果(布)	17055.00	9476926.00
巴拿马	3187.00	9034802.00
莫桑比克	13241.00	8373954.00
几内亚比绍	9710.00	8231849.00
尼加拉瓜	2104.00	5606165.00
尼日利亚	5653.00	4238438.00
印度	328.00	2566255.00
老挝	963.00	1984966.00
哥斯达黎加	720.00	1938370.00
越南	315.00	878113.00
瓦努阿图	836.00	513809.00

(续表)

国家/地区	进口数量(立方米)	进口金额(美元)
泰国	190.00	294070.00
赤道几内亚	375.00	175207.00
喀麦隆	240.00	120203.00
马来西亚	91.00	116518.00
阿根廷	195.00	91808.00
加蓬	130.00	75764.00
洪都拉斯	45.00	67200.00
危地马拉	22.00	37508.00
萨尔瓦多	12.00	32400.00
伯利兹	19.00	26133.00
所罗门群岛	34.00	18866.00
新加坡	30.00	7827.00
苏里南	33.00	7818.00
玻利维亚	20.00	7479.00
44034990 其他热带木原木		
合计	5452560.00	1358884766.00
巴布亚新几内亚	1778017.00	315979740.00
所罗门群岛	1548563.00	286126006.00
莫桑比克	311233.00	180902485.00
喀麦隆	512902.00	142659237.00
赤道几内亚	327456.00	91762591.00
刚果(布)	264901.00	83685721.00
苏里南	168012.00	44946772.00
赞比亚	26806.00	32507934.00
中非	87059.00	27931827.00
澳大利亚	77049.00	23908540.00
圭亚那	41723.00	16975979.00
利比里亚	69122.00	15750922.00
刚果(金)	38546.00	13032690.00
安哥拉	22507.00	10491522.00
厄瓜多尔	43004.00	9305046.00
老挝	18834.00	8220453.00
坦桑尼亚	11176.00	7698463.00
巴拿马	13866.00	7471085.00
加蓬	14152.00	6734492.00
哥伦比亚	18859.00	6535127.00
柬埔寨	13794.00	6111514.00
墨西哥	7570.00	4672462.00
越南	8542.00	3357249.00
加纳	4994.00	1806423.00
秘鲁	3587.00	1767806.00
玻利维亚	1480.00	1014144.00
阿根廷	1068.00	893628.00
马来西亚	4106.00	774427.00

(续表)

国家/地区	进口数量(立方米)	进口金额(美元)
中国台湾	1762.00	757914.00
尼日利亚	1196.00	655491.00
新加坡	4632.00	646821.00
洪都拉斯	838.00	570698.00
缅甸	1201.00	515914.00
尼加拉瓜	463.00	486376.00
危地马拉	617.00	297892.00
巴拉圭	362.00	281591.00
委内瑞拉	609.00	279118.00
乌干达	154.00	237363.00
南非	186.00	127728.00
捷克	49.00	107188.00
伯利兹	155.00	102097.00
印度尼西亚	178.00	101454.00
德国	14.00	70009.00
美国	141.00	63126.00
塞拉利昂	75.00	62635.00
纳米比亚	139.00	54250.00
菲律宾	148.00	50291.00
多米尼加	213.00	47062.00
泰国	42.00	43982.00
萨尔瓦多	53.00	43711.00
汤加	4.00	42775.00
科特迪瓦	57.00	42750.00
马达加斯加	95.00	37277.00
尼泊尔	0.00	36768.00
津巴布韦	59.00	29650.00
帕劳	88.00	28084.00
巴西	65.00	22687.00
意大利	22.00	10939.00
瓦努阿图	15.00	6840.00
44039100 栎木(橡木)原木		
合计	954934.00	307754423.00
法国	329542.00	106298032.00
美国	152999.00	57060243.00
俄罗斯	166926.00	56531470.00
比利时	113729.00	30692350.00
德国	85557.00	25233278.00
加拿大	39290.00	12885895.00
丹麦	13024.00	3708578.00
斯洛文尼亚	12839.00	3591673.00
罗马尼亚	11389.00	3189073.00
斯洛伐克	9141.00	2311078.00
荷兰	5076.00	1333902.00

（续表）

国家/地区	进口数量（立方米）	进口金额（美元）
捷克	3930.00	1261686.00
塞尔维亚	3530.00	1194910.00
卢森堡	2082.00	722548.00
瑞典	1869.00	517820.00
瑞士	802.00	280077.00
波兰	1074.00	278032.00
保加利亚	603.00	155445.00
奥地利	465.00	152911.00
匈牙利	277.00	84465.00
日本	277.00	76983.00
意大利	119.00	53592.00
中国台湾	105.00	43994.00
波黑	56.00	41811.00
挪威	129.00	18727.00
克罗地亚	36.00	14836.00
土耳其	43.00	14387.00
澳大利亚	25.00	6459.00
阿联酋	0.00	168.00
44039300 水青冈木（山毛榉木）原木，截面尺寸≥15cm		
合计	791613.00	126793006.00
德国	342674.00	72438858.00
法国	241676.00	13405899.00
丹麦	64002.00	13339241.00
比利时	48638.00	10041736.00
瑞士	26698.00	5880351.00
波兰	30397.00	4407811.00
卢森堡	14331.00	2702466.00
瑞典	9870.00	2024380.00
捷克	5536.00	1110410.00
斯洛伐克	4974.00	956861.00
斯洛文尼亚	2300.00	382693.00
克罗地亚	308.00	62819.00
罗马尼亚	164.00	29914.00
挪威	41.00	5975.00
日本	4.00	3592.00
44039400 水青冈木（山毛榉木）原木，截面尺寸<15cm		
合计	3204.00	671772.00
德国	2109.00	449589.00
斯洛伐克	775.00	155952.00
捷克	320.00	66231.00
44039500 桦木原木，截面尺寸≥15cm		
合计	1403119.00	180530462.00

（续表）

国家/地区	进口数量（立方米）	进口金额（美元）
俄罗斯	1042042.00	127308651.00
拉脱维亚	299107.00	44411918.00
爱沙尼亚	57523.00	7937615.00
立陶宛	2761.00	400775.00
美国	276.00	244829.00
瑞典	905.00	133365.00
加拿大	320.00	60848.00
德国	122.00	23334.00
挪威	63.00	9127.00
44039600 桦木原木，截面尺寸<15cm		
合计	25158.00	2816043.00
俄罗斯	23049.00	2575840.00
拉脱维亚	2109.00	240203.00
44039700 杨木原木		
合计	503067.00	51595388.00
俄罗斯	438845.00	44520335.00
爱沙尼亚	19701.00	2036782.00
新西兰	17902.00	1891946.00
拉脱维亚	10069.00	1031568.00
加拿大	8674.00	910539.00
美国	2350.00	356650.00
比利时	2253.00	287401.00
法国	1946.00	260646.00
日本	44.00	124980.00
丹麦	659.00	69158.00
立陶宛	319.00	35926.00
北马其顿	47.00	28460.00
塞尔维亚	49.00	14882.00
德国	112.00	12069.00
保加利亚	68.00	10838.00
阿根廷	27.00	2943.00
波黑	0.00	205.00
中国	2.00	60.00
44039800 桉木原木		
合计	1506090.00	131072620.00
澳大利亚	836818.00	52908660.00
巴西	464811.00	50815050.00
新西兰	74392.00	8174144.00
巴布亚新几内亚	43161.00	6802740.00
乌拉圭	31458.00	5202895.00
所罗门群岛	40035.00	4499669.00
智利	8903.00	1150768.00
西班牙	1318.00	815814.00
南非	2126.00	320417.00

（续表）

国家/地区	进口数量（立方米）	进口金额（美元）
阿根廷	2752.00	288993.00
葡萄牙	247.00	85896.00
危地马拉	69.00	7574.00
44039930 红木原木，但编码 4403.4980 所列热带红木除外		
合计	84006.00	191622250.00
老挝	54669.00	87964221.00
印度	1402.00	65165615.00
越南	9612.00	12515223.00
缅甸	7866.00	11261283.00
柬埔寨	6901.00	9763275.00
泰国	1722.00	2269363.00
马来西亚	519.00	950493.00
刚果（布）	864.00	792839.00
尼日利亚	260.00	609317.00
印度尼西亚	175.00	326850.00
喀麦隆	16.00	3647.00
巴布亚新几内亚	0.00	124.00
44039940 泡桐木原木		
合计	9.00	23327.00
日本	9.00	23327.00
44039950 水曲柳原木		
合计	63974.00	21057165.00
俄罗斯	63974.00	21057165.00
44039960 北美硬阔叶木原木		
合计	775743.00	293641038.00
美国	496577.00	240815347.00
加拿大	262326.00	48824500.00
法国	6291.00	1342764.00
塞尔维亚	3336.00	919461.00
德国	1610.00	392414.00
丹麦	1555.00	302485.00
保加利亚	1040.00	291364.00
斯洛伐克	848.00	163654.00
比利时	699.00	135969.00
瑞士	538.00	118713.00
斯洛文尼亚	359.00	92615.00
波黑	282.00	77426.00
日本	20.00	45370.00
中国台湾	7.00	36070.00
罗马尼亚	131.00	28360.00
意大利	18.00	17300.00
俄罗斯	59.00	16272.00
波兰	18.00	12401.00

(续表)

国家/地区	进口数量(立方米)	进口金额(美元)
澳大利亚	0.00	3814.00
新西兰	24.00	2662.00
韩国	5.00	2077.00
44039980 其他温带非针叶木原木		
合计	121464.00	27727309.00
塞尔维亚	32618.00	8925532.00
俄罗斯	17598.00	4418673.00
日本	2208.00	2343483.00
美国	5195.00	1728220.00
法国	9324.00	1613089.00
保加利亚	5887.00	1506654.00
罗马尼亚	7707.00	1291419.00
爱沙尼亚	12168.00	1230320.00
所罗门群岛	10010.00	1226702.00
新西兰	4469.00	908226.00
拉脱维亚	4993.00	775256.00
列支敦士登	1229.00	276331.00
德国	1542.00	252060.00
比利时	1599.00	234389.00
丹麦	1158.00	224509.00
波黑	989.00	196421.00
立陶宛	1380.00	177308.00
斯洛伐克	392.00	92133.00
瑞士	321.00	72338.00
捷克	279.00	71262.00
澳大利亚	172.00	60922.00
意大利	68.00	44917.00
加拿大	78.00	31148.00
克罗地亚	80.00	25968.00
泰国	0.00	29.00
44039990 未列名非针叶木原木		
合计	2118725.00	356323590.00
巴布亚新几内亚	1111841.00	155452319.00
所罗门群岛	772204.00	111647143.00
莫桑比克	101242.00	48711674.00
澳大利亚	36540.00	12445570.00
赤道几内亚	19259.00	4040865.00
老挝	9981.00	3644962.00
苏里南	10235.00	2712452.00
日本	2697.00	2696569.00
乌拉圭	11117.00	1560262.00
厄瓜多尔	6277.00	1290618.00
阿根廷	2637.00	1099449.00
印度尼西亚	3337.00	1029049.00

(续表)

国家/地区	进口数量(立方米)	进口金额(美元)
墨西哥	1126.00	783087.00
罗马尼亚	4741.00	758584.00
哥斯达黎加	2447.00	688349.00
柬埔寨	1252.00	588509.00
中国台湾	787.00	529166.00
危地马拉	2027.00	520556.00
塞尔维亚	1821.00	501672.00
马来西亚	2553.00	480590.00
瓦努阿图	317.00	358695.00
美国	889.00	331092.00
葡萄牙	693.00	323029.00
意大利	495.00	321817.00
玻利维亚	301.00	284540.00
法国	1167.00	268256.00
萨尔瓦多	962.00	267224.00
智利	1563.00	259009.00
坦桑尼亚	505.00	257059.00
尼日利亚	376.00	255845.00
巴拿马	491.00	225796.00
哥伦比亚	338.00	200044.00
新加坡	1397.00	186067.00
保加利亚	690.00	172423.00
菲律宾	384.00	171756.00
赞比亚	385.00	163905.00
泰国	236.00	119032.00
斐济	6.00	118595.00
利比里亚	491.00	115503.00
喀麦隆	256.00	91672.00
西班牙	242.00	89894.00
加纳	137.00	69763.00
安哥拉	277.00	69726.00
南非	333.00	66973.00
比利时	367.00	62178.00
刚果(布)	281.00	61070.00
巴拉圭	101.00	60711.00
巴西	550.00	54993.00
秘鲁	68.00	28885.00
加蓬	49.00	19982.00
圭亚那	31.00	19700.00
刚果(金)	58.00	13016.00
丹麦	45.00	11023.00
俄罗斯	26.00	8697.00
德国	18.00	7227.00
塞拉利昂	7.00	3721.00

(续表)

国家/地区	进口数量(立方米)	进口金额(美元)
越南	72.00	3227.00

表 3　锯材出口量值表

国家/地区	出口数量(立方米)	出口金额(美元)
44069100 已浸渍针叶木铁道及电车道枕木		
合计	6821.00	3412827.00
加纳	4392.00	2159920.00
马来西亚	569.00	400532.00
牙买加	402.00	206100.00
印度尼西亚	569.00	193424.00
老挝	153.00	112386.00
坦桑尼亚	224.00	107072.00
越南	187.00	98161.00
约旦	44.00	30596.00
孟加拉国	109.00	24894.00
尼日利亚	50.00	20690.00
塔吉克斯坦	33.00	19587.00
伊拉克	50.00	13221.00
阿联酋	10.00	10038.00
中国台湾	14.00	8774.00
沙特阿拉伯	13.00	4486.00
乍得	2.00	2946.00
44069200 已浸渍非针叶木铁道及电车道枕木		
合计	132.00	51722.00
伊拉克	25.00	16180.00
日本	75.00	15687.00
越南	9.00	6657.00
孟加拉国	10.00	5853.00
尼日尔	10.00	5415.00
乌兹别克斯坦	3.00	1930.00
44071110 红松和樟子松木材,经纵锯、纵切、刨切或旋切,厚>6mm		
合计	27545.00	17175473.00
日本	24282.00	15706260.00
韩国	690.00	464094.00
美国	470.00	329900.00
泰国	307.00	160704.00
印度尼西亚	348.00	157554.00
马尔代夫	944.00	131297.00
中国台湾	176.00	122717.00
越南	66.00	36487.00
孟加拉国	200.00	26899.00
西班牙	16.00	15013.00

（续表）

国家/地区	出口数量（立方米）	出口金额（美元）
毛里求斯	18.00	14350.00
尼日利亚	20.00	7920.00
塞尔维亚	3.00	969.00
索马里	4.00	791.00
澳大利亚	1.00	260.00
以色列	0.00	258.00
44071120 辐射松木材，经纵锯、纵切、刨切或旋切，厚>6mm		
合计	23530.00	14439980.00
日本	14612.00	8959743.00
韩国	6319.00	4064353.00
中国台湾	1321.00	806638.00
泰国	239.00	149091.00
柬埔寨	357.00	112364.00
津巴布韦	267.00	79175.00
毛里求斯	114.00	70676.00
加拿大	54.00	46989.00
澳大利亚	65.00	45329.00
新西兰	45.00	25858.00
印度	53.00	25396.00
越南	14.00	18856.00
美国	21.00	17030.00
巴基斯坦	22.00	7468.00
瑞士	2.00	4394.00
莫桑比克	16.00	4149.00
多哥	9.00	2471.00
44071130 花旗松木材，经纵锯、纵切、刨切或旋切，厚>6mm		
合计	1116.00	651778.00
日本	596.00	467391.00
美国	446.00	139199.00
古巴	40.00	27572.00
菲律宾	20.00	9971.00
毛里塔尼亚	8.00	4036.00
肯尼亚	6.00	3609.00
44071190 其他松木木材，经纵锯、纵切、刨切或旋切，厚>6mm		
合计	5347.00	2201278.00
日本	1575.00	864561.00
老挝	794.00	340508.00
埃塞俄比亚	819.00	239478.00
韩国	421.00	208198.00
马来西亚	100.00	118281.00
孟加拉国	220.00	81680.00

（续表）

国家/地区	出口数量（立方米）	出口金额（美元）
印度	306.00	78460.00
柬埔寨	776.00	78309.00
吉布提	63.00	58891.00
中国台湾	67.00	37118.00
毛里塔尼亚	77.00	31714.00
尼泊尔	12.00	21742.00
伊拉克	36.00	20468.00
沙特阿拉伯	22.00	4971.00
尼日尔	5.00	3890.00
几内亚	10.00	3266.00
新西兰	4.00	2857.00
中国香港	20.00	2349.00
纳米比亚	7.00	1914.00
哥斯达黎加	6.00	1015.00
阿尔及利亚	1.00	770.00
马尔代夫	2.00	473.00
墨西哥	4.00	365.00
44071200 冷杉及云杉木材，经纵锯、纵切、刨切或旋切，厚>6mm		
合计	11633.00	7410967.00
日本	8527.00	5863351.00
老挝	814.00	533314.00
韩国	448.00	319073.00
埃塞俄比亚	688.00	241939.00
缅甸	424.00	223503.00
马里	489.00	162587.00
阿联酋	53.00	23798.00
中国台湾	52.00	18387.00
柬埔寨	87.00	17425.00
菲律宾	51.00	7478.00
中国香港	0.00	112.00
44071900 其他针叶木木材，经纵锯、纵切、刨切或旋切，厚>6mm		
合计	31739.00	17528044.00
日本	8388.00	6983185.00
美国	15379.00	5218889.00
韩国	6801.00	4507111.00
德国	183.00	445846.00
中国台湾	252.00	181487.00
中国香港	514.00	109582.00
菲律宾	116.00	39477.00
哈萨克斯坦	43.00	24805.00
阿尔及利亚	3.00	6649.00
柬埔寨	18.00	5744.00

（续表）

国家/地区	出口数量（立方米）	出口金额（美元）
越南	26.00	2744.00
坦桑尼亚	8.00	1200.00
澳大利亚	7.00	738.00
莫桑比克	1.00	587.00
44072200 苏里南肉豆蔻木、细孔绿心樟及美洲轻木木材，经纵锯、纵切、刨切或旋切，厚>6mm		
合计	0.00	350.00
印度	0.00	350.00
44072500 深红色红柳桉木、浅红色红柳桉木及巴栲红柳桉木木材，经纵锯、纵切、刨切或旋切，厚>6mm		
合计	1073.00	363446.00
中国香港	957.00	282043.00
新加坡	56.00	41275.00
印度尼西亚	60.00	40128.00
44072600 经纵锯、纵切、刨切或旋切的白黄柳桉木等木材，厚>6mm		
合计	63.00	21070.00
中国香港	63.00	21070.00
44072700 经纵锯、纵切、刨切或旋切的沙比利木材，厚>6mm		
合计	50.00	23801.00
日本	34.00	14621.00
马来西亚	16.00	9180.00
44072910 经纵锯、纵切、刨切或旋切的柚木木材，厚>6mm		
合计	1858.00	1727303.00
土耳其	609.00	618086.00
马来西亚	239.00	356774.00
中国台湾	294.00	303799.00
巴基斯坦	516.00	240922.00
泰国	77.00	77770.00
日本	43.00	62430.00
印度	35.00	19270.00
希腊	17.00	17000.00
波兰	10.00	10500.00
澳大利亚	10.00	10000.00
中国香港	7.00	7000.00
西班牙	0.00	2617.00
南非	1.00	1110.00
美国	0.00	25.00
44072920 经纵锯、纵切、刨切或旋切的非洲桃花心木木材，厚>6mm		
合计	8.00	12102.00

(续表)

国家/地区	出口数量(立方米)	出口金额(美元)
韩国	8.00	12102.00
44072930 波罗格木木材,经纵锯、纵切、刨切或旋切,厚>6mm		
合计	35.00	38031.00
韩国	23.00	22591.00
巴林	6.00	10299.00
美国	4.00	4000.00
新加坡	2.00	1141.00
44072940 热带红木木材,经纵锯、纵切、刨切或旋切,厚>6mm		
合计	109.00	122111.00
越南	109.00	122111.00
44072990 未列名热带木木材,经纵锯、纵切、刨切或旋切,厚>6mm		
合计	2102.00	1247966.00
韩国	1216.00	801326.00
越南	408.00	153753.00
印度尼西亚	92.00	113605.00
日本	209.00	96656.00
澳大利亚	41.00	26705.00
中国香港	60.00	19234.00
柬埔寨	21.00	9944.00
中国台湾	20.00	9444.00
阿联酋	7.00	6170.00
斯里兰卡	11.00	5939.00
新加坡	17.00	5190.00
44079100 栎木(橡木)木材,经纵锯、纵切、刨切或旋切,厚>6mm		
合计	7875.00	10560028.00
德国	1631.00	2632059.00
日本	2121.00	2590146.00
韩国	1504.00	2213179.00
法国	1601.00	1861040.00
荷兰	168.00	325783.00
以色列	179.00	287478.00
比利时	194.00	213628.00
越南	351.00	212923.00
爱尔兰	35.00	70784.00
中国台湾	32.00	53195.00
西班牙	28.00	46680.00
英国	16.00	34541.00
柬埔寨	9.00	9702.00
澳大利亚	5.00	7420.00
意大利	1.00	1470.00

(续表)

国家/地区	出口数量(立方米)	出口金额(美元)
44079200 水青冈木(山毛榉木)木材,经纵锯、纵切、刨切或旋切,厚>6mm		
合计	71.00	72103.00
澳大利亚	59.00	60716.00
以色列	7.00	6546.00
西班牙	5.00	4841.00
44079300 槭木(枫木)木材,经纵锯、纵切、刨切或旋切,厚>6mm		
合计	2083.00	1655615.00
印度尼西亚	982.00	869364.00
韩国	582.00	515254.00
越南	400.00	154490.00
日本	119.00	116501.00
中国香港	0.00	6.00
44079400 樱桃木木材,经纵锯、纵切、刨切或旋切,厚>6mm		
合计	61.00	102880.00
日本	26.00	58855.00
美国	35.00	44025.00
44079500 白蜡木木材,经纵锯、纵切、刨切或旋切,厚>6mm		
合计	8348.00	8535510.00
日本	8214.00	8335836.00
韩国	121.00	188377.00
柬埔寨	13.00	11200.00
美国	0.00	97.00
44079600 桦木木材,经纵锯、纵切、刨切或旋切,厚>6mm		
合计	11072.00	5453342.00
越南	6186.00	3243366.00
日本	3351.00	1453607.00
马来西亚	502.00	291230.00
美国	137.00	117628.00
柬埔寨	206.00	81932.00
泰国	403.00	77287.00
韩国	93.00	61381.00
俄罗斯	116.00	50026.00
阿富汗	19.00	41809.00
中国台湾	18.00	16359.00
墨西哥	28.00	11217.00
加拿大	13.00	7500.00
44079700 杨木木材,经纵锯、纵切、刨切或旋切,厚>6mm		
合计	12471.00	3820269.00

(续表)

国家/地区	出口数量(立方米)	出口金额(美元)
越南	11770.00	3493217.00
中国台湾	356.00	254298.00
俄罗斯	45.00	34669.00
新加坡	252.00	22104.00
菲律宾	38.00	7500.00
加拿大	7.00	5873.00
韩国	3.00	2608.00
44079910 红木木材,但编码 4407.2940 所列热带红木木材除外,经纵锯、纵切、刨切或旋切,厚>6mm		
合计	308.00	585178.00
越南	288.00	535940.00
韩国	8.00	27479.00
印度尼西亚	11.00	20766.00
意大利	1.00	993.00
44079920 泡桐木木材,经纵锯、纵切、刨切或旋切,厚>6mm		
合计	73461.00	50484574.00
日本	26868.00	20271476.00
美国	27851.00	18990129.00
澳大利亚	3421.00	2624843.00
德国	3111.00	2080380.00
越南	2872.00	1495584.00
韩国	976.00	634291.00
斯洛文尼亚	1085.00	530510.00
意大利	896.00	402801.00
荷兰	565.00	393940.00
比利时	730.00	354653.00
法国	672.00	303762.00
西班牙	576.00	254087.00
英国	343.00	250246.00
中国台湾	333.00	230293.00
俄罗斯	328.00	187575.00
马来西亚	323.00	182883.00
克罗地亚	303.00	146582.00
阿联酋	159.00	129888.00
泰国	168.00	111598.00
阿尔巴尼亚	228.00	106613.00
葡萄牙	229.00	102454.00
尼加拉瓜	221.00	97452.00
加拿大	143.00	80476.00
哥斯达黎加	162.00	75502.00
危地马拉	114.00	58128.00
罗马尼亚	81.00	48268.00

（续表）

国家/地区	出口数量（立方米）	出口金额（美元）
留尼汪	76.00	42974.00
拉脱维亚	66.00	36000.00
希腊	65.00	27997.00
墨西哥	66.00	27267.00
捷克	60.00	26257.00
南非	56.00	26060.00
以色列	40.00	24006.00
波兰	23.00	21755.00
奥地利	18.00	15995.00
马耳他	21.00	14469.00
海地	19.00	14300.00
尼日利亚	52.00	11251.00
巴西	11.00	8397.00
斯洛伐克	9.00	6969.00
柬埔寨	19.00	6787.00
老挝	42.00	6699.00
毛里求斯	7.00	4778.00
哈萨克斯坦	33.00	4600.00
萨尔瓦多	8.00	4257.00
新加坡	4.00	3008.00
马尔代夫	2.00	2854.00
沙特阿拉伯	5.00	2057.00
瑞士	1.00	1363.00
土耳其	0.00	60.00
44079930 经纵锯、纵切、刨切或旋切的北美硬阔叶木材，厚>6mm		
合计	7118.00	6828467.00
德国	1303.00	1477727.00
越南	2911.00	1328338.00
日本	684.00	1119070.00
韩国	747.00	857596.00
意大利	762.00	802847.00
泰国	341.00	558042.00
印度尼西亚	133.00	278286.00
荷兰	59.00	141524.00
柬埔寨	52.00	70117.00
美国	61.00	68567.00
马来西亚	16.00	55805.00
以色列	29.00	36580.00
中国台湾	8.00	15102.00
新加坡	1.00	14592.00
菲律宾	10.00	2430.00
加拿大	1.00	1760.00
英国	0.00	84.00

（续表）

国家/地区	出口数量（立方米）	出口金额（美元）
44079980 经纵锯、纵切、刨切或旋切的其他温带非针叶木材，厚>6mm		
合计	5640.00	7652878.00
日本	3939.00	5832605.00
韩国	869.00	1054708.00
越南	460.00	354595.00
美国	182.00	212799.00
法国	97.00	125414.00
中国台湾	49.00	59862.00
毛里塔尼亚	41.00	8815.00
塞浦路斯	3.00	4080.00
44079990 其他纵锯、纵切、刨切或旋切的非叶木木材，厚>6mm		
合计	4203.00	2907328.00
韩国	718.00	846483.00
日本	720.00	555566.00
马尔代夫	1058.00	544525.00
美国	1067.00	362374.00
越南	210.00	198086.00
瑞典	123.00	163333.00
柬埔寨	47.00	71468.00
阿联酋	73.00	39295.00
以色列	22.00	37583.00
菲律宾	65.00	36243.00
中国台湾	30.00	17661.00
中国香港	30.00	17135.00
马里	13.00	5541.00
塔吉克斯坦	6.00	4550.00
塞内加尔	7.00	2301.00
沙特阿拉伯	6.00	2108.00
埃塞俄比亚	6.00	1596.00
英国	1.00	1261.00
澳大利亚	1.00	130.00
泰国	0.00	89.00

表 4　锯材进口量值表

国家/地区	进口数量（立方米）	进口金额（美元）
44061100 未浸渍针叶木铁道及电车道枕木		
合计	3822.00	548872.00
俄罗斯	3822.00	548872.00
44071110 红松和樟子松木材，经纵锯、纵切、刨切或旋切，厚>6mm		
合计	10253793.00	1776689688.00

（续表）

国家/地区	进口数量（立方米）	进口金额（美元）
俄罗斯	8520520.00	1450980009.00
乌克兰	798686.00	139106869.00
芬兰	331753.00	72032447.00
白俄罗斯	246097.00	42612372.00
瑞典	158930.00	35049113.00
德国	79378.00	13689160.00
拉脱维亚	40060.00	7829628.00
立陶宛	25730.00	4681251.00
巴西	21536.00	4525437.00
爱沙尼亚	16052.00	3566753.00
罗马尼亚	5653.00	1025346.00
阿根廷	3515.00	751201.00
奥地利	1219.00	201899.00
日本	2119.00	126375.00
加拿大	552.00	124861.00
波兰	480.00	112917.00
英国	527.00	99790.00
捷克	481.00	92904.00
美国	333.00	34801.00
荷兰	85.00	22219.00
法国	43.00	10783.00
中国	6.00	6680.00
哈萨克斯坦	28.00	4805.00
比利时	10.00	2068.00
44071120 辐射松木材，经纵锯、纵切、刨切或旋切，厚>6mm		
合计	1104145.00	246484292.00
智利	654443.00	147217989.00
新西兰	391129.00	87900382.00
澳大利亚	33148.00	5990614.00
巴西	10534.00	2048216.00
西班牙	8988.00	1928716.00
阿根廷	4412.00	961894.00
荷兰	93.00	169833.00
奥地利	525.00	91792.00
乌克兰	334.00	61709.00
中国	118.00	30829.00
津巴布韦	155.00	27908.00
日本	30.00	22543.00
波兰	70.00	16395.00
韩国	166.00	15472.00
44071130 花旗松木材，经纵锯、纵切、刨切或旋切，厚>6mm		
合计	237752.00	39858679.00

(续表)

国家/地区	进口数量(立方米)	进口金额(美元)
加拿大	224132.00	37902569.00
日本	8382.00	857500.00
美国	3449.00	694585.00
英国	779.00	147673.00
法国	446.00	139199.00
德国	517.00	73315.00
中国台湾	47.00	43538.00
韩国	0.00	300.00
44071190 其他松木木材，经纵锯、纵切、刨切或旋切，厚>6mm		
合计	3008994.00	506653139.00
俄罗斯	2031770.00	308464408.00
美国	265131.00	43398400.00
巴西	216183.00	42548933.00
加拿大	157804.00	36596255.00
阿根廷	107340.00	22398358.00
乌拉圭	101656.00	20065305.00
芬兰	33994.00	8208859.00
瑞典	26126.00	6298820.00
拉脱维亚	12540.00	5412258.00
乌克兰	24893.00	4727553.00
澳大利亚	3790.00	1876836.00
白俄罗斯	10063.00	1827597.00
波兰	2941.00	1721594.00
德国	5159.00	967683.00
爱沙尼亚	2596.00	600271.00
立陶宛	2580.00	503329.00
日本	2094.00	304230.00
奥地利	484.00	198511.00
新西兰	308.00	159567.00
智利	724.00	144764.00
捷克	134.00	86343.00
罗马尼亚	352.00	61142.00
委内瑞拉	226.00	41923.00
印度尼西亚	27.00	24019.00
韩国	36.00	7983.00
克罗地亚	40.00	5961.00
荷兰	3.00	2184.00
西班牙	0.00	39.00
中国	0.00	14.00
44071200 冷杉及云杉木材，经纵锯、纵切、刨切或旋切，厚>6mm		
合计	11764346.00	2109741886.00
俄罗斯	6405369.00	1120168778.00

(续表)

国家/地区	进口数量(立方米)	进口金额(美元)
加拿大	2928084.00	489787424.00
芬兰	867302.00	193676316.00
瑞典	535883.00	110677909.00
德国	600747.00	106536260.00
奥地利	110752.00	23457347.00
拉脱维亚	70415.00	13540741.00
罗马尼亚	76680.00	12860093.00
爱沙尼亚	47593.00	9387069.00
白俄罗斯	39109.00	6936759.00
丹麦	13936.00	4354059.00
日本	9487.00	3552749.00
捷克	16326.00	3270370.00
乌克兰	10425.00	2871566.00
韩国	2454.00	1616522.00
挪威	7039.00	1464894.00
比利时	5242.00	1002154.00
斯洛文尼亚	4735.00	912052.00
立陶宛	4651.00	819811.00
美国	2170.00	704784.00
瑞士	1085.00	605855.00
巴西	1368.00	256453.00
意大利	75.00	254725.00
克罗地亚	554.00	212511.00
斯洛伐克	1196.00	211614.00
波兰	77.00	134067.00
法国	503.00	133212.00
印度尼西亚	45.00	125784.00
澳大利亚	598.00	105222.00
荷兰	211.00	44404.00
波黑	102.00	30509.00
中国台湾	41.00	15188.00
阿根廷	47.00	9419.00
越南	45.00	5236.00
南非	0.00	30.00
44071900 其他针叶木木材，经纵锯、纵切、刨切或旋切，厚>6mm		
合计	1302401.00	241932138.00
加拿大	1080370.00	208017793.00
美国	42373.00	10127829.00
日本	47748.00	7604966.00
巴西	15868.00	3475295.00
阿根廷	14226.00	3087210.00
俄罗斯	69224.00	2299089.00
瑞典	7316.00	1807524.00

(续表)

国家/地区	进口数量(立方米)	进口金额(美元)
芬兰	5663.00	1453284.00
德国	5545.00	941634.00
澳大利亚	2148.00	885028.00
越南	3695.00	351168.00
爱沙尼亚	1009.00	284877.00
罗马尼亚	1429.00	279599.00
英国	1328.00	251612.00
老挝	340.00	229981.00
乌拉圭	788.00	160707.00
拉脱维亚	716.00	140580.00
乌克兰	723.00	131617.00
西班牙	100.00	101101.00
白俄罗斯	592.00	63892.00
中国台湾	205.00	63641.00
韩国	438.00	50629.00
委内瑞拉	356.00	46359.00
新西兰	90.00	32974.00
马达加斯加	37.00	26658.00
立陶宛	74.00	16009.00
中国	0.00	1049.00
南非	0.00	31.00
奥地利	0.00	2.00
44072100 美洲桃花心木木材，经纵锯、纵切、刨切或旋切，厚>6mm		
合计	6672.00	3794710.00
印度尼西亚	6593.00	3756273.00
斐济	39.00	21343.00
菲律宾	31.00	12924.00
苏里南	9.00	2221.00
巴西	0.00	1949.00
44072200 苏里南肉豆蔻木、细孔绿心樟及美洲轻木木材，经纵锯、纵切、刨切或旋切，厚>6mm		
合计	58835.00	38261865.00
厄瓜多尔	42206.00	27840969.00
巴布亚新几内亚	11223.00	7597002.00
印度尼西亚	4815.00	2609320.00
哥斯达黎加	590.00	207791.00
中国	0.00	2492.00
玻利维亚	1.00	1767.00
秘鲁	0.00	1284.00
瑞士	0.00	995.00
新加坡	0.00	245.00
44072500 深红色红柳桉木、浅红色红柳桉木及巴栲红柳桉木木材，经纵锯、纵切、刨切或旋切，厚>6mm		

（续表）

国家/地区	进口数量（立方米）	进口金额（美元）
合计	6244.00	2384247.00
马来西亚	4952.00	1758409.00
印度尼西亚	1272.00	618085.00
澳大利亚	20.00	7753.00

44072600 经纵锯、纵切、刨切或旋切的白黄柳桉木等木材，厚>6mm

国家/地区	进口数量（立方米）	进口金额（美元）
合计	7452.00	2659232.00
马来西亚	6692.00	2097361.00
印度尼西亚	524.00	285773.00
意大利	79.00	159325.00
澳大利亚	131.00	100296.00
中国台湾	25.00	15646.00
美国	1.00	386.00
越南	0.00	293.00
奥地利	0.00	152.00

44072700 经纵锯、纵切、刨切或旋切的沙比利木材，厚>6mm

国家/地区	进口数量（立方米）	进口金额（美元）
合计	86669.00	57503438.00
刚果（布）	39325.00	25392656.00
喀麦隆	36048.00	24735590.00
中非	7653.00	5287577.00
加蓬	2970.00	1632916.00
刚果（金）	553.00	432354.00
越南	120.00	22289.00
泰国	0.00	56.00

44072800 经纵锯、纵切、刨切或旋切的伊罗科木木材，厚>6mm

国家/地区	进口数量（立方米）	进口金额（美元）
合计	32.00	12864.00
加蓬	32.00	12864.00

44072910 经纵锯、纵切、刨切或旋切的柚木木材，厚>6mm

国家/地区	进口数量（立方米）	进口金额（美元）
合计	23539.00	17361038.00
老挝	12077.00	8166186.00
印度尼西亚	3032.00	2800575.00
缅甸	1493.00	1983557.00
委内瑞拉	2025.00	1182711.00
贝宁	1892.00	1143819.00
巴西	1178.00	864082.00
科特迪瓦	486.00	304025.00
尼日利亚	497.00	246592.00
越南	116.00	158147.00
泰国	115.00	99730.00
东帝汶	97.00	87210.00
巴拿马	163.00	86994.00

（续表）

国家/地区	进口数量（立方米）	进口金额（美元）
多哥	81.00	60338.00
哥斯达黎加	51.00	38436.00
哥伦比亚	49.00	29378.00
加纳	48.00	19658.00
墨西哥	18.00	18305.00
马来西亚	21.00	18221.00
中国台湾	11.00	14147.00
特立尼达和多巴哥	20.00	12799.00
赞比亚	40.00	12036.00
厄瓜多尔	17.00	7795.00
印度	12.00	5474.00
巴布亚新几内亚	0.00	426.00
意大利	0.00	338.00
美国	0.00	45.00
斯里兰卡	0.00	14.00

44072920 经纵锯、纵切、刨切或旋切的非洲桃花心木木材，厚>6mm

国家/地区	进口数量（立方米）	进口金额（美元）
合计	8310.00	3683444.00
加蓬	5598.00	1636392.00
刚果（布）	927.00	611758.00
喀麦隆	1022.00	549382.00
中国台湾	250.00	517941.00
刚果（金）	133.00	129772.00
科特迪瓦	126.00	81923.00
西班牙	50.00	68583.00
印度尼西亚	161.00	64340.00
中非	36.00	20532.00
葡萄牙	6.00	2273.00
奥地利	1.00	506.00
德国	0.00	42.00

44072930 波罗格木木材，经纵锯、纵切、刨切或旋切，厚>6mm

国家/地区	进口数量（立方米）	进口金额（美元）
合计	79636.00	68744473.00
印度尼西亚	76446.00	66259282.00
马来西亚	1889.00	1565411.00
巴布亚新几内亚	868.00	590687.00
所罗门群岛	360.00	267852.00
越南	57.00	49305.00
瓦努阿图	12.00	9260.00
老挝	4.00	2676.00

44072940 热带红木木材，经纵锯、纵切、刨切或旋切，厚>6mm

国家/地区	进口数量（立方米）	进口金额（美元）
合计	76537.00	83114509.00
加纳	30295.00	27208942.00

（续表）

国家/地区	进口数量（立方米）	进口金额（美元）
印度尼西亚	13638.00	25385105.00
冈比亚	16207.00	14698843.00
尼日利亚	5434.00	4421124.00
莫桑比克	3921.00	2667183.00
马里	3065.00	2486292.00
老挝	682.00	1244035.00
印度	198.00	1160940.00
喀麦隆	624.00	965145.00
越南	400.00	735526.00
加蓬	970.00	462819.00
尼加拉瓜	156.00	402215.00
巴拿马	100.00	320960.00
缅甸	192.00	302806.00
柬埔寨	113.00	169025.00
几内亚比绍	195.00	136707.00
马来西亚	64.00	128247.00
所罗门群岛	171.00	108243.00
坦桑尼亚	55.00	40471.00
泰国	21.00	33380.00
塞拉利昂	23.00	21916.00
日本	1.00	6585.00
赞比亚	5.00	2808.00
澳大利亚	3.00	2620.00
瓦努阿图	4.00	2572.00

44072990 未列名热带木木材，经纵锯、纵切、刨切或旋切，厚>6mm

国家/地区	进口数量（立方米）	进口金额（美元）
合计	5226430.00	1679348077.00
泰国	3579720.00	1032311086.00
加蓬	527198.00	256062876.00
马来西亚	184471.00	66370941.00
喀麦隆	106072.00	54263939.00
菲律宾	352181.00	43508134.00
秘鲁	45164.00	36478972.00
莫桑比克	51456.00	31943576.00
印度尼西亚	78259.00	26412983.00
缅甸	74719.00	22781538.00
越南	50343.00	17837583.00
巴西	28746.00	17576941.00
赞比亚	20103.00	13159662.00
赤道几内亚	10897.00	9180151.00
刚果（布）	18935.00	8804808.00
加纳	16374.00	7135739.00
玻利维亚	9779.00	6692079.00
斯里兰卡	19741.00	5713056.00
安哥拉	6216.00	3564290.00

(续表)

国家/地区	进口数量(立方米)	进口金额(美元)
柬埔寨	10796.00	3322072.00
斐济	4221.00	2179140.00
厄瓜多尔	4793.00	1772325.00
坦桑尼亚	2508.00	1634620.00
利比里亚	5546.00	1504118.00
尼日利亚	2546.00	1448252.00
老挝	3286.00	1419192.00
巴拉圭	947.00	782683.00
中国台湾	1026.00	772616.00
贝宁	1185.00	748654.00
科特迪瓦	1665.00	723815.00
中非	1438.00	645690.00
苏里南	852.00	357460.00
委内瑞拉	1179.00	275052.00
南非	424.00	274880.00
美国	419.00	215177.00
阿根廷	130.00	199321.00
意大利	190.00	196476.00
巴拿马	481.00	196251.00
哥伦比亚	466.00	183737.00
日本	1100.00	148615.00
巴布亚新几内亚	222.00	144617.00
印度	83.00	76275.00
尼加拉瓜	24.00	63998.00
哥斯达黎加	179.00	59154.00
纳米比亚	65.00	47377.00
危地马拉	24.00	32712.00
汤加	81.00	30319.00
圭亚那	61.00	29516.00
墨西哥	22.00	24234.00
所罗门群岛	27.00	13651.00
几内亚	20.00	10030.00
智利	15.00	8248.00
刚果(金)	19.00	4120.00
韩国	13.00	2425.00
冈比亚	2.00	1103.00
芬兰	0.00	801.00
澳大利亚	1.00	636.00
几内亚比绍	0.00	237.00
德国	0.00	47.00
西班牙	0.00	44.00
马达加斯加	0.00	33.00

44079100 栎木(橡木)木材,经纵锯、纵切、刨切或旋切,厚>6mm

(续表)

国家/地区	进口数量(立方米)	进口金额(美元)
合计	972135.00	522390991.00
美国	646068.00	344809813.00
俄罗斯	186298.00	87015704.00
加拿大	88264.00	58820442.00
法国	23315.00	14337529.00
越南	5295.00	4734482.00
德国	5143.00	2755063.00
乌克兰	6376.00	2324665.00
克罗地亚	3771.00	2091607.00
匈牙利	2134.00	1350976.00
日本	689.00	948471.00
波兰	596.00	600966.00
波黑	877.00	576143.00
奥地利	828.00	443795.00
意大利	507.00	345183.00
罗马尼亚	521.00	225851.00
斯洛伐克	338.00	192152.00
柬埔寨	210.00	171213.00
丹麦	64.00	135912.00
斯洛文尼亚	174.00	96399.00
塞尔维亚	155.00	71036.00
白俄罗斯	35.00	58821.00
澳大利亚	61.00	53775.00
韩国	104.00	52530.00
比利时	70.00	44824.00
秘鲁	26.00	33014.00
中国	33.00	26002.00
捷克	39.00	21339.00
瑞士	32.00	15466.00
马来西亚	33.00	11701.00
缅甸	38.00	8012.00
英国	7.00	7679.00
格鲁吉亚	21.00	3815.00
中国台湾	6.00	3363.00
爱沙尼亚	7.00	3067.00
拉脱维亚	0.00	97.00
瑞典	0.00	84.00

44079200 水青冈木(山毛榉木)木材,经纵锯、纵切、刨切或旋切,厚>6mm

国家/地区	进口数量(立方米)	进口金额(美元)
合计	675399.00	261543091.00
罗马尼亚	232193.00	93915505.00
德国	182387.00	59206634.00
波黑	47185.00	20721075.00
塞尔维亚	47524.00	20152678.00

(续表)

国家/地区	进口数量(立方米)	进口金额(美元)
克罗地亚	43799.00	18923264.00
波兰	43684.00	15155735.00
法国	31990.00	13859537.00
意大利	14189.00	6222578.00
奥地利	12399.00	5299237.00
乌克兰	8910.00	3417845.00
匈牙利	4407.00	1862462.00
丹麦	2323.00	999471.00
斯洛文尼亚	1352.00	508270.00
斯洛伐克	840.00	365462.00
黑山	374.00	139209.00
瑞士	344.00	133417.00
北马其顿	324.00	126585.00
保加利亚	296.00	126493.00
俄罗斯	282.00	91185.00
智利	129.00	87453.00
希腊	142.00	64940.00
日本	85.00	52124.00
西班牙	143.00	46495.00
土耳其	64.00	36221.00
捷克	31.00	27726.00
加拿大	3.00	1125.00
越南	0.00	365.00

44079300 槭木(枫木)木材,经纵锯、纵切、刨切或旋切,厚>6mm

国家/地区	进口数量(立方米)	进口金额(美元)
合计	61756.00	34428245.00
美国	32951.00	18769957.00
加拿大	20278.00	10878305.00
罗马尼亚	1087.00	1552443.00
乌克兰	5015.00	1549191.00
德国	189.00	429350.00
俄罗斯	1371.00	346720.00
克罗地亚	92.00	230173.00
挪威	28.00	153120.00
日本	62.00	144080.00
韩国	280.00	131763.00
法国	117.00	65084.00
奥地利	90.00	55720.00
越南	117.00	34442.00
捷克	35.00	33740.00
波黑	35.00	19423.00
意大利	3.00	13939.00
塞尔维亚	0.00	9069.00
澳大利亚	3.00	8953.00

（续表）

国家/地区	进口数量（立方米）	进口金额（美元）
中国台湾	2.00	1401.00
西班牙	1.00	800.00
瑞士	0.00	572.00
44079400 樱桃木木材，经纵锯、纵切、刨切或旋切，厚>6mm		
合计	149207.00	100417903.00
美国	136742.00	91195097.00
加拿大	11882.00	8908363.00
越南	268.00	81373.00
智利	85.00	64990.00
中国台湾	40.00	60167.00
日本	48.00	44136.00
巴西	48.00	25140.00
克罗地亚	53.00	24845.00
德国	29.00	9234.00
法国	10.00	4082.00
罗马尼亚	2.00	476.00
44079500 白蜡木木材，经纵锯、纵切、刨切或旋切，厚>6mm		
合计	425828.00	219406186.00
美国	167705.00	99257729.00
俄罗斯	97003.00	42220627.00
加拿大	41676.00	29045086.00
越南	62273.00	24114381.00
法国	15592.00	6741713.00
德国	10610.00	4645090.00
克罗地亚	9165.00	3919632.00
乌克兰	9665.00	3663182.00
奥地利	5288.00	2644173.00
波黑	2341.00	1031570.00
意大利	1468.00	775679.00
罗马尼亚	902.00	445040.00
塞尔维亚	885.00	364908.00
匈牙利	727.00	303441.00
捷克	185.00	81908.00
比利时	141.00	60187.00
爱沙尼亚	96.00	34745.00
日本	73.00	33588.00
瑞士	30.00	17514.00
中国台湾	3.00	5993.00
44079600 桦木木材，经纵锯、纵切、刨切或旋切，厚>6mm		
合计	688341.00	132549062.00
俄罗斯	659976.00	122383771.00

（续表）

国家/地区	进口数量（立方米）	进口金额（美元）
拉脱维亚	15273.00	4527291.00
爱沙尼亚	8168.00	3443426.00
波兰	2042.00	611778.00
芬兰	1379.00	588278.00
日本	59.00	466457.00
立陶宛	869.00	279725.00
白俄罗斯	290.00	104063.00
美国	137.00	52712.00
马来西亚	48.00	49407.00
加拿大	85.00	31100.00
意大利	0.00	6561.00
越南	14.00	4289.00
乌克兰	1.00	202.00
奥地利	0.00	2.00
44079700 杨木木材，经纵锯、纵切、刨切或旋切，厚>6mm		
合计	68364.00	14317070.00
美国	19389.00	7267099.00
俄罗斯	47101.00	6321284.00
加拿大	1479.00	585144.00
拉脱维亚	389.00	127231.00
日本	4.00	9569.00
克罗地亚	0.00	5403.00
意大利	0.00	707.00
斯洛伐克	2.00	633.00
44079910 红木木材，但编码 4407.2940 所列热带红木木材除外，经纵锯、纵切、刨切或旋切，厚>6mm		
合计	36490.00	54102330.00
老挝	31460.00	47109341.00
越南	2504.00	3835526.00
缅甸	485.00	794309.00
泰国	468.00	699977.00
柬埔寨	354.00	548186.00
巴布亚新几内亚	709.00	433392.00
印度尼西亚	240.00	297586.00
喀麦隆	49.00	159849.00
澳大利亚	132.00	89339.00
印度	7.00	43520.00
韩国	10.00	40400.00
刚果（布）	45.00	30954.00
加纳	20.00	16048.00
加蓬	5.00	2641.00
日本	2.00	1262.00

（续表）

国家/地区	进口数量（立方米）	进口金额（美元）
44079920 泡桐木木材，经纵锯、纵切、刨切或旋切，厚>6mm		
合计	94.00	16343.00
中国	94.00	16104.00
日本	0.00	239.00
44079930 经纵锯、纵切、刨切或旋切的北美硬阔叶木材，厚>6mm		
合计	320210.00	215073182.00
美国	308281.00	204491246.00
加拿大	9894.00	9374554.00
意大利	181.00	287072.00
越南	563.00	228266.00
匈牙利	157.00	135346.00
泰国	89.00	116001.00
日本	110.00	93595.00
罗马尼亚	198.00	81687.00
玻利维亚	18.00	77077.00
拉脱维亚	398.00	57752.00
墨西哥	63.00	35640.00
缅甸	19.00	25035.00
俄罗斯	106.00	21086.00
乌克兰	82.00	19706.00
斯洛伐克	25.00	18181.00
印度尼西亚	18.00	5848.00
中国台湾	8.00	5090.00
44079980 经纵锯、纵切、刨切或旋切的其他温带非针叶木材，厚>6mm		
合计	347135.00	102469213.00
俄罗斯	322806.00	92257236.00
美国	4445.00	2277211.00
拉脱维亚	6041.00	1685331.00
乌拉圭	1941.00	1253893.00
爱沙尼亚	3007.00	956957.00
克罗地亚	1761.00	775227.00
日本	993.00	451785.00
立陶宛	1308.00	388576.00
德国	575.00	378464.00
罗马尼亚	1097.00	359393.00
印度尼西亚	122.00	321686.00
乌克兰	1187.00	293262.00
澳大利亚	252.00	238407.00
中国台湾	233.00	191223.00
意大利	68.00	151383.00
加拿大	280.00	117219.00

(续表)

国家/地区	进口数量(立方米)	进口金额(美元)
波兰	289.00	87747.00
芬兰	178.00	75168.00
缅甸	216.00	52510.00
奥地利	63.00	42712.00
巴西	84.00	30116.00
法国	51.00	20000.00
韩国	0.00	18055.00
泰国	72.00	16518.00
越南	38.00	14709.00
瑞典	28.00	13972.00
西班牙	0.00	353.00
中国	0.00	100.00
44079990 其他经纵锯、纵切、刨切或旋切的非叶木木材,厚>6mm		
合计	142353.00	56867088.00
乌拉圭	13848.00	7728826.00
泰国	11477.00	4290390.00
马来西亚	8688.00	4046768.00
莫桑比克	6926.00	4043691.00
澳大利亚	5783.00	4010382.00
加蓬	9782.00	3951710.00
玻利维亚	3689.00	3055626.00
克罗地亚	6573.00	2886035.00
秘鲁	3568.00	2736331.00
菲律宾	26407.00	2735778.00
越南	5782.00	2573780.00
巴西	3200.00	1764205.00
日本	8132.00	1431208.00
德国	2164.00	1369653.00
意大利	1125.00	1175754.00
印度尼西亚	2603.00	1115720.00
乌克兰	2452.00	978946.00
喀麦隆	1531.00	950210.00
波兰	1381.00	781902.00
美国	1898.00	753894.00
奥地利	1142.00	642598.00
老挝	4373.00	633328.00
斐济	1075.00	571470.00
俄罗斯	2415.00	438098.00
拉脱维亚	1536.00	350291.00
缅甸	1205.00	315755.00
哥伦比亚	469.00	245653.00
加拿大	707.00	227818.00
巴拉圭	173.00	143213.00

(续表)

国家/地区	进口数量(立方米)	进口金额(美元)
智利	359.00	132867.00
厄瓜多尔	316.00	130820.00
安哥拉	440.00	79200.00
爱沙尼亚	33.00	71792.00
中国台湾	93.00	63812.00
苏里南	90.00	51844.00
韩国	56.00	50970.00
巴拿马	71.00	50438.00
尼日利亚	115.00	38580.00
科特迪瓦	109.00	35982.00
罗马尼亚	64.00	30528.00
立陶宛	148.00	29601.00
赞比亚	44.00	25596.00
西班牙	15.00	24201.00
委内瑞拉	83.00	23257.00
加纳	68.00	21099.00
柬埔寨	37.00	12203.00
印度	19.00	11749.00
匈牙利	25.00	11424.00
巴布亚新几内亚	46.00	9307.00
斯洛文尼亚	13.00	2842.00
法国	1.00	2616.00
南非	0.00	2585.00
葡萄牙	4.00	1800.00
中国	0.00	1765.00
白俄罗斯	0.00	1087.00
瑞典	0.00	40.00
英国	0.00	25.00
塞尔维亚	0.00	25.00

表 5 人造板出口量值表

国家/地区	出口数量(千克)	出口金额(美元)
44081011 用胶合板等制的针叶木饰面用单板,厚≤6mm		
合计	13216.00	28656.00
日本	2078.00	12029.00
中国台湾	4215.00	10000.00
柬埔寨	4870.00	3206.00
多米尼加	540.00	2700.00
德国	1510.00	646.00
越南	3.00	75.00
44081019 其他针叶木饰面用单板,厚≤6mm		
合计	1421877.00	1281180.00

(续表)

国家/地区	出口数量(千克)	出口金额(美元)
越南	347270.00	548084.00
菲律宾	916297.00	313327.00
巴基斯坦	24197.00	149907.00
柬埔寨	57548.00	127504.00
韩国	13170.00	39901.00
美国	3666.00	32998.00
印度尼西亚	15669.00	25059.00
瑞典	2500.00	20803.00
泰国	37890.00	18100.00
日本	3500.00	5414.00
中国香港	8.00	43.00
马来西亚	162.00	40.00
44081020 针叶木制胶合板用单板,厚≤6mm		
合计	7797183.00	8464483.00
越南	7638079.00	8203448.00
柬埔寨	137750.00	209745.00
印度	992.00	26285.00
意大利	8060.00	12065.00
吉布提	11092.00	10300.00
菲律宾	1210.00	2640.00
44081090 其他针叶木木材,经纵锯、刨切或旋切,厚≤6mm		
合计	4691142.00	17313025.00
日本	1581590.00	6393940.00
德国	774707.00	4029435.00
法国	226544.00	1039450.00
英国	198012.00	940126.00
越南	228878.00	887184.00
墨西哥	231369.00	862983.00
美国	179875.00	598101.00
泰国	116625.00	473729.00
菲律宾	469605.00	460281.00
韩国	79262.00	326330.00
比利时	40742.00	267896.00
西班牙	37684.00	253932.00
缅甸	320830.00	188178.00
中国台湾	47715.00	149181.00
阿根廷	19656.00	131827.00
突尼斯	32027.00	93883.00
土耳其	9805.00	65575.00
葡萄牙	11227.00	51627.00
马尔代夫	23686.00	28887.00
柬埔寨	21106.00	17331.00
伊拉克	13960.00	15026.00

（续表）

国家/地区	出口数量（千克）	出口金额（美元）
萨尔瓦多	6150.00	13578.00
马来西亚	6562.00	12645.00
圭亚那	7075.00	7609.00
加拿大	346.00	2778.00
巴布亚新几内亚	6100.00	1500.00
瑞士	4.00	13.00
44083111 用胶合板等制饰面单板，红柳桉木制，厚≤6mm		
合计	1433798.00	369193.00
中国台湾	1293120.00	274014.00
美国	61078.00	39354.00
比利时	43800.00	29730.00
加拿大	21700.00	15525.00
科特迪瓦	14100.00	10570.00
44083119 其他饰面用单板，红柳桉木制，厚≤6mm		
合计	1409587.00	1510468.00
越南	1407372.00	1467829.00
印度尼西亚	560.00	39850.00
日本	1620.00	2102.00
中国台湾	34.00	684.00
瑞典	1.00	3.00
44083190 其他经纵锯、纵切、刨切或旋切的红柳桉木木材，厚≤6mm		
合计	25300.00	14638.00
越南	25300.00	14638.00
44083911 用胶合板等多层板制的饰面用单板，其他热带木制，厚≤6mm		
合计	1849487.00	9168879.00
中国台湾	294389.00	1647964.00
俄罗斯	252040.00	1222837.00
越南	142593.00	792072.00
加拿大	76495.00	697441.00
西班牙	118210.00	671561.00
埃及	234183.00	602892.00
韩国	92395.00	524697.00
芬兰	98590.00	404644.00
波兰	51960.00	324011.00
意大利	69358.00	283065.00
印度	81986.00	257391.00
泰国	24565.00	248569.00
阿联酋	48447.00	207920.00
马来西亚	16971.00	168888.00
英国	30704.00	156495.00

（续表）

国家/地区	出口数量（千克）	出口金额（美元）
孟加拉国	53813.00	129632.00
墨西哥	33103.00	100026.00
印度尼西亚	16938.00	96513.00
美国	4482.00	82490.00
葡萄牙	14907.00	71011.00
卡塔尔	10045.00	60086.00
阿根廷	8170.00	56003.00
智利	6790.00	54649.00
秘鲁	7334.00	49931.00
哈萨克斯坦	9477.00	49468.00
巴基斯坦	8010.00	43965.00
日本	2230.00	29823.00
巴林	3895.00	24861.00
乌克兰	5397.00	18890.00
厄瓜多尔	2840.00	14866.00
新加坡	2130.00	14056.00
澳大利亚	1577.00	13030.00
突尼斯	2462.00	11264.00
多米尼加	2857.00	10674.00
多哥	17280.00	10637.00
南非	1371.00	7528.00
土耳其	895.00	6065.00
菲律宾	478.00	2244.00
德国	120.00	720.00
44083919 其他饰面用单板，其他热带木制，厚≤6mm		
合计	2604223.00	4990948.00
越南	533950.00	1626676.00
泰国	358424.00	1095977.00
菲律宾	248300.00	926277.00
印度	416540.00	336254.00
中国台湾	580120.00	285182.00
巴基斯坦	328610.00	277241.00
韩国	30804.00	156709.00
日本	23954.00	139102.00
马来西亚	60372.00	63614.00
阿联酋	1292.00	33100.00
塔吉克斯坦	8940.00	30523.00
埃塞俄比亚	9225.00	7767.00
英国	84.00	3861.00
印度尼西亚	385.00	2965.00
意大利	2891.00	2602.00
美国	171.00	2454.00
新加坡	161.00	644.00

（续表）

国家/地区	出口数量（千克）	出口金额（美元）
44083920 制胶合板用单板，其他热带木制，厚≤6mm		
合计	4650580.00	5041440.00
菲律宾	1947840.00	2211040.00
中国台湾	753920.00	827888.00
墨西哥	296160.00	746816.00
印度	1127000.00	525147.00
美国	167580.00	394641.00
越南	266950.00	209218.00
澳大利亚	10330.00	53366.00
加拿大	18660.00	28604.00
尼泊尔	55000.00	21909.00
印度尼西亚	5880.00	16546.00
刚果（金）	1260.00	6265.00
44083990 其他经纵锯、刨切或旋切的木材，其他热带木制，厚≤6mm		
合计	1078216.00	3106456.00
印度	1043200.00	2996209.00
越南	32800.00	90874.00
以色列	1120.00	13905.00
日本	1000.00	4698.00
韩国	60.00	606.00
加拿大	36.00	160.00
美国	0.00	4.00
44089011 用胶合板等多层板制的其他木制饰面用单板，厚≤6mm		
合计	9417739.00	26198812.00
印度	4158677.00	7956191.00
美国	290067.00	2216348.00
菲律宾	858223.00	2055796.00
柬埔寨	483615.00	2021624.00
俄罗斯	391050.00	2018044.00
越南	500402.00	1294469.00
埃及	934436.00	1184118.00
阿联酋	140527.00	820942.00
意大利	125494.00	693089.00
中国台湾	136626.00	533551.00
韩国	87584.00	533490.00
巴西	107628.00	478822.00
缅甸	203400.00	415307.00
哥伦比亚	55636.00	376917.00
加拿大	31777.00	300394.00
墨西哥	56247.00	253383.00
泰国	31648.00	243802.00

(续表)

国家/地区	出口数量(千克)	出口金额(美元)
土耳其	22044.00	243070.00
西班牙	54496.00	216914.00
巴基斯坦	41910.00	216118.00
澳大利亚	19874.00	205301.00
新加坡	28785.00	199931.00
智利	41815.00	160505.00
印度尼西亚	42424.00	102428.00
秘鲁	24425.00	101222.00
尼日利亚	70000.00	99094.00
波兰	14956.00	96254.00
卡塔尔	17408.00	95890.00
埃塞俄比亚	32099.00	89561.00
葡萄牙	16559.00	80741.00
马来西亚	12487.00	75266.00
孟加拉国	106550.00	74604.00
厄瓜多尔	42784.00	69664.00
阿尔巴尼亚	19984.00	68783.00
日本	11551.00	67249.00
沙特阿拉伯	12477.00	65417.00
安哥拉	5800.00	61708.00
英国	9563.00	61672.00
黎巴嫩	6848.00	50619.00
斯洛文尼亚	34600.00	43388.00
中国香港	7633.00	38465.00
巴拿马	4191.00	31473.00
巴林	4148.00	29820.00
立陶宛	4406.00	27507.00
萨摩亚	520.00	22589.00
阿根廷	2807.00	18086.00
南非	2231.00	15326.00
丹麦	1843.00	14442.00
吉布提	25200.00	14257.00
乌克兰	5000.00	13099.00
德国	64001.00	11551.00
多米尼加	10000.00	8880.00
奥地利	743.00	6255.00
斯里兰卡	440.00	2170.00
克罗地亚	500.00	1800.00
多哥	1470.00	1108.00
汤加	120.00	289.00
密克罗尼西亚联邦	10.00	9.00
44089012 温带非针叶木制饰面用单板,厚≤6mm		
合计	17228273.00	58489453.00

(续表)

国家/地区	出口数量(千克)	出口金额(美元)
越南	6833108.00	32665930.00
柬埔寨	3532673.00	9640197.00
日本	3897990.00	7314094.00
韩国	574616.00	2688661.00
马来西亚	995500.00	2148903.00
印度尼西亚	318275.00	956059.00
伊朗	139577.00	708083.00
菲律宾	160288.00	398238.00
美国	109963.00	360625.00
泰国	77272.00	312961.00
俄罗斯	51065.00	263557.00
墨西哥	71200.00	207442.00
中国台湾	145685.00	196439.00
爱沙尼亚	12360.00	140005.00
尼日利亚	154500.00	121320.00
德国	24990.00	71372.00
阿根廷	12750.00	64130.00
英国	4179.00	56799.00
波兰	4280.00	41556.00
巴西	13325.00	37197.00
阿联酋	3106.00	35818.00
秘鲁	41710.00	20365.00
巴基斯坦	47075.00	15339.00
中国香港	520.00	9805.00
新加坡	1485.00	9600.00
斯里兰卡	781.00	4958.00
44089013 竹制饰面用单板,厚≤6mm		
合计	13959.00	83390.00
马来西亚	2562.00	24453.00
土耳其	5000.00	21437.00
印度尼西亚	2550.00	14684.00
波兰	1400.00	10320.00
中国台湾	330.00	2990.00
厄瓜多尔	330.00	2883.00
卡塔尔	350.00	2702.00
柬埔寨	572.00	1198.00
越南	150.00	1033.00
中国香港	640.00	851.00
秘鲁	75.00	839.00
44089019 其他木制饰面用单板,厚≤6mm		
合计	133758781.00	232064700.00
越南	39307956.00	77442697.00
印度	35437696.00	45026250.00
马来西亚	7232778.00	16435586.00

(续表)

国家/地区	出口数量(千克)	出口金额(美元)
中国台湾	5944939.00	13547788.00
泰国	6001638.00	10656504.00
印度尼西亚	5104281.00	10543837.00
柬埔寨	4152071.00	8747343.00
埃及	7668952.00	8307555.00
韩国	3676001.00	7552568.00
西班牙	4036860.00	5702205.00
新加坡	783029.00	3519641.00
菲律宾	3046836.00	2677552.00
缅甸	1027330.00	2666942.00
日本	826338.00	2078011.00
墨西哥	780710.00	2048464.00
阿联酋	969336.00	1652973.00
孟加拉国	1104023.00	1623404.00
美国	429944.00	1177406.00
巴基斯坦	1432832.00	1140840.00
尼泊尔	1006200.00	1103322.00
斯里兰卡	717659.00	940573.00
俄罗斯	183673.00	925939.00
澳大利亚	363489.00	887008.00
意大利	540702.00	788325.00
英国	77633.00	347388.00
南非	102140.00	341441.00
巴西	96260.00	337857.00
以色列	179600.00	336979.00
哥伦比亚	138743.00	267332.00
葡萄牙	55546.00	266314.00
波兰	44282.00	243314.00
摩洛哥	326378.00	238949.00
伊朗	61055.00	190077.00
希腊	29873.00	163664.00
智利	89138.00	159691.00
中国香港	38891.00	151978.00
法国	40151.00	150836.00
阿尔巴尼亚	34669.00	149191.00
比利时	46820.00	125287.00
叙利亚	41885.00	110742.00
克罗地亚	21086.00	109343.00
尼日利亚	98965.00	104239.00
斯洛文尼亚	11861.00	83782.00
加拿大	71180.00	83181.00
科威特	12490.00	70265.00
斐济	25000.00	68750.00
德国	11565.00	67805.00

（续表）

国家/地区	出口数量（千克）	出口金额（美元）
秘鲁	34350.00	63323.00
莫桑比克	21815.00	55847.00
荷兰	30005.00	51985.00
沙特阿拉伯	7298.00	49272.00
新西兰	1455.00	47781.00
罗马尼亚	13695.00	43390.00
埃塞俄比亚	4235.00	41230.00
阿尔及利亚	19100.00	34241.00
白俄罗斯	3940.00	30080.00
塞浦路斯	4717.00	26668.00
格鲁吉亚	7528.00	25716.00
肯尼亚	29660.00	23377.00
乌兹别克斯坦	45053.00	22160.00
巴林	2630.00	18989.00
立陶宛	400.00	18497.00
洪都拉斯	22845.00	17894.00
危地马拉	4780.00	17050.00
芬兰	13000.00	16176.00
帕劳	2410.00	15721.00
阿曼	22000.00	12117.00
厄瓜多尔	1245.00	8826.00
爱尔兰	960.00	7014.00
加蓬	9480.00	6996.00
坦桑尼亚	3070.00	6198.00
卡塔尔	160.00	6000.00
乌干达	3200.00	5830.00
保加利亚	700.00	4464.00
土耳其	5770.00	4248.00
津巴布韦	1750.00	3300.00
多米尼加	340.00	3283.00
中国澳门	106.00	2219.00
马尔代夫	1814.00	2216.00
科特迪瓦	5404.00	2098.00
朝鲜	600.00	2040.00
安哥拉	1550.00	1960.00
佛得角	165.00	1947.00
刚果（布）	160.00	1548.00
约旦	800.00	980.00
瑞士	77.00	880.00
牙买加	30.00	1.00
44089021 温带非针叶木制胶合板用单板，厚≤6mm		
合计	10685486.00	11231937.00
越南	4847062.00	6358236.00

（续表）

国家/地区	出口数量（千克）	出口金额（美元）
柬埔寨	3725600.00	2679390.00
印度尼西亚	437390.00	873070.00
洪都拉斯	816000.00	628360.00
埃及	284200.00	157259.00
巴西	68842.00	125204.00
中国台湾	111971.00	92819.00
菲律宾	81500.00	76186.00
马来西亚	59840.00	76150.00
西班牙	107400.00	52988.00
摩洛哥	81180.00	45361.00
肯尼亚	24000.00	35214.00
美国	19500.00	15225.00
日本	1847.00	8956.00
印度	19000.00	7442.00
新加坡	154.00	77.00
44089029 其他木制胶合板用单板，厚≤6mm		
合计	120338181.00	91930906.00
印度	15290918.00	20783790.00
中国台湾	34677710.00	15847195.00
菲律宾	19294226.00	12949818.00
柬埔寨	27810769.00	11233821.00
越南	7585807.00	8654776.00
韩国	6515980.00	8311373.00
埃及	3004360.00	5056484.00
马来西亚	2432661.00	4050251.00
印度尼西亚	508240.00	1081332.00
斯里兰卡	370200.00	622401.00
巴基斯坦	744229.00	582300.00
缅甸	565335.00	582221.00
泰国	395375.00	562760.00
孟加拉国	178708.00	263846.00
墨西哥	100357.00	204712.00
阿联酋	118780.00	134900.00
摩洛哥	68480.00	130594.00
牙买加	192619.00	115388.00
厄瓜多尔	79000.00	85845.00
智利	21067.00	83072.00
美国	49033.00	78397.00
赞比亚	70700.00	75819.00
日本	52200.00	75568.00
阿尔巴尼亚	39550.00	64708.00
巴林	22362.00	55833.00
以色列	28840.00	49989.00
莫桑比克	22500.00	36980.00

（续表）

国家/地区	出口数量（千克）	出口金额（美元）
巴西	12851.00	36820.00
沙特阿拉伯	26250.00	31855.00
爱尔兰	15680.00	25259.00
西班牙	11700.00	20920.00
意大利	6760.00	13527.00
德国	16030.00	10685.00
哥伦比亚	6850.00	10517.00
澳大利亚	1254.00	6270.00
赤道几内亚	800.00	880.00
44089091 温带非针叶木制经纵锯、刨切或旋切的木材，厚≤6mm		
合计	17277431.00	36043938.00
越南	4169198.00	7595961.00
泰国	1791528.00	4276190.00
墨西哥	1633069.00	4121293.00
土耳其	1272217.00	3041631.00
印度尼西亚	1382060.00	2730962.00
日本	929012.00	1995436.00
巴基斯坦	980830.00	1836170.00
印度	948809.00	1833273.00
缅甸	658861.00	1259087.00
美国	473235.00	1029645.00
柬埔寨	1030310.00	1015641.00
德国	341600.00	990472.00
韩国	187120.00	975866.00
伊朗	445430.00	833655.00
中国台湾	245453.00	623204.00
斯洛文尼亚	195490.00	476235.00
马来西亚	196885.00	324236.00
朝鲜	147935.00	307950.00
捷克	54417.00	153364.00
秘鲁	51750.00	124632.00
厄瓜多尔	44798.00	118704.00
委内瑞拉	33963.00	90623.00
瑞典	13060.00	86350.00
法国	11265.00	70190.00
波兰	6400.00	51271.00
阿联酋	9865.00	30906.00
安哥拉	11520.00	18248.00
荷兰	1897.00	10330.00
尼日利亚	4830.00	7240.00
英国	1326.00	5919.00
意大利	1308.00	5740.00
奥地利	710.00	1564.00

（续表）

国家/地区	出口数量（千克）	出口金额（美元）
吉布提	1200.00	1200.00
塞浦路斯	80.00	750.00
44089099 未列名木制经纵锯、刨切或旋切的木材,厚≤6mm		
合计	10434966.00	17710311.00
印度	5630476.00	7123352.00
越南	1919715.00	3899174.00
印度尼西亚	1198163.00	2331219.00
德国	370194.00	1220703.00
巴西	286525.00	845077.00
墨西哥	300300.00	539481.00
泰国	192544.00	526114.00
日本	180935.00	516287.00
美国	115008.00	200904.00
秘鲁	69900.00	129984.00
意大利	5163.00	98745.00
菲律宾	25309.00	74899.00
孟加拉国	72350.00	64800.00
土耳其	23650.00	46117.00
缅甸	27300.00	32760.00
阿曼	5700.00	29478.00
伊朗	9003.00	20940.00
中国香港	1556.00	7727.00
智利	800.00	1750.00
中国台湾	300.00	610.00
塞尔维亚	75.00	190.00
44101100 木制碎料板		
合计	134175546.00	54014073.00
阿联酋	20617632.00	7790959.00
中国台湾	11277412.00	4511751.00
越南	8073047.00	4299909.00
沙特阿拉伯	8495232.00	3140413.00
韩国	7801366.00	3132740.00
尼日利亚	6576028.00	2660646.00
日本	2053577.00	2451318.00
马来西亚	5426382.00	2324171.00
菲律宾	5267276.00	2223440.00
蒙古	22335350.00	1976491.00
中国香港	1334219.00	1891906.00
美国	1770834.00	1534119.00
澳大利亚	1484254.00	1433105.00
印度尼西亚	3284670.00	1402414.00
肯尼亚	2991211.00	1236165.00
印度	2399145.00	1159826.00

（续表）

国家/地区	出口数量（千克）	出口金额（美元）
卡塔尔	2326725.00	996273.00
泰国	1533162.00	908289.00
哥伦比亚	1680034.00	802466.00
阿曼	1079160.00	549126.00
新加坡	730239.00	534532.00
加拿大	730832.00	515361.00
缅甸	1475404.00	496840.00
巴林	1146500.00	475160.00
墨西哥	1118820.00	429351.00
吉布提	643233.00	424665.00
危地马拉	760161.00	318500.00
斯里兰卡	652854.00	285672.00
柬埔寨	597791.00	267202.00
智利	691543.00	255981.00
新西兰	315796.00	201340.00
南非	489744.00	201264.00
安哥拉	735706.00	174199.00
埃及	143600.00	173421.00
俄罗斯	451620.00	149021.00
英国	237121.00	139035.00
斐济	342720.00	133653.00
阿尔及利亚	263019.00	117619.00
约旦	273358.00	116156.00
加纳	445468.00	115973.00
哥斯达黎加	271200.00	110234.00
孟加拉国	204257.00	107923.00
多米尼加	179908.00	95768.00
朝鲜	137906.00	95234.00
马达加斯加	252971.00	92236.00
刚果(金)	68000.00	85712.00
葡萄牙	125959.00	81566.00
科特迪瓦	32525.00	76817.00
巴西	84430.00	65306.00
科威特	204681.00	64883.00
巴基斯坦	238273.00	64624.00
埃塞俄比亚	130895.00	64320.00
莫桑比克	135240.00	63938.00
索马里	181000.00	62988.00
厄瓜多尔	101211.00	60843.00
土耳其	134670.00	60186.00
留尼汪	88389.00	54551.00
奥地利	103240.00	51642.00
乌兹别克斯坦	67612.00	46736.00
叙利亚	108000.00	42912.00

（续表）

国家/地区	出口数量（千克）	出口金额（美元）
希腊	94013.00	38254.00
毛里求斯	67365.00	32608.00
法属波利尼西亚	55400.00	28326.00
巴拿马	58449.00	28062.00
摩洛哥	51000.00	26800.00
尼加拉瓜	42188.00	26118.00
老挝	53153.00	25326.00
伊拉克	32497.00	24990.00
德国	22289.00	22927.00
巴拉圭	5100.00	22899.00
荷兰	39228.00	21813.00
黎巴嫩	47837.00	21009.00
坦桑尼亚	48200.00	19400.00
意大利	40560.00	19400.00
玻利维亚	39808.00	19094.00
马拉维	64530.00	18653.00
苏里南	56000.00	18575.00
苏丹	133982.00	18407.00
喀麦隆	13600.00	17533.00
乌干达	34809.00	15883.00
捷克	9750.00	15650.00
利比亚	53206.00	15624.00
西班牙	44280.00	15462.00
马尔代夫	8125.00	10047.00
挪威	6204.00	9854.00
法国	6650.00	7613.00
佛得角	16560.00	7330.00
洪都拉斯	40388.00	7300.00
比利时	8300.00	6335.00
哈萨克斯坦	2458.00	5937.00
塞内加尔	12900.00	5400.00
立陶宛	3400.00	4765.00
以色列	4432.00	4418.00
尼泊尔	15040.00	4317.00
赞比亚	6710.00	3900.00
新喀里多尼亚	8970.00	3700.00
圣卢西亚	8536.00	3276.00
加蓬	3070.00	3038.00
塞拉利昂	1540.00	2608.00
文莱	2800.00	2356.00
芬兰	2100.00	2345.00
毛里塔尼亚	765.00	1607.00
东帝汶	1800.00	1391.00
塞浦路斯	2283.00	1340.00

（续表）

国家/地区	出口数量（千克）	出口金额（美元）
所罗门群岛	925.00	1305.00
牙买加	775.00	970.00
博茨瓦纳	647.00	850.00
罗马尼亚	100.00	158.00
斯洛文尼亚	100.00	100.00
瑞典	40.00	49.00
乌拉圭	27.00	30.00
多哥	45.00	30.00
44101200 木制定向刨花板（OSB）		
合计	67324729.00	23156934.00
智利	8921581.00	3642868.00
越南	7789961.00	3356243.00
蒙古	23480599.00	2182503.00
中国台湾	3992263.00	2058480.00
秘鲁	4928763.00	1744453.00
泰国	2576895.00	1289214.00
缅甸	2412262.00	1118107.00
俄罗斯	3446615.00	1109603.00
马来西亚	1692694.00	1034235.00
日本	1754611.00	978665.00
美国	438080.00	646255.00
韩国	1245328.00	645462.00
新加坡	104914.00	561644.00
柬埔寨	357321.00	367735.00
朝鲜	393773.00	246043.00
澳大利亚	251697.00	203060.00
菲律宾	242784.00	156115.00
安哥拉	118500.00	135380.00
沙特阿拉伯	171651.00	131272.00
尼日利亚	286090.00	111626.00
危地马拉	257452.00	111232.00
印度	264864.00	100293.00
马达加斯加	7200.00	97920.00
肯尼亚	132284.00	82241.00
阿根廷	190073.00	77017.00
以色列	181900.00	66844.00
格鲁吉亚	117770.00	62480.00
阿联酋	143054.00	60669.00
科威特	84280.00	56493.00
留尼汪	124640.00	53538.00
中非	25500.00	49516.00
伊朗	48560.00	49046.00
保加利亚	137860.00	48056.00
加拿大	847.00	44193.00

（续表）

国家/地区	出口数量（千克）	出口金额（美元）
摩洛哥	87000.00	37495.00
苏丹	27300.00	32310.00
萨尔瓦多	53000.00	26612.00
中国香港	19142.00	26055.00
中国澳门	4512.00	21535.00
印度尼西亚	40281.00	19728.00
巴基斯坦	27865.00	18074.00
巴拿马	61126.00	17638.00
墨西哥	43402.00	17637.00
几内亚	21161.00	13707.00
南非	53842.00	12904.00
古巴	22750.00	12378.00
坦桑尼亚	35920.00	12110.00
英国	34200.00	12018.00
哥伦比亚	28032.00	11821.00
意大利	35000.00	11792.00
爱尔兰	25000.00	11124.00
约旦	27500.00	11008.00
佛得角	40550.00	9418.00
圭亚那	27500.00	8951.00
海地	19140.00	8057.00
巴巴多斯	23622.00	7938.00
斐济	21790.00	7682.00
孟加拉国	24949.00	7657.00
埃塞俄比亚	3141.00	7538.00
斯里兰卡	13715.00	7496.00
刚果(金)	15675.00	6790.00
巴布亚新几内亚	4780.00	6689.00
乌干达	7532.00	6460.00
伊拉克	12576.00	6400.00
黎巴嫩	18000.00	6240.00
瓦努阿图	15000.00	6220.00
希腊	16074.00	6180.00
马尔代夫	6600.00	5808.00
塞浦路斯	8208.00	5612.00
巴林	12760.00	5487.00
毛里塔尼亚	13620.00	4947.00
法国	8066.00	4510.00
马耳他	4875.00	3431.00
萨摩亚	8320.00	2619.00
比利时	10100.00	2378.00
荷兰	1334.00	1851.00
特立尼达和多巴哥	7346.00	1542.00
加纳	3600.00	1520.00

（续表）

国家/地区	出口数量（千克）	出口金额（美元）
克罗地亚	2856.00	1200.00
阿曼	1274.00	723.00
乌兹别克斯坦	750.00	328.00
丹麦	494.00	255.00
摩尔多瓦	480.00	240.00
新西兰	100.00	143.00
阿尔及利亚	110.00	117.00
哈萨克斯坦	19.00	38.00
匈牙利	42.00	15.00
哥斯达黎加	32.00	7.00
44101900 其他木制类似板（例如，华夫板）		
合计	13905385.00	12791781.00
韩国	3685161.00	4764093.00
中国台湾	1869429.00	1306380.00
柬埔寨	1944906.00	1125963.00
日本	138119.00	427450.00
菲律宾	541466.00	408871.00
越南	621661.00	381818.00
美国	122515.00	337941.00
尼日利亚	889630.00	295594.00
埃塞俄比亚	40030.00	280192.00
澳大利亚	272216.00	276079.00
马来西亚	256434.00	239036.00
缅甸	318490.00	215524.00
芬兰	39663.00	191178.00
新加坡	160812.00	176903.00
加纳	39803.00	168299.00
墨西哥	390002.00	158712.00
巴基斯坦	449488.00	143721.00
朝鲜	115522.00	136186.00
俄罗斯	160610.00	132195.00
中国香港	76190.00	119828.00
吉布提	20193.00	93183.00
泰国	127252.00	92591.00
印度尼西亚	54892.00	81915.00
马尔代夫	142384.00	80864.00
哈萨克斯坦	118196.00	77360.00
科威特	56000.00	67590.00
印度	54319.00	61101.00
加拿大	117926.00	60156.00
斯里兰卡	63550.00	56800.00
英国	24320.00	54606.00
摩洛哥	81000.00	52994.00
中非	17018.00	51120.00

(续表)

国家/地区	出口数量(千克)	出口金额(美元)
阿联酋	25228.00	48766.00
荷兰	69949.00	42900.00
斐济	87701.00	35972.00
毛里求斯	31882.00	35149.00
卡塔尔	73800.00	35100.00
西班牙	26823.00	33618.00
肯尼亚	88005.00	29135.00
帕劳	5181.00	28427.00
以色列	8490.00	24707.00
洪都拉斯	60434.00	24166.00
巴林	41250.00	21587.00
挪威	8500.00	21500.00
苏里南	55900.00	17792.00
新西兰	19563.00	17407.00
佛得角	37700.00	16580.00
哥伦比亚	11551.00	16510.00
亚美尼亚	9970.00	16379.00
马拉维	24309.00	16206.00
沙特阿拉伯	22380.00	15981.00
科特迪瓦	8177.00	13728.00
德国	17926.00	13577.00
安哥拉	24850.00	11400.00
刚果(金)	7950.00	11371.00
汤加	13390.00	9131.00
土耳其	6600.00	8227.00
南非	4011.00	8191.00
奥地利	3185.00	7821.00
老挝	14100.00	7665.00
马达加斯加	2363.00	7419.00
喀麦隆	3620.00	5932.00
塞浦路斯	4799.00	5888.00
蒙古	8600.00	5884.00
意大利	1543.00	5749.00
阿曼	2825.00	5468.00
莫桑比克	1568.00	5438.00
智利	12134.00	5319.00
贝宁	5500.00	5017.00
阿尔及利亚	11232.00	4968.00
阿富汗	2128.00	4154.00
所罗门群岛	5000.00	3995.00
文莱	8100.00	3787.00
古巴	836.00	3277.00
牙买加	7330.00	3156.00
毛里塔尼亚	1300.00	2986.00

(续表)

国家/地区	出口数量(千克)	出口金额(美元)
萨尔瓦多	3185.00	2835.00
几内亚	1540.00	1560.00
危地马拉	535.00	1196.00
赞比亚	1300.00	975.00
坦桑尼亚	1200.00	833.00
瑞典	221.00	474.00
赤道几内亚	195.00	200.00
丹麦	9.00	20.00
约旦	320.00	15.00
44109019 其他木质材料制碎料板		
合计	1466851.00	894530.00
萨尔瓦多	820573.00	383526.00
沙特阿拉伯	36374.00	189484.00
尼日利亚	75800.00	47428.00
阿联酋	18522.00	44201.00
马来西亚	133760.00	39572.00
菲律宾	109005.00	36783.00
新加坡	51598.00	27605.00
日本	9570.00	24406.00
埃塞俄比亚	54400.00	15853.00
韩国	49000.00	14991.00
新西兰	9148.00	14273.00
泰国	1639.00	10799.00
美国	36242.00	10363.00
柬埔寨	15500.00	10067.00
越南	17812.00	8906.00
乌兹别克斯坦	3508.00	5613.00
加拿大	14800.00	5490.00
尼日尔	9600.00	5170.00
44109090 其他木质材料制定向刨花板(OSB)及类似板(例如,华夫板)		
合计	1946240.00	3532025.00
越南	476713.00	1858411.00
美国	797432.00	734469.00
中国台湾	160789.00	212346.00
泰国	174600.00	172296.00
新加坡	27705.00	107239.00
马来西亚	23756.00	106011.00
日本	57922.00	50592.00
加拿大	5180.00	43996.00
文莱	72600.00	42201.00
柬埔寨	28800.00	39280.00
卡塔尔	60420.00	37450.00
英国	7490.00	32727.00

(续表)

国家/地区	出口数量(千克)	出口金额(美元)
澳大利亚	13697.00	31228.00
中国香港	9354.00	29647.00
印度	10080.00	9279.00
莫桑比克	9200.00	7360.00
肯尼亚	2214.00	7245.00
中国澳门	2770.00	2117.00
菲律宾	707.00	1874.00
新西兰	1176.00	1483.00
埃塞俄比亚	150.00	1084.00
吉布提	857.00	964.00
智利	600.00	900.00
坦桑尼亚	1000.00	750.00
荷兰	120.00	680.00
土耳其	107.00	205.00
阿联酋	45.00	70.00
巴林	436.00	54.00
马尔代夫	310.00	45.00
利比里亚	10.00	22.00
44111211 未机械加工的中密度板,密度>0.8g/cucm,厚≤5mm		
合计	15342201.00	4815159.00
苏丹	2650678.00	862903.00
墨西哥	1315072.00	792865.00
蒙古	6311924.00	598102.00
缅甸	983962.00	493809.00
日本	917363.00	452833.00
中国台湾	1281876.00	446064.00
泰国	365970.00	173734.00
朝鲜	60294.00	96754.00
莫桑比克	121620.00	88650.00
越南	143554.00	86802.00
韩国	110250.00	83470.00
阿联酋	61301.00	66218.00
俄罗斯	113935.00	65894.00
印度	141819.00	62095.00
美国	39413.00	43806.00
爱沙尼亚	41191.00	35293.00
柬埔寨	66830.00	31912.00
马来西亚	45732.00	28045.00
澳大利亚	60420.00	27237.00
南非	12763.00	24238.00
利比里亚	60360.00	22094.00
危地马拉	51571.00	20580.00
埃塞俄比亚	57000.00	20460.00

（续表）

国家/地区	出口数量（千克）	出口金额（美元）
肯尼亚	62945.00	19620.00
菲律宾	37448.00	19404.00
印度尼西亚	33180.00	18707.00
英国	7402.00	17026.00
委内瑞拉	27000.00	15750.00
秘鲁	26892.00	12711.00
安哥拉	12564.00	9791.00
土库曼斯坦	8750.00	9386.00
吉布提	13425.00	8556.00
巴林	7800.00	8400.00
新加坡	22775.00	7995.00
贝宁	10000.00	7500.00
智利	18700.00	6917.00
荷兰	2540.00	6100.00
卢旺达	4900.00	4508.00
文莱	3600.00	4088.00
坦桑尼亚	2347.00	3016.00
中国香港	7030.00	2547.00
阿曼	9000.00	2400.00
土耳其	618.00	1573.00
乌干达	2300.00	1275.00
尼日利亚	1800.00	990.00
阿尔及利亚	900.00	980.00
乌克兰	720.00	926.00
玻利维亚	2429.00	866.00
科威特	100.00	200.00
瑞典	90.00	39.00
哥伦比亚	48.00	30.00
44111219 经机械加工中密度板，密度>0.8g/cucm，厚≤5mm		
合计	59265588.00	40861956.00
尼日利亚	11995738.00	6483203.00
巴基斯坦	6700049.00	4452000.00
日本	2258368.00	3288933.00
沙特阿拉伯	4642633.00	2489161.00
韩国	2743241.00	2331877.00
印度	3371426.00	2067180.00
美国	1092526.00	1888946.00
越南	1626232.00	1451730.00
肯尼亚	1957540.00	1293223.00
中国台湾	1552193.00	1292366.00
墨西哥	1692779.00	1075668.00
伊拉克	941560.00	832259.00
埃及	1729474.00	768660.00

（续表）

国家/地区	出口数量（千克）	出口金额（美元）
吉布提	947873.00	681693.00
以色列	728987.00	614566.00
埃塞俄比亚	1145627.00	614002.00
利比亚	802408.00	608101.00
阿联酋	1127181.00	475392.00
斯里兰卡	703338.00	401598.00
菲律宾	398774.00	394079.00
马来西亚	273060.00	366312.00
加拿大	477019.00	351103.00
哥伦比亚	325747.00	322705.00
孟加拉国	385712.00	317719.00
约旦	437532.00	294057.00
坦桑尼亚	349798.00	275535.00
朝鲜	574534.00	274408.00
加纳	226667.00	273232.00
阿尔及利亚	482727.00	236512.00
冈比亚	474696.00	227202.00
土耳其	240170.00	217418.00
多米尼加	247300.00	205114.00
南非	357371.00	204287.00
泰国	294160.00	200879.00
缅甸	363524.00	191977.00
英国	121566.00	179901.00
阿曼	588260.00	174954.00
澳大利亚	145851.00	174432.00
新加坡	41812.00	172139.00
中国香港	203342.00	167512.00
苏丹	332030.00	158753.00
俄罗斯	256888.00	143836.00
卡塔尔	186884.00	135940.00
法属波利尼西亚	145280.00	121628.00
古巴	293990.00	114943.00
蒙古	642230.00	109201.00
伊朗	166080.00	105986.00
柬埔寨	84321.00	90452.00
法国	78116.00	89626.00
格鲁吉亚	99370.00	86176.00
塞内加尔	99330.00	77527.00
秘鲁	99975.00	76988.00
塞拉利昂	173560.00	76248.00
哥斯达黎加	128735.00	75877.00
利比里亚	152406.00	72125.00
毛里求斯	91977.00	71095.00
危地马拉	103803.00	70799.00

（续表）

国家/地区	出口数量（千克）	出口金额（美元）
尼泊尔	126700.00	69383.00
印度尼西亚	134547.00	63512.00
莫桑比克	147308.00	62779.00
也门	85340.00	46920.00
赞比亚	60760.00	45654.00
智利	36679.00	36246.00
摩洛哥	58845.00	34965.00
马达加斯加	90200.00	34597.00
巴西	44809.00	34468.00
多哥	47460.00	32690.00
荷兰	26962.00	31073.00
意大利	22739.00	30567.00
洪都拉斯	39480.00	27379.00
科特迪瓦	4500.00	27000.00
巴林	38900.00	24035.00
特立尼达和多巴哥	27500.00	20700.00
科威特	18430.00	19863.00
巴拿马	22950.00	17325.00
索马里	35522.00	16765.00
西班牙	27834.00	15915.00
博茨瓦纳	21970.00	15570.00
马拉维	18308.00	15299.00
安哥拉	29842.00	12117.00
尼加拉瓜	23940.00	11273.00
瓦努阿图	27450.00	10752.00
津巴布韦	19500.00	9438.00
黎巴嫩	8668.00	7406.00
塔吉克斯坦	9000.00	7200.00
叙利亚	10880.00	6497.00
苏里南	8500.00	6405.00
所罗门群岛	16900.00	6251.00
挪威	8300.00	5434.00
克罗地亚	5490.00	5180.00
捷克	750.00	5000.00
委内瑞拉	10200.00	4950.00
乌干达	5240.00	4618.00
斐济	14240.00	4215.00
希腊	4228.00	3805.00
立陶宛	590.00	3800.00
瑞士	1995.00	3600.00
乌拉圭	2000.00	3200.00
萨尔瓦多	3770.00	2227.00
哈萨克斯坦	1371.00	1552.00
圭亚那	2184.00	1284.00

(续表)

国家/地区	出口数量(千克)	出口金额(美元)
毛里塔尼亚	1200.00	1080.00
新西兰	384.00	888.00
海地	2500.00	806.00
佛得角	1003.00	578.00
乌兹别克斯坦	3950.00	460.00

44111221 辐射松制的中密度板,0.5g/cucm<密度≤0.8g/cucu,厚≤5mm

国家/地区	出口数量(千克)	出口金额(美元)
合计	64078.00	91237.00
马来西亚	37976.00	55091.00
日本	24081.00	34995.00
中国香港	2021.00	1151.00

44111229 其他中密度板 0.5g/cucm<密度≤0.8g/cucu,厚≤5mm

国家/地区	出口数量(千克)	出口金额(美元)
合计	67822489.00	42072831.00
尼日利亚	11932193.00	9844227.00
吉布提	13602840.00	5722053.00
印度	4244149.00	2459123.00
孟加拉国	6369167.00	2279931.00
墨西哥	3850740.00	2276016.00
埃及	3314723.00	1667589.00
越南	1037816.00	1113439.00
马来西亚	1180008.00	1070293.00
朝鲜	1503943.00	1055984.00
南非	1612369.00	833080.00
阿尔及利亚	1373826.00	813948.00
沙特阿拉伯	1431108.00	727761.00
科威特	1307533.00	714023.00
埃塞俄比亚	1591423.00	708366.00
阿联酋	754556.00	658171.00
中国香港	587816.00	596232.00
伊拉克	1010858.00	573742.00
巴基斯坦	917952.00	572543.00
新加坡	79684.00	463134.00
冈比亚	872296.00	426284.00
约旦	710800.00	421385.00
肯尼亚	362507.00	381806.00
卡塔尔	525634.00	367135.00
加纳	450046.00	338182.00
菲律宾	420652.00	324684.00
泰国	369288.00	317852.00
中国台湾	206357.00	312741.00
日本	104670.00	308867.00
澳大利亚	396553.00	269263.00
缅甸	493096.00	255474.00

(续表)

国家/地区	出口数量(千克)	出口金额(美元)
莫桑比克	565372.00	254646.00
多米尼加	433140.00	252597.00
安哥拉	411770.00	243454.00
韩国	59258.00	242845.00
印度尼西亚	234137.00	183843.00
叙利亚	84150.00	182280.00
加拿大	171440.00	155096.00
柬埔寨	144049.00	132268.00
以色列	56048.00	121095.00
美国	85381.00	107111.00
尼泊尔	197000.00	102658.00
坦桑尼亚	120562.00	92587.00
摩洛哥	136120.00	90574.00
哥伦比亚	132233.00	89744.00
科摩罗	29880.00	89667.00
洪都拉斯	172660.00	85827.00
危地马拉	139427.00	84441.00
纳米比亚	34470.00	83124.00
斯里兰卡	119263.00	80201.00
阿曼	72492.00	75265.00
英国	30293.00	74628.00
索马里	100250.00	68283.00
利比里亚	148610.00	66825.00
赞比亚	72614.00	66727.00
多哥	34600.00	62467.00
格鲁吉亚	50976.00	61480.00
巴布亚新几内亚	82530.00	60589.00
秘鲁	103750.00	58809.00
爱尔兰	105000.00	53610.00
刚果(金)	31750.00	50284.00
土耳其	35742.00	50104.00
马达加斯加	112681.00	49971.00
阿富汗	88064.00	49905.00
智利	69023.00	47969.00
贝宁	28800.00	46660.00
荷兰	16867.00	44952.00
哥斯达黎加	51840.00	41070.00
挪威	19827.00	40060.00
委内瑞拉	57800.00	36027.00
塞拉利昂	38000.00	34840.00
塞内加尔	12200.00	32721.00
新西兰	12754.00	30957.00
伊朗	58452.00	29428.00
马里	56000.00	28707.00

(续表)

国家/地区	出口数量(千克)	出口金额(美元)
苏丹	43720.00	28563.00
几内亚	11430.00	24003.00
黎巴嫩	28000.00	21507.00
俄罗斯	42476.00	19302.00
毛里塔尼亚	8680.00	18228.00
萨尔瓦多	20481.00	15134.00
尼加拉瓜	29367.00	15074.00
苏里南	36000.00	13826.00
马尔代夫	3600.00	12600.00
法国	7439.00	11303.00
毛里求斯	6930.00	7875.00
所罗门群岛	24250.00	7496.00
蒙古	18400.00	7410.00
巴林	13044.00	6787.00
西班牙	2736.00	6530.00
利比亚	16500.00	5818.00
海地	6320.00	5535.00
冰岛	20504.00	5200.00
瓦努阿图	12880.00	5003.00
尼日尔	5440.00	4296.00
斯洛文尼亚	10860.00	3999.00
牙买加	945.00	3402.00
巴拿马	4011.00	2959.00
古巴	6288.00	2688.00
克罗地亚	1035.00	1931.00
厄瓜多尔	2316.00	1676.00
罗马尼亚	166.00	1014.00
希腊	700.00	896.00
玻利维亚	2144.00	767.00
马拉维	1420.00	760.00
乌干达	1580.00	642.00
德国	195.00	490.00
卢旺达	700.00	273.00
圣卢西亚	30.00	60.00
吉尔吉斯斯坦	14.00	35.00
丹麦	10.00	25.00

44111291 未加工中密度板,密度≤0.5g/cucm,厚≤5mm

国家/地区	出口数量(千克)	出口金额(美元)
合计	965655.00	514375.00
朝鲜	393468.00	302259.00
加纳	156600.00	61660.00
吉布提	124030.00	38370.00
菲律宾	112000.00	34188.00
澳大利亚	93829.00	31559.00

（续表）

国家/地区	出口数量（千克）	出口金额（美元）
越南	50298.00	26619.00
中国澳门	9921.00	6957.00
埃塞俄比亚	18000.00	6675.00
阿曼	3035.00	3369.00
文莱	1471.00	2118.00
摩洛哥	3003.00	601.00
44111299 加工中密度板，密度≤0.5g/cucm，厚≤5mm		
合计	7926307.00	7047861.00
尼日利亚	1224300.00	1130543.00
肯尼亚	1052283.00	1012146.00
墨西哥	895463.00	747416.00
澳大利亚	1036121.00	611999.00
越南	397525.00	329087.00
沙特阿拉伯	47876.00	310075.00
日本	21109.00	285449.00
中国香港	264653.00	285261.00
美国	362718.00	245007.00
科威特	363570.00	191179.00
印度尼西亚	212092.00	177118.00
朝鲜	234241.00	148234.00
泰国	148583.00	143745.00
克罗地亚	97150.00	125505.00
马来西亚	91087.00	109156.00
菲律宾	105267.00	87535.00
埃塞俄比亚	56952.00	84604.00
柬埔寨	144324.00	80999.00
危地马拉	94580.00	70661.00
西班牙	16886.00	60784.00
加拿大	71327.00	58972.00
尼加拉瓜	80300.00	50740.00
印度	36356.00	47468.00
韩国	585.00	47153.00
利比亚	58500.00	46440.00
哥斯达黎加	70515.00	43390.00
中国台湾	30949.00	41753.00
马达加斯加	95283.00	39606.00
安哥拉	69050.00	38060.00
萨尔瓦多	57493.00	33625.00
巴基斯坦	52520.00	33510.00
所罗门群岛	91000.00	32347.00
阿联酋	315.00	30826.00
赞比亚	30730.00	26986.00
伊拉克	28100.00	25207.00

（续表）

国家/地区	出口数量（千克）	出口金额（美元）
多哥	55000.00	22492.00
莫桑比克	66864.00	21746.00
以色列	20400.00	19832.00
吉布提	9763.00	18720.00
南非	32873.00	17004.00
智利	25890.00	16320.00
孟加拉国	7132.00	13973.00
新加坡	550.00	12529.00
刚果(金)	4730.00	10569.00
洪都拉斯	16390.00	8152.00
坦桑尼亚	11487.00	7305.00
英国	1014.00	7180.00
厄瓜多尔	4950.00	6580.00
斯里兰卡	5460.00	5304.00
中国澳门	2780.00	4214.00
丹麦	3968.00	3707.00
中非	2200.00	3074.00
特立尼达和多巴哥	3702.00	3061.00
乌兹别克斯坦	2999.00	2999.00
大洋洲其他国家(地区)	42.00	2120.00
斐济	1180.00	2053.00
马尔代夫	2080.00	1740.00
加纳	1880.00	1306.00
新西兰	21.00	1099.00
赤道几内亚	1250.00	750.00
牙买加	1350.00	677.00
德国	291.00	349.00
荷兰	158.00	270.00
比利时	100.00	150.00
44111311 未加工中密度板，密度>0.8g/cucm，5mm<厚≤9mm		
合计	6673801.00	2094656.00
朝鲜	4756624.00	1339890.00
沙特阿拉伯	864000.00	311585.00
马来西亚	458415.00	200747.00
阿尔及利亚	215558.00	86521.00
埃及	49050.00	69363.00
蒙古	194690.00	19878.00
危地马拉	31529.00	12428.00
安哥拉	17325.00	10092.00
伊拉克	17990.00	9108.00
美国	9171.00	8293.00
越南	16090.00	8045.00
巴基斯坦	15600.00	4893.00

（续表）

国家/地区	出口数量（千克）	出口金额（美元）
玻利维亚	10416.00	3687.00
澳大利亚	4280.00	3513.00
墨西哥	7200.00	2022.00
毛里求斯	2500.00	1525.00
刚果(布)	1400.00	1028.00
日本	80.00	697.00
智利	880.00	600.00
秘鲁	650.00	300.00
中国香港	186.00	276.00
中国台湾	167.00	165.00
44111319 加工中密度板，密度>0.8g/cucm，5mm<厚≤9mm		
合计	254577426.00	162985903.00
美国	33520702.00	28841131.00
俄罗斯	23760848.00	14245380.00
乌兹别克斯坦	22118716.00	12652726.00
智利	19359538.00	11697113.00
印度	19366690.00	11399537.00
韩国	12215555.00	8347855.00
沙特阿拉伯	11453235.00	6395093.00
哥伦比亚	10039081.00	6055825.00
澳大利亚	8345094.00	5986663.00
厄瓜多尔	8364527.00	4883363.00
乌克兰	5607140.00	3804964.00
阿联酋	4872952.00	3410997.00
南非	6076517.00	3217923.00
泰国	5023116.00	3168677.00
菲律宾	3954019.00	2652556.00
越南	4912854.00	2620995.00
秘鲁	4135431.00	2595339.00
马来西亚	3895443.00	2579350.00
巴基斯坦	4311975.00	2298360.00
加拿大	2948143.00	2054207.00
英国	3096801.00	1866857.00
格鲁吉亚	3344170.00	1758279.00
阿根廷	2649318.00	1683159.00
印度尼西亚	2172220.00	1465115.00
罗马尼亚	2554600.00	1393236.00
尼泊尔	1954599.00	1224299.00
墨西哥	1834141.00	1158698.00
中国台湾	1636170.00	1089366.00
玻利维亚	1688043.00	977311.00
科威特	1461673.00	891465.00
乌拉圭	1266546.00	705069.00

(续表)

国家/地区	出口数量（千克）	出口金额（美元）
日本	546940.00	584260.00
西班牙	780930.00	580848.00
巴林	840402.00	469079.00
哈萨克斯坦	566535.00	345863.00
保加利亚	684514.00	338974.00
尼日利亚	474919.00	331742.00
埃及	555063.00	324804.00
塔吉克斯坦	587212.00	312673.00
亚美尼亚	631243.00	292290.00
缅甸	462175.00	276278.00
毛里求斯	403835.00	253243.00
黎巴嫩	425691.00	253144.00
新西兰	371109.00	253114.00
卡塔尔	348820.00	218657.00
多米尼加	312770.00	215297.00
柬埔寨	331098.00	210127.00
阿尔巴尼亚	337903.00	184765.00
阿富汗	256908.00	177796.00
伊拉克	249597.00	175101.00
肯尼亚	297722.00	171635.00
马达加斯加	217627.00	170410.00
土库曼斯坦	334387.00	167281.00
蒙古	1051145.00	160797.00
特立尼达和多巴哥	247633.00	160167.00
伊朗	205538.00	151502.00
北马其顿	255520.00	150188.00
文莱	248365.00	144931.00
意大利	199906.00	143684.00
约旦	247100.00	143154.00
摩尔多瓦	171655.00	118551.00
埃塞俄比亚	359412.00	111914.00
法国	171197.00	109140.00
吉尔吉斯斯坦	138421.00	105257.00
阿曼	184417.00	99657.00
以色列	156997.00	94966.00
挪威	141656.00	94089.00
坦桑尼亚	183500.00	85700.00
巴西	125460.00	83985.00
加纳	139784.00	82028.00
希腊	143429.00	81825.00
利比亚	116847.00	78873.00
阿塞拜疆	120481.00	74519.00
立陶宛	111819.00	74403.00
吉布提	153096.00	70936.00

(续表)

国家/地区	出口数量（千克）	出口金额（美元）
委内瑞拉	114499.00	70257.00
塞尔维亚	128271.00	69857.00
孟加拉国	129440.00	69625.00
斯里兰卡	82157.00	69287.00
中国香港	73330.00	66153.00
新加坡	93418.00	61731.00
塞浦路斯	81918.00	53725.00
也门	94876.00	50129.00
圭亚那	78742.00	49230.00
白俄罗斯	69389.00	46661.00
朝鲜	68670.00	40199.00
牙买加	48750.00	32515.00
古巴	58760.00	32003.00
巴布亚新几内亚	43668.00	29777.00
波黑	38800.00	26622.00
法属波利尼西亚	41401.00	26498.00
危地马拉	42644.00	26123.00
爱尔兰	42320.00	25731.00
巴拿马	30632.00	22540.00
莫桑比克	38200.00	22134.00
葡萄牙	21363.00	20237.00
荷兰	28956.00	18276.00
波兰	12659.00	17815.00
捷克	23872.00	16091.00
斐济	25349.00	15260.00
德国	21922.00	14890.00
多哥	14000.00	14554.00
津巴布韦	27107.00	14199.00
哥斯达黎加	22770.00	14187.00
摩洛哥	20168.00	13837.00
多米尼克	5260.00	13796.00
圣卢西亚	17500.00	10974.00
喀麦隆	16803.00	10467.00
克罗地亚	18202.00	9920.00
留尼汪	15000.00	9262.00
索马里	14700.00	8502.00
塞舌尔	14558.00	8459.00
巴哈马	12870.00	7128.00
马约特	6730.00	2783.00
奥地利	4142.00	2554.00
尼加拉瓜	2100.00	1712.00
南苏丹	425.00	1043.00
芬兰	116.00	304.00
卢旺达	289.00	274.00

(续表)

国家/地区	出口数量（千克）	出口金额（美元）
丹麦	45.00	27.00

44111321 辐射松制的中密度板，5mm<厚≤9mm

国家/地区	出口数量（千克）	出口金额（美元）
合计	1199969.00	2900733.00
日本	510111.00	1572620.00
柬埔寨	109546.00	251007.00
科威特	147140.00	240904.00
越南	85842.00	165965.00
坦桑尼亚	57365.00	127166.00
泰国	59695.00	117381.00
加纳	56100.00	94485.00
马来西亚	45170.00	90524.00
塞内加尔	27087.00	72516.00
科摩罗	24800.00	58776.00
孟加拉国	16000.00	51840.00
印度	17320.00	40182.00
巴基斯坦	27500.00	8999.00
约旦	12320.00	5808.00
中国香港	3973.00	2557.00
新加坡	0.00	3.00

44111329 其他中密度板 0.5g/cucm<密度≤0.8g/cucm，5mm<厚≤9mm

国家/地区	出口数量（千克）	出口金额（美元）
合计	55804456.00	32840284.00
乌兹别克斯坦	20489560.00	11301326.00
日本	1380965.00	3550204.00
伊拉克	3342411.00	1580612.00
埃及	3394497.00	1519463.00
美国	758228.00	1495596.00
埃塞俄比亚	3135410.00	1294258.00
格鲁吉亚	2134835.00	1136440.00
吉布提	2472609.00	1045302.00
阿联酋	1990339.00	1004203.00
约旦	2032543.00	974960.00
越南	2416858.00	778008.00
斯里兰卡	1274086.00	595620.00
塔吉克斯坦	1019309.00	592451.00
尼日利亚	978512.00	531394.00
朝鲜	658441.00	500188.00
新加坡	37321.00	410085.00
阿尔及利亚	597719.00	281494.00
肯尼亚	581477.00	273850.00
马来西亚	381449.00	262426.00
巴基斯坦	483897.00	227328.00
缅甸	479046.00	209798.00

（续表）

国家/地区	出口数量（千克）	出口金额（美元）
苏丹	624740.00	197825.00
智利	297439.00	163799.00
古巴	239908.00	158731.00
英国	75941.00	133933.00
印度	212637.00	132058.00
南非	265168.00	126873.00
贝宁	235617.00	117644.00
加拿大	207500.00	111463.00
巴林	191486.00	106327.00
坦桑尼亚	204310.00	103067.00
沙特阿拉伯	161524.00	102242.00
菲律宾	206412.00	99475.00
土库曼斯坦	218044.00	96231.00
特立尼达和多巴哥	117227.00	96197.00
墨西哥	142049.00	91418.00
加纳	149260.00	89076.00
哥斯达黎加	33012.00	85884.00
也门	177955.00	84347.00
乌克兰	165914.00	84045.00
澳大利亚	51025.00	81879.00
厄瓜多尔	146909.00	79136.00
阿根廷	125588.00	73000.00
俄罗斯	102915.00	68247.00
印度尼西亚	152217.00	66940.00
多米尼加	86055.00	58752.00
波兰	83279.00	46852.00
索马里	97067.00	46748.00
卡塔尔	84519.00	45293.00
尼加拉瓜	81315.00	32983.00
土耳其	74865.00	32305.00
突尼斯	54662.00	31046.00
危地马拉	49877.00	29528.00
科威特	42744.00	29497.00
中国香港	17637.00	26099.00
多哥	40500.00	24436.00
韩国	19564.00	22241.00
利比亚	35800.00	20517.00
意大利	18700.00	19292.00
马达加斯加	35466.00	17828.00
萨尔瓦多	27000.00	17702.00
叙利亚	15647.00	15278.00
莫桑比克	35640.00	14250.00
柬埔寨	17297.00	14054.00
圣卢西亚	21650.00	13920.00

（续表）

国家/地区	出口数量（千克）	出口金额（美元）
孟加拉国	54040.00	13483.00
玻利维亚	21351.00	12773.00
新西兰	6005.00	12292.00
巴拿马	17688.00	11616.00
阿曼	24733.00	11489.00
摩尔多瓦	9557.00	10563.00
不丹	14150.00	10287.00
爱尔兰	20726.00	9843.00
刚果(金)	21799.00	7508.00
留尼汪	22548.00	7373.00
中国台湾	4328.00	6361.00
毛里求斯	13750.00	6201.00
巴西	14500.00	5960.00
哥伦比亚	8910.00	5148.00
阿塞拜疆	6150.00	5123.00
蒙古	14930.00	4538.00
哈萨克斯坦	5029.00	4086.00
阿富汗	10400.00	3800.00
所罗门群岛	6500.00	3665.00
科特迪瓦	7650.00	3420.00
苏里南	4000.00	2505.00
匈牙利	1026.00	2418.00
法国	441.00	2282.00
泰国	2495.00	1656.00
以色列	1930.00	809.00
瓜德罗普	2625.00	615.00
吉尔吉斯斯坦	358.00	474.00
毛里塔尼亚	3000.00	300.00
德国	130.00	150.00
挪威	12.00	40.00
布隆迪	22.00	27.00
秘鲁	1.00	10.00
阿尔巴尼亚	79.00	5.00
44111391 未加工中密度板，密度≤0.5g/cucm，5mm<厚≤9mm		
合计	331092.00	166134.00
越南	184819.00	72570.00
印度	14513.00	27427.00
埃塞俄比亚	54000.00	19908.00
巴基斯坦	13500.00	14500.00
吉布提	39230.00	13774.00
中国台湾	4000.00	6000.00
中国澳门	2300.00	4600.00
肯尼亚	9450.00	3484.00

（续表）

国家/地区	出口数量（千克）	出口金额（美元）
柬埔寨	5420.00	2470.00
安哥拉	3860.00	1401.00
44111399 加工中密度板，密度≤0.5g/cucm，5mm<厚≤9mm		
合计	1948499.00	1520204.00
马来西亚	131114.00	156932.00
埃塞俄比亚	219600.00	152950.00
贝宁	240500.00	133539.00
多哥	220500.00	124031.00
澳大利亚	46325.00	117299.00
越南	122259.00	112869.00
新加坡	12318.00	94236.00
坦桑尼亚	165220.00	91645.00
吉布提	103128.00	67579.00
肯尼亚	140700.00	67475.00
塞内加尔	80000.00	43619.00
尼日尔	50200.00	40298.00
古巴	58400.00	34133.00
阿曼	2820.00	24919.00
科威特	34618.00	23611.00
美国	15078.00	23353.00
英国	11947.00	22720.00
安哥拉	49750.00	20662.00
朝鲜	35280.00	20380.00
特立尼达和多巴哥	24442.00	15579.00
尼日利亚	16800.00	14668.00
日本	4375.00	13933.00
刚果(布)	20000.00	11902.00
斯里兰卡	29207.00	10440.00
阿联酋	1360.00	9895.00
中国台湾	13005.00	9668.00
哥伦比亚	20130.00	9338.00
菲律宾	9218.00	7935.00
俄罗斯	4458.00	7562.00
洪都拉斯	18998.00	7193.00
伊拉克	14200.00	6046.00
萨尔瓦多	5397.00	5979.00
马达加斯加	15045.00	5066.00
克罗地亚	123.00	2640.00
中国澳门	2920.00	2088.00
中非	2800.00	1736.00
斯洛文尼亚	59.00	1606.00
中国香港	1859.00	1470.00
约旦	1071.00	1076.00

(续表)

国家/地区	出口数量(千克)	出口金额(美元)
荷兰	1100.00	701.00
南非	1564.00	639.00
以色列	290.00	564.00
牙买加	300.00	125.00
白俄罗斯	11.00	96.00
墨西哥	10.00	9.00

44111411 未加工中密度板,密度>0.8g/cucm,厚>9mm

国家/地区	出口数量(千克)	出口金额(美元)
合计	2086056.00	1316153.00
尼泊尔	51660.00	341495.00
葡萄牙	35380.00	150000.00
蒙古	1312040.00	136519.00
越南	280348.00	88681.00
马来西亚	38140.00	83570.00
土耳其	27094.00	75071.00
匈牙利	18370.00	64900.00
乌兹别克斯坦	24000.00	62381.00
俄罗斯	22040.00	57519.00
马尔代夫	109000.00	53445.00
坦桑尼亚	8804.00	52824.00
朝鲜	40803.00	32149.00
澳大利亚	28589.00	22810.00
西班牙	3492.00	16412.00
加拿大	26600.00	14371.00
缅甸	6100.00	11375.00
赤道几内亚	3620.00	9462.00
柬埔寨	20100.00	8100.00
塞内加尔	6223.00	7654.00
法国	4682.00	6107.00
津巴布韦	2147.00	5259.00
刚果(金)	4645.00	4624.00
中国台湾	4734.00	2560.00
克罗地亚	1370.00	2535.00
意大利	500.00	2330.00
智利	2116.00	1040.00
肯尼亚	900.00	990.00
美国	239.00	640.00
阿曼	1080.00	625.00
德国	600.00	425.00
韩国	640.00	280.00

44111419 加工中密度板,密度>0.8g/cucm,厚>9mm

国家/地区	出口数量(千克)	出口金额(美元)
合计	374301415.00	253940581.00
美国	128332355.00	96956226.00

(续表)

国家/地区	出口数量(千克)	出口金额(美元)
俄罗斯	6315453 3.00	33614940.00
加拿大	46906683.00	29948743.00
澳大利亚	31270566.00	22134660.00
英国	10780080.00	7699386.00
罗马尼亚	9829567.00	6098261.00
乌兹别克斯坦	8640599.00	4824549.00
马来西亚	5091427.00	4779566.00
爱尔兰	7081864.00	4104867.00
越南	5651918.00	3623167.00
格鲁吉亚	6500585.00	3512730.00
缅甸	4680739.00	2906602.00
印度	3437048.00	2604738.00
厄瓜多尔	2818958.00	2219324.00
沙特阿拉伯	2605049.00	2137273.00
智利	2812340.00	1920229.00
哈萨克斯坦	2527213.00	1542253.00
朝鲜	1156694.00	1381872.00
泰国	1673186.00	1196697.00
新西兰	1628638.00	1169946.00
塔吉克斯坦	2071669.00	1165810.00
乌克兰	1912795.00	1099211.00
巴基斯坦	1444632.00	1014186.00
南非	1031193.00	1008858.00
阿联酋	1212655.00	988112.00
法国	307239.00	830053.00
中国台湾	1208653.00	791078.00
阿富汗	1194283.00	753930.00
哥伦比亚	741184.00	679345.00
墨西哥	798099.00	597990.00
秘鲁	594159.00	534367.00
摩尔多瓦	877811.00	531640.00
北马其顿	830424.00	485409.00
玻利维亚	747246.00	481946.00
西班牙	464767.00	425105.00
亚美尼亚	854967.00	410989.00
卡塔尔	505575.00	393120.00
蒙古	2045206.00	381519.00
菲律宾	273284.00	380036.00
肯尼亚	439502.00	320891.00
希腊	549820.00	319791.00
尼泊尔	433436.00	315396.00
柬埔寨	344132.00	310637.00
韩国	349782.00	281177.00
伊朗	396332.00	252578.00

(续表)

国家/地区	出口数量(千克)	出口金额(美元)
克罗地亚	385436.00	233535.00
埃塞俄比亚	306722.00	222680.00
比利时	317066.00	207549.00
尼日利亚	56341.00	186067.00
也门	444850.00	184951.00
阿根廷	248747.00	182854.00
吉布提	283877.00	179997.00
新加坡	111705.00	178446.00
塞尔维亚	310033.00	168370.00
保加利亚	290853.00	157384.00
日本	54262.00	142730.00
乌拉圭	162131.00	138818.00
埃及	205777.00	130714.00
德国	19100.00	124098.00
黎巴嫩	110082.00	123424.00
中国香港	58510.00	115567.00
几内亚	29943.00	107358.00
多米尼加	113870.00	106790.00
约旦	121590.00	101453.00
印度尼西亚	128692.00	92447.00
土耳其	134400.00	92293.00
毛里求斯	174100.00	92182.00
特立尼达和多巴哥	94081.00	90593.00
巴林	71122.00	82261.00
阿尔巴尼亚	118232.00	76938.00
赞比亚	37882.00	76642.00
吉尔吉斯斯坦	113109.00	74003.00
马尔代夫	104806.00	65073.00
波黑	93908.00	62100.00
葡萄牙	77244.00	57069.00
阿塞拜疆	112683.00	56410.00
博茨瓦纳	41115.00	55881.00
加纳	61959.00	53119.00
伊拉克	105096.00	51591.00
马达加斯加	61928.00	49467.00
阿尔及利亚	162177.00	48341.00
文莱	59468.00	45696.00
波兰	16500.00	41250.00
巴拿马	31410.00	40119.00
尼加拉瓜	61991.00	32750.00
巴布亚新几内亚	42130.00	30503.00
危地马拉	40613.00	27072.00
土库曼斯坦	40031.00	25917.00
丹麦	34944.00	24266.00

（续表）

国家/地区	出口数量（千克）	出口金额（美元）
黑山	39623.00	22911.00
苏丹	12399.00	21396.00
安哥拉	23000.00	19454.00
委内瑞拉	19850.00	19089.00
巴西	27221.00	19012.00
所罗门群岛	13636.00	18575.00
科威特	13171.00	17618.00
立陶宛	25870.00	16317.00
阿曼	20366.00	16229.00
意大利	13136.00	15960.00
摩洛哥	19447.00	14786.00
莫桑比克	18083.00	14479.00
孟加拉国	40940.00	14436.00
圭亚那	9518.00	13657.00
以色列	8759.00	13358.00
塞浦路斯	13492.00	12386.00
毛里塔尼亚	5975.00	11298.00
乌干达	18240.00	11210.00
新喀里多尼亚	17233.00	10831.00
白俄罗斯	19281.00	10404.00
斯里兰卡	3571.00	7358.00
牙买加	3131.00	7042.00
哥斯达黎加	2977.00	6330.00
荷兰	11700.00	5277.00
不丹	8350.00	4782.00
喀麦隆	2347.00	4045.00
法属波利尼西亚	2295.00	3240.00
瑞典	4800.00	2594.00
多哥	2760.00	2591.00
马约特	6399.00	2455.00
巴哈马	3705.00	2326.00
萨摩亚	2000.00	1954.00
留尼汪	1638.00	1890.00
巴巴多斯	700.00	1651.00
塞内加尔	2140.00	1609.00
中国澳门	115.00	1491.00
津巴布韦	1000.00	1359.00
中非	710.00	795.00
斐济	132.00	702.00
马拉维	1040.00	624.00
萨尔瓦多	400.00	480.00
帕劳	200.00	220.00
佛得角	450.00	185.00
奥地利	132.00	168.00

（续表）

国家/地区	出口数量（千克）	出口金额（美元）
圣卢西亚	80.00	36.00
44111421 辐射松制的中密度板,厚>9mm		
合计	3683516.00	8539293.00
日本	3500991.00	7829879.00
加拿大	50894.00	600953.00
越南	24780.00	49560.00
中国台湾	35020.00	16785.00
古巴	17500.00	13338.00
南非	26000.00	9000.00
丹麦	2706.00	6270.00
约旦	3080.00	6160.00
朝鲜	12780.00	3924.00
乌兹别克斯坦	6300.00	1659.00
科特迪瓦	3000.00	1361.00
澳大利亚	460.00	400.00
泰国	5.00	2.00
新加坡	0.00	2.00
44111429 其他中密度板 0.5g/cucm<密度≤0.8g/cucm,厚>9mm		
合计	589396354.00	258189911.00
尼日利亚	180520572.00	82981924.00
阿联酋	70441394.00	25034160.00
沙特阿拉伯	75883407.00	23038821.00
越南	29002060.00	9353834.00
日本	8354731.00	8606860.00
乌兹别克斯坦	11210377.00	6244901.00
约旦	14248416.00	5929451.00
吉布提	16738641.00	5352102.00
美国	5837936.00	5209058.00
墨西哥	9679420.00	4852998.00
伊拉克	10684665.00	4294991.00
阿曼	12611646.00	4001078.00
苏丹	10844476.00	3498947.00
埃塞俄比亚	9283785.00	3282095.00
肯尼亚	8411081.00	3159034.00
埃及	8646113.00	3095438.00
澳大利亚	2523909.00	2625051.00
加纳	5355368.00	2463635.00
卡塔尔	6508585.00	2441032.00
柬埔寨	2723956.00	2239223.00
俄罗斯	2540769.00	2179986.00
阿尔及利亚	4892433.00	2129840.00
索马里	6359211.00	2077707.00
马来西亚	2259796.00	2021321.00

（续表）

国家/地区	出口数量（千克）	出口金额（美元）
印度	2427630.00	1904280.00
斯里兰卡	4153438.00	1763378.00
菲律宾	2669544.00	1682060.00
朝鲜	3730588.00	1665483.00
格鲁吉亚	3044923.00	1664799.00
吉尔吉斯斯坦	2369608.00	1504204.00
毛里求斯	3522655.00	1369824.00
南非	1915416.00	1351919.00
巴基斯坦	2603086.00	1193408.00
加拿大	1317109.00	1151996.00
英国	1310660.00	1068340.00
坦桑尼亚	2582206.00	1037855.00
科威特	1928069.00	998051.00
泰国	825845.00	956696.00
孟加拉国	2005326.00	895910.00
危地马拉	1619671.00	861341.00
缅甸	2576398.00	828670.00
摩洛哥	2332570.00	822852.00
叙利亚	1155603.00	754622.00
黎巴嫩	1461826.00	742152.00
苏里南	1368571.00	733109.00
智利	979715.00	707372.00
以色列	1159278.00	695174.00
西班牙	643247.00	683225.00
委内瑞拉	1091256.00	673240.00
哈萨克斯坦	1112825.00	658284.00
新加坡	290001.00	644103.00
塔吉克斯坦	1304642.00	614887.00
印度尼西亚	873415.00	603263.00
多米尼加	1263693.00	560186.00
塞内加尔	622063.00	557528.00
特立尼达和多巴哥	1087827.00	548481.00
哥伦比亚	715334.00	511058.00
也门	1110157.00	485510.00
中国香港	416667.00	471486.00
利比亚	822261.00	398164.00
荷兰	362516.00	385354.00
法国	462587.00	372507.00
新西兰	512271.00	363406.00
马达加斯加	766550.00	360364.00
安哥拉	488140.00	347320.00
巴林	1011297.00	342341.00
斐济	447882.00	311774.00
哥斯达黎加	363782.00	288001.00

(续表)

国家/地区	出口数量(千克)	出口金额(美元)
古巴	737827.00	259684.00
秘鲁	401323.00	256344.00
波兰	358018.00	253348.00
莫桑比克	445879.00	234764.00
马尔代夫	377214.00	230626.00
韩国	350889.00	222947.00
罗马尼亚	394332.00	222667.00
中国台湾	235196.00	209673.00
巴拿马	315145.00	180207.00
希腊	351486.00	177348.00
葡萄牙	100891.00	169490.00
土耳其	376911.00	155632.00
海地	36638.00	142805.00
乌干达	323090.00	134295.00
伊朗	220730.00	130567.00
德国	194498.00	129894.00
比利时	176755.00	129889.00
阿尔巴尼亚	199905.00	128241.00
巴布亚新几内亚	216138.00	120014.00
波多黎各	203120.00	115579.00
意大利	145099.00	113798.00
尼加拉瓜	262022.00	113094.00
捷克	108857.00	106325.00
克罗地亚	140259.00	100092.00
贝宁	141250.00	94700.00
圭亚那	206134.00	80599.00
毛里塔尼亚	82577.00	80493.00
赤道几内亚	32724.00	70698.00
萨尔瓦多	123279.00	67298.00
玻利维亚	109323.00	67043.00
几内亚	69546.00	65983.00
牙买加	98303.00	65534.00
阿根廷	78244.00	56611.00
科特迪瓦	74401.00	42102.00
留尼汪	116238.00	41340.00
所罗门群岛	46731.00	39848.00
挪威	55440.00	39560.00
塞舌尔	31626.00	39481.00
刚果(金)	137822.00	38022.00
尼泊尔	50414.00	36300.00
斯洛文尼亚	17479.00	34554.00
圣卢西亚	68876.00	34172.00
塞尔维亚	28358.00	32627.00
中国澳门	6215.00	31531.00

(续表)

国家/地区	出口数量(千克)	出口金额(美元)
洪都拉斯	83960.00	30931.00
库腊索岛	62000.00	29046.00
厄瓜多尔	12096.00	23913.00
法属波利尼西亚	45850.00	23568.00
摩尔多瓦	26831.00	20962.00
冈比亚	23640.00	19846.00
卢旺达	68900.00	17238.00
布隆迪	35924.00	17102.00
丹麦	22372.00	16450.00
巴西	28660.00	15571.00
突尼斯	17981.00	14955.00
赞比亚	4070.00	14265.00
帕劳	5568.00	13956.00
瓜德罗普	32230.00	13235.00
瓦努阿图	28500.00	13204.00
南苏丹	3139.00	12984.00
蒙古	35065.00	12825.00
瑞典	9164.00	12687.00
巴巴多斯	27700.00	10703.00
乌克兰	18405.00	10676.00
加蓬	10185.00	10634.00
乌拉圭	8833.00	10600.00
新喀里多尼亚	26100.00	10441.00
文莱	11657.00	10036.00
塞拉利昂	19000.00	8660.00
法属圭亚那	27800.00	6889.00
土库曼斯坦	18850.00	6563.00
阿富汗	2861.00	5286.00
塞浦路斯	423.00	4319.00
多哥	9400.00	4090.00
保加利亚	8100.00	3753.00
巴拉圭	2234.00	3724.00
津巴布韦	5346.00	3126.00
大洋洲其他国家(地区)	4650.00	2057.00
纳米比亚	1438.00	1862.00
白俄罗斯	1027.00	1809.00
巴哈马	110.00	1680.00
布基纳法索	705.00	1383.00
马里	1030.00	1360.00
马拉维	2000.00	1054.00
佛得角	630.00	926.00
马耳他	800.00	831.00
东帝汶	2000.00	615.00
伯利兹	690.00	435.00

(续表)

国家/地区	出口数量(千克)	出口金额(美元)
匈牙利	240.00	192.00
阿塞拜疆	93.00	186.00
4411491 未加工中密度板,密度≤0.5g/cucm,厚>9mm		
合计	2459920.00	716454.00
埃塞俄比亚	682025.00	188210.00
吉布提	431036.00	146282.00
阿曼	530000.00	92430.00
肯尼亚	191830.00	75207.00
巴基斯坦	316160.00	71983.00
越南	186540.00	60796.00
以色列	15647.00	36145.00
委内瑞拉	27000.00	10001.00
斯里兰卡	23750.00	9491.00
斐济	16680.00	6771.00
坦桑尼亚	6845.00	6650.00
安哥拉	19290.00	6306.00
马来西亚	6480.00	2500.00
新加坡	820.00	1640.00
中国澳门	2722.00	1217.00
朝鲜	3000.00	800.00
美国	95.00	25.00
4411499 未加工中密度板,密度≤0.5g/cucm,厚>9mm		
合计	23371463.00	20053190.00
尼日利亚	7908910.00	7608595.00
美国	1253099.00	1985117.00
肯尼亚	5943435.00	1915514.00
马来西亚	406390.00	1541823.00
日本	67432.00	457727.00
阿尔及利亚	322689.00	441129.00
朝鲜	615480.00	436452.00
新加坡	67032.00	369481.00
阿曼	79181.00	321615.00
吉布提	222971.00	296597.00
埃塞俄比亚	782307.00	294970.00
越南	172721.00	277011.00
柬埔寨	150270.00	256731.00
缅甸	567414.00	242939.00
韩国	134694.00	240545.00
古巴	629625.00	237762.00
澳大利亚	117488.00	218199.00
菲律宾	180049.00	205711.00
意大利	183302.00	186873.00

（续表）

国家/地区	出口数量（千克）	出口金额（美元）
英国	121925.00	183494.00
中国台湾	115462.00	174350.00
科威特	342233.00	150157.00
安哥拉	456116.00	140399.00
南非	128247.00	136822.00
印度尼西亚	119396.00	102986.00
洪都拉斯	239998.00	94079.00
泰国	26376.00	83450.00
印度	29550.00	81052.00
比利时	146926.00	71428.00
沙特阿拉伯	8139.00	71348.00
毛里求斯	159757.00	69009.00
智利	55808.00	63092.00
中国香港	34883.00	62642.00
加纳	119984.00	56589.00
加拿大	23734.00	51954.00
苏里南	93100.00	50524.00
特立尼达和多巴哥	96556.00	48188.00
伊朗	80730.00	44100.00
孟加拉国	122285.00	41750.00
索马里	20370.00	40740.00
秘鲁	50875.00	39375.00
坦桑尼亚	49321.00	38292.00
摩洛哥	113200.00	36864.00
毛里塔尼亚	18240.00	34656.00
哥斯达黎加	10004.00	34329.00
留尼汪	9849.00	31398.00
荷兰	35698.00	29827.00
巴基斯坦	46534.00	29772.00
伊拉克	21900.00	28196.00
布隆迪	50265.00	24722.00
阿联酋	53610.00	23203.00
多哥	10800.00	21600.00
墨西哥	30251.00	21362.00
法国	10135.00	20995.00
中国澳门	6347.00	20362.00
斯里兰卡	45911.00	18100.00
莫桑比克	34920.00	18054.00
马达加斯加	50372.00	17996.00
巴林	20080.00	16638.00
希腊	29200.00	13600.00
西班牙	43000.00	12577.00
纳米比亚	28300.00	12300.00
巴西	8348.00	12166.00

（续表）

国家/地区	出口数量（千克）	出口金额（美元）
埃及	5400.00	11573.00
格林纳达	38500.00	11366.00
苏丹	30100.00	10760.00
危地马拉	27722.00	10535.00
马尔代夫	16000.00	9504.00
德国	12412.00	8834.00
新西兰	1859.00	7477.00
尼加拉瓜	19340.00	7203.00
波兰	1610.00	6694.00
几内亚	1450.00	5800.00
巴布亚新几内亚	11252.00	5337.00
巴拿马	25620.00	5124.00
所罗门群岛	16000.00	4489.00
哈萨克斯坦	1761.00	3765.00
厄瓜多尔	1920.00	3688.00
巴哈马	342.00	3631.00
俄罗斯	1906.00	3613.00
萨尔瓦多	4666.00	2939.00
乌拉圭	1170.00	2925.00
中非	7000.00	2548.00
新喀里多尼亚	2013.00	2494.00
以色列	1967.00	2280.00
法属波利尼西亚	215.00	1674.00
阿尔巴尼亚	850.00	1581.00
赞比亚	290.00	1560.00
牙买加	2560.00	1211.00
丹麦	668.00	1200.00
喀麦隆	290.00	925.00
蒙古	9200.00	803.00
斯洛伐克	1200.00	609.00
哥伦比亚	1491.00	600.00
刚果(金)	825.00	410.00
大洋洲其他国家(地区)	40.00	200.00
瑞典	127.00	136.00
卡塔尔	90.00	114.00
多米尼克	32.00	109.00
黎巴嫩	65.00	83.00
葡萄牙	75.00	60.00
斯洛文尼亚	211.00	8.00
44119210 未加工木纤维板,密度>0.8g/cucm		
合计	3428463.00	1492176.00
中国台湾	2502949.00	974341.00
越南	687982.00	269829.00
秘鲁	197640.00	165073.00

（续表）

国家/地区	出口数量（千克）	出口金额（美元）
土耳其	37500.00	79950.00
加拿大	1963.00	2726.00
乌兹别克斯坦	429.00	257.00
44119290 加工木纤维板,密度>0.8g/cucm		
合计	153456011.00	90146835.00
加拿大	40815955.00	23365439.00
美国	20695191.00	14074598.00
澳大利亚	12256566.00	8169983.00
智利	7272810.00	4829179.00
苏丹	8317975.00	3176546.00
越南	3525980.00	2860309.00
沙特阿拉伯	3523835.00	2371551.00
英国	3161885.00	2151705.00
尼日利亚	5147166.00	2147703.00
印度	2844532.00	2064258.00
韩国	2441406.00	1911098.00
哥伦比亚	2751369.00	1909569.00
南非	2546794.00	1891130.00
蒙古	11314719.00	1831578.00
乌兹别克斯坦	2522358.00	1435557.00
俄罗斯	2294898.00	1360267.00
泰国	2241511.00	1352093.00
爱尔兰	1884871.00	1251128.00
墨西哥	1141158.00	887390.00
缅甸	1397386.00	839929.00
厄瓜多尔	1095947.00	768620.00
日本	699842.00	637597.00
新西兰	918507.00	622077.00
菲律宾	900487.00	580816.00
格鲁吉亚	1048888.00	551528.00
马来西亚	1224448.00	530800.00
土耳其	734742.00	517597.00
中国澳门	308813.00	459382.00
玻利维亚	701943.00	453355.00
巴基斯坦	625528.00	316576.00
乌克兰	522501.00	298476.00
波兰	434256.00	297825.00
印度尼西亚	313178.00	233911.00
黎巴嫩	363215.00	233107.00
阿根廷	336283.00	229134.00
塔吉克斯坦	442858.00	222175.00
中国台湾	332845.00	210607.00
伊拉克	231566.00	200956.00
巴西	277269.00	185861.00

（续表）

国家/地区	出口数量（千克）	出口金额（美元）
阿联酋	176038.00	142562.00
新加坡	72804.00	140607.00
秘鲁	183324.00	127130.00
斯洛文尼亚	156511.00	117638.00
以色列	126300.00	110150.00
危地马拉	138210.00	108400.00
尼泊尔	156210.00	103448.00
肯尼亚	154500.00	88919.00
亚美尼亚	143074.00	86291.00
卡塔尔	102742.00	79121.00
巴林	128158.00	79098.00
哈萨克斯坦	151858.00	74887.00
意大利	72479.00	73915.00
吉布提	102216.00	67180.00
文莱	98177.00	66388.00
西班牙	82500.00	64518.00
马达加斯加	133266.00	62422.00
罗马尼亚	83080.00	52514.00
毛里求斯	75270.00	51777.00
科威特	55479.00	51397.00
柬埔寨	76684.00	50051.00
克罗地亚	82177.00	44917.00
荷兰	30490.00	43559.00
阿曼	79003.00	37892.00
波多黎各	60650.00	36945.00
多米尼加	60200.00	35268.00
比利时	9600.00	33600.00
巴布亚新几内亚	37283.00	32018.00
孟加拉国	46720.00	31583.00
斯里兰卡	43033.00	30270.00
特立尼达和多巴哥	51009.00	28958.00
圭亚那	42385.00	27758.00
坦桑尼亚	73430.00	27540.00
塞浦路斯	40280.00	27204.00
丹麦	41300.00	26846.00
老挝	29600.00	26640.00
索马里	60795.00	26209.00
巴拉圭	18000.00	25976.00
莫桑比克	40306.00	25929.00
约旦	40468.00	25450.00
阿尔及利亚	26800.00	24553.00
贝宁	60980.00	24142.00
中国香港	26078.00	22157.00
塞内加尔	31231.00	21950.00

（续表）

国家/地区	出口数量（千克）	出口金额（美元）
法国	30936.00	20826.00
巴巴多斯	35900.00	19833.00
朝鲜	24732.00	18600.00
埃塞俄比亚	19180.00	17225.00
立陶宛	12000.00	15991.00
哥斯达黎加	20990.00	15867.00
乌拉圭	19190.00	15233.00
伊朗	27179.00	13186.00
希腊	18280.00	11588.00
佛得角	28550.00	11352.00
爱沙尼亚	7470.00	10249.00
萨尔瓦多	11214.00	9752.00
博茨瓦纳	18000.00	9525.00
挪威	17000.00	9253.00
瓦努阿图	18080.00	6844.00
不丹	6557.00	6584.00
多哥	12741.00	6574.00
马尔代夫	4588.00	5567.00
德国	3700.00	2055.00
洪都拉斯	5145.00	1800.00
瑞典	2400.00	1744.00

44119390 木纤板，0.5g/cucm < 密度 ≤ 0.10g/cucm

国家/地区	出口数量（千克）	出口金额（美元）
合计	1244195.00	2109178.00
韩国	391770.00	822151.00
阿联酋	70064.00	327174.00
马来西亚	20259.00	182713.00
越南	20782.00	138320.00
巴基斯坦	174142.00	128344.00
塔吉克斯坦	141003.00	113682.00
柬埔寨	53760.00	82045.00
阿根廷	11042.00	62642.00
尼日利亚	98000.00	46259.00
哈萨克斯坦	46200.00	36960.00
马尔代夫	49750.00	29852.00
印度	33646.00	18079.00
朝鲜	27270.00	17726.00
格鲁吉亚	26041.00	14363.00
美国	9239.00	13552.00
菲律宾	52667.00	12678.00
泰国	1689.00	10329.00
罗马尼亚	2425.00	10301.00
沙特阿拉伯	1695.00	9340.00
洪都拉斯	3504.00	8333.00

（续表）

国家/地区	出口数量（千克）	出口金额（美元）
日本	506.00	6607.00
中国台湾	246.00	5938.00
加拿大	677.00	5680.00
中国香港	3299.00	4047.00
坦桑尼亚	4400.00	1760.00
新加坡	89.00	185.00
澳大利亚	30.00	118.00

44119410 木纤板，0.35g/cucm < 密度 ≤ 0.5g/cucm

国家/地区	出口数量（千克）	出口金额（美元）
合计	8250580.00	5511282.00
尼日利亚	7898845.00	5120751.00
日本	151401.00	227958.00
澳大利亚	77832.00	57325.00
马尔代夫	24808.00	18996.00
菲律宾	42881.00	16500.00
加拿大	3220.00	13719.00
美国	6119.00	12669.00
厄瓜多尔	14250.00	9975.00
泰国	2106.00	9300.00
新西兰	1166.00	7595.00
埃塞俄比亚	2310.00	4620.00
马来西亚	22307.00	4266.00
意大利	1410.00	3630.00
哈萨克斯坦	205.00	2049.00
柬埔寨	1450.00	1362.00
中国香港	270.00	567.00

44119429 加工木纤板，密度≤0.35g/cucm

国家/地区	出口数量（千克）	出口金额（美元）
合计	1503944.00	1685183.00
尼日利亚	1037500.00	641635.00
巴哈马	45062.00	249416.00
莫桑比克	61891.00	192249.00
肯尼亚	39285.00	162778.00
泰国	43083.00	58005.00
马来西亚	8977.00	48940.00
澳大利亚	69420.00	48231.00
日本	3216.00	36929.00
圭亚那	36918.00	34400.00
中国台湾	8680.00	32360.00
越南	8230.00	26889.00
阿联酋	14271.00	22759.00
匈牙利	10936.00	21920.00
柬埔寨	22038.00	20127.00
刚果(布)	28500.00	20000.00
贝宁	23480.00	15262.00

（续表）

国家/地区	出口数量（千克）	出口金额（美元）
沙特阿拉伯	23489.00	14842.00
印度	825.00	6417.00
朝鲜	4620.00	6253.00
印度尼西亚	972.00	5397.00
孟加拉国	1800.00	4971.00
菲律宾	7210.00	4825.00
智利	1206.00	2999.00
新加坡	170.00	2054.00
美国	229.00	1915.00
巴西	423.00	1173.00
吉布提	101.00	1082.00
斯洛文尼亚	960.00	864.00
斐济	300.00	341.00
科特迪瓦	152.00	150.00
44121011 仅由薄板制的竹胶合板，每层厚≤6mm，至少有一表层是热带木		
合计	2508.00	1119.00
所罗门群岛	2508.00	1119.00
44121019 其他仅由薄板制的竹胶合板，每层厚≤6mm		
合计	16135916.00	15682222.00
美国	1748932.00	3037439.00
中国台湾	1373974.00	1152471.00
泰国	981956.00	970842.00
安哥拉	1134505.00	847326.00
坦桑尼亚	1114250.00	806385.00
阿联酋	573572.00	405737.00
朝鲜	649221.00	392919.00
越南	464986.00	383779.00
肯尼亚	470053.00	357412.00
印度尼西亚	151365.00	349519.00
埃塞俄比亚	435014.00	323667.00
菲律宾	374686.00	287273.00
荷兰	207090.00	259589.00
孟加拉国	170860.00	259468.00
韩国	113645.00	252695.00
几内亚	354710.00	251198.00
德国	50180.00	248069.00
黑山	267564.00	226298.00
日本	100135.00	218202.00
埃及	352331.00	198009.00
沙特阿拉伯	226615.00	185806.00
莫桑比克	216828.00	184724.00
马尔代夫	215740.00	183251.00

（续表）

国家/地区	出口数量（千克）	出口金额（美元）
新加坡	56586.00	182800.00
巴基斯坦	187631.00	169143.00
乌兹别克斯坦	158067.00	166221.00
乌干达	215161.00	157885.00
毛里求斯	186913.00	148536.00
科特迪瓦	214925.00	148258.00
刚果(金)	152265.00	118222.00
贝宁	166582.00	113843.00
罗马尼亚	83800.00	101191.00
俄罗斯	79705.00	96892.00
南非	128615.00	94037.00
哥斯达黎加	115000.00	93601.00
加纳	137898.00	93030.00
斯里兰卡	102310.00	86744.00
尼日利亚	137360.00	86050.00
加蓬	74368.00	84841.00
纳米比亚	102822.00	80507.00
伊拉克	92160.00	75892.00
马来西亚	32374.00	75345.00
阿根廷	9795.00	73485.00
赞比亚	84261.00	71015.00
塞内加尔	93930.00	70274.00
澳大利亚	44658.00	66894.00
阿尔及利亚	100331.00	65455.00
柬埔寨	95680.00	65202.00
厄瓜多尔	80000.00	63850.00
吉布提	97570.00	63093.00
卢旺达	78092.00	60147.00
科威特	88830.00	55350.00
马拉维	61898.00	53107.00
索马里	75285.00	52880.00
秘鲁	44962.00	51316.00
博茨瓦纳	73246.00	49352.00
伯利兹	19636.00	48142.00
喀麦隆	42940.00	45223.00
土耳其	37945.00	44674.00
尼泊尔	89425.00	41097.00
意大利	7551.00	39774.00
克罗地亚	35414.00	38211.00
老挝	64000.00	37618.00
爱沙尼亚	32400.00	35670.00
苏丹	56000.00	32000.00
牙买加	40658.00	30148.00
加拿大	17720.00	28760.00

（续表）

国家/地区	出口数量（千克）	出口金额（美元）
巴西	6700.00	24600.00
摩洛哥	45900.00	24218.00
亚美尼亚	25200.00	22800.00
中国香港	21067.00	21282.00
哈萨克斯坦	26365.00	20850.00
马里	23540.00	20349.00
津巴布韦	23060.00	18610.00
以色列	8700.00	18181.00
南苏丹	22915.00	17986.00
缅甸	10200.00	17700.00
约旦	20762.00	17170.00
蒙古	22700.00	16502.00
马达加斯加	10009.00	16306.00
比利时	20284.00	16139.00
莱索托	20500.00	16119.00
巴林	2951.00	15439.00
多哥	12500.00	12133.00
巴布亚新几内亚	17250.00	12124.00
安提瓜和巴布达	16160.00	11973.00
塞拉利昂	18600.00	11294.00
阿塞拜疆	12370.00	11100.00
洪都拉斯	12360.00	8992.00
冈比亚	8415.00	6391.00
突尼斯	11000.00	5915.00
乍得	4800.00	5800.00
科摩罗	5140.00	5094.00
瑙鲁	5040.00	5040.00
萨尔瓦多	6450.00	4908.00
刚果(布)	11800.00	4556.00
汤加	4822.00	4150.00
保加利亚	6134.00	3990.00
乌拉圭	4500.00	3757.00
海地	4500.00	3660.00
多米尼加	3900.00	3000.00
赤道几内亚	2500.00	2957.00
英属维尔京群岛	4675.00	2753.00
斐济	1000.00	2194.00
英国	574.00	1886.00
中国澳门	600.00	1200.00
西班牙	1428.00	1200.00
瑞典	390.00	1099.00
圭亚那	720.00	800.00
墨西哥	673.00	774.00
智利	860.00	700.00

(续表)

国家/地区	出口数量(千克)	出口金额(美元)
帕劳	780.00	530.00
东帝汶	141.00	148.00
44121020 其他薄板制竹胶板、单板饰面板及类似多层板		
合计	5008467.00	3523183.00
马来西亚	4969640.00	3476288.00
越南	6850.00	20550.00
埃塞俄比亚	18000.00	17043.00
斯里兰卡	13802.00	8909.00
韩国	118.00	293.00
德国	57.00	100.00
44121091 其他竹制胶合板、单板饰面板及类似的多层板,至少有一层是热带木		
合计	16954.00	13885.00
马来西亚	16954.00	13885.00
44121092 其他竹胶合板类似多层板,至少含有一层木碎料板		
合计	15293.00	43849.00
美国	14993.00	42709.00
加拿大	300.00	1140.00
44121099 其他竹制胶合板、单板饰面板及类似的多层板		
合计	43616944.00	69332330.00
美国	27557961.00	45224778.00
马来西亚	5149925.00	4532446.00
荷兰	1702845.00	3619427.00
越南	394112.00	1862592.00
加拿大	826249.00	1484144.00
法国	744283.00	1195221.00
澳大利亚	509679.00	1139665.00
韩国	1178091.00	1000136.00
日本	474285.00	904877.00
比利时	453194.00	864926.00
意大利	375453.00	733276.00
德国	488593.00	651984.00
英国	313809.00	638420.00
新西兰	155483.00	490412.00
丹麦	177095.00	406992.00
智利	214734.00	390259.00
哥伦比亚	174477.00	345486.00
南非	162625.00	312326.00
沙特阿拉伯	370686.00	285722.00
玻利维亚	113915.00	269961.00
墨西哥	83292.00	226285.00

(续表)

国家/地区	出口数量(千克)	出口金额(美元)
印度	89076.00	217193.00
波兰	86299.00	187559.00
洪都拉斯	62870.00	138595.00
西班牙	72600.00	122037.00
土耳其	62434.00	121799.00
埃塞俄比亚	137360.00	114435.00
中国台湾	81169.00	106950.00
坦桑尼亚	150040.00	101351.00
以色列	43373.00	98634.00
津巴布韦	95000.00	85360.00
瑞士	32132.00	84970.00
巴西	17020.00	82541.00
莫桑比克	109790.00	81426.00
危地马拉	41078.00	77012.00
希腊	44594.00	75667.00
科威特	19691.00	70343.00
安哥拉	90370.00	64770.00
爱沙尼亚	25427.00	56289.00
马达加斯加	32766.00	54138.00
印度尼西亚	62060.00	53320.00
斯洛文尼亚	24522.00	48710.00
斯里兰卡	56000.00	47780.00
伊朗	24500.00	45525.00
贝宁	55706.00	42257.00
新加坡	45720.00	38050.00
巴拿马	9220.00	36000.00
泰国	6624.00	35726.00
突尼斯	49714.00	34760.00
菲律宾	13827.00	32669.00
喀麦隆	40830.00	30976.00
埃及	13104.00	27780.00
孟加拉国	32580.00	26951.00
毛里求斯	27000.00	25385.00
卢旺达	24560.00	25078.00
中国澳门	22880.00	24460.00
斐济	22050.00	21000.00
立陶宛	13800.00	18000.00
刚果(金)	26460.00	17451.00
牙买加	11620.00	16749.00
罗马尼亚	7557.00	13844.00
摩洛哥	4864.00	13449.00
塞拉利昂	16000.00	13428.00
几内亚	17000.00	12926.00
乌拉圭	6250.00	12655.00

(续表)

国家/地区	出口数量(千克)	出口金额(美元)
瑞典	959.00	12130.00
匈牙利	2765.00	12045.00
捷克	4800.00	11539.00
肯尼亚	14700.00	10836.00
厄瓜多尔	7020.00	9128.00
格鲁吉亚	4215.00	8300.00
阿联酋	3390.00	8022.00
中国香港	2398.00	5578.00
塞内加尔	5456.00	4500.00
克罗地亚	1065.00	4287.00
加纳	4000.00	3177.00
尼泊尔	10400.00	2925.00
圣其茨和尼维斯	4207.00	2828.00
秘鲁	150.00	1032.00
挪威	96.00	470.00
苏里南	3000.00	200.00
44123100 仅由薄木板制的其他胶合板(竹制的除外),每层厚≤6mm,至少有一表层是热带木		
合计	401215220.00	287595796.00
英国	62384063.00	40486027.00
菲律宾	47511568.00	32596256.00
中国台湾	25370834.00	15288208.00
韩国	29384601.00	15024365.00
以色列	19556947.00	14099290.00
墨西哥	15525594.00	13250161.00
美国	12512110.00	13137536.00
阿联酋	20375688.00	11681873.00
伊拉克	8960363.00	10397295.00
越南	15546830.00	9937463.00
马来西亚	7047152.00	9187013.00
尼日利亚	8506242.00	7623673.00
日本	9811724.00	7574059.00
泰国	6819897.00	6722585.00
法国	8670137.00	6554365.00
新加坡	10214007.00	6362936.00
中国澳门	8882587.00	5979391.00
荷兰	6058908.00	4158672.00
中国香港	4900460.00	4048408.00
柬埔寨	4538877.00	2743809.00
比利时	4210570.00	2739134.00
哥斯达黎加	4063098.00	2597411.00
印度尼西亚	2316360.00	2379234.00
秘鲁	3258389.00	2342849.00
加拿大	2689789.00	2205622.00

（续表）

国家/地区	出口数量（千克）	出口金额（美元）
肯尼亚	2447195.00	2054962.00
印度	1958574.00	1926654.00
危地马拉	2656096.00	1806757.00
多米尼加	2684603.00	1716983.00
坦桑尼亚	2188589.00	1587265.00
哥伦比亚	1915818.00	1579448.00
沙特阿拉伯	2448806.00	1486255.00
希腊	2298260.00	1346251.00
海地	1991280.00	1287281.00
澳大利亚	818872.00	1250954.00
利比亚	1649507.00	1194300.00
新西兰	1213877.00	1173321.00
巴拿马	2191770.00	1163771.00
牙买加	1932710.00	1119926.00
德国	1729604.00	1107544.00
土耳其	1006910.00	1046765.00
意大利	931104.00	863061.00
卡塔尔	1407110.00	858035.00
尼加拉瓜	1051884.00	819458.00
智利	852351.00	785830.00
埃及	1083107.00	775559.00
瑞典	1147000.00	743230.00
摩洛哥	627742.00	570082.00
阿尔及利亚	826056.00	556666.00
巴林	856323.00	530953.00
萨尔瓦多	704675.00	509365.00
孟加拉国	740379.00	506567.00
西班牙	851217.00	485986.00
吉布提	550700.00	455089.00
阿曼	685105.00	434193.00
索马里	605160.00	420056.00
约旦	380366.00	389962.00
留尼汪	712510.00	388708.00
斯里兰卡	575680.00	386614.00
南非	461179.00	365756.00
阿塞拜疆	139640.00	334017.00
俄罗斯	96800.00	308767.00
科威特	408600.00	248280.00
毛里求斯	377935.00	230034.00
特立尼达和多巴哥	251400.00	178021.00
爱尔兰	238480.00	177995.00
黎巴嫩	229243.00	162873.00
朝鲜	156210.00	161710.00
塞内加尔	216500.00	158622.00

（续表）

国家/地区	出口数量（千克）	出口金额（美元）
大洋洲其他国家(地区)	33502.00	154861.00
加纳	134338.00	147498.00
缅甸	143710.00	128270.00
马耳他	199465.00	127187.00
洪都拉斯	199510.00	120779.00
苏里南	192890.00	119231.00
阿鲁巴	186646.00	118162.00
塞舌尔	178770.00	112531.00
葡萄牙	164820.00	100411.00
莫桑比克	193000.00	97256.00
斐济	135980.00	94690.00
马约特	156492.00	88556.00
乌拉圭	57956.00	81625.00
巴巴多斯	104000.00	78386.00
贝宁	120467.00	72138.00
波兰	78820.00	66206.00
爱沙尼亚	79500.00	61826.00
巴基斯坦	122600.00	59089.00
斯洛文尼亚	24500.00	58930.00
丹麦	41217.00	54135.00
卢旺达	66300.00	53010.00
塞浦路斯	82260.00	52464.00
阿尔巴尼亚	90240.00	52097.00
科摩罗	84330.00	51517.00
马提尼克	83410.00	50791.00
古巴	69200.00	50507.00
圣卢西亚	78550.00	47996.00
赤道几内亚	62680.00	42450.00
喀麦隆	15610.00	41822.00
安提瓜和巴布达	54000.00	38123.00
圣文森特和格林纳丁斯	55680.00	35756.00
新喀里多尼亚	48680.00	33411.00
巴布亚新几内亚	28000.00	32800.00
尼泊尔	28500.00	31421.00
文莱	54350.00	26416.00
波多黎各	27550.00	25618.00
萨摩亚	27000.00	21500.00
科特迪瓦	36016.00	20888.00
塞拉利昂	27917.00	19780.00
多米尼克	27630.00	19482.00
法属圭亚那	27800.00	17184.00
格林纳达	28050.00	15276.00
瓜德罗普	27810.00	14723.00
佛得角	6451.00	14411.00

（续表）

国家/地区	出口数量（千克）	出口金额（美元）
马尔代夫	11102.00	13897.00
老挝	28320.00	12243.00
巴西	15680.00	11853.00
马达加斯加	27000.00	11833.00
莱索托	15105.00	9485.00
罗马尼亚	5805.00	4113.00
阿根廷	2650.00	2620.00
伯利兹	2978.00	2321.00
东帝汶	1300.00	1410.00
帕劳	2970.00	1134.00
刚果(金)	400.00	1019.00
多哥	1500.00	600.00
乌兹别克斯坦	350.00	287.00
阿富汗	141.00	210.00

44123300 仅由薄木板制的其他胶合板（竹制除外），每层厚≤6mm，至少有一表层是下列非针叶木：桤木、白蜡木、水青冈木（山毛榉木）、桦木、樱桃木、栗木、榆木、桉木、山核桃、七叶树、椴木

合计	3796085203.00	2600145957.00
菲律宾	450171789.00	315364840.00
日本	289203807.00	200052829.00
越南	270393219.00	194500595.00
英国	209976907.00	147548231.00
阿联酋	228491278.00	131906987.00
沙特阿拉伯	167665331.00	97648041.00
以色列	139323538.00	94451202.00
泰国	146582800.00	84924582.00
尼日利亚	87533361.00	81870495.00
马来西亚	129266758.00	77835546.00
澳大利亚	67223498.00	77177478.00
加拿大	75714197.00	69339884.00
伊拉克	81463565.00	64984599.00
墨西哥	74300547.00	59729962.00
比利时	79513968.00	51513030.00
美国	45160864.00	50069910.00
印度	42409058.00	38499492.00
阿尔及利亚	66320901.00	37510812.00
韩国	55552228.00	34958682.00
柬埔寨	42485825.00	33508094.00
德国	55597271.00	33396662.00
卡塔尔	64972177.00	33062397.00
法国	50995653.00	32306673.00
新加坡	45503105.00	26505597.00

(续表)

国家/地区	出口数量(千克)	出口金额(美元)
科威特	43661565.00	26158720.00
阿曼	43726907.00	25227498.00
印度尼西亚	30508159.00	24575184.00
波兰	44344474.00	23491273.00
埃及	30966186.00	21399020.00
荷兰	18885751.00	18137740.00
缅甸	23226449.00	17861525.00
秘鲁	29108347.00	17361312.00
智利	26495531.00	16098480.00
中国台湾	19152214.00	12990913.00
巴林	21328829.00	12073214.00
毛里求斯	17115969.00	11749009.00
摩洛哥	12651684.00	11631598.00
保加利亚	26721030.00	10886039.00
格鲁吉亚	18162370.00	9810516.00
爱尔兰	16214591.00	9062911.00
意大利	5692287.00	8875586.00
新西兰	8486480.00	8830318.00
南非	10118486.00	8479155.00
瑞典	9136843.00	7675318.00
索马里	11187050.00	7673679.00
约旦	12134448.00	7521172.00
俄罗斯	16342265.00	7474245.00
罗马尼亚	13467320.00	7335909.00
加纳	10618713.00	7241741.00
土耳其	9326268.00	7065448.00
肯尼亚	11248256.00	6867917.00
利比亚	11086533.00	6416464.00
朝鲜	11414243.00	6203616.00
挪威	8238680.00	6117608.00
巴拿马	10589105.00	5672816.00
危地马拉	7833236.00	5452303.00
斯里兰卡	7667795.00	5282784.00
吉布提	8145727.00	5236400.00
马尔代夫	6487976.00	5014111.00
西班牙	5771866.00	4850605.00
海地	4815980.00	4771329.00
巴基斯坦	8932187.00	4703388.00
葡萄牙	7374597.00	4567631.00
塞内加尔	4633803.00	3923548.00
黎巴嫩	7221871.00	3861854.00
哥伦比亚	4618357.00	3355706.00
苏丹	5714183.00	3190193.00
丹麦	4449558.00	2976801.00

(续表)

国家/地区	出口数量(千克)	出口金额(美元)
莫桑比克	4724659.00	2929705.00
哈萨克斯坦	5014268.00	2855238.00
老挝	5035765.00	2787884.00
坦桑尼亚	3836281.00	2772058.00
希腊	4948184.00	2746043.00
孟加拉国	3576903.00	2730033.00
蒙古	21699275.00	2690940.00
尼加拉瓜	3516481.00	2640245.00
哥斯达黎加	2677166.00	2581551.00
土库曼斯坦	4789900.00	2554137.00
牙买加	3336773.00	2495403.00
冈比亚	3575773.00	2294438.00
安哥拉	3897522.00	2141501.00
乌克兰	4171980.00	2106639.00
乌兹别克斯坦	3304570.00	2095511.00
阿尔巴尼亚	3088830.00	1987360.00
留尼汪	3348610.00	1916770.00
古巴	2514076.00	1834279.00
东帝汶	3680705.00	1817859.00
萨尔瓦多	2801720.00	1813655.00
利比里亚	2598506.00	1784073.00
科特迪瓦	2561536.00	1782343.00
芬兰	1994792.00	1725167.00
也门	2465060.00	1615550.00
斯洛文尼亚	833554.00	1560853.00
多米尼加	2314981.00	1459669.00
洪都拉斯	1727611.00	1426530.00
埃塞俄比亚	2010777.00	1382709.00
叙利亚	1818874.00	1336531.00
几内亚	2134259.00	1302643.00
法属波利尼西亚	2009580.00	1292723.00
马耳他	1884755.00	1207466.00
苏里南	1996300.00	1180635.00
塔吉克斯坦	2370008.00	1168864.00
马达加斯加	2013046.00	1138928.00
克罗地亚	2025988.00	1133484.00
斐济	1816154.00	1090408.00
中国香港	1594734.00	1036018.00
塞拉利昂	1293036.00	922539.00
多哥	1293908.00	904974.00
塞浦路斯	1360165.00	869713.00
拉脱维亚	1558433.00	854823.00
刚果(金)	1327542.00	849666.00
塞舌尔	1306340.00	823080.00

(续表)

国家/地区	出口数量(千克)	出口金额(美元)
科摩罗	1125448.00	792445.00
伊朗	1226330.00	750379.00
新喀里多尼亚	1278440.00	730155.00
立陶宛	1143358.00	692839.00
塞尔维亚	1090140.00	659568.00
特立尼达和多巴哥	1001133.00	651727.00
马约特	1007690.00	629214.00
爱沙尼亚	1053920.00	614273.00
马提尼克	842900.00	549171.00
圣马力诺	160537.00	548633.00
巴布亚新几内亚	846781.00	537088.00
乌拉圭	935720.00	521481.00
匈牙利	852864.00	489408.00
文莱	736450.00	485890.00
玻利维亚	395387.00	464636.00
毛里塔尼亚	720300.00	463900.00
波多黎各	595774.00	462144.00
圭亚那	680337.00	458433.00
萨摩亚	695120.00	434665.00
赤道几内亚	675320.00	419397.00
黑山	864672.00	400257.00
所罗门群岛	590520.00	384207.00
尼泊尔	486710.00	382988.00
瑞士	92164.00	351576.00
阿鲁巴	443345.00	319258.00
瓦努阿图	464160.00	316997.00
喀麦隆	438824.00	295977.00
瓜德罗普	484500.00	282116.00
阿根廷	184457.00	248507.00
巴巴多斯	334070.00	246956.00
贝宁	342462.00	223605.00
帕劳	213800.00	221649.00
马拉维	385610.00	216046.00
卢旺达	244415.00	186929.00
突尼斯	297802.00	177497.00
博茨瓦纳	267520.00	167329.00
伯利兹	216420.00	164545.00
津巴布韦	250825.00	162703.00
圣卢西亚	194698.00	132987.00
乌干达	242827.00	130925.00
捷克	138570.00	125449.00
巴西	94925.00	123651.00
特克斯和凯科斯群岛	157100.00	119530.00
密克罗尼西亚联邦	162300.00	119150.00

（续表）

国家/地区	出口数量（千克）	出口金额（美元）
北马其顿	209000.00	117498.00
开曼群岛	133000.00	115321.00
大洋洲其他国家(地区)	176546.00	107875.00
摩尔多瓦	164660.00	107144.00
汤加	196210.00	104565.00
厄瓜多尔	127932.00	99432.00
阿富汗	211010.00	84522.00
布基纳法索	81300.00	76560.00
刚果(布)	115080.00	72837.00
委内瑞拉	111446.00	71686.00
安提瓜和巴布达	115430.00	70333.00
多米尼克	109800.00	65044.00
圣文森特和格林纳丁斯	97280.00	61195.00
巴哈马	108500.00	59163.00
法属圭亚那	53000.00	56580.00
佛得角	78480.00	51874.00
赞比亚	62350.00	51491.00
阿塞拜疆	6200.00	49216.00
加蓬	54480.00	42206.00
南苏丹	76070.00	40939.00
亚美尼亚	64120.00	39647.00
库克群岛	28000.00	34830.00
几内亚比绍	53500.00	34789.00
中非	42334.00	34337.00
马绍尔群岛	39400.00	25114.00
圣多美和普林西比	37500.00	23300.00
尼日尔	21870.00	21085.00
巴勒斯坦	28000.00	20480.00
波黑	28330.00	19630.00
图瓦卢	23500.00	15049.00
中国澳门	6258.00	14778.00
纳米比亚	19900.00	11564.00
冰岛	11880.00	9293.00
吉尔吉斯斯坦	24400.00	8365.00
布隆迪	9900.00	7885.00
库腊索岛	6200.00	3453.00
斯洛伐克	470.00	598.00
卢森堡	28.00	144.00

44123410 仅由薄木板制的其他胶合板（竹制除外），每层厚≤6mm，至少有一表层是温带非针叶木（子目 4412.33 的非针叶木除外）

国家/地区	出口数量（千克）	出口金额（美元）
合计	94139096.00	97183599.00
柬埔寨	9609361.00	13802355.00
英国	6636310.00	9792250.00

（续表）

国家/地区	出口数量（千克）	出口金额（美元）
澳大利亚	4124565.00	9334243.00
中国香港	8702291.00	7579976.00
日本	11736956.00	7434269.00
加拿大	3110422.00	6710197.00
泰国	9441814.00	5491252.00
马来西亚	6837087.00	5385452.00
美国	1982014.00	4973691.00
以色列	2946501.00	2501800.00
韩国	3433463.00	2407219.00
菲律宾	3305009.00	2242986.00
墨西哥	2213797.00	2104390.00
缅甸	2170460.00	1779542.00
智利	2281080.00	1635731.00
印度	2052004.00	1570482.00
印度尼西亚	1425719.00	1412250.00
中国台湾	221390.00	939581.00
法国	732026.00	885029.00
瑞典	261856.00	773792.00
斯里兰卡	661700.00	662433.00
斐济	861565.00	598122.00
土耳其	781494.00	466089.00
危地马拉	737320.00	449187.00
哥伦比亚	419230.00	430382.00
德国	477682.00	427200.00
几内亚	700910.00	396954.00
越南	381362.00	332859.00
波兰	637500.00	304262.00
比利时	306252.00	291594.00
新加坡	411915.00	285286.00
荷兰	207055.00	255976.00
阿联酋	205580.00	239554.00
马约特	333600.00	221694.00
伊拉克	550000.00	209456.00
科摩罗	278450.00	189318.00
沙特阿拉伯	147442.00	181955.00
塞浦路斯	80774.00	176415.00
卡塔尔	216200.00	169247.00
意大利	107094.00	164583.00
爱尔兰	67015.00	145461.00
阿曼	137500.00	119840.00
特立尼达和多巴哥	82500.00	118408.00
牙买加	66080.00	106110.00
新西兰	68916.00	103792.00
瓜德罗普	166800.00	98095.00

（续表）

国家/地区	出口数量（千克）	出口金额（美元）
马达加斯加	139000.00	91132.00
塞内加尔	164900.00	88770.00
塞拉利昂	52000.00	63520.00
西班牙	85400.00	61561.00
吉布提	82500.00	60901.00
厄瓜多尔	37680.00	60683.00
巴拿马	68600.00	59496.00
索马里	64500.00	57032.00
南非	95880.00	56612.00
秘鲁	99300.00	52052.00
马提尼克	83400.00	49820.00
尼加拉瓜	38000.00	49256.00
毛里塔尼亚	97015.00	48933.00
巴基斯坦	60130.00	45337.00
冈比亚	89800.00	44064.00
肯尼亚	82460.00	43745.00
阿根廷	51000.00	43225.00
巴西	10111.00	36666.00
摩洛哥	33738.00	28137.00
贝宁	46333.00	26801.00
约旦	50400.00	23749.00
巴林	27770.00	23300.00
马耳他	55000.00	23056.00
所罗门群岛	29820.00	20425.00
毛里求斯	28200.00	17270.00
土库曼斯坦	25640.00	15779.00
罗马尼亚	17543.00	15335.00
朝鲜	18854.00	14581.00
阿塞拜疆	25500.00	12486.00
埃及	16120.00	10334.00
科威特	21000.00	10204.00
黎巴嫩	14160.00	6000.00
委内瑞拉	509.00	5848.00
刚果(金)	2229.00	4461.00
奥地利	4300.00	3701.00
立陶宛	900.00	3360.00
叙利亚	2200.00	2347.00
埃塞俄比亚	775.00	1500.00
蒙古	368.00	1361.00

44123490 仅由薄木板制的其他胶合板（竹制除外），每层厚≤6mm，至少有一表层是上述子目未列名非针叶木

国家/地区	出口数量（千克）	出口金额（美元）
合计	35025259.00	26840801.00
中国香港	33489938.00	25037588.00

(续表)

国家/地区	出口数量(千克)	出口金额(美元)
澳大利亚	205333.00	442222.00
朝鲜	311568.00	312913.00
泰国	139500.00	238450.00
越南	259918.00	183138.00
日本	121220.00	156260.00
柬埔寨	151917.00	109285.00
新加坡	25550.00	94535.00
韩国	40900.00	68221.00
加拿大	102880.00	57028.00
缅甸	58180.00	40354.00
印度尼西亚	7417.00	34342.00
新西兰	49100.00	21491.00
赞比亚	13314.00	11504.00
埃塞俄比亚	10620.00	10226.00
中国澳门	15600.00	5967.00
挪威	3360.00	5149.00
丹麦	6888.00	3481.00
马来西亚	3400.00	2244.00
英国	1580.00	1878.00
智利	3450.00	1794.00
德国	2683.00	1394.00
埃及	720.00	936.00
荷兰	223.00	401.00

44123900 仅由薄木板制的其他胶合板,每层厚≤6mm,上下表层均为针叶木

国家/地区	出口数量(千克)	出口金额(美元)
合计	408016555.00	259438193.00
美国	99115967.00	68307207.00
中国台湾	101924591.00	56008025.00
柬埔寨	30623195.00	16133055.00
韩国	23033297.00	15400405.00
英国	16840969.00	11238377.00
澳大利亚	13792606.00	10719729.00
印度尼西亚	10548623.00	8429222.00
日本	11380413.00	7435256.00
菲律宾	9869250.00	6556301.00
马来西亚	9925330.00	5913553.00
中国香港	10440592.00	5833445.00
越南	9564392.00	5376088.00
阿联酋	6197389.00	3809391.00
新加坡	4432302.00	3555760.00
墨西哥	5111382.00	3198733.00
比利时	4362535.00	2986444.00
新西兰	4153484.00	2914110.00
泰国	3525271.00	2326259.00

(续表)

国家/地区	出口数量(千克)	出口金额(美元)
缅甸	3751547.00	1876503.00
以色列	2512090.00	1764302.00
加拿大	1470348.00	1543462.00
德国	2738072.00	1474303.00
几内亚	764802.00	1367267.00
智利	1834575.00	1164566.00
朝鲜	1316035.00	1042792.00
秘鲁	1632684.00	1003403.00
沙特阿拉伯	1486107.00	885633.00
俄罗斯	1460000.00	873317.00
哥伦比亚	1057668.00	771994.00
印度	644088.00	662370.00
毛里求斯	601687.00	539380.00
挪威	597460.00	497852.00
马尔代夫	692857.00	425379.00
卡塔尔	698110.00	395928.00
埃及	487017.00	381781.00
孟加拉国	594467.00	314260.00
肯尼亚	391154.00	287570.00
阿尔及利亚	503575.00	243141.00
南非	389379.00	232073.00
巴基斯坦	164278.00	207623.00
阿曼	256209.00	193186.00
牙买加	293905.00	190731.00
莫桑比克	195002.00	190511.00
乌兹别克斯坦	221400.00	184292.00
尼日利亚	261180.00	179094.00
萨尔瓦多	249085.00	166515.00
伊拉克	219210.00	164394.00
危地马拉	212701.00	155806.00
哈萨克斯坦	216115.00	148726.00
赞比亚	154964.00	140934.00
斯里兰卡	191133.00	139250.00
约旦	198560.00	137532.00
坦桑尼亚	102550.00	136776.00
苏丹	152580.00	136746.00
海地	231960.00	131980.00
老挝	333388.00	126477.00
吉布提	245470.00	117241.00
尼日尔	138905.00	113556.00
塞尔维亚	99896.00	111020.00
丹麦	88470.00	104341.00
赤道几内亚	53700.00	101663.00
巴林	165900.00	98167.00

(续表)

国家/地区	出口数量(千克)	出口金额(美元)
毛里塔尼亚	35053.00	94311.00
多哥	148355.00	91960.00
巴布亚新几内亚	102575.00	87533.00
巴巴多斯	107220.00	87291.00
贝宁	153520.00	81926.00
圭亚那	78058.00	81826.00
洪都拉斯	19080.00	80136.00
科特迪瓦	99370.00	74599.00
塞舌尔	107980.00	72153.00
法国	92346.00	70029.00
塞内加尔	109989.00	69607.00
利比亚	15485.00	68134.00
安哥拉	20989.00	67350.00
西班牙	84895.00	65303.00
土库曼斯坦	97000.00	65120.00
斐济	88680.00	62424.00
埃塞俄比亚	76781.00	58513.00
玻利维亚	98000.00	58000.00
加纳	103861.00	55369.00
爱尔兰	102000.00	51960.00
格鲁吉亚	56800.00	37373.00
葡萄牙	37550.00	35411.00
塞浦路斯	55600.00	34962.00
加蓬	62348.00	33090.00
津巴布韦	34808.00	31393.00
利比里亚	83640.00	30809.00
乌干达	27546.00	30756.00
蒙古	321450.00	28118.00
所罗门群岛	22561.00	26797.00
中非	36727.00	22857.00
纳米比亚	34580.00	22280.00
博茨瓦纳	46130.00	21672.00
特立尼达和多巴哥	30375.00	20944.00
瓦努阿图	43030.00	20315.00
安提瓜和巴布达	27500.00	18416.00
突尼斯	5832.00	18261.00
希腊	31710.00	18199.00
巴哈马	27500.00	18192.00
摩洛哥	26900.00	17544.00
喀麦隆	27335.00	17355.00
塔吉克斯坦	17000.00	15999.00
巴拿马	27500.00	15535.00
伊朗	24800.00	15168.00
刚果(布)	25170.00	13765.00

（续表）

国家/地区	出口数量（千克）	出口金额（美元）
库腊索岛	21700.00	13055.00
阿富汗	27700.00	11722.00
卢旺达	9067.00	11495.00
阿根廷	12300.00	11400.00
科摩罗	16000.00	10846.00
尼泊尔	14100.00	9356.00
苏里南	19000.00	8900.00
乍得	8900.00	8500.00
新喀里多尼亚	7100.00	8100.00
马达加斯加	3500.00	7809.00
匈牙利	9390.00	7000.00
斯洛伐克	5100.00	6600.00
塞拉利昂	7700.00	6382.00
叙利亚	11300.00	6214.00
马里	9300.00	5745.00
刚果(金)	13764.00	5685.00
阿尔巴尼亚	10200.00	5512.00
波兰	7200.00	5300.00
马拉维	6300.00	3819.00
荷兰	4390.00	3767.00
奥地利	710.00	2272.00
意大利	1408.00	2131.00
摩尔多瓦	2622.00	2000.00
汤加	154.00	448.00
萨摩亚	150.00	183.00
44129410 其他木块芯胶合板等至少一表层是非针叶木		
合计	150718143.00	350013622.00
德国	24554901.00	66790260.00
比利时	22758791.00	63943678.00
英国	11492442.00	26372033.00
意大利	8535670.00	26034749.00
加拿大	8437174.00	25868136.00
荷兰	8589474.00	23656223.00
美国	14424554.00	21923368.00
澳大利亚	4719105.00	14817196.00
法国	2388015.00	7298769.00
日本	3762614.00	6740162.00
中国香港	7398764.00	6738523.00
西班牙	2111252.00	6452414.00
丹麦	1642394.00	5448358.00
瑞典	1832277.00	5129704.00
缅甸	3374743.00	3446021.00
南非	1086015.00	3412300.00

（续表）

国家/地区	出口数量（千克）	出口金额（美元）
斯洛文尼亚	1174138.00	3176295.00
约旦	3439018.00	2834061.00
墨西哥	1208921.00	2770868.00
以色列	891267.00	2439997.00
克罗地亚	580371.00	1718472.00
朝鲜	2174493.00	1600623.00
阿联酋	633248.00	1524190.00
韩国	1956527.00	1490066.00
爱沙尼亚	487341.00	1403013.00
瑞士	477493.00	1393972.00
新西兰	437207.00	1189690.00
智利	386054.00	1175780.00
俄罗斯	427940.00	1171682.00
奥地利	344521.00	1102689.00
波兰	366305.00	1042367.00
摩洛哥	1315843.00	998141.00
伊拉克	1164021.00	942141.00
新加坡	1262519.00	788883.00
马来西亚	247000.00	730371.00
挪威	187405.00	654463.00
阿根廷	223406.00	589692.00
印度	513617.00	580203.00
菲律宾	358555.00	553861.00
沙特阿拉伯	409500.00	398022.00
葡萄牙	130105.00	375788.00
巴西	98665.00	354192.00
乌拉圭	91048.00	267510.00
黎巴嫩	161041.00	207809.00
马尔代夫	199517.00	176012.00
中国台湾	115501.00	144692.00
科威特	188581.00	143057.00
爱尔兰	59528.00	139888.00
安哥拉	117980.00	133730.00
阿尔及利亚	214140.00	131247.00
危地马拉	49425.00	119827.00
柬埔寨	240571.00	117281.00
罗马尼亚	35910.00	102216.00
肯尼亚	143922.00	99324.00
吉布提	80930.00	98377.00
越南	120216.00	96939.00
巴基斯坦	100160.00	89454.00
希腊	24579.00	88487.00
冰岛	22523.00	82925.00
泰国	54803.00	76997.00

（续表）

国家/地区	出口数量（千克）	出口金额（美元）
哥伦比亚	14550.00	50995.00
毛里求斯	45950.00	50298.00
塞浦路斯	23200.00	49992.00
阿尔巴尼亚	17328.00	45116.00
塞尔维亚	19270.00	39990.00
埃及	81393.00	35286.00
埃塞俄比亚	43500.00	35077.00
拉脱维亚	9584.00	27088.00
尼日利亚	11310.00	25900.00
巴布亚新几内亚	26308.00	22489.00
刚果(金)	23540.00	21726.00
马拉维	38791.00	21195.00
印度尼西亚	22000.00	20785.00
海地	21120.00	20776.00
巴林	24800.00	19990.00
博茨瓦纳	27640.00	17523.00
利比亚	23000.00	16539.00
斯威士兰	18632.00	16096.00
津巴布韦	9000.00	16080.00
土耳其	23680.00	13441.00
尼泊尔	24500.00	12635.00
蒙古	108320.00	9413.00
加纳	12985.00	8865.00
捷克	1650.00	7030.00
乌克兰	1920.00	5622.00
卢旺达	7500.00	5218.00
斯洛伐克	825.00	3359.00
科摩罗	2050.00	1909.00
卡塔尔	400.00	1401.00
加蓬	120.00	1204.00
尼日尔	2912.00	986.00
斐济	1750.00	900.00
纳米比亚	3425.00	760.00
汤加	1150.00	750.00
44129491 其他木块芯胶合板、侧板条芯胶合板及板条芯胶合板，至少有一层是热带木		
合计	8791.00	7778.00
泰国	7018.00	6458.00
荷兰	1000.00	762.00
越南	683.00	320.00
加拿大	90.00	238.00
44129492 其他木块芯胶合板、侧板条芯胶合板及板条芯胶合板，至少有一层是木碎料板		
合计	978355.00	814663.00

(续表)

国家/地区	出口数量(千克)	出口金额(美元)
柬埔寨	334698.00	436427.00
越南	510715.00	299478.00
中国台湾	87280.00	49138.00
朝鲜	27200.00	13600.00
澳大利亚	3102.00	5500.00
斐济	6600.00	3750.00
马来西亚	2500.00	3680.00
所罗门群岛	1500.00	1500.00
纳米比亚	4200.00	1360.00
意大利	560.00	230.00

44129499 其他木块芯胶合板、侧板条芯胶合板及板条芯胶合板

国家/地区	出口数量(千克)	出口金额(美元)
合计	8240666.00	7706033.00
德国	2507261.00	3576871.00
意大利	510670.00	915227.00
朝鲜	3584068.00	876812.00
中国台湾	747785.00	741835.00
加拿大	92623.00	366287.00
葡萄牙	113000.00	293241.00
法国	172100.00	230240.00
比利时	177300.00	217114.00
科特迪瓦	35050.00	128729.00
克罗地亚	23510.00	60769.00
西班牙	17914.00	51489.00
新西兰	25800.00	43001.00
美国	35344.00	39943.00
越南	31994.00	27096.00
肯尼亚	22220.00	17681.00
巴布亚新几内亚	17725.00	15740.00
刚果(金)	14040.00	15213.00
印度	14136.00	14958.00
坦桑尼亚	18200.00	12494.00
罗马尼亚	24175.00	11321.00
南非	8575.00	7723.00
马来西亚	10012.00	7330.00
哥伦比亚	7920.00	6190.00
新加坡	1985.00	5347.00
沙特阿拉伯	6080.00	5150.00
安哥拉	1500.00	4010.00
中国香港	4644.00	3311.00
挪威	659.00	2619.00
圣其茨和尼维斯	6000.00	1820.00
澳大利亚	458.00	1808.00
老挝	1020.00	1679.00

(续表)

国家/地区	出口数量(千克)	出口金额(美元)
乌兹别克斯坦	3220.00	1610.00
秘鲁	2940.00	800.00
马尔代夫	450.00	375.00
巴基斯坦	288.00	200.00

44129910 其他胶合板等至少一表层是非针叶木

国家/地区	出口数量(千克)	出口金额(美元)
合计	406384479.00	751214239.00
美国	102889934.00	232350564.00
加拿大	49711955.00	105211634.00
英国	22554940.00	49989734.00
日本	13484507.00	42719434.00
澳大利亚	17619698.00	41901874.00
中国香港	32466950.00	31617306.00
韩国	12560470.00	25265382.00
越南	12091978.00	18599073.00
德国	6255598.00	18565566.00
荷兰	6516037.00	16838766.00
比利时	5350681.00	15031749.00
马来西亚	5508766.00	14580029.00
意大利	4150079.00	11804522.00
泰国	5548131.00	10944247.00
墨西哥	5009951.00	9388003.00
柬埔寨	6169383.00	9225805.00
约旦	22017510.00	7630488.00
埃及	16197934.00	6959483.00
法国	3525487.00	6315438.00
爱尔兰	2296892.00	4957672.00
西班牙	2053986.00	4918365.00
俄罗斯	1785532.00	4686682.00
以色列	1542827.00	4154976.00
菲律宾	1559480.00	3933666.00
新西兰	1316512.00	3872760.00
阿联酋	3869314.00	3856182.00
沙特阿拉伯	4698114.00	3745787.00
印度	1196194.00	3355928.00
阿尔及利亚	6392657.00	3168349.00
南非	969056.00	2609020.00
新加坡	1501668.00	2581407.00
中国台湾	1616326.00	2177883.00
斯洛文尼亚	731342.00	1983425.00
智利	765065.00	1947244.00
伊拉克	3766565.00	1797550.00
黎巴嫩	3032326.00	1259384.00
阿根廷	397854.00	1256853.00

(续表)

国家/地区	出口数量(千克)	出口金额(美元)
危地马拉	560120.00	1251905.00
丹麦	400559.00	1193191.00
缅甸	714886.00	1157199.00
吉布提	1666245.00	1082142.00
中国澳门	446960.00	1036864.00
尼日利亚	1472338.00	940043.00
蒙古	612883.00	811027.00
印度尼西亚	337849.00	790469.00
秘鲁	331784.00	778826.00
朝鲜	924543.00	678626.00
毛里求斯	1045420.00	654147.00
巴拿马	516900.00	532315.00
肯尼亚	805523.00	515317.00
马尔代夫	284085.00	512952.00
利比亚	430308.00	463166.00
哥伦比亚	148357.00	438371.00
挪威	104623.00	376649.00
波兰	226144.00	371297.00
加纳	702091.00	339738.00
芬兰	108336.00	318634.00
巴西	110440.00	317008.00
爱沙尼亚	112980.00	314967.00
斯里兰卡	294870.00	303322.00
卡塔尔	125954.00	285839.00
格鲁吉亚	363425.00	247645.00
毛里塔尼亚	48286.00	231529.00
土耳其	310000.00	226195.00
萨摩亚	50100.00	205890.00
克罗地亚	65500.00	182265.00
葡萄牙	66370.00	171948.00
巴林	307174.00	153149.00
瑞典	32323.00	134170.00
科威特	271530.00	130913.00
南苏丹	175600.00	117014.00
瓦努阿图	130744.00	113706.00
保加利亚	51386.00	105146.00
新喀里多尼亚	178800.00	104993.00
巴基斯坦	185002.00	104987.00
玻利维亚	156216.00	104228.00
塞内加尔	141040.00	103370.00
马耳他	42635.00	103150.00
坦桑尼亚	191016.00	103075.00
孟加拉国	136928.00	100009.00
塞浦路斯	37380.00	88259.00

（续表）

国家/地区	出口数量（千克）	出口金额（美元）
希腊	146911.00	86527.00
几内亚	135280.00	79604.00
摩洛哥	60683.00	76167.00
苏里南	167300.00	72840.00
荷属安地列斯	5277.00	69986.00
巴拉圭	51000.00	69498.00
瑞士	29595.00	62269.00
牙买加	82860.00	59837.00
乌克兰	102490.00	58417.00
哈萨克斯坦	34031.00	56482.00
多米尼加	20451.00	56200.00
罗马尼亚	14837.00	55743.00
莫桑比克	85430.00	55379.00
阿曼	84849.00	54518.00
赤道几内亚	110000.00	50720.00
萨尔瓦多	19700.00	49664.00
阿尔巴尼亚	65250.00	49095.00
老挝	69540.00	45640.00
尼加拉瓜	22600.00	45200.00
埃塞俄比亚	37031.00	40074.00
圣马丁岛	15700.00	39690.00
冈比亚	56151.00	35802.00
斐济	29105.00	35012.00
安哥拉	11922.00	34794.00
塞拉利昂	55640.00	33548.00
海地	9564.00	33474.00
阿塞拜疆	17500.00	33390.00
乌拉圭	14760.00	32619.00
亚美尼亚	4148.00	32189.00
佛得角	52450.00	26236.00
哥斯达黎加	37550.00	24953.00
赞比亚	5690.00	23169.00
黑山	56160.00	22271.00
加蓬	19500.00	17319.00
贝宁	25970.00	16560.00
刚果(金)	4400.00	16450.00
阿富汗	10834.00	15680.00
塔吉克斯坦	16620.00	13142.00
马达加斯加	27500.00	11025.00
厄瓜多尔	3226.00	7721.00
乌兹别克斯坦	6750.00	6097.00
帕劳	8750.00	4428.00
捷克	1580.00	3275.00
阿鲁巴	400.00	3049.00

（续表）

国家/地区	出口数量（千克）	出口金额（美元）
开曼群岛	130.00	520.00
卢森堡	12.00	81.00
44129991 其他胶合板、单板饰面板及类似的多层板，至少有一层是热带木		
合计	54081.00	377897.00
菲律宾	31000.00	325650.00
哥伦比亚	12525.00	27185.00
印度	5068.00	22058.00
刚果(金)	1530.00	1564.00
中国香港	3738.00	1086.00
美国	220.00	354.00
44129992 其他胶合板等至少一表层是木碎料板		
合计	3676518.00	4238080.00
中国澳门	3532381.00	4098447.00
菲律宾	31552.00	28210.00
越南	40700.00	26765.00
萨摩亚	20700.00	25295.00
老挝	3463.00	19466.00
津巴布韦	29000.00	11759.00
马尔代夫	5000.00	7158.00
赞比亚	4100.00	4510.00
美国	1500.00	4103.00
中国台湾	1562.00	3646.00
新加坡	1200.00	3099.00
柬埔寨	3326.00	2350.00
泰国	320.00	2030.00
中国香港	250.00	375.00
刚果(布)	920.00	370.00
瓦努阿图	400.00	317.00
刚果(金)	144.00	180.00
44129999 未列名胶合板、单板饰面板及类似的多层板		
合计	7380220.00	8202203.00
德国	1940436.00	2652117.00
沙特阿拉伯	1179785.00	704847.00
挪威	605800.00	568082.00
韩国	249459.00	500236.00
阿尔及利亚	382500.00	399171.00
法国	271070.00	366711.00
菲律宾	220287.00	293557.00
越南	342204.00	291644.00
中国澳门	172595.00	258251.00
美国	313894.00	250973.00

（续表）

国家/地区	出口数量（千克）	出口金额（美元）
澳大利亚	101519.00	162777.00
中国台湾	222714.00	154335.00
马来西亚	59493.00	136353.00
以色列	80475.00	129862.00
荷兰	79008.00	126139.00
哈萨克斯坦	144692.00	121733.00
尼日利亚	104745.00	105770.00
希腊	31382.00	88965.00
中国香港	66965.00	85936.00
泰国	35960.00	70769.00
伊拉克	74362.00	62411.00
埃及	83100.00	60397.00
日本	18607.00	60302.00
卡塔尔	94600.00	58196.00
缅甸	143158.00	52494.00
阿联酋	76363.00	43071.00
所罗门群岛	32007.00	37084.00
墨西哥	9072.00	32999.00
新加坡	11208.00	30781.00
柬埔寨	35572.00	29311.00
厄瓜多尔	13955.00	28814.00
新西兰	26059.00	27434.00
秘鲁	7490.00	26734.00
印度尼西亚	10025.00	25183.00
喀麦隆	24300.00	18018.00
肯尼亚	4568.00	17815.00
加蓬	12100.00	16005.00
印度	13532.00	14628.00
南非	13910.00	13800.00
安哥拉	8183.00	11047.00
孟加拉国	13922.00	10685.00
英国	10760.00	9963.00
智利	2430.00	8839.00
乌拉圭	1782.00	6477.00
乌兹别克斯坦	2740.00	5682.00
科威特	2556.00	4203.00
马绍尔群岛	7810.00	3450.00
朝鲜	5000.00	3000.00
多哥	1663.00	2973.00
汤加	3180.00	1945.00
乌克兰	185.00	1872.00
摩洛哥	2400.00	1650.00
毛里塔尼亚	2800.00	1568.00
马尔代夫	2200.00	1282.00

(续表)

国家/地区	出口数量(千克)	出口金额(美元)
赤道几内亚	1620.00	1196.00
加拿大	210.00	983.00
博茨瓦纳	900.00	804.00
老挝	150.00	418.00
埃塞俄比亚	360.00	324.00
贝宁	375.00	108.00
约旦	23.00	29.00

表6　人造板进口量值表

国家/地区	进口数量(千克)	进口金额(美元)
44081011 用胶合板等制的针叶木饰面用单板,厚≤6mm		
合计	23182.00	34679.00
波兰	21740.00	19443.00
爱沙尼亚	897.00	9433.00
澳大利亚	364.00	4560.00
德国	181.00	1213.00
美国	0.00	30.00
44081019 其他针叶木饰面用单板,厚≤6mm		
合计	382236.00	2152335.00
加拿大	91668.00	974907.00
中国台湾	130440.00	852767.00
德国	17444.00	113543.00
奥地利	21471.00	55513.00
意大利	9779.00	48710.00
韩国	16524.00	44172.00
美国	23450.00	26778.00
西班牙	595.00	17100.00
俄罗斯	41368.00	12769.00
越南	28000.00	3160.00
土耳其	995.00	1296.00
瑞士	416.00	1008.00
罗马尼亚	86.00	612.00
44081020 针叶木制胶合板用单板,厚≤6mm		
合计	57458303.00	11662741.00
俄罗斯	55849873.00	11420983.00
越南	1608430.00	241758.00
44081090 其他针叶木木材,经纵锯、刨切或旋切,厚≤6mm		
合计	19547479.00	5399879.00
俄罗斯	18981492.00	3230039.00
印度尼西亚	159784.00	1026130.00
加拿大	48476.00	346256.00

(续表)

国家/地区	进口数量(千克)	进口金额(美元)
美国	7759.00	318184.00
德国	4564.00	91618.00
奥地利	10681.00	82498.00
瑞士	3227.00	76778.00
意大利	2495.00	70266.00
柬埔寨	73500.00	43931.00
西班牙	4292.00	36553.00
乌克兰	122115.00	23614.00
委内瑞拉	73000.00	18747.00
瑞典	50206.00	15865.00
澳大利亚	3176.00	8441.00
中国台湾	2488.00	7575.00
韩国	219.00	3340.00
土耳其	4.00	23.00
马来西亚	1.00	21.00
44083111 用胶合板等制饰面单板,红柳桉木制,厚≤6mm		
合计	211.00	12817.00
日本	168.00	12737.00
中国台湾	42.00	78.00
德国	1.00	2.00
44083119 其他饰面用单板,红柳桉木制,厚≤6mm		
合计	2766755.00	891728.00
马来西亚	1833290.00	478034.00
乌克兰	249170.00	169840.00
巴西	656889.00	169379.00
缅甸	26784.00	72566.00
意大利	210.00	1290.00
印度尼西亚	410.00	523.00
美国	2.00	49.00
法国	0.00	24.00
巴林	0.00	23.00
44083120 制胶合板用单板,红柳桉木制,厚≤6mm		
合计	1088126.00	712912.00
马来西亚	624526.00	459137.00
印度尼西亚	55980.00	191474.00
老挝	327720.00	39023.00
巴西	52000.00	21484.00
泰国	27900.00	1794.00
44083190 其他纵锯、纵切、刨切或旋切的红柳桉木木材,厚≤6mm		
合计	56842.00	13104.00

(续表)

国家/地区	进口数量(千克)	进口金额(美元)
巴西	56700.00	11254.00
印度	142.00	1850.00
44083911 用胶合板等多层板制的饰面用单板,其他热带木制,厚≤6mm		
合计	124662.00	112266.00
印度尼西亚	6244.00	47350.00
加蓬	61620.00	40268.00
中国台湾	2696.00	15338.00
马来西亚	53000.00	7328.00
意大利	1102.00	1982.00
44083919 其他饰面用单板,其他热带木制,厚≤6mm		
合计	20322787.00	18511769.00
喀麦隆	8563639.00	6678322.00
加蓬	4832661.00	3671139.00
印度	183480.00	2013657.00
缅甸	503648.00	1429199.00
意大利	193705.00	1354096.00
加纳	389986.00	854670.00
刚果(布)	600783.00	458301.00
越南	4264014.00	445999.00
法国	28408.00	424610.00
玻利维亚	154118.00	290798.00
日本	5500.00	208757.00
中国台湾	44067.00	131265.00
捷克	22889.00	116916.00
印度尼西亚	111374.00	93313.00
泰国	341902.00	79290.00
土耳其	16742.00	56794.00
巴西	12721.00	52455.00
西班牙	10444.00	42010.00
马来西亚	17205.00	29114.00
韩国	2940.00	22948.00
德国	178.00	16199.00
老挝	19500.00	11346.00
马达加斯加	352.00	9486.00
尼加拉瓜	257.00	7281.00
奥地利	122.00	7138.00
美国	1151.00	4550.00
葡萄牙	1000.00	2100.00
苏里南	1.00	16.00
44083920 制胶合板用单板,其他热带木制,厚≤6mm		
合计	323218871.00	49383554.00

（续表）

国家/地区	进口数量（千克）	进口金额（美元）
越南	18121261.00	20188711.00
喀麦隆	15481439.00	10881350.00
泰国	90670270.00	9479340.00
马来西亚	24002513.00	5072263.00
加蓬	2763135.00	1659021.00
印度尼西亚	798197.00	587788.00
缅甸	2492257.00	537433.00
赤道几内亚	569850.00	391073.00
坦桑尼亚	4848423.00	364462.00
意大利	5006.00	101984.00
刚果(布)	116125.00	80652.00
加纳	55598.00	14779.00
菲律宾	49780.00	12687.00
老挝	154000.00	10532.00
中国台湾	17.00	1479.00

44083990 其他经纵锯、刨切或旋切的木材，其他热带木制，厚≤6mm

国家/地区	进口数量（千克）	进口金额（美元）
合计	102163486.00	9753950.00
越南	100416637.00	8002382.00
喀麦隆	510840.00	831328.00
中国台湾	105604.00	212963.00
印度尼西亚	496327.00	140655.00
西班牙	29700.00	137795.00
印度	8894.00	125373.00
菲律宾	504300.00	122226.00
加纳	1601.00	65534.00
厄瓜多尔	9049.00	28052.00
马来西亚	42704.00	25057.00
加拿大	18710.00	22074.00
缅甸	13000.00	20685.00
意大利	135.00	8662.00
智利	5931.00	8248.00
德国	50.00	2559.00
阿联酋	2.00	181.00
南非	2.00	176.00

44089011 用胶合板等多层板制的其他木制饰面用单板，厚≤6mm

国家/地区	进口数量（千克）	进口金额（美元）
合计	702116.00	429488.00
法国	15782.00	261353.00
肯尼亚	603600.00	109558.00
澳大利亚	76410.00	16261.00
意大利	457.00	11251.00
美国	274.00	10712.00
日本	465.00	10079.00

（续表）

国家/地区	进口数量（千克）	进口金额（美元）
中国台湾	1051.00	4674.00
中国	3503.00	3867.00
南非	1.00	340.00
沙特阿拉伯	19.00	289.00
西班牙	352.00	240.00
德国	185.00	216.00
印度	12.00	120.00
阿联酋	1.00	110.00
土耳其	0.00	92.00
俄罗斯	0.00	90.00
越南	2.00	79.00
英国	0.00	58.00
新加坡	0.00	42.00
匈牙利	2.00	38.00
巴林	0.00	19.00

44089012 温带非针叶木制饰面用单板，厚≤6mm

国家/地区	进口数量（千克）	进口金额（美元）
合计	15200570.00	33182702.00
俄罗斯	8806599.00	8036702.00
罗马尼亚	53054.00	3394217.00
乌克兰	2690725.00	3385719.00
越南	1296571.00	3193020.00
中国台湾	145693.00	2441806.00
意大利	120996.00	2148469.00
德国	109760.00	2078531.00
捷克	239337.00	1781453.00
韩国	139873.00	1284806.00
土耳其	175266.00	1152918.00
西班牙	388478.00	872721.00
美国	255245.00	817765.00
芬兰	191387.00	601668.00
斯洛文尼亚	54042.00	444257.00
葡萄牙	228415.00	350619.00
日本	13894.00	338878.00
法国	16871.00	318265.00
爱沙尼亚	85459.00	284700.00
斯洛伐克	172130.00	126893.00
瑞士	1030.00	43142.00
英国	8665.00	27381.00
澳大利亚	5323.00	25681.00
印度	1100.00	20500.00
玻利维亚	593.00	8000.00
克罗地亚	63.00	4425.00
波兰	1.00	166.00

（续表）

44089019 其他木制饰面用单板，厚≤6mm

国家/地区	进口数量（千克）	进口金额（美元）
合计	14916670.00	28799055.00
越南	3720020.00	6986452.00
乌克兰	3085799.00	4402025.00
美国	944596.00	3484744.00
意大利	413800.00	3096872.00
葡萄牙	1274247.00	2234749.00
西班牙	493371.00	2188465.00
德国	189969.00	1325046.00
俄罗斯	1775848.00	878753.00
爱沙尼亚	1031000.00	782262.00
加蓬	655490.00	502401.00
日本	41259.00	447995.00
加纳	165360.00	420539.00
土耳其	146725.00	324554.00
中国台湾	136133.00	305553.00
喀麦隆	102689.00	291459.00
印度	26727.00	204301.00
法国	26614.00	198812.00
刚果(布)	285945.00	196275.00
韩国	42800.00	86391.00
泰国	210450.00	53358.00
捷克	4019.00	51365.00
澳大利亚	11127.00	50412.00
拉脱维亚	39534.00	47606.00
奥地利	1299.00	45666.00
缅甸	26310.00	43842.00
斯洛文尼亚	19064.00	41956.00
中国	5462.00	19214.00
瑞士	650.00	18466.00
比利时	2419.00	14354.00
罗马尼亚	331.00	12720.00
克罗地亚	10281.00	9786.00
巴西	1630.00	8368.00
印度尼西亚	9840.00	7181.00
加拿大	717.00	5770.00
马来西亚	1028.00	4734.00
乌干达	14000.00	2800.00
新加坡	60.00	2317.00
英国	37.00	1034.00
芬兰	15.00	246.00
保加利亚	3.00	161.00
国(地)别不详	2.00	39.00
阿联酋	0.00	12.00

(续表)

国家/地区	进口数量（千克）	进口金额（美元）
44089021 温带非针叶木制胶合板用单板，厚≤6mm		
合计	67791705.00	23289883.00
俄罗斯	62032979.00	19441269.00
爱沙尼亚	3367425.00	2001137.00
乌克兰	1963880.00	1536044.00
加蓬	216901.00	142190.00
美国	58723.00	116663.00
芬兰	70797.00	42802.00
菲律宾	80600.00	7200.00
韩国	396.00	2400.00
日本	4.00	167.00
中国	0.00	11.00
44089029 其他木制胶合板用单板，厚≤6mm		
合计	189784949.00	25205054.00
越南	161121849.00	14627048.00
俄罗斯	10490997.00	3704588.00
加蓬	5030569.00	3468197.00
马达加斯加	3888000.00	508311.00
拉脱维亚	370257.00	495971.00
巴西	1853283.00	394649.00
芬兰	129710.00	244761.00
津巴布韦	935788.00	233468.00
加纳	783392.00	209740.00
马来西亚	1530299.00	199345.00
缅甸	1335904.00	195971.00
乌克兰	532000.00	167928.00
爱沙尼亚	140936.00	158672.00
蒙古	794748.00	145921.00
土耳其	115070.00	144688.00
玻利维亚	134980.00	84214.00
意大利	6112.00	73968.00
英国	7688.00	35466.00
泰国	166610.00	33563.00
坦桑尼亚	213070.00	29489.00
澳大利亚	127880.00	21708.00
德国	9711.00	9274.00
葡萄牙	10593.00	9009.00
老挝	55000.00	8286.00
美国	110.00	460.00
日本	393.00	359.00
44089091 温带非针叶木制经纵锯、刨切或旋切的木材，厚≤6mm		
合计	116858559.00	18251959.00

(续表)

国家/地区	进口数量（千克）	进口金额（美元）
俄罗斯	21370158.00	10180784.00
越南	93693833.00	7431408.00
乌克兰	1449640.00	518213.00
蒙古	131422.00	34171.00
美国	1550.00	29177.00
澳大利亚	132920.00	17399.00
德国	692.00	13774.00
老挝	52000.00	8333.00
日本	3025.00	8087.00
塞尔维亚	33.00	3369.00
意大利	25.00	2224.00
加拿大	2567.00	1459.00
白俄罗斯	20500.00	1449.00
比利时	23.00	1444.00
芬兰	98.00	489.00
奥地利	73.00	154.00
印度	0.00	25.00
44089099 未列名木制经纵锯、刨切或旋切的木材，厚≤6mm		
合计	653468.00	681907.00
韩国	2612.00	214507.00
德国	13464.00	204033.00
俄罗斯	268510.00	75589.00
日本	61.00	75385.00
意大利	1457.00	64433.00
缅甸	363700.00	16458.00
中国台湾	1470.00	13596.00
马达加斯加	721.00	8558.00
澳大利亚	460.00	6478.00
印度	806.00	1599.00
中国	207.00	1229.00
瑞士	0.00	42.00
44091010 任一边、端或面制成连续形状针叶木地板条		
合计	549710.00	778415.00
瑞典	513832.00	570424.00
意大利	15729.00	92893.00
日本	8904.00	44311.00
丹麦	4849.00	34161.00
美国	2860.00	24062.00
荷兰	1250.00	4652.00
德国	1547.00	3914.00
波兰	21.00	1660.00
加拿大	9.00	613.00

(续表)

国家/地区	进口数量（千克）	进口金额（美元）
新西兰	600.00	602.00
法国	39.00	451.00
英国	3.00	201.00
中国	2.00	121.00
芬兰	12.00	110.00
沙特阿拉伯	0.00	93.00
南非	27.00	70.00
马来西亚	0.00	40.00
韩国	1.00	34.00
奥地利	25.00	3.00
44091090 其他任一边、端或面制成连续形状针叶木木材		
合计	3864949.00	797721.00
俄罗斯	3622342.00	326542.00
芬兰	102995.00	124402.00
瑞典	7014.00	80831.00
法国	5710.00	51593.00
日本	15139.00	47533.00
澳大利亚	4393.00	42542.00
印度尼西亚	29645.00	37563.00
德国	49652.00	28414.00
丹麦	5071.00	26440.00
爱沙尼亚	6906.00	17547.00
立陶宛	228.00	5329.00
加拿大	15665.00	4771.00
美国	38.00	2212.00
斯洛伐克	110.00	1413.00
意大利	38.00	406.00
摩尔多瓦	3.00	183.00
44092110 任何一边、端或面制成连续形状的竹地板条块		
合计	16591.00	43373.00
中国	16229.00	39446.00
美国	189.00	2818.00
意大利	152.00	784.00
柬埔寨	18.00	189.00
法国	2.00	56.00
韩国	0.00	45.00
英国	1.00	35.00
44092190 其他任何一边、端或面制成连续形状的竹材		
合计	1.00	215.00
南非	0.00	185.00
中国	1.00	30.00

（续表）

国家/地区	进口数量（千克）	进口金额（美元）
44092210 热带木制的地板条（块），任何一边、端或面制成连续形状）		
合计	162216.00	252319.00
印度尼西亚	121768.00	121710.00
缅甸	13453.00	64646.00
老挝	19800.00	26148.00
波兰	3700.00	22679.00
法国	772.00	9835.00
巴西	2190.00	5446.00
泰国	504.00	1395.00
英国	22.00	454.00
比利时	7.00	6.00
44092290 热带木制的任何一边、端或面制成连续形状的其他木材		
合计	53759149.00	67781610.00
印度尼西亚	53407758.00	67419339.00
莫桑比克	163593.00	83782.00
哥斯达黎加	27800.00	61328.00
马来西亚	16862.00	56854.00
老挝	84545.00	55413.00
意大利	4086.00	44247.00
澳大利亚	3354.00	36856.00
加纳	25000.00	21625.00
越南	25760.00	1543.00
西班牙	391.00	623.00
44092910 其他任一边、端或面成连续状非针叶木地板条		
合计	2497106.00	10525192.00
意大利	301094.00	3225760.00
美国	934757.00	2698026.00
丹麦	245282.00	1045943.00
法国	106069.00	585061.00
匈牙利	154467.00	582961.00
德国	32619.00	477327.00
奥地利	132983.00	377722.00
巴拉圭	100267.00	261673.00
印度尼西亚	105897.00	191139.00
老挝	54545.00	182145.00
克罗地亚	55102.00	176832.00
荷兰	17490.00	115369.00
中国	85404.00	91301.00
中国台湾	25877.00	90822.00
捷克	22186.00	66836.00
葡萄牙	23752.00	63839.00

（续表）

国家/地区	进口数量（千克）	进口金额（美元）
缅甸	28150.00	63651.00
泰国	8573.00	52032.00
澳大利亚	21010.00	51162.00
比利时	4238.00	44777.00
巴西	12958.00	25142.00
越南	14013.00	24256.00
西班牙	821.00	15069.00
日本	6143.00	6097.00
加拿大	751.00	3563.00
爱沙尼亚	369.00	2068.00
柬埔寨	462.00	1251.00
国（地）别不详	51.00	1250.00
英国	140.00	902.00
白俄罗斯	80.00	425.00
马来西亚	1533.00	265.00
韩国	3.00	188.00
土耳其	18.00	175.00
印度	1.00	120.00
新西兰	1.00	43.00
44092990 其他任一边、端或面成连续形状非针叶木木材		
合计	7871105.00	4341310.00
老挝	1306216.00	1197471.00
俄罗斯	5103577.00	1046474.00
印度尼西亚	1018042.00	513207.00
波兰	43243.00	256234.00
意大利	15911.00	250845.00
加拿大	125919.00	220749.00
德国	30586.00	180716.00
马来西亚	31163.00	165310.00
危地马拉	7104.00	156064.00
日本	13038.00	88693.00
比利时	26071.00	70253.00
美国	23101.00	55075.00
斯洛伐克	29083.00	47724.00
越南	86441.00	39015.00
奥地利	6820.00	31997.00
丹麦	530.00	6872.00
中国台湾	302.00	4546.00
澳大利亚	200.00	4280.00
柬埔寨	79.00	1602.00
莫桑比克	3328.00	1535.00
芬兰	65.00	924.00
白俄罗斯	180.00	621.00

（续表）

国家/地区	进口数量（千克）	进口金额（美元）
捷克	56.00	522.00
中国	38.00	474.00
荷兰	2.00	60.00
西班牙	9.00	28.00
印度	1.00	19.00
44101100 木制碎料板		
合计	371449678.00	119421091.00
罗马尼亚	75948331.00	31389129.00
泰国	105226907.00	22882708.00
马来西亚	69009821.00	14692955.00
巴西	42108438.00	11081374.00
意大利	12238963.00	9969354.00
德国	17699951.00	9125535.00
奥地利	6711618.00	5058641.00
越南	10595533.00	3045440.00
印度尼西亚	11064101.00	2507063.00
日本	4279982.00	2322200.00
西班牙	3790943.00	1959497.00
土耳其	4813294.00	1917680.00
瑞士	1185759.00	672363.00
波兰	1135048.00	560115.00
俄罗斯	1616252.00	459730.00
葡萄牙	1222036.00	349503.00
拉脱维亚	808865.00	298781.00
法国	258567.00	294529.00
英国	645998.00	271760.00
新西兰	574216.00	211136.00
韩国	159263.00	119324.00
比利时	203075.00	61502.00
澳大利亚	48889.00	43795.00
美国	7135.00	40136.00
斯洛伐克	3824.00	22351.00
中国台湾	65938.00	17873.00
菲律宾	210.00	16837.00
捷克	91.00	8844.00
白俄罗斯	22712.00	5589.00
保加利亚	449.00	4551.00
中国	490.00	4374.00
立陶宛	595.00	2070.00
南非	1609.00	1284.00
卡塔尔	93.00	1059.00
希腊	49.00	906.00
印度	78.00	531.00
阿联酋	4.00	167.00

(续表)

国家/地区	进口数量(千克)	进口金额(美元)
沙特阿拉伯	9.00	162.00
老挝	540.00	120.00
加拿大	0.00	92.00
匈牙利	1.00	29.00
瑞典	1.00	2.00
44101200 木制定向刨花板(OSB)		
合计	167204758.00	67583812.00
德国	41456806.00	18918144.00
巴西	44673299.00	16457035.00
加拿大	29263020.00	12834585.00
罗马尼亚	26094558.00	9634395.00
俄罗斯	9772691.00	3708787.00
马来西亚	9254092.00	2550331.00
意大利	4365067.00	2172968.00
日本	462984.00	361675.00
中国台湾	67176.00	237967.00
西班牙	158104.00	221464.00
泰国	908463.00	208362.00
智利	607300.00	198989.00
美国	40759.00	31403.00
新西兰	44410.00	20836.00
奥地利	26360.00	18896.00
韩国	9052.00	3091.00
法国	359.00	1680.00
瑞士	55.00	944.00
波兰	80.00	581.00
瑞典	39.00	459.00
新加坡	23.00	402.00
越南	19.00	343.00
荷兰	30.00	231.00
秘鲁	0.00	89.00
葡萄牙	5.00	82.00
摩洛哥	3.00	56.00
中国	3.00	11.00
英国	1.00	6.00
44101900 其他木制类似板(例如,华夫板)		
合计	134793563.00	47224932.00
罗马尼亚	30271960.00	16187680.00
泰国	52204744.00	12579640.00
马来西亚	39386127.00	9024275.00
意大利	5057931.00	4166290.00
奥地利	5160951.00	3698616.00
西班牙	1073378.00	544817.00
德国	499224.00	392048.00

(续表)

国家/地区	进口数量(千克)	进口金额(美元)
俄罗斯	840845.00	230011.00
比利时	260373.00	222522.00
中国	11884.00	113343.00
瑞士	4823.00	34953.00
日本	15616.00	13212.00
葡萄牙	472.00	3915.00
波兰	405.00	3315.00
美国	160.00	2740.00
韩国	2000.00	1870.00
瑞典	43.00	987.00
塞尔维亚	41.00	696.00
南非	1041.00	690.00
拉脱维亚	34.00	464.00
英国	37.00	381.00
秘鲁	16.00	375.00
印度	152.00	367.00
中国台湾	932.00	301.00
越南	24.00	300.00
丹麦	14.00	290.00
阿根廷	315.00	258.00
墨西哥	7.00	180.00
洪都拉斯	1.00	95.00
沙特阿拉伯	1.00	75.00
澳大利亚	1.00	69.00
以色列	0.00	53.00
新西兰	9.00	41.00
哥伦比亚	1.00	30.00
菲律宾	0.00	26.00
法国	1.00	7.00
44109019 其他木质材料制碎料板		
合计	3198.00	36711.00
意大利	2616.00	21124.00
美国	550.00	15122.00
德国	13.00	200.00
澳大利亚	12.00	169.00
泰国	4.00	64.00
日本	3.00	32.00
44109090 其他木质材料制定向刨花板(OSB)及类似板(例如,华夫板)		
合计	22044.00	62590.00
德国	21022.00	47930.00
波兰	11.00	8909.00
意大利	647.00	4065.00
美国	144.00	870.00

(续表)

国家/地区	进口数量(千克)	进口金额(美元)
日本	181.00	367.00
秘鲁	10.00	170.00
西班牙	27.00	85.00
哥伦比亚	0.00	76.00
澳大利亚	0.00	48.00
以色列	1.00	40.00
匈牙利	1.00	30.00
44111211 未机械加工中密度板,密度>0.8g/cucm,厚≤5mm		
合计	16770122.00	6219132.00
印度尼西亚	9427017.00	3590217.00
新西兰	2726602.00	1255259.00
越南	1915239.00	516988.00
泰国	1882916.00	495218.00
澳大利亚	532532.00	207869.00
韩国	64947.00	73138.00
马来西亚	193714.00	46432.00
日本	2378.00	19341.00
阿根廷	24122.00	10128.00
西班牙	427.00	2989.00
美国	64.00	792.00
中国	2.00	429.00
德国	13.00	88.00
瑞士	9.00	69.00
立陶宛	5.00	39.00
罗马尼亚	133.00	36.00
国(地)别不详	1.00	33.00
英国	0.00	29.00
爱尔兰	1.00	28.00
加拿大	0.00	10.00
44111219 经机械加工中密度板,密度>0.8g/cucm,厚≤5mm		
合计	4703356.00	3297853.00
印度尼西亚	2889695.00	1224774.00
波兰	497278.00	844604.00
韩国	94089.00	368342.00
泰国	435954.00	208431.00
中国台湾	92821.00	171357.00
马来西亚	409800.00	121381.00
澳大利亚	100193.00	91055.00
德国	78946.00	82751.00
法国	315.00	80069.00
新西兰	47104.00	25025.00
意大利	11780.00	22830.00

（续表）

国家/地区	进口数量（千克）	进口金额（美元）
奥地利	29392.00	18784.00
西班牙	1096.00	13146.00
美国	4850.00	10081.00
以色列	9050.00	8692.00
印度	840.00	4025.00
日本	92.00	882.00
土耳其	38.00	857.00
新加坡	21.00	621.00
乌克兰	1.00	87.00
中国	0.00	21.00
越南	1.00	20.00
孟加拉国	0.00	18.00
44111221 辐射松制的中密度板，0.5g/cucm<密度≤0.8g/cucu，厚≤5mm		
合计	8915903.00	4216786.00
新西兰	7429115.00	3625618.00
澳大利亚	1459743.00	574078.00
韩国	10215.00	11622.00
马来西亚	16830.00	5468.00
44111229 其他中密度板 0.5g/cucm<密度≤0.8g/cucu，厚≤5mm		
合计	8502079.00	3827837.00
泰国	5086075.00	1473659.00
新西兰	1438358.00	786716.00
澳大利亚	1164528.00	658177.00
意大利	94896.00	455660.00
美国	34364.00	204000.00
马来西亚	231728.00	100516.00
印度尼西亚	281716.00	91591.00
越南	169652.00	47747.00
奥地利	28.00	4819.00
日本	101.00	2384.00
德国	515.00	1309.00
中国	12.00	586.00
韩国	82.00	294.00
墨西哥	21.00	168.00
比利时	3.00	77.00
英国	0.00	48.00
俄罗斯	0.00	27.00
马达加斯加	0.00	25.00
中国澳门	0.00	25.00
法国	0.00	9.00
44111291 未加工中密度板，密度≤0.5g/cucm，厚≤5mm		

（续表）

国家/地区	进口数量（千克）	进口金额（美元）
合计	96049.00	45482.00
新西兰	71279.00	38430.00
泰国	24770.00	7052.00
44111299 加工中密度板，密度≤0.5g/cucm，厚≤5mm		
合计	4005591.00	1082897.00
越南	2147471.00	526855.00
马来西亚	1161585.00	299814.00
泰国	327782.00	88590.00
澳大利亚	74422.00	72721.00
印度尼西亚	280404.00	68245.00
日本	9999.00	15494.00
意大利	3715.00	8633.00
美国	94.00	804.00
瑞士	61.00	667.00
奥地利	10.00	251.00
中国	2.00	236.00
西班牙	32.00	136.00
阿联酋	5.00	117.00
科威特	1.00	94.00
德国	4.00	81.00
巴西	3.00	40.00
新加坡	0.00	37.00
拉脱维亚	0.00	29.00
法国	0.00	23.00
印度	1.00	14.00
丹麦	0.00	14.00
斯洛文尼亚	0.00	2.00
44111311 未加工中密度板，密度>0.8g/cucm，5mm<厚≤9mm		
合计	440975.00	152756.00
新西兰	121544.00	60803.00
越南	182366.00	55967.00
泰国	136480.00	34700.00
西班牙	545.00	1137.00
韩国	16.00	75.00
法国	1.00	56.00
日本	23.00	18.00
44111319 加工中密度板，密度>0.8g/cucm，5mm<厚≤9mm		
合计	38465799.00	38105187.00
德国	16324834.00	14444768.00
比利时	9858796.00	12994050.00
瑞士	5921893.00	4692276.00

（续表）

国家/地区	进口数量（千克）	进口金额（美元）
奥地利	2695051.00	2514845.00
波兰	1152563.00	985527.00
法国	613668.00	721261.00
西班牙	388430.00	526992.00
俄罗斯	624048.00	486038.00
白俄罗斯	402136.00	303419.00
葡萄牙	72602.00	155671.00
挪威	37512.00	92324.00
泰国	132662.00	59673.00
土耳其	49233.00	36813.00
印度尼西亚	132803.00	32090.00
日本	29309.00	22605.00
马来西亚	19540.00	16573.00
中国台湾	7397.00	13848.00
美国	346.00	1365.00
中国	62.00	1237.00
韩国	2630.00	731.00
阿联酋	5.00	669.00
沙特阿拉伯	28.00	437.00
意大利	155.00	428.00
越南	18.00	296.00
斯里兰卡	33.00	280.00
秘鲁	4.00	239.00
哥伦比亚	3.00	226.00
爱尔兰	4.00	137.00
乌克兰	3.00	105.00
智利	25.00	100.00
澳大利亚	3.00	66.00
南非	1.00	43.00
尼泊尔	1.00	34.00
菲律宾	1.00	21.00
44111321 辐射松制的中密度板，5mm<厚≤9mm		
合计	9530658.00	4116255.00
新西兰	7011416.00	3170806.00
澳大利亚	1853088.00	689919.00
智利	614242.00	198823.00
韩国	49338.00	54255.00
葡萄牙	2567.00	2352.00
越南	7.00	100.00
44111329 其他中密度板 0.5g<密度≤0.8g，5mm<厚≤9mm		
合计	4051891.00	3056632.00
比利时	991931.00	1348162.00

（续表）

国家/地区	进口数量（千克）	进口金额（美元）
印度尼西亚	1240097.00	763916.00
德国	400171.00	331843.00
澳大利亚	617698.00	271210.00
泰国	223331.00	55789.00
巴西	173292.00	48384.00
新西兰	123465.00	46459.00
俄罗斯	90415.00	44617.00
马来西亚	80645.00	42329.00
土耳其	46608.00	33256.00
日本	40500.00	27817.00
韩国	13553.00	16098.00
瑞典	5459.00	12132.00
美国	1951.00	8140.00
瑞士	2147.00	3279.00
意大利	127.00	1653.00
越南	412.00	667.00
奥地利	41.00	370.00
西班牙	28.00	125.00
波兰	17.00	123.00
英国	2.00	92.00
卡塔尔	0.00	78.00
中国	1.00	61.00
荷兰	0.00	32.00

44111391 未加工中密度板，密度≤0.5g/cucm，5mm<厚≤9mm

国家/地区	进口数量（千克）	进口金额（美元）
合计	483308.00	277336.00
新西兰	466178.00	268028.00
爱沙尼亚	17130.00	9308.00

44111399 加工中密度板，密度≤0.5g/cucm，5mm<厚≤9mm

国家/地区	进口数量（千克）	进口金额（美元）
合计	1424721.00	1250697.00
德国	1207636.00	1020759.00
比利时	107896.00	150323.00
白俄罗斯	89374.00	69336.00
意大利	14793.00	6667.00
西班牙	114.00	1282.00
韩国	3482.00	800.00
越南	1292.00	709.00
俄罗斯	28.00	405.00
日本	92.00	157.00
荷兰	1.00	80.00
葡萄牙	2.00	48.00
瑞士	3.00	48.00
英国	7.00	31.00

（续表）

国家/地区	进口数量（千克）	进口金额（美元）
法国	1.00	27.00
美国	0.00	25.00

44111411 未加工中密度板，密度>0.8g/cucm，厚>9mm

国家/地区	进口数量（千克）	进口金额（美元）
合计	306174.00	170725.00
印度尼西亚	91700.00	47935.00
俄罗斯	85741.00	46260.00
罗马尼亚	69155.00	36202.00
德国	29360.00	20761.00
意大利	6027.00	9853.00
泰国	23980.00	6742.00
美国	58.00	959.00
巴西	14.00	695.00
新西兰	28.00	364.00
韩国	34.00	236.00
波兰	1.00	182.00
中国	36.00	178.00
越南	5.00	118.00
巴基斯坦	6.00	94.00
马来西亚	3.00	65.00
菲律宾	26.00	52.00
沙特阿拉伯	0.00	29.00

44111419 加工中密度板，密度>0.8g/cucm，厚>9mm

国家/地区	进口数量（千克）	进口金额（美元）
合计	13064498.00	15219435.00
德国	6539747.00	7041136.00
瑞士	3157013.00	2747970.00
比利时	1217234.00	2522592.00
西班牙	780475.00	1166804.00
法国	321399.00	603399.00
奥地利	531922.00	472127.00
波兰	398266.00	322126.00
意大利	42064.00	149910.00
日本	6745.00	60493.00
芬兰	11950.00	25740.00
毛里求斯	0.00	18207.00
白俄罗斯	31840.00	16952.00
新西兰	14901.00	12117.00
美国	1834.00	10768.00
中国台湾	2021.00	9406.00
中国	447.00	8525.00
越南	1191.00	8127.00
希腊	756.00	4941.00
葡萄牙	1231.00	4844.00

（续表）

国家/地区	进口数量（千克）	进口金额（美元）
丹麦	2440.00	4192.00
英国	336.00	2370.00
澳大利亚	94.00	1347.00
韩国	391.00	1073.00
秘鲁	24.00	870.00
泰国	26.00	645.00
以色列	46.00	490.00
俄罗斯	31.00	397.00
巴西	9.00	381.00
沙特阿拉伯	4.00	212.00
印度	25.00	198.00
新加坡	4.00	176.00
爱尔兰	10.00	172.00
乌克兰	5.00	132.00
马来西亚	5.00	131.00
阿联酋	1.00	119.00
加拿大	0.00	115.00
印度尼西亚	3.00	91.00
挪威	6.00	77.00
乌兹别克斯坦	1.00	35.00
缅甸	1.00	28.00

44111421 辐射松制的中密度板，厚>9mm

国家/地区	进口数量（千克）	进口金额（美元）
合计	15013307.00	6230016.00
新西兰	11470009.00	4843997.00
澳大利亚	2927017.00	1107453.00
智利	520664.00	166823.00
韩国	59372.00	61766.00
葡萄牙	30996.00	28683.00
法国	204.00	13931.00
罗马尼亚	4495.00	6963.00
新加坡	550.00	400.00

44111429 其他中密度板 0.5g/cucm<密度≤0.8g/cucm，厚>9mm

国家/地区	进口数量（千克）	进口金额（美元）
合计	19324707.00	13371591.00
西班牙	4466209.00	5526046.00
日本	1560183.00	1305598.00
德国	913986.00	1096405.00
比利时	317492.00	763579.00
罗马尼亚	1560922.00	665712.00
越南	2241420.00	594782.00
意大利	250547.00	574556.00
印度尼西亚	1032431.00	501449.00
新西兰	1092247.00	486403.00
马来西亚	4066219.00	455945.00

（续表）

国家/地区	进口数量（千克）	进口金额（美元）
美国	21483.00	373827.00
澳大利亚	351307.00	330900.00
泰国	1006834.00	276453.00
葡萄牙	44674.00	97483.00
韩国	82898.00	66331.00
奥地利	21177.00	55106.00
巴西	181651.00	53763.00
波兰	25941.00	42749.00
瑞典	9197.00	27808.00
中国台湾	6924.00	17769.00
土耳其	21003.00	14698.00
瑞士	2176.00	12706.00
法国	90.00	8924.00
丹麦	1490.00	8848.00
俄罗斯	44565.00	5917.00
中国	991.00	2740.00
芬兰	450.00	1267.00
加拿大	18.00	709.00
卡塔尔	56.00	635.00
斐济	30.00	526.00
英国	18.00	383.00
南非	45.00	338.00
智利	1.00	286.00
阿联酋	1.00	218.00
国(地)别不详	19.00	176.00
印度	6.00	166.00
沙特阿拉伯	5.00	132.00
墨西哥	0.00	76.00
约旦	0.00	45.00
阿曼	0.00	35.00
希腊	0.00	35.00
委内瑞拉	1.00	34.00
新加坡	0.00	33.00
44111491 未加工中密度板,密度≤0.5g/cucm,厚>9mm		
合计	1881132.00	1231014.00
泰国	1877466.00	1219830.00
瑞士	3444.00	9389.00
西班牙	73.00	672.00
韩国	30.00	551.00
意大利	116.00	550.00
英国	3.00	22.00
44111499 未加工中密度板,密度≤0.5g/cucm,厚>9mm		

（续表）

国家/地区	进口数量（千克）	进口金额（美元）
合计	1268798.00	1869886.00
德国	1012524.00	1523345.00
西班牙	63737.00	104883.00
意大利	32051.00	88244.00
比利时	41797.00	50258.00
澳大利亚	8320.00	31537.00
韩国	1372.00	16073.00
葡萄牙	9767.00	14492.00
美国	1073.00	10061.00
印度	2400.00	9440.00
法国	755.00	6412.00
越南	15788.00	4673.00
马来西亚	78082.00	3519.00
日本	374.00	1984.00
中国	77.00	1034.00
中国台湾	241.00	988.00
智利	43.00	806.00
土耳其	35.00	519.00
菲律宾	155.00	458.00
奥地利	76.00	303.00
瑞士	10.00	192.00
巴西	10.00	132.00
新加坡	10.00	123.00
国(地)别不详	5.00	94.00
阿联酋	2.00	73.00
墨西哥	1.00	44.00
罗马尼亚	88.00	34.00
加纳	0.00	34.00
波兰	2.00	31.00
英国	0.00	29.00
爱尔兰	0.00	25.00
瑞典	3.00	25.00
马尔代夫	0.00	21.00
44119210 未加工木纤维板,密度>0.8g/cucm		
合计	482155.00	124642.00
泰国	337060.00	87643.00
葡萄牙	118872.00	23831.00
阿根廷	26154.00	12653.00
德国	65.00	463.00
比利时	3.00	31.00
韩国	1.00	21.00
44119290 加工木纤维板,密度>0.8g/cucm		
合计	14149479.00	18022462.00
德国	9217772.00	9337990.00

（续表）

国家/地区	进口数量（千克）	进口金额（美元）
荷兰	2302916.00	5971318.00
奥地利	313770.00	631860.00
美国	362554.00	418312.00
比利时	399049.00	391495.00
印度尼西亚	555630.00	208730.00
法国	142359.00	176975.00
葡萄牙	56561.00	155904.00
西班牙	90091.00	122846.00
土耳其	217160.00	121139.00
瑞士	45167.00	111632.00
澳大利亚	102285.00	101524.00
乌克兰	131720.00	100947.00
白俄罗斯	73722.00	53972.00
波兰	52260.00	30692.00
马来西亚	31892.00	27010.00
匈牙利	16682.00	13763.00
日本	1870.00	12670.00
意大利	940.00	11446.00
泰国	24721.00	8866.00
瑞典	4250.00	3941.00
中国	4278.00	3845.00
中国台湾	439.00	2709.00
加拿大	98.00	1561.00
俄罗斯	33.00	645.00
罗马尼亚	1190.00	301.00
印度	3.00	82.00
缅甸	2.00	78.00
新西兰	60.00	67.00
哥伦比亚	0.00	51.00
智利	1.00	47.00
巴基斯坦	1.00	32.00
沙特阿拉伯	3.00	12.00
44119310 辐射松制的纤板,0.5g<密度≤0.9g		
合计	410963.00	215625.00
新西兰	387963.00	200975.00
澳大利亚	23000.00	14650.00
44119390 木纤板,0.5g/cucm<密度≤0.10g/cucm		
合计	16352931.00	7784102.00
澳大利亚	11223125.00	5285053.00
智利	4709987.00	2096013.00
德国	91815.00	154841.00
比利时	41369.00	50016.00
新西兰	86724.00	48576.00

(续表)

国家/地区	进口数量(千克)	进口金额(美元)
葡萄牙	10973.00	44762.00
泰国	44636.00	20890.00
美国	37700.00	20008.00
马来西亚	47302.00	15579.00
意大利	1258.00	12775.00
波兰	3310.00	11670.00
瑞士	4200.00	10562.00
巴西	27258.00	7773.00
越南	8010.00	3028.00
日本	15258.00	2306.00
阿根廷	0.00	163.00
瑞典	5.00	63.00
英国	1.00	24.00
44119410 木纤板,0.35g/cucm<密度≤0.5g/cucm		
合计	164006.00	141292.00
印度	95072.00	41601.00
法国	165.00	35482.00
爱沙尼亚	48610.00	30510.00
中国台湾	3730.00	9743.00
波兰	13880.00	8112.00
葡萄牙	980.00	4179.00
澳大利亚	198.00	3457.00
比利时	304.00	2949.00
瑞士	365.00	1780.00
德国	175.00	1234.00
中国	445.00	1054.00
土耳其	81.00	1040.00
越南	0.00	78.00
意大利	1.00	73.00
44119421 未加工木纤板,密度≤0.35g/cucm		
合计	264549.00	694066.00
德国	260356.00	688092.00
新西兰	1013.00	3500.00
日本	3180.00	2364.00
荷兰	0.00	110.00
44119429 加工木纤板,密度≤0.35g/cucm		
合计	420120.00	488299.00
日本	218339.00	245023.00
美国	76312.00	122212.00
印度	94813.00	52304.00
德国	5251.00	24129.00
新加坡	4800.00	19893.00
爱沙尼亚	17500.00	10251.00

(续表)

国家/地区	进口数量(千克)	进口金额(美元)
奥地利	2598.00	7730.00
法国	413.00	5424.00
意大利	54.00	861.00
泰国	32.00	230.00
比利时	4.00	121.00
沙特阿拉伯	0.00	51.00
澳大利亚	3.00	45.00
英国	1.00	25.00
44121019 其他仅由薄板制的竹胶合板,每层厚≤6mm		
合计	950881.00	1483769.00
意大利	364335.00	566432.00
印度尼西亚	304701.00	291484.00
德国	76086.00	268955.00
克罗地亚	29741.00	145804.00
马来西亚	73320.00	67272.00
比利时	12784.00	42707.00
越南	52906.00	40114.00
美国	1617.00	22409.00
中国台湾	9980.00	18053.00
俄罗斯	24598.00	15386.00
波兰	693.00	2567.00
瑞士	40.00	1460.00
日本	25.00	398.00
中国	54.00	396.00
卡塔尔	1.00	332.00
44121099 其他竹制胶合板、单板饰面板及类似的多层板		
合计	3436.00	3738.00
中国	3372.00	3120.00
越南	60.00	243.00
美国	2.00	186.00
哥伦比亚	2.00	94.00
国(地)别不详	0.00	64.00
西班牙	0.00	31.00
44123100 仅由薄木板制的其他胶合板(竹制的除外),每层厚≤6mm,至少有一表层是热带木		
合计	18783406.00	18078062.00
马来西亚	9874895.00	8531485.00
印度尼西亚	7601472.00	6557690.00
日本	951988.00	2388290.00
中国台湾	147225.00	364790.00
中国	78173.00	90009.00

(续表)

国家/地区	进口数量(千克)	进口金额(美元)
意大利	2122.00	41135.00
越南	55385.00	25671.00
塞尔维亚	7875.00	24248.00
澳大利亚	2302.00	15413.00
巴西	8940.00	15124.00
泰国	20000.00	7716.00
美国	572.00	6734.00
缅甸	30545.00	5132.00
柬埔寨	1140.00	1834.00
英国	224.00	1016.00
印度	490.00	717.00
加拿大	22.00	468.00
老挝	32.00	377.00
新西兰	4.00	213.00
44123300 仅由薄木板制的其他胶合板(竹制除外),每层厚≤6mm,至少有一表层是下列非针叶木:桤木、白蜡木、水青冈木(山毛榉木)、桦木、樱桃木、栗木、榆木、桉木、山核桃、七叶树、椴木		
合计	34753215.00	52022778.00
俄罗斯	21795781.00	19956285.00
中国台湾	4501751.00	19472809.00
芬兰	2411093.00	3831849.00
越南	2839273.00	2294713.00
意大利	550093.00	1643835.00
日本	676617.00	1397934.00
爱沙尼亚	836944.00	1259300.00
德国	201360.00	890204.00
马来西亚	260375.00	237408.00
拉脱维亚	100277.00	199539.00
加拿大	44708.00	168039.00
波兰	238786.00	138696.00
西班牙	41222.00	136119.00
立陶宛	14819.00	91573.00
匈牙利	13746.00	59120.00
白俄罗斯	51189.00	54518.00
印度尼西亚	29639.00	49743.00
中国香港	5010.00	40422.00
乌克兰	25326.00	26906.00
中国	44575.00	18811.00
巴西	27462.00	12807.00
新加坡	305.00	9513.00
美国	993.00	8772.00
荷兰	34093.00	6924.00

（续表）

国家/地区	进口数量（千克）	进口金额（美元）
斯洛伐克	2605.00	5298.00
英国	3458.00	3116.00
印度	865.00	2523.00
国(地)别不详	53.00	1930.00
哥伦比亚	35.00	1052.00
韩国	668.00	720.00
墨西哥	23.00	593.00
澳大利亚	15.00	445.00
柬埔寨	25.00	412.00
比利时	14.00	411.00
泰国	9.00	112.00
捷克	0.00	86.00
阿联酋	0.00	70.00
沙特阿拉伯	1.00	55.00
新西兰	2.00	51.00
菲律宾	3.00	41.00
以色列	2.00	24.00
44123410 仅由薄木板制的其他胶合板（竹制除外），每层厚≤6mm，至少有一表层是温带非针叶木（子目4412.33的非针叶木除外）		
合计	4150531.00	8796378.00
日本	1419897.00	3462596.00
中国台湾	334096.00	2434087.00
拉脱维亚	1600044.00	1735885.00
美国	95250.00	378770.00
俄罗斯	406985.00	359038.00
芬兰	202825.00	258342.00
中国	54441.00	44947.00
英国	2838.00	34375.00
德国	10582.00	31655.00
爱沙尼亚	21880.00	29511.00
意大利	1091.00	22942.00
荷兰	500.00	2125.00
澳大利亚	36.00	713.00
墨西哥	9.00	335.00
瑞典	11.00	272.00
泰国	11.00	247.00
马来西亚	30.00	227.00
以色列	1.00	109.00
韩国	1.00	76.00
柬埔寨	1.00	66.00
葡萄牙	1.00	42.00
印度	1.00	18.00

（续表）

国家/地区	进口数量（千克）	进口金额（美元）
44123490 仅由薄木板制的其他胶合板（竹制除外），每层厚≤6mm，至少有一表层是上述子目未列名非针叶木		
合计	2681516.00	2378323.00
马来西亚	1749017.00	1014934.00
意大利	165895.00	323518.00
俄罗斯	281173.00	295473.00
日本	83246.00	245319.00
德国	61079.00	235722.00
印度尼西亚	308222.00	180102.00
西班牙	3894.00	49314.00
匈牙利	25780.00	25552.00
中国台湾	3100.00	7579.00
拉脱维亚	110.00	810.00
44123900 仅由薄木板制的其他胶合板，每层厚≤6mm，上下表层均为针叶木		
合计	13089019.00	10041742.00
俄罗斯	7794307.00	5345048.00
印度尼西亚	1882344.00	1925162.00
日本	1462198.00	681187.00
马来西亚	650735.00	443093.00
芬兰	263244.00	358590.00
德国	123323.00	329945.00
加拿大	231710.00	286810.00
智利	499046.00	226334.00
英国	29379.00	152799.00
中国台湾	49899.00	107863.00
奥地利	25637.00	72459.00
波兰	36425.00	46308.00
法国	1348.00	39839.00
中国	29777.00	14528.00
越南	8350.00	6015.00
澳大利亚	28.00	1387.00
美国	93.00	1320.00
印度	528.00	818.00
韩国	600.00	777.00
意大利	11.00	702.00
西班牙	8.00	595.00
罗马尼亚	26.00	138.00
瑞典	3.00	25.00
44129410 其他木块芯胶合板等至少一表层是非针叶木		
合计	2019321.00	5301523.00
意大利	121220.00	1469734.00

（续表）

国家/地区	进口数量（千克）	进口金额（美元）
印度尼西亚	883986.00	862193.00
奥地利	170498.00	742706.00
爱沙尼亚	144685.00	551495.00
波兰	147075.00	492265.00
德国	79574.00	472892.00
克罗地亚	76040.00	301557.00
波黑	58172.00	230129.00
马来西亚	150317.00	105719.00
中国	179385.00	39777.00
匈牙利	6645.00	20169.00
加拿大	150.00	3891.00
日本	359.00	2626.00
中国台湾	1000.00	2323.00
美国	79.00	1606.00
柬埔寨	35.00	544.00
法国	36.00	507.00
英国	19.00	346.00
澳大利亚	35.00	295.00
西班牙	2.00	259.00
阿联酋	0.00	112.00
以色列	3.00	99.00
比利时	1.00	96.00
黎巴嫩	0.00	74.00
瑞典	4.00	63.00
斯洛文尼亚	1.00	46.00
44129491 其他木块芯胶合板、侧板条芯胶合板及板条芯胶合板，至少有一层是热带木		
合计	456.00	1790.00
日本	284.00	1119.00
印度尼西亚	148.00	534.00
印度	24.00	137.00
44129492 其他木块芯胶合板、侧板条芯胶合板及板条芯胶合板，至少有一层是木碎料板		
合计	57822.00	32897.00
印度尼西亚	54946.00	31159.00
马来西亚	2867.00	1652.00
挪威	9.00	86.00
44129499 其他木块芯胶合板、侧板条芯胶合板及板条芯胶合板		
合计	356443.00	1697143.00
意大利	37120.00	1391783.00
智利	188872.00	152750.00
波兰	88380.00	92555.00
芬兰	17554.00	29393.00

(续表)

国家/地区	进口数量(千克)	进口金额(美元)
罗马尼亚	22192.00	27207.00
奥地利	1337.00	2369.00
中国台湾	950.00	640.00
印度尼西亚	10.00	184.00
印度	24.00	141.00
中国	4.00	121.00
44129910 其他胶合板等至少一表层是非针叶木		
合计	7276670.00	23917394.00
奥地利	1473274.00	6642091.00
比利时	1848105.00	5730540.00
意大利	427560.00	2991254.00
马来西亚	1035851.00	2373037.00
罗马尼亚	1084735.00	2249406.00
瑞典	142204.00	903173.00
德国	222504.00	721632.00
波黑	97313.00	337984.00
中国	251216.00	320659.00
日本	125344.00	294342.00
印度尼西亚	281762.00	186207.00
法国	31601.00	164645.00
美国	25734.00	138688.00
匈牙利	30895.00	130902.00
俄罗斯	17712.00	129743.00
波兰	34498.00	127974.00
葡萄牙	30050.00	100665.00
白俄罗斯	15103.00	77951.00
西班牙	13978.00	59925.00
中国台湾	17586.00	51798.00
越南	35055.00	42047.00
巴拉圭	10307.00	38928.00
爱沙尼亚	2591.00	34623.00
加拿大	1946.00	13045.00
泰国	9415.00	11917.00
荷兰	2008.00	10669.00
立陶宛	3044.00	7845.00
柬埔寨	410.00	5163.00
瑞士	2576.00	5044.00
澳大利亚	251.00	3310.00
英国	135.00	2399.00
墨西哥	39.00	2279.00
国(地)别不详	75.00	1832.00
韩国	64.00	912.00
拉脱维亚	800.00	871.00

(续表)

国家/地区	进口数量(千克)	进口金额(美元)
保加利亚	247.00	500.00
南非	2.00	455.00
克罗地亚	145.00	401.00
芬兰	32.00	361.00
新西兰	51.00	348.00
阿联酋	5.00	303.00
智利	4.00	301.00
以色列	2.00	265.00
沙特阿拉伯	19.00	202.00
印度	2.00	167.00
土耳其	408.00	135.00
菲律宾	2.00	125.00
新加坡	0.00	98.00
秘鲁	2.00	65.00
阿曼	1.00	51.00
爱尔兰	6.00	40.00
马尔代夫	1.00	20.00
巴基斯坦	0.00	19.00
丹麦	0.00	19.00
捷克	0.00	19.00
44129991 其他胶合板、单板饰面板及类似的多层板,至少有一层是热带木		
合计	61858.00	69562.00
波兰	10000.00	37302.00
印度尼西亚	50956.00	29059.00
日本	902.00	3201.00
44129992 其他胶合板等至少一表层是木碎料板		
合计	264351.00	340926.00
西班牙	264000.00	336445.00
中国	309.00	4346.00
意大利	42.00	135.00
44129999 未列名胶合板、单板饰面板及类似的多层板		
合计	3266674.00	2903188.00
俄罗斯	1815003.00	865329.00
印度尼西亚	512880.00	862839.00
罗马尼亚	152373.00	331232.00
奥地利	183708.00	322157.00
捷克	122080.00	204574.00
日本	363746.00	77320.00
德国	11796.00	75664.00
意大利	20737.00	63600.00
荷兰	23382.00	28243.00

(续表)

国家/地区	进口数量(千克)	进口金额(美元)
拉脱维亚	24768.00	28149.00
马来西亚	9100.00	18385.00
美国	25278.00	13874.00
法国	245.00	8123.00
中国	1200.00	1768.00
西班牙	262.00	1267.00
波兰	115.00	539.00
巴西	1.00	125.00

表7 木质家具出口量值表

国家/地区	出口数量(千克)	出口金额(美元)
94016110 皮革或再生皮革面的带软垫的木框架坐具		
合计	10328788.00	2244636514.00
美国	4635637.00	1036400125.00
英国	1009580.00	234633100.00
韩国	748932.00	187650344.00
澳大利亚	449113.00	123125740.00
加拿大	495557.00	111479952.00
日本	665339.00	96307343.00
法国	306374.00	75681503.00
中国香港	128765.00	35307223.00
德国	168420.00	27151211.00
荷兰	165578.00	25949293.00
南非	95980.00	23994054.00
新西兰	71744.00	17268238.00
墨西哥	80039.00	16111675.00
印度	55386.00	14312929.00
中国台湾	65365.00	14211039.00
新加坡	35525.00	13262419.00
爱尔兰	60363.00	12700275.00
比利时	89344.00	12117193.00
西班牙	97165.00	11292720.00
泰国	51689.00	9712208.00
印度尼西亚	44064.00	9245548.00
以色列	41184.00	7738946.00
阿联酋	32714.00	7239849.00
意大利	60606.00	5887486.00
智利	48598.00	5816900.00
马来西亚	16841.00	5353506.00
丹麦	34436.00	5203285.00
越南	14132.00	5015712.00
波多黎各	15552.00	4527452.00

（续表）

国家/地区	出口数量（千克）	出口金额（美元）
瑞士	17079.00	4260983.00
菲律宾	21805.00	4007037.00
葡萄牙	18406.00	3781352.00
秘鲁	19191.00	3597643.00
沙特阿拉伯	14927.00	3567043.00
哥伦比亚	14930.00	3010969.00
瑞典	13944.00	2793474.00
波兰	50495.00	2250176.00
中国澳门	13393.00	2086322.00
哥斯达黎加	7772.00	2007089.00
克罗地亚	7545.00	1932624.00
乌拉圭	12073.00	1880994.00
罗马尼亚	13227.00	1772933.00
芬兰	8518.00	1768298.00
俄罗斯	16029.00	1728790.00
巴拿马	9273.00	1702558.00
厄瓜多尔	8115.00	1673894.00
多米尼加	4987.00	1439716.00
刚果(布)	5473.00	1395052.00
塞内加尔	4697.00	1384334.00
毛里求斯	5018.00	1366092.00
肯尼亚	9863.00	1321869.00
留尼汪	3699.00	1254348.00
危地马拉	14482.00	1247348.00
阿根廷	21104.00	1132790.00
坦桑尼亚	11721.00	1068997.00
加纳	4343.00	1068076.00
萨尔瓦多	6983.00	1063681.00
希腊	10645.00	1053733.00
莫桑比克	3130.00	1037764.00
科特迪瓦	5393.00	999538.00
朝鲜	8326.00	962504.00
阿尔及利亚	3332.00	948470.00
巴西	16292.00	942091.00
刚果（金）	3532.00	891497.00
喀麦隆	3528.00	860697.00
挪威	3276.00	854641.00
冰岛	4163.00	846875.00
斯洛文尼亚	2889.00	799484.00
卡塔尔	4707.00	771643.00
巴基斯坦	3526.00	726440.00
摩洛哥	3320.00	691785.00
突尼斯	2188.00	669326.00
委内瑞拉	1676.00	653041.00

（续表）

国家/地区	出口数量（千克）	出口金额（美元）
塞浦路斯	2468.00	600589.00
科威特	5049.00	591819.00
立陶宛	3150.00	589584.00
洪都拉斯	2161.00	583889.00
阿曼	3551.00	583271.00
安哥拉	3523.00	531350.00
拉脱维亚	3770.00	511087.00
蒙古	2835.00	492026.00
柬埔寨	2604.00	478329.00
赞比亚	1543.00	467602.00
孟加拉国	1371.00	466332.00
斯洛伐克	2691.00	436062.00
巴林	1954.00	409081.00
马提尼克	994.00	407377.00
缅甸	7409.00	401549.00
瓜德罗普	1053.00	375105.00
阿尔巴尼亚	4557.00	373456.00
尼日利亚	2070.00	354944.00
黎巴嫩	1748.00	352686.00
埃及	1530.00	350569.00
特立尼达和多巴哥	1111.00	336622.00
乌克兰	3906.00	332827.00
格鲁吉亚	1373.00	327710.00
奥地利	1801.00	327413.00
乌干达	881.00	317000.00
多哥	1222.00	295710.00
加蓬	1267.00	290219.00
牙买加	797.00	280048.00
吉布提	653.00	279165.00
伊拉克	2184.00	277766.00
约旦	1787.00	257346.00
保加利亚	2915.00	249917.00
津巴布韦	686.00	234884.00
文莱	1011.00	230519.00
乌兹别克斯坦	982.00	220736.00
哈萨克斯坦	4237.00	207051.00
土耳其	825.00	206623.00
爱沙尼亚	1299.00	202141.00
马尔代夫	723.00	185391.00
新喀里多尼亚	458.00	182683.00
法属圭亚那	401.00	181985.00
马耳他	715.00	177584.00
塞尔维亚	909.00	173152.00
几内亚	787.00	171588.00

（续表）

国家/地区	出口数量（千克）	出口金额（美元）
马达加斯加	552.00	164993.00
法属波利尼西亚	615.00	147242.00
斐济	386.00	142482.00
苏丹	421.00	141370.00
老挝	693.00	137856.00
贝宁	658.00	136832.00
玻利维亚	501.00	132227.00
布基纳法索	596.00	131816.00
捷克	719.00	129805.00
苏里南	389.00	123874.00
巴布亚新几内亚	377.00	119701.00
冈比亚	496.00	117405.00
利比里亚	487.00	113473.00
斯里兰卡	498.00	103130.00
马约特	242.00	100943.00
白俄罗斯	789.00	90468.00
博茨瓦纳	2116.00	87634.00
巴拉圭	195.00	83178.00
巴哈马	350.00	80816.00
百慕大	200.00	73095.00
佛得角	309.00	71938.00
尼泊尔	191.00	68346.00
圭亚那	288.00	66393.00
马里	241.00	62863.00
马拉维	415.00	58770.00
吉尔吉斯斯坦	573.00	56195.00
萨摩亚	188.00	48587.00
尼日尔	190.00	36507.00
波黑	162.00	34170.00
纳米比亚	200.00	33768.00
赤道几内亚	83.00	33040.00
尼加拉瓜	141.00	32706.00
英属维尔京群岛	102.00	32436.00
库腊索岛	56.00	29120.00
利比亚	658.00	28312.00
安提瓜和巴布达	59.00	28152.00
毛里塔尼亚	111.00	26978.00
乍得	59.00	25541.00
埃塞俄比亚	115.00	25181.00
多米尼克	344.00	20092.00
海地	144.00	16765.00
伊朗	43.00	16313.00
开曼群岛	50.00	16131.00
索马里	67.00	15404.00

(续表)

国家/地区	出口数量（千克）	出口金额（美元）
匈牙利	77.00	13793.00
卢旺达	118.00	12406.00
汤加	39.00	11103.00
塔吉克斯坦	136.00	10374.00
黑山	30.00	7950.00
卢森堡	37.00	7890.00
塞舌尔	19.00	7562.00
阿塞拜疆	17.00	7361.00
阿鲁巴	18.00	7008.00
莱索托	28.00	6983.00
摩尔多瓦	10.00	6788.00
特克斯和凯科斯群岛	24.00	4524.00
塞拉利昂	58.00	3190.00
瓦努阿图	13.00	2968.00
伯利兹	25.00	2500.00
几内亚比绍	36.00	2076.00
所罗门群岛	5.00	1994.00
土库曼斯坦	3.00	1779.00
中非	1.00	476.00
圣卢西亚	4.00	360.00
亚美尼亚	2.00	360.00
巴巴多斯	4.00	307.00
也门	8.00	270.00
大洋洲其他国家(地区)	2.00	209.00
巴勒斯坦	6.00	120.00
帕劳	1.00	49.00
94016190 其他带软垫的木框架坐具		
合计	68915480.00	5472097063.00
美国	23751877.00	2061975295.00
日本	3860131.00	380592447.00
英国	4492126.00	329708136.00
澳大利亚	2922787.00	294742279.00
加拿大	2746429.00	282389335.00
韩国	2071534.00	270886229.00
法国	3958522.00	201810850.00
德国	4680918.00	159590867.00
沙特阿拉伯	1024876.00	148832369.00
阿联酋	745961.00	101978420.00
荷兰	2405755.00	82758120.00
西班牙	1151546.00	64612574.00
意大利	781250.00	51399284.00
南非	657928.00	49686327.00
新西兰	441586.00	47245409.00
墨西哥	450778.00	40429349.00

(续表)

国家/地区	出口数量（千克）	出口金额（美元）
比利时	922668.00	40129916.00
瑞典	959684.00	38413553.00
爱尔兰	425213.00	38369039.00
新加坡	234100.00	38089258.00
智利	495721.00	38086868.00
以色列	349345.00	37011507.00
丹麦	809201.00	35819604.00
波兰	1631038.00	35763359.00
马来西亚	354512.00	34248681.00
印度	340275.00	30944591.00
卡塔尔	139170.00	27123223.00
中国台湾	392835.00	25266858.00
中国香港	291561.00	24901136.00
科威特	174968.00	23920417.00
泰国	275589.00	22461936.00
印度尼西亚	260059.00	22441906.00
菲律宾	198017.00	22279939.00
波多黎各	145528.00	20571330.00
越南	167397.00	20427541.00
阿曼	126088.00	18767656.00
葡萄牙	229872.00	16064917.00
巴拿马	100720.00	12710167.00
秘鲁	141785.00	12277718.00
多米尼加	73516.00	11332913.00
希腊	361207.00	10777185.00
俄罗斯	184992.00	10579074.00
留尼汪	50056.00	9661828.00
肯尼亚	70828.00	8950142.00
罗马尼亚	72575.00	8846607.00
巴林	58731.00	8553700.00
伊拉克	68867.00	7724760.00
挪威	172789.00	7491720.00
巴西	368649.00	7302469.00
哥伦比亚	103920.00	7245641.00
中国澳门	64376.00	6054891.00
塞浦路斯	40004.00	5975191.00
毛里求斯	30350.00	5233086.00
哥斯达黎加	40985.00	5032663.00
阿根廷	149302.00	5029979.00
索马里	15768.00	4553149.00
危地马拉	44213.00	4504308.00
厄瓜多尔	47369.00	4424744.00
乌拉圭	49890.00	4335545.00
芬兰	86540.00	4307962.00

(续表)

国家/地区	出口数量（千克）	出口金额（美元）
拉脱维亚	82398.00	4050766.00
保加利亚	98581.00	3917777.00
克罗地亚	71712.00	3827510.00
加纳	27425.00	3774815.00
萨尔瓦多	18387.00	3288240.00
哈萨克斯坦	58129.00	3202891.00
埃及	18536.00	3017438.00
特立尼达和多巴哥	18447.00	2960114.00
斯洛文尼亚	81788.00	2868189.00
洪都拉斯	23050.00	2846748.00
格鲁吉亚	23885.00	2701311.00
坦桑尼亚	39274.00	2666299.00
牙买加	16195.00	2661895.00
黎巴嫩	25762.00	2278836.00
捷克	60593.00	2240752.00
莫桑比克	18546.00	2227267.00
马尔代夫	14274.00	2215467.00
乌克兰	36427.00	2068217.00
摩洛哥	38686.00	2024415.00
约旦	15577.00	1985465.00
蒙古	45331.00	1955857.00
奥地利	31676.00	1894598.00
瓜德罗普	11807.00	1841411.00
爱沙尼亚	23166.00	1809520.00
柬埔寨	9969.00	1788741.00
立陶宛	24438.00	1754977.00
瑞士	39850.00	1727440.00
塞内加尔	15844.00	1691841.00
科特迪瓦	12243.00	1688140.00
乌兹别克斯坦	16781.00	1666534.00
尼日利亚	8137.00	1600356.00
法属波利尼西亚	6618.00	1526551.00
朝鲜	13965.00	1478754.00
阿尔及利亚	27516.00	1454905.00
巴基斯坦	13697.00	1362099.00
安哥拉	16999.00	1358445.00
缅甸	17913.00	1322918.00
土耳其	14011.00	1248610.00
阿尔巴尼亚	13257.00	1243923.00
文莱	7446.00	1211994.00
马提尼克	6729.00	1161906.00
新喀里多尼亚	6659.00	1131936.00
苏里南	5745.00	1127867.00
斯洛伐克	33236.00	1070162.00

（续表）

国家/地区	出口数量（千克）	出口金额（美元）
刚果(金)	7318.00	1067707.00
孟加拉国	4687.00	1023868.00
加蓬	5221.00	983315.00
马耳他	7890.00	929872.00
尼加拉瓜	4263.00	893069.00
冰岛	5870.00	883807.00
利比亚	9825.00	869424.00
喀麦隆	5805.00	860941.00
刚果(布)	4910.00	791561.00
吉布提	5389.00	779464.00
斯里兰卡	7673.00	779340.00
白俄罗斯	14244.00	643457.00
亚美尼亚	6887.00	621487.00
马约特	3358.00	612166.00
圭亚那	5316.00	590041.00
委内瑞拉	12389.00	587803.00
赞比亚	4496.00	539303.00
斐济	2454.00	535076.00
吉尔吉斯斯坦	8567.00	534760.00
玻利维亚	2773.00	529317.00
博茨瓦纳	16688.00	496295.00
法属圭亚那	2296.00	466199.00
冈比亚	2642.00	444429.00
佛得角	1615.00	417279.00
匈牙利	6817.00	404682.00
尼泊尔	2925.00	386077.00
巴巴多斯	2356.00	376934.00
巴拉圭	6446.00	371266.00
巴勒斯坦	2746.00	353708.00
乌干达	2405.00	337259.00
圣其茨和尼维斯	2427.00	323947.00
伊朗	3105.00	297488.00
多哥	1341.00	290340.00
马达加斯加	1610.00	270904.00
阿鲁巴	2032.00	270873.00
老挝	1479.00	261933.00
巴布亚新几内亚	2197.00	261481.00
塔吉克斯坦	2820.00	256691.00
海地	1651.00	255322.00
塞尔维亚	4299.00	251108.00
伯利兹	1756.00	242808.00
几内亚	1381.00	242176.00
利比里亚	1779.00	225174.00
赤道几内亚	708.00	222005.00

（续表）

国家/地区	出口数量（千克）	出口金额（美元）
突尼斯	3400.00	215549.00
库腊索岛	1694.00	211400.00
苏丹	1500.00	204673.00
格林纳达	827.00	174030.00
纳米比亚	1444.00	172176.00
大洋洲其他国家(地区)	1169.00	170966.00
布基纳法索	1714.00	154330.00
安提瓜和巴布达	968.00	144484.00
埃塞俄比亚	1190.00	144005.00
马里	1230.00	141274.00
津巴布韦	1306.00	138499.00
贝宁	1507.00	133863.00
阿塞拜疆	1276.00	132521.00
摩尔多瓦	1617.00	123964.00
黑山	5145.00	123643.00
马拉维	606.00	121556.00
圣卢西亚	869.00	111581.00
也门	2056.00	110928.00
毛里塔尼亚	466.00	109752.00
圣文森特和格林纳丁斯	625.00	93777.00
塞拉利昂	148.00	69882.00
多米尼克	318.00	69504.00
塞舌尔	372.00	64935.00
百慕大	200.00	53000.00
瓦努阿图	259.00	51457.00
马绍尔群岛	164.00	50896.00
东帝汶	322.00	42820.00
巴哈马	233.00	39201.00
南苏丹	170.00	34083.00
萨摩亚	296.00	27849.00
斯威士兰	63.00	27621.00
科摩罗	317.00	26629.00
尼日尔	222.00	24877.00
开曼群岛	106.00	21649.00
拉丁美洲其他国家(地区)	128.00	21099.00
非洲其他国家(地区)	66.00	16500.00
所罗门群岛	87.00	16359.00
不丹	148.00	15125.00
荷属安地列斯	102.00	13263.00
卢森堡	91.00	13040.00
莱索托	69.00	12838.00
厄立特里亚	52.00	12518.00
乍得	16.00	10296.00
土库曼斯坦	103.00	9199.00

（续表）

国家/地区	出口数量（千克）	出口金额（美元）
卢旺达	70.00	8546.00
北马其顿	81.00	5751.00
帕劳	261.00	5309.00
圣马力诺	350.00	4396.00
瓦利斯和浮图纳	20.00	4152.00
汤加	30.00	3871.00
摩纳哥	1.00	3102.00
古巴	13.00	2892.00
波黑	120.00	2460.00
几内亚比绍	6.00	2336.00
叙利亚	15.00	2100.00
英属维尔京群岛	12.00	1572.00
特克斯和凯科斯群岛	2.00	945.00

94016900 其他木框架坐具

合计	32495224.00	571096328.00
美国	6570535.00	142065747.00
德国	2720680.00	41767642.00
日本	1647276.00	37352167.00
英国	1850787.00	30305249.00
澳大利亚	1177123.00	23074273.00
西班牙	1705499.00	20786033.00
法国	1578174.00	20724831.00
波兰	1273137.00	18620135.00
韩国	820807.00	17490539.00
加拿大	905212.00	16610913.00
荷兰	1057537.00	15650014.00
中国台湾	305332.00	14889386.00
意大利	823787.00	11688104.00
马来西亚	343555.00	11263664.00
巴西	1341233.00	11259749.00
菲律宾	221607.00	9390940.00
新加坡	189374.00	8822402.00
瑞典	604971.00	8807188.00
中国香港	345687.00	7339814.00
比利时	417354.00	7149308.00
俄罗斯	528071.00	6393135.00
墨西哥	458247.00	5750790.00
泰国	380821.00	5301888.00
南非	296408.00	4637722.00
阿联酋	261132.00	4516690.00
丹麦	176602.00	4497326.00
印度	268912.00	4450734.00
智利	329992.00	4174709.00
越南	160667.00	3882764.00

(续表)

国家/地区	出口数量(千克)	出口金额(美元)
沙特阿拉伯	216798.00	3574249.00
新西兰	145045.00	3145737.00
以色列	201760.00	3090382.00
印度尼西亚	220008.00	3079392.00
阿根廷	250531.00	2937763.00
哥伦比亚	168517.00	2316711.00
希腊	186349.00	2082181.00
伊拉克	87299.00	1944898.00
保加利亚	64839.00	1715273.00
秘鲁	126380.00	1353810.00
加纳	112239.00	1240359.00
罗马尼亚	87641.00	1174165.00
捷克	62183.00	1068694.00
厄瓜多尔	51868.00	1062425.00
葡萄牙	103564.00	1045511.00
爱尔兰	41767.00	1005005.00
奥地利	82394.00	961644.00
乌克兰	101654.00	835878.00
中国澳门	35230.00	825469.00
巴拿马	73756.00	700259.00
芬兰	63341.00	690384.00
乌拉圭	46250.00	652621.00
阿尔及利亚	180963.00	614297.00
摩洛哥	34222.00	599572.00
肯尼亚	32728.00	584415.00
拉脱维亚	68843.00	580144.00
尼日利亚	25187.00	559174.00
阿曼	18650.00	509437.00
斯洛文尼亚	65342.00	500325.00
坦桑尼亚	16262.00	439333.00
哥斯达黎加	31284.00	419232.00
克罗地亚	109667.00	406110.00
缅甸	23979.00	394495.00
挪威	16502.00	385553.00
哈萨克斯坦	25061.00	349085.00
毛里求斯	15949.00	327986.00
卡塔尔	11385.00	312061.00
波多黎各	10797.00	307316.00
塞浦路斯	17400.00	290996.00
朝鲜	11453.00	284488.00
危地马拉	17027.00	277950.00
乌兹别克斯坦	11009.00	276606.00
巴拉圭	16715.00	271094.00
吉布提	6987.00	265466.00

(续表)

国家/地区	出口数量(千克)	出口金额(美元)
安哥拉	19983.00	257384.00
黎巴嫩	13079.00	252888.00
立陶宛	24111.00	252705.00
瑞士	15129.00	247744.00
委内瑞拉	20231.00	223446.00
白俄罗斯	51523.00	223002.00
刚果(金)	4814.00	219289.00
匈牙利	7012.00	205663.00
多米尼加	4214.00	196627.00
格鲁吉亚	14371.00	192026.00
萨尔瓦多	14971.00	191480.00
莫桑比克	8033.00	177457.00
约旦	10810.00	176441.00
斯洛伐克	13468.00	175404.00
马尔代夫	2800.00	170292.00
留尼汪	11733.00	168383.00
巴基斯坦	9652.00	166798.00
利比里亚	848.00	166100.00
文莱	4419.00	163577.00
科威特	10321.00	162883.00
柬埔寨	3727.00	160051.00
巴林	5407.00	140383.00
爱沙尼亚	6566.00	132476.00
斯里兰卡	15377.00	130164.00
埃塞俄比亚	6623.00	116929.00
阿尔巴尼亚	6898.00	116296.00
苏丹	11678.00	106281.00
老挝	1322.00	99711.00
利比亚	9808.00	92400.00
洪都拉斯	7645.00	92383.00
马达加斯加	5950.00	92265.00
土耳其	7149.00	90955.00
埃及	3189.00	85694.00
孟加拉国	1036.00	79720.00
尼泊尔	3483.00	79148.00
蒙古	3040.00	71768.00
科特迪瓦	7654.00	69948.00
也门	4028.00	68376.00
瓜德罗普	3148.00	59429.00
马耳他	2256.00	55215.00
多哥	1530.00	51649.00
纳米比亚	2115.00	50668.00
博茨瓦纳	4132.00	50545.00
索马里	1235.00	49116.00

(续表)

国家/地区	出口数量(千克)	出口金额(美元)
安提瓜和巴布达	874.00	47034.00
黑山	4957.00	41182.00
塞内加尔	2271.00	41151.00
亚美尼亚	4212.00	33894.00
玻利维亚	807.00	30294.00
尼加拉瓜	2143.00	29865.00
赞比亚	1217.00	29807.00
佛得角	1929.00	29227.00
吉尔吉斯斯坦	530.00	25565.00
冈比亚	746.00	24662.00
牙买加	1620.00	23679.00
海地	516.00	23089.00
几内亚	1226.00	23023.00
巴布亚新几内亚	1435.00	20936.00
喀麦隆	1333.00	20835.00
加蓬	1695.00	20321.00
多米尼克	593.00	19485.00
赤道几内亚	953.00	19340.00
塞尔维亚	746.00	18882.00
刚果(布)	789.00	17329.00
马提尼克	1386.00	17261.00
苏里南	1233.00	17080.00
贝宁	1837.00	14864.00
伊朗	3155.00	14079.00
法属圭亚那	500.00	13402.00
新喀里多尼亚	740.00	12663.00
阿塞拜疆	2083.00	12343.00
大洋洲其他国家(地区)	264.00	11107.00
汤加	394.00	10931.00
阿富汗	1075.00	10125.00
摩尔多瓦	356.00	9588.00
毛里塔尼亚	710.00	8828.00
阿鲁巴	350.00	8270.00
马里	202.00	8267.00
突尼斯	118.00	7585.00
斐济	244.00	7493.00
特立尼达和多巴哥	124.00	7280.00
安道尔	744.00	7169.00
巴哈马	187.00	7068.00
巴勒斯坦	258.00	6966.00
特克斯和凯科斯群岛	200.00	6489.00
库腊索岛	84.00	6480.00
帕劳	512.00	6383.00
乍得	120.00	6263.00

（续表）

国家/地区	出口数量（千克）	出口金额（美元）
马约特	611.00	5964.00
法属波利尼西亚	253.00	5938.00
巴巴多斯	171.00	5512.00
科摩罗	364.00	5305.00
土库曼斯坦	34.00	5045.00
卢森堡	16.00	4881.00
乌干达	471.00	4237.00
南苏丹	78.00	4090.00
塔吉克斯坦	91.00	3891.00
萨摩亚	250.00	2836.00
所罗门群岛	223.00	2796.00
波黑	600.00	2595.00
瓦努阿图	41.00	2037.00
圭亚那	207.00	1574.00
开曼群岛	40.00	1377.00
东帝汶	39.00	942.00
圣多美和普林西比	92.00	922.00
格林纳达	13.00	816.00
津巴布韦	13.00	778.00
伯利兹	62.00	717.00
马拉维	56.00	690.00
圣马丁岛	2.00	558.00
卢旺达	17.00	405.00
叙利亚	85.00	400.00
尼日尔	17.00	398.00
塞拉利昂	6.00	337.00
圣卢西亚	8.00	248.00
莱索托	20.00	230.00
塞舌尔	8.00	160.00
荷属安地列斯	6.00	105.00
94033000 办公室用木家具		
合计	20001025.00	971742884.00
美国	7222064.00	356444560.00
日本	1971997.00	84202128.00
沙特阿拉伯	443324.00	50632332.00
韩国	1476387.00	41963556.00
中国香港	325195.00	35661927.00
澳大利亚	827311.00	30575927.00
阿联酋	310015.00	28051793.00
菲律宾	388905.00	25439227.00
英国	1100602.00	22161181.00
南非	120415.00	15605519.00
印度尼西亚	263334.00	15093095.00
新加坡	104424.00	14949975.00

（续表）

国家/地区	出口数量（千克）	出口金额（美元）
印度	146790.00	14542181.00
加拿大	325156.00	13734093.00
伊拉克	95082.00	12610913.00
法国	1024282.00	10655937.00
马来西亚	108388.00	10262898.00
泰国	192110.00	10220853.00
德国	477673.00	9196345.00
科威特	83021.00	9004051.00
中国台湾	140929.00	8351745.00
荷兰	337676.00	7785026.00
墨西哥	177394.00	7639914.00
越南	96119.00	7388405.00
智利	144554.00	7161382.00
阿曼	36059.00	4730045.00
阿尔及利亚	73017.00	4019050.00
卡塔尔	32441.00	3936518.00
以色列	61197.00	3815491.00
摩洛哥	24916.00	3488806.00
吉布提	30344.00	3373393.00
新西兰	83356.00	3306069.00
巴拿马	59621.00	3110702.00
波兰	204026.00	3098268.00
尼日利亚	25776.00	3028246.00
肯尼亚	26446.00	2731757.00
缅甸	29948.00	2720893.00
丹麦	146050.00	2670243.00
哥伦比亚	37717.00	2570951.00
科特迪瓦	24786.00	2403413.00
塞内加尔	20362.00	2265019.00
加纳	56531.00	2246220.00
西班牙	68284.00	2239404.00
希腊	35800.00	2222253.00
坦桑尼亚	23646.00	2197721.00
柬埔寨	14979.00	2176236.00
也门	13677.00	1910083.00
意大利	54544.00	1870852.00
莫桑比克	11561.00	1829036.00
多米尼加	123967.00	1815981.00
比利时	37459.00	1773810.00
中国澳门	17854.00	1701362.00
哥斯达黎加	35260.00	1621004.00
俄罗斯	71501.00	1549192.00
苏丹	9463.00	1524417.00
刚果(金)	13780.00	1521258.00

（续表）

国家/地区	出口数量（千克）	出口金额（美元）
巴林	9363.00	1364956.00
牙买加	18950.00	1363273.00
瑞典	53616.00	1360159.00
孟加拉国	6549.00	1316151.00
赞比亚	7242.00	1273611.00
安哥拉	8162.00	1235257.00
索马里	6865.00	1182583.00
约旦	8894.00	1049189.00
巴基斯坦	8436.00	1032211.00
秘鲁	37141.00	888548.00
马达加斯加	8415.00	862313.00
马尔代夫	7238.00	861318.00
冈比亚	4323.00	809577.00
危地马拉	11058.00	806525.00
喀麦隆	6731.00	797321.00
朝鲜	7468.00	781037.00
几内亚	7207.00	773313.00
萨尔瓦多	11128.00	760748.00
毛里求斯	5535.00	735429.00
波多黎各	13868.00	733181.00
洪都拉斯	6667.00	726560.00
黎巴嫩	5377.00	720226.00
乌干达	4264.00	716529.00
乌兹别克斯坦	3644.00	676883.00
捷克	15685.00	676817.00
刚果(布)	6509.00	662094.00
巴西	14745.00	653065.00
巴布亚新几内亚	5088.00	620700.00
土耳其	8321.00	620157.00
利比里亚	4529.00	575826.00
阿根廷	12942.00	550085.00
埃及	2934.00	549079.00
特立尼达和多巴哥	6409.00	548122.00
罗马尼亚	11876.00	529084.00
蒙古	12181.00	525550.00
芬兰	4857.00	510697.00
突尼斯	5567.00	493074.00
加蓬	5070.00	489347.00
爱尔兰	21445.00	448312.00
哈萨克斯坦	2219.00	403212.00
博茨瓦纳	3192.00	395354.00
拉脱维亚	7121.00	390136.00
格鲁吉亚	2583.00	366686.00
马拉维	2926.00	365074.00

(续表)

国家/地区	出口数量（千克）	出口金额（美元）
厄瓜多尔	15676.00	363015.00
保加利亚	8950.00	350373.00
葡萄牙	12385.00	340108.00
克罗地亚	24754.00	331581.00
阿塞拜疆	236.00	323099.00
瑞士	16200.00	309815.00
马耳他	2691.00	305404.00
文莱	1347.00	303165.00
多哥	3061.00	301895.00
贝宁	1883.00	298043.00
阿尔巴尼亚	3230.00	246808.00
埃塞俄比亚	2684.00	245203.00
奥地利	18351.00	243469.00
乌拉圭	3304.00	241155.00
马里	2152.00	238887.00
塞浦路斯	2913.00	236059.00
纳米比亚	737.00	213875.00
尼泊尔	2981.00	212732.00
毛里塔尼亚	1069.00	203838.00
委内瑞拉	1024.00	203133.00
老挝	1025.00	201549.00
尼加拉瓜	4350.00	197229.00
古巴	791.00	192465.00
利比亚	1285.00	187059.00
斯里兰卡	2390.00	156717.00
留尼汪	2296.00	138105.00
海地	727.00	135744.00
斐济	982.00	133288.00
玻利维亚	1164.00	129172.00
卢旺达	880.00	128568.00
乌克兰	3083.00	128204.00
津巴布韦	1023.00	122806.00
尼日尔	1186.00	120998.00
巴拉圭	567.00	111789.00
苏里南	503.00	108593.00
匈牙利	1320.00	107326.00
所罗门群岛	796.00	102847.00
挪威	1385.00	100823.00
巴勒斯坦	406.00	98408.00
库腊索岛	406.00	89320.00
塔吉克斯坦	1016.00	86018.00
巴哈马	118.00	80222.00
立陶宛	819.00	75408.00
布基纳法索	849.00	72991.00

(续表)

国家/地区	出口数量（千克）	出口金额（美元）
斯洛文尼亚	1210.00	69712.00
多米尼克	338.00	69452.00
佛得角	638.00	66531.00
圭亚那	705.00	59493.00
巴巴多斯	2791.00	56146.00
塞拉利昂	390.00	53669.00
伊朗	316.00	53300.00
马约特	453.00	52571.00
阿富汗	162.00	50718.00
新喀里多尼亚	912.00	49103.00
瓦努阿图	398.00	48742.00
吉尔吉斯斯坦	284.00	48256.00
土库曼斯坦	187.00	47128.00
乍得	198.00	45775.00
赤道几内亚	526.00	45571.00
东帝汶	444.00	40749.00
大洋洲其他国家(地区)	805.00	36840.00
中非	164.00	35445.00
科摩罗	11.00	35351.00
白俄罗斯	643.00	28976.00
塞舌尔	248.00	26431.00
莱索托	215.00	24357.00
阿鲁巴	152.00	23975.00
萨摩亚	226.00	20532.00
塞尔维亚	171.00	19364.00
亚美尼亚	260.00	17339.00
摩尔多瓦	34.00	14624.00
汤加	111.00	13893.00
伯利兹	25.00	10734.00
南苏丹	74.00	9960.00
英属维尔京群岛	104.00	7696.00
爱沙尼亚	150.00	7513.00
安提瓜和巴布达	137.00	6174.00
圣卢西亚	82.00	6143.00
马提尼克	298.00	5820.00
斯威士兰	21.00	3900.00
叙利亚	25.00	3260.00
法属波利尼西亚	135.00	2409.00
几内亚比绍	8.00	1501.00
厄立特里亚	3.00	1041.00
圣多美和普林西比	65.00	1000.00
密克罗尼西亚联邦	21.00	787.00
帕劳	12.00	529.00
不丹	2.00	300.00

(续表)

国家/地区	出口数量（千克）	出口金额（美元）
圣其茨和尼维斯	4.00	255.00
黑山	15.00	248.00
开曼群岛	2.00	240.00
94034000 厨房用木家具		
合计	26452233.00	1371387211.00
美国	16847828.00	830441284.00
马来西亚	1980452.00	106521480.00
澳大利亚	2114827.00	85458766.00
南非	247718.00	46792100.00
加拿大	713303.00	40124120.00
英国	280740.00	31839979.00
日本	433735.00	30726365.00
德国	342508.00	22478557.00
新加坡	97585.00	14285398.00
中国台湾	211453.00	12131914.00
印度尼西亚	454308.00	11871908.00
中国香港	123208.00	11416887.00
菲律宾	599537.00	10418069.00
新西兰	267117.00	7997688.00
沙特阿拉伯	97178.00	7378280.00
韩国	254864.00	7272915.00
丹麦	49151.00	5202033.00
西班牙	122851.00	4962599.00
越南	51732.00	4782007.00
泰国	62468.00	4085637.00
阿联酋	40016.00	4056855.00
荷兰	125515.00	3828680.00
比利时	30833.00	3698230.00
法国	79196.00	3426717.00
瑞典	78404.00	2637207.00
印度	25108.00	2490397.00
以色列	61730.00	2420366.00
挪威	25668.00	2374415.00
柬埔寨	26577.00	2230725.00
意大利	95172.00	1945241.00
智利	29026.00	1926561.00
坦桑尼亚	11225.00	1746037.00
肯尼亚	10584.00	1725109.00
牙买加	42125.00	1715844.00
阿曼	13632.00	1566156.00
莫桑比克	9980.00	1488040.00
尼日利亚	7421.00	1476825.00
博茨瓦纳	11185.00	1341436.00
莱索托	5952.00	1188813.00

（续表）

国家/地区	出口数量（千克）	出口金额（美元）
墨西哥	36836.00	1134281.00
缅甸	11410.00	1127910.00
斯里兰卡	10651.00	1086101.00
爱尔兰	5579.00	1001654.00
巴哈马	5774.00	968900.00
加纳	5418.00	966495.00
巴拿马	13432.00	950692.00
马尔代夫	10251.00	945502.00
巴基斯坦	7295.00	927765.00
巴林	9887.00	899747.00
卡塔尔	12427.00	885263.00
波兰	15733.00	873337.00
朝鲜	12277.00	821294.00
多米尼加	16376.00	737304.00
阿鲁巴	8273.00	711661.00
吉布提	4905.00	704134.00
哥斯达黎加	8872.00	618134.00
伊拉克	5987.00	566989.00
巴布亚新几内亚	2668.00	543220.00
斯洛文尼亚	26033.00	535103.00
也门	2042.00	494875.00
中国澳门	2609.00	484792.00
毛里求斯	4783.00	452802.00
蒙古	8599.00	440128.00
埃塞俄比亚	812.00	430989.00
乌克兰	1735.00	421403.00
摩洛哥	1709.00	369977.00
利比亚	1701.00	359048.00
阿尔及利亚	4368.00	349008.00
乌拉圭	3449.00	345828.00
拉脱维亚	3773.00	341912.00
希腊	6405.00	315412.00
俄罗斯	3327.00	311665.00
科特迪瓦	1646.00	309839.00
索马里	1884.00	308052.00
大洋洲其他国家(地区)	1173.00	296841.00
安哥拉	2374.00	295328.00
巴巴多斯	4741.00	284471.00
纳米比亚	1933.00	275437.00
格鲁吉亚	1025.00	260287.00
科威特	1435.00	246881.00
安提瓜和巴布达	3136.00	227556.00
斐济	732.00	222305.00
阿根廷	6708.00	211411.00

（续表）

国家/地区	出口数量（千克）	出口金额（美元）
乌干达	990.00	207898.00
哈萨克斯坦	813.00	202812.00
开曼群岛	1922.00	199217.00
塞内加尔	1527.00	197692.00
哥伦比亚	4099.00	190771.00
罗马尼亚	1639.00	190623.00
孟加拉国	591.00	188310.00
葡萄牙	5622.00	184355.00
刚果(金)	468.00	183895.00
留尼汪	1059.00	179775.00
文莱	925.00	179665.00
喀麦隆	945.00	175659.00
特立尼达和多巴哥	1058.00	175618.00
多米尼克	1594.00	171331.00
乌兹别克斯坦	467.00	164311.00
亚美尼亚	398.00	161816.00
埃及	532.00	158274.00
危地马拉	6103.00	156008.00
冈比亚	1737.00	153921.00
格林纳达	310.00	152987.00
毛里塔尼亚	401.00	152039.00
荷属安地列斯	108.00	144192.00
吉尔吉斯斯坦	258.00	143188.00
英属维尔京群岛	36.00	129205.00
保加利亚	2457.00	117435.00
捷克	1580.00	112963.00
马耳他	458.00	112040.00
委内瑞拉	1129.00	104648.00
土耳其	687.00	101644.00
巴拉圭	359.00	97212.00
波多黎各	1159.00	93156.00
萨尔瓦多	804.00	86173.00
海地	1028.00	82728.00
巴西	2144.00	82030.00
津巴布韦	562.00	77560.00
尼加拉瓜	676.00	72043.00
所罗门群岛	522.00	67804.00
乍得	41.00	63114.00
爱沙尼亚	375.00	61987.00
拉丁美洲其他国家(地区)	865.00	60695.00
秘鲁	1512.00	59951.00
特克斯和凯科斯群岛	457.00	59736.00
赞比亚	170.00	55729.00
瑞士	785.00	50755.00

（续表）

国家/地区	出口数量（千克）	出口金额（美元）
新喀里多尼亚	367.00	50544.00
黎巴嫩	695.00	50513.00
厄瓜多尔	5815.00	50006.00
东帝汶	291.00	47081.00
马达加斯加	50.00	44539.00
圣卢西亚	292.00	42083.00
瓦努阿图	241.00	40467.00
玻利维亚	482.00	39866.00
马拉维	261.00	38176.00
老挝	112.00	37903.00
几内亚	135.00	37865.00
克罗地亚	1491.00	37719.00
塞舌尔	279.00	36111.00
百慕大	1043.00	34670.00
圭亚那	291.00	32995.00
圣文森特和格林纳丁斯	390.00	29210.00
布隆迪	10.00	29052.00
白俄罗斯	615.00	27952.00
库腊索岛	25.00	24639.00
奥地利	631.00	23755.00
约旦	229.00	23072.00
伯利兹	250.00	22655.00
加蓬	337.00	21453.00
匈牙利	137.00	21309.00
尼泊尔	157.00	19616.00
芬兰	131.00	17955.00
立陶宛	160.00	17670.00
南苏丹	20.00	16769.00
刚果(布)	119.00	16262.00
卢旺达	93.00	16231.00
苏里南	105.00	15120.00
斯洛伐克	41.00	13808.00
苏丹	205.00	13562.00
库克群岛	340.00	12925.00
塞拉利昂	4.00	12240.00
圣其茨和尼维斯	47.00	11847.00
塞浦路斯	83.00	9474.00
冰岛	4.00	7811.00
法属波利尼西亚	8.00	5216.00
中非	1.00	5096.00
洪都拉斯	308.00	5000.00
马里	237.00	4579.00
阿富汗	20.00	4300.00
突尼斯	25.00	3580.00

（续表）

国家/地区	出口数量（千克）	出口金额（美元）
多哥	36.00	2860.00
阿塞拜疆	6.00	2810.00
萨摩亚	20.00	2700.00
塔吉克斯坦	24.00	2647.00
北马其顿	9.00	2153.00
塞尔维亚	3.00	1560.00
赤道几内亚	33.00	1400.00
贝宁	1.00	735.00
帕劳	3.00	600.00
利比里亚	14.00	211.00
科摩罗	20.00	173.00
阿尔巴尼亚	11.00	169.00
伊朗	1.00	140.00
不丹	8.00	19.00
94035010 卧室用红木家具		
合计	755.00	159726.00
澳大利亚	35.00	70488.00
缅甸	310.00	27280.00
乌兹别克斯坦	156.00	21612.00
德国	163.00	11495.00
中国香港	5.00	11200.00
中国澳门	17.00	3782.00
加拿大	20.00	3320.00
马来西亚	6.00	3279.00
马耳他	6.00	3081.00
匈牙利	16.00	1920.00
新西兰	2.00	900.00
英国	13.00	882.00
吉布提	6.00	487.00
94035091 卧室用天然漆（大漆）漆木家具		
合计	5750.00	351274.00
英国	3815.00	89229.00
马尔代夫	481.00	81834.00
肯尼亚	47.00	47470.00
韩国	707.00	21770.00
大洋洲其他国家(地区)	20.00	19600.00
美国	191.00	17789.00
越南	17.00	17680.00
阿联酋	105.00	16829.00
朝鲜	21.00	9350.00
菲律宾	8.00	6850.00
加拿大	28.00	6745.00
爱尔兰	130.00	5395.00
尼泊尔	60.00	5350.00

（续表）

国家/地区	出口数量（千克）	出口金额（美元）
马来西亚	13.00	2623.00
中国香港	4.00	796.00
克罗地亚	1.00	606.00
南非	4.00	444.00
塞浦路斯	4.00	444.00
澳大利亚	3.00	300.00
荷兰	90.00	90.00
中国台湾	1.00	80.00
94035099 其他卧室用木家具		
合计	29572366.00	2694898057.00
美国	7927219.00	464094572.00
日本	2739863.00	283410005.00
英国	2635801.00	239255046.00
中国香港	1070895.00	209098263.00
南非	1105035.00	191287658.00
澳大利亚	2118556.00	179909973.00
韩国	1257796.00	147037782.00
沙特阿拉伯	934782.00	120093299.00
德国	1050147.00	57306685.00
法国	788361.00	55347039.00
阿联酋	470451.00	54998793.00
加拿大	495822.00	47421044.00
意大利	451660.00	38259641.00
新加坡	204022.00	35651113.00
菲律宾	250346.00	33321409.00
伊拉克	240332.00	33267788.00
中国台湾	773762.00	29745640.00
荷兰	582463.00	27946414.00
阿曼	176272.00	25738970.00
马来西亚	235967.00	21979541.00
印度	184479.00	18806101.00
以色列	252114.00	18564992.00
印度尼西亚	171577.00	17643862.00
越南	93120.00	17552517.00
新西兰	203242.00	17457416.00
缅甸	146068.00	14852473.00
朝鲜	94698.00	14828718.00
波兰	258540.00	14669676.00
卡塔尔	99706.00	14196456.00
摩洛哥	100150.00	14143228.00
比利时	172394.00	13916518.00
泰国	100236.00	11337371.00
中国澳门	47288.00	11208058.00
西班牙	223938.00	10860327.00

（续表）

国家/地区	出口数量（千克）	出口金额（美元）
科威特	72602.00	8538442.00
俄罗斯	67420.00	8342384.00
索马里	37902.00	6537891.00
爱尔兰	66122.00	6420991.00
博茨瓦纳	40283.00	5705462.00
瑞典	126166.00	5671327.00
坦桑尼亚	53303.00	5372965.00
希腊	65268.00	5370838.00
尼日利亚	35084.00	5290129.00
墨西哥	46877.00	5232392.00
马尔代夫	34731.00	5066516.00
丹麦	113555.00	4973766.00
智利	95995.00	4884655.00
柬埔寨	33884.00	4871225.00
乌兹别克斯坦	29187.00	4305787.00
巴林	23580.00	4158964.00
多米尼加	12038.00	4135483.00
肯尼亚	48645.00	4126275.00
莫桑比克	26707.00	3767458.00
格鲁吉亚	24090.00	3609389.00
利比亚	29360.00	3475657.00
巴基斯坦	39010.00	2956651.00
约旦	15522.00	2840353.00
塞内加尔	25133.00	2826083.00
安哥拉	25266.00	2764560.00
巴拿马	25274.00	2694625.00
罗马尼亚	16258.00	2618073.00
吉布提	21687.00	2425862.00
拉脱维亚	20445.00	2131225.00
也门	16172.00	1940313.00
加纳	16335.00	1852060.00
哈萨克斯坦	10745.00	1817044.00
斯洛文尼亚	65675.00	1774694.00
蒙古	62452.00	1643275.00
莱索托	12277.00	1615891.00
牙买加	4080.00	1507184.00
阿尔及利亚	20701.00	1466397.00
葡萄牙	12817.00	1421257.00
乌克兰	10096.00	1285978.00
刚果(金)	8650.00	1230853.00
挪威	28401.00	1223111.00
老挝	9554.00	1075487.00
毛里求斯	6643.00	1069881.00
瑞士	18832.00	1068434.00

（续表）

国家/地区	出口数量（千克）	出口金额（美元）
白俄罗斯	6491.00	1034463.00
立陶宛	11057.00	1023866.00
斯洛伐克	13939.00	944446.00
黎巴嫩	5911.00	917730.00
波多黎各	5986.00	909945.00
格林纳达	1254.00	906068.00
阿塞拜疆	8396.00	890968.00
纳米比亚	5605.00	885694.00
几内亚	5976.00	881004.00
芬兰	4734.00	794614.00
哥斯达黎加	8542.00	791064.00
厄瓜多尔	8547.00	777655.00
喀麦隆	7615.00	773140.00
塞浦路斯	7876.00	772832.00
秘鲁	19931.00	733598.00
埃塞俄比亚	2614.00	707583.00
斯里兰卡	8119.00	700185.00
孟加拉国	2918.00	653380.00
危地马拉	3591.00	645366.00
巴哈马	3195.00	635837.00
巴布亚新几内亚	4508.00	610717.00
保加利亚	8166.00	596962.00
文莱	6139.00	582424.00
冰岛	8646.00	574234.00
克罗地亚	8443.00	565879.00
苏丹	4571.00	562582.00
尼泊尔	4897.00	562222.00
毛里塔尼亚	2816.00	545305.00
留尼汪	5308.00	533881.00
马耳他	3919.00	522730.00
科特迪瓦	5712.00	472057.00
土耳其	4029.00	469213.00
赞比亚	3619.00	467837.00
刚果(布)	3043.00	463775.00
乌拉圭	8517.00	462991.00
乌干达	3736.00	459889.00
塔吉克斯坦	2337.00	440817.00
特立尼达和多巴哥	2196.00	407819.00
亚美尼亚	3110.00	404677.00
突尼斯	2554.00	400727.00
贝宁	3271.00	397302.00
匈牙利	4893.00	385886.00
多哥	2270.00	383421.00
奥地利	7330.00	382844.00

（续表）

国家/地区	出口数量（千克）	出口金额（美元）
爱沙尼亚	2388.00	380280.00
阿尔巴尼亚	3177.00	367669.00
海地	4269.00	366953.00
哥伦比亚	5322.00	333238.00
土库曼斯坦	2348.00	328278.00
洪都拉斯	1929.00	291297.00
加蓬	2167.00	287086.00
利比里亚	2450.00	283271.00
冈比亚	2145.00	275249.00
巴西	3397.00	256023.00
马达加斯加	7477.00	245549.00
埃及	1505.00	245089.00
苏里南	1242.00	238123.00
阿鲁巴	870.00	216964.00
斐济	2144.00	209723.00
伊朗	2242.00	208624.00
阿根廷	6224.00	197926.00
新喀里多尼亚	2199.00	190840.00
萨尔瓦多	2662.00	190553.00
委内瑞拉	988.00	188641.00
塞舌尔	1024.00	185687.00
捷克	2995.00	182585.00
巴巴多斯	567.00	176704.00
阿富汗	647.00	163419.00
马约特	1913.00	146378.00
萨摩亚	942.00	143509.00
布基纳法索	1040.00	125169.00
圭亚那	1028.00	122999.00
大洋洲其他国家(地区)	1207.00	122567.00
乍得	585.00	116143.00
法属波利尼西亚	867.00	104573.00
南苏丹	630.00	104472.00
东帝汶	439.00	103521.00
安提瓜和巴布达	427.00	103440.00
法属圭亚那	839.00	96327.00
玻利维亚	1381.00	94924.00
津巴布韦	740.00	76283.00
摩尔多瓦	496.00	73052.00
圣卢西亚	502.00	69895.00
尼日尔	674.00	69398.00
塞尔维亚	546.00	69123.00
马拉维	656.00	66007.00
瓦努阿图	446.00	58374.00
佛得角	613.00	56370.00

（续表）

国家/地区	出口数量（千克）	出口金额（美元）
马里	249.00	51811.00
赤道几内亚	226.00	51777.00
库腊索岛	466.00	50903.00
圣其茨和尼维斯	251.00	46798.00
瓜德罗普	181.00	41938.00
圣文森特和格林纳丁斯	179.00	38429.00
伯利兹	225.00	35798.00
巴勒斯坦	81.00	33902.00
拉丁美洲其他国家(地区)	30.00	27411.00
黑山	1818.00	24995.00
吉尔吉斯斯坦	86.00	24507.00
几内亚比绍	118.00	24083.00
科摩罗	252.00	23374.00
卢旺达	247.00	22589.00
开曼群岛	45.00	18998.00
多米尼克	334.00	18261.00
厄立特里亚	43.00	15957.00
塞拉利昂	210.00	12523.00
马提尼克	100.00	9800.00
巴拉圭	236.00	9538.00
塞卜泰(休达)	105.00	8567.00
汤加	22.00	7666.00
荷属安地列斯	9.00	5068.00
帕劳	66.00	3707.00
尼加拉瓜	158.00	2674.00
所罗门群岛	6.00	1287.00
特克斯和凯科斯群岛	4.00	860.00
叙利亚	16.00	720.00
古巴	1.00	517.00
94036010 其他红木家具		
合计	9372.00	1513967.00
日本	7972.00	841130.00
澳大利亚	411.00	328905.00
美国	311.00	104099.00
加拿大	160.00	80209.00
马来西亚	77.00	43347.00
中国台湾	67.00	26605.00
英国	17.00	20052.00
中国香港	8.00	19222.00
越南	129.00	16899.00
中国澳门	113.00	12160.00
新加坡	21.00	6150.00
柬埔寨	4.00	3315.00
巴布亚新几内亚	3.00	2330.00

（续表）

国家/地区	出口数量（千克）	出口金额（美元）
乌兹别克斯坦	24.00	2254.00
埃塞俄比亚	5.00	1765.00
菲律宾	12.00	1595.00
法国	33.00	1254.00
瑞士	1.00	1090.00
泰国	2.00	1000.00
韩国	1.00	444.00
德国	1.00	142.00
94036091 其他天然漆（大漆）漆木家具		
合计	8271.00	473685.00
美国	6151.00	364435.00
马来西亚	39.00	19265.00
中国澳门	22.00	14719.00
哥斯达黎加	1214.00	13715.00
柬埔寨	292.00	11153.00
菲律宾	138.00	10666.00
日本	39.00	9749.00
韩国	131.00	9653.00
新加坡	80.00	5368.00
中国台湾	1.00	4000.00
澳大利亚	13.00	3729.00
加拿大	113.00	3113.00
法国	1.00	1400.00
几内亚比绍	6.00	563.00
秘鲁	3.00	545.00
德国	2.00	470.00
乍得	3.00	305.00
阿联酋	10.00	256.00
刚果（金）	4.00	250.00
英国	8.00	196.00
乌兹别克斯坦	1.00	135.00
94036099 未列名木家具		
合计	165419251.00	6592647905.00
美国	49796519.00	2128327528.00
英国	13056114.00	388329712.00
日本	12872588.00	373243467.00
澳大利亚	7997309.00	332861980.00
中国香港	2678850.00	330260907.00
德国	8977025.00	218809069.00
南非	1603691.00	210937054.00
法国	8316229.00	206913506.00
加拿大	4696044.00	201288638.00
沙特阿拉伯	2604373.00	166774660.00
韩国	4179916.00	157426426.00

（续表）

国家/地区	出口数量（千克）	出口金额（美元）
荷兰	6109834.00	123236687.00
马来西亚	2083052.00	106660118.00
新加坡	873257.00	104168864.00
菲律宾	1503404.00	87899750.00
伊拉克	657208.00	86223264.00
阿联酋	1200485.00	77441297.00
中国台湾	1685476.00	77047629.00
西班牙	3453885.00	73484903.00
比利时	2042603.00	66594120.00
波兰	2559535.00	57873719.00
意大利	3139428.00	55329307.00
泰国	1451370.00	50712589.00
印度	1113838.00	50378398.00
瑞典	1709795.00	45219944.00
越南	392700.00	45089658.00
新西兰	1266392.00	43666368.00
印度尼西亚	1209039.00	42540736.00
丹麦	1627805.00	40957294.00
中国澳门	371131.00	40093703.00
智利	1277650.00	37251048.00
墨西哥	1135019.00	35100481.00
以色列	711626.00	31611721.00
俄罗斯	956312.00	23649044.00
阿曼	202682.00	20940201.00
卡塔尔	143751.00	18815632.00
科威特	265495.00	17799012.00
坦桑尼亚	168322.00	16899426.00
挪威	367281.00	16750940.00
希腊	670649.00	14617131.00
吉布提	104308.00	14481178.00
加纳	220374.00	13894620.00
摩洛哥	190371.00	11835038.00
爱尔兰	268330.00	9557976.00
莫桑比克	121005.00	9541152.00
多米尼加	116405.00	9147282.00
哥伦比亚	283261.00	8978725.00
肯尼亚	182673.00	8963553.00
巴拿马	201471.00	8700489.00
葡萄牙	388904.00	8622745.00
罗马尼亚	251405.00	8582125.00
斯洛文尼亚	616806.00	8454176.00
阿尔及利亚	291269.00	8450293.00
缅甸	119342.00	8432113.00
柬埔寨	41587.00	8187159.00

（续表）

国家/地区	出口数量（千克）	出口金额（美元）
安哥拉	133830.00	8076987.00
秘鲁	428674.00	7429884.00
乌克兰	130469.00	7025725.00
博茨瓦纳	59388.00	6751223.00
克罗地亚	150599.00	6712477.00
也门	67516.00	6568337.00
巴西	488456.00	6466196.00
约旦	40016.00	5833631.00
阿根廷	155677.00	5726246.00
拉脱维亚	164899.00	5441809.00
巴林	81595.00	5300775.00
尼日利亚	60611.00	5249580.00
索马里	26827.00	5211518.00
瑞士	99923.00	5179092.00
奥地利	147824.00	5026312.00
芬兰	100827.00	4969071.00
朝鲜	44437.00	4911289.00
利比亚	126566.00	4489428.00
保加利亚	159484.00	4362892.00
格鲁吉亚	50982.00	4311960.00
波多黎各	118087.00	4154634.00
土耳其	60813.00	3871407.00
乌兹别克斯坦	25884.00	3864331.00
苏丹	119556.00	3559155.00
哈萨克斯坦	23101.00	3506742.00
巴基斯坦	40868.00	3388098.00
哥斯达黎加	153267.00	3273032.00
牙买加	36652.00	3204881.00
捷克	144162.00	3039708.00
马尔代夫	23665.00	2898413.00
黎巴嫩	43395.00	2851412.00
乌拉圭	83466.00	2762518.00
斯洛伐克	88593.00	2750027.00
阿尔巴尼亚	33304.00	2740287.00
喀麦隆	26681.00	2707924.00
厄瓜多尔	65324.00	2606084.00
毛里求斯	26775.00	2383133.00
危地马拉	58115.00	2310836.00
孟加拉国	7172.00	2140687.00
立陶宛	139626.00	2032707.00
蒙古	34098.00	1981073.00
斯里兰卡	27309.00	1959490.00
刚果（金）	18349.00	1721251.00
埃及	14798.00	1698704.00

（续表）

国家/地区	出口数量（千克）	出口金额（美元）
匈牙利	49041.00	1605140.00
塞内加尔	22917.00	1576887.00
塞浦路斯	36533.00	1487444.00
萨尔瓦多	66733.00	1455906.00
白俄罗斯	44436.00	1410412.00
科特迪瓦	29258.00	1230831.00
文莱	14067.00	1179827.00
马耳他	13093.00	1172306.00
留尼汪	36361.00	1125920.00
亚美尼亚	5093.00	1112428.00
特立尼达和多巴哥	18213.00	996205.00
多哥	26198.00	988204.00
巴布亚新几内亚	18473.00	970955.00
赞比亚	5014.00	948493.00
斐济	13017.00	946115.00
洪都拉斯	26116.00	919203.00
马达加斯加	35321.00	864223.00
格林纳达	4147.00	800736.00
爱沙尼亚	18776.00	756767.00
加蓬	7384.00	709149.00
尼泊尔	10449.00	637993.00
纳米比亚	13640.00	637232.00
毛里塔尼亚	8562.00	634269.00
塔吉克斯坦	1456.00	609477.00
阿鲁巴	3100.00	606297.00
塞尔维亚	10446.00	596524.00
阿塞拜疆	6719.00	593893.00
巴拉圭	4505.00	589425.00
巴哈马	2112.00	571401.00
埃塞俄比亚	15629.00	557355.00
乌干达	5603.00	539004.00
大洋洲其他国家(地区)	2168.00	530612.00
黑山	9430.00	479806.00
委内瑞拉	9752.00	479018.00
新喀里多尼亚	8150.00	467276.00
刚果(布)	7219.00	458791.00
圭亚那	4265.00	458658.00
几内亚	7255.00	455933.00
安提瓜和巴布达	2824.00	436243.00
伊朗	10254.00	417465.00
海地	9804.00	389593.00
苏里南	3799.00	389452.00
冰岛	7176.00	365547.00
冈比亚	3916.00	352713.00

（续表）

国家/地区	出口数量（千克）	出口金额（美元）
瓜德罗普	5559.00	352247.00
利比里亚	2616.00	321297.00
法属波利尼西亚	3633.00	299267.00
老挝	1795.00	293939.00
马约特	5165.00	289458.00
瓦努阿图	1505.00	276259.00
玻利维亚	3915.00	272898.00
尼加拉瓜	6283.00	251712.00
圣其茨和尼维斯	2127.00	241322.00
塞拉利昂	5647.00	236497.00
突尼斯	5723.00	226711.00
土库曼斯坦	6101.00	218060.00
巴巴多斯	5956.00	214639.00
塞舌尔	2042.00	212941.00
巴勒斯坦	2686.00	177170.00
贝宁	2323.00	175605.00
马提尼克	4663.00	169793.00
吉尔吉斯斯坦	649.00	133565.00
摩纳哥	29.00	128164.00
摩尔多瓦	1216.00	127680.00
布基纳法索	2118.00	125458.00
佛得角	2632.00	125287.00
科摩罗	1126.00	123258.00
阿富汗	3645.00	122990.00
卢森堡	5461.00	111723.00
津巴布韦	496.00	97756.00
法属圭亚那	1658.00	97415.00
尼日尔	2572.00	90685.00
特克斯和凯科斯群岛	186.00	79444.00
北马其顿	1213.00	77580.00
库腊索岛	352.00	76742.00
赤道几内亚	671.00	72662.00
东帝汶	791.00	66919.00
圣卢西亚	747.00	60395.00
萨摩亚	567.00	57667.00
圣文森特和格林纳丁斯	625.00	57356.00
马里	902.00	53446.00
波黑	1328.00	44062.00
多米尼克	1591.00	43623.00
中非	22.00	42870.00
厄立特里亚	130.00	38488.00
莱索托	738.00	36583.00
乍得	446.00	34092.00
伯利兹	890.00	31270.00

（续表）

国家/地区	出口数量（千克）	出口金额（美元）
马拉维	398.00	31007.00
列支敦士登	210.00	26716.00
所罗门群岛	465.00	25927.00
汤加	392.00	22464.00
南苏丹	125.00	18201.00
荷属安地列斯	62.00	16396.00
百慕大	92.00	16138.00
开曼群岛	48.00	15072.00
几内亚比绍	317.00	14658.00
库克群岛	437.00	12628.00
叙利亚	272.00	11654.00
古巴	62.00	6998.00
不丹	49.00	6213.00
卢旺达	66.00	5914.00
帕劳	316.00	5664.00
圣马丁岛	51.00	4906.00
斯威士兰	39.00	2985.00
圣多美和普林西比	31.00	690.00
密克罗尼西亚联邦	2.00	30.00

表 8　木质家具进口量值表

国家/地区	进口数量（千克）	进口金额（美元）
94016110 皮革或再生皮革面的带软垫的木框架坐具		
合计	187144.00	126594780.00
意大利	55187.00	91127517.00
越南	18693.00	6014983.00
德国	3549.00	3943441.00
泰国	9228.00	3479254.00
挪威	5693.00	3376488.00
印度尼西亚	35625.00	3354513.00
墨西哥	1364.00	2458074.00
法国	767.00	2235207.00
美国	1046.00	1863479.00
英国	379.00	1252160.00
马来西亚	31448.00	1183856.00
日本	4283.00	952436.00
丹麦	1216.00	862599.00
中国	2340.00	594627.00
罗马尼亚	1579.00	521587.00
波黑	6604.00	491994.00
中国台湾	1318.00	429149.00
立陶宛	472.00	380941.00

(续表)

国家/地区	进口数量(千克)	进口金额(美元)
波兰	761.00	298531.00
瑞士	58.00	243633.00
西班牙	261.00	236360.00
荷兰	343.00	134241.00
比利时	413.00	131630.00
奥地利	132.00	114463.00
韩国	2496.00	114043.00
葡萄牙	122.00	107914.00
瑞典	111.00	95772.00
土耳其	60.00	79983.00
斯洛伐克	39.00	74201.00
斯洛文尼亚	88.00	59735.00
捷克	309.00	55399.00
拉脱维亚	302.00	49231.00
匈牙利	27.00	44034.00
印度	270.00	42041.00
菲律宾	110.00	39609.00
加拿大	49.00	31098.00
中国香港	11.00	28655.00
澳大利亚	26.00	19545.00
巴西	8.00	12303.00
克罗地亚	54.00	11917.00
孟加拉国	140.00	11895.00
斐济	10.00	8636.00
南非	45.00	7016.00
新西兰	11.00	5037.00
保加利亚	34.00	4385.00
柬埔寨	7.00	2150.00
新加坡	2.00	1993.00
乌克兰	3.00	1850.00
俄罗斯	2.00	1711.00
希腊	1.00	1376.00
爱沙尼亚	1.00	1293.00
斯里兰卡	45.00	565.00
以色列	1.00	120.00
爱尔兰	1.00	110.00
94016190 其他带软垫的木框架坐具		
合计	818033.00	106690603.00
意大利	37640.00	50321442.00
越南	163818.00	12337102.00
泰国	224653.00	9624756.00
马来西亚	265701.00	6385322.00
墨西哥	5547.00	4652782.00
美国	4380.00	4441419.00

(续表)

国家/地区	进口数量(千克)	进口金额(美元)
法国	3451.00	3445285.00
中国	19627.00	1728804.00
德国	2579.00	1423809.00
印度尼西亚	6513.00	1196171.00
日本	13669.00	1134662.00
西班牙	1874.00	1029765.00
英国	1034.00	913574.00
中国台湾	1770.00	821170.00
丹麦	1532.00	786029.00
波兰	6920.00	768804.00
罗马尼亚	20101.00	754288.00
立陶宛	904.00	722649.00
波黑	15134.00	633631.00
孟加拉国	8119.00	527399.00
葡萄牙	451.00	423805.00
韩国	2423.00	297900.00
印度	2701.00	227002.00
荷兰	939.00	223060.00
拉脱维亚	1333.00	221912.00
比利时	785.00	210883.00
土耳其	983.00	191660.00
菲律宾	795.00	171835.00
新加坡	139.00	153122.00
瑞典	213.00	139969.00
奥地利	80.00	127847.00
加拿大	289.00	107246.00
澳大利亚	115.00	90495.00
斯洛伐克	45.00	68617.00
捷克	376.00	65292.00
希腊	83.00	48047.00
巴西	465.00	37034.00
匈牙利	52.00	31772.00
新西兰	72.00	25041.00
约旦	7.00	23972.00
芬兰	8.00	21810.00
爱沙尼亚	27.00	21190.00
埃及	135.00	20096.00
克罗地亚	54.00	14494.00
挪威	29.00	12736.00
乌克兰	42.00	11005.00
瑞士	30.00	9849.00
阿联酋	18.00	8515.00
俄罗斯	52.00	6875.00
叙利亚	10.00	5700.00

(续表)

国家/地区	进口数量(千克)	进口金额(美元)
爱尔兰	12.00	5360.00
中国香港	39.00	4343.00
以色列	5.00	2672.00
柬埔寨	22.00	1980.00
南非	30.00	1967.00
沙特阿拉伯	2.00	1935.00
巴基斯坦	181.00	1558.00
斯洛文尼亚	3.00	1536.00
斯里兰卡	2.00	544.00
突尼斯	1.00	407.00
卡塔尔	2.00	288.00
塞浦路斯	1.00	229.00
缅甸	16.00	140.00
94016900 其他木框架坐具		
合计	1815214.00	65266547.00
越南	617899.00	22052340.00
马来西亚	546026.00	8933190.00
老挝	91407.00	7630105.00
罗马尼亚	157348.00	3790922.00
意大利	8362.00	3483817.00
印度尼西亚	65214.00	3121063.00
波兰	82648.00	2975382.00
中国	34955.00	2779625.00
泰国	120809.00	2620883.00
立陶宛	20392.00	1061875.00
保加利亚	30708.00	914540.00
丹麦	3311.00	873308.00
日本	2752.00	578478.00
法国	1116.00	467381.00
捷克	4216.00	464125.00
德国	1859.00	449693.00
西班牙	1237.00	425793.00
拉脱维亚	2664.00	401042.00
印度	2883.00	349238.00
美国	1106.00	296666.00
芬兰	1007.00	213356.00
波黑	2675.00	175776.00
比利时	1500.00	145770.00
中国台湾	1897.00	135597.00
斯洛文尼亚	1834.00	134666.00
葡萄牙	219.00	108063.00
荷兰	1045.00	91884.00
英国	363.00	60796.00
菲律宾	95.00	55201.00

（续表）

国家/地区	进口数量（千克）	进口金额（美元）
洪都拉斯	377.00	52778.00
斯洛伐克	8.00	45581.00
柬埔寨	364.00	44492.00
斯里兰卡	2499.00	41343.00
中国香港	48.00	35608.00
韩国	213.00	34812.00
孟加拉国	557.00	26815.00
瑞典	97.00	22340.00
土耳其	117.00	21235.00
爱沙尼亚	686.00	20996.00
加拿大	302.00	14313.00
尼泊尔	235.00	12026.00
瑞士	22.00	11484.00
缅甸	225.00	9844.00
尼日利亚	119.00	8634.00
澳大利亚	20.00	8604.00
奥地利	22.00	7613.00
埃塞俄比亚	15.00	7125.00
新加坡	32.00	6935.00
埃及	848.00	6837.00
巴基斯坦	501.00	5332.00
阿联酋	5.00	4675.00
挪威	2.00	3992.00
津巴布韦	24.00	3880.00
玻利维亚	18.00	2671.00
摩洛哥	60.00	2538.00
塞尔维亚	16.00	2092.00
克罗地亚	6.00	1824.00
巴西	15.00	1674.00
南非	31.00	1485.00
阿尔巴尼亚	31.00	1045.00
新西兰	4.00	955.00
塞内加尔	87.00	934.00
俄罗斯	15.00	837.00
坦桑尼亚	18.00	793.00
沙特阿拉伯	1.00	522.00
白俄罗斯	14.00	402.00
哥伦比亚	1.00	359.00
匈牙利	2.00	323.00
蒙古	10.00	224.00
94033000 办公室用木家具		
合计	294428.00	30309431.00
立陶宛	72781.00	4486522.00
波兰	54552.00	4090750.00

（续表）

国家/地区	进口数量（千克）	进口金额（美元）
葡萄牙	87308.00	4069787.00
意大利	10485.00	3634901.00
德国	10177.00	2342898.00
韩国	6011.00	1862289.00
斯洛伐克	14798.00	1649898.00
英国	809.00	1514692.00
美国	1588.00	1461992.00
法国	380.00	1199568.00
越南	7765.00	1046774.00
日本	17833.00	411214.00
澳大利亚	130.00	358585.00
瑞典	653.00	221675.00
瑞士	40.00	219830.00
西班牙	119.00	217646.00
丹麦	220.00	186392.00
中国	1773.00	154610.00
老挝	512.00	143966.00
马来西亚	562.00	131283.00
捷克	2473.00	118623.00
新加坡	115.00	117543.00
芬兰	15.00	99528.00
奥地利	243.00	97907.00
印度尼西亚	234.00	69255.00
中国台湾	592.00	62809.00
挪威	144.00	53951.00
泰国	1115.00	43640.00
缅甸	280.00	43196.00
加拿大	66.00	42968.00
斯洛文尼亚	23.00	36763.00
比利时	72.00	32192.00
印度	71.00	17402.00
加蓬	52.00	12836.00
荷兰	74.00	11968.00
中国香港	96.00	11001.00
拉脱维亚	45.00	8876.00
土耳其	61.00	6630.00
爱沙尼亚	93.00	4906.00
菲律宾	23.00	3044.00
玻利维亚	8.00	2985.00
南非	2.00	1627.00
波黑	2.00	1552.00
爱尔兰	9.00	1350.00
沙特阿拉伯	6.00	630.00
俄罗斯	7.00	630.00

（续表）

国家/地区	进口数量（千克）	进口金额（美元）
柬埔寨	4.00	230.00
尼泊尔	7.00	117.00
94034000 厨房用木家具		
合计	1102942.00	142389631.00
德国	922246.00	95530013.00
意大利	89926.00	37002737.00
罗马尼亚	22406.00	3340692.00
日本	1314.00	1075331.00
中国	18740.00	1067476.00
老挝	2964.00	720853.00
越南	12617.00	720616.00
圣马力诺	829.00	275904.00
法国	463.00	266189.00
马来西亚	3055.00	255650.00
波兰	6919.00	255469.00
葡萄牙	4168.00	209758.00
韩国	4955.00	170028.00
西班牙	83.00	169426.00
美国	1301.00	159628.00
印度尼西亚	1346.00	147924.00
斯洛文尼亚	3330.00	130137.00
菲律宾	210.00	112247.00
中国台湾	119.00	108492.00
奥地利	66.00	108048.00
丹麦	27.00	103571.00
波黑	3524.00	93055.00
泰国	916.00	56141.00
荷兰	34.00	49859.00
瑞士	10.00	42766.00
比利时	81.00	40658.00
英国	48.00	37862.00
中国香港	2.00	26429.00
印度	257.00	25553.00
捷克	3.00	13122.00
新加坡	16.00	11970.00
立陶宛	454.00	9442.00
埃及	15.00	7236.00
斯洛伐克	5.00	6173.00
南非	10.00	6031.00
俄罗斯	37.00	5858.00
约旦	5.00	4901.00
巴西	20.00	4410.00
保加利亚	14.00	4253.00
加拿大	10.00	4195.00

(续表)

国家/地区	进口数量（千克）	进口金额（美元）
土耳其	301.00	2788.00
伊朗	1.00	2608.00
拉脱维亚	2.00	1171.00
摩洛哥	70.00	950.00
蒙古	6.00	550.00
挪威	3.00	479.00
国(地)别不详	1.00	446.00
澳大利亚	3.00	271.00
巴基斯坦	10.00	265.00
94035010 卧室用红木家具		
合计	159514.00	19052671.00
越南	62473.00	16043714.00
老挝	10087.00	2268076.00
缅甸	1090.00	380909.00
印度尼西亚	85775.00	179330.00
意大利	42.00	148679.00
中国	21.00	15839.00
美国	7.00	6951.00
尼日利亚	6.00	2880.00
新加坡	1.00	2857.00
柬埔寨	7.00	2050.00
韩国	3.00	644.00
泰国	1.00	407.00
日本	1.00	335.00
94035091 卧室用天然漆(大漆)漆木家具		
合计	448.00	169699.00
越南	396.00	73500.00
意大利	13.00	58144.00
英国	5.00	14586.00
中国	5.00	12208.00
德国	8.00	6878.00
拉脱维亚	8.00	2424.00
美国	6.00	974.00
印度尼西亚	6.00	670.00
马来西亚	1.00	315.00
94035099 其他卧室用木家具		
合计	869079.00	172151373.00
意大利	88039.00	79283773.00
波兰	281876.00	26460783.00
越南	249777.00	17765669.00
马来西亚	98536.00	11495114.00
瑞典	10320.00	5567809.00
印度尼西亚	14535.00	3650097.00
德国	6522.00	3375805.00

(续表)

国家/地区	进口数量（千克）	进口金额（美元）
罗马尼亚	26917.00	2818585.00
泰国	29637.00	2693741.00
丹麦	6292.00	2597979.00
立陶宛	11357.00	2319527.00
美国	1632.00	1870713.00
法国	833.00	1566485.00
中国	8235.00	1335843.00
斯洛伐克	5383.00	1201810.00
英国	334.00	1129371.00
葡萄牙	929.00	945768.00
中国台湾	1394.00	735820.00
拉脱维亚	7946.00	553043.00
比利时	1452.00	491421.00
西班牙	719.00	490606.00
菲律宾	938.00	490462.00
巴西	5803.00	466496.00
奥地利	188.00	464330.00
斯洛文尼亚	227.00	395775.00
加拿大	702.00	317182.00
日本	698.00	282089.00
土耳其	1785.00	276253.00
圣马力诺	742.00	187129.00
韩国	806.00	154626.00
墨西哥	116.00	149904.00
印度	842.00	123024.00
波黑	2099.00	83269.00
荷兰	359.00	67407.00
缅甸	281.00	53699.00
俄罗斯	149.00	48586.00
澳大利亚	45.00	29709.00
老挝	205.00	28628.00
瑞士	20.00	27064.00
希腊	42.00	23185.00
洪都拉斯	77.00	22486.00
马耳他	1.00	17582.00
匈牙利	54.00	15323.00
塞尔维亚	29.00	12788.00
柬埔寨	11.00	9200.00
保加利亚	28.00	8743.00
新加坡	20.00	8554.00
捷克	14.00	7128.00
爱沙尼亚	9.00	6714.00
中国香港	38.00	4829.00
埃及	11.00	4394.00

(续表)

国家/地区	进口数量（千克）	进口金额（美元）
南非	9.00	3062.00
尼日利亚	6.00	2975.00
尼泊尔	24.00	2864.00
爱尔兰	12.00	2313.00
津巴布韦	2.00	1600.00
新西兰	6.00	1143.00
挪威	6.00	577.00
突尼斯	1.00	162.00
芬兰	1.00	134.00
巴基斯坦	4.00	120.00
白俄罗斯	1.00	56.00
坦桑尼亚	3.00	47.00
94036010 其他红木家具		
合计	209850.00	33209767.00
越南	169806.00	28093439.00
老挝	37096.00	4198670.00
意大利	247.00	328788.00
缅甸	907.00	230366.00
印度尼西亚	950.00	181563.00
柬埔寨	70.00	42231.00
中国	142.00	37521.00
日本	428.00	31452.00
泰国	23.00	16567.00
斯洛伐克	3.00	12358.00
丹麦	17.00	10156.00
尼日利亚	83.00	9775.00
美国	31.00	7348.00
比利时	2.00	3834.00
葡萄牙	42.00	2637.00
西班牙	1.00	1575.00
法国	1.00	1316.00
德国	1.00	171.00
94036091 其他天然漆(大漆)漆木家具		
合计	515.00	490562.00
意大利	159.00	261005.00
韩国	16.00	128556.00
法国	5.00	31071.00
葡萄牙	3.00	27262.00
中国	58.00	16212.00
越南	42.00	6675.00
马来西亚	57.00	4986.00
德国	8.00	4441.00
瑞士	1.00	4210.00
日本	149.00	2506.00

（续表）

国家/地区	进口数量（千克）	进口金额（美元）
印度尼西亚	4.00	1356.00
美国	2.00	799.00
丹麦	4.00	693.00
俄罗斯	5.00	604.00
斯洛文尼亚	1.00	156.00
缅甸	1.00	30.00
94036099 未列名木家具		
合计	4818119.00	368062981.00
意大利	444631.00	125920324.00
波兰	1272830.00	38882050.00
立陶宛	441017.00	30820704.00
越南	479185.00	29932393.00
马来西亚	526598.00	23411983.00
德国	126616.00	19283691.00
泰国	383738.00	15208818.00
斯洛伐克	223045.00	13487047.00
印度尼西亚	190710.00	11318146.00
法国	24416.00	7752282.00
捷克	109394.00	5606969.00
罗马尼亚	21400.00	3987886.00
美国	4602.00	3901041.00
中国台湾	10724.00	3261982.00
葡萄牙	198823.00	3074980.00
中国	23035.00	2924225.00
日本	14156.00	2793211.00
丹麦	9439.00	2431608.00
匈牙利	35085.00	2333177.00
白俄罗斯	53103.00	2046649.00
拉脱维亚	59659.00	1759318.00
比利时	4121.00	1434518.00
韩国	15647.00	1404674.00
俄罗斯	17298.00	1278223.00
西班牙	2365.00	1257273.00
印度	13217.00	1234555.00
新加坡	620.00	1200750.00
波黑	37773.00	1198776.00
英国	1579.00	1126125.00
菲律宾	2003.00	1054380.00
瑞典	7465.00	1046374.00
奥地利	929.00	909086.00
巴西	8282.00	663923.00
挪威	4804.00	610052.00
荷兰	1648.00	466506.00
新西兰	1050.00	401434.00

（续表）

国家/地区	进口数量（千克）	进口金额（美元）
加拿大	585.00	349281.00
斯洛文尼亚	8921.00	296075.00
克罗地亚	3751.00	278684.00
老挝	7139.00	276778.00
保加利亚	19035.00	231795.00
澳大利亚	1730.00	211198.00
土耳其	694.00	162104.00
瑞士	71.00	161694.00
希腊	170.00	150382.00
芬兰	224.00	103180.00
洪都拉斯	122.00	55924.00
中国香港	290.00	52352.00
塞尔维亚	80.00	46232.00
缅甸	1483.00	35347.00
埃及	421.00	27943.00
阿曼	6.00	27616.00
南非	79.00	18094.00
尼泊尔	187.00	17224.00
巴基斯坦	1221.00	17147.00
圣马力诺	77.00	15776.00
爱沙尼亚	128.00	15407.00
约旦	9.00	14113.00
柬埔寨	65.00	9987.00
塞浦路斯	17.00	9891.00
玻利维亚	28.00	7385.00
尼日利亚	68.00	7338.00
津巴布韦	16.00	6170.00
蒙古	87.00	4861.00
摩洛哥	291.00	4555.00
阿联酋	25.00	4518.00
斐济	6.00	3402.00
墨西哥	8.00	3326.00
斯里兰卡	17.00	2610.00
突尼斯	5.00	1978.00
叙利亚	7.00	1880.00
埃塞俄比亚	3.00	1625.00
坦桑尼亚	29.00	1585.00
中国澳门	8.00	804.00
爱尔兰	4.00	520.00
卡塔尔	1.00	433.00
以色列	1.00	404.00
乌克兰	1.00	200.00
沙特阿拉伯	2.00	30.00

表 9　木制品出口量值表

国家/地区	出口数量（千克）	出口金额（美元）
44091010 任一边、端或面制成连续形状针叶木地板条		
合计	701375.00	1009635.00
日本	488155.00	747476.00
美国	67600.00	103076.00
赞比亚	21191.00	34013.00
几内亚	31540.00	22780.00
德国	3035.00	16678.00
智利	6320.00	14629.00
加拿大	6645.00	13492.00
越南	31611.00	12417.00
澳大利亚	7712.00	9858.00
印度	10051.00	8065.00
韩国	15500.00	5437.00
菲律宾	3500.00	5000.00
朝鲜	1120.00	3920.00
马达加斯加	1878.00	2761.00
肯尼亚	950.00	2373.00
中国台湾	1514.00	1918.00
巴林	600.00	1740.00
新加坡	1453.00	1666.00
瑞士	50.00	1559.00
埃塞俄比亚	528.00	571.00
葡萄牙	270.00	180.00
中国香港	152.00	26.00
44091090 其他任一边、端或面制成连续形状针叶木木材		
合计	8199130.00	9304628.00
日本	4266623.00	5731417.00
美国	481345.00	1473362.00
中国香港	2662600.00	744514.00
韩国	158381.00	257885.00
尼日利亚	225485.00	241662.00
新加坡	14740.00	181385.00
墨西哥	139920.00	153922.00
加拿大	55010.00	102214.00
中国台湾	47080.00	84673.00
新西兰	35700.00	82912.00
越南	44000.00	59278.00
英国	11112.00	41524.00
葡萄牙	6140.00	35786.00
中国澳门	21170.00	33349.00
克罗地亚	5139.00	20502.00
丹麦	2906.00	14386.00

(续表)

国家/地区	出口数量(千克)	出口金额(美元)
波兰	4390.00	9484.00
澳大利亚	4247.00	8896.00
阿联酋	1274.00	7111.00
荷兰	2330.00	6148.00
约旦	2000.00	5000.00
阿塞拜疆	1591.00	3700.00
柬埔寨	3895.00	2349.00
马来西亚	1710.00	1945.00
立陶宛	342.00	1224.00
44092210 热带木制的地板条(块),任何一边、端或面制成连续形状		
合计	4204742.00	7674537.00
美国	3314254.00	6334786.00
中国澳门	401705.00	653754.00
加拿大	146648.00	241087.00
日本	158041.00	184032.00
韩国	66420.00	102899.00
印度	60550.00	72241.00
阿塞拜疆	25500.00	31122.00
中国香港	2219.00	18029.00
中国台湾	14491.00	15634.00
阿联酋	4284.00	7290.00
英属维尔京群岛	3700.00	4603.00
马来西亚	3980.00	3933.00
澳大利亚	1850.00	2663.00
马尔代夫	1100.00	2464.00
44092290 热带木制的任何一边、端或面制成连续形状的其他木材		
合计	119981.00	33403.00
日本	119961.00	33216.00
马尔代夫	20.00	187.00
44092910 其他任一边、端或面成连续状非针叶木地板条		
合计	81386487.00	119978395.00
美国	28316787.00	42538616.00
日本	20824645.00	30359385.00
韩国	12500415.00	16436993.00
英国	7099721.00	9214209.00
加拿大	3349958.00	6017994.00
澳大利亚	3435130.00	4769285.00
法国	2264416.00	4316178.00
马来西亚	526017.00	719161.00
中国香港	344975.00	701106.00
新加坡	382081.00	637213.00

(续表)

国家/地区	出口数量(千克)	出口金额(美元)
印度	306920.00	517267.00
俄罗斯	249452.00	516440.00
柬埔寨	221714.00	440726.00
波兰	210532.00	424946.00
比利时	171510.00	283048.00
菲律宾	181300.00	276268.00
阿联酋	116766.00	192384.00
中国台湾	71852.00	135086.00
斐济	49254.00	119801.00
泰国	40178.00	108795.00
罗马尼亚	55046.00	106896.00
斯洛文尼亚	65885.00	101382.00
荷兰	35531.00	86585.00
意大利	71312.00	85825.00
保加利亚	46920.00	82767.00
爱尔兰	41790.00	76436.00
格鲁吉亚	30105.00	54282.00
哈萨克斯坦	25638.00	54246.00
蒙古	24500.00	54229.00
新西兰	32044.00	50650.00
南非	19361.00	49435.00
卡塔尔	28195.00	49037.00
西班牙	24280.00	46704.00
越南	25872.00	40216.00
加蓬	12865.00	39296.00
缅甸	13997.00	36834.00
德国	18649.00	35683.00
巴基斯坦	32000.00	29840.00
印度尼西亚	17800.00	29710.00
肯尼亚	14570.00	22239.00
斯里兰卡	9735.00	14894.00
马尔代夫	9860.00	13367.00
多哥	21521.00	13176.00
黎巴嫩	7200.00	12614.00
巴林	3686.00	8462.00
塞尔维亚	2100.00	8400.00
阿塞拜疆	7520.00	8207.00
津巴布韦	3000.00	7279.00
以色列	3573.00	6921.00
阿尔巴尼亚	3492.00	6224.00
葡萄牙	440.00	5400.00
沙特阿拉伯	1925.00	2784.00
委内瑞拉	490.00	2761.00
阿曼	5549.00	2761.00

(续表)

国家/地区	出口数量(千克)	出口金额(美元)
白俄罗斯	566.00	1962.00
埃塞俄比亚	930.00	1500.00
加纳	440.00	1300.00
刚果(金)	1053.00	1067.00
智利	1695.00	932.00
摩洛哥	564.00	677.00
中国澳门	1140.00	484.00
吉布提	25.00	30.00
44092990 其他任一边、端或面成连续形状非针叶木木材		
合计	2655608.00	5182816.00
美国	495507.00	1473692.00
日本	481147.00	1187191.00
越南	856069.00	729029.00
澳大利亚	107632.00	346560.00
印度	143980.00	313749.00
墨西哥	158302.00	284953.00
中国香港	110615.00	159243.00
马来西亚	14283.00	92840.00
荷兰	26856.00	87983.00
柬埔寨	20316.00	76657.00
加拿大	16233.00	71907.00
英国	10016.00	55451.00
加纳	72492.00	41328.00
肯尼亚	38782.00	27852.00
新加坡	7196.00	27788.00
中国台湾	7980.00	27367.00
韩国	13735.00	23038.00
以色列	8596.00	19344.00
西班牙	12411.00	18102.00
斯里兰卡	5534.00	17684.00
沙特阿拉伯	14363.00	15699.00
中国澳门	3717.00	12786.00
塞拉利昂	996.00	12778.00
德国	2625.00	12500.00
瑞典	5737.00	10097.00
新西兰	780.00	6694.00
瑞士	504.00	4560.00
巴布亚新几内亚	5480.00	4527.00
朝鲜	574.00	2668.00
约旦	1850.00	2604.00
巴西	1940.00	1940.00
赞比亚	198.00	1634.00
克罗地亚	1090.00	1615.00

（续表）

国家/地区	出口数量（千克）	出口金额（美元）
罗马尼亚	365.00	1590.00
博茨瓦纳	850.00	1021.00
帕劳	988.00	988.00
乌兹别克斯坦	1000.00	980.00
巴基斯坦	748.00	972.00
巴林	240.00	925.00
乌拉圭	999.00	810.00
阿联酋	763.00	771.00
塞尔维亚	460.00	690.00
泰国	626.00	626.00
伊拉克	450.00	495.00
俄罗斯	113.00	283.00
菲律宾	121.00	229.00
土耳其	177.00	195.00
缅甸	25.00	175.00
印度尼西亚	67.00	126.00
秘鲁	80.00	80.00
44140010 辐射松制的画框、相框、镜框及类似品		
合计	1833590.00	5764421.00
美国	1378882.00	4324166.00
法国	137504.00	450218.00
德国	71001.00	186286.00
英国	46973.00	167347.00
波兰	49324.00	160562.00
瑞士	44348.00	154379.00
加拿大	28001.00	89538.00
意大利	11585.00	46101.00
西班牙	11360.00	41234.00
希腊	10706.00	40213.00
罗马尼亚	9128.00	34836.00
马来西亚	22442.00	20280.00
澳大利亚	3606.00	18885.00
中国香港	3721.00	10443.00
日本	1344.00	5860.00
巴西	1488.00	4951.00
南非	945.00	3978.00
肯尼亚	386.00	3226.00
新加坡	770.00	1761.00
阿联酋	76.00	157.00
44140090 其他木制的画框、相框、镜框及类似品		
合计	178110293.00	441807585.00
美国	85950422.00	211541950.00

（续表）

国家/地区	出口数量（千克）	出口金额（美元）
英国	14863685.00	36866325.00
荷兰	9160683.00	20276512.00
日本	5224132.00	19071154.00
澳大利亚	8687830.00	17893538.00
德国	6279133.00	16203285.00
法国	4377394.00	10261893.00
西班牙	3428149.00	8608029.00
加拿大	2933702.00	8417300.00
瑞典	2259437.00	7797391.00
比利时	3245293.00	7452965.00
波兰	3151515.00	6980955.00
意大利	1974621.00	6512947.00
越南	2688975.00	4554222.00
新西兰	1680999.00	3877047.00
柬埔寨	2951197.00	3872721.00
马来西亚	1048972.00	3642717.00
智利	1833901.00	3384769.00
缅甸	842218.00	3310399.00
韩国	838304.00	2712684.00
丹麦	979175.00	2292823.00
吉布提	745601.00	2260639.00
新加坡	437171.00	2242681.00
巴西	515850.00	1782697.00
爱尔兰	634770.00	1614425.00
俄罗斯	583612.00	1327783.00
希腊	733683.00	1326602.00
中国香港	276087.00	1188360.00
阿联酋	317492.00	1155567.00
墨西哥	379225.00	1151412.00
菲律宾	373402.00	1138283.00
爱沙尼亚	580208.00	1124801.00
泰国	361270.00	1074145.00
多米尼加	591560.00	1058130.00
南非	477764.00	1008331.00
以色列	397981.00	1005824.00
葡萄牙	302232.00	1004627.00
尼日利亚	543188.00	992955.00
中国台湾	321066.00	945772.00
沙特阿拉伯	282527.00	836804.00
土耳其	233229.00	750718.00
印度	347537.00	700910.00
挪威	315436.00	682856.00
埃塞俄比亚	272733.00	647725.00
巴拿马	217036.00	587026.00

（续表）

国家/地区	出口数量（千克）	出口金额（美元）
秘鲁	221643.00	582188.00
阿根廷	262303.00	554380.00
印度尼西亚	190787.00	520024.00
斯洛文尼亚	89625.00	492030.00
哥伦比亚	181726.00	490185.00
尼加拉瓜	250085.00	486076.00
哥斯达黎加	137487.00	380441.00
伊拉克	159025.00	289847.00
肯尼亚	84676.00	228597.00
保加利亚	149491.00	219754.00
芬兰	75812.00	196296.00
朝鲜	43727.00	194341.00
科威特	44878.00	186445.00
摩洛哥	69492.00	182485.00
埃及	64919.00	173527.00
斯洛伐克	73189.00	169943.00
厄瓜多尔	61054.00	169444.00
阿尔及利亚	69124.00	165820.00
乌拉圭	69149.00	160063.00
白俄罗斯	54534.00	141239.00
黎巴嫩	55072.00	134233.00
克罗地亚	40493.00	123500.00
乌克兰	43369.00	116790.00
捷克	41988.00	114384.00
奥地利	28786.00	103602.00
匈牙利	27015.00	99085.00
瑞士	30588.00	97002.00
立陶宛	38516.00	95910.00
坦桑尼亚	40571.00	94681.00
萨尔瓦多	42404.00	88606.00
安哥拉	29062.00	84425.00
加纳	43578.00	75173.00
牙买加	16787.00	72174.00
中国澳门	30922.00	68213.00
多哥	28170.00	67325.00
罗马尼亚	22348.00	61421.00
卡塔尔	20110.00	53877.00
波多黎各	17739.00	53374.00
阿曼	21866.00	52841.00
阿尔巴尼亚	22193.00	52638.00
科特迪瓦	14703.00	51042.00
毛里求斯	21156.00	50765.00
毛里塔尼亚	17480.00	50540.00
乌兹别克斯坦	47553.00	50500.00

(续表)

国家/地区	出口数量(千克)	出口金额(美元)
格鲁吉亚	17583.00	41460.00
约旦	24694.00	41291.00
塞尔维亚	10839.00	40059.00
塞内加尔	18357.00	38851.00
玻利维亚	17502.00	38769.00
哈萨克斯坦	9920.00	37466.00
斐济	18155.00	36280.00
拉脱维亚	8979.00	33171.00
留尼汪	10580.00	31964.00
巴林	12583.00	31896.00
塞浦路斯	19515.00	31767.00
利比亚	11611.00	28143.00
斯里兰卡	9765.00	28028.00
危地马拉	7765.00	27006.00
洪都拉斯	13803.00	26261.00
也门	14627.00	26206.00
法属波利尼西亚	14153.00	20361.00
圣其茨和尼维斯	4000.00	18000.00
巴基斯坦	25765.00	17298.00
圭亚那	11321.00	17221.00
贝宁	8515.00	17183.00
巴拉圭	5044.00	13602.00
苏丹	6946.00	13436.00
几内亚	16699.00	10918.00
海地	6179.00	10276.00
突尼斯	4443.00	8500.00
津巴布韦	6182.00	8365.00
冰岛	3022.00	6415.00
孟加拉国	3665.00	5816.00
波黑	1878.00	5760.00
新喀里多尼亚	4002.00	5759.00
古巴	1320.00	5283.00
特立尼达和多巴哥	1883.00	4775.00
文莱	767.00	4679.00
莫桑比克	3149.00	4606.00
摩纳哥	480.00	4118.00
巴布亚新几内亚	1829.00	3994.00
伊朗	2614.00	3347.00
加蓬	2114.00	3169.00
博茨瓦纳	2185.00	2070.00
马尔代夫	508.00	1371.00
佛得角	222.00	1344.00
巴勒斯坦	1047.00	1292.00
利比里亚	1025.00	1288.00

(续表)

国家/地区	出口数量(千克)	出口金额(美元)
黑山	994.00	1276.00
刚果(金)	400.00	1200.00
叙利亚	668.00	1129.00
马达加斯加	1340.00	1071.00
蒙古	101.00	1037.00
巴巴多斯	464.00	998.00
东帝汶	380.00	924.00
索马里	909.00	920.00
尼泊尔	709.00	879.00
阿塞拜疆	64.00	811.00
乍得	445.00	720.00
几内亚比绍	600.00	564.00
帕劳	18.00	540.00
亚美尼亚	193.00	260.00
赤道几内亚	15.00	134.00
库腊索岛	72.00	126.00
吉尔吉斯斯坦	20.00	60.00
阿鲁巴	47.00	59.00
不丹	21.00	57.00
格林纳达	4.00	21.00
塔吉克斯坦	1.00	5.00
北马其顿	1.00	5.00

44151000 木制箱、盒、桶及类似的包装容器;电缆卷筒

国家/地区	出口数量(千克)	出口金额(美元)
合计	20473380.00	36110419.00
美国	7413933.00	10504728.00
日本	3187584.00	3723190.00
韩国	1608178.00	3220761.00
德国	499199.00	2243886.00
新加坡	218402.00	1787392.00
中国香港	1919183.00	1701669.00
澳大利亚	1034652.00	1611394.00
荷兰	396849.00	1290402.00
越南	186497.00	928929.00
西班牙	299116.00	867127.00
英国	334192.00	864438.00
阿联酋	343756.00	805078.00
意大利	298039.00	771526.00
马来西亚	426460.00	603021.00
中国台湾	231666.00	525878.00
加拿大	84713.00	495833.00
泰国	344852.00	467781.00
法国	129313.00	407481.00
印度尼西亚	379032.00	406360.00

(续表)

国家/地区	出口数量(千克)	出口金额(美元)
沙特阿拉伯	48990.00	369542.00
智利	84499.00	246700.00
瑞士	21370.00	196635.00
斯里兰卡	115508.00	162904.00
南非	10636.00	157776.00
葡萄牙	45751.00	139536.00
墨西哥	7054.00	134898.00
尼泊尔	14306.00	128507.00
中国澳门	80821.00	111294.00
新西兰	58900.00	111107.00
比利时	54743.00	99487.00
伊拉克	71786.00	77756.00
瑞典	18222.00	68087.00
印度	61373.00	67775.00
巴拿马	23696.00	57031.00
巴林	86000.00	53200.00
芬兰	12869.00	50951.00
波多黎各	21621.00	49543.00
斯洛文尼亚	9872.00	48186.00
以色列	16744.00	42025.00
丹麦	12964.00	36987.00
埃及	10484.00	31320.00
匈牙利	26343.00	30591.00
科威特	6975.00	30020.00
阿根廷	5227.00	28515.00
巴基斯坦	15031.00	28309.00
秘鲁	10374.00	28079.00
哥斯达黎加	13173.00	26504.00
多米尼加	8138.00	25746.00
缅甸	47186.00	25195.00
朝鲜	9737.00	24863.00
安哥拉	5340.00	20270.00
希腊	6127.00	18325.00
俄罗斯	6426.00	17333.00
爱沙尼亚	10328.00	17165.00
巴西	10522.00	13760.00
乌兹别克斯坦	8130.00	13520.00
特立尼达和多巴哥	3836.00	13481.00
土耳其	21500.00	13300.00
老挝	10260.00	10454.00
挪威	1406.00	9170.00
奥地利	2065.00	6214.00
罗马尼亚	1752.00	6179.00
波兰	4508.00	4176.00

（续表）

国家/地区	出口数量（千克）	出口金额（美元）
哥伦比亚	2011.00	3891.00
克罗地亚	250.00	2713.00
乌克兰	1255.00	2555.00
巴拉圭	557.00	2496.00
坦桑尼亚	1392.00	2383.00
肯尼亚	872.00	2230.00
利比亚	953.00	2125.00
菲律宾	303.00	1608.00
新喀里多尼亚	599.00	1498.00
哈萨克斯坦	1088.00	1346.00
贝宁	600.00	1320.00
尼日利亚	880.00	1282.00
阿曼	688.00	1027.00
摩洛哥	101.00	1010.00
马尔代夫	740.00	1000.00
毛里塔尼亚	524.00	613.00
阿尔及利亚	260.00	520.00
厄瓜多尔	263.00	369.00
捷克	300.00	300.00
黎巴嫩	262.00	200.00
帕劳	350.00	200.00
孟加拉国	198.00	168.00
多哥	105.00	93.00
蒙古	300.00	90.00
柬埔寨	155.00	40.00
保加利亚	17.00	31.00
加纳	10.00	12.00
圣其茨和尼维斯	138.00	9.00
44152010 辐射松制托板箱形托盘及其他装载板托盘护框		
合计	388312.00	264421.00
新加坡	37815.00	50781.00
马来西亚	28800.00	44668.00
日本	96694.00	44557.00
泰国	37383.00	40992.00
马达加斯加	131340.00	39792.00
越南	36000.00	27000.00
中国台湾	19470.00	14039.00
朝鲜	810.00	2592.00
44152090 木托板、箱形托盘及其他装载木板；托盘护框		
合计	51388743.00	38374972.00
中国香港	20847530.00	21796025.00
韩国	11805924.00	2925140.00

（续表）

国家/地区	出口数量（千克）	出口金额（美元）
泰国	2462036.00	2188208.00
日本	2262148.00	2005311.00
中国台湾	5637751.00	1939920.00
马来西亚	2553173.00	1515134.00
新加坡	805458.00	1015124.00
中国澳门	683385.00	918061.00
美国	410485.00	753394.00
越南	733956.00	651054.00
沙特阿拉伯	172819.00	238522.00
菲律宾	725380.00	230673.00
比利时	286217.00	214430.00
柬埔寨	331723.00	209707.00
英国	124601.00	203529.00
澳大利亚	164378.00	192587.00
德国	73750.00	191236.00
俄罗斯	297500.00	182745.00
缅甸	201744.00	181357.00
法国	117383.00	165150.00
印度	121648.00	121608.00
丹麦	62538.00	80879.00
荷兰	35433.00	75623.00
土耳其	93151.00	50295.00
意大利	7923.00	36216.00
墨西哥	43073.00	32379.00
西班牙	10232.00	24759.00
加拿大	9867.00	23396.00
尼日利亚	52436.00	22828.00
牙买加	17625.00	17870.00
葡萄牙	3399.00	14068.00
博茨瓦纳	36120.00	13814.00
也门	16635.00	13151.00
伊拉克	16940.00	12119.00
多米尼加	3130.00	11772.00
几内亚	21300.00	11715.00
埃及	6822.00	10268.00
新西兰	9452.00	9808.00
罗马尼亚	4100.00	9568.00
摩洛哥	11207.00	8879.00
卡塔尔	21270.00	8267.00
阿联酋	1730.00	6353.00
瑞典	8427.00	4861.00
马尔代夫	367.00	4018.00
孟加拉国	24000.00	4000.00
奥地利	12164.00	3390.00

（续表）

国家/地区	出口数量（千克）	出口金额（美元）
北马其顿	9600.00	3360.00
利比亚	2115.00	3273.00
巴西	1082.00	2895.00
塞浦路斯	69.00	2625.00
巴林	5865.00	2407.00
斯里兰卡	5515.00	2133.00
莫桑比克	516.00	1876.00
科特迪瓦	3280.00	1640.00
挪威	29.00	870.00
厄瓜多尔	348.00	863.00
阿曼	1020.00	620.00
斯洛文尼亚	2340.00	535.00
瑞士	5.00	405.00
智利	493.00	383.00
阿尔及利亚	391.00	323.00
冰岛	900.00	245.00
以色列	1065.00	216.00
大洋洲其他国家(地区)	5110.00	210.00
帕劳	150.00	210.00
约旦	179.00	136.00
朝鲜	33.00	117.00
伊朗	74.00	96.00
芬兰	96.00	92.00
南非	21.00	88.00
巴拉圭	2.00	55.00
印度尼西亚	71.00	48.00
匈牙利	5.00	26.00
爱尔兰	14.00	11.00
多哥	25.00	3.00
44160010 辐射松制大桶、琵琶桶、盆等箍桶及零件		
合计	85.00	2060.00
澳大利亚	70.00	1420.00
中国香港	15.00	640.00
44160090 木制大桶、琵琶桶、盆等木制箍桶及其零件		
合计	744035.00	2672907.00
日本	156185.00	530847.00
美国	181453.00	513296.00
新加坡	11805.00	206952.00
阿尔及利亚	35378.00	177045.00
英国	95167.00	158360.00
德国	22736.00	115859.00
澳大利亚	30070.00	112388.00

(续表)

国家/地区	出口数量(千克)	出口金额(美元)
法国	16816.00	102227.00
捷克	5133.00	99440.00
芬兰	12777.00	89697.00
荷兰	40316.00	76402.00
比利时	11110.00	53731.00
马来西亚	4247.00	52112.00
韩国	11340.00	39746.00
波兰	7867.00	34342.00
智利	4543.00	30936.00
中国香港	6679.00	24400.00
中国澳门	11663.00	23034.00
阿联酋	5154.00	16820.00
埃塞俄比亚	4000.00	15800.00
摩洛哥	7726.00	15704.00
菲律宾	6411.00	15059.00
沙特阿拉伯	4566.00	14621.00
加拿大	4619.00	14337.00
新西兰	3180.00	13013.00
意大利	3775.00	12010.00
土耳其	1762.00	10816.00
西班牙	2262.00	9856.00
立陶宛	2593.00	9067.00
伊拉克	3116.00	8796.00
中国台湾	3720.00	6390.00
爱尔兰	1590.00	5936.00
墨西哥	1766.00	5680.00
肯尼亚	540.00	5155.00
南非	345.00	4950.00
奥地利	1149.00	4057.00
科威特	1137.00	3566.00
匈牙利	1247.00	3348.00
印度	2294.00	2776.00
巴林	1400.00	2740.00
阿曼	594.00	2651.00
丹麦	665.00	2650.00
巴西	1753.00	2575.00
阿根廷	304.00	2250.00
卡塔尔	1980.00	1947.00
保加利亚	262.00	1716.00
格鲁吉亚	561.00	1707.00
葡萄牙	1100.00	1689.00
秘鲁	502.00	1490.00
泰国	1082.00	1320.00
希腊	113.00	1293.00

(续表)

国家/地区	出口数量(千克)	出口金额(美元)
朝鲜	620.00	1120.00
乌兹别克斯坦	109.00	1093.00
以色列	434.00	1087.00
委内瑞拉	140.00	910.00
越南	787.00	897.00
俄罗斯	245.00	755.00
约旦	390.00	734.00
黎巴嫩	522.00	716.00
乌克兰	230.00	486.00
老挝	136.00	464.00
哈萨克斯坦	40.00	316.00
斯里兰卡	97.00	298.00
柬埔寨	147.00	239.00
利比亚	200.00	200.00
多米尼加	122.00	192.00
马尔代夫	46.00	153.00
厄瓜多尔	25.00	130.00
牙买加	50.00	111.00
苏里南	100.00	102.00
塞尔维亚	11.00	89.00
蒙古	1000.00	85.00
巴布亚新几内亚	23.00	62.00
克罗地亚	4.00	57.00
巴拿马	4.00	12.00
44170010 辐射松制工具等;扫帚及刷子;鞋靴楦及楦头		
合计	148354.00	158761.00
日本	108717.00	86352.00
越南	38193.00	71781.00
波兰	344.00	378.00
美国	1100.00	250.00
44170090 木制工具等;扫帚及刷子等;木鞋靴楦及楦头		
合计	57107538.00	123573963.00
马来西亚	10719767.00	43631456.00
沙特阿拉伯	6735498.00	21964214.00
新加坡	2461126.00	9049873.00
南非	2053571.00	6860000.00
印度尼西亚	1820332.00	5671992.00
伊拉克	4538569.00	3280247.00
阿联酋	1373988.00	2394807.00
韩国	1821315.00	2200480.00
美国	735330.00	1940034.00
日本	782935.00	1917202.00

(续表)

国家/地区	出口数量(千克)	出口金额(美元)
以色列	659985.00	1676367.00
越南	282070.00	1202084.00
土耳其	744940.00	1160095.00
埃及	2767761.00	1118754.00
印度	1037127.00	890867.00
中国台湾	308549.00	853813.00
突尼斯	1894388.00	776618.00
罗马尼亚	400987.00	672700.00
英国	312629.00	659609.00
尼日利亚	1265595.00	651983.00
泰国	405584.00	598698.00
危地马拉	192889.00	536789.00
智利	751065.00	520748.00
利比亚	579735.00	518015.00
吉布提	258160.00	513351.00
叙利亚	686929.00	503577.00
阿尔及利亚	869271.00	481609.00
坦桑尼亚	525636.00	463773.00
多米尼加	141090.00	456406.00
摩洛哥	844901.00	425873.00
斯里兰卡	266259.00	408522.00
巴拿马	126877.00	388953.00
也门	718565.00	373431.00
德国	83629.00	359894.00
科威特	355752.00	343864.00
意大利	372869.00	340659.00
中国香港	139901.00	330297.00
菲律宾	280376.00	300784.00
墨西哥	333336.00	296394.00
巴基斯坦	796087.00	291462.00
法国	71022.00	287134.00
肯尼亚	269173.00	282701.00
希腊	274973.00	278581.00
安哥拉	437825.00	276941.00
波多黎各	95661.00	270523.00
索马里	95178.00	264190.00
约旦	247570.00	247028.00
加纳	444945.00	241180.00
荷兰	42317.00	238011.00
比利时	100606.00	191591.00
特立尼达和多巴哥	87360.00	180064.00
保加利亚	47061.00	170180.00
西班牙	264629.00	160806.00
毛里求斯	70395.00	155663.00

（续表）

国家/地区	出口数量（千克）	出口金额（美元）
黎巴嫩	291318.00	155590.00
刚果(金)	84352.00	147918.00
塞内加尔	198547.00	146526.00
莫桑比克	66408.00	143857.00
马达加斯加	188595.00	131333.00
牙买加	79451.00	126159.00
苏里南	23356.00	123947.00
卡塔尔	82586.00	119591.00
俄罗斯	95067.00	117181.00
阿根廷	62366.00	114876.00
埃塞俄比亚	150769.00	114782.00
利比里亚	33251.00	110094.00
加拿大	33869.00	104940.00
柬埔寨	9423.00	102749.00
萨尔瓦多	161300.00	98746.00
捷克	5302.00	92917.00
阿曼	77855.00	86953.00
阿尔巴尼亚	174629.00	79938.00
波兰	111372.00	75135.00
澳大利亚	27056.00	72164.00
秘鲁	166599.00	69153.00
匈牙利	11400.00	58695.00
海地	14831.00	53930.00
苏丹	164787.00	48603.00
纳米比亚	19273.00	44908.00
新西兰	12941.00	44138.00
马耳他	217886.00	41925.00
斯洛文尼亚	11599.00	37687.00
毛里塔尼亚	20580.00	31941.00
塞尔维亚	18590.00	31276.00
孟加拉国	20198.00	30088.00
科特迪瓦	22976.00	29398.00
格鲁吉亚	11664.00	27732.00
巴林	10430.00	27283.00
哥伦比亚	29294.00	26377.00
立陶宛	34123.00	21782.00
博茨瓦纳	16002.00	20928.00
瑞士	6358.00	20833.00
瑞典	3796.00	19238.00
乌拉圭	33915.00	19226.00
喀麦隆	14663.00	18113.00
中国澳门	10594.00	17966.00
法属波利尼西亚	8914.00	17515.00
伊朗	30480.00	14835.00

（续表）

国家/地区	出口数量（千克）	出口金额（美元）
几内亚	12963.00	14247.00
赞比亚	8610.00	14002.00
冈比亚	11766.00	13859.00
卢旺达	8320.00	13288.00
古巴	5719.00	12522.00
北马其顿	28000.00	11921.00
哈萨克斯坦	26000.00	11768.00
加蓬	10171.00	11569.00
尼泊尔	3651.00	11273.00
哥斯达黎加	22446.00	11016.00
巴布亚新几内亚	7838.00	10210.00
乌克兰	4564.00	9827.00
葡萄牙	4034.00	9565.00
克罗地亚	9430.00	9384.00
拉脱维亚	17331.00	8465.00
巴西	6564.00	7931.00
赤道几内亚	4496.00	6317.00
塞浦路斯	3188.00	5460.00
留尼汪	2529.00	5112.00
圭亚那	2498.00	4768.00
爱沙尼亚	2055.00	4530.00
津巴布韦	2182.00	4256.00
刚果(布)	4092.00	4213.00
芬兰	360.00	3620.00
厄瓜多尔	2185.00	3575.00
爱尔兰	1010.00	3321.00
几内亚比绍	1560.00	3250.00
塞拉利昂	3147.00	3125.00
白俄罗斯	2544.00	2802.00
圣卢西亚	1980.00	2452.00
所罗门群岛	1019.00	2114.00
多哥	1987.00	1991.00
马尔代夫	2010.00	1788.00
格林纳达	934.00	1441.00
塞舌尔	1088.00	1438.00
乌兹别克斯坦	1185.00	1431.00
斐济	1133.00	1361.00
贝宁	1163.00	1258.00
洪都拉斯	1502.00	1188.00
尼加拉瓜	1003.00	1109.00
布隆迪	1100.00	969.00
黑山	965.00	965.00
莱索托	1090.00	876.00
巴拉圭	690.00	864.00

（续表）

国家/地区	出口数量（千克）	出口金额（美元）
乌干达	813.00	808.00
密克罗尼西亚联邦	633.00	741.00
巴巴多斯	600.00	720.00
法属圭亚那	686.00	700.00
多米尼克	328.00	563.00
朝鲜	337.00	549.00
东帝汶	332.00	470.00
汤加	324.00	411.00
南苏丹	295.00	318.00
瓦努阿图	287.00	316.00
新喀里多尼亚	225.00	259.00
尼日尔	260.00	255.00
中非	245.00	241.00
马约特	152.00	235.00
基里巴斯	416.00	234.00
安提瓜和巴布达	38.00	230.00
丹麦	239.00	191.00
马拉维	235.00	177.00
乍得	85.00	105.00
玻利维亚	13.00	58.00
蒙古	25.00	53.00
圣其茨和尼维斯	15.00	35.00
44181010 辐射松制窗法兰西式(落地)窗及其框架		
合计	2040.00	6260.00
韩国	1250.00	4620.00
加拿大	490.00	1400.00
朝鲜	300.00	240.00
44181090 木制窗/法兰西式(落地)窗及其木制框架		
合计	38944390.00	171011430.00
美国	12080172.00	56688419.00
英国	8481300.00	47711300.00
澳大利亚	4209523.00	30337150.00
日本	6058081.00	11626342.00
德国	3947709.00	5748404.00
荷兰	1205842.00	5517805.00
新西兰	298662.00	2247535.00
韩国	236753.00	1662120.00
越南	225232.00	1168745.00
意大利	664798.00	1028145.00
中国香港	186819.00	970845.00
中国台湾	111210.00	890054.00
尼日利亚	157286.00	771175.00

（续表）

国家/地区	出口数量（千克）	出口金额（美元）
阿联酋	72239.00	534724.00
南非	107307.00	467198.00
巴拿马	62370.00	442691.00
比利时	54458.00	389565.00
加拿大	84853.00	385012.00
法国	216161.00	299501.00
波兰	30619.00	276547.00
贝宁	51507.00	215065.00
爱尔兰	20473.00	166491.00
智利	41685.00	156510.00
斯里兰卡	18532.00	134139.00
墨西哥	29560.00	91170.00
泰国	22922.00	90347.00
马来西亚	10474.00	66684.00
毛里求斯	14927.00	66286.00
阿尔巴尼亚	14286.00	58997.00
哥斯达黎加	8960.00	58184.00
柬埔寨	24758.00	46658.00
俄罗斯	9781.00	46092.00
罗马尼亚	5405.00	45545.00
卡塔尔	4692.00	44450.00
蒙古	19765.00	43126.00
伊拉克	40930.00	41382.00
黎巴嫩	2848.00	40623.00
突尼斯	7930.00	38393.00
菲律宾	8028.00	36081.00
委内瑞拉	4235.00	34948.00
丹麦	3809.00	32595.00
新加坡	3167.00	28627.00
塞浦路斯	4773.00	27333.00
以色列	2388.00	25566.00
克罗地亚	5200.00	25215.00
葡萄牙	3648.00	19269.00
印度	3801.00	17017.00
加纳	1812.00	16342.00
乌兹别克斯坦	5120.00	15360.00
特立尼达和多巴哥	1375.00	14693.00
北马其顿	2300.00	13481.00
巴基斯坦	35340.00	12525.00
巴林	2510.00	12127.00
巴西	794.00	11802.00
中国澳门	3780.00	11794.00
匈牙利	656.00	9492.00
文莱	2902.00	6385.00

（续表）

国家/地区	出口数量（千克）	出口金额（美元）
安提瓜和巴布达	700.00	5189.00
印度尼西亚	1810.00	5023.00
莫桑比克	1265.00	4875.00
阿根廷	765.00	2805.00
缅甸	903.00	1879.00
斯洛文尼亚	367.00	1550.00
刚果（金）	130.00	1417.00
赞比亚	400.00	1334.00
瑞典	249.00	814.00
希腊	139.00	627.00
安哥拉	410.00	525.00
沙特阿拉伯	180.00	460.00
哈萨克斯坦	243.00	460.00
西班牙	177.00	147.00
巴拉圭	80.00	112.00
大洋洲其他国家(地区)	40.00	80.00
瓦努阿图	65.00	62.00
44182000 木制门及其框架和门槛		
合计	324952891.00	638430520.00
美国	83186279.00	153739239.00
日本	36721084.00	105251678.00
中国香港	35733368.00	73550014.00
英国	19136570.00	40142181.00
罗马尼亚	22944970.00	27354485.00
加拿大	13300277.00	22970150.00
越南	4850542.00	14598252.00
爱尔兰	6419334.00	11325965.00
澳大利亚	3716807.00	11198517.00
马来西亚	3636392.00	10683262.00
菲律宾	4893634.00	9907696.00
新加坡	4487272.00	9613549.00
韩国	4112521.00	9352120.00
中国澳门	4551837.00	9113779.00
法国	2838421.00	8680659.00
泰国	4877316.00	8250477.00
阿联酋	4954335.00	7971962.00
尼日利亚	5295862.00	7599211.00
保加利亚	6287466.00	6082570.00
伊拉克	4612340.00	4567019.00
沙特阿拉伯	1809562.00	4065741.00
委内瑞拉	1856798.00	3923654.00
格鲁吉亚	3714290.00	3809775.00
柬埔寨	1027735.00	3342996.00
斯里兰卡	664065.00	2949355.00

（续表）

国家/地区	出口数量（千克）	出口金额（美元）
阿尔巴尼亚	3298473.00	2923396.00
印度	1068421.00	2691342.00
卡塔尔	1161156.00	2408796.00
比利时	1403067.00	2315521.00
埃及	2247020.00	2257231.00
巴基斯坦	1179034.00	2240787.00
多米尼加	984399.00	2003358.00
科威特	1321289.00	1874947.00
亚美尼亚	1551846.00	1777398.00
马尔代夫	501763.00	1619252.00
墨西哥	873923.00	1615158.00
印度尼西亚	595726.00	1580947.00
阿曼	961234.00	1547778.00
缅甸	648250.00	1436851.00
安哥拉	564523.00	1376256.00
牙买加	528740.00	1296652.00
吉布提	514059.00	1221297.00
巴拿马	628281.00	1188583.00
加纳	564455.00	1145854.00
俄罗斯	160546.00	1129194.00
赞比亚	398557.00	1094488.00
蒙古	1590262.00	1093998.00
乌拉圭	736392.00	1069496.00
肯尼亚	472813.00	1022020.00
乌克兰	605599.00	934147.00
土库曼斯坦	803504.00	885273.00
利比亚	719288.00	835032.00
阿尔及利亚	325862.00	814941.00
摩尔多瓦	784000.00	806880.00
孟加拉国	132262.00	772138.00
塞尔维亚	701359.00	768275.00
南非	319539.00	710878.00
希腊	786840.00	709635.00
坦桑尼亚	242054.00	662391.00
朝鲜	269898.00	660497.00
以色列	375791.00	623336.00
埃塞俄比亚	244217.00	622520.00
中国台湾	403758.00	619527.00
尼日尔	74500.00	611095.00
阿根廷	456976.00	601808.00
新西兰	159046.00	590172.00
巴哈马	105585.00	584342.00
冈比亚	498139.00	571528.00
莫桑比克	246644.00	562899.00

（续表）

国家/地区	出口数量（千克）	出口金额（美元）
塞内加尔	290121.00	547787.00
老挝	155924.00	507930.00
毛里求斯	157398.00	462360.00
巴布亚新几内亚	215720.00	461802.00
智利	274751.00	458105.00
毛里塔尼亚	211453.00	396307.00
喀麦隆	118318.00	388713.00
哥斯达黎加	329723.00	372940.00
巴林	205599.00	361763.00
哈萨克斯坦	88407.00	358024.00
特立尼达和多巴哥	186892.00	352868.00
秘鲁	252764.00	350610.00
德国	142721.00	349143.00
刚果(金)	107361.00	347131.00
格林纳达	98359.00	343574.00
伊朗	372644.00	343247.00
乌兹别克斯坦	42029.00	327986.00
科特迪瓦	133648.00	284506.00
大洋洲其他国家(地区)	45216.00	281120.00
黑山	208469.00	268802.00
土耳其	214017.00	258847.00
匈牙利	106917.00	243189.00
马耳他	135775.00	226810.00
几内亚	91808.00	214580.00
危地马拉	104886.00	200138.00
黎巴嫩	154474.00	195512.00
佛得角	121542.00	192759.00
马达加斯加	98767.00	188255.00
意大利	44801.00	184070.00
乍得	80562.00	181459.00
苏里南	138791.00	179281.00
萨摩亚	95064.00	174995.00
古巴	81052.00	151530.00
多哥	49370.00	151085.00
刚果(布)	43173.00	148569.00
荷兰	73229.00	147519.00
玻利维亚	115188.00	132040.00
多米尼克	38846.00	131664.00
索马里	101682.00	131374.00
留尼汪	52528.00	128421.00
瑞典	24741.00	118390.00
巴西	71279.00	114217.00
马拉维	31722.00	112944.00
约旦	82606.00	111756.00

（续表）

国家/地区	出口数量（千克）	出口金额（美元）
布基纳法索	51608.00	100564.00
尼泊尔	18631.00	98364.00
巴拉圭	65318.00	98144.00
乌干达	36384.00	97648.00
所罗门群岛	35179.00	96965.00
克罗地亚	54220.00	88818.00
阿富汗	20661.00	88757.00
加蓬	37681.00	88053.00
斐济	58082.00	87413.00
安提瓜和巴布达	22321.00	87310.00
苏丹	21498.00	87020.00
厄瓜多尔	46164.00	84240.00
海地	34058.00	81018.00
文莱	28763.00	78455.00
塞舌尔	13378.00	61891.00
立陶宛	47663.00	61786.00
哥伦比亚	28625.00	60359.00
新喀里多尼亚	23606.00	58692.00
突尼斯	25926.00	58429.00
北马其顿	56090.00	53821.00
库腊索岛	32930.00	53685.00
葡萄牙	25440.00	52726.00
斯洛文尼亚	25690.00	52392.00
特克斯和凯科斯群岛	26890.00	49210.00
巴巴多斯	28200.00	49174.00
利比里亚	28223.00	48753.00
西班牙	5553.00	47516.00
芬兰	36963.00	47281.00
荷属安地列斯	14479.00	45833.00
圣其茨和尼维斯	16426.00	43983.00
阿塞拜疆	48870.00	42233.00
瓜德罗普	17857.00	41992.00
贝宁	15401.00	41907.00
莱索托	6841.00	39325.00
塞拉利昂	3498.00	38484.00
白俄罗斯	10148.00	38442.00
摩洛哥	17581.00	37259.00
也门	11505.00	36103.00
奥地利	5148.00	31333.00
卢旺达	13422.00	31009.00
纳米比亚	35818.00	30761.00
马提尼克	10747.00	29583.00
密克罗尼西亚联邦	13858.00	24824.00
汤加	9308.00	24763.00

（续表）

国家/地区	出口数量（千克）	出口金额（美元）
塔吉克斯坦	6771.00	22669.00
马里	22500.00	22240.00
巴勒斯坦	4500.00	22150.00
马绍尔群岛	19680.00	20908.00
萨尔瓦多	12858.00	20892.00
瓦努阿图	7185.00	18267.00
波多黎各	4608.00	17707.00
布隆迪	3140.00	16789.00
塞浦路斯	2760.00	16200.00
中非	5594.00	15693.00
圭亚那	2450.00	14960.00
帕劳	5164.00	14695.00
东帝汶	7080.00	13414.00
丹麦	2007.00	12476.00
南苏丹	3800.00	11612.00
博茨瓦纳	10000.00	10951.00
冰岛	2460.00	10604.00
捷克	2633.00	7452.00
圣马丁岛	900.00	6275.00
津巴布韦	792.00	6178.00
英属维尔京群岛	480.00	5273.00
赤道几内亚	4496.00	3556.00
阿鲁巴	880.00	3454.00
挪威	700.00	3000.00
吉尔吉斯斯坦	793.00	2469.00
波兰	870.00	2198.00
科摩罗	160.00	1390.00
拉丁美洲其他国家(地区)	700.00	1235.00
法属波利尼西亚	670.00	990.00
洪都拉斯	448.00	896.00
圣卢西亚	60.00	572.00
斯洛伐克	62.00	220.00
法属圭亚那	42.00	193.00
库克群岛	300.00	160.00
伯利兹	192.00	122.00

44184000 木制水泥构件的模板

国家/地区	出口数量（千克）	出口金额（美元）
合计	44932733.00	30885924.00
澳大利亚	7894991.00	6839056.00
印度尼西亚	6189181.00	3280755.00
中国香港	3959361.00	3102502.00
朝鲜	3853038.00	2351432.00
柬埔寨	3416310.00	2140561.00
越南	2510269.00	1786432.00
埃及	1521519.00	1484487.00

(续表)

国家/地区	出口数量（千克）	出口金额（美元）
中国澳门	2842109.00	1139551.00
马来西亚	1358637.00	842046.00
马尔代夫	591356.00	427736.00
津巴布韦	494795.00	384148.00
阿尔及利亚	512147.00	375394.00
埃塞俄比亚	409340.00	359704.00
孟加拉国	429102.00	325221.00
加纳	469008.00	295384.00
科特迪瓦	314388.00	256649.00
美国	386564.00	244048.00
老挝	423355.00	233142.00
肯尼亚	360707.00	230421.00
刚果(金)	297320.00	228477.00
菲律宾	339850.00	210165.00
韩国	153588.00	182479.00
牙买加	243141.00	163403.00
斯里兰卡	183833.00	162597.00
乌兹别克斯坦	262655.00	150584.00
乌干达	223383.00	149833.00
贝宁	170280.00	148410.00
白俄罗斯	484904.00	145167.00
伊拉克	166512.00	144980.00
马里	175050.00	143770.00
巴布亚新几内亚	237131.00	141210.00
阿联酋	152976.00	139978.00
喀麦隆	147100.00	126541.00
赤道几内亚	208280.00	118570.00
几内亚	172585.00	114129.00
毛里塔尼亚	200380.00	107018.00
尼泊尔	171100.00	105976.00
缅甸	128108.00	103554.00
巴基斯坦	135270.00	103500.00
尼日利亚	145090.00	100902.00
赞比亚	88325.00	93184.00
吉布提	171000.00	84863.00
莫桑比克	101750.00	84214.00
蒙古	365300.00	84003.00
刚果(布)	96050.00	79671.00
加蓬	81858.00	73607.00
圭亚那	89527.00	73510.00
俄罗斯	120640.00	71948.00
阿曼	106800.00	71172.00
马拉维	11520.00	64512.00
卢旺达	84000.00	62098.00

(续表)

国家/地区	出口数量（千克）	出口金额（美元）
塔吉克斯坦	62690.00	56022.00
古巴	28750.00	52642.00
萨摩亚	87485.00	51579.00
安哥拉	64270.00	50784.00
圣其茨和尼维斯	94938.00	44211.00
苏里南	53000.00	40090.00
厄立特里亚	40000.00	35475.00
圣卢西亚	51470.00	35284.00
瓦努阿图	53250.00	33593.00
吉尔吉斯斯坦	43000.00	33385.00
突尼斯	42200.00	33178.00
博茨瓦纳	25000.00	31274.00
特立尼达和多巴哥	35044.00	29986.00
泰国	51160.00	29759.00
乍得	35280.00	28960.00
安提瓜和巴布达	33940.00	26693.00
纳米比亚	33600.00	26077.00
斐济	35966.00	25670.00
塞拉利昂	28939.00	24464.00
多米尼克	33000.00	24066.00
毛里求斯	25498.00	22880.00
格林纳达	32564.00	21946.00
尼日尔	26180.00	20889.00
西班牙	24380.00	20220.00
佛得角	32000.00	18097.00
塞内加尔	28360.00	17763.00
新加坡	27300.00	16699.00
玻利维亚	24632.00	16443.00
几内亚比绍	17100.00	15652.00
卡塔尔	20800.00	12800.00
中国台湾	11522.00	8258.00
冈比亚	14460.00	7291.00
坦桑尼亚	8340.00	7148.00
布隆迪	10000.00	5797.00
所罗门群岛	8940.00	5100.00
塞尔维亚	5750.00	4010.00
塞舌尔	6320.00	3798.00
希腊	4240.00	3413.00
印度	4865.00	2948.00
英国	6000.00	2546.00
墨西哥	1800.00	2100.00
马达加斯加	3300.00	1400.00
帕劳	888.00	932.00
爱尔兰	830.00	742.00

(续表)

国家/地区	出口数量（千克）	出口金额（美元）
多哥	1480.00	560.00
塞浦路斯	570.00	427.00
日本	149.00	179.00
44185000 木瓦及木制盖屋板		
合计	12607197.00	12280302.00
美国	11163893.00	10182737.00
韩国	567120.00	997185.00
日本	477170.00	454606.00
加拿大	200697.00	311457.00
泰国	70257.00	158757.00
新加坡	16800.00	74860.00
柬埔寨	58070.00	37800.00
马尔代夫	27370.00	23929.00
特立尼达和多巴哥	1000.00	18529.00
沙特阿拉伯	2131.00	7107.00
中国香港	5655.00	5655.00
中国台湾	16055.00	5514.00
哈萨克斯坦	912.00	1919.00
比利时	67.00	247.00
44186000 木制柱及梁		
合计	19374160.00	22022689.00
日本	8983839.00	9372265.00
美国	1207644.00	2692315.00
加拿大	852680.00	2496998.00
澳大利亚	1121900.00	2083984.00
缅甸	3233861.00	1059213.00
印度尼西亚	401419.00	531407.00
新加坡	606134.00	437079.00
中国香港	379188.00	412199.00
韩国	321662.00	369704.00
俄罗斯	240427.00	361827.00
马来西亚	251350.00	347452.00
尼日利亚	213952.00	324749.00
埃塞俄比亚	182220.00	210324.00
菲律宾	63308.00	128492.00
中国台湾	95676.00	108134.00
泰国	95173.00	104788.00
柬埔寨	67800.00	101934.00
卡塔尔	280273.00	99415.00
马尔代夫	153900.00	86457.00
中国澳门	208700.00	80715.00
墨西哥	44701.00	55845.00
尼泊尔	30000.00	49960.00
坦桑尼亚	22331.00	39721.00

（续表）

国家/地区	出口数量（千克）	出口金额（美元）
肯尼亚	33515.00	39433.00
危地马拉	23500.00	32933.00
德国	9850.00	30885.00
阿根廷	22090.00	29543.00
越南	7340.00	28362.00
赤道几内亚	19360.00	27940.00
阿联酋	22065.00	26775.00
科特迪瓦	28000.00	25356.00
巴拉圭	19316.00	24951.00
毛里求斯	16550.00	21077.00
莫桑比克	12790.00	17048.00
乌拉圭	9245.00	15192.00
土耳其	6000.00	15000.00
喀麦隆	10760.00	13758.00
丹麦	2760.00	13081.00
萨尔瓦多	9920.00	13050.00
叙利亚	10120.00	12435.00
智利	5850.00	11748.00
印度	7050.00	11616.00
波黑	4069.00	8587.00
特克斯和凯科斯群岛	5292.00	8467.00
瑞典	6250.00	7774.00
尼日尔	10590.00	6785.00
法国	1983.00	5570.00
加纳	3300.00	4390.00
安哥拉	966.00	3771.00
巴林	1440.00	2880.00
老挝	2355.00	1780.00
南非	1095.00	1773.00
文莱	450.00	1639.00
阿富汗	565.00	1507.00
伊拉克	985.00	1478.00
荷兰	206.00	501.00
多哥	25.00	355.00
以色列	280.00	150.00
罗马尼亚	90.00	122.00
44187400 其他马赛克地板用已装拼的木地板		
合计	907194.00	1594526.00
韩国	351855.00	635099.00
日本	146747.00	277489.00
中国台湾	115761.00	194879.00
新加坡	88123.00	145250.00
马来西亚	62356.00	103341.00
澳大利亚	49966.00	81176.00

（续表）

国家/地区	出口数量（千克）	出口金额（美元）
泰国	39852.00	66496.00
中国香港	22635.00	38758.00
印度尼西亚	21127.00	36684.00
克罗地亚	1620.00	6661.00
委内瑞拉	810.00	3000.00
罗马尼亚	1184.00	2880.00
安哥拉	4977.00	2488.00
菲律宾	181.00	325.00
44187500 其他多层已装拼的木地板		
合计	4039980.00	6523965.00
中国香港	2070350.00	3077015.00
朝鲜	1268255.00	2060932.00
马来西亚	147890.00	279748.00
中国澳门	152815.00	184992.00
爱尔兰	26823.00	103012.00
日本	23236.00	102943.00
哥斯达黎加	28896.00	88200.00
意大利	29607.00	76823.00
泰国	91659.00	64161.00
美国	9142.00	51698.00
澳大利亚	15137.00	50030.00
斯里兰卡	22616.00	45689.00
荷兰	13718.00	44676.00
韩国	6461.00	39352.00
英国	8222.00	34916.00
南非	7764.00	34076.00
伊朗	7360.00	31133.00
波兰	4500.00	19068.00
哈萨克斯坦	4679.00	18418.00
新加坡	3670.00	16340.00
莫桑比克	3810.00	16104.00
印度	2192.00	10719.00
菲律宾	1800.00	9991.00
加拿大	67380.00	9708.00
越南	3505.00	9167.00
塔吉克斯坦	3680.00	7997.00
安哥拉	2380.00	7918.00
佛得角	1290.00	5473.00
格鲁吉亚	1812.00	4200.00
哥伦比亚	2050.00	4100.00
柬埔寨	872.00	3493.00
白俄罗斯	911.00	2733.00
德国	650.00	2516.00
马尔代夫	1170.00	2208.00

（续表）

国家/地区	出口数量（千克）	出口金额（美元）
科威特	190.00	1575.00
肯尼亚	1400.00	1205.00
以色列	265.00	1153.00
俄罗斯	1817.00	464.00
比利时	4.00	14.00
印度尼西亚	2.00	5.00
44187900 其他已装拼木地板		
合计	14156904.00	19201338.00
美国	9170071.00	12396944.00
朝鲜	2118444.00	2163016.00
中国香港	867702.00	1135376.00
中国澳门	919133.00	929643.00
泰国	70576.00	410114.00
日本	264609.00	393284.00
中国台湾	59444.00	239941.00
加拿大	96638.00	204937.00
英国	82543.00	197847.00
柬埔寨	115337.00	177116.00
伊朗	15466.00	113717.00
印度	12300.00	91806.00
菲律宾	69676.00	89773.00
阿联酋	21056.00	78451.00
文莱	21190.00	70284.00
德国	18424.00	54279.00
意大利	3010.00	51815.00
白俄罗斯	16165.00	38770.00
尼日尔	9449.00	34529.00
澳大利亚	8092.00	31387.00
印度尼西亚	8100.00	28350.00
马来西亚	21950.00	25809.00
摩洛哥	9880.00	25723.00
法国	16841.00	18778.00
新加坡	9250.00	17944.00
塞内加尔	8945.00	15531.00
加纳	5700.00	14670.00
越南	7547.00	14311.00
毛里求斯	10308.00	12960.00
罗马尼亚	2250.00	12000.00
赤道几内亚	6500.00	9937.00
伊拉克	2316.00	9832.00
以色列	3620.00	8176.00
乌兹别克斯坦	3150.00	6300.00
刚果(金)	4243.00	6271.00
葡萄牙	950.00	6000.00

(续表)

国家/地区	出口数量（千克）	出口金额（美元）
吉布提	3750.00	5693.00
韩国	5643.00	5643.00
肯尼亚	4975.00	5640.00
塞拉利昂	4226.00	5349.00
纳米比亚	4700.00	5170.00
西班牙	2000.00	4620.00
巴林	450.00	3180.00
保加利亚	2455.00	2860.00
丹麦	875.00	2671.00
缅甸	25523.00	2562.00
智利	1663.00	2544.00
巴布亚新几内亚	2261.00	2087.00
埃及	1730.00	1946.00
哥伦比亚	1770.00	1939.00
阿尔巴尼亚	736.00	1840.00
俄罗斯	486.00	1516.00
沙特阿拉伯	2250.00	1013.00
汤加	800.00	1000.00
东帝汶	751.00	980.00
格鲁吉亚	1500.00	975.00
巴基斯坦	720.00	936.00
瓦努阿图	885.00	929.00
索马里	928.00	928.00
荷兰	880.00	880.00
匈牙利	840.00	840.00
克罗地亚	650.00	780.00
乌克兰	2100.00	304.00
约旦	129.00	297.00
比利时	163.00	268.00
斐济	120.00	180.00
墨西哥	70.00	147.00
44189900 未列名建筑用木工制品		
合计	90553462.00	187137652.00
美国	31731690.00	66996002.00
日本	10144837.00	23118767.00
澳大利亚	9771495.00	16472132.00
中国香港	8213928.00	14875237.00
中国澳门	6555622.00	14846430.00
英国	2928734.00	9455424.00
加拿大	2882518.00	6646468.00
韩国	2857287.00	6399282.00
越南	1661228.00	3232022.00
新西兰	1451924.00	3187932.00
印度	667319.00	2100074.00

(续表)

国家/地区	出口数量（千克）	出口金额（美元）
新加坡	348877.00	1563074.00
泰国	634871.00	1524188.00
马来西亚	581428.00	1486977.00
中国台湾	591728.00	1393593.00
爱尔兰	1125868.00	1337870.00
意大利	438457.00	1094800.00
德国	517424.00	937151.00
比利时	305722.00	801842.00
沙特阿拉伯	119266.00	704780.00
孟加拉国	200047.00	698609.00
法国	237180.00	642344.00
菲律宾	164370.00	523702.00
阿联酋	77975.00	473938.00
俄罗斯	71484.00	392740.00
朝鲜	355301.00	391385.00
蒙古	3109662.00	373702.00
坦桑尼亚	42482.00	370780.00
老挝	48327.00	349714.00
伊拉克	432520.00	335526.00
以色列	82745.00	290951.00
阿曼	82064.00	283391.00
巴基斯坦	82166.00	239705.00
缅甸	368755.00	231324.00
西班牙	74573.00	205553.00
柬埔寨	199989.00	195641.00
智利	36825.00	155055.00
卡塔尔	22866.00	136447.00
瑞士	19572.00	127847.00
斯里兰卡	49141.00	125411.00
圭亚那	293200.00	119503.00
摩洛哥	42740.00	108423.00
吉布提	46175.00	99051.00
巴哈马	8424.00	91260.00
荷兰	34089.00	91008.00
赞比亚	33668.00	90352.00
冈比亚	26800.00	88708.00
南非	39921.00	87595.00
安哥拉	10303.00	86514.00
毛里求斯	16180.00	85134.00
尼日利亚	28562.00	79072.00
牙买加	21663.00	76191.00
文莱	68984.00	75442.00
墨西哥	30187.00	74208.00
安提瓜和巴布达	19164.00	66563.00

(续表)

国家/地区	出口数量（千克）	出口金额（美元）
印度尼西亚	4863.00	65219.00
瑞典	9386.00	64925.00
巴林	11031.00	62722.00
肯尼亚	10038.00	59371.00
哈萨克斯坦	51711.00	58027.00
阿尔及利亚	28282.00	57730.00
阿根廷	16284.00	57651.00
莫桑比克	20259.00	56849.00
哥伦比亚	11302.00	52762.00
巴西	10335.00	51523.00
喀麦隆	38203.00	39885.00
巴拿马	3188.00	31613.00
瓦努阿图	24570.00	29495.00
斐济	9163.00	29322.00
乌兹别克斯坦	32050.00	23900.00
马尔代夫	17518.00	23596.00
刚果(金)	26904.00	22069.00
几内亚	58400.00	17842.00
埃塞俄比亚	16980.00	17779.00
科威特	5478.00	17166.00
贝宁	430.00	16775.00
秘鲁	6773.00	15658.00
土耳其	3257.00	15420.00
帕劳	5101.00	15400.00
挪威	2103.00	14123.00
几内亚比绍	17700.00	13044.00
苏丹	1513.00	11970.00
所罗门群岛	1920.00	11290.00
克罗地亚	3120.00	11232.00
希腊	3190.00	9964.00
赤道几内亚	970.00	9964.00
巴布亚新几内亚	8245.00	9760.00
格鲁吉亚	5194.00	9707.00
也门	3914.00	9011.00
多米尼加	2497.00	7751.00
阿尔巴尼亚	2085.00	6156.00
乌拉圭	3881.00	5779.00
罗马尼亚	3972.00	5277.00
乌克兰	779.00	4771.00
波兰	1384.00	4181.00
捷克	1333.00	4041.00
伊朗	1064.00	3700.00
毛里塔尼亚	10465.00	3453.00
津巴布韦	581.00	3423.00

（续表）

国家/地区	出口数量（千克）	出口金额（美元）
白俄罗斯	13908.00	3387.00
汤加	3268.00	3145.00
尼泊尔	8800.00	2960.00
萨摩亚	1800.00	2900.00
埃及	2337.00	2632.00
加纳	8575.00	2573.00
加蓬	406.00	2228.00
爱沙尼亚	600.00	2177.00
奥地利	108.00	1857.00
多哥	380.00	1824.00
斯洛文尼亚	661.00	1758.00
黎巴嫩	1053.00	1750.00
巴巴多斯	20.00	1657.00
萨尔瓦多	1040.00	1525.00
尼日尔	333.00	1194.00
葡萄牙	350.00	1108.00
芬兰	920.00	960.00
阿富汗	745.00	745.00
厄瓜多尔	103.00	628.00
伯利兹	600.00	600.00
塞内加尔	800.00	561.00
利比亚	200.00	500.00
匈牙利	158.00	350.00
南苏丹	300.00	255.00
塞尔维亚	210.00	200.00
丹麦	44.00	48.00
44199010 木制一次性筷子		
合计	59421644.00	65773688.00
日本	39950352.00	49237116.00
韩国	15604522.00	11563368.00
美国	1742147.00	2117032.00
智利	282267.00	442600.00
澳大利亚	265114.00	432253.00
中国台湾	427134.00	407508.00
印度尼西亚	227463.00	251794.00
法国	127672.00	239247.00
加拿大	149604.00	235882.00
瑞典	74615.00	146253.00
新西兰	90059.00	136853.00
英国	87121.00	98789.00
德国	118303.00	87611.00
墨西哥	89524.00	86409.00
西班牙	52737.00	78620.00
巴西	14910.00	37275.00

（续表）

国家/地区	出口数量（千克）	出口金额（美元）
新加坡	14015.00	31671.00
马来西亚	8931.00	21855.00
越南	18200.00	20930.00
荷兰	12488.00	14556.00
印度	7513.00	13145.00
泰国	9222.00	12143.00
乌拉圭	5242.00	11997.00
葡萄牙	8984.00	7180.00
多米尼加	7725.00	6255.00
阿联酋	4025.00	5401.00
瑞士	2440.00	4270.00
朝鲜	4962.00	4041.00
丹麦	4138.00	3845.00
菲律宾	971.00	3503.00
意大利	1832.00	2660.00
委内瑞拉	2750.00	2446.00
卡塔尔	323.00	1803.00
新喀里多尼亚	488.00	1638.00
科威特	420.00	1050.00
阿尔及利亚	655.00	983.00
沙特阿拉伯	674.00	724.00
塞内加尔	350.00	665.00
比利时	600.00	557.00
中国香港	86.00	455.00
芬兰	74.00	379.00
厄瓜多尔	465.00	378.00
斯里兰卡	121.00	286.00
中国澳门	260.00	165.00
玻利维亚	46.00	88.00
蒙古	100.00	9.00
44199090 未列名木制餐具及厨房用具		
合计	52302734.00	233939151.00
美国	11749885.00	55415882.00
日本	3847061.00	29002283.00
英国	4899301.00	19159152.00
德国	3253886.00	14534797.00
澳大利亚	3021660.00	12855668.00
荷兰	2755903.00	11311105.00
法国	1969267.00	8913521.00
印度	3055441.00	8066392.00
加拿大	1367473.00	7063501.00
西班牙	1167082.00	5345242.00
韩国	1022533.00	4750119.00
沙特阿拉伯	1303445.00	4532548.00

（续表）

国家/地区	出口数量（千克）	出口金额（美元）
比利时	1251555.00	4506367.00
丹麦	579508.00	3638340.00
意大利	787533.00	3553688.00
瑞典	730010.00	3348547.00
波兰	830573.00	2764582.00
新加坡	307563.00	2694654.00
中国香港	984927.00	2264365.00
新西兰	482995.00	2027077.00
马来西亚	251924.00	1987684.00
中国台湾	255501.00	1598573.00
智利	382280.00	1509683.00
芬兰	187340.00	1446604.00
以色列	420295.00	1411617.00
巴西	310906.00	1372035.00
俄罗斯	303787.00	1323802.00
阿联酋	330480.00	1263438.00
南非	294319.00	1154630.00
挪威	211169.00	1063231.00
科威特	208311.00	969013.00
墨西哥	206689.00	965942.00
捷克	210102.00	874818.00
菲律宾	180258.00	754598.00
土耳其	217327.00	743399.00
葡萄牙	134080.00	687346.00
阿尔及利亚	376166.00	617081.00
斯洛文尼亚	121747.00	608660.00
希腊	158164.00	588671.00
印度尼西亚	108236.00	545011.00
爱尔兰	140190.00	428571.00
泰国	91734.00	418166.00
卡塔尔	94384.00	362519.00
秘鲁	79180.00	321410.00
越南	44252.00	265416.00
奥地利	52103.00	262509.00
瑞士	44798.00	248104.00
黎巴嫩	63696.00	240654.00
哥伦比亚	66193.00	235549.00
利比亚	112626.00	234311.00
约旦	65381.00	191199.00
埃及	48930.00	183905.00
波多黎各	57860.00	180673.00
阿根廷	38457.00	151710.00
多米尼加	22666.00	149043.00
摩洛哥	81023.00	148759.00

(续表)

国家/地区	出口数量(千克)	出口金额(美元)
伊拉克	104810.00	141766.00
乌克兰	35390.00	130574.00
罗马尼亚	49118.00	125365.00
匈牙利	36718.00	122910.00
巴拿马	33245.00	120976.00
斯洛伐克	22686.00	114436.00
立陶宛	34676.00	113564.00
乌拉圭	37158.00	112051.00
中国澳门	70389.00	107874.00
毛里求斯	16466.00	88649.00
拉脱维亚	8094.00	73151.00
新喀里多尼亚	25868.00	72056.00
阿曼	25348.00	65592.00
白俄罗斯	21410.00	63947.00
乌兹别克斯坦	54603.00	61839.00
哥斯达黎加	16486.00	60597.00
厄瓜多尔	11744.00	57256.00
保加利亚	19103.00	57188.00
尼日利亚	19312.00	51549.00
克罗地亚	12974.00	51287.00
巴巴多斯	9445.00	45750.00
肯尼亚	9012.00	44716.00
伊朗	21175.00	41845.00
萨尔瓦多	9970.00	39443.00
巴林	5879.00	31424.00
加纳	14086.00	31066.00
格林纳达	7027.00	30780.00
突尼斯	22096.00	28991.00
马约特	5298.00	28259.00
巴基斯坦	29413.00	26363.00
危地马拉	9454.00	25729.00
塞尔维亚	8685.00	25088.00
爱沙尼亚	4325.00	24166.00
马耳他	3956.00	23506.00
文莱	3174.00	22179.00
格鲁吉亚	7576.00	22175.00
牙买加	1959.00	22160.00
冰岛	2713.00	21240.00
阿尔巴尼亚	10508.00	20109.00
特立尼达和多巴哥	2467.00	20059.00
法属波利尼西亚	13707.00	19834.00
留尼汪	4340.00	19683.00
委内瑞拉	3817.00	15730.00
吉布提	9464.00	15467.00

(续表)

国家/地区	出口数量(千克)	出口金额(美元)
萨摩亚	2864.00	15098.00
斯里兰卡	5947.00	14175.00
阿塞拜疆	2301.00	13536.00
巴勒斯坦	4723.00	12988.00
叙利亚	6395.00	12449.00
瓦努阿图	3623.00	11331.00
安哥拉	4036.00	11245.00
博茨瓦纳	3881.00	10697.00
柬埔寨	4359.00	10390.00
巴拉圭	2940.00	9110.00
也门	7109.00	9022.00
科特迪瓦	1744.00	8707.00
阿鲁巴	2090.00	8573.00
安提瓜和巴布达	678.00	6996.00
塞浦路斯	3937.00	6805.00
尼泊尔	1590.00	6777.00
坦桑尼亚	2407.00	6628.00
缅甸	692.00	6406.00
朝鲜	542.00	4905.00
黑山	2028.00	4802.00
马尔代夫	298.00	4369.00
瓜德罗普	1244.00	4308.00
纳米比亚	1020.00	3296.00
几内亚	1806.00	3025.00
波黑	409.00	2589.00
哈萨克斯坦	1738.00	2442.00
塞内加尔	1087.00	2333.00
洪都拉斯	1861.00	2328.00
巴布亚新几内亚	1087.00	2311.00
帕劳	828.00	2275.00
毛里塔尼亚	1240.00	2125.00
孟加拉国	1198.00	2110.00
马提尼克	586.00	1988.00
苏丹	1179.00	1791.00
贝宁	1226.00	1746.00
加蓬	779.00	1306.00
莫桑比克	700.00	1242.00
摩纳哥	120.00	1200.00
斐济	223.00	1039.00
土库曼斯坦	268.00	1003.00
马拉维	660.00	990.00
刚果(金)	887.00	924.00
喀麦隆	267.00	897.00
尼日尔	87.00	795.00

(续表)

国家/地区	出口数量(千克)	出口金额(美元)
北马其顿	100.00	602.00
马达加斯加	372.00	516.00
尼加拉瓜	156.00	468.00
卢旺达	93.00	420.00
刚果(布)	83.00	401.00
斯威士兰	325.00	377.00
巴哈马	99.00	371.00
特克斯和凯科斯群岛	60.00	367.00
玻利维亚	38.00	279.00
布基纳法索	47.00	229.00
赞比亚	46.00	229.00
冈比亚	168.00	210.00
圣其茨和尼维斯	29.00	179.00
汤加	58.00	162.00
圭亚那	32.00	162.00
索马里	64.00	136.00
佛得角	27.00	135.00
乍得	26.00	135.00
蒙古	908.00	93.00
埃塞俄比亚	17.00	51.00
中非	2.00	3.00
圣马力诺	1.00	1.00
44201011 木刻		
合计	78776.00	1056436.00
日本	8489.00	743539.00
美国	34631.00	132613.00
泰国	14500.00	73500.00
秘鲁	3416.00	23276.00
中国台湾	1905.00	19611.00
德国	2361.00	13438.00
科威特	3000.00	10737.00
韩国	596.00	7494.00
比利时	938.00	7110.00
新加坡	2389.00	5682.00
马耳他	653.00	4666.00
波兰	1912.00	4643.00
意大利	613.00	3188.00
加拿大	716.00	2261.00
乌兹别克斯坦	564.00	1599.00
朝鲜	1425.00	1037.00
荷兰	101.00	490.00
奥地利	36.00	420.00
马尔代夫	86.00	300.00
土耳其	195.00	300.00

（续表）

国家/地区	出口数量（千克）	出口金额（美元）
英国	99.00	194.00
澳大利亚	1.00	112.00
斐济	50.00	88.00
塞内加尔	50.00	70.00
智利	19.00	55.00
中国香港	31.00	13.00
44201020 木扇		
合计	620732.00	8268251.00
西班牙	413629.00	5819832.00
日本	35474.00	1188245.00
希腊	21482.00	300693.00
美国	22542.00	176734.00
意大利	22984.00	103377.00
加拿大	8243.00	87911.00
墨西哥	26341.00	71228.00
德国	6370.00	62745.00
法国	5024.00	61405.00
中国香港	1199.00	35635.00
斯洛文尼亚	8653.00	33480.00
奥地利	1132.00	28750.00
比利时	2919.00	28443.00
韩国	500.00	27600.00
古巴	980.00	26760.00
澳大利亚	1111.00	26712.00
英国	2652.00	25842.00
荷兰	1507.00	25685.00
匈牙利	8428.00	25017.00
土耳其	2899.00	13660.00
瑞士	656.00	12990.00
丹麦	577.00	12974.00
印度	3065.00	9882.00
泰国	6174.00	8253.00
拉丁美洲其他国家(地区)	280.00	6336.00
巴西	3298.00	5499.00
特立尼达和多巴哥	118.00	5000.00
沙特阿拉伯	1580.00	4322.00
葡萄牙	801.00	4008.00
菲律宾	1877.00	3502.00
马尔代夫	195.00	3450.00
塞浦路斯	286.00	3396.00
波兰	2161.00	2663.00
哥伦比亚	913.00	2629.00
坦桑尼亚	336.00	1512.00
俄罗斯	125.00	1265.00

（续表）

国家/地区	出口数量（千克）	出口金额（美元）
以色列	72.00	997.00
印度尼西亚	737.00	991.00
埃及	518.00	972.00
阿根廷	460.00	936.00
智利	146.00	843.00
格鲁吉亚	210.00	822.00
阿尔及利亚	613.00	736.00
白俄罗斯	241.00	571.00
波黑	106.00	522.00
波多黎各	80.00	451.00
马来西亚	169.00	398.00
秘鲁	62.00	326.00
摩洛哥	160.00	320.00
新加坡	62.00	318.00
捷克	29.00	300.00
巴拿马	156.00	281.00
萨尔瓦多	120.00	240.00
罗马尼亚	54.00	162.00
加纳	64.00	147.00
南非	40.00	120.00
卡塔尔	4.00	109.00
巴拉圭	48.00	96.00
危地马拉	57.00	86.00
牙买加	1.00	56.00
越南	12.00	16.00
44201090 其他木制小雕像及装饰品		
合计	165352293.00	896956612.00
美国	98152560.00	480930171.00
德国	12196561.00	69932274.00
荷兰	10339990.00	63595696.00
英国	6453080.00	35168353.00
意大利	3314159.00	23900339.00
日本	1942253.00	21974780.00
法国	3596744.00	21373688.00
加拿大	3833923.00	19528944.00
中国台湾	3021616.00	18426483.00
西班牙	2441052.00	16960654.00
新加坡	1731979.00	16062003.00
比利时	1652399.00	12111768.00
波兰	1308349.00	10938129.00
澳大利亚	1467245.00	10089030.00
希腊	1132501.00	6659378.00
丹麦	759005.00	6245605.00
马来西亚	850966.00	5022402.00

（续表）

国家/地区	出口数量（千克）	出口金额（美元）
沙特阿拉伯	858427.00	4793861.00
巴西	649262.00	3458178.00
印度	840537.00	3219624.00
以色列	413946.00	2690043.00
瑞典	359550.00	2633094.00
墨西哥	555903.00	2574351.00
俄罗斯	405301.00	2296513.00
捷克	223359.00	2132077.00
韩国	297448.00	2049598.00
阿联酋	367923.00	1988376.00
斯洛文尼亚	288521.00	1771648.00
南非	299853.00	1418457.00
爱尔兰	264933.00	1352394.00
葡萄牙	233559.00	1333316.00
瑞士	154600.00	1282390.00
中国香港	455726.00	1214796.00
斯洛伐克	300931.00	1195685.00
科威特	141047.00	1100451.00
奥地利	148379.00	1062801.00
智利	254737.00	995415.00
泰国	152560.00	994387.00
菲律宾	274313.00	992995.00
波多黎各	115057.00	987565.00
匈牙利	108730.00	886882.00
新西兰	137887.00	788273.00
伊拉克	236471.00	730353.00
越南	92296.00	708867.00
挪威	74752.00	621013.00
巴拿马	119484.00	621013.00
土耳其	131181.00	587119.00
罗马尼亚	109692.00	584292.00
黎巴嫩	93386.00	543921.00
芬兰	66060.00	539500.00
保加利亚	66685.00	488844.00
印度尼西亚	91124.00	469767.00
秘鲁	81170.00	467917.00
阿尔及利亚	221826.00	441989.00
哥伦比亚	68095.00	403222.00
多米尼加	100761.00	393231.00
摩洛哥	88880.00	377006.00
阿根廷	71397.00	333735.00
克罗地亚	50620.00	322009.00
埃及	56115.00	236574.00
乌克兰	25592.00	218569.00

(续表)

国家/地区	出口数量(千克)	出口金额(美元)
白俄罗斯	60950.00	210033.00
阿曼	72302.00	200397.00
乌干达	59940.00	185173.00
厄瓜多尔	46404.00	174732.00
爱沙尼亚	20628.00	173533.00
卡塔尔	33433.00	157508.00
尼日利亚	65140.00	143694.00
斯里兰卡	32088.00	140278.00
孟加拉国	31820.00	136833.00
哥斯达黎加	27732.00	113592.00
马耳他	12277.00	101959.00
尼加拉瓜	13184.00	100260.00
拉脱维亚	12348.00	93890.00
格鲁吉亚	22441.00	89645.00
乌拉圭	22733.00	86757.00
萨尔瓦多	28388.00	86716.00
塞浦路斯	17083.00	85959.00
波黑	8763.00	77463.00
也门	22490.00	76899.00
古巴	7563.00	74537.00
肯尼亚	32653.00	72013.00
约旦	32088.00	68977.00
洪都拉斯	11598.00	68077.00
巴哈马	5937.00	52140.00
立陶宛	9064.00	46665.00
巴基斯坦	38295.00	44301.00
中国澳门	16846.00	42182.00
危地马拉	7360.00	41759.00
坦桑尼亚	9402.00	41463.00
加纳	12112.00	41225.00
牙买加	8324.00	40048.00
哈萨克斯坦	11932.00	38252.00
利比亚	15709.00	38043.00
巴林	10422.00	37597.00
柬埔寨	23369.00	36394.00
毛里求斯	7761.00	34343.00
塞内加尔	6888.00	34247.00
突尼斯	9415.00	32454.00
委内瑞拉	5056.00	29087.00
圭亚那	4488.00	25726.00
阿鲁巴	2495.00	25688.00
塞尔维亚	5549.00	22676.00
巴巴多斯	2209.00	21989.00
黑山	6040.00	21932.00

(续表)

国家/地区	出口数量(千克)	出口金额(美元)
格林纳达	1897.00	21687.00
库腊索岛	1897.00	21592.00
冰岛	803.00	19247.00
安哥拉	17103.00	18852.00
吉布提	10711.00	18415.00
伊朗	8615.00	13871.00
巴拉圭	5950.00	13050.00
苏丹	3505.00	11771.00
特立尼达和多巴哥	3471.00	11560.00
留尼汪	2174.00	10599.00
阿尔巴尼亚	7084.00	9880.00
喀麦隆	1220.00	7502.00
新喀里多尼亚	1180.00	7400.00
北马其顿	2233.00	6288.00
刚果(金)	1288.00	6260.00
朝鲜	3947.00	6050.00
埃塞俄比亚	2671.00	5797.00
马尔代夫	1953.00	5561.00
文莱	613.00	5499.00
科特迪瓦	1123.00	5057.00
加蓬	1580.00	4271.00
斐济	2620.00	4123.00
巴布亚新几内亚	213.00	3682.00
佛得角	607.00	3155.00
赞比亚	434.00	2859.00
几内亚	2288.00	2735.00
乌兹别克斯坦	897.00	2322.00
瓜德罗普	774.00	1932.00
马约特	549.00	1647.00
索马里	676.00	1640.00
莫桑比克	1227.00	1595.00
刚果(布)	261.00	1456.00
苏里南	900.00	1024.00
贝宁	850.00	920.00
圣文森特和格林纳丁斯	791.00	870.00
利比里亚	139.00	808.00
安提瓜和巴布达	20.00	772.00
多哥	128.00	743.00
圣马丁岛	245.00	534.00
博茨瓦纳	471.00	521.00
法属圭亚那	70.00	455.00
瓦努阿图	171.00	428.00
吉尔吉斯斯坦	30.00	420.00
马提尼克	122.00	412.00

(续表)

国家/地区	出口数量(千克)	出口金额(美元)
塞舌尔	342.00	410.00
叙利亚	257.00	363.00
塞拉利昂	108.00	302.00
几内亚比绍	255.00	298.00
缅甸	139.00	276.00
津巴布韦	194.00	231.00
法属波利尼西亚	86.00	210.00
圣卢西亚	73.00	183.00
荷属安地列斯	60.00	90.00
蒙古	101.00	43.00

44209010 镶嵌木

国家/地区	出口数量(千克)	出口金额(美元)
合计	1307839.00	1769026.00
美国	1222968.00	1638751.00
加拿大	73147.00	102341.00
越南	6349.00	12854.00
日本	1452.00	6179.00
韩国	1349.00	4963.00
柬埔寨	960.00	2786.00
开曼群岛	1610.00	1080.00
澳大利亚	4.00	72.00

44209090 珠宝或刀具木盒及类似品;第94章以外木家具

国家/地区	出口数量(千克)	出口金额(美元)
合计	74527690.00	364781432.00
美国	24320026.00	119670169.00
日本	5382895.00	33246725.00
英国	5000591.00	26945244.00
德国	5230373.00	21173031.00
荷兰	5328685.00	18660083.00
法国	3164440.00	14611005.00
新加坡	895056.00	11593061.00
澳大利亚	2502408.00	9744832.00
西班牙	2195964.00	8831134.00
波兰	2009905.00	7839914.00
中国香港	1107076.00	7625429.00
意大利	1484645.00	7461485.00
韩国	1409528.00	7012035.00
加拿大	1440317.00	6789130.00
瑞士	472913.00	5797286.00
沙特阿拉伯	1162623.00	5286799.00
比利时	1141241.00	5069557.00
阿联酋	680412.00	4665128.00
马来西亚	470862.00	3694793.00
爱尔兰	375185.00	3482165.00
中国台湾	756866.00	3322815.00

（续表）

国家/地区	出口数量（千克）	出口金额（美元）
俄罗斯	447802.00	2340112.00
丹麦	385615.00	1894828.00
瑞典	363701.00	1751352.00
以色列	373393.00	1653053.00
印度尼西亚	705328.00	1347911.00
希腊	377270.00	1250823.00
泰国	227120.00	1204281.00
墨西哥	322555.00	1192371.00
新西兰	275167.00	1104319.00
葡萄牙	269386.00	1071814.00
多米尼加	143406.00	1015044.00
巴哈马	110613.00	974396.00
巴西	273847.00	972725.00
智利	327762.00	964944.00
南非	173630.00	953066.00
科威特	151744.00	844723.00
印度	263725.00	806247.00
卡塔尔	111658.00	718860.00
越南	285048.00	696934.00
斯洛文尼亚	245818.00	668520.00
菲律宾	205622.00	490182.00
古巴	37081.00	472290.00
奥地利	71246.00	471972.00
尼加拉瓜	38963.00	456929.00
洪都拉斯	55335.00	443319.00
捷克	86934.00	412967.00
巴林	62166.00	358900.00
芬兰	69528.00	334421.00
秘鲁	121114.00	326164.00
挪威	65337.00	275758.00
土耳其	80179.00	264184.00
巴拿马	60824.00	252274.00
立陶宛	63764.00	251163.00
哥伦比亚	64987.00	198839.00
黎巴嫩	48282.00	194542.00
阿根廷	38593.00	159841.00
罗马尼亚	33016.00	153779.00
乌克兰	56790.00	153461.00
埃及	37438.00	140457.00
斯洛伐克	38803.00	138156.00
拉脱维亚	24468.00	134831.00
匈牙利	29985.00	134581.00
摩洛哥	53760.00	129841.00
伊朗	43944.00	127996.00

（续表）

国家/地区	出口数量（千克）	出口金额（美元）
格鲁吉亚	18876.00	125696.00
萨尔瓦多	43900.00	125056.00
阿尔及利亚	44827.00	123145.00
利比亚	44937.00	115507.00
阿曼	29543.00	114865.00
中国澳门	17424.00	107020.00
保加利亚	30744.00	101677.00
克罗地亚	28472.00	94008.00
乌拉圭	21195.00	82778.00
波多黎各	21254.00	82087.00
斯里兰卡	24481.00	80797.00
柬埔寨	22291.00	77086.00
哥斯达黎加	19197.00	76648.00
伊拉克	37155.00	70326.00
吉布提	12665.00	69568.00
哈萨克斯坦	8528.00	69098.00
巴基斯坦	40076.00	64472.00
毛里求斯	11422.00	57393.00
爱沙尼亚	16520.00	52545.00
列支敦士登	2658.00	47869.00
厄瓜多尔	17986.00	47376.00
白俄罗斯	11126.00	46553.00
蒙古	7283.00	41393.00
约旦	15081.00	40218.00
科特迪瓦	2962.00	35039.00
危地马拉	15765.00	32701.00
黑山	6893.00	31972.00
塞尔维亚	6007.00	29593.00
塞浦路斯	3051.00	28619.00
瓜德罗普	5351.00	28244.00
马尔代夫	2527.00	22467.00
加纳	4811.00	18472.00
留尼汪	17282.00	18292.00
孟加拉国	6496.00	17837.00
乌兹别克斯坦	3573.00	15462.00
苏丹	7284.00	14417.00
尼日利亚	3426.00	12604.00
突尼斯	2862.00	11944.00
乌干达	2000.00	10000.00
肯尼亚	2540.00	9915.00
坦桑尼亚	2306.00	8232.00
特立尼达和多巴哥	1424.00	8171.00
冰岛	1124.00	7504.00
阿塞拜疆	2242.00	7063.00

（续表）

国家/地区	出口数量（千克）	出口金额（美元）
巴拉圭	1962.00	6569.00
老挝	960.00	6128.00
文莱	953.00	5697.00
马耳他	625.00	5536.00
阿尔巴尼亚	1506.00	5453.00
叙利亚	3278.00	4425.00
新喀里多尼亚	783.00	3156.00
莫桑比克	2087.00	2793.00
玻利维亚	316.00	2555.00
斐济	652.00	2534.00
埃塞俄比亚	900.00	2500.00
海地	720.00	2272.00
马约特	1215.00	2085.00
刚果（金）	90.00	1998.00
缅甸	48.00	1654.00
也门	471.00	1542.00
法属波利尼西亚	503.00	1535.00
索马里	1170.00	1470.00
几内亚	972.00	1460.00
佛得角	60.00	1200.00
帕劳	1023.00	1180.00
波黑	32.00	1087.00
马提尼克	1510.00	1001.00
贝宁	890.00	975.00
加蓬	68.00	916.00
毛里塔尼亚	410.00	865.00
摩纳哥	23.00	751.00
巴布亚新几内亚	165.00	710.00
津巴布韦	154.00	649.00
塞内加尔	216.00	636.00
卢森堡	100.00	565.00
巴勒斯坦	298.00	520.00
牙买加	222.00	519.00
瓦努阿图	109.00	256.00
赞比亚	73.00	184.00
库腊索岛	110.00	165.00
土库曼斯坦	52.00	150.00
尼泊尔	11.00	144.00
朝鲜	9.00	143.00
博茨瓦纳	226.00	140.00
冈比亚	77.00	116.00
荷属安地列斯	48.00	94.00
亚美尼亚	56.00	88.00
安哥拉	50.00	85.00

（续表）

国家/地区	出口数量（千克）	出口金额（美元）
巴巴多斯	73.00	73.00
不丹	43.00	71.00
北马其顿	23.00	35.00
塔吉克斯坦	23.00	33.00
44211000 木制衣架		
合计	54757001.00	187460521.00
美国	10468369.00	37638228.00
荷兰	4405492.00	15000504.00
英国	3904313.00	12623040.00
德国	3487259.00	12471633.00
西班牙	3621093.00	10940404.00
日本	2342298.00	9905439.00
法国	3153695.00	9900852.00
瑞典	2393053.00	7825760.00
俄罗斯	2577202.00	7796014.00
韩国	1876416.00	7143433.00
澳大利亚	1772192.00	5841273.00
意大利	1382923.00	5017484.00
加拿大	1147600.00	3853260.00
中国香港	764066.00	3597899.00
波兰	1198968.00	3288826.00
巴西	972182.00	3116044.00
新加坡	261029.00	2578780.00
丹麦	497121.00	2076913.00
阿联酋	517171.00	1885298.00
墨西哥	417188.00	1389925.00
比利时	376459.00	1293978.00
土耳其	469783.00	1206666.00
乌克兰	421209.00	1165816.00
马来西亚	581973.00	1073783.00
印度尼西亚	269629.00	1011452.00
印度	283664.00	982785.00
智利	301278.00	941751.00
新西兰	331724.00	935220.00
泰国	229148.00	903264.00
中国台湾	232085.00	844705.00
葡萄牙	347005.00	820947.00
阿根廷	286062.00	796181.00
越南	184617.00	686174.00
希腊	206975.00	653358.00
爱尔兰	211097.00	570888.00
秘鲁	193131.00	570710.00
芬兰	169512.00	566265.00
哥伦比亚	216322.00	562926.00

（续表）

国家/地区	出口数量（千克）	出口金额（美元）
挪威	102790.00	488333.00
奥地利	147779.00	471369.00
斯洛文尼亚	108786.00	469562.00
以色列	125809.00	431156.00
菲律宾	95932.00	427167.00
瑞士	99887.00	423270.00
南非	98588.00	394217.00
斯洛伐克	114788.00	380129.00
沙特阿拉伯	78663.00	281008.00
立陶宛	72096.00	272599.00
保加利亚	85186.00	233691.00
罗马尼亚	74003.00	229793.00
乌拉圭	61568.00	224686.00
克罗地亚	62093.00	192377.00
巴拿马	48452.00	188852.00
拉脱维亚	69533.00	165846.00
捷克	44078.00	160982.00
白俄罗斯	46545.00	153603.00
科威特	38237.00	142230.00
多米尼加	43284.00	133476.00
哥斯达黎加	45616.00	132675.00
卡塔尔	25194.00	130582.00
中国澳门	29555.00	123965.00
摩洛哥	46182.00	117804.00
巴基斯坦	53054.00	109013.00
黎巴嫩	28310.00	102470.00
突尼斯	23232.00	101745.00
厄瓜多尔	18387.00	74178.00
古巴	14686.00	73220.00
阿尔及利亚	25296.00	68559.00
危地马拉	22595.00	65323.00
埃及	24488.00	60146.00
马耳他	12030.00	52549.00
匈牙利	16643.00	50350.00
肯尼亚	15680.00	45422.00
塞浦路斯	12506.00	43370.00
阿尔巴尼亚	15938.00	39492.00
爱沙尼亚	12703.00	38793.00
哈萨克斯坦	10144.00	37085.00
吉布提	17192.00	36281.00
阿曼	6869.00	32413.00
安哥拉	11314.00	32285.00
马尔代夫	5192.00	31156.00
巴拉圭	7714.00	28420.00

（续表）

国家/地区	出口数量（千克）	出口金额（美元）
坦桑尼亚	6982.00	25877.00
柬埔寨	6729.00	24380.00
伊拉克	16537.00	24155.00
伊朗	10256.00	23726.00
利比亚	8469.00	22158.00
洪都拉斯	7329.00	20308.00
毛里求斯	4844.00	20122.00
加纳	7722.00	19511.00
约旦	6893.00	17885.00
格鲁吉亚	8136.00	17831.00
阿鲁巴	3378.00	17768.00
斯里兰卡	5205.00	17613.00
塞舌尔	829.00	17518.00
孟加拉国	4642.00	17199.00
萨尔瓦多	8194.00	16224.00
埃塞俄比亚	6805.00	15905.00
黑山	4088.00	13625.00
塞内加尔	5221.00	11631.00
巴林	1227.00	9463.00
科特迪瓦	2681.00	8575.00
缅甸	1481.00	8501.00
尼泊尔	1230.00	7480.00
马达加斯加	752.00	6780.00
朝鲜	2961.00	6604.00
玻利维亚	2009.00	6466.00
冰岛	1204.00	6333.00
留尼汪	719.00	6213.00
喀麦隆	1816.00	5707.00
斐济	1686.00	5705.00
牙买加	2067.00	5545.00
莫桑比克	2200.00	4496.00
阿塞拜疆	2266.00	4415.00
刚果(金)	1206.00	4191.00
尼加拉瓜	1116.00	4104.00
乌兹别克斯坦	1837.00	3862.00
蒙古	420.00	3451.00
尼日利亚	2351.00	2594.00
安提瓜和巴布达	510.00	2585.00
格林纳达	442.00	2336.00
大洋洲其他国家(地区)	355.00	2231.00
马提尼克	635.00	2122.00
法属波利尼西亚	296.00	2000.00
加蓬	754.00	1998.00
波多黎各	743.00	1783.00

（续表）

国家/地区	出口数量（千克）	出口金额（美元）
圣卢西亚	510.00	1750.00
委内瑞拉	662.00	1618.00
北马其顿	740.00	1485.00
冈比亚	840.00	1352.00
也门	1087.00	1298.00
几内亚	864.00	1293.00
特立尼达和多巴哥	406.00	1139.00
赞比亚	341.00	1080.00
刚果(布)	344.00	1042.00
布基纳法索	305.00	978.00
波黑	207.00	978.00
马里	341.00	944.00
阿富汗	820.00	820.00
文莱	249.00	758.00
瓜德罗普	249.00	744.00
叙利亚	160.00	704.00
利比里亚	194.00	645.00
圭亚那	165.00	574.00
巴巴多斯	183.00	483.00
乍得	120.00	458.00
索马里	88.00	365.00
塞尔维亚	77.00	357.00
苏里南	144.00	259.00
摩尔多瓦	55.00	200.00
佛得角	200.00	180.00
纳米比亚	102.00	167.00
马拉维	32.00	128.00
库克群岛	50.00	115.00
圣其茨和尼维斯	275.00	53.00
瓦努阿图	43.00	52.00
特克斯和凯科斯群岛	5.00	6.00

44219910 其他木制圆签、圆棒、冰果棒、压舌片及类似一次性制品

国家/地区	出口数量（千克）	出口金额（美元）
合计	72932527.00	136585129.00
日本	9737292.00	22102170.00
美国	11340277.00	21370768.00
印度	7198754.00	8959752.00
韩国	3733960.00	7410636.00
印度尼西亚	3229424.00	5989986.00
泰国	2199595.00	5911000.00
意大利	1775404.00	4228228.00
西班牙	1825850.00	3834599.00
英国	1967258.00	3757439.00
德国	1266503.00	3607670.00

（续表）

国家/地区	出口数量（千克）	出口金额（美元）
荷兰	1779513.00	3167085.00
土耳其	1815345.00	3100125.00
埃及	2113026.00	2551046.00
加拿大	1446269.00	2419817.00
巴基斯坦	974990.00	2359846.00
巴西	1380139.00	2292731.00
墨西哥	1242784.00	2210219.00
沙特阿拉伯	1284110.00	2174217.00
法国	651626.00	1712275.00
澳大利亚	785821.00	1709484.00
哥伦比亚	528789.00	1266178.00
阿联酋	563834.00	1172111.00
马来西亚	433502.00	1010324.00
菲律宾	362520.00	989838.00
南非	528157.00	981286.00
葡萄牙	453962.00	960571.00
希腊	348647.00	850947.00
孟加拉国	566590.00	843519.00
也门	773630.00	773528.00
俄罗斯	331665.00	742779.00
中国香港	715777.00	741316.00
比利时	390532.00	712808.00
秘鲁	412593.00	659271.00
波兰	339932.00	646786.00
乌克兰	179879.00	617596.00
智利	314277.00	595012.00
中国台湾	354946.00	575757.00
阿尔及利亚	506488.00	528037.00
斯里兰卡	432855.00	499929.00
以色列	333479.00	494530.00
伊朗	335725.00	488701.00
危地马拉	327656.00	457126.00
克罗地亚	171417.00	447930.00
叙利亚	358364.00	423181.00
黎巴嫩	230382.00	413511.00
立陶宛	194557.00	392024.00
瑞典	181804.00	361098.00
约旦	250583.00	319674.00
丹麦	158409.00	296788.00
罗马尼亚	140573.00	293917.00
格鲁吉亚	106471.00	281062.00
哈萨克斯坦	241445.00	279818.00
利比亚	205136.00	273506.00
新加坡	97770.00	230855.00

（续表）

国家/地区	出口数量（千克）	出口金额（美元）
朝鲜	269999.00	229326.00
多米尼加	150309.00	225374.00
爱尔兰	99551.00	215479.00
摩洛哥	173450.00	201898.00
哥斯达黎加	141589.00	201149.00
阿根廷	233631.00	200582.00
保加利亚	85570.00	192438.00
新西兰	132942.00	186690.00
斯洛文尼亚	85171.00	171186.00
肯尼亚	82819.00	161210.00
突尼斯	112238.00	157524.00
奥地利	22622.00	153059.00
科威特	76002.00	151043.00
缅甸	130832.00	147855.00
越南	107536.00	139562.00
伊拉克	109791.00	133304.00
萨尔瓦多	86689.00	132661.00
捷克	64140.00	129251.00
坦桑尼亚	134350.00	126027.00
卡塔尔	71365.00	110417.00
瑞士	38089.00	105639.00
爱沙尼亚	36143.00	84980.00
加纳	42994.00	77378.00
乌拉圭	43961.00	77337.00
委内瑞拉	35955.00	73589.00
阿曼	30549.00	72431.00
匈牙利	30050.00	70339.00
塞尔维亚	43701.00	69760.00
厄瓜多尔	25496.00	68519.00
巴拿马	29913.00	62111.00
塔吉克斯坦	74000.00	59200.00
乌兹别克斯坦	52558.00	55830.00
玻利维亚	20138.00	55017.00
斯洛伐克	24519.00	49039.00
芬兰	20881.00	45247.00
毛里求斯	25729.00	44055.00
拉脱维亚	16338.00	41071.00
阿塞拜疆	12582.00	41015.00
洪都拉斯	15433.00	38260.00
尼加拉瓜	38232.00	37336.00
埃塞俄比亚	15355.00	33028.00
土库曼斯坦	12824.00	32076.00
蒙古	27253.00	28699.00
马达加斯加	21068.00	27674.00

(续表)

国家/地区	出口数量（千克）	出口金额（美元）
巴林	23023.00	26133.00
古巴	2057.00	25558.00
津巴布韦	8295.00	23955.00
尼日利亚	14455.00	20065.00
吉尔吉斯斯坦	24375.00	19256.00
尼泊尔	5450.00	18873.00
科特迪瓦	7535.00	18248.00
摩尔多瓦	6109.00	17946.00
巴拉圭	7702.00	17784.00
波多黎各	9589.00	17080.00
挪威	5432.00	15810.00
苏丹	6536.00	14391.00
阿尔巴尼亚	5152.00	12128.00
波黑	7481.00	12053.00
白俄罗斯	4647.00	11728.00
索马里	13881.00	11032.00
特立尼达和多巴哥	12995.00	10040.00
巴布亚新几内亚	6524.00	7712.00
格林纳达	2068.00	7232.00
亚美尼亚	2796.00	7089.00
塞浦路斯	3325.00	6623.00
乍得	2600.00	6000.00
安哥拉	3216.00	5167.00
塞内加尔	1996.00	4722.00
纳米比亚	3714.00	4140.00
尼日尔	1800.00	3959.00
柬埔寨	1536.00	3475.00
留尼汪	967.00	3371.00
加蓬	130.00	3141.00
吉布提	2435.00	2839.00
斐济	1390.00	2206.00
刚果(金)	564.00	2122.00
新喀里多尼亚	1730.00	1885.00
几内亚	1200.00	1750.00
牙买加	600.00	1638.00
刚果(布)	535.00	1500.00
马里	600.00	1338.00
巴巴多斯	260.00	1100.00
佛得角	248.00	1100.00
北马其顿	520.00	1033.00
卢旺达	291.00	995.00
苏里南	795.00	954.00
赞比亚	182.00	567.00
马提尼克	105.00	542.00

(续表)

国家/地区	出口数量（千克）	出口金额（美元）
马尔代夫	64.00	484.00
法属波利尼西亚	121.00	440.00
瓜德罗普	104.00	439.00
马约特	208.00	392.00
中国澳门	261.00	342.00
乌干达	130.00	320.00
喀麦隆	72.00	144.00
圭亚那	23.00	104.00
莫桑比克	29.00	51.00
布基纳法索	26.00	48.00
安提瓜和巴布达	5.00	13.00
44219990 未列名木制品		
合计	915636560.00	2024818310.00
美国	423310404.00	760482540.00
日本	74419612.00	237363510.00
英国	37340979.00	114773497.00
德国	39169414.00	112056341.00
韩国	46442124.00	100849996.00
澳大利亚	49763479.00	89458515.00
荷兰	28397964.00	81029274.00
加拿大	34460938.00	58964782.00
中国香港	24215493.00	48686390.00
法国	19031381.00	48572573.00
中国台湾	12699506.00	37984697.00
意大利	10202854.00	34013273.00
越南	15605838.00	30895454.00
西班牙	8072436.00	26753377.00
比利时	7372913.00	20012177.00
马来西亚	4512066.00	13979879.00
新加坡	1735015.00	12039152.00
波兰	3659127.00	10950146.00
印度	4190742.00	10737181.00
墨西哥	4711733.00	10569842.00
中国澳门	5762304.00	9302449.00
新西兰	4465112.00	9225760.00
瑞士	1461362.00	8476118.00
菲律宾	4263972.00	7544277.00
南非	3006074.00	7511781.00
阿联酋	1758070.00	7221579.00
俄罗斯	1993956.00	6985176.00
瑞典	2033378.00	6774295.00
泰国	1734947.00	6609901.00
沙特阿拉伯	1939070.00	5820468.00
印度尼西亚	2785326.00	5525382.00

(续表)

国家/地区	出口数量（千克）	出口金额（美元）
巴西	1015181.00	5242490.00
丹麦	1071061.00	5054830.00
伊拉克	3306047.00	4872787.00
罗马尼亚	1755925.00	4534699.00
斯洛文尼亚	1702488.00	4245516.00
智利	1321322.00	3991568.00
以色列	1157844.00	3538182.00
柬埔寨	4241020.00	3392348.00
爱尔兰	874743.00	3059889.00
阿根廷	1487166.00	2490352.00
斯里兰卡	522724.00	2368408.00
土耳其	425822.00	2113498.00
捷克	832507.00	2031135.00
希腊	589462.00	1977048.00
挪威	540292.00	1909914.00
摩洛哥	375028.00	1193440.00
萨尔瓦多	1914521.00	1107645.00
多米尼加	301569.00	1105026.00
葡萄牙	428937.00	1099840.00
尼日利亚	573606.00	1081723.00
奥地利	246610.00	1067338.00
芬兰	275862.00	993902.00
阿尔及利亚	467876.00	969052.00
巴拿马	362174.00	912911.00
秘鲁	249623.00	902099.00
克罗地亚	410938.00	838972.00
阿曼	359964.00	823579.00
哥伦比亚	225376.00	822602.00
卡塔尔	174382.00	811328.00
老挝	356824.00	757874.00
马耳他	119480.00	749168.00
匈牙利	280656.00	663530.00
贝宁	113710.00	601065.00
科威特	159453.00	592870.00
博茨瓦纳	152779.00	559760.00
安哥拉	192532.00	542587.00
埃及	191843.00	522825.00
乌克兰	141786.00	514886.00
科特迪瓦	71129.00	498510.00
波多黎各	140842.00	457925.00
加纳	159720.00	408071.00
立陶宛	125667.00	403187.00
伊朗	323132.00	389620.00
肯尼亚	132462.00	384419.00

（续表）

国家/地区	出口数量（千克）	出口金额（美元）
危地马拉	186241.00	368626.00
乌拉圭	127640.00	361113.00
尼加拉瓜	231825.00	358564.00
冈比亚	81404.00	332783.00
刚果(金)	170125.00	330821.00
孟加拉国	155024.00	328440.00
牙买加	97538.00	321081.00
突尼斯	122029.00	311404.00
拉脱维亚	68772.00	289496.00
乌兹别克斯坦	266709.00	288689.00
黎巴嫩	110121.00	287380.00
缅甸	627743.00	282763.00
塞尔维亚	92369.00	276337.00
斯洛伐克	70390.00	263195.00
文莱	89458.00	261631.00
哥斯达黎加	122956.00	251107.00
巴林	58616.00	234114.00
约旦	70638.00	230297.00
洪都拉斯	133048.00	199427.00
利比亚	288311.00	193103.00
索马里	97100.00	190781.00
埃塞俄比亚	56836.00	172550.00
毛里求斯	42635.00	165479.00
保加利亚	61362.00	165420.00
厄瓜多尔	73853.00	165093.00
巴基斯坦	84881.00	157271.00
叙利亚	90403.00	156266.00
海地	82461.00	154239.00
马尔代夫	117538.00	151483.00
特立尼达和多巴哥	40909.00	148928.00
斐济	159726.00	148095.00
所罗门群岛	18523.00	145962.00
吉布提	42160.00	141904.00
留尼汪	71007.00	141394.00
爱沙尼亚	54975.00	140717.00
塞浦路斯	43546.00	138998.00
巴巴多斯	30882.00	133070.00
乌干达	41914.00	120827.00
新喀里多尼亚	24196.00	120667.00
格鲁吉亚	35383.00	119994.00
哈萨克斯坦	31843.00	116080.00
喀麦隆	56924.00	109984.00
莫桑比克	18485.00	107157.00
坦桑尼亚	46733.00	105390.00

（续表）

国家/地区	出口数量（千克）	出口金额（美元）
亚美尼亚	9744.00	102889.00
厄立特里亚	26382.00	96210.00
也门	39709.00	94369.00
蒙古	29138.00	84265.00
瓜德罗普	5711.00	79157.00
纳米比亚	3882.00	74974.00
赞比亚	21522.00	65748.00
多哥	49886.00	61453.00
阿鲁巴	9193.00	59121.00
格林纳达	13210.00	57299.00
白俄罗斯	47507.00	54784.00
塔吉克斯坦	13808.00	51787.00
朝鲜	23187.00	51138.00
圣卢西亚	15270.00	43504.00
阿塞拜疆	3493.00	40430.00
玻利维亚	20838.00	38634.00
马拉维	6532.00	35872.00
黑山	9758.00	34611.00
冰岛	9437.00	34452.00
刚果(布)	11064.00	34444.00
圣其茨和尼维斯	7079.00	33906.00
伯利兹	14277.00	33440.00
法属波利尼西亚	11375.00	33115.00
巴哈马	4226.00	32935.00
汤加	10834.00	32502.00
巴拉圭	11147.00	29717.00
摩尔多瓦	25135.00	28155.00
塞内加尔	20875.00	26752.00
塞拉利昂	6105.00	25724.00
阿尔巴尼亚	15655.00	24050.00
多米尼克	3288.00	23663.00
阿富汗	10667.00	20516.00
荷属安地列斯	5700.00	20332.00
大洋洲其他国家(地区)	10204.00	20294.00
土库曼斯坦	3557.00	19872.00
委内瑞拉	7080.00	19377.00
苏丹	11106.00	18556.00
加蓬	8675.00	15604.00
毛里塔尼亚	15790.00	15190.00
津巴布韦	10630.00	14906.00
巴布亚新几内亚	4467.00	14478.00
马绍尔群岛	1560.00	14118.00
北马其顿	5143.00	12555.00
圭亚那	8660.00	12097.00

（续表）

国家/地区	出口数量（千克）	出口金额（美元）
库腊索岛	6277.00	11461.00
波黑	4479.00	11371.00
赤道几内亚	2950.00	10065.00
帕劳	5306.00	8937.00
圣文森特和格林纳丁斯	2010.00	8840.00
几内亚	4671.00	8819.00
百慕大	835.00	8380.00
佛得角	213.00	7455.00
瓦努阿图	2878.00	7371.00
巴勒斯坦	2612.00	5545.00
中非	3782.00	4705.00
马提尼克	1678.00	4605.00
马达加斯加	3965.00	4598.00
吉尔吉斯斯坦	1258.00	3724.00
萨摩亚	892.00	3495.00
利比里亚	1400.00	3063.00
莱索托	1112.00	3036.00
塞舌尔	456.00	2855.00
尼泊尔	384.00	2719.00
安提瓜和巴布达	792.00	1301.00
苏里南	279.00	919.00
南苏丹	210.00	526.00
布基纳法索	143.00	416.00
卢旺达	282.00	327.00
摩纳哥	16.00	176.00
古巴	59.00	162.00
马约特	198.00	99.00
法属圭亚那	11.00	25.00

表 10　木制品进口量值表

国家/地区	进口数量（千克）	进口金额（美元）
44091010 任一边、端或面制成连续形状针叶木地板条		
合计	549710.00	778415.00
瑞典	513832.00	570424.00
意大利	15729.00	92893.00
日本	8904.00	44311.00
丹麦	4849.00	34161.00
美国	2860.00	24062.00
荷兰	1250.00	4652.00
德国	1547.00	3914.00
波兰	21.00	1660.00
加拿大	9.00	613.00

(续表)

国家/地区	进口数量(千克)	进口金额(美元)
新西兰	600.00	602.00
法国	39.00	451.00
英国	3.00	201.00
中国	2.00	121.00
芬兰	12.00	110.00
沙特阿拉伯	0.00	93.00
南非	27.00	70.00
马来西亚	0.00	40.00
韩国	1.00	34.00
奥地利	25.00	3.00
44091090 其他任一边、端或面制成连续形状针叶木木材		
合计	3864949.00	797721.00
俄罗斯	3622342.00	326542.00
芬兰	102995.00	124402.00
瑞典	7014.00	80831.00
法国	5710.00	51593.00
日本	15139.00	47533.00
澳大利亚	4393.00	42542.00
印度尼西亚	29645.00	37563.00
德国	49652.00	28414.00
丹麦	5071.00	26440.00
爱沙尼亚	6906.00	17547.00
立陶宛	228.00	5329.00
加拿大	15665.00	4771.00
美国	38.00	2212.00
斯洛伐克	110.00	1413.00
意大利	38.00	406.00
摩尔多瓦	3.00	183.00
44092210 热带木制的地板条(块),任何一边、端或面制成连续形状		
合计	162216.00	252319.00
印度尼西亚	121768.00	121710.00
缅甸	13453.00	64646.00
老挝	19800.00	26148.00
波兰	3700.00	22679.00
法国	772.00	9835.00
巴西	2190.00	5446.00
泰国	504.00	1395.00
英国	22.00	454.00
比利时	7.00	6.00
44092290 热带木制的任何一边、端或面制成连续形状的其他木材		
合计	53759149.00	67781610.00

(续表)

国家/地区	进口数量(千克)	进口金额(美元)
印度尼西亚	53407758.00	67419339.00
莫桑比克	163593.00	83782.00
哥斯达黎加	27800.00	61328.00
马来西亚	16862.00	56854.00
老挝	84545.00	55413.00
意大利	4086.00	44247.00
澳大利亚	3354.00	36856.00
加纳	25000.00	21625.00
越南	25760.00	1543.00
西班牙	391.00	623.00
44092910 其他任一边、端或面成连续状非针叶木地板条		
合计	2497106.00	10525192.00
意大利	301094.00	3225760.00
美国	934757.00	2698026.00
丹麦	245282.00	1045943.00
法国	106069.00	585061.00
匈牙利	154467.00	582961.00
德国	32619.00	477327.00
奥地利	132983.00	377722.00
巴拉圭	100267.00	261673.00
印度尼西亚	105897.00	191139.00
老挝	54545.00	182145.00
克罗地亚	55102.00	176832.00
荷兰	17490.00	115369.00
中国	85404.00	91301.00
中国台湾	25877.00	90822.00
捷克	22186.00	66836.00
葡萄牙	23752.00	63839.00
缅甸	28150.00	63651.00
泰国	8573.00	52032.00
澳大利亚	21010.00	51162.00
比利时	4238.00	44777.00
巴西	12958.00	25142.00
越南	14013.00	24256.00
西班牙	821.00	15069.00
日本	6143.00	6097.00
加拿大	751.00	3563.00
爱沙尼亚	369.00	2068.00
柬埔寨	462.00	1251.00
国(地)别不详	51.00	1250.00
英国	140.00	902.00
白俄罗斯	80.00	425.00
马来西亚	1533.00	265.00

(续表)

国家/地区	进口数量(千克)	进口金额(美元)
韩国	3.00	188.00
土耳其	18.00	175.00
印度	1.00	120.00
新西兰	1.00	43.00
44092990 其他任一边、端或面成连续形状非针叶木木材		
合计	7871105.00	4341310.00
老挝	1306216.00	1197471.00
俄罗斯	5103577.00	1046474.00
印度尼西亚	1018042.00	513207.00
波兰	43243.00	256234.00
意大利	15911.00	250845.00
加拿大	125919.00	220749.00
德国	30586.00	180716.00
马来西亚	31163.00	165310.00
危地马拉	7104.00	156064.00
日本	13038.00	88693.00
比利时	26071.00	70253.00
美国	23101.00	55075.00
斯洛伐克	29083.00	47724.00
越南	86441.00	39015.00
奥地利	6820.00	31997.00
丹麦	530.00	6872.00
中国台湾	302.00	4546.00
澳大利亚	200.00	4280.00
柬埔寨	79.00	1602.00
莫桑比克	3328.00	1535.00
芬兰	65.00	924.00
白俄罗斯	180.00	621.00
捷克	56.00	522.00
中国	38.00	474.00
荷兰	2.00	60.00
西班牙	9.00	28.00
印度	1.00	19.00
44140010 辐射松制的画框、相框、镜框及类似品		
合计	59.00	946.00
中国	26.00	694.00
中国台湾	29.00	192.00
印度尼西亚	4.00	60.00
44140090 其他木制的画框、相框、镜框及类似品		
合计	301172.00	2080680.00
波兰	214209.00	883647.00

（续表）

国家/地区	进口数量（千克）	进口金额（美元）
中国	45644.00	349711.00
印度尼西亚	1687.00	176900.00
法国	2623.00	168993.00
意大利	2370.00	104915.00
印度	7148.00	70060.00
美国	1490.00	56572.00
英国	3653.00	49574.00
西班牙	873.00	37224.00
越南	4104.00	32177.00
中国香港	1392.00	30937.00
日本	5825.00	29642.00
马来西亚	4014.00	27992.00
德国	615.00	16964.00
瑞士	560.00	11965.00
菲律宾	583.00	6319.00
韩国	259.00	4398.00
加拿大	137.00	4140.00
丹麦	187.00	3259.00
比利时	122.00	2745.00
葡萄牙	155.00	2516.00
中国台湾	2027.00	2001.00
伊朗	159.00	1206.00
荷兰	250.00	1126.00
泰国	292.00	1087.00
以色列	13.00	1063.00
新西兰	114.00	827.00
南非	46.00	714.00
克罗地亚	12.00	668.00
拉脱维亚	234.00	289.00
奥地利	1.00	276.00
澳大利亚	7.00	227.00
巴基斯坦	300.00	190.00
摩洛哥	61.00	170.00
新加坡	5.00	136.00
爱沙尼亚	1.00	50.00
44151000 木制箱、盒、桶及类似的包装容器；电缆卷筒		
合计	5621849.00	9958728.00
中国	4033723.00	6447378.00
巴西	521438.00	1129464.00
德国	73466.00	442949.00
日本	191663.00	419865.00
美国	41630.00	362049.00
印度尼西亚	287688.00	328388.00

（续表）

国家/地区	进口数量（千克）	进口金额（美元）
荷兰	11515.00	221707.00
西班牙	325466.00	147355.00
法国	12375.00	108640.00
奥地利	3421.00	60485.00
韩国	41629.00	57712.00
中国台湾	38166.00	56167.00
意大利	1662.00	51052.00
英国	4674.00	41831.00
印度	15828.00	33357.00
澳大利亚	10747.00	13692.00
波兰	214.00	6033.00
瑞典	302.00	6033.00
菲律宾	234.00	3901.00
瑞士	170.00	3093.00
爱沙尼亚	484.00	2597.00
国(地)别不详	23.00	2385.00
加拿大	259.00	2232.00
泰国	49.00	2169.00
马来西亚	70.00	1594.00
越南	3645.00	1211.00
墨西哥	12.00	1036.00
中国香港	592.00	725.00
俄罗斯	125.00	653.00
克罗地亚	69.00	579.00
葡萄牙	215.00	509.00
以色列	25.00	479.00
捷克	40.00	337.00
丹麦	75.00	329.00
新加坡	90.00	300.00
科威特	6.00	214.00
厄瓜多尔	34.00	162.00
尼泊尔	25.00	61.00
叙利亚	0.00	5.00
44152010 辐射松制托板箱形托盘及其他装载板托盘护框		
合计	296583.00	100486.00
中国	234928.00	48936.00
立陶宛	21950.00	23987.00
德国	31000.00	22203.00
拉脱维亚	6325.00	2272.00
意大利	580.00	1223.00
墨西哥	1000.00	788.00
荷兰	497.00	519.00
中国台湾	279.00	313.00

（续表）

国家/地区	进口数量（千克）	进口金额（美元）
丹麦	24.00	224.00
美国	0.00	21.00
44152090 木托板、箱形托盘及其他装载木板；托盘护框		
合计	14197944.00	10569508.00
瑞典	5018261.00	3193530.00
中国	5399127.00	1719449.00
德国	1136463.00	1308361.00
丹麦	995798.00	1250457.00
荷兰	53791.00	967176.00
美国	156069.00	812802.00
拉脱维亚	597433.00	374828.00
立陶宛	313790.00	272856.00
日本	68635.00	206614.00
波兰	183820.00	114031.00
中国台湾	53937.00	59195.00
英国	10764.00	58601.00
韩国	70190.00	49439.00
瑞士	3282.00	44097.00
意大利	3345.00	34558.00
澳大利亚	33761.00	25677.00
法国	10728.00	24455.00
泰国	9242.00	13728.00
印度	13043.00	11962.00
中国香港	20640.00	6992.00
西班牙	24342.00	6565.00
国(地)别不详	2441.00	2872.00
奥地利	301.00	1654.00
印度尼西亚	293.00	1627.00
菲律宾	60.00	1617.00
斯洛文尼亚	4300.00	1420.00
越南	10901.00	1249.00
摩洛哥	3.00	600.00
新加坡	300.00	340.00
沙特阿拉伯	19.00	333.00
以色列	20.00	331.00
加拿大	45.00	314.00
智利	360.00	301.00
马来西亚	2290.00	283.00
老挝	20.00	263.00
土耳其	3.00	230.00
挪威	33.00	183.00
墨西哥	9.00	176.00
巴西	22.00	163.00

(续表)

国家/地区	进口数量(千克)	进口金额(美元)
柬埔寨	38.00	158.00
斯洛伐克	25.00	21.00
44160010 辐射松制大桶、琵琶桶、盆等箍桶及零件		
合计	48.00	162.00
智利	48.00	162.00
44160090 木制大桶、琵琶桶、盆等木制箍桶及其零件		
合计	1225716.00	13815580.00
法国	851486.00	11759082.00
美国	233933.00	1139187.00
澳大利亚	45526.00	568443.00
西班牙	80794.00	213360.00
智利	4813.00	62540.00
日本	725.00	16203.00
葡萄牙	1327.00	13870.00
意大利	1265.00	11161.00
德国	650.00	6934.00
奥地利	300.00	4999.00
印度尼西亚	168.00	4731.00
泰国	1004.00	2632.00
塞尔维亚	294.00	2610.00
墨西哥	90.00	2577.00
南非	1409.00	2139.00
英国	829.00	2062.00
瑞士	37.00	676.00
阿根廷	550.00	518.00
越南	20.00	352.00
丹麦	23.00	299.00
中国台湾	179.00	258.00
瑞典	14.00	241.00
芬兰	44.00	227.00
菲律宾	61.00	205.00
俄罗斯	15.00	170.00
黑山	100.00	66.00
保加利亚	51.00	22.00
比利时	9.00	16.00
44170010 辐射松制工具等;扫帚及刷子;鞋靴楦及楦头		
合计	25.00	2318.00
韩国	18.00	2295.00
加拿大	7.00	23.00
44170090 木制工具等;扫帚及刷子等;木鞋靴楦及楦头		

(续表)

国家/地区	进口数量(千克)	进口金额(美元)
合计	420920.00	1484578.00
日本	19353.00	1034603.00
印度尼西亚	117276.00	89026.00
中国	6783.00	65176.00
捷克	19155.00	63027.00
巴西	11153.00	49378.00
俄罗斯	232773.00	28759.00
意大利	359.00	28558.00
荷兰	2984.00	24660.00
德国	594.00	18165.00
罗马尼亚	245.00	18104.00
中国台湾	6239.00	11289.00
西班牙	393.00	10855.00
英国	537.00	8786.00
法国	174.00	8383.00
南非	444.00	6141.00
瑞士	393.00	3888.00
柬埔寨	1663.00	3839.00
美国	128.00	2978.00
澳大利亚	37.00	2307.00
克罗地亚	3.00	2040.00
韩国	50.00	1415.00
泰国	141.00	1404.00
比利时	11.00	717.00
印度	19.00	287.00
中国香港	1.00	224.00
加拿大	6.00	215.00
奥地利	4.00	139.00
爱尔兰	0.00	95.00
萨尔瓦多	0.00	65.00
国(地)别不详	0.00	29.00
墨西哥	2.00	26.00
44181010 辐射松制窗、法兰西式(落地)窗及其框架		
合计	823.00	6376.00
日本	823.00	6376.00
44181090 木制窗、法兰西式(落地)窗及其木制框架		
合计	254923.00	2129062.00
德国	49074.00	598419.00
丹麦	123943.00	581694.00
挪威	39432.00	386232.00
波兰	11878.00	202300.00
韩国	3154.00	103455.00

(续表)

国家/地区	进口数量(千克)	进口金额(美元)
芬兰	15690.00	102611.00
奥地利	5497.00	81369.00
日本	1191.00	31283.00
意大利	1054.00	20258.00
中国	1568.00	8025.00
中国台湾	717.00	4778.00
美国	334.00	4733.00
立陶宛	840.00	2021.00
印度	208.00	1324.00
加拿大	55.00	300.00
马来西亚	273.00	219.00
比利时	15.00	41.00
44182000 木制门及其框架和门槛		
合计	396056.00	5082209.00
德国	73598.00	1596631.00
意大利	69968.00	1469204.00
西班牙	54552.00	1145264.00
瑞士	10845.00	176424.00
印度尼西亚	74004.00	92500.00
日本	8741.00	81619.00
马来西亚	7819.00	79471.00
挪威	8281.00	78984.00
波兰	12655.00	65427.00
芬兰	9560.00	57340.00
美国	17576.00	47099.00
中国	11601.00	37817.00
奥地利	1735.00	17747.00
澳大利亚	4664.00	17534.00
泰国	6275.00	16466.00
新加坡	1351.00	16129.00
缅甸	5294.00	16077.00
越南	5985.00	15006.00
韩国	2130.00	13215.00
瑞典	2950.00	8742.00
英国	601.00	6832.00
斯洛文尼亚	130.00	6697.00
俄罗斯	315.00	4067.00
印度	1915.00	3823.00
中国台湾	630.00	3662.00
立陶宛	840.00	2021.00
加拿大	273.00	1692.00
荷兰	884.00	1325.00
以色列	450.00	1125.00
老挝	240.00	889.00

（续表）

国家/地区	进口数量（千克）	进口金额（美元）
比利时	80.00	429.00
丹麦	11.00	303.00
法国	60.00	267.00
塞尔维亚	22.00	235.00
圣马力诺	8.00	120.00
菲律宾	13.00	26.00
44184000 木制水泥构件的模板		
合计	696732.00	708188.00
奥地利	458203.00	594202.00
越南	215160.00	71040.00
芬兰	21768.00	35394.00
德国	260.00	5764.00
俄罗斯	1341.00	1788.00
44185000 木瓦及木制盖屋板		
合计	15746.00	6168.00
印度尼西亚	15745.00	6000.00
美国	1.00	168.00
44186000 木制柱及梁		
合计	6674370.00	14223609.00
德国	2898588.00	7410320.00
奥地利	373164.00	2937315.00
芬兰	1700479.00	1561150.00
印度尼西亚	647500.00	662844.00
美国	12337.00	391934.00
俄罗斯	414269.00	316771.00
波兰	62637.00	301335.00
意大利	22662.00	181998.00
马来西亚	140648.00	135338.00
罗马尼亚	162572.00	78665.00
乌克兰	110824.00	70093.00
菲律宾	51210.00	53933.00
日本	12546.00	51240.00
瑞典	51600.00	45690.00
荷兰	8310.00	12886.00
缅甸	1101.00	4072.00
印度	1618.00	3996.00
泰国	1040.00	2602.00
中国	850.00	1210.00
西班牙	25.00	137.00
柬埔寨	390.00	80.00
44187400 其他马赛克地板用已装拼的木地板		
合计	801299.00	1429521.00
越南	789292.00	1180449.00
意大利	12007.00	249072.00

（续表）

国家/地区	进口数量（千克）	进口金额（美元）
44187500 其他多层已装拼的木地板		
合计	15253007.00	59226032.00
波兰	3884158.00	11985050.00
奥地利	2156726.00	9765205.00
德国	1300468.00	7195238.00
立陶宛	2056029.00	7167500.00
印度尼西亚	1580184.00	6399295.00
意大利	441688.00	3044690.00
爱沙尼亚	642269.00	2184818.00
匈牙利	549789.00	1805176.00
塞尔维亚	723867.00	1711714.00
克罗地亚	456947.00	1337173.00
西班牙	248511.00	878450.00
马来西亚	172610.00	847153.00
芬兰	120112.00	827078.00
葡萄牙	231770.00	610245.00
美国	84361.00	589796.00
白俄罗斯	121380.00	514849.00
乌克兰	118255.00	455225.00
法国	39751.00	321200.00
日本	89655.00	297704.00
荷兰	17540.00	186076.00
英国	19474.00	184179.00
瑞典	25878.00	154219.00
巴西	47430.00	144098.00
比利时	12222.00	119417.00
加拿大	11891.00	104951.00
印度	16368.00	98334.00
土耳其	21925.00	90732.00
泰国	10786.00	72732.00
俄罗斯	24220.00	39846.00
中国	19093.00	38245.00
瑞士	4648.00	36248.00
捷克	2003.00	11815.00
保加利亚	602.00	4169.00
新加坡	385.00	3027.00
墨西哥	4.00	261.00
斯洛伐克	7.00	74.00
越南	1.00	50.00
44187900 其他已装拼木地板		
合计	3199016.00	13088374.00
丹麦	1768486.00	7301798.00
奥地利	336459.00	1441849.00
马来西亚	324703.00	1297512.00

（续表）

国家/地区	进口数量（千克）	进口金额（美元）
意大利	111099.00	1115018.00
西班牙	205517.00	825842.00
波兰	50254.00	249287.00
美国	79180.00	228891.00
越南	155791.00	175568.00
德国	98675.00	139591.00
印度尼西亚	27451.00	88380.00
巴西	15939.00	48992.00
中国台湾	2635.00	33369.00
英国	3281.00	30543.00
日本	2812.00	24257.00
拉脱维亚	3968.00	21683.00
韩国	3279.00	20226.00
泰国	2918.00	18580.00
比利时	3243.00	11674.00
葡萄牙	2044.00	5840.00
立陶宛	27.00	2868.00
匈牙利	340.00	2394.00
中国	175.00	1880.00
柬埔寨	199.00	1410.00
芬兰	33.00	284.00
法国	76.00	264.00
克罗地亚	393.00	255.00
瑞典	38.00	66.00
国(地)别不详	1.00	53.00
44189900 未列名建筑用木工制品		
合计	2203537.00	8527471.00
意大利	213855.00	4064742.00
美国	83562.00	1095214.00
奥地利	158454.00	1025783.00
马来西亚	281431.00	730169.00
芬兰	433376.00	356794.00
德国	110123.00	223455.00
越南	367482.00	203156.00
俄罗斯	264746.00	134061.00
新加坡	3288.00	121780.00
日本	27443.00	89112.00
瑞典	105525.00	70531.00
缅甸	16810.00	62471.00
印度尼西亚	63640.00	60529.00
中国	22690.00	48403.00
法国	1139.00	47927.00
瑞士	29600.00	43399.00
波兰	3443.00	30350.00

(续表)

国家/地区	进口数量（千克）	进口金额（美元）
比利时	2692.00	24322.00
印度	15.00	23688.00
白俄罗斯	2242.00	17710.00
中国台湾	6162.00	17697.00
西班牙	2573.00	14076.00
捷克	628.00	13773.00
土耳其	1701.00	3038.00
立陶宛	77.00	1926.00
葡萄牙	452.00	1214.00
巴西	280.00	1095.00
英国	16.00	461.00
中国香港	62.00	250.00
墨西哥	2.00	151.00
泰国	19.00	98.00
澳大利亚	4.00	85.00
加拿大	5.00	11.00
44199010 木制一次性筷子		
合计	28330270.00	18819917.00
俄罗斯	27694199.00	18254425.00
蒙古	551377.00	391988.00
中国	17933.00	113845.00
日本	5175.00	28630.00
白俄罗斯	61096.00	23217.00
中国香港	353.00	4408.00
印度尼西亚	112.00	2185.00
美国	25.00	1211.00
英国	0.00	8.00
44199090 未列名木制餐具及厨房用具		
合计	14078857.00	13280324.00
老挝	6742176.00	2755697.00
泰国	739307.00	2229849.00
越南	4825532.00	1968692.00
美国	119727.00	1814372.00
日本	37511.00	1256529.00
罗马尼亚	302032.00	896728.00
印度	120631.00	569976.00
印度尼西亚	377124.00	372633.00
俄罗斯	666991.00	271982.00
中国	22387.00	266567.00
乌克兰	65620.00	127106.00
意大利	5504.00	120029.00
德国	5662.00	110834.00
中国台湾	8909.00	106859.00
捷克	1739.00	78737.00

(续表)

国家/地区	进口数量（千克）	进口金额（美元）
澳大利亚	3273.00	44431.00
英国	1001.00	39411.00
波兰	1914.00	34624.00
菲律宾	14627.00	34072.00
加拿大	1105.00	29625.00
土耳其	5755.00	19419.00
法国	412.00	18993.00
秘鲁	2458.00	17342.00
尼泊尔	2797.00	12399.00
斯洛文尼亚	173.00	11167.00
韩国	1287.00	10830.00
丹麦	331.00	7417.00
塞尔维亚	255.00	7186.00
瑞士	217.00	6377.00
芬兰	108.00	5732.00
新加坡	97.00	4358.00
马来西亚	126.00	3638.00
葡萄牙	23.00	3613.00
西班牙	135.00	3438.00
比利时	271.00	2985.00
奥地利	55.00	2584.00
突尼斯	139.00	2247.00
瑞典	65.00	2193.00
南非	789.00	1911.00
中国香港	65.00	1520.00
阿尔巴尼亚	135.00	1430.00
立陶宛	48.00	1361.00
摩洛哥	22.00	795.00
中国澳门	13.00	580.00
国(地)别不详	0.00	406.00
拉脱维亚	4.00	337.00
巴西	12.00	287.00
智利	23.00	238.00
伊朗	21.00	233.00
荷兰	183.00	159.00
阿根廷	13.00	135.00
斐济	6.00	60.00
安提瓜和巴布达	0.00	60.00
希腊	1.00	47.00
埃及	8.00	41.00
缅甸	34.00	35.00
爱沙尼亚	4.00	18.00
44201011 木刻		
合计	302611.00	403918.00

(续表)

国家/地区	进口数量（千克）	进口金额（美元）
越南	246191.00	211634.00
新西兰	21380.00	66419.00
日本	24905.00	39139.00
中国台湾	1938.00	14822.00
印度尼西亚	2873.00	14005.00
中国	904.00	11533.00
波兰	133.00	8553.00
法国	400.00	7674.00
菲律宾	1026.00	5084.00
印度	332.00	4450.00
南非	171.00	3188.00
德国	80.00	3093.00
意大利	44.00	2592.00
瑞士	60.00	2582.00
秘鲁	58.00	2346.00
比利时	274.00	2046.00
泰国	62.00	1355.00
巴基斯坦	1397.00	1007.00
美国	7.00	850.00
荷兰	52.00	502.00
马来西亚	128.00	400.00
塞内加尔	18.00	318.00
丹麦	20.00	100.00
加拿大	0.00	100.00
缅甸	130.00	96.00
巴西	28.00	30.00
44201020 木扇		
合计	61.00	8626.00
日本	18.00	3727.00
英国	1.00	2585.00
西班牙	1.00	1021.00
意大利	2.00	774.00
法国	9.00	263.00
韩国	25.00	157.00
中国	5.00	99.00
44201090 其他木制小雕像及装饰品		
合计	1730670.00	6624740.00
意大利	13432.00	1170378.00
泰国	349015.00	991158.00
日本	118949.00	700359.00
越南	463445.00	630362.00
印度尼西亚	148721.00	578647.00
印度	64381.00	490538.00
尼泊尔	88097.00	374380.00

（续表）

国家/地区	进口数量（千克）	进口金额（美元）
中国	13006.00	204228.00
巴基斯坦	256224.00	191466.00
法国	10069.00	167046.00
中国台湾	34359.00	158542.00
德国	4966.00	133973.00
美国	3312.00	99933.00
韩国	2100.00	95130.00
缅甸	89433.00	76636.00
俄罗斯	1847.00	59619.00
斯洛伐克	1563.00	52561.00
坦桑尼亚	16278.00	45197.00
西班牙	1712.00	34139.00
丹麦	1096.00	31463.00
中国香港	1885.00	24321.00
葡萄牙	1179.00	22383.00
英国	732.00	22177.00
比利时	4593.00	21996.00
荷兰	3612.00	18632.00
菲律宾	7488.00	16673.00
老挝	4362.00	16610.00
柬埔寨	3829.00	16189.00
波兰	523.00	15413.00
以色列	169.00	14041.00
南非	819.00	13879.00
新加坡	1157.00	13852.00
加拿大	427.00	10747.00
新西兰	53.00	10383.00
瑞典	209.00	10260.00
摩洛哥	1525.00	8598.00
苏丹	4700.00	8302.00
罗马尼亚	129.00	7907.00
乌干达	1269.00	6332.00
澳大利亚	187.00	5724.00
厄瓜多尔	35.00	5651.00
卢旺达	1538.00	4778.00
马来西亚	650.00	4712.00
芬兰	133.00	4246.00
贝宁	320.00	4000.00
斯里兰卡	770.00	3387.00
多哥	3650.00	3063.00
保加利亚	86.00	2960.00
瑞士	10.00	2374.00
乌克兰	35.00	2180.00
哥伦比亚	16.00	2014.00
塞内加尔	1191.00	1707.00
肯尼亚	159.00	1610.00
科特迪瓦	128.00	1600.00
约旦	22.00	1440.00
土耳其	282.00	1283.00
捷克	31.00	1279.00
喀麦隆	35.00	958.00
墨西哥	41.00	940.00
冰岛	2.00	838.00
塞浦路斯	25.00	629.00
巴西	123.00	538.00
伊朗	341.00	530.00
哥斯达黎加	42.00	493.00
塞尔维亚	42.00	451.00
叙利亚	66.00	420.00
爱尔兰	24.00	163.00
国(地)别不详	2.00	160.00
埃及	18.00	102.00
突尼斯	1.00	60.00

44209010 镶嵌木

国家/地区	进口数量（千克）	进口金额（美元）
合计	159.00	18395.00
美国	68.00	14818.00
印度尼西亚	84.00	3363.00
斯里兰卡	7.00	214.00

44209090 珠宝或刀具木盒及类似品;第 94 章以外木家具

国家/地区	进口数量（千克）	进口金额（美元）
合计	1063919.00	9026429.00
中国	59279.00	1993441.00
波兰	276805.00	1243919.00
泰国	187102.00	1200346.00
法国	13484.00	974382.00
意大利	14086.00	879920.00
瑞士	58920.00	711896.00
越南	296705.00	557629.00
老挝	92317.00	284457.00
德国	9097.00	229732.00
印度	12944.00	157259.00
印度尼西亚	2444.00	121408.00
希腊	1180.00	102090.00
日本	6290.00	92828.00
中国台湾	3883.00	88766.00
西班牙	4512.00	55790.00
毛里求斯	236.00	47752.00
美国	1708.00	40228.00
韩国	326.00	34274.00
摩洛哥	1725.00	23951.00
捷克	7492.00	21145.00
英国	879.00	20911.00
尼泊尔	2934.00	19935.00
荷兰	444.00	17018.00
古巴	1502.00	13063.00
菲律宾	637.00	12226.00
中国香港	959.00	10314.00
丹麦	777.00	9346.00
阿联酋	1213.00	8092.00
白俄罗斯	290.00	5427.00
秘鲁	97.00	4357.00
比利时	125.00	3984.00
伊朗	432.00	3652.00
瑞典	71.00	3515.00
斯洛文尼亚	129.00	3338.00
斯洛伐克	43.00	3161.00
加拿大	36.00	2890.00
新加坡	202.00	2316.00
葡萄牙	57.00	2271.00
坦桑尼亚	906.00	2158.00
奥地利	35.00	2121.00
芬兰	31.00	1848.00
塞尔维亚	50.00	1518.00
叙利亚	205.00	1421.00
爱尔兰	10.00	1398.00
马来西亚	38.00	1394.00
澳大利亚	840.00	970.00
匈牙利	48.00	918.00
波黑	4.00	743.00
俄罗斯	13.00	617.00
中国澳门	50.00	607.00
塞内加尔	28.00	600.00
哥伦比亚	6.00	485.00
孟加拉国	80.00	482.00
保加利亚	6.00	481.00
土耳其	20.00	377.00
国(地)别不详	45.00	320.00
缅甸	80.00	272.00
瑙鲁	24.00	233.00
南非	6.00	217.00
卡塔尔	13.00	111.00
突尼斯	1.00	60.00

(续表)

国家/地区	进口数量(千克)	进口金额(美元)
沙特阿拉伯	1.00	44.00
斯里兰卡	17.00	3.00
埃及	0.00	2.00
44211000 木制衣架		
合计	152872.00	1965659.00
意大利	15100.00	808952.00
中国	62751.00	511485.00
克罗地亚	31676.00	183809.00
塞尔维亚	3873.00	146961.00
法国	1128.00	91199.00
斯洛文尼亚	13210.00	73054.00
日本	1084.00	32324.00
西班牙	437.00	28378.00
美国	9132.00	21581.00
越南	5069.00	10140.00
泰国	4911.00	9403.00
德国	212.00	8024.00
韩国	754.00	6641.00
荷兰	265.00	5615.00
印度尼西亚	1587.00	5082.00
英国	156.00	4560.00
中国台湾	341.00	3842.00
新加坡	194.00	3233.00
波兰	71.00	2801.00
中国香港	373.00	2218.00
比利时	106.00	1886.00
丹麦	108.00	1688.00
瑞典	112.00	878.00
葡萄牙	26.00	516.00
匈牙利	8.00	386.00
奥地利	121.00	374.00
印度	50.00	341.00
斯洛伐克	2.00	203.00
马来西亚	9.00	38.00
埃及	5.00	21.00
加拿大	1.00	19.00
土耳其	0.00	7.00
44219910 其他木制圆签、圆棒、冰果棒、压舌片及类似一次性制品		
合计	28700019.00	20388437.00
俄罗斯	27409781.00	18727877.00
乌克兰	980465.00	1242232.00
蒙古	254204.00	254204.00
中国	43227.00	105546.00

(续表)

国家/地区	进口数量(千克)	进口金额(美元)
法国	7759.00	33787.00
泰国	3257.00	12481.00
比利时	125.00	2320.00
日本	251.00	2243.00
美国	75.00	1309.00
埃及	97.00	1218.00
阿联酋	181.00	1056.00
马来西亚	65.00	1045.00
西班牙	25.00	782.00
韩国	162.00	587.00
中国台湾	88.00	494.00
洪都拉斯	5.00	281.00
印度尼西亚	39.00	230.00
瑞典	10.00	160.00
土耳其	19.00	136.00
奥地利	114.00	112.00
菲律宾	38.00	110.00
以色列	0.00	76.00
立陶宛	26.00	59.00
印度	0.00	33.00
沙特阿拉伯	0.00	30.00
巴基斯坦	0.00	13.00
挪威	4.00	8.00
德国	0.00	3.00
英国	1.00	3.00
中国香港	1.00	2.00
44219990 未列名木制品		
合计	510998299.00	424602801.00
印度尼西亚	465073670.00	291178514.00
厄瓜多尔	21557129.00	89109396.00
巴布亚新几内亚	1086064.00	5985086.00
意大利	227208.00	5404609.00
德国	514664.00	4096422.00
越南	6235365.00	3886705.00
中国	363984.00	3648294.00
波兰	736049.00	3245117.00
泰国	5187476.00	2738117.00
马来西亚	4793615.00	2332693.00
罗马尼亚	729282.00	1433168.00
匈牙利	1279368.00	1411167.00
法国	169761.00	1384893.00
美国	202790.00	1104993.00
瑞士	10686.00	797527.00
韩国	100404.00	773356.00

(续表)

国家/地区	进口数量(千克)	进口金额(美元)
波黑	132642.00	664743.00
日本	65840.00	635294.00
西班牙	48956.00	589173.00
荷兰	178181.00	587968.00
加纳	48612.00	559809.00
缅甸	1051815.00	535626.00
印度	16881.00	329232.00
俄罗斯	343332.00	246164.00
英国	6379.00	190779.00
捷克	146444.00	176572.00
毛里求斯	2385.00	167318.00
拉脱维亚	144189.00	155237.00
莫桑比克	255944.00	136674.00
丹麦	6108.00	129467.00
中国台湾	41145.00	119814.00
挪威	3234.00	103781.00
中国香港	2763.00	101784.00
葡萄牙	3020.00	71292.00
巴西	26602.00	65221.00
斯里兰卡	140259.00	54922.00
加拿大	12515.00	51393.00
瑞典	2163.00	47822.00
比利时	3686.00	45890.00
奥地利	5917.00	38317.00
国(地)别不详	423.00	36843.00
斯洛文尼亚	8146.00	35431.00
菲律宾	4936.00	30138.00
尼泊尔	194.00	23145.00
摩洛哥	592.00	21484.00
老挝	10030.00	18587.00
新加坡	1379.00	16400.00
塞尔维亚	294.00	15764.00
斯洛伐克	893.00	15378.00
新西兰	105.00	14892.00
澳大利亚	3359.00	6782.00
巴拉圭	167.00	4730.00
芬兰	187.00	4653.00
白俄罗斯	1422.00	4212.00
立陶宛	52.00	3653.00
保加利亚	66.00	3503.00
柬埔寨	1966.00	2517.00
土耳其	3599.00	2399.00
巴基斯坦	3304.00	2357.00
墨西哥	388.00	1784.00

（续表）

国家/地区	进口数量（千克）	进口金额（美元）
南非	57.00	686.00
爱沙尼亚	10.00	648.00
伊朗	115.00	538.00
黎巴嫩	2.00	389.00
格鲁吉亚	20.00	276.00
阿联酋	4.00	229.00
卡塔尔	6.00	156.00
以色列	7.00	136.00
希腊	5.00	119.00
沙特阿拉伯	0.00	116.00
科威特	0.00	102.00
阿曼	1.00	79.00
乌克兰	3.00	72.00
哥伦比亚	2.00	72.00
埃及	16.00	69.00
中国澳门	1.00	47.00
巴拿马	0.00	40.00
洪都拉斯	0.00	16.00
纳米比亚	20.00	9.00
爱尔兰	1.00	1.00

表 11 木片出口量值表

国家/地区	出口数量（千克）	出口金额（美元）
44012100 针叶木的木片或木粒		
合计	5020.00	12677.00
美国	4511.00	6612.00
日本	200.00	5690.00
中国台湾	303.00	364.00
中国香港	6.00	11.00
44012200 非针叶木的木片或木粒		
合计	65779.00	184875.00
中国台湾	19440.00	69260.00
美国	7017.00	46402.00
韩国	9441.00	21114.00
印度	11282.00	18335.00
越南	6200.00	4960.00
日本	1733.00	3603.00
新加坡	1772.00	3562.00
加拿大	846.00	2784.00
荷兰	1306.00	2276.00
泰国	951.00	2053.00
中国香港	1417.00	1730.00
菲律宾	642.00	1403.00

（续表）

国家/地区	出口数量（千克）	出口金额（美元）
英国	86.00	1355.00
德国	42.00	1332.00
马来西亚	2430.00	1178.00
瑞典	180.00	1160.00
新西兰	134.00	934.00
丹麦	289.00	688.00
以色列	265.00	685.00
印度尼西亚	303.00	58.00
尼日利亚	3.00	3.00

表 12 木片进口量值表

国家/地区	进口数量（千克）	进口金额（美元）
44012100 针叶木的木片或木粒		
合计	188571269.00	27738694.00
澳大利亚	91895578.00	17157917.00
新西兰	24566120.00	4804765.00
俄罗斯	64241683.00	3601793.00
智利	7541740.00	1919422.00
韩国	23076.00	105067.00
德国	144028.00	96975.00
荷兰	91918.00	29005.00
美国	66875.00	14951.00
日本	196.00	5440.00
委内瑞拉	24.00	1505.00
英国	11.00	1456.00
加拿大	10.00	347.00
巴西	10.00	51.00
44012200 非针叶木的木片或木粒		
合计	12376791548.00	2370994136.00
越南	6282720273.00	1043720361.00
澳大利亚	3514699751.00	784334511.00
智利	1231269218.00	287348171.00
泰国	790957154.00	138766233.00
巴西	323275417.00	68687799.00
南非	136025711.00	28856962.00
马来西亚	71447075.00	12087247.00
加拿大	23940629.00	5311086.00
法国	155494.00	772372.00
美国	1854102.00	662807.00
德国	284020.00	166983.00
印度尼西亚	37040.00	125257.00
爱沙尼亚	88836.00	75111.00
印度	263.00	66296.00

（续表）

国家/地区	进口数量（千克）	进口金额（美元）
俄罗斯	31402.00	5591.00
日本	2650.00	3439.00
瓦努阿图	2393.00	2393.00
乌克兰	45.00	650.00
哥伦比亚	60.00	590.00
菲律宾	10.00	200.00
塞尔维亚	1.00	52.00
乌拉圭	4.00	25.00

表 13 木炭出口量值表

国家/地区	出口数量（千克）	出口金额（美元）
44029000 其他木炭（包括果壳炭及果核炭），不论是否结块		
合计	61863974.00	82424931.00
日本	35128031.00	26059706.00
南非	2327758.00	6406826.00
阿联酋	1559083.00	5547006.00
沙特阿拉伯	2730304.00	4772486.00
阿曼	1058547.00	3678542.00
以色列	1475043.00	3085775.00
印度	873131.00	2964581.00
阿尔及利亚	1179199.00	2549011.00
摩洛哥	759195.00	2246977.00
尼日利亚	773958.00	2198788.00
利比亚	610251.00	1844456.00
科威特	595242.00	1607652.00
美国	1512477.00	1475428.00
韩国	3222461.00	1461942.00
伊朗	420834.00	1206865.00
也门	398306.00	1138222.00
伊拉克	335566.00	1126666.00
英国	677820.00	951971.00
马来西亚	480952.00	810441.00
西班牙	338647.00	784368.00
希腊	285733.00	719881.00
埃及	165570.00	702194.00
突尼斯	301100.00	681166.00
贝宁	200043.00	584390.00
约旦	123898.00	475231.00
新西兰	168209.00	442497.00
卡塔尔	115299.00	418394.00
塞内加尔	99991.00	373654.00
比利时	552722.00	353509.00

(续表)

国家/地区	出口数量(千克)	出口金额(美元)
塔吉克斯坦	170440.00	317748.00
中国澳门	387873.00	310726.00
土耳其	153808.00	276493.00
巴基斯坦	319093.00	265778.00
毛里塔尼亚	73642.00	261528.00
多哥	63183.00	238463.00
朝鲜	114520.00	223566.00
黎巴嫩	140226.00	211840.00
印度尼西亚	206696.00	209800.00
菲律宾	54822.00	208728.00
巴林	84097.00	174019.00
乌克兰	45967.00	173924.00
澳大利亚	142092.00	164241.00
越南	83307.00	162495.00
多米尼加	50456.00	145701.00
俄罗斯	41683.00	120550.00
科特迪瓦	35413.00	108192.00
加拿大	106392.00	106227.00
肯尼亚	51388.00	99547.00
梅利利亚	20650.00	99120.00
法国	35008.00	97390.00
瑞典	49608.00	94155.00
格鲁吉亚	26920.00	93600.00
意大利	21931.00	89741.00
阿富汗	25015.00	89707.00
德国	27329.00	78841.00
吉尔吉斯斯坦	41150.00	78185.00
新加坡	81417.00	76480.00
爱尔兰	33295.00	75715.00
巴西	14043.00	70484.00
莫桑比克	29053.00	68801.00
几内亚	16185.00	61799.00
叙利亚	24908.00	61765.00
智利	9135.00	58375.00
哈萨克斯坦	64942.00	57577.00
哥伦比亚	22601.00	54712.00
斐济	21812.00	53902.00
加纳	25109.00	46432.00
中国香港	99409.00	41119.00
苏丹	9310.00	40241.00
巴拿马	22071.00	39699.00
老挝	111800.00	35990.00
中国台湾	33129.00	35013.00
罗马尼亚	9605.00	33048.00

(续表)

国家/地区	出口数量(千克)	出口金额(美元)
索马里	8855.00	32729.00
泰国	11152.00	31099.00
孟加拉国	9861.00	30551.00
荷兰	16137.00	23671.00
刚果(金)	8000.00	21588.00
坦桑尼亚	6521.00	16968.00
塞浦路斯	27000.00	15940.00
尼泊尔	5000.00	14225.00
新喀里多尼亚	21960.00	11935.00
圭亚那	4328.00	11493.00
亚美尼亚	4307.00	10507.00
葡萄牙	1976.00	10295.00
马耳他	9984.00	10000.00
丹麦	9000.00	9720.00
马尔代夫	14420.00	7987.00
安哥拉	2221.00	7333.00
墨西哥	3539.00	6290.00
秘鲁	1809.00	6163.00
法属波利尼西亚	1610.00	6118.00
尼加拉瓜	2500.00	5750.00
利比里亚	3857.00	5744.00
危地马拉	1193.00	5409.00
乌兹别克斯坦	3653.00	5159.00
赤道几内亚	969.00	4601.00
匈牙利	996.00	3584.00
东帝汶	1034.00	3388.00
巴布亚新几内亚	1607.00	3304.00
吉布提	1308.00	3262.00
阿尔巴尼亚	1087.00	2481.00
哥斯达黎加	1776.00	2419.00
阿根廷	1955.00	2218.00
毛里求斯	282.00	2091.00
加蓬	624.00	2010.00
萨摩亚	442.00	1866.00
留尼汪	370.00	1853.00
喀麦隆	425.00	1562.00
挪威	175.00	774.00
保加利亚	185.00	768.00
拉脱维亚	1400.00	551.00
所罗门群岛	150.00	450.00
克罗地亚	102.00	399.00
波兰	5.00	272.00
蒙古	190.00	161.00
乌拉圭	92.00	110.00

(续表)

国家/地区	出口数量(千克)	出口金额(美元)
埃塞俄比亚	10.00	42.00
奥地利	4.00	9.00

表 14 木炭进口量值表

国家/地区	进口数量(千克)	进口金额(美元)
44029000 其他木炭(包括果壳炭及果核炭),不论是否结块		
合计	411672042.00	97656605.00
缅甸	180474445.00	34279047.00
印度尼西亚	59548576.00	20290703.00
菲律宾	45192644.00	18173979.00
越南	69418214.00	11879356.00
马来西亚	14026350.00	4053248.00
俄罗斯	22281821.00	3371203.00
孟加拉国	4052679.00	2025937.00
老挝	9643175.00	1871981.00
尼日利亚	4083723.00	575396.00
泰国	762949.00	299143.00
贝宁	984441.00	234491.00
科特迪瓦	676904.00	168419.00
日本	46560.00	104154.00
印度	119793.00	88602.00
韩国	50695.00	67486.00
德国	17801.00	47457.00
中国	50004.00	42571.00
中国台湾	71274.00	18311.00
美国	15169.00	17833.00
加纳	82770.00	12767.00
波兰	4000.00	12463.00
柬埔寨	23559.00	8484.00
巴拉圭	22940.00	6924.00
加蓬	20900.00	3344.00
法国	288.00	2705.00
塞尔维亚	28.00	271.00
希腊	330.00	215.00
瑞典	10.00	115.00

表 15 木浆出口量值表

国家/地区	出口数量(千克)	出口金额(美元)
47010000 机械木浆		
合计	741289.00	1545920.00
尼日利亚	507500.00	1167250.00

（续表）

国家/地区	出口数量（千克）	出口金额（美元）
朝鲜	152861.00	218152.00
缅甸	51227.00	76841.00
加拿大	6000.00	69600.00
日本	8002.00	8178.00
越南	3200.00	3520.00
孟加拉国	5070.00	1014.00
马来西亚	6900.00	690.00
莫桑比克	327.00	654.00
美国	202.00	21.00
47020000 化学木浆，溶解级		
合计	960669.00	503734.00
越南	960040.00	502383.00
瑞士	29.00	838.00
奥地利	600.00	513.00
47031100 未漂白的针叶木烧碱木浆或硫酸盐木浆		
合计	1691364.00	1151071.00
韩国	906800.00	615842.00
印度尼西亚	784564.00	535229.00
47031900 未漂白的非针叶木烧碱木浆或硫酸盐木浆		
合计	13463.00	41472.00
喀麦隆	2000.00	26000.00
朝鲜	7100.00	9585.00
美国	4263.00	3848.00
匈牙利	100.00	2039.00
47032100 半漂白或漂白的针叶木烧碱木浆或硫酸盐木浆		
合计	29713094.00	22154325.00
伊朗	6455780.00	5022926.00
阿联酋	4231310.00	2542917.00
越南	3625582.00	2251737.00
埃塞俄比亚	2090379.00	1430900.00
乌兹别克斯坦	1825905.00	1346152.00
俄罗斯	1156206.00	937367.00
莫桑比克	512765.00	763114.00
加纳	965665.00	737436.00
中国台湾	1103522.00	736136.00
肯尼亚	897916.00	698271.00
吉布提	878376.00	670485.00
蒙古	744243.00	624811.00
斯里兰卡	685181.00	608251.00
朝鲜	683136.00	578501.00
坦桑尼亚	458529.00	364145.00

（续表）

国家/地区	出口数量（千克）	出口金额（美元）
韩国	522446.00	353263.00
泰国	333621.00	319567.00
尼日利亚	419700.00	280027.00
叙利亚	294171.00	257474.00
新加坡	100952.00	207653.00
土库曼斯坦	202066.00	190101.00
孟加拉国	204588.00	149245.00
刚果（金）	199693.00	147773.00
科威特	153244.00	124386.00
安哥拉	154022.00	123064.00
黎巴嫩	67508.00	97153.00
巴基斯坦	114222.00	87976.00
南非	85026.00	68903.00
科特迪瓦	103664.00	67186.00
马拉维	23902.00	38525.00
乌干达	49620.00	37215.00
马达加斯加	51788.00	33662.00
阿尔及利亚	38290.00	30058.00
智利	27007.00	29937.00
尼泊尔	19795.00	24566.00
沙特阿拉伯	25107.00	23098.00
塔吉克斯坦	23180.00	19456.00
苏丹	25640.00	19230.00
乌克兰	22133.00	18370.00
阿富汗	16898.00	14870.00
纳米比亚	11465.00	14331.00
喀麦隆	15260.00	13125.00
意大利	13629.00	12271.00
多米尼加	45885.00	11930.00
委内瑞拉	14841.00	9096.00
马来西亚	7403.00	7871.00
芬兰	4710.00	4623.00
阿尔巴尼亚	458.00	2800.00
印度	996.00	1444.00
赞比亚	5667.00	913.00
中国香港	2.00	14.00
47032900 半漂白或漂白非针叶木烧碱木浆或硫酸盐木浆		
合计	5793548.00	3302888.00
澳大利亚	3300000.00	1885303.00
伊朗	1022180.00	611223.00
吉布提	516522.00	317342.00
荷兰	694146.00	249916.00
越南	195693.00	184008.00

（续表）

国家/地区	出口数量（千克）	出口金额（美元）
朝鲜	35987.00	26407.00
乌兹别克斯坦	22700.00	22700.00
孟加拉国	6320.00	5989.00
47042100 半漂白或漂白的针叶木亚硫酸盐木浆		
合计	37200.00	34632.00
坦桑尼亚	24000.00	21511.00
肯尼亚	7600.00	7857.00
朝鲜	5600.00	5264.00
47042900 半漂白或漂白的非针叶木亚硫酸盐木浆		
合计	22065.00	23427.00
韩国	3840.00	11558.00
中国台湾	17600.00	9662.00
澳大利亚	625.00	2207.00
47050000 用机械与化学联合制浆法制得的木浆		
合计	2000.00	1750.00
中国台湾	2000.00	1750.00
47062000 从回收（废碎）纸或纸板提取的纤维浆		
合计	392475.00	315041.00
尼泊尔	139000.00	125568.00
日本	80040.00	98439.00
中国香港	97810.00	51300.00
菲律宾	25343.00	13588.00
坦桑尼亚	10248.00	10248.00
加纳	7050.00	7262.00
马来西亚	5000.00	4285.00
越南	27100.00	2710.00
德国	834.00	1611.00
比利时	50.00	30.00
47069100 其他纤维状纤维素机械浆		
合计	103195.00	106660.00
朝鲜	70290.00	54553.00
印度尼西亚	25905.00	47407.00
土耳其	6000.00	3600.00
智利	1000.00	1100.00
47069200 其他纤维状纤维素化学浆		
合计	1571955.00	1322825.00
朝鲜	636880.00	444291.00
德国	342000.00	316473.00
坦桑尼亚	158500.00	115182.00
越南	107365.00	114118.00

（续表）

国家/地区	出口数量（千克）	出口金额（美元）
美国	123000.00	96817.00
墨西哥	42250.00	38237.00
菲律宾	13000.00	23130.00
俄罗斯	14000.00	22137.00
韩国	20505.00	21820.00
中国台湾	13000.00	21665.00
沙特阿拉伯	24000.00	20160.00
日本	6590.00	20148.00
南非	20000.00	19800.00
意大利	20000.00	17920.00
法国	20103.00	17249.00
冈比亚	5500.00	5971.00
英国	2180.00	4360.00
中国香港	2000.00	2434.00
比利时	1082.00	913.00
47069300 其他用机械和化学联合法制得的纤维状纤维素浆		
合计	3500.00	1250.00
中国台湾	3500.00	1250.00
47072000 回收（废碎）漂白化学木浆制未经本体染色纸		
合计	399935.00	121698.00
坦桑尼亚	306655.00	82797.00
朝鲜	89280.00	38101.00
肯尼亚	4000.00	800.00
47079000 回收（废碎）的其他纸及纸板，包括未分选的		
合计	373661.00	149507.00
加拿大	373021.00	149209.00
朝鲜	500.00	256.00
日本	140.00	42.00
48010010 成卷的新闻纸		
合计	6863296.00	7851933.00
朝鲜	4170714.00	3082982.00
柬埔寨	716310.00	1448753.00
缅甸	356863.00	862000.00
越南	292086.00	424188.00
中国香港	536845.00	363208.00
阿联酋	347464.00	210843.00
加拿大	6701.00	201536.00
马来西亚	102009.00	174224.00
新加坡	16885.00	169260.00
毛里求斯	11020.00	162661.00
美国	65003.00	109885.00

（续表）

国家/地区	出口数量（千克）	出口金额（美元）
印度尼西亚	30003.00	103183.00
英国	23200.00	98600.00
菲律宾	38175.00	83466.00
沙特阿拉伯	30564.00	77098.00
约旦	9177.00	55843.00
巴西	10331.00	51655.00
南非	41010.00	47060.00
厄瓜多尔	9851.00	25559.00
新西兰	4616.00	21013.00
斯里兰卡	11960.00	15973.00
西班牙	2030.00	13398.00
哥伦比亚	5689.00	10847.00
日本	3421.00	9746.00
巴基斯坦	5250.00	8453.00
匈牙利	3155.00	6259.00
墨西哥	3774.00	4581.00
秘鲁	4717.00	4281.00
意大利	1050.00	1357.00
委内瑞拉	480.00	768.00
埃塞俄比亚	1200.00	764.00
多米尼加	550.00	743.00
尼加拉瓜	410.00	501.00
土耳其	270.00	432.00
科威特	300.00	422.00
葡萄牙	144.00	288.00
斯洛伐克	45.00	72.00
萨尔瓦多	13.00	22.00
俄罗斯	11.00	9.00
48010090 成张的新闻纸		
合计	1808520.00	3459355.00
马来西亚	191058.00	865664.00
柬埔寨	184984.00	440521.00
中国香港	472731.00	439836.00
美国	63333.00	310745.00
澳大利亚	378028.00	304793.00
菲律宾	186259.00	283192.00
缅甸	131658.00	228828.00
越南	54351.00	138079.00
印度尼西亚	42270.00	122249.00
英国	24500.00	99225.00
新加坡	22883.00	81906.00
阿联酋	9245.00	73960.00
孟加拉国	7632.00	27588.00
埃塞俄比亚	8137.00	23189.00

（续表）

国家/地区	出口数量（千克）	出口金额（美元）
朝鲜	14170.00	9666.00
泰国	13388.00	5602.00
加拿大	671.00	1400.00
格鲁吉亚	246.00	1046.00
以色列	840.00	986.00
新西兰	1000.00	718.00
刚果(金)	1061.00	150.00
圣其茨和尼维斯	75.00	12.00
48021010 宣纸		
合计	1567003.00	8730692.00
日本	495109.00	5597302.00
韩国	501776.00	1936447.00
吉布提	243960.00	439128.00
中国台湾	230484.00	346704.00
坦桑尼亚	15257.00	99187.00
加拿大	15493.00	71968.00
新加坡	20987.00	56958.00
美国	9541.00	37647.00
俄罗斯	6123.00	32408.00
法国	2719.00	14905.00
越南	616.00	14550.00
柬埔寨	10451.00	13133.00
英国	1295.00	10354.00
泰国	1388.00	7066.00
荷兰	779.00	7011.00
中国香港	2202.00	6283.00
西班牙	1890.00	5240.00
澳大利亚	1025.00	4965.00
德国	157.00	3860.00
新西兰	203.00	3749.00
巴西	1173.00	3731.00
葡萄牙	300.00	2303.00
波兰	118.00	2276.00
芬兰	285.00	1959.00
意大利	300.00	1697.00
丹麦	306.00	1096.00
比利时	254.00	1004.00
瑞典	136.00	897.00
爱尔兰	48.00	830.00
中国澳门	394.00	750.00
马来西亚	259.00	742.00
菲律宾	647.00	687.00
朝鲜	334.00	670.00
匈牙利	10.00	430.00

（续表）

国家/地区	出口数量（千克）	出口金额（美元）
斯洛伐克	592.00	416.00
印度尼西亚	5.00	380.00
塞尔维亚	14.00	255.00
乌拉圭	19.00	253.00
挪威	150.00	240.00
以色列	16.00	150.00
南非	67.00	150.00
毛里塔尼亚	6.00	120.00
罗马尼亚	7.00	111.00
埃及	30.00	107.00
佛得角	4.00	100.00
阿联酋	6.00	91.00
刚果(金)	20.00	72.00
奥地利	2.00	50.00
斯里兰卡	12.00	41.00
冈比亚	2.00	40.00
多米尼加	1.00	30.00
塞舌尔	2.00	30.00
卢旺达	7.00	26.00
希腊	10.00	24.00
蒙古	0.00	24.00
毛里求斯	11.00	18.00
巴基斯坦	1.00	17.00
加纳	0.00	10.00
48021090 其他手工制纸及纸板		
合计	3460298.00	19944021.00
越南	2231780.00	13888906.00
韩国	398495.00	2501554.00
日本	281632.00	2168090.00
美国	161847.00	481496.00
荷兰	85851.00	191506.00
西班牙	39145.00	113925.00
意大利	36014.00	107097.00
中国台湾	17235.00	81699.00
英国	22569.00	67511.00
尼日利亚	20976.00	35179.00
缅甸	39490.00	34184.00
坦桑尼亚	14320.00	32936.00
罗马尼亚	15488.00	26702.00
法国	14780.00	24143.00
尼泊尔	6822.00	23968.00
肯尼亚	16640.00	23604.00
沙特阿拉伯	8554.00	22594.00
土耳其	16765.00	22569.00

（续表）

国家/地区	出口数量（千克）	出口金额（美元）
马达加斯加	504.00	19692.00
南非	1712.00	8459.00
俄罗斯	2455.00	8098.00
莫桑比克	3800.00	7980.00
以色列	1554.00	7687.00
澳大利亚	1731.00	6978.00
阿联酋	4183.00	5599.00
加拿大	1067.00	4285.00
埃塞俄比亚	5370.00	4115.00
德国	10.00	3841.00
芬兰	221.00	3742.00
爱尔兰	812.00	3543.00
哈萨克斯坦	2820.00	2820.00
白俄罗斯	3325.00	1995.00
加纳	1019.00	1523.00
波兰	107.00	1111.00
比利时	224.00	1090.00
马来西亚	151.00	1069.00
新加坡	155.00	862.00
老挝	222.00	702.00
孟加拉国	320.00	437.00
泰国	76.00	426.00
中国香港	26.00	183.00
菲律宾	3.00	94.00
乌克兰	8.00	17.00
巴基斯坦	20.00	10.00

表 16　木浆进口量值表

国家/地区	进口数量（千克）	进口金额（美元）
47010000 机械木浆		
合计	8657272.00	4337507.00
克罗地亚	4497719.00	1850220.00
瑞典	1924107.00	993334.00
德国	1219900.00	621137.00
美国	369820.00	453466.00
法国	463888.00	361605.00
加拿大	148976.00	50804.00
缅甸	32600.00	3021.00
日本	116.00	2191.00
哥伦比亚	80.00	1117.00
英国	66.00	612.00
47020000 化学木浆，溶解级		
合计	3063413137.00	2662453064.00

（续表）

国家/地区	进口数量（千克）	进口金额（美元）
印度尼西亚	727496004.00	609220084.00
巴西	422968553.00	381426678.00
美国	316702215.00	326311196.00
南非	304695236.00	257112875.00
捷克	204894188.00	178932010.00
老挝	213846000.00	168700402.00
加拿大	156683086.00	131841402.00
奥地利	138888671.00	122438182.00
芬兰	144961443.00	118409332.00
瑞典	130325917.00	111358144.00
日本	103470692.00	84425537.00
葡萄牙	87937789.00	74351403.00
泰国	85328743.00	68801817.00
挪威	22447718.00	25583868.00
法国	1639733.00	2475499.00
西班牙	1097363.00	1015061.00
德国	29760.00	49240.00
荷兰	26.00	334.00
47031100 未漂白的针叶木烧碱木浆或硫酸盐木浆		
合计	839297392.00	511880457.00
智利	251818369.00	164864317.00
俄罗斯	160169620.00	93078161.00
美国	122829847.00	64487641.00
加拿大	87935799.00	58986987.00
新西兰	92807320.00	56644987.00
日本	66195721.00	38990804.00
芬兰	30611526.00	18486321.00
瑞典	23536486.00	14306235.00
奥地利	2211822.00	1370028.00
泰国	957600.00	539888.00
意大利	204504.00	85892.00
挪威	6623.00	27008.00
德国	9500.00	9509.00
中国台湾	2625.00	2102.00
印度尼西亚	30.00	577.00
47031900 未漂白的非针叶木烧碱木浆或硫酸盐木浆		
合计	13871737.00	9768514.00
瑞典	8353494.00	7333009.00
印度尼西亚	3200000.00	1429102.00
泰国	1398600.00	674367.00
美国	919643.00	332036.00
47032100 半漂白或漂白的针叶木烧碱木浆或硫酸盐木浆		

（续表）

国家/地区	进口数量（千克）	进口金额（美元）
合计	8909667948.00	5860804375.00
加拿大	2595367029.00	1740902969.00
芬兰	1514568854.00	985657245.00
美国	1397108900.00	956349129.00
智利	1391237493.00	914184940.00
俄罗斯	979093519.00	619184956.00
瑞典	484735475.00	299300380.00
德国	118226495.00	72437451.00
巴西	114365697.00	72004981.00
阿根廷	97130886.00	63478182.00
新西兰	77715164.00	49759568.00
白俄罗斯	76567236.00	46765429.00
法国	33063069.00	21433094.00
印度尼西亚	11000000.00	7315000.00
乌拉圭	8642784.00	5117524.00
日本	4410536.00	2669797.00
比利时	1996912.00	1348513.00
捷克	1871630.00	1218145.00
荷兰	818775.00	554147.00
瑞士	1009880.00	535087.00
波兰	496595.00	410436.00
越南	94057.00	81078.00
中国	88543.00	53726.00
泰国	51883.00	32784.00
中国台湾	6176.00	5317.00
韩国	360.00	4497.00
47032900 半漂白或漂白非针叶木烧碱木浆或硫酸盐木浆		
合计	11781079464.00	6889372323.00
巴西	6128861860.00	3510867298.00
印度尼西亚	2817648018.00	1647928792.00
乌拉圭	809409474.00	528373176.00
智利	820923838.00	498797554.00
加拿大	318676866.00	180476763.00
俄罗斯	244712705.00	141337217.00
美国	113922402.00	69793139.00
芬兰	117989961.00	67482906.00
法国	65574793.00	48127735.00
日本	77063327.00	43718789.00
南非	65211456.00	35975117.00
老挝	60201071.00	33253674.00
葡萄牙	47641160.00	28693668.00
西班牙	27290464.00	17772797.00
瑞典	21751463.00	12885031.00

（续表）

国家/地区	进口数量（千克）	进口金额（美元）
泰国	11389785.00	7536189.00
韩国	12854403.00	6644911.00
德国	11934630.00	5436220.00
新西兰	5130826.00	2407582.00
中国台湾	1302400.00	810605.00
荷兰	675959.00	450071.00
斯洛伐克	683013.00	426109.00
越南	189498.00	132959.00
中国	40087.00	44004.00
意大利	5.00	17.00
47041100 未漂白的针叶木亚硫酸盐木浆		
合计	4720324.00	2574017.00
俄罗斯	4654859.00	2490876.00
日本	65465.00	83141.00
47041900 未漂白的非针叶木亚硫酸盐木浆		
合计	3.00	358.00
挪威	3.00	358.00
47042100 半漂白或漂白的针叶木亚硫酸盐木浆		
合计	11066122.00	7934901.00
法国	5099213.00	4016373.00
奥地利	3989132.00	2540699.00
俄罗斯	1473039.00	890362.00
美国	482478.00	473554.00
西班牙	22260.00	13913.00
47042900 半漂白或漂白的非针叶木亚硫酸盐木浆		
合计	2741787.00	3786718.00
德国	2725627.00	3746759.00
美国	4955.00	16328.00
比利时	10200.00	15928.00
意大利	1000.00	7698.00
加拿大	5.00	5.00
47050000 用机械与化学联合制浆法制得的木浆		
合计	1594558773.00	814097251.00
加拿大	1265481341.00	649793611.00
新西兰	215435931.00	107565499.00
瑞典	57721684.00	29122626.00
挪威	23113200.00	11148512.00
俄罗斯	12497137.00	6625318.00
芬兰	6360372.00	3348985.00
智利	4506208.00	2116542.00
爱沙尼亚	4006759.00	1580070.00

（续表）

国家/地区	进口数量（千克）	进口金额（美元）
泰国	1931010.00	838389.00
美国	1096425.00	647637.00
德国	936900.00	534154.00
澳大利亚	973227.00	441845.00
荷兰	480993.00	282225.00
西班牙	16862.00	49795.00
中国台湾	688.00	1901.00
日本	36.00	142.00
47062000 从回收（废碎）纸或纸板提取的纤维浆		
合计	921118292.00	298921811.00
中国台湾	319728640.00	82244843.00
老挝	172526000.00	65986020.00
美国	165136601.00	61058716.00
越南	89752061.00	32176094.00
马来西亚	62571203.00	20751293.00
德国	16461362.00	8715561.00
韩国	15532990.00	5401021.00
印度	17579392.00	5186279.00
加拿大	12473654.00	4256665.00
缅甸	13292693.00	3829195.00
俄罗斯	6194021.00	2980119.00
泰国	13913379.00	2007139.00
意大利	3049267.00	1147662.00
捷克	1392000.00	947315.00
菲律宾	5947889.00	706771.00
苏丹	2539695.00	569463.00
日本	700986.00	446463.00
印度尼西亚	1316142.00	229772.00
卡塔尔	736653.00	198903.00
阿联酋	197834.00	49910.00
墨西哥	75830.00	32607.00
47069100 其他纤维状纤维素机械浆		
合计	6033.00	52872.00
菲律宾	5000.00	36700.00
日本	830.00	12055.00
巴西	84.00	2868.00
加拿大	9.00	745.00
德国	110.00	504.00
47069200 其他纤维状纤维素化学浆		
合计	39800688.00	39882174.00
泰国	30433336.00	21735209.00
西班牙	1663514.00	7758159.00
法国	1502336.00	4350463.00

（续表）

国家/地区	进口数量（千克）	进口金额（美元）
菲律宾	592375.00	2951419.00
阿联酋	3488902.00	2087871.00
俄罗斯	1982626.00	858744.00
美国	99428.00	80189.00
日本	6230.00	28131.00
伊朗	24290.00	14574.00
加拿大	6810.00	8533.00
哥伦比亚	486.00	8453.00
瑞典	270.00	380.00
比利时	85.00	45.00
意大利	0.00	4.00

47069300 其他用机械和化学联合法制得的纤维状纤维素浆

国家/地区	进口数量（千克）	进口金额（美元）
合计	375942.00	1695552.00
菲律宾	347324.00	1653384.00
德国	10620.00	28642.00
瑞典	2579.00	6407.00
印度尼西亚	14859.00	4193.00
日本	260.00	1741.00
孟加拉国	300.00	1185.00

47071000 回收（废碎）的未漂白牛皮纸或瓦楞纸及纸板

国家/地区	进口数量（千克）	进口金额（美元）
合计	7956960934.00	1422526675.00
美国	4074375647.00	753606486.00
英国	1207166209.00	200059547.00
日本	887459811.00	146882302.00
中国香港	414043705.00	67488542.00
澳大利亚	331691473.00	56364938.00
荷兰	213837879.00	39906184.00
加拿大	143468156.00	27099508.00
韩国	106060750.00	18817306.00
新加坡	73048240.00	15368611.00
中国台湾	88975060.00	14257652.00
意大利	63192490.00	11714141.00
西班牙	61614307.00	10855561.00
波多黎各	40914956.00	8445985.00
比利时	33113870.00	7105347.00
法国	35997467.00	6321888.00
德国	30533524.00	6189085.00
阿联酋	27063260.00	5750883.00
泰国	21424310.00	4924395.00
多米尼加	23682755.00	4677895.00
新西兰	21989207.00	4269668.00
南非	12232903.00	2414018.00
哥斯达黎加	9115534.00	1949036.00
葡萄牙	7239720.00	1387318.00
文莱	5758649.00	1007858.00
印度尼西亚	3185250.00	977993.00
菲律宾	3680985.00	811187.00
俄罗斯	3162191.00	733271.00
波兰	2390400.00	535467.00
墨西哥	1616100.00	471317.00
危地马拉	1333546.00	330709.00
爱尔兰	1205700.00	304405.00
希腊	973600.00	249453.00
马来西亚	1350920.00	229684.00
拉脱维亚	691125.00	173772.00
奥地利	466340.00	143184.00
爱沙尼亚	549600.00	142896.00
沙特阿拉伯	514630.00	141841.00
巴西	507670.00	140028.00
大洋洲其他国家(地区)	536832.00	77280.00
洪都拉斯	246780.00	68366.00
以色列	256700.00	64175.00
北美洲其他国家(地区)	109864.00	26148.00
萨尔瓦多	108819.00	23212.00
新喀里多尼亚	74000.00	18133.00

47072000 回收（废碎）漂白化学木浆制未经本体染色纸

国家/地区	进口数量（千克）	进口金额（美元）
合计	348776614.00	86115280.00
日本	120207624.00	26961993.00
中国香港	84606544.00	18382426.00
英国	30697280.00	8681542.00
美国	30482091.00	8198739.00
荷兰	25373610.00	7497996.00
韩国	14773490.00	4011212.00
西班牙	9764020.00	2745602.00
澳大利亚	7765066.00	2305729.00
加拿大	8171214.00	1915847.00
德国	5763850.00	1523862.00
新加坡	2458710.00	1067212.00
比利时	2591480.00	798393.00
文莱	1322768.00	447149.00
意大利	1127060.00	340308.00
阿联酋	925700.00	313220.00
南非	842100.00	264581.00
泰国	518440.00	239548.00
俄罗斯	560460.00	164195.00
多米尼加	386096.00	123118.00
新喀里多尼亚	142260.00	45024.00
新西兰	139670.00	38276.00
法国	115580.00	34905.00
牙买加	41501.00	14403.00

47073000 回收（废碎）的主要由机械浆制成的纸或纸板

国家/地区	进口数量（千克）	进口金额（美元）
合计	2056902668.00	434437408.00
日本	637313260.00	129334671.00
美国	505496431.00	100776544.00
加拿大	161698341.00	36736430.00
英国	134085560.00	33183348.00
荷兰	146915170.00	30087579.00
中国香港	135088286.00	29301891.00
澳大利亚	108866276.00	23774135.00
西班牙	63044780.00	14175278.00
意大利	51576955.00	11891965.00
南非	30269909.00	6628412.00
韩国	31210540.00	6563537.00
比利时	19537620.00	3997764.00
德国	9257850.00	2200398.00
新加坡	7253980.00	1862476.00
法国	6339500.00	1637032.00
葡萄牙	3669410.00	1013979.00
新西兰	2451380.00	463231.00
阿联酋	1115720.00	316424.00
文莱	672680.00	169545.00
爱尔兰	427720.00	143286.00
墨西哥	406260.00	121900.00
智利	205040.00	57583.00

48010010 成卷的新闻纸

国家/地区	进口数量（千克）	进口金额（美元）
合计	459902256.00	243244936.00
俄罗斯	143319949.00	76292784.00
加拿大	80758574.00	44240046.00
瑞典	77546135.00	40130325.00
韩国	57032631.00	30871701.00
澳大利亚	44865898.00	23345345.00
马来西亚	11400801.00	5329509.00
英国	10694829.00	5286111.00
西班牙	9261508.00	4241784.00
智利	3652735.00	1661093.00
法国	2183232.00	1411731.00
芬兰	1686324.00	1175696.00
巴西	2065528.00	1120404.00

(续表)

国家/地区	进口数量(千克)	进口金额(美元)
新西兰	1839238.00	1077306.00
瑞士	1833875.00	930658.00
泰国	1779469.00	921477.00
比利时	1726571.00	719575.00
德国	1001866.00	640686.00
斯洛文尼亚	1185104.00	585454.00
阿根廷	724953.00	511262.00
波兰	1003377.00	460032.00
白俄罗斯	621658.00	424394.00
日本	768910.00	402786.00
奥地利	700048.00	388704.00
挪威	805014.00	344270.00
朝鲜	639926.00	310519.00
美国	386069.00	231756.00
孟加拉国	301915.00	123252.00
中国	97439.00	54202.00
中国台湾	14150.00	10484.00
意大利	4530.00	1590.00
48010090 成张的新闻纸		
合计	267086.00	144098.00
加拿大	186799.00	99937.00
俄罗斯	51190.00	28156.00
芬兰	13337.00	7336.00
澳大利亚	12868.00	7078.00
日本	2892.00	1591.00
48021010 宣纸		
合计	18427.00	171512.00
日本	15948.00	147917.00
中国	789.00	8865.00
德国	516.00	7631.00
印度	282.00	3958.00
中国台湾	817.00	2211.00
法国	75.00	930.00
48021090 其他手工制纸及纸板		
合计	82435.00	241045.00
尼泊尔	17188.00	50629.00
泰国	5792.00	49421.00
日本	3393.00	41815.00
朝鲜	29426.00	35472.00
美国	1138.00	16446.00
韩国	9610.00	15718.00
丹麦	515.00	10751.00
中国	10213.00	6536.00
意大利	244.00	5448.00

(续表)

国家/地区	进口数量(千克)	进口金额(美元)
英国	130.00	3557.00
中国台湾	17.00	1972.00
印度尼西亚	2350.00	1504.00
老挝	2000.00	1000.00
德国	4.00	464.00
奥地利	405.00	259.00
瑞典	0.00	29.00
孟加拉国	5.00	14.00
中国香港	0.00	8.00
马来西亚	5.00	2.00

表 17 竹藤出口量值表

国家/地区	出口数量(千克)	出口金额(美元)
44021000 竹炭,不论是否结块		
合计	31187213.00	84259566.00
沙特阿拉伯	6843917.00	23037057.00
日本	6207472.00	19957709.00
阿联酋	4123474.00	13146810.00
韩国	5462927.00	10051639.00
美国	1551389.00	3550506.00
伊拉克	402777.00	1376447.00
科威特	667451.00	1343492.00
伊朗	606387.00	1153137.00
印度	580892.00	831624.00
土耳其	731722.00	624535.00
马来西亚	207179.00	611892.00
荷兰	79511.00	605271.00
南非	198849.00	555480.00
印度尼西亚	28163.00	498830.00
德国	126348.00	474172.00
澳大利亚	214179.00	444472.00
多米尼加	206790.00	356628.00
利比亚	116615.00	356197.00
约旦	218076.00	354419.00
比利时	152637.00	335502.00
中国台湾	174507.00	326761.00
巴基斯坦	573877.00	317063.00
以色列	157406.00	300442.00
巴林	74240.00	278740.00
也门	72350.00	258852.00
尼日利亚	71402.00	249012.00
俄罗斯	22579.00	219819.00
中国香港	75809.00	216937.00

(续表)

国家/地区	出口数量(千克)	出口金额(美元)
阿曼	141619.00	208640.00
肯尼亚	51707.00	191854.00
卡塔尔	63014.00	190070.00
英国	155897.00	178308.00
黎巴嫩	98210.00	163014.00
贝宁	50045.00	140803.00
阿尔及利亚	39705.00	139437.00
加拿大	96649.00	134429.00
西班牙	45680.00	133452.00
突尼斯	119961.00	119910.00
越南	28800.00	110292.00
委内瑞拉	28077.00	107917.00
法国	22570.00	97344.00
新加坡	55349.00	86382.00
瑞典	45744.00	58498.00
菲律宾	7015.00	46131.00
阿富汗	14608.00	37068.00
中国澳门	31402.00	26817.00
埃及	24000.00	22800.00
芬兰	5412.00	21631.00
摩洛哥	21700.00	21380.00
塞内加尔	26700.00	18690.00
意大利	625.00	16368.00
波兰	2449.00	15288.00
巴西	14975.00	14678.00
捷克	3061.00	14621.00
泰国	3717.00	14323.00
萨摩亚	2488.00	14057.00
拉脱维亚	475.00	13300.00
喀麦隆	4036.00	9121.00
尼泊尔	1289.00	7907.00
多哥	2910.00	5982.00
新西兰	1372.00	5898.00
塞尔维亚	1000.00	5800.00
乌克兰	3963.00	4762.00
克罗地亚	50.00	3750.00
东帝汶	3085.00	3394.00
爱沙尼亚	175.00	3325.00
科特迪瓦	749.00	2935.00
阿根廷	9468.00	2725.00
希腊	1050.00	2016.00
丹麦	2001.00	1604.00
瑞士	300.00	1593.00
墨西哥	804.00	1499.00

（续表）

国家/地区	出口数量（千克）	出口金额（美元）
保加利亚	83.00	1268.00
柬埔寨	1475.00	1240.00
牙买加	2000.00	1033.00
匈牙利	37.00	775.00
毛里塔尼亚	267.00	668.00
加纳	118.00	384.00
哈萨克斯坦	114.00	239.00
缅甸	27.00	181.00
巴布亚新几内亚	150.00	180.00
留尼汪	35.00	122.00
爱尔兰	55.00	90.00
厄瓜多尔	19.00	88.00
智利	0.00	27.00
葡萄牙	1.00	4.00
摩尔多瓦	0.00	4.00
挪威	1.00	4.00
秘鲁	0.00	1.00
44089013 竹制饰面用单板，厚≤6mm		
合计	13959.00	83390.00
马来西亚	2562.00	24453.00
土耳其	5000.00	21437.00
印度尼西亚	2550.00	14684.00
波兰	1400.00	10320.00
中国台湾	330.00	2990.00
厄瓜多尔	330.00	2883.00
卡塔尔	350.00	2702.00
柬埔寨	572.00	1198.00
越南	150.00	1033.00
中国香港	640.00	851.00
秘鲁	75.00	839.00
44092110 任何一边、端或面制成连续形状的竹地板条块		
合计	67186290.00	96788937.00
美国	32005401.00	41868953.00
日本	3387386.00	6744719.00
澳大利亚	4498836.00	6243176.00
荷兰	2762106.00	5299662.00
德国	3026956.00	4358213.00
英国	2103610.00	3242285.00
比利时	1879364.00	2897230.00
以色列	1359062.00	2165282.00
法国	1234204.00	1932782.00
韩国	1492176.00	1833710.00
厄瓜多尔	1053162.00	1406587.00

（续表）

国家/地区	出口数量（千克）	出口金额（美元）
秘鲁	959571.00	1374666.00
西班牙	780946.00	1202366.00
意大利	709130.00	1081880.00
墨西哥	679661.00	1043800.00
丹麦	702504.00	1034418.00
波兰	676902.00	924551.00
越南	601262.00	865301.00
俄罗斯	621070.00	850916.00
克罗地亚	289428.00	526993.00
菲律宾	362849.00	524971.00
加拿大	287617.00	497914.00
新西兰	361684.00	495691.00
斯洛文尼亚	291196.00	463337.00
格鲁吉亚	357228.00	447192.00
马来西亚	228312.00	439167.00
印度	225241.00	390875.00
南非	281154.00	366695.00
葡萄牙	227250.00	334815.00
泰国	207988.00	331156.00
摩洛哥	215425.00	323249.00
阿塞拜疆	257792.00	319071.00
斯里兰卡	200978.00	287729.00
巴西	140037.00	283749.00
乌兹别克斯坦	200429.00	276493.00
圭亚那	114737.00	204202.00
土库曼斯坦	100659.00	196917.00
肯尼亚	88019.00	194561.00
巴基斯坦	140784.00	193055.00
中国台湾	99469.00	189886.00
智利	93724.00	184446.00
立陶宛	114520.00	167085.00
阿联酋	101715.00	160915.00
新加坡	96243.00	144578.00
中国香港	99945.00	135743.00
柬埔寨	101808.00	130985.00
瑞典	98857.00	123970.00
埃及	102010.00	116594.00
坦桑尼亚	62514.00	111515.00
罗马尼亚	67172.00	101150.00
卡塔尔	62232.00	96355.00
塞尔维亚	54631.00	90682.00
哥伦比亚	64513.00	87866.00
阿根廷	62868.00	82044.00
哥斯达黎加	60788.00	81793.00

（续表）

国家/地区	出口数量（千克）	出口金额（美元）
保加利亚	66752.00	78602.00
挪威	31672.00	78025.00
孟加拉国	37252.00	67338.00
黎巴嫩	45034.00	65337.00
玻利维亚	4730.00	64191.00
匈牙利	41888.00	60287.00
阿尔巴尼亚	24576.00	60080.00
乌克兰	6108.00	55826.00
巴拿马	19570.00	52319.00
新喀里多尼亚	34546.00	51340.00
科威特	34836.00	50793.00
奥地利	31900.00	45954.00
哈萨克斯坦	29903.00	43838.00
乌拉圭	34360.00	42372.00
尼泊尔	27288.00	42088.00
莫桑比克	21036.00	38112.00
瑞士	6893.00	37879.00
留尼汪	20550.00	33844.00
法属波利尼西亚	21022.00	32178.00
缅甸	23090.00	31353.00
北马其顿	17554.00	28859.00
巴林	14259.00	27308.00
多米尼加	11296.00	23625.00
瓜德罗普	12916.00	22173.00
特克斯和凯科斯群岛	4090.00	20008.00
希腊	17229.00	19245.00
开曼群岛	12190.00	18553.00
拉脱维亚	13200.00	18151.00
捷克	10296.00	17280.00
中国澳门	8730.00	16778.00
埃塞俄比亚	11970.00	13725.00
朝鲜	5668.00	10679.00
洪都拉斯	4925.00	8834.00
斐济	2712.00	7500.00
芬兰	4700.00	7120.00
危地马拉	4077.00	5726.00
冰岛	2830.00	4290.00
瓦努阿图	3520.00	4022.00
塞舌尔	2400.00	3803.00
毛里求斯	1600.00	2861.00
塞浦路斯	1995.00	2700.00
科特迪瓦	2.00	5.00
44092190 其他任何一边、端或面制成连续形状的竹材		

(续表)

国家/地区	出口数量(千克)	出口金额(美元)
合计	915729.00	3455302.00
波兰	396351.00	1981085.00
澳大利亚	129202.00	285228.00
越南	70000.00	218605.00
美国	64848.00	195234.00
日本	28837.00	133384.00
中国台湾	34780.00	116626.00
俄罗斯	17904.00	101064.00
荷兰	35324.00	99159.00
比利时	12392.00	47973.00
德国	9100.00	31213.00
加拿大	11350.00	30853.00
巴西	5725.00	25077.00
阿联酋	19358.00	22608.00
罗马尼亚	3681.00	20486.00
泰国	24610.00	18077.00
智利	2644.00	14719.00
丹麦	4340.00	14238.00
爱沙尼亚	4300.00	13563.00
韩国	13900.00	12870.00
法国	3089.00	11954.00
新加坡	675.00	11360.00
英国	1450.00	7389.00
新西兰	1700.00	7144.00
希腊	1260.00	6800.00
意大利	2210.00	6280.00
坦桑尼亚	2822.00	5666.00
朝鲜	7000.00	5600.00
马来西亚	3350.00	3450.00
菲律宾	2000.00	3286.00
斯里兰卡	1191.00	3143.00
哥伦比亚	291.00	643.00
刚果(金)	45.00	525.00

44121011 仅由薄板制的竹胶合板,每层厚≤6mm,至少有一表层是热带木

合计	2508.00	1119.00
所罗门群岛	2508.00	1119.00

44121019 其他仅由薄板制的竹胶合板,每层厚≤6mm

国家/地区	出口数量(千克)	出口金额(美元)
合计	16135916.00	15682222.00
美国	1748932.00	3037439.00
中国台湾	1373974.00	1152471.00
泰国	981956.00	970842.00
安哥拉	1134505.00	847326.00
坦桑尼亚	1114250.00	806385.00
阿联酋	573572.00	405737.00
朝鲜	649221.00	392919.00
越南	464986.00	383779.00
肯尼亚	470053.00	357412.00
印度尼西亚	151365.00	349519.00
埃塞俄比亚	435014.00	323667.00
菲律宾	374686.00	287273.00
荷兰	207090.00	259589.00
孟加拉国	170860.00	259468.00
韩国	113645.00	252695.00
几内亚	354710.00	251198.00
德国	50180.00	248069.00
黑山	267564.00	226298.00
日本	100135.00	218202.00
埃及	352331.00	198009.00
沙特阿拉伯	226615.00	185806.00
莫桑比克	216828.00	184724.00
马尔代夫	215740.00	183251.00
新加坡	56586.00	182800.00
巴基斯坦	187631.00	169143.00
乌兹别克斯坦	158067.00	166221.00
乌干达	215161.00	157885.00
毛里求斯	186913.00	148536.00
科特迪瓦	214925.00	148258.00
刚果(金)	152265.00	118222.00
贝宁	166582.00	113843.00
罗马尼亚	83800.00	101191.00
俄罗斯	79705.00	96892.00
南非	128615.00	94037.00
哥斯达黎加	115000.00	93601.00
加纳	137898.00	93030.00
斯里兰卡	102310.00	86744.00
尼日利亚	137360.00	86050.00
加蓬	74368.00	84841.00
纳米比亚	102822.00	80507.00
伊拉克	92160.00	75892.00
马来西亚	32374.00	75345.00
阿根廷	9795.00	73485.00
赞比亚	84261.00	71015.00
塞内加尔	93930.00	70274.00
澳大利亚	44658.00	66894.00
阿尔及利亚	100331.00	65455.00
柬埔寨	95680.00	65202.00
厄瓜多尔	80000.00	63850.00
吉布提	97570.00	63093.00
卢旺达	78092.00	60147.00
科威特	88830.00	55350.00
马拉维	61898.00	53107.00
索马里	75285.00	52880.00
秘鲁	44962.00	51316.00
博茨瓦纳	73246.00	49352.00
伯利兹	19636.00	48142.00
喀麦隆	42940.00	45223.00
土耳其	37945.00	44674.00
尼泊尔	89425.00	41097.00
意大利	7551.00	39774.00
克罗地亚	35414.00	38211.00
老挝	64000.00	37618.00
爱沙尼亚	32400.00	35670.00
苏丹	56000.00	32000.00
牙买加	40658.00	30148.00
加拿大	17720.00	28760.00
巴西	6700.00	24600.00
摩洛哥	45900.00	24218.00
亚美尼亚	25200.00	22800.00
中国香港	21067.00	21282.00
哈萨克斯坦	26365.00	20850.00
马里	23540.00	20349.00
津巴布韦	23060.00	18610.00
以色列	8700.00	18181.00
南苏丹	22915.00	17986.00
缅甸	10200.00	17700.00
约旦	20762.00	17170.00
蒙古	22700.00	16502.00
马达加斯加	10009.00	16306.00
比利时	20284.00	16139.00
莱索托	20500.00	16119.00
巴林	2951.00	15439.00
多哥	12500.00	12133.00
巴布亚新几内亚	17250.00	12124.00
安提瓜和巴布达	16160.00	11973.00
塞拉利昂	18600.00	11294.00
阿塞拜疆	12370.00	11100.00
洪都拉斯	12360.00	8992.00
冈比亚	8415.00	6391.00
突尼斯	11000.00	5915.00
乍得	4800.00	5800.00

（续表）

国家/地区	出口数量（千克）	出口金额（美元）
科摩罗	5140.00	5094.00
瑙鲁	5040.00	5040.00
萨尔瓦多	6450.00	4908.00
刚果(布)	11800.00	4556.00
汤加	4822.00	4150.00
保加利亚	6134.00	3990.00
乌拉圭	4500.00	3757.00
海地	4500.00	3660.00
多米尼加	3900.00	3000.00
赤道几内亚	2500.00	2957.00
英属维尔京群岛	4675.00	2753.00
斐济	1000.00	2194.00
英国	574.00	1886.00
中国澳门	600.00	1200.00
西班牙	1428.00	1200.00
瑞典	390.00	1099.00
圭亚那	720.00	800.00
墨西哥	673.00	774.00
智利	860.00	700.00
帕劳	780.00	530.00
东帝汶	141.00	148.00
44121020 其他薄板制竹胶板，单板饰面板及类似多层板		
合计	5008467.00	3523183.00
马来西亚	4969640.00	3476288.00
越南	6850.00	20550.00
埃塞俄比亚	18000.00	17043.00
斯里兰卡	13802.00	8909.00
韩国	118.00	293.00
德国	57.00	100.00
44121091 其他竹制胶合板、单板饰面板及类似的多层板，至少有一层是热带木		
合计	16954.00	13885.00
马来西亚	16954.00	13885.00
44121092 其他竹胶合板类似多层板，至少含有一层木碎料板		
合计	15293.00	43849.00
美国	14993.00	42709.00
加拿大	300.00	1140.00
44121099 其他竹制胶合板、单板饰面板及类似的多层板		
合计	43616944.00	69332330.00
美国	27557961.00	45224778.00
马来西亚	5149925.00	4532446.00

（续表）

国家/地区	出口数量（千克）	出口金额（美元）
荷兰	1702845.00	3619427.00
越南	394112.00	1862592.00
加拿大	826249.00	1484144.00
法国	744283.00	1195221.00
澳大利亚	509679.00	1139665.00
韩国	1178091.00	1000136.00
日本	474285.00	904877.00
比利时	453194.00	864926.00
意大利	375453.00	733276.00
德国	488593.00	651984.00
英国	313809.00	638420.00
新西兰	155483.00	490412.00
丹麦	177095.00	406992.00
智利	214734.00	390259.00
哥伦比亚	174477.00	345486.00
南非	162625.00	312326.00
沙特阿拉伯	370686.00	285722.00
玻利维亚	113915.00	269961.00
墨西哥	83292.00	226285.00
印度	89076.00	217193.00
波兰	86299.00	187559.00
洪都拉斯	62870.00	138595.00
西班牙	72600.00	122037.00
土耳其	62434.00	121799.00
埃塞俄比亚	137360.00	114435.00
中国台湾	81169.00	106950.00
坦桑尼亚	150040.00	101351.00
以色列	43373.00	98634.00
津巴布韦	95000.00	85360.00
瑞士	32132.00	84970.00
巴西	17020.00	82541.00
莫桑比克	109790.00	81426.00
危地马拉	41078.00	77012.00
希腊	44594.00	75667.00
科威特	19691.00	70343.00
安哥拉	90370.00	64770.00
爱沙尼亚	25427.00	56289.00
马达加斯加	32766.00	54138.00
印度尼西亚	62060.00	53320.00
斯洛文尼亚	24522.00	48710.00
斯里兰卡	56000.00	47780.00
伊朗	24500.00	45525.00
贝宁	55706.00	42257.00
新加坡	45720.00	38050.00

（续表）

国家/地区	出口数量（千克）	出口金额（美元）
巴拿马	9220.00	36000.00
泰国	6624.00	35726.00
突尼斯	49714.00	34760.00
菲律宾	13827.00	32669.00
喀麦隆	40830.00	30976.00
埃及	13104.00	27780.00
孟加拉国	32580.00	26951.00
毛里求斯	27000.00	25385.00
卢旺达	24560.00	25078.00
中国澳门	22880.00	24460.00
斐济	22050.00	21000.00
立陶宛	13800.00	18000.00
刚果(金)	26460.00	17451.00
牙买加	11620.00	16749.00
罗马尼亚	7557.00	13844.00
摩洛哥	4864.00	13449.00
塞拉利昂	16000.00	13428.00
几内亚	17000.00	12926.00
乌拉圭	6250.00	12655.00
瑞典	959.00	12130.00
匈牙利	2765.00	12045.00
捷克	4800.00	11539.00
肯尼亚	14700.00	10836.00
厄瓜多尔	7020.00	9128.00
格鲁吉亚	4215.00	8300.00
阿联酋	3390.00	8022.00
中国香港	2398.00	5578.00
塞内加尔	5456.00	4500.00
克罗地亚	1065.00	4287.00
加纳	4000.00	3177.00
尼泊尔	10400.00	2925.00
圣其茨和尼维斯	4207.00	2828.00
秘鲁	150.00	1032.00
挪威	96.00	470.00
苏里南	3000.00	200.00
44187310 马赛克地板用已装拼的地板，竹的或至少顶层（耐磨层）是竹的		
合计	2339.00	6265.00
哈萨克斯坦	2139.00	5550.00
韩国	200.00	715.00
44187320 其他竹制多层已装拼的地板		
合计	7556677.00	10631936.00
美国	6029373.00	8398091.00
荷兰	549905.00	627138.00

(续表)

国家/地区	出口数量（千克）	出口金额（美元）
菲律宾	191941.00	253425.00
秘鲁	72533.00	249686.00
比利时	132000.00	161664.00
日本	98031.00	145712.00
法国	98532.00	137432.00
德国	46856.00	135777.00
英国	78994.00	128108.00
摩洛哥	58800.00	80284.00
波兰	43148.00	60499.00
肯尼亚	22910.00	31326.00
格鲁吉亚	26070.00	30090.00
中国香港	11800.00	28634.00
泰国	9285.00	26078.00
中国台湾	8620.00	24841.00
巴基斯坦	21200.00	23485.00
朝鲜	16470.00	22650.00
韩国	12128.00	21565.00
印度尼西亚	8330.00	17640.00
越南	7111.00	9450.00
埃塞俄比亚	5730.00	7278.00
巴拿马	1890.00	5810.00
南非	2030.00	2826.00
澳大利亚	2990.00	2447.00

44187390 其他已装拼的地板，竹的或至少顶层(耐磨层)是竹的

国家/地区	出口数量（千克）	出口金额（美元）
合计	12420261.00	16419727.00
美国	3683779.00	4838666.00
荷兰	3340269.00	4368889.00
法国	1270063.00	1657234.00
以色列	717305.00	974647.00
西班牙	612034.00	766204.00
德国	354524.00	520829.00
墨西哥	311861.00	430015.00
葡萄牙	304519.00	395992.00
波兰	187524.00	236561.00
意大利	182940.00	232559.00
秘鲁	133723.00	209853.00
南非	154885.00	204024.00
阿联酋	126970.00	171294.00
埃及	138014.00	164585.00
泰国	91642.00	144612.00
挪威	96007.00	134185.00
新喀里多尼亚	60447.00	83704.00
中国台湾	55930.00	76647.00

(续表)

国家/地区	出口数量（千克）	出口金额（美元）
韩国	45763.00	65597.00
罗马尼亚	50400.00	63720.00
摩洛哥	42614.00	61195.00
新西兰	49356.00	59713.00
越南	32584.00	55553.00
哥伦比亚	40405.00	52465.00
澳大利亚	40022.00	50765.00
多米尼加	63076.00	50544.00
印度尼西亚	27840.00	46440.00
哥斯达黎加	28076.00	36650.00
莫桑比克	26461.00	35055.00
智利	23507.00	30121.00
阿塞拜疆	22545.00	29041.00
英国	19166.00	27417.00
阿根廷	20181.00	25994.00
毛里求斯	18160.00	25284.00
中国香港	13774.00	24632.00
吉布提	1544.00	19014.00
匈牙利	9477.00	15921.00
朝鲜	12260.00	14220.00
多米尼克	6045.00	11495.00
日本	1968.00	4636.00
瑞典	992.00	1838.00
比利时	753.00	965.00
刚果(金)	236.00	480.00
菲律宾	620.00	472.00

44189100 竹制其他建筑用木工制品

国家/地区	出口数量（千克）	出口金额（美元）
合计	422655.00	542556.00
韩国	42763.00	75276.00
荷兰	60788.00	70395.00
柬埔寨	88956.00	61380.00
新加坡	14436.00	43745.00
墨西哥	16132.00	37347.00
塞舌尔	32420.00	29873.00
密克罗尼西亚联邦	6340.00	29220.00
阿曼	16881.00	24509.00
阿联酋	14414.00	22376.00
埃塞俄比亚	44050.00	21987.00
印度尼西亚	13238.00	19167.00
越南	8060.00	16120.00
以色列	8486.00	13905.00
摩洛哥	8400.00	13825.00
哥斯达黎加	7144.00	10602.00
意大利	9210.00	9910.00

(续表)

国家/地区	出口数量（千克）	出口金额（美元）
菲律宾	4930.00	9879.00
埃及	4216.00	7554.00
朝鲜	4540.00	5300.00
老挝	2600.00	4524.00
几内亚	7500.00	3576.00
毛里求斯	1936.00	3373.00
中国香港	825.00	3064.00
澳大利亚	373.00	2832.00
南非	1024.00	1600.00
马尔代夫	2250.00	450.00
巴拿马	160.00	368.00
巴西	150.00	210.00
布隆迪	433.00	189.00

44191100 竹制切面包板、砧板及类似板

国家/地区	出口数量（千克）	出口金额（美元）
合计	39405128.00	93706134.00
美国	8565700.00	22867355.00
德国	5624919.00	13413991.00
荷兰	2854727.00	6300240.00
英国	1993977.00	4626527.00
俄罗斯	1937803.00	4591258.00
法国	1997986.00	4330313.00
波兰	1582116.00	3253429.00
西班牙	1343597.00	2935111.00
加拿大	1316667.00	2844553.00
意大利	1333107.00	2765182.00
澳大利亚	974826.00	2659744.00
比利时	883927.00	1999980.00
巴西	811101.00	1879024.00
日本	409963.00	1530106.00
土耳其	649180.00	1366486.00
瑞典	612194.00	1342656.00
印度	635047.00	1177195.00
中国台湾	493240.00	970656.00
韩国	373174.00	919404.00
斯洛文尼亚	473656.00	858154.00
中国香港	175962.00	739189.00
以色列	303383.00	600426.00
朝鲜	207007.00	505688.00
马来西亚	233263.00	491876.00
墨西哥	180199.00	465211.00
菲律宾	170761.00	447912.00
葡萄牙	148886.00	446815.00
沙特阿拉伯	159803.00	426621.00
阿联酋	182039.00	412389.00

（续表）

国家/地区	出口数量（千克）	出口金额（美元）
新西兰	155754.00	409832.00
南非	139431.00	351529.00
罗马尼亚	183291.00	341972.00
立陶宛	113136.00	338937.00
智利	139926.00	320897.00
希腊	141054.00	307265.00
奥地利	146847.00	283373.00
乌克兰	105874.00	275623.00
丹麦	72871.00	225604.00
摩洛哥	80634.00	203749.00
新加坡	75407.00	195200.00
泰国	54209.00	154671.00
阿根廷	41268.00	153601.00
芬兰	75647.00	148054.00
越南	61018.00	144560.00
哥斯达黎加	68659.00	136262.00
哈萨克斯坦	55711.00	128711.00
哥伦比亚	42103.00	117607.00
斯洛伐克	60129.00	116199.00
蒙古	40175.00	111221.00
秘鲁	40240.00	108957.00
捷克	41971.00	106734.00
匈牙利	25411.00	105382.00
阿尔及利亚	45801.00	101832.00
科威特	28025.00	101755.00
印度尼西亚	31517.00	90622.00
白俄罗斯	41376.00	84602.00
挪威	30899.00	82487.00
爱沙尼亚	29203.00	76082.00
乌拉圭	24089.00	69140.00
巴拿马	29050.00	68060.00
爱尔兰	31438.00	65994.00
伊拉克	53576.00	60829.00
孟加拉国	36056.00	60473.00
拉脱维亚	24580.00	59357.00
埃及	32475.00	52300.00
克罗地亚	20413.00	48130.00
波多黎各	15748.00	46528.00
厄瓜多尔	14079.00	45698.00
卡塔尔	16835.00	44779.00
多米尼加	20447.00	42151.00
缅甸	22810.00	40641.00
利比亚	24146.00	40279.00
格鲁吉亚	16443.00	39674.00

（续表）

国家/地区	出口数量（千克）	出口金额（美元）
瑞士	11516.00	35548.00
黎巴嫩	11099.00	29117.00
保加利亚	12565.00	25754.00
加纳	20665.00	25708.00
阿曼	14780.00	23718.00
伊朗	12209.00	22893.00
萨尔瓦多	7694.00	21034.00
毛里求斯	7789.00	17440.00
危地马拉	9633.00	17114.00
洪都拉斯	10255.00	14997.00
尼日利亚	7256.00	13879.00
斯里兰卡	5615.00	13644.00
玻利维亚	3552.00	12748.00
肯尼亚	4974.00	12654.00
约旦	7795.00	12516.00
博茨瓦纳	4245.00	10907.00
波黑	2482.00	9391.00
巴基斯坦	13078.00	8649.00
特立尼达和多巴哥	3664.00	8541.00
叙利亚	2266.00	7572.00
安哥拉	5498.00	7474.00
巴拉圭	1834.00	6815.00
吉布提	4497.00	5951.00
留尼汪	3710.00	5725.00
巴林	2464.00	5657.00
乌兹别克斯坦	6678.00	5482.00
突尼斯	4318.00	4295.00
塞尔维亚	979.00	3994.00
坦桑尼亚	2000.00	3808.00
阿塞拜疆	1250.00	3782.00
马耳他	825.00	3680.00
阿尔巴尼亚	2419.00	3036.00
北马其顿	1781.00	2878.00
斐济	1541.00	2773.00
马达加斯加	1655.00	2515.00
尼加拉瓜	1480.00	2023.00
塞内加尔	2236.00	2019.00
几内亚	925.00	1820.00
新喀里多尼亚	428.00	1506.00
莫桑比克	1281.00	1489.00
柬埔寨	1096.00	1305.00
也门	1074.00	1279.00
文莱	489.00	1250.00
科特迪瓦	610.00	1155.00

（续表）

国家/地区	出口数量（千克）	出口金额（美元）
毛里塔尼亚	433.00	849.00
黑山	277.00	831.00
所罗门群岛	189.00	473.00
瓦努阿图	310.00	448.00
瓜德罗普	267.00	448.00
加蓬	350.00	400.00
塞浦路斯	194.00	388.00
马尔代夫	50.00	353.00
圭亚那	90.00	270.00
塞舌尔	48.00	244.00
中国澳门	338.00	239.00
多哥	133.00	233.00
牙买加	141.00	183.00
索马里	75.00	145.00
卢旺达	14.00	133.00
埃塞俄比亚	5.00	58.00
佛得角	28.00	56.00
特克斯和凯科斯群岛	4.00	4.00
44191210 竹制一次性筷子		
合计	121525977.00	251795454.00
日本	41927612.00	92198080.00
中国台湾	21493216.00	39843616.00
泰国	12952034.00	28452951.00
美国	11880890.00	21930928.00
韩国	4179082.00	8027965.00
越南	2818658.00	7910601.00
俄罗斯	3903208.00	7329027.00
菲律宾	1537083.00	4913797.00
巴西	1792362.00	3603107.00
新加坡	1504654.00	3193771.00
加拿大	1418051.00	3090075.00
中国香港	2057500.00	2987421.00
澳大利亚	1055730.00	2484325.00
德国	897821.00	2005195.00
法国	894372.00	1829103.00
印度尼西亚	1193352.00	1797245.00
英国	909103.00	1767693.00
马来西亚	963107.00	1730283.00
缅甸	616867.00	1710136.00
荷兰	617521.00	1500780.00
意大利	700976.00	1481039.00
西班牙	498174.00	1073353.00
乌克兰	640626.00	981288.00
墨西哥	442424.00	767230.00

(续表)

国家/地区	出口数量(千克)	出口金额(美元)
以色列	308938.00	628589.00
阿根廷	295442.00	581290.00
波兰	296231.00	565345.00
瑞典	274630.00	553558.00
中国澳门	287689.00	552461.00
奥地利	203881.00	455686.00
智利	222047.00	398952.00
阿联酋	194681.00	372433.00
南非	169934.00	365559.00
哥伦比亚	149636.00	353126.00
比利时	133189.00	324843.00
土耳其	168898.00	323524.00
哈萨克斯坦	252217.00	309123.00
丹麦	119965.00	274768.00
葡萄牙	125925.00	261322.00
立陶宛	127441.00	257245.00
印度	104853.00	212770.00
新西兰	73181.00	183464.00
摩洛哥	70556.00	159844.00
捷克	74585.00	149985.00
挪威	66141.00	138008.00
沙特阿拉伯	65994.00	127698.00
黎巴嫩	68519.00	123025.00
秘鲁	60248.00	120296.00
希腊	64012.00	111288.00
马耳他	35089.00	106675.00
埃及	41105.00	104220.00
卡塔尔	31871.00	98296.00
拉脱维亚	44603.00	82434.00
斯洛伐克	25525.00	74850.00
巴拿马	36222.00	74027.00
老挝	51740.00	72348.00
匈牙利	50323.00	63584.00
科威特	26152.00	61253.00
塞浦路斯	25801.00	59198.00
罗马尼亚	34690.00	55330.00
柬埔寨	25796.00	52292.00
朝鲜	53743.00	45252.00
白俄罗斯	18369.00	42252.00
爱沙尼亚	19191.00	35031.00
芬兰	16215.00	34944.00
冰岛	10860.00	34935.00
文莱	17154.00	32765.00
乌兹别克斯坦	11540.00	23100.00

(续表)

国家/地区	出口数量(千克)	出口金额(美元)
斯洛文尼亚	6891.00	15921.00
哥斯达黎加	8372.00	15002.00
摩尔多瓦	10881.00	13805.00
瑞士	4985.00	9894.00
乌拉圭	5162.00	9610.00
多米尼加	4700.00	9295.00
克罗地亚	6560.00	8016.00
约旦	4835.00	7504.00
加纳	6755.00	7329.00
格鲁吉亚	4558.00	7158.00
安哥拉	1687.00	4450.00
阿曼	1865.00	3733.00
阿尔巴尼亚	1440.00	2652.00
保加利亚	1140.00	2600.00
斯里兰卡	1715.00	2505.00
巴林	1236.00	2131.00
洪都拉斯	1100.00	1595.00
伊朗	680.00	1591.00
巴基斯坦	744.00	1330.00
毛里求斯	350.00	734.00
吉布提	116.00	522.00
牙买加	300.00	455.00
马尔代夫	77.00	453.00
厄瓜多尔	160.00	400.00
巴布亚新几内亚	125.00	350.00
阿尔及利亚	96.00	192.00
斐济	92.00	144.00
刚果(金)	10.00	77.00
蒙古	100.00	9.00

44191290 其他竹制筷子

国家/地区	出口数量(千克)	出口金额(美元)
合计	1767562.00	10446862.00
日本	1148180.00	7323084.00
美国	161268.00	892151.00
中国台湾	79172.00	414239.00
韩国	57820.00	334695.00
越南	34642.00	167569.00
泰国	33532.00	136939.00
法国	15414.00	120805.00
加拿大	20033.00	88885.00
澳大利亚	12276.00	88333.00
荷兰	19495.00	86759.00
巴西	13499.00	86024.00
印度尼西亚	28958.00	76792.00
德国	12456.00	75380.00

(续表)

国家/地区	出口数量(千克)	出口金额(美元)
中国香港	7426.00	72553.00
意大利	15581.00	68900.00
马来西亚	22320.00	68178.00
英国	7507.00	54686.00
阿联酋	12570.00	53292.00
新加坡	5943.00	30221.00
西班牙	9886.00	29609.00
比利时	5568.00	20998.00
俄罗斯	2580.00	20527.00
奥地利	5185.00	19055.00
丹麦	1889.00	15547.00
土耳其	1987.00	14609.00
智利	3144.00	11114.00
印度	4828.00	9381.00
葡萄牙	1372.00	7387.00
卡塔尔	2145.00	6545.00
菲律宾	3537.00	5793.00
立陶宛	1968.00	5687.00
捷克	670.00	3394.00
科威特	577.00	3270.00
沙特阿拉伯	898.00	3021.00
希腊	762.00	2280.00
墨西哥	521.00	2265.00
以色列	436.00	2249.00
柬埔寨	1734.00	1857.00
芬兰	699.00	1843.00
巴拿马	218.00	1736.00
伊拉克	1499.00	1666.00
波兰	398.00	1521.00
新西兰	535.00	1500.00
阿根廷	872.00	1483.00
瑞士	132.00	1350.00
朝鲜	64.00	1339.00
瑞典	210.00	1140.00
几内亚	940.00	960.00
缅甸	159.00	955.00
突尼斯	973.00	952.00
巴基斯坦	449.00	779.00
黎巴嫩	386.00	774.00
克罗地亚	340.00	674.00
秘鲁	158.00	555.00
蒙古	80.00	512.00
危地马拉	200.00	450.00
马尔代夫	202.00	412.00

（续表）

国家/地区	出口数量（千克）	出口金额（美元）
中国澳门	350.00	331.00
毛里求斯	107.00	321.00
匈牙利	158.00	260.00
哈萨克斯坦	151.00	233.00
乌拉圭	160.00	192.00
格鲁吉亚	116.00	152.00
留尼汪	17.00	136.00
坦桑尼亚	12.00	133.00
斯洛文尼亚	95.00	124.00
马提尼克	12.00	90.00
加纳	38.00	83.00
斯里兰卡	14.00	49.00
贝宁	26.00	41.00
卢旺达	6.00	27.00
哥伦比亚	7.00	16.00
44191900 其他竹制餐具及厨房用具		
合计	40058542.00	188499485.00
美国	11964488.00	54488393.00
德国	3822157.00	19046800.00
荷兰	2893034.00	12051529.00
法国	2348941.00	11425704.00
英国	1720781.00	9752739.00
澳大利亚	1595716.00	6968160.00
日本	727666.00	6076538.00
加拿大	1333035.00	5556805.00
俄罗斯	1153336.00	5268888.00
西班牙	988564.00	5013720.00
巴西	1044706.00	4742841.00
波兰	1047048.00	4654847.00
意大利	860042.00	4581668.00
比利时	1004783.00	4505250.00
瑞典	756081.00	3626948.00
韩国	605897.00	3414682.00
土耳其	573393.00	2355286.00
沙特阿拉伯	542420.00	1974071.00
中国台湾	292938.00	1955506.00
墨西哥	415951.00	1738708.00
阿联酋	311126.00	1584602.00
智利	283342.00	1249409.00
南非	217826.00	997148.00
丹麦	184194.00	967096.00
以色列	206566.00	960792.00
印度	223064.00	828410.00
马来西亚	164107.00	743248.00

（续表）

国家/地区	出口数量（千克）	出口金额（美元）
新西兰	154183.00	708248.00
葡萄牙	143467.00	651007.00
新加坡	107108.00	607810.00
中国香港	122484.00	590277.00
科威特	93807.00	539428.00
奥地利	87107.00	518894.00
斯洛文尼亚	111691.00	484567.00
瑞士	92112.00	479513.00
菲律宾	117449.00	475461.00
哥伦比亚	85808.00	461256.00
印度尼西亚	63984.00	455009.00
摩洛哥	136915.00	402917.00
泰国	81584.00	400017.00
阿根廷	67730.00	356936.00
罗马尼亚	86858.00	311048.00
芬兰	43455.00	294981.00
捷克	57527.00	273573.00
乌克兰	54375.00	243083.00
秘鲁	51448.00	227587.00
希腊	42767.00	217669.00
立陶宛	28625.00	181879.00
挪威	27179.00	151230.00
格鲁吉亚	40233.00	143216.00
拉脱维亚	24629.00	132854.00
越南	24831.00	123460.00
巴拿马	28790.00	122203.00
萨尔瓦多	32120.00	121941.00
厄瓜多尔	26475.00	118168.00
白俄罗斯	41351.00	117650.00
哥斯达黎加	24874.00	113437.00
利比亚	52096.00	104468.00
伊拉克	86859.00	104462.00
黎巴嫩	23784.00	98670.00
多米尼加	23462.00	97542.00
阿曼	16795.00	89543.00
埃及	37954.00	89074.00
爱尔兰	19752.00	86453.00
克罗地亚	25999.00	84843.00
伊朗	23964.00	79597.00
斯洛伐克	21178.00	76791.00
乌拉圭	17722.00	70533.00
保加利亚	12827.00	69511.00
哈萨克斯坦	20856.00	69315.00
阿尔及利亚	29464.00	64996.00

（续表）

国家/地区	出口数量（千克）	出口金额（美元）
新喀里多尼亚	9743.00	57612.00
巴基斯坦	25558.00	57090.00
毛里求斯	9846.00	54665.00
匈牙利	10648.00	46009.00
塞尔维亚	7037.00	41348.00
卡塔尔	8313.00	39507.00
波多黎各	9573.00	35946.00
中国澳门	31984.00	35359.00
危地马拉	7883.00	33646.00
安哥拉	15259.00	33542.00
委内瑞拉	8530.00	33516.00
加纳	15159.00	32174.00
玻利维亚	4102.00	27377.00
突尼斯	9327.00	27120.00
洪都拉斯	14598.00	23712.00
约旦	10199.00	20904.00
巴拉圭	2649.00	13841.00
尼日利亚	5408.00	11167.00
乌兹别克斯坦	3805.00	9954.00
柬埔寨	1304.00	8562.00
孟加拉国	4105.00	7548.00
巴林	1497.00	6738.00
喀麦隆	4979.00	6714.00
阿塞拜疆	1787.00	6656.00
也门	3952.00	6431.00
苏丹	2918.00	5540.00
阿尔巴尼亚	2741.00	4734.00
马耳他	670.00	4622.00
肯尼亚	2395.00	4475.00
坦桑尼亚	2256.00	4188.00
特立尼达和多巴哥	1453.00	4061.00
叙利亚	2037.00	3979.00
波黑	995.00	3371.00
几内亚	1398.00	3264.00
纳米比亚	936.00	3182.00
留尼汪	1399.00	3069.00
塞内加尔	941.00	2765.00
巴布亚新几内亚	1179.00	2639.00
黑山	623.00	2358.00
蒙古	1014.00	2307.00
吉布提	2115.00	2241.00
莫桑比克	1994.00	2021.00
塔吉克斯坦	1850.00	1850.00
刚果（金）	1034.00	1793.00

(续表)

国家/地区	出口数量(千克)	出口金额(美元)
斯里兰卡	722.00	1788.00
塞浦路斯	460.00	1610.00
冰岛	24.00	1510.00
加蓬	950.00	1490.00
马尔代夫	187.00	1485.00
博茨瓦纳	734.00	1364.00
尼加拉瓜	318.00	1103.00
开曼群岛	61.00	1092.00
缅甸	262.00	932.00
科特迪瓦	626.00	808.00
法属波利尼西亚	528.00	798.00
刚果(布)	87.00	714.00
津巴布韦	276.00	635.00
贝宁	155.00	586.00
朝鲜	400.00	500.00
布基纳法索	46.00	344.00
赞比亚	44.00	344.00
瓜德罗普	72.00	288.00
斐济	115.00	258.00
巴勒斯坦	98.00	227.00
尼日尔	29.00	215.00
乍得	27.00	215.00
佛得角	29.00	215.00
马约特	56.00	170.00
特克斯和凯科斯群岛	89.00	118.00
爱沙尼亚	21.00	98.00
圣其茨和尼维斯	24.00	32.00
阿鲁巴	12.00	24.00
瓦努阿图	17.00	20.00
44201012 竹刻		
合计	1413.00	17793.00
瑞士	452.00	9057.00
比利时	859.00	7368.00
法国	102.00	1368.00
44219110 竹制圆签、圆棒、冰果棒、压舌片及类似一次性制品		
合计	165502989.00	359389635.00
印度	45381727.00	57515464.00
美国	12187354.00	35938057.00
印度尼西亚	12647732.00	27560522.00
日本	7500780.00	24330336.00
越南	6706742.00	19112373.00
泰国	7739150.00	18038944.00
巴西	7680749.00	17535189.00

(续表)

国家/地区	出口数量(千克)	出口金额(美元)
中国台湾	7578834.00	15815521.00
荷兰	7895109.00	15322186.00
新加坡	3800051.00	13111775.00
马来西亚	3313269.00	7432672.00
韩国	3317607.00	7373577.00
意大利	2121003.00	6403203.00
英国	1821844.00	5553879.00
俄罗斯	2078230.00	4986243.00
德国	1687098.00	4919765.00
加拿大	1918549.00	4867829.00
法国	1140122.00	4458488.00
土耳其	1966131.00	4360338.00
西班牙	1241889.00	4176707.00
尼日利亚	1748247.00	4000551.00
比利时	981931.00	3692351.00
菲律宾	1312734.00	3515223.00
阿联酋	1422727.00	3484219.00
希腊	1414973.00	3469349.00
缅甸	687857.00	3005025.00
哥伦比亚	1243346.00	2692111.00
澳大利亚	874854.00	2563527.00
墨西哥	822244.00	2475328.00
波兰	1015842.00	1937904.00
以色列	801121.00	1896306.00
智利	746598.00	1737042.00
沙特阿拉伯	736910.00	1638868.00
秘鲁	765853.00	1335264.00
南非	508783.00	1263499.00
中国香港	835565.00	1191488.00
埃及	363713.00	1018125.00
厄瓜多尔	366869.00	991909.00
巴基斯坦	675567.00	970677.00
斯里兰卡	844095.00	966018.00
阿根廷	443260.00	932895.00
多米尼加	175306.00	804010.00
阿曼	481786.00	698889.00
阿尔及利亚	434284.00	696391.00
乌克兰	246864.00	620694.00
坦桑尼亚	301729.00	616412.00
肯尼亚	359317.00	609677.00
葡萄牙	301708.00	586702.00
丹麦	152230.00	541499.00
瑞典	180891.00	532158.00
伊朗	313619.00	531613.00

(续表)

国家/地区	出口数量(千克)	出口金额(美元)
新西兰	144715.00	503544.00
罗马尼亚	204540.00	456301.00
老挝	193095.00	419546.00
伊拉克	212999.00	408629.00
加纳	244213.00	395246.00
黎巴嫩	155042.00	370363.00
巴拿马	146364.00	358459.00
巴拉圭	218279.00	347653.00
哥斯达黎加	71009.00	314415.00
叙利亚	139785.00	305146.00
摩洛哥	167707.00	301921.00
斯洛文尼亚	69187.00	289688.00
科特迪瓦	63902.00	276548.00
塞浦路斯	60491.00	210756.00
朝鲜	97593.00	183128.00
孟加拉国	147188.00	180843.00
约旦	109990.00	176112.00
瑞士	44054.00	166794.00
几内亚	48520.00	166754.00
卡塔尔	57125.00	163518.00
保加利亚	57804.00	155003.00
挪威	60848.00	154114.00
科威特	56898.00	147039.00
波多黎各	81350.00	145291.00
玻利维亚	72058.00	132790.00
危地马拉	58010.00	132608.00
芬兰	78364.00	132476.00
拉脱维亚	38716.00	130899.00
委内瑞拉	36332.00	127022.00
喀麦隆	79666.00	120267.00
萨尔瓦多	61038.00	117893.00
捷克	37094.00	116064.00
斯洛伐克	45846.00	114625.00
突尼斯	44665.00	114083.00
白俄罗斯	57590.00	114055.00
立陶宛	33203.00	100483.00
安哥拉	54908.00	95340.00
牙买加	27432.00	94228.00
格鲁吉亚	26937.00	92944.00
阿尔巴尼亚	36702.00	84657.00
贝宁	35563.00	76392.00
多哥	21908.00	70937.00
克罗地亚	24259.00	70476.00
哈萨克斯坦	17506.00	67717.00

（续表）

国家/地区	出口数量（千克）	出口金额（美元）
乌兹别克斯坦	39385.00	57957.00
马耳他	20820.00	52555.00
洪都拉斯	25942.00	48279.00
圣卢西亚	16617.00	44598.00
马达加斯加	28190.00	44114.00
乌拉圭	14103.00	44018.00
毛里求斯	14048.00	42099.00
也门	24518.00	40850.00
匈牙利	19496.00	39365.00
利比亚	19402.00	29962.00
中国澳门	15099.00	29960.00
吉布提	21580.00	25511.00
尼泊尔	10785.00	24446.00
莫桑比克	10699.00	23928.00
塞内加尔	15202.00	22495.00
吉尔吉斯斯坦	16890.00	22251.00
爱尔兰	11847.00	21181.00
刚果(金)	16094.00	18867.00
巴林	8528.00	18203.00
爱沙尼亚	8440.00	17363.00
文莱	13200.00	17085.00
特立尼达和多巴哥	4167.00	15637.00
留尼汪	13512.00	15041.00
苏丹	7673.00	12850.00
塔吉克斯坦	21600.00	11490.00
埃塞俄比亚	3964.00	10810.00
尼加拉瓜	3796.00	9982.00
冰岛	2125.00	8386.00
北马其顿	3885.00	8104.00
摩尔多瓦	4542.00	6652.00
马拉维	2865.00	6392.00
卢旺达	2210.00	6360.00
圭亚那	1797.00	6296.00
巴布亚新几内亚	3895.00	6293.00
利比里亚	4497.00	5168.00
加蓬	3239.00	5019.00
塞拉利昂	3628.00	3687.00
海地	1255.00	3351.00
毛里塔尼亚	2429.00	2989.00
斐济	622.00	2605.00
津巴布韦	1796.00	2495.00
马尔代夫	117.00	2146.00
黑山	1472.00	1590.00
蒙古	219.00	1512.00

（续表）

国家/地区	出口数量（千克）	出口金额（美元）
东帝汶	842.00	1481.00
索马里	1203.00	1445.00
乌干达	750.00	1367.00
冈比亚	1347.00	1236.00
多米尼克	966.00	1133.00
刚果(布)	630.00	980.00
亚美尼亚	487.00	974.00
塞尔维亚	360.00	958.00
波黑	280.00	825.00
斯威士兰	383.00	735.00
新喀里多尼亚	448.00	724.00
博茨瓦纳	342.00	699.00
阿富汗	529.00	688.00
库腊索岛	347.00	660.00
阿塞拜疆	402.00	603.00
佛得角	325.00	540.00
法属波利尼西亚	285.00	381.00
汤加	156.00	357.00
柬埔寨	350.00	328.00
塞舌尔	90.00	315.00
瓦努阿图	181.00	244.00
萨摩亚	74.00	237.00
瓜德罗普	182.00	230.00
赤道几内亚	110.00	220.00
纳米比亚	100.00	200.00
马约特	130.00	195.00
苏里南	113.00	113.00
伯利兹	54.00	108.00
巴哈马	18.00	81.00
马提尼克	18.00	67.00
特克斯和凯科斯群岛	9.00	10.00
44219190 未列名竹制品		
合计	37404565.00	135778546.00
美国	9635341.00	32732140.00
澳大利亚	2110761.00	12162663.00
德国	2323901.00	10340540.00
法国	2473507.00	9362017.00
韩国	1393155.00	9287552.00
荷兰	2287616.00	7189958.00
日本	1438534.00	6139824.00
英国	1836381.00	5549330.00
波兰	2112845.00	5095094.00
西班牙	1655806.00	4663863.00
加拿大	870531.00	3250109.00

（续表）

国家/地区	出口数量（千克）	出口金额（美元）
意大利	971496.00	2977732.00
葡萄牙	988573.00	2520110.00
比利时	510710.00	2303094.00
俄罗斯	434812.00	1911028.00
南非	915443.00	1646486.00
新加坡	256222.00	1645351.00
新西兰	254193.00	1636495.00
印度	159311.00	1309662.00
巴西	398136.00	1217921.00
中国台湾	203619.00	1087328.00
阿联酋	201131.00	722755.00
马来西亚	255210.00	710010.00
以色列	608625.00	671025.00
越南	254932.00	646203.00
瑞典	130711.00	628418.00
土耳其	215711.00	596047.00
希腊	186151.00	559947.00
墨西哥	118102.00	485805.00
丹麦	110167.00	463070.00
中国香港	79656.00	450486.00
摩洛哥	104865.00	400065.00
沙特阿拉伯	97554.00	377517.00
斯洛文尼亚	124680.00	358103.00
挪威	54103.00	306742.00
埃及	142064.00	286502.00
突尼斯	102308.00	246456.00
智利	107677.00	240810.00
黎巴嫩	77950.00	235448.00
伊拉克	72052.00	220117.00
泰国	92827.00	215651.00
爱尔兰	38769.00	182531.00
罗马尼亚	47986.00	174851.00
奥地利	20570.00	132052.00
捷克	25682.00	130787.00
乌克兰	40758.00	120290.00
芬兰	26514.00	119535.00
利比亚	53489.00	103072.00
多米尼加	27105.00	94580.00
马达加斯加	56509.00	94449.00
瑞士	28123.00	90922.00
格鲁吉亚	39885.00	87980.00
柬埔寨	21396.00	80776.00
印度尼西亚	27609.00	77529.00
斐济	17504.00	75996.00

(续表)

国家/地区	出口数量(千克)	出口金额(美元)
马尔代夫	33036.00	73230.00
阿根廷	10128.00	63400.00
秘鲁	33505.00	61862.00
科威特	13940.00	61464.00
毛里求斯	22684.00	60637.00
立陶宛	15065.00	57555.00
斯里兰卡	29788.00	53358.00
卡塔尔	15886.00	51627.00
阿曼	23720.00	51307.00
匈牙利	25052.00	49664.00
哥伦比亚	17982.00	49437.00
厄瓜多尔	18941.00	43109.00
斯洛伐克	7584.00	39254.00
菲律宾	13440.00	37965.00
约旦	11910.00	36670.00
保加利亚	11624.00	34964.00
伊朗	8259.00	31868.00
牙买加	7844.00	30717.00
巴拿马	12064.00	30207.00
莫桑比克	18585.00	29706.00
叙利亚	8740.00	26637.00
安哥拉	14372.00	25874.00
危地马拉	6789.00	25381.00
孟加拉国	9351.00	20998.00
博茨瓦纳	13568.00	20583.00
几内亚	9573.00	19266.00
巴布亚新几内亚	13302.00	18916.00
克罗地亚	6873.00	18767.00
拉脱维亚	11941.00	14978.00
哈萨克斯坦	7828.00	13965.00
留尼汪	3800.00	13949.00
文莱	5197.00	13143.00
苏丹	11527.00	12780.00
塞浦路斯	10247.00	12576.00
坦桑尼亚	6564.00	10855.00
多哥	4000.00	10000.00
乌拉圭	2775.00	9649.00
萨尔瓦多	4280.00	9639.00
爱沙尼亚	719.00	9166.00
阿尔及利亚	6904.00	8417.00
特立尼达和多巴哥	4475.00	7767.00
津巴布韦	3385.00	6743.00
波多黎各	3173.00	6611.00
白俄罗斯	3490.00	6248.00

(续表)

国家/地区	出口数量(千克)	出口金额(美元)
尼泊尔	15351.00	5385.00
巴林	722.00	5158.00
巴哈马	203.00	5147.00
塞舌尔	157.00	4978.00
加纳	1869.00	4942.00
哥斯达黎加	357.00	3518.00
洪都拉斯	1936.00	3482.00
摩尔多瓦	397.00	2988.00
科特迪瓦	1124.00	2296.00
阿尔巴尼亚	898.00	2136.00
朝鲜	2183.00	2023.00
法属波利尼西亚	456.00	2008.00
巴拉圭	893.00	1991.00
伯利兹	1448.00	1889.00
缅甸	933.00	1870.00
圭亚那	717.00	1863.00
巴基斯坦	2212.00	1744.00
刚果(金)	652.00	1667.00
委内瑞拉	661.00	1480.00
塞内加尔	555.00	1459.00
苏里南	548.00	1368.00
乌兹别克斯坦	742.00	1330.00
毛里塔尼亚	1130.00	1232.00
马提尼克	200.00	1073.00
也门	800.00	885.00
阿鲁巴	367.00	881.00
瓦努阿图	653.00	857.00
纳米比亚	432.00	768.00
中国澳门	481.00	737.00
斯威士兰	493.00	716.00
尼日利亚	290.00	664.00
加蓬	155.00	606.00
喀麦隆	142.00	544.00
波黑	220.00	522.00
肯尼亚	120.00	492.00
吉布提	308.00	462.00
刚果(布)	119.00	456.00
赞比亚	59.00	226.00
马约特	50.00	221.00
瓜德罗普	37.00	195.00
马里	47.00	180.00
尼加拉瓜	152.00	162.00
安提瓜和巴布达	68.00	136.00
巴勒斯坦	50.00	75.00

(续表)

国家/地区	出口数量(千克)	出口金额(美元)
圣马力诺	0.00	1.00
46012100 竹制的席子、席料及帘子		
合计	30593018.00	96573209.00
越南	11838600.00	39406832.00
美国	2333867.00	10039426.00
韩国	2530871.00	7066630.00
日本	2045526.00	6370887.00
中国台湾	1920146.00	6091339.00
荷兰	855557.00	3511317.00
意大利	1421355.00	3137392.00
西班牙	921167.00	2489420.00
德国	633211.00	1961326.00
墨西哥	476693.00	1938336.00
马来西亚	838323.00	1930939.00
法国	475344.00	1240747.00
俄罗斯	396318.00	1090400.00
伊拉克	364425.00	931186.00
澳大利亚	260156.00	654321.00
加拿大	260326.00	643352.00
南非	159750.00	610208.00
英国	188238.00	573582.00
乌克兰	267804.00	554103.00
以色列	331757.00	534275.00
比利时	119316.00	408812.00
波兰	139524.00	319609.00
克罗地亚	109358.00	312581.00
智利	133500.00	304282.00
丹麦	84907.00	286474.00
土耳其	97972.00	278290.00
巴西	76272.00	250299.00
匈牙利	70376.00	231731.00
希腊	137495.00	222147.00
朝鲜	68960.00	219380.00
印度尼西亚	94703.00	203624.00
斯洛文尼亚	72198.00	203477.00
哥斯达黎加	32991.00	180106.00
瑞典	47295.00	170804.00
泰国	51192.00	159232.00
哥伦比亚	50763.00	133528.00
捷克	51970.00	121419.00
阿联酋	32867.00	119111.00
印度	47056.00	97153.00
沙特阿拉伯	34883.00	95499.00
斯里兰卡	30985.00	92415.00

（续表）

国家/地区	出口数量（千克）	出口金额（美元）
毛里求斯	33087.00	84276.00
新西兰	24927.00	79474.00
秘鲁	30013.00	79216.00
中国香港	18469.00	74837.00
葡萄牙	26743.00	74311.00
留尼汪	12979.00	71908.00
拉脱维亚	20445.00	68645.00
巴基斯坦	33608.00	67616.00
巴拿马	26686.00	67377.00
立陶宛	21466.00	54512.00
塞尔维亚	19598.00	49602.00
危地马拉	17368.00	48616.00
科威特	12848.00	47056.00
芬兰	14846.00	46867.00
新加坡	12380.00	37834.00
法属波利尼西亚	11611.00	35952.00
柬埔寨	6700.00	35484.00
阿根廷	16200.00	32945.00
瑞士	8132.00	29496.00
哈萨克斯坦	9320.00	29238.00
罗马尼亚	12241.00	27633.00
马耳他	10674.00	27203.00
爱尔兰	7161.00	24478.00
约旦	4818.00	21633.00
新喀里多尼亚	6606.00	20434.00
埃及	11864.00	15299.00
波多黎各	15953.00	12451.00
菲律宾	6515.00	11919.00
中国澳门	5021.00	10973.00
特立尼达和多巴哥	2160.00	9720.00
保加利亚	3565.00	8389.00
奥地利	400.00	7500.00
萨尔瓦多	2262.00	7382.00
巴巴多斯	2423.00	6839.00
牙买加	2221.00	6039.00
利比亚	1462.00	5304.00
多米尼加	1724.00	4923.00
尼日尔	521.00	3680.00
突尼斯	1379.00	3308.00
几内亚	407.00	3261.00
缅甸	2173.00	3183.00
白俄罗斯	570.00	2968.00
加蓬	1319.00	2820.00
尼日利亚	560.00	2766.00

（续表）

国家/地区	出口数量（千克）	出口金额（美元）
格鲁吉亚	434.00	2344.00
刚果(金)	522.00	1984.00
阿尔及利亚	333.00	1503.00
加纳	321.00	1491.00
南苏丹	154.00	1422.00
乌拉圭	681.00	1409.00
瓜德罗普	348.00	1370.00
吉布提	467.00	1300.00
莫桑比克	722.00	1188.00
挪威	207.00	1035.00
也门	810.00	1023.00
黑山	467.00	969.00
尼加拉瓜	250.00	916.00
斯洛伐克	240.00	796.00
伊朗	214.00	642.00
马提尼克	116.00	418.00
阿曼	184.00	388.00
肯尼亚	192.00	294.00
斐济	137.00	250.00
文莱	69.00	226.00
爱沙尼亚	26.00	182.00
科特迪瓦	77.00	171.00
瓦努阿图	99.00	149.00
津巴布韦	59.00	115.00
马尔代夫	26.00	109.00
毛里塔尼亚	24.00	72.00
蒙古	386.00	56.00
卡塔尔	9.00	26.00
汤加	2.00	3.00
46012200 藤制的席子、席料及帘子		
合计	36859.00	133573.00
中国台湾	20408.00	64635.00
美国	9224.00	17769.00
印度尼西亚	825.00	12971.00
朝鲜	1365.00	9100.00
丹麦	285.00	8550.00
墨西哥	109.00	3488.00
比利时	246.00	3360.00
巴西	766.00	3064.00
中国香港	694.00	2679.00
法国	56.00	2016.00
捷克	153.00	1178.00
新西兰	290.00	1160.00
阿根廷	725.00	880.00

（续表）

国家/地区	出口数量（千克）	出口金额（美元）
利比亚	230.00	690.00
印度	500.00	500.00
西班牙	439.00	439.00
泰国	102.00	408.00
越南	199.00	364.00
意大利	168.00	202.00
中国澳门	30.00	110.00
阿联酋	45.00	10.00
46012911 灯心草属材料制的席子、席料及帘子		
合计	18664741.00	77323853.00
日本	18241837.00	76162565.00
中国台湾	111602.00	322658.00
希腊	146960.00	315868.00
美国	34627.00	104522.00
意大利	19717.00	60256.00
韩国	4795.00	53305.00
荷兰	15293.00	39804.00
法国	10695.00	29123.00
马来西亚	8647.00	23249.00
新加坡	7645.00	23113.00
加拿大	6600.00	20598.00
西班牙	8266.00	20044.00
中国香港	2941.00	18522.00
德国	7516.00	17917.00
菲律宾	2909.00	16362.00
俄罗斯	5862.00	16034.00
巴西	3086.00	13314.00
葡萄牙	3464.00	11716.00
乌克兰	5913.00	9266.00
塞浦路斯	3765.00	7685.00
克罗地亚	2608.00	7228.00
英国	3900.00	6300.00
印度尼西亚	934.00	4153.00
波兰	1108.00	4058.00
墨西哥	512.00	3336.00
阿根廷	1000.00	3320.00
厄瓜多尔	980.00	3175.00
泰国	742.00	2996.00
秘鲁	270.00	1086.00
阿联酋	277.00	972.00
智利	212.00	850.00
马尔代夫	18.00	320.00
中国澳门	23.00	81.00

(续表)

国家/地区	出口数量（千克）	出口金额（美元）
科威特	17.00	57.00
46012919 其他草制的席子、席料及帘子		
合计	6565908.00	14411978.00
美国	1757978.00	4801417.00
日本	2121510.00	2578726.00
荷兰	997248.00	2187556.00
法国	368375.00	882769.00
比利时	200448.00	514331.00
西班牙	121230.00	362439.00
俄罗斯	99325.00	260757.00
英国	102976.00	257453.00
加纳	35330.00	226425.00
意大利	72723.00	219776.00
中国台湾	45969.00	177057.00
丹麦	58985.00	167867.00
马来西亚	85532.00	166812.00
巴西	33395.00	137158.00
澳大利亚	28127.00	136821.00
德国	40816.00	115211.00
斯洛文尼亚	37815.00	107963.00
白俄罗斯	35779.00	107549.00
乌克兰	32208.00	101448.00
韩国	24352.00	94335.00
希腊	24722.00	83875.00
土耳其	32400.00	77280.00
加拿大	28535.00	72641.00
南非	23078.00	44962.00
罗马尼亚	11321.00	44776.00
沙特阿拉伯	14469.00	43954.00
瑞典	6902.00	43774.00
智利	12027.00	37865.00
哥斯达黎加	10102.00	35040.00
爱沙尼亚	6203.00	32927.00
中国香港	10615.00	31711.00
新加坡	8288.00	28689.00
墨西哥	8497.00	25327.00
阿根廷	9023.00	22911.00
摩洛哥	4774.00	15493.00
塞浦路斯	5094.00	14381.00
泰国	2401.00	13465.00
马达加斯加	5855.00	12215.00
巴拿马	4406.00	10384.00
波兰	2330.00	10279.00
乌拉圭	4431.00	9709.00

(续表)

国家/地区	出口数量（千克）	出口金额（美元）
以色列	3864.00	8317.00
秘鲁	2076.00	8006.00
哥伦比亚	1248.00	7251.00
印度尼西亚	950.00	6132.00
突尼斯	2002.00	6081.00
萨尔瓦多	2386.00	5931.00
阿联酋	1365.00	4510.00
塞尔维亚	1155.00	4043.00
保加利亚	1753.00	3857.00
北马其顿	968.00	3182.00
印度	896.00	2791.00
阿曼	956.00	2756.00
瑞士	750.00	2700.00
斐济	1120.00	2671.00
克罗地亚	782.00	2500.00
危地马拉	531.00	2351.00
新西兰	501.00	2204.00
芬兰	420.00	1988.00
科威特	778.00	1874.00
挪威	200.00	1650.00
尼加拉瓜	297.00	1331.00
卡塔尔	486.00	1282.00
伊拉克	410.00	1248.00
波多黎各	346.00	1181.00
塞拉利昂	444.00	1089.00
毛里求斯	239.00	984.00
洪都拉斯	218.00	978.00
肯尼亚	680.00	848.00
葡萄牙	270.00	816.00
菲律宾	480.00	720.00
埃及	208.00	688.00
尼日利亚	75.00	617.00
中国澳门	88.00	506.00
阿尔及利亚	275.00	413.00
留尼汪	93.00	391.00
斯里兰卡	300.00	350.00
毛里塔尼亚	72.00	340.00
科特迪瓦	77.00	310.00
法属圭亚那	82.00	286.00
利比亚	124.00	248.00
瓜德罗普	59.00	213.00
加蓬	90.00	198.00
波黑	47.00	188.00
马提尼克	50.00	170.00

(续表)

国家/地区	出口数量（千克）	出口金额（美元）
莫桑比克	55.00	127.00
法属波利尼西亚	22.00	84.00
瓦努阿图	26.00	49.00
46012921 苇帘		
合计	27610629.00	37084364.00
日本	14215732.00	19535787.00
希腊	585192.00	2365138.00
意大利	1857184.00	2225843.00
美国	1797158.00	1765473.00
俄罗斯	63510.00	1659690.00
法国	1161451.00	1410583.00
比利时	1716658.00	1329560.00
西班牙	1168091.00	1300006.00
荷兰	874675.00	1099349.00
英国	1102909.00	1096705.00
韩国	740951.00	912263.00
澳大利亚	440332.00	503141.00
德国	384346.00	463004.00
奥地利	498960.00	363871.00
以色列	212497.00	230586.00
克罗地亚	166745.00	146914.00
智利	132095.00	131568.00
波兰	75827.00	87316.00
捷克	62190.00	49471.00
加拿大	49600.00	47374.00
塞浦路斯	48670.00	45112.00
斯洛文尼亚	40019.00	42390.00
波多黎各	34793.00	39246.00
泰国	13867.00	27011.00
墨西哥	14534.00	23124.00
哥斯达黎加	19880.00	18836.00
瑞士	13720.00	17214.00
乌拉圭	15920.00	14203.00
哥伦比亚	10205.00	13917.00
拉脱维亚	10550.00	13206.00
爱沙尼亚	11690.00	12238.00
挪威	3520.00	11836.00
瑞典	12599.00	11133.00
黑山	13200.00	11125.00
阿联酋	9318.00	9829.00
新西兰	4940.00	9043.00
中国台湾	3135.00	7130.00
秘鲁	4793.00	5667.00
新加坡	4081.00	4937.00

（续表）

国家/地区	出口数量（千克）	出口金额（美元）
马来西亚	1902.00	4525.00
阿根廷	4140.00	4444.00
新喀里多尼亚	2459.00	4295.00
巴西	3130.00	3537.00
法属波利尼西亚	1600.00	2979.00
葡萄牙	1280.00	1888.00
法属圭亚那	276.00	1326.00
瓜德罗普	44.00	259.00
马提尼克	243.00	192.00
中国澳门	15.00	75.00
中国香港	3.00	5.00
46012929 芦苇制的席子、席料		
合计	7550424.00	7128785.00
荷兰	5288374.00	4085017.00
美国	573401.00	1121646.00
德国	1251940.00	921036.00
英国	61820.00	715984.00
法国	279410.00	219289.00
丹麦	93050.00	59093.00
韩国	500.00	4100.00
以色列	1811.00	2075.00
日本	48.00	345.00
沙特阿拉伯	60.00	180.00
加拿大	10.00	20.00
46012990 其他植物材料制的席子、席料及帘子		
合计	10996718.00	34633087.00
西班牙	4232414.00	9442290.00
美国	736451.00	8863518.00
印度	407036.00	3888313.00
墨西哥	173686.00	2070875.00
荷兰	1119947.00	1673525.00
法国	1044059.00	1512149.00
比利时	1060826.00	1237283.00
英国	580645.00	879710.00
希腊	166910.00	796424.00
德国	330171.00	651707.00
俄罗斯	166120.00	575425.00
波兰	182209.00	454531.00
意大利	113056.00	411288.00
智利	17040.00	251740.00
澳大利亚	81051.00	191778.00
秘鲁	62441.00	187595.00
日本	17325.00	167078.00

（续表）

国家/地区	出口数量（千克）	出口金额（美元）
巴基斯坦	20858.00	148573.00
沙特阿拉伯	17939.00	142664.00
以色列	131375.00	132956.00
哥伦比亚	25190.00	119528.00
埃及	15237.00	97740.00
塞浦路斯	42050.00	87813.00
新西兰	49942.00	68975.00
立陶宛	14691.00	54910.00
加拿大	12427.00	51091.00
奥地利	32290.00	42700.00
阿联酋	10019.00	40631.00
保加利亚	2713.00	36233.00
瑞典	19020.00	32720.00
爱尔兰	25670.00	32107.00
中国台湾	3570.00	32043.00
斯里兰卡	2914.00	31198.00
韩国	9835.00	28767.00
南非	25800.00	26465.00
泰国	1986.00	20136.00
拉脱维亚	14130.00	15765.00
克罗地亚	3488.00	14857.00
巴拿马	2445.00	13883.00
捷克	2805.00	13668.00
丹麦	2956.00	11604.00
科威特	1076.00	11392.00
厄瓜多尔	1463.00	11050.00
印度尼西亚	874.00	10816.00
越南	552.00	10403.00
罗马尼亚	2064.00	8487.00
新加坡	1028.00	7409.00
葡萄牙	5600.00	6730.00
马来西亚	1330.00	6668.00
黎巴嫩	200.00	2700.00
中国香港	690.00	2513.00
乌拉圭	375.00	1500.00
法属圭亚那	458.00	742.00
马提尼克	100.00	139.00
中国澳门	60.00	120.00
留尼汪	61.00	89.00
柬埔寨	50.00	73.00
46019210 竹制的缏条及类似产品，不论是否缝合成宽条		
合计	390096.00	788725.00
日本	115792.00	305843.00

（续表）

国家/地区	出口数量（千克）	出口金额（美元）
西班牙	93360.00	154009.00
荷兰	17960.00	95823.00
韩国	30146.00	51369.00
比利时	26101.00	45389.00
中国台湾	35063.00	39989.00
意大利	40061.00	32457.00
法国	15752.00	19705.00
美国	9165.00	15732.00
印度	3987.00	14425.00
德国	143.00	4608.00
英国	994.00	4320.00
加拿大	828.00	3600.00
新加坡	690.00	1035.00
澳大利亚	54.00	421.00
46019290 竹制其他平行连结或编结的产品		
合计	12744747.00	34899714.00
日本	908722.00	4436461.00
意大利	1766513.00	4272336.00
以色列	1428198.00	3955083.00
荷兰	1476872.00	3469397.00
英国	1338600.00	3217022.00
美国	814609.00	2347955.00
德国	696458.00	1758046.00
法国	629313.00	1608805.00
比利时	475662.00	1190049.00
西班牙	457675.00	959772.00
加拿大	246108.00	917620.00
希腊	337347.00	817549.00
澳大利亚	494691.00	653369.00
韩国	188012.00	511512.00
俄罗斯	169701.00	502653.00
波兰	208392.00	483969.00
马来西亚	46945.00	433628.00
巴西	120495.00	323246.00
罗马尼亚	20726.00	220391.00
沙特阿拉伯	90697.00	214707.00
中国台湾	67294.00	211681.00
新西兰	164683.00	201627.00
墨西哥	66645.00	199488.00
印度	52484.00	177642.00
智利	14380.00	177350.00
伊拉克	42255.00	162035.00
摩洛哥	8563.00	157198.00
阿联酋	35387.00	145811.00

(续表)

国家/地区	出口数量(千克)	出口金额(美元)
埃及	22106.00	134800.00
哥伦比亚	32014.00	111943.00
法属波利尼西亚	21430.00	106200.00
拉脱维亚	39615.00	104075.00
巴基斯坦	2611.00	72601.00
南非	22189.00	70763.00
秘鲁	17094.00	65773.00
新加坡	24190.00	62740.00
瑞典	23249.00	60949.00
厄瓜多尔	3932.00	43518.00
哥斯达黎加	5701.00	32802.00
立陶宛	10513.00	32164.00
爱沙尼亚	12354.00	28393.00
土耳其	8869.00	27137.00
丹麦	9746.00	25702.00
乌克兰	16266.00	24709.00
朝鲜	3319.00	17713.00
危地马拉	4295.00	15986.00
葡萄牙	4396.00	14424.00
泰国	3352.00	14236.00
喀麦隆	12240.00	13680.00
斯洛文尼亚	16901.00	13138.00
黎巴嫩	9480.00	11785.00
留尼汪	19073.00	7298.00
斯洛伐克	9146.00	6287.00
爱尔兰	2874.00	6266.00
尼泊尔	2000.00	5979.00
巴林	1898.00	5962.00
卡塔尔	4125.00	5659.00
越南	174.00	4320.00
保加利亚	2018.00	4066.00
阿尔及利亚	825.00	3750.00
科威特	668.00	3052.00
中国香港	920.00	2978.00
克罗地亚	740.00	2313.00
阿根廷	697.00	2292.00
中国澳门	2300.00	2140.00
菲律宾	329.00	1967.00
缅甸	2313.00	1248.00
津巴布韦	600.00	900.00
乌兹别克斯坦	500.00	740.00
乌拉圭	97.00	545.00
莫桑比克	152.00	264.00
玻利维亚	9.00	55.00

(续表)

国家/地区	出口数量(千克)	出口金额(美元)
46019310 藤制的缏条及类似产品,不论是否缝合成宽条		
合计	133452.00	1376112.00
德国	24610.00	258925.00
西班牙	14090.00	204008.00
英国	16301.00	166189.00
意大利	6122.00	137953.00
越南	5309.00	120657.00
葡萄牙	9246.00	109108.00
巴西	2273.00	69440.00
印度	2692.00	64936.00
哥伦比亚	5048.00	61877.00
日本	1078.00	47971.00
澳大利亚	1259.00	26177.00
中国香港	39330.00	25661.00
希腊	421.00	12612.00
阿根廷	755.00	10895.00
波兰	728.00	10769.00
韩国	462.00	10425.00
荷兰	1078.00	8727.00
爱尔兰	174.00	7883.00
美国	900.00	4609.00
以色列	194.00	4575.00
土耳其	285.00	2753.00
科威特	60.00	2600.00
法国	130.00	2246.00
比利时	320.00	1237.00
挪威	129.00	1129.00
泰国	56.00	1095.00
俄罗斯	24.00	650.00
中国澳门	170.00	320.00
南非	22.00	263.00
中国台湾	6.00	173.00
新加坡	147.00	150.00
马来西亚	33.00	99.00
46019390 藤制其他平行连结或编结的产品		
合计	217355.00	1751247.00
德国	84598.00	533545.00
意大利	33694.00	395489.00
斯洛伐克	18498.00	126322.00
阿根廷	8509.00	89177.00
荷兰	6337.00	84886.00
西班牙	16125.00	77634.00
英国	9528.00	77338.00

(续表)

国家/地区	出口数量(千克)	出口金额(美元)
美国	3358.00	63467.00
澳大利亚	4107.00	46591.00
中国香港	7412.00	45814.00
印度	2017.00	37623.00
丹麦	7720.00	34222.00
哥伦比亚	2057.00	28974.00
日本	2592.00	22199.00
波兰	1009.00	13500.00
土耳其	1728.00	10090.00
法国	1364.00	9223.00
瑞典	735.00	8341.00
俄罗斯	1066.00	7875.00
巴拿马	414.00	6150.00
罗马尼亚	511.00	5995.00
比利时	694.00	5650.00
乌克兰	125.00	4400.00
韩国	111.00	2700.00
中国台湾	578.00	2248.00
巴西	203.00	2220.00
南非	718.00	2197.00
多米尼加	11.00	2168.00
加拿大	35.00	955.00
突尼斯	22.00	840.00
希腊	392.00	811.00
毛里求斯	165.00	692.00
以色列	209.00	653.00
马来西亚	481.00	633.00
芬兰	37.00	342.00
墨西哥	156.00	195.00
留尼汪	39.00	88.00
46019411 稻草制的缏条(绳)		
合计	2203522.00	2006081.00
日本	2198510.00	2002586.00
英国	200.00	1896.00
瑞典	100.00	640.00
中国香港	4499.00	494.00
以色列	123.00	249.00
泰国	90.00	216.00
46019419 稻草制其他平行连结或编结的产品		
合计	17034.00	41418.00
美国	13810.00	16682.00
德国	250.00	8250.00
意大利	1165.00	6531.00
荷兰	192.00	5727.00

（续表）

国家/地区	出口数量（千克）	出口金额（美元）
沙特阿拉伯	1284.00	1888.00
新西兰	60.00	920.00
英国	213.00	918.00
中国香港	16.00	263.00
韩国	1.00	128.00
阿联酋	1.00	85.00
日本	42.00	26.00
46019491 未列名植物编结材料编成的缏条及类似产品		
合计	45017.00	209134.00
美国	5740.00	74361.00
越南	11618.00	57650.00
荷兰	4685.00	15417.00
新加坡	8640.00	14982.00
日本	1951.00	9375.00
秘鲁	150.00	7425.00
丹麦	2540.00	6475.00
意大利	1155.00	4615.00
德国	1770.00	4425.00
西班牙	300.00	3960.00
中国香港	2102.00	3801.00
塞浦路斯	800.00	2120.00
朝鲜	2295.00	1948.00
澳大利亚	360.00	900.00
中国澳门	750.00	750.00
俄罗斯	41.00	570.00
法国	100.00	300.00
新西兰	20.00	60.00
46019499 未列名植物编结材料制其他平行连结或编结品		
合计	8701099.00	62581071.00
中国香港	87937.00	25524826.00
西班牙	2395060.00	8939983.00
法国	1674435.00	6369020.00
日本	554907.00	5669505.00
荷兰	969453.00	3691241.00
英国	458592.00	1846878.00
比利时	502638.00	1795445.00
美国	310056.00	1709259.00
澳大利亚	389816.00	1135919.00
越南	10108.00	879296.00
以色列	166993.00	757905.00
德国	236128.00	712268.00
意大利	159813.00	653121.00

（续表）

国家/地区	出口数量（千克）	出口金额（美元）
新西兰	286527.00	529564.00
柬埔寨	1285.00	457232.00
瑞典	259778.00	456698.00
韩国	31365.00	441278.00
希腊	37491.00	213186.00
中国台湾	21070.00	212046.00
加拿大	33375.00	168897.00
哥伦比亚	8867.00	62499.00
丹麦	6994.00	49983.00
波兰	10284.00	42253.00
俄罗斯	11246.00	33218.00
斯里兰卡	1099.00	31500.00
立陶宛	9404.00	27302.00
瑞士	6900.00	21251.00
爱沙尼亚	6780.00	19900.00
罗马尼亚	2929.00	17939.00
塞舌尔	220.00	16800.00
阿联酋	25265.00	14124.00
多米尼加	3597.00	10844.00
沙特阿拉伯	1748.00	10717.00
捷克	2755.00	9918.00
菲律宾	5250.00	8461.00
斯洛伐克	3714.00	7624.00
拉脱维亚	1437.00	7185.00
乌克兰	324.00	5092.00
巴西	317.00	4800.00
葡萄牙	780.00	3120.00
南非	393.00	2839.00
乌拉圭	765.00	2295.00
巴哈马	196.00	1936.00
芬兰	612.00	1506.00
塞尔维亚	86.00	882.00
土耳其	880.00	880.00
卢旺达	561.00	828.00
伊朗	435.00	563.00
智利	13.00	324.00
汤加	150.00	291.00
尼日利亚	110.00	256.00
墨西哥	104.00	208.00
马来西亚	52.00	146.00
中国澳门	5.00	20.00
46021100 竹制篮筐及其他编结品		
合计	28744638.00	138066296.00
美国	4165797.00	30644248.00

（续表）

国家/地区	出口数量（千克）	出口金额（美元）
意大利	3310028.00	11342188.00
以色列	3869131.00	11314192.00
日本	1167230.00	9497928.00
英国	2146243.00	8695117.00
德国	1629185.00	8255240.00
荷兰	1649163.00	7872186.00
法国	2004785.00	6650850.00
澳大利亚	1317017.00	5089892.00
中国香港	539481.00	3707598.00
新加坡	248717.00	3463808.00
西班牙	604169.00	3390999.00
比利时	902477.00	3264014.00
加拿大	476975.00	3204072.00
俄罗斯	314720.00	2364781.00
波兰	567403.00	2119501.00
中国台湾	380395.00	1425853.00
韩国	269058.00	1387359.00
希腊	486157.00	1329404.00
丹麦	157731.00	1194435.00
土耳其	158915.00	1158736.00
阿联酋	239131.00	797789.00
巴西	127007.00	774190.00
瑞典	184887.00	759599.00
沙特阿拉伯	68784.00	530274.00
南非	133546.00	484299.00
智利	78245.00	448627.00
捷克	160344.00	427392.00
印度	88450.00	408719.00
罗马尼亚	54567.00	406827.00
墨西哥	80407.00	397799.00
科威特	51741.00	394122.00
葡萄牙	73635.00	356345.00
新西兰	35071.00	354925.00
泰国	25620.00	349262.00
马来西亚	73192.00	331322.00
匈牙利	101209.00	321254.00
阿根廷	68805.00	232973.00
巴拿马	33092.00	183931.00
哥伦比亚	24208.00	180926.00
萨尔瓦多	16599.00	165202.00
挪威	29632.00	141266.00
斯洛文尼亚	45393.00	141228.00
中国澳门	89360.00	131167.00
奥地利	17372.00	128969.00

(续表)

国家/地区	出口数量(千克)	出口金额(美元)
印度尼西亚	56377.00	122216.00
秘鲁	24511.00	117077.00
瑞士	17137.00	116605.00
格鲁吉亚	47729.00	112314.00
保加利亚	16600.00	111462.00
摩洛哥	42288.00	110673.00
爱尔兰	13056.00	107086.00
塞尔维亚	5854.00	92718.00
克罗地亚	12333.00	89473.00
波多黎各	9407.00	85942.00
芬兰	7159.00	85680.00
乌克兰	14669.00	70681.00
埃及	31447.00	64134.00
菲律宾	15516.00	60812.00
立陶宛	12948.00	60270.00
阿尔及利亚	22426.00	53677.00
塞浦路斯	17269.00	52833.00
白俄罗斯	7861.00	35153.00
卡塔尔	6418.00	25055.00
哥斯达黎加	4425.00	23129.00
斯洛伐克	3967.00	20993.00
越南	1901.00	17880.00
孟加拉国	7276.00	17400.00
利比亚	7154.00	16802.00
哈萨克斯坦	5209.00	16182.00
伊拉克	8970.00	15130.00
多米尼加	4105.00	12644.00
黎巴嫩	3486.00	10989.00
波黑	725.00	10191.00
爱沙尼亚	1900.00	8339.00
乌拉圭	1853.00	7576.00
拉脱维亚	3996.00	7531.00
牙买加	231.00	7068.00
约旦	3906.00	6611.00
北马其顿	1100.00	6400.00
新喀里多尼亚	9125.00	6320.00
特立尼达和多巴哥	1245.00	5733.00
肯尼亚	2126.00	5123.00
巴基斯坦	3860.00	4978.00
危地马拉	1118.00	4389.00
厄瓜多尔	1379.00	3508.00
格林纳达	106.00	2758.00
朝鲜	427.00	2672.00
斯里兰卡	2256.00	2355.00

(续表)

国家/地区	出口数量(千克)	出口金额(美元)
突尼斯	1116.00	2031.00
吉布提	2285.00	1955.00
洪都拉斯	961.00	1701.00
喀麦隆	1067.00	1649.00
苏丹	1380.00	1641.00
摩尔多瓦	364.00	1476.00
几内亚	574.00	1378.00
瓜德罗普	1132.00	1315.00
阿尔巴尼亚	538.00	1214.00
塞内加尔	666.00	1195.00
阿曼	675.00	1175.00
巴林	157.00	1052.00
伊朗	585.00	878.00
巴拉圭	580.00	828.00
委内瑞拉	671.00	820.00
佛得角	42.00	800.00
毛里求斯	449.00	732.00
乌兹别克斯坦	320.00	725.00
巴勒斯坦	564.00	674.00
黑山	215.00	618.00
尼日利亚	485.00	606.00
留尼汪	259.00	596.00
法属波利尼西亚	68.00	413.00
加纳	69.00	386.00
马尔代夫	58.00	345.00
巴哈马	179.00	318.00
毛里塔尼亚	130.00	247.00
贝宁	89.00	242.00
巴布亚新几内亚	12.00	227.00
瓦努阿图	205.00	226.00
蒙古	218.00	190.00
多米尼克	60.00	172.00
科特迪瓦	79.00	164.00
阿鲁巴	75.00	158.00
塞舌尔	105.00	147.00
叙利亚	98.00	145.00
土库曼斯坦	15.00	136.00
塞拉利昂	20.00	100.00
柬埔寨	10.00	99.00
莫桑比克	124.00	58.00
刚果(金)	1.00	53.00
文莱	13.00	41.00
46021200 藤制篮筐及其他编结品		
合计	9398919.00	83519935.00

(续表)

国家/地区	出口数量(千克)	出口金额(美元)
美国	2562093.00	31270738.00
英国	2236199.00	10878264.00
荷兰	1136213.00	9098528.00
德国	641391.00	5721059.00
新加坡	303077.00	3613334.00
日本	244080.00	3180969.00
西班牙	160987.00	2336818.00
加拿大	197543.00	2102693.00
意大利	147482.00	1603230.00
法国	146372.00	1379319.00
澳大利亚	186124.00	1247887.00
波兰	98580.00	1096913.00
墨西哥	108098.00	1044729.00
马来西亚	78117.00	910721.00
比利时	100203.00	774157.00
丹麦	55414.00	596336.00
韩国	53259.00	578475.00
爱尔兰	113487.00	488874.00
中国香港	43233.00	461329.00
俄罗斯	102729.00	453663.00
瑞典	43666.00	346306.00
希腊	21945.00	343542.00
巴西	30156.00	302389.00
土耳其	33340.00	301768.00
芬兰	53673.00	265240.00
葡萄牙	24036.00	237644.00
斯洛伐克	22794.00	233337.00
斯洛文尼亚	38918.00	220747.00
波多黎各	11025.00	208733.00
挪威	21395.00	193159.00
黎巴嫩	19300.00	185342.00
罗马尼亚	56093.00	114104.00
巴拿马	12186.00	112097.00
新西兰	6951.00	91139.00
捷克	11993.00	91024.00
南非	7197.00	87049.00
沙特阿拉伯	27945.00	82886.00
中国台湾	13061.00	81475.00
泰国	9567.00	72064.00
印度	23289.00	71919.00
哥伦比亚	3933.00	70965.00
奥地利	8203.00	68056.00
保加利亚	17848.00	65900.00
瑞士	8711.00	65119.00

（续表）

国家/地区	出口数量（千克）	出口金额（美元）
越南	5296.00	60781.00
阿根廷	3723.00	53159.00
阿联酋	4307.00	51288.00
黑山	1016.00	48348.00
厄瓜多尔	7139.00	46011.00
哈萨克斯坦	12595.00	42157.00
匈牙利	4771.00	38650.00
智利	11535.00	34504.00
以色列	10032.00	31920.00
印度尼西亚	1664.00	30754.00
约旦	7704.00	23507.00
塞浦路斯	3945.00	22929.00
伊拉克	7971.00	22232.00
克罗地亚	5748.00	21389.00
多米尼加	3637.00	19517.00
塞舌尔	2224.00	18307.00
阿尔及利亚	6881.00	16585.00
爱沙尼亚	1046.00	16549.00
土库曼斯坦	3660.00	16028.00
摩洛哥	2687.00	14134.00
科威特	2714.00	13327.00
中国澳门	5917.00	12945.00
加纳	6138.00	12657.00
老挝	520.00	11982.00
安哥拉	1495.00	8917.00
利比亚	4640.00	8651.00
拉脱维亚	2143.00	7054.00
斯里兰卡	2361.00	5349.00
白俄罗斯	2262.00	5274.00
菲律宾	555.00	5063.00
伊朗	3020.00	4848.00
立陶宛	272.00	4700.00
哥斯达黎加	655.00	4146.00
秘鲁	727.00	3861.00
阿尔巴尼亚	993.00	3507.00
乌克兰	871.00	2689.00
埃及	2062.00	2543.00
格鲁吉亚	1057.00	2149.00
巴拉圭	1440.00	2115.00
巴基斯坦	1821.00	2024.00
阿曼	1347.00	1674.00
新喀里多尼亚	251.00	1639.00
特立尼达和多巴哥	787.00	1608.00
突尼斯	1388.00	1546.00

（续表）

国家/地区	出口数量（千克）	出口金额（美元）
危地马拉	143.00	1495.00
马尔代夫	50.00	1223.00
卡塔尔	309.00	1174.00
乌拉圭	197.00	1065.00
巴林	30.00	988.00
留尼汪	505.00	855.00
加蓬	461.00	835.00
毛里求斯	304.00	780.00
塞尔维亚	406.00	718.00
洪都拉斯	89.00	414.00
巴勒斯坦	207.00	280.00
巴巴多斯	65.00	276.00
塞内加尔	160.00	259.00
文莱	6.00	167.00
莫桑比克	372.00	164.00
圣卢西亚	92.00	133.00
蒙古	600.00	52.00
46021910 草制篮筐及其他编结品		
合计	19143692.00	169704917.00
美国	5482685.00	51537200.00
荷兰	1654072.00	15863498.00
日本	2032951.00	15481480.00
韩国	744113.00	15304877.00
英国	1621073.00	11168375.00
德国	1034091.00	6638811.00
法国	688794.00	5953433.00
西班牙	435175.00	5488583.00
加拿大	610276.00	4869740.00
澳大利亚	603326.00	4739796.00
比利时	678394.00	4409710.00
意大利	329232.00	3472908.00
波兰	541161.00	2932722.00
丹麦	402443.00	2180451.00
新加坡	160855.00	1820515.00
瑞典	228696.00	1637172.00
土耳其	157664.00	1551421.00
沙特阿拉伯	206623.00	1348233.00
泰国	43652.00	1300840.00
菲律宾	37692.00	1251764.00
葡萄牙	99676.00	890333.00
希腊	108006.00	653559.00
斯里兰卡	8234.00	626293.00
科威特	72963.00	612147.00
俄罗斯	80941.00	601410.00

（续表）

国家/地区	出口数量（千克）	出口金额（美元）
巴西	98800.00	583833.00
芬兰	64413.00	497383.00
墨西哥	54843.00	474509.00
以色列	77370.00	455727.00
挪威	59175.00	454618.00
新西兰	77804.00	435650.00
马来西亚	48148.00	414142.00
智利	62643.00	357305.00
保加利亚	56890.00	326764.00
中国香港	26012.00	296905.00
中国台湾	45538.00	271218.00
南非	31587.00	266034.00
阿联酋	40735.00	246884.00
立陶宛	8680.00	232757.00
阿根廷	33728.00	230221.00
斯洛文尼亚	39705.00	171505.00
捷克	18459.00	161336.00
秘鲁	15808.00	123361.00
哥伦比亚	12723.00	102314.00
越南	23075.00	101308.00
瑞士	10070.00	101155.00
乌拉圭	26502.00	90979.00
巴拿马	11132.00	84703.00
爱尔兰	12357.00	77294.00
卡塔尔	7398.00	74938.00
克罗地亚	9333.00	65604.00
委内瑞拉	1970.00	59280.00
奥地利	5203.00	58770.00
瓜德罗普	2563.00	51402.00
斯洛伐克	5137.00	48697.00
印度尼西亚	4865.00	45024.00
黎巴嫩	16442.00	44047.00
多米尼加	3317.00	33836.00
罗马尼亚	4738.00	32285.00
利比亚	9870.00	30215.00
印度	7260.00	28572.00
爱沙尼亚	2681.00	24552.00
塞浦路斯	2449.00	19725.00
阿尔及利亚	3597.00	19232.00
拉脱维亚	1165.00	18049.00
约旦	5897.00	16877.00
危地马拉	3139.00	16224.00
埃及	851.00	15275.00
匈牙利	1580.00	14553.00

(续表)

国家/地区	出口数量（千克）	出口金额（美元）
萨尔瓦多	1077.00	12535.00
乌克兰	1818.00	11501.00
马尔代夫	1247.00	8957.00
新喀里多尼亚	1737.00	8459.00
伊拉克	3793.00	6491.00
肯尼亚	1060.00	5080.00
北马其顿	749.00	4370.00
巴拉圭	1723.00	3374.00
塞尔维亚	230.00	3271.00
摩洛哥	2040.00	2963.00
厄瓜多尔	1025.00	2906.00
哥斯达黎加	847.00	2761.00
巴巴多斯	335.00	2690.00
白俄罗斯	339.00	2304.00
巴林	503.00	2132.00
格鲁吉亚	1419.00	1928.00
巴哈马	75.00	1680.00
黑山	420.00	1360.00
刚果(金)	125.00	1337.00
阿曼	302.00	1185.00
文莱	58.00	927.00
吉布提	891.00	891.00
留尼汪	419.00	891.00
伊朗	996.00	707.00
波多黎各	130.00	690.00
法属波利尼西亚	42.00	577.00
叙利亚	451.00	559.00
朝鲜	350.00	420.00
蒙古	39.00	349.00
中国澳门	485.00	328.00
埃塞俄比亚	280.00	245.00
洪都拉斯	91.00	161.00
哈萨克斯坦	6.00	121.00
法属圭亚那	16.00	105.00
安提瓜和巴布达	10.00	103.00
库腊索岛	50.00	80.00
博茨瓦纳	64.00	76.00
马提尼克	10.00	70.00
46021930 柳条制篮筐及其他编结品		
合计	46460227.00	464359849.00
美国	7286372.00	88757188.00
英国	8518470.00	77796351.00
荷兰	4648082.00	47730779.00
德国	4385416.00	42317301.00

(续表)

国家/地区	出口数量（千克）	出口金额（美元）
波兰	1885603.00	26160992.00
意大利	2166901.00	18509403.00
西班牙	2052093.00	16883805.00
法国	1991960.00	13921158.00
泰国	890845.00	13826675.00
韩国	816037.00	10763230.00
澳大利亚	1587749.00	9516614.00
加拿大	931267.00	9151207.00
比利时	893070.00	8436334.00
俄罗斯	709049.00	7842303.00
日本	743182.00	6348230.00
阿联酋	430745.00	4853067.00
希腊	597918.00	4589785.00
瑞典	430325.00	4239661.00
丹麦	410671.00	4180727.00
沙特阿拉伯	326607.00	3122961.00
土耳其	196480.00	2917736.00
新加坡	249566.00	2614428.00
爱尔兰	233491.00	2191220.00
印度	179949.00	2100877.00
葡萄牙	178530.00	1782000.00
捷克	184077.00	1771123.00
以色列	193355.00	1643359.00
挪威	284211.00	1637866.00
墨西哥	217229.00	1562309.00
匈牙利	132237.00	1534410.00
南非	167958.00	1527024.00
新西兰	131536.00	1449121.00
中国香港	82456.00	1385657.00
越南	155304.00	1286118.00
巴西	93043.00	1233309.00
马来西亚	118616.00	1189241.00
哥伦比亚	115756.00	989950.00
芬兰	99763.00	794122.00
中国台湾	59498.00	754778.00
瑞士	89486.00	754234.00
科威特	103027.00	753469.00
保加利亚	56146.00	711130.00
阿尔及利亚	90418.00	710940.00
罗马尼亚	95362.00	679056.00
拉脱维亚	66344.00	670370.00
哈萨克斯坦	98773.00	669016.00
乌克兰	72158.00	567637.00
多米尼加	42320.00	536799.00

(续表)

国家/地区	出口数量（千克）	出口金额（美元）
斯洛伐克	64845.00	512044.00
克罗地亚	47740.00	507617.00
哥斯达黎加	47909.00	503127.00
智利	61718.00	498625.00
秘鲁	52544.00	484959.00
厄瓜多尔	30558.00	472544.00
巴拿马	42268.00	427507.00
斯洛文尼亚	45951.00	421355.00
立陶宛	27185.00	329412.00
黎巴嫩	37523.00	313627.00
波多黎各	21307.00	307865.00
塞浦路斯	21331.00	277063.00
卡塔尔	28280.00	269364.00
乌拉圭	21429.00	265583.00
埃及	27178.00	254852.00
伊拉克	15381.00	239336.00
阿根廷	25509.00	234096.00
菲律宾	16896.00	217699.00
爱沙尼亚	19656.00	193274.00
苏里南	8501.00	186513.00
奥地利	88237.00	173117.00
伊朗	11080.00	161794.00
柬埔寨	18760.00	132876.00
巴哈马	16089.00	128712.00
塞尔维亚	5993.00	116638.00
巴林	20536.00	102811.00
肯尼亚	5888.00	98604.00
毛里求斯	6050.00	96171.00
白俄罗斯	9658.00	92245.00
吉尔吉斯斯坦	4276.00	90330.00
印度尼西亚	11676.00	86687.00
叙利亚	9315.00	74520.00
孟加拉国	8981.00	74164.00
加纳	7758.00	70986.00
缅甸	8088.00	64704.00
萨尔瓦多	16370.00	62253.00
黑山	7344.00	58486.00
约旦	8502.00	54408.00
阿曼	3827.00	47499.00
土库曼斯坦	2720.00	41600.00
波黑	1219.00	39468.00
莫桑比克	1190.00	30880.00
洪都拉斯	3958.00	29354.00
摩洛哥	5169.00	19790.00

（续表）

国家/地区	出口数量（千克）	出口金额（美元）
冰岛	3142.00	19765.00
危地马拉	3308.00	18310.00
马耳他	3311.00	14704.00
塞舌尔	1518.00	14329.00
阿尔巴尼亚	2260.00	12626.00
安哥拉	2373.00	12265.00
格鲁吉亚	1291.00	9472.00
巴拉圭	1113.00	7911.00
牙买加	1084.00	4684.00
阿塞拜疆	2238.00	4252.00
喀麦隆	493.00	2724.00
乌兹别克斯坦	503.00	2325.00
刚果(金)	247.00	1362.00
马尔代夫	99.00	1261.00
北马其顿	168.00	991.00
巴巴多斯	330.00	990.00
朝鲜	310.00	610.00
巴基斯坦	246.00	590.00
蒙古	28.00	351.00
利比亚	168.00	342.00
法属波利尼西亚	69.00	202.00
瓜德罗普	75.00	98.00
尼日利亚	9.00	56.00
46021990 其他植物材料制篮筐等编结品；丝瓜络制品		
合计	12315235.00	102968518.00
美国	4240819.00	38393527.00
荷兰	1175571.00	8193238.00
泰国	356043.00	8083683.00
德国	1100266.00	6165162.00
英国	819332.00	5722535.00
日本	505620.00	4653536.00
波兰	575118.00	3943623.00
意大利	419384.00	3607004.00
法国	295521.00	2356739.00
加拿大	282429.00	2081024.00
澳大利亚	299784.00	1872074.00
丹麦	142659.00	1694274.00
瑞典	200072.00	1430641.00
西班牙	199023.00	1352595.00
韩国	119629.00	1232872.00
马来西亚	80821.00	1185064.00
比利时	156054.00	1045827.00
希腊	182497.00	990527.00

（续表）

国家/地区	出口数量（千克）	出口金额（美元）
新加坡	46361.00	885930.00
以色列	167168.00	862543.00
俄罗斯	102515.00	815924.00
南非	52766.00	777961.00
沙特阿拉伯	88832.00	549463.00
阿联酋	76429.00	540412.00
中国香港	39456.00	535415.00
土耳其	115259.00	532650.00
新西兰	54213.00	262192.00
巴西	39018.00	240340.00
印度	29214.00	230851.00
科威特	19816.00	223044.00
智利	15351.00	204711.00
墨西哥	20991.00	193404.00
爱尔兰	21665.00	175515.00
芬兰	19600.00	152579.00
立陶宛	4806.00	144537.00
菲律宾	6963.00	143247.00
葡萄牙	26522.00	127490.00
乌拉圭	16391.00	126784.00
哥斯达黎加	26225.00	115737.00
保加利亚	15275.00	107004.00
中国台湾	11217.00	104764.00
摩洛哥	4943.00	81851.00
捷克	14815.00	73473.00
奥地利	10277.00	65585.00
斯洛文尼亚	5057.00	65033.00
瑞士	10740.00	56962.00
乌克兰	11504.00	50230.00
挪威	7698.00	45066.00
匈牙利	4796.00	44655.00
波多黎各	6506.00	34611.00
多米尼加	6538.00	34101.00
拉脱维亚	6098.00	33801.00
中国澳门	2943.00	26778.00
约旦	1212.00	22053.00
印度尼西亚	3638.00	21498.00
阿尔及利亚	2535.00	19305.00
加纳	3013.00	18494.00
越南	805.00	13425.00
利比亚	8475.00	13183.00
喀麦隆	1646.00	10359.00
马耳他	3725.00	10000.00
巴林	1768.00	9530.00

（续表）

国家/地区	出口数量（千克）	出口金额（美元）
卡塔尔	886.00	9075.00
罗马尼亚	3640.00	8629.00
留尼汪	1525.00	8490.00
厄瓜多尔	1348.00	8386.00
科特迪瓦	1260.00	7979.00
肯尼亚	484.00	7583.00
坦桑尼亚	1497.00	7529.00
巴拿马	2461.00	7029.00
毛里求斯	433.00	6372.00
刚果(金)	976.00	6174.00
黎巴嫩	607.00	5687.00
马尔代夫	303.00	5650.00
塞内加尔	853.00	5387.00
克罗地亚	1085.00	5339.00
斯洛伐克	187.00	5000.00
加蓬	786.00	4961.00
秘鲁	740.00	4917.00
埃及	1844.00	4433.00
阿曼	805.00	4346.00
刚果(布)	597.00	3648.00
阿根廷	999.00	3644.00
冰岛	451.00	3590.00
波黑	242.00	2705.00
哥伦比亚	1012.00	2666.00
伊朗	246.00	2625.00
巴基斯坦	903.00	2449.00
格鲁吉亚	709.00	2182.00
利比里亚	319.00	1973.00
多哥	283.00	1742.00
巴巴多斯	191.00	1224.00
塞浦路斯	139.00	1103.00
巴拉圭	278.00	890.00
缅甸	48.00	871.00
文莱	169.00	834.00
危地马拉	50.00	819.00
亚美尼亚	19.00	806.00
尼日利亚	17.00	777.00
伊拉克	212.00	695.00
突尼斯	325.00	650.00
洪都拉斯	183.00	547.00
阿尔巴尼亚	428.00	511.00
孟加拉国	35.00	484.00
斯里兰卡	10.00	426.00
巴勒斯坦	84.00	354.00

(续表)

国家/地区	出口数量（千克）	出口金额（美元）
白俄罗斯	14.00	310.00
柬埔寨	58.00	203.00
尼泊尔	3.00	122.00
委内瑞拉	45.00	113.00
阿塞拜疆	1.00	60.00
不丹	1.00	59.00
新喀里多尼亚	17.00	34.00
圣马力诺	0.00	1.00

47063000 其他纤维状纤维素竹浆

国家/地区	出口数量（千克）	出口金额（美元）
合计	3125967.00	2915373.00
德国	1672489.00	1453382.00
日本	461640.00	520897.00
比利时	220000.00	207469.00
越南	169258.00	141542.00
澳大利亚	160000.00	129600.00
印度	72000.00	99259.00
美国	54880.00	70658.00
韩国	52000.00	59474.00
菲律宾	52000.00	40524.00
坦桑尼亚	8000.00	38400.00
意大利	42000.00	31990.00
土耳其	40000.00	31669.00
泰国	40000.00	31400.00
中国台湾	36000.00	25035.00
马来西亚	16000.00	14460.00
英国	20000.00	14200.00
中国香港	2640.00	2611.00
墨西哥	2000.00	1563.00
法国	5060.00	1240.00

48236100 竹浆纸或纸板制的盘、碟、盆、杯及类似品

国家/地区	出口数量（千克）	出口金额（美元）
合计	2254845.00	8400396.00
美国	974527.00	2543532.00
澳大利亚	178626.00	818787.00
英国	70656.00	420007.00
德国	62062.00	378012.00
西班牙	19137.00	346514.00
希腊	104679.00	342072.00
法国	56086.00	286507.00
中国香港	59204.00	245296.00
新西兰	57288.00	244663.00
沙特阿拉伯	96368.00	221284.00
牙买加	50954.00	215056.00
菲律宾	36511.00	193385.00

(续表)

国家/地区	出口数量（千克）	出口金额（美元）
日本	26598.00	183931.00
意大利	35739.00	181105.00
马来西亚	16003.00	179282.00
加拿大	59293.00	165834.00
越南	22942.00	163922.00
比利时	21861.00	100541.00
瑞典	7677.00	95092.00
以色列	26955.00	91655.00
荷兰	10821.00	73971.00
新加坡	18340.00	71187.00
俄罗斯	12881.00	60213.00
墨西哥	19739.00	58465.00
挪威	12466.00	57918.00
智利	16624.00	50107.00
印度	16728.00	48820.00
巴基斯坦	12988.00	48021.00
波兰	6365.00	43285.00
中国台湾	8426.00	40054.00
泰国	17790.00	40049.00
韩国	7111.00	33178.00
巴拿马	17814.00	33113.00
捷克	5253.00	28864.00
吉尔吉斯斯坦	9680.00	27476.00
蒙古	9136.00	25283.00
南非	2925.00	21524.00
老挝	12257.00	20911.00
瑞士	3097.00	20754.00
哥伦比亚	4804.00	19269.00
斯洛文尼亚	2068.00	17449.00
秘鲁	4162.00	16150.00
葡萄牙	1758.00	11576.00
奥地利	1843.00	11400.00
伊拉克	5396.00	11019.00
坦桑尼亚	3600.00	10907.00
马尔代夫	990.00	8390.00
保加利亚	1033.00	7928.00
利比亚	3500.00	7872.00
罗马尼亚	1618.00	7439.00
印度尼西亚	1758.00	4951.00
苏里南	233.00	4800.00
毛里求斯	2051.00	4514.00
爱尔兰	1075.00	4448.00
斯里兰卡	952.00	3414.00
文莱	1520.00	3344.00

(续表)

国家/地区	出口数量（千克）	出口金额（美元）
法属波利尼西亚	228.00	3000.00
巴林	460.00	2979.00
刚果(金)	1160.00	2958.00
塔吉克斯坦	1049.00	2093.00
哈萨克斯坦	4978.00	1810.00
留尼汪	392.00	1552.00
卡塔尔	72.00	1419.00
阿曼	700.00	1260.00
黎巴嫩	185.00	1210.00
莫桑比克	391.00	1173.00
佛得角	641.00	1045.00
加纳	575.00	1043.00
吉布提	149.00	776.00
爱沙尼亚	8.00	617.00
拉脱维亚	15.00	547.00
柬埔寨	241.00	455.00
丹麦	611.00	369.00
尼日利亚	150.00	330.00
中国澳门	33.00	242.00
缅甸	186.00	219.00
埃塞俄比亚	163.00	213.00
匈牙利	354.00	173.00
芬兰	100.00	130.00
阿联酋	4.00	78.00
赞比亚	16.00	58.00
土耳其	3.00	57.00
塞尔维亚	3.00	39.00
卢森堡	10.00	11.00

94015200 竹制的坐具

国家/地区	出口数量（千克）	出口金额（美元）
合计	1106712.00	13950233.00
美国	306734.00	3690918.00
丹麦	36659.00	1226885.00
德国	93502.00	1033332.00
澳大利亚	97498.00	956551.00
法国	77361.00	879425.00
波兰	61536.00	707890.00
比利时	50738.00	618052.00
英国	49107.00	557877.00
瑞典	53956.00	521789.00
韩国	26903.00	494257.00
西班牙	37111.00	453973.00
荷兰	35418.00	449934.00
意大利	40714.00	434167.00
加拿大	14127.00	209800.00

（续表）

国家/地区	出口数量（千克）	出口金额（美元）
俄罗斯	24290.00	205804.00
中国台湾	11040.00	200738.00
新西兰	18389.00	181683.00
泰国	7372.00	126928.00
马来西亚	7604.00	118441.00
以色列	5146.00	89755.00
新加坡	2284.00	80879.00
日本	5439.00	76527.00
奥地利	6472.00	63910.00
拉脱维亚	5400.00	56270.00
挪威	1600.00	54016.00
毛里求斯	169.00	47320.00
巴西	2138.00	33515.00
墨西哥	1894.00	32837.00
中国香港	2230.00	32395.00
阿尔及利亚	2250.00	31377.00
克罗地亚	1622.00	26514.00
葡萄牙	2085.00	26345.00
菲律宾	488.00	26051.00
阿联酋	1630.00	24287.00
越南	800.00	22625.00
保加利亚	2177.00	22595.00
爱尔兰	2500.00	15961.00
南非	891.00	15224.00
捷克	868.00	14855.00
沙特阿拉伯	2032.00	13926.00
瑞士	760.00	10482.00
印度尼西亚	558.00	9546.00
芬兰	600.00	7170.00
阿根廷	400.00	6740.00
巴拿马	435.00	5370.00
印度	694.00	5276.00
白俄罗斯	80.00	4396.00
科威特	162.00	3839.00
希腊	348.00	3547.00
哥伦比亚	184.00	3324.00
洪都拉斯	212.00	2596.00
安哥拉	250.00	2138.00
伊拉克	499.00	1934.00
中国澳门	100.00	1391.00
留尼汪	120.00	1320.00
缅甸	495.00	1160.00
智利	226.00	880.00
约旦	55.00	770.00

（续表）

国家/地区	出口数量（千克）	出口金额（美元）
黎巴嫩	100.00	635.00
乌克兰	10.00	580.00
加纳	52.00	308.00
哈萨克斯坦	20.00	230.00
塞舌尔	40.00	208.00
利比亚	48.00	191.00
斯洛文尼亚	40.00	172.00
巴林	12.00	152.00
科特迪瓦	10.00	80.00
厄瓜多尔	15.00	63.00
尼日利亚	4.00	40.00
巴基斯坦	2.00	30.00
巴拉圭	5.00	21.00
阿曼	2.00	16.00
94015300 藤制的坐具		
合计	51700.00	1882134.00
美国	17816.00	318810.00
澳大利亚	5352.00	294809.00
韩国	2943.00	119584.00
泰国	2430.00	117037.00
马来西亚	3169.00	101142.00
西班牙	3472.00	97176.00
日本	720.00	90477.00
中国香港	1256.00	75185.00
白俄罗斯	588.00	65982.00
新加坡	1522.00	64081.00
俄罗斯	511.00	55047.00
加拿大	638.00	44071.00
荷兰	1040.00	42027.00
中国台湾	630.00	41016.00
朝鲜	997.00	39891.00
法国	765.00	31839.00
德国	440.00	28811.00
乌拉圭	519.00	19624.00
挪威	140.00	19272.00
中国澳门	702.00	18540.00
安提瓜和巴布达	150.00	16754.00
英国	236.00	16423.00
巴巴多斯	223.00	14040.00
比利时	538.00	13714.00
老挝	134.00	11686.00
以色列	702.00	11195.00
丹麦	218.00	8720.00
智利	290.00	7451.00

（续表）

国家/地区	出口数量（千克）	出口金额（美元）
越南	94.00	7082.00
巴西	108.00	6400.00
菲律宾	121.00	6333.00
塞尔维亚	15.00	6100.00
意大利	76.00	6074.00
加纳	2.00	6000.00
葡萄牙	110.00	5890.00
多米尼加	300.00	5550.00
印度	148.00	4640.00
黑山	20.00	3260.00
印度尼西亚	66.00	2929.00
爱尔兰	34.00	2917.00
科威特	34.00	2594.00
希腊	36.00	2556.00
刚果(金)	7.00	2548.00
芬兰	50.00	2150.00
哈萨克斯坦	169.00	2142.00
阿鲁巴	8.00	2080.00
瑞典	40.00	2000.00
莫桑比克	104.00	1679.00
也门	183.00	1656.00
约旦	166.00	1510.00
阿联酋	138.00	1424.00
柬埔寨	8.00	1150.00
喀麦隆	6.00	1000.00
格鲁吉亚	700.00	990.00
黎巴嫩	80.00	960.00
伊朗	98.00	833.00
巴拿马	94.00	832.00
瓦努阿图	10.00	750.00
保加利亚	160.00	720.00
伊拉克	16.00	640.00
吉尔吉斯斯坦	60.00	600.00
安哥拉	50.00	600.00
拉脱维亚	40.00	506.00
沙特阿拉伯	33.00	492.00
加蓬	55.00	468.00
乌兹别克斯坦	20.00	400.00
匈牙利	8.00	400.00
塞内加尔	53.00	256.00
新西兰	2.00	246.00
利比亚	8.00	128.00
厄瓜多尔	9.00	65.00
毛里求斯	6.00	60.00

（续表）

国家/地区	出口数量（千克）	出口金额（美元）
苏里南	10.00	53.00
墨西哥	2.00	47.00
科特迪瓦	2.00	20.00
94015900 柳条及其他类似材料制的坐具		
合计	87087.00	11388812.00
波兰	32691.00	5809404.00
立陶宛	3380.00	795063.00
以色列	6262.00	689034.00
意大利	2990.00	525800.00
俄罗斯	3125.00	418933.00
西班牙	3155.00	317609.00
阿尔巴尼亚	1651.00	265115.00
爱沙尼亚	1330.00	230760.00
希腊	1495.00	227587.00
土耳其	936.00	163800.00
芬兰	1035.00	152685.00
荷兰	2458.00	147518.00
德国	928.00	122989.00
黑山	624.00	114504.00
罗马尼亚	780.00	111580.00
韩国	6592.00	106279.00
葡萄牙	2776.00	104734.00
挪威	585.00	102843.00
拉脱维亚	870.00	96530.00
斯洛文尼亚	568.00	91472.00
阿根廷	432.00	80864.00
爱尔兰	480.00	80160.00
克罗地亚	722.00	76940.00
突尼斯	621.00	65826.00
英国	1113.00	59636.00
比利时	573.00	57873.00
澳大利亚	1479.00	40944.00
塞尔维亚	170.00	35360.00
乌拉圭	1587.00	35169.00
法国	497.00	32685.00
卡塔尔	293.00	32523.00
加拿大	179.00	31986.00
巴林	220.00	29791.00
捷克	247.00	25447.00
中国台湾	1566.00	21571.00
哥伦比亚	123.00	19311.00
保加利亚	105.00	18585.00
留尼汪	161.00	17710.00
新加坡	708.00	9235.00

（续表）

国家/地区	出口数量（千克）	出口金额（美元）
泰国	426.00	6214.00
马来西亚	408.00	5932.00
印度尼西亚	360.00	5274.00
中国香港	222.00	3259.00
危地马拉	45.00	1273.00
科威特	114.00	855.00
美国	5.00	150.00
94038200 竹制家具		
合计	7486880.00	103572008.00
美国	2249152.00	30902965.00
德国	1120582.00	15665710.00
法国	444509.00	6374963.00
澳大利亚	482945.00	5579901.00
英国	410196.00	5428513.00
韩国	258733.00	3991575.00
荷兰	342398.00	3786974.00
意大利	255115.00	3450637.00
日本	126862.00	3125915.00
西班牙	237415.00	2965731.00
比利时	165118.00	2436832.00
瑞典	122734.00	2312530.00
丹麦	116025.00	2153712.00
加拿大	150031.00	2111213.00
波兰	154420.00	2047304.00
新西兰	84554.00	1027860.00
中国台湾	49192.00	964378.00
沙特阿拉伯	70310.00	946400.00
阿联酋	59354.00	896561.00
墨西哥	44547.00	764664.00
俄罗斯	50028.00	738654.00
泰国	34137.00	560845.00
以色列	31276.00	505967.00
中国香港	20552.00	384789.00
奥地利	16294.00	372390.00
斯洛文尼亚	81824.00	317189.00
南非	35198.00	313256.00
巴西	19828.00	298342.00
智利	25915.00	295181.00
新加坡	22940.00	290189.00
马来西亚	19424.00	266616.00
印度	27476.00	244390.00
葡萄牙	19836.00	203265.00
印度尼西亚	10733.00	144027.00
保加利亚	10914.00	123214.00

（续表）

国家/地区	出口数量（千克）	出口金额（美元）
科威特	7292.00	107548.00
挪威	1804.00	99630.00
巴拿马	7350.00	90516.00
阿根廷	6223.00	81274.00
瑞士	5304.00	77707.00
希腊	5659.00	72330.00
拉脱维亚	4666.00	71721.00
土耳其	3690.00	60682.00
秘鲁	5268.00	60404.00
特克斯和凯科斯群岛	164.00	59143.00
芬兰	5820.00	57392.00
阿尔及利亚	3484.00	56646.00
爱尔兰	6420.00	54191.00
越南	4438.00	51241.00
乌克兰	4220.00	48540.00
捷克	5507.00	46547.00
罗马尼亚	4016.00	46151.00
哥伦比亚	3404.00	38244.00
留尼汪	2980.00	34712.00
菲律宾	2483.00	33399.00
克罗地亚	1832.00	30620.00
文莱	1400.00	25276.00
摩洛哥	3308.00	23090.00
多米尼加	1084.00	20493.00
乌拉圭	1991.00	20186.00
哈萨克斯坦	44.00	17224.00
卡塔尔	2524.00	16118.00
利比亚	564.00	13362.00
黎巴嫩	350.00	13073.00
中国澳门	379.00	12887.00
毛里求斯	1016.00	11576.00
爱沙尼亚	958.00	9721.00
哥斯达黎加	663.00	8943.00
加纳	729.00	8894.00
塞内加尔	605.00	8033.00
科特迪瓦	534.00	7735.00
危地马拉	600.00	6720.00
乌兹别克斯坦	53.00	6254.00
约旦	746.00	5692.00
伊拉克	379.00	5109.00
尼日利亚	636.00	5056.00
刚果(金)	342.00	4891.00
白俄罗斯	29.00	4864.00
巴基斯坦	1513.00	4163.00

（续表）

国家/地区	出口数量（千克）	出口金额（美元）
缅甸	200.00	4000.00
博茨瓦纳	200.00	3830.00
法属波利尼西亚	285.00	3677.00
不丹	82.00	3107.00
喀麦隆	196.00	2782.00
厄瓜多尔	1108.00	2492.00
阿曼	226.00	2248.00
洪都拉斯	200.00	1700.00
朝鲜	45.00	1640.00
黑山	110.00	1560.00
赞比亚	77.00	1313.00
格鲁吉亚	118.00	1302.00
刚果(布)	90.00	1276.00
加蓬	66.00	1045.00
纳米比亚	70.00	900.00
立陶宛	155.00	850.00
圣卢西亚	31.00	800.00
塞舌尔	48.00	720.00
巴拉圭	98.00	715.00
瓦努阿图	36.00	648.00
匈牙利	63.00	625.00
巴林	96.00	566.00
多哥	42.00	516.00
尼泊尔	12.00	492.00
特立尼达和多巴哥	60.00	480.00
利比里亚	36.00	420.00
马尔代夫	4.00	359.00
新喀里多尼亚	10.00	300.00
圭亚那	25.00	285.00
马达加斯加	12.00	279.00
瓜德罗普	28.00	224.00
埃及	10.00	120.00
巴布亚新几内亚	1.00	54.00
斐济	1.00	18.00
布基纳法索	1.00	15.00
94038300 藤制家具		
合计	29542.00	879983.00
澳大利亚	7823.00	195377.00
荷兰	1397.00	118156.00
美国	2474.00	103511.00
韩国	3160.00	75066.00
中国香港	920.00	56880.00
法国	1602.00	40512.00
新加坡	1279.00	33077.00

（续表）

国家/地区	出口数量（千克）	出口金额（美元）
马来西亚	1131.00	31061.00
西班牙	1131.00	26735.00
日本	643.00	26345.00
泰国	787.00	19936.00
白俄罗斯	163.00	19644.00
以色列	740.00	16632.00
德国	2213.00	13626.00
中国台湾	584.00	12878.00
丹麦	692.00	11569.00
朝鲜	191.00	8246.00
希腊	284.00	7885.00
新西兰	325.00	7581.00
意大利	310.00	7220.00
英国	214.00	7164.00
科威特	72.00	4247.00
葡萄牙	200.00	4000.00
莫桑比克	99.00	3960.00
中国澳门	35.00	3900.00
老挝	52.00	3794.00
印度尼西亚	98.00	2365.00
南非	114.00	2218.00
毛里求斯	78.00	1560.00
加纳	80.00	1235.00
比利时	100.00	1150.00
阿鲁巴	1.00	1092.00
阿联酋	89.00	1068.00
菲律宾	52.00	994.00
黎巴嫩	95.00	950.00
约旦	119.00	943.00
沙特阿拉伯	11.00	891.00
巴西	5.00	861.00
匈牙利	4.00	840.00
加拿大	20.00	755.00
塞尔维亚	4.00	600.00
加蓬	32.00	589.00
印度	30.00	570.00
乌拉圭	3.00	502.00
巴拿马	40.00	480.00
格鲁吉亚	7.00	300.00
伊拉克	6.00	240.00
塞内加尔	18.00	227.00
俄罗斯	2.00	136.00
越南	6.00	127.00
文莱	2.00	93.00

（续表）

国家/地区	出口数量（千克）	出口金额（美元）
瑞典	2.00	89.00
哈萨克斯坦	2.00	70.00
厄瓜多尔	1.00	36.00
94038910 柳条及类似材料制家具		
合计	99306.00	5933068.00
英国	22116.00	1086368.00
波兰	9257.00	982852.00
美国	14949.00	892766.00
希腊	6554.00	834155.00
德国	9656.00	661183.00
意大利	9242.00	557681.00
沙特阿拉伯	3143.00	218887.00
南非	1060.00	149328.00
以色列	375.00	76875.00
丹麦	10404.00	74047.00
塞尔维亚	1224.00	73440.00
捷克	1120.00	72800.00
比利时	894.00	48723.00
加拿大	838.00	40100.00
约旦	553.00	39273.00
日本	2049.00	34739.00
荷兰	450.00	22500.00
西班牙	1610.00	22252.00
科威特	1050.00	11305.00
法国	1158.00	9843.00
塞浦路斯	264.00	7392.00
阿联酋	604.00	5883.00
阿曼	50.00	3850.00
伊拉克	93.00	1800.00
中国台湾	7.00	1556.00
拉脱维亚	410.00	939.00
爱尔兰	80.00	935.00
黎巴嫩	45.00	750.00
智利	30.00	417.00
韩国	20.00	379.00
中国澳门	1.00	50.00

表 18　竹藤进口量值表

国家/地区	进口数量（千克）	进口金额（美元）
44021000 竹炭，不论是否结块		
合计	160331.00	1202456.00
中国台湾	10531.00	535628.00
越南	21420.00	300371.00

（续表）

国家/地区	进口数量（千克）	进口金额（美元）
印度尼西亚	88000.00	208470.00
韩国	29585.00	133670.00
日本	337.00	21346.00
中国	458.00	1789.00
缅甸	10000.00	1166.00
马来西亚	0.00	16.00

44092110 任何一边、端或面制成连续形状的竹地板条块

国家/地区	进口数量（千克）	进口金额（美元）
合计	16591.00	43373.00
中国	16229.00	39446.00
美国	189.00	2818.00
意大利	152.00	784.00
柬埔寨	18.00	189.00
法国	2.00	56.00
韩国	0.00	45.00
英国	1.00	35.00

44092190 其他任何一边、端或面制成连续形状的竹材

国家/地区	进口数量（千克）	进口金额（美元）
合计	1.00	215.00
南非	0.00	185.00
中国	1.00	30.00

44121019 其他仅由薄板制的竹胶合板，每层厚≤6mm

国家/地区	进口数量（千克）	进口金额（美元）
合计	950881.00	1483769.00
意大利	364335.00	566432.00
印度尼西亚	304701.00	291484.00
德国	76086.00	268955.00
克罗地亚	29741.00	145804.00
马来西亚	73320.00	67272.00
比利时	12784.00	42707.00
越南	52906.00	40114.00
美国	1617.00	22409.00
中国台湾	9980.00	18053.00
俄罗斯	24598.00	15386.00
波兰	693.00	2567.00
瑞士	40.00	1460.00
日本	25.00	398.00
中国	54.00	396.00
卡塔尔	1.00	332.00

44121099 其他竹制胶合板、单板饰面板及类似的多层板

国家/地区	进口数量（千克）	进口金额（美元）
合计	3436.00	3738.00
中国	3372.00	3120.00
越南	60.00	243.00

（续表）

国家/地区	进口数量（千克）	进口金额（美元）
美国	2.00	186.00
哥伦比亚	2.00	94.00
国(地)别不详	0.00	64.00
西班牙	0.00	31.00

44187390 其他已装拼的地板，竹的或至少顶层(耐磨层)是竹的

国家/地区	进口数量（千克）	进口金额（美元）
合计	10776.00	13355.00
中国	10776.00	13355.00

44191100 竹制切面包板、砧板及类似板

国家/地区	进口数量（千克）	进口金额（美元）
合计	29781.00	110848.00
中国	9745.00	36531.00
泰国	8593.00	35003.00
德国	10519.00	29167.00
芬兰	318.00	2908.00
美国	79.00	1919.00
意大利	148.00	1140.00
日本	15.00	727.00
英国	43.00	611.00
波兰	116.00	563.00
卢森堡	77.00	488.00
西班牙	41.00	462.00
马来西亚	30.00	456.00
瑞典	18.00	364.00
印度	20.00	148.00
越南	6.00	140.00
比利时	6.00	117.00
葡萄牙	5.00	47.00
法国	1.00	21.00
澳大利亚	1.00	18.00
新西兰	0.00	14.00
加拿大	0.00	4.00

44191210 竹制一次性筷子

国家/地区	进口数量（千克）	进口金额（美元）
合计	151630.00	94887.00
中国	6793.00	52451.00
越南	143215.00	37851.00
日本	811.00	2485.00
美国	675.00	1598.00
德国	95.00	271.00
荷兰	38.00	141.00
印度尼西亚	3.00	90.00

44191290 其他竹制筷子

国家/地区	进口数量（千克）	进口金额（美元）
合计	9369.00	685724.00
中国台湾	3642.00	513787.00
日本	4303.00	154324.00

（续表）

国家/地区	进口数量（千克）	进口金额（美元）
中国	1278.00	15169.00
印度尼西亚	145.00	1949.00
美国	0.00	349.00
法国	0.00	102.00
韩国	1.00	36.00
缅甸	0.00	8.00

44191900 其他竹制餐具及厨房用具

国家/地区	进口数量（千克）	进口金额（美元）
合计	194036.00	1019983.00
越南	173061.00	816741.00
中国	7318.00	75643.00
菲律宾	2346.00	32210.00
中国台湾	3926.00	29389.00
日本	5657.00	25848.00
英国	234.00	9303.00
美国	294.00	8930.00
匈牙利	138.00	5683.00
加拿大	198.00	3170.00
国(地)别不详	6.00	2268.00
法国	131.00	2164.00
捷克	472.00	2020.00
马来西亚	51.00	1575.00
德国	48.00	1528.00
意大利	44.00	1438.00
泰国	32.00	466.00
韩国	4.00	387.00
瑞典	0.00	283.00
丹麦	22.00	250.00
缅甸	12.00	240.00
比利时	5.00	196.00
西班牙	9.00	122.00
阿联酋	14.00	59.00
斯里兰卡	13.00	36.00
澳大利亚	0.00	24.00
印度	1.00	7.00
土耳其	0.00	3.00

44201012 竹刻

国家/地区	进口数量（千克）	进口金额（美元）
合计	211.00	3703.00
日本	121.00	2832.00
印度尼西亚	90.00	871.00

44219110 竹制圆签、圆棒、冰果棒、压舌片及类似一次性制品

国家/地区	进口数量（千克）	进口金额（美元）
合计	90507.00	111862.00
中国	88092.00	92440.00
泰国	2157.00	16908.00

（续表）

国家/地区	进口数量（千克）	进口金额（美元）
日本	47.00	885.00
阿联酋	79.00	711.00
美国	6.00	217.00
德国	1.00	208.00
印度尼西亚	28.00	199.00
芬兰	1.00	66.00
越南	22.00	61.00
瑞典	0.00	56.00
奥地利	20.00	33.00
西班牙	3.00	22.00
意大利	43.00	21.00
印度	0.00	17.00
中国澳门	3.00	8.00
中国香港	2.00	5.00
法国	3.00	5.00
44219190 未列名竹制品		
合计	20769.00	436638.00
中国	19157.00	365535.00
法国	176.00	26799.00
中国台湾	383.00	20752.00
日本	305.00	8630.00
印度尼西亚	127.00	3422.00
印度	235.00	2964.00
澳大利亚	65.00	2913.00
英国	17.00	2001.00
美国	46.00	1574.00
德国	26.00	777.00
越南	51.00	465.00
斯里兰卡	156.00	208.00
荷兰	2.00	173.00
泰国	5.00	84.00
新加坡	3.00	75.00
阿联酋	1.00	74.00
韩国	1.00	66.00
意大利	0.00	51.00
西班牙	1.00	33.00
巴西	7.00	24.00
丹麦	3.00	8.00
立陶宛	2.00	4.00
马来西亚	0.00	3.00
加拿大	0.00	3.00
46012100 竹制的席子、席料及帘子		
合计	12532.00	86922.00
意大利	159.00	36705.00

（续表）

国家/地区	进口数量（千克）	进口金额（美元）
越南	9824.00	33788.00
日本	420.00	6057.00
葡萄牙	18.00	3283.00
美国	1721.00	3019.00
中国	171.00	2319.00
丹麦	34.00	991.00
马来西亚	168.00	490.00
印度尼西亚	13.00	111.00
荷兰	0.00	67.00
匈牙利	1.00	40.00
德国	3.00	37.00
斯里兰卡	0.00	15.00
46012200 藤制的席子、席料及帘子		
合计	30852.00	40064.00
印度尼西亚	30773.00	37801.00
越南	46.00	1459.00
日本	33.00	804.00
46012911 灯心草属材料制的席子、席料及帘子		
合计	9011.00	167257.00
日本	8845.00	166695.00
泰国	80.00	291.00
中国	86.00	271.00
46012919 其他草制的席子、席料及帘子		
合计	634562.00	1081128.00
越南	631539.00	1070347.00
马达加斯加	1754.00	7510.00
菲律宾	204.00	1759.00
朝鲜	1000.00	1000.00
日本	4.00	351.00
孟加拉国	50.00	125.00
摩洛哥	11.00	36.00
46012921 苇帘		
合计	12.00	1208.00
日本	12.00	1208.00
46012929 芦苇制的席子、席料		
合计	500.00	4100.00
朝鲜	500.00	4100.00
46012990 其他植物材料制的席子、席料及帘子		
合计	21155.00	172597.00
越南	14829.00	90094.00
中国台湾	2836.00	50431.00
美国	1563.00	25811.00

（续表）

国家/地区	进口数量（千克）	进口金额（美元）
印度尼西亚	1825.00	4389.00
印度	94.00	1239.00
哥伦比亚	8.00	633.00
46019210 竹制的缏条及类似产品，不论是否缝合成宽条		
合计	7.00	43.00
中国	7.00	43.00
46019290 竹制其他平行连结或编结的产品		
合计	3180.00	47261.00
意大利	1324.00	37245.00
越南	553.00	4995.00
日本	752.00	2530.00
中国	130.00	1610.00
印度尼西亚	193.00	646.00
中国台湾	2.00	78.00
菲律宾	225.00	68.00
美国	0.00	52.00
丹麦	1.00	24.00
斯里兰卡	0.00	13.00
46019310 藤制的缏条及类似产品，不论是否缝合成宽条		
合计	295.00	9653.00
印度	200.00	8563.00
印度尼西亚	69.00	372.00
日本	0.00	278.00
加拿大	10.00	150.00
越南	15.00	140.00
中国	1.00	77.00
马来西亚	0.00	73.00
46019390 藤制其他平行连结或编结的产品		
合计	4204.00	20417.00
新加坡	2980.00	5881.00
印度尼西亚	382.00	4518.00
意大利	553.00	4127.00
菲律宾	41.00	1954.00
越南	64.00	1248.00
印度	21.00	1210.00
缅甸	60.00	988.00
日本	101.00	259.00
德国	2.00	110.00
美国	0.00	67.00
西班牙	0.00	55.00
46019411 稻草制的缏条（绳）		
合计	6.00	510.00

（续表）

国家/地区	进口数量（千克）	进口金额（美元）
日本	6.00	510.00
46019419 稻草制其他平行连结或编结的产品		
合计	336.00	3187.00
印度	202.00	2062.00
中国	32.00	446.00
孟加拉国	65.00	394.00
美国	35.00	182.00
日本	1.00	87.00
毛里求斯	1.00	16.00
46019491 未列名植物编结材料编成的缏条及类似产品		
合计	1388105.00	1532067.00
越南	1166718.00	1061476.00
朝鲜	213780.00	442530.00
菲律宾	7538.00	27539.00
西班牙	27.00	336.00
马达加斯加	42.00	186.00
46019499 未列名植物编结材料制其他平行连结或编结品		
合计	1882.00	15930.00
韩国	23.00	3310.00
西班牙	21.00	2389.00
越南	145.00	2130.00
摩洛哥	108.00	2015.00
印度	306.00	1571.00
孟加拉国	1140.00	1512.00
马达加斯加	58.00	904.00
中国	39.00	882.00
日本	20.00	466.00
印度尼西亚	13.00	431.00
斯里兰卡	1.00	186.00
菲律宾	2.00	127.00
朝鲜	6.00	7.00
46021100 竹制篮筐及其他编结品		
合计	86644.00	2058352.00
意大利	278.00	959040.00
越南	64311.00	874405.00
中国	8443.00	67893.00
印度尼西亚	2910.00	30620.00
泰国	2668.00	28282.00
美国	258.00	27981.00
日本	5173.00	25447.00
摩洛哥	601.00	10400.00
菲律宾	61.00	4891.00

（续表）

国家/地区	进口数量（千克）	进口金额（美元）
中国台湾	502.00	4330.00
德国	39.00	2994.00
加纳	84.00	2817.00
尼泊尔	1123.00	2610.00
韩国	15.00	1620.00
英国	1.00	1614.00
秘鲁	0.00	1504.00
马达加斯加	9.00	1452.00
厄瓜多尔	1.00	1367.00
国(地)别不详	2.00	1354.00
印度	3.00	1221.00
缅甸	70.00	1150.00
法国	26.00	1126.00
毛里求斯	4.00	903.00
巴西	0.00	580.00
中国香港	0.00	462.00
哥伦比亚	0.00	454.00
葡萄牙	0.00	294.00
澳大利亚	2.00	268.00
丹麦	8.00	212.00
蒙古	28.00	200.00
西班牙	1.00	164.00
希腊	7.00	125.00
格鲁吉亚	0.00	125.00
委内瑞拉	0.00	120.00
新加坡	1.00	104.00
墨西哥	1.00	86.00
以色列	8.00	61.00
荷兰	1.00	35.00
马来西亚	3.00	29.00
智利	2.00	12.00
46021200 藤制篮筐及其他编结品		
合计	278106.00	4657670.00
意大利	1236.00	2403061.00
印度尼西亚	155829.00	1024172.00
越南	107535.00	896158.00
中国	4982.00	189089.00
缅甸	4730.00	62695.00
菲律宾	980.00	23118.00
泰国	323.00	12323.00
巴基斯坦	1300.00	8952.00
印度	183.00	8683.00
法国	18.00	7840.00
秘鲁	122.00	7823.00

（续表）

国家/地区	进口数量（千克）	进口金额（美元）
英国	153.00	2674.00
德国	78.00	1551.00
孟加拉国	80.00	1545.00
柬埔寨	190.00	1491.00
摩洛哥	50.00	1092.00
巴西	12.00	1092.00
丹麦	22.00	932.00
西班牙	5.00	906.00
美国	26.00	868.00
南非	130.00	270.00
国(地)别不详	1.00	261.00
俄罗斯	8.00	247.00
比利时	84.00	225.00
日本	1.00	157.00
荷兰	6.00	146.00
马来西亚	15.00	136.00
中国台湾	4.00	115.00
韩国	2.00	35.00
澳大利亚	1.00	13.00
46021910 草制篮筐及其他编结品		
合计	326567.00	2496419.00
越南	237030.00	1806561.00
朝鲜	72844.00	269818.00
意大利	365.00	184926.00
印度尼西亚	3461.00	72341.00
澳大利亚	926.00	22846.00
加纳	2479.00	22755.00
西班牙	97.00	19627.00
中国	204.00	18811.00
孟加拉国	2961.00	13335.00
菲律宾	316.00	11365.00
日本	780.00	10889.00
印度	902.00	10420.00
南非	777.00	7255.00
马达加斯加	432.00	4760.00
布基纳法索	563.00	4286.00
丹麦	94.00	3271.00
马来西亚	122.00	3071.00
法国	16.00	2368.00
塞内加尔	513.00	1837.00
哥伦比亚	2.00	935.00
巴西	0.00	932.00
摩洛哥	161.00	863.00
美国	8.00	631.00

（续表）

国家/地区	进口数量（千克）	进口金额（美元）
毛里塔尼亚	4.00	537.00
德国	1488.00	536.00
希腊	2.00	454.00
秘鲁	0.00	372.00
国(地)别不详	7.00	245.00
葡萄牙	7.00	151.00
柬埔寨	0.00	118.00
厄瓜多尔	0.00	65.00
乌干达	4.00	33.00
泰国	2.00	5.00

46021930 柳条制篮筐及其他编结品

国家/地区	进口数量（千克）	进口金额（美元）
合计	69714.00	361347.00
法国	51.00	172716.00
朝鲜	69202.00	139101.00
意大利	17.00	34787.00
立陶宛	73.00	5559.00
中国	74.00	4248.00
西班牙	24.00	2139.00
奥地利	7.00	1244.00
英国	9.00	738.00
美国	5.00	263.00
菲律宾	2.00	261.00
摩洛哥	233.00	250.00
比利时	13.00	26.00
丹麦	4.00	15.00

46021990 其他植物材料制篮筐等编结品；丝瓜络制品

国家/地区	进口数量（千克）	进口金额（美元）
合计	233872.00	2306530.00
越南	120409.00	870737.00
西班牙	3505.00	578852.00
印度	44286.00	167271.00
印度尼西亚	14446.00	154692.00
中国	5560.00	112607.00
意大利	183.00	94197.00
菲律宾	16683.00	75900.00
马达加斯加	262.00	63444.00
坦桑尼亚	22500.00	37045.00
摩洛哥	317.00	34464.00
孟加拉国	2902.00	34258.00
肯尼亚	102.00	33981.00
巴基斯坦	1446.00	9539.00
爱沙尼亚	118.00	8624.00
津巴布韦	90.00	7038.00
埃及	83.00	5798.00

（续表）

国家/地区	进口数量（千克）	进口金额（美元）
美国	28.00	3951.00
马尔代夫	5.00	3417.00
南非	171.00	2065.00
朝鲜	174.00	1628.00
泰国	7.00	1243.00
法国	61.00	871.00
比利时	105.00	852.00
中国香港	3.00	767.00
希腊	8.00	638.00
塞内加尔	242.00	636.00
日本	5.00	399.00
中国台湾	2.00	306.00
马来西亚	125.00	264.00
英国	0.00	227.00
突尼斯	5.00	215.00
丹麦	7.00	214.00
布基纳法索	20.00	144.00
俄罗斯	11.00	136.00
墨西哥	1.00	83.00
斯里兰卡	0.00	27.00

47063000 其他纤维状纤维素竹浆

国家/地区	进口数量（千克）	进口金额（美元）
合计	3723.00	15631.00
韩国	600.00	8478.00
比利时	3040.00	7079.00
美国	83.00	71.00
中国	0.00	3.00

48236100 竹浆纸或纸板制的盘、碟、盆、杯及类似品

国家/地区	进口数量（千克）	进口金额（美元）
合计	5456.00	18049.00
中国	415.00	9132.00
美国	522.00	2651.00
俄罗斯	120.00	2562.00
韩国	4048.00	1706.00
中国台湾	339.00	1609.00
德国	2.00	214.00
意大利	1.00	79.00
丹麦	8.00	51.00
日本	1.00	45.00

94015200 竹制的坐具

国家/地区	进口数量（千克）	进口金额（美元）
合计	53526.00	522902.00
越南	19766.00	312206.00
尼泊尔	32159.00	71340.00
意大利	10.00	58047.00
日本	8.00	34618.00

（续表）

国家/地区	进口数量（千克）	进口金额（美元）
印度尼西亚	1502.00	30646.00
中国台湾	2.00	13843.00
泰国	32.00	627.00
中国	2.00	411.00
荷兰	4.00	391.00
印度	32.00	354.00
瑞典	5.00	207.00
美国	1.00	150.00
英国	2.00	40.00
德国	1.00	22.00

94015300 藤制的坐具

国家/地区	进口数量（千克）	进口金额（美元）
合计	47785.00	1989156.00
印度尼西亚	38286.00	1348049.00
意大利	7460.00	304956.00
菲律宾	1078.00	161253.00
丹麦	566.00	67636.00
美国	33.00	55247.00
德国	8.00	11641.00
土耳其	8.00	8985.00
中国	184.00	8946.00
西班牙	9.00	6426.00
印度	10.00	4845.00
法国	31.00	2871.00
越南	33.00	2222.00
日本	11.00	2034.00
泰国	14.00	1130.00
荷兰	20.00	699.00
中国台湾	14.00	688.00
南非	10.00	401.00
中国香港	1.00	382.00
比利时	2.00	274.00
英国	3.00	251.00
奥地利	4.00	220.00

94015900 柳条及其他类似材料制的坐具

国家/地区	进口数量（千克）	进口金额（美元）
合计	22346.00	268182.00
越南	22196.00	247346.00
印度尼西亚	115.00	8918.00
美国	5.00	5261.00
波兰	14.00	2377.00
德国	5.00	1998.00
丹麦	4.00	968.00
菲律宾	2.00	578.00
中国	4.00	398.00
葡萄牙	1.00	338.00

(续表)

国家/地区	进口数量（千克）	进口金额（美元）
94038200 竹制家具		
合计	3955.00	243072.00
德国	6.00	136713.00
印度尼西亚	3143.00	66566.00
中国	703.00	21398.00
丹麦	8.00	6834.00
日本	37.00	4681.00
法国	5.00	2990.00
越南	27.00	1181.00
美国	7.00	1106.00
澳大利亚	5.00	701.00
印度	6.00	587.00

(续表)

国家/地区	进口数量（千克）	进口金额（美元）
比利时	3.00	99.00
英国	3.00	99.00
荷兰	1.00	84.00
泰国	1.00	33.00
94038300 藤制家具		
合计	19036.00	525546.00
印度尼西亚	12638.00	373006.00
越南	6099.00	98028.00
意大利	21.00	21018.00
菲律宾	168.00	18400.00
丹麦	51.00	5469.00
德国	9.00	4574.00

(续表)

国家/地区	进口数量（千克）	进口金额（美元）
西班牙	2.00	2273.00
中国台湾	5.00	1228.00
中国	30.00	994.00
法国	9.00	358.00
泰国	4.00	198.00
94038910 柳条及类似材料制家具		
合计	78.00	73244.00
意大利	10.00	69023.00
菲律宾	1.00	2455.00
印度尼西亚	42.00	1369.00
越南	4.00	223.00
印度	21.00	174.00